国家出版基金项目
NATIONAL PUBLICATION FOUNDATION
国家社科基金重大项目结项成果
“十四五”国家重点出版物出版规划项目

二十世纪东亚抗日叙事文献整理与研究丛书

丛书主编——牛林杰

文学编·戏剧卷 Ⅱ

分卷主编——汤　振　王丽媛

山东大学出版社
SHANDONG UNIVERSITY PRESS
·济南·

图书在版编目(CIP)数据

二十世纪东亚抗日叙事文献整理与研究丛书. 文学编. 戏剧卷. Ⅱ / 牛林杰主编 ; 汤振，王丽媛分卷主编. 济南 : 山东大学出版社，2025. 8. -- ISBN 978-7-5607-9010—7

Ⅰ. K152; I310.3

中国国家版本馆 CIP 数据核字第 2025J6B108 号

策划编辑　张铭芳
责任编辑　李淑敏
封面设计　卡古鸟设计

二十世纪东亚抗日叙事文献整理与研究丛书·文学编·戏剧卷Ⅱ

ERSHI SHIJI DONGYA KANGRI XUSHI WENXIAN ZHENGLI YU YANJIU CONGSHU · WENXUEBIAN · XIJUJUAN Ⅱ

出版发行　山东大学出版社
社　　址　山东省济南市山大南路 20 号
邮政编码　250100
发行热线　(0531)88363008
经　　销　新华书店
印　　刷　山东新华印务有限公司
规　　格　720 毫米×1000 毫米　1/16
　　　　　67.5 印张　1241 千字
版　　次　2025 年 8 月第 1 版
印　　次　2025 年 8 月第 1 次印刷
定　　价　360.00 元(戏剧卷全 2 卷)

二十世纪东亚抗日叙事文献整理与研究丛书

目录

1945 年及以后

槿花之歌 …………………………………………………… 阳翰笙 3

安重根史记 ………………………………………… [韩国]金春光 86

抗战二千六百年(独幕剧) ………………………………… 抗战 183

朝鲜风云(十三场话剧)

——"甲午之战"三部曲之一 …………………………… 田汉 184

不死鸟 ………………………………………………… [朝鲜]宋影 246

在敦化的密林里 …………………………………… [朝鲜]金承九 286

朝鲜的母亲 ………………………………………… [朝鲜]朴赫 333

洪范图 …………………………………………… [朝鲜]太长春 383

血海之唱 …………………………………………… [朝鲜]乌鸦 447

战斗的密林

——红头山上梅花绽放 ………………………………… [朝鲜]乌鸦 460

1945年及以后

槿花之歌

阳翰笙

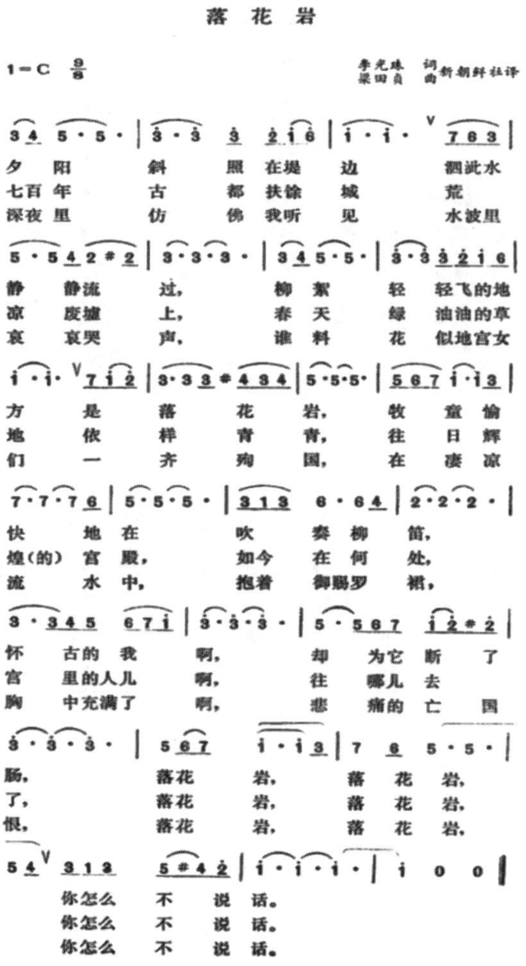
落花岩
1=C 9/8
李光珠 词
梁田貞 曲
新朝鲜社译
夕阳 斜照 在堤边 泗泚水 静静流过，柳絮 轻轻飞的地方 是 落花岩，牧童愉快 地在 吹奏柳笛，怀古的我 啊，却 为它断了肠，落花 岩，落花岩，你怎么 不说话。
七百年 古都 扶馀城 荒凉 废墟上，春天 绿油油的草地 依样青青，往日辉煌(的) 宫殿，如今 在何处，宫里的人儿 啊，往 哪儿去了，落花 岩，落花岩，你怎么 不说话。
深夜里 仿佛 我听见 水波里 哀哀哭声，谁料 花似地宫女们 一齐殉国，在凄凉 流水中，抱着 御赐罗裙，胸中充满了 啊，悲痛的亡国恨，落花 岩，落花岩，你怎么 不说话。

阿里郎

朝鲜民歌

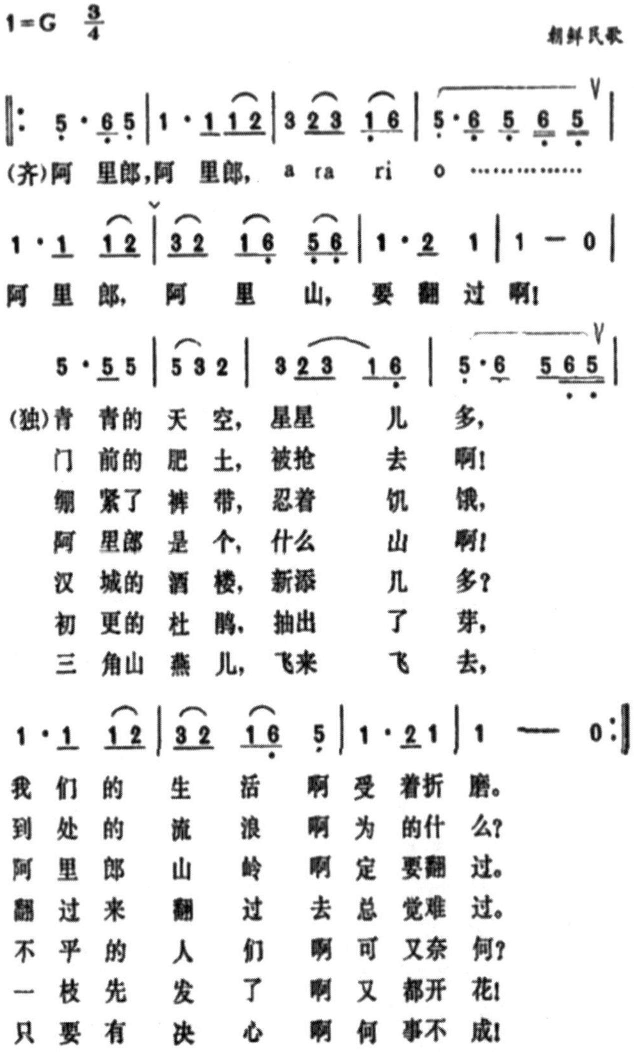
1=G 3/4
(齐)阿里郎,阿里郎, a ra ri o ……………
阿里郎,阿里山,要翻过啊!
(独)青青的天空,星星儿多,
门前的肥土,被抢去啊!
绷紧了裤带,忍着饥饿,
阿里郎是个,什么山啊!
汉城的酒楼,新添几多?
初更的杜鹃,抽出了芽,
三角山燕儿,飞来飞去,
我们的生活啊受着折磨。
到处的流浪啊为的什么?
阿里郎山岭啊定要翻过。
翻过来翻过去总觉难过。
不平的人们啊可又奈何?
一枝先发了啊又都开花!
只要有决心啊何事不成!

全剧人物

崔老太太	五十多岁
崔槿光	她的第三子,二十五六岁
崔槿辉	她的第四子,十六七岁
朴韵玉	槿光妻,二十岁
李兰秀	槿辉爱人,十六七岁
金南镇	二十七八岁
李永寿	兰秀父亲,四十六七岁
尹重道	牧师,六十多岁
法能	和尚,六十多岁
李思邦	青年,二十多岁
安大嫂	农妇,三十多岁
赵三嫂	农妇,三十岁
韩警甲	三十多岁
池上三郎	日宪兵小队长

狱囚甲、乙、丙、丁……

日兵甲、乙、丙、丁……

第一幕

人:崔老太太
崔槿光
崔槿辉
朴韵玉
李兰秀
金南镇

时:一九一八年,九月下旬。

景:韩京崔宅的后花园中。

左边是崔宅后部宽大的回廊。廊前绕着短栏,有门可通前院。廊后有高大的古柳一株,柳枝打斜的伸向园中,随着微风,很轻袅的不时在空中飘拂。

右边横着一大座假山,绕过山后,有小径可通园中后门,山侧挺立着的几株槿树,已经渐渐的在凋残了,枝头的黄叶,有时经不起秋风的摧折,也一张两张很寂寞的摇落下来。

中间是一片草坪，坪上栽着几丛秋菊，后面围着一带高墙，墙内偏左有翠竹数竿，墙外远处，巍然的峭立着北岳山的山影。

是一个凉秋九月的黄昏时分。

夕阳的余光，穿过柳枝，斜斜的照射着园中的草地。这时崔槿光的新婚少妇朴韵玉正蹲下半身在修整着园中的菊叶，从远处看去，她大约有二十左右的年纪，瘦瘦的身材穿着一袭纯白色的长衣，她蹲身在红黄白绿相间着的菊丛中，斜阳的残辉落在她眼前的花枝上，映射在她灵秀的眉宇间，她仿佛浑身上下都沉沐在清芬里似的，更把她煊[渲]染得异常的温柔、秀美，而又清丽。

她一面在工作，一面又在欣赏，一面在欣赏，一面又在低低的吟唱(她唱的是一首凄艳动人的《落花词》)。她来回地在园中工作着，吟唱着，她似乎已经沉醉在她眼前的风光中去了。

这时崔老太太从后园门中走进来了。

崔老太太约有五十五六岁的年纪，她的头发虽已斑白，身体却还算健康，也许这十多年来饱经忧患的原故吧，她的脸上却常笼罩着一抹深愁，眼里也像深深的蕴藏得有一层隐恨，她很郁愤，很阴沉，仿佛有一种血海般的深仇，常常都在啃碎着她的心的样子，她是一个天道教的信徒，她不信上帝，不拜偶像，是一个虔诚的“人乃天主义者”。

她带着满脸的忧愁走进了园中，她一瞧见了韵玉，好像忽然想起了什么似的，她走近了韵玉的身旁，轻轻的叫了她一声。

崔老太太：韵玉！

朴韵玉：(这时才看见，忙笑应)啊，姑妈！你回来了。

崔：(忽问)槿光呢？

玉：出去了。

崔：(半自语地)哦，他又出去了！(忽又严重地)跟谁一道？是不是又跟金南镇？

玉：不，他一个人去的。他说：一会儿就会回来的呢。

崔：他一天到晚东奔西跑的，你可知道他在外边忙些什么？

玉：不知道。

崔：他没有告诉过你？

玉：没有。

崔：你也没有说说他？

玉：（头低了下去）我……

崔：你是不敢？

玉：（低头不语）……

崔：还是不大好意思？

玉：（依然无语）……

崔：（微微有点焦急，可又不便过分责怨）哎，韵玉！你这人真太好了！你怎么连你自己的丈夫你都不管一管呢？像槿光那样一匹野马，你都不给他套上一副笼头，你不怕他在外边闯祸么？

玉：（柔声地）姑妈，我怎么好管他呢！

崔：管不好管，劝总好劝啦。

玉：是的，我是应该劝劝他的，不过，各人有各的志趣，槿光高兴在外边干什么，我看，就让他去干什么吧！只要他有他的事，我有我的事，不就很好了么！

崔：（焦急）唉，韵玉！你可不知道外边是怎样的一种情形哪！

玉：（惊问）外边的情形怎么样？

崔：风声紧得很呀！

玉：（一惊）哦！

崔：（变色地）我刚才在外边听到很多人对我说，最近总督府又新颁了许多法令呢！

玉：可又是什么样的法令？

崔：我一时也闹不清楚，不过听人家说，这几天来，外边又常常都得捕人、关人、枪毙人啦！

玉：唉！

崔：（忧虑地）所以，我很担心，我生怕……

玉：（接过去）你是怕槿光会在外面闹什么乱子？

崔：（点头）唔。

玉：（轻轻）您放心吧，姑妈！我想他不会的。

崔：（摇头）唉，你不知道，槿光跟槿辉这两个孩子，也跟他死了的两个哥哥一样，志大心大，我真替他们担心得很呀！

玉：（再慰之）姑妈！您放心！辉弟还是一个大小孩子呢！

崔：（不十分同意）唔，你别看槿辉年纪很小，他的心却已经不小了啦！

(忽然想起)对了,槿辉呢?(高叫)槿辉!槿辉!(转问玉)槿辉也出去了么?

玉:没有,刚才还听他一个人关在房里念书哪。

崔:(不大相信)他会一个人关在房里念书哪?

玉:真的,他是在念书。

崔:唔,那就好了,那就好了。(忽又问)啊,他今天穿的衣服还厚吧?

玉:穿得很厚,姑妈!您放心!我会照料他的。

崔:秋天快完了,我怕他伤风呢!(顺手摸摸玉身)你也应该多穿一点啦,要知道,一个人病倒了,可也就麻烦了。

玉:是的,姑妈!您也快进去吧,这里风大呢。

崔:好,回头槿光回来了,你叫他就来看看我。(欲行又止)啊,韵玉你别忘记,你也得多帮我劝劝他呀!你要他不要在外边乱跑,别要他跟他那群朋友到处去乱吹乱说。

玉:(有点惶惑)唉!

崔:你要懂得,不是我不愿意他交朋友,现在外边的情形实在太危险了!你想,自从你姑爹去世以后,我好容易才把他们弟兄四个抚养成人,可是,现在却只剩下他们两个了,你叫我怎么能够不担心他们呢!

玉:(忙慰之)好。姑妈!您放心吧!我一定劝他。

崔:(放心地)那就好了,我想,你们是新婚夫妇,你说的话,槿光是容易听进去的,所以,从今天起,家里大大小小的一切事情,你都尽可以别管了,你只要能够想法子把槿光劝得转来,那你就算对我尽了最大的孝道了。(难过地)啊,韵玉,我这个做母亲的人的心,你可懂吗?

玉:(感动地)姑妈!您的心,我懂,我懂。

崔老太太走去紧握玉手,很感激的注视着她,良久,才折身欲走。

这时,崔槿辉穿着一身学生装,拿着一本日文书,连蹦带跳地却从门内走出来了。他大约有十六七岁的年纪,聪明,活泼,热情,纯洁;仿佛浑身上下都充满着一种蓬勃生动的朝气。他低头看着书本,似乎没有看见他惊退在一旁去了的嫂嫂和母亲,他愤然地念了几句日文,忽然扬起声音,便大骂了起来。

崔槿辉:(怒骂)什么"神明的天皇"?什么"伟大的日本帝国"?狗屁狗屁!都是强盗!强盗!十恶不赦的强盗!

崔:(大惊)槿辉!

玉:(向四面惊顾急止之)槿辉!你小声点!

这时候槿辉才看到了她们,他连忙奔跳过去。

辉:(笑着)啊,妈妈跟嫂嫂都在这儿,我还没有看见呢。

崔：（气问）你刚才在骂些什么？

辉：啊，妈！这两天我心里很难过！

玉：（关心地）为什么呢？

辉：（愤然）您想！我们是韩国人，我们有我们的文字，我们有我们的语言，我们为什么要把日文当成我们的国文，日语当成我们的国语呢！（气愤愤的将手中的日文书一丢）啊，你给我滚蛋吧！像这种强盗经，我可不要读了！我可不要看了！

玉：（惊顾，急忙止之）辉弟！你今天怎么啦！

崔：（惊顾，急责问地）哎呀，你什么时候也学会这样的腔调了？是谁教你说的？你说，是谁教你说的？

辉：妈！像这样的话也用得着人教吗？

崔：（气）我不管，像这种话，你以后给我少说点。（忙又加重语气）啊，不，你以后简直就不准再说！

辉：为什么不该说呢？

崔：哼，你还要问为什么？

玉：（婉劝）辉弟！你不怕妈妈生气么？

辉：（痛苦地）啊，妈，我这几天在学校里真闷死了！您没有瞧见我们那个日本学监，（瞧见了崔的担心的神色，忙又将话声压低）他简直就像一个吃人的魔鬼样的，一天到晚把我们骂到东来又骂到西。啊，妈！那种日子，您想我过得多难受啊！

崔：（叹气）唉，这可有什么办法呢！

辉：（稚气地）可您总得让我说说，我心里才痛快呀！

崔：（小声地）你可知道那样的话是不好乱说的吗？

辉：在这里说说又有什么关系呢？

崔：哼，没有什么关系，要是被那些坏人听到了，那可还了得！

辉：（泼野地）啊呀，妈，您老人家怎么这样担心啊！这儿哪会有坏人？我请问：您是坏人吗？嫂嫂是坏人吗？（笑）喝喝，您这不是在白担心思么？

崔：（忍不住微微的笑了，转对玉）啊，韵玉！你听他那张快嘴！

玉：（乘机慰解）是啦，我说姑妈！您尽管放心吧！辉弟是一个绝顶聪明的人，他是会看地方说话的。

辉：（乘机跳抱母肩）妈！您看，嫂嫂多恭维我，您就……

崔：（笑骂）躲开！不要来缠着我，我还有事啦！（转对玉，正色地）回头李永寿要来看我的，如果槿光回来了，还是先别让他就进来。

玉：李永寿？

崔：就是那个东洋拓植会社里当什么主任的，这个老东西一上门，准就有大麻烦，依我的脾气，我真不想见他！我现在先到客厅里去了。（走了几步，忽又停脚轻呼）槿辉！你过来。

槿辉莫名其妙的走了过去，崔老太太很留神的摸了摸他身上穿的衣服。

玉：（忍不住笑了）啊，姑妈！您放心，衣服不薄。

崔老太太一笑而去。

辉：（忽很焦急地）啊，嫂嫂！这怎么办？

玉：（奇怪）什么事呀？

辉：你没有听见妈妈说，李永寿就要来吗？

玉：来就来，那有什么关系呢？

辉：（急）没有关系！你可忘了，李永寿就是兰秀的爸爸！

玉：（苦思）兰秀的爸爸？（忽然想起）啊，是的，是的，我记起来了，是兰秀的爸爸，真是兰秀的爸爸！（怀疑地）对啦，他今天要到我们这里来干什么呢？

辉：（惊疑地）该不是为了兰秀吧！

玉：他可知道你们偷偷的常在往来？

辉：（焦急万分）说不定，也许知道，可是，今天……今天怎么办呢？

玉：（不解）今天？今天怎么啦？

辉：今天兰秀也要来呀！

玉：哦，兰秀也要来！可是你们约好了的？

辉：（不大好意思）不是我约她的，是她对我说的，她说：她想乘她的爸爸不在家的时候，她今天要来看看你。

玉：（微微的一笑）看我？哈哈，辉弟！你就别绕弯了吧！我看她是……

辉：（着急）嫂嫂！你别开玩笑！一会儿她就要来了，她爸爸也就要来了，万一他们两个人碰上了，你说，怎么办呢？怎么办呢？（槿辉很焦急地望了望后门）

玉：（微笑）你别着急！别着急！她可是说好了要从后门来的？

辉：唔。

隐闻园外有叩门声。

玉：（惊）噫，你听！有人在敲门。

辉：（又惊喜又着急）啊！是她来了呀！

槿辉来回的在园中跑了几步，韵玉微笑着做了一个手式叫他去开门。槿辉脸红红的笑了一笑，一下就奔到门边去了。门开，高视阔步地跨进门来的，却是李兰秀的爸爸——李永寿。

这可把他们都惊着了。

辉：（一惊）啊，李，李老先生！

李永寿：（一进门来便向四面打量）唔，这就是你们家的后院？唔，地方到[倒]不错，相当大。（见玉，却不招呼）你妈妈呢？

辉：在客厅里等您。

槿辉对玉指了指后门，忙和他做手式。

李：（架子十足）从哪走？

辉：我陪您进去。

槿辉一面走，一面却又对玉做手式，无意中，李永寿却把他的手式瞧见了，他只好很窘的连忙走进屋里去。

韵玉望着他们走进屋去的身影，微微的叹了一口气。

这时李兰秀却从后园门中走进来了，她大约有十六七岁的年纪，是京城女子高等普通学校的学生，她长得很健美，从她的身材、体态和容貌看起来，真是刚健婀娜而又十分的美丽。她生长在一个顽固守旧的家庭里，因此新的时代和旧的环境，都在她的性情上引起了极深刻的反映，她一方面很勇敢，很激情，但另一方面却总又不免还是多少带有点儿高傲、伤感和矜持。她有一种渴求自由解放的朦胧的思想，多少有点像中国五四时代开始觉醒了的一个新女性。

李兰秀：（边看边走，发现了韵玉，轻声地）韵玉！

玉：（欢喜）啊，你来了啦，你再不来，可真要把槿辉急死了！

秀：你瞧，我一来你就开玩笑！真的，槿辉呢？

玉：他陪你爸爸进去了。

秀：（一惊）我爸爸？

玉：对啦！你爸爸也来了啦！

秀：（大惊）哦！他老人家也来了，他来干什么呀？（想了一想）那我得赶快走！（回身欲行）

玉：（忙阻之）你怕什么呢，好容易来了，你怎么就要走呢？来！（拉她到假山后）你先在这里躲一躲，让我进去看看辉弟。

兰秀在假山后躲好后，槿辉气喘吁吁的从屋里奔出来了。

辉：（急问）嫂嫂！兰秀来了没有？

玉：（故意地）还没有啦！

辉：（急得跳）哎呀，她怎么还不来呢！迟了，她爸爸可要出来了啦！啊，这怎么办呢？这怎么办呢？

玉：（微笑了）你急什么呀！咯！那儿不是兰秀吗？

秀［辉］：哪儿呀？

玉：（笑呼）兰秀！

秀：哏！

玉：你出来！

兰秀从假山后出来了。

辉：（惊喜）啊，嫂嫂，你真是……（连忙跳了过去）

玉：（微笑）现在可该我走了啦！

韵玉折转身向屋里走了。

辉：（仿佛忽然想起了什么事样的，忙又跳到玉的面前来，恳求地）啊，嫂嫂！我还要求你一件事！

玉：什么事？

辉：我要求你给我们放放哨！

玉：放哨？（点头微笑）唔，这到［倒］是一件好差事！

韵玉回身走进屋里去了。

辉：兰秀！

秀：（担心地）听说我爸爸在里面，该不会就出来吧？

辉：不要紧的，我嫂嫂会看着他。

秀：（沉默了一下，忽然欣喜地）啊，你们这儿的菊花开得真好啊！

辉：你喜欢？

秀：唔，我真爱。

辉：（殷勤地）让我给你折几枝来吧。

秀：何必呢？远远的看看不就够了么？

辉：你有点冷吧？兰秀！

秀：不，我不冷。

辉：你不觉得，我们这里很凄凉？

秀：（笑了一笑）凄凉吗？不，我倒觉得我一到了你们这儿，我就浑身都充满了温暖。

辉：（欢喜）真的？我们这儿真会有这样大的热力？

秀：（腼腆地）我说不出。（望着夕阳）如果这儿真有什么热力的话，也许就是那太阳光的热力吧。

辉：（一笑）不，你说倒了，是那热力有点像这儿的太阳光！

秀：我不会咬文嚼字，我没有你调皮！

辉：（痴痴地）啊，兰秀！你别要这样望着我，我真有点儿怕！

秀：你怕？

辉：是的，我怕看你那对眼睛。

秀：瞎说！

辉：我没有瞎说，我是在赞美你呢！

秀：谁要你这样的来赞美我！

辉：（活泼地）好，那我就不赞美你了。嗳，我问你，你今天为什么来得这样迟？

秀：还迟？

辉：怎么不迟呢！

秀：我今天算来得很早的了啦。

辉：哼，早！你向来都是不管人家等得着急不着急的！

秀：你怎么这样说呢！难道你不晓得我的家规？

辉：家规！你[我]不相信，你家里真会有谁来监视你！

秀：你可不知道，我今天来，却还费了许多周折呢！

辉：（大孩子似地）你也要明白，自从我们分别以后，我可就没有一天不在思念着你啦。

秀：你为什么要这样呢！

辉：（热情地）为什么！也不知道为什么！啊，兰秀！你不知道这十多天来的日子，可真把我苦透了，说也奇怪，你的影子真好像随时都附在我身上去了样的，我读书，仿佛你就在那书上；我散步，也好像你就在我的旁边；我抬头看看月亮，似乎你又飞上了那天边的浮云里，我做梦，（醉心地）啊，兰秀，你可不知道那真是多么甜蜜的一个梦啊！

秀：啊！槿辉，我想我们还是理智一点吧！

辉：（有点意外，不高兴地）什么理智？我可没有你那样理智！

秀：（关切地）你这样下去，不痛苦？

辉：这是我自己心甘情愿的，你别管！

秀：可你要知道，你痛苦，我会更痛苦的呀！

辉：那是你自己心甘情愿的，我，我也管不着。

秀：（不安）难道你不知道我的家庭很守旧，我的爸爸很顽固？我……

辉：（抢嘴，不快意）我怎么不知道呢！——我知道！我知道！什么我都知道！

秀：我不是曾经告诉过你，我家里是不准我跟男子往来的！

辉：那你也就会服服贴贴[帖帖]的听你家中的摆布！

秀：那倒不见得（垂着头，很羞涩地）不过我爸爸！……啊，还是别说了吧！

辉：（惊急）啊，兰秀！你爸爸怎么样？你前次告诉我的那件事，他怎么决定？

秀：（痛苦地）我爸爸……啊，我不想说！我不想说！

辉：（异常焦急）不，兰秀！你得说！你得说！你得说呀！

秀：我还说什么呢！（吞吞吐吐地）我爸爸……

辉：（大惊忽急问）你爸爸是不是已经把你许给了许国龙那个混蛋？

秀：（低头不语）……

辉：（急得跳）唉！你怎么不说呢！快说！快说！快点说！

秀：是的，我妈妈已经这样告诉过我！

辉：（仿佛是一个晴天的霹雳地）啊，那怎么成呢？那家伙不是一个人，简直是一条狗——是一条日本人的狗呀！

秀：（一脸羞得通红）我知道！

辉：（气得跳）你知道，你才真不知道呢！许国龙的爸爸，是一个大韩奸，是专靠日本人发横财的，你知道吗？那小子是一个小狗头、小卖国贼，吃喝嫖赌件件都来，你也知道吗？他在日本读书的时候，昏天黑地，荒淫无耻的，一连就玩过十好几个艺妓，你可也知道吗？（非常气愤）啊，兰秀！我不愿意你去跳火坑，滚陷阱，活活的被你爸爸把你送到那豺狼的嘴里，所以，我劝你……

秀：（感到侮辱，痛苦不堪地）我不要听！槿辉，你再也不要说下去了！你以为我的心里还不够难受么？

辉：（同情地）好，你要我不说，我就不说，（实在不放心）不过，……不过我还想问问你：你究竟答应了你的爸爸没有？

秀：（气）那是我的事，你也别管！

辉：我可总得问问明白呀！

秀：（更气）什么！你真以为我会答应我的爸爸。（难过地）啊，槿辉！你真太不了解我了！你叫我伤心！你叫我痛苦！

辉：（连忙求恕）请你原谅我，兰秀，（自责）那是我的错误，我的糊涂，我有点儿发昏，真的，我真像有点儿发昏，你可不能生我的气（活像一个乞怜的孩子），你得原谅我，无论如何你都得原谅我！（兰秀不理）噫，你说呀！究竟原不原谅我？你究竟原不原谅我啊？

秀：（做气）我要走了！（欲行）

辉：（忙劝阻）你不能走，兰秀！你真生我的气了么？（又急又慌）你听我说，我现在的心真跳得很，也乱得很，我不晓得该对你说些什么才好，可我的心里，却好像还有几大箩筐的话得跟你说呢！

秀：（心软了下来）你要说，那就请快点说吧！

辉：（想说却又还有点怕）我，我还想问问你：要是你爸爸一定要强迫你答应他，那你可有什么办法？

秀：（仿佛很有把握）我自然有我的办法。

辉：你可有什么样的办法呀？

秀：（忽然坚毅地）我爸爸真要压迫我，我就反抗！

辉：万一你要反抗，他就更要压迫？

秀：（坚定地）他越要压迫，我就越要反抗！

辉：他坚持？

秀：我也坚持！

辉：他不依允？

秀：我也就偏不服从！

辉：他把你关起来？

秀：（勇敢地）我就设法逃走！

辉：（大喜）好！（笑问）可你想要朝什么地方走呢？

秀：（毅然地）哼，天地之大，你还愁我没有去的地方！

辉：你可舍得离开你那舒舒服服的家？

秀：（感叹）唉，槿辉！你还以为我真是那样的爱我的家么，（愤恨地）告诉你，我的家，就是一座地狱，一架囚笼，我看不惯我爸爸的行为，我也过不惯我家里的生活，我不能长远的坐在那黑暗的地狱里，闷在那残酷的囚笼中，我要飞，我真想飞啊！（忽指天空，欣羡地）你瞧，槿辉，那天空多晴朗，多自由，（又指大地）那大地多光明，多洁净！我真想飞，我想飞到那又光明又自由的世界里去啊！

辉：（高兴）对，兰秀！我们要飞就一块儿飞吧！（忽又担心地）不过万一你飞不脱呢？

秀：（刚强地）那我就冲！你听我说，我不是一只小鸟，不是一条驯鹿，可以让人家随便来逗着玩牵着耍的，我飞不脱，我也要飞，我冲不出，我也要冲。请你相信我，我总有法子打破那地狱，撞碎囚笼的呀！

辉：（狂喜）啊，兰秀！你真伟大，真刚强！（几乎拜倒）我佩服你，我真从心坎里佩服你啊！

在欢快中片刻的沉默。

一阵秋风，飘送过来了几张黄叶。

辉：(体贴地)这儿的风大，走！(指着假山后)我们还是到那边去谈谈吧！

秀：好。

两个人甜笑着，亲亲热热的朝假山后走去了，韵玉却在这时从屋里溜了出来。

玉：(瞧瞧没有人)咦，人呢？

韵玉正张望间，崔槿光却从后园门外悄悄地走进她的身后来了。

崔槿光大约有二十四五岁的年纪，是一个民族革命的战士，自从一年多前他在京城里的一个农业专门学校里毕业以后，他便参加了“大韩独立团”，秘密的在干着韩国的独立运动。他的意志很坚强，魄识很远大，工作经验也还相当的丰富，他矫健结实的身体上穿着一套半新旧的西装，九年来血海般的家仇国恨，宛如一把利剑刺进这年青人的心里一般，他愤怒，他痛苦，因而他那对炯炯有神的眼里，也就常常都燃烧着有一种复仇雪恨的火焰。

他和他的表妹朴韵玉是才结婚不久的，但他却因为日夜忙于自己的事业，——而且是一种最秘密的危险事业，因此，他就没有多的时间来陪伴着他的爱妻，去过一过新婚期中的甜蜜生活；所以他每回见到韵玉，一方面总怅然不安的，觉得他实在对不起她，一方面，却总又禁不住要对她热烈的表示出心中火一般炽热的爱恋。

现在，他轻手轻脚的走近韵玉，他在她的身后瞧了瞧她，顺手轻轻的去拍了她的肩头，然后又很热烈地去把她的手握着。

玉：(惊喜)我怕是谁啦，是你啊！

崔槿光：(痴笑着)你吓了一跳吧？

玉：没有，你手还不放开，辉弟在那边儿呢。

光：(只好松手)哦！

玉：你今天到什么地方去了来？

光：我去看了一个朋友。

玉：为什么这样迟才回家？

光：今天也迟吗？你瞧，天都还没有黑呢。

玉：(娇嗔地)那你为什么不等到天黑才回来！

光：(歉然)啊，韵玉！我真对不起你。

玉：就别客气了吧。

光：我不回来你是不是常常都在想念我？

玉：(娇笑)我吗？(停了一停)嗳，你猜猜看。

光：那还用猜么！我想，你一等我不回来，二等我又不回来，三等我还是不回来(很快乐的笑了起来)啊啊，那你一定得……

玉：(微笑着抢问)怎么样？

光：(仿佛猜中了谜样，高兴地)那你一定得怨我？恨我？骂我啦？

玉：(摇头)不，我可没有那样的泼呀！

光：你真不骂？

玉：我为什么要骂你呢？

光：(想了一想，忽然——)啊，我猜到了，我猜到了。我想，你一个人在家里，冷清清的，孤单单的，一定常常都得叹气，都得落泪啦。

玉：(还是摇头)不，我可没有那样的痴呀！

光：这样说来，你既不泼，又不痴，那我可猜不出来了。

玉：(挨近他，温柔地)你还要去猜什么呢！槿光！你不回来，我却只有想你，想你，一天到晚都在想你呀！

光：(非常感动)你啊，韵玉！我真对不起你呀！

玉：不，槿光，你不肯常在家里，那应该是我的错呢。

光：怎么好说是你的错！

玉：你说，我们刚结婚不久，不还可以说是一对新婚夫妇吗？

光：是呀。

玉：我可却不能把家里弄得舒舒服服的，美美满满的，使你觉得温暖，感到甜蜜，使你会一天到晚都痴痴心心的，陪着我，守着我，一步也不愿离开我，(自己微微的嘲笑了一下自己)哼，还不都是我自己的错么？

光：(怅憾，着急地)嗳，韵玉！你别这样想，也别这样说，像我这样一个人，得到你这样一个温柔贤慧的妻子，实在太幸福了！太幸福了！你不知道，从我们结婚的那天起，我可就常常都在想：我们应该手挽手的去创造一种新的生活来过一过才对呀！

玉：(点头)唔，是的。

光：你知道，我不是那个农业专门学校里学农科的吗？(神往地)我常常都在想，要是有那么一天，我们能够到乡下去办一个农场，你采桑，我种田，你牧羊，我耕地，你唱一首山歌，我哼一支小调……喝，韵玉！你想想看，那该是多么有趣的生活啊！

玉：(心醉地)唔，是的，那真太有趣了！

光：你可赞成？

玉：当然。

光：那你一定希望我这个梦想，能够很快实现的了？

玉：那还用说！

光：不过真要想实现，可就不那样容易了。

玉：为什么？

光：（惨然）韵玉！你可忘了我们是失掉了国家，也失掉了一切自由幸福的人吗？

玉：啊！槿光！这我怎么能够忘记呢！

光：那末，你想想看，我们的梦，不终究还是一个梦么？

玉：（黯然长叹）唉！

光：所以我说：（坚毅地）我们要想有一个快乐美满的家，就还得先要有一个独立自由的国呀！

玉：（乘机追问）因此，那你也就不得不丢下你的家，去争取那个独立自由的国了，是不是？

光：（不想直答）我！……

玉：（逼问）对了，槿光，我问的是你呀！

光：（支吾）嗳！韵玉！你要去追问这些干什么呢？

玉：（关切地）请你原谅我的瞎说，槿光！我看你近来好像有什么心事呢？

玉：是的，自从我们结婚以来，这两三个月我看你总是那样的忙碌，那样的忧愤，又那样的心神不安，这，你究竟是为了什么？

光：（不想承认）不为什么，那也许是你看错了吧！

玉：不，我没有看错，那只是你不愿意把你心里的话痛痛快快的告诉我啦！

光：照你这样说，那我对你还会有什么秘密？

玉：我到[倒]不是这个意思，不过，我总觉得你近来心里好像很苦恼，因此我也就不能不常常都在暗地里替你担心。

光：担心！那又何苦呢！（笑得很勉强）你瞧，我不是很快乐的么？

玉：（难过）不要这样对我，槿光！你以为你的心事，我会一点都看不到？

光：哎，韵玉！你就别瞎猜了，我们还是谈谈别的吧！

玉：（恳挚地）不，槿光！你听我说，这八九年来，你们家里的苦难实在受得太多了！你想：自从亡国那年，你爸爸殉国自杀以后，你大哥槿仁去刺杀韩督未成，却惨死在敌人手里，你二哥槿义去干义勇军运动，却又牺牲在那边境的战场上，所以，姑妈常常都得流着老泪对我说：她四个儿子却只剩下你们两个在她身边了，因此，你得好好的保重你自己才对呀！

光：（忽很激情地）啊！韵玉！你还叫我有什么心情来保重我自己呢！你想：我爸爸跟我那两个哥哥死得那样的惨，难道我不该去替他们报仇雪恨么？

玉：这么说，那你……

光：（坦直地）是的，我可不应该再隐瞒你了，让我索性坦坦白白的告诉你吧，（向四面惊顾了一下，然后小声地）我们现在正在准备要跟我们的敌人痛痛快快的干一下！

玉：（震惊）哦！难怪你近来这样的忙碌，（镇定了一下自己）不过，日本人把我们压迫得这样的紧，恐怕你们也不大容易干得起来的吧？

光：（坚决地）这个地方干不起来，我们就到别个地方！

玉：（惊）别个地方！（问）哪个地方呀！

光：边境！

玉：边境？——什么地方的边境？

光：跟中国东北交界的边境！

玉：你想去？

光：我想去。

玉：你真的想去？

光：我真的想去！

玉：（难过，柔声地）啊！槿光！像那样的地方你想去干什么呀！

光：韵玉！你不知道，那儿才真是我们理想的地方呢！

玉：啊？

光：（神往地）你没有听人说过么？在那莽莽苍苍的长白山的森林里，我们有我们的学校，我们有我们的兵营，我们用的是我们自己爱好的语言文字，我们过的是我们自己过惯了的生活习惯，真可以说一切的一切，都是我们自己的——我们韩国人自己的啦！

玉：（惊异）哦，我们韩国人竟还有那样一块瞧不见日本人的鬼影的地方！

光：（越说越激昂）是的，我们真有那样一块地方，所以我常常都在想：要是有一天我能够去领着我们那儿的弟兄，冲回我们的国土里来，把我们的太极旗插遍到全韩国去！（狂喜地）韵玉！你想想看，那该是多么令人欢欣鼓舞的日子啊！

玉：（感动地）啊，槿光！你想得太好了！

光：你可愿意我这样去干？

玉：（有点矛盾）我……

光：你还有点替我担心，是不是？

玉：你叫我怎么会不担心呢！

光：（毅然）用不着，韵玉！（慰解）这几年来冒险的事，我还干得不够多么？可出过什么乱子呢！

玉：（还是很担心地）你可不能这样说，你还是小心点的好吧！万一你有什么差池，你叫姑妈怎么受得了呢？

光：是的，你说得对。为了你，也为了妈妈，我都非小心谨慎地去干不可。

玉：（真诚地）你真要能够这样，槿光，那就请你别要想念着我，你就安安心心的干你的去吧！

光：（大受感动，紧握玉手）啊，韵玉！我真不知要怎样才能感激你啊！

这时假山后，忽传来一阵脚步声。

光：谁？

玉：是辉弟和兰秀。

光：怎么样？他们快成功了吧？

玉：看样子快了。

光：那我还是先到屋子里去一去吧。

玉：也好，不过，刚才姑妈说，叫你不要先到客厅。

光：为什么？

玉：她正在跟李永寿谈话，怕你碰见了那老家伙，会惹麻烦。

光：好，那我就先到自己的房里去。

槿光走进房里去了。

过了一会〖儿〗，崔老太太和李永寿却从屋里走了出来。

兰秀跟槿辉刚走出假山，一见他们来了，连忙又躲了进去。

李：（面有怒容）老太太，你不要太固执，我和你商量，这是客气，如果日本人来找到你，那你就够麻烦了！

崔：（不快）对不起！无论谁来，我都不能卖！

李：（生气，神气十足地）好，那么再见。

崔：（不理）再见。

李拂袖而去。

玉：姑妈！什么事？

崔：（不高兴地）我早就料到没有好事，果然，这老东西居然还想来抢买我们这里的房产！

玉：（一惊）哦，他想抢买去干嘛？

崔：（愤恨地）说是拆了来修东洋百货商场哪！想起来，真教人生气，那老狗竟敢抬大帽子来压人，还说什么商场是奉了总督府的命令来办的呢！哼，我倒不相信，我不卖，看谁敢来抢买！

玉：姑妈！您说得对，我们不卖，他总不敢来抢！

崔：（忽然想起）噫，槿辉呢？他又上那儿去了。（喊叫）槿辉！槿辉！

玉：（急）姑妈！他不在这儿。

崔：那他到什么地方去啦，唉！

崔老太太走进屋里去了，韵玉也跟了进去。槿辉和兰秀从假山后走了出来。

辉：嗳呀！我妈在叫我！

秀：那你就快点去吧，我也该走哪。

辉：你还有什么话对我说吗？

秀：（甜笑着）只有一句，你得答应我，你以后别要胡思乱想！

辉：（很顽皮的笑着）好，只要我的感情肯听我差遣，我一定遵命！

秀：而且梦也得给我少做一些！

辉：好，只要梦肯听我的呼唤，我也一定听你的吩咐。

秀：（欢快地）你再没有俏皮话跟我说了吧，我可真要走了。（欲行）

这时崔老太太和韵玉又从屋里走出来了，玉见二人背影，非常着急，回视崔站在那儿动也不动，也就只好默然！

辉：那我们什么时候再见？

秀：我想，总快吧！

辉：那就让我送送你。

秀：又何必呢？

辉：我只送你到后门边。

秀：也好，我们就走吧。

两个人亲亲热热的绕过假山向后门走出去。

崔：（指秀背影）那是谁？

玉：那……那是李秀兰，是我从前的同学。

崔：（不快意）我知道，她就是李永寿那老狗的女儿，韵玉，我告诉你，我可不能让我槿辉跟那李家的姑娘来往。

玉：（婉劝）姑妈！您何必多操这份心呢！您还是让他们去吧！

崔：（干脆地）那不行！我看见李永寿那老狗就讨厌，你想想他李家是什么样的门风，将来别把你辉弟带坏了！

玉：您可不知道，李兰秀可跟她爸爸不同，她品行好，容貌好，学问也很好哪。

崔：（固执地）我不管！她好也吧！坏也吧！总之，只要是那李家的人我就讨厌。

槿辉口中唱着轻快的调子，快快活活的从假山后边走过来了。

崔：（瞧见了槿辉很不快意）槿辉！

辉：（住了脚笑嘻嘻地）啊，妈！您也在这儿。

崔：（厉色地）你上那里去来？

辉：妈！我没有到那里去，我就在这里。

崔：（追问）你在这里干嘛？

辉：（望了望韵玉，不知怎样对答才好）我……

崔：（逼问）噫，你回答我呀！

辉：我，我在这里玩儿，（连忙又补一句）看风景。

韵玉瞧见了槿辉的窘相，差点就笑了出来。

崔：（盯了辉一眼）哼，看风景！你同谁在这里看风景？

辉：（大窘）我……我同一个朋友。

崔：是男朋友？还是女朋友？

辉：（不大好意思）是一个女朋友。

崔：（生气）女朋友？

玉：（连忙劝解）姑妈！我刚才不是已经告诉过您了吗！还是别问了吧，（半开玩笑地）瞧瞧辉弟的脸都红透了啦！

崔：（爱子之心，使她的语气软了下来）槿辉，你总算还没有对我扯谎，我也不想追问你了，不过，你得听我的，以后可不准再跟那李家的姑娘来往！

辉：（恳求地）妈！……

园外忽然吹来了一阵寒冷的秋风，园中的树叶纷纷的狂落了下来，崔老太太受不住，当时便打了一个寒噤。

玉：（想乘机把他们母子劝走）啊哟，好冷哟！（走去扶着崔老太太）姑妈！您还不走进去，当心着凉！

崔：（欲行，忽又回视槿辉）你还站在那里干嘛！你真不怕伤风么？走！快跟我进去读书去！

玉：（笑了一笑）是呀，姑妈别的都不怕，就怕你伤风！你就快点进去吧！

槿辉只好折转身向屋里跑去。

崔：（问玉）槿光回来了没有？

玉：早就回来了。

崔：（松了一口气，放心地）唔，回来了，就好了，就好了。

秋风吹得更大了，园中的落叶，又一阵阵地狂飘的下来。

崔老太太和韵玉刚走了几步，金南镇却匆匆的从后园门中进来了。——他大约有二十七八岁的年纪，一脸深刻的表情，显示他在人生旅途中苦斗经验的丰富，他是韩国独立运动的一个组织者，崔家兄弟对他都非常的敬服。他穿着一身朴素的短装，他走进园来，一看见韵玉的背影，连忙便奔过去叫她。

金南镇：韵玉！（转对崔）呵，伯母！你们都在这儿。

崔：唔，南镇，可有好几天不见你了！

金：是的，真有好几天了。（转对玉）槿光呢？

玉：他在房里。

崔：（疑问）你有什么事找他吗？

金：（冷静地）有点小事，想跟他谈谈。

玉：就请你跟我们一道去吧。

金：（欲行）好。

崔：（忽然）不必，韵玉！你快去把槿光叫到这儿来，让我先跟南镇谈几句。

韵玉走进去了，南镇只好留下。

崔：（忧虑地）这几天外边的情形怎么样？南镇！

金：伯母问的是？……

崔：我是说总督府……

金：（忙接过去）您说的是总督府呵！最近可把我们压得更紧更凶了呀！

崔：那你们不常常都有危险？

金：当然。

崔：那末，今天？

金：（不好直答）今天？

崔：（直视着金）对啦，我问的是今天？——今天可出了什么事情？

金：（支吾）这……

崔：（目不转睛地）你不要骗我，南镇！你一进来，我早就从你的脸上看出来了，你还是坦坦白白的告诉我吧，你们今天究竟出了什么事情，你说，你快说！

金：伯母，请您镇静一点吧！事情是有一点，不过，不大要紧的，请您放心！

崔：哦，那末究竟是什么事呢？（逼问）是不是跟槿光有关？

槿光和韵玉从屋里走出来了。

光：（对金招呼了一下，转对崔）妈！这儿多么凉，您不进去歇歇？

崔：（不理，焦愁地）你别管我！南镇，你快说吧！

光：（不解）什么事呀？南镇！

金：（无可奈何地）没有什么大不了的事，我们这次从边境运进国内来的一批军火又被敌人查抄去了！连护送东西的人也被抓去啦！

光：（大惊）哦，是什么时候的事？

金：昨天！

光：在什么地方出的毛病？

金：在咸镜北道的大路上。

光：一共抓去了几个人？

金：听说是五个。

光：关在什么地方？

金：听说今天下午已经押到京城里来了。

光：（惊急）哎呀！糟糕！他们怎么这样的不小心呢？

玉：（惊问）这可跟你有关系？

光：（只好承认）唔，他们这次都跟我有直接联络的！万一……

金：（担忧地）对啦，万一有什么文件被敌人抄着，有什么线索被敌人盯着，或者有什么人受不了严刑拷打，竟把你一口咬了出来，那……那倒真有点麻烦！

崔：岂止麻烦，简直是要命的事！

玉：（惊怖地）啊呀，槿光！这怎么办呢？这怎么办呢？

光：（镇定地）不要怕，韵玉！（对崔）妈！您也别难过，幸亏我们知道得还早，我想总不要紧的。（转对金）啊，南镇！你们可替我考虑过没有？

金：当然，我们有好几个朋友一道替你考虑过，我们都觉得你应该赶快走！

玉：（仿佛迎头受了一击）什么！走？（对金，痛苦地）他……他怎么能够走呢？

金：（坚决地）而且越快越好，至迟今天晚上，就得离开这儿！

玉：（大惊失色）今天晚上？啊，那……那怎么能够呢！

金：要是槿光不走，万一这件案子牵连着他，那可就难保没有生命的危险！

玉：真有这样的严重吗？

金：（痛苦不语）……

崔：（痛愤，长叹）哦，天哪！难道我的第三个儿子，又……

槿光陷入了痛苦的沉思中。

半晌的沉默。

光：（沉思了一会〖儿〗，忽走向崔）妈！南镇他们考虑得很周到，看样子不走是不行的了。您看怎么样？

玉：姑妈！……

金：伯母！您可不能不让槿光暂时离开您一下了。

崔：（在痛苦中想了一会〖儿〗，忽很沉重地）好！你走吧！

玉：（奔追光，伤心地）啊，槿光！

一阵狂吼着的秋风，横扫而过，园中的树叶，又纷纷的摇落下来了。

（转暗）

……

深夜。

天上没有星月，黑暗的花园中，只有从墙外远远的路灯上映射过来的一片微朦的光影。

秋风狂卷着园中的落叶，一阵沙沙之声，隐约可闻。

槿光和韵玉并立在园中的树下，槿光换了一套朴素的衣服，满怀忧愤，表现在他紧锁着的眉宇间。韵玉的神色却很悲苦，在很清凉的晚风的侵袭下，仿佛不胜凄楚的样子。他们好像在等候什么人样的，却凝神的在倾听着园中的动静。

一阵晚风，急扫而过。

这时——

玉：（似有所闻）噫，你听！这是不是南镇在吹口哨？

光：（倾听了一会〖儿〗，摇头）不，那是风声啊！

玉：（再听）唔，是的，真是风声，（忧虑）可是南镇为什么还不来呢？

光：恐怕他还没有给我布置停当吧！现在辉弟正在后园门口等他，我想他一定会来接我的。

玉：（叹问）唉，槿光！你为什么一定要出国呢？（哀怨地）你一跑就跑到靠近吉林的边境。你想，那地方多远，也多冷啊！

光：（慰解）我不是告诉过你么？韵玉！那儿有我们的韩侨，有我们的武力，那才真正是我们光复祖国的发祥地啦。

玉：（凄伤爱恋地）唉，槿光！你可没有想想：我们从结婚到现在，却都还没满一百天啦！

光：（痛苦，也很凄恋地）啊！韵玉！你……你还是别提这个了吧！

玉：（追忆）唉，那是多么甜蜜，又多么幸福的日子啊！

光：是啊。

玉：（叹惜）就可惜只像一阵春风样的轻轻的就从我们的身边飘了过去，恐怕再也不会回来了吧！

光：（慰之）不，韵玉！像那样快活的日子一定还会来的。

玉：（忧伤地）那可难了，啊！槿光！我的心真酸得很！我们从今天晚上分别以后，真不知要什么时候才能再相见呀！

光：（压制着酸苦，力慰之）快的，我想一定快的。

玉：（眼中闪着泪光）不见得吧！也许我们重相见的时候，我们已经都老了！

光：不会的，那怎么会呢？

玉：（流下两行清泪）我的身体很坏。（贴近他的胸怀）啊！槿光！也许我就不能再见你了。

光：（急慰之）不会的，韵玉，你别这样想！别这样想！千万别这样想啊！

晚来风急，园中的枯叶，又一阵阵的落了下来，三张两张的飘在他们的身上，然后又凄寂的滑落到地下去。

带着一脸凄苦的神色，崔老太太从廊门中战战兢兢的走过来了。她还没有走到槿光面前，突然，围墙外远远的传过来一阵日警靴刺触地的声音，沉重而又缓慢的响了过来，接着时缓时急的传过来的，又是日本宪兵巡逻队的马蹄声的震响，她忽然听到，心里一急，连忙便走近槿光。

崔：（颤声地）槿光！槿光！你听！

光：（不解）怎么啦？妈！

崔：（惊惊惶惶）你听！那恐怕是到这里来的日本宪兵吧？

玉：（一惊）哦，真的么！

光：（倾听，镇静地）别怕！妈！那是巡街的宪警！

崔：（再听稍安）唔，可真把我吓了一跳！

靴刺声和马啼[蹄]声，渐响渐远，慢慢的也就消灭在秋风声里。

玉：（忙去搀扶）姑妈！你听他们已经都走远了。

崔：（这才放心）唔，这些魔鬼，真可恶！（松了一口气，回头望了望槿光）噫，槿光！你怎么站那么远呢！快过来，挨近我一点！

光：(走近)是，妈！

崔：(抑制着心头的悲苦，突然问)槿光，你可还记得你爸爸？

光：记得。

崔：也还记得起你那两个哥哥？

光：也记得。

崔：自从你爸爸死了以后，我把你们四弟兄一个两个的抚大成人，我这几十年来的辛苦你总也知道？

光：(感动)妈！您老人家的恩德我怎么敢忘记呢！

崔：(泫然)我还记得，自从你那两个哥哥为国牺牲以后，我就把我痛伤了的心完全放在你的身上。这多年来，我没有一天不担心着你的身体，担心着你的学业。一年又一年的，我总算亲眼看见你已经长大了、成人了，而且也结过婚了。(伤感地)可是，槿光，你却又学了你那两个哥哥，现在你可又不得不立刻就要离开我了！(哽咽地)啊，槿光！……

光：(非常感动)妈！请您原谅你儿子的不孝，我不是不知道您的痛苦的，可我也是为了我们的祖国啊！

崔：(怜爱地)我知道，我也懂得，我不怨你，也不怪你，我只希望你今天晚上离开我以后，你只要能常常记着，你妈妈这颗疼爱着你的心，那也就够了。

光：(大受感动)啊，妈！

玉：(一声长叹)唉！

一阵口哨声，从花园的后门边传了过来。

玉：(忽然惊觉)槿光！你听！好像是南镇的口哨声？

崔老太太和槿光凝神倾听。

远远的口哨声断续可闻。

槿辉从假山后奔了过来。

辉：(匆急地)哥哥！南镇到了！正在那边门口等你，要你快点去呢！

光：(欲行)那我……

玉：(凄然)那你就得走了么？槿光！

光：(很痛苦地望了望玉)唔，(又望了望崔)妈！我得走了！

崔：(颤抖着，从身边取出一包用手巾包好的东西)来，槿光！(一指)这就是那边槿花树下的一小块泥土，你好好的拿去带在你的身上。

光：(接了过来，但却不理解)妈！这？……

崔：(解释，慈爱地)你记着，这是我们的花园中，培养那国花的泥土，是我亲手挖来把它捏成这样一小块的，要是你在异乡得了什么病痛，你只要把它拿一点来冲成水喝，那怕你就只喝一口吧！你的病苦，立刻也就可以消除的，槿光！你别忘记。这块泥土虽小，可包含得有你的家园，你的故国，你的妈妈的一颗心啊！

光：（异常感动，几至泪落）啊，妈！

远远的口哨声续起。

崔：（忍着泪，颤声地）你快去吧！

光：（转对玉）韵玉！家里的事情就重托你了。

玉：（忍着热泪，凄楚地）你放心吧！槿光！

辉：（非常难过）啊！哥哥，你去了，什么时候才回来呢？

光：（也很难过地）也许很快吧！我能够回来的时候，我总会回来的。

辉：（天真地）你走了，我……我心里多难受啊！

光：（忍着痛苦，劝慰他）我知道，辉弟！你就好好的在家里服侍着妈妈吧！南镇是我们的好朋友，你以后应该常常去请教他，（回视崔和玉）好，我……我走了！

槿光转身向后园门走去了。

辉：（奔向崔，异常痛苦地）妈妈……

玉：（望着崔槿光消逝在黑暗中的身影，忽然投身到崔的怀中，放声一哭）啊，姑妈！……

风声。

落叶。

——幕徐徐落下

第二幕

人：崔老太太

　　崔槿辉

　　朴韵玉

　　金南镇

　　李兰秀

　　尹重道

　　法能

时：一九一九年，一月二十二日

景：崔宅的客室

朝鲜的旧式建筑，同中国北方的旧式平房颇相仿佛，在北方，每间屋里常常是有一个大坑[炕]的，在韩国的每间屋内，整个面积却就是一个“湿突”——一个大坑[炕]。这大坑[炕]的烧火口是在室外的，所以每到冷天，坑[炕]火一烧，室内便既无烟气，却又很温暖。

这间客室内，左边有一门，可通厢房，右边有一门可通内室，正中偏左有一门可通室外，偏右却有一排推窗，窗下放着一张长方形的矮桌，室中放着用花布包棉花制成的蒲团三五。左壁上挂有槿光和韵玉结婚时的照片，右壁上却挂有崔家父母兄弟的一张合影。室内是用纸来裱糊过的，地面上糊的是一种韩国特产的厚实的油纸，天花板上糊的却是一种花色纸，壁上的底层糊着深蓝或浅绿的颜色纸，外面却又裱上一层花乳白色的洋纸。室中经过这样的裱糊之后，看起来，便非常的干净古朴，而又别致。

是午后三点钟左右的时候。

这时立在窗前的朴韵玉，是比从前要消瘦得多了。她带满面的愁容凝视着窗外的云天，仿佛不胜惆怅样的，长长的叹了一口气，又缓步走到左壁边来，她在左壁边立了一会〖儿〗，忽然抬起头来，瞧见了自己的结婚照片，无限的酸楚顿时便横上了她的心头，她很凄苦的望着想着，沉思着，禁不住也就发出了一阵感叹来。

玉：（对着照片自语地）啊！槿光！你走得多忍心啊！你离开我们已经好几个月了，可你为什么一去就没有消息来呢？难道你不会想到我要望你，姑妈也要望你？难道你真就把我们都忘得干干净净了么？啊，槿光！你……（韵玉低下头，拭着眼泪。）

崔老太太紧锁着眉头，从内室中走了出来。她一瞧见韵玉拭泪，站了一站，连忙轻脚轻手的走近她的身边。

崔：（关切地轻呼）韵玉！

玉：（折转身）姑妈！

崔：（慈祥地）你的眼睛红红的，你？……

玉：（掩饰）不，姑妈！我昨天晚上没有睡好呢！

崔：你可又想念槿光？

玉：（羞怯）我……

崔：（忧感地）告诉你，我昨晚上做了一个梦，我梦着了槿光啦。

玉：（有点惊异）哦！（想了一想）这可奇了，我昨晚上也做了一个梦，我也梦着了他啦！

崔：（诧异）哦，那可真怪了！——我梦着了他，你也同时梦着了他！

玉：(慰解)是啊，想来这应该是一个吉兆了吧！

崔：(摇头)唔，那可难说得很！难说得很！(追思)昨晚上快要天亮了的时候，我梦见了槿光穿着一身军装，骑着一匹高头大马，像飞样的在山路上奔跑，他热汗淋淋的从这边山坡跑过那边山坡，从那边山坡又跑到这边山坡，突然，我看见他的马蹄一翻就跌滚到那万丈高的悬崖下边去了！(惊怖地)啊，韵玉！这是一个恶梦！这真是一个可怕的恶梦呀！(担忧之至)你想槿光这样久没有消息来了，唉，恐怕……

玉：(忙又慰解)不会的，姑妈！我的梦可做得好极啦。

崔：(急问)你梦见他在干什么？你快说！你快说！

玉：(微笑着，追思地)昨天晚上我可梦见槿光回了家！

崔：(一喜)哦，他回了家？

玉：(快活地)是呀！而且他带回的军队还把我们这儿的京城都打下了！喝，姑妈！可惜您没有瞧见，他一看到了我们那个快活得要死的样儿啦！(连忙改口)啊，不，您瞧见了他的，您怎么没有瞧见他呢！我记得清清楚楚的，您一看见他回家了，您的眼泪可都笑出来了呀！

崔：(怅憾)哎呀，我怎么做不到这样一个梦呢！(关切地)啊，韵玉，你看清楚他了吗？——他的身体怎么样？恐怕又黑又瘦了吧？

玉：(愉快地)不，姑妈！他一点也不瘦，却比从前壮多了！

崔：(放下了心)啊，谢天谢地！希望你做的梦比我做的灵验。我做的，那怎么算是一个梦呢！那简直是胡思乱想，胡思乱想！

玉：(意味深长地)真的，姑妈！我想我做的那个梦，恐怕终有一天总会实现的吧！

崔：唔，我也希望能够早点实现，(感慨地)不过就怕你姑妈的岁数等不及了呢！(稍停，忽又不放心的问)噫，槿辉呢！——可在家？

玉：在吧。

崔：(忽然)我问你，韵玉！你辉弟是不是还在跟那李家的姑娘来往？

玉：(微微一笑)您问这些来干什么呢？姑妈！那是辉弟自己的事情，您还是别去管他们吧！

崔：(有点气)不，我要管！你没有瞧瞧你辉弟这几天来神魂颠倒的，简直太不像〖话〗了！

玉：难怪辉弟要这样，姑妈！您不知道，兰秀实在太可爱了。

崔：(不满)李永寿的女儿，会有什么可爱的！就把这回我们房子的事情来说吧，你看那老狗，狐假虎威的一点也不通人性，他说要抢买就硬要来抢买，哼！我只要一想起他，就叫我浑身都是气！

玉：那是李永寿干的，这跟他女儿有什么关系呢！

崔：（愤然）没有关系！怎么会没有关系！告诉你，我是再也不会让你辉弟去跟那姑娘往来的！

玉：（劝）姑妈！您又何必这样的多操心呢！

崔老太大瞧见槿辉从内室中走出来了。

崔：（不快）哼，你还要怪我多操心。（用手指了一指）好，你瞧吧！你瞧吧！你瞧你辉弟变成了什么样子！

槿辉手里拿着一封信，仿佛醉了样的，边走边看，边看边笑，似乎他的心已经飞到了另一个天地，竟连室中的崔老太太和韵玉，他都看不见了。

辉：（细声的念诵着信中的辞句）"啊！槿辉！你快用你的热情，你的果敢，来助我一臂之力吧，太迟了，恐怕我就难从这惊涛骇浪的苦海中，飞渡到那自由幸福的彼岸去了啊！……"（感叹）唉，兰秀你真太痛苦了！太痛苦了！（烦恼地）这叫我怎么办呢？怎么办呢？

崔：（走过去，斥责他）你说怎么办呢！哼！我看你真要发疯了！

辉：（这时仿佛才从醉梦中惊醒了转来，窘得满脸通红）啊！妈！……

玉：（也忍不住笑了）辉弟！你没有瞧见你刚才那个样儿，多可笑啦！

崔：（生气）槿辉！你为什么总不听我的话，我要你别跟李兰秀往来，你为什么偏要跟她往来？

辉：妈！兰秀实在太可爱了！你老人家只要肯……

崔：（斥责）我不要听你的，告诉你，从今以后你可再也不许跟她来往，你听到没有？

辉：（难过）妈！……

片刻的沉默。

崔：（忽很凄然）槿辉！明天是什么日子，你可还记得？

辉：（惨然）那是我大哥殉国的七周年纪念日！

崔：我还以为你忘了？

辉：（难受）我怎么会忘记呢！我是绝不会忘记的，我会记着，一生一世的记着。（忽然愤恨地）哼！总有一天，我要报仇！——我要替我那两个惨死了的哥哥报仇！

玉：（连忙止之）辉弟！

崔：（大吓）你又在胡说了，快点闭嘴！

辉：你又要话都不准我说了。

崔：这些话你应该死死地记在心里，却不应该常常挂在嘴上，这，你懂么？

辉：这，我当然懂！

崔：只要你懂，那就好啦，我问你，前几天我要你收检的东西你都找到了吧？

辉：（顺手在身边摸出一把短剑来）都找到了，咯，这不就是我大哥生前用的那把短剑吗？（顺手又在身上摸出一枝[支]大笔来，对玉）这儿还有我二哥写字时用的一[支]大笔呢！

玉：（观赏）一枝[支]笔，一把剑，这倒真是一对值得珍贵的遗物啦。

辉：我就要拿出供在他们的灵堂前呢！

崔：（望了望剑和笔，对辉很感伤地）唉，槿辉！你想想看，这十多年来你妈的日子过得多苦！

辉：妈！……

玉：您别难过吧，姑妈！

崔：（走近合照前，指着那张照片）来！槿辉你来看看这张照片，这十年前我们全家合照的，那时候你还只有这样高，这样大！现在你总算成人了，可是这照片里的人，死的死，逃的逃，全家大小，剩下来留在这里的，却只有我们娘儿两个了！

玉：（凄然长叹）唉！

崔：（对辉，忽然严肃地）所以，我想当着韵玉的面前，要你诚诚恳恳地答应我一件事情。

辉：（不解）什么事呀？妈！

崔：这件事闷在我的心里已经很久很久了，我说出来，也许你还会不快活呢！

辉：妈！究竟是什么事呀？

崔：我说了，你不会怪我多嘴？

辉：我怎么敢哪，妈！

崔：我要你答应我，从今以后，你一定要好好的去读书，绝不到外边去干那些危险的事情！

辉：（一惊）啊，妈！那为什么？

崔：（感伤地）为什么！你还要问为什么。三十多年来，我辛辛苦苦的把你们几弟兄养大成人，可是现在剩在我身边的，却只有你这一块骨肉了，你妈妈这颗心难道你还会不明白？

辉：（大受感动）啊，妈！

崔：这你总可以答应我了吧？

辉：（矛盾，痛苦，无语）……

崔：（催问）噫，你为什么不说话呢！

辉：（不好答复）……

崔：（再逼）难道你一定要像你那三个哥哥一样？……你真忍心让你妈妈无时无刻不为你提心吊胆？……嗳，你怎么老不说话？你说呀！（转对玉）啊！韵玉！你也给我劝劝他吧！

玉：（作难）是，姑妈！（转对辉）啊，辉弟！你快说吧！姑妈在等着你的回话呢！

辉：（经过一阵痛苦的思虑之后，忽然——）妈！我答应你，我什么都不去干！我什么都不去干！

崔：（抚着他的肩头，放心地）唔！这才像是你应该说的话啦。（稍停）好吧，你别难过了，快跟我到那边房里去布置你哥哥的灵堂去。恐怕尹师父跟法能法师他们就要来看我来了啦。

辉：您先去，我就来。

崔：也好。

崔示意韵玉要她劝劝槿辉然后转身向左边的门口走出去了。

辉：（难过）啊，嫂嫂！……

玉：（瞧见槿辉痛苦的样子，很同情地）辉弟！别难过了，姑妈也是一番好意，你得原谅她老人家的苦心啊！

辉：（矛盾地）嫂嫂！我心里真难过，我爱我的妈妈，我也爱我们祖国，我妈妈的命运很悲惨，可是我们祖国的命运，不也更够悲惨么！嫂嫂！这可叫我怎么办呢？……我干？还是不干？……我该听我妈妈的话？……还是不该听她的话？……我的心可都乱了呀！

玉：（叹气，同情地）唉，这真是一个难题啦！

辉：（恳挚地）你可不可给我一点勇气，代我作一个决定呢？

玉：（也感到了矛盾）我的心，也跟你的心一样，你叫我怎么说呢！

辉：（慨然长叹）唉，嫂嫂！时光一天一天的过去，到了现在，我才深深的觉得，做一个韩国人，是多么的痛苦啊！

室外楼板上响过来一阵脚步声，崔老太太知有客来，又从内室中走出来，开门迎客。牧师尹重道、老和尚法能和金南镇在室外脱了鞋，很有礼貌的走进会客室中来了。

尹重道约有六十岁的年纪，长须白发，道貌岸然。法能和尚约有六十以上的年纪，眉毛发白，精神矍铄。他们两人的手里都提着一小包东西，态度显得异常的庄严和肃穆。

南镇也和往天有点不同，他手里拿着一幅画轴，沉默着，好像也有点什么心事的样子。

槿辉和韵玉见着客人来了，连忙行礼。礼毕，韵玉退了出去。

崔：（指着蒲团，对来客）都请坐吧，今天长老跟神父都光临了寒舍，实在高兴得很！

尹重道：我们是特来拜望老太太的。

崔：不敢当！（和尚与牧师一道来，使他[她]不解）请问您二位可是一道来的？

尹：是的，我们三个人都是从孙秉熙先生住的伤春园来的。

金：（忙接进去）孙先生还要我代他来拜候您老人家呢！

崔：那怎么敢当啦，孙先生住的伤春园，真是我们国内名流会聚的地方，你们近来可常在那儿谈什么国事？

金：刚才我们还在那儿谈了许久才来的呢！

崔：你们谈些什么？可以告诉我一点吗？

金：嘻，您还不晓得！昨天晚上李太王住的皇宫里，日本兵忽然加了警卫，宫内宫外早都断绝了交通啦！

辉：哦！会有这样的事！

崔：唔，恐怕又会出什么乱子吧。神父，您看呢？

尹：我怕太王恐怕会凶多吉少！

崔：您说呢，长老！

法：还用说么！我看日本人又要作孽！又要作孽！

崔：唉！（望了望室中，忽然指着窗口严肃地）南镇！

南镇连忙去关窗。槿辉也走过去帮着把窗关好。

他两人窗子关好后便退在一旁悄语起来。

尹：（恭肃地）老太太！明天不就是您令郎殉国的七周年纪念日吗？

崔：是的，神父！您也还记得。

尹：记得，当然记得。

法：就连我们出了家的人，也都记得。

尹：（真挚地）是的，我们都没有忘记。我想，只要是一个有善良灵魂的韩国人，也都不应该忘记。这十年来，你府上的牺牲太大了，为了我们祖国的独立与自由，您一次二次的献出了您心爱的孩子，您真不愧是我们韩国的一个伟大的母亲啊！

崔：（又惊喜又惭愧）啊，神父！过奖了，其实，那只能说我的几个孩子还算有点志气。像我……啊！实在惭愧得很啦！

尹：（庄严地）不，老太太！我是从来不会虚假的，如没有您这样一个伟大的母亲，是不会有那样英雄的儿子的。因此，我今天来便是代表我们几十万上帝的儿女，来向您致敬的。

法：（虔诚恭敬地）我今天来，也是代我们十多万佛门的子弟来向一个有佛性的母亲顶礼的。

崔：（越受尊敬越感惶愧，但仍高兴地）啊，我怎么敢当啦！

法：从明天起，为了超度您那两个伟大的儿子的灵魂，我还要在我的佛寺里替他们建设七天七夜的大道场呢。

尹：明天早上，我也要在我们的礼拜堂里，带着几千男女，为我们那两个牺牲了的民族英雄祈祷呢！

崔：（万分感激）啊，长老！（转对尹）神父！你们的慈悲，你们的恩惠，我们不知要怎么样才能感激你们呀！

尹：（从绢包里取出一幅圣母像、一个十字架）在您令郎殉难七周年纪念的前日，我谨代表我们的教会，敬送上一个十字架、一幅圣母像，请您收下来留作一个纪念。

法：（从黄绢包里取出一卷佛经来）这一卷佛经，收下吧，这也是我们出家人的一点小小的敬意！

槿辉帮着崔老太太将礼物一一收下。

崔：（感谢地）谢谢！谢谢！

金：（展开手中的画轴）老太太，我这儿还有一幅画呢！这是几千韩国青年特请一位名画家画来送您的，（指着画）您瞧！这是一群恶魔，这是一群武士。这画中的母亲，一面在鼓励着她的三个儿子跟恶魔格斗，一面却又含着眼泪把她最小的一个儿子也都送到战斗中去了啦！

尹：（赞赏）啊，这真是一幅意味深长的名画！

辉：（接过画来快活地）妈！南镇说您就是画中的母亲呀！

金：（敬佩地）是的，老太太！您就是这样一位伟大的母亲！

尹：真的，您真就是那画中的母亲！

崔：（又欣慰，又怅憾）唉！我，我哪儿配呢！

法能和尹重道起身欲去。

法：菩萨保佑您！老太太！我们得告辞了。

尹：（欲行）再见，老太太！上帝保佑你！

法能和重道告辞走了。

老太太把他们送到门边。

金：（叫着槿辉，小声）槿辉！我不到你的书房里去了。我刚才跟你说的那些东西，请你就拿到这里来，我看看。

辉：（望了他母亲一眼）好，（又迟疑地）还是回头再说吧！

槿辉匆匆的便到左边的门里去了。

崔：（转身向金）南镇！你好久没有到我们这里来了，这几天外边的情形怎么样？

金：（兴奋地）现在德国惨败，欧战告终，俄国的革命成功，美国大总统又对全世界宣布了民族自决的原则，所以我们国内国外的独立运动，正在风起云涌的起来。你刚才是亲眼瞧见的，就连和尚牧师都跟我们携起手来了，您想想看，我们的复国运动还会没有希望么！

崔：（点头）唔，真有希望。（担心地）不过，你们在长白山边那支部队呢？近来究竟怎么样了？你怕还不晓得，槿光去了以后，一直到现在都还没有消息回来呢。我真不懂，他为什么竟连信都不来一封！

金：我想他多半是怕日本人检查到，会连累你们呀！不过现在可有消息了，我正说要告诉您呢！

崔：（惊喜）哦，真的？——真有消息来？

金：有，有，有，是我今天才听到的。

崔：（急问）是什么样的消息？

金：听说，前几天槿光带领了一支人马，冲回了国境。

崔：（忽然想起，狂喜地）啊，天，这跟韵玉做的梦是一模一样的呀！怎么这样的巧合啊，（忙对屋内叫）韵玉！韵玉！（又催问金）好，好，好，你说下去吧！你！你说下去吧！

金：在边境碰到了日本兵，两边摆开队伍就大大的打了一仗！听说还杀死了许许多多的敌兵呢！

崔：（痛快）啊，那总算替我们韩国人大大的出了一口恶气了！后来呢？

金：（不敢直说）后来，……后来敌人吃了这个大败仗，便调了大批的援兵，从四面八方包抄了回来，可是我们的队伍却很英勇，从早到晚，都打得非常的激烈！

崔：（有点发抖）哎呀！那不很危险么！

金：当然危险！不过，快要到天明的时候，我们的队伍却突破了重围，撤离国境，仍然退回到长白山中去了！

崔：(非常失望惊怖地)槿光呢！可有什么消息？

金：消息倒没有什么消息，不过队伍都退走了，我想，他总很平安吧！

崔：(担忧)那可难说啦……唉！

金：(连忙安慰)不，老太太！您别乱起疑心，我敢说，槿光是一定很平安的！您请放心！您请放心！

崔：(还是很担忧)唉，南镇，槿光连半点儿确实的消息都没有，你叫我怎么能够放心得下呢！

这时，韵玉忽从内室中走出来了。

玉：姑妈！是您叫我？(望了望南镇和老太太)你们在说什么哪？

崔：(怕她听到连忙掩饰)啊，韵玉！你没有听到吗？

玉：(摇头)没有。

崔：(转真忧为假喜)我们在说槿光呀！

玉：槿光！

崔：(假笑)是呀！你还不知道，槿光可有好消息来了啊！

玉：(半惊半喜)哦！可有什么好消息？

崔：南镇说：最近那边有人来，说槿光带的兵在边境上打了一个大胜仗啦！(面对南镇，要他承认)是吧，南镇！是大大的打了一个胜仗吧！

玉：(惊喜)真的么，南镇！

金：(只好说谎)真……真的！

玉：(狂喜)啊，那多痛快！可是槿光呢？他的兵现在可打到什么地方了？

崔：(支吾)我，我，我不大说得清楚，南镇！还是你，你说吧！

金：(只好瞎说)听说他现在打了一次大胜仗以后，高高兴兴的就把兵带回长白山休养去了！

玉：(笑着，兴奋地)他为什么不打回国来呢？

金：是呀，我也是这样的想。

玉：(郁愤的)他去了那么久，这回有人来了，怎么连半封信都不给我？

金：信是不好带的，这可不能怪他。

玉：(非常担心)那边天气那样的冷，听说一到冬天就到处都是冰雪，他的身体可受得了么？

崔：是呀！恐怕已经瘦得不像人样了？

金：(宽慰)不，一点也不瘦，听说他在冰天雪地里，锻炼了几个月，却反而比从前棒多了！

玉：（欢喜）真的么？

金：当然真的。

崔：（笑了）喝喝，韵玉，这你总可以放心了吧！

玉：（也笑了）啊，姑妈！您呢？——您放心吗？

崔：（只好点头，可是心里却酸楚得很）我，……我当然放心！

玉：（愉快的笑着）只要您放心，我当然也很放心啦！

崔：（一阵心酸，笑出了一滴热泪来）唉，韵玉！我们娘儿两个真够可怜啊！

玉：怎么您哭啦？

崔：（有点支持不住）不，我太高兴了！

玉：（体贴地）您累了，姑妈，进去休息一会〖儿〗吧！

崔：不，我不累，我还要去布置灵堂哪。南镇，你坐一会〖儿〗我就来。

金：伯母！您请便。

崔老太太怕自己支持不住，慢慢走进内室中去了。

槿辉从左边的门口探出头来望了一望，他见他母亲已经走了，才夹着一大卷东西跳了出来。

辉：（对玉，活泼地）啊，嫂嫂！你给我绣的国旗呢？我就差你那一件东西了啦。

玉：我还没有绣好呢！

辉：（急恳）请你快点，好不好？我等着要用呀！

玉：好，再过两天，一定给你。

辉：（顽皮地）谢谢，谢谢，叩头，叩头。

金：（笑问）怎么样？你的东西全都弄好了吗？现在可以给我带走了么？

辉：（活泼地）可以，当然可以！（一下把那卷东西摊开，大声地）咯，你来瞧吧！这是传单，（望了一下窗子，怕有什么人会听到，连忙把声音缩小）这是画报，这是小册子，请你仔细的瞧瞧，你看，我的技术还不算坏吧？

金：（称赞）好，——好极了！

辉：（非常得意）我这几天正在练习画呢！要是油印机好一点的话，也许还要印得精致一些。

金：已经很不错了。

辉：（笑着）好，那你就拿去吧！

槿辉刚欲将各种油印品交与南镇，忽然崔老太太出现在内室的门边，这可把槿辉和韵玉都吓住了。

崔：（瞧见了槿辉手中的东西，惊问）槿辉！你那是些什么东西？

辉：（一吓）啊，妈！

崔：给我看看！

辉：（掩饰）不，妈！我画来玩儿的呢！没有什么看头！

崔：（越起疑心，命令地）你别管，快点给我！

金：（不懂）槿辉！不要紧的，你就给老太太看看吧！

辉：（大窘）不，妈！真没有什么看头呀！

玉：（着急，怕把这件事揭穿）那您就不要看了吧，姑妈！

崔：（不听）不，我一定要看看！

辉：（又气又窘）妈，您为什么一定要看呢？

金：（催促）那你就快点给老太太吧！槿辉！

崔：（严厉地）你听到没有？快点给我！

辉：（窘极了，忽然撒起野来，随手就将手中的那些东西，一件件的丢了出去）好，您看吧！您看吧！都在这儿，都在这儿，您通通都拿去看吧！

玉：（大惊，责之）辉弟！你这叫什么啦！

金：（大惊，责之，同时地）你疯了么？槿辉！

崔：（忍着气把地下的传单画报，拾起来看了一看）哼，原来是这些东西啊！难怪你一定不肯给我看！

室内的空气顿时紧张了起来。

玉：（劝解）姑妈！您就算了吧！辉弟还是一个大小孩子呢！

崔：（不理）槿辉！你过来！

槿辉一脸通红，立着不动。

崔：（生气）刚才不久，你就在这儿，当着韵玉的面，答应我的话，你可还记得？

辉：（不快）记得。

崔：记得很清楚？

辉：记得很清楚！

崔：（大怒）那你为什么要瞒着我去干这些事情呢！你这是不是有意要欺骗你的妈妈？你说：一个青年人需要诚实？还是需要扯谎？你说呀！

辉：（忍受不住了，大发起孩子脾气来）啊，妈！您这样逼我干什么！你还配人家称您做韩国的伟大的母亲么！

玉、金：（同声地）槿辉！

崔：（仿佛迎头吃了一击，浑身气得发抖）啊，韵玉！你听！你听！这就是你辉弟对我说的话呀！（伤心地）啊，天哪！

玉：（斥责地）辉弟，你真太鲁莽了！（说罢连忙奔去扶着崔老太太）

金：（非常不满，质责地）槿辉！你这是什么态度？

玉：（扶着崔，劝慰）姑妈！您别难过！辉弟真还是一个不大懂事的大孩子哪！您别生他的气！别生他的气！

金：（气问）我问你，槿辉！你为什么不把你的行动告诉你妈妈？

辉：（难过）我怎么敢告诉她呢！

金：为什么不敢？

辉：啊，你不知道！

金：哼，我不知道！你家里的事情，有那一件我不知道？

辉：唉！

金：你没有想想！你刚才的态度像什么样子！

玉：（刺一句）他是在他妈妈面前逞英雄呢！

金：英雄，什么英雄！那简直是胡闹！

辉：（有苦说不出）唉，南镇！你不知道我心里的痛苦！

金：（越说越气）痛苦！哼，你有了这样一个母亲，你还要痛苦，那你真才活该！

辉：（辩解）哎呀！南镇！你刚才不是亲眼看见的么！

金：（驳斥）那你为什么不早跟你妈妈说明呢！谁叫你去隐瞒她？谁叫你去欺骗她？告诉你：天下没有一个母亲不担心自己儿子的危险的，为了我们的祖国，你母亲的牺牲已经够大了，她为什么不疼你、爱你、担心你呢！像你母亲这样识大体顾大局的人，你只要什么都告诉了她，难道她还会来阻挠你！

辉：（似乎还有苦楚）唉，你别说了吧！

金：（大表不满）你还不心服，是不是？告诉你，一个不能体贴自已母亲的痛苦的人，我就不愿跟他做朋友！

辉：（垂头无语）……

玉：（怕他们的友情破裂）南镇！你请坐吧！（笑笑）我看你真不愧是辉弟的一个老大哥呀！

金：（似觉自己太感情）韵玉！你不会怪我太感情吧，刚才我实在太忍不住了。（转对崔，解释地）啊！伯母！我是一个从小就没有了母亲的人，我既没有兄弟，也没有姊妹。我敬爱您，就像敬爱我自己母亲一样。我对待槿辉，因此，我刚才才对他那样不客气呢！

崔：（从痛苦中抬起头来，感激而又感动地）好，好得很！你应该这样（似乎有点愧悔）不过，今天，今天倒是我……我……错啦！

金：您错？

崔：（坦白地）唔，是我的错！

玉：姑妈！您……

辉：（受不住良心的苛责，忽然奔到崔的面前，忏悔地）啊，妈！刚才是我错了！请您老人家原谅我吧！

崔：（抚着槿辉，悲喜交集，默然无语）……

玉：（快活地）嗳，这末才像是一个大人呀！

半晌的沉默。

金：（将地下的油印品收拾起来，藏在身上）我得出去一下，一会儿再来（欲行）

玉：你上哪儿去？

金：我去打听打听李太王的消息，回头再来告诉你们。

玉：好，那你就去吧，希望你早点来。

金：好的，老太太，我去了。

南镇告别而去，他刚跨出门不久，忽又匆匆地折了回来。

金：（笑对辉）槿辉！你的好朋友来了。

辉：谁？

金：兰秀！

玉：（一惊）兰秀？

崔：（没有听清楚）谁啊？

辉：（不好意思）妈！……

金：（对辉，玩笑地）你还呆[待]在这儿干嘛！佳宾光临，你还不快去迎接？对不住，我可不能奉陪了啦。（笑着就走出去了）

崔：（追问）究竟是谁呀？槿辉！

槿辉不答。

玉：（微微一笑）姑妈！是李兰秀！

崔：（脸色一变）哦，是她！她又来干嘛！

玉：当然是来看辉弟的啰！

崔：（不高兴）这真不像话，那样大的姑娘了，还是这样东奔西跑的，这就是他李家的家教！

辉：（焦急，恳求地）妈！您让我去……

崔：（截住了他的话）不行！

玉：（忙劝）姑妈！人家已经来了，怎么好不接待呢！

辉：（再恳求）妈！您（又说不下去了）……

玉：姑妈！您就让他去吧，看他急得多可怜哪！

崔：（望了望槿辉，心有点软了）可是……（辉见崔默允，折身就跑，崔又疼爱又感叹地）唉，年轻人……

玉：（瞧着崔的模样，忍不住轻声地笑了）唉……

崔老太太折转身，韵玉笑着把她扶了进去。

一会〖儿〗，槿辉陪着兰秀走进客室中来了。

辉：（欣快地）兰秀！你来得真好，这几天来我实在痛苦极了，要是我今天还看不到你，（天真地）那我真要哭了呀！

秀：（多感地）槿辉！我还不是跟你一样，要是我今天再看不到你，那恐怕我也真要哭了呢！

辉：（爱怜地）兰秀！你还是想开一点吧，你瞧你已经比从前瘦得多了！

秀：（愤叹）唉，槿辉！你替我想想：我家里简直就是一座囚牢，叫我怎么会不瘦呢！

辉：你家里的情形究竟怎么样了？

秀：可更严重了！

辉：（吃惊）哦！

秀：我爸爸就要强迫我跟许国龙正式订婚了呀！

辉：（大惊）订婚！

秀：而且日子都订了呢！

辉：（急得跳）怎么？日子都订了？

秀：今天是二十八号，就是下个月的十五！

辉：（又气又急）哎呀，那怎么办呢？那你，你，你，为什么不起来拼命反抗？

秀：（愤诉）我怎么没反抗呢！一开始，我就跟我妈妈吵，后来我又同我爸爸闹，我对他们哭诉，对他们哀求，对他们软劝，也对他们硬骂，有时我心里想横了，索性就在家里乱蹦乱跳，乱哭乱骂，乱掀台子，乱打东两，可以说什么方法我都用尽用绝了。可是，那又有什么用呢！我爸爸的心肠，还是跟铁一样，说来说去，你就把天都闹翻了，他还是给你一个不肯让步！

辉：（感到棘手）唉，你爸爸怎么这样的没有人性呢！难道他一点也不爱你？

秀：他说他就是为了爱我，才这样的对我呀！

辉：这哪儿是爱你？那简直是活埋你吗！

秀：像这一类的话，我真不止跟他说过千百遍了，可是他不听，他一句也不听，可把他有什么办法呢！

辉：唉，你爸爸也真太顽固了！

秀：（忧愁地）现在我是什么气力都用尽了，可是黑暗的日子，却一天又一天的压得我气都喘不过来。呵，槿辉！看看下个月十五，一转眼就要到了！你看我该怎么办呢？

辉：（慰之）我想，像你这样刚强的人，办法总会有的吧。

秀：（坚毅地）是的！我有我的办法。我从前不是对你说过，到了毫无办法的时候，我会飞的么？现在我可真想飞，真想逃走了啦。

辉：对，你真该逃走了！

秀：（忽又疑忧地）不过，我的眼前到处都是一片黑暗，我可应该先向哪儿飞？先向哪儿逃走呢？啊！槿辉，你可有什么力量来帮助我吗？

辉：（连忙答应）有，有，有，你只要肯逃走，我一定来帮你的忙！

秀：（不大敢相信）你可有什么办法来帮我的忙呢？

辉：（自夸）办法可多得很啦！不过，（稍停，忙又改口）不过，你要我具体的告诉你，却还得要等两天！

秀：为什么还要等两天？

辉：（天真地）我还得要跟南镇商量商量哪！（大吹）你不知道，南镇的本事实在大得很，他可以介绍你去教书，也可以介绍你去做事，他可以送你到东北，也可以送你到上海，他虽然跟你还不十分相熟，但他对我却像自己的亲兄弟样的。（越说越有劲）你的事，就是我的事，我的事也就是他的事。你只要肯托他，他准给你办得周周到到，妥妥贴贴[帖帖]！

秀：（爽快地）好吧，就这么办，只要南镇肯帮我的忙，我就一切都放心了。

辉：你尽管放心，南镇做事，准不会错。

秀：（匆急地）好，那我就专等你的回话吧。两天之内，你记着：我不来你就得请韵玉到我学校里来。现在我可要走了。

辉：噫，你这样忙什么呢！好容易我们才碰到一次面，怎么你就要走了！

秀：你不知道，我刚才还是偷着来的呀！我的身边常常都有一个老妈子监视着的，我一回去迟了，恐怕就有麻烦！

辉：（听不进）会有什么了不起的麻烦？

秀：（急忙解释）哎呀，你总是这样说！你还不晓得，刚才我爸爸强迫我同他出来买我订婚时候用的东西，我乘他有事去了，我就对那监视我的老妈子说，我要去看看我的老师，这样，我才偷着跑到你这儿来的。我要是再不回去，说不定我爸爸疑心我到了你们这儿来了呢！

辉：（惊问）哦，他怎么会这样起疑心？难道他知道了我们的关系？

秀：他早就知道了，还盘问过我好几次！

辉：你可承认？

秀：承认！我承认什么呀？

辉：是谁告诉他的？

秀：还不是许国龙那家伙！

辉：（怒骂）王八蛋！真是一个王八蛋！

秀：（欲行）我可真得要走了！

辉：（恋恋不舍）唉，秀！你叫人难过，我们好容易才碰到一次面，那晓得你这样匆匆的来，又这样匆匆的就去了！

秀：（也很依恋地）你别难过吧，槿辉！我想，我只要能够飞出我那黑暗的家庭，那你还愁我们会没有常常见面的机会么！

辉：（无可奈何地）是的，我也只好那样想。

秀：你只要能够那样想，那我的心里就轻松得多了。

辉：只要你心里很轻松，那我的心里也就会没有什么大痛苦。

秀：我们再见吧？

辉：再见。

兰秀走出去了。

槿辉折转身来，仿佛顿时失掉了什么样的，来回的在室中踱来踱去，一会儿望望窗，一会儿又叹叹气，好像心里很凄苦的样子。

过了一会〖儿〗。

南镇却惊惊慌慌跑进室中来了。

金：（惊惶）槿辉！你知道吗？李太王死啦！

辉：（吃惊）哦！

崔老太太和韵玉也从内室奔出来了。

崔、玉：（惊问，同声地）什么，李太王死了？

金：是的，就是今天死的！

辉：（疑问）这可怪了，从来都没有听说太王害过重病，怎么突然就会暴死呢？

玉：（惊疑）这真死得奇怪呀！

金：（悲愤地）大家都在说，是日本强盗在昨天晚上用毒药来把太王毒死的！

玉：（大惊）哦，这真太毒辣！太毒辣了！

辉：（大惊）难怪他们昨晚上要派重兵去把皇宫守着啊！

崔：（不解）哎呀，日本人为什么要下这样辣的毒手呢！

金：（说明）这还不明白么！现在巴黎的和平会议正要开了，他们就怕太王又要派代表去要求独立，所以才先下手把他毒死的呀！

崔：（异常悲愤）啊，天哪！这就是“亡国之君”的下场！“亡国之君”的下场！连我们韩国的君主都遭了这样的毒手，像我们这些老百姓，不跟一只鸡、一只羊一样，随时也都可以听人家来宰杀的么！

金：（激愤地）不，伯母！我们不是一只鸡，也不是一只羊，日本人谋害得了李太王的性命，可消灭不了我们韩国人心头的愤恨！您老人家请慢慢瞧着吧，您瞧我们会怎样去向那些罪恶滔天的强盗，去讨还我们这十年来的血债！

辉：（忘记了一切，大声地）对！我们应该去讨还我们这十年来的血债啦！

崔回头惊顾，玉忙奔去堵着辉的嘴。

大家回头一看，只见窗子上，现着一个警察的身影。

——幕落

第三幕

人：崔老太太
　　朴韵玉
　　崔槿辉
　　金南镇
　　李兰秀
　　李永寿
　　安大嫂
　　赵三嫂
　　韩警甲

时：一九一九年，三月一日

景：同第二幕

天快亮了，窗外的曙光，渐渐的在黑暗的天地上扩展开来。

远远的有佛寺和礼拜堂的钟声，裂人心魄的，在断断续续的鸣响着。

室内左角的一张小桌上，燃着一盏油灯，供着一杯净水，信仰天道教的崔老太太，正手持一百零八颗念珠，跪坐在地，很虔敬的正在念着咒文，作着“心告”。

一会〖儿〗，钟声渐渐的静下去了。

室外韩警的靴声，沉重而又缓漫[慢]地，却又一步紧一步的响了过来。

这时，韵玉从内室中静悄悄的走了出来，她望了望室中，忽然她瞧见左边的窗子上，闪现着一个警察的模糊的身影，这可把她惊着了，她紧紧地靠着门边，心里却微微的有点发抖。

崔老太太却没有注意到这些，她还是很虔敬的在作着她的“心告”。

崔：（喃喃地反复念着咒文）——“至气今至，愿为大降，侍天主，造化定，永世不忘，万事知。”

念毕，她静了一静，然后她才立起身来。

立在窗外的那个警察，似乎看见室中没有什么动静，也就拖着那惊人的脚步声走了。

这时——

玉：（突然奔到崔的面前，惊怯地）姑妈！你刚才瞧见那警察的影子了吗？

崔：（一惊）哦！我倒还没有瞧见！

室外，正在响着警靴声。

玉：（惊指）你听哪！这就是他的脚步声！

崔：（倾听，有点不安）哼！真没有想到，天才刚亮，这些家伙却又来光顾了。

玉：（诧异）奇怪！为什么近来我们的屋前屋后，常常都碰到这些东西！

崔：别去理他！

玉：我真不懂！一个人的活路很多，大家都是韩国人，为什么他们偏要去吃这一碗血饭呢？

崔：恐怕也是无可奈何吧！我倒真替这些没灵魂的人可怜！

玉：（担忧地）唔，姑妈！近来外边的情形紧得很，也许真会闹出什么乱事来呢！

崔：（惊问）你可听到些什么？

玉：您想嘛，自从前一个月李太王惨死了以后，全国人心都痛愤极了！到处都有学生罢课，商人罢市，各乡各村种田的人，为了要来送葬，也都像潮水一样的拼命地向京城里涌，现在全国上下都闹得人心惶惶，我想只要有人肯起来点一把火，那恐怕会闹得天翻地覆了！

崔：唔，我也是这样的想啦，就拿我们的教主孙秉熙先生来说吧，从前他是绝口不谈时局的，现在可怪得很，他却天天都叫人来跟我们讨论起国事来了呢。

玉：别说孙秉熙先生，您就瞧瞧昨天我们家里来的那两个乡下女客人吧！啊，您瞧她们那种伤心的样子。（忽然听到门内安大嫂的话声）……

内：（安大嫂的声音）走吧！走吧！太迟了啦！

玉：（不便说下去）啊，她们出来了，她们出来了！

农妇安大嫂和赵三嫂悲苦的从内室中走出来了。

崔：噫，你们为什么起这样早？天才刚亮呢！

安大嫂：我们真打搅您老人家了。

赵三嫂：我们想到外边去一去。

崔：上哪儿去啦？

赵：我们想到王宫外边去一趟。

玉：去做什么？

安：（眼睛红红的）我们许多乡下来的人，都是约好的，我们想去哭一哭太王呀！

玉：再过两天，太王的灵柩不就要出殡了吗？我看还是到送葬那天再去吧！

安：不，我们乡下人是约好的，我们就要去，我们就要去。

赵：（感叹）啊，太王实在死得可怜了！太可怜了！

崔：唔，你们真忠心！真忠心！

玉：真难得！真难得！

安大嫂和赵三嫂很难过地从门口走出去了。

玉、崔：（同声感叹）唉！

室外远远的马路上传来一阵嘈杂的脚步声，从那片嘈杂声里隐然的可以听到许许多多的人在很伤心的哭泣着。

玉：（一惊）啊，姑妈，您听！街上好像有一群人在哭？

崔：（听了一听）唔，那些人，多半也是到王宫前去哭太王的啦！

室外，一片悲惨的哭诉声，在凄冷的晨风中，一阵又一阵地传进来了，她们两人听了一听。似乎心都全碎了。

玉：（感动，难过地）唉，姑妈！您听那声音哭得多凄惨啊！

崔：（难过）唔，是的，真凄惨！

玉：他们不仅在哭太王，也像在哭自己呀！

崔：（忧愁地）嗳，韵玉！我心里真愁得很，我真有点儿怕呢！

玉：您怕什么？姑妈！

崔：哦，我怕你辉弟……

玉：（忙慰之）您还要怕什么呢，辉弟在外边干的事情，不是全都告诉您了吗？

崔：（苦恼）哎，一个做母亲的人苦就苦在这些地方，要是你辉弟什么都不告诉我，我自然替他很担心，可是等他什么都告诉了我，我反而却又一点也都放心不下，这怎么说呢？

玉：这可就难说了啦，姑妈！

崔：（感慨）唉，韵玉！你懂么？这就是一个做母亲的人的心啊！

玉：（劝慰）姑妈！我劝您还是把心肠放硬一点吧！您既然觉得辉弟是应该这样去干的，您就大着胆儿让他去干好了，像您这样忧来忧去，一年四季都像坐在愁城里样的，那又何苦呢？

崔：（首肯）是的，你的话说得很对，我也常常都在想：槿辉没有错，他是对的，他继承了他父兄的遗志，他使我光荣，使我快乐，我还要担心他干什么呢？

玉：（接了过去）对的，姑妈，您应该多多的鼓励鼓励他才对呀！

崔：（感到矛盾，痛苦地）可是我却没有办到，我还是心惊胆战的常常都在替他担忧呢。

玉：啊，姑妈！您的心，真太矛盾了！您总得想法改一改才好。

崔：唉，韵玉！我一下子怎么改得过来呢！你想一想：我们这一家人的命运，（说顺了嘴）譬如我们就拿槿光来说吧，直到今天，我们都还是一点儿真确的消息都没有接到过，你叫我怎么不……（一下看见了韵玉忧郁的面容，连忙改口）啊，你看我又说到槿光的身上来了，我，我，我这人真糊涂，为什么我突然又去提起他来了呢！唉！

玉：（叹气，愁苦地）唉！

崔：（怜爱地）我又引起了你的难过了吧，韵玉！啊快，快别这样！我们的心还是放宽一点的好，放宽一点的好！（苦笑）噫，你刚才不还在劝我吗？你叫我别担心槿辉，那你又为什么忽然担心起槿光来了呢！（亲亲热热的抚着玉肩）嗳，你得像你姑妈一样快把心放宽一点！放宽一点。

玉：（紧紧的挨着崔，淌下一行热泪来）啊，姑妈！

崔：（爱抚）唉，韵玉！……

片刻的沉默。

清晨的阳光，慢慢的照上窗来。

这时槿辉很匆急的从内室中走过来了，他人还没有到，但他的声音却先到了：

辉：妈！几点钟了？

崔：（望了望窗上的阳光）太阳才刚出来呢！

辉：（走出，生气勃勃地）啊，我今天的事情可真多啦！（边说边修整身上的衣服，好像很要漂亮的样子）

崔：你可有些什么了不起的事情？

辉：（活泼地）喝，我的事情多得很，我又要出去，我又不能出去，我要到外边去找人，我又不能不在家里等人。

崔：（冷笑）那你简直成了忙人了，我问你究竟要去干嘛？

辉：（微笑）啊，妈！今天可该我们痛痛快快的去干一下了！

玉：（忙问）你们究竟要去干些什么啦？

崔：你就快点告诉我吧！

辉：（笑）喝，连我都还不大详细知道呢！（兴奋地）总之，从今天起我们韩国人，很快要变成独立自由的人了！

玉：（奇怪）这话什么意思？

崔：（催问）快直截了当的告诉我吧！

辉：一会儿南镇来，你们就全都可以知道了！

玉：南镇要什么时候才来呢？

辉：我想总快来了吧？

玉：那你又还要在家里等谁？

辉：（不大好意思）等，等兰秀！

玉：（一笑）哦，她也要来？

辉：昨天我得到她的信说她今天早上也许可以偷着来看看我们呢！

玉：不是听说她已经被她爸爸软禁起来了吗？

辉：是呀！啊，这回她的苦痛可真受大了。

崔：（同情地）唉，真是多好的一个女孩子啊！

玉：（微笑着）姑妈！我从前，对您说她好，您还不相信呢！现在怎样？您可也跟着我们称赞起她来了啦！

崔：（对玉）从前是从前，现在是现在，过去的事就别提它了，我自从那次你陪她来看过我以后，我就觉得这姑娘了不得，实在了不得，真是品行好、学问好，容貌也好，她那像是李永寿的女儿呢！要是她生长在别的人家，我真想去跟我槿辉提婚了呢！

玉：（一笑）那有什么关系！姑妈！我看您还是快点找一个媒人去吧。

崔：(忽然生起气来)没关系？哼，提起李永寿那老狗来我就讨厌，你不知道，大前天他还来逼我卖这房子啦！像那样没有心肝的人，他就把女儿送给我儿子，我也不要呢！

玉：(抿嘴一笑)嘻，您不要，可您要知道辉弟可并不不要啦！

崔：(也快要笑了)他敢！

辉：(羞怯地)啊，妈！兰秀现在被她爸爸关起来了，您看有什么方法去救救她没有？

崔：(对玉，忍不住笑了)呔，你瞧，你辉弟却来问起我来了！(转对辉)傻东西！这得问你呀！你可有什么办法没有？

辉：(不便答)我……

玉：(笑问)对呀，你可有什么办法没有？

辉：(只好生气)唉！

崔：(笑斥)你没有办法就算了，还来问我干什么呢！

玉：(玩笑地)啊，姑妈！您就别说了吧！您瞧！辉弟的脸都红透了呀！

这时，南镇却从外边走进来了。他穿一身破旧的服装，活像一个工人的样子。

金：(仿佛很紧张)槿辉！你都准备好了吗？快点去呀！

辉：什么都准备好了，(怪问)噫，您今天怎样突然穿起这种衣服来了？

金：我一会儿就要到贫民区里去呢！

崔：(关心地)南镇，你要槿辉到什么地方去呀？

金：我们都要到塔公园去参加游行示威去！

崔：(惊问)什么游行示威！你们今天究竟要干些什么呀？

金：(兴奋地)啊，老太太，请您替我们暂时守一守秘密，今天我们三千万韩国人，在韩国独立团总部的领导下，可要光明正大的向全世界宣布我们韩国的独立自由了！

崔：(又惊又喜)好！好！你们干得好！(不无怀疑)可你们究竟准备怎样干法呢？

金：(越来越兴奋)根据我们总部的决定，我们全民族的三十三个代表，就在今天早晨，一齐集合在太和馆，正式宣布我们韩国独立，然后将我们的独立宣言送交总督府，要求日本立即从我们朝鲜撤退！(狂热地)啊，老太太！您瞧吧！从今天起，只消三天，我们独立运动的火炬，就会把我们的韩国照成一片光明了！

崔：(也很激动)那太好了！太好了！

玉：（也听得兴奋）啊，要是真能够这样成功，那我真不知会快活成什么样子了呀！

辉：（对玉异常兴奋）你请相信我们吧！我想我们一定会成功的。不成功，我们就要跟敌人斗到底！

崔：（忽然忧虑起来）斗到底！是的，是应该斗到底！不过，你们可拿什么东西去跟日本人斗呢？——你们可有武器？

辉：我们不用武器，我们只是徒手！

崔：（不相信）徒手？

玉：（怀疑）那也行么？

金：（自负地）行！我想一定行的！我们总部的主持人是孙秉熙先生，他告诉我们说：正义就是我们的武器，人道就是我们的堡垒，只要我们的态度正大光明，我们的主张坚持到底，我们就不用枪刀，也能够叫日本人在我们的面前低头的！

崔：（仍怀疑）唔，怕不那么简单吧！

金：是的，也许不那么简单！不过，我们还是干起来再说，我想只要我们肯干，办法总是有的。今天我们虽然还是徒手，明天也许我们就会有武装！

辉：对！明天也许我们就会有武装。

崔：不错，还是南镇的话说得不错。

一个警察模样的人的身影突然闪现在窗子上。

辉：（突然发现，大吃一惊）啊，小声点，（指着窗上）外边像有人！

玉、崔：（大惊，同声地）真的！真有人！

辉：（冲动的奔到窗前）谁呀！（用手将窗子一推，窗子开了）

韩警甲直挺挺的立在窗外。

室内的人惊得哑口无言。

辉：（苦笑着，勉强地）哦，是你们啊！请进来坐吧！

韩警甲：（似笑非笑，似怒非怒地）哼，小兄弟！你得当心一点！

说罢，他掉头就走了。

槿辉忙又把窗子关着。

辉：（有点莫名其妙）嘿，这家伙，倒真奇怪！

崔：（还有点担心）不晓得南镇的话，他听到没有？

玉：也许已经听到了。

崔：那他为什么不进来干涉呢？

玉：所以怪呀！

金：（匆促地）不管他！反正再过一会儿，他们都会晓得的，现在时间不早了，我们还是走。

辉：好！

金：你的东西呢？

辉：（指着左边的门）在那边房里。

金：快去收拾好跟我走啦！

辉：（兴高采烈）行！

槿辉走了两步，仿佛想起了什么似的，忽又徘徊起来了。

玉：（看穿了他的心事）槿辉！你不是还要等一个人么？

辉：是呀！

玉：那你就等一会〖儿〗再去吧！

金：（催促）还要等谁呀？——走！

辉：（不便停留，苦恼地）好，走吧！

槿辉刚拔脚欲行，崔老太太忽然叫着他。

崔：慢点！槿辉！我还有话跟你说！

金：（着急）嗳呀！我可不能等你了，（对辉，叮嘱地）你得快点来！

辉：（一连诺声）好，好，好，我就来。

南镇很慌急的走了。

崔：（慈爱地）槿辉！

辉：妈！您还有什么话告诉我吗？

崔：（矛盾地）啊，没有什么，没有什么，（槿辉欲行，忽又叫）不，不，不，槿辉，你，你得小心一点呀！

玉：（也很关心地）真的，你真要小心！你只要走出这一道门，姑妈的心，也就像跟着你走了一样，一点也不会安宁哪。

辉：我知道，妈！您请放心吧！

崔：（稍稍安心）你只要知道小心那就好了，那就好了！

辉：（忽然想起）啊，嫂嫂！你给我绣的那面国旗呢？快点给我！

玉：哎呀，糟糕！我分明记得是放在我房中的，我先前去看，为什么都不见了呢！

辉：是谁拿去了？

崔：（突然）是我拿了。

辉：妈！您快点给我吧！

崔：（又担忧）你拿去带在身上，你不怕……

辉：不要紧的！不要紧的！

崔：我看你还是留给我吧！

玉：（提醒地）辉弟，你一定要拿去干什么呢！你到了塔公园，你还愁得不到么？

辉：（忙着想走）好的，好的，那我就走了！

崔：（矛盾痛苦地）槿辉！

辉：妈！

玉：你要小心呀！辉弟！

辉：我知道！

崔：（仿佛送他上战场似地）好！那你就快点去吧！

辉：啊，妈！那我就去了！

槿辉掉转头来就走。

兰秀却迎面走了进来。

崔老太太和韵玉瞧见，非常惊喜。

秀：槿辉！

辉：（又惊又喜，差点就狂跳了起来）啊！

秀：（对崔、玉行礼）伯母！玉姊！

玉：（笑着）啊，兰秀！你来得真好！辉弟等了你半天了呢！（望了望母，欲行）你们快谈谈吧！一会儿，我们再见。

崔：（欲行）兰秀！你就多玩一会儿吧！

秀：（很礼貌地）谢谢伯母！

崔和玉微笑着走向内室去了。

秀：（热情地）啊，槿辉！你等得够苦了吧！

辉：（也很热情地）怎么不苦呢！你再要不来，可真把我急死了！

秀：（打量了他一下）你可有什么事情要出去？

辉：（支吾）没什么了不起的事情，我（一顿）我不出去。

秀：（深情地）唉，好容易我又看见你了啦！

辉：这半个多月来我真替你担心极了，从那天我们分手以后，你怎么一回家就被你爸爸关起来了！害我跟南镇却一连等了你三天啦！

秀：（追述，难过地）唉，你就别提了吧！从那天我们分手了以后，我本来打算第二天晚上偷偷的逃出来的，哪晓得我一到了家，我爸爸就对我说，现在学校停了课，我订婚的日子又快到了，叫我就守在家里，绝对不准出去！就从那天起，一直到今天我被许多人紧紧地跟随着，连一步也没有离开过我家的大门呀！

辉：（同情地）兰秀！你真太苦了！

秀：（痛苦地）苦的日子还在后头呢！十五号那天不是我订婚的日子吗？

辉：（急问）是呀！你可怎样渡过那个难关？

秀：（痛苦地）啊，那几天真是我一生中最难忘的日子呀！从十四那天起，我就绝了食，我流着眼泪对我爸爸和妈妈说："你们要逼我跟那姓许的订婚，那我只有饿死！"这一来，可把我爸爸气极了！他指着我便破口大骂，他说："你就饿死，我也要你跟许国龙订婚！"槿辉，你想，我爸爸竟用这样的态度来对我，你说我痛苦不痛苦呢！

辉：啊，兰秀！你真太痛苦了！可是后来呢？——后来怎样？

秀：后来，我妈妈看我那样坚决，怕我真会饿死，也就把我爸爸劝转了过来，把订婚日子改了。

辉：改到什么时候？

秀：还没有定呢。

辉：（快慰）啊，兰秀！这是你的胜利，你的成功，我佩服你，——我真佩服你呀！

秀：不过，槿辉，恐怕你也为我苦够了吧！

辉：那还用说么？我自从打听到你绝食的消息以后，我真急呀！我想，哼！我要是我能够飞檐走壁该多好啦！我只消几个闪身不就可以跳进你的房中把你打[搭]救出来么？啊，兰秀！你想我那时候的想法该有多傻呀！

秀：是的，你想得真好玩儿，不过，现在我可用不着你来打[搭]救了，（着急地）你得赶快设法帮助我逃走！

辉：（惊喜）怎么？你可再也不回家去了？

秀：（焦急地）我还回去干什么呢？我布置了好几天，好容易才逃到了你们这儿，你可得赶快给我想办法！

辉：（欢快）好，好，好，我一定给你想办法。

秀：（急问）半个月前你跟南镇叫我到光州青年会的图书馆去办事，现在已经隔了这么久，是不是还成？

辉：（肯定地）成，当然还成！

秀：我怎么走法？

辉：那得找南镇写介绍信。

秀：南镇呢？

辉：刚才还来过。

秀：现在到什么地方去了？

辉：（不便直答）啊，今天他的事情特别多！

秀：（急恳）你快去给我找他来吧！

辉：你可立刻就要走？

秀：能够越快越好！

辉：稍微迟一下不要紧吧？

秀：（异常焦急）不行！万一我爸爸追来了，怎么办呢！

辉：（也焦急起来）哎，糟糕！偏巧南镇却正有事情呀！

秀：那可怎么办呢？

辉：（大感不安）哎，真的，那可怎么办呢？（忽然）啊呀！糟糕！糟糕！我也还有一点要紧的事情，得马上就要出去呀！

秀：（非常意外，不快地）噫，你不是对我说没有什么了不起的事情吗？

辉：（惶急万分但却诚恳地）啊，啊，兰秀！真对不起你，现在就请你在这儿多留一会〖儿〗吧，我立刻出去把事情办好，马上就可以把南镇拖着一道回来的！

秀：那怎么行呢！我爸爸是知道我常到你这儿来的，要是他进来了，那可怎么办！

辉：（惶急）不要紧的！不要紧的！你在我家里躲一躲就行了！（欲行）

秀：（大不满意）你有什么了不起的事情呀！你怎么好丢我一个人在这里就跑呢！

辉：（急着想走）啊，今天的事，实在太重要了。我现在没有时间来跟你详谈，一会儿再从头到尾痛痛快快的来跟你细说吧。（忽对室内高呼）韵玉！韵玉！嫂嫂！

内室里韵玉的应声：嗳，什么事呀！

辉：（大声地）你快点出来陪陪兰秀吧！我要走了啦！

韵玉的应声：好，我就来！

辉：（匆急而又愧歉地）啊，兰秀！真是一万个对你不起！我可真得要出去了，请你在家里安安心心地跟韵玉谈谈吧！你放心！我不到一个钟头就可以把南镇拖着回来，请你特别原谅，我去顶多不到一个钟头，一个钟头！

槿辉匆匆忙忙的折转身就走了。

秀：（困惑地）玉姊！槿辉这样匆匆忙忙的就走了，可真有什么要紧的事？

玉：（奇怪）噫，他没有对你说么？

秀：没有！

玉：哦，他为什么不告诉你呢！

秀：（怅惘地）也许有什么秘密的事，不便告诉我吧！

玉：不会的，对于你，他还会有什么事不好公开！

秀：可他却真的什么也没有告诉我啦！

玉：刚才南镇跟他在这里说，今天全韩国的三十三个民族代表，马上就要在太和馆正式宣布韩国独立了。他忙着要走，就是要到塔公园去参加京城的示威游行！

秀：（惊喜）哦，怎么这样重大的事情，他都不告诉我呢？（有点怀疑）是我们女子没有参加的资格？还是他真正有点不大信任我？

玉：（笑着解释）不，兰秀！他怎么会不信任起你来了呢！也许是他告诉了你，怕你会替他担心啦！

秀：（慨然）唔，也许是的，不过，他真也想得太周到了！

玉：（一笑）这可就是他细心的地方啦！

秀：（慨然）唉，玉姐！我在家被关了这半个多月，可真跟这世界隔离了！（兴奋地）啊，今天真是一个多么光荣的日子啊！我刚从我那黑暗的牢狱里冲破了出来，就碰到这样一个伟大的日子，我真高兴，真快活呀！（欲行）嗳！玉姐！我……我可也要去了！

玉：（有点意外）你可也要去参加？（忧虑地）哎，兰秀！你还是考虑考虑吧！万一你爸爸看到了你！……

秀：（坚决地）不要紧的，玉姊！为了光复我们的祖国，大家都肯去苦斗，我怎么好躲在这里呢，（急欲行）我要去了！

玉：（很赞佩）啊，兰秀！我佩服你！

兰秀很坚决的折身就走。

这时，李永寿气狠狠的却迎面走来了！

韵玉大吃一惊。

秀：（突然瞧见，失声惊叫）啊，爸爸！

李：（愤恨地）哼，我知道，我知道你是逃到这个地方来了！（对秀，厉声地）你说你一个人跑到这里来干嘛！

秀：（痛苦地）……

李：（逼问，切齿地）噫，你说呀！你究竟跑来干嘛？

秀：（颤声地）我来看我的同学韵玉的。

玉：（连忙接上）是的，老伯！她是来看我的。

闻着吵声，这时崔老太太也走出来了。

李：（瞧了韵玉一眼）哼，看你的！你们以为我不知道，是不是？（又瞧了崔老太太一眼，指着兰秀）她分明是来看那小流氓的！

崔：（忍受不了，怒问）你这是什么意思？嗳，李老先生，你说话可得要有点分寸！

李：（凶横地）分寸！哼！什么分寸不分寸？我说你的儿子是一个流氓就是一个流氓！

秀：（觉得难堪）爸爸！

李：（对秀作怒地）滚开！（转对崔）我警告你，崔老太婆！你那个小流氓你得好好的教管教管！他要是再来勾引我的女儿，再来破坏我们父女的关系，我今天先给你说明，我可要把他抓到监牢里去！

崔：（气极）哼，你怎么这样的横啊！你有本事抓我的儿子你来抓吧！我活了这么大，真还没有瞧见过你这样不讲道理的人物！

李：（恶狠狠地）哼，你以为我对付不了你，是不是？你瞧吧，哼，三天后，我就要叫你们一家就都从这里跟我滚出去！

崔：（气愤之极）你想来抢占我的房子，是吗？哼，你休得做梦！你休得做梦！

李：（骄横地）那你就瞧吧，看我有没有本事赶你滚！（转对秀）走！快跟我回家去！

秀：（坚决反抗）我不回去！（但她却拔脚就走！）

李：（惊问）你不回去，那你要到什么地方去？

秀：（斩切地）我要到我应该去的地方去！

兰秀飞快地就奔出去了！

李：（气得发抖）胡说！（怒指兰秀的背影）这东西简直不是人！不是人！我看你就逃得了么！

李永寿连奔带蹿的也就跟着追了出去。

玉：（长叹）唉，兰秀碰到这样一个爸爸，真太不幸了！

崔：（余怒未息）我说过的，那老狗那是一个人呀，你看！他刚才那种样子真不像话，真不像话。唉！（感慨万端）韵玉！我想来想去还是我的儿子们好呀！我活到了这么大的年纪，气也受够了，泪也流干了，有时候我真想跟他们一道去干呢！

玉：姑妈，要是您去，我也要跟您去呀！

室外远远的传过来一片群众的怒吼声，隐然的可以听到有人在高呼“韩国独立万岁！”

玉：（惊）啊，姑妈！您听！

崔：（再听）是他们来了么？

玉：（再听）是的，一定是那些示威游行的人来了！

韵玉几步奔到窗前，一下把窗子掀开，一片温暖的阳光，射了进来，把大半间房间照耀得非常的明亮。

群众的怒吼声，像狂流似的，汹涌出来了！

崔：（奔到窗前，看了一看，惊喜地）嗳呀！真是他们来了啦！啊啊，你瞧！你瞧！人真多得很呀！

玉：（欢快）啊，姑妈您看见了吗？那些在半空中飞着的传单！那些飘来飘去的太极旗！

崔：（狂喜）唔，唔，唔，我都看见了！我都看见了！（异常感动，忽然在身上摸了几下）噫，你辉弟那面国旗呢？

玉：您不是早就拿去了么？

崔：（走了几步）哎呀！我放到那里去了呢？（再一摸，忽然从身上拿了出来，大喜地）啊，在这儿！在这儿！

崔老太太奔近窗口一下把太极旗展开，不停的对着窗外的群众摇动着。

群众的狂吼声愈近。

这时警察甲突然慌慌张张的奔了进来。

这可把崔老太太和韵玉都惊住了。

警察甲：（指着崔手中的太极旗，大声地）把那旗子给我！

崔：（大怒）啊，你，你，你在这样的时候还撞到我家里来干嘛？

警察甲：（慌急地）请你快点把旗子给我呀！

崔：（愤怒之至）你给我滚出去！你这没灵魂的东西，你以为我们还会怕你么！我问你：你是不是韩国人？你说，你是不是韩国人？

警察甲：（知被误解，急得跳脚）谁说我不是韩国人呢？（丢了警帽）我是韩国人！（脱了警衣）我是韩国人！（掷了警刀）我是韩国人！啊，老太太！这一个月来，你们家里干了些什么，你以为我没有瞧见么？我要不是一个有良心的韩国人，我早就把你的儿子抓了！

玉：（非常意外）哦！那你一定要这国旗来干嘛呢？

崔：（也非常意外）是呀！

警察甲：（一下夺了崔手中的太极旗）我是一个韩国人！我也要跟着大家一道去！

说罢，扬着旗子，折身就跑。

玉：（狂喜惊呼）啊，姑妈！

崔：（狂喜惊呼）啊，韵玉！

两个人紧紧的抱着，眼泪都差点笑出来了。

愤吼着的示威群众，像怒涛似的挟着排山倒海之势，奔流到室外的马路中间来了，从室内的窗口望去，只见半空中，各色缤纷的传单在不住飞舞，火焰似的旗帜在随风飘扬。

玉：（奔到窗前）啊呀，姑妈你快来看！你快来看呀！你快来看呀！你看那传单旗子真多啊！

崔：（大受感动，狂喜地）真呀！啊啊，韵玉！我真要哭了！我真要哭了呀！

一阵马蹄声，忽然掠空而过，接着，室外马路上日本的宪兵警察和示威游行的群众冲突起来了。

怒吼声、愤骂声、碰击声，混和成一片惊人的喧嚣，响彻了云表。

玉：（大惊）嗳，姑妈！你看两方面冲突起来了呀！

崔：（惊愤）是呀！啊，日本人真该死！真该死！

玉：（仿佛突然看见了什么可怕的事情发生了样的）嗳嗳，姑妈您看，那个地方好像是辉弟！……

崔：（留神一看，大惊失色）啊！是他！是他！……

玉：（惊急）您看见吗？他们正跟几个宪兵相打呀！……

崔老太太却不敢再看下去了，她头偏在一边，嘴唇咬得紧紧的，身上有点儿微微发抖！

玉：（忽然一声惊叫）哎呀！辉弟被那几个宪兵抓住了！啊！姑妈！这怎么办呢？这怎么办呢？

崔：（想了一想，忽然很坚毅地）啊！韵玉，我们还有什么想头呢？（欲行）走吧！走吧！

玉：（颤声地）好，姑妈！我也跟你一道走！

她们两人折转身便奔向门边去了。

室外，一片惊人的喧嚣，宛如万马奔腾一般，响彻了云表。

——幕落

第四幕

人：崔老太太

崔槿辉

李兰秀

金南镇

尹重道

法能

安大嫂

赵三嫂

李思邦

池上三郎

狱囚甲，乙，丙，丁……

日兵甲，乙，丙，丁……

时：一九一九年，三月初，离第三幕的一个礼拜之后。

景：京城西大门监狱内。

右边是一排女狱室的头一间，室门偏在左方，有铁锁锁着，门上有小窗可外望。

左边是由狱内教诲堂改成的临时狱室——被日本人命名为“代用二”——的右侧的一角，地下铺着地铺，中间放着一只粗木小长桌，桌上摆着圣经、佛经等等宗教的书籍，后面偏左有一大铁门，门是可以推拉的，上面锁着，外门有两个持枪的日兵看守。

中间有路，左可通教诲堂，右可通女狱室，后边和左右两侧都耸立着一排排的坚厚的狱壁，远处，密密的钉着铁刺的高大围墙，也隐然可见。

是一个愁云惨淡风雨凄凄的将近中午的时间。

从女狱室里，传过来一阵又一阵《落花岩》的歌声，这凄凉哀怨的歌声，似乎把每个狱中人的心弦都拨动了！

临时狱室内。

听着歌声的狱囚们，有的坐着，有的立着，有的呆呆的靠着，有的慢慢的走着，有的丧气垂头，有的昂然仰视；老和尚法能盘坐着，默念着经，老牧师尹重道仰着头，像在作着“天问”，崔槿辉倚着铁窗，似在苦思着谁样的，臂上受了伤，肘颈之间吊着一条带子的青年李思邦，很不安的在室中走来走去。他们每一个的脸上，都带着一种忧郁沉痛的表情，好像大家的心里，都深深的隐藏得有一种剧烈的悲愤！

女狱室里的歌声渐止了，槿辉和思邦领着头，便和许多囚犯们唱起《阿里郎》来，这歌声传到了各间狱室，接着监狱中的女囚犯们便都跟着一齐合唱了起来。

这一片动人的歌声，却把看守监狱的日兵们惊动了，有几个日本兵便一齐喝了上来。

日兵们:(挥着皮鞭,齐声大骂)不准乱吼!

歌声戛然中止,狱中顿时便如死一般的沉静!

日兵们在狱室外巡视了一会〖儿〗走了。

辉:(愤然)王八蛋!歌都不准我们唱!

尹:(愤叹)唉,槿辉!你气有什么用呢!还是快去跟那边的难友商量商量我们今天晚上的事情吧。

辉:好!(他向右边走过去了)

囚甲:(挨近李,问)嗳!思邦!你是昨天才抓进来的,外边的情形究竟怎么样了?

李思邦:你问的是那一方面?

囚甲:你可知道我们那三十三个民族代表的下落?

李:有人说全抓来关起了,又有人说当场就打死几个!他们究竟是死是活,我也不大清楚。

囚甲:(愤叹)唉!(再问)各地方的情形呢?

李:(忽然兴奋)哦,那可好极了,从三月一日那天起,一直到现在,从清津到木浦,从平壤到釜山,从光州到仁川,从镇海津到新义州,从咸镜北道到庆尚南道,从全罗南道到平安北道,从乡村到城市,从城市到乡村,从东西南北到南北东西,可以说到处都在燃烧,到处都在奋起,到处都在游行示威,到处也都在跟日本鬼子冲突!

囚甲:(痛快地)好,好极了!这就是我们韩国人的精神!

李:(难过地)可你也别忘记,我们却到处有人被捕,到处有人挨打,而且到处也都有人遭枪杀呀!

囚甲:你可听说我们究竟牺牲了多少人?

李:(愤愤然)死的就有好几千,被捕的听说可就有四万以上,现在到处的监牢都关得满满的。你就拿我们这西大门监狱来说吧,那边的幼年监已经早改成了"代用一",就连这座教诲堂,平常是那些无耻的和尚们用来感化囚犯的,现在可都改成了"代用二"了。(望了一下法能,小声地)反转来关起我们这位大法师来了!

法能:(听到了,一下睁开眼睛)唔,思邦!你说话可得说清楚一点,到这儿来教诲人的,可是那些日本的佛门叛徒,我们韩国的和尚,却绝不会去替我们的敌人来感化自己的战士的!你要知道:我们虽然都出家了,可我们却并没有"出国"呀!

李：（肃然起敬）啊，法师！真对不起得很！我说的自然是那些无耻的家伙，像你这样大慈大悲大仁大勇的大法师，和你门下那些没有忘记祖国的僧人们，我却只有尊敬，只有佩服！（这时，槿辉很紧张的却从铁门边奔过来了。）

辉：（对众囚低声地）南镇就要来了，你们的东西呢？

众囚：（齐声地）在这儿。

辉：快点给我！

众囚都忙从身上取出写好的小纸条交给槿辉。

尹：（急问，指着左手边）那里的人怎么样？是不是全都同意？

辉：当然同意，刚才我都跟他们谈过了，却没有一个人不赞成！

尹：（点头）唔，好！好！好！

李：啊，南镇这个计划真太好了，这家伙的办法真多！

辉：（赞佩）当然，要是他办法少，日本人那天抓着他的时候，可早就把他的本来面目看出来！那还会把他当成是一个无业游民来办呢！

李：（佩服之至）行！这家伙真行，就可惜我总学不会他！

尹：可他也很够辛苦啊！

一个日兵走到铁门边，厉声大叫：提法能和尚！听到没有？法能！

狱中小小的起了一阵波动，有人在帮着叫："法能！法能！"

辉：（走近）法师，要提审你了！

法：（立起）好吧，我到[倒]要去看看那些恶魔，究竟怎样来审判我！

辉：嗳，法师！我这里有两封信是给中苏两国的韩侨，报告我们这次苦斗的经过的。请你一定设法寄出去！

法：（忙将信收好）好，我有办法寄！（对众）请大家安心，菩萨保佑你们。

门外铁锁门开，法能从容镇定地走出去了。

接着两个日兵押着挑着两挑囚饭的金南镇和狱囚丁却走了进来。

辉：（低声地）南镇来了，回头大家得帮帮我。

众囚：（点头）好。

南镇担着囚饭走过来了。

众囚一齐走了过去，将他围着。

南镇从饭篮中拿出饭团，一一的送给众囚。他低着头，目光很机灵的在不住的向四面扫视。

辉：（非常紧张，低着头，低声地）早上拿去的"誓告文"，可都送到吗？

金：（低声地）都送到了，就还差女号子里没有送去。

辉：（连忙将小纸条递给南镇）来！

日兵甲突然走了过来。

南镇却从容而又机灵的将那张小纸条放进了袋里。

日兵甲：（怒目地）不准说话！（浑身上下搜视了一下金，命令地）你快点走开！

金：（点头不语）……

日兵甲望了一望，又折身走开了。

辉：（忽急问）你昨天早上说，兰秀跟我妈妈关在一起，你晚上送饭的时候，可去看清楚了没有？她们的身体怎么样？可都好？

金：（光点头，不说话）……

辉：（追问，焦急）兰秀是不是跟我妈妈关在一起？我问你究竟看清楚了没有？

金：（还是只点头，不说话）……

辉：（再追问忧虑地）她们的身体呢？究竟好不好？

金：（不快，严肃地）不要多说话！她们都好，你还是多想想今天晚上的斗争吧！

南镇收拾好饭篮，又被那两个日兵押着，走出铁门去了。

众囚拿着饭团，纷纷走开。

辉：（对尹，愁苦地）唉，神父！真没有想到，我的妈妈也被捕了！你瞧，外边的雨多大，风多冷啊！像她老人家那样衰老了的身体，怎么受得了呢！万一病倒在这监牢里，那可怎么办哪！

尹：（慰之）你放心吧，槿辉！像你母亲那样有善行的人，我想，我们那至高无上的上帝，一定会保佑她的。

辉：可我还是担心得很呀！（想了一想，忽很沉痛地）唉，想起来，叫人真痛恨！谁想得到那些恶魔，捕了我妈妈，又跟着把兰秀捕了呢！

尹：（关心的问）哦，兰秀是谁呀？

辉：（难受地）就是我前两天跟你说的，是我那个女朋友呀！

尹：怎么？她也被捕了？

辉：唔。

尹：（一叹）唉！

辉：（思念，在痛苦中半自语地）啊，怎么她也会被捕呢？真没有想到，她刚从那黑暗家庭的牢狱里逃了出来，却又被人抓进了这一座真正的牢狱！像她那样忧愁够了的身体，怎么还受得起这种地狱生活的熬煎呢！也许她已经病了吧？……也许她更加瘦了吧？……也许她就在骨瘦如柴的病中，也都还在苦苦的思念着我呢？啊，兰秀！你被人关在什么地方？什么地方？我真想看看你——看看你呀！

女狱室中：

安大嫂和赵三嫂一个坐在床头，一个靠着狱壁，一个在悄声愤骂，一个却又在叹气垂头，两个人都仿佛是遭受了一场“不白之冤”的样子。

经历了许许多多的困苦与磨难的崔老太太似乎性情都有些变了，她的脸上失去了从前那种忧愁，她的神色也不像从前那样焦虑，在她的眼里却再也看不出感伤地表情，冷然的却只显露出一种刻骨不忘的仇恨。

李兰秀却跟崔老太太有些两样，她很感伤，很忧愁，很焦虑，也很激动，她很不安的，在室中走来走去，她的心里似乎正充满了无穷的悲愤和酸楚。

秀：（望了望窗外的风雨，忧愁地）啊，伯母，您瞧外边那样大的风雨，那样闷的天气，槿辉——他，他不知怎么样了？不是听说他还在马路上挨过毒打，在拘留所里受过酷刑吗？在这样冷冰冰、苦凄凄的牢狱里没有医药，没有看护，就让他一个人躺在地下呼号，靠着墙壁呻吟，那他怎么能够活得了呢！

崔：（心疼地）是呀，恐怕他，他已经……（连忙压着自己的痛苦反而来安慰兰秀）啊！兰秀！你看，我想到什么地方去了呢！槿辉的身体很棒，这点点苦头，我想他吃得了的。你还是少想念他一点吧！

秀：（痴痴地）我们不想念他，伯母！恐怕他却正在想念我们呢！现刻，也许他正在想念呢，也许他却又正在想念我，一定的，我想，一定的，他一定在想念您，也一定在想念我。（指着窗外）他也许就关在那边，也许就关在这边，要是没有这几堵墙，也许我们叫都叫得应他，看都看得见他呀！可是，啊，可是我们却怎么能够看得见他，叫得应他呢！

崔：（恨恨地）这儿可是监狱呀！兰秀！

秀：（愤恨地）是的，这儿是监狱！日本人在我们的国土里，到处都建筑的有监狱，这里有，那里有，城里有，乡里有，到处都有，到处都有啊！就连我的家里，又怎么不是一座监狱呢！我们从小到老，从生到死，却到处都碰到监狱，监狱，监狱。啊，伯母！我们祖国的苦难，怎么会有这样的深重啊！

崔：（坚定地）唔，苦就苦吧！我想总有一天，我们总会苦出头来的！

秀：唉！（半晌的沉默）

崔：（忽然想起）哎！兰秀！你说你看见昨天晚上来送饭那个人，很有点像南镇，你真看清楚了没有？

秀：还没有十分看清楚呢！（指着门上小窗）就在这儿，我看见他这样死死的瞧了我们一眼，我连忙追过去看他，他却折转身就走了！

崔：我想，不会是他吧？要真是他，日本人怎么会让他来挑牢饭呢！

秀：是的，我也这样想，万一真要是他，可多好呀！那就连韵玉的消息，我们也许都可以从他口里得到。啊，伯母，我真想念韵玉呢！

崔：（着急）唉！我又怎么不想念她呢！你不知道韵玉虽是我的儿媳妇，可真比我自己的亲生女儿还要好啦！可怜，那天人多，她走在我的身后，挤来挤去的就不晓得把她挤到什么地方去了！要是她也被捕了，可不知道又关到什么地方去了啦。

秀：我想她一定没有被捕，要是被捕了，总会多少有点消息的。

崔：（担忧）她就没有被捕，家里却剩下她一个人了，可也够她苦啊！说不定你爸爸还会趁着这个机会来抢买我们的房产呢！

秀：（难过）唉，伯母，您就别提我爸爸了吧！一提起他干的那些事情来，我又要伤心了。

安大嫂忽伤心的在后边哭泣起来了。

赵：（劝慰）哎呀，大嫂子你别伤心！别伤心！此处的事情已经碰到了，又有什么办法呢？

崔老太太和兰秀瞧见，连忙奔近安大嫂的面前。

安：（哭诉）你叫我怎么不伤心啦！你想想看，立春了这样久了，我家里的田还没有耕，地还没有挖，就连蚕子也都还没有养呀，我家里吃饭人多，出力人少，叽叽喳喳的小孩子一大堆，叫我老板一个人怎么忙得过来呢！我要再不回家，今年会有什么租谷来交给总督府呀，租谷交不出去，我们还活得成么？（又哭了）啊……

崔：（忙劝）大嫂！你想开一点吧！身体哭坏了，还是自己吃亏呢！

安：（泣诉）啊，老太太！你不晓得，我来的时候，我老板本来不愿意我来的！我没有听他的，偏要硬着来，我心想：从乡下到城里，来回也不过一天路，太王死得那样惨，我来送送葬哭哭他，会有什么要紧呢！那晓得日本人不准我们在皇宫门前哭，又还要把我们抓到监牢里来吃官司，竟又说我们是受了什么乱党的指使呢！你想这还有王法么！（又哭）这还有王法么！

崔：（再劝）日本人那会跟我们讲什么王法不王法呀，大嫂！你光哭有什么用处呢！像我，哭也哭够了，气也气够了，就有眼泪，我也宁肯朝肚里吞！

赵：（再劝）真的，大嫂子！我们倒霉已经倒霉了！你光哭又有什么用处呢！

安大嫂的泣声渐止。

送牢饭的人的脚步声，忽从室外传了进来。

兰秀闻声，奔至门前小窗口去看了一看，又奔崔老太太面前。

秀：（忽很惊喜地）啊，伯母！是他！真是他！

崔：（也很惊喜）真是南镇？

秀：是，是南镇！我看得很清楚。

崔：（高兴之至）啊，让我也去看看。

崔老太太也奔到小窗前，兰秀也随在她身后，走了过去。

南镇走至门口，将饭团从窗口送进。

崔：（又惊喜又紧张）真是你啊，南镇！

南镇却低头不语。

崔：（急问）你可看见槿辉？

金：（又点头）……

崔：他好不好？

金：（点头）……

崔：他没有受伤？

金：（摇头不语）……

崔：没有受刑？

金：（摇摇头）……

崔：没有生病？

金：（又摇摇头）……

崔：他可知道我们也在这儿？

金：（点头不语）……

秀：（忽然插问）他可想念我们吗？

金：（脸上露出一痕微笑连忙点头）……

秀：他住在那个号子？

金：（用手指了一指教诲堂）……

崔：哦！这样近！

秀：你可知道韵玉的消息？

金：（摇头不语）……

崔：她没有被捕？

金：（又摇一摇头）……

日兵甲奔近女狱室门外。

日兵甲：（叱斥）不准说话！快点站开！

金：（忽然悄声地）伯母！当心这饭呀！

南镇折转身，收拾起东西挑着就走了。

秀：（高兴）伯母，您听清楚了吗？槿辉就在这边，就在这边，这多近啊！要不是这块墙壁，真是叫都叫得应呀！

崔：（心里似乎很轻松）唔，我听清楚了！我听清楚了！可怜，我们天天都在念，天天都在想，谁知他就在我们旁边呢！

安大嫂和赵三嫂在吃着饭。

秀：伯母您也吃一点吧！

崔：（拿起饭团来）南镇叫我当心呢！这饭真硬得很！

秀：您多少总得吃一点啦！

崔：好，不管它。（一口咬去微觉有异，忙看）噫，这是什么呀？（从饭团里抓出一个纸团来，吃惊地）哦，这是什么东西？

秀：（惊异）我来看！

兰秀细心地将小纸团打开。

安、赵：（同声嚷）是什么东西呀！怎么饭里会有这样的玩意儿？

秀：（细看，惊喜）这可是一张秘密的通告，上边还附得有几句"誓告文"（念念了一句）"今天晚上六点钟，狱中电灯一亮……"（连忙停住，奔近崔前，一下抱着她，狂奋地）啊，伯母！这是多么周密的一个计划啊！

崔、安、赵：（莫名其妙，同声惊问）那上面究竟说的是什么呀？

（暗转）

西大门监狱内的每一条路口、每间狱室都突然增加了日兵的岗位，一个个如临大敌似的，都很留神的在把狱中的犯人监视着。

是当天下午正六点钟的时候。

监狱内的电灯一齐亮了！

狱中的空气顿时紧张了起来。

临时狱室内：全体的囚犯，都很庄严很肃穆的，一齐在尹重道牧师的领导下，正在做着祷告并在默默地念着手中的"誓告文"。

女狱室内：李兰秀、安大嫂、赵三嫂也跟着崔老太太，很虔诚、很庄肃的得［在］做着天道教式的"心告"——口中喃喃地在默念着咒语。

这样一来，可把监狱的日本兵惊动了！他们狂吹着警笛，惊惊惶惶的在向四处急走！

在警笛声里，日军小队长池上三郎，带着许多日兵很惊惶的奔出来了！

池上三郎：（咆哮地）快把探照灯打开！我倒要看看这些家伙究，竟要干些什么！

顿时，几道强烈的探照灯光，忽然横扫了过来，一下就把两边的狱室，都照成了白昼！

强烈的灯光却射不乱男女狱室中的囚犯，他们还是依然很庄肃的在做着祷告，念着咒语，一个个都像在用铁一般的镇定，来表示他们心中的愤恨！

过了一会〖儿〗，祷告和心告都完毕了，男女狱室中的囚犯们忽然把囚衣脱下来丢掷在地上，在尹重道和崔老太太的带领下，宛如上阵一般一齐走近狱门边去了。

池上：（大惊失色，狂怒地）快跟我瞄准！

日兵们一下便把枪端了起来，恶狠狠地齐向两边的狱门口瞄准！

狱室中的空气，顿时便紧张到了极点。

临时狱室内：

尹：（面对日兵）快把你们的枪放下来！一点钟前我们给你们的通知书上说很明白：我们不是囚犯，你们无权关我们、审我们，快点把这铁门给我们打开！

池上：（大怒）胡说！

辉：（挺身而出，面对日军，狂愤地）你才胡说！告诉你：我们不是囚犯，我们是韩国真正的主人，日本人没有权利来判决我们，我们要出去！

众囚：（应声狂吼）快点把这铁门打开！我们不是囚犯，我们要出去！你们听到没有？快点开门！开门！开门呀！……

池上：（怒指槿辉，咆哮地）把那个小子，给我抓出来活活的打死！

宛如一阵怒涛似的，女狱室内的犯人们也在同时狂吼起来了。

崔：（面对日兵怒吼地）快点开门！快点开门！你们有什么权利来关我们？你们说！你们究竟是些什么东西？

秀：（狂愤地）快点把门给我们打开！我们不是囚犯，你们听到了没有，我们不是囚犯呀！

安、赵：（同声地）快点开门啊！快点开！快点开！

池上：（怒气冲冲的奔近女狱室门外，指着门内，大声叱骂）不准乱吼，你们这些东西也不想活了么！

崔：（毫不胆怯，狂吼地）好！你们要开枪就开吧！我把这条老命跟你们拼了！（不停地撼捶着狱门）跟你们拼了！

探照灯仍在不停地扫射着。

怒吼声和撼捶声像狂涛样的，从各间狱室中激荡了起来，仿佛整个的监狱都快要被这一愤怒的狂潮，看看就要冲破了。

池上：（震吓，暴怒，转对日兵命令地）你们听清楚我的命令！不管是谁，只要是冲出牢门来的，就全都给我开枪打死！

——幕急落

第五幕

人：崔老太太

崔槿辉

崔槿光

朴韵玉

李兰秀

金南镇

时：一九二二年，三月下旬

景：西大门监狱附近的一间破旧的茅屋内。

这间粗陋的茅屋，便是出狱后的崔老太太的新居，四壁的糊裱是旧的，屋中放置的衣柜、镜台、矮桌、花蒲团等等也是旧的。总之屋里边的一切陈设都很陈旧而简单，较之从前，简直大有云泥天壤之别，靠左有一门，经过内室，可通郊野，靠右有一门，穿过廊檐，可通大路，后面是一排木窗，窗外远处隐隐约约的，可以看见高高的耸立着的西大门监狱。

是一个朦胧月色的深夜。

离开一九一九年的三月一日，已经整整的有三年的时光了。

经过了这三年来无穷无尽的苦难的磨折，崔老太太的发已全白，背亦微佝了！

韵玉也比从前憔悴得多，她的神色更忧郁，身材更清瘦了，她受了这一长期的孤寂生活的熬煎，青春的活力，似乎也已经都逝去了一半了！

肺部和神经都被电刑烧坏了的槿辉，气息奄奄的，不仅已经成了残废，而且就连生命，仿佛也都快要完结了！

槿辉闭着眼睛半躺半坐的靠在地铺上边的一层厚被上，崔老太太站在他的身旁看护他，窗外忽然吹进来一阵晚风，她感到了春寒，打了一个冷噤，连忙走过去将一床毯子加到他的身上去。

崔：啊，这屋子到处都通风，真冷啦！

玉：（感叹）是呀，时间过得真快，我们可也快要在这冷屋子里住满三年呢！

崔：(似有所感)唔！是的，真快三年了！

玉：(看了一下槿辉，忽然联想起来)让我算算看，辉弟是十天前才出来的，他可在那监牢里一共住了多久？(默算着)三月一号，三月十四号……

崔：(接过去)我早就算过了，整整的三年零两个礼拜呀！

玉：是的，整整的三年零两个礼拜！(愤愤地)唉，想起来我真恨透了，前年您老人家跟兰秀一块儿出狱的时候，为什么日本人不把他一齐释放出来呢？

崔：(愤恨)哼，你真想得好，要不是你辉弟已经病成了这个样子，恐怕再过三年他们还不肯放他呢！

玉：为什么他们要这样残酷的对付他？

崔：(切齿)他们恨透了他呀！我记得好像告诉过你，那回我们在监牢里闹事，日本人便一口咬定说是他号召起来干的，所以到了第二天早上便把电刑来上他！(心里有点发抖，疼爱地)你想，电刑是多么残酷的一种刑法！后来我听说：才刚一上到他身上，顿时他就昏死过去了呀！

玉：(惊)啊！天呀！那多痛苦啊！……啧啧！

崔：(忍着眼泪)痛苦还在后头呢！韵玉你想，一个人在受了残酷的电刑以后，肺烧坏了，神经也烧坏了，却还要被关进一间冷森森阴惨惨的单身房里，一年又一年的吃不到药，得不到医，接近不到一个亲人，像那样的日子，那怕你就是一条铁汉也会被弄成半死的，何况他——你辉弟(说不下去了)啊！……

一阵风来，崔老太太又打了一个寒噤。

玉：(拿了条围巾来披在崔的身上)姑妈！你冷吧，来，披一披！

崔：不，我不冷。

玉：还是披着的好呀。(向四周望了一望)啊，这间茅房实在太冷了，真可惜我们从前那座大房子呢！

崔：就别去提他了吧！

玉：(难过)说起来，也怪我这个人太没有本领！那年，要是您不被捕，李永寿怎么把那房子抢买得到手呢！现在那儿真的修起好几层楼的东洋百货公司来了，我每回走过看到，总气得我浑身是火！

崔：(淡然)你气什么啦，你没有想想，我们韩国的地方，还有多少是我们韩国人自己的呢！像我们这种人，连自己的性命都保不了，你还说房子！

玉：不过，这儿您跟辉弟总不好再住下去了。您要知道，那年我搬到这里来，完全是为了这地方离监狱很近，我好常常来看你们，现在您跟辉弟都出来了，我们还住在这儿干什么呢！

崔：(毫不动摇)不，韵玉！我可很喜欢这间破房子，我却还想在这里住下去啦！

玉：（不解）那为什么呢？

崔：（解释，慈祥地）你要知道，我们虽然出了狱，我们可有许许多多的朋友却还没有出狱呀！

玉：我们顶好的朋友是南镇，南镇不是还先比您几个月就出来了么！

崔：（摇头）唔，不对，除了南镇，我们的朋友还多呢！你没有坐过监牢，你还不大懂得一个失掉了自由的人，是怎样在渴望着常常都能够见他的亲友，（追述，感慨地）从前我们在里面，当我们每次先晓得你那天要来看我们的时候，我跟兰秀一大清早起来，就靠着窗口望呀望，一直望到你来了，兰秀却常像小孩子样的，靠在我的身上紧紧地挨着我，那才真是说不出来的欢喜啊！

玉：（自慰）姑妈！我也会给你们带来这么大的快乐么！

崔：（感激地）当然啰，我总记得，你每回给我们带来的东西，不管它是什么，我们吃着、用着，总觉得都是甜的、香的、美的、好的，是这世界上再也找寻不出来的！啊，韵玉！要是没有你这样勤恳的照料着我们，像那样长的痛苦的日子，叫我们怎么能够活得下去呢！

玉：（自谦地）姑妈！我倒觉得真没有把你们服侍好啦！

崔：（感激而又感动地）快别这么说，韵玉！这多年来，你姑妈要是没有你在身边，恐怕也早就都倒下去了！

玉：（亲热地）啊，姑妈！

崔：（慈爱地）所以我常常都忘记不了我们狱中那些英雄，那些可敬可爱的志士，你要知道，他们许多人可都没有一个亲人在这里的呀！

玉：（同情地）啊，那多寂寞！多痛苦！

崔：（毅然）我昨天已经跟南镇商量过了，我决定留在这儿照料他们。我年老了，别的事情不能替祖国干，像这样的事情，我总还可以做一做的，所以我决心留在这儿去做那些年青人的妈妈，做那些年老者的妹妹，你想这是多么有意思的事啊，韵玉！从前我只懂得疼爱我的儿子们，现在我可要用我疼爱他们的那颗心，去疼爱那些受苦受难的韩国人了呀！

玉：（崇敬）啊，姑妈！您多慈祥，多仁爱呀！

躺着的槿辉，微微的动了一动，忽然呻吟了起来，崔老太太跟韵玉连忙走近他的面前去。

崔：（担忧地）槿辉！你怎样了？

玉：（也担忧地）好点了吗？辉弟！

辉：（摇头，声音微弱地）妈！我……我想兰秀，……想哥哥呀，我想看看他们！（痛苦无力地）快！……快给我找他们来罢！……唉哟！…….

崔：（劝慰又疼爱又痛苦地）你安静点吧，槿辉！南镇已经替你写信到光州去了，我想兰秀总会来的。

辉：（目光转视玉）嫂嫂！哥哥呢？

玉：（一阵心酸，差点落下泪来）你哥哥么？……（顿了一下，好容易才迸出一句话来）我也写信去了呀！

辉：（疑虑地）他能来么？

玉：（痛苦）也许能来的。

辉：（感伤）唉，快四年不见了，我真想他呀！唉……我怕……我真怕……我看不到他了！……

玉：（心都碎了）辉弟！你放心，你会好起来的。

崔：（忍着眼泪）你别乱想啊，槿辉！

辉：（伤痛无力地）妈！我……我……我气都提不起来了呀！……唉！

崔：你静一静吧！

辉：（闭上眼睛）唉，妈！……

玉：你静一静就好了，辉弟！

崔：你静静地睡一会儿，睡一会儿。

槿辉似乎渐渐的睡下去了。

崔老太太和韵玉离开了槿辉的身边。

玉：（担忧地）唉，姑妈！我看槿辉的病沉重得很呀！怎么办呢？

崔：不，不要紧。

玉：（心痛）我看辉弟实在太痛苦了，从前那样生龙活虎的一个人，现在却弄成了这个样子！（泪落）啊，姑妈！我的心真痛得很！

崔：（压抑着内心里的惨痛）韵玉！难道你姑妈会不心痛么！（抚着玉）啊，我的好孩子！快把眼泪朝肚里吞下去吧！哭是没有什么用处的！我们应该想法子来报仇呀！

在沉痛中半刻的沉默。

金南镇却高高兴兴的从外边走进来了。他跟从前没有什么大的不同，三年来苦难的磨折，虽然使他的脸上略带了一点风尘之色，但他的精神还是那样的焕发，态度也还是那样的镇定，似乎他对于韩国的独立运动是越来越有把握、越来越乐观的样子。

玉：啊，南镇！我们正在想你来呢！

金：（微笑）我今晚是给你们带好消息来的！

玉：可有什么好消息？

金：（高兴）简直是大大的好消息！

崔：是哪方面的好消息呀？

金：啊，老太太！各方面都有！

崔：啊，那就请你快点说吧！

金：好，好，好，（看了看槿辉）他今天怎么样，好点了吧？

辉：（别人还没有答复，他却睁开了眼，颤声的叫了）南镇！

金：（听问）啊槿辉！你好了点吧（微笑着走去轻轻地扶了槿辉一下）好，你快起来听我给你报告好消息呀！

崔、玉将槿辉扶起来了一点。

辉：（无力地）我，我正要听呢！

金：（兴奋地）第一个好消息，是在我们国外成立的大韩国临时政府，最近已经得到了中国孙中山先生所领导的革命政府的承认，不久就要在上海召开国民代表大会了！我们立刻就要派代表前去参加！

崔：（倾听）哦，中国的革命政府已经都承认我们的临时政府了。（笑着）这，这，这真是头等的好消息啦。还有呢？

金：（还是很兴奋）第二个好消息，是我们最近在国内已经组织成了许多大团体，譬如：青年，就有青年的总同盟；妇女，就有妇女的总同盟；其他，工人也有，农人也有，商人也有；从今以后，我们再也不像一盘散沙，敌人也就休想再来把我们各个击破了！

崔：（点头微笑）唔，就要这样才好，就要这样才好！这几年来，我就担心你们像一颗一颗小豆儿样的，一点也都捏不紧啦！

金：您放心吧！伯母！现在我们已经锻炼成了一大块钢铁，却再也不会像从前那样的了。

崔：（满意）哦，你也觉得你们从前的干法太幼稚？

金：当然，您想，从前我们那种干法怎么不幼稚呢，可是现在那可就不同了啦。

崔：是的，现在，可真跟从前不同了。

玉：（耐不住了）南镇，你可还有什么好消息？

金：（笑了一笑）有，当然还有，不过，韵玉！你可得请客呀！

玉：（奇怪）哦！

金：（对辉）槿辉！你的病也会好去一半呢！（又转对崔）老太太！恐怕您老人家的头发也都会黑转来呢！

崔：（逼问）搅了半天，究竟是怎么样的好消息啦？

金：（笑着）槿辉！来！我告诉你。（跟辉耳语）

辉：（虽很惊喜，但却不大表示得出来）啊，是真的么？

金：真的，当然真的！（又转对玉）韵玉！你来！让我也告诉你！（又对玉耳语）

玉：（听后，半信半疑地）南镇！你没有同我开玩笑吧？

金：我是从来不跟人开玩笑的！这多年来，你看，我对你们说过假话没有！

玉：（忽然，奔近崔，狂喜地）啊，姑妈！

崔：（对金追问）你究竟跟他们说些什么呀？

辉：妈！兰秀今晚上要来呢！

玉：（笑着，同时地）姑妈！槿光今晚也要回来呀！

崔：（一惊，差点就跌了）啊！可是真的？南镇！

金：怎么不真呢！（从身上取出电报）你瞧吧！这是兰秀从光州回我的电报，我是下午才接到的，恐怕这班晚车她已经到了呢！至于槿光，啊老太太！真对不起得很，他本来是前两天就到了的，我们因为日本人还在四处捉拿他，怕万一出什么毛病，所以才让他今晚上回来！

崔：（大喜）对，对，对，你想得周到，你想得周到！不过南镇，槿光本来在国外干得好好的，为什么这回又突然回来了呢？

金：是我们国外的同志派他秘密的同来跟我们商量事情的啦，这两天所有的事情都商量好了，所以也就让他回家来看看你们了。

崔：（高兴）好！他回来得真好！（忽然想起）啊，南镇！你有点饿了吧，我真该找点什么点心给你吃呀！（东张西望）你吃点水果好不好？

金：（笑着）不，老太太！我还要跑好几个地方呢！（转对玉）韵玉，我明天再来喝你的喜酒吧！（走近辉）你好好地养养，我可要先走了。

南镇笑着匆匆的就走了。

这破旧的茅屋里，宛如突然起了一阵春风，却把这一家人的愁苦都吹散了。

崔老太太跟韵玉都高兴得不得了，她们在屋子里东摸摸西弄弄的，倒反而像有点手足失措。

槿辉呢！似乎大大的打了一针兴奋剂一样，精神也微微的提起来了，他动了几下，好像是想要坐得再高一点。

崔：（对玉欢欢喜喜地）我们得快点收拾收拾，准备准备啦！（走了几步东望望西望望地)哎呀,怎么我心里反而乱起来了啊!

玉:(也一样)是呀,姑妈!我的心也跳得很呢!

崔老太太立着想了一想,忽然走到内室里去了。

辉:(忽呼)嫂嫂,你来!

玉:(连忙走过去)辉弟!你可要什么?

辉:我要再靠起来一点。

韵玉将槿辉稍微扶起了一点。

辉:(脸上浮着一痕微笑)我要梳头。

玉:好!(笑着,忙又将梳子镜子拿了过来)让我来帮你梳。

韵玉轻轻的跟槿辉梳着,槿辉呢,似乎病已经轻多了,他对着镜子,时而整整衣,时而拂拂袖,时而摸摸面部,时而又伸伸手肘,仿佛他失去了青春的活力,又重来到他心里的样子。

辉:(对镜,忽然感叹地)唉,真病得不像人样了!一会儿,要是兰秀跟哥哥看到,真要叫他们伤心啊!

玉:(停梳,望着镜子,摸着清瘦的面庞,也很感叹地)一会儿,要是你哥哥看到我,那才真会要叫他伤心呢!……唉!

辉:(柔声地)不会的,嫂嫂!你还年轻呢,你!啊,你也快去打扮打扮吧!

玉:(冷然一笑)打扮!啊,从你哥哥去了以后,整整的四个年头,我可就跟那梳妆台上的脂粉断了因缘了呀!

辉:(无力的笑了一笑)可是,今天……

玉:(欢笑)啊,是的,是的,你是说今天跟从前可有点儿不同了,是不是?(稍停,忽然)好,那我就听你的吧!

一转身就奔到梳妆台前去了。

这时崔老太太却抱了一大包衣物颤颤巍巍的从内室中笑着走出来了。

玉:(怪问)姑妈!您抱的是些什么呀?

崔:(一件件的点着,兴高采烈地)咯,这是槿光的软帽!这是他的睡衣!这是他的便服,这,这儿还有他的一双长袜子呢!(又笑着)啊,槿光回来了,我可要让他在家里舒舒服服的、快快乐乐的睡一晚上呀!(忽然质问)怎么?你们笑什么?我不该这样?

玉:(欣快,差点就笑出声来)您该!您该!谁说您不该呀,啊,姑妈!你真懂得怎么样去爱你的儿子啊!

大家都笑了。

过了一会〖儿〗,外边忽然传过来一阵急促的脚步声,接着有人在叩门。

玉：（惊喜）啊，来了，来了！怕是兰秀吧？

崔：（也很惊喜）也许是槿光呢？

开门，闪现在门边的却是金南镇。

玉：（有点意外）啊，南镇，又是你啊！

崔：可还有什么事吗？

金：（紧张，小声地）啊！老太太！外边的情形严重得很，敌人到处都密布得有暗探，一会儿要是槿光回来了，你们可千万要当心点呀！

说罢，南镇又折身就走了。

玉：（惊忧）唉呀，姑妈！这可怎么办呢？回头槿光回来了，万一……

崔：不会的，你别怕。

玉：我的心跳得很呀！

崔：你镇静一点！——镇静一点！

这时门外忽又传来一阵脚步声。

玉：（惊）姑妈！你听！这声音！

崔老太太凝神倾听。

玉：（惊疑）该不会是暗探来了吧？

脚步声愈近，一会，轻轻地推门而入的，却不是别人，才是他们渴望着的李兰秀。

朴素而又健康的李兰秀，提着一口旅途用的小箱，带着惊喜也带着焦愁的走进室中来了。

崔、玉、辉：（一见是她，齐声惊呼）啊，兰秀！

秀：（放下小箱，先奔近崔、玉，紧紧的挨近她们，高兴地）伯母！韵玉！你们都好吗？（然后走到槿辉面前，悲喜交集）啊，槿辉！

辉：（也悲喜交集地）兰秀！

两个人互视着，默默无言的，眼泪差点就落下来了！

崔对玉望了一望，示意她走，玉明白了，也就跟崔悄悄地折转身走到内室里去了。

秀：（非常关切地）你的病怎么样了？槿辉！

辉：（摇摇头，不想多说）不大好。

秀：（再问）你觉得那些地方不舒服？

辉：（怕说自己的病）我常常头昏，眼黑，失掉知觉；不过（想掩盖）不要紧，我想，我一定会慢慢的好起来的！昨天医生还这样告诉我呢！

秀：（安慰他）是的，我看你也不要紧！

辉：（苦笑）你瞧！我的脸色还不很难看吧？

秀：（只好顺着他说）好，并不难看。

辉：没有大的病容？

秀：（勉强地）没有。

辉：兰秀！你没有看到我以前，恐怕很替我担心吧？

秀：自然啰，自从前礼拜从南镇的信里，得到你病重出狱的消息以后，我真恨不得立刻就飞到你的面前来呀！

辉：（关心地）你在那边的工作情形怎么样？

秀：（高兴地）好，我在光州很好，我一方面在青年会办妇女夜校，一方面又在女子青年同盟做点事情。从早到晚，我都很忙呢！

辉：（听得高兴）可惜我不能帮你的啦！（忽然想起）你爸爸？……

秀：从我出狱以后，我早就跟我家庭断绝关系了！（欣快地）现在，可以说，我真的得到了自由了啦！

辉：（感伤）唉，你得到自由了，可是，我呢！……

秀：（难过）你的病不是慢慢的就可以好起来的么？啊，槿辉！我这颗心可始终都还是放在你的身上呀！

辉：唉！

秀：（恳挚地）从我到光州以后，这两年来，我可常常都在想：要是你不被捕，现在我们不已经可以常住在一块儿了么？啊，你想想看：要是我们常在一块儿，你在工作，我也在工作；你在读书，我也在读书；你跟人讨论问题，我也得跟人讨论问题；你到青年中去，我也到妇女中去；你干你的，我也干我的；你帮助我，我也帮助你。（兴奋）喝，槿辉！那该是多么美满，多么幸福的生活啊！

辉：（痛苦）兰秀！恐怕那也只是一个美好的梦吧！

秀：（宽慰）不，槿辉，那不是一个梦，只要你的病一好，那不就可以立刻实现么！

辉：（焦灼）可是，我可要什么时候才好得了呢？……唉！

秀：（竭力慰安）我想，你慢慢就会好的，我们大家都渴望着你快点好呀！你想，只要你一好，我们可以过得多美满，多幸福啊！

辉：（越听越痛苦，声音有点发抖）啊，兰秀！……我……我……我怕我会使你伤心呢！

秀：（压着内心的伤痛）不，槿辉！你别这样想，你一定就会好起来的，你还是好好的养你的病吧！

辉：（气微喘，脸色渐变）兰秀！你再别要离开我了！

秀：（有点惊异，但仍竭力慰安他）我不会离开你的，槿辉，我这回来，就是来看护你的病的呀！你放心，我可以照料你的医药，可以服侍你的穿吃，你烦闷了，我还可以给你唱歌，给你读报，给你念小说呢！

辉：（脸色大变，伤心地）谢谢你！兰秀！可惜已经来不及了！告诉你吧，我的病是绝不能好起来的了！

秀：（非常痛苦）不，槿辉！你千万别这样想！

辉：（挣扎着，切齿愤恨地）你不知道，兰秀！敌人的电刑可已经烧毁了我的神经，烧烂了我的肺脏，我，我，我只是在这儿，一天又一天的挨日子，我那儿还会好起来呀！……

秀：（见辉神色大变，震吓地）啊，槿辉！（连忙惊呼）韵玉！韵玉！伯母！伯母！

崔老太太和韵玉惊惶地奔了出来。

辉：（惨痛地）啊，我的头昏了……我的眼睛发黑了……（气喘）……哎呀！兰秀！你快来挨着我吧。（兰秀忙去挨着他，紧紧的握着他的手）你别怕……你快来挨着我呀！只要你在我的身边，……我就可以活，……我就可以活！为着你，为着妈妈，也为着我们的祖国……我一定要活下去……我也一定会活下去的，……啊，我还这样年轻！……我一点也没有活够呀！……

槿辉突然失了知觉，一下就昏过去了！

秀：（大吓）槿辉！槿辉！槿辉！

崔：（奔近，大吓惊呼）槿辉！槿辉！槿辉！

秀：（惊急，惶然失措）啊，伯母！这可怎么办呢？

大家都很惊慌。

崔：（吓得发抖，但仍勉作镇定）不要紧的，不要紧的，你们别怕！等我去煨药。

秀：（万分惊急）让我也陪你去！

崔：（边去边说）好，韵玉！你就看着你槿弟吧。

崔老太太、兰秀惊急的走到内室去了。

韵玉一见槿辉的生命就像快要绝灭了的样子，一阵心酸，眼泪差点儿就要流出来了。

玉：（轻呼，担忧地）辉弟！辉弟！你心里明白吗？你还认得我么！

槿辉仿佛很昏迷，他气喘得很厉害。

辉：（忽然说起呓语来）哥哥……哥哥……啊你……你……你……哥哥呀！

槿辉很痛苦的死了！

玉：（放声一哭）**辉弟！……啊，天哪！**韵玉流着泪，立起身来，想去叫崔老太太和兰秀。这时，外边忽然响起来一阵急促的叩门声。

韵玉疑心是槿光来了，她连忙将毯子拖上一点，把辉的脸部盖去一半，她揩了一揩眼泪，忙又奔去开右门，门一开，果然槿光一下就奔进来了。

四年不见，槿光已经多少有点苍老了！他穿着一身朴素的衣服走进来，韵玉还没有十分的瞧清楚他，他却很惊急的先对她说起话来了！

光：（很惊急）**快熄灯！好像有日本的暗探盯着我！**

韵玉只好把灯熄了！然而窗外的月光却射进了室中来。

槿光和韵玉都默默无言的在倾听着外边的动静。

夜已经很深了，外边却只有蛙声，只有虫鸣，听不出有什么别的响动。

在朦胧的月光下，两个人相互凝视了一会〖儿〗，忽然——

光：（一下抱着韵玉，悲喜交集地）**啊，韵玉！**

玉：（心酸，泪落）**槿光……我，我想念得你多苦啊！**

光：（感慨地）**我还不是跟你一样，啊，韵玉！我真对不起你呀！**

玉：（在月光中凝视着他的面影怜爱地）**你可瘦得多了！**

光：（怆然）**是吗？唉，像我们那样的生活，怎么会不瘦啦！**

玉：（怜爱地）**这四年，你可真太苦了！**

光：苦，我们虽然很苦，但我们苦得很痛快，你们在家里，那才是真正的苦哪！

玉：（满腔的苦楚，却一点也说不出来，终于只好付之一叹）**唉，我们的苦处，不知该从什么地方对你说起啦！**

光：（感动地又紧紧的抱着她）**啊，韵玉！**

玉：（也紧紧的抱着他）**槿光！**（眼里又流出了一行清泪）

在悲喜交集中，片刻的沉默。

光：（忽问）**噫，妈妈呢？**

玉：到里边给辉弟煨药去了。

光：辉弟呢？

玉：（这可叫她难于答复了）**辉弟么？**（忍着眼泪）**他……他……可睡着了呀！**

光：（担忧地）**他的病怎么样了？**

玉：（只好扯谎）**病么？……**（小声地）**啊，好得多了！**

光：他就睡在那儿的么？（忽然走了过去）**让我去看看他！**（叫他，亲热地）**辉弟！**

玉：(惊极)你走得轻一点点！他好容易才睡着呢！你千万不要叫醒他！

光：(远远的看了一看)哎呀！整整地四个年头，我没有见着过他了呀！还是叫醒他！让我先跟他谈谈吧！

玉：(连忙阻之)回头再叫他罢！还是让他多睡一会儿的好！

光：(想去拍醒他)不，我心急得很，还是让我叫醒他，让我叫醒他，(叫)槿辉！槿辉！槿辉！

玉：(忙又阻之)哎呀！你把他吵醒了怎么办呢，快站过来点。

光：(难过)啊韵玉！你还是让我先跟他谈谈吧，那怕是谈几句也好！谈几句也好！

玉：(佯嗔)你急什么呢？槿光！他好几晚上没有睡着过了呀！

光：(看着槿辉，热爱地)那么你就让我多看看他！(望了好一会〖儿〗，然后他才说)啊！他真睡得多熟啊！

玉：(这才放心，把他拉开)你还是过来点吧，当心吵醒他呢！

这时崔老太太却从内室中慌慌忙忙的走出来了。

崔：(诧异)怎么灯就熄了呀？

光：(奔至崔前)妈！我回来了啦！

崔：(又悲又喜)槿光！你妈总算又看见你真的回来了。

光：(痛苦)妈！我能够回来，我总会回来的啊！

崔：(转向玉)韵玉！快把灯弄亮，我要好好的看看槿光！

光：(忙劝阻)妈！刚才好像有暗探盯我，还是不要开的好！

崔：(惊愤)啊，暗探！又是暗探！那你就走过来点吧！我可要多看看你呀！

光：(挨近)妈！

崔：(在朦胧的月影中老眼昏昏的看了一会〖儿〗，又疼爱的去抚摸他的身背)唉，槿光！你太辛苦了！

光：(连忙请安)不，妈！我的精神却好得很呢！

崔：你只要精神好，那我就放心了！(忽然想起)啊，你知道吗？你辉弟的病！

玉：(马上接了过去)姑妈！我已经告诉了槿光。说辉弟的病这几天来可好得多了呀！

崔：(心里明白)啊，你已经这样告诉他了吗？……唔，那就好了！那就好了！

光：(还是关心地)辉弟的病要不要紧？

崔：（只好跟着韵玉说假）不要紧！不要紧！不过，怕也一时不会好就是了。

光：（难过）唉！

崔：（望着先前自己拿出来的衣服）啊，槿光！你还是快把衣服换一换吧，换了好舒服一点！

玉：（忙去取衣）是啦，姑妈早就给你准备好的了。

光：（痛苦）不，我不换！

玉：（惊异）噫，为什么呢！

光：（支吾）我身上这衣服，穿起也很舒服。

玉：（温柔地）还是换了吧。

光：不，换来换去的太麻烦了！

崔：槿光！你还是快换了吧，你也应该舒舒服服的在家里松一口气了！

光：（痛苦不堪）啊，妈！

崔、玉：（不解同声地）你怎么啦？

光：（颇费力气）我，我，我要走！

崔：（意外的吃惊）你要走？

玉：（大诧）你又要走？

崔：（急问）你又要到什么地方？

光：我就要到中国去！

玉：你去干嘛？

光：我要去参加我们临时政府召开的代表大会！

玉：（非常伤痛）啊，槿光！我们整整的分别了四个年头，怎么你刚一回来可就又要走了呢？

光：（也很难受）啊，韵玉！我实在太对你不起了！

玉：那你决定什么时候动身？

光：明天一早。

崔：哦，明天一早！

玉：那你今天晚上？……

光：可就要离开呀！

崔：为什么不可以在家里住一夜？

光：（非常痛苦）啊，妈！我怎么不想住，可是我是被敌人通缉了的，这一次，我好容易才秘密的回到了国内，又好容易偷偷的到家里来看到了你们，可是，听说敌人这几天已经知道了我回国的消息，所以现在到处都布置满了密探，到处都悬得有重赏，想用尽一切方法来捉拿我，啊，妈！我怎么好在家里住啦！

玉：（无限痛楚）啊，槿光！

崔：（长叹）唉！

悲苦中片刻的沉默。

鸡鸣，天将破晓了。

光：（苦痛地）妈！天都快要亮了，我得要走了！

玉：（凄恋地）槿光！

光：（也凄恋地）韵玉！

远处传过来一阵缓慢而沉重的警察的脚步声，接着一队巡辑[缉]的马蹄声，又忽急忽速的响过来了。

他们听到，都大吃一惊。

玉：（惊吓）啊，姑妈！您听这声音。

脚步声和马蹄声渐渐的消逝了。这时——

崔：（忍着老泪）槿光！那你就赶快走吧！

光：好，妈！

崔：（忽问）哦，问问你，四年前当你离家的时候我送你那小包泥土呢？怕已经掉了吧？

光：在战场上掉了！

崔：（又从衣橱中取出一小包来异常痛苦地）来！这一小块泥土，也是我跟韵玉好久以前就从外边那根槿花树下取来的，啊，槿光！别忘记，这块泥土虽小，可包含得有你的家园，你的故国，你的妈妈和你妻子的一颗心啊！

光：（敬领，感动地）啊，妈妈！下次有机会我再来看您老人家吧！

崔：（忍着痛苦）好，我望着你，韵玉也会跟我一样的望着你，（激励地）不过你下次再来看我的时候，我希望我们的祖国已经光复，你回来以后可也不会再离开我们的了！

光：那一定的，我下次来再也不会离开你们的了！

崔：啊，天真快亮了呢！你快去吧！快去吧！

光：（依恋地）韵玉！

玉：（凄恋地）槿光！

光：（苦痛地望了望槿辉）韵玉！就请你多多的照料我辉弟，好好的服侍我妈妈吧！

玉：（泪落）好！

槿光折转身走出去了。

兰秀却端着药走了出来。

秀：(惶急地)啊，伯母！药已经好了！

崔：(对玉)韵玉！快拿去给你的辉弟吃吧！

玉：(放声大哭)啊！姑妈！辉弟可再也不会醒转来吃药了呀！

崔、秀：(震吓，同声惊问)什么？

秀：(奔至槿辉前，放声大哭)啊，槿辉！

崔：(失声恸哭)啊，天哪！

——幕落

(原载于《槿花之歌》，黄河书局，1945年)

附：

阳翰笙

《槿花之歌》题记

记得是十七年前北伐战争时期的事了：在长江中部的战场上，我认识了十来个韩国的青年朋友，其中有一个姓李的，是跟我一起在一个部队里工作，而且就我们的关系来说，他还是我的部下呢。不过我们那时的部队，是无所谓上司与下属的，我们都是同志——是战友。

那时我们在军队工作中的青年朋友们，可以说大都是生动泼辣、热情澎湃、勇敢好斗的。可是李君却与我们有一些不同，他不大多说话，老喜欢一个人呆在一个地方去沉思默想。我们中有几个调皮的朋友，每当他在行军休息中翘首看天的时候，总爱开他的玩笑，说他是想家、想老婆。他呢，他却不和谁去辩白，只是深沉地苦笑一下，整理整理身边的行装，依然默默无言地跟着大家走了。

然而，当他在群众大会中以东方被压迫民族代表的资格出现在主席台上发表演说的时候，他却变成另外一个人去了：他浑身充满着热情，两眼燃烧着愤怒的烈火，他用煽动有力的辞句去描述朝鲜亡国后的惨痛的非人生活和百折不挠的英勇的革命斗争。他每一次的演说，都说得声泪俱下，台下的听众都为他无比的热情所动，都似触电似的，受到非常大的感动。

我从他每一次动人的演说里，知道他很了解中韩革命的关系，也洞悉他为什么要关山万里地跑来参加中国的大革命，更由此而测知他在韩国不是一个很平凡的人物。

为了关切，也为了更深的对于一个异国战友的了解，我曾经好几次向他探问过他的身世。起初，他都用了一些别的话把我的探问支吾过去了。后来，我们渐渐地熟了，他也就理解了我的殷殷的关切是出于善意的同情。于是，他就很坦白地对我说述他和他人一家人惨痛的遭遇来：

原来他是韩国汉城人，他的父亲在韩国亡国那年便忧愤而死了。他有几个堂兄，也因参加暗杀运动和义务运动，先后惨死在日本人的手中。现在他的家中，只剩下他的母亲、妻子和一个弟弟了。他本人在婚后不久又因参加了一九一九年的“三一”独立运动，被迫逃亡到我国东北，然后再辗转到广州，参加了中国的大革命——北伐。

他是非常热爱他的母亲、弟弟和妻子的。他对我说：他从到了中国以后，常在梦中回到了他的家乡，可是每当他在惊喜中和他的老母、爱妻和幼弟见面的时候，敌人的宪警却又每次都把他们惊散了。他竟连一个美好的梦也都无法做成！

这时我才懂得他为什么老爱看天、老爱沉思默想的真正意思了。

北伐战争以后，我回到了上海，我这个韩国老战友的消息，却从此一别渺然。我曾到处打探过他的行踪，但却谁也不知道他后来的下落。年复一年地过去，现在也就更加渺不可知道了。

李君的行踪虽然迄今无从探悉，但他那阴沉忧愤的面影和他那悲惨沉痛的家世却至今还深深地铭记在我的心中。因此，当三年前有一位韩国友人热望我为他们写一个剧本的时候，我首先便[想]起个李君，因而也就很想以李君为经去描绘韩国的“三一”独立运动。

可是我对于韩国人民的生活的了解是不够深刻的，因此一直拖延了一年多我都还不敢动笔。这期间，我曾经访问过韩国的朴哲爱女士和金奎光先生。现在听说朴女士已经逝世了，她在生前在我材料的搜集上给了我不少的帮助。至于奎光先生，他是亲身参加“三一”斗争，并曾身受过日本帝国主义者残酷迫害的人，在我和他二十余次的接谈以及从他借给我大批书籍里，使我获得了很多宝贝的资料。特别是当我把我要写的剧本内容提出来同他研讨的时候，他在惊异中很感动地对我说，这不是韩国一家一姓的故事，简直可以说是韩国十分之七八的“革命之家”的普遍的故事。他为了证明他的话没有说错，又特地为我述了十几个韩国志士家庭大同小异的惨痛的遭遇。我听了也由衷地感到，我所要写的已经不仅是我的老战友李君一家人的身世了。这在剧本的构思过程中，给我的影响很大，而在创作情绪上所得的鼓励也很多。这是我要向奎光先生表示我的谢意的。

断断续续地经过了一年多的酝酿，一个半月时间的写作，两三次的修改，这个剧本总算已经写成了，而“叨天之福”，最近总算也快有出版和演出的机会了。我是这样想的：从北伐时期起就我的亲身经历来说，中国近二十年来的革命斗争里，韩国志士流血流汗的崇高的努力，是值得我们敬佩的。因此，假如我这点微末的努力，对于这个久已“被人遗忘了的国家”的解放事业，能够多多少少有点助力，这在我就已经感到非常大的满足了。

1945 年 2 月 16 日

（原载于《新华日报》1945 年 3 月 3 日）

安重根史记[①]

[韩国]金春光
尹英伊 译

内容概要：脚本完成后，金春光记。

光武二年，美国人科尔布伦获权在首尔开展电力事业。他与朝鲜人合资创办汉城电气会社，引入资金三十万元。光武三年，京城首次亮起电灯、开通电车，从此打开了外国人入境的通道。光武八年一月上旬，俄国以护卫公使馆之名遣派士兵数百名，而后英、美、意、法、德等国均以护卫公使馆之名遣派士兵三百余名，贞洞一带各色人种剑拔弩张，百姓无不忧心忡忡。

当时韩国朝廷持保持中立，对待一切事物慎之又慎。不过早在一月二十三日，俄国瓦良格号与高丽人号登陆仁川，日本派遣千代田号出征迎战，俄军溃败后于仁川八尾岛附近海域自沉；光武八年一月十日，日本正式向俄国宣战，此后日俄战争持续近两年时间。从光武九年八月上旬日俄和谈以及日英同盟再次签订条约能看出日本承诺使韩国独立；从日俄宣战诏书能够看出，日本承诺获胜后必定使韩国独立；从光武八年二月二十三日，外部大臣临时署理李址镕与日本特命全权公使林权助签订的议定书第三条(大日本帝国政府承认大韩帝国独立)，同样能够看出日本明确承诺使韩国独立，但日方在日俄讲和条约中却将韩国称为“需由日本保护监督”。当时内阁总理大臣桂太郎及外务大臣小村寿太郎态度强硬，日本海陆军方面也希望借此机会掌控韩国。韩国朝廷受亲日分子蒙蔽，国运危急，《皇城新闻》迅速刊登报道如下：日本对我国进行保护、监督等一切事宜是何等卑劣。日本掌管我国外交、撤销各国驻韩国公使、撤销韩国驻各国公使，此等做法无不使我们咬牙切齿。我们失掉三千

① 《安重根史记》韩文原著1946年于韩国三中堂书店出版发行。本卷所收录中文文本系项目组根据《安重根史记》(三中堂书店，1946年)翻译。——编者注

里河山愤懑不已，面目可憎的日本人还要一味地践踏我们。日本曾承诺让韩国独立，事到如今我国怎落得这番地步？诸如此类苦大仇深地报道在《皇城新闻》日日刊登。此时亲日主义一进会选出会长李容九，全国人民和各大报纸一同称一进会为卖国贼，称一进会为走狗，一时间骂声四起。同一时期的反日派有共进会、大韩自强会等组织，伊藤博文（时任公爵）作为当时的韩国特派大使，为解决反日组织问题，于明治三十八年十一月三日离开东京，乘军舰来到釜山港，又乘特别列车于十一月九日早六点半抵达京城南大门站。军事令长官长谷川与林公使出面迎接伊藤博文，伊藤博文暂时入住贞洞德国妇人经营的孙铎酒店（今朝鲜酒店前身）。景运宫中，伊藤博文参拜李太王后开始进行御前会议，会议从十七日下午三点一直持续至凌晨三点。

在场有内务大臣李址镕、学部大臣李完用、军部大臣李根泽、外务大臣朴齐春［纯］、法务大臣李夏荣、度支部大臣闵泳绮等人。

在伊藤博文的威胁下，李完用口头答应签署条约，在场大臣随声附和，条约签署完成，此时已是凌晨的一点半钟。得知这一消息，我国同胞迅速在李完用家里放火，将李完用之家化为灰烬。那晚火焰熊熊燃烧，爱国人士放声痛哭，青年人开始思考如何重建国家。

无数忧国忧民的青年人为了国家、为了同胞背井离乡，安重根义士便是其中之一。我们应永远铭记安重根义士，因此我们需要简单了解安重根义士的生平经历。安重根义士生于黄海道海洲，起初在信川生活，后搬至镇南浦生活。其祖父安仁寿曾任镇海郡守，其父安泰勋曾高中进士。

安重根的家庭虽不及贵族，但安泰勋于明治二十七年镇压东学党起义，而后名声大振。接着安重根全家开始信奉法国天主教，安重根接受洗礼。

安重根十七岁时读完通鉴九卷、汉译万国史、汉译朝鲜史，并大量阅读大韩每日《皇城新闻》《帝国新报》《共立新闻》等。

安重根在浦盐时读了许多《大东共报》。信川名作家、西北学会反日人士安昌浩先生来到镇南浦演讲，安重根听后大受震撼，爱国之情迸发而出，立志夺回祖国三千里疆土。那时安重根之父已经离世两年。安重根十五岁时在镇南浦就能率领三十余名义兵，他还在镇南浦创办了三兴学校。安重根作为义兵中队长英勇非凡。安重根身着传统白衣前往浦盐斯德，于檀纪四千两百四十二年（己酉年）创立新韩村（不详）。安重根与其他十一位韩国义烈志士一同，割指写下血字“大韩独立”。他们艰难募集军资，率领三百名义兵攻打咸北庆兴郡一带，将日军打得落花流水，而后一鼓作气杀到会宁，但日军有数千人之多，最终寡不敌众全军覆没，三百名勇士葬身豆满江畔。他千万次悲伤的哀嚎着，安息吧同志们。

安重根静静望着川流不息的豆满江，他想到已故的战友，不禁攥住双拳。

而后安重根整整五日不曾进食，坚持回到浦盐。安重根在此结识了禹德淳同志。禹德淳生于忠清道堤川，起初在首尔东大门养士洞生活，胸怀大志，离开了祖国。

安重根又与曹道先同志相识。曹道先，生于咸镜南道洪原郡景浦面。那年他三十二岁，虽然经营着一间洗衣房，心中却同样憧憬大义，与安重根、禹德淳是志同道合的同志。最后安重根结识了年仅十八的刘东夏同志。刘东夏，生于咸镜南道德源郡元山，其父为医者。刘东夏爱国热情极高，不惜任何代价也要将日本赶出祖国。这群同志聚在一起，夜以继日地盘算着如何报国。功夫不负有心人，一日在大东共报工作的友人传来消息，称吞并大韩的魔使伊藤博文将借视察满洲之名，趁机吞并中、俄、韩三国。伊藤博文即将到来，这对安重根等人来说无疑是千载难逢的良机。

安重根彻夜未眠。他和同志说道："这事我一个人做，后面就拜托大家了。"同志们含泪应允。

安重根与同志共同寻找刺杀伊藤博文的机会。其过程在《安重根史记（后篇）》有详细说明，此处不再赘述。明治四十二年十月十八日，伊藤博文抵达大连，在满官民热烈欢迎。明治四十二年十月二十日，伊藤博文检阅日俄军队。而后在车内与俄国大藏大臣科科夫佐夫寒暄约二十分钟。

伊藤博文于十月二十六日抵达哈尔滨站，抵达时间约为上午九点。俄国宪兵与日军迅速布阵。突然，一声枪响、两声、三声，只见伊藤博文胸口渗出鲜血倒地不起。哈尔滨总领事川上随后倒地。"我亲手杀了伊藤博文，他夺走大韩三千里疆土，禁锢大韩两千万百姓"。安重根义士就站在原地一动不动，展示着大韩人的英雄气概。他临危不惧，只认为做了男儿该做的事情。安重根义士大义凛然直至生命最后，如此壮烈的气概也正是我们大韩青年的气概。恍惚间，俄国宪兵已将安重根义士逮捕。

《安重根史记（后篇）》是安义士接受审判的过程，届时将一一呈现安义士与审判长及检察官等人对峙的情景。《安重根史记（后篇）》即将出版，敬请期待。

青春剧场剧团将再现我国解放的过程，此剧仅献给安重根义士与诸位观众。

第一幕　出场人物

高宗皇帝陛下	五十七岁
学部大臣　李完用	四十五岁
军部大臣　李根泽	五十二岁
外务[部]大臣　李[朴]齐纯	五十□岁
法务[部]大臣　李夏荣	四十八岁
度支部大臣　闵泳绮	四十七岁
全权公使　林权助	五十一岁
公爵　伊藤博文	六十岁
法部主事　安秉瓒	六十岁
元老　赵秉世	五十七岁
宫女甲	三十岁
宫女乙	二十一岁
侍女甲	十八岁
侍女乙	十九岁
侍女丙	二十二岁
侍女丁	二十七岁
内官	四十五岁
内官	四十三岁

第一幕演员如上。

童子两名

第一幕——德寿宫

景运宫(德寿宫)被秋日云翳笼罩。

舞台正中是雄伟的皇帝寝宫,门阙两旁立着巨大的柱子。寝宫中央有李太王的龙椅,宫殿庄严、华丽之景跃然台上,无不使观众联想到过往的景运宫。龙椅上覆着皮毛毯子,龙椅前的香炉烟气氤氲。

开幕前

(老翁登场)老翁手握竹棍,不怒自威,其左右各有童子一名。老翁走到幕前,面向观众说道:请诸位保持肃静,保持肃静。诸位,太阳东升西落,时间不断流逝。我国是东方的礼仪之邦,说到这里就不得不提到我们的祖先。天堂和地狱并非自古就有,天堂和地狱是由心而生。请诸位遥想历史,遥想我国四千余年的历史，遥想我国近五百年繁荣昌盛的历史。

檀君千年、箕子千年、新罗千年、高丽五百年、李朝五百年。新罗的三姓贵族和五十六代皇帝统治了我国九百九十二年；百济的三十一代皇帝统治了我国六百七十八年；高句丽的二十八代皇帝统治了我国七百五十年，高丽的三十四代皇帝统治了我国四百七十五年，李朝的二十七代皇帝统治了我国五百一十九年。每当我们回想这一切，泪水不禁蒙住双眼，眼前的漆黑恰似见到了阴暗的地狱。敢问诸位可曾爱过，可曾为了什么拼尽全力？又敢问诸位是否活得大义凛然？我们为了权利、势力、名誉，致使生灵涂炭，苦不堪言。这难道不是事实，这难道不令诸位羞愧？诸位也曾因一事无成感到迷茫、感到无力罢。那时只要是对自己有利的一段文字、一句话语，都会在心中扎根发芽。但倘若未能顿悟天道人心，即便是到了耄耋之际，即便是有远大志向，仍会面临无疾而终。请诸位务必振作起来。诸位可还记得甲午独立？甲午独立时承诺签订《江华岛条约》便让大韩独立，那扇独立门至今立在西大门门外啊。

不过大韩可曾真正独立过？大韩又可曾真正为独立努力过？诸位为何默不作声。有便是有，没有便是没有。独立门有名无实，它凄凉地立在那里，望向可怜的国民。朝廷昏庸无能招致他国蔑视，俄国看不起我们，中国看不起我们，日本甚至企图吞并我们，而我们做了什么？八月上旬日俄开始讲和，光武九年十一月十七日深夜一点半，外部大臣朴齐纯与特命全权公使林权助签订五项条约，三千里疆域从此沦为他国领土，两千万同胞从此遭受铁索禁锢。钟路等大街的店铺纷纷倒闭，连学校也不再开课。百姓们痛哭流涕，那情景好似在举行国丧。

听闻这一消息，法部主事安秉瓒抄起斧头前往大汉门，在陛下面前说道："假若陛下不废除条约，微臣就用这斧子割喉自尽"。安秉瓒泣不成声，元老赵秉世与颤颤巍巍的白发老翁沈相薰痛哭流涕，侍从武官长闵泳焕和前大臣李根命大呼现任内阁都该以死谢罪。闵泳焕悲愤不已，在家中自尽，赵秉世悲愤不已，在表勋院自尽。李相哲捶地大喊亡国之人何故苟活，在路上头撞岩石自尽。

庆尚北道鸿儒宋秉哲在祖先坟前自尽，驻英公使李汉应在伦敦自尽，学部主事李相哲、平壤兵金奉学均以身殉国。我们缅怀壮烈赴死的英灵英烈，我们决不能忘却祖国荣耀的忠臣烈士。说到忠臣烈士，便不得不提及义士安重根。伊藤博文妄图吞并韩国，安重根在哈尔滨站将其射杀。如今终于能在安重根义士的灵前宣告"我国已经解放！"。

现在第一幕即将上演。第一幕发生在秋日云翳笼罩下的景运宫，在此安图吞并韩国的魔使伊藤博文与亲日派勾结，举行着签订掠夺三千里疆土条约的御前会议。

（舞台灯光暗）响起弦琴声与短箫声

开幕：李完用坐上座，李根泽坐中座，朴齐纯坐下座。

朴齐纯：（站起身来）今天是光武九年十一月十七日。

李根泽：北汉山已是白雪皑皑。

李完用：南山的松球也该掉了。

朴齐纯：李朝的五百年历史也要在今天结束了。

李根泽：倘若我等互关互爱、互帮互助，倘若我等活得更加大义凛然，那也不会落得如此境地。

李完用：朝廷里有亲美派、亲俄派，还有亲日派，官员们何以安心理政。

朴齐纯：这话可轮不到我们来说，这些都是我们自己犯的错误。现在要是能有一计良策，我死都瞑目了。

李根泽：我们总是想着如何依附他国，我们从未真正在这片土地扎根。

朴齐纯：我们今日遭受的屈辱，那是我们欠下的债务，是上天降下的惩罚。

李根泽：是的，这一切都是我们的错，是我们的失职。

朴齐纯：侵略和压迫挡住了我们的去路，我们哪还有力气前进。

李根泽：沦为日属是天大的不幸，天道和人心都容不得此事发生。

李完用：你有这样的想法只是因为心里着急、心里悲痛，日本是会保护我们的。

朴齐纯：你不要说了。你去到钟路大街上瞧一瞧，百姓的叫苦声已经响破天了。

李根泽：那里有哭喊的百姓，有丢了魂的百姓，有晕倒的百姓，也有猛捶胸脯的百姓。

李完用：今天是决定我国命运的日子。

朴齐纯：我只觉心痛，我们已经没有机会了。我们不曾为国家怒视敌人英勇对决，甚至不曾在国家埋下任何希望的种子。

李根泽：天道人心不会宽恕我们。

朴齐纯：我们是官员，我们是罪人。

李根泽：可百姓们何罪之有。思来想去只觉百姓可怜万分。

朴齐纯：学生放下书本，农民停止耕种，商人关了铺子，百姓都在等待我们决议。

李完用：这有什么问题？快些处理眼前的事情才是最重要的。

朴齐纯：处理政事怎能不顾民意。

李完用：诸位不是都听到了，伊藤公爵和林公使说了会护我国周全。

朴齐纯：保护，你以为那保护是真的保护？

李完用：我没有丝毫怀疑。

朴齐纯：出卖国家、出卖百姓换来的保护是何种保护，那就好比老虎面前放着的一块肉啊。

李根泽：没错，我一想到三千里疆土即将被夺，胸中的热血便止不住地翻涌。

朴齐纯：别说什么东海岸还是白头山了，现在连韩国人都做不成了。

李完用：快收起这错误言论，你就暂且把它看作是命。国家已经破败至此，任凭是谁也难以匡正扶本。再者日本打败了欧洲发展最好的俄国，那岂是我们能够应对的？日军现已在仁川和釜山登陆，我们的首都已经被日军包围了。

李根泽：日军当真那般可怖，值得你闻风丧胆？我国坐拥四千余年历史，你却贪生怕死不顾民意出卖国家，你还算得什么大臣？即便是刀山火海摆在眼前，身为大臣理应为国捐躯面不改色。

朴齐纯：没错，倘若我们热爱祖国、热爱大韩，不如就在此以身殉国。

李完用：无稽之谈！刀山火海摆在眼前还要面不改色？想得简单、说得简单，可又有谁能够真正做到。只要家财万贯，天子西去又有何妨？毕竟地位再高还是难以扬名天下。

朴齐纯：所以您是打定主意活下去，或是讨个功名或是谋些利禄。

李完用：是的，正是。人只有活着才能手握大权，只有活着才能享尽荣华。人一旦死了，那不过是青山里的一捧泥土。

李根泽：所以你出卖国家、出卖国民，为的只是换取功名利禄。

李完用：这不是出卖。国家已经面临危机，没有谁能化险为夷。

李根泽：你太容易妥协了、太卑鄙了。

李完用：你不容易妥协，为何在伊藤公爵来访时前去停车场恭候？你表面戴着忠臣烈士的面具，事实上早已成为自己所不齿的人，竟还在这里大言不惭。就算你有本事瞒天过海，也瞒不过我李完用。

李根泽：停车场？我连停车场的影子都没见过。你莫要血口喷人。

朴齐纯：是我和参政韩圭卨、宫内府大臣李载克一同去的停车场，李公并没有前往。

李完用：看来是我的消息有误，是我失言了。那么你前去恭候伊藤公爵，还能说自己忠心不二吗？

朴齐纯：我只是去执行任务。

李完用：噢，因为您是外部大臣。

朴齐纯：为了国家的颜面，理应迎接外宾。

李完用：你说得不错。外部大臣需要前去迎接外宾伊藤公爵，但其他大臣有何必要同行？

朴齐纯：你少说两句吧。去不去是大臣的自由。

李完用：是的，是自由。但诸位恨不得将伊藤公爵千刀万剐，却又前去谄媚，这是怎么一回事呢？

李根泽：那是因为奸恶无道的日本正在对我国实施侵略啊。

朴齐纯：日本不是正在哄骗、胁迫我们签订五项条约么？

李根泽：我无法接受。我国五千年的辉煌历史，到头来却是受尽屈辱、割地三千。

朴齐纯：我们的百姓又该如何是好。

李根泽：大韩忧国忧民的仁人志士虽多，但国家既已如此，任凭是谁也难以扭转乾坤。

朴齐纯：我们懒政怠政使国力衰退，现今实在是无能为力了。

李根泽：是的。纵然多的是仁人志士，但国力衰败如何回天。

朴齐纯：我们有罪，割喉自刎也难以赎罪。

李根泽：三千里处处民怨哀声载道，这到底如何是好。

朴齐纯：走过五千年历史长河，如今国将不国，这悲痛之情又该何处诉说。

李根泽：百姓的哭喊声在天地回旋，我们能做的却只有祈祷——让敌我同归于尽吧，只要能守住国家。

朴齐纯：百姓深爱祖国，这正是大韩民族之魂。

李根泽：可如今日本的势力达到巅峰，我们一旦拒绝，民族将会面临更加惨痛的损失。

朴齐纯：战争也好，流血也罢。可我们赤手空拳，谈何战争、谈何流血。

李根泽：我们为什么毫无准备。还不是为了势力、为了名誉、为了地位，争夺至今，落得这般田地。现在军队也无能，国力也不足。

朴齐纯：我们连一艘像样的军舰都拿不出来，即便是李舜臣将军在世又有何用。

李根泽：一旦群情激愤，最终还会引发暴动。

朴齐纯：我们到底该如何作为，如何治理国家。

李完用：那么就是说，我们理应忘却忧虑，心安理得地接受日本庇护。

朴齐纯：我国向来坦荡，为何要寄他人篱下。

李完用：你不要忘了，内藏院大臣李容翊反对在条约上签字画押，最终被抓入公使馆移送日本。

朴齐纯：日本是不会放过我们的。

李完用：日本在我国首都驻军，长谷川军司令已经抵达，你们认为这一切代表什么？日本有军舰、有大炮、有军工厂，有着上天入地的本事。

李根泽：你的意思是我们就应该坐以待毙，眼睁睁地看着三千里疆土落入他人之手。

李完用：要怪只能怪时运不济。

朴齐纯：我们无力抵御、无力抗击。

李完用：接受日本保护天下才能太平，这是我们应当做的。

李根泽：一旦签订条约，天下便会哀声载道，算得上什么太平。

朴齐纯：失去国家的百姓要何去何从，天下必是怨声盈路。

李根泽：那就是让百姓去给日本鬼子当牛做马啊。

朴齐纯：心痛啊心痛，三千里沃野竟这般惨遭掠夺。

李根泽：这是前所未有的奇耻大辱，我们再无颜面面对列祖列宗。

（法部大臣李夏荣、度支部大臣闵泳绮登场）

李夏荣：诸位久等了。

众大臣：（向李夏荣行礼）。

闵泳绮：久等了，我找了好一阵子议定书。

朴齐纯：议定书找到了吗？

闵泳绮：找到了（从盒子里拿出议定书）。

李完用：请大声读出来，让我们听听看。

闵泳绮：好，这是光武八年日本与我国签订的议定书。

议定书

第一条：日韩两国永久保持友好关系，现为了东亚和平，大韩帝国政府基于对大日本帝国政府的信任，允许大日本帝国干预政事。

第二条：大日本帝国政府将大韩帝国皇室视为手足，将护其安定康宁。

第三条：大日本帝国政府将支持大韩帝国独立，将保其领土完整。

第四条：如有第三国侵略等危及大韩帝国皇室或大韩帝国领土的情况发生，大日本帝国政府将迅速采取必要的临时措施，为此将临时占用军事战略地点。

第五条：本条约经两国政府协商确立，日后不得作废。

第六条：本条约的相关细则将由大日本帝国代表与大韩帝国外部大臣临时协商确定。

明治三十七年二月二十三日

特命全权公使　林权助

光武八年二月二十三日

外部大臣临时代理　李址镕

李夏荣：议定书第三条分明写了支持大韩独立。

闵泳绮：是啊，议定书还白纸黑字写着会保全大韩领土完整。

李夏荣：但日本把大韩当作属国，保护不就等于吞并，只不过是说得好听罢了。

李根泽：没错，可我们却束手无策。

朴齐纯：回忆过往，不禁怅然涕下。我现在只觉得世间虚空，没了分毫活下去的欲望。

李完用：人是何物，生死又是何物？诸位为何一心求死？一心求死之人又为何频繁出入旅店？频繁出入旅店又偏要装作英雄豪杰、装作忧国志士，我看诸位也并非有多么体面，不过为了看起来体面不择手段罢了。

李根泽：你说谁频繁出入旅店。

李完用：你不必问，我也不会点名道姓。不过有人时而亲美，时而亲俄，时而又亲日派，这样的人也配做国之宰相？

李夏荣：你是在指哪位？这番话听着真让人费解。

李完用：问心无愧便无需恼火。有人为了见林公使使出浑身解数，又为了见长谷川军司令官四处奔波。

朴齐纯：你还不是为了见伊藤博文跑断了腿。

李完用：我只不过是不想被各位落下，只不过是为了日后能够体面一些……我可不像诸位那般厚着脸皮昧着良心。是我做的我从不隐瞒，即便会招致骂名与祸患。不过有些人表面看似忧国忧民，心里却贪极了功名利禄，此处真正爱国的志士一位也没有。

朴齐纯：你这番话未免过于武断。

李根泽：你不要辱人清白，口不择言。

李完用：我辱了何人清白？荣华富贵也是心之所向，娱心悦目也是心之所向，生死大题同样也是心之所向。上天堂还是下地狱不过都是在人的一念之间。要说诸位心中有何企图，那必然是想着如何能够更加接近林公使，如何能够更加接近伊藤博文，只要有机会当上大官，你们才不会考虑国家是易主还是灭亡。可即便如此诸位还是要顾及颜面，要在人前心系国家、心系百姓、心系三千里疆土，还要若无其事地上朝议政。就从我开始吧，我承认我是窃贼、我是逆贼，你们杀了我李完用吧，一刀抹了我的脖子吧。

李根泽：（真情流露）对我来说，没什么事情比死亡更可怕。这个世界并不会因我离去感到惋惜，但我却会因离开这个世界感到惋惜，这是多么痛苦的事情。那天秋风萧瑟、红叶飘落，明月高挂在夜空，我拒绝在议定书上签字因而被捕至公使馆，那天起我便明白不做亲日派定难以存活。

朴齐纯：是的，你说得没错。树立理想是人生最重要的大事，树立理想对全民族乃至全人类都是一件重要的大事。每个人都有正当的理想。但与其说我贪图肮脏的名利，不如说我也曾有过一个理想，我正是因为理想才向林公使低头。

李夏荣：直到昨日，我才真切体会到人民是何等强大。昨日我见一女子，身上背着哇哇大哭的孩子，手中牵着患病的丈夫。她哭着从我面前经过，但祖国为女人撑起了一片天。可如今她连祖国都要失去，真正变得无依无靠。我望向女人离去的背影，心中久久不能平静。

闵泳绮：我们是真正的罪人。我们被名利冲昏头脑，既没有度济苍生，也没有保卫国家。连燕子都知道带上家人飞回江南故里，可我们该如何安顿可怜的百姓。

李完用：事已至此，追悔莫及又有何用？是鸿鹄就拿出鸿鹄的样子，鸿鹄之志岂是麻雀能够理解的。

朴齐纯：我们没有翅膀、没有羽毛，甚至没什么力气，我们不是鸿鹄啊。

李根泽：我们缺乏历练。生铁若要成为利刃，需经历高温煅烧，再经历千锤万打。我们哪里经得住火烤与锤炼，我们这辈子都是一块没用的废铁了。

闵泳绮：我们向百姓谢罪，然后一同赴死吧。

李完用：问题还没解决，想死也没那么容易。

朴齐纯：日俄战争时期宪政会本党决议承诺大韩独立，这不是事实么？

李根泽：你看看《皇城新闻》吧，上面刊载的报道是多么让人心痛。

朴齐纯：百姓肯定也看到了，百姓又该是多么悲愤。

闵泳绮：忧虑国家的仁人志士们早已攥紧了拳头。

李根泽：外部有日本侵略的魔爪，内部有治国无能的政府，如今国家再次面临日韩合并这般自欺欺人的政策，此等困难究竟该如何解决？

朴齐纯：政府无能，哪还有什么办法。

（林权助公使登场）

林权助：各位，近来过得可好。我去了趟伊藤公爵那里，来得迟了些，还请见谅（行礼）。

众大臣：（沉默）。

林权助：诸位可有进展？像我们昨天说好的那样。我们这就开始商议吧（环顾在场大臣）。请诸位放下担心与忧虑，伊藤公爵在我们日本可是大人物，他已经承诺护大韩周全，如果诸位还不松口，那就是不识抬举了。

朴齐纯：昨日多有冒犯。

林权助：昨天是我们失礼了。现在日本是最强的国家，同日本携手并进才是我大韩的万全之策。外部大臣阁下，您可要好好考虑。

朴齐纯：好的。但同之前签订的议定书一样，此次也需要保证大韩独立。昨日我们多次强调，即便大韩独立，凭日韩两国的友好关系，日本也能保护大韩。

林权助：此事万万不可。大韩独立便会有许多国家伺机侵略，可如果大韩成为日本的属国，其他国家便会有所忌惮，不敢轻举妄动。

李根泽：现在开始我们会打起精神认真理政，努力成为一个强大的政府。

林权助：伊藤公爵是断然不会答应的。

李根泽：难道就没有其他办法了吗？

林权助：是的，没有其他办法了。现在应该已经上报给日本政府了。

李完用：人生在世，谁又甘愿去死。如果有人称自己是真心求死，那肯定是天大的谎言。人人都是一样的，一样的贪生怕死。

朴齐纯：你说的不错。

林权助：陛下还没来吗？

朴齐纯：是的，还没有来。

李根泽：陛下心系百姓，愁云满面、双目含泪。

闵泳绮：是啊，是啊。家国兴亡全看今日了。

（宫女甲、宫女乙登场，恭顺地低着头）

宫女甲：陛下驾到。请诸位小心避让。

宫女乙：陛下今日愁云满面，还请诸位恭迎时格外注意。

众大臣：（肃然起敬，一同面向左侧颔首行礼）。

（高宗皇帝陛下走在中间，身前有侍女两名，身后有侍女两名）

陛下：（陛下走到龙椅前，落座，侍女四名、内官两名恭敬地服侍）。

陛下：（静静地坐着，表情严肃忧愁）。

李完用：（跪倒在陛下面前）学部大臣李完用，叩见陛下！（低头退下，表情惊慌）

李根泽：（诸大臣一同跪下）军部大臣李根泽，叩见陛下！（退下）

朴齐纯：外部大臣朴齐纯，叩见陛下！（退下）

李夏荣：法部大臣李夏荣，叩见陛下！（退下）

闵泳绮：度支部大臣闵泳绮，叩见陛下！（退下）

林权助：日本特命全权公使林权助，叩见陛下！（退下）

陛下：（看向宫女、侍女等人）退下吧。

宫女：（宫女颔首，惶恐退下）

侍女：（侍女颔首，惶恐退下）

陛下：农工商部大臣权重权为何不在？

李完用：臣惶恐。臣听闻农工商部大臣有要事在身，不能前来。

陛下：政局动荡，这是决定国家命运的时刻。此等重要场合，身为臣子怎能缺席？真是荒谬。

众大臣：（异口同声）臣等惶恐。

陛下：林公使是可还坚持五项条约的内容。

李完用：臣惶恐。

陛下：不论日本声称将如何庇护大韩，那终究不是我国坚实的后盾。

众大臣：（一同颔首）。

陛下：国家危亡，但首先要考虑的是百姓。比起国家利益如何，两千万百姓更为重要。

朴齐纯：陛下圣明。陛下挂念两千万百姓的安危，百姓定会惶恐万分、感激不尽。

陛下：众爱卿不必诚惶诚恐，朝堂之上需要的是真理。正确的决策能使百姓收获幸福，习得文化；错误的决策只能伤了百姓的心。

李根泽：臣惶恐。

陛下：人需要走上正轨，像是商人卖货、农民耕种、学生学习，那都是走上了正轨。可一旦误入歧途，那便是后患无穷，国家也是如此。

李夏荣：臣惶恐。

陛下：古时的圣人如孔子、释迦牟尼、耶稣等等，他们都走上了人生正轨，成为了圣贤。我们也应踏上一条正确的路才是。

闵泳绮：臣惶恐。

陛下：在步入正轨的途中，常常会感到急切、恼火、怨天尤人。可依朕之见，这只是由于未能醒悟自己的罪过。

李完用：臣惶恐。

陛下：抛下一切欲望，方能宁静致远。如审慎理政，我国定能繁荣昌盛（叹气）。朕悔不当初，当初深陷泥潭，执迷不悟，事到如今又怎能怪罪诸位爱卿。

众大臣：（异口同声）臣等惶恐。

陛下：朕相信，即便太阳西升东落，人心依旧不会改变。

李夏荣：臣惶恐。

陛下：朕向天地神明谢罪，朕向社会家国谢罪，朕向可怜的百姓谢罪。

众大臣：（异口同声）臣等惶恐。

陛下：国家可能不复存在，但至少要将祖国的宗教、艺术、工艺、文学传承下去。

李完用：臣惶恐。

林权助：（跪在陛下面前）臣惶恐。臣恳请下令缔结五项条约。

陛下：（冥思）。

林权助：陛下，时间正在一分一秒地流逝。伊藤公爵正在长谷川司令宅邸中焦急地等待答复。

陛下：（冥思）。

林权助：陛下，臣惶恐。夜就要深了，还请尽快下令缔结五项条约。

陛下：现在是什么时辰？

朴齐纯：初更过了，二更过了，三更也已经过了。

陛下：更夫敲了几次？

朴齐纯：已经敲了三次。

陛下：月亮可还挂在皇城上空？

朴齐纯：（望向月亮）。

李根泽：（望着月亮）一轮弯月挂在三角山头。

陛下：风可还冰冷刺骨？

李根泽：风还是那么冰冷刺骨。

陛下：都城里有多少百姓夜不能寐。

朴齐纯：（哽咽）臣惶恐。

陛下：月光白，落雪白，今夜天地苍茫。今夜有几千万百姓正挂念着国家安危（泪光闪烁）。

李根泽：龙恩浩荡。臣替千万百姓谢过陛下。

陛下：朕不曾哭过。可今夜心中酸楚，难抑泪水。

众大臣：（异口同声）臣等惶恐。

陛下：李朝的五百年历史将毁于一旦。

朴齐纯：臣惶恐。

林权助：陛下，请不要让微臣为难。请决定是否签署条约，臣恳请您下令签署条约。

［寂静］

陛下：众爱卿，五项条约究竟是何内容？

林权助：（从盒子里拿出议定书）外部大臣阁下已仔细阅读，现请陛下过目。

朴齐纯：（接过议定书）陛下，臣斗胆为陛下读一读这令人心痛的条约。

条约

日本政府与韩国政府共同决定合并两国，确定利益共享主义。现签订以下条约，直至韩国繁荣昌盛。

第一条　日本政府根据东京外务省的指示，今后将接管韩国处理外交关系及外交事务，日本外交代表人及日本外交代表领事将确保韩国臣民安全，保障韩国国家利益。

第二条　日本政府有责任履行韩国现存一切与其他国家签订的条约，韩国政府可以自由参与国际活动且无需询问日本政府，但不得与其他国家缔结新条约。

第三条　日本政府将取代韩国政府，任命韩国皇帝陛下阙下为名誉统监。日本统监将驻扎京城全权管理外交相关事宜，享有亲自内谒韩国皇帝陛下的权利。日本政府有权向韩国各港口及其他日本政府所需处下派理事官，理事官受统监领导，实行日本领事的一切权利，并有权处理该条约规定的一切事务。

第四条　日本与韩国既往签订的均为双向条约或双向约定，其中与本条约无冲突的部分继续生效。

第五条　日本政府在此保证，将维护韩国皇室的安宁与尊严。

以下人士受自国政府委托签字调印。
明治三十八年一月十七日
特命全权公使林权助
光武九年一月十七日
外部大臣朴齐纯
(读完后,惶恐地跪在龙椅前)

陛下:了解了,朕了解了。

李完用:陛下,国运已经无力回天。陛下圣明,微臣尚未报答陛下分毫,微臣罪该万死。

众大臣:(异口同声)微臣罪该万死。

朴齐纯:陛下,驻法公使闵泳瓒来报,他曾会见美国国务长官,但未能获得援助。

陛下:呜呼!李朝五百年历史竟要亡于今日。

众大臣:(哽咽)臣等惶恐。

林权助:陛下,夜已经深了。臣斗胆恳请陛下速速调印,即便是为了国家和百姓,陛下也不应继续劳心伤神了。

李完用:林公使,陛下忧心三千里疆土,陛下忧心两千万百姓。请静待王命,不要过度催促。

林权助:话虽如此,可一旦伊藤公爵驾到,要我如何作答?

朴齐纯:陛下放心不下国家,请林公使酌情稍等片刻。

林权助:这是无谓的拖延,我难以向伊藤公爵美言。

(伊藤博文登场)

伊藤博文:(跪在陛下面前)臣伊藤博文叩见陛下。(起身)(与诸位大臣打招呼)林公使,现在是什么情况?我左等右等也等不来消息,到底是什么情况?

林权助:对不起,陛下至今仍未下令,因此未能禀告。

伊藤博文:陛下,我此次前来身负日本政府重要使命。在日本击退俄国前,俄清两国双双施压,当时韩国是何等悲惨,陛下也是知晓的。今日韩国决定成为日属获得庇护,那么日本既能够保证韩国国家免遭侵略,又能够保证韩国百姓安居乐业(看向诸位大臣)。

陛下:日本政府当真会善待韩国?

伊藤博文:是的,陛下。

陛下：诸爱卿意下如何？

朴齐纯：臣惶恐。臣愚笨，不知该如何是好。

伊藤博文：陛下，美国总统罗斯福曾出面协助日俄签订媾和条约。世界各国已经给予了日本莫大的认可。西方著名学者称“够支配东方世界的只有日本”。韩国能够接受日本保护，何不是一桩美事。

陛下：卿是能够代表日本的重臣，可韩国却没有能够与卿匹敌的大臣。

伊藤博文：臣惶恐。

陛下：自己的国家应当自己爱惜，自己的国家应当自己治理。全国上下理应君臣一心，但现在错过了最佳时机，国家已经回不到从前了。

伊藤博文：陛下，臣斗胆进言。一个国家迫在眉睫的大事固然多，但各类烦琐的小事同样不少。

陛下：卿的意思是朕忧虑过头了？

伊藤博文：是的，陛下，眼下日军已经大举涌入。据我所知，步兵有三千、炮兵有二百、海军有八百、骑兵有五百、宪兵有五百，在仁川还有军舰三艘。

陛下：这是多么惊人的消息。

伊藤博文：陛下，臣恳请陛下不要让枪炮声声响彻三千里河山。

陛下：如果日本以武相挟，我国定会决一死战。届时我将不惜三千里疆土化为灰烬，不惜两千万百姓壮烈殉国。

伊藤博文：陛下，两国交战可不只是无辜的百姓横尸遍野。

陛下：结果如何，试了才知。即便赤手空拳，大韩民族也会英勇奋战。

伊藤博文：陛下，请陛下冷静。臣此番前来是出于好心，臣希望韩国能有一个好的结果。臣绝无引战之心，请陛下明鉴。

李完用：说者无意，但听者有意。陛下圣明，请伊藤公爵不要发表冒进的言论。目前陛下龙颜大怒无法决定，请您冷静下来，给陛下一些时间。

伊藤博文：陛下，微臣唐突，请陛下恕罪。

陛下：（冥思）。

伊藤博文：陛下，日本保护韩国的决心天地可鉴，日本深爱大韩民族的言语同样句句属实。不仅如此，日本还将彻底修正施政方针，在这片土地普及文化、启迪民智，并将大力发展经济。请陛下正确看待条约，下令签订条约。

陛下：（冥思）。

众大臣：（众大臣肃然颔首，等待陛下下令）。

伊藤博文：陛下，这是日本对韩采取怀柔政策最后的机会了。臣惶恐，再次恳请陛下下令签署条约。陛下圣明，请陛下保百姓平安、保国家平安。

李完用：陛下圣明，请陛下保百姓平安、保国家平安。

陛下：卿这是催促朕签了五项条约？

李完用：臣惶恐（低头）。

陛下：（看向李根泽）卿有何看法？

李根泽：臣心痛万分。

陛下：（看向朴齐纯）卿有何看法？

朴齐纯：臣觉得一无所有了，内心万分空虚。

陛下：（看向李夏荣）那么卿呢？

李夏荣：臣浑身颤抖，天崩地裂也不过如此。

陛下：（看向闵泳绮）卿呢？

闵泳绮：臣惶恐，臣感到三千里疆土不复存在，臣感到两千万百姓身上套上了枷锁。

陛下：卿说出了朕的心声。

闵泳绮：臣惶恐。

陛下：此事如何是好，如何是好。朕不愿让无辜的百姓流血，可百姓不流血四千年历史就要将毁于一旦。此事如何是好，如何是好。

众大臣：（异口同声）臣等惶恐。

李完用：陛下，陛下只需下令签订条约，其他事项还请放心交予日本处理。

陛下：朕无计可施、无计可施，卿等处理吧。

台上响起悲壮的音乐（乐声中，陛下退场）

伊藤博文：既然陛下已经下令，还请外部大臣阁下尽快调印。

林权助：陛下已经下令，还请外部大臣阁下尽快调印。

朴齐纯：我听命陛下，现代表大韩帝国调印。（印章即将落下之际，看向诸位大臣）诸位有异议吗？

众大臣：（低头沉默）。

李完用：无人应答便是没有异议，速速调印吧。

朴齐纯：（在条约上盖下印章）。

伊藤博文：（神情满足）林公使，现在是几点？

林权助：（将条约装进盒子）一点半了。

伊藤博文：都这么晚了。

林权助：请早些回去休息吧。

伊藤博文：（看向诸位大臣）改日再向诸位大臣道谢。今天很晚了，我先走一步。

林权助：感谢诸位大臣，诸位大臣早些休息。

（伊藤博文退场，林权助退场）

（法部主事安秉瓒登场，手中拿着斧头）

安秉瓒：（声音传来）放开我，你是何人竟敢抓我？什么？你是日本宪兵？你有什么权力抓我。放手，放手。（气喘吁吁地进来）（跪下）陛下，陛下，微臣伤心欲绝、微臣悲痛欲绝。四千年历史怎就断送在倭人手中，三千里疆土又怎拱手送到倭人手中。请陛下想想百姓，百姓无不在苦等消息。您能听见百姓的哭嚎声吗？天地间都是百姓的哭嚎声啊。臣惶恐，臣恳请陛下收回成命，臣恳请陛下废除条约。这是三千里国土之愿，这是两千万百姓之愿。陛下若不废除条约，没了国家可怎么活啊。

（赵秉世登场，手中握着巨石）

赵秉世：陛下，这是怎么一回事。俗话说“天无绝人之路”，为何沃野千里拱手让给倭人。是大韩没有忠臣烈士了么？臣伤心欲绝、悲痛欲绝。

安秉瓒：（看向李完用）你就是那个出卖国家、出卖百姓的贼人，你怎能如此自私自利。

赵秉世：你们，你们这群逆贼。你们结党营私，根本就不配做国家大臣。

安秉瓒：你们对国家不管不顾，想的只有如何升官发财。

赵秉世：你们这群肮脏的、猪狗不如的东西。若你们真是忠臣，又岂能让伊藤博文活着出去。

安秉瓒：你们应抛颅洒血，将那人千刀万剐啊。

赵秉世：你们觉得穿得体面就是万人之上的大官了吗？我看你们就应该脱了官服在路上暴毙。

安秉瓒：你们肩负家国大事，可国家哪一点走上了正轨。

赵秉世：逆贼李完用，是你催促的尽快调印。

安秉瓒：三千里疆土，你竟那般轻易地给了日本。

赵秉世：任何国家都一样，所谓失民心者失天下。你利欲熏心不顾民意，我们这就剜了你的心。

安秉瓒：（大声下令）剜了他的心，来人啊，剜了他的心。

赵秉世：禽兽不如的李完用，你们家被烧了，正燃着熊熊大火呢。

安秉瓒：你怕什么？你以为你能全身而退么？

赵秉世：陛下，臣伤心欲绝、悲痛欲绝。微臣将用这石头砸烂头颅，呜呼！臣悲痛欲绝、臣悲痛欲绝（反复捶胸）。

安秉瓒：元老赵秉世，您这是做什么啊。

赵秉世：法部主事安秉瓒，我甚至不曾想过，天地间竟能有如此荒谬之事。

安秉瓒：心痛啊、心痛，这可如何是好。

赵秉世：我们一起死吧，两千万同胞处于水深火热，我们有何颜面苟活于世。

安秉瓒：陛下，这哭喊声是三千里疆域的哭喊声，是两千万百姓的哭喊声。

赵秉世：（哭泣）。

凄惨的哭泣声延绵不绝

哭泣声渐停

第一幕完。

第二幕　出场人物

安重根之母：五十三岁

安重根之妻：二十九岁

安重根之子：三岁

安重根：二十八岁至三十一岁

安定根：二十五岁

安恭根：二十三岁

安重根之子（玉男）：七岁

女邻居：二十一岁

亲家母：二十岁[①]

三兴学校教师：三十岁

第二幕——镇南浦安重根家

时光如梭，距第一幕已过去许久。

舞台上，土墙围了一圈，右侧有一扇不大不小的门。厨房位于左侧，这是平安道特殊的布局。主室有一扇门，侧室面积稍大，屋内整洁，那是安重根母亲的房间。院子里堆了些粮食，略显杂乱。

---

① 疑原资料有误——本文译者注

开幕

（年迈的安重根母亲登场，正在晒衣服）

（安重根之妻登场，身上背着孩子）

妻子： 母亲，您晒衣服呢。

母亲： 嗯，就快晒好了。

妻子： 哎呀，打水的地方人太多了（用头顶着水桶，往厨房走）（在厨房把水桶放下）。

母亲： 孩子没哭闹吗？

妻子： 他一喝上奶就睡了。

母亲： 听说打水的地方人可多了。

妻子： 是啊，人都挤满了。

母亲： 可能是快做晚饭了吧。

妻子： 水都快被打空咯。

母亲： 别再去了，先做晚饭吧。

妻子： 哎呀，怎么也还得再打一桶才够。

母亲： 够做晚饭不就行了？

妻子： 孩子的尿布也得洗啊。

母亲： 快去快回吧，最后再打上一桶。

妻子： 我这就去。（正要出去）对了，孩子他爸还没回来吗？

母亲： 还没回呢，不知道是去哪了。

妻子：（拿起水桶，退场）。

邻居女人：（进来）哎呦，您在忙什么呢？

母亲： 晒晒衣服。

邻居女人： 您可真勤快。

母亲： 这都是女人应该做的。

邻居女人： 您现在可以歇歇了。您有儿子、儿媳，还有孙子呢。

母亲： 那也不能什么都不做只管享受啊。

邻居女人： 我们这群年轻点的人还游手好闲呢，您老人家反倒拼死拼活地找活干。

母亲： 不干点活可没脸见儿媳。

邻居女人： 您这说的是什么话。平常您就歇着，儿媳做好饭您就吃着，享享清福多好。

母亲： 我得干到我死的那天，这是我分内的事。

邻居女人： 您真的太勤快，太了不起了。

母亲： 对了，你见着我儿子了吗？

邻居女人： 您是指哪位？

母亲： 重根啊。

邻居女人： 您的大儿子没见着，二儿子倒是见着了，刚刚往市场方向去呢。

母亲： 往市场方向去，那是去哪呢？

邻居女人： 去教堂吧。

母亲： 他去教堂做什么？

邻居女人： 您这老人家，现在是晚上啊。

母亲： 晚上怎么了，晚上有什么好事？

邻居女人： 听说有位首尔名人过来演讲，大大小小的都去看了。

母亲： 看来我家孩子都过去了。

邻居女人： 据说讲得可好了。

母亲： 他是特地从首尔过来的？

邻居女人： 是啊，好像是大名人呢。哎呀，他姓什么来着，好像是叫安哥。

母亲： 安哥，姓安的话和我家儿子一个姓呢。

邻居女人： 哎呦，叫什么来着，最近这脑子可真不好使。这名字就在嘴边打转，怎么叫不出来。

亲家母：（从右侧登场）你们好呀。

母亲： 亲家母快进来，您怎么来了？

亲家母： 我路过，顺道过来看看。

邻居女人： 您从教堂方向过来，您知道今天演讲的人叫什么名字吗？

亲家母： 我听大家都叫他安哥。

邻居女人： 是的，您知道他的名字吗？

亲家母： 瞧我这记性，名字就在嘴边打转。

邻居女人： 谁不是呢，我就像是得了健忘症。

亲家母： 好像是叫安昌什么吧？

邻居女人： 是的是的，就是这个，是叫安昌勋吧？

亲家母： 不是勋，是叫安昌茅吧？

邻居女人： 肯定不是茅。

亲家母： 也不是勋啊。

邻居女人：那是不是安昌旭啊。

亲家母：也不是旭。

邻居女人：真郁闷，脑子越要用越不好使（拍着自己的胸脯）。

亲家母：对了，是安昌墨吧，墨？

邻居女人：才不是墨呢，您看是写字的墨还是章鱼的墨？

亲家母：哎呦，想不起来了，真是急死我了。

邻居女人：听说他可有名了。

亲家母：是啊，听说是发起了什么运动，搅得日本人在我们国家不得安生。

邻居女人：他还是什么什么会，什么会来着？反正在那里是一把手呢。

亲家母：大家都说他为了国家奔波，大家都是这么说的。

邻居女人：对啊，全都对他赞不绝口呢。

亲家母：等着瞧吧，我猜他肯定能干出一番大事。

邻居女人：是啊。

亲家母：说到这里，我就不得不多讲一句，我们真是叫日本人害得生不如死。

邻居女人：是啊，这都过的是些什么日子，要交的东西怎么就那么多。

亲家母：今天过来说我们家卫生不好，猛扇我巴掌。

邻居女人：是谁来了啊？

亲家母：你怎么点不透呢，是鲟鱼，鲟鱼来了。

邻居女人：鲟鱼是什么？

亲家母：巡警大人。

邻居女人：我恨死那群人了，成天就知道"喂——""喂——"地叫喊。

亲家母："喂"是他们的神，是他们的祖宗，成天挂在嘴边。

邻居女人：他们还不如那个日本话呢。

亲家母：朝鲜话也不会几句，还非要讲。

邻居女人：他们那副模样，简直令人作呕。

亲家母：我昨天去市场，有个日本人抓着我的手"喂，妈妈""喂，妈妈"地叫个不停。

邻居女人：那种人就应该给他两巴掌。

亲家母：所以我对他说，"我住的是韩屋，你住的是榻榻米吧，我们还是不要有什么瓜葛比较好"。

邻居女人：您说得可真好。

亲家母：可那家伙竟然笑开了，还跟了上来。

邻居女人：后来呢，后来怎么样了？

亲家母：他跟着我笑着说道“喂，妈妈，你别骂我啊”。

邻居女人：要是能把那群人全都赶走就好了。

亲家母：可不是么。

邻居女人：日本人在我们的地盘上颐指气使的，他们可不会离开。

亲家母：谁说不是呢。

邻居女人：将就活着吧。

亲家母：是啊，我们哪有什么办法。

邻居女人：没办法，他们心肠坏得很。

亲家母：他们根本就不是人。

邻居女人：就是，猪狗不如。

亲家母：一群禽兽。

邻居女人：不知廉耻，狡猾奸诈，心狠手辣。

亲家母：完全就是俄国的翻版。

邻居女人：我最烦听到木屐的声音，他们还总说些什么“这样做不行，那样做不行”，我心想他们怎么还不去死。

亲家母：一个人最重要的就是讲义气。不管他身份高低，不管他身在何处，只要讲义气就能得到尊重。现在日本人轻视我们、蔑视我们，标榜自己才是一等公民，不过是为了获得尊重。

邻居女人：您说得对，我们要是同样瞧不起他们，他们也不会好受。

亲家母：可是他们有巡警、有守备队、有宪兵辅助员，有这些人在，我们哪敢随便吭声。

母亲：我们都是没有国家的可怜人，我们只能自己团结起来互帮互助。

邻居女人：瞧我这脑子，光顾着聊天了。

亲家母：怎么了，您把什么事忘了？

邻居女人：明天我家大女儿就要出嫁了。

亲家母：那真是个好日子。

邻居女人：我也不太懂流程，这不是请进士奶奶过去瞧瞧。

母亲：摆些酒席，没什么特别的流程吧。

邻居女人：您过来看看吧，我家那位说今天一定要请您过去看看，明天才能顺顺利利地办完。

母亲：是吗。

邻居女人：求您来一趟吧，晚点也行。

母亲：这样啊。

邻居女人：您一定要来啊。

母亲：好好，我等会儿就过去。

邻居女人：亲家母，您不来吗？

亲家母：我也要去吗？我明天去吧，我做点年糕给你带去。

邻居女人：好的！欢迎欢迎。奶奶，谢谢您了（退场）。

亲家母：亲家母，我也走了（退场）。

母亲：路上小心。（开始准备洗衣服）

（三兴学校教师从舞台右侧登场）

教师：有人吗？

母亲：（迎上前去）老师，您怎么来了。

教师：您近来过得好吗？

母亲：多亏您惦记，过得很好。快进来吧。

教师：令郎都去哪里了？

母亲：一大早就出去了，到现在都没回来。

教师：是去队里了吗？

母亲：不是，那个好像已经不干了。

教师：真不好意思，这么久才来看望您一次。

母亲：您可千万别这样说。

教师：进士大人去世快两年了吧。

母亲：前天刚刚满三年呢。

教师：是吗，时间过得可真快，进士大人可是位了不起的人物。

母亲：您过奖了。

教师：令郎薪火相传，现在三兴学校越来越兴旺了。

母亲：学校兴旺，那可太好了。

教师：是的，我们会尽可能多的培养人才，培养有情有义的人才。

母亲：真的很感谢您。

教师：令郎在不卑不亢，作为义兵多行善事，他们从未因日本人的打压而退缩。

母亲：都是些鲁莽的孩子，让我这个当妈的操碎了心。

教师：您应该感到自豪才对。

母亲：是吗。

教师： 是啊，令郎都那么优秀了，您还有什么可操心的。

母亲： 他们常嚷嚷着“要为了大义欣然赴死”。

教师： 纵观历史，只有此等义士才能救国家、救百姓于水火之中。为了大义赴死是值得的，是能够得到全人类尊敬的壮举。

母亲： 追求大义一定要丢了性命吗？

教师： 不是的，当然不是，大义也体现在微不足道的小事上。有时我坐在房间里感到倦怠，是大义鞭策我前行；有时我心中生出不好的想法，也是大义助我矫正。

母亲： 看来大义能够使人心怀天下。

教师： 正是，正是如此。哎呀，聊了这么久还没和您说。如果令郎回来了，请转告他们，明天中午之前请务必来一趟学校啊。

母亲： 去一趟学校是吗？

教师： 我们想趁这次机会，对令郎薪火相传的精神进行表彰。

母亲： 他们也没做什么了不起的事情。

教师： 这是学校全体的决定。

母亲： 我会转告的。

教师： 那就不打扰您了。

母亲： 您慢走。

教师：（退场）。

母亲：（继续洗衣服）。

（安重根之子玉男登场）

玉男： 奶奶。

母亲： 怎么了？

玉男： 爸爸没回来吗？

母亲： 没呢。

玉男： 能不能给我点……钱。

母亲： 你要钱做什么？

玉男： 我想买点栗子吃。

母亲： 栗子有什么好吃的。

玉男： 您就给我一块钱吧。

母亲： 你今天没学习吧。

玉男： 早上学了一点。

母亲： 我可以给你买栗子，但你得学习。

玉男：好的奶奶。

母亲：那你进屋把书读十遍。

玉男：读完十遍就给我买栗子吗？

母亲：当然了。

玉男：您不能骗我。

母亲：奶奶什么时候骗过你。

玉男：那我进去读书啦。

母亲：去吧，大声点。

玉男：没问题。（回到屋子）（读书声）天地玄黄，宇宙洪荒。日月盈昃，辰宿列张。

妻子：（头上顶着水桶进来）妈，都没回来吗？

母亲：还没回呢。

妻子：（去到厨房）。

（安定根、安恭根从舞台右侧登场）

母亲：才回来啊。

安定根：嗯，回来了（走到母亲面前）。

母亲：去哪了啊？

安恭根：妈妈。（坐到门口）我们今天听了好多了不起的发言。

母亲：在哪听的？

安定根：在教堂。

母亲：是不是那位安先生，叫什么来着？就是从首尔来的那位。

安定根：是的。

安恭根：我们这辈年轻人全都哭了。

安定根：妈，我们没了国家，是世界上最悲惨的民族。

安恭根：世界上再也没有比我们还可怜的民族了。

母亲：是啊。

安定根：他问朝鲜的青年人打算有何作为。

母亲：有人回答吗？

安恭根：没人回答，也没人答得上来。

安定根：大哥号啕大哭，拉着那位先生的手央求道："先生，请让我成为一个完整的人。"

安恭根：正如那位先生所说，朝鲜就没有一个完整的人。

安定根：没错，成为完整的人，这对民族、对国家来说，都是最伟大的贡献。

安恭根：朝鲜人之间不应有厌恶、不应有嫉妒、不应有骄傲、不应有打斗，也不应有歧视。

安定根：只有完整的人，才懂得为他人付出、为国家奉献。

母亲：身为男子汉大丈夫，为国捐躯也算是死得光荣。

安定根：妈妈，我们现在就好比行尸走肉。

安恭根：我们身为男人却毫无作为。

安定根：先生高喊“诸位，尤其是年轻的兄弟姐妹们，当我们七十岁时追忆往昔，难道希望自己一生碌碌无为？人终有一死，何不献身于最伟大的事业！”

安恭根：大哥听到这里，义愤填膺地举起拳头冲上讲台，一边流泪一边发言。

母亲：大哥说什么了？

安恭根：大哥高声说道“我要做的事情只有一件。(模仿演讲的语气)那就是献出我的生命，拯救国家、拯救民族、拯救我们的同胞”。

安定根：大哥收获的掌声比安先生还多呢。

安恭根：安先生说“我们朝鲜竟有此等优秀青年，我真是头一次见到”。

安定根：大哥和安先生一起离开了。

母亲：看来先生很喜欢你大哥。

妻子：(正在听对话，不知道什么时候开始听的)小叔子，你大哥和先生一起走了吗？

安恭根：是的。

玉男：(正在听对话，不知道什么时候开始听的)我爸爸演讲讲得那么好呀。

安恭根：是呀。

玉男：爸爸怎么还没回来呢？

安定根：马上就回来了，快进屋学习吧。

玉男：好(回到屋子里)。

安恭根：哥哥，安先生说的对。一八九五年的日俄战争时期，日本天皇诏书中同样写着让大韩独立。

安定根：大韩人民无不感激涕零，拼尽全力助日本战胜。

安恭根：日本凯旋那天，我们欢呼、我们雀跃，我们载歌载舞地庆祝。

安定根：是啊，真是比自己战胜了还要高兴。

安恭根：但今天我们成了日本的属国，两千万同胞处在水深火热之中。

安定根：我不甘心。现在就算是把伊藤统监千刀万剐，也难解我心头之恨。

安恭根：伊藤担任我国统监后，一八九七年又再次签订七项条约，三千里疆土全都被他抢去了。

安定根：每每想到这里我都愤懑不已。

安恭根：谁让我们大韩自古重文轻武。

安定根：我们国家是写下的江山，而不是打下的江山。

安恭根：是啊。

母亲：你们不要太心急，不要太难受了。

安定根：妈，我差不多该回去了。

母亲：吃了晚饭再走啊。

安定根：我还得回家呢。

妻子：小叔子，多少吃点再走吧。

安定根：谢谢嫂子。

安恭根：哥哥，您要走了。

安定根：嗯，妈，您早点休息。

母亲：知道了，路上小心。

妻子：小叔子，路上小心。

安恭根：哥哥，我明天还去。

安定根：好，去吧。（退场）

妻子：（去到厨房）。

母亲：你饿了吧，快来吃饭吧。

安恭根：妈，我不饿。

母亲：我洗衣服呢，做饭做晚了。

安恭根：没事，我不太饿。

母亲：你哥哥能平安回来吗？

安恭根：那当然了，还能有什么事。

母亲：他性格刚烈，我不能不担心啊。

安恭根：您放心，不会有事的。

（安重根从舞台右侧登场，微微喝醉）

安重根：妈。

母亲：才回来啊。

安重根：妈，您不要怪我，我喝了点酒，酒量不行。

母亲：男人偶尔喝点没事。

安重根：妈，我不想活了，我想去死。

妻子：（不知何时从厨房出来了）在妈面前你这是说什么呢，妈听了该多难过啊。

安重根：放肆，你一个女人出来插什么嘴。

妻子：（看母亲的眼色）。

母亲：（摆手示意妻子回去）。

妻子：（回到厨房）。

安重根：妈，我难过，我好难过。今天不知怎么，总是想起过世的爷爷。

安恭根：大哥，进屋休息会儿吧。

安重根：恭根啊，爸的祭日是哪天办的来着。

安恭根：前天办的啊。

安重根：对对，那天你也哭了，我也哭了。三兄弟里我是大儿子，我是长子，长子就应当负起长子的责任。

母亲：你们啊，哥哥当好哥哥，弟弟当好弟弟，妈就满足了。

安重根：妈，家重要还是国重要呢？

母亲：当然是国重要。

安重根：那么，应该为别人而活还是为自己而活呢？

母亲：为别人而活，是男儿的大义。

安重根：那什么是比父母、比子女更重要的呢？

母亲：是你的生命啊，性命啊。

安重根：性命固然重要，可如果死得毫无价值，便算不得真正的男子汉。

母亲：人只有一死，当然要死得其所。

安重根：妈，我今晚就要走了。

[悲壮的音乐声响起]

母亲：今晚就要走？去哪儿啊？

安重根：还没定下来。

安恭根：我就知道大哥会离开，大哥在这炼狱里是活不下去的。

安重根：本来我是哥哥，你是弟弟。现在定根成家了，需要照料自己的家庭，你就替我当个好哥哥吧。

安恭根：大哥放心地去吧。

安重根：我可怜的妈妈。

母亲：（含泪）。

安重根：我要是走了，你嫂子也成了可怜人。

妻子：（从厨房里出来，抹着眼泪）。

玉男：（从房间出来，望着安重根）。

安重根：（指着玉男）他也要变成没爹的可怜小子了，还得你多上点心。

母亲：真的要走吗？

安重根：是的，这就要走了。

母亲：（母亲擦着眼泪回到屋子，拿出一个袋子）。

妻子：（止不住地抽泣）。

玉男：爸爸，爸爸（哭喊）。

安重根：（摸着儿子的脑袋）今天学习了没有？

玉男：（抽泣）学了，学了。

安重根：不许哭。来，在爸爸面前背两句。

玉男：好……（哭）。

安恭根：快。

玉男：好。

安重根：快背，不然爸爸生气了打你屁股。

玉男：（边哭边背）天地玄黄……（趴下大哭）爸爸（哭）。

安重根：（擦拭眼泪）。

母亲：重根啊，这些是五百两（把袋子递给安重根）。

安重根：（接过袋子）妈，谢谢您。

妻子：（摘下银戒指递给母亲）。

母亲：（接过银戒指）重根，这是孩子他妈给你的。

安重根：干嘛把戒指摘了。

妻子：我心里难过，还是把戒指给你吧。你要是想儿子了，就看看戒指。

安重根：谢了。

母亲：重根，人很容易被金钱、被物欲摆布，如今走上了追寻大义的路，这是多么难能可贵。

安重根：妈，人生就像一场战争，需要时刻战斗。

母亲：重根，不要畏惧失败。带上你那火一样、风一样的义气出发吧。

安重根：妈，谢谢您。

母亲：不管是小说还是历史，自古以来为了大义抗争的人都要流血。我相信你定能为了国家、为了同胞，成为真正的义士。

安重根：妈，我将永远铭记于心。

母亲：重根，十个人里站不出来一位义士，千万人里总有一位义士。我们的国家定能重见光明。

安重根： 妈，我还有一句话。倘若我不幸没能为了国家、为了同胞奉献生命，那么即便是为了救下一名孩童，我也要献出生命。

母亲： 了不起、了不起，不愧是我的儿子。

安重根：（望向妻子）老婆，你不要等我，也不要相信我们还会再见。

妻子： 好（哭）。

安重根：（看向儿子）玉男，你要听奶奶的话，听叔叔的话，听妈妈的话，还要好好学习。

玉男： 好（哭）。

安恭根： 大哥，现在就出发吗？

安重根： 今天是我最后一天在朝鲜了。

母亲：（哭）。

安恭根： 大哥（眼泪流了一脸）。

母亲： 重根，别忘了妈的话。

安重根： 好。

母亲： 你要知道，酒疯耍得好才是远近闻名的酒鬼，东西偷得多才是远近闻名的贼人。

安重根： 母亲，我明白了。

玉男： 爸爸（上前抱住安重根，哭）。

安重根： 别哭了，要好好长大。

玉男： 爸爸（哭）。

安重根： 恭根啊，你还年轻，我也还年轻，我们都要为了国家有价值的死去（握住安恭根的手）。

安恭根： 大哥，弟弟祝您完成心中大业。（安恭根与安重根抱在一起）

（幕布缓缓降落）

第二幕完。

第三幕　出场人物

安重根（来到浦盐，化名应七）：三十一岁

禹德淳（烟草行商人）：三十四岁

曹道先：（洗衣店伙计）：三十七岁

刘东夏（医生之子）：十八岁

刘镇律（《大东共报》员工）：三十五岁

李刚(《大东共报》记者)：三十岁

安重根妻子：三十岁

安重根之子(玉男)：九岁

第三幕——浦盐斯德

新寒村(秘密结社)

舞台左右两侧都能登台。舞台整体呈俄式风格，有一座破落、阴沉的房子，是白色西洋式建筑。这间房子有个特别之处，那就是房子的大门上有扇小窗户，窗户下面挂着一盏电灯。有人员出入时，电灯会自动闪烁三四次。

没了国家在外漂泊的人，为了重建国家历经风霜的人，从事洗衣业或烟草业的人，在报社工作的人，受俄国雇佣做事的人...聚集在此的人虽然各有各的境遇，但他们胸中都燃烧着相同的爱国热火。这群同志因此相聚，因此甘愿同生共死。安重根化名为安应七。现在他已筹得资金成为将军，率领三百名大韩猛将向北攻打日军。屋内中央有一张圆桌和五六把椅子。舞台左右两侧靠墙处有沙发，可供人躺卧。屋内的同志们坐立不安。

开幕　秘密结社

舞台上一片漆黑，一束灯光射向舞台前方(禹德淳和曹道先两人手举太极旗，太极旗上有鲜红的血书——大韩独立。)

起初灯光只照亮太极旗，而后照向禹德淳，又照向曹道先，最后舞台整体亮起

禹德淳：先生太伟大了。

曹道先：是的，真是太伟大了。

禹德淳：(举着太极旗)这是十二位同志割破手指写下的大韩独立。大韩独立，大韩独立。

曹道先：我对此事早有耳闻，如今亲眼所见，激动之情无以言表。(伸手触摸太极旗)

禹德淳：可就算是万人同行，这条路也不会好走。

曹道先：即便莲花生于淤泥，其花朵仍然芬芳。

禹德淳：即便我们大韩人身着素衣、身处陋室，心中所想仍是国家大事。

曹道先：俄国的农民家里会挂上几幅画、养上几盆花，中国人小商贩家里也会有只小鸟或有架奚琴。可我们一无所有，我们能做出什么大事。

禹德淳：我们有一颗爱国的心，有一颗复国的心。

曹道先：固然我们志向远大，可终究难以实现。

禹德淳：我们应该抗争到底。如果一味地考虑“万一”“或许”“要是”“再等等”，那注定一事无成。

曹道先：我国有大批胸怀大志的同志。但依现在的形式[势]，如何为他们提供教育、提供军训。

禹德淳：你问我“如何能够”，如今我们被枷锁禁锢，的确束手无策。

曹道先：那不就像是姜太公，空想着钓钓鱼就能治理国家了。

禹德淳：国家本应引领青年走上正轨，培养青年成为国家的新生力量。

曹道先：我们只能在这里干着急。

禹德淳：中国有位革命家曾经说过：“现今如不努力接受近代世界，不努力理解新的文明，不努力培养青年力量，中国定会一蹶不振。”

曹道先：是的。国家由人民组成，人民如不团结一心，无论发动多少革命也都无济于事。

禹德淳：我国自古分崩离析，人民从未团结一心，这才落得这番下场。

曹道先：你说得没错。倘若同胞齐心协力，我国定能所向披靡。

禹德淳：倘若不能齐心协力，那我们拼尽全力也是杯水车薪。

此时传来敲门的声音(电灯闪烁)

曹道先：(看向电灯)。

禹德淳：(看向电灯)。

曹道先：有人来了。

禹德淳：是谁呢？

曹道先：我去看看吧。(走到门口，从小窗户向外看去)(打开门)(看向禹德淳)是刘东夏。

禹德淳：嗯。

刘东夏：(进屋)(看似有些慌张)。

曹道先：(进屋坐下，不自然地打量其他人的眼色)。

禹德淳：(感知情况不妙)。

刘东夏：出大事了，出大事了。

禹德淳：(瞪大双眼)出什么事了？

刘东夏：之前有人说我军在庆兴击败日军，已经打到了会宁。

禹德淳：是。

曹道先：那都是安先生的功劳啊。

刘东夏：但我今日听闻，我军在豆满江边与日军激战，全军覆没了。

禹德淳：（无比震惊）什么？全军覆没（握紧拳头）。

曹道先：安先生怎么样了？

刘东夏：安先生可能也...遇难了。

曹道先：（抓起刘东夏的衣领）你说什么？安先生遇难了？是真的吗？

禹德淳：你从哪里听来的消息？

刘东夏：我听俄国人说的。

禹德淳：俄国人。

刘东夏：俄国人说他们去图们做生意。

禹德淳：然后呢？

刘东夏：说那里正在打仗，生意也没做成就被赶了回来。

曹道先：他们可是亲眼所见？

刘东夏：他们是听韩国人说的，说安重根率领的军队溃败，尸体在豆满江边堆成了山。

曹道先：尸体堆成了山。

禹德淳：三百名军人就这样没了（趴下痛哭）。

曹道先：他们是什么时候去的图们？

刘东夏：从图们回来已经有一个多月了。

曹道先：一个多月了。

禹德淳：看来安先生是真的遇难了。

曹道先：老天爷啊，这都是什么事啊（瘫坐在椅子上，哭）。

门外传来敲门的声音（电灯闪烁）

外声：（敲门）有人吗，有人在吗？

刘东夏：有人来了。

禹德淳：还有谁会来？

刘东夏：开门吗？

禹德淳：你们说呢？

曹道先：先去看看是谁吧。

刘东夏：（踩着楼梯上去，从窗户向外看）是位不认识的人。

曹道先：不认识的人？

禹德淳：是大韩人吗？

刘东夏：是的。

禹德淳：让他进来吧。

刘东夏：好。

刘镇律：（进屋）（紧张）。

刘东夏：（踩着楼梯下来，回到原位）。

刘镇律：（在楼梯上站了一会〖儿〗，一步步走下台阶）各位，初次见面。

在场诸位：（看着刘镇律，沉默不语）。

刘镇律：（看向禹德淳）请问您是哪位？（打开笔记本记录）

禹德淳：我是禹德淳。

刘镇律：您故乡是哪里？

禹德淳：故乡在忠清道提[堤]川。

刘镇律：您大概是什么时候来的这里？

禹德淳：大概四年前吧。

刘镇律：您现在在做什么？

禹德淳：做些烟草生意。

刘镇律：请问故乡还有谁？

禹德淳：父母妻子都在故乡。

刘镇律：好的。（看向曹道先）不好意思，请问您是哪位？

曹道先：我是曹道先。

刘镇律：您故乡是哪里？

曹道先：咸镜南道洪原郡景浦面。

刘镇律：您大概什么时候来的这里？

曹道先：去年阴历八月，从哈尔滨过来的。

刘镇律：请问故乡还有谁呢？

曹道先：只有一位父亲。

刘镇律：您夫人呢。

曹道先：也在故乡，她之前跟我过来了，又被我赶了回去。

刘镇律：为什么呢？

曹道先：男人完成大业的路上绝不能有女人，我坚信这一点。

刘镇律：您真了不起。

曹道先：您过奖了。

刘镇律：（看向刘东夏）请问您是哪位？

刘东夏：我是刘东夏。

刘镇律：是哪个刘？

刘东夏：文刀刘。

刘镇律： 您和我是一个姓。

刘东夏： 您也姓刘呢。

刘镇律： 是的。您现在住在哪里？

刘东夏： 我住在波格拉尼奇内。

刘镇律： 绥芬河啊。您家里是做什么的？

刘东夏： 父亲是一名医生。

刘镇律： 好的。诸位，我叫刘镇律，故乡在京畿道利川，上周刚从哈尔滨过来。大东共报社的李刚是我的朋友，这阵子全靠他关照。

禹德淳： 那您现在也在那家报社工作吗？

刘镇律： 是的，我也是《大东共报》的员工。

禹德淳： 原来是这样。

刘镇律： 诸位久仰大名，诸位辛苦了。

曹道先： 您客气了。

刘镇律： 诸位同志不畏艰辛，努力奋斗，我在此致以崇高的敬意。

禹德淳： 您过奖了。

刘镇律： （望向已经挂起来了的血书太极旗）那面太极旗是谁画的？

曹道先： 是安先生画的。

刘镇律： 在这里见到太极旗，真是感慨万分。

禹德淳： “大韩独立”是十二位同志割破手指用鲜血写下的。

刘镇律： 太伟大了。大韩独立，大韩独立。字里行间的大韩魂呼之欲出。

刘东夏： 这是前无古人壮举，我认为这是前无古人的壮举。

刘镇律： 十二位同志还在这里吗？

曹道先： 不在了，或是向南或是向北去了。也不知道现在穿得好不好、吃得好不好。

禹德淳： 也可能是向东或是向西去了。

刘东夏： 听说有的同志已经不在世了。

刘镇律： 我们本就没了国家，现在又失了英雄，真是太令人惋惜了。

禹德淳： 是啊，见也见不到了，找也找不到了。

曹道先： 但他们一定能够成就一番事业。

刘东夏： 即便同志们各奔东西，他们的意志永远凝聚在太极旗鲜红的大字上。

刘镇律： 我希望和诸位成为同志，和诸位一同完成事业。

禹德淳： 谢谢您。

刘镇律：我定粉身碎骨，在所不惜。

曹道先：让我们齐心协力。（与刘镇律握手）

刘镇律：不过安先生还没有回来吗？

曹道先：是的，我们也十分担心先生。

刘东夏：安先生战败了。

刘镇律：竟然战败了。

刘东夏：是的。

刘镇律：可我听说安先生在庆兴取得了惊人的胜利。

刘东夏：后来安先生打到了会宁，应该是在会宁败了。

曹道先：日军过于强大。

禹德淳：我军不过三百，日军却有八千。即便决心以一当百，又怎能真的以一当百。

刘镇律：安先生怎么样了呢？

禹德淳：安先生不可能回来了。

刘东夏：全军覆灭了。

刘镇律：竟全军覆灭。

刘东夏：是的，太悲痛、太愤懑了。

禹德淳：如果安先生战死沙场，我们也都不想活了。

曹道先：随安先生去了吧，活着还有什么意思。

刘镇律：安先生去世，是我们国家的惨痛损失。

刘东夏：我们该相信谁，跟随谁继续完成事业呢。

刘镇律：安先生的故乡还有谁？

禹德淳：有母亲和两位弟弟。

刘镇律：夫人呢？

曹道先：夫人也在，还有两个儿子和一个女儿。

刘东夏：夫人不在故乡了吧，之前来信说要过来呢。

刘镇律：夫人要过来吗？

曹道先：是的，夫人来信说要过来。

刘镇律：夫人来了可如何是好。

（屋外电灯闪烁）

禹德淳：有人来了。

曹道先：会是谁呢？

禹德淳：（看向刘东夏）去看看吧。

刘东夏：（朝门口走去，看向窗外）（又面对屋内人士，略显紧张）是李先生。

禹德淳：哪位李先生？

刘东夏：《大东共报》的李先生啊。

禹德淳：快开门。

刘东夏：（开门）。

李刚：（进屋）。

禹德淳：（迎上前去）李兄，快进来。

曹道先：快进来。

李刚：我抽空过来一趟。

刘东夏：您从报社来吗？

李刚：是的。

刘镇律：没什么事吧？

李刚：（看向刘镇律）我说你去哪了呢，原来是在这里。

刘镇律：我来交些同志。

李刚：在场的诸位都是好同志，越交往越发现是难得的好同志。

刘镇律：从今日起，我将与大家同生共死

李刚：太好了。不过安先生还没有消息吗？

禹德淳：没听到什么消息。

刘东夏：安先生可能回不来了。

李刚：安先生回不来了？这是为什么？

刘东夏：今天听俄国人说，我们全军覆没了。

李刚：全军覆没了？

刘东夏：是的。

禹德淳：安先生恐怕难以脱险。

李刚：大事不好了，安先生的夫人来了啊。

禹德淳：安先生的夫人已经来了？

李刚：是的，带着小儿子来了。

曹道先：她是怎么找到这千里之外的？

李刚：这就是爱吧，大爱能够克服万水千山。

曹道先：这份心意太宝贵了。

禹德淳：您在哪见到了夫人？

李刚：我正在报社工作，听说有位韩国妇人要找安重根先生。我出去一

看，正是安先生的夫人。

禹德淳：夫人现在在哪？

李刚：就在外面呢，我将夫人带到这了。

禹德淳：快让她进来吧。

李刚：嗯。

曹道先：可安先生不在了，夫人该有多难过啊。

刘东夏：就算是为了先生着想，也不能让夫人原路返回啊。

禹德淳：快让夫人进来吧。

李刚：可以让夫人进来吗？

曹道先：嗯，快让夫人进来吧。

李刚：（开门走出去）。

曹道先：可安先生不在，这可如何是好。

刘东夏：也不好对夫人撒谎。

禹德淳：还是将事实告诉夫人吧。

李刚：（带着安重根的妻子走进来）您这边请。

妻子：（牵着玉男进来）。

李刚：这位是安先生的妻子。

妻子：大家好（行礼）。

禹德淳：夫人好，我们都是安先生的弟子。

在场诸位：（行礼）。

妻子：谢谢诸位，诸位辛苦了。

曹道先：这么远的路程，您是怎么来的。

刘东夏：可谓是情比金坚。

妻子：安先生不在吗？

在场诸位：（沉默）。

妻子：安先生去哪了？

在场诸位：（沉默）。

妻子：玉男爸爸好像不在这里。

禹德淳：是安先生的孩子吗？

妻子：是的。

曹道先：孩子长得真可爱呀。

刘东夏：和安先生简直是一个模子刻出来的。

刘镇律：为了见爸爸跑了这么远。

李刚：这小家伙该是多想爸爸，一路来到这里。

禹德淳：夫人，您这边坐。

曹道先：是啊是啊，您快坐下。

刘东夏：坐下休息一会〖儿〗。

妻子：没关系的。

玉男：爸爸去哪了呀。我想见爸爸。

在场诸位：（站在原地，神情悲伤）。

妻子：先生去哪了啊？

禹德淳：先生上战场了。

妻子：上战场了？

曹道先：先生在这里筹得军款，培养了一支部队。

刘东夏：安先生率领军队前往咸镜北岛[道]庆兴附近与日军作战。

妻子：（眼中闪烁泪光）嗯。

玉男：妈妈，爸爸是打仗去了吗？

妻子：（哽咽，没有作答）。

禹德淳：您不要太难过了。

妻子：没关系，他只是做了该做的。

曹道先：我们还在期待生还的消息。

妻子：他是什么时候出发的？

刘东夏：出发很长时间了。

妻子：一直没有消息吗？

禹德淳：起初有传言说，安先生将日军打得落花流水。

刘东夏：但最近传出了些不好的消息。

妻子：不好的消息。

刘东夏：应该是被日军击败了。

曹道先：前去作战的人全军覆没。

妻子：安先生。

禹德淳：目前还没有确切消息。

曹道先：我们会一直等待安先生归来（眼中含泪）。

玉男：妈妈，爸爸死了是吗？

妻子：不是的。

玉男：可是他说爸爸上了战场，然后死了。

妻子：不是这样的。

玉男：妈妈，我们去找爸爸吧。就算爸爸死了，我也想去找爸爸。

妻子：你知道爸爸在哪吗？

玉男：就去爸爸死的那里，我想见爸爸。

妻子：玉男，爸爸也已经不在了。你再怎么找爸爸，爸爸也不会回来了（哭）。

玉男：妈妈，我们该去哪啊（哭）。

妻子：回老家吧，那里还有奶奶和叔叔呢。

玉男：不，我要去见爸爸。

妻子：你不哭就带你见爸爸，爸爸可不像你这样爱哭鼻子。等你不哭了我们就过去。

玉男：求求你们了，让我见见爸爸吧。

妻子：玉男，你这样也没用。

禹德淳：夫人，来都来了，不如多待几日吧。

妻子：早晚都是要去的，我还是尽早出发吧。

李刚：刘君，麻烦你将夫人带到我家里去吧。

刘镇律：好，夫人您跟我走吧。

妻子：去哪里呢？

李刚：先去我家里歇歇脚。

妻子：谢谢。

李刚：家里有我的母亲，还有我的妻子。

妻子：好，谢谢了。

李刚：刘君，你带夫人过去吧。

刘镇律：你不回家吗？

李刚：我还得去趟报社。

刘镇律：好，那你快去吧。

妻子：玉男，我们走吧。

刘镇律：（开门）。

妻子：（跟出去）。

李刚：太不幸了。

禹德淳：我一见到夫人，就觉得眼前一片漆黑。

曹道先：我也是，眼泪止不住地流。

刘东夏：就像是见到了安先生。

禹德淳：是啊，夫人是怎么找到的这里。

李刚：这大概就是精诚所至，金石为开。

曹道先：夫人是位烈女，是位烈女啊。

李刚：诸位，我还有事，得回报社了。

禹德淳：好的，快去忙吧。

李刚：好（急匆匆地出去）。

刘东夏：请一定好好照料夫人。

李刚：好（关门，退场）。

禹德淳：（去门口望了望，再次回来）先生出发前，买了八把刀，给我们每人分了一把。

曹道先：是的。

禹德淳：先生当时说的话，大家可还记得。

刘东夏：让这刀为了大义而拔，让这刀意义非凡、发光发亮。

禹德淳：那么现在，追寻大义的时候到了。

曹道先：安先生的深仇大恨，由我们来报。

刘东夏：我们一起去到豆满江边，能杀一个是一个，哪怕是同归于尽。

禹德淳：这就是我们的大义，男人的大义。

曹道先、刘东夏：（一同拔刀）。

曹道先：我们先为先生报仇，再一同去见先生。

禹德淳、刘东夏：一同赴死。

门外响起敲门声（电灯闪烁）

（大门打开，安重根登场，身上的衣物已破烂不堪）

安重根：（进到屋里）。

禹德淳：（冲到安重根面前，行礼）噢，先生（哭）。

曹道先：（冲到安重根面前，行礼）先生（流泪）。

刘东夏：（冲到安重根面前，行礼）先生（哭）。

安重根：（呆站了一会〖儿〗，一步步向前走）。

在场诸位：（紧张地看着安重根）。

安重根：（走到椅子前面）我渴了，给我杯水吧。

禹德淳：（从左侧退场，倒水去）。

曹道先：（来到安重根面前）先生，您是怎么活下来的。

刘东夏：（来到安重根面前）您是怎么活下来的。

安重根：（沉默不语）。

禹德淳：（端着水回来）（递给安重根）。

安重根：（接过水杯喝水）我是败者，我没脸回来见你们。我在豆满江边亲手埋了三百名战士。（哭）。

在场诸位：（哭泣）。

曹道先：先生，请不要放弃。我们总会有苦尽甘来的一天。

禹德淳：先生，请您振作起来。

刘东夏：请您振作起来。

安重根：石头碎了还是沙土，可人一旦死了就彻底没了（哭）。

禹德淳：先生，您先冷静下来。

安重根：我怎么就活下来了，怎么就活下来了。三百名同志该死不瞑目了。（哭）（大力起身）九泉之下的同志们，我对不起你们。我现在还活着，还能眨眼，还能呼吸。我恳求你们安息，恳求你们瞑目（哭）。

（电灯闪烁）

曹道先：先生，还请节哀。

刘镇律：刚才那位夫人一直在哭，总说着要走，我又将他们人带回来了。

禹德淳：先生回来了。

刘镇律：先生回来了？

曹道先：这位就是安先生。

刘镇律：先生，初次见面。

安重根：您是哪位？

禹德淳：这位刚刚找到这里，想要加入我们。

刘镇律：我叫刘镇律，还请多多关照。

曹道先：对了，先生，还没来得及和您说呢。先生老家的夫人过来了。

安重根：你说谁过来了？

曹道先：夫人来了。

安重根：什么夫人？

刘镇律：先生的妻子啊。

禹德淳：带着玉男来了。

安重根：（沉默）（静静思考）。

刘镇律：现在就在门外呢。

曹道先：快招呼夫人进来。

安重根：别忙活了，没人过来。

刘东夏：您夫人来了啊。

安重根：我没有故乡，连故乡都没有的人哪会有什么妻子。快让她回去吧。

（电灯闪烁）

（妻子带着玉男进来）

刘东夏：夫人一片真心找到了这里，您就见一面吧。

禹德淳：夫人跋山涉水来到这里，不就是为了见您一面，您就见一面吧。

曹道先：夫人出了朝鲜，都找到国外来了，您就见一面吧。

安重根：不要说了，男人在外一事无成，哪还有什么颜面。我心里只有三百名同志的哀嚎（低下头）。

在场诸位：（看了看妻子，分别从舞台左右退场）。

妻子：（走到安重根身边）请原谅我，我放不下儿女情长。

玉男：爸爸（抱住安重根，哇哇大哭）。

安重根：你是谁，你来找谁（推开玉男）。

妻子：对不起。

安重根：我离家之际从未与你约定再见。你来这里做什么，你不该来。你走吧，我既没有妻也没有子。

妻子：好，我这就走（哽咽，转过身哭泣）。

玉男：爸爸，妈妈太可怜了。妈妈想见爸爸才过来的。我们听说爸爸死在战场上了，我和妈妈正要去呢。

妻子：我已经很满足了，看见你还活着我就很满足了，就算让我现在去死，也是死而无憾了（哭）。

玉男：爸爸，妈妈天天哭天天哭。

妻子：我甚至不知道豆满江在哪〖儿〗。我听说那里远在天边，却还想带着玉男过去找你。

玉男：妈妈说我们要死在有爸爸的地方。

妻子：玉男天天喊着“我想爸爸了”“爸爸什么时候回来”“我们去找爸爸吧”，甚至在梦里喊的都是“我在找爸爸”。

玉男：奶奶和叔叔都让我们过来，我们这才过来。

安重根：鱼儿逆流而上，我也要为了国家逆了爱情、逆了天伦。

妻子：玉男，我们走吧。（牵上玉男的手）给爸爸行个礼。

玉男：爸爸，我为了爸爸能夸夸我，把千字文全都背下来了。（哭着背诵）天地玄黄，宇宙洪荒……（抽泣）。

妻子：我们走了，保重（转身抽泣）。

玉男：爸爸，我们走了（边走边哭）。

妻子：（拉着玉男走了）。

（悲伤的乐声响起）

安重根：（不为所动，将头低在桌子上）。

（舞台左右数名演员登场，一同哭泣）

刘镇律：先生，您太决绝了。

禹德淳：您太严厉了。

曹道先：您真是铁打的意志。

安重根：你们也都回去吧。

禹德淳：好的，我们走了。

（电灯闪烁）

（李刚气喘吁吁地跑进来，手里拿着一份报纸）

李刚：安兄，你还活着（欣喜的泪水）。

安重根：无颜以对，我无颜以对（泪光闪烁）。

李刚：你看看这份报纸。

安重根：有什么新闻？

李刚：欺我大韩的伊藤博文，他将乘满洲视察车过来。

安重根：他什么时候过来？

李刚：没写确切日期，你看看这个。（俄语报道）“日本英杰伊藤博文将视察满洲。届时为加强日俄友好关系，伊藤博文将于本月下旬来访。”说是会在哈尔滨站下车。

安重根：阴险的家伙，现在又想故技重施吞并中国（怒目圆瞪）。

禹德淳：那是夺走我们三千里疆土的仇人。

曹道先：那是将我们两千万同胞置于水深火热的仇人。

刘东夏：那是断送我们四千年历史的仇人，伊藤博文。

安重根：看来是时候了。（猛地起身）（看着禹德淳）把我们备好的枪拿出来吧。

禹德淳：好。（进去取出四把手枪和一个子弹箱）

安重根：给。（递给禹德淳）给你十二发子弹。

禹德淳：好（接过枪和子弹）。

安重根：给。（递给曹道先）给你八发。

曹道先：好（接过枪和子弹）。

安重根：（看着刘东夏）给你九发。

刘东夏：好（接过枪和子弹）。

安重根：我留十二发。枪是勃朗宁旧式手枪，七连发。“十”字形弹头一旦进入胸腔会迅速扩散，一击毙命。

在场诸位：好。

安重根：各位有去哈尔滨的路费吗？

刘镇律：有的，我有。

李刚：我也有。

安重根：我们在哪个车站动手呢？

李刚：据说他会在大连登陆，然后去旅顺视察。

安重根：我们找找来往车次多的车站，来往车次多的车站方便动手。禹德淳。

禹德淳：在。

安重根：你去宽城子探探，看看有没有合适的位置。

禹德淳：好。

安重根：曹道先。

曹道先：在。

安重根：你去蔡家沟探探。

曹道先：好。

安重根：刘东夏。

安重根：你俄语说得好，我们一起行动。我们不能被发现是韩国人，你先掩护其他同志离开，最后和我一起去哈尔滨站。

刘东夏：好。

安重根：李兄和刘兄，你们就留在这里吧，我们保持联络。

李刚：放心，这里一切交给我们处理。

刘镇律：保证完成工作。

安重根：好了，同志们，我们开始行动。

在场诸位：好。

安重根：我们即将面临一场恶战。即便以身殉国，也要杀了大韩民族的仇人伊藤博文。（举起手枪）

在场诸位：杀了伊藤博文。（一同举起手枪）

（舞台灯光熄灭）（幕布降落）

第三幕完。

第四幕出场人物

安重根：三十一岁
伊藤博文：六十岁
森秘书：五十岁
田中满铁理事：五十八岁
川上哈尔滨领事：五十六岁
安重根之妻：三十岁
安重根之子：九岁
刘镇律：三十五岁
俄国宪兵甲
俄国宪兵乙
日本妇人
日本妇人的丈夫
中国人
警察
刘东夏

第四幕——哈尔滨站（上）

明治四十二年十月二十六日（阴历九月十三日）上午九点左右。
舞台按哈尔滨站的照片布置

开幕：气氛紧张的火车站。
听说日本高官要来，俄国宪兵严格限制通行。
（火车进站前的鸣笛声）
（群众熙熙攘攘的声音）
（欢呼声）

中国人：（身上带着一个大包袱，急匆匆地走出来）。
宪兵：你去哪？
中国人：我，那个…那个，我去大连。
宪兵：这里禁止通行。
中国人：我不知道啊。
宪兵：这边不让走。（指着休息座椅）你看那边聚了那么多人，没一个人能过去的。

中国人：我不知道，我着急去大连啊。

宪兵：别着急，别着急。

中国人：好的好的，不着急，不着急。

宪兵：（将中国人赶到一旁）。

（日本妇人和日本妇人的丈夫从左侧登场。妇人背着孩子，穿着和服；丈夫穿着西服）

宪兵：夫人，这里禁止通行。

夫人：不好意思，您通融一下吧。

宪兵：不可以。

男人：我有急事，请让我过去吧。

宪兵：不可以。

妇人：我们必须坐上这班火车。

男人：实在不好意思，就请让我过去吧。

宪兵：不可以。

妇人：请您通融一下吧。

宪兵：不可以。

男人：（恭敬地行礼）拜托您了，请让我们过去吧。

宪兵：不可以。日本人是文明人。我们接到命令，此处不得通行（挺直腰杆）。

川上领事：（从停车场出来）伊藤公爵阁下马上就到了，俄国宪兵们请加强道戒备，严禁通行。

警察：是（敬礼）！

川上领事：（回到车站内）。

警察：（来到宪兵面前）日本高官乘坐的火车即将到站，请务必严加管控，任何人不得通行。

宪兵：是（敬礼）！

警察：（回礼）（看着左边的宪兵）此处不许任何人通过。

（火车鸣笛声，火车行驶的声音，群众嘈杂的声音）

刘镇律：（火急火燎地出场）。

刘东夏：（登场）刘兄，刘兄。

刘镇律：我在这。

刘东夏：您见到先生了吗？

刘镇律：还没呢。

刘东夏： 先生已经从蔡家沟过来了吗？
刘镇律： 听说昨天晚上就来了，在金成白家里住了一晚。
刘东夏： 你的旅费还够吗。
刘镇律： 够的。
刘东夏： 火车就快到了，我们先去找找先生吧。
刘镇律： 好的，我也一直在找。
宪兵： 此处不能停留，请到那边去。
刘镇律： 我们是报社记者。
宪兵： 报社记者？
刘东夏： 是的，听说日本高官到访，我们特意过来取材。
刘镇律： 摄像组也过来了。
宪兵： 好的，知道了(信以为真)。
刘东夏： 我们快些找到先生吧。
刘镇律： 说不定正混在人群里呢。
刘东夏： 好的，快找吧。
(刘镇律与刘东夏急匆匆地从舞台左右退场)
(火车声)
(安重根之妻领着玉男，慌忙登场)
宪兵： 现在不可以过去。
妻子： 我们有急事，请让我们过去吧。
宪兵： 不可以过去。
玉男： 我们着急赶车，您就让我们过去吧。
宪兵： 不可以过去。
妻子： 我们快没钱了，我们必须坐上这趟车。
宪兵： 不可以过去。
玉男： 求您让我们过去吧。
宪兵： 不可以，快让开。(赶走妻子和玉男)
(安重根之妻和玉男没办法，只能让到一边，退场)
(安重根在车站里急匆匆地登场)
宪兵： 你是谁？
安重根： 不好意思，我有急事。
宪兵： 等等，你是韩国人？
安重根： 是的。

宪兵：你来这里做什么？

安重根：我来见一位朋友。

宪兵：你不知道今天有日本名人要来？

安重根：我不知道。

宪兵：你是怎么进到车站里的？

安重根：我就是从这里进去的。

宪兵：你撒谎。

安重根：我说的都是真的。

宪兵：我们没见你从这里出去。

宪兵：让我们调查一下。

宪兵：举起手来。

安重根：（无可奈何地举起手来）。

（刘东夏赶忙从左侧登场）

刘东夏：先生。

刘镇律：先生，您这是怎么了？

刘东夏：我们是一起的。

刘镇律：您怎么举起手了？

刘东夏：这位是我们报社的先生。

宪兵：和你们一个报社？

刘镇律：是的。

宪兵：好吧，过去吧。

刘镇律：谢谢。

刘东夏：谢谢。

（安重根、刘东夏、刘镇律匆忙退场）

（安重根之妻和玉男登场）

玉男：爸爸，爸爸，爸爸（哭着向安重根伸手）。

宪兵：不可以过去，往后面让一让。

（安重根之妻和玉男无可奈何地退场）

（火车驶来的声音，轰隆轰隆）

（行进曲响起）

（宪兵们举起枪）

（警察、川上领事从舞台左右登场，随后伊藤博文、森秘书、田中满铁理事依次登场。）

伊藤博文：（即将踏出车站之际）。

（嘭——第一枪）

伊藤博文：（痛苦地捂住胸口）。

（嘭——第二枪）

伊藤博文：（手按住腹部）。

（嘭——第三枪）

伊藤博文：（双手捂住腹部，倒下）。

（嘭——第四枪）

森秘书：（左臂中枪，踉跄两步，最终摔倒）。

（嘭——第五枪）

满铁理事：（下腹中枪倒地）。

（嘭——第六枪）

川上领事：（腿部中枪倒地）。

（在此期间，宪兵迅速进入车站）

（安重根从舞台左侧登场，手中握着一把枪）

（舞台灯光聚焦安重根）

安重根：我杀了仇人，国家的仇人。（畅快大笑）**大韩独立万岁，哈哈哈哈，哈哈哈哈哈。**

（俄国宪兵从左右两侧擒拿安重根）

哈尔滨站（上）完。

今天是你，别以为只有你。从今天开始将一个接一个，一个接一个地死在我手里。

这是三一运动后无数义士离开祖国时含泪谱写的歌。

四千二百五十二年三月一日，是我跨越鸭绿江之日。

三月一日年年轮回，但我在达成目的前绝不会回。

回想起来我们在离开之际就已知晓，知晓自己达成目的之前绝不会回。

诸位可还记得我们曾唱过如此悲伤的歌曲。

我们的民族可悲极了。

我国是四千年的文明古国。

四千年来子子孙孙幸福安乐，可如今怎么落得如此境地。

我们要用双手挣脱枷锁，我们高喊独立万岁的声音将激荡山河。

第一幕
中国新闻记者 A：二十八岁
中国新闻记者 B：二十五岁
沟渊检察官：四十二岁
沟渊书记：二十五岁
看守：二十九岁
刘东夏：十八岁
曹道先：三十七岁
安重根：三十一岁
安重根之妻：三十三岁[①]
安重根之子(玉男)：九岁
刑警甲：三十二岁
刑警乙：二十八岁
禹德淳：三十三岁

第一幕

关东都督府地方法院
沟渊检察官审讯室

舞台布景与普通审讯室不同，更具俄式风格，极富异国风情。舞台中央有一张桌子和两三把椅子。舞台左侧有一张圆桌，桌上是用于审讯的材料，桌边有一把小椅子供被告使用。舞台右侧设有拷问台。

开幕
(书记已经就位)

检察官：(仔细阅读审讯材料)。

中国新闻记者 A、中国新闻记者 B：(登场)。

(中国新闻记者 A、中国新闻记者 B 正在采访检察官和书记)

记者 A：(提问检察官，语气极度亲善)听说今天有审讯，审讯在哈尔滨站刺杀伊藤公爵的犯人。

记者 B：(翻看检察官的材料，不知在记录什么)。

---

① 安重根及其妻子的年龄参照原文书写——本文译者注。

检察官： 是的！

记者 B：犯人是被俄国官兵逮捕的吗？

检察官： 是的！

记者 A：（*打探检察官的眼色*）请问俄国检察官斯图拉先生记录的材料，能否借看？

检察官： 目前审讯尚未开始，暂时不能给您看。

记者 B：距离俄国大藏大臣科科夫佐夫经过还不到四十分钟就发生了刺杀事件，是这样吗？

检察官： 抱歉，审讯开始前我无法作答。

记者 A：那么您有什么看法？

检察官： 您是指什么？

记者 A：我是说，您认为这一刺杀行为该如何定性？

检察官： 您说的如何定性是什么意思？

记者 A：也就是说，您是否认为他是政治犯罪或国事犯罪？

检察官： 安重根是恶徒，十足的恶徒啊。

记者 A：您说安重根恶徒？

记者 B：您打算将安重根作为恶徒处理吗？

检察官： 光天化日之下拿枪伤人，这不是恶徒是什么？

记者 A：（*严肃思考*）这是您的个人之见吧。

记者 B：安重根的此番举动定有远大抱负。

记者 A：我觉得他并非觊觎声誉或地位。

记者 B：他是为了国家战斗的义士，您说他是恶徒就是在侮辱他的祖国。

记者 A：放眼世界也找不出第二位安重根义士。

记者 B：我尊敬他的品格，尊敬他为国捐躯的壮举。

记者 A：日本有充分的理由称其恶徒。但站在韩国的角度来看，安重根此举却是为了国家大义。

记者 B：安重根离开祖国在外流浪三年，他短暂的一生充满鲜血与泪水，想到此我不免心生同情。

记者 A：他一生忧国忧民，从未尝过喜乐。

记者 B：他的肉体、他的精神，他的一切无不时刻准备着为国赴死。

记者 A：我们中国人十分敬重安重根。

记者 B：检察官，您有何看法。请不要将安重根判为刺客或恶徒。

记者 A：我们相信您会公正执法，此事本来轮不到我们记者发表看法。

但我们恳请您不要将安重根判为普通犯人或恶徒。

记者B：我们真诚地希望您不要将安重根判为普通犯人或恶徒，这是全中国各个阶级的共同愿望。

检察官：好的，我会认真考虑二位的提议。

记者A：好的，感谢您。

检察官：您客气了。

记者B：请问外面那位韩国妇女是何人？

检察官：她与这些事或多或少有些关系。

记者B：那么她是安重根的夫人？

检察官：具体情况我也不清楚。

记者A：她还带着小孩子。

记者B：能不能让夫人获得一些特殊待遇呢？

检察官：今日审讯结束后她就可以离开了。

记者A：她看起来太可怜了。

检察官：我无能为力。

记者B：今天就会审讯吗？

检察官：是的！

记者B：抱歉，打扰您了。

检察官：没关系的。

记者A：那我们就先走了。

检察官：好的！二位慢走。

记者A：再见。

检察官：再见。

记者A：（看向书记）我们走了。

书记：好的！二位慢走。

记者B：（看向书记）再见。

书记：再见。

记者A、**记者**B：（从舞台右侧退场）。

检察官：（看向书记）麻烦您将刘东夏传过来。

书记：是！（走向舞台中央）

检察官：（翻看材料）。

书记：（回到检察官的屋子）刘东夏来了。

看守：（拽着刘东夏的手铐，押送刘东夏登场）。

检察官：（看着刘东夏）这边坐。

刘东夏：好的！（去到检察官面前坐下）

检察官：你就是刘东夏？

刘东夏：是的。

检察官：多大了？

刘东夏：今年 18 岁。

检察官：职业是什么？

刘东夏：现在还没正式工作。

检察官：被逮捕前你在哪里？

刘东夏：在绥芬河。

检察官：祖籍是哪里？

刘东夏：咸镜南道德源郡元山。

检察官：出生地呢？

刘东夏：也是元山。

检察官：和安重根是什么时候认识的？

刘东夏：认识很久了。

检察官：很久是多久？

刘东夏：我记不太清了。

检察官：你和安重根是否约定在浦盐刺杀伊藤博文？

刘东夏：我不清楚。

检察官：安重根是否给过你一把手枪？

刘东夏：我不清楚。

检察官：安重根给过你十字形弹头的子弹吧。

刘东夏：我不清楚。

检察官：不清楚什么？

刘东夏：我不清楚。

检察官：为什么不清楚？

刘东夏：因为不清楚，所以不清楚。

检察官：你们可曾共同筹集军款？

刘东夏：我不清楚。

检察官：安重根全都交代了，你们为什么还要隐瞒？

刘东夏：我们无所隐瞒。

检察官：那么安重根可曾想过杀了伊藤博文？

刘东夏：这件事您不要问我，您还是去问安先生吧。

检察官：大胆狂徒，他算什么先生。

刘东夏：当然是先生。安先生对你们来说就是仇人，但对我们来说却是伟大的老师。

检察官：大胆！

刘东夏：难道日本法律规定，不得称老师为先生吗？

检察官：在检察官面前称犯人为先生，这成何体统。

刘东夏：别说是在检察官面前了，就算是在日本天皇面前，对我有教化之恩的人也是老师，老师就是先生。倘若日本不准将老师称为先生，这才违背伦理道德。

检察官：你是韩国人，是受日本统治的韩国人，竟敢如此口无遮拦。

刘东夏：我可怜、我弱小，因此我被日本人抓来了。但我并没有义务受日本人统治。我是韩国人，我只接受韩国统治。

检察官：大胆，我看你是不见棺材不落泪。没必要对你好生审讯了。书记，将这狂徒拖到第二拷问室，交由刑事部长处理。

书记：是！

看守：是（敬礼）。

刘东夏：被拉去拷问我无怨无悔。但弱小又可怜的我即将被日本人拷问，这就好比是羊入虎口，我心有不甘、我心有不甘。

看守：少废话，赶快走（将刘东夏用手铐铐起，二人从舞台左侧退场）。

检察官：请传唤曹道先。

书记：好的。（走出屋子）

（大约过了二三十秒）

书记：（回到检察官的屋子）检察官，人带到了。

看守：（拉着曹道先来到检察官面前）。

检察官：（仔细打量曹道先）你就是曹道先？

曹道先：是的。

检察官：今年多大了？

曹道先：三十七岁。

检察官：职业是什么？

曹道先：我有一家洗衣房。

检察官：逮捕前你在哪里？

曹道先：我在哈尔滨。

检察官： 哈尔滨的哪里？

曹道先： 森林街。

检察官： 住的是谁家？

曹道先： 住在一个韩国人家里，他在俄国人那里做事。

检察官： 那个韩国人叫什么名字？

曹道先： 金成白。

检察官： 好的，祖籍是哪里？

曹道先： 咸镜南道洪原郡景浦面。

检察官： 出生地呢！

曹道先： 也是景浦面。

检察官： 你在浦盐还有其他工作吗？

曹道先： 我在一个开山铺路的工地上给八十多名劳力做翻译。

检察官： 听说你的妻子是俄国人。

曹道先： 是的。

检察官： 她年纪多大，叫什么名字？

曹道先： 二十岁，名字叫莫杰。

检察官： 你们是什么时候结的婚？

曹道先： 已经结婚四年了。

检察官： 有孩子吗？

曹道先： 没有。

检察官： 你的父母现在在哪里？

曹道先： 在老家。

检察官： 父亲怎么称呼？

曹道先： 驻锡的锡，光华的华。

检察官： 曹锡华对吗。

曹道先： 是的！

检察官： 年纪多大？

曹道先： 今年六十多了。

检察官： 父亲是做什么工作的？

曹道先： 我离家的时候，父亲是务农的农民。

检察官： 现在呢？

曹道先： 不清楚了。

检察官： 你的文化程度是什么水平？

曹道先：我没有上过学。

检察官：你不会汉文？

曹道先：是的。

检察官：那谚文呢？

曹道先：会一点。

检察官：和谁学的？

曹道先：在这边和朋友学了一点。

检察官：俄语说得怎么样？

曹道先：基本的都会说。

检察官：会认读俄文吗？

曹道先：完全不会。

检察官：可你的妻子是俄国人，你们之间如何写信？

曹道先：她有来信我就拜托别人帮着读一下。

检察官：你在故乡的时候做过什么工作？

曹道先：我就是一个淳朴的农民。

检察官：和安重根是什么时候认识的？

曹道先：具体记不清楚了。

检察官：安重根拜托过你什么事情？

曹道先：安先生没有拜托过我任何事情。

检察官：你为什么离开故乡？

曹道先：农民太愚昧、太落后了。

检察官：看来你在故乡过得并不如意。

曹道先：李朝百姓五百年来世代务农，但从未感到幸福。

检察官：这是为什么？

曹道先：务农看不到希望，但又没有其他出路。

检察官：所以你离开了祖国。

曹道先：没错！

检察官：你觉得日本怎么样？

曹道先：您具体是指什么。

检察官：你们国家多亏了日本恩惠，才得以实现文明进步、民智启迪，难道你不这样认为吗？

曹道先：我并不认为日本有什么恩惠，相反，我认为日本使韩国人成了奴隶，简直生不如死。

检察官：日本让韩国人成了奴隶？

曹道先：全国人民都成了奴隶。日本压榨农民，夺去农民的幸福和希望。日本压得农民走投无路。有的人只是对日本人阿谀奉承就能拿到一官半职，但可怜的农民只能守着自己仅有的一点土地艰难过活。我一想到大韩子子孙孙都将如此苟且，就觉得心痛不已。

检察官：看来你对日本怨念极深。

曹道先：不仅是我，我们两千万同胞都是如此。

检察官：（停顿片刻）是谁率先开始计划杀害伊藤公爵？

曹道先：我不清楚。

检察官：你有过杀害伊藤公爵的想法吗？

曹道先：伊藤博文是侵略我国的仇人，检察官的问题是多此一举了。

检察官：所以你认为伊藤公爵是侵略国家的仇人，是吗？

曹道先：当然。

检察官：你去蔡家沟有什么目的？

曹道先：当时我和禹德淳还没有被捕。

检察官：安重根为何前往哈尔滨？

曹道先：安先生旅费不够了，还有一些其他事情吧。

检察官：禹德淳是在哪里被捕的？

曹道先：这个您就需要问当事人了，我只了解自己的情况。

检察官：禹德淳给过你一把手枪对吧。

曹道先：没有的事，男人身上总要配把枪来防身。

检察官：手枪能防身，也能用来刺杀伊藤公爵，对吧？

曹道先：我说得很清楚了，无需过多辩解。

检察官：你分明收了安重根给的枪。

曹道先：我没有收过。

检察官：安重根明确表示连子弹都给你了。

曹道先：那是安先生的回答有问题。我虽然文化程度不高，但从来都是按照自己心中所想行事。我从不受他人指使。

检察官：那你有没有需要借助安重根的事情？

曹道先：没有。

检察官：有没有和安重根约定好的事情？

曹道先：没有。

检察官：安重根承认了和你有约，你不要说谎。

曹道先：我没有说谎。即便我有心杀了伊藤博文，那也不是受安先生的指使，您可以将它看成大韩人民的共同目标。

检察官：你是激进的爱国者？

曹道先：我不是爱国者，我也不是义士。但日本侵略了我国，这是铁打的事实。

检察官：你这般仇视日本，日后如何回国？

曹道先：所以我不想回国，也没必要回国。

检察官：也就是说，你永远都不打算回国了？

曹道先：是的。除非日本亡了，从大韩的土地上消失。

检察官：放肆！（愤怒起身，命令看守）将这人拖到第三拷问室。

看守：是！

曹道先：我身为男人，还没干出一番作为就要死了。但我是为了同志赴死，死也值得！

检察官：快将他押下去。

看守：走了，赶紧。

曹道先：在你们眼里我甚至不如一条狗，但你们永远无法熄灭爱国热血。

看守：别废话。（看守将曹道先拖到舞台中央）（将曹道先铐上手铐，二人退场）

检察官：（看向书记）传禹德淳。

书记：是。（站起身来）

检察官：第一拷问室还没空出来吧，那就在这拷问吧。

书记：是！（从屋子里出去）

检察官：（翻找文件）。

书记：（拖拉着禹德淳的手铐，回到屋子里来）。

看守：（站在舞台右侧）。

检察官：你叫什么名字？

禹德淳：我叫禹德淳。

检察官：你也叫禹连俊？

禹德淳：在边境地区韩国人需要持“身份监察证”才能自由通行。我暂时借了朋友的证件，禹连俊是朋友的名字。

检察官：你的本名是禹德淳，你确定吗？

禹德淳：是的！

检察官：年龄是三十三岁？

禹德淳：三十三岁也是禹连俊的年龄，我今年三十岁。
检察官：你确定是三十岁。
禹德淳：是的。
检察官：职业是什么？
禹德淳：做点烟草生意。
检察官：住址是？
禹德淳：浦盐斯德的高俊文方。
检察官：祖籍是哪里？
禹德淳：首尔。
检察官：出生地呢？
禹德淳：在京畿道。
检察官：（翻看调查材料）这里写的是忠清道堤川。
禹德淳：那个也是身份监察证上的信息。
检察官：双亲可还健在？
禹德淳：是的。
检察官：父亲怎么称呼？
禹德淳：父亲叫禹始映。
检察官：父亲从事什么职业？
禹德淳：父亲也是位商人。
检察官：有妻儿吗？
禹德淳：只有妻子。
检察官：一起生活过吗？
禹德淳：当然，在我离开故乡之前我们在一起生活。
检察官：你是什么时候离开的故乡？
禹德淳：四年前。
检察官：离开故乡之后去了哪里？
禹德淳：直接来了浦盐。
检察官：来到浦盐之后做了什么？
禹德淳：嗯……做了许多事情。
检察官：培养过义兵吗？
禹德淳：对…是的。
检察官：有多少人？
禹德淳：大概在八十名左右。

检察官：养义兵是出于什么目的？

禹德淳：关于养义兵的目的和精神，还请不要过问。

检察官：你曾与安重根结盟，并将义兵交由安重根管理。此事是否属实？

禹德淳：是……是的。

检察官：安重根率兵前往咸镜道，最终败给了日本军人。

禹德淳：是的。

检察官：其中也包括你的义兵吗？

禹德淳：当然。

检察官：你为什么没去？

禹德淳：我还有更艰巨的任务。

检察官：更艰巨的任务是什么？

禹德淳：请不要追问，那与本次事件无关。

检察官：出战时安重根是义兵队长吗？

禹德淳：安重根不是义兵队长，他是代表我国的总司令官。

检察官：你和安重根是什么时候认识的？

禹德淳：我们是两年前认识的。

检察官：你们关系如何？

禹德淳：在异国他乡遇到本国朋友，当然是志同道合的。

检察官：你的文化程度如何？

禹德淳：我只学过千字文、童蒙先习和通鉴二卷。

检察官：有没有宗教信仰？

禹德淳：比较信仰耶稣。

检察官：牧师是哪位？

禹德淳：是位美国人，叫作博雅。

检察官：已经接受洗礼了？

禹德淳：还没有。

检察官：你是否与安重根议论过国家大事？

禹德淳：我们只是表达过对祖国的忧虑。

检察官：你希望国家独立吗？

禹德淳：我是大韩人，我当然希望国家摆脱屈辱。每位国人都应盼望国家重回正轨。

检察官：你离开浦盐斯德之前和安重根密谋了什么？

禹德淳：检察官，请您不要白费口舌了。就算是将我千刀万剐我也不会交代，这是韩国人的大义。

检察官： 所以你决定保密？

禹德淳： 谈不上有什么秘密，我们只是做了想做的事情。

检察官： 你将伊藤公爵看作天敌吗？

禹德淳： 是伊藤博文签的五项条约，是伊藤博文签的七项条约。我有什么理由不痛恨他。

检察官： 你觉得杀了伊藤博文就能独立？

禹德淳： 那怎么可能。如果杀了伊藤博文就能独立，那么大韩的仁人志士决不会留他活到现在。

检察官： 那么杀害伊藤公爵的目的还有什么？

禹德淳： 我们根本不觉得他是什么大人物。他是日本的英雄豪杰，但对我们来说不过是只随处可见的苍蝇。大韩不幸因伊藤博文成了日属，丧失了自主外交的权利，但无论我们多么愤愤不平，又能向哪个国家寻求帮助？伊藤之死是一件国际大事，杀了伊藤博文不过是轰动世界的手段罢了。

检察官： 你去蔡家沟做什么？

禹德淳： 我觉得火车交汇的车站比较容易下手。

检察官： 安重根为什么没和你一起去蔡家沟，反而去了哈尔滨？

禹德淳： 他看起来不太感兴趣，就先去哈尔滨了。

检察官： 你在蔡家沟住在俄国人经营的饭店楼上，对吧？

禹德淳： 是的！承蒙站长热情，我就住在车站的食堂楼上。

检察官： 站长也是俄国人？

禹德淳： 是的！站长端了杯茶来到楼上，告诉我载有日本官员的那班列车大概明天就到。

检察官： 然后你就下定了决心？

禹德淳： 我早就决定了，听完气定神闲地坐着。

检察官： 简单说说你在蔡家沟的经历。

禹德淳： 安重根走了以后，还剩下我和曹道先两个人。但我觉得没必要告诉他我的计划，便开始想方设法地独自行动。

检察官： 听说晚上俄国宪兵戒备森严。

禹德淳： 是的！火车早上六点抵达，我五点左右起床。我假装内急混进车站厕所，宪兵竟然跟了过来。所以我只能装模作样地一边系着裤带一边走了出来。

检察官： 前一天晚上你做了什么？

禹德淳：那天晚上不知为何俄国妇人给了我一个便盆，然后告诉我日本高官今晚会留在此处，禁止所有韩国人通行。

检察官：那你是怎么进的车站厕所？

禹德淳：费了一番周折。

检察官：俄国宪兵没搜身吗？

禹德淳：是的。

检察官：你有没有和曹道先提前约好什么？

禹德淳：我们没有。曹君俄语说得好，俄国宪兵跟过来的时候曹君出来说了几句，他们点了点头就离开了。

检察官：六点以后你都做了什么？

禹德淳：曹君盖上被子继续睡了，我听着火车汽笛的声音内心久久不能平静。

检察官：为何？

禹德淳：我听到火车驶来的响声，听到火车喷汽的响声，我心中燃起仇恨，身体也止不住地颤抖。

检察官：哦？

禹德淳：我错过了天赐良机，惋惜不已。

检察官：没能杀了伊藤公爵你就那么悔恨？

禹德淳：没错。我抱着手枪哭了又哭，手枪承载了我的所有仇恨。

检察官：所以说如果你有机会，你也会杀了伊藤公爵。混蛋！（大声呵斥）

禹德淳：您没必要大喊大叫。我未能实现心中所想，已经够难受了。

检察官：混蛋！（再次大声呵斥）

禹德淳：就让那朴大哥还是崔大哥的将我办了吧，要杀便杀，要剐便剐。

检察官：把他带到拷问台绑起来。

看守：是！（走进来抓住禹德淳）

书记：（站起来帮忙）。

刑警甲：（便服登场，来到舞台中央）。

刑警乙：（便服登场，来到舞台中央）。

禹德淳：（被拉起来）遭受毒打也罢，粉身碎骨也罢，我都无怨无悔。可我堂堂男儿不仅没能实现理想，还要让这倭人凌辱，我心里是又悲又愤。

（拷问台上躺着许多人，被五花大绑）

旁白：将犯人捆绑后备好竹杖，再用白毛巾塞进犯人口中。这是倭人的极刑，这一幕触目惊心。我恳请在场诸位，回想一下我们曾遭受的痛苦与黑暗。

检察官：现在轮到你大喊大叫了。你是大韩的英勇斗士，但却毁了我们大日本的百年大计。我劝你一五一十全都招了。

刑警甲：招了吧(殴打)。

刑警乙：快说(殴打)。

检察官：把募集军款的详细过程说清楚。

刑警甲：(殴打)。

刑警乙：(殴打)。

旁白：刑警一边打着禹德淳，一边拿起水壶向他的口鼻中注水。

禹德淳：(发出阵阵被灌水的咕噜声，晕倒)。

检察官：(看向刑警甲、刑警乙)等他醒了再继续，你们先出去吧。

刑警甲、刑警乙：是！(向检察官行礼后退至舞台中央)

检察官：(看向看守)去吧，将安重根带过来。

看守：是！(从舞台右侧退场)

检察官：(回到自己的位置上坐好)。

看守：(拽着安重根的手铐，登场)(将安重根按坐到检察官面前)(将安重根的手铐解开)。

禹德淳：(稍稍回神，声音奄奄一息，凄惨的喊道)安兄，是安兄吗？安兄。

检察官：他醒了？

书记：是的！应该是醒了。

检察官：别管他了。

禹德淳：(比刚才稍有力气)安兄，救救我。

安重根：(回头看向禹德淳，猛然起身，走到禹德淳身边)

禹德淳：安兄。

安重根：啊！禹兄！(声音洪亮)你们这群小人，竟用如此卑劣的手段。(举起椅子，把桌子砸碎)

书记：(躲到舞台右侧，瑟瑟发抖)。

检察官：来人，快来人。

看守：(迅速冲上前去，扇安重根巴掌)(大喊)你这疯子。

安重根：你竟敢打我。呵……你们这些倭人，你们不得好死。总有一天倭人会被赶出大韩。

看守：你这疯子。

刑警甲：(殴打)。

检察官：（从舞台左侧退场，拿出一把刀，重新登场）好漂亮的刀呀。

安重根：杀了我啊，你在犹豫什么？安重根要是怕刀怕枪，早就活不到现在了。你们怎么还不开枪，是怕了么？

刑警甲：闭嘴。（大声喊道，看似马上就要开枪）

安重根：杀了我啊。（走到检察官面前）快啊，你们怎么都站着不动啊。刀都拔出来了，不杀了我算什么男人。我也有作为男人的觉悟，我早已将生死置之度外。你是将我切腹、分尸、砍头或是剜心，都随你吧。（神色淡然，正襟危坐）动手吧。（高声）

检察官：果然胆识过人。

刑警甲、刑警乙：（放下手中的枪）。

安重根：开枪啊，怎么还不动手。

检察官：安先生的胆识我们已经见到了，但请您稍安毋躁。我们既不会对您舞刀，也不会对您弄枪，请您先起身。

安重根：（站起身来）如果你们现在杀了我，日本便会名誉扫地。日本神圣的法庭竟然杀人，这可是天大的笑话。

检察官：安先生，不如我们冷静下来好好谈谈。

安重根：好，好好谈谈可以，你先将我的同志松绑。

检察官：好的，没问题！

安重根：禹德淳何罪之有，你们竟如此折磨他。你们要还算是人，就不要干出一些畜生行径。你们如此虐待大韩民族究竟是为什么？

检察官：他不说实话。

安重根：不说实话就能处以极刑，天底下还有没有王法了。再者我们大韩都是淳朴的百姓，我们从不说谎。

检察官：我这就给他松绑。

安重根：快给他松绑。有罪的人是我，射杀伊藤的人是我，禹兄何罪之有。他只不过是有我这种朋友，这才阴差阳错地被抓了进来，快给他松绑。

检察官：松绑（看向刑警甲、刑警乙）。

刑警甲、刑警乙：（给禹德淳松绑）。

禹德淳：（艰难起身）。

安重根：（走到禹德淳面前）。

禹德淳：安兄（握住安重根的手，流泪）。

安重根：禹兄，对不起，请原谅我。都是因为我，你才受尽了折磨。

禹德淳：安兄，你这是什么话。对一个男人来说，这算不得什么折磨。

检察官：这里不是聊天的地方，请二位谅解。

安重根：好的，是我们不对。

禹德淳：安兄，保重。

安重根：谢谢，你也保重。

刑警甲、刑警乙：（将禹德淳带到舞台中央）。

检察官：（回到自己的位置上）。

安重根：（坐到检察官对面）（看着检察官）我有话要说。

检察官：请讲。

安重根：我希望不要将我和普通犯人相提并论。

检察官：好的！没问题。

安重根：我是杀了伊藤博文，但我不是犯人。您可以将我看作俘虏，我国和日本开战，我是不幸被捕的俘虏。

检察官：好的！您也的确是这样认为的吧。

安重根：当然。我将战斗到底。

检察官：好的！了解了。那么现在开始，我们将正式进入公正的法律审讯环节。

安重根：好的！

检察官：还请您如实作答。

安重根：好的。

检察官：过去你曾自称安应七，对吗？

安重根：我在老家叫安重根，来到浦盐后改称安应七了。

检察官：理由是什么？

安重根：没什么理由。

检察官：什么时候来的浦盐？

安重根：三年前。

检察官：在浦盐都做了什么？

安重根：做了不少事情，都是为了让国家重回正轨。

检察官：是否曾率军攻打至咸镜道附近？

安重根：是的。

检察官：结果如何？

安重根：大获全胜。

检察官：可我听说那次被日军打的片甲不留。

安重根：有胜者就会有败者，有胜国就会有败国。

检察官： 所以在你心里觉得那次是胜利了？

安重根： 我每日每夜不在战斗，每时每刻不在战斗。在我心里战斗并未结束。

检察官： 在哪里战斗？如何战斗？

安重根： 我在心里战斗，我现在也能自信满满地告诉你，即便我军战败，也总有一天会迎来胜利。世上没有百战百胜，所以我军定能迎来胜利。

检察官： 很好，很强大的意志。

安重根： 这就是大韩人的意志，这就是大韩人的气概。

检察官： 那么是否有宗教信仰？

安重根： 在信川的时候曾信奉天主教。

检察官： 现在不信了吗？

安重根： 是的。

检察官： 是怎么开始信奉的天主教？

安重根： 和法国洪神父接触之后开始信奉。

检察官： 接受洗礼了吗？

安重根： 是的。

检察官： 什么时候的事？

安重根： 十七岁的时候。

检察官： 你在故乡当过义兵队长，有这回事吧？

安重根： 是的。

检察官： 为什么没继续当下去？

安重根： 队里有日本人的走狗。

检察官： 你来这也有三年了，三年里都确立了哪些目标？

安重根： 我希望我国的新青年能够接受教育、接受军事训练，还希望我国能够早日赶走倭人重获独立。

检察官： 你是从什么时候开始盼望祖国独立？

安重根： 从五年前开始。

检察官： 从五年前？

安重根： 是的。那时五项条约早已签订，但伊藤以统监身份出现在大韩皇帝面前，逼迫皇帝再次签了七项条约。

检察官： 那么刺杀伊藤公爵的想法是从何而来？

安重根： 伊藤博文本就该死。他欺压我国皇室，欺骗我国同胞，甚至欺瞒日本天皇偷偷吞并了大韩。

检察官：这三年你都去过哪里？

安重根：我去过烟秋、去过水青，还去过许发沟、小王岭等等地方。

检察官：那些都是俄国领地？

安重根：是的。

检察官：在此期间从未放弃过国家独立？

安重根：是的，在国家独立之前，我愿甘之如饴地接受苦难。

检察官：你是否承认阴历九月十三日在哈尔滨站射杀伊藤博文？

安重根：我承认。但我打响的是独立战争，而非简单的一句射杀伊藤博文。我作为义兵参谋中[总]长，出色地完成了此次作战。我在独立战争中成功击杀伊藤博文，因此，请将我判为俘虏。请不要将我判为杀人犯。

检察官：当时你开了几枪？

安重根：开了六枪，我很确定。

检察官：你认识伊藤公爵吗？

安重根：不认识。

检察官：看过照片吗？

安重根：没有。

检察官：既然你不认识伊藤公爵，又是如何完成的射杀？

安重根：我成功射杀伊藤博文并不是因为我英勇过人，我也不知怎么就开了枪。不过伊藤博文是我国两千万同胞的共同仇人，我想即便我闭上眼睛也不会射偏分毫。

检察官：禹德淳参与了哪一步？

安重根：这件事是我一人所为，和他没有任何关系。

检察官：你和禹德淳密谋过什么？

安重根：我和禹德淳是朋友，我从一开始就没有打算将他卷入其中。他是清白的，请尽快放了他。

检察官：你和曹道先联系过吗？

安重根：我要进行独立战争，怎会愚蠢地牵连他人。我保证整件事只有我一个知情人。

检察官：可他们都承认了。

安重根：那肯定是因为经不住你们的严刑拷打。

检察官：你和刘东夏是什么关系？

安重根：请不要再问了，的确是我一人所为。

检察官：此话当真？

安重根：检察官，我再不堪也不会不堪到拖累同志。因此就算我们有什么秘密，我也是不会招的，更何况我们没有秘密。

检察官：禹德淳分明已经承认，承认你们曾约定一同刺杀伊藤公爵。

安重根：那是他的想法，或者是他的愿望。我从未和他约定过什么。

检察官：你确定没有约定？

安重根：您无需怀疑。义兵中队长安重根决定亲自出征，其他人没必要知情。

检察官：你在蔡家沟和禹德淳道别，然后用了二十五天才抵达的哈尔滨对吧？

安重根：是的。

检察官：禹德淳知道要去哈尔滨做什么吗？

安重根：他以为我要去见家人。

检察官：你到了哈尔滨之后住在哪里？

安重根：我住在金成白家，他是刘东夏的远房亲戚。

检察官：手枪和子弹是在哪儿准备的？

安重根：一年前就在俄国人手里买好了。

检察官：买了多少？

安重根：我就一个人，当然就买了一把手枪。

检察官：其他人的枪呢？

安重根：那我就不知道了。

检察官：你几点从金成白家出发前往车站？

安重根：大概在七点吧。

检察官：身穿什么衣服？

安重根：就是现在身上这套。

检察官：枪放在哪里？

安重根：衣服口袋。

检察官：你在七点到九点期间去了哪里？做了什么？

安重根：那天警备过于森严，没办法我去茶馆喝了杯茶。

检察官：你怎么知道火车九点抵达？

安重根：日本人在茶馆里聊天，碰巧被我听到了。

检察官：然后你做了什么？

安重根：九点半之前我去了趟车站门口，俄国宪兵挡在我前面。他们用枪抵着我开始搜身，就在这时我碰巧见到了认识的人，这才化险为夷。

检察官：认识的人？是谁？

安重根：是位在报社工作的记者，名字记不太清了。

检察官：简单复原一下射杀伊藤博文的情形吧。

安重根：好的。随着伊藤博文乘坐的火车驶来，乐队的奏乐声响起，士兵们开始敬礼。我旁边的日本人开口说道“穿军装的都是俄国人，穿西装戴礼帽的是伊藤博文”。得到这一消息，我趁俄国宪兵军事表演的间歇，一个箭步窜到车站门口。车站门口有一辆马车，马车周围围着外国领事。这时一个老绅士走了出来，摘下帽子接受迎接。我断定他就是伊藤博文，毫不犹豫地向他开了三枪。但我又担心那不是伊藤博文，于是向他周围两三个人也开了枪，我的本意并非打算将那些人一网打尽。

检察官：然后呢？

安重根：然后我振臂高呼大韩独立万岁。

检察官：为什么高呼万岁？

安重根：还能是因为什么呢，您这是什么问题。独立战争都胜利了，怎能不高呼独立万岁。

检察官：你怎么知道伊藤博文一定会死？

安重根：抓我的俄国宪兵说的。

检察官：当时你的心情如何？

安重根：我太兴奋了，一边被俄国宪兵队拖走，一边再次高呼万岁。

检察官：故乡的亲人来了，要见见吗？

安重根：我没有故乡，也没有亲人，没必要见面。

检察官：毕竟都过来了，看在他们辛苦了一路的份上，还是见见吧。

安重根：我没有亲人，没必要见面。

检察官：您夫人来了。

安重根：她不会来的，如果是为了我好，便不该过来。

检察官：那男孩自称是您的孩子。

安重根：怎么可能，检察官认错人了。

检察官：请稍等。（看向书记）请夫人和孩子进来。

书记：（走到舞台中央）。

安重根：检察官，我没有要见的人。

检察官：请稍等片刻。您是担心牵连家人吗？

安重根：不，这世上根本就没有我要见的人。

书记：（走进来）。

妻子：（走进来，走到安重根身旁）。

玉男：（走进来，走到安重根身旁）。

检察官：您看，人都到了。

妻子：（哭）。

玉男：（哭）。

安重根：你们怎么知道我在这〖儿〗，当时我怎么没有看见你们？

夫人：对不起，请原谅我。

安重根：我的妻子肯定还在老家，我相信大韩女子定是气概非凡的。她现在应在家里侍奉婆婆，或是在家里教育孩子，我不认为她会出现在这里。她也不应让孩子见到我如此凄惨的一面。

夫人：对不起，请宽恕我。

检察官：孩子，这位是你的父亲吗？

玉男：是的（点头）。

安重根：（猛然起身）你一个小孩子懂什么。我在孩子吃奶的时候就离开家了，就算你是我的儿子也该认不出我了。不过这般大小的孩子叫我一声爸爸本也是情理之中。我国可怜的孩童从小就低人一等，还请你们不要对孩子进行任何的威胁或恐吓，别让他们日后一辈子挺不直腰板。

检察官：（有些泄气，重新坐下）

安重根：如果审讯结束了，就将我带走吧。

检察官：（对看守使眼色）。

看守：（给安重根铐上手铐）。

玉男：（哭）。

妻子：（哽咽）。

安重根：（被看守拖走）。

玉男：（看着安重根，哭泣）（不忍心看着爸爸被拖走，想看又不敢看）（哽咽）妈妈，妈妈。

夫人：（抱着玉男，边哭边退场）。

第一幕完。

第二幕出场人物

安重根：三十二岁

禹德淳：三十四岁

曹道先：三十八岁

刘东夏：十九岁
真锅审判长：四十五岁
沟渊检察官：四十三岁
水野律师：五十岁
渡边法院书记：二十三岁
园本统鉴府翻译：三十五岁
安定根：二十九岁
看守 A：三十岁
看守 B：二十五岁

第二幕

关东都督府地方法院

明治四十三年二月七日上午十点开庭。明治四十三年二月十四日，宣判结果。

这一幕发生于上述时段。

如此安排看似不合规范，却是出于戏剧要素与戏剧体验的考虑，还请各位见谅。

舞台上的法庭有些特别。舞台中央较高处坐着一位奇怪的审判长，其左侧是书记，右侧是翻译，再右侧是检察官。

建筑物呈西洋风格，如果加入些许中国、俄国色彩就更好了。舞台左右两侧分别是记者席位与律师席位，舞台中央是供被告落座的长椅。

开幕

公开审判并不是从头上演。水野律师已经在舞台左侧就座，安重根、禹德淳、曹道先身着囚服就座。刘东夏站在审判长面前。

两名看守分别坐在囚犯左右。观众所在处是假设的旁听席，安重根的弟弟安定根坐在观众席（旁听席）。

主审官：根据公正客观的法律法规，我再一次向你提问。你和安重根离开浦盐斯德时曾有过什么约定？（看着刘东夏）

刘东夏：我已经明确回答过这个问题，我没有和安重根约定任何事情。

主审官：那么目的是什么？

刘东夏：您是指什么目的？

主审官：当然是安重根刺杀伊藤博文的目的。

刘东夏： 那是别人的秘密，我怎会知晓

主审官： 你是否曾协助安重根？

刘东夏： 协助对方同样需要了解目的。我对此全然不知，如何提供帮助？

主审官： 倘若你知道他要刺杀伊藤博文，就能提供帮助。

刘东夏： 我并不知道。

主审官： 你怎么会不知道呢？

刘东夏： 那都是过去的事情了，现在已经无从考证了。

主审官： 你和曹道先密谋过什么？

刘东夏： 我和曹道先只是朋友。正直的人和正直的人之间不会有什么密谋。

主审官： 禹德淳拜托过你什么事情？

刘东夏： 禹先生不曾拜托过我，我也不是打杂的小工。

主审官： 看起来你和禹德淳的关系比较一般？

刘东夏： 是的。

主审官： 那你和安重根的关系呢？

刘东夏： 我一直将安先生看作我的老师。

主审官： 你认他做老师，他教过你什么？

刘东夏： 安先生没有特意教过我什么，我也没有特意学到过什么。

主审官： 那你为何将他看作老师、看作先生？

刘东夏： 我敬重安先生的品格。

主审官： 你为何认为他的品格伟大？

刘东夏： 尽管那位先生如今身着囚服坐在被告席上，但他为国家、为民族坚持战斗，甚至不惜放弃一切，这还不足以论证安先生伟大的品格吗？

主审官： 你的意思是，刺杀伊藤博文是件伟大的事情？

刘东夏： 人都有欲望，为了欲望，人或是流血、或是付出性命。但只有安先生是为国家、为同胞牺牲，这是世上最伟大的品格。

主审官： 被告人是否很崇拜安重根？

刘东夏： 当然，我打心底里敬重安先生、崇拜安先生。安先生我国两千万同胞共同崇拜的对象。

主审官： 行了，你坐下吧。

刘东夏： 好的（回到被告席坐下）。

主审官：（看向书记）（悄声说了些什么）。

书记：（抬起头站起来）曹道先。

曹道先：（站到审判长面前）。

审判长：被告人曹道先，请你如实作答。

曹道先：好的（低头）。

审判长：去年十月二十五日安重根从蔡家沟离开，动身前往哈尔滨。他曾坦白离开前嘱托你完成某些事情，请你详细说明具体内容。

曹道先：安重根没有嘱托我完成任何事情。

审判长：他什么也没说吗？

曹道先：他说旅费可能不够了，和我借了些钱。

审判长：你是否知道安重根当时身上配有枪支？

曹道先：我不知道。

审判长：你们住一间屋子，怎会不知道？

曹道先：我不会翻动他人物品，便不会知道。

审判长：被告人称手枪是去年从一俄国人手中购买，是在哪里买的？怎么买的？

曹道先：有个俄国人说自己有手枪出售，我就买了一把用来防身。

审判长：你为何需要防身？

曹道先：我经常在两国交界处活动。

审判长：发生什么事情才会开枪？

曹道先：特别危急才会开枪。

审判长："特别危急"是指什么？

曹道先：譬如我的生命受到威胁。

审判长：你从俄国人手中购得手枪，可曾记下了他的地址或姓名？

曹道先：我没有记。

审判长：你的手枪里有几发子弹？

曹道先：大概有七八发吧。

审判长：子弹是"十"字形弹头吧。

曹道先：是的。

审判长："十"字形子弹头是什么时候准备的？

曹道先：子弹是买手枪的时候一起买的，我没有特意弄成"十"字形。

审判长：你说谎。

曹道先：我句句属实。

审判长：检察官审讯记录中写道，你承认手枪和"十"字形子弹是安重根给的。

曹道先：那我还能怎么办呢？审讯时检察官对我处以极刑，那简直是生不如死。检察官非要让我承认枪和子弹是安重根给的，我经不住拷打就照做了。

审判长：所以你的意思是枪和子弹都不是安重根给的？

曹道先：是的。

审判长：安重根离开蔡家沟后，你和禹德淳密谋了些什么？

曹道先：我和禹德淳没有密谋任何事情。

审判长：禹德淳和你说过什么？

曹道先：他也没和我说过什么。

审判长：那他去蔡家沟做什么？

曹道先：好像是安先生的家人要过来，他去接应一下。

审判长：你知不知道他刺杀伊藤博文的计划？

曹道先：我不知道。假如我有所了解，定会助一臂之力。

审判长：你是因为不了解计划，所以未能参与行动？

曹道先：没错，面对国家的大敌，我没有理由不参与行动。

审判长：被告人也将伊藤博文视为仇人？

曹道先：您何必提这样的问题。我是大韩男儿，我爱我的祖国。国家丧失主权之际我无能为力，但倘若我有机会杀了伊藤博文，我定是当仁不让。

审判长：你何时在蔡家沟被捕？

曹道先：安先生杀了伊藤博文的那天，大概是十二点。

审判长：被俄国宪兵逮捕？

曹道先：是的。

审判长：当时你知道自己为何被捕吗？

曹道先：我不知道，我当时毫不知情。

审判长：被告人当真不曾与安重根密谋任何事情？

曹道先：是的。

审判长：被告人因交友不慎无缘无故被抓了进来，是否感到冤屈？

曹道先：不，身为大韩人，我感到光荣。

审判长：你认为这是大韩人的荣幸？

曹道先：我们大韩人生而不幸，你们日本人就是死了千回万回也无法感同身受。不过正因如此，大韩才能出现安重根这样的英雄人物，这当然是大韩人的光荣。

审判长：好了，退下吧。

曹道先： 好的。

审判长：（示意书记传唤禹德淳）。

书记：（站起身来传唤）禹德淳。

曹道先：（回到被告席坐下）。

审判长： 被告人可与安重根有所密谋？

禹德淳： 审判长，对一个人来说最重要的就是义气。义气是什么？义气就是为了大义献出生命。我早已立誓为大义随时赴死，我的所作所为都是为了大义。

审判长： 为了大义你选择宁死不屈？

禹德淳： 请不要再问了。我在拷问时受尽了严刑拷打，能说的已经说了。

审判长： 安重根拜托过你什么？

禹德淳： 什么也没有。我没什么可说的了，我想到祖国年轻的兄弟姐妹们，只觉得心中悲愤不已，我不想多说什么了。

审判长： 你感到悲愤不已，这是为什么？

禹德淳： 我国青年兄弟姐妹们未来的路，那路一定不好走。我想到如果我在此守住了义气，那就是为全体大韩人守住了义气，我国年轻的兄弟姐妹们定将大受鼓舞、义气迸发。可如果我在此断送了义气，全体大韩人便共同断送了义气。不过我的年纪越来越大，义气也不复从前了。

审判长： 被告人是想成为一名义士？

禹德淳： 我从未奢望能够成为义士，甚至从未奢望成为义士。但我坚信义士的血泪永垂不朽。

审判长： 义士的血泪是指什么？

禹德淳： 义士的血泪就是安重根一般的英雄人物。

审判长： 你为何如此看重大义？

禹德淳： 义士之魂生生不息。只有义士走过的路无愧于这个世界。

审判长： 被告人是否做好了英勇赴义的觉悟？

禹德淳： 当然，英勇赴义才是真男人。需要赴死的时选择苟且，那算不得男人。

审判长： 为了大义赴死，你话说得漂亮，但有违良心不觉得羞耻吗？

禹德淳： 有违良心？我们大韩人自古善良淳朴，我们从不说谎。说谎的是伊藤博文，他将大韩的三千里疆土尽数骗走。

审判长： 你说你从不说谎，那么为何隐瞒安重根吩咐你的事情？

禹德淳： 审判长，请收起你愚蠢的问题。愿意为了大义赴死的人，怎会听别人的吩咐行事。我愿为了心中所想上天入地，但若非我心中所想，那就算是给我天下我也不干，这才是义士之路。

审判长：被告人坚称所作所为均出于个人的想法，是这个意思吗？

禹德淳：是的。这也是我的人生目标。

审判长：如果蔡家沟戒备松散，被告人是否会亲自动手？

禹德淳：当然。没能亲手杀了伊藤博文，这实在令我遗憾。

审判长：你为何如此痛恨伊藤博文？

禹德淳：明治三十九年伊藤博文成为我国统监，他欺瞒天皇、欺骗我国百姓，甚至在陛下面前拔刀相迫，最终得以签订五项条约与七项条约。从那时起，不仅是我，我国两千万同胞无不痛恨伊藤博文。

审判长：昨日审讯时安重根坚称，自己刺杀伊藤博文是作为一名义兵进行的独立战争。被告人也是一名义兵？

禹德淳：我不是义兵，也没有资格成为义兵。但我在浦盐曾招募过义兵。

审判长：安重根率军前往咸镜道攻打日军，你可曾给予帮助？

禹德淳：我当时有事不能共同前往作战，便将我的义兵全部托付给了安兄。

审判长：被告人在蔡家沟遭俄国宪兵逮捕，是这样吧？

禹德淳：是的。

审判长：被捕时是几点？

禹德淳：应该已经过了十一点。

审判长：当时俄国宪兵对被告人说了什么？

禹德淳：俄国宪兵说哈尔滨站有韩国人杀了伊藤博文，因此接到命令将韩国人全员逮捕。

审判长：还有呢？

禹德淳：还说我有手枪，特别可疑。

审判长：（拿出一把手枪）这是被告人当时携带的手枪吗？

禹德淳：（看了一会〖儿〗）是的。

审判长：（向禹德淳展示子弹）子弹也是你的吗？

禹德淳：（看这子弹）是的。

审判长：枪是何时准备的？

禹德淳：在进入俄国领地之前准备的。

审判长：有什么目的？

禹德淳：为了杀仇人。

审判长： 仇人是谁？

禹德淳： 一个让我们生不如死的人。

审判长：（拿出一份文件）这篇文章是否出自被告人之手？

禹德淳：（看了一眼）是的。

审判长： 读一下吧。

禹德淳：（朗读）复仇吧复仇，何时才能见到我的仇人。我翻山越岭历经千辛万苦，只为找到了我的仇人。我或是乘船或是乘车，徘徊于俄清之间。我向佛祖祈求又向上帝祈祷，我不断恳请上苍救救东方的大韩帝国，恳请上苍助我亲手杀了逆贼伊藤博文。伊藤博文吞并我国三千里锦绣河山，伊藤博文使我国两千万百姓成了奴仆。伊藤博文老奸巨猾，竟将魔爪伸向他人祖国。你一定要记得乙巳条约，记得你的罪孽，莫要觉得在我手里死的冤屈。我代表大韩两千万同胞复仇，定要将你千刀万剐。

从现在开始，日本人我见一个杀一个，见两个杀一双，直到奉还大韩所受的屈辱，直到恢复大韩的主权，直到大韩再一次国强民富。只要我国两千万百姓团结一心，定会凝聚成为英勇强大的力量。届时我们将不再惧怕世界列强，将过上自由自在的幸福生活。大韩帝国万万岁。——忧愁散人（即禹德淳）（畅快朗读，内心激荡）读完了。

审判长： 为何写了这样的文章？

禹德淳： 我已经读了，审判长应当明白，我无需多说什么。

审判长： 被告人的心中所想是否与文章完全一致？

禹德淳： 请不要再问了。文章即心中所想，心里没有的想法既写不出也编不出。

审判长： 你打算杀了所有日本人？

禹德淳： 一想到我国同胞正在受苦受难，我就恨不得日本立刻亡国，变成一堆豆粉。

审判长： 你希望日本亡国变成豆粉？

禹德淳： 是的。

审判长： 为何希望日本变成豆粉？

禹德淳： 那就能拌在年糕里一起吃了。

审判长： 被告人知不知道这番话对自己不利？

禹德淳： 我知道，只不过我早就不在乎什么利了。我早就不为自己而活了，请您随意处置吧。

审判长： 神圣的法庭需要谨言慎行，被告人休得侮辱日本。

禹德淳：我不曾侮辱日本，我所言句句属实，

审判长：你字字句句均是侮辱。

禹德淳：不是的，我不过是说了些心里话。

审判长：被告人当真如此痛恨日本？

禹德淳：我因日本生不如死，甚至离开祖国。您说我应不应该痛恨日本？

审判长：被告人是否希望回归故里？

禹德淳：我连国家都没有，哪里还会有什么故里？如果有一天我国独立，我一定立刻飞奔回去。

审判长：被告人向来性格和善，今日为何频频发表过激言论？

禹德淳：我的眼泪已经干涸，我的内心已经千疮百孔。

审判长：你和安重根到底有没有秘密？

禹德淳：没有。

审判长：下去吧。

禹德淳：好的。（坐回被告席）

审判长：安重根。

安重根：（走到审判长面前）。

审判长：被告人，你刺杀伊藤博文是为了大韩独立，是为了东亚和平，是这样吗？

安重根：是的。

审判长：（展开一面写有血字的太极旗）血书是十二名同志割破手指写下的吗？

安重根：是的。

审判长：由谁主笔？

安重根：是各位同志共同写下的。

审判长：都有哪些人？

安重根：金基龙、刘到兹、朴凤锡、白乐金、姜基顺、姜斗瓒、黄吉炳、金伯春、金春华、张锡铸、李东烈、安重根。

审判长：十二名同志秘密结社的地点是烟秋吗？

安重根：是的。

审判长：结社是为了大韩独立吗？

安重根：会有人为了普通小事割破手指立下血书么。

审判长：被告人是组织的“特派独立队员”对吗？

安重根：是的。

审判长： 刺杀伊藤博文是为了完成“特派独立队员”的任务吗？

安重根： 倘若我手握兵权，早就冲到海上沉了伊藤博文的船。

审判长： 义兵的总指挥官是谁？

安重根： 是金斗星先生。

审判长： 金斗星是哪里人？

安重根： 江原道人，我不太清楚金先生现在在哪里。

审判长： 义兵队伍里还有其他干部吧？

安重根： 当然有了，遍布朝鲜八道。

审判长： 都有哪些人？

安重根： 那是一群热血沸腾的仁人志士。有许讹、李庚英、闵旨镐、洪范道、李范允、李运瓒等等名人，他们正在朝鲜各地带领义兵。

审判长： 被告人前往哈尔滨是作为“特派独立队员”吗？

安重根： 不，我当时被任命为俄清境内的义兵总司令。

审判长： 被告人是否认识李锡山？就是在韩国大名鼎鼎的那个李锡山。

安重根： 当然认识，李锡山先生在黄海道享有盛名，现在是义兵少将。

审判长： 据说他曾来过浦盐，后来又离开了，是否确有其事？

安重根： 是的，去年秋天他来过一段时间。

审判长： 被告人和刘东夏是什么关系？

安重根： 刘东夏年纪小，我们认识也没多久。因此我对他并非完全信任，目前我们的关系尚不足以托他完成要事。

审判长： 那么曹道先呢？

安重根： 曹道先本就不太追求大义，我也就没安排他做过什么。

审判长： 禹德淳呢？

安重根： 我对禹德淳同样不够信任。审判长，我才是胜者，是我亲手杀了伊藤博文。还请您针对我本人提问。

审判长： （拿出一把手枪）这是你刺杀伊藤博文使用的手枪吗？

安重根： （盯着手枪）是的，布鲁[勃朗]宁七连发手枪，弹头均为“十”字形。

审判长： 为何将弹头制成“十”字形？

安重根： “十”字形弹头进入胸膛会迅速扩散，扩散后子弹难以取出，一击毙命。

审判长： 被告人当时还随身带有一把小刀对吗？

安重根： 是的。

审判长：携带小刀是防止子弹射偏吗？一旦射偏就用刀补刺？

安重根：不是的，那小刀成不了气候。

审判长：那是为了被捕后自杀？

安重根：自杀？（畅快大笑）哈哈哈，我可没打算自杀。杀个伊藤博文就要自杀？我要干的事情还多着呢。

审判长：被告人要做的事情还有什么？

安重根：让大韩独立，让大韩重新立国。

审判长：你认为这是一件容易的事情吗？

安重根：为了拯救痛苦的同胞，我甘愿献出生命。

审判长：被告人希望献出生命？

安重根：人终有一死，我并不惧怕死亡。我这一生既不贪图荣华，也不贪图富贵。我要是能在死前能够说上一句“都做到了”，那便是真正的凯旋。

审判长：被告人曾坦白自己作为义兵参谋中将来到哈尔滨，发动的是独立战争，对吗？

安重根：是的，我胜利了。因此我现在绝非杀人犯或普通犯人，而是不幸被敌军逮捕的俘虏。

审判长：你可曾与和禹德淳、曹道先、刘东夏密谋过什么？

安重根：他们都是清白的，杀了伊藤博文的俘虏有我一个就够了，快放了他们吧。

审判长：平心而论，被告在杀害伊藤博文后是否良心难安？

安重根：审判长、检察官、书记、翻译、律师，我不是被告，我是战俘，还请诸位认真听我发言。在我回答良心是否难安这一提问前，我希望诸位将我看作日本的大恩人。四千万日本人里都不曾出现一个像我这般的人物。诸位忘了吗？就是那个伊藤博文，他曾经杀了明治天皇的父亲孝明天皇啊。

审判长：够了。

安重根：是谁剥夺了我的人身自由，又是谁要剥夺我的言论自由。我替孝明天皇报了仇，我是日本的大恩人啊，我对明治天皇有恩啊。日本四千万人将杀害孝明天皇的罪人奉为英雄豪杰。现在这仇由一个大韩人替你们报了。

审判长：住口。

安重根：不，我还没有说完，我要把想说的全都说了。明治天皇明知伊藤博文是杀父仇人却不下令处死，这是为什么？这是因为伊藤博文将国家大事处理得好，振兴了日本。不过明治天皇从不与伊藤博文直接见面，这又是为什么？这还不是因为他是自己的杀父仇人？伊藤博文杀了孝明天皇，还想吞并其他国家，他是多么卑劣的窃贼。如今我安重根将这卑劣的窃贼杀了，我何罪之有？

审判长：好了，安静。

安重根：我想说的已经说完了。

审判长：现在开始如实回答我的问题。

安重根：好的。

审判长：不要说废话。

安重根：好的。

审判长：最初开枪时，你怎么知道那就是伊藤博文？

安重根：他年纪最大，看起来最像伊藤博文。

审判长：你开了几枪？

安重根：连续开了三枪。

审判长：距离大概多远？

安重根：离他十步左右。

审判长：下面我将进行发言，仔细听好。

安重根：好的。

审判长：经小山博士鉴定，伊藤博文共有枪伤三处：第一处伤口位于右臂，子弹经右臂进入肺部；第二处伤口位于左腹，子弹射入大肠；第三处伤口位于胸口中央，子弹进入心脏引发大出血，于三分钟后毙命。

安重根：（沉默）。

审判长：根据小山博士鉴定，森秘书共有枪伤一处，子弹刺穿左臂，预计康复需要两个月。

安重根：（沉默）。

审判长：根据军医鉴定，哈尔滨领事川上先生共有枪伤一处，子弹刺穿右臂射入胸膛。伤势严重，预计康复需要三个月。

安重根：（沉默）。

审判长：根据尾见博士鉴定，田中满铁理事共有枪伤一处，子弹射入小腿后卡在髌骨，现已手术取出，预计彻底康复需要三个月以上。

安重根：（沉默）。

审判长：被告人是否坚持自己无罪？

安重根：我不是被告，我是战俘。对于其他重伤者我感到抱歉，但杀了伊藤博文是我蓄谋已久，我无怨无悔。

审判长：被告人还是没有任何想法？

安重根：什么想法？

审判长：忏悔的想法。

安重根：（沉默）。

审判长：审讯即将结束，只要被告人认罪，便能解救其他同志。

安重根：（沉默）。

审判长：如果被告人不将此次行动称为独立战争，并承认自己是一名刺客，便可免于死刑。

安重根：（沉默）。

审判长：不要只想着国家，还要想想可怜的同志。被告，把罪认了吧。

安重根：（沉默）。

审判长：被告人有意反省，有意悔过，便可免于死刑。

安重根：（沉默）。

审判长：那就能重新回到光明的世上走一走，还能回到家乡和亲人聚一聚。

安重根：（沉默）。

审判长：神圣公正的法律，其目的绝非判处死刑。法律的目的只是揭露罪行。

安重根：（沉默）。

审判长：如果被告人心中热血沸腾，那就说明被告人还是血肉之躯。血肉之躯应是有血有泪、有情有义的才对。

安定根：[从观众席（旁听席）中站起来]大哥，你打起精神，别被他的花言巧语骗了。伊藤博文就是用花言巧语骗走了我们的国家，现在审判长又要用花言巧语骗走大韩的气概，这是他狡猾的手段。大哥，你打起精神来啊。

审判长：（看向旁听席）你是何人？

安定根：我是安重根的弟弟，安定根。

审判长：旁听席无权发言。

安定根：审判长。（边喊着"审判长"，边冲上舞台）我上来不是为了哥哥，而是为了大韩民族。您说我国律师无权辩护，这是为什么？

审判长：此处以日本法律定罪，是神圣的法庭。韩国人速速退下。

安定根：这里是神圣的法庭，可如果仅凭日本法律定罪，那么被告人何处申冤？你们快放了我哥哥。

审判长：快退下。

安重根：定根。

安定根： 大哥(流泪)。

安重根： 我们的律师也来了？

安定根： 是的，律师来了，代表我们全民族来了。

安重根： 律师进不来吗？

安定根： 是的，他们说韩国人没有资格。

安重根： 什么？没有资格？

安定根： 说我国的律师无权辩护。

安重根： 太悲痛了，太悲痛了。我对同胞的关心感激不尽，谢谢。

安定根： 大哥，请你想想我们的祖国和同胞，请一定要坚持到底。

安重根： 定根，我不奢望活下去，我也活不下去了。可我还有许多事情没有完成。

审判长： 旁听人速速退庭，不得发言。

看守 A： (看着安定根)请出去。

看守 B： 这边请。

安定根： 大哥，请再听我啰唆一句，千万不要灭了志气。

安重根： 定根，放心吧。

安定根： 大哥。(退庭)

看守 A、看守 B： (将安定根送走，回到原位)。

审判长： 审讯结束了，被告人下去吧。

看守长： (将安重根带下去)。

安重根： (回到被告席坐下)。

审判长： 律师请开始辩护。

水野律师： (站起来)好的。

安重根： 我不需要倭人替我辩护。

禹德淳： 你们赶走了大韩律师，这倭人的辩护没必要听了。

曹道先： 我们不需要倭人辩护。

刘东夏： 我们不需要。

审判长： 请被告人安静，辩护还没开始，不要过于激动。

安重根： 好的，但我不需要辩护。

禹德淳： 审判长说法律是公正的，那何不能光明正大地将我国律师请进来。

曹道先： 没错，我们需要大韩律师辩护。

审判长： 被告人，请安静等待辩护。

安重根：现在连听不听辩护也要强迫我们。

禹德淳：我们有什么办法，我们只能由得他们打压。

曹道先：我们一起死吧，一起死了。

安重根：审判长，我丝毫不惧怕死亡，不如快些让我死了。

审判长：请不要扰乱法庭秩序，不要做些不符合常理事情。

禹德淳：好的，我们是没了国家的可怜百姓，我们本就不懂什么常理。

审判长：住口（大喊）。

安重根：（猛地站起来）你对谁大呼小叫，来啊，杀了我吧，杀了我。（被看守 A、看守 B 抓住）

水野律师：审判长阁下，本人将被告人的罪行简述如下。首先，本案发生于俄国东清铁道总局处——哈尔滨。哈尔滨是清国领土，但俄国拥有守备该地的行政权与警察权，那么哈尔滨是为开放地区，各个国家均可获得哈尔滨的领事裁判权。根据明治三十八年十一月十七日缔结的日韩协商条约第一条，日本领事在其他国家同样具备保护、监督韩国国民的权利，因此日本有权处置本案被告。本人主张此次案件应以大日本帝国刑法进行判决，而不适用韩国刑法。

安重根：（火冒三丈，站起身来）（看向律师）你是巧舌如簧的律师，好的。但你那些辩护还是省省吧。

禹德淳：省省吧，你的辩护我们不听也罢。

刘东夏：我们从未请过由你进行辩护。

曹道先：我不知道你是多想发言，但你还是省省吧。

水野律师：闭嘴，你们这群朝鲜混蛋。

安重根：你说什么？去死吧（举起身下坐着的椅子）。

看守：（上前阻拦）。

看守长：请坐好。

审判长：扰乱法庭秩序者，将处以极刑。

安重根：好啊，我们都争着抢着去死呢。

禹德淳：审判长，我们早已决心赴死，哪还会有什么怕的。

审判长：不辩护可以了么，你们安静些，现在由检察官宣判。

安重根、禹德淳、曹道先、刘东夏：（抑制住怒火，坐下）。

注：此处本应有律师辩护环节，但考虑到辩护与本剧关系不大，故省略！检察官的宣判同样涵盖基本的案件事实、犯罪动机等内容，并能够体现各被告人性格特点。诸多法律问题无法一一呈现，请诸位谅解。

检察官：（庄严起身）（环顾四周）（缓缓开始发言）审讯环节已经结束，辩护环节因故中断。本人也曾对被告人进行审讯，现将对被告人的犯罪事实陈述如下，请被告人仔细聆听。可以说韩国自古盛行暗杀，为什么这么说呢？自明治十七年闵泳翊遭遇徐载弼暗杀未遂；其后有明治二十六年金玉均在上海遭遇洪钟宇暗杀；还有朴泳孝遭遇暗杀未遂，金鹤羽遭遇暗杀，李容翊遭遇暗杀未遂，禹范善遭遇暗杀未遂，李根泽遭遇暗杀未遂，以及明治四十一年斯蒂芬斯遭遇张仁焕暗杀等等事件，层出不穷，如今又有了安重根刺杀日本的代表人物伊藤博文。安重根和同为韩国人的李在明是为挚友，李在明曾试图刺杀李完用未遂，因此安重根刺杀伊藤博文的行为，可以看作深刻受到李在明的影响所为。安重根所犯罪行胆大包天，震惊世界各国。被告人所犯罪行无论是从法治角度来看，还是从人治角度来看，均是罪大恶极。本人建议判处安重根死刑；判处禹德淳、曹道先有期徒刑两年。考虑到刘东夏年纪尚小，受安重根蒙骗犯案，本应判处有期徒刑三年，特根据刑法第六十二条、刑法第七十一条、刑法第六十八条第三项，减刑至有期徒刑一年六个月。请审判长向被告人宣判最终结果。（坐下）

注意：实际上判决结果并非当场宣告，但为保证戏剧效果，改为当场宣判。

审判长：（示意被告人起立）我即将宣判最终结果，被告人是否还有话要说？

刘东夏：我还有一句话不得不说。安重根义士是大韩的光荣，我愿与安重根义士一同赴死。

曹道先：安重根被判处死刑，而我却活下来了。不如让我们一起死了吧，这真是让我生不如死。

禹德淳：我们共同翻山越岭来到此处，可如今安重根同志竟要先走一步。我们活着还有什么指望？审判长，也判我死刑吧。

安重根：各位，请不要一心求死。请务必咬紧牙关坚持下去，继续完成大业。审判长，杀了伊藤博文真是大快我心。杀人偿命这没问题，可大韩人竟要由日本法律判处死刑，判处有期徒刑，这实在让人愤怒。

审判长：最后再问你一次，你是从何时开始痛恨伊藤博文？

安重根：伊藤博文胁迫我国签订五项条约、签订七项条约，而后又以统监身份在我国上任，杀了我国同胞十万有余。他杀了热血沸腾的仁人志士，甚至连爱国人士都赶尽杀绝。我为地下的十万同胞报了仇，我死得无上光荣。

审判长：好的，我将开始宣判。（起身）（在场所有人全部起身，神色紧张）

刘东夏，韩国咸镜南道元山出身，无业，年十九岁；曹道先，韩国咸镜南道洪原郡景浦面出身，洗衣行业，年三十八岁；禹德淳，韩国京城东署东大门养士洞人，烟草行业，年三十四岁。上述三名被告人协助安重根刺杀伊藤博文，但未直接参与刺杀行动，根据帝国刑法第六十二条第一项、帝国刑法第六十三条、帝国刑法第一九九条，可适当减刑。现宣判被告人禹德淳有期徒刑三年；被告人曹道先、被告人刘东夏罪行较轻，判处有期徒刑一年六个月。

安重根，韩国平安南道镇南浦出身，无业，年三十二岁。被告人安重根杀害伊藤博文，罪行参考帝国刑法第九十九条；杀害川上总领事、森秘书、田中理事未遂，参考帝国刑法第四十三条、第四十四条、第一九九条、第三〇三条，判处被告人安重根死刑。

禹德淳：（哭）。

曹道先：（哭）。

刘东夏：（哭）。

安重根：多好的结果啊。禹兄、曹兄、刘兄，不要哭了。英勇赴死，这才是男儿该有的死法，各位应当开开心心地送我上路，我们应当开开心心地道别。

禹德淳：好。

曹道先：好。

刘东夏：好。

安重根、禹德淳、曹道先、刘东夏：（互相抱在一起，破涕为笑）。

第二幕完。

第三幕出场人物

安重根：三十二岁

禹德淳：三十四岁

曹道先：三十八岁

刘东夏：十九岁

安重根之母：五十七岁

安重根之妻：三十四岁

安重根之子（玉男）：十岁

中村看守长：三十八岁

看守：三十岁

看守甲：三十一岁

看守乙：二十八岁

袁世凯遣派的使臣：五十岁
中国爱国妇女大会代表：三十一岁
中国革命家代表：三十岁
中国女子教育家代表：二十三岁
僧侣：二十八岁
栗原监狱典狱：四十八岁

第三幕
旅顺监狱
旁白：三月二十六日，安重根义士行刑之日。每每想起那日我都周身战栗，该死的倭人处死了安义士。我们要铭记这一天，我们要膜拜安先生的伟大光辉，三千万百姓在此共同祭奠先生的亡灵，还望先生能够安息。

作者的话：《安重根义士先生史记》中本无涉及家属探监的内容，也没有涉及家属前来申请探望的内容。但壮烈的义士安先生不曾享受阖家欢乐，在他生命的最后，该是多么惦念母亲，该是多么思念妻儿。都说世上母爱最为伟大，母亲又该是多么希望再见一见安义士。安义士是民族英雄，其母又怎会是等闲之辈？我认为安先生的家人前来探监，既合乎伦理，也合乎道德，因此在本书中添加了这一场景，请诸位海涵。

第三幕

舞台的左侧、中央、右侧分别有牢房三间。
左侧是禹德淳的牢房，中央是安重根的牢房，右侧是曹道先、刘东夏的牢房。
中村看守长坐在左侧。
灯光昏暗，天蒙蒙亮，晨雾氤氲泛着青光。清晨的阳光最后才照亮安重根的牢房，鸡鸣四起。今天是安重根行刑的日子，命运之神会拯救可怜的安义士吗？安重根彻夜惦念天下，这是他人生最黑暗的一天，也是人生最光荣的一天。

开幕
（隐约传来念经的声音）

禹德淳：安兄，你醒了。

安重根：你是谁？（铐着手铐，坐着）

禹德淳：我是禹德淳。

安重根：禹兄，你整宿没合眼吗？

禹德淳：我睡不着，我恨得睡不着。

安重根：死的人要去死了，活下来的人可要好好活着啊。

禹德淳：先生，我们活下来的人该做些什么呢？

安重根：忍耐、忍耐，再忍耐，需要完成的事情还有很多很多。

禹德淳：您知道吗，是今天上午十点钟。

安重根：嗯，我的人生就好比草叶上的露珠，现在是时候滴下去了。

禹德淳：先生，我太难过了（哭）（哭出声）。

安重根：禹兄，不要哭泣，千万不要哭泣。我可不想听着你的哭声上路。

曹道先：先生，先生。

安重根：你是谁？

曹道先：我是曹道先。

安重根：是曹道先啊。

曹道先：是的。

安重根：昨晚为何哭得那么凄惨？

曹道先：睡觉睡不着，眼泪却怎么都止不住。

安重根：曹兄，千万不要哭泣，千万不要如此软弱。

曹道先：先生再也回不去故乡了（抽泣）。

刘东夏：先生，先生。

安重根：是刘东夏吗？

刘东夏：先生是我，现在可怎么办啊（哭）。

安重根：大家为何如此软弱。

刘东夏：先生，我们以后再也听不到先生讲话了。

曹道先：先生要是走了，我们再也遇不到先生这样的人了。

安重根：青草年年绿，王孙归不归。

刘东夏：先生（哭）。

曹道先：先生（哭）。

禹德淳：先生。

安重根：嗯。

禹德淳：我们在牢狱之中白天思念山川，晚上思念星河。可即便如此，有朝一日我们还能重获自由，重见天日。先生该多么想，多么想再看一眼外面的世界啊（哭）。

安重根：禹兄，禹兄，千万不要流泪。我们何不开开心心地道别。请各位务必活下去，请各位务必成为国家脊梁。

禹德淳：好的，我们将继承先生的遗愿，继续为国奋斗，为国献身。

安重根：谢谢，太感谢了，拜托各位了。

看守甲：（从舞台右侧登场）。

看守：这是什么？

看守甲：是安重根的早餐。

看守：（走到看守长面前）安重根的早餐到了。

看守长：哦，给他拿过去吧。

看守：好的。

看守甲：（将早餐递给看守，退场）。

看守：（打开门）安先生，这是您的早餐。

安重根：好的。（接过早餐）谢谢。

看守长：（来到安重根面前）对了，先生，刚刚哭的那位不幸被判处死刑。

看守：监狱全体人员都感到十分惋惜。

看守长：我当看守长多年，见罪犯无数，其中没有哪个是先生这般的英雄人物。

看守：先生您志向远大，意志坚定，品格高尚。

看守长：先生的文章使我受益匪浅。

看守：是啊，先生那篇名为《忍耐》的文章，我每天早上都要重温一遍。

看守长：自先生进来，从未做过分毫违背监狱规则之事。

看守：从第一条至第十条，先生在监狱之中仍是模范人物。

看守长：可如今先生却要被处以死刑，这是天下的损失。

看守：先生有什么要求尽管开口，我们定会照做。

看守长：我们所有看守无一不敬重先生。

看守：今天一早，监狱门外就聚满了人。

看守长：是啊，外面来了许多中国人。

看守：他们都希望见一见先生。

看守长：许多中国名人也在其中。

安重根：来了许多中国人吗？

看守：是啊，是啊，来了许多中国人。

看守长：外面还有两位韩国妇人。

安重根：韩国妇人？

看守长：是的。

看守：应该是先生的家人。

安重根：嗯。

看守长：您快些用早餐吧，时间不多了。（锁上牢房）

安重根：（看着早餐，有四块面包、四个煮鸡蛋、四块咸萝卜）（将早餐分成四等份）（分别递给禹德淳、曹道先、刘东夏）。

禹德淳、曹道先、刘东夏：（接过早餐）。

禹德淳：谢谢先生，一块面包、一块咸萝卜、还有一个鸡蛋。

曹道先：谢谢先生。

刘东夏：谢谢先生。

安重根：有圣人说友情高于爱情，友情高于亲情，禹兄。

禹德淳：好（声音悲伤）。

安重根：曹兄。

曹道先：好（哽咽）。

安重根：刘兄。

刘东夏：好（哭腔）。

安重根：我们曾经一起吃过土豆、一起喝过稀饭，一直以来同甘共苦、互相扶持。我们念着这份友情，最后将这些面包、鸡蛋和咸萝卜分着吃了吧。

禹德淳、曹道先、刘东夏：（边哭边吃）。

僧侣：（在舞台下方右侧，敲击木鱼）。

看守：（拿出香炉，点上一盏香，放到安重根牢房门口）（牢房门口烟雾袅袅）。

僧侣：（从舞台右侧登台）（安重根行刑的时间就快到了）。

安重根：现在几点了？

僧侣：已经是九点了。

安重根：已经九点了啊。

僧侣：是的，请静下心，菩萨保佑。

安重根：（跪下）。

僧侣：（进入牢房，声音低沉悲伤）英勇无双的安重根义士。大韩帝国黄海道出生，年三十二岁。安重根义士志向远大、恪守大义，即便今日驾鹤西去，他仍是国家的英雄，他仍是民族的义士。先生闭上双眼，一想到故乡、想到兄弟姐妹，眼泪便止不住地流淌，听闻这一消息，兄弟姐妹无不痛哭流涕，哭声响彻三千里河山。为了国家、为了同胞，安重根义士走得光荣、走得壮烈。黄泉路漫漫，故乡的山川会指引先生前方的路，两千万同胞会照亮先生前方的路。先生的血是义烈的血，先生的灵定能得到安息。阿弥陀佛观世音菩萨，请将先生带去极乐世界。檀纪四千二百四十三年三月二十六日。

典狱：（从舞台右侧登场）。

看守长、看守：（向典狱行礼）。

典狱：（看着看守长）把门打开，让安先生出来吧。

看守长：是。（敬礼）（打开牢门）。

安重根：（从牢房出来）。

僧侣：（从牢房出来）。

典狱：安先生，对于安先生即将经历的事情，我们旅顺监狱全体人员无不感到惋惜。

安重根：谢谢大家。

典狱：先生是韩国的英雄。

安重根：您过奖了。

典狱：英雄末路自古悲壮。

安重根：（低头）。

典狱：在场的各位都是能够代表中国的大人物。他们代表中国四亿人民，前来表达对先生的敬意。

安重根：谢谢。

使臣：（向安重根行礼）。

安重根：（回礼）。

使臣：我受袁世凯大总统阁下命令前来。我对先生敬佩至极。

安重根：不敢当、不敢当。

妇女代表：我是中国爱国妇女大会代表。先生是我们的恩人。

安重根：不敢当、不敢当。

革命家代表：我代表中国全体革命人向先生表示感谢……

安重根：不敢当、不敢当。

教育家代表：我是中国教育家代表。人民是国家的中坚力量，如果人民中没有先生一般的义士，那么革命断然不会成功……

安重根：不敢当、不敢当。

中国人全体：（让出一片位置）。

使臣：我们一同送先生最后一程。（集体对安重根行礼）

安重根：（郑重回礼）（留下感激的泪水）。

使臣：这是袁世凯阁下写给先生的话。（朗读，声色悲壮）平生营事只今毕，死地图生非丈夫。身在三韩名万国，生无百岁死千秋。

看守乙：（从舞台右侧登场）（敬礼）审判长与检察官已经全部就位，现在距行刑时间仅剩二十分钟。

典狱：知道了。（示意看守乙退场）

中国人们：（全体退场）。

典狱：安先生，九点四十了。现在还剩最后二十分钟，先生可还有什么心愿？

安重根：我没有什么心愿。非要说的话，我还希望再见见狱里的其他同志。

典狱：好的，还有呢？

安重根：没有了。

典狱：先生不想见见家人吗？

安重根：家人吗？

典狱：是啊。

安重根：我是将死之人，现在这副模样没脸再见家人。

典狱：我恳请先生，看在母亲千里迢迢前来探望先生的情分上，就见一面吧。

安重根：您是说我的母亲也来了？

典狱：是的。

安重根：（哭着低下了头）。

母亲、妻子、玉男：（登场）。

母亲：（看到安重根的瞬间，只觉天旋地转）

安重根：母亲——

母亲：重根——（抱住安重根，哭）。

玉男：爸爸——（抓着安重根，哭）。

安重根：你们怎么来了，我这副样子有什么好看的。

妻子：我将母亲带来了。

母亲：重根，别怪妈。

安重根：母亲，我酒疯耍的不及其他酒鬼，东西偷的也不及其他贼人。

母亲：那又何妨，你所做之事已经无人能及。

典狱：时间快到了，劳烦各位离场了。

安重根：母亲，您在此落泪，那会使大韩人蒙羞。母亲，开开心心地送我上路吧。

母亲：好，妈不哭。想你的时候妈就看看玉男。

安重根：玉男，你可要改掉一边背诵千字文一边哭鼻子的毛病。玉男，你要成为真正的男子汉。

玉男：爸爸。

母亲、妻子、玉男：（退场）。

禹德淳、曹道先、刘东夏：（从牢房里出来）。

禹德淳：先生，我从未想过我们会分别。

安重根：禹兄，请好好活下去，请继续完成大业。

曹道先：先生，先生竟要比我先走一步，我真是生不如死。

安重根：曹兄，国家大事就拜托你了，请务必拼尽全力。

刘东夏：先生，我听不得十点的钟声啊（放声大哭）。

安重根：各位，我们愉快地道个别吧。

僧侣：（准备诵悔心曲）。

（舞台上仅剩看守长）

看守：（为安重根套上竹筐）。

看守乙：（拿起枪，向行刑场走去）。

（禹德淳、曹道先、刘东夏的哭声渐高）

僧侣：（诵悔心曲：奉元寺朴基焕作）

人生在世走一回，坏事恶事莫要为。
三纲五常不看重，穷凶恶极罪孽深。
待到双鬓花白时，悔不当初如何好。
少时只觉时日多，潇洒放荡自由过。
人生尽头悄然至，众生平等需轮回。
万千少年不得志，月下风中淡名利。
斑白老翁千万岁，前世今生有几谁？
传闻彭祖八百岁，除此之外还有谁？
世上一切皆浮云，你我皆是雨打萍。
即便已过耄耋年，不过一场黄粱梦。
终有一日驾鹤去，随鹤飞回北邙山。
离别亲人和朋友，独自一人闯地府。
英雄同样别于世，豪杰同样别于世。

千古诗人李太白，难免于死骑鲸去。
世代长存沙土石，灰飞烟灭风中散。
天下名将楚霸王，乌江自刎不留痕。
气宇轩昂杜牧之，生命终结同样至。
美若天仙杨贵妃，香消玉殒马嵬坡。
芸芸众生是蝼蚁，善心功德都要行。
一生一死皆是空，绸人广众皆会故。
人之将死忘忧愁，伟大义士是英雄。
安重根名扬万国，安重根名震四方。
安重根义士之血，洒遍三千里河山。
（悔心曲毕，钟声响起，众生敲响十次）

禹德淳：啊啊，先生已经不在了。

禹德淳、曹道先、刘东夏：（一同痛哭）。

禹德淳：我们定要遵先生遗志。让我们一起高呼万岁。

禹德淳、曹道先、刘东夏：（一同悲壮地高呼）万岁。

全剧终。

《安重根史记后篇》完。

2023年7月译

（原载于《安重根史记》，三中堂书店，1946年）

抗战二千六百年（独幕剧）

抗哉

布景：上海市一个角落里

人物：（甲）老百姓

（乙）很神气的某一个

（丙）韩国人

（丁）台湾人

（戊）虾夷人

（己）东九省人

时期：中华民国三十五年五月五日

（幕开）甲乙同上，甲诚恐诚恐地，俯首不语。乙气焰熏天地，昂其首。

（乙白）你们知道吗？我们是抗战八年来的！

（丙急上白）你们知道吗？我们抗了三十六年咧！

（丁上白）你们知道吗？我们抗了五十年了！

（戊徐徐上白）阿呀！阿奴抗了二千六百年，这才是长期战呢！

（己追上白）你们知道吗？俗[咱]们抗了只十四年，可是，俗[咱]们的痛苦，还没有了！你知道吗？

（甲低声白）知道了！知道了！

（幕下）

（注）虾夷人被日人征服已二千六百零六年矣。虾夷语自称曰阿奴。颇似吴语。日人因误虾夷人为“阿奴人”（AINU）吾国转讹为倭奴云。

（原载于《礼拜六》第30期，1946年）

朝鲜风云（十三场话剧）

——“甲午之战”三部曲之一

田汉

人物

崔大爹	邓承修
老　金	张佩纶
赵　某	刘永福
崔学礼	秘　书
崔春喜	唐景崧
马建忠	金玉均
李昰应	朴咏[泳]孝
差　官	洪英植
武　弁	芳　子
李鸿章	竹　添
周　馥	李　熙
袁保龄	闵　妃
书记官	柳在贤
慈　禧	内　侍
光　绪	歌　妓
醇亲王	闵咏翊
翁同和[龢]	韩圭稷
徐光范	吴大澂
士官生	续　宜
日　兵	伍廷芳

日军官	罗丰禄
袁世凯	榎本武扬
吴兆有	左　右
兵　弁	译　官
差　官	金炳始
黑　田	德　尼
川村纯义	狴都阿
山县友朋	大　石
井上馨	哈理丝
伊藤博文	朴夫人
西乡从道	闵咏骏
大山岩	侍　臣

第一场

一八八二年(清光绪八年,日本明治十五年)。

朝鲜汉城郊外山地,可望见汉城城郭楼台。

一老农民——崔大爹,宽笠白衣锄了一阵子地,坐下来,取长烟管悠然抽烟。

另一较年轻农民依然使劲地锄着,他姓金。

金: 大爹,你怎么又坐下了?再努一把力,这块地就锄完了。

崔: 老金,忙什么呀?莫非人家回头让你吃白米饭了?

金: 大爹,别那么说,谁教咱们做朝鲜的庄稼汉?来吧?

崔: (把烟头敲掉)来吧。真有点渴了,春喜不在,又没人给我们送点茶来。

金: 春姑娘上哪儿去了?

崔: 我让她上城里买点衣料哪什么的。快出嫁了,老金,总得给她做几件衣裳。可是真不容易啊,我把好几年卖老命的积蓄全给了她了。

金: 可不?日子越过越艰难了。

(金顺口哼着流行歌,崔也跟着唱)[1]

金樽美酒

千万人的血,

---

① 本歌格式参照第七场同一首歌,以求一致。——原书编者注

玉碗佳肴
老百姓的膏，
烛泪落时民泪落，
歌声高处怨声高。
金刚山，金刚山
金刚山上御香飘；
金刚山，金刚山
金刚山下泪如潮。
人无衣食鸟无巢，
景祐宫中回金扇，
舞纤腰。
金刚山，金刚山，
金刚山上御香飘。

金：咦，大爹，你怎么也学会唱这歌？

崔：谁学过的，大家都唱我也听会了。

金：真是要让国王和王妃听听就好了。

崔：听见又怎么样？莫非他们会惩办那些小舅子们，那还不是他们自己的主意？听说王妃上了一趟金刚山，每个峰施白米一石、细布一匹、白银一千两，金刚山一万二千个峰，单白米就是一万二千石。好家伙！咱们辛苦一年还不够王妃施舍一个峰的。想到这里，我真懒了。（他丢下锄头）

金：不种又怎么样？缴不了租子不用说，还要耽误神师的"诚米"。

崔：我真不懂，我们肩头上已经够沉的了，偏生你们又搞上了什么"诚米"。

金：不，这跟缴租子不同，这是我们诚心诚意地给神师留下的。每顿饭我们节省下一调羹米，聚少成多。

崔：老金，他们吃洋教的也信天主，你们天道教也信天主，你看天主真能够给我们消灾解难吗？

金：不，大爹，天道教是我们东方人的教，穷苦老百姓的教，跟那些洋教不同。我们恨侵略我们的洋人，恨两班地主，恨贪官污吏。

崔：嘘！（要走开）

（中国驻防军赵某，清军打扮，走上来跟他们招呼。）

赵：崔大公！

崔：（对金）不要紧，我认识的。（对兵）啊，赵老总，今天有工夫？

赵：瞧，“采买”。（指衣袖上采买符号）你们家里还有草吗？

金：我家里可没有了，替你上别家问问去。（要起身）

赵：别忙。只要有，明天也行。我想再跟你们讨两个白薯吃。

崔：那容易。（对走过来的他的孙子）学礼！去家里取几个白薯来给这位老总。

学礼：是爷爷。（他一跳一跳地去了）

崔：老总，你好像很喜欢吃白薯的？

赵：喜欢。我在家乡也是种地的。我老家在皖南，也是像这样的山地，地方也苦，每年白薯倒是能出好几十担。

崔：你也时常想起家乡吧，赵老总？

赵：怎么不？我是跟吴长庆吴军门一块儿过海的，快一年了。

崔：老总，听说你们贵国早几年打长毛，长毛是怎么个样子？

赵：什么长毛短毛的，还不全是老百姓。

金：那怎么叫长毛呢？

赵：以前我们中国男人都像你们贵国人一样蓄满头。大清入关才叫我们把四周围头发全给剃掉，把中间的头发打成辫子垂在后头。鸦片战争之后，洪杨金田起义，赶大清，才又叫我们蓄上长头发。留辫子的中国人看不惯长头发，都叫他们“长毛”，湖南的曾国藩曾大人和我们安徽的李鸿章李傅相打败了长毛。这才给我们保留了这条宝贝辫子。

崔：哦，原来长毛就是跟我们一样的长头发。

赵：可不是。

金：听说你们打长毛打了很多年。

赵：打了整整十六年。后来李傅相借了外国兵才给打平的。

金：赵老总，你可见过长毛？

赵：怎么没有？我爸爸还当过长毛哩。

崔：那你为什么又打辫子呢？

赵：没有法子啊。现在当长毛要杀头。

（学礼提一小篮白薯来了。）

学礼：这么多，够了吗？

赵：（接过篮子，拉住学礼的手）小弟弟，你几岁？

学礼：十岁。

赵：上学了没有。

学礼：上学？（他呆然）

赵：念书了没有？

崔：我们孩子可是不念书的。

赵：你种了这么多地，干吗不让你孙子念点书呢？

崔：朝鲜种地的都不念书，再说念了也没有用。

赵：怎么没有用？“读书上进”嘛。

崔：可是在朝鲜，我们种地的、做工的人家念多少书也别想上进。

赵：那是为什么？我们中国庄稼人家的子弟也有念书的。书念好了，考了秀才，中了举，点了翰林，就可以做官。这叫“十年窗下无人问，一举成名天下知”。

崔：朝鲜不这样。我们这里第一等人是两班。两班的子孙生下就做官。只有他们才配念书。

金：他们才不念书呢，反正升官发财他们家的事。像我们这样的人家别说“十年窗下”，就是“百年窗下”也没人问。

赵：真的？

崔：可不就这样！

赵：别怪我说直话，你们朝鲜人也太懒了。做事情老那么慢吞吞的。就拿你们种地的说吧，刚锄了几锄头又扯出长烟杆儿来抽烟，天掉下来也不管似的。我们那儿种地的可勤快得多。若都像你们这样，一粒谷子也别想剩下来。

崔：（抽了一口烟）剩下来干什么呀？我们种的都是两班的地，多剩下来一点谷子也都给了他们。我们种地的，一年到了全是吃杂粮，有时候连杂粮也吃不上。咳，大家也都忍了。马马虎虎，过一天算一天。

金：对。你当我们朝鲜人全是懒骨头？谁不想成家立业啊？可就是成不起家嘛。我们有一句俗话，叫“成家就毁家”。

赵：怎么“成家就毁家”呢？

金：你辛辛苦苦干活，刚刚积一点钱，两班地主就准想法弄掉你的。有的甚至把性命也给丢了。

赵：看起来你们朝鲜真正该改革一下子才成。

崔：改革？这个改了那个上来又照旧。当然嘛。老百姓好一点，两班就得吃亏一点。他们谁肯吃亏？我看单朝鲜自己是改不了的，除非你们贵国肯帮忙。

赵：靠我们中国帮忙？（苦笑）惭愧得很，我们自己还改不过来哩。

金：现在闵家那些小舅子想靠东洋人。

赵：那就靠砸了，靠日本好比靠一只多年没吃东西的狼。

崔：哈哈！

（远远烟火，杂着喧闹之声。）

金：嗳呀，今天京城里什么事？

崔：许又是王妃做佛事吧。

赵：不，昨天贵国的武卫营士兵闹饷到宣惠厅请愿。你们没听得说吗？今天他们一早又到云岘宫去。怕是为的这件事。

崔：云岘宫？那是他们去找大院君了。这事怎么闹起来的呢？

赵：听说贵国兵有十三个月没关饷了。这次发一个月粮，里面又有糠哪沙子。

崔：那他们怎么不要闹起来？以前大院君管事的时候从没有听说欠薪欠饷的事，现在要想过那样的日子也难了。

金：大院君也没有把朝鲜搞好，十年了，日子也不算短，他又是国王的爸爸，爱怎么办就怎么办，谁也不敢说一个不字。可是他给我们留下了什么呢？怕就是那所漂亮的景祐宫吧。可是谁也别想进去住一住。

崔：他还算好的了。他废了军布，废了书院，总算做了些有益老百姓的事。到了闵家这些大舅子小舅子一上台，老百姓可就没法儿活了。

（他的女儿春喜，一个美丽的朝鲜农村少女，气急败坏地爬上山来。）

春喜：爸爸！

崔：孩子，衣料买了没有？

春喜：还买衣料呢？城里店子全关门了，什么也买不到。

金：怎么全关门了？

春喜：营里兵变了。听说闹饷，杀了好些官，打了好几处衙门，于今把王宫也都给包围起来了。

崔：真的？！那这乱子闹得不小。

春喜：是啊，闹得中国兵也出动了。

赵：中国兵也出动了？大公，我回去了，谢谢你的白薯。

崔：那不算什么。有什么消息告诉我们一声。

赵：好的。大姑娘，再见了。

春喜：再见。

（赵下去了）

春喜：爸爸，听说还杀了东洋人，烧了东洋公使馆，乱子闹得不小。

崔：那么怎么办？咳，我们朝鲜人又该遭劫了。（他抱着锄头慨然摇头。）

（他们望着王宫那边烟火蔽天，杀声愈大。）

金：看起来我们只有靠天主爷！（他忽肃然念咒）祷天主，造化定，永世不忘万事知。

（幕）

第二场

天津直隶总督署内。

通内花厅的走廊警戒森严。

道员马建忠引一朝鲜衣冠的老人徐步经过，老人面带沉郁而威仪俨然，一种倔强不屈之气流露眉宇，后紧跟一差官，至是马回头望他一下，差官停步，马道台引老人下，另一署内武弁过来目送老人低声问差官。

武：谁？

差：马大人你不认识？

武：那后面的呢？谁？

差：从朝鲜解来的钦犯。

武：钦犯？他犯了什么罪？

差：喝！“煽动兵勇，屠杀大臣，震动王廷”。

武：那还了得！杀了头还没有完。

差：（摇摇头）杀不了的。

武：为什么？

差：（低声）他是朝鲜国王的爸爸，大院君李昰应。

武：啊，怪不得气派不小。

差：他做过十年摄政王，不知杀过多少人，要不怎么对他这么客气？我们是陪他坐登瀛洲军舰来天津的。这位老先生在船上气得胡子直竖，什么话也不肯说。

武：哦。这趟你们可辛苦了。

差：哪里，我们算什么，丁汝昌丁军门骑着马走一百二十里夜路，把他从朝鲜京城亲自押到马山浦上船的。那晚天又黑，又是大风大雨，丁军门的衣裳全湿透了。可是他简直像得了什么至宝似的，高兴得把辛苦都忘了。

武：当然哪，拿获了这么重要的钦犯，怎么不要高兴？这趟你们可算立了大功了。

差：得了，局面这样复杂，谁晓得是立了大功还是闯了大祸啊。

（内声：“周庆！”）

武：喳！

（暗转入）

（幕）

第三场

特别为这个场面布置的，严肃而亲厚的空气。

李鸿章在津海关道周馥、袁保龄、马建忠侍立下温语讯问大院君李昰应。书记官从旁记录每一问答。

李：时伯翁请坐。

昰应：中堂奉旨审问罪臣，罪臣哪儿敢坐？

李：哪儿的话。时伯翁朝鲜重臣，又是李王尊亲，哪有不坐的道理？况且今晚请时伯翁来这儿也不过想要晓得此次朝鲜变乱的实在情形，顺便还想和时伯翁交换一下关于朝鲜问题的意见，说不上“审问”两个字。

昰：可是。……

李：（顾左右）就留袁大人、马大人在这儿，你们都……

（武官们退出）请坐。

昰：那么，罪臣谢谢中堂的好意。（坐下了）

李：（好整以暇地）时伯翁今年快六十了吧？

昰：昰应今年六十二了。

李：哦，大鸿章三岁。身体还这么结实。

昰：那么中堂是五十九了？

李：是。可是我身体似乎反而比时伯翁差多了。

昰：贱躯这几年托中堂的福还算顽健，可是比起中堂这样功业巍巍，罪臣只有惭愧。

李：好说。今天军机处来电，皇太后、皇上对朝鲜此次的变乱非常关心，很想时伯翁把变乱的原因仔细见告，鸿章也好转奏。军机处处理朝鲜问题也有一个参考。

昰：（起身）现在朝鲜的事情弄得如此败坏，致劳皇太后、皇上忧念，罪臣和全体朝鲜官民真是该死。

李：请坐。

昰：说到此次变乱的缘由，昰应不能不痛恨从古以来的外戚之祸。（稍停顿）在癸酉以前昰应也曾辅政十年，不仅各营军饷都是按月发放，从无拖欠克扣之事，并且替国家储蓄了足够十年之用的财富。自从闵谦镐管理财政，和金辅铉、闵致祥这一批人专一营私舞弊，不以军民为念，再加这几年宫里黩祀很盛，今年正月白气经天，王妃大张祈祷，凡朝鲜国内名山、大田、神祠、佛殿，无不烧香、施舍，这也是这次乱兵何以烧毁许多京城庙宇的缘故。加以宴游无度，僧优妓生，日夜歌舞，饮食赏赐，常常是成千成万地乱花，毫无节制，把罪臣多年替国家储蓄的财富都给浪费得一干二净，官吏的薪俸欠到五六年，军饷欠到一年零两三个月。官吏总算好一点。士兵可实在熬不住了。六月初九闵谦镐才下令拨广兴仓的米先给武卫营训练都监军发一个月饷。这管仓的库官是闵谦镐的私人，当然也是弄奸牟利的贪污小人，竟敢把好的米藏起来，换坏的发给人家，中间还掺杂一些老糠哪沙子，升斗也不给足，一石不到九斗。中堂试想，这些士兵怎么肯领受呢？

李：唔。

昰：这样就不免跟库官、营官们争吵起来了。这事在当时其实也很容易处理的。闵谦镐应该立刻把库官扣起来严办以平众怒。可是被他扣起来的不是库官而是五个兵。这样便引起众怒，六月初九他们拥到武卫大将李景夏那儿请愿。景夏功高望重，平日也很得军心，可是朝鲜的官制，两营将军不管粮饷，他只好写一封信代他们向闵谦镐交涉。无奈闵大人不理会，景夏没有办法，只好叫士兵直接向宣惠厅去请愿了。

李：唔。

昰：这大批饥军开到城北安国洞闵公馆，恰巧就碰着那位克扣军饷的库官从公馆里走出来。他一见这些饥军来了又缩回公馆里去，及至他们追进公馆，库官也不见了，闵谦镐闵大人也逃走了。这些饥军怒气没地方发泄，他们会怎么干，中堂是可以推想而知的。

李：唔。

昰：他们把闵公馆里的东西全给打坏了。事情既闹到这个地步，他们知道已经犯了死罪，就只能往一头走了。于是各营士兵集合开会，东别营的将校们、骑兵们也参加了，他们决议“宁愿一死为国家除奸”。六月初十早晨，他们也曾拥到云岘宫向我哭诉。我对他们说：“我虽知道你们的苦处，可是不在其位不谋其政，你们应该赶快归队，静候当局的处理。”不想他们不听我的劝告，竟至冲进东别营兵器库抢夺兵器，又到捕盗厅、义禁府释放了许多囚犯，到京畿监营找金辅铉，江华府留守处找闵台镐，于是一发而不可收拾，又到新兵营杀了日本教官堀田礼造，到西大门清水馆攻日本使署，又转到敦宁府署杀了家兄李最应，攻入昌德宫敦化门杀了正在参内的闵谦镐、金辅铉，最后竟又胆大妄为冲进寝宫要杀害王妃。

李：唔。后来李王不是请时伯翁出来平乱吗？

昰：是。那时候宫里卫士都逃完了，主上派内使要我入宫镇抚。昰应只得挺身出来，晓谕乱兵，要他们立即撤退。他们说："我们杀了许多闵族大臣，王妃在世一天我们一定没有活命。"都不肯退。

李：哼，"六军不发无奈何"，闵妃简直成了杨妃了。

昰：昰应没有法子，只好说"王妃已经在乱军中殉难了"。他们不信，我才叫议政院替王妃颁发国丧令。这时候四处找不见王妃，大家都判断王妃殿下是归天了。可是遗体也没找着，我们只好把王妃衣冠盛殓起来举行国葬。这样乱兵才算退了。

李：此次时伯翁真是劳苦功高了。可是你办错了一桩事啊。

昰：是的，国母的葬礼过于草率，应该设法寻到她的遗体才对。这事赵秉镐、金鹤镇几位也都向我力争过的，我为着权宜应变，也只好那样办了。

李：（微笑）不是说葬礼办得不周到，我是说王妃没有死，你怎么好为她发丧呢？

昰：（大惊）怎么，闵妃她〔她〕没有死？

李：（摇头）没有遇难，她被人家给救了。

马：（很事务地念情报）王妃殿下当时被武艺别监洪在义救出景德宫，先住花洞尹家，后逃到忠州长湖院闵家。闵台镐奉了王妃的懿旨，派密使向我国告急。这儿有王妃给中堂的亲笔信。

昰：（狼狈，但力持镇静）哦，那太好了，我们在宫里四处找不着王妃，只道她已经殉国了。她，她没有被害，那真是朝鲜臣民之福。（他扯下手臂上的黑纱）

李：可是听时伯翁的话不是对闵妃很有微词吗？

昰：是的。恕罪臣该死。昰应以为闵妃的出现是朝鲜女祸史上一件大事。

李：奇怪！闵妃不是时伯翁的内侄女吗？而且她被选王妃不据说也是时伯翁极力主张的吗？

昰：王妃是闵致禄的女儿，跟贱内闵夫人并不很亲，她八岁上父母双亡，家境很贫苦，但她从小聪明绝顶，精通书史，在闵氏全族中有"才女"之名。她十六岁那年被选入宫，确是贱内闵夫人极力推荐的。起先她很端淑温静，却没有想到她生了世子坧以后就与闻政事，引用族党，事事与昰应为难。

李：这真不是时伯翁始料所及的了。不过，时伯翁也不要以为女子与闻政事便是女祸，于今各国，英国有维多利亚女皇主政，我国有慈禧皇太后垂帘，朝鲜出了一位闵妃，辅佐李王听政，有什么可怪呢？好，我们回到本题吧。刚才听时伯翁的话，似乎这次变乱实起于士兵闹饷，而不是有计划的政变了。（他严冷地注视着昰应）

昰：（迟疑了一下，决然地）当然不是。

李：既不是有计划的政变，那么他们杀了闵谦镐、金辅铉也就够了，像令兄最应相国那样既不管兵又不管饷，为什么也要杀他呢？

昰：（颇为狼狈）家兄被害，真是意外。癸酉以后，我多次劝他跟我一样以在野之身辅佐王政，怎奈他总不肯听，反而放弃平日主张，同闵族合作，执政几年，很失人心。这次他又没看清情势严重，说话不慎，激怒了那些乱兵，以致惨遭杀害，在昰应手足骨肉之间，当然是非常悲愤的。

李：古今万国，为着政治利害冲突，手足骨肉之间也不相饶的事倒是常有的。时伯翁你说对吗？

昰：是，是。在中国叫“大义灭亲”。

李：那就看他是不是真为着大义？

昰：是，是。

李：就算他们进一步要清君侧，杀了令兄也就够了，干吗还要杀日本教官，攻日本使馆，以致闹出重大的国际交涉，增加政府的外交困难呢？

昰：照昰应看，他们未必是有心增加政府的外交困难。杀日本教官、攻日本使署只是朝鲜军民对日本多年的愤怒积压起来的。自从江华条约以来，日本在朝鲜口岸通商，任意欺压朝鲜人民，不受朝鲜法律管制。那些卖国党派变本加厉，聘请日本军官训练“别技军”，装备特别优良，薪饷特别丰厚，同一国家军队而待遇显然不同，并且扬言：“只等别技军训练好了，所有旧式军队都得淘汰。”我们各营兵士都是以吃粮当兵为业的，那还有不迁怒到日本军官的？至于攻日本使署，那不过是连类而及。据昰应所知，日本使署被烧分明是花房公使自己放的火。

李：你有证据？

昰：我可以负责这样说。

李：好。于今请时伯翁回答我下面的问题。六月初十那天乱兵既然曾到云岘宫向你哭诉，你一定就知道他们为首的是什么人，他们都姓什么、叫什么？

昰：初十到云岘宫来的士兵有数千之多，不知道他们为首的是谁。

李：初十早晨首先冲入景德宫的是哪一营呢？

昰：那天早晨包围王宫的五营都有，谁先谁后昰应无从知道。

李：初十日以后实际上总揽庶政的是时伯翁，这一个月以来，你撤销了统理机务衙门，停办了新军，恢复了三军府，应兴应革之事做得不少，可是为什么单单不听得时伯翁惩治乱党呢？

昰：昰应年逾六十，本已不问朝政。此次因国王再三请托我才挺身出来，暂时维持。乱兵姓名虽经昰应百般研问，无奈他们都绝口不说，昰应也只好息事宁人，不敢再兴大狱。倘或又激成变乱，不仅朝鲜不堪设想，也更要使上国不安了。

李：时伯翁息事宁人的意思固然不错，但此次之事，宫廷喋血，王妃蒙难，大臣被杀的达四五人之多，又殃及邻国使臣，引起严重国际交涉，岂能说是小事？春秋之义，"人不讨贼"的罪嫌很大，时伯翁何以自解呢？

李：这一节，罪臣和中堂不能同意。昰应始终觉得这些饥军不能算是"贼"。

李：那么谁是"贼"呢？

昰：贼是十三个月不发饷，把糠和沙子掺杂在米里面的那些官！那些弄奸舞弊的、借公肥私的官。

李：可是你绝不想这些兵士又岂是讨贼之人？

昰：是的。这最好是国王能振刷纪纲，可是如今这些民贼多是王妃的舅爹、侄子之辈，被害的士兵不自己起来讨贼，谁会替他们讨贼呢？

李：哈哈。人家谈朝鲜政治，老把时伯翁代表守旧党。今天看起来，那里，您比开化党还要进步得多哩。可是你可知道你国朝鲜也有人骂你是"国贼"的吗？（他翻了一下马建忠交来的文件）

昰：知道。一个决心做事的人总难免要挨骂。即如像中堂这样公忠体国，也还有许多人不能原谅，说了中堂许多话，何况昰应这样的下国鄙夫呢？

李：（点头）怎么，朝鲜也听得有人议论本爵的吗？局外人不知道当局者应付的艰难，时常会说风凉话的。

昰：当然批评昰应的话有的也是对的。昰应当政的时候，李恒老曾经屡次上书弹劾昰应。恒老死后他的学生金益铉继续向我开火。他攻击得最厉害的是说我不该在民生凋敝的时候花七八千万两的银子，三四年工夫重建景祐宫，这事我自己也非常后悔。可是昰应的脾气是决心要做的事千方百计也要把它做成的。景祐宫自朝鲜壬辰之变被毁，二百多年来一直委之荒烟蔓草。昰应在野的时候就发心重建，但没有想到要费那么多工，要用那么多钱。后来我想管他呢！这好比秦始皇筑长城，隋炀帝开运河，当时许受万人唾骂，后世自有人感谢我的。

李：时伯翁好大的气魄！可是关系国计民生之事岂能凭自己的脾气？秦始皇筑长城是为的防止外寇，隋炀帝开运河便利了南北的运输，所以后世才有人感谢他们，你修景祐宫除了炫示宫室台榭之美还有什么好处呢？劳民伤财，干这祥[样]的不急之务，倘使国家亡了，将来感谢时伯翁的恐怕不是你们朝鲜同胞而是外国人了。你说是不是呢？

昰：是，是。不过当初决心这样做其实也是受了上国的影响。

李：受了中国的影响？

昰：是，我年轻时到北京也曾观光上国圆明园的规模。后来英法联军把圆明园给烧了，又听说皇太后准备归政要另建颐和园，式样比圆明园还要好。昰应一时糊涂就把重建景祐宫看得比什么都重要了。

李：这，中国当然也有许多不如人意的地方，不过，不是我们做臣子所能议论的罢了。于今再问你几件事。有一位朝鲜大员控告了时伯翁几桩旧案，第一，你擅废书院，这位大员把你比作秦始皇的焚书坑儒；第二，擅革"军布"，专务聚敛；第三，屠杀教民引起国际交涉；第四，顽固守旧，拒绝开化。对于这一些责备，时伯翁有什么辩解呢？

昰：昰应癸酉以前奉职无状，受各方责难才解职下野，但刚才这位大员所举的几点，有些恰恰是昰应的功劳。昰应虽不学无术，也知道书院是儒林讲学的地方。但在朝鲜阶级制度最严，知识都被两班阶级垄断了，书院成了制造朋党的机关，儒生都是横行乡曲鱼肉人民的恶霸。昰应虽托身王族而来自民间，深知其中的弊病，所以当政以后决心摧毁这些朋党恶霸的巢穴。当时有人再三相劝，说书院是祭祀孔子的地方，怎么废得？我说："凡是有害于老百姓，就是孔子自己，我也不能饶恕。"结果书院废了，老百姓人人高兴。其次说到"军布"。朝鲜只有常民才当兵纳税，两班阶级既不当兵，也不纳税。常民不愿当兵的就得出壮丁费，叫作"军布"。后来相沿成例，没有壮丁的人家也得出费，这是很不公道的。我当政的时候断然革除"军布"，只征"户布"。上自两班下至贱民都得按户纳捐，这样负担既比较平均，国家财富也比以前充裕。但因此便不免开罪两班阶级了。

李：（回顾马建忠）什么叫"两班阶级"？马大人？

马：回中堂，朝鲜社会分两班、中人、常民、贱民四个阶级。两班就指文武两班做官的读书的儒生，中人指以技术官为世业的，常民指工人、农民、商人。贱民指白丁、优倡、僧侣、奴婢，算朝鲜最贱的人，大体前两种人是贵族，后两种人是农奴。

昰：马大人说得非常对，朝鲜的不进步，就是这种阶级制度给害了的。在他们的攻击之中我认错的是屠杀教徒，这实在办得太过了。但也因为他们有些人的确甘心做外国的顺民，勾引外兵，侵略朝鲜。法国路斯提督的舰队中间就有朝鲜教民领路。至于那些开化党说我顽固守旧，真是好笑，我若守旧不会废书院，我若守旧不会革军布，我若守旧不会“用人唯贤”，打破南北老少的党派成见。朝鲜人民以前的衣冠是戴大笠帽，穿宽袖袍子，着白靴，出外使大折扇，吸烟用长烟管，身份越高，烟管越长，这些陋习也都是昰应给改正过来的。于今帽子小了，袖子窄了，白靴子黑了，烟管短了。就连写信也改写中国式的小简了。以前因国家承平日久，武官也习惯坐轿，我都改教他们骑马了。这每一种改革都不知费去多少气力，昰应若是顽固守旧是不肯这样做的。开化党的人反对我顽固守旧，可是他们除了开门揖盗，事事听从日本人的要求以外，请问有什么重要改革呢？昰应不反对开化，但反对媚外，反对卖国。我若没有下野，决不跟日本讲和签订那样的江华条约。当日法国水师提督路斯率领七只军舰攻进汉江，京城震动，朝里的人都吓得迁都讲和，我坚持抵抗。我说：“自古无不亡之国，无不死之人，我们宁愿亡，宁愿死，也不向鬼子屈膝。”后来，我们终于把法国人赶走了。何况那次日本鬼不过来了两只小军舰。

李：这次与法国不同啦，法国是有意进攻朝鲜，日本的云扬号是路过朝鲜，上我们牛庄去的，你们不应该打他们啊！

昰：中堂不要相信日本鬼的花言巧语。他们那次分明是向朝鲜寻衅来的。朝鲜与日本无约，他们的军舰擅自开入我们领海、内河，我们为什么不要开炮呢？我们炮台上的士兵死了三十五名，炮台给破坏了，大炮给掳去了，我们为什么不要抵抗呢？全国上下都有同仇敌忾之心，就是闵妃和开化党一派因为要反对我，就不惜卖国求和。再加上国总理衙门来谕也说讲和的好，就订了那样不平等条约，这真是影响东亚和平的一件恨事。

李：可是江华条约的第一款不是载明了“朝鲜国乃自主之邦，保有与日本平等之权”吗？

昰：平等？日本人哪里真肯以平等待我？他们不过不承认上国对朝鲜的宗主权，想朝鲜慢慢投向日本的怀抱罢了。中国与朝鲜几千年以来唇齿相依，这个条约不止朝鲜要反对，上国也应该反对。我们不知道上国总理衙门为什么不提出严重抗议？

李：这事本爵也几次提起过，他们以为无关宏旨，也就含糊过去了。

昰：中堂！上国含糊，日本可是不会含糊的，他们会一步一步地逼我们上他的圈套的。上次和马大人谈话，承他告诉昰应，说七月中旬朝鲜政府派李裕元、金弘集和日本花房公使签订了济物浦条约。昰应很想知道这条约的主要内容，马大人可否见告？

李：（顾马）不妨告诉时伯翁吧。

马：现在袁观察的报告已经来了，一共是六条，续约二条。第一条要朝鲜逮捕为首的凶徒由日本国共同究办。第二条日本遭害官兵由朝鲜国优礼殡葬。第三条朝鲜国抚恤日本遭害官兵遗族五十万元。第四条日本公使馆置兵员若干以资警备，兵营设置及修理费用由朝鲜国任之。第五朝鲜特派大官赴日本谢罪。……

昰：哦！他们竟敢订这样的卖国条约，上国政府为什么不说话呢？

李：我们因日韩多年有约，未便出面干涉。

昰：不，中堂，我若在朝鲜决不让他们签订这样的条约。

李：你们总不该杀他们的教官，烧他们的使馆，为着两国的和平也只好这样了。

昰：不，中堂，这样的条约，不会保障两国的和平反而要引起东方的不安的。

马：你是说赔款太多了。

昰：赔款还是小事，怎么能允许日本公使馆在朝鲜京城驻兵呢？于今上国在朝鲜有驻防军，再允许日本驻兵，利害不同的两个大国在朝鲜京城露刃相对，随时可以发生冲突，小而京城糜烂，朝鲜人民受祸，大而引起国际战争，东亚的安宁不保。中堂，这是万万答应不得的，这件事中国应当起来干涉，中国不干涉，昰应也要唤起国论，请求国王不批准这样的条约。中堂，你放我回去吧！还来得及，昰应求中堂暂奏皇太后、皇上放我回去。这真是关系东亚永久和平的事。中堂，您帮了这个忙吧！为着朝鲜，也为着中国。（他跪下去）

李：哦，不，时伯翁，请起。这次之事，你要负很大责任，但你和李王有父子之亲，皇太后、皇上考虑再三，已降旨鸿章把时伯翁安置在我们直隶省保定府，永远不准回国。

昰：（俯伏）是。罪臣既为待罪而来，一切但凭上国处置。

李：（顾马）马大人代送。

马：是。

昰：（起立）是。昰告退。

李：再见。

（幕）

第四场

一八八二年(光绪八年)八月。

北京宫廷。

清慈禧与光绪帝某日集有关大臣于便殿,因朝鲜之事,商议对日之策。

幕启,醇王侍立,翁、李之下诸大臣一顺列跪着,给事中邓承修正在御前陈述他的对日意见。

邓:……臣看今天的时局,以为对西方诸强国还不妨虚与委蛇,对日本却不可以有丝毫让步。日本三岛才不过我们内地两个行省那么大。全国精华所萃之处也不过东西两京,大阪一府,横滨、神户、长崎三个通商口岸。十几年来,他们买军械,变服色,钱已经用得不少了。于今他们民间通用的都是一色纸票,他们国库的现金不过五百万两。以前借英美德三国的洋债,到期还不出,于今又要各国展期,这是度支方面。他们水师船舰,据臣所知道的,大半都是朽败不堪作战的。水兵不过八千人。陆军分六个镇,也不过三万多人。他们并非不知道中国的强大,其所以敢于向中国挑衅,完全是看出中国怕事,不敢发难。这次朝鲜事变,朝廷派遣大军,分途并进,争取主动,以迅雷不及掩耳的势子处理事变,不给日本以可乘之机。日本看见中国忽然不怕事了,也只好派遣使臣订约了事。可是日本狼子野心,决不会甘休的。臣以为朝廷应该趁这次平定朝鲜内乱的声威,派知兵大臣驻扎烟台,集中南北两洋舰队,以保护商人为名,向日本各口岸逡巡,探明他们的航路,观察他们的山川形势。驻扎朝鲜的吴长庆的水陆各军,暂时不必抽调回来,叫他们在那儿张犄角之势,等我们一切都布置好了,就可以大兴问罪之师。那样一来,不单是琉球可以恢复,就是法国人吞食越南一案也容易解决了。臣承修一介腐儒,不懂兵事,只因忧国心急,曾有八月初二日的专折。皇太后、皇上又叫微臣出席这次御前军机会议,微臣只好陈述愚见,仰候皇太后皇上圣裁。(他伏地磕头)

慈禧:邓承修说的有道理。张佩纶跟邓承修一样也主张东征,今天这个会议是秘密的,不妨把你的意思尽量说出来,让他们负责大臣斟酌办理。(回顾光绪)你说,对吗?

光绪:是,皇爸爸。张佩纶,你说。

张:(急跪上前)是。臣佩纶的意见和邓承修说的大同小异。关于日本必定要侵略朝鲜,中国必须要进规日本,臣佩纶今年春天也曾专折奏陈,臣以为自道光咸丰以来中国有四大患,那是粤、捻、回、洋。

慈禧：（细听）什么瘦羊肥羊的。

光绪：皇爸爸，他说中国四大患是长毛、捻匪、回匪、洋人。张佩纶，是吗？

张：是，陛下。

慈禧：跪上来一点，听不清楚。

张：是。（他很谨慎地，又怕僭越了次序，继续）这粤、捻、回是内忧，洋人是外患。我皇太后两次临朝，大奋天威，把前面的三患都给削平了。现在为害中国的就剩下洋人了。洋人之中，东洋人比西洋人更可恶。说起来，东洋日本也并非有了不起的实力。刚才邓承修也奏陈过了。据臣所知，日本自明治维新以来，人民并不悦服，萨摩、长洲两党各不相下。水师只有扶桑舰比较大一点，其余都是小船小炮，远不及我们中国的超勇、扬威几条快船。日本的兵数，据臣调查水兵只有三四千人，陆军虽有四五万人，可万万赶不上我们的湘军、淮军。其所以不度德、不量力、敢于侮慢上国，蚕食我南北属邦，不过恃有黄海一水之隔，以为我中国一定不敢横海一战。因此久据我们的琉球不还，又勒逼朝鲜跟他们订约。此次朝鲜内乱，殃及日本使馆，中国替他捕治乱党，也算仁至义尽的了。日本还竟敢否认朝鲜是我国属邦，逼朝鲜赔款五十万，刚刚跟台湾事件的赔款同一个数目，意思分明是侮辱我国。琉球、朝鲜在地势上是中国南北的屏障，我们决不能把屏障撤掉，让人家逼近我们的国土。何况这两国千百年以来，分明是奉我国正朔、朝贡不绝的属邦呢？

光绪：你说我们马上可以打日本？

张：不，臣不敢说马上可以打日本。只求皇太后、皇上命南、北洋大臣从速简练水师，多造战船，蓄养我们的兵力，做讨伐日本的准备。台湾当日本的要冲，山东是天津的门户。这两省的抚臣也应该多练精兵，多买军舰，跟南北两洋舰队互相呼应。只等准备好了，我们就可以提起琉球旧案，责问日本，废朝鲜条约激怒日本，分军巡海，让日本防不胜防，闭关绝市，让日本的货物没有出路。叫我们公使卷旗回国，让日本知道上国的震怒。日本一着急必定增兵，一增兵必定耗费钱粮。我国水师可以分成三支，和在朝鲜的精锐陆军轮流出动。在我国是绰有余裕，在日本必定难于应付。等到敌人十分虚竭了，我们就可以大举东征，一战而胜，到了那时候，我皇太后可算一手敉平中国四大患，可以媲美我高宗皇帝的“十全”遗烈了。

慈禧：哦，张佩纶，你的如意算盘很不错。你看办得到吗？

张：仗着慈圣的天威一定可以办得到。不过中国办洋务总是谋不定而任不专。臣看李鸿章、左宗棠都是中兴宿将，剿灭粤、捻、回三役都卓著勋劳，可否就要他们几位大臣会同彭玉麟和沿海各省的督抚赶快训练水陆军，添买铁船，选得力的将领以做东征准备。就外交说，日本非求西洋帮助决不能敌中国。西洋各国与中国立约在先，未必肯帮助日本。不过假使中国坐失时机，优游岁月，让日本横行无忌，坐致富强，那时恐怕日本小小一国已经足够成为中国的大患，更别提西洋各国了。臣佩纶思虑再三，觉得只有奋东征之志，才可以救亡图存，臣万死切请皇太后、皇上早决大计。（磕头）

慈禧：这事关系不小，李鸿章，你是负责大臣，刚才张佩纶也说应该派你跟左宗棠专心办理。左宗棠现在福建，军机处可以先把他们的密折转给左宗棠瞧瞧，要他据实复奏。

翁：是。是。

慈禧：李鸿章，听了邓承修、张佩纶的话又有什么意见呢？你是管军事的，照你看，我们水陆兵力还能跟日本打吗？假使打，有把握吗？

李：是。（沉默一会儿）

慈禧：说啊。

李：是。臣鸿章以为这样关系国家和战大计的事是应该慎重决定的。孙子说："知己知彼，百战百胜。"我们要决定和战大计必须知己知彼。于今臣先说知彼吧。日本明治维新自戊辰到今已经十四年了。邓承修、张佩纶所奏陈的日本的短处固然也是事实，但不可以对日本的成就过于轻视。据臣所知，日本陆海军常备人数虽不甚多，但他们已经采行了征兵制，一旦国家有事，全国皆兵，皇族世胄也得服兵役，不像我们至今还是佣兵制。日本萨、长两阀争权各不相下，虽然也是事实，但每逢有对外之事，他们也常常能团结一致。他们借的洋债确实不少，但正因这样英美德各国怕他们的借款落空，一旦中东有事，说不定反要帮助日本。这也是俗话说的"债多不愁"的意思。

慈禧：唔，你说的也有道理。

李：况且日本政府现在派参议伊藤博文到欧洲，派有栖川宫亲王到俄国，另派人到意大利，冠盖联翩地，也很注意外交联络。欧美因日本锐意学西法，每逢中日交涉很有袒护日本的。中国和日本隔着一个黄海，我们要跨海远征就必须有强大的海军，这一点张佩纶和臣鸿章的见解是完全一致的。我们先看一看自己的力量吧。我们在福建、上海各厂自造的和在外洋订造的军舰，在北洋有镇东等六条，南海有龙骧等四条，还有福建、广东的几条，这些都是所谓的"蚊船"，只能扼守海口，难以在大洋作战。此外分驻旅顺、天津、牛庄各地的北洋的军舰有超勇、扬威、威远、操江等等七条，南洋的分驻江宁、吴淞，浙江的有靖远、澄庆、登瀛洲等十五条，分驻台湾、厦门以及在琼廉洋面巡弋的有伏波、振威等七条。南北洋兵船合计不过二十二条，其中像泰安、操江、湄云不过一百匹马力上下的小船，只能转运粮械，根本不能当兵船使用。比较得力的北洋只有超勇、扬威，南洋只有超武、扬武、澄庆等五六条好船。可是我们幅员辽阔，这几条船实在不敷分配。

慈禧：那么日本呢？莫非他们的兵船倒比咱们多吗？

李：日本从明治维新以后，各地藩主交还政权，也献出了他们各藩的军舰和水师人材[才]，像伊东裕亨、佑[祐]亨兄弟便是山口藩出身的。为着和中国对抗，日本政府也向各国订造了各种兵船，派遣海军学生出洋留学。他们的舰艇虽则一共不过二十条上下，而坚利可用的却有十几条。其中扶桑舰号称次铁甲，若论船数和炮力跟我们也差不多。况且我们的兵船分属南北洋，和福建、广东几省彼此不相统属。又分驻南北各地，调动也极不容易，多也就显得少了，比不得日本地方小，调动容易，所有军舰又统归一个海军衙门节制，由联合舰队总司令统一指挥，彼此呼应一气，不分畛域，少也显得多了。因此以目前的情形而论，万一中东有事，胜负之数臣还很难预料。

慈禧：怎么，你说你没有把握？闹了这么些年海军还打不过小日本？

李：不敢欺瞒皇太后、皇上，目前还没有把握。（磕头）

光绪：那么你要怎么样才能有把握呢？

李：那就是张佩纶说的加紧训练水师，多添兵船。过去台湾一役，中国因船械没有买齐，水师没有练好，只好隐忍一时。这几年臣鸿章和内外诸臣力筹御侮之法，虽然限于财力，又格于种种浮议，事情办得不很顺利，可是铢积寸累，海军也略略有点规模，所以此次朝鲜事变还可以勉强应付。但日本因没有达到预定的要求，全国上下议论汹汹，倡议募足两千万元添买铁舰，来跟我国对抗，可知道日本也不是没有防备的。他若知道我们有东征的计划，说不定会“铤而走险”，以全力结纳西洋各国，借更多的洋债订船买炮，整军经武，来跟中国做死活之争，那就反而不智了。中国兵家最忌没有谋人之实而先露谋人之形。因此，臣鸿章以为中国对日应该修其实而隐其形。就是不声不响，埋头苦干，在造船购械、明耻教战上面多用功夫。但是买船要钱，练兵要饷。前几年户部指拨南北洋海军经费每年四百万两，倘使各省海关都按期解部，七八年来水师早已练成，铁舰也买得更多，怎奈我国官场办事素来不重实效，指拨的款子许多是没有着落的，各省厘金也入不敷解，福建、广东甚至把厘金扣留移作别用，臣虽屡次奏请严催，统计各省解到的还不及原数的四分之一！这么点点款子怎么能买大宗船械呢？没有大宗船械又怎么能说得上东征呢？可否请皇太后、皇上饬户部将南北洋每年所收海军经费核明实数，和福建截留的台湾防务经费由南洋划抵？此外，每年拨的款凑足原拨四百万之数，那么至少南北洋两支海军可以建设成功。臣以为东征之事不必有，东征之志不可无。海军建设成功，日本自然不敢轻视中国，那就是所谓“不战而屈人之兵”了。

慈禧：那么，翁同[龢]，你们户部能不能拨出这笔款子呢？

光绪：翁师傅，设法办一办吧！

翁：关于海军经费，户部这几年也尽量照拨了。可是全国军饷需要浩繁，各地水旱天灾也要付出大量赈款。困难是有的。既然东征是国家自强大计，户部当然极力支持。关于统一军令，臣以为不妨另设海军衙门，总揽南北洋海军军政。不过建设海军自然是要打仗的，既有“东征之志”就应当随时准备跟日本决战，什么叫作“东征之事不必有”呢？倘使不打算真跟日本周旋，只不过多买些兵船和洋枪洋炮吓唬吓唬人家，我看这海军是决练不好的。

李：这倒不用翁大人忧心，只要户部肯照原议拨款，海军是决练得成的。

翁：这样无目的地练兵，只怕练成了也不能打仗。

李：翁大人！

慈禧：怎么你们平常都没有商量过的吗？今天还为着这些起码的事在这里争论！

翁、李等：是，是，(磕头)臣等该死。

光绪：翁师傅的意思无非是希望李鸿章切实做东征准备，他们的意思其实是相通的。翁师傅，李师傅，是吗？

翁、李等：是是。(磕头)

翁：臣同和[龢]的意思无非看到我国的藩属像缅甸、安南、伊犁、琉球，一处一处都给外人夺去了，于今就剩下朝鲜一国，万万不能再失。李鸿章十几年来经营海军，国家耗费的钱饷不在少数，犹恐过于持重，就不免贻误军机。比如没有台湾的因循，何至有琉球的丧失？没有琉球的丧失，何至引起日本窥伺朝鲜？

光绪：这次朝鲜之事不是办得不错吗？古人说的“亡羊补牢，犹未为晚”，只要今后照这样好好干下去也就成了。

翁：因此依臣同和[龢]的愚见，与其让朝鲜国王今天亲日，明天亲俄，老使朝廷有东顾之忧，不如采纳袁世凯、张謇的建议，废掉李王，干脆把朝鲜改成中国的一个行省，就比较一劳永逸了。这事过去也有过，汉朝就曾把朝鲜改成乐浪郡的。

张：臣也以为我国对待属国太宽大了。现在西洋各国对待属国如英国对印度是内政外交都给管到的。只有我国责成属国的不过是每年的纳朝贡、奉正朔等等。内政外交都由他们自己管理，从不过问。因此日本使臣大久保利通就说我国对朝鲜的宗主权只有一个“空名”，悍然承认朝鲜是独立国，预为将来吞并朝鲜的借口。臣也主张我国应该弃“空名”，务实际。纵不把朝鲜改成行省，也应该切实掌握朝鲜的军事外交大权，才能立于不败之地。

李：张佩纶张大人的意见可以斟酌，实在目下也是这样办的。袁世凯、张謇的办法却万万行不得。过去汉朝曾把朝鲜西部改成郡县，元朝也置过监国，可是后来都行不通。于今朝鲜不比往日，跟各大国都有了条约，岂容中国轻意[易]把她改成郡县？袁世凯精明刚躁，年少气盛，遇事欢喜干涉，跟朝鲜一部分官民已经闹得不太好，日本人便借此从中挑拨，要朝鲜反华亲日，说帮助朝鲜独立。这郡县之说还没有经过朝议，不知怎么就已经传到日本人耳朵里去了。驻日汪公使来电，说日本外务卿最近对俄公使说：“中国有化朝鲜为郡县的意思，贵国岂可袖手旁观！”倘使真照袁世凯、张謇的办法去做，必至引起严重交涉。

翁：李大人怎么这样怕引起交涉呢？日本人把我国的属国琉球不是改成冲绳县了吗？怎么他们就不怕中国说话呢？我们名正言顺地把自己属国的朝鲜改成郡县怎么反那样怕日本说话呢？

李：我们自己现在还没有准备跟日本失和的力量，所以不能不怕。

翁：日本把琉球改成郡县的时候，明治维新才不过五六年，李大人以为他们已经有跟中国失和的力量了吗？

李：琉球是海中的一个岛，比不得朝鲜邻近日、俄两国，国际关系十分复杂。

翁：可是朝鲜是我国奉天的直接屏障，又岂是琉球之比？

慈禧：得了吧。过去的事争它干什么？李鸿章考虑得也不错，我们也不能一味地莽撞，你们仔细商量一下再奏吧！

群臣：是，是。

慈禧：谁也说得不少了，我也累了，还有别的什么事吗？

李：还有一件事，要请皇太后、皇上圣裁。

慈禧：什么事啊？

李：朝鲜国王李王派陪臣李载德赴保定探父，有咨文到臣鸿章，衙门说他父昰应“白发衰年，孤寄万里”，请臣鸿章代恳天恩，释放李昰应回国，让他父子骨肉重聚。

慈禧：皇上的意思呢？

光绪：皇爸爸，倘使此事没有太大的不便，就放李昰应回去吧。（醇亲王奕环[譞]也在跪奏）

醇：李昰应六十三了，朝鲜国王如何不要思念他的父亲？我朝以孝治天下，可否恳恩许李昰应回国？

慈禧：（冷笑）唔，醇亲王也替李昰应说情吗？前次既然说过永远不许李昰应回国，怎么可以朝令夕改呢？

醇：不许他回国是怕李昰应再又惹祸，于今李昰应衰年多病，在保定半年还能自怨自艾，皇太后、皇上就许他们父子骨肉团聚吧！

慈禧：我偏不许他们父子骨肉团聚，李昰应恃他儿子做了国王揽权误国，本来要重办的，念他年老，曲全他父子才让他在保定住着，倘使保定的水土还合，让他在那儿多住几年吧。叫朝鲜的国王不必渎奏。

醇：（免冠跪下发抖）是，是。

李：是，是。（磕头）

（幕）

第五场

一八八五年春。

越南保胜刘永福的营帐。

立"雄威大将军三宣提督刘"纛旗，黑地白字。

刘永福长身削立，高颧尖颏，状类獐猿。翎顶战袍，正听他的秘书念他誓师的檄文。

秘书：（朗念）"雄威大将军三宣提督刘，为誓师事，我越南自白雉入贡以来，数千年间，只知有中国，不知有他国。恼恨法夷于咸丰七年借口我越南杀他教士，竟与西班牙合兵东犯，既窃据我西贡，又窥伺我东京。迫订西贡条约，外托保护之名，阴怀并吞之志。安江、永和二州沦陷，又攻我北圻，袭我河内，据我仓库为已有，收我关税为私财。文化被其摧残，元气遭其剥削。又复招越南之叛逆以添其羽翼，毁越南之险要以遂其野心，种种行为，神人共愤。我越南凡有血气，莫不痛心疾首，欲食其肉。法夷自拿破仑第一逞其雄才大略，蹂躏全欧，卒被英人击败，囚死荒岛。其后拿破仑第三继武乃祖，对内则横征暴敛，对外则用兵黩武，乃与普鲁士一战又身为俘虏，国都被占。似此宜可以稍稍敛迹矣，乃犹复怙恶不悛，不敢扬眉于欧陆，转求吐气于东方。越南僻处海隅，号称积弱，但师以曲直为老壮，兵以顺逆为胜负。永福中原一武夫耳，流寓来越，受国王恩礼，资以土地，授以甲兵；其初，一成一旅，勉强措手，积数十年心力，得劲卒数万，赖以保障东南，抗拒侵略。自与法夷疆场相见，一战而李威吕授首，再战而宝滑遁逃，科列不得逞其凶，夏文不能施其计。大旗所指，蚩尤变色。长戈所挥，渊日再起。顷者贼军乘我国新丧，援军道远，逼我顺化，蹙我都城，勒逼新王，强订盟约。愈益骄纵，窥我北宁，侵我桑台。我与法夷誓不两立。谨率大军共伸天讨，誓扫东京之余孽，尽涤西贡之腥膻，上以副天朝倚畀之隆，中以报越王知遇之恩，下以吐全越人民怨毒之气。万众一心，有进无退，凡斩法夷首级者赏银五十两，贼酋加倍。获兵轮一艘，赏如其船之数，游民被胁替外夷当兵者悔罪免究，反戈获胜，仍论功行赏。法夷及其所部黑夷，杀无赦，檄到如律令！”

刘：（点头）唔，很好。（他接过签了一个字）发出去吧。

秘：可是还有“三宣提督”的官衔，不用“赏戴花翎记名提督”的新衔吗？

刘：不用。

秘：这，这怎么成呢？

刘：有什么不成？真讨厌那些满清的赃官，岑毓英的军官竟敢掳掠年轻安南妹，剪短头发，假充士兵，把我们黑旗军的名气都给一起糟蹋完了。再说，你忘了我们是干什么出身的？我是广西钦州一个种地的啊，二十一岁离家，投太平天国，追随天王打鞑子，杀贪官污吏、豪绅地主，不幸天王兵败，天国沦亡，弟兄们无家可归，才跟我逃到越南，替越南立了许多功劳。于今被鬼子所逼，退到祖国边界，又叫我自己变成鞑子，与那些贪官污吏为伍，我刘永福真太冤屈了啊！（他击桌慷慨，不觉泪下）

秘：大人，没有法子啊！于今大敌当前，若不跟满清合作，怎么能打退法国恢复越南呢？

刘：你看满清政府真肯跟外国人打吗？十一月山西那一仗，我们这边打得多好，黄桂兰的兵却见了敌人就往后跑，连带岑毓英的兵，也一起退到了兴化。乃至我们受他们的影响，转进到顿关，在宝河一带设防，黄桂兰早已退到谅山，岑毓英退到保胜，把兴化、北宁又都给丢了。丢他妈！这哪是打仗！这是跟外国人送礼，这是在把国家开玩笑嘛！

秘：谁说不是。不过也许是将帅不好，不是政府意思。

刘：好，不管他们怎样，我总是要打的。我不打鬼子，弟兄们也会打我，把檄文印几十万份到处张贴，叫越南人民知道我总是跟他们在一起的。

秘：是，是，我印去。

（刘徘徊）

（内声：“唐大人到！”）

刘：（对左右）请。

（唐景崧，他以御史任钦差，到安南多年。刘对他执礼甚恭。）

刘： 唐大人请坐。

唐：（入座）刘大人好？

刘： 永福托福顽健，老没有跟唐大人请安。

唐： 不敢当，景崧也没有来跟渊亭兄道喜。

刘： 永福有什么喜？

唐： 渊亭兄新任记名提督，赏戴花翎，怎么不是喜？

刘： 永福无功受禄，只有惭愧。为着对得起祖国，我已下令向敌人反攻，这是我秘书写的檄文，请唐大人斧正。

唐：（接过匆匆一阅）写得很好，只是"恼恨法夷"不是太俗了些吗？

刘： 永福是个老粗，我故意要他们写得粗气些，越南老百姓容易明白，法国骄横无礼到这样，除了"恼恨"也没有别的可说。

唐： 可是这檄文用不着了，于今朝廷已经和法国讲和了，你不晓得吗？

刘： 讲和？我们打得不错呀。听说冯子材冯大人也打得好。各地民军蜂起响应我们，正可以趁此恢复东京，为什么要讲和？

唐： 这是朝廷的意思，有什么办法呢？你跟冯大人虽然打得不错，可是黄桂兰、岑毓英都败了，再加法国古拔舰队窜扰福建马尾，又侵犯台湾基隆，攻陷澎湖列岛，朝廷大为震动，决意跟法国讲和，已经在巴黎签订了草约了。

刘： 但可知道这条约说些什么？

唐： 据我看到的，第一条是中国承认越南是法国的保护国。

刘： 啊！越南完了！越南完了！

唐： 第二条，承认关于安南的一切中法条约。第三条，老开、谅山开为商埠。第四条，法国从台湾撤兵。可是草约签订之后，法国还是占领澎湖，老不肯撤退。

刘： 那他们还要什么呢？

唐： 他们还有一个交换条件。

刘： 怎么样的交换条件？

唐： 那是要他们离开澎湖，除非刘大人您离开保胜！

刘： 怎么？他们这样看得起我？朝廷安排怎么办呢？

唐： 安排请大人撤兵回国。

刘： 撤兵回国，叫我再撤到哪儿去？哪儿是我的国呢？（他泪随声下）

唐： 那自然是我们的祖国。皇上已经派刘大人做南澳总兵，准刘大人率领部下即日入关。

刘：啊！即日入关？莫非朝廷除了这样就没有法子让法国人离开澎湖了吗？

唐：那除非再打。可是刘大人也该听得说了吧，我们福建舰队因统帅何如章坚持和议，贻误战机，让法国舰队开入马尾，不许我们舰队备战，法国舰队趁退潮的时候突然向我们开火，我们的舰队运动不灵，就那样被他们全部给歼灭了。

刘：该死！该死！可是我们还有南洋舰队啊。

唐：此次台湾帮办大臣刘传铭军门也打电给李中堂求援，说："南北洋舰队如肯出战，法船不难驱逐出境。"可是李中堂说："这是南洋的事，无须借助北洋。"而南洋的曾国荃、左宗棠两宫保因福建舰队歼灭了之后力量更弱，也爱莫能助。

刘：天下竟有这样的事！南洋、北洋两支不都是中国的海军吗？国家有事，应该和衷其济，统筹全局，怎么能彼此坐视不救呢？

唐：刘大人，您该知道，做官要靠实力啊。谁不想保存实力？再说，北洋大臣李中堂是安徽人，南洋大臣曾国荃和闽浙总督左宗棠都是湖南人，于今他们湘淮两派平分天下。李中堂虽是曾文正公的学生，也学曾公的办法练成淮军，自从曾公死后，李中堂深得皇太后的信任，军事上淮军代替了湘军，北洋盖过了南洋，外交上李中堂又与曾纪泽星使争权，再加李中堂以北洋大臣兼直隶总督，近水楼台，一切当然更占上风，他怎么肯把他的舰队帮助南洋呢？别说舰队了，南洋要求北洋帮助些军火他都不肯，您和冯子材冯大人的队伍不是还参用前膛枪吗？你们有的兵枪也没有，就靠大刀长矛跟敌人肉搏，但北洋的新军一色是德国毛瑟快枪，前膛枪早已经不用了。前些日子总理衙门要李中堂拨新式快枪给云南、广西加强抗法的战斗力，李中堂不是也往南洋这面推吗？

刘：李中堂为什么这样不知大体！（他以拳击桌）我以前只以为李中堂"老成谋国"，这样看起来，他简直是"卖国"嘛！

唐：当然李中堂也有他的想法，照我看他有几个原则。

刘：他有哪些原则？

唐：他的原则第一是北重于南。

刘：他能说南方不要紧吗？越南不是南中国的屏障？

唐：不是不要紧，但是比起朝鲜来他以为就轻多了。越南究竟远在南边，不像朝鲜那样逼近国门，又是东三省的屏障。朝鲜有事，当然影响更大。眼前跟中国争朝鲜的是日本，日本自明治维新以后，好比一只新出山的饿老虎，为害中国非别国之比。因此他第二个原则是日重于法。他不惜以任何条件早些结束对法战争，以便专心对付日本。

刘： 因此他甚至不惜把越南送给法国？

唐： （点头）差不多。

刘： 他不怕日本更加看清了中国的弱点，也学法国一样加紧向朝鲜进攻？

唐： 实在法国进攻越南，也就是从日本进攻台湾并吞琉球学来的。但李中堂的意思是中国要与外洋作战必须有强大的海军，在海军建设成功以前，他是竭力避免和人家开衅的。因此他第三个原则就是和重于战。

刘： 可是不能战能和吗？

唐： 但是和战大权现在就操在他的手里，为着朝鲜，他宁愿牺牲越南，这是很明白的。

刘： 我们弟兄们为着越南不知流过多少血，却不料就这样轻易地把越南丢了，兄弟们的血白流了。

唐： 渊亭，记不记得我在山西对你说的话？你若从了我的上策，自己做了越南王那就好了。

刘： 唐大人不要说这样的话，刘永福是洪天王的旧部，太平余党，率领兄弟们亡命到越南来，承越南王不加驱逐，反而十分优礼，使永福稍稍能够自立。永福岂肯为自己打算，夺人家的基业？中法战起，我这一腔子血早安排为着越南洒在红河白水之间的，于今战事这样结束，真叫我有家难奔，有国难投。

唐： 渊亭兄在越南抗法，天下尽知，今日撤兵回国，功虽不成，却已经名垂千古了。

刘： 越南亡了，我刘永福就"名垂万古"又有什么用？（他愤然）不，我不撤兵，我不回国，我是越南的官，我应该替越南死，我兵照原定的计划向敌人反攻。

唐： 你忘了越南的官是中国的陪臣，也要属中国管，你能违抗上国的命令吗？

刘： 唐大人，你忘了中国已经放弃了对越南的宗主权，我是越南的三宣提督，我的行动不受中国管束！

唐： 可是你更忘了，你已经受了中国朝廷的官职，你是大清国"赏戴花翎"的"记名提督"。

刘： 唐大人，你把这花翎带回去！（他取下帽子交唐）

唐： 渊亭！

（幕）

第六场

朝鲜汉城清水馆日本公使馆日本式的别室，竹添等常在此室商量机密。

金玉均、朴咏[泳]孝、洪英植正在等候竹添公使接见。

侍女芳子上跪献茶果。

侍女[芳子]：公使正在那一面见客，一会儿就来的，请各位先生等一等。

金玉均：（用日本语）芳子小姐，久违了。

芳：啊呀，金先生，真是老没见，你什么时候从东京回来的？

金：不过一个礼拜前。

芳：是吗？太太也回来了？

金：不，留在东京了。

芳：那么您就回京吗？

金：不，短时期许不能回去。

芳：那么太太不太可怜吗？

金：做了我们的太太也没有办法。

芳：真是做革命家的太太得有一种决心。可是您不太残酷了吗？刚结婚没有多久就丢了她走了。

（竹添匆匆开门进来，金等起立。）

竹添：呀，对不起，让各位等久了。

金：没有什么，我刚才同芳子小姐说着话呢。

竹：是吗？芳子能替我陪客那太好了。（同朴等一一殷勤握手）刚才袁世凯来了。

金：袁世凯?！他来干什么？

竹：我从东京回来去看过他一次，他来回拜来了。他同我大谈朝鲜问题、东方问题没有完，他好像完全不知道越南和台湾的事，支那人有时候麻木得真爱人。

朴：不过袁世凯在清国人中间也算是挺精明强干的。他虽然不过一个营务处长，已经俨然是朝鲜的统治者了。

洪：听说朝鲜的郡县化就是他提议的。

竹：不，原是张謇主张的，您知道张謇是袁世凯的老师。

金：公使，我们真不能再忍耐了，全国爱国志士们也都不能再忍耐了。岛村公使回国以前我们谈过好几次，他对朝鲜革命非常热心，他说他回国之后一定跟您商量的。

竹：是的，我碰过岛村，他对于你们诸位的爱国热忱表示很高的敬意，他很怪我以前对诸位太冷淡了。实在我不是冷淡，而是谨慎。诸位知道我是一个外交官，我的一言一动都代表国家，而汉城又是这么一个国际视听集中的地方，中国人不用说，还有俄国人和德、法、英、美各国的人，谁不是在彼此监视着？再加朝鲜青年革命家们的脾气恰好又跟我们日本人一样急躁得非常，我更不敢轻易和大家接近了。

金：可是您看世界已经进步到这样，谁不改革谁就得灭亡。支那这个老大帝国自己不肯改革，被人家鲸吞蚕食都快灭亡了，还要向我们朝鲜主张她那腐朽的宗主权，拖住朝鲜也不让改革，一方面闵族一派依靠清国势力维持他们的政权，阻滞朝鲜的进步，贪污横行，民不聊生，于今更有郡县化之说，倘使实行，我们自由独立的希望更加渺茫了，这叫我们觉悟的朝鲜青年怎么不要变得急躁呢？（他不觉落泪）

竹：（狡猾地）我对于诸位特别是金先生的爱国至情非常地感动、钦佩。我平日限于外交官的地位虽不能够有太直率的表示，可是日本政府对诸位是一贯地支持的。日本政府知道朝鲜人民要求独立自主，所以签订江华条约的时候就不管支那高兴不高兴，首先承认朝鲜是独立自主的国家，跟日本站在平等的地位。壬午事变之后，朴大人、洪大人和金先生出使到东京。其实，日本政府要贵国赔罪的事小，主要地想利用这机会让贵国青年有为的政治家亲眼看到日本维新进步的实际情形，以供诸位改革朝鲜的参考。这不是吗？朴大人、洪大人？

洪、朴：是，是。

竹：因为这样，所以敝国自动把贵国赔款四十万元退还，帮助诸位改革朝鲜的费用，又除少数的守备队以外把大军全部撤退，这不是铁一样的事实吗？金先生？

金：是的。

竹：这几年我虽然不说话，可是我的眼睛一直注视着支那和朝鲜，不曾松懈过。我在天津当过总领事，我认识李鸿章，也认识中国。自从到朝鲜，我也认识了像诸位这样的朝鲜名士，我觉得能和金先生、朴大人、洪大人诸位交游，真是我生平快事。我一直在替诸位祝福，有一天朝鲜革命的机会成熟了，诸位的理想实现了，东亚永久和平就更有保障了。

朴：我们非常高兴朝鲜革命有竹添先生这样的同情者。竹添先生，照您看，我们还该等多少时候呢？

洪：竹添先生，我们真不能再等了，您不觉得现在已经是好机会吗？

竹：唔，当然，现在就是一个好机会，事大党靠的是中国，特别是李鸿章，可是自从中法战事爆发，中国连战连败，已经自顾不暇了，六七月间因安南危急，吴长庆的兵调回一半回国，防守金州去了。这里只剩了三营人，兵力比从前单薄多了。其余是贵国自己的五个营，吴长庆训练的江华营和左右营，人数比较多，但我想论战斗力比不上我国训练的前后营。

朴：另外，在贵国留学的十三位士官生都在这儿，他们听得我们的计划都非常兴奋。

竹：怎么，你们已经把计划告诉他们了？

朴：我们都是同志，我想是不要紧的。

金：创造一个独立自主的朝鲜我想谁也不会反对的。不过反动势力还是相当强大，没有外国的帮助是不容易成功的，日本在朝鲜的友邦中间是唯一以平等待我的国家，为了朝鲜的政治改革我不能不希望公使拿出实力来帮助我们。

竹：实力帮助？这怕办不到吧？

金：不，公使，朝鲜的改革是刻不容缓的，我看李鸿章是想赶快结束中法战争，一旦中法战争结束了，李鸿章就可以〖有〗余力对付朝鲜，这对贵国也是不利的。

朴：真是，这个机会是万不可失。公使设法帮帮我们吧？

竹：当然，日本的武士道精神是最肯帮人家忙的。我们谈一谈具体的计划吧。（低声）你们怎么样动手呢？

洪：我们商量过了，十二月四号不是我们汉城典洞邮政局的开幕式吗？

竹：唔。

洪：我们已经发出许多请帖，各国使节和社会名流之外，也请了闵咏翊以下许多事大党的大官。我们把人埋伏好了，只等墙外举火为号，一齐动手，把事大党的重要分子全给杀了。一面冲进王宫，杀了闵妃，逼国王下谕说清兵谋乱，请日本公使入卫。

金：只等贵国的守备队入宫，我们就可以疾风迅雷之势断行朝鲜的改革。中国纵然要干涉也措手不及了。

竹：唔，晤[唔]，这事可以照办。不过，你们得加倍小心，万一失败，日本政府要担绝大的干系的。

金：我们知道。可是万一成功，朝鲜革命政府也决不忘记日本政府和竹添先生的好意。

竹：好！（起立跟他们热烈握手）祝朝鲜革命成功！

金：谢谢！

（幕）

第七场

一八八四年（光绪十年）十月十七日戊刻。
朝鲜景福宫内，红烛高烧。
朝鲜国王李熙、妃闵氏、世子坧正召妓生歌舞。

一歌妓，即第一场朝鲜少女领唱：
金樽美酒
千万人的血，
玉碗佳肴
老百姓的膏，
烛泪落时民泪落，
歌声高处怨声高。
金刚山，金刚山
金刚山上御香飘；
金刚山，金刚山
金刚山下泪如潮。
人无衣食鸟无巢，
景佑宫中回金扇，
舞纤腰。
金刚山，金刚山，
金刚山上御香飘。

李王：（拍手大乐）好，好，来，赏她一百两。

（内侍柳在贤正待给赏）

闵妃：慢着，你过来。

歌妓：（走近王妃前跪下）是。

闵妃：我问你，你这歌是谁给教的？

歌妓：启奏王妃殿下，这歌是婢子听来的。

闵妃：听来的？

歌妓：是，京城里的人谁都会唱。

闵妃：谁都会唱？谁让你唱给我们听的？

歌妓：婢子也不知道这歌是什么意思，因为好听就唱给殿下听。

闵妃：你真不知道这歌是什么意思？

歌妓：真不知道，王妃殿下。

李王：怎么啦，不是唱得蛮好的吗？

闵妃：您真胡[糊]涂，您没有听懂这歌的意思？

李王：没有仔细听，怎么啦？

闵妃：（自言自语地）"烛泪落时民泪落，歌声高处怨声高。"倘使真像这女孩子说的，京城里的人都会唱这歌，那可不是小事了。我们真是坐在火药桶上了。

李王：真那样严重？来，把她关起来，叫刑曹参判严刑审问，问她有多少同党。

闵妃：不，陛下，这不关这女孩子的事。

李王：那关谁的事呢？

闵妃：陛下，你得下一个罪己诏才成。

李王：那么把她放了，不要难为她。

（内侍引歌妓下，闹声、火光。）

闵妃：怎么，宫城外边发火了？柳在贤，你快去看看去。

柳：是。（他匆匆走出）

（李王继闵妃下位观火，远远枪声起了。）

闵妃：（自语）我刚才还说我们坐在火药桶上，莫非真验了？

李王：你说会再有壬午年那样的事？不会的，不会的。（扶着王妃）

内侍：（跪上）启奏两殿下，大将军闵咏翊满脸是血跑进宫来了。

闵妃：满脸是血？快请他进来。

（闵咏翊跑进来，果然负了重伤，倒在椅上。）

李王：大将军，怎么了？

闵妃：咏翊，怎么了？

韩圭稷：臣启两殿下，今日典洞邮政总局开幕，邮政总办洪英植请各国公使领事和大将军以下各位长官观礼，到六点钟，墙外忽然起火，大将军喊快救火，他刚走到门外，有五个乱党行刺大将军，我们把大将军救出来，幸而大将军神智还清楚，要我扶他进宫，说他在死以前一定要面奏殿下。

闵妃：你看这是谁的阴谋？

韩：依臣看来，这一定是开化党的阴谋。大将军被刺以前，金玉均几次起身，鬼鬼祟祟跟洪英植密谈，同时日本竹添公使一定也是支持他们的。

李王：怎么晓得呢？

韩：今天各国使节像美国公使厚道、英国公使阿斯顿、清国领事陈树棠都到了，就只日本公使竹添进一郎没有到，只派了岛村书记官来敷衍一下。下午起泥岘一带的日本兵用大车运子弹，络绎不绝，人心惊惶。

闵妃：咏翊，咏翊，（对内侍）快去请医官来。

侍：是。（下）

咏：（挣扎起来）啊，殿下！

王：好了，大将军醒过来了，你有什么话快告诉我！

妃：不，等伤好了再说吧，快休息去。

咏：不，臣咏翊死不足惜，只有几句要紧的话要奏明两殿下。

王、妃：你快说吧。

咏：朝鲜积弱，要真正独立自主，一定得断行改革。我们现在是在列强环伺之下，主张亲华、亲日、亲俄的人都有，但是臣游历日本、欧美回来，深知列强对殖民地的残酷、苛暴，使人家惊心动魄，我一直在想着还是靠紧中国，内政外交比较还可以独立自主，倘使投到日本的怀抱，只怕连名义上的独立自主都不能保，必定会像印度、波兰那样，在人家的鞭子下面过生活。臣是被金玉均他们暗杀了的。他，他，他们要把朝鲜出卖给日本，万万不可让他们那样做。（又晕过去）

妃：咏翊，咏翊！

王：大将军！

（柳在贤急上）

柳：国王殿下，金玉均他们闯进宫里来了。

王：没有我的旨意，他们怎么敢进宫？

柳：朴咏[泳]孝、洪英植、徐光范也进来了，还有许多士官、学生，其势汹汹，正跟禁卫军士冲突，只怕有不测之祸！

妃：快把大将军扶到里面去！

（韩等扶咏翊急下）

（朴咏[泳]孝、金玉均、洪英植、徐光范率士官生入殿）

朴、洪、金等：（跪）国王殿下。

王：平身，你们来干什么的？

金：啊！殿下，现在祸起仓卒，清国兵在京城闹事，四出烧杀，快要杀到宫里来了。臣等冒死进宫，请两殿下快快移宫！

妃：中国驻军在京城几年，相处甚好，怎么会忽然闹事？

金：听说他们奉了命令要废除国王，把朝鲜化[划]成郡县，您看城里火光冲天，两位殿下快避一避吧。臣等特为保卫两殿下安全来的。

妃：那你们为什么要刺武卫大将军呢？

洪：王妃殿下不要听信谣言，大将军之事与臣等无关，那是袁世凯的阴谋。

金：袁世凯怕大将军泄露起事的秘密，所以把他给杀了，现在唯一的办法，只有请日本公使带兵入卫，请殿下快快降旨。

王：不，这事办不得，我们不能破例，让外国兵擅进王宫。

金：殿下，现在是事出非常，除了日本兵，谁能镇压清国兵？殿下快快下谕，不要迟疑了。

王：这，这，这！

妃：殿下，办不得，这事可疑。

（朴下。忽闻枪声）

金：殿下，现在事情很急，清国兵眼见就要攻进宫里来了。为社稷之重，请殿下依了臣等的主意快快下谕吧。殿下，殿下！（哭）

（又闻枪声更近了）

徐光范：（急从怀中撕下洋纸一页）殿下快写吧。

金：只要写"日使入卫"四个字就成了。

妃：殿下，不！

徐：（急用铅笔写"日使人[入]卫"四字）这就成了，快请殿下用宝吧。

王：（望王妃）那么？

妃：（摇头）不。

金：（接过纸条交士官生）快交到日本使馆去！说这是国王的谕旨。

士官生：是！（急下）

（炮声）

朴：（进来跪下）殿下，情势紧迫，请两殿下移宫。

金、洪：快避一避吧。

王：避到哪里去？

朴：到景祐宫去。

（大家把李熙、闵妃簇拥着去了）

（暗转）

（日兵警戒严密）

（朴咏[泳]孝、金玉均等与日使竹添进一郎议事）

金：因为我提起郡县化的事，国王也不疑心了。

竹添：这很好，这很好。可是这消息谁透给清国驻防营的呢？他们有信来责备我，说："日本守备军的权限只能保卫使馆。"

朴：左营使李祖渊、后营使尹泰骏、前营使韩圭稷都有嫌疑，已经把他们都杀了。

竹添：一共杀了多少人？

金：海防总管闵咏穆，辅国闵台镐、赵宁夏，一共七八个人。

竹添：Yoshi！（好！）现在朝廷无主，赶快组织新政府要紧。

朴：名单拟出来了，请您过一过目。

竹添：唔。（念）洪英植右议政、金玉均户曹参判。（对金）好极了，金先生算贵国大藏大臣了。

金：（得意）是，财政部部长。

竹添：朴咏[泳]孝为后营使，徐光范左右营使，协办交涉通商，徐载弼前营正领，好，好，这样一来军权财权都掌握在诸位手里了。

洪：是的，也握在贵国手里的了。哈哈。

竹添：哈哈哈哈！

洪：哈哈哈哈！

（外面枪声，日本军官进来。）

日军官：报告，清国吴兆有、袁世凯的兵已经冲进宫门来了，左右营的朝鲜兵也跟着入宫，声称"救驾"。

竹添：开火！不许他们入宫。

日军官：知道了！（下）

（枪声，朝鲜士官生亦急上。）

士官生：报告，国王从玉流泉北墙门溜走了。

朴：追，别让他逃到中国的大营里去。追！

（暗转）

（十二月二十日夜）

（袁世凯等在营房）

（火炬照耀，朝鲜人民欢呼"国王万岁！"）

（另一部高呼"打倒日本鬼！"）

（吴兆有统领送李王入营）

兵弁：回袁大人，朝鲜国王到。

袁：（急起迎入，长揖为礼）国王受惊了。

王：（还揖）全亏各位大人救了我的性命。

袁：好说，承贵国托以讨贼，敢不奉命？

（一差官匆匆入门）

差官：回吴大人、袁大人，除洪英植、朴咏[泳]孝伏法之外，卑职打听得叛党金玉均、徐载弼、徐光范三个都剪发洋装，由日本领事馆保护到仁川上了千岁丸逃往日本去了。

袁：唔，竹添公使呢？

差官：竹添公使自己放火烧了使馆，带兵冲出王城，也到仁川去了。沿途放枪，打死了许多老百姓，朝鲜老百姓十分愤怒，也处处与日本商民为难。

吴：快，快派兵保护日本商民，把他们都护送到仁川集合。

差：是。

（幕）

第八场

一八八五年一月二十八日。

日本东京黑田清隆公馆。

到会的除黑田外有川村纯义、山县友朋、井上馨、伊藤博文、西乡从道、大山岩等。

黑田：去年十二月五日的朝鲜事变，支那兵阵亡十名、朝鲜兵十一名，而我军阵亡的除官长矶林大尉之外，士兵达三十三名，负伤的还不在内。另外公使馆被烧，商店被毁，商民流离失所，这真是我国开国以来的奇耻大辱。明治七年台湾生番杀了几个琉球人，其实与我们日本无甚关系，我们为着贯彻南进国策，尚且出兵讨伐。倘使再不出兵，何以立国。

川树：是的，我以为现在也还是进攻中国最好机会。中法战役现在还没有完全结束。支那的福建舰队差不多全灭了，南洋舰队也有好几条在台湾战役中打沉了。现在比较完整的算是北洋舰队，但北洋舰队也还是一支非常微弱的、不均衡的舰队，主力就靠两条轻巡洋舰超勇跟扬威，李鸿章向德国定造的铁甲舰定远、镇远和重巡洋舰济远，因为中法之役，德国守中立，至今还没有开回中国。我估计我们的海军力对付全支那舰队虽然不足，对付现在的北洋舰队还有余。倘使现在不动，一旦中法停战，定远、镇远、济远归队了，到了那时候，北洋舰队的实力便非今天之比了。据我们所得的情报，李鸿章、沈葆贞

[桢]他们受了中法之役的教训已经请准了北京朝廷还要大大地扩充海军。以中国的人力物力,倘使再隔几年,整军经武,我们想动就更难了。

山县:就陆军方面说,我以为也必须抓住这个机会。我们不能局促在这三岛,非向大陆发展不足以图强。以前忽必烈向我们进攻是把朝鲜作跳板的。丰太阁要征服中国四百州也是首先用兵朝鲜。于今我们要向大陆扩张国力,该再走丰太阁的路了。

井上:不过山县将军以为我们的国力够充实了吗?

山县:当然还不够,不过这次中法之战支那已经暴露了许多弱点。看支那政府对法国的妥协是多么的可笑。他们前敌将领并没有打败仗,李鸿章却急于同法国讲和了。

井上:当然支那满洲政府是糊涂的,可是李鸿章并不很糊涂,他有他的想法。他一直以为琉球和安南都不过是中国的癣疥之疾,丢了也无足轻重。他第一看得重的是朝鲜,因为朝鲜在海一方面是他们京畿的门户,陆一方面是东三省的屏障。因此你看他把主要力量都放在这一方面。当法国舰队侵扰到台湾的时候,支那政府要他派几条船到台湾增援,他都不肯撤退驻仁川的超勇、扬威,就可知道他怕我们甚于怕法国。他这样很快地结束对法国的战事,安知不正是想保存力量对付我们的?

伊藤:闻多兄,你的判断不错。李鸿章筹划海防是把京畿门户放在最要,把长江门户放在次要,前者因为是政治的中心,后者因为是财富的中心,而把琉球、越南放在必要时不妨放弃之列的。不仅这样,他甚至说为着建设海防不妨放弃新疆,你知道中国得了新疆不能开发,反而每年要赔三百万老本的。哈哈!

黑田:因此我们对于李鸿章这种的决心不可以估计太低,应该趁着他的海防计划没有全部实现以前先把朝鲜拿下来。

伊藤:李鸿章的见解当然是不可厚非的。不过没有用,那不会全部实现的。我还是跟以前反对征韩论一样,现在也反对为着朝鲜问题跟支那开仗。我们应该赶这个时候实现我们国内的政治改革,完成宪法,改革官制,取消不平等条约,发展产业。节省一切不必要的开支来建设海军,这也就是孙子说的“求为不可胜”。别当我们的国力已经能够跟一个大国开仗,就我们现在这样太太平平地每年国库还要短少一千多万两,这次各部院裁汰了很多冗官,满想拿余下的钱补助海军经费,可是左省右省,每月也不过多出五十万。这不够得很。再者我们还得多修铁路便利交通,我们想把陆军裁掉一半,这样每月可以省出四百万元。

大山：（勃然）怎么，你说陆军要裁去一半？

伊藤：是，不过这事回头我们再商量吧。

黑田：那么你说我们还得等着哪。

伊藤：还得等。

黑田：等到什么时候？

伊藤：再等十年八年也不要紧。到那时候我们内政整顿好了，国家也富强了。

川村：那除非你能让支那在这十年八年中间老睡觉，否则只要两三年他们的海军就要赛过我们了。

伊藤：别的国家我不敢说，支那我可是看透了的，等十年八年毫无危险。现在中法战争刚过去，他们当然要兴奋一两年的。可是战争过去了，他们会完全忘记这回事。那就是说，他们又要睡下去的。倘使我们趁这个时候进攻朝鲜，恰好添加了李鸿章扩张海军的根据，也帮助了中国人觉醒、进步，这是很不合算的。因此，还是让他们睡得多一点吧！

川村：你这不是把支那估计太低了吗？他们的海军强大了，会来破坏我们的建设的。

伊藤：不用担心，不要见了枪炮就胆颤心惊的，主要的要看枪炮后面的人。当他们还是以章句取文，以弓马取武的时候，中国是没有什么可怕的。

黑田：不过这话李鸿章在同治十年就说过了。他说："发捻平定之后朝廷还是靠章句弓马取士，尽管京师设了国文馆，东南各省选幼童出洋，风气还是始终转移不过来。……"

伊藤：就是这样啊！几千年来的腐败政治不打破，时代错误的科举制度不废除，李鸿章就是说过同样的话又有什么用呢？记得副岛伯爵到天津见了李鸿章，李鸿章对他谈起中国国势衰微，非常感慨。副岛翁说："中堂您把事办错了，您既然把太平天国运动给扑灭了，把中国自强的宝贵机会给糟蹋了，今天又何必叹国势衰微呢？"李鸿章没有响，实在我们对于曾、左、李这些所谓清国的中兴名将的心理不能理解。于今李鸿章上面顶着一个顽固的西太后，一个傀儡皇帝，还有许多不学无术、骄傲自私的满洲亲贵，他能干出什么来呢？

井上：不过这样不更好吗？倘使中国真能变法自强、建设现代化的国家，我们日本就得受她的压迫了。因此不如欢迎中国始终是西太后的中国，这样对于我们皇国的发展就便利多了。

伊藤：哈哈，这话也不错。

西乡：那么对于朝鲜事件究竟怎么办呢？你们觉得那三十三名皇军的生

命可以那么白丢了吗？那许多日本商民的财产可以白牺牲了吗？朝鲜问题就这么搁下去让它自然发展吗？

伊藤：当然不，我们应该派一位全权大使到中国去，跟李鸿章交涉。该处罚的要他处罚，该赔偿的要他赔偿。

西乡：单处罚是不够的。皇军的生命应该比琉球人贵重。

伊藤：不过这次竹添公使的行动也有不检点的地方。外交界也有人说话……至于朝鲜问题，但凡我们的国力顺利地发展下去，必定能在我们手里解决。目前我们应该做的是进一步使朝鲜独立。

西乡：独立？

伊藤：那是把朝鲜先从中国怀抱里拉出来。过去江华条约我们已经承认朝鲜是和日本平等的自主国家。可是中国还一直当她是属国。如今倘若能够让支那承认我们对朝鲜问题跟中国立于同等地位，那就算我们的外交胜利了。

黑田：这李鸿章肯吗？

伊藤：他不肯。但换一个说法，他许会肯的，比如说中日两国同时从朝鲜撤兵，将来朝鲜有事，中日两国同时出兵之类。

黑田：倘使支那还是主张她宗主国的权利，不肯撤兵呢？

伊藤：那我们也要求增加守备队到跟中国一样多的名额。

黑田：唔，倘使李鸿章再不答应呢？

伊藤：我想他会答应的。或者再回到同时撤兵也可以，反正让他承认一件。

黑田：万一他不肯同时撤兵又不让日本增兵，是不是要准备打起来呢？

伊藤：准备总是要准备的。不过这是外交上的运用，我想不至于那样的。我也希望不要那样才好。

黑田：你说中国不可怕，其实你又害怕中国。

伊藤：这一点也不矛盾啊。不可怕的是满清朝廷，可怕的是中国人民。试想我们只有三千万人，他们有四万万，而且是勤劳勇敢的人民，怎么不可怕呢？看太平天国运动吧！他们闹了六年，占了半个中国，几乎要成功了，却被汉民族自己顽强的封建地主把他们给镇压住了。于今再加外国的枷锁，暂时是动不了的，但是我们若真把中国老百姓给吵醒了，那岂是小事？

黑田：我不懂。

伊藤：起先我也不懂，后来切实研究了一下太平军的材料，我真是有点害怕了。再者我们不能不虑及的，自从爱珲条约之后俄国已经同朝鲜北部连界了。俄国老早就有进入朝鲜半岛的野心，倘使我们现在为着朝鲜跟中国开仗，恐怕中日两国是两败俱伤，反而给俄国沙皇政府收渔人之利。

西乡：伊藤伯，你顾虑太多了！这也怕，那也怕，怎么能担当大事？

井上：不过伊藤伯也是老成谋国之言。

黑田：什么老成谋国，我看是老成误国！

伊藤：只有不顾国力轻举妄动的才是误国！

黑田：你说谁轻举妄动？从长崎攘夷事件以来，你一味妥协求和，我看你简直是日本的李鸿章。

伊藤：黑田！

（黑田悻悻然起身出门）

井上：好了，我以为伊藤伯考虑得非常周到。事关国家和战大计，岂可以意气用事？各位是不是还有人反对伊藤伯的见解的呢？

（大家默然）

山县：没有异议。

井上：既然大家没有异议，就请推举一位全权大使，连同今天讨论的结果，奏请圣上批准。

西乡：那么就请伊藤伯自己出马吧。

（大家赞成）

伊藤：这……

（幕）

第九场

光绪十一年（一八八五）三月初一日。

天津总署内隆重布置的会议室。

正面坐着李鸿章、吴大澂、续宜[昌]、伍廷芳、罗丰禄等。

靠舞台一面坐伊藤博文、西乡从道、井上馨、榎本武扬等。

桌上每人面前陈列笔砚、稿纸、文件等。

伊藤：本大臣到贵国已经快一个月了，在天津跟中堂会商这也是第三次，希望今天能得到结果。要不然，本月初五日本大臣一定得回国了。

李：伊藤大臣初次来中国，鸿章想领教的地方很多，忙什么呢？（看了一下信件）总理衙门来信说：伊藤大人此次是要跟敝国商办两件事，一件是要敝国从朝鲜撤兵，另一件是要敝国惩办在朝鲜的带兵官。那么，请问伊藤大人究竟以哪一件为重要呢？

伊藤： 两件事都要办到，才于我们两国有益。

李： 两件事都要办到恐不容易。倘使办一件还可以商量。关于撤兵一节，总理衙门要我跟伊藤大人从长讨论。

伊藤： 不过，敝国官兵死伤那么多，贵国的带兵官不能不处罚吧。

李： 这次朝鲜事件可以说彼此都有不是。倘使说敝国带兵官得处罚，那么贵国竹添公使的过失又该怎么办呢？

伊藤： 竹添进宫是奉了朝鲜国王手谕，不能说他不对。贵国驻防军开枪射击敝国的官兵，不能不办。

李： 中国的驻防军系因朝鲜大臣的请托才入宫保护国王，并没有同贵国官兵开枪的意思。不料开到宫门贵国兵和朝鲜乱党向我国兵开枪，我们才自卫的，也不能说不对。

伊藤： 敝国的兵在宫里，中间隔着朝鲜兵，倘使日本兵先开枪必定先打的朝鲜兵，而不是中国兵。

吴： 中国兵的前面既是朝鲜兵，又怎么能打到日本兵？据本大臣调查，当时把守宫门的朝鲜兵是贵国人训练的前后营，所以金玉均引他们入宫作政变的主力，敝国人训练的左右营和江华营都是在宫外，开枪射击敝国兵的朝鲜兵实际跟贵国兵是一气的。

伊藤： 朝鲜兵自有带兵官，岂肯听竹添公使的命令。

吴： 那时候前营使韩圭稷、后营使尹泰骏因为想向中国驻防军求援，都被金玉均他们矫诏给杀了，指挥权已经落到乱党手里了。

伊藤： 这也不能证明是竹添之过啊。竹添得了朝鲜国王求援的谕旨是事实，这是谕旨的照相，明明写着"日使入卫"，上面还有朝鲜王的国玺。

李：（看了一下）这谕旨是金玉均、洪英植他们假造的。

伊藤： 怎么知道是假造的？

李： 这里有去年十二月廿七日朝鲜国王的咨文可以证明这是假造的。（他目视伍廷芳）

伍： 朝鲜国王李熙的咨文一段：（起念）"到永肃门，逆党复请召日本公使，职不许。玉均、光范等探怀出洋纸、铅笔，书：'日使入卫'四字，并无印信为据，即传职命，飞送日本使馆。未至景佑宫前，金等迭次派人催促日使，职不知也。"

伊藤： 这咨文是朝鲜王事后写的，不足为据。

李： 这纸条上的国玺是事后盖的，也不足为据。

伊藤： 那除非请第三国来公断，我才能承认是假造。

李：这样的小事，何必请动第三国呢？况且我也没有这个权限。我还有一个反证，贵国竹添公使带兵入宫是因为金玉均他们造谣说敝国兵在京城发生变乱要杀入王宫，所以十七日的半晚贵国兵才入宫保护国王。可是从十七晚上起至十八日止，一天一晚的工夫，敝国的驻防军既没有出营门一步，更没有到街上去，照道理竹添公使既知道兵变是谣言，国王无须保护，就该退出王宫的，倘使他十九〖日〗早晨出宫，哪会有这次的冲突呢？

伊藤：竹添公使说他几次要带兵出宫，朝鲜国王再三不肯，可知道留在宫里不是竹添的本意。

吴：据我所知道的是国王几次请贵国军队出宫，竹添公使再三不肯。

伊藤：可有证据？

吴：这是朝鲜国王亲口告诉我的。

伊藤：他亲口告诉竹添的又是一样。但这也不能成为中国兵开枪的理由哇。

李：刚才说过，我国驻防营的出动是因朝鲜大臣的求援，这已经在朴咏[泳]孝、金玉均杀了九大臣之后。十九日早晨朝鲜户曹参判南廷哲到我们驻防营哭诉，要我们出兵平乱。可是在出兵之前提督吴兆有、总兵张光前、帮办袁世凯三人曾经会缄通知贵国竹添公使。倘使他们有意跟你们贵国开仗又何必去信呢？既去信就可以知道决非有心开仗了。这是十九日早晨南廷哲的来信，这是十九日午前吴兆有、张光前、袁世凯给竹添公使的信。（交伍廷芳）

伍：（念）南廷哲的信："敝邦不幸，祸变迭兴，母后惊逝，大臣被害。宗社存亡未卜，寡君生死不知，人情汹汹，不知所出，全国上下惟攒手向天，望大邦拯救。"（又念）吴兆有等的信："敝军与贵部驻此，同系保护国王，日昨朝鲜内乱，杀大臣八九人，现在城内外军民不服，有入宫环攻贵军之说。弟既恐国王复惊，又恐贵军受困，用[勇]敢率队进宫，一以保护国王，一以援救贵部，并无他意，务请放心，专此奉布。"（读毕转交伊藤）

伊藤：吴提督写的信跟他所办的事完全是两样。信里面写出兵为的保护国王帮助日本军，一进宫门就向日本军开枪。

李：谁先开枪已经说过了。竹添公使和岛村代办与吴兆有他们平日也很熟识，倘使有一个人出来答话也没有此事了。

伊藤：中国兵见面就开火，他们怎么好出来答话呢？

李：信里面既然说过并无别意，竹添只要对我们带兵官说立即退兵也就没有事了，他何必多疑呢？

伊藤：中堂总说是竹添之过，试想当时在宫里的日本兵只有二百人，而中国兵却有一千多人，必然是一千多人要打我们二百人，岂有二百人愿意同一千多人开仗之理？

李：那天中国兵进宫的也没有一千多人。竹添带队进宫理应知照朝鲜外交部或通知我们驻防营，也免得那样一场误会。我跟竹添相识很久，他做天津总领事的时候常来看我。我深知其人，什么都好，就有一点——恃才傲物，做事不大肯同人家商量。这次也是这个毛病。

伊藤：中堂事事说竹添公使的错。莫非没有通知朝鲜外交部和贵国驻防营，贵国就有理由向日本军开火不成？

吴：请贵大臣不要抹煞事实，中国兵是被打死了五名、伤了十几名才被迫开枪自卫的。他们起先也不知里面有日本兵，因为日本兵入宫既说是保护国王，那时候国王已经从玉流泉逃到北关庙去了，岂有贵国兵独守王宫的道理？

榎本：纷乱之中，竹添公使怎么知道朝鲜国王被贵国给劫走了呢？贵国兵竟向我们守备队开火，这关系太大了。

李：哦！记得去年朝案发生的时候，榎本公使在我们总理衙门说过"中日两国兵丁口角，关系很小"来着。

榎本：那时候我还没有得到详细情报，还没知道中国兵竟用兵法打我们守备队。而且明知我们公使正在宫里，打我们公使，这就是侮辱我们国家，关系还小吗？

吴：请榎本公使别把事件夸大了。贵国守备队依条约只能守备使馆，怎么好守备朝鲜的王宫呢？据朝鲜国王告诉我，十九日情形变化，他们竟逼国王改穿老百姓衣服逃到日本去，国王不肯，只好推脱说要见王太妃一面，那时他才知道竹添公使不怀好意。可知道想劫走朝鲜国王的倒是日本。我们不过接受朝鲜国王的避难。

伊藤：逼朝鲜王到日本不是一件小事。究竟是否竹添公使的本意呢？若无根据，岂可乱说？

吴：我不能确实说是竹添公使的意思。不过当日竹添公使和朴咏[泳]孝、金玉均、洪英植都在朝鲜国王的左右，金玉均他们的行动，竹添公使岂能说不知情？

伊藤：你有什么证据能说竹添知情？

吴：至少有几件事实证明竹添公使有很大的嫌疑！

伊藤：唔，你说哪几件？

吴：第一，十月十七正午贵国守备队从泥岘兵营络绎不绝地搬送枪炮弹药到校洞使馆，街上老百姓无不惊惶，怕要发生什么事情，果然到了晚上就有占据王宫的事。

伊藤：唔。

吴：第二，那天晚边开化党洪英植在典洞邮政总局请客，各国公使领事都到了，就只有竹添公使称病不到。倘使他真病了，怎么那天半晚上又能“带兵入卫”呢？倘使没有病，他又为什么不肯赴宴呢？

伊藤：保护国王是所谓“披发缨冠”的事，竹添为人义侠，所以扶病入宫，至于因病不出席寻常的宴会，也是外交官常有的事。

吴：伊藤大人，十七日的宴会可不是寻常的宴会啊，那分明是有计划的政变，武卫大将军闵咏翊就是那天当场被刺的。

伊藤：那他怎么能事先晓得？

吴：莫非从那晚到十八日，在景佑[祐]宫当着竹添公使的面杀了朝鲜九位大臣他也不晓得？

伊藤：你怎么知道是当着竹添公使的面？即算当着他的面，这也是朝鲜的内政，竹添公使怎么好干涉？

吴：那为什么竹添公使又口口声声说要改革朝鲜的内政呢？

伊藤：这是他站在友邦的立场应有的忠告啊。朝鲜的内政当然是应该改革的啊。李中堂不是也说要学日本的榜样改革中国的内政吗？

李：我看这样的争辩是不会有什么结果的，中日两国各有各的理，谁也不会认错。还不如照我说的，把伊藤大人两样要求之中择其可以商量的商量一下。如双方撤兵问题先行解决一下，伊藤大人，您看怎么样？

榎本：不行。双方撤兵对于日本并没有什么益处。单是这一件我国公使也可以办理，用不着特派头等大使。于今敝国既派伊藤伯爵来华，也就可以知道敝国何等重视这次的使命。去年朝鲜事变皇军阵亡三十三名是事实，商民被害、商店被抢也是事实，敝国全国上下为了此事愤愤不平，认为国耻，倘使惩凶恤民两项不能同时解决，敝国大使也许在今天会议之后就启程回国。

李：（怒）怎么？惩凶恤民两项不同时解决，伊藤大人就要回国了？（这老人也愤然起立）依我看，去年十二月朝鲜事变，我中国官兵小心应付，并没有办错事，没有什么凶可以惩。贵国商民被害被抢之说也都是模糊影响之谈，没有什么真凭实据，无从抚恤！此次之事全是贵国驻韩公使竹添进一郎好大喜功，轻举妄动，自招其侮。倘使贵大臣因此决裂，我也没有什么说的，只好命令我的部下准备打仗就是了。

伊藤：（也起立，变得歉然）中堂别生气，榎本公使年少气盛，他的话不能代表本大臣的态度。倘使他的话冒渎了中堂的尊严，本大臣愿代致歉意。

榎本：（惶恐一礼）我误会了大使的态度，应该我道歉。

伊藤：中堂请坐，去年的事变如中堂说的不免各执一词，况且死伤了矶林大尉以下官兵三十多名，这在我国陆军方面是认为奇耻大辱的。本大臣因不愿贵我双方失和才奉使贵国，倘使贵国全无表示，我对上对下全无法交待，这种苦衷中堂一定能够原谅的。

李：吴提督、张总兵办理都没有什么错。袁世凯原是庆军营务处总办，也是带兵官之一，他为人颇为精明干练，就是有些操切浮躁，这次处置失当，我已经把他撤差调回天津了。这就算我处罚带兵官吧。再者，关于贵国商民被抢的话，我们军纪严明，决无其事。你们也提不出有力的证据证明那是哪一营哪一哨干的。好在庆军原是我的部下，我可以下一道命令叫他们彻查，如真有此等情形，定当严办。

伊藤：那好极了，就请中堂给一个书面照会，我就好销差了。

李：那么，现在剩下的就是撤兵一项了。我有几句话说在头里。我知道贵国目前还没有侵略朝鲜的意思。以后倘使贵国要侵略朝鲜，中国必定派兵跟你们打。倘使中国有侵略朝鲜之事，你们也可以派兵来打。又倘或别一国要侵略朝鲜，中日两国都可以派兵去救应，为什么呢？为的朝鲜是我们两国紧要的屏障。目前不如彼此撤兵，你看怎么样？

伊藤：（击节）中堂的话真是光明正大，有远见，同本大臣的意见完全一样，前面谈的撤兵条款中堂有"朝鲜或有内乱，中国派兵"的一条，我不以为然。后来中堂说删去前四条，把后一条作为专条。我的意思想添一条："如将来有纷难之事，两国或一国派兵当先互行文知照。"中堂以为如何？

李：（取稿阅毕）就这样吧。不过"纷难"两个字改为"变乱重大事件"比较醒目。

伊藤：是，是，这样就可以定议了吧？

李：可以了，前次吴大人拟的第四条本是"朝鲜如有内乱，中国可以派兵"，于今贵大臣添入"中日两国要派兵应当互相行文知照"本来不应当答应的，因为伊藤大人屡次争执，我也不能不略为迁就。

伍：（他很忧愤）中堂。

李：什么事？

伍：这一条关系中国对朝鲜的宗主权，怎么好迁就呢？

李：可是我已经答应伊藤大人了，不好翻悔。

伍：中堂怎么好为着情面轻易放弃国家对藩属的宗主权呢？

李：可是。

伊藤： 我是不是可以相信中堂是有全权的？

李：（窘）是的。我有全权。

伊藤： 那么中堂是答应我了。这条约先由我们两国全权签字盖印。

李： 是，是。

伍： 中堂！这一条毛病太大了，决不能让步。

李： 不要多说，伊藤大人不是也让了许多步了吗？

伊藤： 本大臣已经让了许多步，既没有要求切实惩凶，也没有要求大批赔款，只不过添一条空文。

伍： 不，这不是空文，这是将来的祸根，中堂若不力争要负断送朝鲜的责任！

李： 这——

伊藤： 倘使不照这样定议，本大臣立刻回国。

李： 定议了吧，我已经答应了。

伍： 中堂！

（幕）

第十场

天津总署内鸿章书房。

酒宴之后。

鸿章对伊藤对坐，都换了便服。

伊藤： 春亩此次奉使来华一月有余，和中堂相见有七次之多，非常愉快。现在约文已经成立，春亩打算十九号由天津动身回国，今天趁这机会跟中堂辞行。

李： 不敢当。久仰伊藤大人遍历欧美各国，有治国之才，对于贵国维新事业贡献极大。据说贵国的钦定宪法也是伊藤大人起草的。现在公事已毕，鸿章正想单独向伊藤大人多多领教，何不多住几天？

伊藤： 好说。本国要公太忙，不能多留几日追陪中堂，春亩也非常抱歉。中日唇齿之邦，怎样保持两国永远的友谊，抵抗欧美列强，争取东方民族的富强康乐，春亩实在和中堂的意见不谋而合，因此这次来华使命也容易达成，对中堂真是十分感谢。

李： 伊藤大人来华以前，敝国徐应麟星使已经有信来，说伊藤大人平素专注意通商、睦邻、富民、强兵，主张中日亲睦，此次出使敝国，果然能互相让步不肯轻起兵端，并吞小国，鸿章非常钦佩。

伊藤：不敢。中堂中兴元老，二十年来各种海防建设、工矿交通事业，千头万绪，惨淡经营，也使春亩非常钦佩。

李：以中国之大，这一点点成就真是太不足道了。

伊藤：昨天曾托榎本公使给中堂送来了几本小著，都收到了没有？

李：收到了，谢谢。百忙之中还来不及仔细拜读。贵国维新以来不过十八九年就能有这样的规模，中国这个老大哥只有惭愧。鸿章平常也以为处今天的时势，中国在外交上要争取和平，内政上要实行改革。世界各国都一变再变，国势蒸蒸日上，中国怎么不要急起直追呢？可惜敝国士大夫太拘泥旧制，故步自封，对于泰西各国的良法美意未尝不想仿效一二，可是总是有种种牵掣，不容易办得通。鸿章也不敢存太大的奢望，只能就我权限以内的事像海防建设、工业交通等等，先办一些，作为国家自强图存的基础。

伊藤：可是自强图存岂能单以这些作基础？政治是一切的根本，政治搞不好，海防建设等等也要受影响的。中堂以为如何？

李：我们税务司赫德也说过："海军是花，应该先固根本。"这根本是什么？鸿章虽老也非全不知道。不过中国的事你若想从根本入手就会碰到很多阻碍。没有法子，只能慢慢地来。

伊藤：不过照今天世界局势来看，还容许中国慢慢地来吗？

李：是的。记得早几年贵国外务卿副岛伯爵来华跟我谈了许多，他说贵国开国之初也被迫和西洋各国订了许多不平等条约，比如西洋甲国商民到乙国应一切服从乙国的规矩禁令，中国同日本就因条约吃了亏，只好听外国领事官作威作福。据说那年贵国已经派岩仓具视大臣到各国改约，不知后来都改过了没有呢？

伊藤：那次，我是以副使资格同岩仓大臣一同出洋的。还只能说做了一个初步交涉。英美各国都还推说日本法制未备，风俗宗教不同，至今还不肯改约。

李：可不是？所以我说一切得慢慢地来啊！

伊藤：今天的世界真是几千年来的一个大变局，一步赶不上，就步步赶不上。日本今天总算走上了跑道了。这废除不平等条约是国家现代化的必要条件，怎么敢一刻松懈？就日本说，一定得使它实现的。

李：当然中国也该这么办。就可惜我的权力有限，只能一点一滴地争取，希望将来总有水到渠成的时候。

伊藤：我来中国以前，敝国人多说中堂的权力等于一个政府，北京是满人的政府，天津是汉人的政府，中堂有什么难办呢？

李：（惶恐）这，这，这话鸿章可承受不起，不瞒伊藤大人说，今天的天津同北京就好比贵国德川时代的江户和京都一样，读贵国的近代史，鸿章对于井伊大老是很同情的。他主张开国，为着国家的利益他不得不跟外国人周旋，不得不接受西洋文明，因此便不免受攘夷派、守旧派的攻击。有的人骂他作“国贼”，最后也终于死在刺客手里。（这老人的眼里不觉闪着泪光）

伊藤：可是井伊直弼所做的也许合于幕府的利益，是不是都合于日本国家的利益却很难说。他主张开国，他和外国人合作，他容纳了一些西洋文明，特别是军事技术，这是大家都承认的。但是他不肯真正改革日本的封建政治，又掉以轻心地签订的许多不平等条约，使我们费了十多年工夫也还没有能摆脱这些枷锁，这也是事实。

李：可是在德川幕府末期那样的环境之下他有什么办法呢？“事非经过不知难”，伊藤大人也经历过许多艰难的，一定也有同感吧。我把天津跟北京比作贵国的江户和京都就是说国家的大计的决定有时很难得上下一条心，不仅全国的人心不齐，就是几位当国大臣每每各有各的见解，绝难一致。办事总是掣肘的时候多，顺利的时候少。贵国的副岛伯爵曾经对我说：“日本比中国大，因为中国四万万人有四万万个心，日本三千万人只有一条心。”当时我听了不以为然，现在觉得也很有些道理。

伊藤：副岛的话也不免太夸大了。其实日本也何尝是一条心！明治维新初期全国的革命志士大体上可以说是一心一德想把国家搞好，但是“开国”哪，“攘夷”哪，不是也分成了好多派别吗？到了近年意见更不一致了。就拿起草宪法来说吧，我在德、奥两国调查研究，师淑克乃斯脱（Kneist）、史太音（Stein）两先生的学说，主张君权高于一切，而自由党领袖板[坂]垣退助们始终坚持英法派的观点，强调自由民权，我们俩不仅在欧洲争论过多少次，各不相下，回国以后他又跟大隈重信的立宪党联合起来，事事反对政府。很多重要的预算案多被他们搁起来通不过。

李：那样说起来，也跟中国差不多了。

伊藤：还有，我们这几年轻重工业和矿业都有些规模了，可是也就开始了工人要求增加工资反对资本家的运动，时常引起社会的不安。于今代表工人农民的政治团体也出现了。老实说，现在的世界要想全国几千万人一条心几乎是不可能的，那除非让他们跟外国打仗。

李：不过，在中国就是跟外国打仗也还是不容易全国上下一心一德的，这次中法战事就使我非常难过。

伊藤：那是因为贵国还没有实行政治改革，人民还没有好好地动员起来，再加中国除了政治困难之外还有民族的矛盾。您说对吗？

李：……

伊藤：春亩在德国的时候见过老宰相俾士麦，曾经跟他谈起中堂来着。

李：哦，他谈了些什么？

伊藤：他对您这位"中国的俾士麦"很感兴趣。可是他说倘使他是中堂的话也许不会替贵国皇上消灭太平天国。

李：是吗？这……（沉吟了一下，避免再接触这个问题）啊，今天谈得很多，以后还请把贵国的各种建设情形随时见告，让敝国有所借镜。

伊藤：是。春亩很想建议请中堂亲访敝国，或者琉球悬案等等不难解决。

李：久想到贵国观光，可惜政务纷忙不容易抽身。回头我许跟皇太后、皇上请示。

伊藤：此次条约两国皇上批准之后就由两国驻京公使转达，敝国只等得到准信，必定立即派员到朝鲜调回驻军，不留一个，也不等四个月之后。

李：敝国军队驻朝鲜比较久，必须把一切手续清理妥当才能逐渐调回，不过也断不超过四个月的限期。

伊藤：那好极了。再见，愿中堂为国珍重。

李：再见。祝伊藤大人一路平安。（紧紧握手）

（幕）

第十一场

一八八五年（光绪十一年）八月十五日。

天津总署内。

李昰应跪着。

李鸿章宣读光绪诏书。

李：（读）"李昰应到保定后，该国王曾两次咨请礼部代奏，恳恩放还，兹复遣使臣闵种默等恭赍表文，吁求恩释，情词迫切，至于再三，宜沛殊施，俾伸孺慕。李昰应加恩准其开释，即着李鸿章派委妥员护送回国，钦此！"谢恩！

昰：万岁，万万岁！

李：（把上谕恭置案上，对是[昰]应）时伯翁，请坐。

昰：谢谢中堂。

李：时伯翁这几年在保定委屈了。皇太后、皇上念及时伯翁白头远谪，特别加恩，不久贤父子就可以在故国重聚，鸿章特备薄酒，替时伯翁作贺，兼送行。今天又是中秋，也请时伯翁在中国过这最后一个佳节。

昰： 不敢当。昰应三年来备承中堂照料，此次回国虽是皇太后、皇上特别加恩，也亏得中堂再三矜全，昰应有生之日皆感德之年了。（起身一揖）

李：（还揖）好说。鸿章已奉旨选派同知袁世凯、总兵王永胜送时伯翁乘坐军舰回国。鸿章也备有几色礼物，奉送时伯翁并费心带交国王和王妃殿下。

昰： 这万万不敢当。

李： 贵国这几年内政没有弄好，外交上更加闹出许多乱子。贵国国王听信小人的话，想脱离中国。以前我介绍去的德国人穆麟德也竟敢背叛中国，怂恿贵国国王亲俄，真是所谓"扶得东来西又倒"，贵国人士多有怀念时伯翁的，都说倘使时伯翁在朝，许不会弄到这样地步。时伯翁此次回国，可有什么伟大的抱负吗？

昰： 昰应在保定三年，闭门思过，对于国事非常隔膜，可是平时从国内寄来的书报，从亲友间的通信，以及从下国使臣们的口头报告，也知道许多情形。小邦的局面，真是越弄越不成话了，闵妃干政，一切倒行逆施，闵应植、闵炳奭、闵炯植、闵咏绮诸人联翩当路，要做官除非是闵家的亲戚故旧，或是出得起贿赂的人。外交方向以前是亲日背华，于今又想引俄自主。中堂也深知小邦的失政，不仅是小邦一国的不幸，直接可以危及上国和东亚和平大局。昰应愚见，不如请皇太后、皇上下一道严厉的上谕，特派监国大臣留驻敝国王京，综核大小事务，监督国政，或者人心可以稍安，小邦可以长保，否则不出一年，三韩之地，不亡于强俄，必夺于暴日，决非中国所能控制。

李： 你主张中国派大臣到贵国监国？

昰： 以前元世祖忽必烈也这样作过的。他把大臣吴祈发配西安，另设征东行中书省，统治半岛，现在时事更非以前相比了，上国不采断然的处置是不足以应变的。

李： 可是历史告诉我们，元朝的朝鲜政策是失败了的。不要说这样的监国大臣不容易物色，就有也不容易收效，反而会引起国际间的磨擦，恐怕不是好办法。

昰： 那么，中堂还是安排继续以前那样对朝鲜内政不管的政策吗？

李： 我想这样要比较妥当一点，最近日本外务卿井上馨托榎本公使交来九条办法，时伯翁看一看。（交文件）

昰：（接过匆匆过目）"一、由李中堂、井上外务卿密议朝鲜外交方针，由李中堂赐令，韩王照办。二、内监不得干预国政，韩王应与大臣共议国事。三、外部户部长官，应委上列诸大臣办理。四、韩王会同李中堂与井上外务卿选用贤能之士。五、穆麟德免职，改用美国人某。六、中国驻朝鲜大员改派才干优长之干员。……”井上的意见未尝不切中朝鲜的时弊，可是这样一来又成了中日两国共同监督小邦内政的局面了。

李：可不是。井上是怕俄国觊觎朝鲜，因此约中国共同防俄。实在俄国尼古拉皇帝对朝鲜是很下功夫的，最近的俄韩通商条约对俄国很有利。

昰：昰应听得说这条约，敝国国王听信穆麟德的话才签订的，而穆麟德又是中堂荐给敝国的外交顾问。

李：这穆麟德是德国人，平日办事也很得力，不知如何到了朝鲜却替韦伯公使出力，我已经把他给撤换了。

昰：那再好没有了。（稍停）中堂对朝鲜、对敝国国王有什么指示呢？

李：我始终认为朝鲜的事还是让朝鲜自己管理，比较省事些。我们很希望像时伯翁这样的老成人能接受以前的教训，对贵国国王多所匡救。

昰：可是自我离开王京，我的十几位政友像李会正、赵采夏、郑显德他们都被闵党给杀了。闵妃存在一天，敝国国王是不会听我的话的。

李：国王与时伯翁是骨肉至亲，想必会听从的。

（左右呈上名片）

左右：有客要会中堂。

（鸿章看了名片，沉吟了一下）

昰：昰应告辞。

李：也好。今儿晚上请时伯翁到总署便饭，那时候再跟时伯翁详谈。

昰：是，再见。

（左右引大院君退）

（另一译官引闵咏翊入见）

闵：（一礼）朝鲜陪臣闵咏翊跟中堂请安。

李：请坐，闵将军几时到天津的？

闵：来了一个星期了，早想拜谒中堂，怕中堂要公太忙，曾请袁观察代达过下意。

李：他说过了。我要他请您来总署谈谈。贵国甲申之变，听说闵将军负过伤的，现在全好了吗？

闵：托中堂的鸿福，陪臣的伤全好了。那次的事若非上国以迅雷之势代平大乱，朝鲜局面就不堪设想了。

李：金玉均、徐光范那些乱党，于今还在日本吗？

闵：还在日本。听说他们正与日本政府勾结，要对小邦不利。寡君几次向日本交涉，无奈日本政府托词保护政治犯，不肯引渡。

李：这真是一个后患，可是贵国为什么不能急起直追把内政改一改好呢？朝鲜不比以前锁国的时候了。于今是在列强环伺之下，稍一不慎就不免亡国，怎么禁得起一乱再乱呢？

闵：是，是。陪臣托袁观察带了一个信给中堂，不知道已经批阅过了没有？

李：信看过了。闵将军不主张大院君回国？

闵：是的。

李：皇太后、皇上特别加恩让贵国国王父子骨肉团圆，您怎么反对呢？闵将军是王妃的令侄，你那信上说的是你自己的意思呢还是王妃的意思呢？

闵：（有愠色，但强忍）那信上是陪臣自己的意思，因为朝鲜真像中堂所说的，再也经不起一乱再乱了。

李：你是说大院君回国又要引起朝鲜的大乱吗？

闵：又要乱，中堂。本来寡君父子骨肉团圆，做臣子的怎么敢反对？可是大院君性情固执，权力欲望极强，不要以为他今天顺从上国的意思，回头谁能给他政权，他也可能顺从谁的。他和王妃之间的仇怨已经很深，于今听说上国派军舰送大院君归国，王妃和大院君之间岂能相安？王妃和大院君既不能相安，寡君与大院君父子骨肉的感情又岂能融洽？此事万请中堂明察。（他不胜忧念地站起来一揖）

李：送大院君回国，除了成全贵国国王父子之情，也是想贵国君臣能自己料理贵国的内政外交，因为中国对于属国的内政外交，是从来不欢喜过问的。

闵：中堂的贤明阔达，天下都知道。但是驻朝鲜的上国大员在执行中堂的策略上，就不免有很大的出入。陪臣甲申年被刺没死的那一天曾扶着伤入宫面奏国王和王妃两殿下靠紧中国，万万不可离开。因为陪臣的意思站在中国一边，还可以保持下国内政外交上相当的独立自主，倘使落在日本人手里，只怕名义上的独立自主也要丧失掉的。可是上国对小邦的态度，近来不也大大地改了样子了吗？袁观察在小邦，实际上操切专擅，遇事干涉，小邦的内政外交，久已不能自主了。因此许多不平的人便不免劝国王脱离中国投入俄国的怀抱。于今中堂又送大院君回国，在中堂许是想靠这位老政治家匡正小邦目前的偏向，实际上这偏向恐怕反而要加强，王妃殿下更要怨恨中国，倾向俄国。

李：唔，你这话也有一些见地，我一定要袁世凯注意。可是你们国王把国事也太儿戏了，大院君经过三年的羁囚，也有了很大的进步。他回国，对于贵国的局面一定有很大的帮助。日本方面也这么看。

闵：不，朝鲜上下对于大院君的回国不胜其忧虑，只怕朝鲜以至于东亚的局面要发生困难。陪臣为着小邦，为着上国，为着东亚的全局，不能不请中堂收回成命。

李：大院君回国是皇太后、皇上的恩典，我怎么能收回成命？

闵：那至少请中堂把大院君送到德山，不要送回王京。

李：上谕规定送回王京，这办不到。

闵：（激动）中堂，我对中国很失望。

李：你太放肆了！

闵：陪臣告罪！（他转身就走）

李：（呆然有顷）咳，朝鲜的事真是棘手！

（幕）

第十二场

荒凉的旷野。

东学党所动员男女信者手执线香，低沉地唱着“金樽美酒千万人的血，玉碗佳肴老百姓的膏”的歌曲，扶老携幼向王城集中。

（幕）

第十三场

景祐宫中一洋式大殿，华灯红烛，金碧辉煌。

正准备着美酒佳肴飨待外宾。

幕启时李王与闵妃正在侍臣、侍姬围绕下接见中国驻韩大员袁世凯。（陈恭禄《中国近代史》称：“袁在韩之地位异于各国公使，其见韩王，李鸿章谓如司道谒见郡王之礼。于宫外候请，降舆，三揖，侧坐则为最恭。……”）

李王：（颇为惶恐地）承上国皇太后、皇上，加恩释放大院君回国，使李熙父子团圆，实在万分感激。李熙一定要仰体上国皇太后、皇上以孝治天下的意思，竭尽人子之道。

袁：（努力诚恳但仍时露矜傲）是，那很好。可是殿下在大院君回国前后又一连杀了他的亲信政友三位之多，于今又在云岘府的前后门竖立红木，禁止外人出入，这不太过分了吗？

李王： 这——这——(李熙十分惶恐)实在因为此次家君回国，外面猜测甚多，时常有些对现状不满的人到云岘走动，犹恐他们挑拨是非，反于家君不利，所以派人去保护他老人家是有的。

袁：(笑)保护？前回世凯谒见大院君，老人家十分气愤，说他回国之后的生活比在保定还要不如。这岂是贵国王事亲之道？

李王： 哦，家君要是这样看，那真是惶恐得很。李熙实在为的保护他老人家才那么办的。至于杀金益俊他们，却不一定是我的意思——

闵妃：(气)陛下，不是您的意思是谁的意思呢？

李王：(狼狈)当，当然也是我的意思，因为……

闵妃： 因为他们都“罪有应得”。

袁：“罪有应得”？那恐怕只是因为他们跟大院君是朋友吧。事情是明白的，中国送大院君回朝鲜，贵国上下有许多猜测，还有人以为中国有心让大院君东山再起，其实完全没有这回事。中国送令尊回朝鲜，只是因为接受贵国王的请求，全贵国王父子骨肉之亲，别的意思是没有的。

闵妃： 那么为什么有人说不只是李中堂要大院君东山再起，还有废立我们国王的意思呢？

袁： 哪有这话！不过，王妃殿下能这样坦白地说出来是很好的。世凯只请问：倘使中国有废立贵国王的意思，那么甲申之变又何必请大院君到中国去？当时让乱兵到处搜杀不加制止，贵王妃也岂能安全逃出王京？还有，壬午之变又何必帮助贵国平乱，挡住日本兵？倘使当时让金玉均借日本兵任意横行，贵国王、贵王妃还能有今日吗？

(李熙、闵妃默然。)

袁： 请王妇殿下告诉世凯，这废立的话是谁说的？

闵妃：(有些狼狈)我，我是随便听来的。

袁： 随便听来的不负责任的话，岂可以在这样的地方提出？

闵妃： 这消息是我们大将军从中国传来的，岂能说是不负责的话？

袁： 闵大将军竟能说出这样没有根据的话是很可惜的，这得禀知李中堂在天津质对一下，以释两位殿下的疑虑。

李王： 不，不，李熙没有什么疑虑，上国几次替下国平乱，李熙一直是很感激的。我一直是依靠上国的。闵大将军也这样劝过我们，请袁大人不必把这件事过于根究。

闵妃： 袁大人根究一下也好，我是有什么就说什么的。

李王： 不，不……

袁：王妃殿下的话很对，为着中国与朝鲜关系的巩固是应该根究一下。至于中国历次帮贵国平乱，不只是因为保护国王，也是因为我们两国唇齿相关，万一朝鲜有事就直接影响中国，尤其是我国的东三省，现在朝鲜成了东西列强纷纷角逐的地方，国际关系复杂极了，贵国外交政策却老是摇摆不定，这对于中国也是很危险的，因此中国不能不十分关切。

闵妃：朝鲜既然跟各国都有了条约，自然不能不同各国有些直接交涉。现在的朝鲜青年人又都爱谈自由独立，袁大人是听到的。大势所趋我们也不能不迁就他们一点。况且李傅相多少次声明，对朝鲜内政外交不愿过问，袁大人的过分关切是不是中堂的意思呢？

袁：世凯在朝鲜全是秉承李中堂的意旨办事。中国对朝鲜的内政外交虽然不愿十分过问，可是一旦损伤到中国的威望和利益的时候，中国是不能沉默的。

闵妃：怎见得朝鲜的事损伤了上国的威望和利益呢？

袁：有两件事，世凯要请贵国王注意。

李王：是，是。

袁：贵国不经中国许可擅自派头等全权公使到美国，这是严重损害中国威望的。殿下试想，中国派到美国的是二等公使，而朝鲜竟派头等全权公使，外交地位反而在中国之上，这是中国所能容忍的吗？

李王：是，是。只是已经派了又不好收回成命。

袁：贵国王为什么必须要派公使到美国呢？

李王：为的是增进韩美邦交。

袁：（冷笑）既然不过为的增进邦交，没有别的使命，为什么要派全权公使呢？

李王：这……

闵妃：因为美国愿意尊重朝鲜的独立。

袁：“独立”？我知道现在各大强国都在拿这两个字打动朝鲜，其实他们不过想在朝鲜扩张势力，把朝鲜化为他们的附庸，希望贵国王、王妃不要上当。

闵妃：美国是个民主国家，隔朝鲜很远，根本没有侵略朝鲜的野心。

袁：若没有侵略朝鲜的野心，为什么十五年前美国的太平洋舰队又来攻击朝鲜的牙山湾呢？

闵妃：那，那是因为光武五年我们打过美国的海盗船。

袁：为什么要打他们的海盗船呢？那些美国的海盗们干过些什么来着？他们不是从牙山湾登陆，到德山盗掘着贵国王的祖父南院君的坟墓吗？这样的深仇大恨两位殿下能忘记吗？还能替美国辩护吗？

闵妃：……

袁：最近贵国王又任美国人李仙德做总税务司，又安排向美国借款二百万美元，殿下知道这李仙德是什么人吗？他就是领日本人进攻我们台湾的美国大流氓，殿下怎么能相信这样的人呢？这又是谁推荐的呢？

李王：他，他是日本公使和德尼先生推荐的。

袁：日本公使能有什么好心？

闵妃：可是袁大人忘了那位德尼先生不正是李中堂推荐给我们的外交顾问吗？李中堂说他"宅心公正，爱惜声名体面"。那么，他推荐的人为什么不可以相信呢？

袁：……以前穆麟德那样，于今德尼又这样，可知道他们总不容易跟我们东方人一条心。这就望贵国王有把握了。德尼的事我立即禀明中堂。今天这样的盛会世凯占去殿下太多的时间，很抱歉，世凯告辞。

闵妃：明知道袁大人要公很忙，可是今晚务请多留一下。

李王：关于朝鲜的内政，袁大人还有什么见教？

袁：没有什么了。（沉吟一下）只是贵国东学党一天天猖獗起来了，这真是贵国的隐患，不知道贵国王注意到了没有？

李王：东学党？哦，您是说天道教。我因为他们"左道惑众"曾杀了他们的教祖崔福述，现在是崔的徒弟在活动，但这只能影响一些愚民，我想是不足为患的。

袁：不，他们的口号很得愚民的拥护。在朝鲜这样的国际环境之下难免不被人家利用，闯出很大的乱子。古话说得好，"星星之火可以燎原"，贵国王不可大意，应该早派大臣严办，免得养痈遗患。

闵妃：是。我也听说他们要赶走洋人，杀尽亲贵。这就不只是愚民，简直是乱民了。

李王：袁大人说得是，李熙一定注意。

（暗转）

（朝鲜外务大臣金炳始与美国顾问德尼谈上。）

金：借款已经提请国王陛下批准，驻兵的事恐怕很难办。

德：数目不大啊。先派五十名。这事是完全对朝鲜有利的。美国是大国，从来没有侵略弱小国家的意思，而且总是帮助他们的，如像帮助菲律宾独立一样，完全没有一点私心。您看，中日两国都在贵国驻兵，万一有事，吃亏的总是朝鲜。不如许美国也驻兵汉城，以不偏不党的态度监视中日两国，这样他们两国也不致任意冲突，朝鲜的安全和东亚的和平也可以确保。岂不一举两得？

金：是，是，可是这事关系不小，炳始不能做主。不止是要请示国王，恐怕还得知照袁世凯大人转向李鸿章李傅相请示。

德：倘使告诉他们这事准不能办。

金：德尼先生是李傅相推荐来的，怎么反对请示李傅相呢？

德：我虽是李鸿章推荐来的，今天既然吃朝鲜的俸禄就应该一心一意替朝鲜办事。朝鲜今天要求的是独立自主，李鸿章为了中国的利益始终当朝鲜是属国。其实李鸿章还好一点，这位老年人总是多一事不如少一事。袁世凯可不同，他少年气盛，很想借朝鲜做他建功立名的踏脚石。您知道他的先生是张謇，这位江北名士是主张把朝鲜化为中国郡县的。李鸿章虽不会这样鲁莽，可是多少总得迁就袁世凯一点。您看袁世凯在朝鲜由一个吴长庆的营务处长升到今天的驻韩总理，俨然像朝鲜的统治者一样，就可以知道李鸿章的态度了。为什么李鸿章要让袁世凯用军舰护送大院君回国？这分明是看见这些日子王妃一派有些倾向俄、美，所以想把大院君捧出来压倒闵家，让朝鲜依然靠近中国，这还不明白吗？

金：这我们明白。可是中国还有力量，我们还不能不尊重他。

德：不要紧。我在中国很久，深知中国官场最怕洋人，朝鲜想要独立自主，最好结交一个西洋大国。所以我才主张贵国派全权公使到美国去。

金：就因为派朴定阳公使到美国去，我们把中国给得罪了，于今袁总理一定要我们把朴公使撤回来。

德：你们撤不撤呢？

金：不撤恐怕不行。

德：一撤就要损伤朝鲜的主权。我主张还是硬到底，不然就给他一个阳奉阴违。我们一定请美国政府以独立国家头等公使资格款待朴大人，让李鸿章知道他的意志达不到美国。

金：可是李鸿章的北洋舰队随时可以到仁川来。

德：你别忘了日本的海军练得比北洋舰队好，美国太平洋舰队又比日本的好。

（他们谈着下去了。）

（闵妃和俄韦伯公使夫人猩都阿同上。）

猩：（亲切地）王妃殿下，您又有些不舒服？

闵妃：（以手叩额）头有点痛，猩都阿夫人您来得真好，我正想着您哩。（执其手）

猩：是啊，我也正想陛下。您有点感冒？（以医生的熟练把她的脉搏）

闵妃：不，不是感冒，刚才那位袁大人真要了我的命。

猩：他不是还救过国王的命？

闵妃：可是……

猩：可是他于今主张把朝鲜改为中国的郡县。

闵妃：这话您听得谁说的？

猩：您不知道？你们外交顾问德尼先生对我们韦伯公使透露的。

闵妃：哼，贵国对这事觉得怎么样？

猩：敝国自然不愿意这样。朝鲜是有几千年历史的古国，怎么能成为别国的一个省呢？再说，将来置两位殿下于何地？（忽闻枪声，猩都阿大惊）哎呀！又是"苦迭打"？

闵妃：（笑）哦，您别怕，这是因为那年景佑宫死过许多人，我睡觉都梦见他们，我晚上叫近卫营放枪驱逐他们的。

猩：哦，您是赶鬼？

闵妃：对。

猩：可把人给吓着了。

闵妃：猩都阿夫人，您坐一会儿，我叫他们别放了。

猩：不要紧。

（闵妃急下，猩都阿坐下，金炳始伴随袁世凯走过，猩都阿目送着他的后影。日本大石公使走过来。）

大石：韦伯夫人，您——

猩：哦，大石公使。

大石：您对这位袁大人感兴趣？

猩：唔。您呢？

大石：我也感兴趣。韦伯公使呢？

猩：今儿个他有病，不能来。

大石：听说袁大人主张把朝鲜化成清国的郡县，应该告诉韦伯公使请俄国人先发制人，别让他的主张实现。

猩：我一定告诉他，可是这事贵国恐怕更加关心吧？

（宫女上，向猩都阿夫人一礼）

宫女：王妃殿下请韦伯夫人到那边去。

（猩都阿向大石微笑一礼，跟宫女去。）

（袁世凯与随员上，走过大石公使前，彼此一礼。）

大石：袁大人要回去吗？

袁：有点事，想先回去，已经跟国王、王妃辞过了。哦，正要找大石公使，请您转达中堂对伊藤大人的谢意。

大石：您是说关于英国赠给贵国皇帝宝星等级的问题？

袁：是，是。

大石：当然嘛，英国把二等宝星赠给贵国，看不起贵国也就是看不起咱们东方嘛。

袁：中日两国是应该这样彼此关心才好。

大石：是的。特别是在朝鲜问题上，中日两国应该彼此团结一致才好。朝鲜的存亡安危，实在关系我们两国太深了。（低声）俄国亚历山大皇帝经营朝鲜的野心一天天积极了。租借永兴湾的密约虽然给我们反对掉了，可是最近又在酝酿签订俄韩商约的追加条约。（指向）袁大人，别瞧韦伯夫人在宫里行医，她才是位外交名手呢。

袁：唔。我知道。英国舰队占领巨文岛也算给了俄皇的朝鲜政策一个警告。

大石：可是这样一来韦伯公使借口英国占领巨文岛，他们也要占领永兴湾，问题就更复杂了。

袁：傅相已经和北京的贾西尼公使商量请俄国表示对朝鲜的态度，那么一来英国许也就撤兵了。像这样剑拔弩张的情势不管谁胜谁负都不是我们东方之福。大石公使，你看对不对？

大石：对。我个人倒是很佩服袁大人的。您想把朝鲜变成郡县，这主张大胆极了。不过在今天的国际情势之下，恐怕未必办得通吧。

袁：这完全是无稽之谈，我从不曾有过这样的主张，你这话哪里听来的？

大石：这话倒是有根据的。不过这里也表示日清两国对朝鲜问题的基本看法不同。贵国认朝鲜是属，所以想进一步经营朝鲜。敝国却一直认朝鲜是个独立国，我们跟朝鲜订了一连串对等条约，所以就不能不反对袁大人的意见了。

袁：可是我根本没有这种意见。我们国内倘使有一部分人有这样的主张，也无非怕朝鲜一旦受别国侵略，会要影响中国的安全。至于中国对朝鲜的宗主国的关系有很长的历史。（他望着大石）那不是任何别的国家所能轻易否认的。

大石：日本跟朝鲜的关系一样有很长久的历史，应该享受跟中国一样的权利。可是看最近清韩商民水陆贸易章程和清韩关税同盟协定都严重损害日本的商业利益，袁大人以为日本所能容忍下去么？

袁：中国跟朝鲜的关系岂是日本跟朝鲜之比？那只好请贵国原谅了。

大石：可是任何国家不进步必致灭亡，朝鲜同中国虽然有多年关系，但中国不单不能帮助朝鲜进步却又坚持宗主国的资格，拥护朝鲜的腐败势力，死拖活拉地不让朝鲜进步。这实在不是办法。

袁：（勃然）你觉得要像甲申年那样拥护金玉均，组织朝鲜政变，推翻朝鲜国王，那才是办法吗？要到处培植死党，攘夺朝鲜国权，欺压朝鲜商民，那才是帮助朝鲜进步吗？

大石：（也兴奋）袁大人这话太过了，我不过想中日两国共同改革朝鲜的内政，让朝鲜强大起来，不致受西欧大国比方俄国的侵略。

袁：中国对于朝鲜内政素来不甚过问，就要过问，敝国朝廷自有权衡，是否应该同贵国共同改革朝鲜内政，世凯无权回答。

大石：贵国不愿那自然听便，不过朝鲜内政不改革恐怕终久要影响东洋的平和。这改革迟早总要实现的，几国共同来办，或是一国单独地办。

袁：您是说将来由日本单独办？

大石：这不一定。我是说如果不能由两国共同办理，势必由一国单独办。袁大人不要误会。

袁：我没有误会，中国应该办的事中国自然会单独办理。您没事了吧。（点首将行）

大石：哦，我想顺便问问上礼拜给袁大人的公函，您过目了没有？

袁：您是说关于防谷令的那笔赔偿费？

大石：是的。日子拖得太久了，既经袁大人出面调停，就请早些了结。

袁：是的。日子太久了，大石公使看是不是能照我的调停案了结呢？

大石：那太少了。由于这次防谷令日本商民的损失是十四万一千三百元。现在迁延两年之久，连本带利超过二十万元，六万元万万办不到。

袁：防谷令违背条约，是朝鲜政府的错，可是大石公使也充分明了朝鲜是个穷国，拿出这六万元是已经不很容易的。

大石：朝鲜跟日本订了对等条约，当然应该负条约规定的义务，不是什么穷富的问题，袁大人既然出面调停，不应该专替一面说话。这事暂且压下来吧。还有敝国政府一封急电要请袁大人转给中堂的？

袁：（接阅）哦，关于贵国逃犯的事。

大石：对。

袁：这事已经去电天津禀知中堂了。

大石：一定请办一下，因为这是企图颠覆敝国政府的要犯，万万不能让他逍遥法外，请贵国政府协助逮捕，归案法办。

袁：这事只怕办不到。

大石：办不到可于两国邦交很有遗憾。

袁：金玉均也是企图颠覆朝鲜政府的要犯，逃到贵国逍遥法外好几年了，敝国和朝鲜政府两次三番向贵国政府要求引渡，贵国政府以保护政治犯为名不加理睬，难道这又于两国邦交毫无遗憾吗？

（英公使馆代办哈理丝上。）

大石：这……

哈：哦，大石公使，袁大人。

袁：哈代办，公使什么时候回来？

哈：公使下月回来。有信致意袁总理。

袁：他对于李中堂的备忘录怎样回答呢？

哈：没有问题，公使多次表示过，英国无意侵犯朝鲜和贵国的主权，我们舰队占领巨文岛完全为的保卫太平洋和平。只要亚历山大皇帝的俄国表示没有兼并朝鲜的意思，英国当然可以从巨文岛撤退。

袁：李中堂来电说俄国完全可以。

哈：英国必定照办。

袁：那太好了，再见。大石公使再见。

大石：再见。

（袁拱手下。）

大石：哈代办，您相信袁大人的话吗？万一亚历山大皇帝硬要经营朝鲜呢？

哈：那么维多利亚女皇的舰队随时等着他。

大石：可是这样广阔的东亚大陆，女皇不会感到鞭长莫及吗？

哈：女皇正在找她的东方朋友。

大石：你们选定了李鸿章？

哈：这很难说，（低声）也许是伊藤博文。哈哈哈哈……

大石：哈哈哈哈！我想伊藤博文会服务得更好些。

哈：哈哈哈哈。

金：（上来）哈代办，大石公使，你们笑什么？

哈：哦，我在说给女皇陛下找一条警犬。

金：警犬？我倒有一条好的，可以奉送。

哈：哈哈哈哈。

大石：哈哈哈哈。

（闵咏骏随国王及闵妃谈上）

朴夫人：殿下如若怕鬼，不必放枪，这样容易使内外惊慌，不如设四十九天大醮禳解禳解。

闵妃：唔，咏骏，你看行吗？

咏骏：这样的时候在宫里建醮，会被外国人笑话的。臣以为不如建造一座洋式宫殿。您不是知道，唐朝的则天皇后因西京的宫殿有鬼，常到东京宫里住就没有鬼了。

闵妃：对，你这提议好得很，我也这样想过，可是没有钱怎么办？

咏骏：我们可以加税啊。

闵妃：税不是够重了吗？再加，那些老先生要说话的。

咏骏：不要紧，臣可以叫地方官竭力报效，这是应该的。

金：不，我们可以借外债。刚才德尼顾问说尽管李鸿章反对，美国是愿意借的。如若公开不好办，秘密的也行，只要我国答应一个条件。（耳语低声）

闵妃：驻兵？这能依吗？

金：我想可以依的，德尼顾问说的理由也很对。

（宫外远远人声鼎沸，枪声。）

闵妃：什么声音？刚才不是嘱咐他们不许放枪了吗？

李王：快去看看去。

侍臣：（急上）启奏陛下，宫外来来了上万个东学党的信徒，禁卫营放枪驱逐他们，他们还不肯走。

闵妃：（大惊）怎么，他们造反来了吗？

侍臣：不，他们手里都捧着线香，说是来请愿来了。

闵妃：请愿？他们要怎么样？

侍臣：他们请求替他们的教主崔福述伸冤。

闵妃：伸冤？邪教惑众不该杀吗？

侍臣：他们因地方官压迫教民，请求承认天道教是合法的教。

闵妃：他们要赶走外国人，要杀尽满朝亲贵，这能是合法的教？

侍臣：启奏两殿下，他们人越聚越多，若不承认他们，恐怕要闹出大事，您听。

（宫外示威者在唱歌。）

（幕）

（原载于《人民戏剧》第1卷第4期，1950年）

御香飘（"朝鲜風雲"插曲）
Andante
朝鲜民謠改編
金樽美酒千萬人的血，
玉椀嘉肴老百姓的膏，
燭淚落時民淚落喲！歌聲高處怨聲高。
Allegretto
（過門）
金剛山，金剛山，金剛山上御香飄，
金剛山，金剛山，金剛山下淚如潮，
人無衣食鳥無巢，
景祐宫中迴金扇舞纖腰，
金剛山金剛山金剛山上御香飄！
註：自第十四小節"金剛山"起至最後一小節止，可視需要將該段反覆唱幾遍，或間用幕後歌團齊唱。
改編者雪鈴

不死鸟

[朝鲜]宋影
金圣哲　译

人物表：李斗星——第一排排长。
　　　　金顺玉——宣传队员、战斗员。
　　　　朴老头——后勤工作人员。
　　　　孙大夫——军医，中国人。
　　　　小崔——儿童团出身的战斗员。
　　　　高某——伪装爱国的特务。
　　　　韩福男——通讯员。
　　　　男宣传队员
　　　　女宣传队员
　　　　朝鲜人民革命军战士甲、乙
　　　　司令部干部若干人
　　　　日寇军官
　　　　日寇士兵若干人

时间：1937年—1938年。

地点：中国东北长白山的密林里。

场次：第一幕　胜利的高地（1937年3月）
　　第二幕　第一场　地下医院（1937年6月）
　　　　　　第二场　地下医院（1937年8月）
　　第三幕　小茅屋（第一医院）
　　第四幕　第一场　被烧毁的地方（1938年1月）
　　　　　　第二场　被烧毁的地方（1938年3月23日）

第一幕

1937年2月。

长白山脉(距鸭绿江三十多公里的地方)裴家沟密林中的某高地。

裴家沟是一个主要的通道,这里到处都是岩石、大树、芦苇和荆棘。

雪漫过了膝盖,树枝上挂着积雪,像是盛开着的梨花。

气温是零下40度,寒风刺骨,森林呼啸着。灯火在幕启前息[熄]灭。

可以听到大合唱《游击队进行曲》的雄壮歌声。

合唱结束的时候,暴风雪起。

男女两个宣传队员分别站在舞台前沿两侧,他们穿着朝鲜人民革命军的制服,带着驳壳枪。他们是革命军队中的政治工作人员,作宣传鼓动工作。

男宣传队员: 以金日成元帅为首的坚强的共产主义者们组织并发起了抗日游击斗争,这一斗争是朝鲜民族解放斗争史上的主流。朝鲜人民革命军抗日武装斗争的胜利史,也就是朝鲜革命运动的光荣史。

音乐。

女宣传队员: 我们的革命战士们有着崇高的爱国热情和革命意志。为了打倒朝中人民不共戴天的敌人——日本帝国主义,为了争取朝中人民真正的自由、独立、和平与幸福,他们在极端困难的环境里坚持了十五年的斗争。

男宣传队员: 1936年到1937年,是游击斗争史上最光辉的一页。1936年8月,当白头山上的原始密林长得茂密的时候,当鸭绿江水汹涌澎湃的时候,朝鲜人民革命军进至我们祖国朝鲜北部的国境地带鸭绿江边的长白山地区。金日成同志曾多次告诫我们说:“我们的活动舞台是鸭绿江畔。”这是因为我们要从鸭绿江、图门[们]江畔开始,在松花江上游广大地区里建立一个强大的游击区以打击日寇;也是因为我们要领导国内革命运动,使武装斗争和群众斗争紧密地结合起来。

1936年8月1日,我军以破竹之势进至鸭绿江边的长白地区。从这里我们可以看得到祖国可爱的河山。我们的战斗活动震撼了整个长白地区。日本帝国主义的军队和警察连战连败。

女宣传队员: 日寇在惊慌失措之余,又在长白山一带集中大兵力,开始了所谓“冬季大扫荡”。敌人企图用大兵力四面包围革命军指挥部所在地白头山,让我们在密林里冻饿而死。可是,真正冻饿而死的不是我们,倒是他们。敌人的所谓大扫荡战,在我军英勇地反攻面前,被彻底粉碎了。

呵！这是一支胜利的歌曲：密林里的积雪变成了花朵，飘到遥远的祖国的土地上，每个人的心里都燃起了革命的火焰。这支歌曲还告诉我们：在这一神圣的斗争中，我们英勇的战士们也曾洒下了宝贵的鲜血。他们就是永远放出光芒的不死鸟，爱国的鸟，革命的鸟。他们经得起革命火焰的考验，他们不会被烧死，任何人也不能置他们于死地！他们就是革命的化身——不死鸟。这样的不死鸟真是前仆后继，它们的数目何止千万！

男宣传队员： 现在我们爱戴的一个战友的故事开始了。时间是1937年2月的一天。地点是长白山密林中的某高地，从这里可以看得见白头山。在那里，日寇为了作最后的挣扎，发动了一个所谓"冬季大扫荡战"，一个激烈的战斗在进行中。这个高地是个战略高地，它在歼灭日寇的战斗中起着重要的作用。第一排排长李斗星同志勇敢地守卫着高地，他的任务是用少数兵力阻击日寇的大兵力。

男女宣传队员自左右退场。

舞台灯光重新暗下来。在一阵激烈的枪声中，二道幕拉了上去。

夕阳照射在雪地上，成了粉红色。

李斗星、金顺玉、小崔和战士甲、乙虽然身体显得很疲倦，但他们的情绪却很高。

李斗星： 我们的子弹打光了，轻机枪也变成残废了，但是不要灰心。

战士们： 我们不灰心！

小　崔： 我们不是在那个陡峭的山上往下滚石头，把敌人打退了吗！

战士甲： 还有这个东西哪！（拿起延吉炸弹[①]。）

战士乙： 我还有三个。

小　崔： 我还有四个。

金顺玉： 我也还有四个。

李斗星： 让他们爬上来，等靠近的时候，一下子……

战士乙： 让他们一下子就去见阎王。

战士甲： 只要这样一想，我的劲头就来了。

金顺玉： 对！这样，子弹也就可以解决了。

小　崔： 让我去捡回来。

李斗星： 好！我也是那样想的。可是，要小心，要沉着。光凭热情往外

---

① 这是金日成同志领导下的抗日游击队为更多地夺取日寇的武器而制造的一种椭圆形的炸弹。——原书注

跑，如果遇到不幸，那是违反纪律的。我们虽然胜利地完成了战斗任务，可是我们失掉了两位同志，我们剩下的人要把任务担当起来，给牺牲的同志们报仇。

战士们的心头燃起复仇的火焰。

李斗星： 我们要用生命来坚守这个高地，这个阵地能不能守得住，是决定这次战斗胜败的关键。师长同志因为信任我们，才把这样重要的战斗任务交给我们排，我们要真的不愧作一个朝鲜人民革命军的战士，用生命来保持这个无上的荣誉。

日寇冲锋声。

大家准备投入战斗。

李斗星： 沉住气，静一点！让他们靠近以后我们再……

战士甲： 那些家伙们怎么不敢爬上来啦？

战士乙： 他们害怕了。

小　崔： 他们大概知道我们将军战术的厉害。

金顺玉： 喂！爬上来了！

大家都作战斗准备。

李斗星发出信号，战士们一齐扔出了手榴弹，爆炸声和日寇中弹毙命时的叫喊声。

战士甲： 你看！死了一群。排长！我们冲锋吧！

李斗星： 不用，你们只大声喊一下就够了。

战士们高声喊起来。

李斗星把最后一颗手榴弹扔到远远的地方，爆炸声。

李斗星： 现在不是冲锋的时候，不要让敌人发现你们！

小崔和战士甲要跑下去，被李斗星一手抓住。

小崔和战士甲： 是。（趴下去）

李斗星： 你们可要小心啊！同志们！如果在他们回来以前有新的情况，就掩护他们一下，要是遇到更危险的情况，就把剩下的手榴弹全部扔出去歼灭敌人。

冷场片刻。

战士乙： 你看！他们抱得满满的。（自言自语）大概起码也得有几千发子弹。

金顺玉： 你看！那个同志放下子弹又下去了。

李斗星： 你们不要着急！

战士甲爬了上来，金顺玉和战士乙把战士甲拉上来，并把子弹接过来。

战士甲： 有这些子弹足够消灭敌人一个团的兵力啦！

李斗星： 辛苦了！可是那个同志呢？

战士甲： 为了要把轻机枪也拿回来，他又下去了，就会回来的。

金顺玉： 你看！那不是上来了吗！他一直往这里跑上来了！

战士乙： 那个同志真勇敢。

李斗星：（大声）同志！你爬着上来，不要跑着上来！

又传来枪声。

金顺玉： 哎呀！那个同志倒下去了！

李斗星： 同志们！好好地掩护！（跳下去。）

战士甲、乙： 排长同志！我们也下去吧！（要跟着下去。）

李斗星： 我命令你们不要下去！

战士们举着手榴弹紧张地注视着下面。

日寇枪声止。

金顺玉：（往下看，高兴起来）排长同志！（她也要跟着下去。）

李斗星的声音："你们不要乱动！"

李斗星背着已经昏迷了的小崔爬上来。

战士们接过来，小崔在昏迷中仍紧紧地抱着轻机枪不放。

李斗星： 还可以救，但是伤很重。（回过头来命令战士乙去站岗监视敌人。）

战士乙： 是！（去站岗。）

金顺玉给小崔包扎伤口。

战士甲把沾了水的毛巾放在小崔的头上。

小崔醒过来。

小　崔： 排长同志！（回过头来）嗯！同志们！我还活着！？（高兴起来）轻机枪呢？排长同志！那是一架好的机关枪！还是新的呢！

李斗星： 真是一架好机枪，你作的对！可是，违反纪律去冒险是不对的。

小　崔： 我错了，可是已经看见机关枪了，我怎么能空着手回来呢？

李斗星： 有那样的热情是好的，可是，你知道不知道我们师长同志是多么爱惜我们的吗？

小　崔： 知道，可是，一想到不是在别的地方，而是就在这个地方，要拿这架机关枪消灭敌人，我的劲头就来了。排长同志！这样，我们排不就能够胜利地完成我们的战斗任务了吗？（又昏了过去。）

金顺玉：排长同志！他伤势很重，这样下去很危险，你看怎么办好？

李斗星：送后方。

韩福男出场，背着背包，里面装着子弹。

韩福男：排长同志！

李斗星：通讯员同志！

李斗星和韩福男紧紧握手。

韩福男：你们坚持的好！这是子弹和手榴弹。

李斗星：（指着缴获的弹药）在这儿也有，是刚刚缴获的，这架轻机枪也是。可是，他……

韩福男：是这位同志吗？！

金顺玉：伤很重，送到后方去吧！

小　崔：（睁开眼睛）什么！送后方！？嗯！通讯员同志！

韩福男：陡峭山上的勇士也负伤了？

小　崔：别提了，不过，没什么。

李斗星：不要激动，安静第一。（向着韩福男）可是……

韩福男：（立正姿势）排长同志！诸位同志！师长同志向你们第一排表示感谢，并且给了你们英雄排的称号。

全体立正。

小崔坐着也要作立正姿势，可是搞不来，就举起手来敬礼。可是手也没有力气，自己又放了下去。

韩福男：同志们！你们以少数兵力，发挥一以当百的英雄气概，坚守了高地十二小时以上，因此把敌人的大兵力成功地牵制在这个高地的下面，我们大部队又反过来包围了敌人，现在下面大沟里敌人的大兵力已成袋中之鼠。

战士们高声欢呼起来。

韩福男：可是要消灭敌人还需要相当长的时间，今天晚上我们谁也不要辜负作为一个革命战士的光荣称号。这次战斗能不能取得胜利，要看我们能不能守住这个高地，因此，我们的任务是艰巨的。

李斗星：我们有信心！

韩福男：明天黎明，我们的冲锋号一响，那就是我们的大歼灭战开始的信号。即便我们把敌人全部消灭掉了，但是你们在没有接到新的命令以前，还是不要离开这个高地。

战士们士气旺盛。

韩福男：（打开背包，拿出子弹、手榴弹和装着炒面的袋子）同志们！这是师长同志送给你们的粮食，准备你们在必要的时候用的。

李斗星：（感激地接受）师长同志！

战士们也兴奋起来。

韩福男：同志们！师长同志一再嘱咐你们在敌人不攻的时候要很好地保护耳朵、鼻子和脚，不要冻坏了。

李斗星等表示非常感激。

韩福男：排长同志！这个同志（指着小崔）我背他走吧！如果不赶快送到医院去的话……

李斗星：对！可是……

韩福男：没关系。

李斗星等帮助韩福男背上小崔。

小　崔：（醒过来，惊奇）这是干什么？我不去。负这么一点伤就让我去后方吗?！我在那陡峭的山上……

韩福男：勇士负了伤也得治。（往上背好小崔）那样作才是真正的革命战士。

战士甲：对！光凭热情能打仗吗?！

金顺玉：有道理。

小　崔：（要哭的样子）我不愿意听这些话。

李斗星：快去吧！治好了再回来。

小　崔：（不高兴地）哥哥也这样说我了，我不是把你当作排长而是当作哥哥看待的。

李斗星：（抑制住悲痛的情绪）正是因为这样，就应该听哥哥的话，快去治。这是革命队伍里的纪律。这也是哥哥的话，也是排长的话。

韩福男：好吧！你们很好地坚持到响起冲锋号的时候吧！

李斗星：请多保重，通讯员同志！让陡峭山的勇士安心地休养，能够快点回来。我们一定要把他的任务担当起来。

小　崔：排长同志！（伸出手来。）

李斗星上去和他握手。

小　雀[崔]：哥哥！你们加油干吧！同志们！（和战士们握手，不愿意离开。唱起革命歌曲。）

韩福男和小崔退场。

战士们摇着手送他们。

风雪起。

歌声渐远。

舞台灯光暗下来。

枪声(大决战)。

冷场。

枪声止。肃静。

男宣传队员:(出场)寒风刺骨,大雪纷飞,气温是零下40度。在漫长的冬夜里,连密林也像是支持不住了似地发出吱吱的声音。风雪虽然能封冻一切,但是,爱国者金日成将军的抗日游击队的热情是永远也不会被封冻起来的,它是不会屈服的。

枪声渐止。

女宣传队员:人们在倾听这个声音,这是枪声!枪声!每个枪声里都包含着人们要解放自己的家乡、自己的祖国的愿望,要从日本帝国主义的铁蹄下解放出来的愿望。

钢铁般的朝鲜人民革命军真正是人民的儿女,她有着坚强的革命意志,活像不死鸟在空中翱翔。

肃静。

男宣传队员:李斗星同志的第一排,在受到金日成将军的表扬以后,打退了敌人的五次进攻。他们吃雪拌炒面,小心地保护着耳朵、鼻子和脚,不让它们冻坏。他们唱着革命歌曲,等待着黎明的军号声。我们亲爱的年轻的革命战士们勇敢地战胜了冬夜的严寒。

男女宣传队员退场。

舞台亮起来。

金顺玉给受伤的李斗星包扎伤口,战士甲、乙担任警戒。

金顺玉:你的伤很重。

李斗星:没关系。(唱起革命歌曲。)

战士们也随着唱起来。

李斗星:天亮了。

战士们兴奋起来。

战士甲:怎么军号还不响呵?

李斗星:不要麻痹大意。我们虽然打了胜仗,可是坚守高地还是我们唯一的任务。

军号声。

炮声隆隆。

革命军的冲锋声，日寇中弹毙命时的叫喊声。

金顺玉和战士甲跳起来高喊："万岁！万岁！"他们都激动得流下泪来。

李斗星醒过来。

金顺玉和战士甲：（一齐拥过来）**排长同志！**

李斗星：（很激动）**是军号的声音！万岁！**（要大声喊，可是身上有伤，喊不出来。）

欢呼胜利声突起。

革命歌曲声。

李斗星：同志们！把我扶起来！

战士甲和金顺玉扶着李斗星站起来。

阳光更加灿烂。

李斗星：我们排又一次胜利地完成了战斗任务！

革命歌曲声大作。

他们也跟着唱起来。

——幕落

第二幕

地点是长白县裴家沟原始森林中一个天然洞，这个地方是游击队的临时医院，天然洞对面是森林茂密的山坡。在山坡凹下去的地方长着灸草，从这里可以看到白头山风景如画。天然洞前面有条小河，洞旁长着一棵又高又细的白杨树。洞里铺着草和几条毡子，墙上挂着几个背包。地上放着一块平平的石头（代替桌子），旁边有一个小锅和几付碗筷。

第一场

第一幕过后三个月，时间是1937年6月下旬的一个白天。这天天气晴朗，太阳晒不着的地方，积雪还没有溶化。可是，树叶子还是青青的，到处山花盛开。

男宣传队员：在1937年5月到1938年3月这一期间，朝鲜人民革命军沉重地打击了日寇，创造了前所未有的胜利纪录。金日成将军1937年3月在长白地区打败了日寇的"冬季大扫荡"，3月到5月在抚松的东岗整训，计划在年内实现向朝鲜国内进攻的宿望。

朝鲜人民革命军满怀着爱国热情，向仅仅一江之隔的祖国进军。5月17

日，在抚松县惠清岭袭击并歼灭了敌人的汽车队，在把日寇的注意力集中在这一地区之后，就闪电般地渡江，进攻了普天堡，加强了祖国同胞争取胜利的信心。

女宣传队员：英雄排年轻的战士们在三月的战斗里建立了伟大的功勋之后，他们就到天然洞医院休养，已经三个月了。说起来这里是医院，可是病床、医疗设备、药品什么也没有。有时候有些战利品或是老乡送来的一些药品，可是起不了什么作用，只好在密林里采些土药。

比这个更重要的是伤员们用不屈不挠和革命的乐观主义的精神战胜了病魔，医院也是前线，伤员们就是征服病魔的勇士。

幕启

李斗星坐在天然洞前，摸着自己受伤的腿，在想着什么事情。他身体衰弱，面色苍白，可是两只眼睛却很有神。

李斗星：（摸着白杨树的树根）你虽然长得很高，可是，为什么这样细呢？好像我的腿一样（搬起腿来看看），你看，这是我的腿，可是，这不是腿，是骨头，我还比不上你（叹息一声。看看树又高兴了起来）嗯！你还长了绿叶子，真不错（好像有了什么希望似的）。好！好！我也可能变成绿叶子。（更高的声音）我一定要变成绿叶子。

金顺玉：（从天然洞里出来，面带笑容）你自言自语地在说什么呀？

李斗星：的确是那样，虽然我们现在是这个样子，可是，我们也会和那棵树一样变成绿绿的。

金顺玉：（有信心地）那当然啦！

黄莺的叫声。

金顺玉：你看！黄莺！多漂亮！叫得那样清脆。它在歌唱春天的到来，它还歌颂夏天。你看！又一只飞到那边去了。飞过去两只黄莺，阳光照射在它们的羽毛上，金光闪闪。

李斗星：它们也许已经订婚了！

金顺玉：（愉快地笑）我不知道。排长同志！它们不是随随便便地叫，而是有什么道理吧！它们懂得自己说的是什么。

李斗星：也可能，我不敢肯定。可是，说不定它们唱的就是情歌。

金顺玉：是吗？也许是。可是，我觉得春天唱的是解放的歌曲，夏天唱的是自由和幸福的歌曲。（好像想起了什么似的）真的，那个鸟也是我们的人了。

李斗星：是游击队？

金顺玉：是的！我参军以后当宣传员，在经过几天的急行军以后，有一天，也是这样的春天，我去站岗。因为太累了，虽然提高了警惕，可是，不知道什么时候眼睛就闭上了。这时候，黄莺的叫声惊醒了我，睁开眼睛一看，差点出了个大乱子，我发现日寇正从远处羊肠小道摸了过来。当时如果黄莺不叫，那问题就大了。

李斗星：站岗怎么能睡觉呵?！纪律是我们军队的生命，我们铁一般的纪律全靠自觉。

金顺玉：你还这样说我！当时那是第一次，并且就是那么一次。

李斗星：你饿了吧？顺玉同志，伤口痛不痛？

金顺玉：没关系，快好了。掉几个脚指头算得了什么！朴老头比我还厉害哪！他失去了知觉，一直躺着；两只脚冻得都发黑了，并且已经烂了。怎么办呢？

李斗星：这是个大问题。虽然孙大夫尽了最大的力量给他治，可是光靠医生是不成功的，没有药怎么行呵？

金顺玉：再加上好几天也没有东西吃，更成问题了。小崔怎么还不回来啊？这次他走的时候非常有信心地说，不管有什么天大的事情，也一定要弄几天的粮食回来。排长同志！小崔也许……

李斗星：不会的。他虽然年轻，可是他在陡峭山上曾经勇敢地和敌人战斗过。在上一次高地的战斗中，他也是最勇敢的一个。他并且勇敢地战胜了病魔；他是用思想把病魔打退的。你看，他和我一起负了伤，我还是这个样子，他却已经好了，不是已经东跑西跑起来了吗？假使他不搞我们医院的粮食工作，我们该会变成什么样子呢？

孙大夫从天然洞里出来。

孙大夫：喝！你们这些同志真是一点儿警惕性也没有。你们随便出来说说笑笑，不是等于公开告诉敌人说我们在这里，让他们来抓我们吗？

李斗星：我们错了，可是，现在不是春天吗？（微笑。）

孙大夫：你的意思假使不是我们医院的春天，而是恢复了健康回到部队去的春天，那就对了。可是，朴老头的问题，我们也不能不管，又不能给他锯掉。

金顺玉：你说的是不是脚？

孙大夫：如果不管它，连腿也要烂掉，那不是更危险吗？

大家都担心起来。

李斗星：他是我们部队里年纪最大的一个同志，可是，他的力气、干劲和他所作的工作却胜过我们青年人好几倍。

孙大夫：（钦佩的语调）可不是，而且他不光是力气大，还是一个有勇气有志气的人。（回想）要不是他的话，我也谈不上参加革命，更谈不上活到今天，还在这里讲话啦！

金顺玉：他真是……

孙大夫：他救了我的命，我在参军以前和朴老头住在一个村子里。

李斗星：在什么地方？

孙大夫：漫江，花拉子村。当时那个地方住的几乎都是朝鲜农民。中国人的住户连我们家都算上一共才三家。那时候我多少懂得点儿中医，就一面种地一面当医生。朴老头是祖国光复会的会员，作地下工作。当时不光是我，其他人也根本不知道这些事情。可是，我们之间特别亲密。这样一来，我的思想渐渐地起了变化，我偷偷地给受伤的游击队员们看病。就在这时候被敌人发觉了，我的房子被烧掉了，我也被捕了。两个警察押解我到抚松县城去，走到中途，朴老头从树上用镰刀把两个警察干掉，把我救了出来。后来，我们俩就一起参了军。我永远也不能忘记，我们参军那天，金日成将军亲自和我们握手，表扬了我们。记得金日成将军曾对朴老头说："老人家！你这么大年纪，怎么还这么勇敢啊？"朴老头回答说："可能是思想的关系。"朴老头就是这样一个人。可是，他患病以后一直躺着，真让我伤心。我恨不得把我的腿给他按上去。

朴老头从天然洞里爬出来，他听见了这句话，心里很难过，可是脸上还是很自然。

朴老头：喝！看你这个人，治病才是医生，把自己的腿给别人换上，算是什么医生呢?!

金顺玉：他想不出什么好办法才这样说的呵。

朴老头：现在不是争论是非的时候，我也知道大家都关心我，所以表现出了革命同志间的真正感情。我的意思是不要老谈病。你们离开部队以后，这样过日子就很自然地要着急起来。可是光着急是不行的，我们应当想出一切办法战胜病魔，为恢复健康而斗争！饿了一天两天，就情绪低落，胡思乱想是不行的！要是让金日成将军听见了，这怎么能行呢?！金日成将军如果听见了，他会当场这样说："被病吓倒的人，怎么能拿起枪来为革命战斗呢？"

孙大夫：喝！你倒说起我们来啦！老实说，我们也在讨论一个怎样战胜病魔的作战计划哪！

李斗星：真的，老人家！我们一点也不悲观失望。和您说的话一样，我们实在是太着急了，所以说出了这样的话。

金顺玉：的确是这样。现在我一想起同志们在和敌人作战的事情，就恨不得一下子飞过去。

大家情绪高涨。

朴老头：那当然喽！可是，小崔怎么样了？是不是他碰上狗腿子了？

李斗星：狗腿子算不了什么。

孙大夫：可是……

李斗星：现在敌人向漫江一带集结，金日成将军为了让我们在这里安心地休养，已经把敌人引向那个方向去了。

孙大夫：（笑着）不知道他的身体现在怎么样？

朴老头：（用充满信心的口气）当然是健康的。我们将军在哪里都是一样，百万大军向他猛扑也是不怕的。

对面树林里有人的动静。

金顺玉：是不是小崔来了！

李斗星：那谁知道啊！同志们！还是隐蔽起来吧！

金顺玉扶着朴老头向天然洞里走去。

李斗星掏出手枪隐蔽。

孙大夫：（往洞里走去的时候）这是唯一的武器了，省着点儿用吧！（说完走进天然洞。）

李斗星：（站起来）嗯！小崔！

小崔背着一个装得满满的背包出场。

李斗星：你来晚了一点儿，让我们提心吊胆。

小崔：排长同志，对不起，让你们受等了。

孙大夫和金顺玉也出来欢迎。

孙大夫：嗯！你这个同志！（接下背包。）

小崔：让你们受惊了。

金顺玉：大家都替你担心，你知道吗？

李斗星：没出什么事情吧！

小崔：我是从儿童团时期就开始当侦察队长的，所以我这次出去，谁也没发觉。

金顺玉：又吹起牛来了。

孙大夫：（打开背包）呵，土豆！真是太好了！（向小崔）你辛苦了。

小崔：我得到了比土豆不知要强多少倍的好消息。

齐声：什么？什么？

小崔：金日成将军……

齐声：什么，金日成将军！（大家都非常兴奋。）

小崔：据说我们的部队已经进入长白地区。

大家齐声欢呼。

小崔：大家都进去吧！我跟大家仔细地谈谈。

大家都进入天然洞。

舞台上换成天然洞的场面。

金顺玉：（首先跑进来，跛着一只腿走向朴老头这边来）朴老人家！听说我们部队已经开到我们这里来了。

朴老头：什么?!（眼眶里充满眼泪并举起双手）万岁！现在到底在什么地方？什么时候到的？

小崔：详细情形我还不十分清楚。

李斗星：你到底从什么地方听说的？从谁那里？

小崔：道川里崔家沟的洪同志。你知道那里的十家小组长吗？我就是从他那里听说的。

孙大夫：是我们的人吗？

朴老头：那还用说吗！

小崔：这也是（指着背包）那个同志给我们弄来的。——不但这个同志知道我军已经进入长白，长白一带的人好像都知道这个消息了。

金顺玉：那么，就是我们不知道了吧！

朴老头：我们都让病给拿住了，我们只是叹气，所以……

李斗星：地方的工作人员怎么样？

小崔：那就不用提了。不但我们组织里的人替我们做工作，就连不是我们组织的人也都替我们做工作。

李斗星：太好啦。——可是，那位同志怎么样了？

小崔：谁？

李斗星：（生气的样子）就说韩福男吧！他应该先到我们这里来，他应该知道我们得不到消息的着急心情。这个坏家伙！

朴老头：瞧你这个排长，怎么把同志说成坏家伙啦！

李斗星：我错了，这是因为我在气头上，才说出了这样的话。

金顺玉：他们的关系是很好的。

朴老头：可是，这样说毕竟是不对的，大家都是同志，我们虽然是病人，可是军人。

李斗星：我不对，我作检讨。

孙大夫：我觉得我们那个通讯员同志也许马上就会回来，因为我们师长同志一定会告诉他，大家都在着急地等着，所以他很快会来的。

大家很激动，都点点头，表现出爱戴领袖和想看看领袖的心情。

洞外传来暗号声“布谷，布谷”。

大家紧张起来。

响起第二遍暗号声（更近了）。

金顺玉：是我们自己的暗号吧！

小崔：是来了吧！（要往外走。）

李斗星：你不要着急，特务也会知道我们的暗号的。（掏出手枪，慢慢地向外看，忽的高兴起来）嗯！是韩福男！

大家都高兴起来。

小崔：通讯员同志！

孙大夫：还是我猜对了吧！

韩福男背着个大背包走进来，和李斗星拥抱起来，并和大家握手。

韩福男：老人家和全体亲爱的同志！告诉大家一个好消息，我们已经在几天以前把普天堡打下来了。

大家高兴得跳了起来。

朴老头：（太兴奋了，想起来坐坐，但又倒了下去，抬起一只脚来）现在我的脚也好了，明天我就会走路了，后天我就要归队。（举起手来）万岁！

韩福男：你们都等得着急了吧？！大家都平安无事，太好了！师长同志让我赶快来看望你们，他经常提到你们，希望你们的病很快好，他非常惦念你们。

大家眼睛里都充满了泪水。

朴老头：他很健康吧？

韩福男：当然啰，他和千斤大石头那样坚强。可是，朴老人家，你好一点儿了吧？

朴老头：我对不起同志们，还是这个样子，但是会好的！

小崔：通讯员同志！你瞧，我已经好了。（拿出两只胳臂给他看。）

韩福男：陡峭山上的勇士到底是不一样。（向金顺玉）顺玉同志，你呢？

金顺玉：我也快好了。可是，排长同志还是……

李斗星：我的腿可能要变成残废。

朴老头：你又……（指李斗星说了不应该说的话。）

李斗星：可是我有信心，今天我吃了天下最好的药——普天堡的大胜利，很快就会好的。你给我谈谈你走以后的详细情况。

孙大夫：先谈普天堡战役。

朴老头：还有现在我们部队在什么地方？

韩福男：在我讲以前，先请大家收下普天堡战役胜利的礼物。这是金日成将军送给你们的礼物。

大家很感动。

韩福男：（从背包里拿出许多东西）这是过冬的内衣，一件、两件、三件，一共是五件，每个人一件。这是罐头，样样都有，有牛肉的、鲭鱼的，还有水果的。

大家都收下来，分了内衣，还用脸亲着罐头。

韩福男：这是药品。

金顺玉：太好了！（打开药箱，里面有药瓶和绷带）哎呀！

韩福男：这是手巾、牙膏和牙刷，过几天还要送给你们三袋白面和玉米面，还有盐。

大家表示非常感谢。

韩福男：还有，金日成将军曾经这样说过。

大家作立正姿势。

韩福男："我没有亲自来看你们，非常难过，请原谅。我们向国内进攻的第一个战斗——普天堡战役胜利了，因此给你们送去礼物，这是我们革命军队全体同志给你们的礼物，也就是全体朝鲜人民鼓励你们的礼物。希望你们很快痊愈归队。"

严肃的沉默。

韩福男：哎呀！李斗星同志！（从怀里拿出一条围巾）这是金日成将军特别送给你的礼物，在这里还有一封信。

李斗星：（接过围巾和信，太激动了，说不出话来，只是望着远方。）

冷场。

李斗星：（好容易才镇静下来，开始念信）"……在三月的无名高地的战斗中，第一排的战士们建立的功勋，成了我们部队的榜样，我希望你能很快恢复健康并回到部队来。这不只是我一个人的愿望，而且是司令部全体同志的愿望。"（激动得下泪，用围巾蒙着脸。）

冷场。

李斗星：（一再地把围巾拿出来，看看又放回去，脸上流着眼泪，声音激动）师长同志！我一定很快归队！我一定很快归队！师长同志！

舞台灯光暗下来。

女宣传队员：普天堡战役胜利后，我们的部队采取了猛烈的攻势。1937年6月30日，那是一个下雨天，日寇号称“无敌”的皇军精锐部队咸兴联队在长白的间上峰下被我军全部歼灭。

远处传来炮声，这是日本法西斯强盗向中国大陆发动侵略的第一炮，时间是1937年7月7日。

第二场

地点还是天然洞医院。

朴老头躺着，金顺玉缝着军衣，李斗星在看书，孙大夫正在砸药草。

灯光亮起来。

金顺玉：要是上了这种药就能够好，多好呵！

孙大夫：我想是会好的，可是病本来就很重——不过，是会好的，就像金日成将军所说那样，应该拿思想来战胜病魔。

朴老头：（躺着不动）那当然啦！

孙大夫：（怀着想念的心情）我们一想起我们的司令官同志就觉得心宽，也增加了勇气。我们和他在一起的时候就有勇气。现在只是想他一下就……他的中国话说得比我们还流利，真是和青山流水一样。（回想）晚会的时候，他常叫我唱国际歌，他听了以后就高兴起来，（自然而然地唱起来，歌声渐高，最后三段，顺玉也跟着唱起来。）

李斗星：顺玉同志在今天的学习中回答这个问题吧——伟大的十月革命和民族解放斗争是怎么回事儿？

金顺玉：好吧。

李斗星：你看，（看看笔记本）就剩两个题了。

金顺玉：通讯员同志很快就会把新的题目拿回来。

孙大夫：怎样治病这也是很好的学习题。

李斗星：对！

金顺玉：为什么小崔还不回来呵？他该回来啦！

李斗星：就会回来的。

金顺玉：小崔也说……

连续三声枪响，并且声音很近。

大家紧张起来。

孙大夫：可能是狗腿子们来了！

李斗星掏出手枪，从门缝往外看。

金顺玉拿起铁锹，孙大夫也瘸着腿拿起一根木棒。大家都紧张地准备战斗。

只是朴老头不能动弹，但从他的眼睛里也流露出对敌人的仇恨。

朴老头：不管发生什么事情，也不能叫他们捉住，要杀他们几个以后再死。

紧张的沉默。

小崔背着负了伤的高某出场。

李斗星：这是怎么一回事儿？！

小崔：是我们的同志。

孙大夫：什么？

小崔：可能是地下工作人员，顺玉同志！先给这个同志……

小崔、李斗星、金顺玉扶着高某躺在炕上。

孙大夫检查了高某的伤口。

孙大夫：打穿了肩膀。还有没有剩下的绷带？

金顺玉：有。（拿出绷带，包扎伤口。）

李斗星：那只枪是从哪儿来的？

小崔：这是押送那个同志的伪满士兵的枪。

李斗星：（拿起枪来）我很久没摸这个东西了。

朴老头：在哪里？在哪里？我也摸摸。

李斗星把枪交给朴老头。

朴老头摸着枪。

李斗星：那个同志是谁？

小崔：我不知道。

李斗星：那么你怎么……？

小崔：他是我们的同志，这是不假的。这位同志在被俘的时候，表现得非常勇敢。他摔躺下一个家伙，还把敌人的枪夺了过来，这时候另外一个家伙向他开枪，他中弹倒了下来。可是，他马上还击，把那个家伙打死了，后来自己也昏迷过去了。

朴老头：这也可能是确实的。

李斗星：可是，很怪。如果他是被敌人捉住了的话，为什么偏偏会深入到这样的地方来呢？！不会的。

孙大夫：（点点头）那也可能。（检查子弹）哎！子弹袋里只有十一发，一个是五发，一个是六发，枪里根本没压子弹。

朴老头：只有十一发也不错，这对我们也有不少的帮助。

李斗星：后面到底有没有跟着来的？

小崔：没有。

李斗星：奇怪！

金顺玉：他醒过来了。

大家都聚拢来。

金顺玉：喂！

小崔：（推了高某一下）同志！同志！

高某：（睁开眼睛）这是什么地方？！（惊醒坐起）这些人都是谁？这是怎么回事儿呵？

李斗星：同志，你是谁？

高某：我……（回头看了一下，高兴起来）唔！这是我们的军队，同志们！（表示非常感动）我是住在姚房子的高镇浩，祖国光复会的会员。

朴老头：姚房子的高镇浩——（自言自语）。

高某：我家就住在刘区长的房后头。

朴老头：你说的是不是刘浩区长？

高某：是的。他是我们的小组长，你为什么问他呢？他今年春天被日本宪兵队捉去给弄死了。他真够得上是我们的同志，我们一直把他看作是我们的哥哥。那些狗崽子们杀害了刘浩，还在他家里放了把火，烧掉了他的房子。我一想起这桩事就恨极了，就是宰了他们也不能平我心头的气。我们的哥哥真是个爱国者，他虽然在宪兵队受到严刑拷打，可是他没有说出一个同志的名字，也没有泄露组织的秘密。他怕在昏迷中泄露了秘密，就把自己的舌头咬掉。真是个坚强的人！因为他这样作了，所以我们小组的人就没有被捕，我们的组织还一直保存着。

朴老头：我们丢掉一个很好的同志。

孙大夫：你认识他吗？

朴老头：后勤人员不认识他，谁认识他呢？因为搞粮食工作的关系，我们见过几次面，他是个很好的同志，工作也是积极的。

李斗星：可是……

高某：确是那样。刘浩区长死了以后，我们家就搬到土豆地旁边去住了，我的地通到姚房子道川里马登仓的山岗上。前几天，藏在土豆窖里的两架缝纫机被特务崽子们发觉了，那是我们部队缝纫小组的机器，我们家里做过许多军装。可是，我还不知道这个东西已经被特务发觉了，还继续使用这个机器，这样就在今天一清早被伪满军队士兵把我捉去了。他们把我抓去弄死，我倒不怕；怕的是暴露组织，所以我就骗他们说：你们不要抓我一个人走，真正的游击队隐蔽在密林里，我可以告诉你们游击队在什么地方。我这样说了以后，他们一方面很高兴，一方面又很害怕。可是他们还是坚持要把我带走，所以我又告诉他们：虽然是游击队，可是数量不多，就是三四个，还带着病，因为我经常给他们送粮，我知道他们，我带你们去，我知道路，我们可以把他们都捉住。我还跟他们说：我这样作，可是你们得把我放了。我这样一说，他们觉得立大功的机会到了，于是高兴起来，都愿意跟我来。我就带着他们在密林里乱串，路走起来没有计划，更说不上有什么方向。我原来想找机会把他们干掉，并且也真的把他们干掉了。可是，我没想到会在这里遇到同志们，我的确很高兴，我现在死也甘心了。

孙大夫：（握着高某的手）太好了！

高某：（无精打采地）没什么。

李斗星：那么，组织呢？

高某：还很健全，同志们都很顽强。（很难过的样子。）

朴老头：……

高某叹了很长一口气后，又昏迷过去。

金顺玉给他盖上毯子。

李斗星：这里面是有问题的。

孙大夫：他确是我们的同志……

李斗星：不是这个人本身的问题，而是敌人会不会进行报复的问题。

韩福男：可是，也许……

孙大夫：他已经把伪满士兵给干掉了，大概不会有什么问题吧！

朴老头：听起来，他的话倒像是真的。

李斗星：还不能肯定。

韩福男：以后观察观察就会知道了。

高某不时睁开眼睛看看他们，又昏迷过去。

韩福男：同志们！日本强盗到底是点起火来了，侵略中国的战争开始了。

大家表示愤怒。

朴老头：兔崽子！

孙大夫：嗯！

李斗星：他们在作最后的挣扎，可是，他们是一定要失败的。

金顺玉：挑起非正义的战争的，没有一个是不失败的。

韩福男：为了应付这样的一个形势，我们曾召开了全体会议，讨论了新的战术和新的任务。

李斗星：在什么地方？

孙大夫：到会的人多吗？

韩福男：那还用说！最近我们这样多的同志一下子聚集在一起还是第一次。中国同志也来了很多。

孙大夫：嗯！太好啦，太好啦！

李斗星：（拍着腿）要不是这只该死的腿，我也可能参加那样有历史意义的会了，真是！

韩福男：的确，这是个带有历史性的会议！金日成将军在会上讲了两小时以上的话，我在听的过程中情绪非常激昂，我好几次攒着拳头把手举了起来。

小崔：他到底讲了些什么话？

朴老头：胜利是属于我们的！

孙大夫：朝中两国人民团结起来，打倒我们共同的敌人——日本帝国主义！

韩福男：你们说的对——是那样！

朴老头：是吗?!（掏出红皮的小笔记本。）

其他人也掏出小笔记本来。

韩福男：日本帝国主义侵略中国的战争是非正义的，所以最后他们是一定要失败的。他们挑起侵略中国的战争就是为进攻苏联作准备。但是，中国人民一定会取得最后胜利。在中国东北的朝中人民抗日联军也一定会胜利，朝鲜人民的反日民族解放斗争也一定会胜利。这是序言，也是结论。

大家都点点头，并热情地把这话记下来。

韩福男：那么我们怎样战胜他们呢？他对这个问题，作了详细的分析，大意是这样的：第一，从军事力量的对比来看，我们可以战胜他们。朝中两国的人口比日本多十倍，并且我们人民革命军在到现在为止的战斗中，总是一以当十。在即将到来的战斗中，更会以一当百！比这更重要的是我们热爱祖国并且是团结的，而敌人只是外表上看起来很强大，实际上却是正在走向死亡的资本主义。因此……

齐声：“对！”

韩福男：第二，物质资源我们比他们优越，地理条件也对我们有利。比这些更带有决定性的是我们在政治和道义方面战胜他们。金日成将军在谈到这一点的时候曾说了这样的话："人们不愿意当日本帝国主义的亡国奴，于是掀起了一个波澜壮阔的抗日运动。我们方面有胜利的象征——苏联，在共产党领导下团结起来的中国弟兄，还有朝中两国人民战斗的团结。

大家鼓掌。

韩福男：他最后提出了以下的任务。

大家更加热心地倾听。

韩福男：第一，加强朝中人民的反日斗争；第二，加强朝鲜民族解放斗争；第三，这是我们要牢牢记住的一个任务，就是要壮大抗日武装队伍，我们要成为名副其实的人民的军队，我们要遵守钢铁般的纪律。我们要建立兄弟般的革命同志爱，努力学习并用无产阶级国际主义思想武装起来。他说的就是这些。

大家听了很受感动。

韩福男：金日成将军最后还说，没有比参加反对朝中两国人民的共同敌人——日本强盗的斗争更光荣的了，让我们为争取这一斗争的胜利携起手来共同前进吧！

大家都表示响应这一号召并充满胜利信心。

韩福男：金日成将军还特地让我向同志们传达这样一件事情。

大家紧张起来。

韩福男："由于战略上的关系，我们部队又转移到别的地方去了。离开你们这些带病的同志，我心里感到很难过。可是，你们放心，敌人的兵力会跟着我们走的，所以你们这里是会有短时期的安全的。韩福男同志会照顾你们，我希望你们很快恢复健康。这是全体战士们对你们的同志般的祝愿。为了革命，为了祖国的光复，李斗星同志、金顺玉同志、陡峭山上的崔同志，还有孙大夫、朴老人家，在我们和敌人战斗期间，你们就和病魔搏斗并战胜它。特别是孙大夫，你又是病人，又是医生，因此请你要好好地发挥病人妈妈的作用。李斗星同志！你作为我们英雄排的排长，重新回到战斗岗位上去英勇作战的情景，现在已经浮现在我们的眼前。"

大家感到兴奋和激动，坚信一定会战胜病魔。

韩福男：根据师长同志的指示，已经给同志们盖好病房，明天一清早就可以搬过去。除我以外，还留下五个同志，他们专门搞粮食工作，并负责我们医院的后勤工作。

大家欢呼。

——幕落

第三幕

地点是新搬过来的第一医院。

医院位于密林中一条凹下去的沟里，距离白头山天池约七、八里。从沟里可以看得见远处巍峨的白头山连峰。在阳光充足的地方新盖了一座小屋（用狍子皮和石头盖的），屋子里有个土方，很像中国的炕，土方前面有条狭窄的通路。这里有个用泥土作的火炉。（炉子里的木柴在燃烧着）炕上铺着草和芦苇，还有一条毯子。

背包和旧衣服也放得很整齐，在树皮上刻着的朝鲜地图清晰可见。大地上被一片白雪复[覆]盖着，不时吹起阵阵风雪，有时还可以听到野兽的吼叫声。

女宣传队员：日本强盗们发动侵略战争以后，处境极为狼狈。他们的后方中国东北一带受到朝中人民革命军队的威胁。因此，他们就在长白地区集中大兵力，妄想把我们一下子消灭掉。可是，这时候我们部队由于战略关系，已经越过临江、抚松，进至漫江地区。因此，敌人非常失望，他们惊叹朝鲜人民革命军简直是来无踪去无影的神兵。

男宣传队员：最冷的严冬到了，一年快要过去了。我们的胜利记[纪]录又要揭开新的一页，在即将到来的新的一年里，我们将取得更大的胜利。呵！我们的祖国距离我们越来越近了，将要得到解放的同胞们流着眼泪高喊万岁的声音也越来越近了。人民的旗帜——自由和独立的旗帜迎风招展。从白头山的天池到韩罗山，人们都在欢笑，百花盛开。呵！为了让这样的日子早日到来，我们在战斗着，我们的军队在战斗着，朝鲜的人民也在战斗着。我们在医院里疗养的同志们，我们可爱的同志们也在为这一天的到来而和病魔搏斗。他们满怀着信心，勇敢而坚强地向着胜利前进。每当他们怀念起故国的河山、父母妻子、革命同志们，他们的心情不能平静的时候，他们就互相关怀，互相鼓励，克制困难，战胜困难。虽然他们的伤势每况愈下，但是他们却越发勇敢起来。

朴老头躺着呻吟着。孙大夫摸着他的腿表示非常担心。孙大夫的伤口恶化了，看样子很疲劳。

金顺玉的伤势也很重，可是她硬克制着，靠着墙缝缝着衣服睡着了。

外面起了风雪。

孙大夫：（沉痛地）是的。（出于爱护同志的心情，伤心地摸着朴老头的腿。回想起金日成将军的话）你是病人，也是医生，你的病要很快治好，也要很快把病人治好，应当起一个病人妈妈的作用。（苦闷。）

朴老头：……（要想起来。）

孙大夫：你干什么，还是躺着吧！

朴老头：我很想坐一坐。

孙大夫扶着他靠墙坐下。

朴老头：你知道什么叫同志爱吗？

孙大夫：（诧异）你这话是什么意思？！我犯什么错误了吗？

朴老头：不是。（认真地）如果我们的军队没有革命军队的纪律，没有同志爱和高尚的道德，那么早就完了。

孙大夫：那当然喽！你原来想说什么话来着？怎么竟提起这些事情来了？

朴老头：说实话，你的同志爱还是不够的，（加重语气）特别是对我。

孙大夫：真的，我把我所有的本领都拿出来给你治病，可是总不见效，我心里很难过。

朴老头：我的话不是那个意思，问题在于我的伤口，并不在于你的诚意。

孙大夫：可是……

朴老头：你为什么不给我忠告呢？同志般的忠告和革命战士般的忠告！

孙大夫：……（不知如何是好。）

朴老头：你为什么不告诉我要给我锯脚呢？如果这样下去，连腿、身体、生命都……

孙大夫：不要太激动了，对你的病不好。

朴老头：我说了这话，难道伤口就会坏吗？

孙大夫：……

朴老头：我太过火了吧？竟拿你出气。

孙大夫：没什么，我理解你的心情。

朴老头：那么，我想作的事情，你赞成不赞成呵？你愿意帮助我吗？同志般地……

孙大夫：那还用说吗？

朴老头：（从怀里拿出小锯子）你看这个！

孙大夫：锯子！

朴老头：不管怎样说，总算是个锯子。这是用罐头皮作的，是普天堡的礼物，金日成将军送给我的礼物，祖国同胞们送给我的礼物。虽然锯齿不快，是一把歪七扭八的用洋铁片作的锯子，可是，比用钢铁作的还好。你同意吗？

孙大大：可是，你怎么受得了呢？

朴老头：我这样作并不是珍惜我的生命，如果我是个普通人，受了这么重的伤，(指着脚)全部烂掉也没什么大关系。我虽然是一个不中用的人，可是，我还是一个革命战士。你还记得吧，去年夏天我们接到了金日成将军给我们的礼物和信。他在信里说："为了革命，为了祖国的光复，在我们和敌人战斗期间，你们要和病魔搏斗……"所以我有决心用这个(指锯)把腿锯下来。

风把门吹开。

金顺玉：(惊醒)是谁？

朴老头也吓一跳，把锯又揣到怀里。

金顺玉手执拐杖往外看。

孙大夫：(自言自语地)是打柴的人回来了吧！

金顺玉：刚才是风刮的。(关上门)这是什么风！像日本鬼子一样在作最后的挣扎。

朴老头：我打了一会〖儿〗盹，不知道他们是什么时候出去的，他们真辛苦了。

孙大夫：李斗星真有办法，拄着拐杖在山坡上跑来跑去的，和你说的一样，他不是靠力气而是靠思想来干活儿的。

金顺玉：这样勉强，对他的伤有影响没有呵？

孙大夫：那不会没有影响吧！

金顺玉：怎么办呢?!(暗暗担心。)

孙大大：好大的同志爱啊！嗯嗯！那就应该……！

金顺玉：你的话是什么意思？

孙大夫：我干脆说吧！你们简直就像已经订了婚似的一对，已经建立起来美好的感情。

金顺玉：(暗暗地高兴)我们什么时候订过婚?!你怎么说这种话呵?!

孙大夫：你们互敬互爱，实际上等于已经订了婚。这你还有什么说的吗？

金顺玉：(微笑)你简直是无中生有。

孙大夫：就算我胡说，我作检讨。

金顺玉：那也不至于就作自我批评。

朴老头：(笑着)你看，这家伙！

金顺玉：朴老人家也这样说吗？

朴老头：那么，我问你一个问题：将来假定有像现在排长那样的人向你求婚，你反对吗？

金顺玉：（大胆地）根本就不应当作那样的假定，对革命同志这样还行吗?!

朴老头：（笑着）你看！她……

孙大夫：我们唱一支结婚的歌曲吧！

朴老头：好哇！

两个人面对面地坐着唱起结婚歌曲。

李斗星背着几根木头，瘸着腿出现在门外。

李斗星：这个风真厉害！

孙大夫：（好容易才站起来，想出去迎他）同志们都回来了吧？

金顺玉：你不要动了，你坐着吧！（很快地向门外走去）很冷吧？（打掉李斗星身上的积雪。）

李斗星：真冷！没关系，我自己来。

金顺玉：小崔他们呢？

李斗星：在后面哪，他们多打一些，随后就来。

金顺玉把柴火拿到屋里来。

李斗星：你别管了，病犯了怎么办?！算了吧！

金顺玉：没关系。（劈一节柴火后走进屋来。）

李斗星跟着走进来。

朴老头：你辛苦啦！

李斗星：没什么！

孙大夫：风很大吧!?

李斗星：太大啦，连用斧头砍木头的声音都听不见了，倒是可以放心地去砍。

朴老头：这样的时候，风也帮助了我们。可是，不要太勉强。

李斗星：实在惭愧，我这样的青年人，一天到晚就这样过日子。（举起拳头打了自己的腿一下，因为打的过猛，自己也哎哟一声。）

金顺玉：你为什么这样作呀？小心点儿吧！

孙大夫：这只能加重病，可不是治病的办法。

李斗星：我心里急的直冒火，所以这样作了。你知道我离开部队已经八个月了。

朴老头：（把金日成将军的话说给他听）你们要为革命战胜病魔。

李斗星：谁不知道那个！可是时间拖得太长了。现在我并不是有力气这样打，而是因为我太生气了。虽说是养伤，可是一个青年人老是这样等下去，实在受不了。不光对不起同志们，也对不起已经死去的父母。（回想）父亲是清津炼铁厂的工人，参加过罢工，后来死在日本帝国主义的监狱里。母亲带着我和两个妹妹到中国东北给地主种地。“五卅”那个时候，日本宪兵又用枪打死了我母亲，有一个妹妹也是这样死去的。从此我就没有父母了。我在参军那天，曾经这样宣誓过：“为了革命，为了祖国”（间隔）“我要献出自己的青春，并给父亲、母亲和妹妹报仇。”可是，现在我成个什么样子，我真要发疯了。

孙大夫：正是因为这样，你更应该好好养伤，你要着急，伤就会更加恶化的。

朴老头：嗯！你说的对，没有希望还行吗!？严冬过去以后，春天是会到来的。健康是我们的春天，病人的春天。可是，我们不要等着它到来，而是应该争取它到来。

李斗星：（重新鼓起勇气）你说的对！着急和失望是革命的敌人。（笑着）可是有时候我克制不住。

朴老头：年轻人有时候就是这样，这应该克服。我现在比你更厉害（指脚），可是，我对这样的问题还是能克制住，一乐观就没有什么问题了。

李斗星：朴老人家，我的确作错了。我本来不想这样作，可是，有时候心里一激动就会发作起来。刚才在打柴回来的时候，我忽然想起在大风雪中行军的事情就着起急来了，在从远处看这个房子的时候，我又回想起了韩福男的事情。他说到总部去联络，一个月就回来，可是，现在已经两个月了也没回来，他到了总部就把我们忘了。我对他真有些不满哩。

金顺玉：他决不会忘记我们的。你怎么不相信同志呵？

李斗星：我不是不相信他，只是一着急就有了那样不正确的想法，竟然埋怨起他来了。

孙大夫：也可能是那样。

朴老头：是不应该这样说。要不是韩福男，现在我们怎么能还这样呆[待]在这里呢？首先他给我们准备了过冬的粮食，并且为我们到总部去联络。

李斗星：谁不知道这些事情！不要说了，以后我不会再那样想了。

孙大夫：刚才我们两个人唱了一支结婚歌曲。

孙大夫和朴老头笑起来。

李斗星：是吗!？

金顺玉：别乱说了，他们在开玩笑。

李斗星：开谁的玩笑呵？

孙大夫：青春就是春天。（笑起来。）

朴老头：共产主义是人类的春天。（笑起来。）

李斗星：（不明白是怎么一回事）你们为什么这样说？

小崔背着柴火慌慌张张地走进来。

小崔：出了事啦！

李斗星：什么？怎么回事儿？

小崔：那个姓高的跑掉了！

大家很惊讶。

李斗星：我早就觉出来这个人有问题。

孙大夫：看起来倒像是个爱国者似的。

李斗星：我们上当了。

朴老头：是不是因为呆[待]不下去了就逃走了？

李斗星：也不是那样。你不记得吗？不久以前他去打柴，说是迷了路，结果晚回来七八个钟头，这样长的时间足够他到敌人那里去联络再回来。

金顺玉：对，确是那样。

小崔：这是个大问题，那次我不应该把他带来。可是，哥哥！他还打死两个伪满士兵……

李斗星：那都是把戏，还是我们警惕性不够。

孙大夫：那么怎么办？

李斗星：现在我们要马上搬到别处去。

大家表示惊异。

枪声。

李斗星：他果然把兔崽子们带来了。

孙大夫：这小子真该杀！

朴老头：他是披着人皮的野兽，原来是日本鬼子的特务。

李斗星：现在不是说话的时候。孙同志和顺玉同志先带朴老人家到安全地带去隐蔽，我和小崔两个人对付他们。

小崔：是。

金顺玉：我也……

李斗星：（严肃地）这是命令！

朴老头：（用拳头捶自己的胸膛）这只脚要是不坏的话……

李斗星：老人家！安全第一！要是让一个同志发生了万一，也是对革命犯罪。孙同志，快！

孙大夫和金顺玉扶着朴老头从后门走出去。

李斗星和小崔拿起步枪瞄准(准备战斗)。

李斗星：我们有十几发子弹，小崔！我们就用这些子弹尽量拖时间，直到我们的同志走远为止。

小崔：是。

枪声四起。

喊话声："投降吧！一切都可以饶恕你们，投降吧！"

李斗星：这兔崽子！也算是个朝鲜人?!

小崔：你听！正是那个姓高的声音！

李斗星：(咬着牙开枪)你倒下去吧！

小崔：太好了，倒下去了。

两个人沉着应战。

冷场。

子弹用光。

小崔：怎么办!?

李斗星：(掏出手枪)不能打，只剩一发子弹了，留着万一的时候用吧！我们也隐蔽起来！

两个人从后门走出去。

几个日寇士兵走进来。

跟着日寇军官也走进来。

外面传来日寇士兵吵嚷的声音。

日寇士兵：一个也没有了，嘿！在后面还有个洞呢！

日寇军官：追！

日寇士兵从洞里走出。

负了伤的高某瘸着腿出场。

高某：大尉大人！捉住他们了没有?

日寇军官：(打高某一个耳光)你为什么不先告诉我们后面有个洞呢?现在他们都逃了！

高某：是，是，我……可是，可以很快捉住他们，他们都是带着伤的。

日寇军官：你的腿怎样了?

高某：中了敌弹。

日寇军官：混蛋！怎么会被敌人伤兵的子弹打中呢!？你这个混蛋！（踢他一脚。）

高某：哎哟！（倒下去。）

日寇军官：（走出）不能让他们跑掉，追！（退场。）

高某：（好容易才爬起来）追！不要让他们跑掉！（退场。）

日寇军官：（在门外）放火！烧！

日寇士兵放火。

病房火起。

舞台灯光暗下来，火光起，然后火渐渐息[熄]灭冒起烟来。

冷场。

舞台灯光重新亮起来，病房变成灰烬，还可以看到火光和烟升起，不时飞出火星来，火苗被风吹得摇动着，快要熄灭了。

晚霞从森林中照射出来，天渐渐黑了。

风雪停。

李斗星爬着出场，谨慎地环视四周，爬到灰烬前面的时候，就愤怒地举起拳头打地。

李斗星：全烧光了！我们只有死路一条了！（跪在地上，表现出悲痛的样子，掏出手枪沉思。）

男宣传队员：越遇到困难，越要坚强、勇敢！对我们来说，就没有什么可怕的事情，也没有什么作不到的事情。风雪虽然凛冽，难道还会把松树和竹子吹断吗？我们是革命战士，我们有着钢铁般的意志，革命像母亲般地经常帮助我们，鼓励我们，我们真正是由人民的儿女组织起来的人民军队，人民经常支持我们，爱护我们，并且对我们寄予极大的期望。我们怎么能辜负他们的期望呢？

李斗星：是的。（坚强地站起来）无论如何也要活下去。金日成将军一定会找到我的，不管怎样也要活下去！

小崔慌慌张张地出场。

李斗星：（听到脚步声吓了一跳，掏出手枪）是谁!？

小崔：哥哥！

李斗星：噢！是你！

两个人拥抱起来。

李斗星：你好？

小崔：哥哥你呢？

李斗星：我还活着。

小崔：你看这个。（拿出放在腰里的上衣给李斗星看。）

李斗星：这不是朴老头他老人家的吗？！

小崔：（低头落泪）刚才我顾不了哥哥了，就往山上跑去。我抬起头来往对面的密林里一看，看见孙大夫和金顺玉两个人带着朴老头跑，可是，他们已经被敌人围住了。这时候朴老头忽然把他们两个人推开，就像好人似地自己一个人跑了。孙大夫和顺玉同志被俘了。

李斗星：那么朴老头呢？

小崔：被敌人追上了。那里不是有个山涧吗，朴老头一直往那边跑去，后面是敌人跟着，前面是几十丈深的山涧。他老人家站在山崖上举起双手，高喊（哑声）："朝鲜独立万岁！"后来就往山涧里……（哽咽起来。）

李斗星：……（攒着拳头擦眼泪。）

小崔：那时候敌人的注意力就都集中到这个地方来了。我藏在山石缝里，后来听着没有动静了，才悄悄地走出来。在回来的路上捡到了这件上衣。

李斗星：（抱着朴老头的上衣）老人家，（从朴老头上衣的口袋里掏出一个红皮的小笔记本）你经常是热心学习的。你不要为我们担心，我们都还活着。

小崔：哥哥，后来你怎么样啦？

李斗星：我来不及再找你，就不管三七二十一往那边树林里跑去。可是，四面都被那些兔崽子们包围着，往哪儿去都一样，我心里想这次大概要被他们捉住了。就在这个时候，我一下子掉到雪坑里。敌人可能在远处看见了，所以他们就朝着我这边走来，我在雪坑里听见有好几个人讲话的声音，我就拿这个（抓住围巾）摞紧两头，万一要被敌人发现就……这时候我听见有一个人说："噢！脚印儿往那边去了，快点追过去！"这话说完以后，他们就嘀嘀咕咕地走开了。

小崔：哎呀！好危险！

李斗星：后来没什么动静了，我出来一看，那原来是狗熊的脚印。

小崔：黑瞎子把你给救了。

李斗星：不是，是这个（举起围巾）救了我。这是普天堡的礼物，是金日成将军送给我的礼物。（把围巾围在小崔的脖子上）很暖和吧！同志爱！这个爱护部下的仁慈的同志爱比火还热，这是革命同志爱。

两个人都非常激动。

小崔：哥哥！我们无论如何也要活下去！

李斗星：对！应该这样！

二人热烈拥抱。

李斗星：现在我们没有家，也没有粮食，什么都没有，可是，我们还是要活下去。

小崔：我们要坚强地活下去！

李斗星：那么，先不要让火灭了。万一这个火灭了，我们就活不成了。

小崔：对！

两个人呼呼地吹火苗，让它重新着起来。

李斗星：（眼睛让烟熏得直流泪）喂！小崔！我觉得……

小崔：什么？

李斗星：我觉得我们俩就这样恐怕是呆[待]不下去的。

小崔：你又在说泄气的话了。

李斗星：不是。我的意思是我们应该暂时分手，这样作是有利的，我想。

小崔：什么?!

李斗星：你想个办法跟总部取得联系。

小崔：放下哥哥不管，让我一个人去吗？

李斗星：没关系，我无论怎样也会活下去的。

小崔：……

李斗星：应该这样作。首先应该把这个消息很快地报上去。要不，金日成将军还以为我们在这里很安全哪！

小崔：……（沉思。）

李斗星：如果你能很快取得联系，那么首先就有可能把孙大夫和金顺玉救出来；其次，我不是也就可以把伤治好了吗！并且这样重大的事情，要不及时地报告，那是违反革命纪律的。

小崔：可是，怎么能够就留下哥哥一个人呢？

李斗星：我一个人没什么问题。在你去禀报这个期间，我是能坚持下来的。这次我不是以排长的身分[份]命令你，而是作为一个同志，一个哥哥，向你恳切地要求。

小崔：（下决心）那么，我去！

李斗星：对！你想通了。

小崔：可是……

李斗星：无论如何也不要让那个火灭了，它就是我的生命（拿起一根烧着了的木头），你快点走吧！

小崔：那么，哥哥……

李斗星：你路上要保重！

小崔：（要去，又回过头来，倒在李斗星的怀里）哥哥！

李斗星：这样软弱还行呵！我们是为革命走出家门的战士。

小崔：那么，哥哥！（走去。）

李斗星：我希望很快得到消息，千万不要也像韩福男那样。（招手。）

小崔：（喊）不要让火灭了！

李斗星：你要小心点狗腿子们。

小崔：（喊）你就等着我吧！

李斗星招手。

——幕落

第四幕

第一场

地点和第三幕同。

时间是第三幕过后不几天，一个不太明朗的月夜。

火还在继续燃烧着，但是不大。

李斗星在火旁边拔一只乌鸦的毛。

李斗星：乌鸦，我要吃你了。我三天没吃东西了，你是我救命的恩人。我实在迫不得已才杀死你。我是为了革命，你这也是为了革命。你虽然死了也要高兴。（在火里烤乌鸦，然后吃起来）哎呀！世界上再没有比这更好吃的了。（笑着）朝鲜有句俗话说："吃了乌鸦肉，神经不正常。"可是，不管我神经怎样不正常，也不会忘掉革命精神。哼！决不会的！可是，如果说神经真的不正常，那就应该把害怕的精神、妥协的精神、后悔的精神和悲观的精神连根拔掉。（大口吃起来）这些东西我根本就不会有。

野兽吼叫声。

李斗星：（还想多吃些）不行，留到明天早晨吃吧！不知道以后什么时候才能找到吃的，不这样作可不行。（挂在树枝上，往火里加木头并把火吹起来，伸懒腰）哎呀！真困！（拿起放在旁边的狍子皮垫起来）你这个狍子皮，作为我们医院的屋顶，曾为我们挡住了风雨和风雪。可是，现在你又变成我的褥子，也是我的被子。（躺下，盖上另外一张狍子皮）不管黑夜有多长，黎明是一定会到来的，黎明是一定会到来的，黎明很快要到来。（用狍子皮把头盖上。）

冷场片刻。

大黑瞎子走来，稍停，看了一下李斗星，觉得很奇怪，它东看看西看看，有时候闻闻味儿，有时候跨在人的身上，用前掌拨动拨动或是用嘴拱拱。李斗星像死人一样动也不动。

男宣传队员：请看黑瞎子也不伤害年轻的战士，这是什么原因呢？古人说过，黑瞎子不吃死人。大概是因为这个缘故，所以也不伤害睡着了的人。其实不是这样的，而是连这样愚蠢的野兽也知道这个战士是为了祖国和人民献出了他的青春，它怎么能伤害他呢！（退场。）

黑瞎子慢慢消失。

李斗星：（一下子站了起来）真把我吓坏了！我一装死他就走掉了，真是个笨家伙。要是它敢动我，那它就完蛋了。我虽然有一条腿变成了这样，但是我还抵得住它。（看着那边）噢！那边不是又来了一个黑瞎子吗？不是。（掏出手枪卧倒。）

高某爬过来，快要死了的样子。

李斗星：谁？

高某：救救我。（靠近。）

李斗星：你这个特务崽子！（气愤，要开枪。）

高某：（举起手来）你说的对，我是最恶毒的狗崽子。

李斗星：你又干什么来了？是来抓我的吧？

高某：不是。

李斗星：那么，是来劝降的吧？日本鬼子就藏在你的后面，我要不听你的话，你就冲上来，是不是？我还能上你的当吗？

高某：不是那样，我是一个人来的。

李斗星：好，你说吧！这里还有两发子弹，我打死你以后，我也死。你休想把我活捉去。（瞄准。）

高某：哎呀！饶命吧！你可以枪毙我，但是请你再听我说一句话。

李斗星：那么你说吧！

高某：我本来是个特务，假装成一个爱国者，欺骗了刘浩区长并且得到了他的信任，来回运了几次粮食，把游击队根据地的情况都一一密告给日本鬼子了。说实话，刘浩区长也是因为我告密而遇害的。

李斗星：什么?!（咬牙切齿。）

高某：我杀死伪满士兵，也是日本宪兵搞的一套把戏。日本鬼子知道在这附近有医院，所以搞了这个把戏。

李斗星：（气极，抓住高某的脖子不停地摇动。）

高某：哎哟！哎哟！（挣扎着）你放开我！

李斗星：……（一下子把他推倒。）

高某：（好半天才站了起来）你要杀我，也先让我说句话呵！

李斗星：你又要什么把戏？

高某：不，我是真的。你看这个，这是上一次袭击医院的时候，我当向导中弹的一个伤口，并且挨了鬼子军官一顿骂。还有在回去的路上……

李斗星：我们的同志怎么样了？

高某：那我不知道。

李斗星：什么？

高某：（缩了回去）我说的是真话。我们在回去的路上，我没小心从山坡上滚下来。这时候日本鬼子不但不救我，反而嫌我麻烦，他们用冲锋枪扫了我一阵就走了，你看我这里也受伤了。（指着腿。）

李斗星：那就是你的主子！

高某：是的，这回我全明白了。当时我也不知道在雪坑里昏迷了多少时间。我是爬着来的，也不知道方向，也没东西吃。这时候我看见有火光，我想这回有救了，所以就到这里来了。可是，同志……

李斗星：什么？你还叫我同志！他妈的！去你的！

高某：像我刚才说的那样，我已经真正认识到我的错误。我算不上是个朝鲜人，求你饶恕我吧！

李斗星：你说什么？（拿木头打过去。）

高某叫了一声，倒下去。

李斗星拿手枪对准他，又放到怀里。

火渐息，李斗星趴下去吹火。

高某拿出匕首向李斗星后面爬过来。李斗星刚一回头，他又趴了下去。李斗星为了不让火灭，用力吹火。高某渐渐接近李斗星，忽然一下子扑了过来。在这一刹那间，李斗星身子一趴，用那只好腿踢开高某拿着匕首的手，匕首掉在地上。高某大惊，撒腿就跑。李斗星拿起匕首，闪电般地追了过去。虽然来不及执拐杖，可是他跟好人一样地追了过去。高某挨了李斗星一刀，惨叫一声，立即毙命。

李斗星举起高某的尸体抛了出去。

野兽吼叫声。

舞台灯光暗下来。

女宣传队员：原始森林呵！你在几千年里也曾看过这样的事情吗？这不是一天两天，也不是一个月两个月，而是三个月加十天，就是在整整一百天里，一个年轻的战士手中一无所有，只是和一缕烟火一起活过来的奇迹。他这种不屈不挠的勇敢精神，你也可能是第一次看到吧！你也许会感到惊讶！可是，你要知道这是一个男子的形象，不但是一个人的形象，而是金日成将军的抗日游击队勇士们的形象；你要知道这是朝鲜人民在任何侵略者面前也不屈服的英勇形象。朝鲜人民用生命维护了祖国和亲人，他们过去相信，现在仍然相信：黑夜快要过去，黎明即将到来；严冬快要过去，春天就要来临。你要知道，他们不是在那里等待，而是通过斗争，争取早日实现他们的愿望。

舞台亮起来。

第二场

地点和前场同。时间是春天的一个早晨，树上发出嫩芽，一片新绿。

李斗星披头散发，像鬼一样；衣服褴褛不堪。可是伤口已经好多了，也能走些路了。火还在燃烧着，不大也不小。

李斗星：呵！是新发的芽！（摘下一个拿着看）比昨天更绿更可爱了。在冬天的时候，我以为你已经死去，再不能苏醒过来了。可是，你还是发了芽，并且生气勃勃地成长起来。（高兴起来并满怀着希望）春天的天空辽阔而明朗，我真想展翅飞翔。春天象征着解放，呵！我们的同志们大概又开始活动了。他们这时候在什么地方？怎样取得了胜利？是高地的战斗还是袭击了城市？还是在行军？我们排每次行军都走在前面，我们总是打先锋。（好像是在跟谁讲话）司令官同志最相信我们排，也最爱我们排。（执着拐杖，摇起一只胳臂走起来，后来又放下了拐杖）你已经完成你的使命了。（两只手摇起来，瘸着腿走着走着倒了下来）离完全好还远着哪！（拍着负伤的腿）你这个家伙不要老让我伤心，你也是我的腿，为什么不了解我的心？（用手垫着头躺下，忽然好像生气了似地又坐了起来）韩福男这个家伙会作出这样的事情吗？他是不是死了呢？他不是那么容易死的，也可能把我忘记了。他自己归队了就把同志忘了。不会那样，也许发生了什么意外的事情。他不会不来吧？（自问自答）他一定会来，一定会来的。

鸟叫声。

李斗星：啊！那是什么鸟？叫得真好听。（东看看西看看）落在什么地方了？（走到旁边的白杨树底下往上看）是黄颜色的，好像黄莺。（回想）黄莺，啊！顺玉同志！现在到底怎么样了呢？可能死在兔崽子们的手里了。（因心情激动而身体发颤，他用力支着拐杖，以致拐杖插进地里许多，人差点没倒下去。后来又用拐杖往地里拨弄拨弄）这软软的是什么东西？（拨开了）哎呀！白面（抱起一个不大的白面袋子）白面！白面！（好象想起来什么似的）噢！原来顺玉同志把这个东西埋在这里，这就是那个地方，她告诉我们这是准备万一的时候用的。（落泪。）

隐约的《红旗歌》声（女声）。

李斗星：（抱着一袋面向前走）金顺玉同志和孙同志到底怎么样了呢？朴老人家已经是……小崔联系去了，一直到现在没有消息，也可能在路上发生了意外！这里只剩下我还没有死。为什么要死呢?！韩福男同志自从走了以后，也是一直没有消息，这个家伙！（坐在火堆前）这个火一百天没有熄火，它本是当时敌人用来烧我们医院的火。它在敌人的强制下烧了我们的医院，可是，现在它却救了我，帮助了我。这个火不是越来越大了吗？以后更要大起来，它会烧掉日本帝国主义。顺玉同志！是不是这样？

冷场。

李斗星：（抬头望着远处，大吃一惊）呵！那是什么?！是个人？是军队！是日本军队！又来了一个家伙！这次可不客气了！（掏出手枪，准备战斗）这个人东张西望的，看样子是在侦查。噢！好家伙，往这边来了！越来越近了！（要开枪）说不定是我们的人。

冷场。

李斗星：管他是谁，先问一下。（大声）谁？

喊话声："你是谁？"

李斗星：你先说你是谁？

喊话声："是韩福男！"

李斗星：什么?！

韩福男跑过来。

韩福男：是你！还活着！

李斗星：（站起来，好像要打韩福男似的，拍了几下）你现在来还有什么用呢？走开！走开！（倒下去哭起来。）

韩福男也抱着李斗星哭起来，二人抱在一起在地上滚着哭起来。

李斗星：（把剩下的一点点狍子皮给韩福男看）你看这个，这就是狍子皮。那样大的东西就剩这一点点了。我每天就吃这么一点点东西。你这家伙！尝尝看这个滋味怎么样？

韩福男：我错了。可是的确……

李斗星：你不要辩解了，反正我不听。

韩福男：金日成将军特别派我们到这里来的。

李斗星：什么？（十分激动。）

韩福男：这个期间我们分散在东北各地，我们部队到处取得很大胜利。我们打击了侵略中国的日本强盗们的后脑。这次我们司令部又来到了长白地区。

李斗星：你说什么？哎呀！

韩福男：我讲给你听听，第一个战斗我们打了二道岗，就解放出来许多爱国者，其中有孙同志和顺玉同志

李斗星：（跳起来）什么！他们还活着哪！太好啦！

韩福男：小崔也……

李斗星：什么？小崔？怪不得他没消息了。

韩福男：的确这些同志都很勇敢，他们战胜了各种各样的拷问和敌人的诱惑，真是好样儿的。

李斗星：（活跃）太好啦！我们是一定要胜利的，一定要胜利。就是朴老头……

韩福男：金日成将军已经知道这件事，并且为老人家流了泪，他说朴老头是永垂不朽的爱国烈士。看！其他同志也都来了！

李斗星：嗯！

韩福男：你看，那边不是来了吗？

李斗星：可不是吗！（想要跑去。）

小崔走在前面，后面是金顺玉（背着背包），孙大夫跟在后面。

小崔：哥哥！你还活着！

李斗星：你也还活着哪！孙同志！

孙大夫：你真是个英雄！

李斗星：金顺玉同志！（紧紧地握手。）

金顺玉：（从背包里拿出新的军装）这是金日成将军送给你的。

李斗星抱着军装十分激动。

小崔：哥哥！你快穿上吧！金日成将军还等着你呢！大家也都等着你呢！

李斗星不知道是梦还是现实，大家帮他换军装。

李斗星：金顺玉同志！我刚才发现了那个东西。

金顺玉：你是说白面吧！

李斗星：唉！我要知道白面放在什么地方就不吃草根、乌鸦肉、兔子、老鼠、狍子皮啦！（向着小崔）你看我的脸怎么样？

小崔：你像是个不死鸟！不死鸟！

韩福男：我们走吧！

金顺玉和小崔想扶着李斗星。

李斗星：没关系。（甩开他们，摇起双手，大踏步地走起来，领先唱起革命歌曲。）

大家都跟着唱起来。

阳光更加灿烂，白头连峰光芒万丈。

在阳光照耀下，大家手挽着手向前行进。

和他们歌唱的同时，雄壮的大合唱声起。（效果。）

——幕落

1959年3月23日于开城

后记

宋影是朝鲜民主主义人民共和国著名作家，现年五十八岁。朝鲜"八·一五"解放前，他作为一个无产阶级作家，创作了《拒绝面谈》、《黄金山》、《石匠工会代表》等许多剧本和小说。"八·一五"解放后，他又写了《密林呵，你说吧！》、《两家邻居》、《锦山郡守》、《江华岛》等剧本；此外，还写了电影剧本《爱国者》、长篇特写《白头山在哪里也望得见》等作品。

话剧《不死鸟》是宋影1959年发表的新作。它以1937—1938年在金日成同志领导下的朝鲜人民抗日武装斗争为背景，描写了一些革命战士负伤以后坚持奋斗的英勇事迹。

作家在进行这个剧本创作时，曾前往过去在金日成同志领导下的朝鲜人民抗日武装队伍游击战斗地区——我国东北长白山等地进行了采访，会见了许多当年的革命战士，听到了无数可歌可泣的故事。他在这些故事中，选择了青年排长李斗星的战斗事迹作为题材。

勇敢的革命战士李斗星在反抗日本帝国主义者的武装斗争中腿部受伤，他在长白县裴家沟密林的天然洞——游击队医院中和后勤工作人员朴老头、宣传队员金顺玉、脚部冻伤的孙医生（中国革命战士）、小崔等一起养伤。他们互相慰藉，互相鼓励，互相帮助，迫切地希望能早日伤愈归队。这时，一个姓高的特务冒充革命战士，混进他们的医院，于是医院遭到了日寇军队的袭击。除躲在雪坑和岩石缝中的排长李斗星和小崔二人幸免外，孙医生和金顺玉都被敌人逮捕了，朴老头在敌人追捕他的时候跳崖壮烈牺牲。

李斗星的腿伤尚未痊愈，只得派小崔去和部队联系。他独自留在密林里，开始了最艰苦的生活。他在化为灰烬的医院遗址上发现了火种，就用这火种烧起篝火；捡了没烧完的狍子皮作铺盖；用树皮、草根充饥，甚至不得不捉乌鸦来吃。他就是这样，用他坚强的意志，克服着零下40度的严寒和饥饿，坚持了三个月又十天，度过了冬季，终于又回到了战斗的队伍。

“不死鸟”是古埃及神话中的一种鸟。传说它能在火中焚烧后又从灰烬中复活过来，是永恒不灭的生命力的象征。作者借用它来赞扬了朝鲜抗日斗争中那些在任何艰苦条件下坚持不屈、永远充满着蓬蓬勃勃的革命乐观主义热情的斗士。正像剧中第一幕开头女宣传队员所说的那样：“他们就是永远放出光芒的不死鸟，爱国的鸟，革命的鸟。他们经得起革命火焰的考验，他们不会被烧死，任何人也不能置他们于死地，他们就是革命的化身……”

通过这个剧本，我们可以更清楚地看到朝鲜革命战士火一般的热情，钢铁一般的意志，同志间崇高的阶级友爱，自觉的纪律性，以及对祖国和领袖的无比忠诚。

《不死鸟》这个剧本搬上舞台之后，就在平壤作为保留剧目经常演出，得到朝鲜观众很高的评价。

这个译本是根据1959年来我国访问的朝鲜艺术工作者代表团送给中国青年艺术剧院的朝鲜文打字稿译出的。

译者　1960年6月于北京

（原载于《不死鸟》，中国戏剧出版社，1960年）

在敦化的密林里

［朝鲜］金承九
一宏　忍坚　译

内容说明

金日成将军领导的抗日游击队的一个联队，活跃在敦化的森林里，与敌人进行着英勇顽强的斗争。哲洙是个年轻的新战士，在一次战斗中腿部负了伤。联队要继续行军去执行任务，便把哲洙留在密林深处，同时留下坚强而有经验的老战士明华婶婶照料他养伤。他们在杳无人烟的山林里与风雪严寒及饥饿作斗争，还要警惕敌人"讨伐队"的突然袭击。明华把同志们留下的一点粮食完全省给哲洙，和着采集来的松子煮粥给他吃，自己却以草根和树皮充饥。明华每天早出夜归，在风雪里了［瞭］望和监视敌人动静，寻找为哲洙治伤的药材，采集松子，挖草根，刨树皮；夜里，在昏暗的松明下，明华讲革命斗争故事和革命的道理，用顽强而乐观的革命精神教育哲洙。经过七十七天，克服无数困难，终于治好了哲洙的伤，坚持到联队回来。

暴风雪！

暴风雪在呼啸。

一支游击队冒着风雪迎面而来。他们肩靠着肩，用力地破开没人走过的雪地，开上前来。

披在身上的白色斗篷迎风飘动。

走在前头的联队长站到一旁，给队伍让开路。他举起望远镜，透过风雪望着远处。

"讨伐队"从另一座山拐弯的地方绕过来。指挥官拿着日本军刀，赶着士兵们前进。但士兵们顶不住风雪的威胁，在狂风暴雪中东倒西歪。

芦苇茂密的江边，风雪在怒吼。

江水冻得足有三尺厚。

游击队拨开高过人头的芦苇丛走了出来。

他们用坚定的步伐，迎着风雪挺进。从口中呵出的气，凝在防寒帽上，成了白霜。沾到鞋上的白雪，也结成了一层厚厚的冰。这些都说明他们已经走过一段很长的路程了。

联队长接过年轻队员哲洙的背囊，背到自己身上，并扶着他走。

女队员金明华背着洋铁锅和洋磁碗等沉重的炊事用具，跟在队伍的后面。

一阵狂风掠过芦苇，卷起了粉末似的积雪，使那漫无边际的原野，顿时变成了迷迷茫茫的一片。

隔江能望见对岸陡峭的绝壁。

联队长指挥队伍过江。

从江对岸绝壁之间的空隙处望去，能看见那绝壁后面的、深深的山坳里，狂风卷着雪花正在急速盘旋。

队伍走过冰封的江面。

联队长又用望远镜眺望着刚才走过的路。

队伍消失在山坳里。

风雪横扫镜头。

"讨伐队"从茫茫的风雪中钻了出来。指挥官一个人先过了江，他发现游击队的足迹后，立即得意扬扬地命令士兵们过来。

狂风扫过冰面，雪花飞卷。

"讨伐队"追踪着游击队，消失在山坳里。

大风雪刮过江面。

过了一阵儿，不知从哪里突然传来了枪声的回响。

急促的枪声。

风雪中，唯有枪声在砰砰地嘶叫着。

风雪扑打着芦苇。枪声愈加猛烈起来，发出了震天撼地般的巨响。

芦苇迎风摇晃。枪声一阵紧似一阵。枪声分明是从"讨伐队"追击游击队而进入的那个山坳里传来。看来，游击队在那里打了一场令人痛快的歼灭战。

狂风卷着积雪，径直朝绝壁刮去。爆豆似的枪声。风在怒吼。

少顷，丧魂落魄的"讨伐队"指挥官慌慌张张地从山坳里爬出，躲到一座岩石后面去。

猛烈的枪声。

又有两个“讨伐队员”偷偷摸摸地爬出山坳，他们企图以峭壁作掩护，从躲着指挥官的那座岩石前面逃走。

“巴嘎呀噜！”指挥官骂了一声，举起手枪射死那两个家伙后，便从岩石后面溜跑了。

雪遮盖了那两具尸体。

枪声已停息。

山坳里，敌人的尸体横七竖八。在一块岩石旁边，明华和其他几个队员用桦树皮和绷带给哲洙包扎伤口，哲洙的大腿受了重伤。

几个队员兴高采烈地收拾敌人扔下的武器。

一个队员用脚踢开敌人轻机枪射手的尸体，边拿起武器，边朝那具尸体说：

“喝！老兄！谢谢你给我们送来了这么好的东西。”旁边的另一个中年队员听了，也笑着说：

“对不起你们这些不远千里而来的客人啦！我们可没啥招待你们呐！”说着，他从鬼子尸体旁拣起一支毛瑟枪插到腰间。

在旁边收拾弹药的另一个队员说：

“好家伙！这下你们一辈子都可以躺在风景这么好的地方享清福了！八字倒不坏呢。”

听他这么一说，大家都笑了起来。

迎着风雪，游击队又开始行军了。

队员们正从乱石穿空的峻岭上翻越过去。有个队员背着哲洙走在坎坷不平的雪地上，金明华从旁扶着。

密林里，雪愈来愈深。两名健壮的队员在前头扒开齐腰深的积雪，为大家开出一条路。另一个队员把哲洙接过来背。尽管风雪凛冽，但那两个弯着身子、吃力地扒开深雪的队员却汗流满脸。

后面的队员跑到前面去接替他俩继续开路。

行军速度慢下来了。

金明华跟在队伍后面，从雪地里拣起松球装进背囊。

堆积在树枝上的雪不断摇落下来，大风雪又起。

一阵迷雾般的风雪卷来，遮住了行军的队伍。

游击队在宽阔的雪野上前进。鹅毛大雪遮天盖地地压下来，填平了他们的深深的脚印。

光秃秃的峻岭上，雪片飞卷着。唯有那些被火烧焦了的枯树像路标似的耸立在各处，它们仿佛在诉说目前激烈的战斗情景。队员们正在翻越着这座峻岭。

站在峻岭上，朝那一望无际的林海望去，只见它被风雪吹刮成了雾蒙蒙的一片。

队员们在峻岭上暂时停下脚步。联队长回头看看后面有没有追踪的敌人，然后又转过身去，望着展现在眼前的漫无边际的林海。金明华和一个队员在一块背风的岩石后面，用绷带给哲洙重新把伤口包扎好。哲洙昏迷不醒。队员们都担心地弯下腰去看他。联队长摸了摸哲洙的前额，脸色立刻阴沉了下来。他一声不响地转过身去望着前面的路程，深深地吸了一口烟，随即又吐了出来。

风雪扫过山岭。

队员们翻过山岭，爬下峭壁。峭壁下面有一道很深的沟壑挡住去路。沟壑里，积雪约摸有没顶之深。

联队长毫不犹豫地一脚踏进了沟壑，雪深陷到他的胸部。联队长扒开积雪向前走。雪花很快掩盖了他所踏出的路。队员们紧跟着联队长破雪前进。

联队长走到沟壑那边停了下来。雪深得几乎能埋没他的肩膀。后面的队员们一个接一个地排在联队长后面，站成一行，他们用自己的肩膀搭成了一座桥。

风卷积雪径直往山坳里刮。后来的队员们踏着他们的肩膀越过沟壑。

背着哲洙的队员颤巍巍地走着，明华在后边扶着他，一前一后地走过了这座用肩膀搭成的桥。

山坳里刮起一阵旋风，扬起了地上的积雪。

眼看雪要没过那些用肩膀搭桥的队员们的脖子。可是联队长和队员们在深雪中屹然挺立着。他们的面孔一个个都像用雪白的大理石雕刻出来的英雄塑像。

一只松鼠在高高的枞树上偷望着这一支英雄队伍的行军。

游击队跨过山坳，越过山岭，行进在古树参天的密林里。

天色渐渐暗下来。

一阵风掠过林海，掀起了起伏不定的波涛。在树林那边的高空，升起了一弯新月。

密林里，燃起了篝火。队员们把干树枝铺在雪地上准备睡觉。

篝火熊熊。

队员们都睡熟了。值班的战士在守卫着篝火。

一张张倔强刚毅的脸。

令人信赖的面孔——他们在漫长的行军和战斗中都已十分疲劳了，现在睡得正香呢。

风雪怒吼，震撼着整个密林。

这一夜，北风呼啸，漫天风雪，但守立在高处的哨兵，如巨石般纹丝不动。尽管夜黑漆漆的，密林挡住了视线，但哨兵的眼睛却闪闪发光，透过密林瞭望千里。队员们都睡熟了。

联队长没有睡，他在巡视队员们睡觉的情况。

在岩石下边凹进去的地方，临时搭起的草棚里，明华和其他指战员都没有睡觉，他们围着正在发高烧、呻吟不绝的哲洙。

联队长走进来，摸了摸哲洙的前额，抬起他那粗糙的手，笑咪咪地在哲洙那张逗人喜爱的脸上，轻轻地拍打了几下。

“你这个小伙子，第一个回合就射倒了‘讨伐队长’，是不是把你累坏了？哈哈哈……不要紧的，放心吧！”

他那快活的声音，打破了密林里的寂静。明华和其他队员的脸上也现出了笑容。

天蒙蒙亮，队员们准备继续行军。

联队长和明华注视着哲洙，他体温还很高，轻声呻吟着。联队长心情沉重地走出草棚，边抽烟边沉思着。

一个队员（朴同志）走到草棚跟前，向联队长报告道：

“联队长同志！出发准备好了！”

又一个队员站出来说：

“我愿意背哲洙！”

联队长显得很慎重，仍然站着不动。

“联队长同志！”

“朴同志！还有多少粮食？”

联队长连头也没有回，轻声地问，但朴同志却答不上话来。

“都把口袋抖一抖，总会有一点吧。”

队员们不理解联队长的话，犹豫着。联队长继续说下去：

“哲洙的病势很重，需要让他安定地留在这儿！”

队员们一时不能同意联队长的意见，争先恐后地恳求道：

“让我们背他走吧！”

“我们背得动！”

“联队长同志！哲洙是个新队员，一定得把他背走。”

明华从草棚里走出来。

联队长环视了队员们一眼，然后沉着地说：

“可以背他走，即便是行军千里，我们也能把他背走，但我们现在时间很紧迫，按上级指定的日期已经耽误五天了。要走的路还很远，不知还得突破多少次敌人的包围。那边总队正在焦急地等着我们呢。”

队员们都一言不发，等待联队长继续说下去。

“当然，我们应该爱护和珍惜同志，可是不能光凭热情盲动。那样也许会送掉同志的性命……这里‘讨伐队’不太敢来，是个较安全的地方，怎么样，同志们？”

“知道了！”

队员们齐向篝火拥去。

联队长回头看了看明华说：

“明华同志！怎么办好？”

明华一时不知说什么好。

“明华同志！你要把他救活！”

明华脸上显出了惶惑的神色。

密林里，寒风发出尖厉的吼声。

哲洙发高烧，不住地呻吟，额上沁出了汗珠。

明华低垂着头，站在联队长面前。

“明华同志！你是金日成将军亲自培养出来派到咱们部队来的，不管有多大困难，相信你一定能战胜它。”

明华直挺挺地站在联队长面前说道：

“是！我愿意留下来救活革命同志。”

“谢谢你！……不多说了，哲洙是个还没有经过革命锻炼的年轻战士。你既要帮助他治好病，还要用革命精神教育他。我们顶多也不过十天就能回来。”

“知道了！”

篝火旁边。朴同志把队员们的粮食凑到一起。有的队员连绷带和药品也交了出来。

联队长把手搭在明华的肩上，恳切地说：

“你会遇到许多困难的，要时刻把金将军的话铭记在心头：共产主义者不管遇到了怎样的困难，都必须活着坚持革命到底！”

“是！”

队员们想和哲洙告别，来到了草棚近旁。联队长拦住他们。

“如果他知道自己被留了下来，那就不好办了，咱们还是悄悄地出发吧！”

队员们都担心地朝草棚里望去。

朴同志把一个不大的炒面口袋和锯子、镰刀等工具交给明华。

“大家抖出来的就只这些。这是药品和绷带。”

“粮食可不能留下！……联队长同志，这里有的是果松，刨开雪还能找到草根。路还很远，粮食你们得带走。”

朴同志为难地望着联队长。

联队长朝朴同志使了个眼色。

明华向同志们告别，整个树林像代她抒发情感似的，挣扎着，发出深沉的呼号声。

一个中年队员向明华告别道：

“明华同志！等我们回来的时候，我给你们背一大包礼物来吧！”

队伍从密林出发，队员们打明华跟前走过，一一同她握手道别。明华紧跟在队伍后面，依依难舍地握住同志们的手。

朴同志瞒着明华，把炒面口袋放在草棚里，然后离去。

明华和队员们互相告别。

在篝火旁的一棵合抱大树上，冰花在融解，水珠儿接连不断地直往下滴。

树林被风吹刮得直摇晃。

在那杳无人迹的雪地上，留下了队员们的一排脚印。明华同队伍保持着一段距离，跟随在后面。

队伍从密林里往出走。

密林在颤抖着。密林里，粗大的古树和零乱的枯木挡住了队伍的去路，但队员们以坚定的步伐跨过了这些障碍，胜利地穿过了这座密林。

他们艰难地越过山岭，望着远处杂草掀腾的野地。他们走下了山坡。

明华一面望着队伍远远离去，一面仍然向前移动脚步。

茫茫风雪中，队伍忽隐忽现。

联队长转身向明华挥手，示意叫她回去。

连落在后头替队伍扫平足印的那个队员的身影也渐渐去远了。

明华停在平地中央，望着队伍离去。

队伍越过山岭，远远地消失了。

明华望着望着，一直望到队伍最末了的一个人变成一个小小的黑点再也看不见的时候为止。然后，从树上折下根树枝，边扫平队员们留下的脚印边往回走。

太阳已经升得高高的了。

明华不知疲倦地扫平脚印。

天上雪花乱飞，穿心刺骨的寒风直刮个不停。

明华走过雪野，越过高地，走进了密林。她一个不漏地扫着脚印。这段路十多里长。飘落到她肩膀、背囊和枪杆上的一层厚厚的雪花，都已经结成冰了。

她似乎已累得精疲力竭，靠在一棵树上缓了缓气。突然，她抬起头来盯望着一个地方。

在果松的树枝上，有只松鼠正瞧着下边的动静呢。

明华脸上浮现出微笑。

“松鼠呀！松鼠！跟我们做个伴，一道过日子吧！不过，不许你告诉任何人说我们在这里。”

淘气的松鼠，转眼工夫就消失在另一根树枝上了。

明华继续扫平足印，跨过倒在地上的枯树墩子，越过山谷，一步一步地走进了密林。

草棚里，哲洙慢慢清醒过来，模模糊糊中睁开了眼睛。

周围一片寂静。

他侧耳谛听，但听不到同志们的一点动静，只有朔风在呼号。

哲洙感到不安和纳闷，他挣扎着想坐起来，但却怎么也起不来。

"同志们!"

他喊了一声,便竖起了耳朵。

没有任何回答。

哲洙使尽了全身的力气,总算欠起了身,但腿却支撑不住。

他吃力地挪动着身子,向门口爬去。这一爬,他发现了炒面口袋、工具和绷带。于是,疑惑地把这些东西拿起来看。

他的脸色显得更加不安。他拼命地爬到草棚外头喊道:

"同志们!联队长同志!"

明华正在扫平脚印,忽然听见喊叫声,便急急忙忙地朝草棚跑去。

哲洙倒在雪地上。

明华跑过来,把哲洙抱进了草棚。

明华让他躺下,用棉衣和篷布给他盖好后,急忙跑到外面,装进一小锅雪,放到火炉上。

"都哪儿去了?"

哲洙不安地问。

"都在下边休息呐。"

"那是什么?"

明华扫视了一下草棚里的一切,她发现了炒面口袋。

"唉!什么时候把这个……"

明华抓过来看了看,眼里顿时噙满了泪水。

哲洙激动地欠起身来喊道:

"同志们都走了,是吗?明华婶婶!……"

明华默默不语,想使他安静下来。

"是吧?婶婶?不然怎么这样静?您怎么不说话呢?"

"哲洙!……"

"把我留在这儿,扔下我啦?"

"谁说把你扔了?有我在嘛……"

哲洙一个劲儿地挣扎着要起来。明华尽力使他镇静下来。

"我要走,死也要死在路上。"

"哲洙!你可不能这样!"

哲洙猛劲站了起来。

"哲洙!"

明华严厉地责备他。

哲洙倒了下去。

“我是为了干革命离开家的，可是像现在这样待下去，能行吗？”

“你要干革命，就得待在这儿……你的革命任务首先是养好伤。同志们再过十天就回来。你得在这十天内把伤口养好。”

“鬼知道什么时候能养好这条腿再去革命，还不如干脆死了好。”

“着急可不行啊！死了还能重新活过来的人才是革命者。怎么能让敌人一枪结果我们呢？……我们游击队员是死了也能活过来的革命者！”

明华边说，边抚摸哲洙的头发。

靠着高高的岩石搭起来的草棚，由于巧妙地利用了自然生长的树木，一眼不容易看出来。

草棚旁有个火坑，坑上用几块宽大的石板很自然地盖住了，这个火坑是在地上先挖个坑，然后再在坑内用石头砌成四方形，很像个凹下去的火炉。为了防备敌人，只是在夜间烧木头，白天只留着炭火。

明华走出来，先拨了拨火，然后察看地形。她发现草棚旁边岩石底下有一条结冻了的泉水。

水面结了一层厚厚的冰。明华用石头砸碎冰面，往岩石底下挖进去。

她额上虽然冒出了一滴滴汗珠，指尖却冻得像要断掉似的。她不知疲倦地继续挖着，终于，一股泉水涌出来了。

明华拭了拭汗，眼里射出了喜悦的光芒。

凹进去的岩石缝里积满了清泉，明华用手捧着泉水察看。

这是一汪清亮的水，是冒着风雪、流着汗挖出来的水！

明华喜悦的面孔倒映在水面上。

她对着明亮如镜的清泉，擦去脸上的污泥。她刚满三十五岁，但脸上却出现了细细的皱纹。显然，这是她所走过的艰难历程的痕迹。不过，这一副面孔却是那样的朝气勃勃，那样的和蔼可亲。

明华旁白：

“就这样，我和一个年轻的战士一道被留在敦化的树林里了。”

“没有足够的粮食，也没有足够治病的药品。这样的艰难，在当时我们游击队里是常有的事。”

夜。

草棚里，点起了松明子。

用石块砌成的火炉放在角落里，小锅的水在火上沸腾着。尽管外面是冰封雪冻，朔风怒号，但在里面，由于有明华辛勤的双手和一颗赤诚的心，草棚显得异样地温暖。

明华托着哲洙的头，喂他喝炒面汤。

哲洙不张嘴接勺子，只是摇摇头。

“我吃够了。婶婶，您吃吧！”

“嗳！再来两勺儿……你应该像消灭敌人一样跟病魔斗争。吃，这对你来说就是斗争！”

说着，明华小心翼翼地扶他躺下。哲洙闭上眼睛。他像在发高烧，呼吸急促。

明华摸了摸哲洙的脉搏，两眼注视着他。

此刻，明华的面孔竟是那样地慈祥！

在白茫茫的风雪中，能看见一弯朦胧的新月。

黑暗中，拦腰折断的古树和枯木像什么怪物似的耸立着。这是一个古老的密林之夜。

在这古老而又深邃的密林里，有一星不灭的灯火在闪动着。

这不是古代的传说。

在我们的故事里，有这样一位游击队母亲，她为了革命，为了同志，在这荒无人烟的密林里，彻夜不眠地操劳着。

火光下，明华拿出粮食口袋，用羹匙量着炒面。

明华旁白：

“这就是同志们留给我们的粮食。那些把粮食全部抖净给我们才离去的同志们，现在，他们在哪里忍饥挨饿熬过这一夜呢？……应该像金子一样珍惜这些充满了同志们深情厚谊的粮食。炒面一共五十四勺。”

“如果给患者一顿吃一勺，能吃二十天。至于我，可以吃松皮和草根。队伍虽说是十天后就能回来，但这也难说定，要知道，在他们行军的路上，随时都可能碰到敌人的围击。……”

她量过炒面后，陷入深思。她是在计算如何依靠这点粮食活下去。这只有过过穷日子的母亲，才会这样算计着过日子。

这时，外面传来了什么东西轰隆倒下去的响声。

明华紧张地倾听着外面的动静，习惯地伸手去拿立在旁边的枪。

哲洙也紧张地撑起了半个身子。

朔风呜呜地叫个不停。

一根枯木从悬崖上滚落下来，它劈破了岩壁上的层层积雪，哗啦啦地打下了许多雪块。而后，它就像一具怪物的尸体似的横倒在地上。

天蒙蒙亮。

明华挎上枪，背着空空的背囊走出草棚，腰里插着斧头和镰刀。

她用树枝把草棚掩盖起来，然后再在那上面撒上雪，直把草棚伪装得一点也看不出来。火坑和泉水也伪装起来了。她一再扫视周围，看看没有漏洞，这才放心地朝峭壁攀去。她扒开积雪，继续往高处爬，一面把松球和野葡萄叶子拣进背囊。

尽管密林里射进了一抹朝阳并散成了扇形，但风仍然刮得紧，一点也没有减弱。

明华登上高地上的一座高大的岩石，从这儿能望见树林那边一望无际的原野。

她环顾四周。

明华旁白：

“每天天一亮，我就先爬上这儿，看看有没有‘讨伐队’进来。尽管这座密林连野兽都不敢落脚，但谁敢保证‘讨伐队’不会来呢？我每天的第一个战斗任务，就是戒备敌人。”

她俯视着峭壁下有草棚的地方。

草棚伪装得谁都看不出来。明华在山顶上来回转，从红松和枞树上采集松香，用杖竿扒开积雪寻找松球。她时时环视四周，警戒着有无敌人。

她剥下桦树皮往背囊里装。

一阵狂风从岩石顶端吹来，它刮下了大片积雪，使画面显得迷迷蒙蒙。

草棚里，明华把松香放在火上烧焦后，再把它研成粉末。她把松香粉抹到绷带上，贴住哲洙的伤口，然后再用桦树皮包扎起来。

哲洙呻吟着，豆大的汗珠从额上直往下淌，明华给他擦汗，并用手梳理他那蓬乱的头发。

火炉上的水开了。

明华在火上烤着松球，从烤过的松球里剥出松子，然后把松子放到石头上一一捣碎。

取出松子的空松球愈堆愈多。

明华从丛林里锯下树木，拉到火坑旁边，然后把树木锯成一段段，添进火坑里。

明华在丛林里来回走着，采集松香，剥下树皮。

她把药和松香一道捣碎，敷在哲洙的伤口上。

草棚顶上雪积得更厚了。挂在草棚一角的粮食口袋已空了一大半。

松明下，明华把松球放到火上烤，然后再取出松子。

“婶婶！”

哲洙闭着眼睛，躺在那儿喊道。

“嗯？”

“再过三天，联队长同志就能回来吧？”

“已经过了这么些天了吗？”

“今天已经是第八天了！”

“啊！我真糊涂，过了这么久，我还不知道呢。”

“婶婶！我想试试看，能不能起来？”

“不行，伤口还没有全好！”

“不要紧，您来帮我一下。”

他支起身子，明华不放心地扶着他。

哲洙支撑着两条腿站了起来，但身子一晃，又倒了下去。

明华微笑道：

“行！再过两天，你就能开步走了！”

“真的吗？”

“可不是！”

哲洙微笑着，摸了摸腿，他觉得自己刚才能那样站起来，真是出乎意料之外。

明华很满意地望着哲洙说：

“同志们快要回来啦！看你像个什么样……来！我给你理个发吧！……哎！胡子也全都长出来啦！同志们会笑你的。”

说着，从背囊里取出一把剪刀和梳子。

哲洙噗哧笑了一下，伸手摸了摸鼻子下面。

“游击队员头发长一点儿，怕什么？……”

“哪里的话……革命者首先得穿戴整齐,我们应该讲究卫生。干革命的人一身弄得肮里肮脏的,那哪能行呢?干净了,病也能好得快些。”

“您会理发吗?”

“我是联队的理发师呀!快准备理发吧!衣服也得洗干净。等他们回来后,你该打扮得整整齐齐地向联队长同志这样报告道:遵照您的命令,克服了困难……”

“那是您该这样报告,我只不过躺着忍住痛罢了!”

“那你就报告说:我战胜了疼痛!”说着,笑了起来。

哲洙也跟着笑了。

理完发,明华让哲洙照了照小镜子。

“来!照照看!同志们回来准会惊呀[讶]地把你当做哪来的新郎呢!”

哲洙咧着大嘴,笑嘻嘻地摸了摸头。

“这三天,要能快点过去,那该多好……”

盼望着的那三天已经过去了。

明华攀登了[瞭]望的高地。

高地上有一株不大的白桦树。树干上,用刀子刻出了一道道痕迹,一共是九道横线。

明华登上高地,眺望远处部队曾经越过的那座山岭。

高地上,雪花飞卷,寒风呼啸。

明华靠在一座岩石上,茫然地望着。她是在等待联队归来。

草棚里,哲洙穿得整整齐齐的,口里哼着游击队进行曲,正擦着枪枝[支]。他把擦好了的枪机安上去,然后试着扣了扣扳机。

他把枪放入木匣里,挎在肩膀上,子弹带也披在身上。哲洙看了看自己全副武装的样子,觉得很神气,颇为满意地笑了笑。接着他抱住柱子,挣扎着想站起来。

受伤的腿立不起来,费了好一阵工夫,总算勉强站了起来。

哲洙把颤抖的两腿并到一起,以立正的姿势说道:“联队长同志!遵照您的命令……”

话刚说到半截,就倒下去了。

他哭丧着脸,摸了摸腿,一个人自言自语道:

“该死的腿……这怎么好意思见同志们?……可是,她怎么还不回来呢?

天都快黑了……”

明华仍然坐在了[瞭]望哨上望着远处。夜幕徐徐降临，远处的东西已分辨不清了。

明华歇了口气，起身抽出刀，在白桦树上又刻了一下，然后走下陡坡。她无精打彩［采］地移动着脚步，走着走着，她突然停了下来，盯望着一个地方。一只松鼠瞪着小眼睛，从枯树洞里往外瞧。

明华对着松鼠微微一笑。

哲洙点起了松明子，一个人呆呆地坐着。忽然，他听见外面有人的动静，就加倍注意地听着。

明华回来了，她从身上卸下一捆柴禾，放到火坑旁边，整了整衣服，拿起那束插在柴捆上的金达莱，走进了草棚。

“干吗起来了？”

哲洙沉默片刻，忍不住开口道：

“咱们联队是不是出了什么事啦？怎么还不回来呢？”

“不会的！按时回来，的确不容易啊！咱们还是耐心地等吧！……”说着，伸进手去翻弄背囊。

“你看！我给咱们家添上了一口哩！”

“什么？”

“白天你一个人呆[待]得挺无聊吧！我给你找了个伴来……”

说着，从背囊里拿出一只松鼠。

“哟！你是怎么抓的？”

哲洙接过松鼠，高兴得合不拢嘴。

“它不愿意来，是我硬把它请来的。”

“得给它做个笼子才好。”

“这是你的伙伴，你好好招待招待它吧！”

明华给洋磁茶缸倒上水，把金达莱插了进去。

“天还这么冷，能开吗？”

“只要这儿能像春天那样温暖，精心地照料它，就会开的。这花开了，你的病也会完全好，同志们也能回来。”

“这么说，得让它早点儿开才好。”

“嗯！”

就这样又过了一些日子。

粮食口袋里的炒面日见减少，差不多快要完了。明华从口袋里舀出一勺炒面，犹豫了一下，又把半勺留了下来。明华摸了摸口袋，脸上显得焦急和不安。哲洙不理解明华这种心情，正在专心一意地把桦树皮卷成圆圈，准备给松鼠编一个笼子。

他口里哼着小曲儿，把树枝一根根削好，并安了上去，松鼠在那用树枝临时编成的笼子里活蹦乱跳。

“别闹了，等我给你做个好玩的东西。”

哲洙开朗地说。

松鼠转动着转笼，哲洙津津有味地望着它。

松明下，明华拿出小册子学习，不时地记些什么。

哲洙瞅了瞅明华。少顷，他自己也打开了一本放在枕边的《社会主义纲要》。

明华笑咪咪地望着哲洙。

狂风在吼叫。

明华背着武器和背囊，用藤梨的蔓藤拖着长长的木头从丛林里走了过来。她虽然觉得很费劲，但毫不犹豫，一直拖到火坑旁边才歇了口气。她看着拖来的木头，满意地擦了擦汗。

皓月当空。明华边锯边把木头扔进火坑里，然后又继续锯。

浑圆的月亮渐渐地、日复一日地变成了弯弯的下弦月。

明华不知疲倦地在锯木头。

火坑里的火烧得很旺。明华抬头望了望月亮，轻轻地叹了口气，又继续锯木头。

明华旁白：

“就这样，我们渡过了那些个等待着部队的白天和黑夜，记得我们刚到这座树林的那天晚上，对面山头上也升起了一弯新月。尽管新月圆了又缺，到如今，又变成了弯弯的下弦月，可部队却仍然没有回来。哲洙的病又一天比一天重。”

松明子忽明忽暗。明华始终没有入睡，守在发烧而又呻吟着的哲洙身旁。她一动也不动地端坐着，连眼睛都不眨一下，脸上流露出对同志深厚的爱和那永无变化的一片至诚。她轻轻地叹了一口气。

松鼠一个劲儿地踏着转笼。

“松鼠呀！松鼠！你得安静点儿。哲洙又病了。”明华让转笼停下后便开始干活，她身旁已堆下了许多切成一卡一卡的幼嫩的桦树枝。

明华用石头捶砸切断了的桦树枝。用布把汁液挤出来。桦树汁一滴一滴地落进洋磁碗里。

她又把树枝砸碎。

松明已燃去许多，积了一大团灰。夜已深了，可是明华仍然坚持不懈地砸树枝，挤出桦树汁。

渣滓越堆越多。

洋磁碗里装满了不少汁液。

哲洙突然睁开眼睛，四面望了望，蓦地坐了起来掀开盖着的衣物，看着受伤的腿。

“怎么啦?”

明华疑惑地问。

哲洙这才松了一口气，说道：

“我梦见腿被锯断了。这当儿，偏偏‘讨伐队’也来了……”

明华给他盖好，并替他擦去脸上的汗。

“怪不得弄得满头大汗。这是因为你身体虚弱，所以才做这样的恶梦。你该做一个打败敌人的好梦才好啊。你是游击队员，不该做被敌人追赶的梦。……喏！这是白桦树汁，甜滋滋的，可好喝啦，真个比肉汤还补人呢！”

明华托着哲洙的头，给他喂白桦树汁。

哲洙拿起碗上的勺儿回忆道：

“这是我离家的时候妈妈给的。”

“是吗?”明华挺有感情地望着勺儿。

“妈妈说这是我爸爸用过的勺儿。要我记住爸爸是被日本鬼子杀死的，她叫我一定要替爸爸报仇。”

明华沉思地看着这有来历的勺儿。

“哲洙！你有个好妈妈，可别忘了她老人家的话呀！这把勺儿，你得好好保存着。”说着，把勺儿递给哲洙。自己在一边叠着洗净晾干了的绷带。

沉默。

时间在流逝着。

外面是一片狂风的怒吼声。

明华叠完绷带，又拿起洗过的衣服拍打平整，见有破的地方，就一针一线地缝补起来。

哲洙望着明华沉思着，他似乎想起了母亲，一面玩弄勺儿，一面自言自语道：

“妈妈一个人够苦的了。”

“革命胜利回到家乡，你要好好地孝敬孝敬妈妈。”

哲洙沉思半晌，突然没头没脑的说了一句：

“那该多好啊！”

明华不知他说的是什么意思，就回过头来望着他。

“我是说，革命胜利了，到那时候，那该有多好！”

“这还用说吗！”

“到那时，日本鬼子啦，地主啦什么的，全都完蛋了吧？”

“当然！那时是咱们的天下了，咱们当家作主，在山明水秀的故乡，能自由、幸福地过好日子啦！”

“我从来还没有见过妈妈笑呢，到那时，我妈妈也该高兴了吧？”

“那还能不高兴，看见儿子革命成功回家，保险会乐得跳起舞来呢。”

哲洙思索着，他仿佛在脑海里设想着胜利那天的情景。

明华边替他盖好边说：

“今天咱们谈到了故乡，你也许会梦见妈妈，好好睡吧！……”

密林里，阴风飒飒。

火坑里的熊熊烈火也慢慢熄了。

狼不知在什么地方嗥叫着。

密林里，夜愈来愈深。

烤过的松球越堆越多。

明华在剥松球，剥着剥着，不觉疲倦地靠到墙上去了。

哲洙望着棚顶幻想着，他想要说什么，叫了一声：

“婶婶！”

明华没有答应，哲洙回头看她。

明华手里拿着松球靠墙睡着了。哲洙想把她叫醒，但一转念，就把自己身上的棉衣给明华盖上。

松鼠起劲地踏着转笼。

哲洙把转笼固定下来，不让它转，坐下来替明华剥松球。

夜已很深了。

风雪交加。

为了警戒“讨伐队”，明华今天又要先攀上了[瞭]望哨监视一阵。她很疲倦，脚步十分沉重。

她抓住树枝，用脚试探着埋在雪里的石头，一步一步地爬上去，不时停下脚步歇一会〖儿〗。

她再往上爬，这时不知从什么地方传来了从来没有听到过的响声。

明华侧耳谛听，张望四周。

响声变成了巨大的轰响，远处树林上空那副老鹰般的黑翅膀，渐渐愈飞愈近了。

这是一架敌人的侦察机，它在疯狂地寻找游击队的下落。

乌黑的翅膀。

明华站在树底下，一边监视敌机，一边担心地望着草棚那边。

凶恶的黑翅膀掠过树顶，来回盘旋着，树梢都在颤抖。

明华一面监视，一面躲避敌机，迅速爬下了陡坡。

草棚里，哲洙也在聚精会神地听着那震耳的响声。敌机在草棚上空盘旋，草棚被巨响震动得像要腾空而起。

哲洙紧张地一把抓住了匣枪爬了出来，他目不转睛地盯望着天空。

明华以树木作为掩护，走到草棚近处监视敌机。她忽然发现哲洙，便急忙喊了起来：

“哲洙！不要出来！你别动啊，哲洙！”

但由于飞机的轰隆声，哲洙没听到她的声音。

明华不安地望望敌机，又看看哲洙，她心里焦急万分，没有可掩护的树木，无法跑过去。

敌机盘旋了一阵便飞往远处去了。

明华急忙向草棚跑来。

“你怎么随便出来，被发现了怎么办？”

“看样子，我们的人到这附近来了。”

“不！也许‘讨伐队’爬进来啦，得赶紧躲开！”

明华背着哲洙朝草棚后面走去。

明华气喘吁吁地拐过山脚。

她爬上悬崖，把哲洙藏到一个很深的岩石洞里。

“不许动！这是命令！”

说着，给哲洙的匣枪装上子弹。

“我到后面高地上去监视。”

明华从洞里走出来，用一根粗大的枯木挡住洞口，并扫没了脚印。然后，她就三步两脚地跑到草棚跟前，环视了一下周围，没发现什么，这才动手把草棚、泉水和火坑伪装起来。

风雪刮打着高地上的高大岩石。

明华冒着风雪，呼哧呼哧地爬了上去，监视着四周。

仅仅只有风声。

明华躲在岩石空隙处，警戒着周围。留意地望着对面远处的高地和搭有草棚的岩石下方。

没有任何敌情。雪花掩盖了明华攀登时所踏出的深深的脚印，时间在流逝。

明华一动也不动地警戒着。寒风卷来的雪花，堆满了她的双脚。

深深的脚印被填平了。连明华的膝盖也积上了一层白雪，但明华像巨石般地屹立不动。

风吹雪卷，一片茫茫世界。

金达莱蓓蕾初开。

哲洙躺在草棚里，他的眼光落到一个挂在角落里的粮食口袋上，这个口袋意外地装得鼓鼓的。他打开自己身旁的洋磁杯看看。

这是一碗浮着松仁的、香喷喷的炒面糊。

哲洙一再望着粮食口袋，终于向前爬去，把口袋打开。

这不是炒面，是一袋剥掉了壳的松仁。哲洙目光深沉地望着它，他揭开用白桦树皮盖着的洋铁锅，这是一锅用水浸泡着的枯叶和草根。

松鼠踏着笼儿转，踏着踏着，停了下来，蜷缩到一角去了。哲洙望着松鼠说：

“粮食都光了，松鼠啊！连你也知道明华婶婶只煮树叶吃吧！可我却每天喝松仁粥。我的确是个不知廉耻的家伙，既不能干革命，又让婶婶吃苦受累！”

哲洙沉浸在痛苦的思虑中。

陡坡上，枯树像妖怪似的到处都是。

今天，明花[华]又在密林里转来转去，探寻着粮食和药材。

她扶住长长的杖竿，张望了一下果松，然后朝下面的山谷走去。明华拣起滚落到山谷和枯木之间的松球，装进背囊。

站在一棵果松跟前，打量了一阵，然后踩着树枝爬了上去，用杖竿敲打松球。

她一面穿过野葡萄藤密集的荆棘丛，一面采摘干枯的树叶。

在树木略显稀疏的山腰刨开积雪。

刨来刨去还是雪，黑色的土地老也不露面。

放下背囊和枪，继续干。

她已经累得气喘吁吁，汗流满面了，但仍然坚持着。

约摸刨到齐腰深的时候，这才见到了黑土。

明华高兴地抚摸着土地，并把圈子刨大了些。

多好的黑土啊！

明华脑海里闪现出了一幅春天的图景：在这一小块黑色的土地上，绿草如茵，鲜花朵朵，蝴蝶翩翩起舞。

明华幻想着。少顷，她拭了拭汗，把土翻开，见雪底下有能吃的草（像蕨菜、牛草等），还有可做药用的草根。

明华愉快地把它们全都连根拔了起来，并不断地把雪刨开。

明华把挖到的许多草叶和草根谨慎地装进背囊，然后用树枝把刨开的雪扫平，以防“讨伐队”发觉。

明华疲惫不堪地靠着岩石坐下，喘了口气。过了一会儿，她抬起头来，猛地发现前面有棵合抱大树。

这是一棵枝叶繁茂的松树。

明华抽出镰刀刮树皮，但要刮下这株百年老松的皮，可不是件容易的事。

明华刮着刮着，委实累极，便抱着松树喘气，过了一会儿，就不知不觉地睡着了。

浓密的乌云在密林上空翻滚着。

密林里阴森森的，寒气逼人。

不知从什么地方响起了尖啸的枪声。

明华惊起，察看着四周。

枪声继续传来，明华向丛林那边跑去。

掉到一个雪坑里去了，费了好一阵功夫才挣扎出来。而后，她攀上峭壁，越过山谷，向前奔去。

登上高高的岩石，突然她停住了脚步，凝视着一个地方。
风雪中，黑色的人影在晃动。这是一支很长的队伍。
它分明是“讨伐队”的人马。
明华揉了揉眼睛，定睛再看。
“讨伐队”消失在风雪中。
明华急促地爬下岩壁。
她跌跌绊绊地从岩石上爬了下来。
躲到岩石的后面，警惕地望了望鬼子所去的那个方向，接着就飞快地穿过山谷，向草棚奔去。
粗壮的大树，向一旁连续不断地闪去。
密密麻麻的树枝，宛如流云急逝。巨人般的参天古树迅速向后退去。
就连巉岩怪石也在风雪中飞滑过去。
所有这一切，都急速向后闪去，它们像说明明华那颗焦急万分的心。
明华攀越峭壁，走过山谷。
枯木杂草像蜘蛛网似的拦在路上，背囊和枪都被树枝挂住了，许久才把它们解开。
此时已日落西山，明华心急如焚，但道路却偏偏险恶莫测，齐肩高的枯树，又挡住了去路。
穿过山谷，又翻过一座山岭。
草棚找不到了。明华茫然，迟疑片刻后又迈开了脚步，急急爬上岩壁。
她登上一座勉强能看到草棚的山顶，气吁吁地朝下望去，她也顾不得喘口气，就端起了枪，连滚带爬地跑下了山。这时，山上的积雪也跟着大堆大堆地塌了下来。明华的脚步突然停住了，像个石头人似的呆立在那儿。
泉水扒开了！
火坑搞坏了！
草棚也被打得稀烂。
哲洙不见了。
明华跌坐到地上，不知如何是好。
“哲洙！”她呼唤着，并从梦中惊醒过来。
“哲洙！”
她又茫然若失地叫了一声。
明华想到梦中的情景，急忙收拾好行装，匆匆起步往回走。
走到草棚附近，她停了下来，先躲到岩石后面，察看草棚四周。

用枯树伪装好了的泉水。

火坑上盖着宽宽的石板。

这一切都没有任何变动的迹象。

就连伪装好了的草棚也安然无恙。

明华把匣枪装入套内,不禁长长地舒了一口气。

她悄悄地朝草棚走去,并注意周围的动静。里面好像也没有什么异样的迹象,就把背囊卸在外面,走到泉边去洗个脸,当她看到水中映出了一张搞得乌七八糟的脸时,不觉噗哧一笑。她对着水中自己的面孔说道:

"明华!你急坏了吧!这都是因为看到过那该死的鬼子飞机,才做了这样一场恶梦。你看,这张脸,哲洙见了会担心的,得洗干净才是。"

明华洗完脸,还理了理头发。

哲洙躺在草棚里,见有人声,就把两手放在耳后注意地听着。

明华拿着洗干净了的草根和陈年枯叶走了进来。

"肚子饿了吧!今天我到较远的地方去了,所以回来晚了。"

明华见哲洙身旁的饭碗仍然放着未动,不觉一怔。

"为什么还不吃中饭?"

哲洙不语。

"是不好吃吗?"

哲洙仍不回答,眼睛只望着草棚顶。

明华不知原委,打量了他一阵。

"怎么啦!是因为我回来晚了,生气了吗?(笑)从明天开始,我早些回来好了。"

"明华婶婶!最近您都吃些什么?"

哲洙突然说出了这样的话。

对这出乎意料之外的问题,明华感到有些惊慌。

"我么?跟你一样,吃同样的东西呗!"

"粮食没有了吧!"

"粮食为什么没有了,你看这个,今天我又弄到了这么多的松球、松皮和蕨菜。还挖到了很好的药,把这个捣碎、敷上,腿一定能好起来。"

"同志们留下的粮食,全让我一个人吃光了吧!您最近摘来的松子也都叫我吃了……婶婶!您为什么要这样呢?"

说着,把身后的饭碗端了出来,这是一碗明华为了煮来吃而用水泡着的陈年干叶和草根。

明华把碗移到一旁，正色道：

“别为我担心，要知道，我比你结实得多。”

“我是个没廉耻的家伙，婶婶！让您吃那样的东西，请原谅吧！我……”

“哲洙！（明华严厉地打断他的话头）你以为我是为了听你说声谢谢才留下来的吗？联队长同志要我留下来，是为了让我叫别人恭维一番吗？党把我留在这里，为的是让我救护革命同志，这是我的革命任务！”

明华这一番义正词严的话，说得哲洙无言以对。

“明华婶婶！”

哲洙趴在她旁边，呜呜地哭了起来。

明华无言地望着他。

沉默。

明华端坐在那儿，眼睛一直没有离开哲洙。少顷，她渐渐冷静下来，一面抚摸着哲洙乱蓬蓬的头发，一面温柔地开导他说：

“同志们不久就会回来的，你也该争取早一天起来，到那时，不是又能威风凛凛地上阵大干一场吗？来！快吃吧！你若不吃，你不能搞革命，我也不能搞革命了。你看！连金达莱都战胜了严寒盛开了，革命家不战胜疾病，能行吗？”

放在他俩之间的那一小碗粥，谁也没有碰一下。

它总照原样摆在那儿，持续很久。

明华旁白：

“愈往下，这样的事总是一再发生。的确，现在我们能吃的东西，仅仅只有深藏在雪地里的草根和松球罢了。”

树梢上挂着一弯我们熟悉的新月。明华继续旁白：

“就这样渡过了无数个焦虑不安的白天和黑夜，与同志们离别的那天，也是这么个新月初升的晚上。虽然我这是第二次看到那弯新月，但队伍却还没有回来。”

明华望着月亮出了一会儿神，然后给火坑添上火，装了些木炭走了进去。

点亮松明子。在石头上捣着草根，捣碎后把它们铺到白桦树皮上折好，抬头望了望哲洙。

哲洙正在睡觉。

明华把松球放到火炉上烤，并把松仁一个个剥了出来。

空松球满地都是。

夜渐渐深了。

明华干了好一阵，不觉打起盹来，她竭力振作精神干活。

要做的事还多着哩！

明华困得睁不开眼，就走到外面去，用雪擦擦脸。

这样反复擦过好几次后，又走进去继续干活。

哲洙醒了，并回过头来张望。

“别再干了，睡吧！”

“一直没有睡着吗？”

“睡了，做梦做醒的。”

“哲洙！你真会做梦。”

“我梦见同志们背了许多粮食来。”

“是吗？”

“还有，联队长同志一面发军衣，一面告诉我们：金日成将军说这是你们的份，叫捎来的。”

“金日成将军？！……”

“据说将军边发衣服边叮嘱说：他们的军装可能破烂不堪了，拿去给他们穿上，并把他们带来。我听了，紧抱着那件衣服，跟婶婶一道，哭着哭着就醒过来了。”

“你可真做了个好梦啦！金日成将军可能正在为我们担心呢。”

他们的心像飞到了将军身旁，两人的视线都一致转向前方，沉浸在深思中。

“婶婶见过将军吧？”

“见过，我跟随着他，在一个部队里战斗过，（抚摸哲洙盖着的防水篷布）你知道这是谁给的吗？这是金日成将军给的。”

“是吗？这个吗？”

哲洙的眼睛睁得圆圆的。

“将军边递给我边说：这是普天堡战斗中缴获的。”

“啊！（抚摸防水篷布）原来这样，现在却让我盖着，要是早知道的话，兴许我的病已经好了。”

“是吗？（微笑）那我错了……来，换药吧！”

（解开绷带换上新的药。）

“啊！我盖着将军给的东西（兴奋），真的，得赶快把病治好才行。”

“那可不！得赶快治才好。”

“您给我讲讲将军的故事吧！”

“先从哪儿讲起呢？”

"将军个子挺高吧!"

"对! 个子很高,说起话来总是笑咪咪[眯眯]的,第一次和他见面的情景现在还活生生地浮现在我眼前,那时他对我说的话,至今还在我的耳边。"

"他都说了些什么?"

明华像让往事在眼前重演一遍,沉思默想着。

她整理了一下记忆,就把金将军的话背了出来:

"同志们这期间冲破困难,进行斗争,都很辛苦,大概身体和精神都很疲倦了吧! 但必须知道这么个事实:同志们虽然累了,可是,与此同时,大家相应地得到了锻炼,我们一定要珍贵这点。这是因为:将来,我们为了取得更大的胜利,达到我们的目的,还需要克服更大的困难和障碍。"

"对于我们来说,首先应具有坚持到底的意志和百折不挠的革命精神,这种革命精神是很不容易培养起来的。它要在倒下去,爬起来,再倒下去,又再爬起来的斗争过程中,才能培养出来。所以,如果我们要成为一个真正的人的话,一定得闹革命,解放我们的祖国。革命一成功,我们就可以建设自己的生活。哪里还有比解放祖国的革命事业更令人高兴、更光荣的事呢? 在革命的道路上,死去是光荣的,活着也是光荣的。"

哲洙凝视着一个地方,心里铭记住将军的话。

明华重又干起活来,并接着说:

"从我第一次见到金将军,听到他的话那天开始,我明确地意识到了为使自己成为一个真正的革命者,我将来所应该做的工作。"

松明子忽明忽暗。

外面,风雪呼啸。

明华换上根新松明子。

"现在,将军在哪里呢?"

"大概他今天又打败了敌人,正在这样的山中休息着呢,尽管夜已深了,但他还没有睡觉,正在一面来回给队员盖被子,一面考虑着祖国和革命事业……"

"我什么时候能见到将军呢?"

"现在先要安心把病治好,等联队回来后,再跟他们一道出发,到时就能见到的。"

"要是去见金日成将军,我现在也能走啊! 联队长同志为什么到现在还不来呢? 都已经一个月了……"

"回来的路上,他们要对付敌人,还得设法弄到粮食,这就可能耽误时日。同志们一定比我们更着急。"

对着眨眨闪闪的松明子，他们沉思着。

在枯木成堆、杂草丛生的山坳里，枪声嘶叫着。

硝烟随风飘动。

荆棘丛在火中燃烧。

透过硝烟，可以看见鬼子横七竖八地倒在雪地上。

山坳低洼处也满是“讨伐队”鬼子的尸体。峭壁顶端岩石空隙处的游击队员们，正在斗志昂扬地战斗着。

他们是不久前离开敦化树林的联队长和他的战友们。

张皇失措的日寇，接二连三地倒了下去。

枪声慢慢停了下来，硝烟也在渐渐消散。

曾像死了似的倒在岩石下面的一名日军，想以岩壁作掩护向山谷那边逃去，但一颗子弹结果了他的性命。他的尸体滚下了险峻的峭壁，这家伙是“讨伐队”的最后一个。

联队长回过头来，望着同志们微笑。

静寂。只有硝烟在峻岭上空飘动。

不知从哪儿飞来了一群乌鸦，黑压压的一大片，像要遮盖住整个山坳。

鬼子东倒西歪的尸体，狼籍不堪。

群鸦扇动着翅膀。

联队长和朴同志并肩而立。

“乌鸦可高兴啦。”

联队长接着朴同志的话说：

“嗯！该死的鬼子，在这迢迢千里的异国他乡，你们成了乌鸦的吃食啦！……啊！天不早了，去整顿一下队伍吧！”

说着，一面收拾好自己的武器。

在那没有路的峻岭上，联队踏着深雪前进。

密林里，暮色苍茫。

队员们冒着风雪，拨开齐头高的杂草和荆棘，走进了丛林里。

迎风摇晃的密林，活像一片起伏不定的黑色波涛。

联队要深入到这座密林里去寻找秘密宿营地。

密林里,秘密宿营地被火烧光了,眼前是一片废墟。

联队在这儿停了下来。

相互沉默无语。

无法知道总队的去向。

再往前的路,应该朝哪个方向?!

有的队员用手摸了摸被火熏焦了的柱子和炕面,想看个究竟。

联队长沉重地站着。少顷,他打破了沉默:

"大概离开这儿多久了?"

"炕面底下都结冰了。"

重又沉默起来。

"我们没有按指定的日期到达。错误在我们这方面。朴同志,就在这儿扎下帐篷,先派人到司令部通讯处去联系一下吧!"

"是!"

一弯新月升上了密林的上空。

篝火熊熊地燃烧着,队员们围着它休息,唱起了游击队的歌。这歌声响彻整个密林,传向四方。

联队长和朴同志单独站在一起,望着月亮说:

"我们离开敦化的时候,也像今儿个一样,天上挂着一钩新月。"

"是啊!都已经一个月了。"

"原约十天就回去的。"

大概是想起了留下的战友,心里感到难过还是怎么的,两人一时都沉默无语。

游击队雄壮的歌声,向丛林深处传去。

朴同志一个人自言自语道:

"连粮食也断了,不知能不能平安无事地坚持下来?"

联队长沉思良久,然后说:

"能坚持!一定能坚持下来,但肯定是相当困难的。他们等呀等的,可能等苦了,我们得赶快找到总队。"

"秘密宿营地成了这个样子,总队是不是安全地离开了这儿呢?……"

联队长和朴同志陷入了深思。过了一会儿,他们挪动脚步,照料同志们是否盖好了被子,那些唱歌的队员们已进入梦乡了。

新月西斜。

弯弯的新月慢慢变圆了。
这是一轮明月,它高挂在敦化密林的上空。

密林里,草棚浴在月光里。
明华给火坑添上锯成一段段的圆木头。
白烟袅袅,朝丛林深处飘去。

大概是春天快来了,那狂呼怒号的大风雪现在也静了下来。
明华坐在火坑旁望着月亮,月色明净皎洁。
月光里,她的面孔是笑盈盈的。
如此明月,可真是好久没有见到过的。
面对着这么明亮的月儿,她的心不禁飞到了故乡。
不知从哪儿传来了以前在家乡跟大家一道唱过的那支歌:

蓝天,白银河,
白船弯弯儿,
不挂帆来
不用篙,
只带白兔一只
和桂树一棵。
飘呀飘,
向西方,
穿过银河,
飘过云儿国。
过了云儿国,
还上哪儿?
远方星星闪闪烁烁,
就是要去的场所。
晨星是灯塔,
快把路儿来探索。

随着歌声,明华眼前展现出了故乡的风景。

美丽的故乡。

小时候，明华拿着筐子和小朋友一道，在向阳的山坡上挖山药。她慢慢长大了，跟妈妈一道拿着木棒，一上一下地舂米。木棒很重，她们的手打起了泡。这是一桩很费劲的活儿。

可怜的妈妈。

吃饭的时候，妈妈总是让给家里人吃，自己坐在灶坑旁，不声不响地饿着肚子。

明华把饭留下，用裙子盖着拿来，放到母亲面前。

妈妈愣愣地注视着她，难过地把小明华搂到怀里，抚摸着她的头发。

妈妈眼里流出了成串的泪珠，它打湿了明华的双颊。

生活是这样地艰难而又辛酸。

明华做姑娘的时候，拖着一条黑油油的辫子，跟姑娘们一道去汲水。晚上，她坐在织布机上，一直织到月儿偏西。

故乡虽是山明水秀的好地方，但人们不可能在这儿好好地生活下去。

一群手提包袱的姑娘，踏着垫脚石渡过江去。穿西装的人拦住送行的亲人，紧跟在姑娘们的后面。父母兄弟眼睁睁地望着姑娘们离去。他们的眼泪已经干了，剩下的只有心痛如绞。

明华没有像这样被卖出去。

但是，她也和家里的人一道顶着包袱，在夕阳西斜的时候越过山岭，离开了家乡。

不知不觉她已经当妈妈了。走在前头，不时在山顶上停下脚步，回头盼顾故乡的人，是她的丈夫。

《半月歌》继续传来。

他们泪流满面地越过了山岭。

明月当空，密林浴着月色，像大海一样，浩瀚无际。

《半月歌》还没有停下来。

明华坐在火坑跟前，一直沉浸在回忆中。

圆圆的月儿又缺了。

弯弯的下弦月遥挂西天，天亮了。

密林重又起伏不定地动荡着。

大风雪起。

明华登上高地警戒。

她步子沉重，面色苍白。登上高地后，又在身旁的白桦树上刻了一刀。

这棵树已经刻下许多刀了。明华爬上岩石警戒着。

她的眼睛并没有失去生气，仍然目光炯炯地监视着远方的敌人。

没有发现任何敌情。明华把眼光移向对面，茫然地望着部队不久前越过的那座山岭。

可是，不知她看见了什么还是怎么的，她那望着远方的双眼，射出了明亮的光芒，脸上露出了欣喜的笑容。

“啊！同志们！”

果然，在对面那风雪弥漫的山岭上，只见红旗迎风招展，一支长长的队伍正朝这边走来。

音乐声起——熟悉的游击队进行曲。

明华犹如身在梦境，满脸喜色。

“同志们！”

明华高喊着，爬下岩壁，向峭壁那边跑去。

进行曲大合唱。歌声雄壮，嘹亮。

明华万分欣喜的面孔。

“同志们！”

明华滚下雪坡，滚到山中腰，径直向山下跑去。

明华突然停了下来。

她感到一阵虚乏，精神有些恍惚。

她擦了擦眼睛，定睛再看，那么鲜明地飘扬着的红旗和雄赳赳气昂昂的队伍都不知去向了，山顶上仍然是北风呼呼，大雪纷飞。

明华扶着树，迷迷瞪瞪地朝空中望去，这样望了许久，一阵晕眩，她赶紧抱住树，把头靠在树上。

“我这是怎么啦！这是怎么回事啦！倒下去是不行的，不能扔下哲洙倒下去。”

明华吃力地爬上了山梁。她艰难地一步挨着一步走，但终于战胜不了晕眩，一头栽倒在雪地上，眼前是天旋地转，密林翻腾。她想挣扎着爬起来。

草棚附近，哲洙抓住白桦树，想尽量站起来。

前额沁出了豆大的汗洙。

他抱住树，这才好不容易地站了起来。他想松开手站着试一试，但腿使不上劲，摔倒在雪地上。

哲洙焦虑地扶[抚]摸着伤口，喘息着。

他抓把雪润了润嗓子，重又使出全身力气，想努力站起来。

明华拖着疲倦的两条腿，在密林深处辗转徘徊。

她从雪地上拣起一个松球。

是一个空的，她失望地扔掉，叹了一口气。

明华在山坳里、山坡上探索、寻找。

一只小松鼠在岩石缝里剥着松球。

明华跑过去赶走松鼠，拣起松球。

松子全剥光了，只剩下一个空壳。

明华十分疲倦地挨着树往前走去。

她跌跌撞撞地走了一阵，看来再也支持不下去了，就靠着岩石坐下休息，并借此避避风雪。拣起掉在身旁的松球看了看，又扔了出去。

她叹了口气，思索着。

背囊空瘪瘪的，没有任何收获。

风声呼啸，大雪茫茫。

明华情绪低落，像石头似的一动也不动。这时候，她的眼前出现了联队长的身影笑貌，耳边响起他的声音：

“明华同志！你是金日成将军亲自培养出来派到咱们部队来的，不管有多大困难，相信你一定能战胜它。”

“要时刻把金将军的话铭记在心头：共产主义者不管遇到了怎样的困难，都必须活着坚持革命到底！”

明华这才发现自己呆呆地坐着，就倏地一下站了起来。

她把皮带再系紧些，然后移动脚步，望着高耸的果松树枝走去。

一阵晕眩袭来，只见合抱大树歪倒了，密林也在乱翻筋斗。她靠到树上，想努力定定神。

草棚前，哲洙使尽了劲才站起来，他想往前迈一步，但却摔倒了。

他翻动了一下身子，在苦恼。

“成残废了……革命者成了残废，还能干什么？”

密林里，岩石上，明华刨开齐头深的积雪，从中挖出草根，并拣到了许多松球。

这是一场忘却疲劳的斗争。

明华坐在岩石上休息，一只山鹰在高空展翅盘旋。

明华微微含笑的双眼，随着在苍空划圈飞翔的山鹰转动着。

“山鹰啊！大概你看见过我们联队在什么地方吧！要是遇见了他们，请给捎个信吧！就说哲洙的病已经好了许多，我们在这儿没有任何担心事，正在等着他们呢。”

山鹰绕着圆圈飞了一阵，就朝那边天空远远飞去。

明华目送山鹰离去。突然，她的视线被一个地方吸引住了。

在高高的树枝上，稀稀落落地挂着三个松球。

明华的眼睛闪烁着光芒，提起杖竿，朝树下走去。这棵树斜斜地生长在陡峭的悬崖上。

明华站在险峻的悬崖上用杖竿挥打着，一个松球掉到悬崖底下很深的坑里去了。

杖竿够不着，明华就摇摇晃晃地跨上一步，打另一个松球。

最后一个松球，挂在很高的树枝上。

杖竿怎么也够不着。

明华迟疑了片刻，就一步一步地爬上了歪斜着的果松。

下面是数丈深的悬崖，她举起杖竿试了一下，还是够不着，明华又一步一步地往上爬去。

风呜呜地吼叫着。

明华镇定了一下，然后举起杖竿朝松球打去。

转眼间，明华从悬崖上摔了下来。雪也跟着崩倒了，塌下的雪往悬崖底下的坑里一个劲儿地倾泻着。明华终于掉进了深坑，并被雪埋上了。雪继续不断地往坑里塌，明花[华]被雪埋得看不见了。只有风从坑面掠过，没有任何动静。我们的眼睛不可能从那儿移开，就连松鼠也像满有感情地，在枝头眼巴巴地俯视着明华掉进去的那个坑。

令人心焦的时刻在溜过去。

狂风把积雪刮往坑里。时间在流去。半晌，我们一直注视着的那个坑上面的雪才动了起来，明华拼命地往外挣扎，终于爬出来了。

她顶着风雪，抓紧树根攀着岩石爬着。

一步挨一步地往上爬去。

她抓着的树根断了，又滑了下去。

重又向上爬去。

她喘息了一会儿再爬。拣起掉在岩壁上的松球揣在怀里，又继续朝上攀去。费了九牛二虎之力，总算爬到了岩壁的中间部分。

岩壁中腰有一个松球，可是手到不了那儿，她一只手抓住树枝，伸出另一只手去抓，但没有拿稳，松球滚到深深的坑里去了。

明华低头望了一会儿，就又滚了下去拣起松球，放到怀里藏起，重新再朝岩壁攀去。

攀到悬崖中部，明华一点力气也没有了，就停下来喘气，抬头望望放背囊和枪的地方，还仍是那样遥不可及。明华终于累极，趴倒在雪上不能动弹了。

一只松鼠坐在背囊上，焦急地俯视着明华。

明华重新拿出力气，一寸一寸地往上攀。

历尽了千辛万苦才爬上悬崖。

她抱着武器和背囊，不觉松了口气，倒在岩石上。

眼前是一片迷茫，她闭上了眼睛。

晚霞照进了那边的密林。

黄昏时分，草棚里也慢慢暗了下来。草棚跟前的雪地上，有一排乱脚印。

明华躺在悬崖上。

暮色沉沉。明华精疲力竭，一动不动地闭眼躺着。她眼前迷离了，一片烟雾弥漫的密林展现在她面前。

在落叶纷飞的密林里，燃着一堆篝火。透过雾气，可以看见无数的篝火。游击队员在篝火周围睡着了。明华也蜷缩着身子在篝火旁打瞌睡。一片迷蒙的烟雾。

一位个子高高的同志，背着火光从雾里走了出来。他给篝火添上木头，并关注地巡视了一遍队员们就寝的情况。他走到明华歇息的篝火旁，停下了脚步，扒拢柞树叶替明华盖上，然后慢慢地朝那边黑暗处走去。

“金将军！”

明华支起半个身子，望着朝雾里走去的将军的背影。

“金将军！”

她愣愣地再叫了一遍。但将军已经看不见了。她凝视着密林。少顷，她清醒过来了，不禁惊慌起来。空中已是星光闪闪了。

“不！我睡着了吗？都已经是晚上了，哲洙正饿着呢。怪不得金将军把我叫醒啦!”

明华匆匆背上背囊和武器,朝密林深处走去。黑暗中,她因找不到回草棚的路而四处彷徨。挂在树梢头的月亮,虽已升到高空了,但明华仍然没有找到草棚。东张西望地打量着四周。

一棵合抱大树的枯树干从悬崖上滚了下来,发出震天撼地的响声。哲洙被这响声惊醒,睁开了眼睛。草棚里漆黑一团,哲洙在黑暗中,侧耳细听。

“明华婶婶!”

没有任何应答。哲洙从火炉中取火把松明点上,环视了一下棚里,就向外爬去。

“明华婶婶!”

他朝黑暗处呼唤着,但没有回答声,只听见寒风的嘶鸣和狼的嗥叫。哲洙不安地抽出匣枪,站起来呼唤明华,叫着叫着就倒下去了。又是一阵狼嗥声。哲洙焦急地放声呼唤,站起来,又摔倒了。

明华仍然迷失方向,在丛林中来回摸索。

明华拨开拦路的树枝,寻找旧路。

月亮从眼前一溜而过,藏到乌云里去了。明华用木头敲打枯树,听了一阵,却没有任何应答。

“哲洙!”

“哲洙!”

只听见自己的声音所引起的回声。

月儿已完全藏到云层里去了。

明华拨开荆棘,走出漆黑阴森的丛林,转到另一个险峻的山谷。随风传来了狼嗥声,明华不安地停下了脚步。

这时,远远地传来了哲洙寻找明华的喊叫声。

“哲洙!”

明华向着发出喊叫声的方向急急走去。

黑暗中,粗大的树木从明华身旁闪去。哲洙的喊叫声已听不清了,只断断续续地传来了敲打枯树的声音。

明华听见狼嗥,紧张地赶忙抽出了匣枪,向着敲打枯树的方向,警惕地加快了脚步。

在离草棚不远的丛林里，哲洙吃力地支撑着，站在那儿敲打枯树。尽管朔风怒号，哲洙并没有倒下去，却在继续敲打枯树。哲洙！他真是好样儿的；他挨个儿地扶着树往前走，边走边敲打枯树。哲洙顶风而立，像巨人般屹立着敲打枯树。

这样打了一阵，又放开喉咙喊明华。但是嗓子已经哑了，喊叫声传不到远处去。

而这微弱的叫声，也完全被呼号的风声吞没掉了。哲洙重新敲打枯树。他终于累极，受伤的腿也支援不住，就重重地摔倒在地上。

明花[华]瘸着腿走近前来，发现哲洙倒在地上。

"哲洙!"

她呼唤着紧紧抱住他。

"哲洙!"

哲洙半天才清醒过来。

"婶婶！……"

明华急忙背起哲洙向草棚走去。

藏到云层里去的月亮，这时露出了面孔。明华搬出炉子，拨开火坑里的灰烬，勉强找到了一点忽明忽灭的火种。

把干草折断，扔进火坑引火，费了一番工夫才把火救活。火又重新旺盛地燃烧起来。

哲洙神情恍惚地躺着。

明华端进炉子，放上洋铁锅。捣碎白桦树枝，挤出汁液。月儿已经偏西，北斗七星的尾巴也下垂到了树梢头。

明华继续挤白桦树汁液。

树渣积了一大堆。

明华端着汤碗，扶起哲洙："饿了吧！我因为遇上一棵挂着许多松球的果松，舍不得一下就走……所以连天黑了也没有觉察。先把这个喝了吧！我这就给你熬好吃的松仁粥。"

"婶婶！你别再为我这样过分受累吧!"

说着，哲洙用盖在身上的东西遮住脸，他的肩膀在轻轻地抽动。

明华直挺挺地坐着，一双无限深思的眼睛，一直没有离开哲洙。

松明子眨眨闪闪的。明华怀里抱着枪，靠在墙上睡着了。

哲洙辗转不能成眠，他转过头来望着明华。

他发现了明华婶婶手背和脸上的伤口，看到了军衣袖子和肩上的血迹。

手腕上的绷带，也被血渗透了。

哲洙又把眼光投向放在角落里的几个松球和空粮食口袋上，沉浸在痛苦里。

第二天。

天空阴沉沉的，乌云笼罩着密林。

雪地上的脚印，一直伸向密林深处。

今天，明华为了寻找粮食，又离开了草棚。

哲洙一个人躺着。他身旁放着一碗吃食，这是明华诚心诚意为他做的。

哲洙正发高烧，翻来复[覆]去睡不着，内心深处掀起了一场激烈的斗争。

一闭上眼睛，眼前就出现了两张自己的面孔，互相争论着：

"哲洙！你也是革命者吧！如果是，你想想看吧！为什么要让明华婶婶那样受苦呢？"

"那叫我怎么办呢？"

"当意识到自己对革命没有用处的时候，一个革命家应该当机立断及时死去。"

"及时死去，那不行，我还得等联队回来呢。"

"联队不会回来了，眼看已经两个月没有消息，大概是出事了。"

"不！联队在斗争着，一定会回来的，我相信明华婶婶的话。"

"你这样吝惜自己的生命吗？真卑鄙！一条妨碍革命的生命也值得那么爱惜吗？"

"……妨碍革命？"

"对！如果没有你，明华婶婶就能离开这儿去找部队，也不会吃这样大的苦，明华婶婶这样搞下去，可能会累垮的。她是一位比你更宝贵的革命者，怎么能因你一个人而失去这样宝贵的革命者呢？这是绝对不行的。"

哲洙全身颤抖着，他现在热度很高。他像下定什么决心，从睡处一跃而起。抽出匣枪，略一思索，立即取出子弹匣，把子弹一一掏出来。

只留下最后一粒子弹，然后把子弹匣安上去。

松鼠踏着转笼，踏着踏着就停了下来。

哲洙注视着它。少顷，像是自言自语：

"再见了！"

密林里，明华疲惫不堪地往回走，他[她]踉踉跄跄地挨着一棵接一棵的树木，艰难地走来。

明华走进草棚，不禁呆住了，眼睛睁得大大的。

哲洙没有了。

只有他穿过的棉军装端正地叠放在那儿，衣服上用几颗子弹压着一张字条。

上面写道："这是我死以前脱下来的，快穿上这件衣服去找部队吧！"

明华急促地夺门而出。

她像做梦似的慌乱了一阵，然后沿着哲洙留在雪地上的脚印，绕到了草棚后面。

哲洙趴在草棚近旁悬崖上的一棵枯树墩子上，握枪的手，无力地下垂着。

明华木然呆立在他身旁。许久，她才绝望地呻吟了一声，自己也跟着趴了下去，她已经没有力气放声痛哭了。

明华镇定了一下，把哲洙的匣枪插到自己腰里，抱起了这具"尸体"。

哲洙虽面呈死色，但却没有中弹的痕迹。

明华疑惑地把脸凑到他嘴边，并用手摸了摸他的心脏。她那黯然失色的脸上，两眼顿时明亮了起来。

"哲洙！哲洙！"

明华焦急地摇晃着哲洙，哲洙艰难地睁开了眼睛，明华热泪滚滚地抱紧他，喊道：

"哲洙啊！"

炉子里，炉火正旺。

明华聚拢眼神，严肃地望着一个地方。哲洙低垂着头，坐在她面前。

哲洙的汤勺放在饭碗里。明华的话每字每句都嵌进了哲洙的心里。

"忘了入队时的宣誓吗？妈妈把这个汤勺交给你的时候，叮嘱你的那番话，也全都忘了吗？"

"因为妨碍了革命，所以要去死？为了我，你要去自杀？我的革命任务是救活同志和等待部队，可是没有照顾好同志，让他自己白白地牺牲了，穿上他脱下的衣服，叫我上哪儿去？往哪儿走？把同志给糟蹋了，我还有什么脸去找部队呢？"

第一次听到这样严峻的话语。

沉默。少顷，明华哽咽地接着说：

"在这只看得见天空和大地的地方，你撇下我，自己去寻死？

“我们游击队员的生命,比世界上任何一个人的生命都要宝贵,这是因为他是为了祖国和革命而活着的生命,所以它倍加宝贵。来! 你再看看这把汤勺! 要是你没忘记父亲的仇恨,就再看看它!”

明华把汤勺推到他面前,激动地说。

哲洙在抽噎。

沉默的时刻流了过去。

外面狂风大作。

明华像回忆过去似的,心平气和地接着说:

“要是那样没有价值地死去,我也早已不是这个世上的人了,但是怎么能那样轻易地死去? 怎么能放过那些杀死我丈夫和弟弟的仇敌而永远闭上眼睛? 不能死! 因此,我扔下嗷嗷待哺的婴儿,拿起了武器。”

哲洙第一次听到明华婶婶这伤透了心的血泪史。

明华凝视着黑暗的空间,开始谈起了自己辛酸的往事:

“那时也是这样一个多雪的初春。”

整个村子被烈火笼罩着。

鬼子“讨伐队”把爱国者绑成一串,赶着他们上了马车。爱国者对抗着,唱起了《赤旗歌》。

女人们一面跟着马车,一面给他们围上围脖,穿上外衣。

“讨伐队”用枪托乱捅一气,并狠狠地挥动着鞭子。

明华背着小孩,夹在人群中。群众和被抓去的亲人一道,齐声高唱《赤旗歌》。

明华分开人群,赶上马车,给丈夫穿上外衣。

“把孩子们好好拉扯大,要教育他们继承我们的事业,继续干革命!”

这是丈夫最后的话。

“讨伐队”鬼子赶马,马车扬起了地上的积雪,向前疾驶。

爱国者们唱起了《赤旗歌》:

高高举起呀,血红的旗!

红旗下面,庄严宣誓:

卑怯怕死鬼,要走就快滚蛋,

我们坚守红旗,直到最后。

“不准唱!”

鬼子“讨伐队”疯狂地吼道,但嘹亮雄壮的歌声,仍然响彻四方。

远处，明华和村民们站在燃烧着的村子跟前，望着被鬼子抓走的亲人离去。

明华在诉说："这就是我和孩子他爹最后的诀别，跟村里人一样，我的丈夫再也没有回来。"

哲洙听着。

"这以后，我背着还不满一周岁的今淑到游击根据地去，下定决心要扛起枪来闹革命，但游击队里怎么能收留我这个有孩子拖累的人？有天晚上，我下了个狠心，不声不响地离开游击根据地，去到一个离根据地约四五十里路的名叫南洞的乡村。"

"这是一个风雪凛冽的晚上。"

漆黑的夜。

雪花漫天狂舞。雪花里，明华背着孩了走来。一路上，踢到脚腕上来的雪都已经冻上了。

裹在她和孩子身上的长长的小棉被上，也积满了一层厚厚的浮雪。

明华凝视着一点，向前走来。

狂风吹打着她的衣服。

明华顶风冒雪而来。

走到一幢孤零零地坐落在江边的住屋近旁，明华停住了脚步。她挨到窗前，贴着耳朵听了听，然后打开柴门，走进了院子。

她站在柴禾堆旁边避风，并把背上的孩子抱到怀里。

孩子睡得正香。

她怎能知道妈妈心中的痛楚？

望着孩子的面孔，明华感到一阵撕心裂肝般的疼痛，对革命的决心不免有些动摇。

明华扫掉地上的雪，想把孩子放下，但她立即重新紧紧抱住，一个劲儿地亲着她的小脸蛋。

院子里的柳树，在风雪中抖动着。

明华又把孩子放下，用石块把小长棉被的四周压好，然后站了起来。她低头看了好一会儿，为了忍住感情的强烈波动，急忙转过身去。

明华对着窗口那边，哀求地说：

"拜托你们好好把孩子拉扯大吧！"

强压下涌上心头的悲痛，急忙走开。

颤抖着的树枝。

明华朝雪花纷飞的黑暗中走去，她步子沉重，脚步迟迟。

走了一会〖儿〗，她实在走不下去了，无力地跌坐到地上，抽抽噎噎地哭着。

原野上，杂草随风摆动。

突然，明华侧耳谛听起来。

分明是孩子在哭，一阵阵的哭喊声。明华猛然起立，三步并作两步地往回跑。孩子仍然在睡，她疯了似的搂着孩子：

"今淑啊！你可别怪妈呀！妈妈要拿起枪来闹革命，继续干你爸爸没有完成的革命事业。"

"今淑啊！快点长大吧！长大了好替爸爸报仇。"

狂风暴雪。

原野上，朔风怒吼，雪花狂舞。

明华冒着凛冽的风雪，朝黑暗中走去。

穿过芦苇，行走在原野上。

她猛然停下脚步，回首望去，只见一片漆黑。

又传来了孩子的哭声。

这是今淑的哭声。

她正在尖着嗓子哭喊。

明华不知如何是好，她想不去听它，就用手捂住耳朵，回首望着那边喊道：

"今淑啊！"

明华面向黑暗，难过地呼唤着。

但是，不能拖着脚再往回走了。

她狠狠下定决心，朝着革命的道路，迈开了脚步。

今淑的哭声，继续不断从身后传来。

明华捂住耳朵，快步走去。

拂晓。

明华心神不定地朝根据地往回走。

朦胧中，人们吃惊的面孔移向前来，年轻的妇女们走到明华跟前：

"这不是明华吗？"

大家疑惑地望着她。

但是，明华目不旁视，径直望着前面，向营房走去。

丛林里，中队长站在篝火跟前，他像要看个一清二楚，睁大双眼，望着向前走来的明华。

明华被一个队员带领着，来到了中队长跟前。

妇女们和根据地的老百姓都跟在她后面。中队长望着她。少顷，他控制住自己激动的感情，平静地问：

“上哪儿去了？”

明华没有回答。

“孩子怎样了？”

“中队长同志！请发给我枪吧！我现在也能斗争了。”

“问你孩子到底怎样了？”

中队长像明白了一切似的，焦躁地叫了起来。

“请发给我枪吧！中队长同志……”

明华再也站不稳了，也实在忍不住了，扑到中队长宽阔的胸膛上，抽抽答答地哭了起来。

中队长安慰她，自己眼里也闪动着泪花。

密林里，天亮了。

“斗争吧！为了祖国，让我们坚强地拿起武器。那孩子大了，会为自己的父母感到骄傲的。让我们卓有成效地进行斗争吧！”

“……这是当时中队长一边发给我武器一边对我说的话。”

明华就这样结束了自己的故事。

哲洙眼泪汪汪地听着。

哲洙直挺挺地坐着，他手中紧握着汤勺。

“我本来打算到革命胜利为止，这事对谁也不讲。”

“我不知道还有这些事，这些日子，我竟让婶婶生气，真是太不应该了，原谅我吧！我也要决心斗争下去。”

“对！一定要斗争！我们怎能老这样离乡背井地生活下去？得赶紧打回老家去。搞斗争，干革命的道路，就是回到祖国去的道路。”

“好！我坚决斗争下去，像金将军所说的那样，倒下去，爬起来，再倒下去，又再爬起来，坚持斗争到底！”

密林里，树梢迎着春风起伏荡漾。

明华一心一意地为同志而继续斗争着。

哲洙在明华的扶持下,试着移动脚步。

明华扶着,扶着,稍稍松开了手,哲洙晃了一下,旋即站稳,抬腿往前走。

明华脸上堆满了笑容。

明华仍然辛勤地操劳着:她既给哲洙的伤口敷药,也彻夜不眠地剥松子,还到水边把草根和陈年枯叶洗净。

哲洙代替明华,用锯子把树干一节节锯断,加到火坑里去。

明华一会儿登上高地放哨,一会儿又下到平地,刨开积雪,挖出草根,拣起树叶。

明华在丛林中兜着圈子,她满面喜色。

大地上,春意盎然,一片欣欣向荣的景象。

密林里,朝阳升起,光芒四射。

向阳的山坡上,雪在融化。

山坳里,溪水畅流。溪水流经雪堆,水花四溅。

树枝上也频添了点点春色。

鸟儿成群结队地飞过密林。

草棚前面,哲洙拄着拐杖,正在埋头苦练走路。

他竭力忍住疼痛,虽然憋出了一身冷汗,但仍然坚持不懈地继续练习。

松鼠笼挂在白桦树上,它正热心地踏着笼儿转呢。

哲洙放下拐杖,试着走了走。

尽管走得还不稳,但却没有摔倒。

现在,能走到草棚那边白桦树跟前去了。

他继续往远处走了一阵才回来,坐在枯木墩子上擦汗,满意地摸着受伤的腿。

哲洙打开笼门,取出松鼠,对它说:

“谢谢你给我做了这么久的伴……再见吧!”

松鼠被放走了,它越过枯木,攀上岩石,跑掉了。

哲洙满有感情地望着它。

一只从来没有见过的鸟儿,停在枝头鸣叫。

哲洙望着鸟儿,脸上现出了笑容,第一次看见他这么愉快地笑了。

“来了一位不认识的客人啦!”

说着,明华从草棚后面走了过来,听着鸟叫声。

“真是好久没见过鸟啦!”

“好久没见过的东西还有呢!”

明华边说边让哲洙看装在军帽里的长出了新芽的草根。

“啊! 都已经发芽了吗?”

“嗯! 是春天了。”

他们明朗地笑了。

山坳里,溪水潺潺作响。

大地一片芬芳,新芽纷纷露出地面。就连岩石上的金达莱,也正在含苞待放。

明华满脸欢喜,旁白道:“春天来了! 我们艰苦的冬天就这样过去了,但是,日夜盼望着的联队却还没有回来,难道联队真的出了什么事吗? 忘了我们吗? 不! 同志们一定活着,会回来的!”

哲洙抬头望着高地问道:

“婶婶! 那是您放哨的地方吧!”

“嗯!”

“从今天起,让我上去吧!”

“能上去吗?”

“您看吧!”

哲洙攀登岩壁。

明华跟在后面扶着他。

“放开吧!”

哲洙推开明华,独自向上爬去。

攀登岩壁,虽然还不太方便,但哲洙淌着汗,依靠自己的力量,克服困难一步一步往上攀。

“休息一会儿吧!”

明华扶着抓住树枝喘气的哲洙。

“不! 爬上去再歇吧!”

继续一步一爬地攀上去。

群鸟在欢唱。

哲洙终于征服了顶峰。

山顶上,春风阵阵吹来。

两位革命者屹立在山梁上——好一副英姿焕发的模样!

一望无际的林海，透露出了无限春意。

“啊！真好！婶婶！现在我能站岗了！”

“嗯！以后咱们一道上来吧！”

哲洙的脸上，露出了笑容。

明华又在白桦树上刻了一刀。

“那是什么？”

“什么？你猜猜看。”

哲洙走近看。

“啊，知道了。这是部队出发的日子。这是今天。”

“嗯！两个月零十七天，一共是七十七天。”明华边说边望着对面部队曾越过的那座山岭。

两人一时都沉默不语。

春风拂开他们的衣襟。

他们默默地望着远处云雾缭绕的山顶。

“祖国的大地这时该是杏花开放的时节吧！”

哲洙突然说出了这样的话。

“可不！我家乡桃岩洞，现在正是迎春花和桃花盛开的时候哪！”

一想起故乡，他们的脸色就阴沉了下来。

“婶婶！咱们走吧！我的腿现在走上千里也不成问题，就是打仗也行啦！”

明华笑望着激动的哲洙。

“怎么样？婶婶！”

“又着急了，着急还会再受伤的。”

“得赶快干革命呀！这样等到什么时候为止？”

“要相信同志！会回来的！一到春天，连飞往江南的燕子也要回来呢……一定会来的，要有信心地等待。”

这时，哲洙不知看见了什么，注意地望着丛林对面远处的山岭。

“婶婶！您看！……”

明华也转眼望去。

远远的山岭上，有黑点在挪动。

明华和哲洙疑惑地望着。

黑点渐渐变大了。

“不会是‘讨伐队’吧！”

说着，哲洙拿出了匣枪。

明华的眼睛，一刻也没有离开那儿，他[她]拉着哲洙躲到岩石后面，监视着。看来，那确实是一群人。

但他们是哪一边的，还无法区分。

两人继续紧盯着。

那支队伍开进了通向这边的丛林里，并消失在那里面。人数并不多。

“明华婶婶！”

哲洙催促赶快行动。

“慢着！”

明华竖起耳朵来听，不知从哪里随风传来了游击队进行曲的歌声。多熟悉的声音啊！它明明是从下面遮挡住那群人的丛林里传来的。

哲洙以闪闪发光的眼睛望着明华。

“婶婶！”

游击队进行曲渐渐能听清楚了。

明华拉着哲洙的手，磕磕绊绊地从岩石上爬了下来。

他们逐渐加快了脚步。

歌声愈来愈近了。

嘹亮的歌声响彻密林上空，远远地传向四方。

明华和哲洙爬下岩石后，就躲在它后面，连眼也不眨一下地望着那边茂密的树林。

从稠密的林木空隙望去，能看见影影绰绰有人在活动。

队伍渐渐开近了。

这是些以联队长为首的熟悉的面孔。

明华和哲洙犹如身在梦境，呆呆地望着。

队伍从他们躲着的岩石跟前走过，但他们却像石头似的呆立不动。

只有眼泪顺着脸颊流了下来。

“同志们！”

队伍过去以后，明华这才从岩石后面跑出，望着他们的背影喊叫，但同志们没有听见她的喊声。

“同志们！”

哲洙再叫了一声，队伍这才停下来。

战友们一个个都木然呆立，互相你望着我，我望着你。

“明华！”

“哲洙！”

"婶婶!"

战友们高喊着。

联队长走到他们跟前。

嗓子像被什么卡住了。只是相互呆呆地望着。明华举手敬礼,哲洙并肩站在她身旁。

"联队长同志,按照您的命令……"联队长哪有时间听这些,一把把他俩抱到怀里。

"你们果然活下来了!"

联队长用粗糙的手抚摸着他们的背脊。

两行热泪挂在他脸上。

明华和哲洙的脸上也热泪滚滚。这是盼望了多久的手和声音啊!

树木迎着春风摇晃。

草棚跟前,联队长把厚厚的新军装递给明华和哲洙。

"这是金日成将军送给你们的!他说:'他们的军装可能破烂不堪了,拿去给他们穿上,并把他们带来!'"

明华把军装紧紧抱在怀里,泪水打湿了棉衣。她喊了一声"将军!"

一群野鸽子在树林上空飞翔。

春风掠过,千里林海掀起了波涛。

沟壑里的雪水哗哗地流着。

明华和哲洙把终生难忘的故事留在密林里,又跟队伍一道出发了。

他们穿过密林,越过峻岭,重新走上了革命的征途。

1961年11月

(原载于《在敦化的密林里》,中国电影出版社,1964年)

朝鲜的母亲

[朝鲜]朴赫
江森　译

内容提要

在日本帝国主义侵朝期间,朝鲜人民在金日成同志领导下展开了轰轰烈烈的武装斗争。《朝鲜的母亲》一剧便是以这一斗争为背景的。

剧本塑造了韩氏、昌阙、庆洙等抗日战士的形象。他们不畏强暴、不畏艰险,前仆后继地同帝国主义作着殊死的斗争。我们从中可以看到朝鲜人民敢于斗争、敢于胜利的革命精神,以及对他们的革命领袖金日成同志的无限敬爱。

这个剧本献给无数朝鲜的母亲,她们为了光复祖国献出了心爱的儿女。

人物:韩氏
　　金昌阙——韩氏的长子
　　金昌涉——韩氏的次子
　　金凤女——韩氏的女儿
　　金昌敏——韩氏的幼子
　　李吉女——韩氏的长媳
　　崔庆洙——村里的青年
　　朴英子——村里的姑娘,昌涉的爱人
　　七星——村民
　　游击队员
　　村民多人

姜区长——地主，日本警察的走狗

姜明武——姜区长的儿子

今村——警部补①

尹巡警

巡官

警察多人

时间：

三十年代。

地点：

鸭绿江上游某个江边的村庄。

第一幕

布景：韩氏的家。这是一栋土墙茅屋，孤零零地座落在离村较远的山脚下。舞台一端有一棵大白杨树，通过树后的山径可以走到村子里。白杨树旁有一口水井，水井对面的山脚下斜露出一角磨房。溪水是向那边流的。磨房和茅屋相隔较远，当中有一个土豆窖。晴天从这里可以看得见白头山。

白杨树对面，东北②的群山遥遥在望，近处，日本鬼子的炮台顶从树枝的缝隙里显露出来。其下，弯弯曲曲的鸭绿江象[像]水蛇腰似地绕着这座茅屋所紧挨着的山麓迤逦流去。登上通向村子的山坡，可以俯视奔流不息的鸭绿江。它叙述着许多往事。

季节虽是秋天，因为北方地势高，已经感到寒冷了。

幕启：将近黄昏的时候。

山雀的叫声似乎加重了深山沟的寂寞气氛。

舞台空着，在一片静寂中，只有水磨转动的声音，使人感到生活的气息。隔了一会〖儿〗，韩氏上。她头上顶着装满土豆的篮子，乍看起来，年纪将近五十岁，由于生活的折磨，显得相当虚弱，不过，高耸的鼻梁和虽然虚弱可是笔直的身板，却说明她的性格象修竹一样耿直和刚强。可不是，她自个儿使劲把顶在头上的篮子放在廊沿上了。

这时吉女头上也顶一袋土豆跟上，韩氏反而帮助吉女把土豆袋子放下来。

---

① 日本警官官阶，本书中的警部补可能是伪派出所代理所长或副所长。——原书注

② 指我国东北。——原书注

韩氏：舀一碗水来。

吉女：是。（走进厨房，拿着一个大碗出来）

韩氏：（趁吉女在井上舀水的时候到磨房里去看了一下）今天他大概又不回来了！

吉女：是啊，如果他说定什么时候回来，也就放心了呀！

韩氏：别耽心，他也许有什么打算。

吉女：昨天区长又来嚷嚷，说我们还没有完税，又说要收什么欢迎费、接待费。如果他能够早一些回来，给人家一个答复，您也好少操一些心。

韩氏：一个人操心就够了，还要两三个人都操心吗？

吉女：不过……

韩氏：你把那些土豆埋在窖子里，然后去做晚饭。我再到上边去一下就来。

吉女：我也要再去搬一趟。（捧起土豆袋子朝土豆窖那面走去）

韩氏：你别去了！（提着篮子到厨房里去）

磨房那边的山上，有一队武装警察自得其乐地唱着“我们的幅员广大，绵延千万里……”向这里走来。

韩氏：（从厨房上，朝那面看了一眼）他们干吗又象疯狗似地到处乱闯？（说着，拾起篮子逃也似地向相反的方向下）

警察的队伍过去了。今村把刀当拐棍拄着，跟在后面，向走在前头的队伍喊了一声口令：“停止唱军歌！”然后走到水磨房前面。紧跟在他身边的尹巡警也停住脚步。

今村：你们太糊涂了，干吗让这些东西留下来！

尹巡警：（莫名其妙）哈伊！

今村：我指的是磨房。马上拆掉！现在是什么时候？他们可以碾米送给游击队……要记住金日成的部队就在我们眼面前。懂吗？

尹巡警：哈伊！

今村：哈伊什么！这是至理名言！水！（说着，坐在白杨树下）

尹巡警：哈伊！（对着房里）有人吗？（打开门，说了一句“没有”，砰地关上门，跑到厨房里去端着一碗水出来）

今村：（接过水来喝）味道不错！现在我也喜欢这里的水了。所到之处都是青山，每一条山沟都有瀑布。

尹巡警：嘿嘿，原来警部[1]先生还是一位诗人呐！

今村：诗人？别不懂装懂！不过，我倒确实喝过一些墨水，读过一些诗。

尹巡警：我们听听也就懂了，警部先生！

今村：警部，别叫警部！我还是警部补，警部补！

尹巡警：听说您马上就要高升了。

今村：（苦笑了一下）你也想升官？

尹巡警：嘿嘿……

今村：（用嘲笑的口吻）老老实实干十年，你就可以当个巡官，还能领到养老金……走吧！（说罢，拄着刀站起来）

这时，英子挟着水罐上，发现他们以后，马上停住脚步。

尹巡警：英子，你来干吗？

英子：我来打水。（赶忙跑开）

尹巡警：英子，你！

英子没有回答。

今村：她是谁？

尹巡警：下边那家的姑娘。

今村：下边那家，究竟是谁家？

尹巡警：姓朴的寡妇家的闺女，上过几年小学。

今村：慢着，这家是什么人家？

尹巡警：五六年前从满洲搬过来的。

今村：几口人？

尹巡警：老头子一搬过来就死了。有两个大儿子，好象没有什么可疑的地方。

今村：有两个大儿子？是从满洲搬过来的，就得注意。

尹巡警：是。尽管并没有什么可疑的情况，但是对于和满洲有往来的人家我们一向是严加注意的。早已叫区长的儿子监视他们了。

今村：区长的儿子？好，这种人还有没有？我指的是在村子里能说会道的。

尹巡警：有。英子也可以用，还有崔庆洙。他对我们的事情很热心，在咸兴上过中学，能说会道。

今村：崔庆洙？在咸兴上过学？

---

① 日本警官官阶，大于警部补。——原书注

尹巡警： 是。

今村： 他的家乡是这里吗？

尹巡警： 您认识崔庆洙吗？

今村： 嗯。我在咸兴的时候，他半工半读，一面上学一面替我家劈柴挑水……如果是他，可以相信……（站在山上用望远镜环视四方）首先要把这个磨房和那边山上象[像]蟹壳似的窝棚统统拆掉，然后在那个角上安一个临时监视哨。

尹巡警： 完全正确。

今村： 我要建议在这里也象江那边一样，赶快把集团村建立起来。一江之隔，谁知道游击队会在什么时候打到这里来。……要先把这儿老百姓的手脚砍掉。（自鸣得意地）好事要说干就干。走吧！

尹巡警： 哈伊！

今村和尹巡警从山路下。

稍停。

隔了一会〖儿〗，昌阙背着布袋，庆洙也背着布袋、手里拿着一个包袱从山径下面上。昌阙是二十三四的青年，庆洙三十一二岁出头。

昌阙： 差一点碰上。

庆洙： 我以为他们都过去了，谁知那些家伙又跟在后边。

昌阙： 那个有一道金杠的就是今村吗？

庆洙： 对，就是那个笑里藏刀的家伙。据说是因为我们将军的部队朝这一带移动，特地把他调来加强大安警备的。……让我看看带来的东西。

昌阙：（解开布袋把钢板拿出来）

庆洙： 了不起，到底弄到了……

昌阙： 大哥，你晓得是从哪里搞来的？

庆洙： 这个……

昌阙： 惠山森林管理所。

庆洙：（佩服地）怎么搞到手的？

昌阙： 不久以前惠山森林管理所买了一块新的，说这块坏了就扔在仓库里。森林管理所的杨同志把它拿了出来。

庆洙：（笑着）让我看看！真是灯盏底下反而黑呀！

昌阙： 用敌人的武器打击敌人，是我们将军的战术。尽管有点坏，擦一擦，换个框框还可以用。

庆洙： 能用。有了这玩艺[意]儿，我们的工作范围还可以扩大一些。……好好收起来。

昌阙： 是。（又把钢板包起来）

庆洙： 这些布也一并收起来。

昌阙：（拿着钢板和包裹走进磨房）

庆洙：（独自沉思了一会〚儿〛，然后问从磨房里出来的昌阙）放在哪里？

昌阙： 放在米缸里。

庆洙： 从敌人活动的情况看来，事情很不简单。今天夜里一定要把这些布和鞋子送到江那边去。你和勇国一起去。

昌阙： 我？一定去！

庆洙： 放在七星家的布也要搬来。

昌阙： 我们再去一趟。

庆洙： 别忙，天黑以后我送来。

昌阙： 江那边敌人警戒森严，看样子这些东西很不容易弄到。据说一个人规定只能买几尺。

庆洙： 过了江，要在山里等一夜。

昌阙： 为什么？

庆洙： 因为我们比约定的日子早去一天。

昌阙： 晓得了。

庆洙： 别忘记，尽可能多拿点小册子回来。

昌阙： ……见得着将军吗？

庆洙： 这个……

昌阙： 真想跟他见一次面。

庆洙： 你以为只有你有这种心情吗？谁都想跟他见见面。

昌阙： 大哥，你也一起去吧！

庆洙： 我只有羡慕你的份儿。好象有人来了。

昌阙： 是弟弟妹妹们。

凤女带着昌敏上。

凤女是十四五岁的姑娘，手里拿着锄头，刚从田里回来。

凤女： 哥哥，什么时候回来的？

昌阙： 刚刚回来。妈没有来？

凤女： 马上就来。

昌阙：（抓住昌敏的手）冻僵了！赶快到房里去暖暖身体。

凤女： 叔叔，什么时候办夜校？

庆洙： 马上就开办。

凤女： 最好快点办。

凤女把昌敏送到房里，自己到厨房里去。

庆洙： 那么，你好好准备一下，我呆[待]会儿就来。（转身要走，看见姜区长从山径上来，突然搂着昌阙的腰，转过身去）

昌阙：（莫名其妙）大哥，这是干吗？

庆洙： 到江边上去。（大声地）摔跤。（说着，举起昌阙然后故意一起倒在地上）

姜区长： 嘿，别摔伤了人！

庆洙：（掸着灰，站起来）区长，您来啦。

姜区长： 你们又不是小孩子，这么顽皮干啥！

庆洙： 我是来舂米的，他神气活现地说自己力气大，所以摔了他一个斤斗。

姜区长：（无可奈何）你就不想多活几年？

庆洙：（狡猾地）日子实在不好过，能活多大就活多大吧！

姜区长： 没事干，就替我家收土豆。

庆洙： 好呀，你得多给些工钱。那么，我先走了，（对昌阙）拜托你了。（下）

姜区长： 这个人实在难以理解，尽管是半工半读，也上过一两年中学，谁知是这个样子！（漫不经心地）最近经常到市场上去吗？

昌阙： 哪里，只有卖土豆才去。他也到市场上去卖过土豆，回来以后老是嘀咕弄坏了一身衣裳。

姜区长： 衣裳，为什么？

昌阙： 据说谁穿白衣裳，面书记们①就要替他撒上些红颜料。也许正是因为这个缘故，最近到集上去的人似乎少起来了，到磨房来舂米的人也少了。

姜区长： 可不是，磨房以前也赚够了。

昌阙： 什么？

姜区长： 叫你们今天马上把磨房拆掉。

昌阙： 谁？

姜区长： 问谁干吗？警察的命令。

昌阙： 为什么？

---

① 面是朝鲜地方行政单位，相当于我国的乡。面书记，相当于我国的乡长。——原书注

姜区长：不为什么，就是叫你拆掉……

昌阙：这样老百姓还活得下去吗？动不动抓人，动不动拆房子……

姜区长：你说这话要闯大祸，以后千万别再说这种话了，我只当不听见。

昌阙：我相信你才说的。

姜区长：到哪儿去？在这里坐一会〖儿〗。

昌阙：（想到磨房里去，后来又没有去）又要干吗？

姜区长：刚才已经说过了，磨房反正非拆不可，既然如此，你就把拆下来的东西卖给我吧，我多给你一些钱。

昌阙：警察叫拆掉，你买干吗？

姜区长：换一个地方没关系，我已经在我们家附近看好了一个地方。

昌阙：我不管，你跟我妈去谈。

姜区长：你妈到哪里去了？

昌阙：那不来了。（对韩氏）妈，辛苦了。

韩氏：你什么时候回来的？

昌阙：刚回来。

姜区长：嘿嘿，辛苦了。

韩氏：你来了？（对昌阙）要办的事都办完了吗？

昌阙：办完了。（接过母亲手里的篮子，向土豆窖那面走去）

姜区长：有事要跟你谈。

韩氏：现在哪里有钱呀？昌阙回来了，我们商议商议马上送来。

姜区长：那些钱随便什么时候缴都行。实在没有的话，我替你缴。

韩氏：你太客气了……

姜区长：（假咳一声）是这么回事，那间磨房得拆掉。

韩氏：你说什么？

姜区长：今天马上拆掉！这是今村先生的命令。

韩氏：我不拆！

姜区长：现在是什么社会，叫你拆还敢不拆？

韩氏：你想拆，你就拆了走！

姜区长：别自讨没趣！这是今村先生的命令。今村先生的……

韩氏：我不知道今村是谁！

姜区长：你不知道今村先生？

韩氏：反正我决不亲手拆！这是座什么样的磨房呀……

姜区长：谁会体谅你呀！他的话就是法律。既然要拆也只好辛苦一下。

不要把它拆光，卖给我吧，我一定不使你太伤心。

凤女：（到井上来打水）妈，别卖！（打好水后，走进厨房，下）

姜区长：大人谈话，小姑娘家插什么嘴！

韩氏：你请回吧！

姜区长：真扫兴，我是替你着想。

韩氏：你是猫哭老鼠——假慈悲！

姜区长：你说什么？

韩氏：我说我们的日子也很不好过。

姜区长：要知道卖给我是上上之策，否则就会化为灰烬。（又阿谀地）有来有往，我让你们少缴点税。

韩氏：别替别人操心，赶快干你自己的事情去吧！（转过身去）

姜区长：嘿！瞧你，呆[待]会儿别哭。要知道今天就得缴税。哼，不识抬举的东西！（嘟哝着下）

韩氏：（向土豆窖那面）昌阙！

昌阙：（上）喊我吗？

韩氏：要拆磨房，你听见了吗？

昌阙：听见了。

韩氏：真被鬼子们搞得活不下去了！你也该清醒一点了。

昌阙：妈，你说我怎么啦？

韩氏：你以为你很好吗？

昌阙：……（见母亲的态度很严肃，不敢讲话，默默地站着）

韩氏：你告诉我，你到哪里去了！

昌阙：……

韩氏：想想你那死去的爹！就拿那磨房来说，也并不是为了糊口才辛辛苦苦盖起来的。

昌阙：我也晓得。

韩氏：那时你到矿上去了，不在家。你爹身子不灵便，还带着昌涉拼死拼活地干。他的模样现在又清清楚楚地出现在我的眼前……

昌阙：……

韩氏：我一直没有告诉你，你爹在东北的时候，帮助金日成将军做过事。后来日本人把村子烧个精光，我们也被赶到此地来了。你爹盖这座磨房，一方面固然是为了生活，另一方面也是因为他坚决相信这座磨房总有一天会对将军有所帮助。要是你爹还活着，听说将军的部队已经到了附近，该多么高兴呀！

昌阙：……

韩氏：今天告诉你，将军甚至到我们家里来过一次。当时将军说的话，好象还是昨天听到的……他紧紧地握住我的手说："大娘，你养了一些好儿女。希望你能贡献出自己的一切，把他们培养成朝鲜的儿女，让他们将来和日本鬼子作斗争！"

昌阙：妈！

韩氏：我一直把这记在心里，用心抚养你们。

昌阙：妈，我要把我的真情告诉你，实际上……

韩氏：快说，你在想什么，痛痛快快地说吧！

昌阙：（转而一想）不，妈，就……

韩氏：（注视昌阙）好。这样我就明白了。你也知道，你爹口口声声都说在这个世界上自己得有主见……凤女、昌敏到哪里去了？

凤女：（在厨房里）他说冷，躺在下首炕头上睡着了。

昌阙：（犹豫了一会〖儿〗）妈！

韩氏：……

昌阙：今天晚上我还要到惠山去。

韩氏：刚回来又要去？

昌阙：忘记了一件事情，两三天就回来。

韩氏：别噜嗦了，明天跟我一起拆磨房，与其让日本鬼子拆，不如咱们自己拆。……凤女，把那些土豆搬走！

凤女：（在厨房里）嗳。

昌阙：我来搬。（说罢，扛起装土豆的袋子走到外面）

凤女上。

韩氏：算了，你哥搬走了。

凤女：要拿点米出来。（走进磨房）

韩氏：米已经没有了吗？

凤女：没有了。

韩氏坐在廊沿上，正要到厨房里去，凤女拿着钢板上。

凤女：妈，这是什么东西？

韩氏：这是什么？……打哪儿找到的？

凤女：打米缸里。

韩氏：（似有所悟）你什么也别说。（拿着钢板走进厨房）

凤女：（又走进磨房）

当韩氏从厨房里出来向山下走去的时候，凤女也捧着满满一瓢米出来。

凤女：妈，到哪里去？

韩氏：到村子里去一下。这是什么板……（消失在下面的路上）

凤女走进厨房。

舞台暂空。

隔了一会〖儿〗，英子来打水。她蹲在井边用瓢舀水。天上乌云开始涌过来。

英子：（看着天）要下大雨了！（又舀水）

明武：（大声地）哎嘿！

英子：吓人一跳！（回头看了一看）

明武：到这儿来干吗？

英子：看见了还不晓得？好象你的眼睛不是眼睛，而是拔火罐子烧出来的两个洞。

明武：下边惠淑家也有井，为什么到这里来？

英子：哼，与你有什么关系？

明武：你以为人家不知道吗？

英子：真莫名其妙，你知道什么？

明武：你是来找昌涉的！

英子：滚开！你再说这种话看看！

明武：（走到英子旁边）给我一点水。

英子：你舀来喝就是了！

明武：把水瓢借给我用用。

英子：（象扔掉似地，默默地把水瓢丢在明武面前）

明武：（拿起水瓢舀水喝）行了。

英子：（仍然默不则[作]声地接过水瓢，故意用水把它洗了一洗，然后准备把水罐子顶到头上）

明武：我帮你顶。（先捧起水罐）

英子：哎！胡闹，替我顶呀！

明武：帮你顶还不好……

英子：快点帮我顶上去呀！

两人正在争执不休的时候，昌涉背着一背架木柴上。他和明武同年，是一个性格刚强的青年。

昌涉：干吗跑到人家院子里来吵闹？

明武：你对谁嚷嚷？

昌涉：对你，怎么样？

明武：哼，你吃醋。

昌涉：你说什么，这家伙！（一只手扶着背架脚，一只手拿起一根木棒）

明武：你想打我？狗东西！（悄悄地躲开了）

昌涉：狗东西，揍死你！（一只手扶着背架脚，一只手把木棒扔出去）

明武：哎哟！（脚被木棒一绊，摔了一跤，连忙爬起来逃走）狗东西，等着瞧吧！

昌涉：（一只手扶着背架的脚站着）英子，把那根棍子拾起来给我。

英子：（替昌涉拾木棒）对那种人，你认真干吗？

昌涉：我要给他一点厉害看看！（接过木棒，撑住背架，然后把一捆捆木柴解开）

英子：别和明武作对，这种人不理他就算了。

昌涉：看见他鬼鬼祟祟，转来转去，我就讨厌。

英子：有一件事情跟你商量商量。

昌涉：什么事？

英子：这次夜校叫我教唱歌。

昌涉：谁？

英子：庆洙叔。

昌涉：去教吧。庆洙哥叫做的总归是好事。你不仅能教唱歌，还能教语文。

英子：得先试一试……

昌涉：教吧，不会教不了的。

英子：你打算怎么办？

昌涉：我？我，什么？

英子：你不是说要到什么地方去吗？

昌涉：是呀，我想到矿山上去干活，不过，不管到什么地方去都没有称心如意的事情可做。我还要想一想，再跟哥哥商议商议。

英子：出去见见世面也好。

昌涉：呆[待]在家里，靠巴掌大一块地，根本无事可做，所以妈也叫我去。（背起背架）

英子：又上山？

昌涉：还要去一趟。（下）

英子也转过身去，正要把水罐顶到头上，这时吉女背上背着一袋土豆上。英子帮她把土豆放下来。

英子：搬完了吗？

吉女：还没有，明天一早还要搬几趟。

英子：今年家家土豆收成都好。

吉女：好又怎么样呢？五花八门的税一缴，就剩不下多少了……

英子：想到这一点实在憋气。现在的世道是少数人家越来越富，大多数人家越来越穷。

吉女：你现在也懂事了，晓得人情世故了。

英子：哎呀，嫂子，你真以为我是一个孩子吗？现在我们村里也开办了夜校，你去不去？

吉女：（难为情地）我上夜校干什么？

英子：干什么？你不能上吗？我们要学习。连祖国的文字都不认识，那还行吗？

吉女：你和凤女去上吧！（说罢，拎起土豆袋）

英子：嫂子，真是，待会儿晚上我再来跟你谈。（把水罐顶在头上，下）

这时，昌阙提着空篮子从土豆窖那边上。

昌阙：土豆窖要修了……

吉女：你什么时候回来的？

昌阙：刚回来。土豆窖现在要修一下，否则怕过不了冬。

吉 女：你动手修一修吧。

昌阙：你是不是因为我刚才说还要走才说这话的？

吉女：又到哪里去？

昌阙：那，你问干吗？

吉女：（非常没趣，说不出话来）

昌阙：（向土豆窖那面走）站在那儿干吗？

吉女：有事要跟你谈……

昌阙：……

吉女：（踌躇半晌，无话可说）

昌阙：说呀！

吉女：你跟在矿上的时候不同了。原先你只晓得干活，现在却没日没夜地到处乱跑，根本不把家里的事情放在心上。

昌阙：所以你才说这话？

吉女：我看见妈就难为情，看见弟妹们也不好意思。

昌阙：我错了，以后不这样了。

吉女：你只是说说罢了。反而不如搬到别处去好。你再到矿上去一趟，也许可以找到事情。

昌阙：这个，你想错了。我根本不打算离开这里。可能的话，我要在这里生活一辈子。

吉女：你为什么不肯到矿上去找事？一句话也不说。你知道吗？我可不想呆[待]在这里。

昌阙：从今以后我一定好好干活。（亲昵地）别把话说得太绝了。

吉女：你一面说要好好干活，一面又说要到什么地方去……

昌阙：……

吉女：我真不晓得你的心思！

昌阙：好了，好了，快去弄晚饭。我要趁这个当口把磨房腾出来。（说罢，走进磨房）

吉女：妹妹，妈到哪里去了？

凤女：（在厨房里）大概是到下面的村子里去了。

吉女：干吗到那里去？

凤女：（上）一会儿说要把磨房拆掉，一会儿说要把磨房卖掉，我不大清楚……

吉女：拆磨房？

凤女：据说警察叫拆掉！

吉女：大哥晓得这件事吗？

凤女：晓得。

吉女：（提着土豆袋一面朝外走，一面说）我把这个也搬走。

凤女：好。

吉女下。凤女拖起一捆木柴要到厨房里去，这时庆洙急上。

庆洙：你哥在哪里？

凤女：大哥吗？好象在磨房里。（走进厨房）

庆洙：昌阙！

昌阙：（上）来了。

庆洙：喂，出事了。

昌阙：什么事？（看着庆洙的脸）

庆洙： 姓尹的和区长来了，说要拆你家的磨房。

昌阙： 这些家伙！依我的性子，真恨不得把他们……

庆洙： 现在不是发脾气的时候。听说不止要拆你家的磨房，连这座山上所有的房子都要拆掉！以后他们的活动，也许会更加猖狂。

昌阙： 参加游击队，拿枪干一场，多痛快！

庆洙： 我们的工作和游击队同志们所做的事同样重要。给游击队送粮食、送情报、在国内积聚革命力量，决不是小事。

昌阙： 没有这座磨房，粮食工作肯定有困难。

庆洙： 总会有旁的办法的。……在他们来以前，得赶紧把放在里面的粮食和棉布挪到别的地方去，倘若被他们发现了，那就糟了。

昌阙： 赶快移到山里去。凤女，凤女！

凤女： （上）喊我吗？

昌阙： 你看看那山上有没有人来？有人来，马上告诉我们。

凤女： 干吗？

昌阙： 快去！

凤女： 嗳！

庆洙和昌阙走进磨房。凤女走上山径，马上又转身向磨房走去。

凤女： 哥哥，警察来了。

庆洙和昌阙又上。

庆洙： 晚了。怎么办？没有办法了。（对昌阙）盖好！

昌阙： 是。（又走进磨房）

庆洙： 凤女，你进去。

凤女： 是。（走到厨房里去）

庆洙独自留下来，一面吹口哨，一面走来走去。乌云涌过来，遮盖了天空，四周更加黑暗了。乌鸦在白杨树上啼叫。

庆洙： 这个鬼乌鸦！（扔石头）

尹巡警： （在幕后）哎呀，我的鼻子！谁扔石头？

尹巡警、姜区长出现在山路上。

庆洙： （行礼）你们来了？

尹巡警： 干吗扔石头？

庆洙： 乌鸦叫得太讨厌，所以我扔了一块石头，想不到……

尹巡警： （举手要打庆洙的嘴巴，后来又没有打，把他一推）滚开！

庆洙： 真是！

姜区长：你干吗在这儿转游[悠]？

庆洙：我来拿刚才交给他们的米，谁知挨了你们一顿骂！

尹巡警：谁在磨房里？

昌阙：（上）上山辛苦了。

尹巡警：叫你们把磨房拆掉，为什么不拆？

昌阙：……

尹巡警：干吗不说话？难道不肯拆吗？

姜区长：他说要命可以，要拆不行！

昌阙：请你别说谎，也别煽小扇子。

尹巡警：回答得倒好，说呀，拆不拆？

昌阙：（看见庆洙对他使眼色）法律规定要拆，当然应该拆。

尹巡警：那么，刚才为什么不拆，反抗区长？

昌阙：谁说不拆？我说不卖。

姜区长：这是老一套……尹先生，我买这座破破烂烂的磨房干什么？别多说了，干脆按照今村先生的指示，一把火烧掉算了。

庆洙：这样行吗？本来说拆掉就可以了……

尹巡警：要你插什么嘴，你的思想太坏！一定是想拆掉再盖。区长，拿干柴来！

姜区长去拿木柴。

韩氏：（在这以前不久，上，看见这情景，气得牙齿发抖。她挡住了姜区长的去路）区长。你和我有什么血海深仇？

姜区长：（被韩氏的眼光所压倒）嘿嘿，老尹，她以为我说的是假话。

韩氏：在我没有死以前，不许你们碰！

尹巡警：（恶狠狠地把韩氏一推）滚开！（亲自拿来一捆木柴放在磨房前面，然后划火柴）

吉女和凤女从前面和后面同时上，跑到跌倒在地的韩氏身边。

凤女：妈！

吉女：这是怎么回事！

她们把韩氏扶起来，这当儿木柴烧着了。

姜区长：哈，哈哈，真妙！

尹巡警：看吧，反对警察，就这样处治！也要让你们晓得我们警察的厉害。

昌阙：（跑过去，捧起一捆着火的木柴，向尹巡警脸上扔去）狗东西，只晓得日本上司，不晓得老百姓的拳头可怕！

尹巡警：啊！（退后一步）你这家伙！（想拔刀）

昌阙飞快地踢了他胸口一脚。

尹巡警：唔！（倒下去，然后挣扎着爬起来）打吧！我要你们的命，要你们的命！（顾不得拾掉在地下的帽子，急忙逃走了）

姜区长也逃之夭夭。

昌阙：（把尹巡警的帽子拾起来扔掉）看你能当一辈子巡警！

韩氏：……你把事情搞糟了。

昌阙：妈，别耽心。

吉女：干吗那么不动脑筋！

韩氏：隔一会〖儿〗，他们又会来的，赶快准备逃走吧。

庆洙：太冒失了。既然事情已经搞坏了，那就在今天过江参加部队。

昌阙：大哥，真的？

庆洙：好象别无其他道路可走。以后的事情交给我，先躲一躲，过江去吧……大娘，让昌阙参加将军的部队吧，他早已在帮助游击队做工作了。

昌阙：妈！

韩氏：好，我也猜到了。快走吧！

昌阙：（对庆洙）什么时候搬棉布？

庆洙：鬼子们马上就要来，哪有时间搬。

昌阙：他们要回到村里然后再上山来，时间来得及。实际上，我不想把那些棉布烧掉！还有钢板呢……

庆洙：那么，把棉布带走！

昌阙走进厨房。飘飘洒洒的小雨突然变成了暴雨。吉女忍不住痛哭起来。

韩氏：孩子，天塌下来也不怕。我们要活下去。已经活到现在了，还怕活不下去吗？我早就在想，如果昌阙参加了游击队，该多好呀！

吉女：……

昌阙拿着一包棉布上。

庆洙：我帮你顶上去。

昌阙：（把包袱交给庆洙）钢板没有了。

庆洙：什么？

韩氏：别急，我收起来了。

昌阙：可把我吓了一跳。

韩氏：钢板也要带去吗？我去拿！

庆洙：不，呆[待]会儿我去。快走吧。（下）

昌阙：（从怀里掏出小册子）妈，请你把这本书交给昌涉，要他照里面写的话生活。

韩氏：好！看见将军谈谈你爸爸的事。将军大概也了解……早晓得你要走，做一点他喜欢的燕麦饼……

昌阙：妈，我要回来的。我一定要陪着将军回来，你等着吧。

韩氏：好！

昌阙：（对吉女）妈和弟弟妹妹们拜托你了。（霍地走出厨房）

吉女和凤女跟在他后面，下。

韩氏：（一直望着不知何时才能再见面的儿子的背影）……将军，我把儿子打发到你那儿去了。

雨下得更大了。山下传来人们的骚动声。背着木柴的昌涉，走到半山腰，感到气氛不对，直挺挺地站着向上了[瞭]望。

——幕落

第二幕

第一场

布景与前幕同。但是磨房已经烧毁了。住屋在磨房燃烧的时候也被波及，烧掉一半，现在草草地修理了一下，用一捆捆木材围了一道墙，聊以遮风。

距前幕一年。木瓦显然烂了，上面长着草，土墙也有好几处剥落了，显得很难看。

幕启：初夏。

吉女蹲在井边洗树皮。由于生活困难和饱受折磨，显得非常憔悴。

不一会〖儿〗，昌敏抽噎着上。

吉女：哭什么？

昌敏：……

吉女：摔跤了吗？

昌敏：（摇头）

吉女：那么，是跟别的孩子吵架了？

昌敏：我跟村里的孩子在一起玩，警察叫我走，而且对其他孩子说，谁跟我玩，他就要把谁抓走。

吉女：（眼皮发热）简直是一群疯子。孩子家懂什么……到屋里去。

昌敏：（不想进屋，仍然站在那里）

吉女：那么到这儿来玩水。

昌敏：……

这时，韩氏提着篮子从厨房上。时间不过隔了一年零几个月，但她苍老了许多。

韩氏：你为什么站在那里，不出去玩？

吉女：他出去玩了一会〖儿〗，被警察赶回来了，

韩氏：真是受尽了侮辱。（对昌敏）别哭。鬼子们越是这样，我们越是要坚决地活下去。

昌敏：我不哭。

韩氏：好，有骨气！跟我一起走！

吉女：到哪里去？

韩氏：我去剥点松树皮来。

吉女：到山上去，又要挨他们骂。

韩氏：前怕狼后怕虎还行吗？

吉女：算了吧……待会儿我到庆洙大叔家去借一点来。

韩氏：不，我们麻烦人家也不少了。走！（带着昌敏要走）

尹巡警：（上）老太婆，到哪儿去？

韩氏：……

尹巡警：（夺过韩氏手里拎的篮子，扔掉）不是已经说过哪儿也不许去吗？

韩氏：山里人怎么能老蹲在家里？

尹巡警：哼！不能蹲在家里？那就跟我走，到派出所去！

韩氏：又要到派出所去，为什么？

尹巡警：去了不就晓得了吗？

韩氏：去就去！没日没夜，一会儿叫来，一会儿叫去，弄得人家还能过活吗？

尹巡警：别胡说！你为什么让儿子去参加共产党游击队？要知道留你一条命已经算好的了！

韩氏：他到哪里去，我怎么知道！

尹巡警：别噜嗦！想到他逃走了，我真恨不得把你们家人吃掉才痛快！快走！

韩氏：走就走！（把毛巾围正，带着昌敏先走）

尹巡警：（跟在韩氏后面，走了几步，又折回来，对吉女）那是什么……

吉女：……

尹巡警：脸色不好，是没有吃的吧？

吉女：（默默地干自己的活）

尹巡警：（故意用一种和周围气氛很不调和的柔和的声调说）干吗自找苦吃，不改变一下自己的命运？

吉女：……

尹巡警：你的丈夫跟死了一样。你以为他活着就能够回到朝鲜来吗？

吉女：……

尹巡警：正是大好年华，我替你找个婆家吧？

吉女：（转过身去坐着）

尹巡警：怎么样？我说这话是真心真意。替你找个适当的人家，你先住到我家来吧，怎么样？

吉女：……

尹巡警：（无耻地抓住吉女的两只肩膀）说呀！我替你好好地……

吉女：干吗这样？（站起来躲避）

尹巡警：这就没有意思了。那你就只好吃苦。共产党的老婆，人人恨之入骨。好好考虑考虑吧！你也得替自己想想。（碰碰吉女的膀子）

吉女：（甩开尹巡警的手）

尹巡警：看你，不管怎的，不按照我们说的办，你就活不下去……

英子上。

尹巡警：你来干吗？

英子：来汲水！

尹巡警：不许到他家来！

英子：打水也不能来吗？

尹巡警：到旁的井上去，别再来了……哎，老太婆，一起走！

吉女用充满憎恶的眼睛怒视着尹巡警的背影，然后坐在廊沿上。

吉女：（自言自语）什么时候才能不看见他们的死样子！

英子：（走到吉女身边）嫂子，越是这样，我们越是要坚决地活下去。

吉女：……

英子：让我去看看大娘。

吉女：我一直忍耐着，但是他们那副神气……我回娘家去等吧？

英子：嫂子，要下定决心活下去。连大娘也要活下去呢！

吉女：（站起来）能早日看到鬼子们完蛋就好了……会有那么一天吗？

英子：一定有……到哪里去？

吉女：去找点吃的，

英子：没粮食了？

吉女：嗯。

英子：为什么不对我说？

吉女：大家都一样，你有什么好办法？

英子：嫂子，你等着，我回去一下就来。

吉女：算了。

英子：我去拿。

这时庆洙拿着一个小布袋上。

庆洙：鬼子们又把大娘带走了吗？

吉女：是的。

庆洙：别耽心，马上就会出来的。（把拿来的布袋放在廊沿上）别嫌少，煮给孩子们吃吧。

吉女：你家也很困难。

庆洙：我家总共三个人，还会挨饿吗？你们家人口多，鬼子们又尽跟你们找麻烦，弄得你们不能干活，比我们困难多了。

英子：大叔，即便不找麻烦，也够操心的了！

庆洙：互相帮助呗！在这个世界上穷人就应当互相帮助。英子，你替我找找昌涉。

英子：好……（对吉女）他到土豆地里去了吗？

吉女：我去喊他。

英子：我去。

吉女：我要把弟弟砍的柴背回来。（走到外面）

英子：……嫂子总是非常难过。

庆洙：是呀！……她身体不好，心里又有很多苦楚，是会这样的。你好好照应照应她。

英子：大叔，你不知道昌阙大哥的消息吗？

庆洙：你问这事干吗？

英子：一年多以前听说他参加了游击队，后来就音讯全无了。也许是搞错了吧？

庆洙：游击队没有垮。昌阙是什么人？他是我们村民的代表，难道会死吗？

英子：什么时候才能出头呀？

庆洙：嘿嘿，连你也说消极的话！

英子：因为我觉得日本鬼子越来越杀气腾腾……如果金日成将军的部队打到这里来，那该多痛快呀！

庆洙：到时候，他就会渡江到国内来的。因此，我们要多做一些工作，以便迎接游击队。

英子：我也想做工作。有没有我可以干的事？

庆洙：工作多得很。

英子：也给我一点做做。你叫做什么，我就做什么。

庆洙：帮助昌敏他们也是工作，你就好好地帮帮大娘的忙吧。

英子：这事你不说我也会做。（悻悻地下）

庆洙：（呆呆地看着她的背影，然后掏出香烟）

隔了一会〖儿〗，昌敏独自上。

庆洙：你到哪里去了？

昌敏：我跟妈一起到派出所去了一趟。

庆洙：你不在外面跟孩子们一起玩，先回来干吗？

昌敏：他们不许我跟孩子们一起玩。（更加不高兴）

庆洙：噢……那么，跟我玩吧，我教你唱歌好吗？

昌敏：好。

庆洙：我先唱，你听着。

铁丝网不可怕，一跳就过；

炮台也不可怕，一攻就破。

有趣吗？来，一起唱。

昌敏和庆洙齐唱。

昌敏：有趣。是夜校教的歌吗？

庆洙：夜校？你也想上夜校？

昌敏：嗯，不过警察不让我和任何人接触。

庆洙：没关系。跟昌涉学好了，这个歌昌涉会。

昌敏：大哥是坏人吗？

庆洙：谁说的？

昌敏：警察。他们说大哥是坏人，我也是坏人。

庆洙：全是谎话。你大哥是好人，日本鬼子和警察才是坏人。刚才我们唱的歌，就是歌颂你大哥所参加的游击队怎样打击日本鬼子的，江那边村子里的孩子都会唱这只歌。来，咱们再唱一遍……

这时，昌涉上。

昌涉：找我吗？

庆洙：昌敏，你到那里去玩，如果有人来，告诉大叔一声。知道吗？

昌敏：嗯。（跑到外面去）

庆洙：（把昌涉带到白杨树下）有紧急的事情。

昌涉：什么事？

庆洙：日本鬼子不是在加强戒备吗？

昌涉：好象是的。那么，有什么事要告诉工作组的同志……

庆洙：不，我们的事很顺利。到开川谷去的七星回来以后，今天晚上工作组的同志就可以回游击队。

昌涉：那么，究竟是什么事呢？

庆洙：现在他们决定，工作组的同志完成任务以后，另一个同志今天也到这里来一起过江。他就是到普天堡那里去侦察的游击队员。

昌涉：……？

庆洙：恰巧惠山发生了传单事件，当然惠山也有我们的人。所以这里就紧张起来了。……也许他们嗅出了什么味道……

昌涉：那么，咱们赶快动手！

庆洙：是呀！你知道到普天堡那里去侦察的人是谁？

昌涉：……

庆洙：是你的哥哥昌阙。

昌涉：什么，哥哥？请你把我做的工作告诉他。

庆洙：得叫七星赶快回来。

昌涉：那么我到开川去一趟？

庆洙：你跟上村的英善联系一下，让他去。他去，马上就可以找到七星。

昌涉：那么，我只要跟英善联系一下就行了？

庆洙：你跟英善联系以后就到秘密据点里来。我趁这个机会到渡江的地方去转一趟，然后也到据点去。

昌涉：我想跟哥哥见见面。哥哥离开家的时候我没有碰着，这次请你无论如何让我跟他见一面。

庆洙：放心好了，不过，你对谁也别说。快去吧！

昌涉： 我知道。（欲下）

庆洙： 昌涉！

昌涉： 嗳！（转过身来）

庆洙： 他们可能要叫英子到派出所当听差，你可别开腔，让她去。

昌涉： 我不懂你说的什么话！

庆洙： 昌阙和工作组的同志们到这儿来干吗？主要目的当然是加强国内组织，但也是为了侦察国境地带的情况。如果鬼子当中有我们的人，就可以更加迅速地了解他们的情况和活动。

昌涉： 我懂了。

庆洙： 此事只有你、我和英子三个人知道。

昌涉： 是。（朝外走）经过派出所，请你看看里面的情况。

庆洙： 不要耽心大娘，我会照顾她的。

昌涉下。

庆洙： 昌敏！

昌敏：（上）嗳！

庆洙： 辛苦了。我要走了，你一个人呆[待]着，别出去。

昌敏： 是。

庆洙： 闷的话，你就一面烤土豆吃一面玩吧。（下）

昌敏到厨房里去捧出一个火炉来，把土豆埋到火炉里。这时明武东张西望，悄悄地上。

明武： 有人在家吗？

昌敏： ……没有人。

明武：（走到昌敏身边）你在干吗？嗯，烤土豆！昌涉到哪里去了？

昌敏： 不知道。

明武： 我给你东西，喏，吃吧，黄豆。

昌敏： 我不吃。

明武： 最近有谁到你家来玩过？

昌敏： 没人来过。

明武： 撒谎！

昌敏： 你以为我象你一样会撒谎吗？

明武： 什么，你这个家伙！（要打昌敏）

这时，吉女上。

明武：（慌忙弯下腰）到地里去了吗？我是来玩的。（吹着口哨，下）

吉女：他来干吗？

昌敏：不知道。

吉女：我马上〔你〕煮晚饭。到屋里去。

昌敏：我要在这里玩。

吉女从厨房里把篮子拿出来，坐在井边上洗土豆。

吉女：弟弟，你不想看看大哥吗？

昌敏：想看。你呢？

吉女：我？不过……

昌敏：想看吧？我晓得。妈也想看，二哥、姐姐还有庆洙叔都想看。

吉女：你哥什么时候回来？

昌敏：消灭了日本鬼子就回来。

吉女：其实……（似乎觉得自己太无聊，便打水洗土豆）

这时，背着长枪的警察从山路上。有两个警察走到院子里，其余的径直走过去了。

巡官：屋里有人吗？

吉女：谁也没有。

巡官：你男人到哪里去了？

吉女：……

警察：长官先生，这房子就是金昌阙的家。

巡官：金昌阙？

警察：就是今天早上喊到派出所里来的那个老太婆的儿子。

巡官：是这样吗？你的丈夫参加了游击队？

吉女：……

巡官：……（对警察使眼色）

警察：哈伊！（冲进房里）

巡官：想跟男人见面吗？

吉女：……

巡官：你男人死了！我们讨伐队把共产党游击队消灭光了！想跟男人见面也见不到了。知道吗？

吉女：……

到房里去的警察又从厨房上。

警察：没有发现什么可疑之处。

巡官：是吗？（在房子的前前后后转了一圈，好象很生气，用脚踢了一下

盛土豆的碗。碗破了，土豆四下乱滚）

吉女：这是干吗？（朝放碗的地方跑）

巡官：（用枪托捣吉女的胸脯）滚！

吉女：啊！（倒下）

巡官：（用皮鞋脚踢倒下的吉女）跟你男人一块死吧！走！（下）

昌敏：嫂子！

吉女：（倒在地下，呻吟）

昌敏：嫂子！

吉女：（勉强支起身子）弟弟，把姐姐喊来。

昌敏：喊姐姐？

吉女：到山上去看看。

昌敏：嗯。（跑到外面）

吉女：（好一阵坐在那里动也不动，好象神志昏迷了）

稍停。

韩氏上。看见沉思的吉女，象被钉子钉住似地站住了。韩氏遭到拷问，伤势很重，勉强能够保持身体平衡。

韩氏：你也吃了苦头！看来是我这个做娘的不好。（走到廊沿下）他们也许是想向你了解什么情况。你到屋里去，以后有机会我告诉你，等着吧，但是一刻也不能忘记敌人！

吉女：妈！

韩氏：干吗这么闷闷不乐！一点风也没有。（坐在廊沿上，从腰里掏出一张折得很小的一元纸币）把这个收起来，到紧急的时候用。

吉女：妈！（倒在韩氏的膝盖前面抽泣）我不走。死也不离开你。

韩氏：（使劲搂着吉女）

——暗灯转场

第二场

布景与前幕同。

那天晚上，北斗七星挂在江那边的山腰上，半个月亮虽然升上了中天，可是被云彩遮着，暗淡无光。黑黝黝的森林环抱着舞台，一片寂静，似乎连山雀也睡着了。与其说是寂静，不如说是给人一种可怕的感觉。

幕启：韩氏独自坐在廊沿上。她在一片令人感到压抑的寂静中陷入了沉思，一动也不动地坐着。谁知道她脑子里在想些什么！

不一会〖儿〗，英子上。

英子： 大娘，干吗不睡觉坐在外边，你身体很疲乏……

韩氏： 心里乱糟糟的，睡不着，你到哪里去了？

英子： 到派出所办事回来。

韩氏： 你在那里没有看见我儿子吗？

英子： 看见了。他们拷问了他一阵，盘问他家里有没有人来过，现在把他关进了监狱。

韩氏： 他没有说什么吧？

英子： 他一口咬定不知道！

韩氏： ……他们吃过晚饭了吗？

英子： 别耽心，从鬼子们的情况看来，今天关一夜，明天也许就会把他放出来的。

韩氏： 那太好了。

英子： 大娘，进去睡吧，鬼子们又在转游，神情很紧张。我是来告诉你消息的，这就走了。

（下）

韩氏： 好吧！（韩氏又坐了一会〖儿〗，然后走到屋里，屋里的灯亮了）

稍停。

隔了一会〖儿〗，韩氏又从房里走出来，坐在原处。接着，昌阙穿着普通农民的衣服，察看四周，上。他站着看了一阵坐在那里动也不动的母亲。

昌阙： 妈，妈……

韩氏： 谁？

昌阙： 妈，是我。

韩氏： 你是谁？昌阙！

昌阙： 您一向好吗？

韩氏： 好，你到这儿来干吗？

昌阙： 到这儿来有事。

韩氏：（又看了看昌阙）我以为再也看不见你了，所以看见你就非常想再看看将军。

昌阙： 师长同志也谈起过您，他说从前您替他做的燕麦饼非常好吃。

韩氏： 是吗？（激动地）他说好吃吗？

昌阙： 是的。

韩氏：进屋去，也许有人走过这里。（说着皱起眉头，好象腰痛了）

昌阙：妈，为什么这样，哪儿不舒服？

韩氏：没关系。

昌阙：这些日子，因为我，您受了不少苦吧？房子变成这样了！

韩氏：谈这些事干吗？一夜也谈不完。

昌阙：好日子就要来了。鬼子们长不了，您没有听说过我们游击队打鬼子的事吗？

韩氏：怎么没有听说！不管他们怎样想把我们的耳朵堵住，但是老百姓已经晓得了。我正在等待将军来呢……他真的谈起过燕麦饼吗？

昌阙：他甚至说您大米饭也煮得很好。

韩氏：那太好了。（拭擦激动的泪水）

昌阙：家里没有人吗？

韩氏：你媳妇刚才到村里去了，弟弟妹妹们也都到外面去了。唉，他们为什么偏偏在这时候出去呢！（说了谎，非常痛苦）

昌阙：这样好。最好他们不知道我来。

韩氏：快进屋去。

昌阙：妈，我要走了，我已经把不应当告诉您的告诉您了。懂吗？妈！

韩氏：我懂！但愿你下一次回来的时候已经是光明的世界，可要把将军请来呀！

昌阙：那么，妈，我走了。（消失在黑暗中）

韩氏：（看着昌阙消失的地方，好象看见了昌阙的身影……）

隔了一会〖儿〗，昌敏上。

昌敏：妈，朝那边走的是谁？

韩氏：昌敏，什么也别说……凤女没有来吗？

昌敏：庆洙大叔不在家，今天念不成书了。姐姐说她还要再等一下。

韩氏：到屋里去。

韩氏带着昌敏走进屋里，灯火熄灭了。中天的月亮躲在云彩里，周围更加黑暗了。隔了一会〖儿〗，今村带着一队全副武装的警察上。今村站在院子中央，警察把屋子团团围住。

尹巡警：警补先生，这是最后一家。

今村：如果在这家再找不到，那就跑了。搜，连一个老鼠洞也别放过！

尹巡警：是！（跑进房里）

巡官：（带着两三个警察跟上）第二搜索队没有发现任何线索。（说罢，也

跑进房里)

今村:晓得了。(用电筒照白杨树顶)

韩氏:(声音)深更半夜的,这是干什么?

尹巡警:(声音)闭嘴! 点灯!

灯亮了,窗户上映出警察们搜索房间的混乱情景。

尹巡警:(从房里出来,对站在白杨树下的今村)什么痕迹也没有。

今村:房里有谁?

巡官:(从房里出来)只有老太婆和儿子。

今村:大的吗?

巡官:小的。

今村:把老太婆拉出来。

巡警:哈伊!(进房去,推着韩氏的脊背上)

今村:老婆子,又碰头了! 刚才认不得你,问了一句,这次认识你了。游击队工作组的人员到你家来过吗? 照实说!

韩氏:……

今村:我们不喜欢装哑巴,快说!

韩氏:我什么也不知道。

今村:你说谎。我们从你媳妇那里搞到了确切的情报,你还不知道?

韩氏:我不知道。

今村:不知道? 那么,我要叫你知道。(对站在一旁的巡警使眼色)

巡警:哈伊!(用枪托乱打韩氏的脊背)

今村:好了! ……我不喜欢吵吵闹闹。慢慢地说吧!(把铅笔插到韩氏的两只手指头当中,然后使劲拧她的手指头)

韩氏:(咬牙忍痛)

今村:这样,你就开口了吧? 谁来过了,照实说!

韩氏:不知道。

今村:好,别人怎么对待我们,我们也怎么对待别人。(对巡官)把她拖到房里去,让她看看日本警察的厉害。

巡官:哈伊!(把韩氏拖进去)

今村:(对尹巡警)把小家伙拖出来!

尹巡警:哈伊!(到房里去,把昌敏拖出来)

今村:(对尹巡警)放手,对小孩子要亲切一些。(装出一副温和的样子)你几岁?

昌敏：……

今村：说呀！你是好孩子，几岁？

昌敏：十一岁。

今村：十一岁！蛮大了嘛！嗯，我送一样东西给你，（从口袋里掏出一块糖果）拿去。

昌敏：（不接）

今村：喏，拿住。（放到昌敏手里）你是好孩子，谁到你家来过了？

昌敏：……

今村：给你好东西，为什么不说话。我想跟你交个朋友。把这个吃掉，回答我问的话。

昌敏：……（把手里的糖果扔在地下）

今村：看你这个孩子！别这样，吃掉！我再给你更好的。

昌敏：我不要。

今村：（抓住昌敏的衽领）鬼东西，谁到你家来过？

昌敏：……

房里传来遭到拷打的韩氏的呻吟声。

今村：说！你听那声音。不说你妈就要死了，你也要死，说呀！

昌敏：……

今村：（打昌敏的嘴巴）这家伙，还不肯开口？

昌敏：（忍住哭）不知道。

今村：混蛋！（突然把昌敏毒打了一阵，然后对站在旁边的尹巡警）把老婆子拖出来！

尹巡警：哈伊！（进房）

今村：让这个小家伙站到那棵树底下去！

巡警乙：哈伊！（把昌敏拖到白杨树底下）

尹巡警推着衣服被扯破了的韩氏上。韩氏踉踉跄跄地好不容易才站稳，一边的膀子脱了骱。

昌敏：妈！

今村：（用手枪瞄准昌敏）动一动就开枪……老家伙，说不说？不说我就打你的儿子。照实说！（枪口对准昌敏）

韩氏：昌敏！

昌敏：妈！

今村：如果你还想隐瞒，不开口，你的儿子就没命了。我从一数到五，给你一点时间。一、二、三……

韩氏：……

这时，明武急上。

明武：尹巡警！（跟他耳语了一阵）

尹巡警又附在今村的耳朵上把那话告诉他。

今村：什么？秘密据点？知道了。（得意洋洋，高高地举起手枪）跟我来！（跑上山径，下）

警察跟在他后面，下。

昌敏：（向韩氏跑去）妈！

韩氏：（使劲抱着昌敏，向警察去的那边跑）昌阙！（她用充满不安和忧虑的眼光望着那边）

——暗灯转场

第三场

一座破败的茅屋，座落在峡谷的边缘，一望可知是过去火田民[1]住过的屋子。庆洙他们正是把这座被抛弃的茅屋作为地下活动的据点。

构成峡谷的山峰巍然屹立，中心地带尽是奇岩怪石，站在峡谷里面看天，只有巴掌那么大。

时间和前幕大致相同。

昌阙、庆洙、昌涉、身穿便服的游击队员和一个村里的青年坐在茅屋里。

昌涉和村里的青年背朝外坐着刻蜡纸，昌阙刚到茅屋里来和大家打完招呼。

庆洙把一张刻好的蜡纸给昌阙看。

昌阙：（看了看蜡纸）很好。正如这上面所写的一样，我们要做的工作，最重要的是在保证质量的前提下培养我们的革命力量。一定要把广大群众团结起来，在他们当中普及马克思列宁主义。

我们一定胜利——没有这个信心，什么事也不会成功。要有这种信心，就要了解和懂得所有的一切。至于支援游击队，要从物质和精神两方面着手，首先要动员能够拿枪作战的青年参加游击队。这样可以进一步使得游击队和国内人民同心同德，变成一个整体。当然，也不能大家都参加游击队，因为国内

---

① 垦荒者。——原书注

也有工作要做。关于这个问题,以后有机会再谈。总之,一定要有这种高度的革命精神和积极性。

庆洙:我明白了。(笑)现在昌阙变成我的先生了……

昌阙:哪里,我只不过是传达师长同志的话罢了,何况连传达也是乱七八糟的……七星怎么还没有来?

庆洙:好象是迟了一些,马上就会来的!

昌阙:我再去找一下?

昌阙:算了,也许是不太顺利。

坐在门旁边的游击队员时刻注意外面的动静。

庆洙:据说游击队要到国内来,是吗?国内的人民都等着那一天。

昌阙:总会有那么一天的。虽然不能肯定,但这次我们来的目的之一,就是要了解鬼子们的国境警备情况。说真的,庆洙哥,你太辛苦了,搞到很多极其有价值的资料。等一会〖儿〗,七星再把开川谷的情况带来,我们的工作就结束了,是吗,崔同志?

游击队员:(默默地做了一个表示赞同的姿势)

昌阙:根据这一点,也可以知道师长同志的意图了。大哥,你说是不是?

庆洙:不管怎样,七星总归迟了。他比较毛躁,也许出了问题,似乎应该去看看……

游击队员:稍微再等一下,然后采取对策。惊慌失措,并不好。

昌阙:大哥,我再贡献一点意见。

庆洙:你说吧!

昌阙:一般工作比我在家的时候搞得好,规模也扩大了,这一点可以看得出来,但是妇女工作好象开展得还不够。

庆洙:对。我忽视了这方面的工作。

昌阙:好象还不仅是这里不重视,普天堡那面与其说是轻视妇女,不如说是很少关心。光靠男人,等于是用一只手打仗。既然有两只手,为什么要用一只手打仗呢?

庆洙:从咱们村子来看,归根到底是我没有把工作做好。咱们村有象你妈这样的人,还有很多很好的妇女,但是,我没有把她们组织起来。你对我们提出意见,非常感谢。

昌涉和村里的青年干完了工作,把钢板收起来。

昌阙:那不是我从前搞来的那块钢板吗?

庆洙:对。昌涉每次刻钢板总要谈到你,他根本就不肯让别人刻,一定要自己动手。从这一点看来,他是一个大野心家。

昌涉: 别听他的,哥,他说谎。

庆洙:(微微一笑)嘿,昌涉想把我变成个说谎精……

传来布谷鸟的叫声。

游击队员: 好象[像]有人来了。

大家都紧张起来。

不一会〖儿〗,七星上,径直走到茅屋里。他跑得气喘吁吁。

庆洙: 为什么迟了?

七星: 很晚才见到英善,所以我拼命的跑。事情都办好了,详详细细地写在这上面了。(把纸交给庆洙)

庆洙接过纸,交给昌阙。

七星:(这才认出昌阙)这是谁?昌阙!

昌阙: 七星!(拥抱)

七星: 变得不认识了,变得不认识了!

昌阙: ……(把七星带来的纸仔细看了一遍,然后收起来)

七星:(擦了擦汗,好象想起来了,耽心地说)……不过,庆洙哥,我也许犯了错误。

庆洙: 犯了错误?

七星: 我只想到迟了,飞快地跑,根本没有考虑到这一点,现在想来,确实犯了错误。当我走进山谷的时候,看见路边有个人影子一闪,但我还是径直跑到这里来了……我怎么想不到绕到别处去呢!

庆洙:(默默地看着昌阙)

昌阙: 七星,没关系。我们的工作已经结束了,赶快离开这儿吧!咱们翻后山,朝相反的方向走!

庆洙:(对七星)你看见那个人的脸了吗?

七星: 没有看见,因为当时天很晚,又有一段距离。

这当儿昌涉和村里的青年已经把钢板和蜡纸收起来了,游击队员则注视着外面。

昌阙: 那么,赶快走吧!

这时,放哨的青年跑进来。

青年: 鬼子来了。

七星:(捶自己的胸脯)嗨!我干的什么事呀!

昌阙:(对庆洙)赶快到屋后去翻后山,你在前面带路。

庆洙：好！

昌阙：（对众人）大家跟着庆洙大哥！

庆洙等人到屋后去。

昌阙：（对游击队员）崔同志，你保护同志们上后山，然后让其他同志分散突围，你和庆洙哥到约定的渡江地点去。我把鬼子们从这里引到那边山谷里去，大家一起行动，可能会遭到追击。

游击队员：我来引诱敌人，你和同志们一起撤退。

昌阙：不行。你不熟悉这儿的地形。不熟悉地形，孤军作战，是逃不出敌人手掌的。（把自己带来的文件交给游击队员）在渡江地点等我。万一枪声停止了，在一定的时间内我还没有来，你干脆渡江，不要耽心我。无论发生什么事情，也要把这些材料带回去。

游击队员：昌阙同志，这次你是负责人，负责人应当回队报告。

昌阙：这是命令！

游击队员：昌阙同志！

昌阙：赶快走。那些同志当中任何一个人也不能出事故。一出事故就有可能暴露这儿的组织。赶快行动！

游击队员：是，昌阙同志！

游击队员向庆洙他们走的方向走去。

昌阙拔出手枪，隐蔽在岩石缝里。对面山上露出了尹巡警的上半身。昌阙躲在岩石缝里开枪射击。

尹巡警：啊！（往后便倒）

昌阙利用这个当口，转移到另一块岩石背后，鬼子们的枪声更响了。昌阙也在应战。枪声暂时稀疏下来，又有一个鬼子爬上。昌阙连忙打了一枪，那个鬼子也栽倒了。昌阙趁此机会向另一块岩石转移，不幸中弹跌倒。但是他又站起来，从怀里掏出手榴弹。冲上来的警察都朝后退。他使劲把手榴弹扔出去，响起了手榴弹的爆炸声。昌阙仍然象被钉子钉住似地站在那里。

昌阙：朝鲜独立万岁！

山中响起了回声。母亲的幻影出现在昌阙眼前，好象回答那回声似的。

韩氏：昌阙，你说要跟将军一道回来，为什么你已经死了，不能再打仗！还有许多抗日工作要做……

山上燃起了烈火，昌阙朝前倒下。

——幕落

第三幕

布景：地点与前幕同，但是那半幢房屋已经不知去向。在原先的房址上座落着一座歪歪倒倒的小窝棚。连这间窝棚的泥墙还没有砌好，现在只是马马虎虎对付着住。

时间：距前幕几个月以后的春天。周围的万物全穿上了春装，生气盎然。越这样，这间简陋的窝棚就越使人感到难过。

幕启：黎明时分，天还很黑，厨房门口灯光闪灼，响起了人声，也许是在做早饭。不一会〖儿〗，凤女从厨房里抱着一捆木柴上。

庆洙突然从白杨树后的暗影里上。

庆洙：凤女！

凤女：谁？

庆洙：大娘回来了吗？

凤女：还没有回来。

庆洙：你嫂子在家吗？

凤女：昨天晚上去磨土豆，还没有回来。要去喊她吗？

庆洙：算了，你妈回来，马上告诉我。

凤女：大叔，我二哥怎么样了？个把月了，还没有出来。

庆洙：别耽心，马上就会出来的……进去吧！

凤女：嗯……（抱着木柴，走进厨房）

庆洙想着什么，正要朝外走，发觉那边有人的动静，连忙躲避。

不一会〖儿〗，韩氏上。一看就知道她走了远路。她的一只膀子不大好使了，在前一幕被日本鬼子打伤了。

庆洙：大娘，辛苦了。

韩氏：……（停住脚步，叹了一口气）我以为又是谁呢，心里吓了一跳。

庆洙：事情办得怎么样？

韩氏：（默默地从腰里掏出一张纸交给庆洙，然后坐在廊沿上擦汗）

庆洙：……（接过纸，就着厨房里透出来的灯光，很快地看了一下，然后放到口袋里）没有别的话吗？

韩氏：尽管是老生常谈，但他们一再叮嘱，印发报纸的时候千万要注意。还有，我不知道是什么事，他们说明天晚上有人到约定的地方去。……我本想问一下究竟是什么事情，后来估计你一定晓得，也就没有问。

庆洙：大娘，实际上我就为那件事等了你很久。

韩氏：等我，为什么？

庆洙：你知道那是什么事情？明天晚上我们要打发七星和常弼到游击队去。他们那里也有一两个人一起去。但是，江那边来了一个通知，叫今天晚上过江。这要跟他们再联系一下。不过这么远的路再让你跑实在不好意思……

韩氏：别说这种话！既然决定让我和他们联系，干吗要再派别人。

庆洙：大娘，那太好了。（掏出一张纸条交给韩氏）你把这张纸条交给他们，他们就晓得了。

韩氏：（接过纸条收起来）这是为了咱们游击队，也是昌阙没有做完的工作，哪怕一个晚上跑一百趟我也去。昌涉现在被关在监狱里，倘使他晓得这个消息而自己不能去，该多么生气呀！

庆洙：自从发生了昌阙事件以后，鬼子们一直在找寻和昌阙有过联系的人。但是没有任何证据，所以昌涉不久就会出来的。这次决定让七星和常弼参加游击队，实际上也是因为这个缘故。当时，七星和常弼曾经和昌阙见过面，为了防备万一，才决定让他们先参加游击队。如果他们不幸落到敌人手里，那就糟了。

韩氏：你也要小心。

庆洙：没关系。鬼子们还没有疑心我。就拿那天晚上说吧，我恰好到派出所去替你打听事情，这一点对我的帮助可大啦。因为在事情发生以前，鬼子们看见过我，所以他们做梦也没有想到我也在那里。

韩氏：听英子说，鬼子们要封闭夜校。

庆洙：他们怕大家晚上聚在一起。

韩氏：喂，听说游击队不久就要打到这里来了，是真的吗？

庆洙：是呀，这些话也不知道是从哪里传出来的，但很快就在老百姓当中传开了。鬼子们在普天堡加强戒备，看来其中似乎有点道理。

韩氏：这么说，是有确实根据的了。

庆洙：自然啦，无风不起浪嘛！

韩氏：（自言自语地）所以警察好象回来了。

庆洙：回来了？

韩氏：不久以前，武装警察吵吵嚷嚷地朝普天堡涌。然而，今天回来的时候一看，他们在半夜里又都开拔到惠山那边去了，我差点被他们发现。

庆洙：我们游击队到处都在活动，吓得他们手足无措，乱成一团。大娘，不知你听说没有，将军的部队在长白县红头山消灭了一批日本军队。

韩氏：我知道。

庆洙：你以为就这么点儿吗？前几天又在海青岭打了个大胜仗。

韩氏：将军一定会过江来的。他亲自托人告诉我，昌阙虽然牺牲了，但我们一定要光复祖国。这句话好象还在我的耳边响着呢！

这时，英子飞快地跑上。

英子：大娘，……庆洙大叔也在这儿，太好了！

庆洙：发生了什么事？

英子：他们让昌涉二哥参加山林队。

庆洙：参加山林队？谁叫他参加？

英子：从昨天晚上起今村就缠着昌涉二哥，对他说如果参加山林队，一切都可宽恕，而且要他今天回答。据说今天晚上要出发到惠山。

韩氏：……

庆洙：那么，昌涉？

英子：什么也没有回答，一直闷声不响。他向我使了个眼色，似乎叫我和你们商量商量，究竟怎么办好？

韩氏：商量什么，不去就是了……

庆洙：我看还是答应去比较好。

韩氏：不！

庆洙：大娘，你听我说。

韩氏：我也在东北住过一阵，晓得山林队是什么东西。要帮助屠杀自己父兄的日本鬼子拿枪打游击队。不行，不行！

庆洙：不是这么回事。

韩氏：怎么不是！昌涉还没有替哥哥报仇呢……

庆洙：大娘，你听我说。

韩氏：听不听反正一样……

庆洙：你听我说嘛……据说不去不行。既然如此，不如说去，也许马上会把昌涉放出来。那么，我们就让昌涉一齐参加游击队，你以为如何？

韩氏：(沉思一会〖儿〗)好，就这么办！

庆洙：这么一来，鬼子对你的迫害也许会更凶一些。看来，你非得搬到别处去不可。

韩氏：别耽心，我能再活几年？

庆洙：不，你应当活很久很久，直到看见鬼子们灭亡。

韩氏：……

庆洙： 那么，英子，告诉昌涉叫他答应他们，争取释放。等出狱以后再详细谈……

英子： 是。（走了几步，又停住了）哎呀，今村和区长来了！我得悄悄地溜走。（从另一条路下）

庆洙： 咱们干活，装不知道！

韩氏用行动不便的手劈木柴。

凤女：（从厨房上）妈，你什么时候回来的？

传来今村的狂笑声。

韩氏： 你快进去。

庆洙： 那么，我先走一步，呆[待]会儿再来。（踏上山径）

韩氏独自劈柴。这时，今村和姜区长上。韩氏装不知道，继续劈柴。

庆洙：（对他们致意）你们来了？

姜区长： 你为什么一早就到处乱跑？

庆洙： 喊人参加朝会，人到齐了才能开呀。

今村： 庆洙，今天开朝会，把人集中到这里来，一个不能少，全体村民都得参加，我也参加。

庆洙： 是。知道了。

姜区长：（露出狡猾的笑容，走到韩氏身边）嘿嘿，大嫂，一早就这么辛苦。

韩氏： ……

姜区长： 看见我别象看见苦荠菜似的，我给你带来了非常好的消息。

韩氏： ……（又动手干活，砰砰乓乓劈木柴，好象不愿意听他的话）

姜区长： 我们每天见面无所谓，看见警补先生总得打个招呼吧。警补先生特地这么早来看望你……

韩氏：（这才直起腰来）走！你们不过是来抓人罢了！

姜区长： 不是，不是。

今村：（露出阴险的笑容）别害怕。你被昌阙的事吓怕了。我们可早已把他的事情忘记了。我们武士道的精神是：既往不咎，把过去的一切付诸流水。

韩氏： 那你要怎么样？

姜区长： 警补先生考虑到你家的情况，竭力主张让昌涉参加山林队。

韩氏： ……

姜区长： 你知道山林队是什么吗？是管理满洲国的。这次要挑选几名聪明能干的青年输送到那里去，警补先生竭力担保，决定把昌涉送去。这种好事哪儿有呀！过去你们因为昌阙吃了不少苦头，这次托昌涉的福，就要苦尽甘来了。

韩氏：算了吧！我没有那个命享这种福。

姜区长：这是什么话？幸福落到你头上，你用脚把它踢开，岂不是发昏吗？别人想去还去不成呢！我们明武也要到山林队去！

韩氏：……

今村：还是那么固执。（狂笑）你知道如果拒绝接受天皇陛下的恩德，一味不听话，昌涉会怎么样？他将永远看不见光明的世界！

姜区长：岂只这一点。你们不是说在这儿无法生活，房子拆掉又盖了一幢吗？嘿嘿，马上又得拆掉！在我们日本领土上，你们大概是没有立足之地的了。

今村：好好想想吧，答应送山林队，我们马上就把昌涉放出来。

韩氏：真的吗？

今村：嘿嘿，我们警察不说假话，马上释放。

韩氏：那好，就照你们说的办！

姜区长：唔，应该这样，应该这样。

今村：但是，有个条件。当然，井[并]不是什么苛刻的条件，而是应当办到的。

韩氏：……（望着今村，似乎在问又有什么花样）

今村：呆[待]会儿在这里开朝会，你在村里人面前讲演一次就行了。

韩氏：讲演？

姜区长：在众人面前讲演多好呀！

韩氏：我们老太婆连话也不会说，还讲什么演，我干不了！

姜区长：什么干不了？你就说昌阙走上了歪路，落了个国家的罪人的坏名声，最后死了，但是昌涉要尽忠报国，替哥哥赎罪，这就行了。是吗，警补先生？

今村：对。

韩氏：我让儿子到你们要他去的地方去也就行了，何必又要讲什么演？

今村：那么，老实告诉你吧，昌阙事件发生以后，民心更坏了，他们还没有放弃对共产党游击队空虚的梦想。你的讲演要有助于打破他们的迷梦，而昌涉要通过自己的行动付诸实施……懂吗？

韩氏：……

今村：如果你不演讲，我们就要把昌涉送到法院去，对你也不会轻轻放过。

姜区长：大嫂，既然已经答应让昌涉参加山林队，那就痛痛快快讲演一次吧。怎么会讲不了呢？

韩氏：一定要讲，那就讲吧！

今村：好，这才算尽到了国民应尽的义务。我要向上级报告，多给你一些奖金。区长，那么我去一下再来，你在这段时间当中帮助庆洙把人召集起来。

姜区长：是，知道了。

韩氏：（对今村）什么时候释放昌涉？

今村：别耽心，现在回去，马上就放。（下）

姜区长：大嫂，你真豁达。讲得好一点呀，我们是要长久不忘，反复背诵的。

韩氏：……

姜区长：那么，我去转一圈再来。（下）

韩氏：（坐在廊沿上想心事）凤女！

凤女：（从厨房里出来）叫我吗？

韩氏：是的，你嫂子在哪里？

凤女：到常去的那家人家干活去了。

韩氏：把她找来。

凤女：她马上就要回来了。

韩氏：叫你去找，你就赶快去把她找回来！

凤女：是。（走上山径）

韩氏：孩子，昌敏！

昌敏：（在内，睡意蒙[朦]眬）嗯。

韩氏：你出来一下。

昌敏揉着眼睛上，坐在韩氏身边。

韩氏：（摸着昌敏的头）昌敏！

昌敏：（觉得母亲的爱抚和平常不同，虽然温柔但有点突然）嗯。

韩氏：你是一个坚强的孩子吗？

昌敏：嗯。

韩氏：昌敏，任何时候也别忘记大哥回来的那天站在日本鬼子枪口前面的情形。

昌敏：嗯。

韩氏：……没有妈，你能单独过活吗？

昌敏：……（看着母亲的脸，好象不懂她的意思）

韩氏：说呀，能不能过活？

昌敏：问这干吗，妈？

韩氏：随便问问。我想你已经大了……

昌敏：现在我也是个大人了……

韩氏：……（默默地抚摸昌敏）

这时凤女和吉女上。

凤女：妈！

韩氏：已经来了？

吉女：我回来了，半路上在这前边碰见了她。你走了一趟夜路？

韩氏：你好象也熬了夜。准备送到江那边去的土豆粉全磨好了吗？

吉女：刚刚磨完。

韩氏：孩子，我有话对你说。

吉女：……

韩氏：（从腰里掏出庆洙给她的纸条）你拿着这个到舅舅他们村里去。

吉女：光是这个吗？（接过纸条）

韩氏：把它交给舅舅，舅舅会转交给收条子的人。

吉女：知道了。

韩氏：马上就走，早饭最好包几个土豆带在路上吃。

吉女：事情这么急？

韩氏：……还有，去的时候把凤女和昌敏也带去。

吉女：为什么？

韩氏：什么也别说了，就这么办，自然有道理。到那里去了以后，别再回来了，跟舅舅商量商量，就在那里安个家。

吉女：你呢？

韩氏：以后我也去。我要打听一下昌涉的事情，同时把家里收拾收拾，隔几天再来，你别耽心。

吉女：那么，你带着弟弟妹妹先走吧，我把家里收拾好再去……

韩氏：不，你先走。好好照应弟弟妹妹，不要被人说闲话……我相信你，快去准备准备吧。

吉女：是！

韩氏：凤女，你也进去帮帮忙！

吉女和凤女进内。

韩氏：（对昌敏）到那里去，要好好地听嫂子的话。

昌敏：嗯。

韩氏：别把我刚才说的话忘掉，而且长大以后要象你大哥、二哥一样。

昌敏：妈！

韩氏：干吗？

昌敏：你有点奇怪。

韩氏：（略微有些发慌）你说有什么奇怪？

昌敏：你一定要来。

韩氏：嗯，一定去。

布谷鸟的叫声。天亮了。黑暗还在挣扎，不肯撤退，但已筋疲力尽，逐渐淡薄下去。

昌敏：天快要亮了……今天的天气也许很好。

不一会〖儿〗，吉女和凤女做好了上路的准备，上。

韩氏：那么，快走吧。路上吃的粮食带了吗？

凤女：带了。

韩氏：路上小心一些，尽可能不要被人发现……

吉女：那么，我们先走了。

凤女：妈，你也要赶快来呀。

韩氏：嗯。

吉女和凤女让昌敏在前面走，欲下。

韩氏：孩子，那张纸条放在哪里？

吉女：我收着呢！

韩氏：把它垫在昌敏的鞋子里。

吉女：（从腰里掏出纸条，垫在昌敏的鞋子里，然后替他把鞋子穿好，下）

韩氏：昌敏！

昌敏：嗯。

韩氏：……不，一路小心。

他们刚要走，有一个警察经过这里，让他们站下来。

警察：到哪里去？这是什么？（把吉女拎的包裹抢过来看）到哪里去？

凤女：到舅舅家去。

警察：……（上上下下打量了他们一阵）把鞋子脱掉，快！

吉女：（脱鞋）

警察：（对凤女）你也脱掉！

凤女：（也把鞋子脱下来给看）

警察：（对昌敏）你也脱掉！

昌敏：……（沉默一阵，然后跷起一只脚）

韩氏：（走到昌敏旁边）孩子们的舅舅病了，他们去看他的病。

警察：舅舅在哪儿？说谎吧？

韩氏：你去问区长。孩子们的舅舅住在离此地大约三十里的村子里。

警察：去吧！（走上山路）

韩氏：快走！

吉女等下。

传来昌敏喊“妈”的声音。

韩氏一直望着那边。她也许在想什么，擦去不知不觉流下来的眼泪，然后把系在腰里的口袋解下来拿在手里，走到外面。

舞台暂空。

不一会〖儿〗，姜区长出现在山径上，明武跟上。

姜区长：（对跟在后面的明武）噜嗦什么，讨厌！叫你干的事情你不干……

明武：（抓住姜区长的袖子）爹，请你想一想，我干吗要参加山林队。

姜区长：现在别说泄气的话，都是因为你认为好才搞出来的事情。

明武：对我一点也没有好处。我想当警察，干吗让我参加倒霉的山林队？

姜区长：这家伙，参加山林队比在这里当警察好得多。你没听见今村说吗？现在是进出大陆的时代，如果参加山林队讨伐游击队有功，马上就可以挂上一道金杠，当官。你到东北去，我也就有了种种借口，可以到东北去了，那就能沾到不少光。

明武：好呀，你是想用我当本钱做鸦片烟生意！

姜区长：嘘，这家伙，别瞎嚷。

明武：（狡猾地）去的时候给我多少钱？

姜区长：你推三阻四，就是想说这句话。我总归给你一笔足够应用的钱。你快点下去，代我到下面村里转一圈，让大家赶快集合……我还要去找一找这家的老太婆。

明武：今天是最后一天，我马上就要走了，还要使唤我！（下）

姜区长：（走进院子）有人吗？……大嫂……到哪儿去了？

远处传来唱日本军歌的声音。

姜区长：……（侧耳倾听了一会〖儿〗，然后在院子里踱来踱去，自言自语地）据说增援普天堡的警备队就要回来了。好象是他们回来了……肯定是他们。金日成的部队再神出鬼没，也不敢到此地来。……这家的老太婆到哪里去了？

不一会〖儿〗，英子上。

姜区长：你到这儿来干吗？

英子：来找你。

姜区长：找我，为什么？

英子：今村叫来的，他在发脾气，说时间已经到了，你在干什么？

姜区长：妈的，前后夹攻，区长实在不好当！（急下）

英子：……（露出嘲讽的笑容，转过身去）他到哪里去了，不会还没有回来吧……

昌涉上。一望可知他刚从监狱里出来。

英子：怎么到现在才来？我以为你早已回来了，连忙赶到这里来……

昌涉：找庆洙大哥谈了一会〖儿〗，稍微迟了一些。

英子：你把那话对庆洙叔说了？

昌涉：什么话？

英子：警备电话断了。从昨天晚上起，和普天堡就联系不上了，惠山方面也还不知道原因。尽管搞不清是怎么一回事，也还是告诉庆洙叔的好……

昌涉：对他说了。庆洙哥也说要了解一下究竟是什么道理。（从井里舀水喝）真痛快！前一阵实在闷得慌……

英子：吃了不少苦吧？

昌涉：英子，我跟妈碰一碰头马上就要出发到游击队去。

英子：昌涉！

昌涉：英子，我得赶快逃走，你多多保重吧，我也许再也回不来了。

英子：要回来，我等你。

昌涉：等到什么时候？

英子：不管等到什么时候……

昌涉：也许要十年、二十年，光复了祖国才回来。

英子：我总归等到你回来。不过……

昌涉：不过？

英子：（红了脸）没死以前你总得回来，哪怕一次也好。（手扶着白杨树，望着高高的树枝）以后每当我看见这棵白杨树，也许就会想到你。

昌涉：如果我能活着回来，那时这棵白杨树也一定长得更加高大。每当我想起故乡，也许会首先想到这棵白杨树，因为我是在这棵白杨树下长大的……

英子：你再说下去！

昌涉：说什么？

英子：随便说什么都行！

昌涉：要说的话好象很多，真正要说却又没有了。妈和弟弟妹妹拜托你照应。

英子：那你别耽心，只有这件事吗？

昌涉：……你没有话要说吗？

英子：我已经说完了。

昌涉：什么时候说完的？

英子：刚才。……天空这么明净，简直象镜子一样，我到死也不会忘记今天的事。如果咱们能够一直不分开，就这样呆[待]在一起该多好呀！……这都是因为日本鬼子的缘故！

昌涉：英子！

从睡梦中惊醒的山雀的叫声震动着寂静的黎明的空气。这时，韩氏上。

韩氏：你来了！

昌涉：妈！

英子：我走了。

韩氏：呆[待]会儿再走！

英子：鬼子们也许又要来找我……昌涉，一路平安。(忍着眼泪，霍地转过身去，跑下)

昌涉：……

韩氏：……昌涉，你就要离开家了，我没有东西给你，连一套换洗衣服也没有……

昌涉：妈，真是，看你说的什么话！

韩氏：不过，我有一样东西要交给你。

昌涉：我什么也不要，你能面带笑容把我送走就行了。

韩氏：不，(从怀里掏出刚才拿走的口袋)你拿着。把这个带走。

昌涉：……(接过口袋，但不知道里面装的什么，瞅着母亲的脸)

韩氏：这是家乡的泥土。你爹和哥哥都埋葬在这里。不管到什么地方，都不能忘记你的根本。一定要记住你是在哪一块土地上诞生的，在哪一条根上成长起来的。

昌涉：(哽咽)妈！

韩氏：这孩子，别哭！你哥哥走的时候一滴眼泪也没有。……把你的手给我握一握。

昌涉：……（由于感情激动，他的喉咙梗[哽]塞住了，尽管母亲握住他的手，但他一句话也说不出来）

韩氏：（忍住热泪）这么软弱有什么用！千万别耽心家里，一心一意搞革命吧！

昌涉：妈，不管有什么困难，你也要忍着，等待我们。我们一定会凯旋而归……

韩氏：好。

这时传来人们的吵嚷声。

韩氏：昌涉！鬼子来了。在他们没有来以前，赶快到要去的地方去。以后的事情你别耽心……

昌涉：妈！

韩氏：快！

吵嚷声继续响着，人们已经到了附近。

昌涉：……（看了韩氏一眼，急下）

韩氏独自留在台上，这时今村跟在姜区长和巡官的后面，上。

韩氏：（泰然自若地迎着他们）

今村：演讲准备好了吗？

韩氏：……

姜区长：（把拿在手里的一张十元纸币交给韩氏）你看这个，警补先生怕你在昌涉没有领到工资以前生活有困难，特地补助你一些钱，赶快道谢！

韩氏：（连看也不看，好象非常不愉快）不要这个钱也不至于饿死！

姜区长：那么……

巡官：那么，你不演讲了？

今村：（拦住巡官）欺骗警察、扰乱民心，罪加一等。看看聚集在那里的人，你演不演讲？

韩氏：演讲！（朝前走）

今村：大大的好！赏金一定多多的给。（对巡官使眼色）

巡官：哈伊！（站在山路上，大声地）大家安静，今村长官有话要说。

嘈杂声逐渐静下来，今村带着韩氏走上山坡。

今村：诸位，今天叫你们到这里来没有别的事。国民诸君想必记得，不久以前共产党游击队员金昌阙被我们日本警察打死了。但是，这次他的弟弟金昌涉，作为一个诚实的国民，为了尽忠报国，替哥哥赎罪，志愿参加山林队。尤其是他的母亲被我们警察宽大为怀所感动，对我们表示，一定要挥泪向国民诸君陈述自己的心情。我们警察认为昌涉的母亲用心良好，决定给她一个机会，所以把诸位召集到这里来。现在就请诸位听一听她的激动的心声。（说罢，退后一步，把位置让给韩氏，并对她使了个眼色）

响起了群众的骚动声。

韩氏毫不犹豫地朝前跨了一步，骚动声渐渐平静下来。不知怎的，韩氏的脸色发青。

韩氏：……诸位乡亲！我和所有的母亲一样，非常爱自己的孩子。死去的昌阙是我的儿子，就要离开家庭的昌涉也是我的儿子。世界上的母亲有谁不想自己的儿女一直围绕在自己的膝下。（由于激动，苍白的脸逐渐变红了）但是，我已经永远失去了大〚儿〛子，连二儿子现在也要离开我的身边。这难道不是一件痛苦的事情？然而，我要忍着悲痛，高高兴兴地把昌涉送走。

今村一直盯着韩氏，看她说什么，如今回过头来看了一看巡官，脸上露出满意的笑，似乎认为韩氏的话还符合他的心意。

韩氏：除了他们以外，我还有两个孩子，就是凤女和昌敏。等他们长大以后，为了国家，我也要把他们打发走，就象打发他们的哥哥离开我的身边一样。

今村：快说主要的！

韩氏：不过，我一点也不难过，为了我们伟大的事业，我这一颗小小的心，什么痛苦都能忍受。

今村：行了，现在你替我骂共产党游击队！

韩氏：……警补老爷叫我骂共产党游击队。但是，我怎么能够骂从我肚子里生出来的儿子呢。我不能骂他们！

今村：什么？快骂！

韩氏：我家昌阙两年前就参加了金日成游击队。

今村：骂他是共产党强盗！

韩氏：他参加游击队……

今村：（用刀敲击地面）不是游击队，是共产党强盗！继续说下去！

韩氏：……他参加游击队是为了解放自己的祖国。

今村：闭嘴！

群众骚动起来，这时警察跑上。

警察：警补先生，刚才来了个电话。

今村：哪里打来的？

警察：惠山。

今村：什么内容？

警察：（附在今村的耳朵上，不知说了些什么）

今村：（脸色变了）什么？普天堡？该死，真的吗？

警察：因此，他们说不能延迟，立即出动！

今村：知道了。先去准备一下！（对韩氏）继续讲下去，昌阙为什么参加共产党游击队？

韩氏：昌阙参加游击队，是为了光复自己的祖国！

今村：什么？（举起刀来）

韩氏：（仍然面对群众）是的，是为了追随金日成将军光复祖国。

今村：住口！（发疯似地乱打韩氏，然后对巡官）把这个老婆子拖走！别耽误！（急下）

巡官：走！

这时，英子跑上。

英子：妈！（几乎同时，对从山下来的庆洙）庆洙叔！

庆洙：英子，什么事？

英子：金将军的部队袭击了普天堡，刚才惠山警察局来了电话，让他们去追将军的队伍。

庆洙：（向群众）大家听见了吗？我们金日成部队袭击了普天堡。我们苦苦等待，他们果真到国内来了。我们不能让警察出动！到炮台前面去！（从怀里掏出传单撒向群众）

群众呐喊起来，巡官和姜区长被群众的声势吓得逃走了。

庆洙：朝鲜独立万岁！（高呼口号，跑下。与此相呼应的万岁声喊得又响又长）

太阳升上了东边的山腰，光辉灿烂。远处白头山的峰峦逐渐显露出来。

韩氏：……将军，你终于来了！

群众的呐喊声更加高昂。

——幕落

写在普天堡战斗胜利22周年前夕

译后记

朝鲜戏剧作家朴赫擅长写作舞台剧本和电影剧本，成功的作品除《朝鲜的母亲》外，尚有最近发表的《这里也是一二一一高地》。《朝鲜的母亲》在作者全部作品中占有重要地位，它通过生动的形象反映了朝鲜革命斗争艰苦的历程。

二十世纪三十年代，日本帝国主义进一步走上了法西斯的道路。由于它的侵略本性和内外矛盾，疯狂地推行所谓“大陆政策”，妄想以朝鲜为跳板，实现对我国的侵略，进而统治亚洲和全世界。因此，它便加紧了对于当时受它控制的朝鲜的统治和剥削，使得广大朝鲜人民处于水深火热的境地。他们赤贫如洗，许多人在国内无法生活，被迫离开家园，逃亡国外，其中一部分人逃亡到我国东北。但是，他们并没有屈服，到处掀起了反抗的怒潮。革命运动日益波澜壮阔。

一九三一年冬天，以金日成同志为首的朝鲜爱国志士，在白山黑水间燃起了抗日的烽火，组成了游击队，把这一斗争推向了新的高潮。经过几年的转战，在我国东北长白黑瞎子沟一带建立了广大的根据地，成立了抗日统一战线的组织——祖国光复会，颁布了十大纲领，明确地提出了反帝反封建的任务。同时积极派遣干部到国内进行革命活动，对广大工农群众鼓吹革命思想，通过民族解放同盟，统一领导朝鲜国内的革命斗争，给日本帝国主义以沉重的打击。

一九三七年前后，朝鲜的革命已经形成了燎原之势，日本帝国主义的“朝鲜总督”和关东军司令在图门[们]进行会谈，妄想用高压手段扑灭这一股革命的火焰。他们一方面进行所谓“讨伐”，一方面在长白地区和朝鲜边境一带实行残酷的并村政策，企图割断游击队和广大人民的联系。金日成同志为了粉碎敌人的阴谋，进一步鼓舞国内人民反对日本帝国主义的斗争，于一九三七年六月四日亲率大军，渡过白浪滔天的鸭绿江，奇袭日军严密防守的普天堡，取得胜利，不仅驱散了笼罩在祖国土地上的阴影，给国内人民带来了巨大希望，而且在军事上、政治上给日本帝国主义以沉重打击，在朝鲜革命斗争的历史上写下了光辉的一页。

这便是《朝鲜的母亲》的历史背景。

作者在这一部书中并没有去描绘当时朝鲜整个民族解放运动的全貌，而是通过鸭绿江边的一个村庄的变迁、一个家庭的遭遇，反映了三十年代朝鲜人民如火如荼的革命斗争。一方面是日本侵略者、地主、走狗的横行霸道，一方面是人民的赤贫如洗，这便构成了一组尖锐的矛盾。然而，不管侵略者、反革命如何猖狂，觉醒了的朝鲜人民，还是勇敢地踏上了斗争的道路，一切为了争取祖国的独立、自由和解放。书中所描绘的事实让我们看到，当时的朝鲜的确处于一个山雨欲来风满楼的状态。从城市到农村，从大人到小孩，明里暗里，都在运用各种方式和日本帝国主义周旋。他们的活动有力地支援了艰苦奋战的金日成抗日游击队，而金日成抗日游击队又象黑暗中的火炬，照亮了朝鲜人民的心，终于一声霹雳，在日本法西斯统治的锁链上打开了一个缺口。这是胜利的先声，这是朝鲜祖国解放的信号，它雄辩地说明了人民是胜利的源泉，一切帝国主义和反动派都将被人民的铁拳砸得粉碎。《朝鲜的母亲》通过生动的形象揭示了这一真理，也正是它所以长久以来一直受到广大朝鲜人民热烈欢迎的原因。

《朝鲜的母亲》的主题是深刻的，而深刻的主题总是要通过人物形象来体现的。主人公韩氏的塑造，对全书主题的展开，就有着举足轻重的意义。作者从各个方面刻划了韩氏的崇高形象。她是革命者的妻子，早年住在我国东北的时候也曾直接帮助金日成抗日游击队做过工作，深受革命思想的影响。丈夫不幸去世以后，她一个人挑起了抚养一家大小的责任。虽然处境困难，但她继承了丈夫的遗志，仍然一心向往革命。她爱子女，更爱自己的祖国和领袖。她深深地懂得，作为一个母亲所应负的责任，就在于用革命的思想教育自己的子女，把他们培养成革命的接班人，以使他们能参加革命斗争。因此，当祖国处于危难之中的时候，她便毫不犹豫地献出了自己的一切。尽管大儿子牺牲了，二儿子被捕了，但她仍然象苍劲的老松，坚韧不拔，争取祖国的解放。可见她并不是一个只在一家四壁之内任劳任怨地操持家务的普通母亲，而是一个英雄。象韩氏这样英雄的母亲，对我们的读者显然是有巨大的教育意义的。

（原载于《朝鲜的母亲》，作家出版社，1964 年）

洪范图[①]

[朝鲜]太长春

地点：朝鲜北部山区

时间：1908—1909 年

剧中人：洪范图　义兵队长

忠　烈　洪范图之部下

寿　山　义兵

淘金人　义兵

良　淳　洪范图之长子

一　男　月香之弟

义兵一

义兵二

义兵三

龙　俊　义民

允　卿　义兵

君　八　农夫

山　铜　宪兵队长

佑　镇　变节者

载　德　一进会头目

元　弘　一进会头目

许　哲　走狗

基　洙　一进会会员

① 这部纪实话剧曾在 1941 年、1947 年于苏联中亚细亚地区演出过。这是作者的遗孀李咸德女士欣然应编者要求送来的原稿(朝鲜文)手抄本，文字略经修改，并译成汉文登载于此，以飨读者。——原书注

治　浩　一进会会员
庆　太　商店老板
赵　祢　走狗
哨兵一
哨兵二
中队副官
宪兵补助员
夫　人　洪范图之妻
月　香　三水城妓女
顺　善
老太婆　致康之妻
致　康
莲　玉　姑娘
韩　氏
母　亲
义兵若干
日军士兵若干
农民男女数人

第一幕

三水城宪兵分遣所。启幕时，电话铃声响个不停。

山铜：（拿起听筒）什么？洪范图！（向元弘示意，叫他记录）24日晚7时……古洞镇守备队30人受袭击，武器被缴……24日晨5时，在长津獐项里，日军50名被歼……，在兴津，24日下午2时……抢走5辆军用马车，24日，在龙门洞……什么，又是洪范图！（甩电话）哪儿来这么多洪范图?！不可思议，真是不可思议呀，……难道洪范图长了翅膀不成……（房间里来回走动）金君！像他这样的人物，在你们朝鲜还有多少？

元弘：（欲言又止，沉思片刻）依鄙人之见，像他那样盗跖般的强贼称为"人物"，似乎是过誉之词吧。

山铜：（以不无讥讽的语气）那是，你有些……嗯，似乎有些误解了。强贼？洪范图是盗跖般的强贼？比起那些一心想驾驭朝鲜命运的权贵们来，洪范图更是盗跖般的强贼？哈哈哈哈！

元弘：但是，洪范图掉进陷阱的日子也不远了。

山铜：恕我直言，若没有记错，我听到这样的话已有几年啰。但是，无论如何，我们要抓住他，就得用比现在更巧妙、更厉害的计谋。不然的话，你我脑袋掉了也不知道什么时候掉的，明白吗？

宪兵补助员：（匆匆上场）有个卖明太鱼的小贩来求见队长阁下。

山铜：（惊喜地站了起来）卖明太鱼的小贩！你听到没有？他还活着！

元弘：您说谁？

山铜：佑镇嘛。

元弘：是他呀，那还用说，他是个“洪原麻雀”[①]嘛。

山铜：（朝宪兵补助员）叫他进来！

宪兵补助员：是！（退场）

佑镇：（上场，急忙行礼）队长阁下，别来无恙！

山铜：噢，佑镇君！为何这么长时间渺无音信？

元弘：咱们的队长阁下很为你担心了呀。

佑镇：不得已而为之嘛。对不起，我只有3分钟时间。

山铜：那么，赶紧讲吧（递给元弘一本手册，示意记录）。

佑镇：一共来了4人。今晚9点，我住李庆太家里，其余3人住孙秉俊家里，到时派警察来，但让我逃走。逮住3人之后，以枪声为号……他们是义兵中间有名望的人，要格外小心才是。

山铜：嗯，知道。我问你，现在洪范图部队究竟有多少义兵？

佑镇：他直接率领的义兵有100多人，其余的分散活动在各处，到底有多少人，还不清楚。

山铜：依你看，我们应该采取何等对敌之策？

佑镇：首先，派兵占领那个向义兵队提供食品的村庄；其次，为了扫除农民头脑中对义兵的信念，应采取杀一儆百、先斩后训的严厉计策。搜捕有嫌疑的农民，在他们当中挑出几个聪明伶俐的人，不问青红皂白，统统枪毙！

山铜：说得对极了。金君！听到佑镇君的话了吗？……我们就这么办，来它个杀一儆百。我相信，一定会奏效的。

元弘：佑镇君，短时间内能不能干掉洪范图？

佑镇：洪范图？

元弘：是呀。

---

① 洪原：朝鲜咸镜南道南部海岸的一个郡（相当于县）府所在地。“洪原麻雀”，指鬼一样精灵的人，含有贬意。——原书注

佑镇：你说的是什么手法？

元弘：（做双手卡脖子的手势）

佑镇：可以，但是，那……

山铜：不可以。那是上奉不准的。洪范图虽然可恶，但我们需要的是活的，明白吗？要活的洪范图脑袋。

佑镇：时间到了，我要……

山铜：哦，你走吧。

元弘：相信你会成功的。

佑镇：那么，告辞了（走出几步，又转身瞅着山铜，犹犹豫豫）唉，唉，队长阁下没有忘记我家的住址吧？

山铜：你放心，上次已经寄去1000元！这次又……照样。

佑镇：啊，啊，这太谢谢啦！（退场）

山铜：（凝视了一会儿佑镇的背影）金君！如果在我们的人里面再有10个像佑镇君那样的人，那么日夜骚扰我们不得安宁的洪范图之乱，就可以早已不存在了。

元弘：也许是那样吧！但是，捉野鸡，还是老鹰！走着瞧吧。

宪兵补助员：（上场）队长阁下！照您的命令，将囚犯0081和0025带到。

山铜：把0081带到这里，把0025带到那屋里待命！

宪兵补助员：哈咿！（退场，一会儿带进一女人，女人头上扣着黄纸糊的高帽，一直扣到两肩，双手锁着手铐）。

山铜：请坐。

夫人：看不见，怎能坐？

山铜：哦，对不起……（伸手揭去纸帽，开手铐）请坐（这才看清，女人的右眼被绷带包着），这些天可过得好吗？

夫人：还好。承蒙你仁慈的德行，右眼被弄成这般模样，看不清楚，成天挨耳光，也听不清楚……

山铜：那是你的不洁之心和毫无用处的固执所造成的。

夫人：混账话。你想要把坚如盘[磐]石的檀木变成朽木，那是痴心枉[妄]想。

山铜：那么，我们就把它烧掉，灰烬都是一样的。

夫人：放火烧树，尽管烧死枝叶，但树根还活着，来年春天会萌发出新芽的！

元弘：夫人！你那口才是从你的男人洪范图那里学来的吧？

夫人：不！是从我们踩着的这块土地上繁衍生息的善良而刚直的祖先那里学到的，是流血流汗、双手开垦这块土地来养育我们的父母教给我的。

山铜：他们带着自己可悲的教训，埋没在这块土地下面已经很久了。

元弘：（站了起来）那么说，你到今天还不肯改悔啰？

夫人：改悔什么？我本是无罪之人，昨天的我，依然是今天的我，没有啥可改悔的。

山铜：夫人！这又是你误解了。我们是愿意忘记过去的，忘记到今天为止的一切。我们准备放你出去。

夫人：非常感谢你。那么说，从明天起，将在十字街头里多一个又瞎又聋的乞丐啰。

山铜：不，那是决不可能的。我们会向你提供足够的生活费，但是……你得向你男人写封信。

夫人：信？（想了一会儿，毅然地）可以。拿纸笔来！

元弘：（赶紧把纸和笔拿给夫人）给。（夫人接过纸笔，胸有成竹地挥笔写信，不一会〖儿〗就写完）这儿，请写上你的名字（夫人签名）。

山铜：（同元弘一起看罢信）嗯，这信上的内容，对我们来说不甚妥当……（拿起早已写好的另一封信，交给夫人）请照它再写一封信。

夫人：（接过信，看过之后）你们的想法不免太天真了吧。一个矢志要拯救国家的大丈夫，难道看了妇道人家写的如此愚昧无知的拙文就会屈从吗？

山铜：（生气地）屈从不屈从，那是我们要知道的事情。叫你写，你就得写！

夫人：我不能写。

山铜：你是决意不能写了？

夫人：是的！

山铜：（拿起桌上的竹片，猛地拍几下）你这臭娘儿！我要扒你的皮，游街示众！

夫人：那是你这恶鬼早就想干的事情！

山铜：（挥竹片抽打夫人）住口！（按铃，宪兵补助员进来施礼后，站立一旁）把这女人拖出去，带0025！

宪兵补助员：哈咿！（给夫人扣上纸帽，锁上手铐）走！（押着夫人退场）

山铜：真是一条厉害的毒蛇！

元弘：阁下！我看可以找找书匠，妨[仿]着这笔迹搞出一封假信。

山铜：那就赶紧办，明天送去（点燃一支烟，在房间里来回走动）。

元弘：是！（这时，宪兵补助员又带一人进屋里）

山铜：给他开枷解铐！

宪兵补助员：哈咿！（急忙开枷解铐后，走出去。良淳脸上显出有些惊愣的神色，扫视着房间里的人）

山铜：小家伙！我们知道你是无辜的，今天放你出去。

良淳：是吗？要放我出去？

山铜：嗯，你现在就可以出去。

良淳：好吧。（转眼瞅着屋里，走到门口又犹豫着不走）

山铜：你为什么不肯走？丢了什么了吗？（亦转身察看屋里）

良淳：不，不是的。这……我的母亲……

山铜：噢，对，对……是找你母亲吗？

良淳：是的。

山铜：你的母亲是有罪的，要受非常严厉的惩罚。

良淳：不，不对！既然你们说我没有一点罪，我的母亲也没有一点罪。

山铜：小家伙，你还小，我说了你也不懂，你快走吧。

良淳：我不走，丢下母亲，我不能一个人走。

元弘：你母亲犯罪，要蹲班房，而你没有罪，现在放你出去嘛。

良淳：不对，说我母亲犯罪，是谎话。

山铜：那你想要什么？你也有罪，让我们拘留你吗？

良淳：不，我没有罪，我母亲也真的没有一点罪。

山铜：是吗？所以你要想和你母亲一块儿出去，是这样吗？

良淳：是！（用激昂的、断然的语气）不能陪着母亲一块儿出去，就是死，我也不走！（走回来，坐在板凳上）

山铜：（坐在椅子上）那不是我们力所能及的事情，是依法，懂吗？依法办的事情嘛！

良淳：什么依法办事？纯粹是强迫，无道！

山铜：（许久沉默不语）金君！我们宁肯受罚，也要这么办吧。小家伙，我有个好办法。你带这封信去，交给你父亲，又把他的回信带回来，那就马上放你母亲出去。你早去早归就早放，晚去晚回就晚放，懂了吗？

良淳：带回信？……

山铜：是的！

良淳：什么回信？

山铜：你父亲已收到10多封我们的信，当然写好了回信。看样子，就是没有合适的送信人。

良淳：（从板凳上站了起来）真的？我把回信带回来，你们就放我母亲？

山铜：那还用说？只要你把回信带回来，我们就当场放你母亲。

良淳：你们要是骗了我？

山铜：这不用你担心！

良淳：把那封信给我。我快去快回就是了。

山铜：今天不能去，晚上好好休息，明天去。（掏出怀表，看时间）元弘君，我出去一会儿，部署一下抓那3个暴徒的行动……你赶快准备那封信（同良淳一起退场）。

元弘：是！（等山铜走出房间后，自言自语）佑镇，又是这个佑镇！（走来走去）这小子越能耐，我们就越显得无能……

载德：（急匆匆走进屋里，拿帽子扇着风）元弘君！祝贺我马到成功吧。在我们朝着既定目标前进的路上，千年的参天大树也会不声不响地倒下去，九尾狐也会夹着尾巴致敬的。你听我说，三水城头号名妓月香满口承诺了，她要把她那迷人的姿色、温柔的话语和她身上最贵重的宝贝全当作武器，统统贡献给我们的事业，怎么样？（习惯地用手扭胡须）

元弘：啊，是嘛。那真是你的一大成功。

载德：今晚8点，她会一分不差地来这儿要求会见的。

元弘：好吧。不过，出了点麻烦事……

载德：啥事儿？

元弘：你认识佑镇吗？

载德：（坐到椅子上）佑镇？……佑镇？……

元弘：额头有个疤癞的家伙，就是那个"洪原麻雀"。

载德：对，对……想起来啦，就是……那个……不久前打入洪范图部队的那个人吧？

元弘：就是他。

载德：他怎么啦？

元弘：那家伙正在取悦于山铜，看样子很得他的欢心。

载德：那么说，他也有助于我们的工作嘛。

元弘：不，事情正好与你说的相反。

载德：这……有点不好理解了。

元弘：你想想看，那家伙越是得宠，你我就得越要倒霉，他大把大把捞票子，我们连捞个铜板都很难。

载德：啊，明白了。（在屋里踱来踱去）那我们就得使着儿，让他不能得逞，或者干脆把那家伙从名册里除掉。

元弘：我也是那么想的（电话铃响起，拿起电话），是，元弘。听着哩。啊？洪范图部在北青厚峙岭与日军1800名！（浑身打颤）啊？什么……听不清楚，打死了多少？啊，啊！800名！（双手发抖得厉害，放下话筒）

载德：你说什么？打死了800多？

元弘：（掏出手帕，揩额上的汗珠）是呀！

载德：啊，这个洪范图，真可怕！

元弘：我们可得多加小心，弄得不好，死了也不知道啥时候死的。

（宪兵补助员走进来，把名片放在桌子上）

元弘：（拿起名片，看了一眼）叫她进来！

宪兵补助员：是。（退场，一女人走进屋里）

元弘：（指指凳子）坐吧。（女人坐下）昨晚上，勾起了对往事的回忆了吧？

韩氏：我啥也不知道。

元弘：那么说，你不知道洪范图这个人啰？

韩氏：不知道。

元弘：不知道？那我就不嫌麻烦替你回忆一段往事好了。你不会生气吧？

韩氏：我不知道，随你便。

元弘：（翻着记录）你就是现住鸭绿江南岸新坡岔口的许铝柴之妇，对吧？

韩氏：（毫不犹豫）那又怎么样！

元弘：几年前，许铝柴和你订婚……

韩氏：不是和我订婚，是同我父亲……

元弘：那是一样的！许铝柴去了沿海州之后，你瞒着你父亲，同洪范图私通，生下一个孩子，有这等事吧？

韩氏：（惊愣一下，随即冷静下来）有。

元弘：既然有，还不知道洪范图？这样大的罪行，你还想在我面前瞒着不说？

韩氏：如果这也能说成罪……那是把这份罪赐给我的老天有错。我只是怀着大地母亲给我的一颗心活着，除了它，没有别的罪。

载德：那我问你，为什么说不知道洪范图？

韩氏：有一点不明白，你们想从我这里要知道什么？

元弘：我们要知道洪范图的长相、秉性，就是这些……

韩氏：为什么？那是你们应该比我知道得更清楚。

元弘：这么说，你是没有说的啦？

韩氏：没有。

元弘：（猛一拍桌子）什么？你这……

韩氏：你要明白，我在你面前并不是作为一个罪人坐着的。

元弘：好。你到底肯不肯说一句，我们就着看谁能耐（按铃，宪兵补助员上场）叫许哲君进来！

宪兵补助员：是！（退去）

元弘：你以为我们真的不知道洪范图吗？

许哲：（上场）元弘君！您叫我了吗？

元弘：是的（坐在椅子上），你不是看过洪范图了吗？请详详细细地说说他的模样和脾气。

许哲：是。这（伸手接过元弘递给的钱，揣进侧衣兜里）太谢谢您啦……那时，草丛里面突然有人大喊一声："你这厮！"我就一下瘫倒地上啦。过一会儿，不知是谁穿破草鞋的一脚踢我的腰，叫我站起来。我起身一看，那人的眼角大得吓人，一直开到耳朵根，嘴就像刚吃过人的老虎嘴一样红，满脸的大胡子（伸出手指比画着）这么粗……唉呀呀（浑身发抖）

元弘：个头呢？

许哲：啊，个头嘛，是矮子，就像个侏儒……身子滚圆滚圆，两条胳膊垂到膝盖上，腿是罗圈腿，很像个猴子，用易懂的话来说，更像个刺猬（勉强抑制笑声）。

韩氏：（听不下去，非常激愤）你这混帐[账]东西！

许哲：你这是怎么啦？

韩氏：撒谎也得讲个分寸！你们别听他胡言乱语，他说的全是假话。

许哲：（畏惧地，低声乞求），哎呀，你何必往人家好好的倭瓜上捅个窟窿眼儿？

载德：嗯，你这，（一把抓住许哲的衣领）你这狗东西！说清楚，你可真见过洪范图吗？

许哲：（哆哆嗦嗦地）是！真的见过呀。

载德：什么？（猛一记耳光）说，说清楚！

许哲：（战战兢兢地）是！是我说了假话，骗了你们。

载德：（将许哲往门外推了出去）快，快点滚出去！

许哲：（抚摸着脖子）是！是！是！……（退场）。

元弘：哈哈哈哈！真没想到见这样一场闹剧。

载德：(亦禁不住大笑着)是个又狡猾又愚笨的家伙！

元弘：(转身向女人)太感谢你了，若不是你，我们就会被那个白痴耍了。

载德：啊呀，让他白拿了10块钱。

元弘：他妈的，可不是咋的。(走到女人跟前)其实，洪范图要比那蠢才说的好看些吧。

韩氏：是的，他身材魁梧，长相也像个大男子汉，还有一副好嗓子，年轻时很会唱民歌，又好打抱不平，遇见不公道的事，总不肯袖手旁观。

元弘：他少年时的秉性怎样？

韩氏：秉性？有一年端午节，咱村里大柳树上挂了个秋千绳子，男女老幼聚集在那儿打秋千玩乐。突然，有人发现树上有条大毒蛇，大家伙儿大惊失色，只是叫喊着，不知咋办好。

载德：后来，咋办的？

韩氏：洪范图挺身而出，顺着秋千绳子攀了上去，用棍子跟毒蛇斗开啦。老人们担心他遭横祸，劝他赶紧下来，孩子们怕得又哭又叫着。天黑以后，人们搬来好几捆柴禾，点起了篝火，直到过了三更，只听"啪"地一声，篝火堆上掉了个东西。(元弘边听边记)

载德：啥东西？

韩氏：还能是啥东西？是那条毒蛇！(这时从外面传来吵闹声)

治浩：(上场)你这厮！你这贼！你这个在光天化日之下拦路抢劫的强盗！

基洙：住口！你好像还不知道我是谁？

治浩：你是谁？

元弘：都不要吵！(两人才缄口不语)。(转身朝女人)谢谢你，今天谈到这里。

韩氏：那我可以走了吗？

元弘：是的。(女人退场)到底是怎么一回事儿？

治浩：(指一指基洙)这强盗在我的地头插了一块写上自己狗名的牌子。我向他这是咋回事儿，他说："这不是你要过问的事情。"你说说，世上哪有这般割活人鼻子的事情？

基洙：(往前走几步)元弘君！他不知道我是何等人才如此胡闹。

治浩：知道你是何等人物又怎么样？难道还有强夺别人耕地的新法吗？

元弘：你小点声说好不好？

载德：（用讥笑的语气问基洙）你究竟是何等人物？

基洙：要说我嘛……（朝元弘）元弘君！要不要向这位说？

元弘：说吧。

基洙：（颇为洋洋得意地）我嘛，就是一进会的会员。

载德：会员又咋样？

基洙：咋样？……就是那样呗。

治浩：哼，你这强盗！难道一进会让你强夺别人的财产了吗？

基洙：可以说，是那样。

治浩：（气极）嗯？你这厮真是厚颜无耻的强贼！

载德：谁给你这样的权？

基洙：请把嗓门儿稍为[微]放低点。我告诉你，是一进会给了我这样的权。一进会的会员只要看上谁家的肥田沃土，就做一块牌子写上自己的姓名，趁黑夜插在那块地头上，那地就到手啦。别人都这么干了，难道还让我站在后头袖手旁观不成？

载德：元弘君！他是你手下的人吗？

元弘：（对基洙）你这人真是……这样的事儿，要看情形，办得巧妙些才是，那像你这样愚蠢地…

治浩：（非常气愤地）哼，你以为只有你才是一进会会员？我告诉你，我也是花了好几千块钱加入一进会的。载德君！你替我说清楚。

载德：（一再示意不让治浩说下去）嘘，不要再说啦。大水冲了龙王庙，这事情嘛……有点儿不怎么好。治浩，你先回家去吧，我一定替你周旋，不会再有事儿的。

治浩：好吧，那我就拜托啦（转身走出去，对基洙）这下，你也该明白我是何等人了吧（退场）

载德：（对基洙）你也该回去了……不过，我奉劝一句，你该想想，你做事儿不大讲究方式了。

基洙：什么？我不讲究方式……

载德：行啦，（怒视着）出去！

基洙：好吧！（不大情愿地走了出去）

元弘：（思索着来回踱步）载德君！你我一块儿做事，该互相信任，可这事儿你却瞒着我。

载德：你听我说，这是有点缘故的。

元弘：1000多块钱的外块[快]，竟把我排挤出去，你好意思吗？

载德：(脸上发讪，嘿嘿嬉笑着)元弘君！

山铜：(急急上场)上奉有令，我们要往农村派出讨伐队。

元弘：什么时候？

山铜：就在这几天里……

载德：地点呢？

山铜：这要我们现在拟定(按铃)。

许哲：(上场)叫我了吗？

山铜：这一趟，结果如何？

许哲：还好。卖了100发子弹，还发现有一条安全通道。

山铜：他们没有打开箱子看子弹吗？

许哲：没有。那厮们没有那个意思，我特意打开箱子，排出4,5个好的，叫他们看了看。

山铜：很好。这回再多带些去，全是……明白了吗？

许哲：明白了！

山铜：执行吧。

许哲：是！(转身看了看元弘、载德，指指自己的脸颊，表示疼痛)真是电闪雷鸣呀。

载德：(无可奈何地笑着，耸了耸肩)请原谅。(许哲退场)

补助员：(上场，把一张名片放在桌子上)

山铜：(看罢，急切地)叫她进来！

补助员：哈咿！(走了出去)

月香：(上场)诸位先生们好吗？

山铜：好！好！

载德：(递把椅子)请坐。

山铜：(递给一支烟)几年前，每天晚上曾给你双手敬过芝麻饴，现在用那只手敬你一支烟。

月香：(朝山铜端详了一会儿)嗳哟，想起来啦，白天在街头当药贩，晚上就走街串巷卖饴糖……

山铜：是呀，可如今换了行当。

月香：看出来啦。但是，今非昔比呀，我可勉强认出你来啦。

山铜：这么说，我们是老相识嘛。

月香：(把烟点燃)是呀，可以那样说吧。

山铜：听说月香女士决定跟我们同行，是这样吗？

月香： 说不上跟你们同行。只是像我这样的女人，也有助于你们的大事，感到荣幸罢了，我是应召而来待命的。

山铜： 太谢谢你了。我们想托你完成一件重要使命……啊，对不起，我想请你扼要地讲讲自己的经历。

月香： 我的经历？

山铜： 是的。

月香： 我本是平壤生人，小时候家境还不错，念过几年书，日子过得还算无忧无虑。可是，父亲不幸去世后，家境中落，生计艰难，把母亲和弟弟送到平安北道扇子洞安顿，而我就成了这样随风飘流，到处流浪的人。

山铜： 你知道你母亲和弟弟的消息吗？

月香： 听人说他们已经死了，但是还没有家信，我想回一趟扇子洞，还未能如愿。

山铜： 扇子洞？

载德： 阁下怎么记不起来啦？前几天，在那儿……

山铜： 对，对，记起来了。（翻开一个大文件夹）是叫扇子洞，我可以向你透露点这个村的居民全部被杀害的缘由吗？

月香：（惊诧地）全部被杀害？

山铜： 3月23日，日军15人驻在扇子洞农民家里，翌日凌晨，自称“义兵”的洪范图一伙暴徒突然闯进村里，惨杀军人和居民，放火烧毁村庄，抢掠财物扬长而去。

月香： 啊？这是真的吗？

山铜： 千真万确。不仅如此，贼魁洪范图已有多次洗劫各地村庄，滥杀可怜的老人、天真的孩子和有为的青年人，然后把村子化为灰烬。

月香： 那你们为什么不采取对策呢？

山铜： 要采取的。所以，我们特意把你请到这里。我们正在做各方面的准备。月香女士要想想九泉之下的母亲和弟弟，他们死得惨，冤魂不散啊。为了拯救朝鲜民众于死亡的水深火热之中，你应该尽力帮助我们才是啊。（月香脸色变得极难看，陷入沉思之中）

月香： 但是，我怎样帮助你们呢？

山铜： 协助我们活捉洪范图，不然就整死他！

月香： 整死？

山铜： 是的。

月香： 用什么办法？

山铜：（看了看左右）方案已拟好了，你答应吗？

月香：是的！（站了起来）

山铜：（朝元弘、载德）请你们在各报上登载如下新闻："高丽女子月香在她自己的房间里陪日军大尉木月饮酒行歌之机，突然用匕首刺死木月后逃逸无影。"听明白了吗？

载德、元弘：（二人同时）是！

月香：不，不，那怎么行呢？

山铜：月香女士，我要向你解释一下，请进这间房间里（二人退场）。

元弘：事情进展得很是微妙啊……

载德：月香是奸诈而娇媚的女人，这事情定会奏效的。那洪范图就是铁石心肠，遇到这样的女人也要不知不觉间把心掏给她的。

补助员：（匆匆上场）抓了几个强贼。

山铜：（走出里屋）快带到这里！

补助员：（朝外面）进来！（被五花大绑的金忠烈、朴龙俊、金允卿3义兵走进屋里，随后走进宪兵和商店老板李庆太）阁下，捕捉暴徒3名，还有一个，就是住在李庆太家里的那家伙跑了。

山铜：什么？跑了？

补助员：我们包围了房子，走进屋里一看，那家伙踢碎了灯罩，早已逃……

山铜：住嘴！一群无能的笨蛋！

庆太：（哭丧着脸儿）那家伙还没有逃出城墙，赶紧派人抓住他，把我的钱找回来！唉，这下，完了……

山铜：安静！

庆太：啊，不……哪有这样寒心的事情……那是准备进货的钱啊，1000多块呀……求你们快点想法子呀。（以哀求的眼光逐一瞅屋里人）载德君！元弘君！只要你们把那笔钱找回来，我一定二一添作五，重重致谢。

山铜：放心。我们尽力设法明天早晨日出之前把你的钱找回来。

忠烈：已经晚了。

补助员：住口！

庆太：（对忠烈）好哇，你们这些家伙都是一伙儿，我从你们身上剜出一块块肉，割下一条条筋，挂在店铺里卖了，也要把本钱捞回来！唉呀，这叫我咋办呀……

山铜：（向义兵）你们是加入洪范图部队的暴徒？都叫什么？（没有回答）

哼，不肯说话，是不是？可是，把你们头朝下地吊着，鼻眼儿里灌辣椒水，往手指头和脚趾头上插竹针，你们就会开口的吧……

忠烈：（悄悄解开绳子，用手指外面）你们看那儿，洪范图来啦！队长，快开枪吧！（趁在场的人们惊愣的一刹那，撂倒旁边的宪兵补助员，急忙扑灭油灯）

庆太：（惊惧异常）啊！救，救人啦！

山铜：嗯？（惊慌失措地）在哪里？枪！（响起砸碎玻璃的响声）

载德：开枪！开枪！

诸人：啊！哎哟，你这厮！…枪，开枪！…

山铜：（气急败坏地）赶快点灯！赶快点灯！（灯光重亮，许哲、月香从另一房间走出。一群狼狈像：爬进桌子底下猫腰藏身者有之，拿椅子遮头部者亦有之。被绑着的两名义兵想趁机逃跑，却未能解开绳子。被打倒的宪兵补助员死死抓住绳子不放，宁肯被拖着，不让义兵跑掉。山铜站到桌子上，挥舞着手枪）怎么回事儿？到底怎么回事儿？

补助员：阁下！有个家伙跑啦！

载德：（拽出还在桌子底下爬着，闭上双眼的庆太）李老板，睁开眼睛吧。

庆太：（仍发抖着）嗯？没事儿了吗？

补助员：（端起手枪，浑身筛糠，猛吹哨）

山铜：疯了，疯了……都疯了吗？不要吹了！

（幕落）

第二幕

第一场

（舞台一侧有一棵大树。树下就是洪范图部队的参谋部。另一侧有块岩石，透过岩石上的树丛，看到远处的蓝天和初夏的山川景色。义兵一和寿山、一男正在聊天。）

义兵一：啧啧，这样的女人真不简单啊！

一男：你说谁呀？

寿山：（伸手朝一男椎一拳）你这小子，耐着性子听着得啦。你没看见来到那面的那个女人？

一男：我是没看见才问嘛。

寿山：那就别插杠，老实听着。（对义兵一）你说，那女人咋样啦？

义兵一：（视线从报纸里移开）三水城里出名的好色之徒日军大尉，有个叫木月的家伙，和那个女人饮酒取乐，那女人用匕首刺死了那家伙，跑到这里……眼下，这事儿弄得满城风雨，全国都震动啦……

寿山：（指指报纸上的照片）就是这女人吗？

义兵一：（读照片底下的说明文字）对啰！（都围拢过来看报纸上的照片）

一男：月香？不对呀？（从寿山手里一把抢过报纸）这脸儿倒是一点不错……（寿山丈二和尚摸不着头，诧异地瞅着一男）

义兵一：（亦不无置疑地）你说她跟谁一点不差？

寿山：看你小子，真疯啦！（"啧啧"地摇着头不止）

一男：（晃动着报纸）真的，是真的，看这双眼睛，这额头……

义兵一：（不可理解地讪笑着）真见了鬼啦！你这奶臭还没干的小子才十五六岁，啥时候到三水城里跟月香鬼混的？哈哈哈哈……

寿山：（跟着笑。看到月香和佑镇朝这里走来）别闹啦，你看那儿，他们来啦……咱倒要看看，一男有没有胆子大大方方地站出来，跟她相识。（佑镇和月香走过去，一男凝神看着，悄悄跟了上去）

义兵一：（望着一男的背影）看样子，这小子备不住真认识呢！

寿山：也许是吧。（义兵二和义兵三各扛着一个木箱子走了进来）。

义兵一：喂，那是啥东西？

义兵二：怎么，看了还猜不着？

义兵三：是宝贝，还能是啥呀？今天早上.在屏风砬子口把3个日本鬼子送回老家去，夺了他们的军用马车。

义兵一：这叫"饭前散步，一举两得"，好啊！

寿山：那箱子里头是啥玩意儿？

义兵二：说不上。打开看看才知道。

一男：（高兴地快步走了进来）寿山哥，确实不错！

义兵一：（靠到一男跟前）你说她是谁？（义兵二、义兵三喘着粗气，撬开木箱）

一男：像我姐姐。

义兵一：真的？这世上不可能谁都有那样的姐姐。不过，我问你，跟她搭过话没有？

一男：没有。但是，我敢说，她的脸儿、走路的样子、连说话声，都跟我姐一模一样。

义兵一：你跟你姐分手几年啦？

一男：我九岁时候……已有8、9年了。

寿山：那你就去当着她的面问问。

一男：要不是，咋办？

义兵一：你这混小子，可真是的。如果不是，就拉倒呗，还能出钱？

寿山：这话也对。别像个乡巴佬，扭扭捏捏的啦。放着胆子去问问嘛，如果不是，你就用京城话道个歉："对不起，失礼啦！"（敬礼）这就行了呗。

义兵二：（打开箱子，拿出桔子看了看）弟兄们，都到这儿来！（等全来齐之后）这是啥东西？（大家只是看着，谁也没有言语）

义兵一：这真是稀罕玩意儿，看了也不知叫啥。

寿山：（问义兵三）那里面也是这玩意儿吗？

义兵三：不，是个雪样的东西（揭开木箱盖板，抓一把出来）瞧这玩意儿，像个石英石块儿，只是稍轻些…

（洪范图、金忠烈走出，来到大树下）

义兵二：（站起来行礼）队长，瞧瞧这是啥玩意儿。

寿山：咱都不知是啥玩意儿哩。

洪范图：（走上前来）啥东西？

义兵三：（递给手里的方糖块）就是这东西，咱叫不出名儿来啦。

洪范图：（端祥[详]一会儿）我说，忠烈，你在哪儿见过这东西吗？

忠烈：没见过。

义兵一：（仔细看着）模样儿倒很像白矾……

洪范图：（想了一会儿）这是啥东西呢……噢，对，就是制造火药的原料，对我们没有用处，扔了吧！

义兵三：是！

义兵二：（自言自书）火药？

寿山：队长，你看这又是啥东西？

洪范图：（接过桔子看着）这是一种水果，在咱这地方是不易见到的（咬一口果皮，紧皱眉头）混蛋东西！准是往这儿涂上了什么药，一个也不能吃，全扔掉！（洪范图走了出去，忠烈也跟着退场）

义兵三：是！真倒了邪霉啦，十年寒窗苦，一朝名落孙山啊……一早晨费了把牛劲，白喜欢了一场！

义兵二：（把方糖包在布里）可不是咋的。

寿山：（瞧了瞧义兵二手里拿着布包）你这是干啥？

义兵一：（望着在一旁凝视报纸发愣的一男）一男呀，何必那么费心思呢？

(凑到跟前坐着)干脆痛痛快快去问她一下得啦。

义兵二：(手里拿着包了冰糖的布包，抬头瞅着寿山)当完了义兵回家去，还得打猎，这火药可是用得着啊。

寿山：(不以为然地)喂，你这老兄！你说，当义兵啥时候能当到头？

义兵二：(将糖包揣进怀里)那我怎能知道？

一男：能让我说一句吗？

义兵一：见鬼，谁不让你说似的。

一男：(指着报纸上的照片)真的，她就是我姐，长相一模一样……

义兵一：(久久看了一男，叹着气)唉！……你为一个姐姐，那样费心…可我丢下爹娘、老婆、孩子……一想起他们，心里就难受，有啥法子呢……只有像吃热雀蛋团子①咽下肚里面去，忍着吧。

淘金人：(从外面唱着《六字谣》②走近)(歌声)遥望曷味峰③上/黑云垂，雨茫茫/腰缠蓑衣斗笠/去铲田育禾秧。

寿山：(望着歌声传来处)喂，江东大叔！

淘金人：嗯，为啥叫我呀？(上场)

寿山：大叔，您可是去过海参崴，见多识广，知道这是啥东西吧？

淘金人：当然啰。自打离开海参崴之后，我就没吃过这东西。(接过桔子，剥掉桔皮，津津有味地吃起来)嗯，好东西！

义兵三：(惊诧地)哎呀，大叔，吃不得，鬼子涂上毒药啦，你还吃？

淘金人：(急忙吐出嘴里的桔子)涂上了毒药？

寿山：咱们的队长尝了尝皮子，说是涂上了毒药，下令叫咱们扔掉啦。

淘金人：皮子？哈哈哈哈！……那皮本是苦东西，不吃(麻利地剥皮)就这样剥掉皮，光吃里面的，懂了吗。(继续吃桔子)

义兵一：这到底是啥玩意儿？

淘金人：还能是啥，告诉你，这是水果，水果中数得着的上品。(众义兵都围过来吃桔子)

义兵二：(拿出方糖)这又是啥呀？

---

① 雀蛋团子：朝鲜人的一种传统冬至食品，用糯米面或粘高粱米面做成，像元宵和汤圆，但无馅，放进大米、小红豆粥里吃。——原书注

② 《六字谣》：一种曲调活泼的朝鲜南部地区民歌，原为樵夫之歌，后渐渐发展成为多反映农业劳动的民歌。——原书注

③ 曷味峰：位于朝鲜江原道旌善郡，为太白山脉之一部，汉江的一条支流松川源于此，海拔 1271 米；在咸镜南道端川郡亦有曷味峰，为赴战岑山脉之东端，流入朝鲜东海之北大川发源于此，海拔 1328 米。——原书注

淘金人：这是糖，茶水里放几块，又甜又提神儿，要把咱们的豆饭锅巴水拿它比，简直是三孙子啦。

一男：（吃得满有味儿）好吃，好吃，真好吃！

寿山：（对义兵二）我说老哥！你的火药，去它的吧。

淘金人：啥火药？

寿山：这老哥想用它做火药（作手势），包这么多，揣到腰里。

淘金人：真的？

义兵二：是的！

淘金人：（哭笑不得）老兄！那糖一受热，就化成松脂般的东西，你的衣裳就成了牛皮，赶紧掏出来吧。（义兵二正掏糖包时，洪范图和忠烈上场）

洪范图：（看众义兵吃桔子）你们这是干什么？我说不让你们吃，还不听，这是咋回事？

淘金人：（手里拿着桔子）队长大人，这就是桔子，说不上东洋佳果里有没有它，可西洋佳果里准有它呀。咱们既然不能天天吃它，怎能放弃这好机会啊，（掰一瓣儿放进嘴里嚼着）快尝尝呗。

洪范图：慢着。（看着手里的桔子）这小东西就是桔子，我当是啥稀罕玩意儿呢。可是，忠烈，你是咋回事儿，连这小玩意儿也不知道？

忠烈：（吞吞吐吐地）我……我是从没有见过嘛……可是，队长，你怎么也不知道哇？

洪范图：我嘛……因为是队长才不知道。（爽朗地笑了起来）

众人：（跟着捧腹大笑）哈哈哈哈！……

洪范图：这么好的东西，可不能只我们几个人吃，拿到那儿，分给大家伙儿吃吧。（退场）

义兵三：是！（扛着桔子箱走出去，义兵三也抬着糖箱走了出去）

君八：（急匆匆跑了进来，对淘金人）洪范图在哪儿？

淘金人：在那儿。

君八：能赶快见他吗？

淘金人：请稍候。（走到大树旁）队长大人！有人找您哪。

洪范图：谁？（手里拿着桔子正吃着，走了出来）

君八：近来好吗？

洪范图：好，有什么急事儿吗？看把你老人家急得……

君八：鬼子讨伐队进了上村，烧掉了几家房子，打死了许多人……咱们村也驻进了军队，是元弘、载德这两个家伙领来的。讨伐队进了村子，没法给你们送吃的了。

洪范图： 一共来了多少？

君八： 驻咱村里的是200多点，上村里有近300人，是山铜亲自率领的。

洪范图： 好吧。指挥官们住谁家？

君八： 住在致康家里。

洪范图： 您老下山去，继续注视他们的动静吧。

君八： 行！（急步退场）

洪范图： 看样子，敌人要爬到我们跟前来啰？（把手里的桔子撇出去）忠烈！你快去告诉大伙儿，从现在起，夜间不得点燃篝火，不得大声喧嚷。再选派几个人去通知厚峙岭、南实岭、贝壳岭义兵队，日军讨伐队已在近处，注意一切行动！听懂了吗？

忠烈： 是！（退场）

洪范图： 一男！

一男： 在这儿。

洪范图： 你马上去请佑镇先生到这里来，

一男： 是。（退场）

洪范图：（对淘金人）你老兄去把刚到的鞋分给大伙儿吧。（退场）

许哲：（艰难地迈步走了进来，对义兵一）您好啊？

义兵一：（稍为犹豫）好哇！……我好像在哪儿见过您？

许哲： 您忘啦？前几天，我带来弹药时……

义兵一： 对呀，想起来啦。这回，你又带来弹药了吗？

许哲： 是呀，这回带来1,000多发，哎哟，累死我了，太沉啦。我怕遇上坏人，专走羊肠小道，吃尽苦头啦……唉，说这些干啥哩！筋疲力尽啦。

义兵一： 你倒腾这买卖，看来很能挣钱吧？

许哲： 谁为了挣钱干这事儿呀！只是我身有残疾，手脚不利索，不能像你们那样拿起刀枪上沙场，心有余而力不足啊。干这事儿，能给你们一点帮助就行啦。

义兵一： 说得是呀。可贩这铁玩意儿，获利很大吧？

许哲： 我不是说过了么，干这买卖不是为了挣钱，而是只有给了钱才能弄到这铁玩意儿，不得已而为之呀，也许有人会把我看成见利忘义之徒。

义兵一： 不，那是不会的。我们是非常感谢你为我们做事儿。

许哲： 洪范图在那里边吗？

义兵一： 是的。（退场）

许哲：不知哪位才是。这回一定得见见面……

佑镇：（走进来，看见许哲）你还在这儿等着要钱吗？

许哲：是的。

佑镇：请稍等片刻。（走了出去）

许哲：是的！（左顾右盼）

佑镇：（走进来 ，看了看前后左右，递给一封信）给你，这是弹药钱，（低声）里面有信……

许哲：谢谢！（大声）你们还需要弹药吗？

佑镇：是的。（退场）

许哲：再见！（转身要走时）

义兵三：（上场）队长！

洪范图：干什么？

义兵三：有个女人要见您。

洪范图：带到这儿来！

义兵三：是。（退场）

洪范图：你是什么人？

许哲：这，这，我是送弹药的人呀。（义兵三、一男、淘金人、顺善和众义兵上场）

洪范图：（看着顺善）你找我吗？

顺善：是的。

洪范图：（继续瞧着女人）你叫什么名字，为啥要见我？（佑镇、忠烈上场）

顺善：（逐一看众人）我姓张，名顺善。您就是洪范图吗？

洪范图：是的，有啥事儿？

顺善：从去年起，我洗日军军装，挣钱糊口，今天带来了内衣 70 来套，你们需要吗？

洪范图：内衣？

顺善：是的。

洪范图：噢，需要。

掏金人：（解开包袱）你们看，洗得于干净净，还熨过哩。

讲范图：（看着衣服）非常感谢你。可是，你为什么这……

佑镇：（看着女人）你回去怎么打算后事儿呢？

顺善：那是我的事情。只有一点，如果你们的大事成功，请记住有个叫张顺善的女人！

洪范图：那是当然。

顺善：祝你们平安，再见。（急步退场）

淘金人：（望离去的顺善）这女人真不简单啊！

洪范图：（亦目送着女人）是啊！如果从济州岛到鸭绿江、图们江的全国百姓都像她一样支持我们，帮助我们，天下任何强敌都奈何不得我们，而我们能够打败他们。

佑镇：（看着许哲）你怎么还不走？

许哲：我，我这就走，再见啦。（退场）

佑镇：队长！依我之见，才刚也说过，讨伐队已逼进到我们的鼻子底下，就是为了彻底消灭我们啊。

洪范图：那么，依你之见，我们该怎么办才好？

佑镇：这……我前次也说过，不能以弱小的力量硬对抗，应该退到深山密林之中，好生操练义兵，等到我们的力量壮大了再向前迈进。

忠烈：我问你，我们用什么操练义兵？用赤手空拳？再说，等到那时候敌人就能完全控制住百姓，而百姓就是我们赖以生存的命根子啊！

佑镇：只要有力量，啥时候都不晚呀。首先，给义兵教体操，而后嘛……

洪范图：（沉思一会儿）不行！用脚踢是踢不死敌人的，用枪打才能打死敌人。

寿山：（拿着一封信上场）队长！来信啦。

洪范图：哪来的？

寿山：说不上。（把信递过去）

洪范图：（接过信看罢，交书记官佑镇读下去）良淳妈的来信，你读吧。（各义兵各自找地方坐下）

（佑镇读信）

“洪范图尊驾前叩首上书

您将妻儿投进狱中，使妻儿受尽酷刑，睁着双眼也看不到青天和日月，究竟在这世上图的是什么？地上爬行的小虫也自由自在地活着，而我只因为是您的妻子，像野兽一样被拘禁在这铁窗之中，蒙受着人间虐待。……”

洪范图：慢着，再读一遍这句！

（佑镇继续读信）

“地上爬行的小虫也自由自在地活着，而我只因为是您的妻子，像野兽一样被拘禁在这铁窗之中，蒙受着人间虐恃。我真是冤枉啊！

“我有什么罪？如果说有罪，那就是竭诚侍候郎君，受郎君之灵气，养育了儿子，除此之外，别无它罪。贱妾虽如禽兽之羽毛，微不足道，但并非不知郎君之志。乾坤逆转，我国黎民百姓正陷进可怕的地狱之际，您拯救他们于死亡之中。然老天无情，大地无义，天底下顶着头颅的世人，谁也不理解您，日夜诅咒您……

洪范图：什么？这混帐[账]女人……胡说！世人都咒骂我?！再读一遍！

（佑镇再读信）

“然老天无情，大地无义，天底下顶着头颅的世人，谁也不理解您，日夜诅咒您，而您却在无依无靠的深山之中栉风沐雨，风餐露宿，含辛茹苦，究竟为了什么？贱妾恳愿下山归顺，以免众百姓不再流泪。”

洪范图：（听到这里，气极）什么？归顺？叫我投降？不！不！我宁肯死一千次、一万次也决不会屈服的！（一把抢过信撕碎）千刀万剐的鬼子、走狗！……

义兵一：（急步上场）队长！良淳来啦。

洪范图：谁？

义兵二：良淳带着一封信来啦。

洪范图：信？

良淳：（走了进来）爸！

洪范图：（站了起来）混小子，站住！（良淳止步）你小子在日本鬼子监狱里蹲了三四个月，就变成了一条狗？

良淳：爸，我是……

洪范图：（怒不可退[遏]地）住嘴！你小子心里要是还流着我的血，就不会给我送那封信的。我先把你这小子（只见右手一挥，突然枪声响起）……

忠烈：（一下扑上去，拽住洪范图的右臂）你这是干什么？

良淳：啊！（倒了下去）

忠烈：你干的什么事？（众人围到良淳跟前）

忠烈：怎么样？

淘金人：耳朵被穿个眼儿，流血哩。

洪范图：（急忙走进来）怎么样？

忠烈：啊？这……流了不少血。

洪范图：不，我不是问那个。这……佑镇！

佑镇：有！

洪范图：我今天，不，现在就下山去，到村里察看动静去。（急步退场）

佑镇：知道了。往那儿抬走！（众人抬着良淳出去）

月香：（走了进来，望着出去的众人，转身对一男）刚才，这里为啥响起枪声？

一男：噢，那是……我们队长开枪打了……

月香：打了谁？

一男：打了他的儿子……

月香：怎么样？死了吗？

一男：还不清楚。

月香：哎哟，真可怕！（欲走）

一男：（看月香要走）喂！

月香：（止步）有什么事儿吗？

一男：对不起，有句话……想问问。

月香：（这才注意看一男的脸儿，看着看着，脸上出现异样的表情）你，你……是不是一男？

一男：（倏地扑进女人怀里）姐，姐姐！（哭泣）

月香：（亦抽泣不止。一会儿，用颤抖的声音）弟弟！这是咋回事儿，我以为你死了……还活着！

一男：是死了，又活过来啦。

月香：妈呢？

一男：死了……

月香：啊?！……怎么死的，快给我说说！

一男：那天，咱村里来了一伙义兵过夜。不知日本鬼子咋知道的，天还没亮，就扑上来围住村子，开枪了。我和妈被枪声惊醒时，全村都着火了。我妈推开厨房门刚要出去，站在外面的一个鬼子用刺刀刺死了……（两人抱着，嚎啕大哭）我害怕极了，我不敢吱声，踢开后屋门跑了出去，跳过了围墙。姐！你还记得村口那棵大柳树吗？就是每年夏天打秋千的那棵大柳树。

月香：嗯，记得，记得。

一男：我跑到那棵树下，才看见额上流血，不知啥时候中了一枪。

月香：哪儿？（查看一男的脸）

一男：（指伤痕）就是这儿。

月香：真是死里逃生，拣了一条命啊！

一男：我不省人事，趴在那树下，是咱们的队长背着我跑到山上，用药治伤，我才活过来的呀。

月香：你说的那个队长是谁？

一男：怎么，姐，你还不知道咱队长就是洪范图大叔？

月香：……

一男：若不是他，我这小命早没了。（从背囊里掏出报纸）姐，这是姐吧。

月香：是……（脸色突变）

忠烈：（传来喊声）喂，一男——！

一男：（站起）唉！姐，你哪儿都不要去，啊！

月香：行，快去看看。

一男：嗯。（异常高兴地走出去）

月香：（缓步来到大树下，看着手里的报纸）这世上尽管有许多骗人的勾当，还有比这更恶毒的鬼把戏吗?! 我有何面目抬头望日，活在这世上啊！这世上的万物也会讥笑我这样愚昧无知的人！山野的草木，流淌的江河，飞翔的鸟儿也会嘲笑我呀！苍天啊，倾下冰雹雷雨，把这些令人唾弃的臭蛆虫扫除干净吧，（依着大树哭泣）

一男：（跑了进来）姐，你这是干吗呀？啊？姐姐！

月香：弟弟呀，一男呀！你可要做一个真正的好人，不要听信那些骗人的鬼话，替妈报仇啊！

佑镇：（上场，看见一男，不无戒心地皱眉头寻思一阵）一男！

一男：（转身）有！

佑镇：那面有人找你，快去看看。

一男：是！（退场）

佑镇：月香女士！您早就认识这孩子？

月香：刚见面，初次相识。

佑镇：那就没事儿啦。有件事儿，（转眼看了看四周），洪范图刚下山去了，你马上去传信儿。要小心，只让山铜一人知道谁是洪范图……听懂了吗？

月香：（抬起头，凝视着佑镇）是的，听懂了。（灯暗）

第二幕

第二场

（远处望见一个小山村。正面有一栋房，是快要坍塌的茅草屋。右侧立着一棵柳树，左侧有座临时搭的帐篷，看到后院的部分篱笆障子。）

赵祢：（走到正坐的元弘、载德跟前，奸佞地）最热情地站在前头关照义兵的，就是（用手指了指）上面那家的金君八老头儿。只要义兵队有通知，这老家伙就挨家挨户督促村上的人杀鸡打糕，分成每人一份，装进网袋里，趁夜送到指定地点，挂在树杈上。他们就来吃饱肚子溜啦。

载德：那么说，你是没干过这种的事儿？

赵祢：（犹犹豫豫地）哎呀！有啥法子呢？为了活命，不得不干点不愿干的事儿。说真的，我是心里不愿干的呀。

中队副官：这村里有几个人当了义兵？

赵祢：等一下（屈指数着）一、二、三、四……哎呀，这我已交给这位（指元弘）一份名单啦。

元弘：对，我这儿有。

中队副官：还有谁？

赵祢：我记得的就这么多……请原谅，我这脑子笨，没记性。

中队副官：你再想想。

赵祢：是！（眨巴着眼睛，冥思苦想）

载德：这家主人是干什么的？哪儿去了？

赵祢：是烧木炭的，一年三百六十天都在炭窑里烧木炭，是个从早到晚忙得脚打后脑勺，也糊不了自己一张嘴的笨伯，耳朵根儿软得别人说啥都听，又缺心眼儿，自个儿该得的东西也算不清楚。名字嘛，叫金致康。

许哲：（急步走了进来）你们都好吗？

中队副官：啊，许哲君！去的事情怎么样啦？

许哲：还不错。（瞅了瞅赵祢）你是这村里的？

赵祢：是的。

许哲：这儿有个叫张顺善的女人吗？

赵祢：张顺善？是有这么个女人，她住在下村里……原先住在岗子村里，不久前才搬到那儿。

许哲：她的男人是干啥的？

赵祢：他呀，是个酒鬼，又是个好诈骗坑人的二流子。据说如今在哪儿混上个补助员。有啥事儿呀？

中队副官：许哲君，有什么新消息吗？

许哲：是的。那个叫张顺善的女人，给日军洗军服挣钱……

赵祢：对，说得对呀。

许哲：（朝赵祢白了一眼）那女人把军服给洪范图送去了。

中队副官：军服？

许哲：是的。

中队副官：马上派几个兵去，把那女人抓来！

许哲：是。（对赵祢）你告诉我，哪是她家？

赵祢：好吧（领许哲出去，用手遥指），看下面那个孤伶伶的一座草房，那就是她家。（两人退场）

莲玉：（快步走进）大娘，大娘在家吗？

老太婆：（在屋里）在，谁呀？

莲玉：借给我吊桶吧。咱家吊桶，绳子断啦！

老太婆：（走出屋）给。（进屋）

莲玉：谢谢啦！（转身欲走）

中队副官：唉，姑娘！

莲玉：哎！

中队副官：你的，哪家的姑娘？

莲玉：就是后面那家的。

中队副官：哦，那么说，你的就是我的房东千金啰！几岁呀？

莲玉：十七岁。

中队副官：（走到姑娘跟前）十七岁，啊呀，正是一朵花儿呀，一朵花儿！（抚摸着莲玉的头）你的眼睛，就像……就像个珠子，好看，大大的，好看。我问你，你的爸爸在哪儿，干什么？

莲玉：在白头山打猎哩。

中队副官：打什么野兽？

莲玉：专打坏禽兽。

中队副官：坏禽兽？（拽莲玉的手腕）把手伸给我，我要给你糖。

莲玉：（猛一抽手）不，不要！转身跑了出去。

中队副官：（挥手）唉，姑娘，你的，再来见我，嗯？

元弘：跟村姑娘说些什么呀？

载德：（扭着八字胡）哼，污泥之中也有荷花呀……

中队副官：对，你的说得好！你们朝鲜姑娘，我的大大的喜欢。载德君，你的那个，倒一杯给我。

载德：哈咿！（从腰间水壶里倒一杯酒，递给副官）

中队副官：（接过来喝着）我的大大的喜欢刚才那姑娘柔软的手和还有乳臭的小嘴唇，懂了吗？

载德：那真是一朵美丽的野花呀！（元弘看着二人不顺眼，退场）

中队副官：（又喝一口酒）一朵美丽的野花，要在将开未开时摘下来，香气更大大的醉人……哈哈哈！……

载德：这点小事儿，包在我身上好啦，请放心。我们走吧。（二人退场）

老太婆：（提着泔水桶走出屋，正撞见化了装走进来的洪范图，一眼认出，着实吃惊）良淳他爸，你这是咋啦？“讨伐队”正在村里，闹得鸡犬不宁，你还……

洪范图：（察看了一下房前屋后）大嫂子，没事儿的。我这不穿着你家大哥的衣裳来了嘛。

老太婆：人家认出来，可咋办呀？

洪范图：有要紧事儿才来的。几个领头的家伙都住这儿了吗？

老太婆：（低声）是的。（这时从外面传来说话声）我说老头子！成天价累死累活忙着，也糊不上自个儿嘴，快别干那倒霉的活儿，回到家来得啦……

载德：（与元弘说着话走进来，看见洪范图）喂，你是谁？

洪范图：（作揖打躬）诸位大人好吗？我叫金致康。

元弘：哦，是这家主人吧？

洪范图：唉，是的。

载德：对不起啦。我们住进主人不在的家里，打搅啦……

洪范图：不必客气。出门的人能像田螺顶房子走吗？

元弘：那是当然啦。

洪范图：喂，老婆子，给我一碗水……

老太婆：哎！（进屋，洪范图也跟着进屋）

载德：元弘君，得马上动手啦。我想，既然洪范图手下没有多少人，我们今晚就带队伍去全部干掉，才是上策。

元弘：那是很危险的。我们不熟这里的地形，领着队伍黑灯瞎火地到处找他们，而他们却藏在岩缝里、树梢上、草丛里，不费吹灰之力就能把我们全干掉。

载德：那么……你说怎么办？

元弘：依我看，我们应该用巧计智取活着的洪范图。

载德：（讥笑地）又是你那个巧计！木头也不是都用来做家什的，你以为洪范图那样的人会上我们的圈套吗？你一相[厢]情愿盼着他会……

元弘：载德君！这会关系到你我的收入。你应该往更深一层想：如果我们能叫洪范图一个人迷途知返，他后面就会有几百人、几千人跟着过来，一本万利呀！这下该明白了吧？（载德无言地沉思着）载德君！请再次照我的计策干吧，就这一次！

载德：好吧。（点燃一支烟，吸了起来）

元弘：这世上没有不爱金钱、不贪地位的人。这是人的本性，又是人生的最大追求啊。他就是花岗石脑袋，木头心肠，看了这封信，也会乖乖地听从我们的啦。（掏出一封信）看看吧。

载德：（看罢信）很好。备不住会回心转意，过到我们这儿来了呢……可是叫谁送去呢？

元弘：（稍为寻思）哦，有啦，喂，老头儿！

洪范图：（从屋里应声）嗯？

元弘：出来一下。

洪范图：（走出屋）叫我了吗？（坐在台阶上磨镰刀）

元弘：是啊。我问你，你这老头儿如今在什么地方干什么？

洪范图：我嘛……就在魔鬼洞里烧木炭呗，离家已好久啦…

元弘：挣了不少钱吧？

洪范图：钱倒是挣了点儿，可是吃的太有点儿那个……喂，老婆子……

老太婆：哎，……（走出屋）

洪范图：上次我挣了多少？

老太婆：谁知道你挣了多少钱？……多少又管啥用，还不是一辈子吃燕麦饭的命？

元弘：你认识洪范图吗？

洪范图：咋不认识？住在一个村嘛。

元弘：那你想不想挣点儿大钱？

洪范图：比烧木炭还来钱儿，那还用说？

载德：（与元弘耳语一阵儿）有件事儿，一下就能挣你干一年的钱，想不想干？

洪范图：果真有这样的事儿，我咋不乐得去干哩。

元弘：（掏出信）你把这封带去，只要把信送给洪范图，我就给你几十块钱。

洪范图：不，不，那使不得。听说那家伙像黑瞎子一样又愚鲁又厉害，只要是给他送信的人就全砍了。我干不了。

载德：那是谣传，假的。

洪范图：不，人活在这世上，为着活命才干活儿哩。不想死，谁还干那种活呢？

元弘：（靠上前去，显出亲热的样子）致康君！你跟他是有面子嘛，好好儿说说，就不会有事儿的。

洪范图：那倒是……可他是禽兽般的家伙，一点儿不讲人情呀，这太危险啦！

载德：没有事儿，你就说，我们要杀你，不得已才来送信儿的。

元弘：（将信递到洪范图手里）有回信，你就带来。报酬嘛，你放心，不会亏待你。

洪范图：（直挠头，十分不乐意地）这可太玄啦，闹不好丢命的呀……唉，真没法……可是，路不好走哇，兴许后半夜才回来哩。

元弘：无论如何，你快去快回吧。

洪范图：唉！（退场）

元弘：这封信准会送到的。

许哲：（揩着汗，急步走进来）哎，真是人活着啥事儿都能遇到……那混账女人，真是的……（喘一口气）哼，还想抓她，抓个屌吧。

元弘：怎么，让她跑啦？

许哲：我还能让她跑了？……那个狠心的女人用绳子把自个儿脖子吊到房梁上啦。

载德：你说啥？她自杀啦？

许哲：是呀！

元弘：啊，真是个厉害的女人！

许哲：我一看，吓得连气儿都上不来啦。

载德：许哲君，这么说，你白白丢了几百块钱的外块[快]啰。

许哲：哦，那倒无所谓。只恨我白跑了这一趟，气得叫士兵一把火把她的房子烧啦。你瞅那下面，火光已经冲天啦。

元弘：（望着火光处）这事你可办得不妙啊。你要知道，这会惹起民愤，对我们的事业没有什么好处。

载德：但是，这可以让老百姓知道张顺善这个女人是因为帮助了义兵才遭到这样下场。让那个可怕的大火使老百姓断了援助义兵的坏念头，也不是没有好处吧。

许哲：（想了一会儿）对呀，只瞒着她自杀一节，告喻[谕]四方百姓，准有好处。

元弘：（揶揄地）不一定吧？

赵祢：（一边走进，一边说）元弘君！这咋办啊？照您的吩咐要宰牛，可是牛主他们都拼命拽住缰绳，说啥也不让啊。

元弘： 无论如何要宰几头！军人们不能不吃晚饭，是不是？

赵祢： 是呀，可这事儿实在难办，……俺一个人办不了啊。男女老幼都恶语骂人，有的拖着牛跑出村去，也有的挡在牛舍门口咆哮不停，还有的干脆把牛赶进屋里，不让拽出来呀。

载德： 先宰这些家伙的牛！

元弘： 许哲君，你一块儿去吧。

许哲： 是。（二人退场）

元弘： 叫农家舍出只有一头的耕牛，其实也不易呀。

载德： 可是，让这些家伙准备给义兵吃的东西，别说只有一头耕牛，祖爷爷的祭品也会舍得拿出来呀。

元弘： 所以，我们应该先查清闹事儿的领头人，先从他身上开刀……

载德：（看见走进来的月香）啊，月香女士，您来啦！

月香：（瞅着两人穿的军装）哟，我当是谁呢！你们可是变了个样儿，这军装，这肩章，简直认不出来啦！

载德： 军务需要嘛。怎么样？比乙支文德的铠甲还漂亮吧！

月香： 这么说，你们已经动刀动枪啰？

元弘： 我们可不是武士啊。

载德： 你路过下村怎么还没见过西洋景？

月香： 见过。化成灰烬的房基也见过，落泪哀叹的老人也见过！元弘君，这不是武士们所作所为吧？

载德： 是的，不是古代朝鲜武士的作为，而是现代武官们表演的才能。

月香： 不，我想说的是，到昨天为止（伸手指了指顺善家的方向），我还以为放火杀人只是义兵们的作为，但那是……

载德：（从腰间的水壶里倒酒，喝一口）为着达到目的，即使比这更残酷的事，我们也要做的。目睹可怕的惨景之后，想松弛一下绷紧的神经，就得喝葡萄酒。月香女士，请吧！（劝酒）

月香：（接过酒杯）谢谢。（喝酒）

载德：（又斟一杯酒）请，元弘君！

元弘：（谦让地）这……谢谢。

载德：（退几步）这种时候，最需要的就是酒啊。（又自斟自饮）这酒里蕴含着世上的一切安乐。除此之外，只有强迫，诈骗，诬陷，杀人……如此而已……

元弘： 月香女士！您是带着什么使命来的吗？

月香：（掏出一支烟点燃）明天早晨，洪范图要到这儿来的，你们要抓住他。

元弘：洪范图？

载德：只要那家伙下山来，我们就能逮住他。月香女士，想您必认得他啰？

月香：是的。

许哲：（上场）元弘君！山铜队长快到啦。

元弘：（往外望着）

载德：元弘君，报告这里的情况时，添枝加叶，煞有介事，多说几句。

元弘：知道。（整整着装）

月香：山铜怎么才来呀？

载德：（站起身来）不，他住在上村。到这儿来，好像有要紧事儿吧。

许哲：（往外瞅）来啦，来啦！站起来吧，（众人起立）

山铜：（上场）你们都好吗？

众人：是。

元弘：队长阁下！请允许我报告这里的情况。这儿的一切事情，都遵照您的指示进展顺利。哎，地方居民对我们非常热情，盛情款待，又是打糕，又是宰牛，无微不至……哎，还有，我们已向洪范图义兵队……不，向洪范图一伙儿强贼下了最后通牒，相信一定会有好结果。

山铜：好，很好。月香女士！有什么消息吗？

月香：洪范图要在明天早晨到这里，请你们不要放过。

山铜：（惊异地）洪范图?！这……月香女士，对不起，请暂时……

月香：明白了！（识相地，立即退场）

山铜：（背着手在屋里走来走去，过了一会儿）这么说，他们至少在今晚不会挪动地方！很好，喂，过来看看。（展开军用地图、指这指那）我们现在的位置在这两个村，明晨我要往两个方向出动部队，从这屏风崖开始，直到这土桥，形成包围圈。这里，搁一门山炮，在这里，魔鬼洞口和锅盔峰搁两门山炮，洪范图就是天下第一大力神也插翅难飞，非投降不可！

载德：是的，这真是一条妙计、妙计呀！

山铜：还有，要派出30名士兵，从这正面先开火。载德君，这事情就托给你了。

载德：好吧。

山铜：还得叫月香女士马上走一趟，如果那里有什么新情况，必须连夜下山来告诉我们，明白了吗？

元弘：是！

士兵：（急步上场）队长阁下（从外面传进喧哗声）

山铜：什么事？

士兵：有个朝鲜姑娘用棒槌打死了中队副官！

山铜：什么？

元弘：什么时候？

载德：在哪里？

士兵：是用硬邦邦的棒槌打的……

山铜：为什么被打死的？

士兵：正好挨了鼻梁……

山铜：什么？我问你，为什么把他打死了？

士兵：当场被打死了。

山铜：（猛一跺脚）住嘴！

士兵：哈咿！

山铜：你回答我的向话！谁打死的？

士兵：没有杀人的凶手。

山铜：没有？怎么能没有？那我问你，谁是凶手？

士兵：出事儿的那家里，谁也没见着，只见着两条拽断的裙带。

山铜：裙带？那与这事情毫无关系！哼，一个朝鲜丫头竟敢大白天打死日本军官？（众人慌忙退场）

母亲：（一再察看周围，拽着莲玉走了进来）孩子啊，莲玉呀，你着了啥魔，闯了这么大的祸？躲在这家院子里吧。

莲玉：（哭着）妈，松手吧，让我跑吧，嗯？

赵祢：（正走进院里，发现母女二人便躲在一旁窥视）

母亲：不能出去，我的儿啊，不能出去。这家里住着当官儿的，数这儿安全。（看着粮仓）快躲进这粮囤里吧。哎约[哟]！你着了啥魔，闯了这大祸呀？

莲玉：妈，死了拉倒。（进粮囤里）那个禽兽般的坏蛋要糟蹋我的身子，我才不能忍着哩。

母亲：（看了看四周）快躲吧。（找个东西遮盖着）天啊！保佑俺母女平安无事儿吧，救救这不懂事儿的孩子吧……

赵祢：（看到这里，急忙悄悄走了出去，找山铜）

母亲：千万别动，别大声喘气儿！（抹了抹眼泪，趔趄着走出去，忽见一群

人喧嚷着走进来，更慌恐不安，不知所措）

山铜：（杀气腾腾地来到院中间站着，面目狰狞可恶）说！谁是杀人凶手？不说，统统枪毙！不分全村男女老幼统统杀掉！

君八：队长阁下！咱们可是没有罪呀？

山铜：（狂怒地跺脚）住口！自古以来，我们日本人的血从不曾白流过！如果你们不交出杀人凶手，就要把全村的房子统统烧掉，把你们每个人统统刺死，扔进火堆里！快说，谁是凶手？

君八：我们不是凶手，杀人的才是凶手啊……

山铜：什么？把这老家伙绑了！

宪兵：哈咿！（用缧绳将君八五花大绑）

山铜：哼，到底说不说？（众百姓沉默）那好，我自己找出来。士兵们！

士兵四人：哈咿！（站出来，立正）

山铜：把那粮囤围起来！

士兵四人：哈咿！（朝粮囤围了上去）

山铜：端枪！（4名士兵端起枪）还有没有人自首？（众百姓无言）那好，（朝士兵）听我喊“三”就把粮囤戳穿！

士兵四人：是！

山铜：一！二！……

母亲：（扑倒在山铜的腿脚上）队长大人，饶命呀，……是我这个愚昧的老太婆干的，是我把他杀了！

山铜：（猛地踹一脚）坏老太婆！滚开！“三！”（士兵们用刺刀乱捅乱扎粮囤，从粮囤里传出“啊！啊！”的惨叫声）

君八：（再也忍不下去）比禽兽还残忍的强盗啊！你们才是杀人不眨眼的凶手！

众士兵：闭嘴！

母亲：（趴在地上嚎啕大哭，吃力地站起来，发出嘶哑的呐喊）莲玉呀！是妈害了你呀！……不，是禽兽害了你！你们这些白披着人皮的强盗啊……（声嘶力竭地哭泣着）

山铜：（朝士兵）把那女人的尸首挂到大街上！

众士兵：哈咿！

（幕落）

第三幕

第一场

（舞台正中为一大天然岩洞，是洪范图义兵队的参谋部。幕启时，在岩洞一侧躺着耳朵上缠绷带的良淳，在他旁边坐着忠烈、义兵一、寿山、一男等，正在听着淘金人讲故事。）

淘金人：我十二岁上开始跟着大人们淘金，做了一辈子黄金梦。算起来，这辈子转了36处采金场，不知干了多少日日夜夜，也不知淘了多少沙子，黄沙、白沙、绿沙……各色各样的沙子都淘过……到头来剩下的，就是这双手满满的老膙子啊……我渡过鸭绿江去，淘过中国的沙子，跨过国境线去，也淘过老毛子的沙子，到处飘流，掏过数不清的沙子啦……唉，如今十二岁时的模样儿无影无踪，这满脸上挖出深深的地垅子，满头黑发变成了白霜！……只恨那些强盗、狗东西！他们从娘肚子里曾出一把土、一棵草吗？没有。可他们都厚颜无耻，这也是他们的，那也是他们的。把这天地横竖划出许许多多的线，你抢我夺，明争暗斗，无恶不作……

义兵一：所以我说嘛，上古时候檀君的母亲，原是一只母熊，吃了大蒜，进深山密林呆[待]了二十一天，才变成个善良的人，可如今那些毫无人性的家伙却一个个变成个无知愚笨的黑瞎子啦。

寿山：变成个黑瞎子还好哩，是一个个都变成癞皮狗啦。

忠烈：那也没关系。腐朽的、旧的东西，终究要被健康的、新的东西所代替的嘛。（伸出自己的手背）看这伤口！烂透了，痂子掉了，就长出了红透透的新肉。虽然我们现在枕着石枕头，地当床天当被，风餐露宿，苦熬苦煎，但是等到全国黎民百姓们流下的泪水一旦汇成滔滔洪水，这些污七八糟的人间垃圾就会全被冲得干干净净，深深埋在大海里。那时候，我们就能闯过战火，冲破死亡的鬼门关，浩浩荡荡地凯旋故里。苍老的母亲顾不得穿鞋跑了出来，抱着我们落泪，大街上到处是欢声笑语和胜利的歌声……啊，那该多好啊！一男呀，到那时候，你就领着漂亮的姑娘，到小河旁边的柳树丛里抓住她的手，她就会半侧着身子，低着头送你一个微笑。那含羞娇媚的姿态，油黑锃亮的辫子，红蝴蝶一样的发结，惹得你小子心里直冒火儿。蓝天上飞翔的鸟儿为你们唱歌儿，被风吹拂的柳枝绿叶儿为你们跳舞。你小子会乐不思蜀的！再过十年，几十年，你小子成个白发老头儿，孩子们跑上来问你：“爷爷！爷爷当过义兵吗？”一男呀你就会昂首挺胸回答说：“嗯！当过，当过！”孩子们又问：“爷爷，您知道洪范图吗？”你就会打开话匣子，一五一十地讲我们闹义兵的故事。你要知道，咱们现在闹义兵的事情，准会子子孙孙传下去的。

淘金人：（感奋地拍了一下忠烈的肩膀）我说忠烈呀，讲得好！咱们的队长就该成为后孙们心目中永远敬仰的人啊。

佑镇：（上场）忠烈！（众人从遐想的沉默中回过神来，抬头望着）

忠烈：什么事儿？（站起身来）

佑镇：队长现在还不回来，怕出什么事儿了吧？

忠烈：是啊，要不要派人接应一下？

佑镇：这深更半夜往哪儿派人去？

寿山：（往前走两步）我下山去看看吧？

佑镇：不必了，八成是出了事啦……再等一会儿也不来，我们就得转移了。

忠烈：往哪儿转移？

佑镇：我刚接到通知，我们好像被包围了。

义兵一：（吃惊地）包围？你是说我们现在被敌人围住啦？

佑镇：可以那么说吧。

淘金人：可是，挪动地方也得有队长才行呀。

佑镇：我们撤出这儿之后，只要队长没有事儿，就会来找我们的。

忠烈：可我想还是等他一下好。

佑镇：究竟怎么办好，咱们出去商量吧。（先走了出去）

忠烈：（与众人一起走出去）喂，一男！

一男：有。

忠烈：你在这儿照看一下良淳。（退场）

一男：是！（到良淳身旁坐下，自言自语地）姐姐到哪儿去了呢？

义兵二：（上场）都到哪儿去啦？

一男：刚出去啦。

义兵二：（低声）你听说没有？说日军已经包围了我们，是真的吗？

一男：才刚在这儿也是那么说的。

义兵二：这是啥时候？咱队长又不在，备不住到哪儿睡大觉去了吧？

一男：谁知道哩。

义兵二：真是的！丢下这么多人，干啥去了呢？……（退场）

一男：真的，咋还不回来呢？咳，要是被包围了，又得像上次那样捉迷藏啦。（察看了一下良淳，不知不觉地哼起歌来）

村庄烧成烬，烟云尚缭绕
不要哭泣，亲爱的妈妈！
无家可归，亲人也难寻
不要悲伤，亲爱的妈妈！
孩儿离您愁肠断
流泪叹息不能救妈妈

天怒飞鸣镝，地吼卷狂飙
站起来吧，不屈的妈妈！
乌云散处，柳树吐新絮
等着我吧，慈祥的妈妈！
孩儿扑进您怀里
倾诉衷肠慰我好妈妈

洪范图：(走了进来)都到哪儿去啦？

一男：才刚都在这儿来着，等您不来，大伙都担心着，到那儿商量事儿去啦。

洪范图：快去都把他们招呼来！

一男：是。(退场)

洪范图：(走到良淳跟前去)孩子！爸不对，让你吃苦了！(坐了下来，抚摸良淳的头)没长心眼儿的子弹也给你留情了啊……

良淳：(梦呓)妈，没事儿的……忍着吧，妈呀！

洪范图：怎么啦？这是咋回事儿？(摇醒)孩子，良淳！

良淳：嗯(醒过来)是谁呀？

洪范图：是我。快醒醒，孩子！

良淳：嗯？……是爸呀？(哭泣)爸！

洪范图：(抱着儿子抚摸着)良淳，别哭，别哭。

良淳：爸！妈……妈妈受尽折磨啦……

洪范图：知道，爸全知道。良淳，别哭了。伤口疼吗？

良淳：不大疼。

一男：(上场)大伙儿都来啦。

洪范图：(站起身)良淳，听话。快别哭了。

良淳：是！(用衣袖揩泪)

（忠烈、佑镇、书记官、淘金人、寿山、义兵一上场）

洪范图： 来吧。到这儿随便坐。

义兵一：（边坐边说）敌军都把我们围上了，你怎么才回来呢？

洪范图： 胡说！谁说这种胡话？！

忠烈： 大家伙儿都这么说，队伍里已经闹哄哄的啦。

洪范图： 我亲眼看过上下两个村子才回来的，根本没有这事儿！

寿山： 准是哪个坏家伙又造谣了。

洪范图： 寿山！

寿山： 有！

洪范图： 你去告诉大伙儿，这纯是谣言。

寿山： 是！（退场）

洪范图： 你们都记住，北斗七星刚翘尾巴，我们就出发！

佑镇：（惊慌地）你说什么？上哪儿去？

洪范图： 我已经全弄清楚了……忠烈带10余名义兵去，干掉住在致康家里的敌军头目。（捡起树枝，在地上划着）这是村子，从这个桥头摸进去，这是致康家……这右侧是河边的小斜坡，小河到这儿绕着一个圈儿……

义兵一： 对。（用手指着）这儿就是我家。

洪范图：（继续划着）其余的义兵从这桥下悄悄爬过去，隐蔽在河这边待命，听到第一声枪响，赶快进村里，目标是赵祢、许茂彦两家。敌军住在这两家里……不，忠烈不要去致康家，我要到那里去直接指挥，忠烈要到我刚才说的那两家……

佑镇： 且慢。你是想跟日军讨伐队打一仗，是吗？

洪范图： 是的！你看呢？

佑镇： 队长，依我看，倒不如三十六计退为上策呀。

洪范图： 退？往哪儿退？朝右边转过去就是鸭绿江，往左边调过头图们江横挡在前面……你说往哪儿退？

淘金人： 说得对！咱死也死在自己的土地上。

洪范图： 大家不用再说了，马上回去，照我说的分头准备吧！

众人：（站起）是！

洪范图： 还有，我平时多次说过，要珍惜每个义兵的生命。打死十个敌人，牺牲一个自己人的，不是好带兵人。不牺牲自己人，消灭敌人的，才是最好的带兵人，懂了吗？

忠烈： 懂了！请放心！

淘金人：（走出几步停下）差点儿忘啦！队长！（走到良淳跟前，拿起一件内衣）穿上它吧，分给了大伙儿剩下的。

洪范图：那是什么？

淘金人：是件内衣。

洪范图：我不要，给别人吧。

佑镇：别那样，你穿上吧。

义兵一：您不能总是想着别人，不想自个儿呀？

洪范图：别为我操心。我问你，大家都穿上了吗？

淘金人：都穿上啦，每人一件，这是剩下的。

洪范图：（大声笑了起来，学着一男的语气）哼，江东大叔，你别骗人啦！我问你可有孙悟空的本事儿，把70件内衣分给150多人，还能剩一件？

淘金人：无论如何，你得穿上这件衣服。

洪范图：慢着。（问淘金人）那你穿上了吗？……没有吧（依次问）你呢？没穿上。你呢？……你呢？都没穿上……可因为我是队长，就该穿上，是这样吗？那么，我说你们都是队长，……一男！

一男：有！（取立正姿势）

洪范图：看你这模样……你也是队长呀。（以开玩笑的口气）队长大人有令，快穿上！

一男：（赶紧接过内衣）是！我这就穿上。（众人笑）

洪范图：（亦笑着）你小子，（打一下屁股）这还差不多。（一男高兴地退场）好，请大家回去做好准备！

众人：是！（转身欲走时，月香上场）

月香：（扫视了一眼众人）队长大人！

洪范图：啥事儿？

月香：我想单独见见您……

洪范图：只跟我一人？

月香：是的。

洪范图：好吧。请你们都走吧。

众人：是！（退场，只有佑镇不放心地看了看月香的眼色，最后走了出去）

洪范图：我等着你说，请讲吧。

月香：（瞅了瞅外面，坐下）我是下山去看了山铜回来的。

洪范图：（吃惊）什么？你去见过山铜？你到底是什么人？

月香：问我吗？

洪范图：是的。

月香：其实，我是不知好歹的阴险女人。心已经死了，只剩外壳儿，可以说是行尸走肉吧。

洪范图：你说什么？……你是不是神魂颠倒了？

月香：不，队长大人！请允许我向您吐真情，说实话吧。说我杀死了木月，是鬼子们凭空捏造的谎言，而我是为了害你才到这儿来的。

洪范图：请你闭上嘴吧。你不要再说了，我明白了。（站起身）在可怜的黎民百姓处在生死关头时，谁还有时间听你的故事？说得干脆点儿，你需要什么？

月香：什么都不需要。我只想提醒您注意，比我更危险的人像黑影子一样，正在您的身边转游着，等待机会下毒手，他就是……

洪范图：（愤恨地）住口，你这坏女人！你再想胡诌什么？告诉你，你想谋害跟我生死与共的战友，那是做白日梦！

佑镇：（慌忙地上场）报告队长！行军准备完毕！（没有回答，瞟一眼察看眼色）这……这是怎么回事儿？

洪范图：我们像个唐僧，被白骨精耍了！不用多说了，马上把她处置了吧！（退场）

佑镇：啊？（洪范图走出去之后）你想出卖谁？

月香：你们没把我出卖完，现在是我出卖自己，而后嘛，就要轮到你们这些孬种了。

佑镇：不要再动你那毒蛇般的舌头，不然的话……

月香：告诉你，佑镇，已经晚了。这桩买卖早就开始啦。

佑镇：住口，住口！你不想再闭嘴，我就让它永远闭上。

月香：可以，随你的便。

佑镇：（一把拽住月香的手腕）什么？混账女人！

月香：（猛地推了一下）松手！你这断子绝孙的禽兽……

佑镇：（使劲扭着月香的手腕）让你再说一遍，让你再说一遍，你这条毒蛇……

月香：（佑镇伸手卡紧月香的脖子，月香拼命反抗，乱咬乱踢）啊，你这强盗！（从怀里掏出匕首）

（佑镇掏出手枪先开枪，月香倒了下去）

忠烈：（与众人一起上场十分吃惊地）佑镇，你这是干什么？

一男：（看见月香倒在血泊之中，惊叫着扑了上去）啊！姐姐！

义兵一：一男！（抱起一男）

佑镇：（将手枪插进枪套里）队长大人！这女人要用匕首刺我……我是不得已才开了枪呀……

洪范图：干得好！

（灯暗）

第三幕

第二场

（山村。深夜。）

哨兵一：（端着枪来回走动，听了什么响声）谁呀？

哨兵二：是我！（走近哨兵一跟前）给我一支烟。

哨兵一：嗯？这么快又抽没啦？

哨兵二：六个家伙忽拉一下围上来抢着抽，就是有一大包也早抽没啦。可给三四支吧！

哨兵一：（掏出烟给哨兵一）给。……下次分烟得一定还啊。

哨兵二：啊呀，小气鬼！身上掉根毛也舍不得。

哨兵一：他妈的，要了我的烟，还说我？世态炎凉，本来就那样嘛。（自己也掏出一支点燃）

哨兵二：那倒是，可是你我之间还讲那个？（欲走）

哨兵一：再唠一会儿，我一个人无聊得很，困得不行，上眼皮儿老耷拉下来。

哨兵二：（转身走了回来）咱那里是六个家伙一起守着，不觉得寂寞，可是我靠你、你靠我，已经三个家伙像个猪似地趴着打呼噜啦。

哨兵一：我这儿再有个人好了，我也能眯盹一会儿。可一个人没法子呀。

哨兵二：还管那事儿？进屋去睡一会儿再出来又咋的呢。谁还能来？这深更半夜，除了找食的野兽，谁还出来溜达？

哨兵一：那倒是，人嘛，就得黑天睡白天蹦达……呵——（打呵欠）遭这份儿罪哩。听见响声，就出来看耍把戏，吃后悔药吧。

哨兵二：不是盼那几个钱儿，谁还乐意干这份苦差事儿？俗话说，鸟为食亡，人为财死啊！

哨兵一：哼，可是这样成宿成宿不睡，白天黑夜握着锄把干活儿，兴许早成了富户。

哨兵二：你这蠢猪，哪有庄稼人靠扒拉土块儿成富户的？咱那邑[1]上崔大监[2]一辈子连地头儿也没去看过，可是住在四角风铃叮当响的瓦房里，穿着绫罗绸缎，吃着山珍海味，享不尽荣华富贵……

哨兵一：那是他命好，八字好。

哨兵二：八字？七字又怎样？有道是“仁者不富，富者不仁”。要想当富户，就得贪心大，脸皮厚得比牛皮还厚。胆敢从快死的人嘴里拔出金牙的人，才能成富户啊！

哨兵一：说得是啊。（低声）咱们尽管天天遭这份儿罪，（指指屋里）那些家伙们却能睡个安稳觉，可薪水比咱们多好几倍吧？

哨兵二：那还用说！元弘本是有钱人家的纨绔子弟，不用说啦。那载德原先是个身无分文的穷光蛋，每逢三水城集日，从乡下佬身上骗钱度日，日俄战争时当了个日本人的哈巴狗，一夜之间成了个有钱人，如今还捞了个队长官职。

哨兵一：这么说，咱们算啥哩。站在这儿受冻受冷，守着他们睡觉，不就是跑龙套，吃残羹剩汤的角色吗？

哨兵二：哼，没有咱们这些父母的不肖子孙来当他们的小喽罗，那些家伙还能当什么队长？唉！有啥法子，砸了眼儿的臭铜板成了咱头上的紧箍咒啦，叫你干啥就干啥呗！

哨兵一：我只盼这一趟平安无事儿，回去就不干啦。咱不是吃香喝辣、白吃白喝的命，弄不好这脊梁骨也叫他们敲碎啦。

哨兵二：（猛吸了一口烟，扔掉烟头）你看，坐着唠嗑儿，不知不觉吸了两支，再给我一支。

哨兵一：倒霉！说了你的话，（又掏出一支烟递过去），抽了我的烟。

哨兵二：不管你咋说，我都谢你还不成吗？（接过烟，退场）

哨兵一：（来回走动）俩人站岗，有个伴儿多好。狗日的！（走回来坐下）呵——（打呵欠）真困呀，数数星星吧，……星一，我一；星二，我二；星三，我三……（慌忙站起来）谁？

洪范图：我。（上场）

哨兵一：（端枪）我问你是干什么的？

洪范图：去给洪范图送信的人。

---

① 邑：朝鲜过去的行政区域单位之一，相当于中国的县城。——原书注

② 大监：朝鲜李朝时期，对正二品以上高级官吏的尊称。——原书注

哨兵一：叫啥名字？

洪范图：金致康，是这家主人。

哨兵一：（不耐烦地瞪了一眼）站在原地不要动！（去敲客屋门）队长大人！队长大人！唉，睡死啦。（再次敲门）队长大人！！

元弘：（从屋里）干什么？

哨兵一：来了一个人。

元弘：（打开横推门）谁？

洪范图：我回来啦。

元弘：（挤了挤双眼，看清楚以后）叫他进来。（猛地关上门）

哨兵一：（朝洪范图点头）进去吧。

洪范图：唉！（从厨房门走进屋里）

哨兵一：（重新回来坐下）他妈的！吓我一跳。才刚数到哪儿啦？（抬头望天）看三星都偏西了，天快亮啦。（又掏出一支烟）呵，真困啊！烟呵，烟呵，赶走瞌睡虫儿，只靠你这玩意啦，使劲儿抽吧！（点燃）星一，我一；星二，我二；星三，我三……

元弘：（推开客房门，用发抖的声音）哨兵！

哨兵一：（慌忙站起）有！

元弘：到村口岗哨去，把哨兵都叫回来。

哨兵一：是！（欲走）

元弘：（重复着背后有人指使的话）这，还有……哨兵！不要弄出声响，悄悄叫进来。

哨兵一：是！（走出去）

淘金人：（从后院走了出来，察看动静）弟兄们，出来吧！（都走了出来，各自隐蔽，有几名义兵藏在粮囤后面）

哨兵一：（带了3名哨兵走进院里，走到门口）队长大人！照您命令，把哨兵全叫进来啦。

众义兵：（倏地从四周冲了出来）举起手来！（哨兵们大惊失色，乖乖地举起了双手）

洪范图：（从屋里）出去！（从睡梦中惊醒过来的元弘、载德只穿内衣慌忙走出屋，东边天际呈出鱼肚白，渐渐出现曙光）寿山！

寿山：（从院外）有！（走进院里）

洪范图：怎么样？

寿山：一切都准备好了，只等您发信号。

洪范图：（掏出手枪，朝夜空打一枪。接着，村子里响起一阵猛烈的枪声，把这两个家伙拖出来！）

淘金人：是！（推元弘和载德站到前面）

洪范图：（脱掉褴褛的衣衫）喂，蠢家伙们！看看，我就是洪范图！原先我们约定明天早晨在土桥头见面，可我没空，提前找你们来了！

载德：（惊愕地瞧了一眼洪范图，忽地蹲着拍地嚎叫）我早知道弄出这种结果！

淘金人：（一把抓住载德的脖领，拽他站起来）狗东西，已经晚啦！

载德：（怨恨地瞟了一眼元弘）我对你说啥来着？这回……完啦。

元弘：拉倒吧。

淘金人：（讥笑着）看样子，你们也是不大乐意死呀，可耻的走狗！

忠烈：（急走上场）队长！活捉了所有敌人，武器也全部缴获了。

洪范图：我们的人伤着没有？

忠烈：没有，一个也没有。

洪范图：村民呢？

忠烈：村民也都没事儿。

寿山：（匆匆上场）队长！这帮混蛋把君八老人和七八位老乡用粗绳五花大绑，关在牛舍里，我们已经放他们啦。

洪范图：马上去把他们请到这儿！

寿山：是！（跑了出去）

洪范图：（对义兵一）你去把村民、我们的人和俘虏都带到这院子里来。

义兵一：是！（跑了出去）

忠烈：（端详了一阵载德和元弘，讥笑地）哎呀，你们为何成了这般模样啦？我们还算是老相识哩！记得吗？在三水城里……那时，我没说真话，这回得说真话啰。好好看着，这就是咱们的队长洪范图大人，免得你们以后又认错了人，大惊失色。

元弘：那时，我们是互不相关的。

忠烈：（蔑视地看着载德）你也是那样吗？

载德：是的！

忠烈：（用手指着）这军服、这肩章，都是我们国家的吗？不是吧，是日本鬼子的！那时，你们是来领这些臭玩意儿的，当然不可能认得像我这样的人啰。

君八：（同村民一起走了进来）唉，老弟，范图！若不是你，我们就没命啦。

洪范图：不会的，不会的。

农民：俺薅出这满脑袋头发打草鞋送给你，也报答不了这大恩啊！

众村民：（从院外齐声喊道）说得对呀！（障子外面，众村民围集而来，桩子上吊挂着莲玉的尸体）

义兵一：（走进院里）队长！都来齐了。

洪范图：（站在高处）诸位乡亲们，听我说几句话。

母亲：（推开众村民走进院里来，扑到洪范图跟前，双手抱着洪范图大腿）她大叔！你要替我的女儿莲玉报仇啊！她死得冤哪！……（哭泣）

洪范图：（扶起来）大嫂子，你这是怎么回事儿？

母亲：（抽泣着）这群禽兽，千刀万剐的豺狼！……她大叔，你看那木桩上，那是莲玉呀，是我的女儿呀…

君八：（安慰母亲）嫂子，不要太丧心了，让队长讲话吧。

洪范图：（伸手指莲玉的尸体）乡亲们！你们看，难道我们要坐着等待这样被惨死吗？不，我们要奋起反抗！要用自己的双手，用自己的胸膛，用自己的力量，把敌人打败！（指了指元弘，）这混蛋叫元弘，是两班[①]子弟，祖祖辈辈坐吃国禄，享尽荣华富贵的。我问你，你小子哪点还有不满足的？当了几年镇卫队参领，巧取豪夺数万吊还贪心不足，国家命运危在旦夕时，理应率先拯救国家，可你小子见钱眼红，见利忘义，甘心情愿当倭寇的走狗，出卖祖国的大好河山，还滥杀无辜的百姓？日本鬼子要强占我国的领土，要把我国的人民变成他们的奴隶，就得滥杀无辜的人们，放火烧掉村庄，那是侵略者的本性。可是，你为何当了侵略者的帮凶，像疯狗一样乱咬同族兄弟？我洪范图虽然不识几个大字，但有一点我却知道得很清楚：决不可让敌人强占我们自己的国土，决不能饶恕残害百姓，啃骨吸髓的狗崽子们！

众村民：说得对！杀死这伙儿禽兽吧！吊死这群走狗吧……

洪范图：（对元弘、载德等）你们这群狗崽子，听到这呼声了吧。这不是我叫他们说的，而是百姓们出自肺俯的呐喊！我们为什么离开父母妻儿，到深山密林里受饥挨冻，跟敌人浴血奋战，你们知道吗？不！你们是决不会知道的！你们这些连臭狗屎都不如的孬种，应该受万人唾骂，应该毫不留情地杀掉！

众村民：对！杀死他们！枪毙他们！吊死他们！活埋他们！……

洪范图：听吧，这是众百姓的神圣判决！那么，谁来处决他们？

众人的呐喊：我杀死他们！交给我吧！……

---

① 两班：高丽和李朝时期，有种种特权的贵族，分文班、武班，统称两班。——原书注

母亲：她大叔！我来杀他们，我要替莲玉报仇！

佑镇：（察看众人眼色，急忙拦着莲玉之母）大嫂，慢着！队长大人！（自己也走上去，站在高处）诸位乡亲们，由我来杀吧。你们就是我的父亲和母亲，是我的兄弟和姐妹。诸位乡亲们！你们看（指额头）我这额头上的伤疤，我要让他们偿还这血债，毫不留情地报这个仇！也替诸位乡亲们报仇雪恨，替这位老妈妈可爱的女儿报仇雪恨。为了永远捍卫我们可爱的三千里锦绣河山，你们正直的儿子，我佑镇（掏出手枪挥舞着）铁面无私地来处决这两个日本人的狗腿子。

众村民：对！快杀了他们！

洪范图：那好。佑镇，你快把他们拖到柳树林子里干掉！

佑镇：是！（急忙走下来，自鸣得意地）狗崽子们，走！叫你们明白，日本人的走狗会落个什么样的下场！（拖着元弘、载德二人退场）

忠烈：（急步走进院里）队长！

洪范图：什么事儿？

忠烈：俘虏里面，有56个日本鬼子、137个朝鲜人，有两个朝鲜人愿意加入我们义兵队。

洪范图：其余的人呢？

忠烈：像个哑吧[巴]，只瞪着眼睛，闭口不说话。还有些家伙仍在顽抗。

洪范图：顽抗？（在院子里来回走动，沉思着）

哨兵一：（从院子一侧走出几步，对洪范图）队长大人！请收我吧。

洪范图：（无言地瞅着哨兵一，过一会儿）忠烈呀！

忠烈：有！（这时，从不远处传来两声枪响）

洪范图：挑出几个顽抗到底的家伙，干掉！

忠烈：是！

（幕落）

第四幕

（舞台布景与第一幕相同，是三水城日军宪兵司令部。时间为夜晚。）

（幕起时，山铜正站在屋正中，看着元弘、载德二人，和他们谈话。）

山铜：若不是佑镇，你们此刻不会站在这儿啰。你们却以怨报德，还怪罪佑镇？

载德：不是怪罪他，而是说他没有及时捎个信儿告诉我们。

山铜：不要说了，指挥作战的人不能只靠脸上的两只眼睛，后脑勺上也要长两只眼睛，懂了吗？三四年前，大日本天皇陛下的军队如果同时看不到四面八方，就决不能占领旅顺口的。懂吗？

元弘：那倒是。可我们是想活捉那家伙，实在遗憾，未能如愿。

载德：不是那样的。这次失败，原因主要在于元弘君硬主张并实施错误的计划。

元弘：载德君！求你了。不要把别人说得那样狗屁不是，那只能说明你的言行缺乏涵养。

载德：好吧。我不是霜打的茄子一样蔫巴的两班，一点都不羡慕你。因为我是下贱的白丁[①]之子，你才放肆地说这种话吧？可是我问你，你们那些两班到哪儿去啦？如今……你这位两班也卖国求荣。我这白丁也靠卖国活命啊！

山铜：不要说了！（猛地拍一下桌子站了起来，元弘、载德二人无言地相互瞟了一眼，坐下）（电话铃响，山铜拿起话筒）是的，恭听着呢。什么？报纸上要发表消息？请稍候（用手盖住话筒）你们说，报纸上能登什么？

元弘：您说什么？

山铜：报社要求我们提供这次讨伐结果。

载德：能提供啥结果呀？讲真情还不是丢脸吗？我看，最好告诉他们现在还是军事秘密，不能透露。

元弘：这不大好办，我也同意……

山铜：不！要大大地宣传大日本帝国军队的辉煌战果。（重新拿起话筒）听清楚吗？可以告诉您，我军在这次讨伐中几乎全歼猖獗在农村的强贼。特别是由于我军以强大力量穷追猛打，以洪范图为魁首的一伙强贼，慌忙逃窜深山之中，多半强贼被击毙，魁首洪范图身负重伤，只身逃到白头山中。在这次行动中，战果卓著的指挥官有金元弘、朴载德。这两个人的名字，要用大号铅字公诸于世。对，显眼一些！

元弘：（听到要在报纸上登自己的名字，慌忙不迭地）不……山铜阁下！那不妥吧？

载德：你这"两班"！不妥啥呀？这就是战术需要。

山铜：（讪笑着）元弘君！听见了吗？他的话说对了 。

元弘：（站起身）我……我头有点儿不舒服，能回家躺一会儿吗？

山铜：现在没有什么事情，可以回去了。

---

① 白丁：杀猪宰牛的人，在朝鲜封建社会里最受压迫和歧视。——原书注

元弘：那告辞了。晚安！

山铜：晚安！（元弘退场）

载德：（嘲笑地）哼！还是"两班"哩……这回事情全坏在他手里啦。

山铜：我也大概知道些……但是（电话铃响，拿起话筒）嗯，听到了……不，说什么？嗯，嗨……嗯？死了？等一下（朝载德）你马上去给我准备一辆马车！

载德：又出了啥事儿啊？

山铜：快去准备马车……

载德：哈咿！（快步走了出去）

山铜：（重新拿起话筒）阿野！阿野！他妈的！电话线又被他们切断了？（甩掉话筒）巴嘎……

许哲：（慌忙地走了进来）队长大人！不好啦！不好啦！洪范图的义兵已经进了北门、南门和西门，像潮水一样汹涌，挡不住啊。他们爬过城，一点儿声响也没听到，神不知鬼不觉的！可能这回儿一个活人也没有……（传来激烈的枪声）

山铜：这怎么办？要立刻报告上奉，可是……

许哲：队长大人！给您穿上我的长袍，跟在我后头吧。

山铜：（急忙接过长袍穿上）好，走吧！（两人仓促退场）

治浩：（急步上场）载德君！都到哪儿去了呢？城里进了数不清的义兵……载德君！（走进屋里）载德君！

庆太：（慌忙上场）山铜阁下！去哪儿啦？哎呀，这咋办呀！城里全乱套了……我的店咋办哪？那么多……（退场）

基洙：（跑了进来）不得了啦！元弘君！（扫视了一眼屋里）他妈的，这都啥时候啦，还去逛窑子抱着个臭婊子睡死啦！洪范图带着好几千义兵进城啦，这咋办好哩！（看到有人从里屋走出来）那儿有人吗？

治浩：谁也没有啊。

基洙：你听说没有？城里进了好几千义兵！

治浩：（这才看清对方）义兵进城好啊！我正想找你这个混蛋哩。你小子还想在我的地头插标桩吗？（一把抓住脖领）

基洙：哎呀，你疯啦？这是啥时候还说那事？以后再说吧，赶紧躲吧。

治浩：（抓得更紧）哼，你小子也知道活命要紧，嗯？你这该死的家伙！我没有地，死活都无所谓，啥也不怕。你小子昨晚又在我的地头插了标桩吧？快说！

基洙：（使劲松开治浩抓脖领的手）哎呀，这是干么呀？快松手吧。上次那样的事儿，以后……我再也不干，只在金参奉[①]的地头上插了一桩，这你也知道嘛。

治浩：（更狠劲抓脖领）你小子还不老实，我要卡死你！快说！这天底下哪里还有像你这样的强盗？

基洙：好，我说。在你那地上插桩的……哎呀，松手吧，我一定全告诉你……那不是一进会员干的，是什么会社干的。他们说是要修铁路。

治浩：什么？在我的地上？

基洙：对呀。那条铁路正好穿过你家的地。

治浩：那我种什么地？怎么活下去呀！

基洙：（松松衣领，喘一口气）日本人还管你那些个。我跟他们说啦，“这是一进会员的地”。他们说：“那没有关系。”反而更高兴哩。

治浩：秃[兔]崽子们！更是一伙儿强盗！地是我的，为啥不问我？

基洙：问了惹麻烦，干脆不问啦。你闭上眼睛，他们就敢割下你的鼻子啦。

治浩：（气极，猛地一拍桌子）不，不行！地是不能给的，那是我家祖祖辈辈垦种的，谁也夺不去，谁也夺不去……（这时传来激烈的枪声）

基洙：（惊慌地）听我说，治浩呀，地算什么，让他们夺去拉倒！活命要紧……来，快躲吧。

治浩：不，不！要夺我的地，先杀我好啦！没有地也是死，挨刀挨枪也是死。来吧，你先杀了我吧！

基洙：（愣着神儿，望着）……

治浩：（失神地看着基洙），乡亲们啊，都来看吧。这伙儿强盗在我的地上修铁路啦！拿来！快把那根木棒拿来！我要把这鬼东西全砸个稀巴烂！（声嘶力竭地喊着喊着，倒了下去）

基洙：哎呀！（赶紧伸手抱着）。这老哥儿真疯啦！咋办呢，这可咋办好呢？

众义兵：（突然从四面冲进来）举起手来！

基洙：（把治浩放下，摇醒）……

洪范图：（使眼色，让众义兵搜索）你是什么人？

基洙：我叫基洙，是农民。

---

① 参奉：原为官名，指朝鲜李朝时各陵、园，宗亲府等官衙的从九品官；亦指双目失明的成年男人，此处为后者。——原书注

洪范图：他是什么人？

基洙：他也跟我一样。

洪范图：(走到跟前看了看)谁把他弄成这模样？

基诛：这……咋说好哩。这……我们是来交涉土地问题的，没曾想被他们打成这模样啦。

义兵一：队长，里面啥也没有。

洪范图：(往前走几步)说实话！我是洪范图。

基洙：(大吃一惊)啊！……(一屁股坐地)我不知道，我有眼不识泰山，大人饶命啊！他是自个儿失神倒下去的，我是一进会会员。

洪范图：(朝义兵一)把这家伙拖出去！把那人抬出去泼水，叫他清醒清醒！

众义兵：是！(执行命令)

忠烈：(同众人一起上场)队长！拘留所和监狱里关押的人都已放出来了，其中有些人正往这儿走来，他们要看看您。

洪范图：(看见自己的夫人走了进来，急忙迎了上去)孩子他娘，让你受苦了！(见没有回答)咋啦，不认识我了吗？

忠烈：队长！这群禽兽把她的眼珠子弄瞎了，舌头也割掉了！

洪范图：什么？(急忙扶起夫人)孩子他娘！我是良淳他爹，不认识我了吗？(依然没有回答，异常愤恨地)该死的狗强盗！把好好儿一个人抓去，弄成这样子！

淘金人：这伙儿残无人道的豺狼，割去好人的耳朵，不让听；扎瞎双眼，不让看；铰掉舌头，不让说话。……狠毒啊！(愤怒地)天要有情也要打霹雳劈死你们这群狗强盗！

洪范图：(愤然地)不要太丧心了。等着吧，只要天不塌下来，一定要让这帮狗强盗还清血债的！

良淳：(三步并作两步跑了进来)妈！(扑进怀里，母亲没有言语，良淳抬头朝母亲望着望着，忽然放声大哭)妈呀！我是良淳！(抱着母亲抽泣)

忠烈：(劝良淳)孩子，快别哭！哭也没用。(扶两人起来)让她去躺着休息吧(三人慢慢地走了出去)

龙俊：(与几个义兵一起上场，高兴)队长！弟兄们！

众义兵：(欣喜地)啊！是龙俊！

洪范图：(亦欣喜地)这不是龙俊吗？(伸手抱着，拍龙俊的肩膀)兄弟，让你受苦了！没事儿吧？

龙俊：没事儿啦，队长！

洪范图：那就好。要成一个好猎手，得尝尝被恶兽咬一口的滋味儿。

龙俊：是那样。

洪范图：允卿呢？他在哪儿？

龙俊：（以低声，颤抖地）允卿他……他熬不过严刑拷打，他……

洪范图：（吃惊地）你说什么？老弟，难道允卿死了吗？

龙俊：是的！（众人无不惊讶、悲痛）

洪范图：不，不！……（无言地，遥望远处，过了好久以后）那样的白头山好猎手难道也要死吗？

龙俊：临死前，他还哼过平时最喜欢唱的那首平壤愁心歌。

淘金人：（双眼噙着热泪）他死得冤枉啊！……但他死得其所，重如泰山……

龙俊：是啊。他忍受着可怕的酷刑，怕自己昏迷中说漏了嘴，最后咬断舌头，连同鲜血一块吞进肚里去，不一会儿就牺牲了。

洪范图：允卿是跟我同一天出来闹义兵的，出生入死，闯过了多少危急关头啊……如今，他先走了……弟兄们，让我们握紧这手中的枪，最后送他一程吧！

众义兵：是！（都握紧枪杆，有的把枪举起，一阵沉默，以示哀悼）

忠烈：（走了进来，不知是什么事儿，疑惑地瞅着众人的表情，看见龙俊，高兴地）啊呀，龙俊！

龙俊：（亦高兴地）忠烈！（两人拥抱着转圈儿，众人笑）

寿山：（同一男一起走了进来）队长！

洪范图：什么事儿？

寿山：抓来了两条腿的猪两头和他的主人（不禁放声笑了起来）。

洪范图：（不知是什么事儿）两条腿的猪？

一男：是这样。咱俩正把守着西大门，有人驾着一辆牛车走过来啦。寿山大哥问他是什么人，他说自个儿是农民，送两头猪到城外去。我跳到牛车一看，有两个袋子，却不知装的啥东西。他忙说，“里面是猪崽儿”。我用枪托捅了一下，要真的是猪崽儿，该有“咕咕”的叫声，可啥动静也没有，我心里就揣摩个八九，使劲再杵了一下。（得意地笑了起来）这回，从袋子里传出“哎哟！”一声，乱蹦达，原来是两条腿的蠢猪。就这样，咱俩把连车带人一块儿赶来啦（众人都放声笑了起来）。

洪范图：这事情办得不错。寿山！

寿山：有！

洪范图：快把他们带到这儿！

寿山：（转身朝几个义兵使眼色一起走了出去。不一会儿，拖着许哲和两条袋子走了进来）

洪范图：（看到许哲）你到底是什么人？

许哲：我……我是农民。（使劲儿颦蹙双眉，想使自己变貌）

洪范图：（疑惑地仔细瞧着）我好像在哪儿见过你？……

义兵一：（往前走出几步）慢着，喂，你往这儿转过身来。

许哲：（装着没有听见）是啊，我……我啥时候能见过你们……

义兵一：（把许哲拽过来，凝神看了一会儿，即认出）啊，是你呀！……我想起来啦，这小子就是上回卖给我们装了灰的哑吧[巴]子弹，你这个坏小子！

洪范图：（亦认出，笑了起来）对，是那个坏小子，（看看义兵一）老弟，你的眼力不错。

义兵一：我嘛，打猎的人嘛，吃了多少走兽的肝儿，眼力还能差吗？（转身瞧许哲）喂，我问你，你啥时候不搞那个臭铁卖买，又干起了蠢猪卖买？（没有回答）哼！（挥手扇许哲的耳光）你这该死的东西！可把我们坑苦啦，你还想坑害谁？

洪范图：忠烈！

忠烈：有！

洪范图：把这小子拖出去！

忠烈：是！（推搡着许哲的脊背，走了出去）

洪范图：（走到椅子跟前坐下）一男！

一男：有！（立正站着）

洪范图：把你抓来的猪崽儿拖到这儿，让我看着。（忠烈重新上场）

一男：是！（示意寿山，两人一起出去拖进沉甸甸的袋子，解开袋口。元弘从寿山解开的袋子里爬出来，载德从一男解开的袋子里爬出来。众人无不惊异）

义兵一：这不是……（跟旁边的义兵嘀咕起来）

淘金人：这是咋回事儿？

义兵二：死人咋又活过来啦？

忠烈：队长，这到底是怎么回事儿？

寿山：真是怪事儿！

义兵一：上回是谁把他们打死的？

洪范图：（缓缓走到跟前去）你们的活命手腕，我实在佩服啊（低声吼道）

说实话！

元弘：（哭丧着脸儿）队长大人！饶命吧！千万饶命吧！

洪范图：我问你，怎么活命的（大声敦促）快说实话！还啰嗦什么？

元弘：是，是！……是佑镇放空枪，把我们俩人……

载德：（朝元弘踢一脚）你这蠢猪！

一男：（用枪托猛打载德的大腿）老实呆[待]着，乱蹬什么？

洪范图：他为什么放你们？

众义兵：佑镇？真没想到……

忠烈：佑镇？那不可能！（掏出手枪，直逼着元弘）快说实话！不然……

元弘：反正也是死，实话告诉你们，佑镇早就是我们派到你们这边的人。

洪范图：（猛地一拍桌子）都怪我有眼无珠……没看到自个儿身上爬的蛆虫……身边留着奸细还不知道，敌人的子弹朝你打来还不知道……还让我相信谁呢？……（沉默一会儿）不！不!! 弟兄们！忠烈！（众义兵看着洪范图怒不可遏，不知如何劝好）

忠烈：有！

洪范图：把这两个家伙拖出去！

忠烈：是！（忠烈与几个义兵把元弘、载德拖了出去，众义兵气极，怒视着）

洪范图：（朝众义兵）佑镇到哪儿去了？

寿山：刚才说是要去看看南门，走啦。

洪范图：快去把他带来！

寿山：是！（退场）

良淳：（放声大哭着，走了进来）爸，妈妈去世了！

洪范图：（愣着神儿）嗯？（默默地站了一会儿，急步走了出去）

众义兵：（走到门口，往屋里瞅着人，不少人揩了揩眼泪，连声哀叹。哀乐声徐徐响起）

洪范图：（慢步走了进来，无力地坐在椅子上，遥望着苍天）去得太早了！去得太早了！……

义兵一：（点燃一支烟，抽了一口）是啊……国破家亡，遭殃的是咱百姓啊！……只是大嫂受尽磨难，死于非命，更可怜啊……

淘金人：但是，众弟兄们！不要太悲伤了。江河水只能从高处往低处流，世上的事情也是好有好报，恶有恶报。给别人胸口捅刀的人，一定会有更大的灾祸落到他头上。准是那样的。

佑镇：（与寿山一起上场）队长大人！四个城门都看过了，一切正常。

洪范图：（慢慢站起身子）好。……佑镇，到这儿坐。

佑镇：（来到洪范图跟前坐下，揩了揩额上的汗水）

洪范图：（以低沉的声音）佑镇，我问你，上次……你真的把元弘和载德打死了？

（良淳和一男走了进来）

佑镇：（稍微吃惊）是呀！（站起）真的打死的呀。可是……你为啥突然问这码事儿呢？

洪范图：（指椅子）坐！

佑镇：（慌恐地）是！（坐下）

洪范图：那么，你说说怎么打死的？

佑镇：这……（偷眼瞟了一眼众义兵）是拖到河边柳树丛里用枪打死的……

洪范图：（忽地拍一下桌子）混蛋！说实话！

佑镇：队长大人！您这是怎么啦？哦——明白了，我鞍前马后跟着您三四年拼命流血，这就是您给我的酬谢吧？

洪范图：拼命？流血？你为谁拼命？为谁流血？

淘金人：狗东西！你是为了自个儿狗肚子，让别人流血丢命，喝了别人的血！

佑镇：哦？……明白啦。队长大人！您干脆把我杀了吧。我是被奸人诬陷的呀……可是，我发誓，……天上的上帝知道我是清白无辜的。

洪范图：住嘴！可是，你知道吗？这世上还有比天上的上帝更厉害的地上的照妖镜！忠烈！

忠烈：有！

洪范图：你去把那门……（使眼色）

忠烈：知道了。（去开门）

洪范图：（对佑镇）你既然披了一张人皮，也该有脸皮吧。要有，你就会无地自容，心肝炸裂而羞死的！

佑镇：到底有啥事儿，我就该那样死呢？

洪范图：如果你小子脸皮子不够，才留出一双眼窟窿，（指了指开门处）就看看那是啥东西！

佑镇：（转过头来，一眼看见元弘和载德，大惊失色）啊！你们这些笨蛋！

洪范图：你小子还有啥脸皮不想死？（极为愤怒，在房间里来回急走，突然掏出手枪，放在桌子上）给！你要洪范图的脑袋就拿去！如果你杀不死我，我就把你小子杀死！

佑镇：（浑身发抖）队长大人！（哭着哀求）队长大人！饶我一次吧！饶命呀！……（走上前来，想拿手枪，猛一看见众义兵怒视着，又不敢伸手，怯生生地趔趄着退步）

洪范图：（切齿痛恨地慢慢拿起手枪）卑鄙的家伙，饶你？我可以饶你，但众弟兄们不答应，众百姓不答应！（只见右手一伸，枪声震耳，佑镇倒了下去）寿山！

寿山：有！

洪范图：把那屋里的三个家伙也除掉！

寿山：是！（把元弘、载德和许哲拖着出去）

君八：（急步走了进来）范图兄弟！

洪范图：有事儿吗？

君八：老弟，不好啦！日军大部队从长津出动，正往这儿来。我听到信儿，一刻也不敢耽搁来告诉你。

洪范图：从长津？

君八：对。

义兵一：那我们咋办呢？

君八：咋办？得马上撤兵。

淘金人：对呀。长津城里驻着日军大部队，敌人输红了眼，准是下了大赌注。

义兵一：队长，我们不能磨蹭啦，赶快撤了吧。

洪范图：不！我们不能往后退，要往前走。我们不能让敌人追着打，要朝敌人迎上去，抓住机会消灭敌人。

忠烈：队长说得对！（从外面传来三声枪响。不一会儿，寿山走了进来，把手枪插进枪套里）

洪范图：弟兄们！

众义兵：有！（齐声喊着，立正）

洪范图：大家马上分头去叫醒城里的百姓，把缴获的武器和食品分给他们！

众义兵：是！（纷纷走了出去）

洪范图：忠烈！

忠烈：有！

洪范图：你马上去叫号兵吹号，把队伍集合起来！

忠烈：是！（退场。一会儿，从外面传来吹号声，接着响起口令声和众义兵集合的跑步声）

君八：范图兄弟！你打算下一步怎么走？

洪范图：（走到君八跟前）你老兄不要担心。听这口令声、脚步声，多么整齐，多么有力量！看全城的百姓都睡醒了！以燎原之势奋起战斗的全国百姓面前，高山将化为平地，大海也会让出一条大道。

忠烈：（与众义兵将一起走了进来）队长，我们已经全都做好了行军准备！

洪范图：好！那么大家都跟着我前进，出发！

众义兵：是!!（响起嘹亮、雄壮的行军曲）

（幕急落）

（原载于《洪范图将军》，延边人民出版社，1992年）

洪范图将军年谱

（1868—1943）

1868.10.12：农历8月27日，生于朝鲜平壤西门内文烈寺附近的一个贫苦农民家庭。号汝千。父洪润植。

1868.10.19：农历9月3日，出生刚7天，母亲因患产褥热去世。

1876—1882：9岁时，失去父亲。15岁前，寄居叔父家里。

1883—1885：15岁那年，瞒为17岁，进平壤镇卫队，在右营第一大队当三年号兵。

1885—1888：在黄海道遂安郡水口面一家造纸厂，做工三年。因厂主无理扣发工钱，大闹一场，愤而离走。

1888—1889：在江原道金刚山新溪寺，当一年多和尚。

1889—1895.8：携丹阳李氏玉女赴咸镜南道北青郡途中遇险，与李玉女生离死别。长子良淳出生。后进江原道北部太白山脉的深山密林之中，苦练三年枪法和剑术。

1895.10.11：农历8月23日，在江原道铁原郡，同黄海道瑞兴猎人金洙侠约定兴反日义兵。

1895.10.12：农历8月24日，同金洙侠一起，在江原道高山郡和淮阳郡交界处的铁岭路口，袭击12名日军，全部击毙，缴获武器弹药，遂移至安边郡鹤浦。

1895.9—10：在鹤浦创建40多人的义兵队，操练枪法和阵法约一个月。

1895.11：赴江原道铁原宝盖山，同柳麟锡指挥的100多人义兵队会合。

1895.11—12：同日军交战三次均失利，金洙侠战死。

1896—1897：到黄海道延丰金矿暂避，打死三个日寇骑兵，缴获3支枪、300发子弹，遂离延丰。几天后，到江原道德源邑袭击德源邑座首全成俊家，夺取日币8480元，击毙全成俊。后，在阳德、成川、宁远等地单独开展反日活动。

1897—1904：到北青郡狩猎为业。与丹阳李氏邂逅重逢，膝下添次子龙焕。

1904.10.9：农历9月11日，日俄战争爆发。趁国内形势有利，又发起义兵斗争。在北青郡被捕入狱，6个月后越狱成功，又去黄海道延丰金矿暂避。

1905—1907：返回北青郡后，举家迁至安山面。加入职业猎人团体安山社“炮手契”，被推举为“捕捐队长”，实为猎人头领。

1907.11.15：在北青郡安平面严防洞，组织60多名猎人，揭竿而起，再次举行反日义兵武装起义。

1907.11.16：在真木洞，处决一进会会员、亲日走狗、安平面面长朱道翼。

1907.11.19：处决一进会会员、亲日走狗安山面面长李夬年及其子李凤国。

1907.11.20：在屏风洞，处决安山面的5名一进会会员，从而在安山、安平地区断绝日寇的情报来源。

1907.11：下旬前，同车道善、宋相凤率领的义兵队汇合，队伍壮大到100余人。

1907.11.22：下午4时许，在厚峙岭袭击护送火铳去北青的日军，击毙日军2人、日警1人，夺回被没收的火铳73支。同一天，在厚峙岭击毙由甲山前往北青的邮政马车的护送兵2名和惠山镇木材所的日本人雇员一名，并缴获他们的武器。

1907.11.23：在厚峙岭，击毙由北青前往惠山的日军少尉1名、士兵2名以及邮政马车护送兵1名。同一天，打死把拨里木材所日本人职员1人。

1907.11.25：12时30分至15时，在厚峙岭歼灭北青守备队官部大尉指挥的部队，取得义兵队创建后首战胜利。

1907.11：月底至12月初，在严防洞改编义兵队，被推举为义兵将。车道善没有参加改编工作，他赴甲山郡下南面建一支100多名的义兵队，并于12月3日在甲山郡上南面处决8名一进会会员。

1907.12.4：率义兵队到达通川云岩里。

1907.12.15：在獐项里，袭击前往北青的货物护送兵和邮政车护送兵。3名护送兵中击毙1名，击伤1名，缴获大量货物和武器。

1907.12.16：在獐项里，指挥100多名义兵歼灭青砥大尉的日军一个中队。

1907.12.26：在三水郡仲坪场，袭击并歼灭咸兴守备队上杉少尉指挥的骑兵队，随后撤至三水方面。

1907.12：下旬，队伍迅速壮大到1000余名，进行第二次整编，将义兵队编成4个部队。

1907.12.31：率约400名义兵，粉碎日军对三水城 的第二次“讨伐”。

1908.1.4：在“新谷寮”16洞，击毙日兵2名，缴获货物16驮。

1908.1.9：同第三次进攻三水城的三木少佐所率200余名“讨伐队”交战，用少数兵力，在三水城外的仲坪场，牵制敌人，拖延时间，使主力部队向甲山转移。

1908.1.10：日军占领空无一人的三水城，洪范图义兵队的主力则突然袭击甲山邑，歼灭甲山守备队和警察驻在所之日警，烧毁日军兵营，攻占甲山邮电局，切断电话线和电线，缴获大量军火，从容撤离。

1908.1.12：派60余名的义兵队，袭击甲山郡上南面，处决一进会会员48名。

1908.1.23：洪范图义兵队70余人，在端川郡水下面云承里，同日军“讨伐队”激战2小时，击退敌人。同一天，洪范图的部下郑道翼所指挥的义兵队，在端川郡水下面加丰里牡丹村高地，同云承里战斗中退下来的30名日军激战5小时全歼该敌。1月，锯断长津至惠山之间的电线杆18根，10日至20日之间，全部切断三水邑内6里长的电线。

1908.2.10：消灭经由新房及下德里前往旧田的日军6名。

1908.2.12：袭击惠山镇警察分驻所管辖内的三水警察驻在所宿舍。

1908.2.20：为袭击甲山，率部集结在距离甲山以北2里半的地邑社细洞。

1908.2.21：在甲山邑地邑社里俗细谷，同阿部警察部长指挥的日军激战。

1908.2.23：在端川郡下农里，同佐久间特务曹长指挥的日军激战，重创该部。

1908.2.24：在端川郡上农里，歼灭佐久间特务曹长指挥的31名“讨伐队”。

1908.2.25：在距离青鹤西北约3里的守义洞，歼灭中丸伍长率领的9名日军。

1908.2.27：在端川郡下农里，消灭被派出企图同连川敌军取得联络的小林以下3名日军。

1908.2.28：在桥别里，同杉木少佐指挥的日军激战，击退该敌。

1908.3.8：洪范图义兵队一支部队，在旧田附近，同日军发生冲突。

1908.3.11：袭击三水驻在所，击毙1名朝鲜人巡警。

1908.3.20：夫人李氏和长子良淳，被一进会会员林载德、金元弘、崔定钰和日本警察逮捕，关进长坪里拘留所。

1908.3.25：3月25日，袭击高原邑。

1908.3.29：在高小城里附近，袭击运货车。

1908.4.19：在长津熊谷，同日军交战，歼敌85名。

1908.4.20：在离三水郊外约5里处，歼灭出来侦察的日军宪兵队。接着，击退前来增援的三水宪兵队。

1908.5：月初，林载德、金元弘等，胁迫夫人李氏，引诱洪范图归顺的阴谋失败。夫人李氏，被敌人杀害。长子良淳被敌人哄骗，持劝降信回到义兵队驻地。洪范图将计就计，在土岗圩设伏，袭击日军190余名和一进会会员（自卫团）190余名，俘虏200余名，并处决林载德、金元弘等走狗。

1908.5.7：在咸镜北道长津郡莲花山屏风岩整编总员1864名的义兵队，编成11个中队、33个小队，并调整作战部署。

1908.5.20：在通废圩铁店街，袭击日军"讨伐队"，消灭日军军官8人、士兵30人。

1908.5.25：在甲山间坪，同日军"讨伐队"仓促应战，击毙日军3人，而义兵战死8人。

1908.5.28：在甲山郡挂卓里驹岭，消灭长谷川指挥的日军"讨伐队"的一支骑兵队。

1908.5：月底，洪范图所率义兵队分成两支队伍。由元基丰和崔学善率300人前往北青，洪范图、姜宅熙、元锡泽、郑道翼率350人，向长津达阿峙进发。

1908.6.2：在长津蟾岩，歼灭日军"讨伐队"。蟾岩之战后，洪范图率领的义兵队再次分成两支队伍。姜宅熙等人率领160人，前往长津郡北部活动；洪范图率180人，向北青郡安山面进发。

1908.6.4：在甲山上南社，同日军交战。

1908.6.7：在新田洞袭击日军，获大胜。

1908.6.10：在金仓，经激战击退日军"讨伐队"。

1908.6：车道善被日寇怀柔之策所迷惑，于3月17日"归顺"，关在拘留所达80天，于6月7日越狱成功，来到黄水院，洪范图欢迎他加入义兵队。

1908.6.16：在定坪巴倍基战斗中，重创日军"讨伐队"，洪范图的长子良淳等6名义兵牺牲。

1908.6：中旬至下旬，在桦下洞、阳化场、东德山等地进行战斗，连战连捷。

1908.7：与安重根义兵队会合计划受挫。

1908.8：在丰西郡鹰德岭，同日军交战。

1908.9.14：命姜锡熙带1万4000余元资金，去沿海州购买武器。9月，在北青细街，同日军交战。

1908.10.9：以购买武器、弹药为目的，率40余名义兵北渡鸭绿江，经通化至吉林，令40名义兵返回去，携3人经榆树、横道河子，年底前抵沿海州海参崴。

1909.2：在沿海州，派金氏2人、白氏1人、权氏1人到甲山。

1909.6：月底，从沿海州回国，在三水、甲山、端川等地重新开展反日武装斗争。几个月后，因缺乏武器弹药，躲进森林中，不能进行战斗。军心浮动，有人主张解散义兵队，洪范图毫不动摇继续坚持斗争。

1910.3：率少数精锐部队，转移到长白县十七道沟王家沟。

1910.6：月初，前往俄国沿海州乌苏里斯克地区南满村。

1910.6.21：在南满村，同李范允、李基男、李振龙等反日义兵将、爱国运动家一起，成立旨在创建“13道义兵”的“倡仪会”，推举柳麟锡为总裁。

1910.10：月底，从沿海州回到长白县王家沟。

1911.3：以手下勇将朴永信为先锋，亲自率领精锐部队，首次进行向国内进军战斗。在咸镜北道庆源细川洞，袭击日军守备队取得胜利。

1913—1915：率义兵队离开长白县王家沟，前往沿海州。为了筹措购买武器弹药必需之军费甘愿当苦工。先后在海参崴港码头、雅库齐亚金矿、奥廖克敏斯克金矿、博大依金矿、尼古拉耶夫斯克渔场、库尔巴特金矿、通古斯克金矿、比扬克金矿、安德里斯克金矿从事繁重的体力劳动。

1915.7.26：购置17支五连发步枪后，返回密山地区。

1915—1917：在密山地区种地、打猎，继续筹措军费。

1917.11：在彼得堡，迎接俄国10月社会主义革命的胜利。

1918：在沿海州秋风新吉洞务农。

1919.4：在中国吉林省安图县明月沟，组建“大韩独立军”，被推举为司令官。

1919.8：率200余人精锐队伍，袭击惠山镇日军守备队。

1919.9：同李东辉等人携手，为准备1000余人独立军大部队的国内进击战，把大量武器和粮食运到长白县一带。

1919.10：攻占满浦。在慈城同日军激战3天，打死打伤日军70余人。

1919.12：以白头山麓密林地带为基地，积极活动，总兵力达2000余人。以大韩独立军义勇队队长的名义发表《谕告文》。参加中俄联合宣传部，任间岛宣传支部执行军务司令官。

1920.2：联合其他反日武装团体，组成2000余人的队伍，袭击会宁，并完全攻占敌军营，歼灭敌人300余人。

1920.3：发表警告文《特告巡警补助员》。袭击钟城日军宪兵队，缴获大量武器弹药。15日至27日，先后进行8次较大的战斗。从沿海州购入机枪7挺、手枪200余支。大韩独立军基地，从安图县转移到汪清县。同崔振东的督军部联合组成军务都督府，设征日第一军司令部，任征日第一军司令官。

1920.4：初旬，从沿海州购入步枪700支。

1920.4.20：国民会、军务都督府、北路军政署各级指挥官约400人，参加在延吉县铧尖子召开的联席会议，一致同意加强反日武装斗争，并通过关于采取联合作战行动的决议。

1920.5.11：在凤梧洞，参加新民团、军政署、军务都督府、光复团、义军府(团)、国民会军等6个反日武装团体联席会议，达成联合作战协议。

1920.5.22：征日第一军司令部和河岛国民会军，联合组成大韩北路第一军司令部 被推举为第一军司令官。

1920.5.28：在会宁云雾岭，袭击日军骑兵队护送的邮政车，并缴获邮件。

1920.6.4：北路第一军司令部所属一支约30人组成的小部队，袭击钟城郡江阳洞日军宪兵军曹指挥的国境哨所，击破日军1个小队后，即返回三屯子。

1920.6.5：在三屯子西北的凤花里，袭击南阳日军守备队队长新美指挥的越江追击队，获大胜。

1920.6.7：凌晨2—3时许，前一天赴朝鲜带回捐物的13名新民团战士，在后安山五户村，同追踪而来的安川"讨伐队"交战。下午，打响了凤梧洞战斗。由洪范图总指挥的独立军联合部队歼灭日军150余人。凤梧洞战斗结束后，率大韩独立军主力部队回到汪清县大坎子基地。

1920.7：从汪清县大坎子富兴屯转移到延吉县依兰沟(现属延吉市)。

1920.8.8：率独立军主力部队，从延吉县依兰沟出发，向明月沟转移。途中，在老头沟煤炭岭，袭击龙井日本总领事馆高等系刑事部长坪井指挥的28名骑兵搜索队，击毙22人。

1920.9：中旬，率大韩独立军离开明月沟根据地，向奶头山进发。下旬，率天宝山、卧龙沟渔浪村附近活动的大韩独立军部队，抵北万鹿沟。

1920.10：初旬，在和龙县三道沟，同玄天默、桂和、李范奭、安熙、李学根、朴宁熙等人，召开作战会议，通过对日军采取自卫自重的对敌方针。中旬，洪范图的大韩独立军部队，分驻在卧龙沟渔浪村、东花洞等山村。

1920.10.13：在二道沟北蛤蟆塘，召开大韩独立军、国民会军、新民团、义民团、韩民会等反日武装团体代表会议，组成"联合部队"(总兵力达1400余人)，并设统一的作战指挥部，洪范图任总指挥，公布5项《决定》。

1920.10.16：北路军政署大部队抵达和龙县三道沟附近，洪范图、安武等同北路军政署首脑举行作战会议。

1920.10.19：在三道沟附近的庙岭，独立军“联合部队”和北路军政署的指挥官举行联席会议，决定抛弃回避战策，采纳在有利的机会和有利的地点袭击敌军之方针。

1920.10.21：指挥独立军“联合部队”，在卧龙沟渔浪村附近的北卧鹿沟，同东正彦支队主力部队激战，歼敌400余人。同一天，在青山里白云坪直沼，金佐镇的北路军政署主力部队（第二大队）在李范奭等人的指挥下，消灭东正彦支队另一主力73联队的先头部队。

1920.10.22：在卧龙沟泉水坪东北高地，与金佐镇的北路军政署主力部队联合，同东正彦少将直接指挥的日军数千人激战，取得打死打伤敌军800余人的辉煌战果。

1920.10.24—25：凌晨，在天宝山南侧峡谷，袭击日军守备队1个中队，获大胜。

1920.10.25—26：凌晨，在古洞河畔的五道阳岔，消灭日军搜索队2个小队、100余人。

1920.11：同徐一、金佐镇等北路军政署负责人协商后，发出《劝告书》，号召各反日武装团体汇合。

1920.12：中旬，各反日武装团体集结在密山，成立“大韩独立军团”（总兵力3500余人），洪范图任副总裁，总裁为徐一。

1921.1：率原大韩独立军，自密山出发，经虎林县虎头，过乌苏里江，抵伊曼。

1921.2：同李青天等独立军团负责人一起，由苏联红军朝鲜人自由大队指挥官吴夏默周旋，与阿穆尔州赤塔政府签订军事协定。

1921.3：在伊曼，大韩独立军、北路军政署、国民会军、义军府、军务都督府、血诚团、青龙队、萨哈林队、伊曼队等，联合组成“大韩义勇军总司令部”，洪范图任副总裁，仅次于徐一。

1921.4.12：在伊曼召开的36个独立团体首脑联席会议上，将“大韩义勇军总司令部”改名为“大韩独立团”，洪范图被推举为“大韩独立团”副总裁。

1921.5：“大韩独立团”自伊曼转移到“自由市”，即亚历谢夫斯克。（萨哈林义勇队迟至6月才抵离“自由市”3里左右的斯拉夫斯克村。）

1921.6.28：发生“‘自由市’事变”（黑河事变）。

1922.1：在伊尔库次克，朝鲜人反日部队被编入苏联红军第五军团。洪范图任第二联队第一大队大队长。

1922.1.21：出席自1月21日至2月2日在莫斯科开幕，在列宁格勒闭幕的“远东共产主义革命组织第一次大会"。洪范图为52名朝鲜人代表之一。他会见列宁，并接受列宁馈赠的毛瑟枪和金币100卢布。

1922.2：由苏联政府安排和关照，参观访问莫斯科和列宁格勒。

1922.6：在布拉戈维申斯克，高丽共产党和韩国共产党联合组成高丽中央厅。洪范图任高等军人征幕委员，崔高丽任委员长。

1922.12：年底，从苏联红军退伍，决定留在苏联度晚年。

1923—1927：在伊曼卡扎林区任农业协同组合管理委员长，忘我工作。

1927.10：加入苏联布尔什维克党。

1928—1937：在兴凯区“兴凯之星”农业协同组合工作。

1929：退休，开始过领取养老金的生活。

1937：自沿海州移居哈萨克斯坦克齐尔—奥尔达，做朝鲜人剧场守卫工作。

1941.1.16：在克齐尔一奥尔达，首次公演太长春的记实话剧《洪范图》，洪范图出席首演仪式，致开幕辞，并观看演出。

1941.6.22：苏联卫国战争爆发，他到州党委，恳求赴前线作战。

1942.4：原在克齐尔—奥尔达市的朝鲜人剧场，迁至乌什托别。洪范图留在克齐尔一奥尔达市斯捷夫娜娅街二号，度晚年。

1943.10.25：在克齐尔—奥尔达逝世，终年75岁。

血海之唱[①]

[朝鲜]乌鸦
王丽媛 译

血海北间岛啊
在我们受伤的心中，
我听到了穿透黑暗传来的歌
同胞们
这是血海之唱啊！

人物：布谷鸟……………………………………………30岁，游击队侦察员
金老汉……………………………………………50岁，农民
粉姬……………………………………………20岁，金老汉之女
农民甲、农民乙、农民丙……………………均40多岁
王平……………………………………………26岁，汉族青年
宋大娘……………………………………………50岁，王平之母
黄少爷……………………………………………地主之子
队长……………………………………………日本宪兵队长
团长……………………………………………协和会团长
日本军警
其他（游击队员若干名）

时期：丁丑年（1937年）八月十四日

场所：北间岛

舞台：远处山下的草屋错落有致，一条小路弯弯曲曲地通向后山，村前有

---

① 《血海之唱》韩文版载于2010年延边大学朝鲜文学研究所编《20世纪中国朝鲜族文学史料全集》（第16集）。本卷所收录中文文本系项目组根据《20世纪中国朝鲜族文学史料全集》（第16集）（延边人民出版社2010年版）翻译。——编者注

一条小溪缓缓流过。北间岛虽是一片血海，但溪水清澈，山峦也照样蔚蓝。正面是一棵大树，疲倦的农民正在那里休息。

幕布拉开时，农民甲、农民乙、农民丙和金老汉聚在一起，正在说话。金老汉：唉，这万恶的社会，我们在这儿种庄稼累得筋疲力尽，却只能糊口度日……

农民甲：要是死了的话就不用再受苦受累了。我家的烟囱从三天前就断了烟。我现在使出浑身的力气，也拿不动这小小的鹅卵石。唉……（叹气）

农民丙：该死的，苍天无眼啊。虽说土地神用泥土创造了亿万苍生，却把我们分为穷人和富人，我们也只能靠扒拉这牛粪来维持生活……啧啧。（用舌头咂了咂嘴）。

金老汉：少说胡话了。（指着农田）那些稻谷是谁种的，糯米糕是谁做的，又是谁去吃呢？

农民丙：咳，玉皇大帝主宰苍生，指令农民去种庄稼，真是无奈啊。

农民甲：（勃然大怒）唉，难道我们就不能吃年糕吗？我们成日里在这儿种田，怎么能连种出来的东西都不能吃。唉，真可恶，这肮脏的世界……

农民乙：嘘，可别再那样说啦。一不小心别被当成共产匪徒抓走啦，说那样的话，你不要命了吗？

农民丙：说来也是啊。这毕竟不是社会政治，那些冒着风霜、顶着严寒到处奔走的人也是很辛苦的。咱们还是就凑合着吃点儿饼吧。

金老汉：是啊，你怎么能这么说？那些人为谁而战？为谁流血？还有，为谁在那儿吃草根呢？你以为他们不顾父母妻儿傻傻地在深山幽谷里熬夜吗，人家怎么会那么笨啊！

农民甲：大家安静一点。这几天，鬼子怎么像苍蝇一样到处乱窜……

农民乙：时局可能要发生变化了。（安静而急切地）上次我听说了件怪事，昨天晚上……

全体：（围坐在一起）发生什么事了？

农民乙：你们不要走漏风声，我听说后山上来了一个奇怪猎人，那人跟铁蛋说，红旗很快就会传到我们手里。

农民丙：是么？

农民甲：呀！好啊！

金老汉：嗯，早就应该这样嘛。

农民乙：我看那人一定是个猎人，力大无穷，迅捷如虎。（全体严肃地听）

起初看到在南山前有个白色的东西浮了起来，但是不知怎么回事，突然就飞到了后山，还跟人打招呼。可是铁蛋这家伙胆子小，一头扎进了柴堆里。（自言自语）恐怕不是人，看他跑得样子像老虎似的，还会飞。

农民甲：那后来怎么样了？

农民乙：后来有人悄悄地从树缝里往外看，见他拿着镰刀啪啦啪啦地砍柴。就叫了一声“小伙子！”，再抬起头来一看，突然莫名其妙地刮起旋风，那人就消失不见了。

全体：（话音刚落）哈哈哈……

金老汉：有这个可能啊，那些人会用缩指法和变身术。

这时，装扮成猎人的游击队侦察员布谷鸟登场，只见他身材魁梧，皮肤粗糙，声音低沉，露着神秘的笑容。

布谷鸟：你好。

全体：（惊讶地）啊？

布谷鸟：今年庄稼很好啊。

金老汉：那有什么用，收获都是三七分成，太过分了。

布谷鸟：真是金樽美酒千人血啊。

农民丙：你是从哪里来的？

布谷鸟：之前我在工厂失业了，没有工作，所以想要去长白县一带挖人参。

农民乙：挖人参？那可不是简单的事啊，唉，这世上真是无情啊。日子一天天的过去，富裕的人活得好好的，不富裕的人活着越来越难……

农民丙：啊哈，你不知道这是命中注定的吗，这可是刻在生辰八字上的啊。

布谷鸟：那你帮我看看手相吧。说不定会挖到人参呢，哈哈哈。（稍稍严肃）但这世道是这样的，富人忙着吸穷人的血越长越胖，而贫穷的人却越来越瘦。

农民丙：这话有些离谱啊，真的像你说的这样？

布谷鸟：举个例子，假设有个工厂主需要三个人干活，工厂主雇佣工人，工人每天需要干十个小时的活儿，工厂主每天给工人一元钱，工人拿了钱，出卖自己的力气，就得像不会说话的机器一样听话地去干活吧？

全体：嗯，是的。（点头）

布谷鸟：一元钱不会消失不见，还可以用它去购买其他价值。你以为那些赚到钱的工厂主会是耶稣信徒吗？工厂主买了新的机器，新机器的效率至少比旧机器高一倍。那么会发生什么呢？

金老汉：（拍拍膝盖）哈，这是为了可以少雇佣工人。

布谷鸟：说得对。效率既然已经提高了，那么辞掉工人也就无妨了。

农民甲：该死的家伙！他们像使唤牛马一样去使唤工人，然后再像垃圾一样把他们扔掉。

农民丙：（就像自己也知道一样）所以就算把一半的工人赶走，也没有关系啰。

布谷鸟：何止一半啊，三分之二的人都要被赶走，然后工厂主让剩下的一个人去承担两个人的工作，接下来就是延长工作时间。所以呢，本来工厂主是要支付三元工钱的，这样一来，只用支付一元，那么剩下的两元钱就进了工厂主的口袋。

金老汉：天哪！两元钱。这简直是在抽劳动者的血啊！

布谷鸟：是的，工厂主的钱赚得也太快了啊。

农民甲：说得是啊。

农民乙：（指着农民丙）你老是把所有的责任都归咎于上帝……

农民丙：还是不要再说上帝的过错之类的话了。归根到底都是一样的。在天堂吃珍馐玉食和在地狱吃糠咽菜有什么不同？

布谷鸟：我想错了。"天堂"这个词是有钱人为了欺骗我们而创造的。如果真的有天堂，与其活着，还不如死了。

金老汉：说得对，如果真有天堂，为什么有钱人不去呢！

布谷鸟：是啊！看看你们现在的处境。一年四季都在筋疲力尽地工作，到了秋天，当你交了佃租之后还剩下什么呢？所以我们要粉碎这旧有的秩序，让这片土地充满自由和幸福。大家都要扛起锄头。沉睡的狮子醒过来了，我们要一直战斗到胜利的那一天！

这时，粉姬抱着饭碗急急忙忙地跑来叫父亲。

粉姬：爸爸！（扑在金老汉的怀里）对面村子黄地主的儿子……（哭泣）

金老汉：你说什么！

这时，黄少爷登场。

黄少爷：（独白）嘿嘿嘿……天下绝色啊。（向金老汉）向老爷子致以问候。

金老汉：（讥讽）谢谢，黄大爷。

黄少爷：我其实是为粉姬而来。

金老汉：我们虽然穷，但生的女儿都像杨贵妃一样漂亮。我们根本不会生那种涂脂抹粉、穿高跟鞋、招摇过市的狐狸精。

黄少爷：(独白)哎，该死的东西，给一点儿好脸色就不知天高地厚。(要吓唬金老汉似的)金老头，粉姬的处境可不好啊。怎么能让杨贵妃陷在泥里呢？嘿嘿嘿，金老头你要好好想想，才能把不幸化作幸运……

粉姬：(愤怒地)你这禽兽不如的东西！穷人家再怎么没钱，难道还没有自尊心吗？钱，也不过是……(抽泣)

金老汉：(像老虎一般咆哮着)你这个大逆不道的家伙，让你知道老天爷的厉害，(充满怨恨的)快来个霹雳吧！

此时，农民甲、农民乙、农民丙、布谷鸟都瞪着黄少爷，向黄少爷走去。

黄少爷：唉……这帮乞丐……想抓我。(大喊大叫。)来人啊！

农民甲：(向前迈出一步)我在这里。因为吸了穷人的血，所以现在精神恍惚哩。(所有人都哈哈哈地笑)

黄少爷：(颤抖着看向布谷鸟)你是谁？

布谷鸟：我是三化煤矿的苦力。

黄少爷：我看你不像苦力。(想了想)那你的老板是谁？

金老汉：(紧急关头)黄大人，我想说他是我女婿。孩子，粉姬啊，怎么不打招呼呢？说我的丈夫在三化煤矿……

黄少爷：行了，我知道了。(拿出哨子)

布谷鸟：住口！

黄少爷：你有证件吗？

布谷鸟：你非得看证件才清楚吗？(假装从怀里掏出证件，然后掏出手枪对准黄少爷的胸口，大家全都吓一跳，黄少爷不寒而栗)

布谷鸟：给我听清楚了。我是为革命而战的人！我是为人民的自由和独立而战的人！

黄少爷吓坏了，想要逃跑。布谷鸟冲到了黄少爷的前面。

布谷鸟：想逃跑，哪里跑！在北间岛的土地上，到处都充满了民怨！

黄少爷趁机吹响哨子要逃跑，布谷鸟飞快地射出子弹，接连传来黄少爷的尖叫声。

布谷鸟：各位，快躲开。后事由我来负责。

狗叫声、军火声、鬼子的脚步声响起，幕布落下。

第二幕

第一场

舞台：一个用草搭就的汉族式瓜棚出现了，周围有倾斜的围栏。深夜，深山幽幽。窗上，烛影晃动，可以看出一个男人在写东西。

狗叫声接连不断，大幕缓缓拉开。从屋后走来一个头部流血、衣衫褴褛的男人，他踉跄着倒下了。他就是身着便服的游击队侦察员布谷鸟。宋大娘从屋里走出来看外面的动静。她发现了这情景，赶紧进屋，悄悄地叫王平。

宋大娘：王平啊！把灯拿过来。

王平：（出来）妈妈，怎么了？

宋大娘：哦，天呐，外面躺着一个青年。

王平：青年？（走出去，用灯照着。）

宋大娘：孩子，快去把大酱拿来。听说他们朝鲜人受伤了会涂大酱。

王平走进去，舀了点儿大酱给布谷鸟包扎。

布谷鸟：（稍稍恢复了点儿精神）给我点儿水。

王平：妈妈，他醒了。

宋大娘：小伙子，你是什么人啊？

布谷鸟：我，我是山上的人。

宋大娘：你怎么受伤了？

布谷鸟：我和日本鬼子打了一架。（站起来）我得走了。

王平：你伤得这么严重，怎么走啊？

宋大娘：年轻人，相信我们吧，你看，我们的处境不都是一样的吗。

布谷鸟：谢谢了大娘。但是我得赶紧赶回山上去了，还有事情没有完成。

王平：你有什么要紧的事，我替你去吧。

布谷鸟：那可不行啊。

王平：请相信我。中朝是同胞兄弟，我们应该并肩作战。无产者们都处于同样的境地，请你相信我。（挽起胳膊露出伤口）你看看这是我被他们打的伤，我要报这个仇。

布谷鸟：啊，真不简单啊！我们为了打败日本鬼子，大家要团结起来战斗。

宋大娘：说得对！我们都是一家人。

布谷鸟：（从衣服中取出红旗递给宋大娘）大娘，请收下这个。您就如我的亲生母亲一般啊。

王平：红旗！

宋大娘：这是用烈士们的鲜血染就的红旗啊。（对王平）孩子，快找个藏身的地方。

布谷鸟：不行啊，我还有送信的任务，我得走了。

王平：你现在的状况如何能走，还是我来替你去吧。

布谷鸟：真的吗？（握着王平的手）

王平：请相信我吧。

宋大娘：你就让这孩子去吧，这孩子也是无产者的儿子。

布谷鸟：谢谢大娘了。

这时，外面又传来狗叫声，不知从哪边晃过几道手电筒的光。

布谷鸟：任务很简单。穿过泉水沟，在鱼浪川前村的榕树下，你学三声布谷鸟的叫声"布谷，布谷"，便会有一个人出来接应你。你把我的情况告诉他们，任务就是这些。

王平：好，我明白了。你快躲进这地窖里。

王平与宋大娘藏好布谷鸟，正要出去，突然一束亮光闪过，"谁呀！抓住那个家伙"。

宋大娘：（吓得往外跑）王平啊，你……

这时，布谷鸟不顾伤痛，倚靠着树枝向外张望。

布谷鸟：（独白）啊，连王平也被抓了。我在这种时候该如何是好？（拿出手枪）同志们，请不要埋怨我。我要和他们决一死战。（想了想）不，我身上带有重要文件。如此，该怎么办才好。（低头思考）我必须得去见同志们。王平，不要死，一定要活着。我一定会报答你的恩情。

宪兵队长、协和会团长、日本军警抓着王平，走进来。

宪兵队长：这是你的儿子吗？

宋大娘：是的。这是我的儿子。

宪兵队长：此话当真？

宋大娘：我只有这一个相依为命的儿子。

协和会团长：（拿着耶稣的十字架扮演信徒的角色）老大娘，我们的皇军是不会伤害你的。日本人、朝鲜人、中国人都是好兄弟。

宪兵队长：让她快说！

协和会团长：是！（对宋大娘）这里是不是藏着一个共产匪徒？

宋大娘：不知道。

协和会团长：可是你的儿子要去哪里送信，我们可都知道。

宋大娘：你都知道？

协和会团长：你的一句话，你的儿子便会得到宽恕。你有没有把游击队藏起来？

宋大娘：我真的不知道。

宪兵队长：什么？（准备开枪）

协和会团长：你要让你无辜的儿子受苦吗？二选一，是要救你的儿子，还是把共产匪徒藏起来？

宋大娘：（独白）啊，儿子也很重要。在深山里吃苦的共产党也很重要。救谁才好啊。

宪兵队长：快点儿说！

协和会团长：儿子重要还是共军匪徒重要？我看你的儿子还未娶媳妇儿。你如果说出来，我就给你的儿子娶个漂亮的媳妇儿，再赏给你一千元。如果不救你的儿子，你可是要下地狱的，说错话老天可是会责罚你的哦。你这个“杀死儿子的母亲啊”。

宋大娘：（泪流满面地独白）可怜的孩子生下来便没有父亲，受尽了这人世间苦楚……啊，这无情的世界！

宪兵队长：（掏出手枪）你真的不说吗？

协和会团长：（急忙假装劝阻）啊……皇军稍安毋躁。队长！可怜可怜这老妈妈吧。（走近宋大娘）日本人不杀无辜的百姓，你还是快说吧。

宋大娘：王平啊！

王平：妈妈！

协和会团长在宪兵队长的耳边嘀咕着什么。

宪兵队长：（张开前牙突出的嘴对着王平）你到底说还是不说？

王平：我没有什么要说的。

宪兵队长：（对日本军警）给我打！

日本军警：是！（用鞭子毫不留情地鞭打王平）

宋大娘：你们这些畜生，别打了！我说…

协和会团长：嘿嘿，早就应该这样嘛。不要担心。皇军有很多好药的。（对宪兵队长眨了眨眼）队长，把她松开吧。

此时，躲起来悄悄听着的布谷鸟把文件撕碎，放进嘴里吞下。

王平：团长，我来说。

协和会团长：（笑）小伙子真识相。今年几岁了？已经有二十岁了吧？不过，还没娶媳妇……

王平：我到了外面，突然听到草丛里传来“呼呼呼”的声音。我走近一看，看见一个男人 倒在地上，衣服上沾满了鲜血。

宪兵队长：他长什么样子？有多高？

王平：很高的。像队长这么高的人站在他身边就跟孩子一样。他就像是一只老虎，眼睛像晨星一样闪闪地发着光。

宪兵队长：是吗？别再胡说了！

王平：于是我悄悄地躲起来想抓住他，结果他一晃儿就消失了。但是，在那个位置上……

宪兵队长：有什么？

王平：有这样的印记留下，写着“天皇陛下的嫡子鹤岗队长俞统师屠伐中全被歼灭。”

宪兵队长：哼，你这满洲人！给我拉走！

日本军警：是！（用枪推着）

宋大娘：王平啊，（扑向宪兵队长）你们不能拉走我的儿子。你们这些家伙！

宪兵队长：你的儿子是共产匪徒！

王平：妈妈，别担心。我们一定要战斗到底。

日本军警：快点走！

宋大娘：王平啊！

布谷鸟在愤怒和哀愁中看着，从地窖里出来，扑在宋大娘怀里，哽咽着叫着“大娘”。舞台渐渐变暗。

第二幕

第二场

灯亮了，布谷鸟绑着鞋带，听宋大娘讲故事。

宋大娘：真是想想就一肚子委屈啊。

布谷鸟：我听说了。在过去的战斗中，王平的父亲因藏匿我们的革命军而被日本鬼子打死，王平是遗腹子，没有父亲，受着别人的嘲笑，真是不幸啊。大娘，您是中国优秀的母亲。（握着宋大娘的手）不要伤心。大娘，我们的同志们会回来为您报仇雪恨的。

宋大娘：（继续回忆）后来我带着年幼的王平在王地坪勉强生活。有时望着晚秋的月亮，傻傻地盼着丈夫还能活着回来，有时候下着雨，饿着肚子也出去等。是啊，那时候我背着我的小王平到处借不到米。唉……（叹了一口气）还能说什么呢？都是我经历过的苦啊……

布谷鸟：大娘，好日子一定会到来的。

宋大娘：好日子什么时候才会来呢？（回忆）到王平14岁的时候，我一直以为他是个爱哭鼻子不懂事的孩子。两年后他到三化煤矿找到了工作，之后的三年就没过回家。有一天我去找他，正好赶上他做夜工回来。当我看到他时，我吓了一跳，我含辛茹苦养大的儿子竟成了那样的苦力！

布谷鸟：母亲，我们应该同情苦力。日本鬼子想把我们所有的兄弟都变成苦力。所以我们应该和苦力手拉手，站在一起。

宋大娘：（回想）他只是把头埋在我的怀里，静静地抽泣着。当我听到他哭的时候，我非常心痛。我为什么不知道呢？我咬着嘴唇尽量不哭，但终于还是忍不住哭了起来。他抬起头来说："妈妈，不要只想着我，为我流泪了。"然后又说："妈妈，这种时候不哭是养育孩子的母亲的本分。"我还是第一次从我的孩子那里听到这么有力的话。

布谷鸟：（摸着大娘的衣领）大娘，您有个好儿子啊。

宋大娘：我给王平说："王平啊，妈妈听你的话！不会哭的。"王平说："妈妈不要哭。"说完就脱下了上衣。我看到孩子胸背上青一块儿紫一块儿的，哪里还有正常的皮肉啊。我差点儿就当场晕过去了。

布谷鸟：是啊。大娘从王平的胸口上，看到了北间岛百姓们的血海。大娘，千万不要哭，一定要活着。等我们取得胜利的时候，会给全中国的母亲带来永远的笑容。

宋大娘：那该多么好啊……即便我活着没有见到那番光景，后代们也会享受到那般幸福吧。

布谷鸟：不，大娘一定会过上幸福生活的。

宋大娘：不知不觉话说得太多了，是时候离开了，

布谷鸟：北斗七星已经变得倾斜了吗？

宋大娘走了出去。

宋大娘：是要变了（从怀里拿出布谷鸟的文件和手枪）。

布谷鸟：那么，大娘，时间是凌晨两点，当北斗七星经过西香山山顶的时候，我们的枪声就会响彻前后的群山。到时候我会把大娘和王平一起带回去的。

宋大娘：好，一路平安。我如果听到你们的枪声，就死而无憾了。

布谷鸟：那么，大娘再见。

布谷鸟打完招呼后退场。宋大娘看着布谷鸟，目送他远去。

宋大娘：（独白）王平啊，我们听到革命者的枪声。到时候我们一起去吧。你也扛起枪，奔走在祖国大地上。妈妈也会为养育了你感到骄傲啊！

宋大娘进屋，关了灯，准备上床睡觉，听到外面响起了狗叫声，还听到了鬼子队长"快点！快点跑！"的声音。随后，王平被日本鬼子用刺刀推了进来。后面跟着协和会团长、宪兵队长、日本军警。

协和会团长：你好。

宋大娘：托你的福。（抱儿子）儿啊，你受了好些苦啊。我有共产党的保护，很安全。

王平：妈妈，这样我就放心了。我想永远过着幸福的生活，我想在有生之年可以看到这些狗贼滚出我们的祖国。

宪兵队长：什么！（尖叫着说不出话来）

宋大娘：王平，你别担心。老天爷怎么会没眼呢？

宪兵队长：（对协和会团长）让她快说！

协和会团长：是！（对着宋大娘）快把你藏起来的共产土匪交出来。我给你三分钟的时间。说不说？

宋大娘：王平啊，现在几点了？

协和会团长：怎么了？（看着自己的表）两点十分。

宋大娘：能不能给我五分钟时间。最后，我会把一切都告诉你的。

协和会团长：她要干什么？（和宪兵队长窃窃私语）

宪兵队长：你的，是满洲国的好妈妈。嘿嘿……

宋大娘：我想听我儿子唱歌。

王平：妈妈，我们唱歌吧。这首歌全中国都知道。（宋大娘和王平拖着疲惫的身躯，大声地唱）"拖着疲惫的腿，在险恶的山中……"（这时日本军警不让他唱歌，王平甩开日本军警继续唱歌）"怀着决心行走的我们是革命军……"，怎么样，妈妈！

宋大娘：唱得好，猫儿的前面是老虎的咆哮啊！

宪兵队长：现在快说吧！

宋大娘：好好听着！我藏匿了一个正义的猎手。

宪兵队长：嗯？

协和会团长和日本军警也惊呆了，大喊"在哪里？"

宋大娘：可是那猎手像燕子一样，飞往江南去了。

宪兵队长：你这个老东西！（用脚踢。）

王平：你们这些狗贼，为什么要伤害我无辜的妈妈！（挣扎着踢向宪兵队长）

宪兵队长：（怒气冲冲地对着日本军警）开枪！打死这家伙！

王平：妈妈，请不要难过。我们要相信未来，把孩子养大，传承我们的革命精神，这才是中国母亲的本分。

宪兵队长：快开枪啊！

日本军警向王平开枪。

王平：（倒下时）妈妈，请转告布谷鸟叔叔，王平为了革命，始终没有向仇敌屈服。

宪兵队长：什么！（又用自己的手枪开枪）

宋大娘：（倒在儿子身上）王平啊！（瞪着鬼子）你们这些家伙，你们杀了我的儿子，但你们杀不了全体无产者大众！他们一定会来向你们讨还血债的。

这时，听到了震山的枪声和号角声。

宋大娘：你们这些家伙听清楚！那是我们游击队的枪声。我们的队伍已经来了。在北间岛的血海中，终会响起自由之歌。

宪兵队长：混蛋！（应声射杀母亲，然后忙着逃跑）快！快跑！

这时，布谷鸟、金老汉、粉姬还有汉族的游击队员，闪电般地跑了进来。鬼子们颤抖着举起手来，他们全部被抓住，跪在地上。

布谷鸟：（抱着宋大娘的尸体）大娘！北斗七星倾斜了，黎明就要到来了，我们在血海中共同迎接黎明。当星星落下时，黑夜就会过去，充满希望的朝阳就会到来。为了那一天，大娘不是养育了王平，为了那一天，不是养育了百万中国的壮士吗？大娘，醒醒吧。您的身躯已经离开了我们，但您的灵魂将永远和我们在一起。（再走到王平身边）王平啊，你怎么没再忍一会儿啊！唉，怨恨啊！放心吧。在为革命献出生命的母亲和你的坟墓上终会开出创造幸福的花朵！

游击队员脱下帽子，在哀悼中把尸体搬进屋里。

金老汉：我也要拿上枪，我要用这双手报仇。

布谷鸟：好。让我们这片土地上的兄弟们携起手来并肩战斗吧。仇敌们，你们给我听清楚！沉睡中的狮子醒了！（向游击队员们）同志们，把这些家伙押上山去吧。

队员们：是！（对敌人）站起来！

他们举起手来战战兢兢地出去了。

布谷鸟：同志们，我们的北间岛就是这样的一片血海。但是中华民族的英雄之歌，将漫布中国原野。（给尸体盖上红旗）一路走好啊。我会把大娘和你的恩惠铭记在心，我一定会跟敌人斗争到底！（呜咽）

幕布在悲壮的歌声中缓缓降下。

——幕下

丁丑年（1937 年）八月，于泉水沟。

2023 年 7 月译

［原载于延边大学朝鲜文学研究所编《20 世纪中国朝鲜族文学史料全集》（第 16 集），延边人民出版社 2010 年版］

战斗的密林[①]
——红头山上梅花绽放

[朝鲜]乌鸦
吴铭 译

登场人物：王老人……………………………………50岁农民
　　　　　朴老人……………………………………52岁农民
　　　　　金老人……………………………………49岁农民
　　　　　朴　闵……………………………………游击队军需部长
　　　　　癸　顺……………………………………朴闵的妻子
　　　　　通信兵……………………………………游击队通信兵
　　　　　川　本……………………………………倭军中尉
　　　　　联络兵……………………………………倭军特级联络兵
　　　　　走　狗
　　　　　其　他(游击队员若干名)

时间：1938年初春

地点：鬼沟

帷幕升起，村前的榉树上挂满印着“打倒日本帝国主义!”“处死日本死狗和狗汉奸!”的飞行宣传队传单。看传单的村民们对山中人们神话般的事迹传说充满了好奇。

第一场

王老人：那些人真是来去自如啊。

朴老人：真是神出鬼没啊。日本人的戒备水泄不通，他们却可以神不知

① 《战斗的密林——红头山上梅花绽放》韩文版载于2010年延边大学朝鲜文学研究所编《20世纪中国朝鲜族文学史料全集》(第16集)。本卷所收录中文文本系项目组根据《20世纪中国朝鲜族文学史料全集》(第16集)(延边人民出版社2010年版)翻译。——编者注

鬼不觉地走动……

金老人：唉，你们没听岩石沟老头儿说吗？据说他们这些人能从这座山嗖嗖地飞到那座山去。

王老人：我也见过。

朴老人：他们到底长啥样啊？

王老人：为抓野鸡跑到岩石沟去……

朴、金：然后呢？

王老人：突然间就响起了哨子声。那些黄脑袋们一听到声音就呼啦啦地都跑到了山沟里。

金老人：你是说豺狼们吗？

王老人：能不跑吗？一个戴黑框眼镜的家伙高举写着"武运长久"四个大字的旗子，大喊了一声"突击！"。嚯，不知道从哪儿突然冒出来了一群戴锃亮头盔的家伙们，像蛤蟆一样慢吞吞地爬了上来，少说也得有一百来个人了。

朴老人：这下他们该怎么办啊？

王老人：就悄悄爬石头下边儿躲着了呗，结果一看，你猜怎么着，有两三个猎人还在那儿若无其事地追鹿狩猎呢。

金老人：天啊，身后可都是带着真家伙的倭军在追自己呢，结果他们却在这儿蹦蹦哒哒[跶跶]地狩猎？

朴老人：应该是看错了吧。

王老人：呵呵。就算是猛虎来了，只要他们迈个大步子也能给扑到，更何况区区一头鹿又算得了什么？你们接着往下听。那些黄脑袋们跟烈马崽子一样，全都扑通扑通地跑到山谷里去了。

金老人：我的天啊，武松们个个都能以一敌百吗？

王老人：我也是给吓出了一身冷汗。嚯，连胡子上被冻住的冰溜子都一下子化成水了。（喘了一口气）正当这时倭军对准了一个正往山坡上走的猎人开了一枪。

朴、金：啊，居然。

王老人：枪筒里冒出来的烟滴溜溜地飘上了天。

金老人：哎呦。

王老人：我想的是，既然有人被枪打中了，倭军他们不得赶紧聚到一块儿查看战况吗。结果你们猜怎么着？突然有一只野猪缓缓站了起来，悄没声儿地慢悠悠地走了过来。

朴老人：哈哈哈。这是什么变身术吗？

王老人：倭军都聚到一块儿找人去哪儿了，正懵着呢，结果突然就响起了突突突、砰砰砰的枪声。倭军一下子就害怕了，赶紧把头缩回头盔里，望着天空看了好一会儿，应该是在寻求他们陛下的保佑吧。

全体：哈哈哈……

王老人：大和民族的贼子瞬间就成了冻僵的明太鱼。

朴、金：对，他们肯定是在山坡上埋伏着，等时机把那些倭军往山沟里引。

王老人：哎，要不说黄鼠狼眼里只有鸡，根本看不到别的东西。只有当自己命悬一线的时候才会发现，自己进的压根儿不是鸡圈而是虎穴。

朴老人：但这下该怎么办才好呢？（看着传单）倭军如果知道了传单的话，肯定会立刻一把火就把整个村子给烧了的。听说泉水沟那儿也张贴了这样的传单，结果没过多久就都被烧掉了。

金老人：王老头儿，快给我们仔细讲讲黄大监（地主）的传说吧。那老头儿现在都成了咱村的主子了，是不是要了什么招数啊。

王老人：（坚决反对的态度）什么？黄大监的传说？你以为他能有什么高明手段吗？把原本住在木屋里的老头子赶走，还强迫人家的女儿给自己当妾，这不都是那家伙干的好事吗？给特设部队的倭军当走狗不说，还把自己家里干活的下人说成共产土匪给抓去，靠这个领了赏……这样的人只要他多活一天，他就恨不得把整个村子都给吞了。

朴老人：没错儿。咱们来到满洲这儿，又是砍树架房梁，又是荒地变良田的，干活干得手上都流血流脓了，好不容易才打拼出来咱们现在生活的这个地方。咱就算是拼上老命也得守住这片地。

王老人：是啊。以前我在洛东江那儿钓过鱼，白天还在大太阳底下种过地。既然这片地里已经有我耕地洒下的血汗泪了，那这儿就是我的老家了。不是有句老话这么说吗，自己家里来了朋友就要好好款待，如果来了豺狼就要用猎枪把它打死。来，咱们赶紧敲锣，把村里的男女老少都喊过来看看这个传单吧。

金老人：好的。我脚穿着麻鞋，手拿着镐头，我就是死也要死在我自己这片地上。黄大监那家伙榨干了我们这些一无所有的农民的血汗。我要马上磨斧头准备开干！给大儿子带上镐头，给小女儿带上菜刀。

王老人：走，赶紧敲锣吧，把咱们的冤屈告之天下。

全体：我们要守住自己的家乡！

第二场

在着火的密林里。从洞穴里朝外看，冰溜子已经开始融化了。这是游击武装部队的疗养所，有很多党员在这里休养调整。在这儿，有许多伟大的人经历了起死回生，重新苏醒过来。密林啊，你要好好地守护××洞穴，让这里永远翠绿青葱。

通信兵：军需部长同志！不知道为什么突然来了一群老人家。爬犁上驮着鹿，身上还挂着猎枪，看起来像狩猎的。

朴闵：让他们进来吧。

王老人进入。

王老人：唉，在这深山老林里，真是辛苦你们了。军需部长，您还记得这只鹿吗？你们那时候把倭军包围在了山沟里，打死了好多敌人。我本是个打猎的，所以就开枪打死了往东边跑的这只鹿。

朴闵：哈哈哈，您原来是位神枪手啊。

王老人：哎呀，哪儿的话啊。我打死的不过是连话都不会说的鹿罢了，你们抓住的可是拿着真刀实枪的敌人啊。

朴闵：您是怎么找到这儿来的呢？

王老人：所谓针线不离，线随针走。咱们即使分隔在天涯海角也必定会心有灵犀的。再说了咱们怎么会分开。（喘了一口气）我来这儿找您是想拜托您一件事儿，也是想了却我们全村人的一个心愿。（激动地）部长，请替我们报仇啊！那些倭军把全村人都聚了起来，让我们抓出那些在桦树上贴传单的共产土匪。谁会做这种伤天害理、猪狗不如的事啊？小孩儿们盯着大人们看，大人们又盯着老人们看，老人们则望着自己辛苦了一辈子才打拼出来的家乡山川。在这些人的眼中流出了血泪，燃烧着熊熊怒火。

聚在一块儿的游击队员们听了恨得咬牙切齿——决心重新夺回被抢走的祖国，民族奋发之心充斥在每个人心中。

通信兵：大爷，您喝点儿水。

王老人：呼——（长叹一口气继续说）村里的姑娘家们都被拉去倭军的慰安所了。自古以来我们民族就保持着善良的本性。唉，结果，姑娘们被扯着辫子拖走，哭天抢地地挣扎着，惨不忍睹。我实在是看不下去那场面了，于是转过身去，死死地咬紧嘴唇强忍着，结果就晕倒了。等那些倭军都走远了，我才醒过来。但一切都晚了。唉，我怎么就没能用斧头把那些混蛋的脑袋给劈开呢。军需部长！您就用这把枪，冲着我这老头子的心脏来一枪吧。我这个老头子一辈子，除了忍什么都不懂。到现在我才明白，所谓的忍，只会让我们这些穷人更痛苦。在倭军面前忍，就是在犯罪。

朴闵：大爷，您说得的很对。从现在开始，就不要再用这把猎枪来捕鹿了，用它来消灭敌人吧。

游击队员们：部长同志，请您快下达命令吧。

全体：我们要报仇雪恨！

朴闵：想要打败阴险歹毒的敌人，除了打击敌人，与敌人战斗，更重要的是要做到了解敌人。（面向王老人）大爷，村里最近怎么样？

王老人：村里的人都恨得咬牙切齿。因为亲眼看到了那些畜生闯进自己家里来干的坏事，大家都嚷着要把倭军都抓起来，又是拿镐头，又是拿斧头，还有抄棍子的……但毕竟那些倭军用的都是子弹……唉！（长叹一口气）

朴闵：3·1运动不就是这样的吗。还有中国的太平天国运动也一样。都是没有领导者的、分散的、自发兴起的革命。但是今天，对于我们来说，不仅有中国共产党，还有朝鲜光复会。而且，之前是因为没有武装力量，但是现在我们不仅有抗日联军队伍，还有金队长的部队。所以，请放心吧。我们一定会在满洲报仇雪恨，将敌人全部粉碎的。（跟聚在一起的游击队员们说）战友们！敌方是人数多达50万人的关东精锐军，目前看来，他们打算对密林展开全面进攻。吉什吉奥兰这家伙在鬼沟那儿驻扎着一个中队，包围了黑瞎子沟密营地。他们首先做的就是切断民众与我们的联系，中断粮食和食盐的供给。我们必须要把鬼沟从敌人手里夺回来，好加强我们与百姓的联系。

通信兵：军需部长同志，请把侦察任务交给我吧。我会拼尽全力完成这项任务的。

朴闵：很好。王大爷您得当我们的带路人，还有癸顺同志也是！

癸顺：好的。

朴闵：你跟着这位大爷一起去村里，把村民们都聚集动员起来。百姓们都等着我们呢，我们要成为他们的掌舵手。

癸顺：好的。但是朴闵同志，你身上的伤怎么办？天热了伤口会溃烂的。

朴闵：你放心吧，我既能给自己当医生，又能给自己当护士。而且还有这么好的手术刀呢。

癸顺：天啊，你是说那个用罐头瓶做的小刀吗？

朴闵：癸顺啊，你一定要保重身体。孩子出生了的话一定要告诉我啊。他可是在战斗的密林中降生的孩子，一定要特别珍惜爱护他。

癸顺：好的。我一定会完成好党交给我的任务的。

三个人打扮成农民模样退场。互相招手约定胜利的游击队员们。“凯旋归来吧！”

游击队之歌——

“白头山下广阔的满洲土地，是建国英雄为我们打造的运动场，成群结队步步向前，活泼又严肃。”

此时帷幕落下。

第三场

春天到了，密林中，杜鹃鸟在啼叫。冰雪开始融化，紫荆花也开始绽放。游击队员们在春天的密林中也逐渐活跃起来，密林的春天抚慰了游击队员们的心灵。

顺利完成侦察任务的通信兵金同志，抓回来了日本特级联络兵中山日染。

通信兵：军需队长同志，我回来了。鬼沟里只有一个排的精锐兵力和一个排的满洲国军驻扎在那里，仅靠这些兵力是无法攻下黑瞎子沟密营的，他们正在向吉什吉奥兰中尉请求支援。这人就是吉什吉奥兰中尉的特级联络兵。

朴闵：辛苦了。癸顺同志的情况怎么样了？

通信兵：两天前我们在××树下见了一面。动员村民的活动进展很顺利，但问题是食盐现在属于违禁物品，都在倭军手上，想得到食盐非常难办。

朴闵：（指着倭军联络兵说）把蒙眼睛的布给他解开吧。（对着还在犯迷糊的倭军联络兵说）你们应当向陛下行鞠躬礼，以表诚心。陛下吩咐我们，要你们交出特别邀请函。不用害怕。我们对待敌人，既宽大又严厉。你叫什么名字？

联络兵：特级联络兵中山日染。

朴闵把挂在倭军联络兵皮带上的短刀拔了下来。

朴闵：你知道怎么飞短刀吗？你把这刀插到那个树疙瘩上去。

倭军联络兵犹豫了一下，抓起短刀飞了出去，结果歪了，没有插中树疙瘩。

朴闵：我示范给你看。

朴闵抓起短刀甩了出去，刀飞了出去，正好插中树疙瘩。

朴闵：（冲着倭军联络兵说）就这水平，竟也敢来侵犯大国？哈哈哈。

联络兵：我从小到大就没跟人打过架。父亲在横滨当队长，母亲是信徒。过去我和爸爸经常在有海鸥飞来飞去的海边捡贝壳和海带，这曾是我们生活的全部。我非常喜欢大海。满洲的密林给我带来了恐怖的痛苦。战争把一个令人恐惧颤栗的怪异世界摆在了我眼前。我竟然就这样变成了一个杀人恶魔，双手沾满了满洲人的鲜血，如同一匹恶狼。我也不知道自己怎么就变成了这样，我也不知道自己为什么要拿枪和你们打仗。

朴闵：中山，你本是无产阶级者的儿子。你的父亲被资本家们压榨了血汗。你同我们一样，都是无产阶级者。但你为什么要在这流血的战争中与我们为敌呢？是因为我们的祖国和信仰不同吗？不！对于无产阶级者来说，没有国别之分。作为无产阶级者，我们的信仰是，一定要实现人类无产阶级革命。共产社会是绝对真理。

联络兵：那这样的话，日本人的大和精神是否能够与满洲人的共产精神和平共存呢？

朴闵：那当然是永远都不可能的事情。但是你应当要知道，共产主义精神是全人类的灵魂。现在在横滨，由共产国际领导的无产阶级革命也正在如火如荼地开展着。你的父亲也正在向日本资本主义社会投掷炸弹。

联络兵：队长，您是说在横滨吗？

朴闵：是啊。你们现在被困于一个进退两难的境地。大和精神只会让你们在满洲白白送死。好好想一想吧。你们虽然宣称自己是大日本一等民族，但是你们从国家那里又得到了什么呢？（遗漏）你现在就是在啃骨头，却并不知道啃的就是自己的肋骨。大和精神使人无法察觉嘴里嚼着的其实是自己的骨头。中山，现在把枪口对准你自己吧。

联络兵：什么？

朴闵：你刚出生时，眼睛犹如金刚石一般坚硬，但大和精神却使你的眼睛变成了易碎的玻璃，使你变成现在的俘虏兵。

中山低下了头。

联络兵：队长，您什么时候处决我？我想念母亲了。

朴闵：处决？哈哈哈。你不是我们的敌人，你是无产阶级者的孩子，回到你的故乡去吧。中山，你多大了？

联络兵：我二十二岁了。请把这封信寄给住在东京都上滝淡路町 2～9 的石田良雄老师。

朴闵：这个人是谁？

联络兵：是我的老师，一名医学博士。他一定会寄来可以治疗你们伤病的药物的。

联络兵：哈哈，谢谢你的好意。接下来你就好好休息几天吧。密林里的空气非常清新，应该跟你们家海边的空气差不多。对了，中山！你见过泉水沟的川本中尉吗？

联络兵：第一次听说。

朴闵：那把你的衣服和证件都借给我吧。你们之间的暗号是什么？

联络兵：“可以用无色透明的液体，但其比重需为126。”

倭军联络兵退场。

朴闵：金同志，在实现共产社会的血战中，无产阶级者需要联合起来。金同志，请把川本中尉的心脏挖出来吧。

通信兵：收到，立刻出发。

第四场

宪兵2科室。帷幕升起，传来了婴孩的啼哭声。癸顺因为走狗的告发被川本抓捕，受尽了酷刑，但仍生下了革命的孩子。这个革命的孩子与母亲一同受到了拷问。伴随婴儿的哭声，癸顺整理着自己乱糟糟的头发，走向了孩子所在的地方。日军举起了带刺刀的枪。

川本：不许给婴儿传播共产思想。

癸顺：我是他的母亲！

川本：没错。我尊敬这世上的每一位母亲。美国的林肯、华盛顿，意大利的墨索里尼，法国的拿破仑，还有数千万的大日本民众，都是喝着母亲的奶长大的。我也是听着母亲的摇篮曲长大的，后来成了中尉。

癸顺：但是母亲们从没有生下过侵略者。那些女人不配被叫作母亲，她们是豺狼。

川本：什么？（扇了她一巴掌）臭娘们儿！

癸顺抬起了头，盯着倭军看。

倭军把孩子一把抱走，想要打他。

川本：说，交代你们和通匪村子的来往。还有黑瞎子沟红色区的武装力量也全都给我交代出来。谁是队长？

癸顺望向正在啼哭的孩子。当母亲的心里该有多难受啊。但是作为母亲，她没有哭。

走狗：队长，请等一下。（朝着癸顺说）你这臭娘们儿，真是歹毒啊，心够狠的。即使看着自己的孩子满身是血也还是想保护老百姓，到底是学了些什么思想什么主义，才会过这样的野蛮生活啊。那所谓年轻又美丽的花朵，最终都会变成一场空的。

癸顺：（吐了口唾沫）你给我听着。你这个出卖祖国和人民的卖国贼！你们死到临头了！

走狗：你这臭娘们儿。所以你不心疼自己的孩子是吗？这也太无情了吧，我的老天爷。

癸顺：当然心疼。我比谁都要更爱自己的孩子。但是养育孩子奉献给无产阶级革命是我们作为母亲的本分！

孩子一直哭闹着。

癸顺：（独白）孩子呀，我的孩子呀，忍耐坚持住呀。你的父亲正扛着枪在满洲歼灭倭军。孩子呀，我的孩子呀，不要再哭了。等春天到来，白头山高岭上鲜花绽放的时候，拉着母亲的手一起去爬山看风景吧。

川本：说什么屁话呢。我们是亚洲的主人。（残忍地）哈哈哈。虽然你不肯说你们老窝的兵力，也不肯交代红色区的队长是谁，但我们是不会隐藏对敌人的作战计划的……

这时吉什吉奥兰的联络兵和伪装成中山的游击队通信兵金同志进来了。

通信兵：川本中尉，上等联络兵中山日染奉命前来。

川本：你来讲一下有关黑瞎子沟密营的包围作战计划。

通信兵：好的。明天早上三点五分川本中尉与吉什吉奥兰中尉进行配合作战，同时开始进行大围剿。

川本：（看着癸顺）听到了吗？鬼沟是黑瞎子沟红色区的关口，你们的人都将成为瓮中之鳖。武运长久！

这时通信兵金同志和癸顺因为意外的相遇彼此都大吃一惊，他们在心里嘲笑着敌人。

川本：（朝向癸顺）最后还有什么愿望吗？

癸顺：想要抱一下我的孩子。（抱着孩子）你这个小宝贝儿啊。（亲吻了孩子。）不要再哭了，要好好活下去。哭就是在向敌人投降。孩子呀！（被上刺刀的枪顶着赶了出去）就像在冰冷的雪中春天会到来，万物会复苏，鲜花会绽放一样，我们今日沾满鲜血的衣襟终将成为明日鲜艳的红旗。

第五场

胜利是从血战中拼出来的。同时，胜利也孕育出了伟大的婴儿。

川本接待室。川本中尉十分喜欢接待贵人，但是却经常会阴差阳错地接待成游击队。

凌晨——黑夜散去，天亮了。

枪声——是游击队进攻的礼炮。

癸顺抱着孩子站在窗户边儿上，望着亮了天的凌晨天空。啊，白头山上，太阳升起了。怀里抱着的孩子还要等父亲等多久呢？那枪声显示出了父亲的威力。

走狗： 川本队长，共产土匪们开始进攻了。

川本： 开始了？（你说什么？可恶的臭娘们儿）给中队下发集合命令。还有，让满洲国军站在前面。

走狗： 好的。啊啊，（满洲人）投降了（逃跑）。

川本： 嗯？共产军又有一个三兵卫了。

走狗： 川本老师，这下该如何是好。已经晚了。

癸顺： 同志们，开枪啊，赶紧！（高喊。）

凌晨枪声不断。密林中展开了激烈的战斗。发出声响——“开枪！豺狼们在这里！”万岁声，呐喊声，中华民族永存。“当！”走狗一声枪响，癸顺倒下了。

癸顺： 你的父亲来了。孩子，听那枪声，是你父亲的呼喊声。现在终于迎来了破晓的黎明！（盯着走狗看）你这个混蛋，人民会审判你的。

走狗拿起枪，准备再次开枪打癸顺的时候，王老人闯了进来，用斧子砍了那个混蛋的头。

王老人从倒下的癸顺那里将孩子抱了过来，出门的时候却被川本那个家伙给开枪打中了。

王老人： 你这混蛋，虽然我死了，但是密林的鲜花会绽放的。

这时，游击队员们闯了进来。我们有许多百姓葬身于血海。

朴闵把孩子抱了过来。

通信兵金同志把日本国旗从墙上扯了下来，扔给川本。

朴闵： 同志们，胜利是从血战中拼出来的。同时胜利也孕育出了伟大的婴儿。这个孩子正是从红头山的白雪中绽放出的梅花啊。

游击队员们将尸体围了起来，唱起了红旗歌。在歌声中——

战斗的密林啊！你所孕育的这个孩子长大成人后将不会再有敌人来侵犯中华民族了。千万年的白头山始终与中华民族同在。

歌声。

川本紧抱着日本国旗自杀了。川本就这样在自己的接待室里死去了。

此时落下帷幕。

2023年7月译

［原载于延边大学朝鲜文学研究所编:《20世纪中国朝鲜族文学史料全集》(第16集),延边人民出版社2010年版］

编后记

十年磨一剑。经过十年的努力,《二十世纪东亚抗日叙事文献整理与研究丛书·文学编·戏剧卷》(以下简称《戏剧卷》)基本竣工。值此出版之际,谈一点自身的体会与感想,以此表达对为《戏剧卷》编纂和出版工作付出辛劳的师友们的感激之情。

戏剧作为通俗易懂且大众喜闻乐见的文艺形式,是政治观念普及和思想精神宣传的重要载体。戏剧在东亚近现代社会一直发挥着它重要的社会政治功能,对于国民的民族国家意识觉醒和激励起着重要的推动作用。东亚各国知识分子关心国家民族的命运,纷纷创作抗日题材戏剧作品,以激发民众的民族国家意识和爱国精神。《戏剧卷》作为"二十世纪东亚抗日叙事文献整理与研究"丛书的重要组成部分,分为两卷,收录了中国、日本、韩国、朝鲜等国几十余部(篇)抗日戏剧剧本,包含历史剧、儿童剧以及歌剧、播音剧等多种戏剧形式,且按照剧本初版收录。刚开始收录的中国、日本、韩国的抗日戏剧作品占比多一点,后来经过不懈努力,陆续发掘、翻译和收录了朝鲜等国的抗日戏剧作品,以保证区域国别多样化,促进资料收集的广泛化和系统化,以确保《戏剧卷》体系和结构的完整。

《戏剧卷》收录了一些新发掘的文学史料以及从外文翻译成中文的鲜为人知的珍稀作品。新发掘的戏剧作品有韩国抗日题材的中国戏剧《海牙剖腹记》《炸皇宫》,日本反战题材的日本戏剧《骷髅的跳舞》以及安重根题材戏剧作品,如李泰浩(韩国)的《哈尔滨驿站的枪声》、长谷川海太郎(日本)的《安重根——十四场面》以及金春光(韩国)的《安重根史记》等。还有若干部剧本则是第一次从外文翻译成中文介绍到国内,例如,乌鸦(朝鲜)的《血海之唱》《战斗的密林——红头山上梅花绽放》,以及以上所提及的三部安重根题材戏剧作品分别是从韩文和日文戏剧翻译而来。抗战语境下,中国、日本、韩国、朝鲜等东亚知识分子在抗战大后方进行了密切的人文交流与互动,达成一致的身份认同,创作了一大批东亚抗日戏剧并在中国舞台上成功公演。如金昌满(朝鲜)《朝鲜的女儿》、文靖珍(韩国)的《阿里朗》以及鹿地亘(日本)的《三兄弟》等。这些东亚抗日戏剧在中国舞台公演之时,获得了中国文化界知名人士艾青、舒群、力扬、杨朔等人的高度评价,在当时的中国社会引起了热烈反响,鼓舞了东亚各国民众的抗日士气。《戏剧卷》反映了东亚民众不屈不挠的抗日斗争精神以及对祖国光复和民族独立的强烈诉求,具有十分重要的文学文本价值和社会历史价值,是研究东亚抗日文学不可多得的宝贵资料。《二十世纪东亚抗日叙事文献整理与研究丛书·文学编·戏剧卷》的完稿与出版将为研究20世纪东亚抗日戏剧奠定坚实的史料基础,为推动20世纪东亚抗日叙事可持续深入研究提供有力的资料支撑,具有重要的学术价值。与此同时,戏剧作品作为社会大众喜闻乐见的文体形式,《戏剧卷》的出版与发行也可普及一般读者,具有重要的社会价值。

《戏剧卷》的编纂工作经历了发掘、搜集、翻译、整理、汇编、校对等繁琐程序,过程艰辛且漫长。为尽可能全面地搜集东亚抗日戏剧剧本,我们在资料的发掘、搜集与整理方面做了大量的工作。例如,利用晚清民国期刊全文数据库、抗日战争数据平台、读秀等数据库下载相关资料,在孔夫子旧书网、淘宝、京东、当当等网络平台购买珍贵佚失文献,以及前往中国国家图书馆、陕西省图书馆、韩国首尔大学中央图书馆等国内外知名图书馆查找、扫描外文珍贵文献等。汇编、校对过程中不断发现、调整和修改错误之处,并随时补充新发掘剧本以及翻译、收录新发现的外文剧本。尽管编纂工作已经做得比较到位,但肯定还有遗漏的、未被收录的相关剧本,难免会留有不足和遗憾,只能在以后的学术研究工作中继续补充和完善。目前只是对东亚抗日戏剧作品进行了整理和编纂,希望日后还可以针对东亚抗日戏剧评论出版相关的著作。

本人在搜集东亚抗日戏剧剧本资料的过程中,对中国、日本、韩国等东亚各国的安重根题材抗日戏剧以及中国现代文学中的韩国"三一"运动题材抗日戏剧报以关注,还对在抗战大后方的鹿地亘、文靖珍、金昌满等人所作的抗日戏剧作品进行了关注和考察,这也不断推动着我对东亚抗日戏剧进行深入研究。目前同门的几位后辈也在针对韩国抗日戏剧或剧评进行探索,不断开拓着这片极具价值的学术领域。希望后来者在全面占有史料的基础上,对东亚抗日戏剧进行全方位、系统性的深度解读和研究。

本人应当向在资料搜集过程中给予我帮助的重庆文理学院窦新光副教授以及北京大学博士后张磊老师表示感谢。还应当感谢编纂过程中山东大学博士研究生王丽媛、吴铭,硕士研究生尹英伊、殷文杰的辛苦翻译和校对,以及山东大学硕士研究生李芳萍和烟台大学硕士研究生仇沛瑶辛苦的文字编辑工作。感谢山东大学出版社的李淑敏编辑和张铭芳编辑，她们对《戏剧卷》进行了认真细致的文字编辑和处理，正是她们的无私精神和严肃认真的工作态度，才使《戏剧卷》得以出版。

感谢阅读《戏剧卷》的每一位读者和朋友！

是为后记！

汤振

2025年春于烟台

图书在版编目(CIP)数据

二十世纪东亚抗日叙事文献整理与研究丛书. 文学编. 戏剧卷. Ⅰ / 牛林杰主编 ; 汤振, 王丽媛分卷主编. 济南 : 山东大学出版社, 2025. 8. -- ISBN 978-7-5607-9010-7

Ⅰ. K152; I310.3

中国国家版本馆 CIP 数据核字第 2025S0V224 号

策划编辑　张铭芳
责任编辑　李淑敏
封面设计　卡古鸟设计

二十世纪东亚抗日叙事文献整理与研究丛书·文学编·戏剧卷Ⅰ

ERSHI SHIJI DONGYA KANGRI XUSHI WENXIAN ZHENGLI YU YANJIU CONGSHU·WENXUEBIAN·XIJUJUAN Ⅰ

出版发行　山东大学出版社
社　　址　山东省济南市山大南路 20 号
邮政编码　250100
发行热线　(0531)88363008
经　　销　新华书店
印　　刷　山东新华印务有限公司
规　　格　720 毫米×1000 毫米　1/16
　　　　　67.5 印张　1241 千字
版　　次　2025 年 8 月第 1 版
印　　次　2025 年 8 月第 1 次印刷
定　　价　360.00 元(戏剧卷全 2 卷)

国家出版基金项目
NATIONAL PUBLICATION FOUNDATION

国家社科基金重大项目结项成果
“十四五”国家重点出版物出版规划项目

二十世纪东亚抗日叙事文献整理与研究丛书

丛书主编——牛林杰

文学编·戏剧卷 I

分卷主编——汤振 王丽媛

山东大学出版社
SHANDONG UNIVERSITY PRESS
·济南·

二十世纪东亚抗日叙事文献整理与研究丛书

编委会

国家社科基金重大项目『二十世纪东亚抗日叙事文献整理与研究』结项成果

二十世纪东亚抗日叙事文献整理与研究丛书

编辑说明

“二十世纪东亚抗日叙事文献整理与研究丛书”由文学编、史料编、研究编及总目组成，其中文学编及史料编为文献整理部分。该部分内容卷帙浩繁、体裁众多，整理难度较大。现将整理编辑原则说明如下。

一、收录原则

“二十世纪东亚抗日叙事文献整理与研究丛书”文献整理卷册系统整理并收录了国内外有关东亚抗日叙事的重要文学作品及相关史料。收录作品的国别范围包括中国、朝鲜、韩国、日本、苏联等国家。苏联在传统意义上是一个横跨亚欧大陆的欧洲国家，但其远东地区位于东北亚，并且在第二次世界大战期间曾与日本直接发生战争。因此，我们将苏联列入了东亚抗日叙事文献收录的国别范围。同时，丛书也收录了抗战时期来华的一些欧美人士创作的有关东亚国家抗日叙事的作品。丛书所录中国抗日叙事作品原则上仅限于涉及东亚国家抗日或反战主题的作品。对于东亚各国战争期间创作的作品和战后创作的作品采取了区别对待的原则。战争期间创作的作品十分珍贵，能收尽收。战后创作的作品，由于各国社会制度和意识形态不同等原因，抗日记忆和叙事内容出现了一些较为复杂的变化，对此，我们坚持历史唯物主义原则，甄选并收录了各国较具代表性或影响力较大的作品。其中，篇幅较长的部分文本，视内容的不同情况，或全文收录，或节选部分重要章节。

二、所据版本

为再现东亚抗日的历史现场、确保文献的真实性，丛书收录的文献以20世纪前半期（1900—1950年）创作和发表的文献为主，部分回忆录、传记、翻译等文本则兼顾20世纪后半期发表或出版的文献。所录文献原则上以初刊本或初版本为准，以保留初始版本叙事的语境、意义和风格。对于一些初刊本难以查阅到的文献，则收录较早的转载本。在每篇文献之后均标注了文献的详细出处。

三、关于文献作者和国籍

文献作者及其国籍原则上以原始文献为准进行标注。作者不详或没有注明作者的文献均以“佚名”标注。民国时期，关于朝鲜半岛国家的名称有“朝鲜”“韩国”“高丽”等多种标记方式。因此，朝鲜民主主义人民共和国和大韩民国正式成立（1948年）以前的文献保留原始文献的国籍标记方式，1948年以后的文献则根据作者的实际国籍分别标注为“朝鲜”“韩国”。

四、编排顺序

丛书文献部分按小说、诗歌、戏剧、散文、传记、史传、书信、日记、纪实、评论等分卷编辑，各类下篇目主要以公开发表时间为序进行排列，个别未公开发表的文献按作品中标注的创作时间列入。为了方便读者阅读，部分卷册在目录中对文献进行了时段区分。

五、文字和格式处理

为尊重原文献的历史语境，不尽符合现行语法规范的字句，在不影响文意的情况下一般不予改动。原文疑似错字后加[　]标出拟改文字，无法辨识的文字用□表示，衍字用〔　〕表示，漏字加〖　〗表示。小说、散文和诗歌已有分段、空格的按原刊格式，个别明显不当的略有调整。戏剧的人物称谓和格式按原刊。旧体诗词、散文和小说原文无标点或只标句读，大部分无分段，为便于阅读，本书编者增加了标点和分段，其中或有不当，望识者指正。

六、其他

其他未尽事项及特殊情况参见正文相关注释或按语。

二十世纪东亚抗日叙事文献整理与研究丛书

总序

“二十世纪东亚抗日叙事文献整理与研究丛书”是国家社科基金重大项目“二十世纪东亚抗日叙事文献整理与研究”(15ZDB090)的最终结项成果。在纪念中国人民抗日战争暨世界反法西斯战争胜利80周年之际,本丛书付梓出版,为我们提供了一个重新认识东亚抗日叙事文化内涵、深入思考和平与发展的契机,具有重要的学术价值和现实意义。

当今世界正面临百年未有之大变局,坚持和平与发展,携手构建人类命运共同体已成为国际社会的广泛共识。但在东亚地区,由于20世纪上半期日本军国主义发动侵略战争而遗留的一些问题,如对侵略战争的认识问题、殖民统治问题、“慰安妇”制度问题、战时强征劳工问题等仍没有得到妥善解决,人们对于战争的记忆难以磨灭,这种情况甚至还在影响东亚国家关系的正常发展。

从文化史、文学史的层面上,深入挖掘和整理东亚国家抗日叙事的文本资料,可辨析东亚抗日叙事中丰富的历史文化信息,还原历史真实。通过阐释东亚抗日叙事的历史价值和美学价值,可为阐明20世纪东亚精神的本质和意义、建构和谐东亚提供理论依据。同时,通过跨文化、跨学科的全面系统研究,阐述东亚抗日叙事的独特性和内在关联,进而阐明东亚文学与文化交流的历史发展规律和特征,并深入探讨文学与时代精神、文学与身份认同、文学与意识形态等文学的理论和实践问题。因此,20世纪东亚抗日叙事文献整理与研究无论在理论方面还是现实方面都具有重要的意义。第一,从东亚抗日的视角出发，深入发掘和整理20世纪中国、朝鲜、韩国、日本、苏联等国以及部分来华欧美作家的东亚抗日叙事文献资料，可从东亚文学史的角度为阐明“中国的抗日战争是世界反法西斯战争的重要组成部分”“中国抗日战场是世界反法西斯战争的东方主战场”提供文献资料支撑。第二，东亚各国的抗日叙事并非各自孤立的存在，而是在抗日语境下作家们相互交流、传播思想、译介作品中展开的。深入探讨抗日语境下东亚各国作家之间的人文交流、作品译介和传播及其对东亚抗日叙事的影响，对于阐明20世纪上半期东亚文学的形成和发展、特点和规律具有重要意义。第三，通过对东亚各国抗日叙事的比较文学研究，阐明东亚诸国作家的民族认同、国家认同、东亚认同，进而可以从跨文化的视角探讨东亚抗日叙事在世界反法西斯文学乃至世界文化史中的价值及地位。第四，以新时代习近平中国特色社会主义思想为指导，基于“东亚抗日叙事”的性质和特点，在研究过程中尝试提出并应用“抗日叙事与反战叙事”“跨国体验与跨界叙事”“东亚认同与身份认同”“意识形态与抗日记忆”等一系列创新性学术话语，为构建中国特色学术话语体系做出贡献。第五，东亚抗日叙事研究蕴含了“让历史说话，用史实发言”“还原历史，以史为鉴”的精神，有利于推动爱国主义教育、民族认同、国家认同，有利于正确认识东亚抗日的历史和本质。

“二十世纪东亚抗日叙事文献整理与研究丛书”共34卷，由文学编(13卷)、史料编(11卷)、研究编(9卷)及总目(1卷)组成。其中，文学编和史料编属于文献整理部分，文学编按照小说、诗歌、戏剧、散文等分卷编辑，史料编按照传记、史传、书信、日记、纪实、评论等分卷编辑。丛书系统整理了中国近现代文学史料中的东亚抗日叙事文本，重点发掘整理了中国、朝鲜、韩国、日本、苏联等国的抗日叙事文献资料，并对一些重要的外语文本进行了中文翻译。

中短篇小说卷(共2卷)选录了90余篇短篇小说和4部中篇小说，其中不乏新发掘的文本，短篇小说如歌颂朝鲜义士英雄壮举的《韩儿舍身记》(泪人，1915)、批判日本殖民台湾惨状的《一位台湾女子的谈话》(白薇，1931)、以鬼的口吻讽刺德军罪行的《一九三八年的鬼》(A. ABRAMOV，1938)、赞颂苏联红军在哈桑湖区域击退日军的《哈桑湖畔》(莫什梁克，1942)等作品；中篇小说则包括以安重根义举为主线的《朝鲜血》(黄世仲，1909—1910)、以朝鲜亡国为蓝本的《朝鲜亡国演义》(1921)等。

长篇小说卷(共4卷)选录了17部长篇小说作品，其中包括以朝鲜亡国为蓝本的《亡国影》(倪轶池、庄病骸，1915)、《朝鲜遗恨》(沈桑红著、蓝剑青评，1932)，无名氏以韩国爱国志士李范奭为原型创作的《荒漠里的人》(1942—

1943)、《北极风情画》(1943—1944),以朝鲜抗日事迹为主题的《历史》(韩雪野,1957)等。小说卷收录的作品反映了抗日语境下东亚文人的集体记忆,展现了国家民族危亡状态下人民的困苦生活与精神渴求,对于研究东亚各民族联合抗战与东亚认同具有重要的文献价值。

诗歌卷(共2卷)收录了近700首东亚抗日诗歌作品,涉及的国家包括中国、朝鲜、日本、韩国、苏联等。所录诗歌的体裁与形式多种多样,既有古体诗、词、曲、赋,也有自由体、新格律体、散文诗等形式的新诗作品。其中,很多国内诗歌作品都是第一次被发掘出来,很多外国诗歌则是第一次被翻译成中文。这些诗歌作品,或叙事、或抒情、或言志,承载并生动反映了20世纪上半期东亚各国人民反抗日本侵略的坚定立场和大无畏精神,是东亚现代诗歌文学研究的重要资料。

戏剧卷(共2卷)收录了近60篇东亚抗日戏剧作品。收录作品的国别主要有中国、朝鲜、韩国、日本、苏联等。戏剧卷所录戏剧既有抗战时期就多次公演并引起较大反响的作品,也有编者新发掘和直接从外文翻译成中文的一些鲜为人知的珍稀作品。如侯曜创作的《山河泪》、文靖珍创作的《阿里朗》、鹿地亘创作的《三兄弟》等作品,在中国抗战期间公演时获得了文化界知名人士艾青、林林、王莹、力扬、杨朔等人的高度评价。而戏剧卷所录反映朝鲜半岛抗日斗争的中国戏剧《海牙剖腹记》《炸皇宫》,反映日本反战意识的日本戏剧《正义血战》《骷髅的跳舞》,反映朝鲜半岛人民抵抗殖民压迫的戏剧《朝鲜的女儿》等则都是新发掘的文学史料。长谷川海太郎创作的《安重根——十四场面》、金春光创作的《安重根史记》、乌鸦创作的《血海之唱》《战斗的密林》等作品,则都是第一次被翻译成中文介绍到国内。

散文卷(共3卷)收录了近300篇东亚抗日散文作品。收录作品的国别包括中国、朝鲜、韩国、日本、苏联等国家。同时,也收录了史沫特莱、约士登等抗战时期来华的一些欧美作家创作的有关东亚国家抗日叙事的散文作品。东亚抗日叙事中的散文丰富多彩,其中既有中国成名大家之作,如郭沫若的《鸡》、卞之琳的《一个敌军小队长》等。也有日本、韩国、苏联等国的散文作品,如鹿地亘的《过香港》、金在天的《亡国痛史》等。鹿地亘的《回忆录:在抗日战争中》、金台俊的《延安行》等文献都是第一次被翻译成中文。

传记卷(共1卷)收录的抗日人物传记作品涉及中国、朝鲜、韩国等国家。其中记录东北抗联李红光烈士事迹的《李红光传》(澹,1936)、《东北抗日联军第一军第一师师长李红光烈士传》(1937),以及《安义士重根》(李斗山,1941)、《韩国同志李斗文传》(贺彪,1945)等传记作品,反映了东亚人民不屈不挠的抗日斗争精神，以及对民族独立、祖国光复的强烈诉求。

史传卷（共2卷）收录了17部作品，多为朝鲜亡国史相关著述。除梁启超的《朝鲜亡国史略》《日本并吞朝鲜记》等经典作品外，《朝鲜亡国史略》（尚中，1910）、《日本合并朝鲜始末记》（长舆，1910）、《朝鲜亡国鉴》（刘彦，1915）等均为新发掘的近代中国人撰写的朝鲜亡国史传作品。这些作品反映了当时日本吞并朝鲜半岛的暴行，表现出中国对朝鲜亡国的深刻同情，具有十分重要的文本价值。

书信卷（共1卷）选录了1919年至1945年间东亚各国人士与抗日有关的私人信件、公函、公开信等。东亚不同国籍人士之间的官方或民间书函往来，真实反映了抗日语境下东亚人士频繁的跨国交流情况。其中，中方书信中有巴金、吴石等著名人士与国际友人的书信，也有桂林儿童团体、贵阳书店工人、中华全国文艺界抗敌协会等致国际友人的慰问信；国际人士信件则包括日本反战人士鹿地亘、池田幸子、绿川英子，韩国抗日独立运动家金九、申圭植、安昌浩、赵素昂、金若山，以及各在华抗日团体与中国友人之间的信函。书信卷所录在华从事抗日或反战活动的国际人士之间的交往信件是不可多得的贵重资料，如日本反战人士绿川英子致朝鲜义勇队的信函、日本俘虏觉醒后与鹿地亘的书信交流等。此外，书信卷还收录了一部分战时中方缴获的日本士兵的家书，这些书信对研究战时日本国情、士兵心理以及对战争的态度等均具有重要文献价值。

日记卷（共1卷）搜集并选编了抗战时期中国报刊、书籍中登载的部分日记及日记评论，涉及中国、日本、苏联、韩国等国的60余位作者。这些日记资料都与“东亚抗日”这一主题相关，其中既有中国普通民众的日记，也有韩国独立运动家、日本反战人士及苏联战士的日记，而更多的日记资料则来自战时中方缴获并翻译刊行的日本士兵日记。中国人日记方面，《春生日记》记录了一名普通中国学生与韩国流亡抗日志士遗孤的交往片段，《编辑室日记》反映了战时《黄河》杂志与韩国青年战地工作队、日本俘虏的交流，这些都是值得关注的资料。朝鲜义勇队队员的《阵地工作队日记》《中条山反扫荡日记》、日本反战人士池田幸子的《武汉行》、苏联西尔倩考的《冲上张鼓峰去》、格罗金的《一个空军战士的手记》等国际反法西斯人士的战斗日记，为我们拓宽了东亚抗日叙事研究的国际视野。此外，本卷选录的日本士兵日记中译本与日记评论，对了解战时中国文艺抗战和军中敌工工作、战时日本军队情况等都是可资参考的重要资料。

纪实卷（共3卷）收录了1909年至1948年间有关东亚抗日的报告文学、

长篇通讯、人物采访、历史纪实等文献资料。这些资料涉及中国、日本、朝鲜、韩国、苏联等国家。其中有对安重根、尹奉吉、李奉昌、朝鲜义勇队等朝鲜抗日志士或团体的真实记录和描写，有对日本铁蹄践踏下的朝鲜社会现状之控诉，也有对各国抗日情形之真实再现，还有绿川英子、鹿地亘等在华日本反战人士的深情回忆。上述文献资料散见于20世纪上半期的报纸、期刊和图书，内容多为真人真事，是研究东亚抗日不可多得的宝贵资料。

评论卷(共3卷)收录了400余篇东亚抗日相关评论文献。所录文献既包括文学评论，如鹿地亘的《创作方法之现实的基础》、金光洲的《朝鲜文坛的最近状况》等；也包括一部分政论和史论，如申晲观的《吾人今后之责任》、杜洛斯基的《苏俄政府何以不对日宣战》、金奎光的《朝鲜民族反日革命总力量问题》等。这些评论资料紧紧围绕抗日的时代主题，或从世界大势的宏观视角，或从东亚各国内部的微观视角，深入分析了当时东亚抗日战场的现状、动态和趋势。

丛书的文献整理部分几乎每一卷都包含了一些尚未引起国内外学界关注的珍贵文献资料，这些文献不仅是研究20世纪东亚国别文学的重要资料，也是从宏观上研究抗日语境下东亚文学交流与互动的重要史料。

“二十世纪东亚抗日叙事文献整理与研究丛书”研究编由9部专题著作组成。《抗日语境下的东亚跨界叙事研究》围绕20世纪上半期抗日语境下东亚文学中的跨界叙事进行研究，重点分析了中国现代文学和日本反战作家文学中的抗日叙事。《抗日语境下的东亚文学交流研究》聚焦抗日语境下东亚各国的作家交流、文本译介及其对抗日叙事的影响。《东亚抗日叙事比较研究》则通过比较东亚各国抗日叙事的发展脉络，阐明其特殊性和普遍性。《中朝韩当代抗日叙事研究》以第二次世界大战后中朝韩当代抗日叙事为中心，对东亚文学中的当代抗日记忆进行了比较研究。《朝鲜半岛来华留学文人的跨国体验与文学书写研究》《申圭植的中国体验与文学创作研究》《朴殷植的文坛活动与文学创作研究》《赵素昂的跨界体验与文学创作研究》《金学铁抗日文学研究》等5部著作则分别从作家研究的角度深入阐述了抗日语境下朝鲜半岛作家在中国的跨国体验与文学创作。

在开展20世纪东亚抗日叙事文献整理和研究的过程中，编者团队就东亚抗日叙事文献的资料价值、东亚抗日叙事的主要特点等相关问题形成了一系列的学术观点，现将其中几个重要观点简要介绍如下。

第一，20世纪东亚抗日叙事是东亚现代文学研究值得深入挖掘的一个丰富的资源宝库。从目前整理的20世纪东亚抗日叙事相关文献资料来看，其数量之多、范围之广、体裁之全面、内容之丰富、价值之重要，都远远超出了我们的预想。东亚抗日叙事相关资料反映了侵略与反侵略、正义与邪恶、进步与反动的人类斗争，充分体现了20世纪的东亚精神和文人的文化自觉。这些珍贵的文献资料无疑是20世纪东亚文学的重要组成部分。但令人遗憾的是，其中很多文学史料尚未被纳入东亚现代文学的研究视野。

第二，中国抗日战场是东亚抗日叙事生成的重要历史场域和空间场域。在抗日的大背景下，东亚被殖民国家和地区的抗日志士纷纷流亡中国，在中国开展抗日斗争。中国政府也适时提出了支持东方弱小民族抗日独立运动的口号。日本人民反战同盟、朝鲜义勇队等抗日、反战组织先后在中国抗日大后方成立。来自东亚各国的抗日志士除少数人直接参加武装斗争，大多数人主要从事写作、宣传活动。他们在和中国文人、作家积极进行交流互动的同时，以抗日或反战为主题，创作了丰富多彩的抗日叙事作品。这些抗日叙事作品的内容往往超越国家、超越民族，反映的是东亚人民共同的心声。这些作品在中国创作、在中国发表，甚至在中国舞台演出。

第三，跨界叙事是20世纪东亚抗日叙事的一个重要特征。20世纪上半期，面对残暴的日本帝国主义侵略，中国作家与日韩流亡文人就反抗日本帝国主义这一时代主题进行了共同书写，并在叙事内容上表现出鲜明的"跨界"特征。跨界叙事包括跨界体验叙事、跨界题材叙事、跨界共同叙事。跨界叙事是文本价值实现超越与重构的重要途径之一。叙事时间和空间的变化可以直接带来思想观念、叙事结构的变化。抗日语境下，东亚抗日文学的跨界叙事极大地强化了东亚国家之间的东亚身份认同，密切了东亚国家人民之间的传统文化关系。

第四，跨界体验是20世纪东亚抗日叙事的一个主要特点。跨界体验也称跨国体验。首先，跨界体验的意义在于通过跨界的政治体验、文化体验、教育体验等获得反思、反观的机遇，从这个意义上讲，跨界体验可以有效地促进作家对本国的深度体验。其次，跨界体验包括人际交流、文本交流以及政治、外交等领域的交流。跨界体验是文学生产的主要创新机制。通过对话与交流呈现相互叙事，通过相互叙事不断地发现和建构自我与他者。抗战时期，朝鲜半岛的大批知识分子和日本的反战人士长期在中国学习、战斗和生活，他们在跨界体验的过程中重新认识中国，重新认识本国，重新认识东亚。这些新的认识在他们的抗日叙事中得到了真实的反映。

第五，抗战背景下，中国一度成为东亚抗日戏剧交流的中心舞台。国家危难之际，戏剧是唤醒民众、动员国民、鼓舞士气最有效的艺术形式之一。抗战时期，东亚各国的剧作家在中国进行了密切的交流与互动，创作了一大批东亚抗日戏剧并在中国舞台上成功公演。其中既有反映朝鲜半岛抗日斗争的戏剧，如《亡国泪》《爱国魂》《图们江边》《朝鲜的女儿》等，也有反映日本反战意识的戏剧，如《三兄弟》《正义血战》《胜利在前头》《侵略战争之罪恶》等。这些在中国舞台上公演的东亚抗日戏剧，在当时的中国社会引起了强烈反响，鼓舞了东亚各国抗日民众的士气，是东亚抗日文学的宝贵财富。

第六，20 世纪东亚抗日叙事是东亚各国现代文学史的重要补充。抗战期间，日本反战人士在华创办了很多报刊，创作并发表了大量反战叙事文学作品。但由于战乱，这些资料没有得到很好的搜集和整理。同样，朝鲜半岛来华从事独立运动的仁人志士在华创办了百余种中文或朝鲜文报刊，积极宣传抗日主张，并通过文学创作发出他们的抗日呼声。朝鲜半岛文人大多精通汉语，他们创作的中文作品带有十分鲜明的抗日文学性质，是东亚抗日文学的宝贵财富。刊载这些作品的报刊由于都在中国发行，至今尚未引起韩国学术界的关注。可以说，上述文献资料是日本反战文学史、韩国抗日文学史的重要补充。

本丛书依托的国家社科基金重大项目“二十世纪东亚抗日叙事文献整理与研究”2015 年立项，参与研究的国内外学者历时十年，在国内外发表了 70 余篇学术论文，最终整理出 1000 余万字的结项成果。本丛书的创新性主要表现在以下两个方面。

第一，在数据资料方面的创新性。从整体上来看，本丛书是国内外迄今为止收录范围最广、数量最多、体裁最全、内容最丰富的 20 世纪东亚抗日叙事文献资料。从局部来看，几乎每一卷都包含一些珍稀的文学史料。在收录范围方面，不仅包括中国、朝鲜、韩国、日本、苏联等国家的作品，还包括抗战时期来华的一些欧美作家创作的有关东亚国家抗日叙事的作品。在史料价值方面，丛书所录苏联作家关于 1938 年发生的苏日远东张鼓峰战斗的小说、散文、日记、报告文学等作品，可以说是世界反法西斯文学的重要组成部分，极大地鼓舞了抗战初期中国军民的抗日斗志。丛书所录日军日记以及中国作家创作的日军“慰安妇”题材诗歌和纪实作品，不仅从文学史料的角度印证了日本军国主义在华实施“慰安妇”制度的事实，而且将“慰安妇”现象的出现时间追溯到 1938 年初。此外，抗战时期在中国舞台上演的反战、抗日戏剧等文学史料都是第一次得到全面系统整理。

第二，在解决实际问题方面的创新性。编委会认为，为了深刻阐明“中国的抗日战争是世界反法西斯战争的重要组成部分”“中国抗日战场是世界反法西斯战争的东方主战场”等历史事实，我国的抗日文学创作应积极拓展国际题材。丛书文献整理部分收录的有关朝鲜半岛人民在华与中国人民并肩抗战的历史故事、日本反战同盟在华从事反战运动的史实、抗战时期在华欧美人士支持和同情中国人民抗日斗争的故事等都是很好的历史素材。特别是抗战时期中国政府支持朝鲜半岛人民在华开展抗日独立运动以及联合抗日的史实，在一定程度上可以增进彼此间的友好认知。

“二十世纪东亚抗日叙事文献整理与研究丛书”是编委会集体智慧的结晶，编委会成员由来自山东大学、中国海洋大学、延边大学、南开大学、山东师范大学、哈尔滨理工大学、江西师范大学等国内高校以及来自日本、韩国的共计30余位学者组成，在东亚地区形成了一支以中国学者为主体的跨国学术团队。

在丛书编写期间，延边大学金柄珉教授应邀担任学术顾问，给予了宝贵的学术指导。吉林大学张福贵教授、清华大学王中忱教授、北京大学王丹教授、南京大学尹海燕教授、北京外国语大学韩梅教授、中央民族大学金明淑教授、延边大学朴银姬教授等对丛书编写提出了很多中肯的建设性意见。山东大学出版社的领导和编辑认真负责、精益求精，为丛书的出版付出了辛勤的劳动。在此，我谨代表全体编委会成员，向所有为丛书出版做出贡献的专家、学者、编辑表示衷心的感谢。

在丛书编纂过程中，编委会高度重视著作权人的合法权益。通过中国作家协会等官方渠道及多方努力，我们已与大部分文献的版权所有人（或其继承人、代理人）取得联系，并依法获得了作品收录授权。出于各种原因，截至出版时，我们未能与本套丛书的全部著作权人取得联系，敬请作品的著作权人或与著作权有关的权利人与山东大学中日韩合作研究中心联系，以便奉上稿酬和样书。

20世纪东亚抗日叙事文献的整理是一项十分艰难的工作，由于战争期间资料保存不易，很多文献遗失或不完整，再加上外文文献的搜集和翻译有一定的局限，本丛书中的文献资料在选篇、翻译、录入、编辑等方面难免存在遗漏或错误之处，恳请广大读者批评指正。

牛林杰

2025年春写于济南

目录

1900—1919年

藤花血传奇(剧情简介) …… 无生 3
朝鲜李范晋殉国传奇 …… 陆恩煦 4
高丽闵妃(剧情简介) …… 张冥飞 6

1920—1931年

独立 …… 悟仇 9
亡国恨 …… 城东女学社 16
亡国恨 …… 老枢 髯公 25
现在的朝鲜西邻(独幕短剧) …… 李健吾 38
朝鲜恨 …… 佚名 42
山河泪 …… 侯曜 48
山河泪(戏剧) …… 宋树人 82
爱国魂 …… 碧梧 92
朝鲜独立 …… 唐舞华 96
牺牲(三幕剧) …… 未明 100

哈尔滨驿站的枪声 …………………………………… [韩国]李泰浩 109
安重根——十四场面 ……………………………… [日本]长谷川海太郎 149
野祭(一名《韩民血史》) …………………………………… 周癸叔 198
海牙剖腹记 …………………………………………………… 龙 207
炸皇宫 ………………………………………………………… 龙 218

1932—1936 年

万宝山前 …………………………………………………… 张子余 227
韩人排华 …………………………………………………… 翟汝云 230
亡国恨(独幕剧依《山河泪》改作) ………………………… 朴园 233
野嚎(短剧) ……………………………………………………… 谷深 243
逼税(短剧) ……………………………………………………… 谷深 245
杀婴(短剧) ……………………………………………………… 谷深 247
战壕中(独幕剧) ………………………………………………… 赵光涛 249
复仇(独幕剧) …………………………………………………… 孙佷工 253
尹奉吉(儿童剧本) ……………………………………………… 夏家祺 258
突变 …………………………………………………………… 胡春冰 265
尹奉吉(现代的两幕史剧) ……………………………………… 陈适 280
天长会传奇(楔子一出) ………………………………………… 笃信 289
骷髅的跳舞 ………………………………… [日本] 秋田雨雀 291
没有祖国的孩子 …………………………………… 徐韬 夏伯 304

1937—1944 年

高丽童子(话剧) ………………………………… 徐学文 陈伯吹 325
没有祖国的孩子(两幕剧)
——五九·雪耻与兵役扩大宣传周演出剧本之一 ……………… 破锣 329
三兄弟 ……………………………………………… [日本]鹿地亘 337
"三兄弟"的故事 …………………………………… [日本]鹿地亘 359
祖国女儿(独幕剧) ………………………………………… 陈宁清 364
大地龙蛇[节选] (三幕话剧歌舞混合剧) ……………………… 老舍 377

亚细亚之黎明(四幕歌剧) …… 任侠 382
浪人浪事 …… 林一鹏 450
正义血战(在华日军反战三幕剧) …… [日本]押切五郎 454
朝鲜的女儿(剧情说明) …… [韩国]金昌满 462
皇军的梦(剧情说明) …… 陈铭 464
梅子姑娘(五幕剧) …… 冷波 466
俘虏(独幕剧) …… 彭勃 501
阿里朗(朝鲜歌剧) …… [朝鲜]文靖珍 524
中国的插话(播音剧) …… [美国]赛珍珠 530
亡国恨传奇 …… 贡少芹 539

1900—1919年

藤花血传奇（剧情简介）

无生

20世纪高丽日弱，日本日强，海牙和平会议之后，日本终于吞并高丽，人民成为日本的奴隶，日本派伊藤博文为高丽统监，压制民气，杀戮人民。夙怀大志、准备复仇的安荫七得知伊藤博文旅行满洲，即将至哈尔滨，遂与妻子金氏商量，准备乘此机会，改装易服，混在迎接队伍中，击毙伊藤博文。金氏虽支持丈夫，但又怕出意外，颇觉担心与难舍。

以《端正好》开场："哀哉！国祚终，狂澜倒，那里有白日光昭？俺要洒一丝心血将乾坤造，把妖雾从头扫。"又以《满江红》点明主旨云："如此江山，问世事从何说起？看门外铜驼无恙，夕阳如矢。惨雾横空磷火碧，西风扑地芙蓉紫。猛回头换了小朝廷，心如死。家国恨，空羞耻；身尚在，差堪喜。似鬼神来告，吾仇至矣。把剑伤心聊一哭，投杯壮志仍千里。看等闲谈笑起风云，空余子。"

（原载于《民吁日报》1909年11月8日、11月10日、11月12日、11月14日）

朝鲜李范晋殉国传奇

陆恩煦

(生扮李范晋墨衣上)

(恋芳春)大地沧桑,故宫禾黍,忍看衰草斜阳。只恨国防不密,亲昵豺狼,便把江山轻让。猛回首,热潮膨胀,雄心壮。愿做个汉代张良,报我韩王。

在下李范晋,原是朝鲜皇族,驻使俄都。不料日人借保护之名,作侵吞之计,将我三韩数千年古国并入版图,合境十余兆人民夷为奴隶。使我李范晋羁身异域,长为亡国之囚。眷恋旧都,时下新亭之泪。因此暗地结连我韩光复党,冀其整练义军,徐图恢复。则勾践雪会稽之耻,不过廿年,汉武复平城之仇,收功一战。这也是古人做过的榜样,或者步其后尘。但望我祖宗在天的灵承,随处神其默佑,钟虡无恙,庙社重新,那时便偿我李范晋之心愿也。

(六奏官词)山河破碎,乾坤榛莽,还有何人依傍?孤臣辽望,一班义勇儿郎。早练就了军十万,磨快了剑锋芒。天容紫,阵云黄,轰雷掣电挟风霜。好到那绿萝江上惊鹅鸭,锦绣城中缚凤凰。乘风破浪,豪气慨慷。波靡云宕,虏气沮丧。听凯歌还一路敲鞭唱。意扬扬,迎銮扈跸,同庆太平觞。

(笑介)哈哈,天下事往复平陂,那有一定,虽是理所必无,竟为情所或有,也未可知。但此义军组织未精,却不可轻于尝试,以卵投石,喂水救燎,不特大事难成,且恐一蹶不振。这几日来毫无消息,不识兵事何如,真令人闷损也。(外扮侍者青衣疾上)赶将家国事,报与主人知。禀上主人,那光复党的义军,已被日人破败,惨杀无余,只剩李镇甲、蔡王元二人,不知逃向何处去了。(生惊介)果然如此。(外)此是俄京确报,再不会假的。(生唉介)唉!天啊!我这高丽复国之望,从此绝矣。李范晋!李范晋!你还觍颜低首,视息偷生,尚有何益呢!

(北江梅令)倒不如身骑箕尾归天上,倒不如长歌正气游泉壤,倒不如取义成仁决定了心肠,倒不如孤魂散淡把尸骨在他乡葬。早也无常,迟也无常。仇敌恨终身未雪，故主恩到底难偿。你看那英墟身毒竟沦亡，你看那波兰埃及永断了中兴望。君也仓皇，臣也仓皇。只有这横刀一笑，满怀舒畅。

慢着，我死之后，我那举国同胞，难道就无一个热心，闻风兴起，再图规复的么？我且刺臂作书，留示后人，或能激发其愧耻之心，团结其忠义之气，折日人之锐气，复箕子之遗封。那我李范晋便不是白死了！（引刀刺臂滴血，提笔作书介）

（前调）为只为奸臣误国良心丧，为只为义旗偃息无人倡，为只为沉冤郁愤困穷荒，为只为流血牺牲显不出真情状。名也埋藏，姓也埋藏，便教梦飞蝴蝶度乡关，也是声凄杜宇空惆怅。因此上苌宏碧血，点点湿衣裳；因此上绝命书成，敬告诸亲党。无限凄惶，无限苍凉，只有这横刀一笑，满怀舒畅。

（叠书付外介）你将此书，持回本国，遍告同人，好教他们感动热忱，不忘祖国。（外接书介）（生持刀起立介）（外跪持生衣袖介）主人，还是回国的好呀！（生怒撒脱衣袖介）奴才，你看国在那里？家在那里？

（尾声）叹旧时王谢乌衣巷，已换了别姓人家新画梁。拼俺舍却残生，把风云激荡。

（自刎介）（下）（外吊场介）俺家主人，竟已殉国捐生，真真难得。且将他尸身棺殓，窀穸就安。便持此一纸血书，去那汉城、仁川一带，到处宣布则个。正是铜驼荆棘无人问，白马波涛饮恨长。（下）

（原载于《东方杂志》第8卷第2号，1911年）

高丽闵妃（剧情简介）

张冥飞

韩国李太王之妃闵氏，美慧知书。佐太王治国事，有能声。以与大院君（太王之本生父）争权故，致激起兵变。叛兵围宫，索闵妃。妃易服出走，乃免。未几，韩又内乱。盖政界本分两党，事大党闵泳翔等主亲中，独立党金玉均等主亲日。时清臣袁世凯驻韩，以兵击败独立党。日本大使自焚其使馆，以为要挟。遂由伊藤博文至天津与李鸿章定约。而韩遂为中日两国公共保护国。久之。韩又有东学党之乱。而日本派之军人政客所组之天佑侠团，复助之猖獗。韩告急于清。清依约照令日本共出兵。东学党乱事既平，日本不撤兵。且乘不备击清兵于牙山。是为甲午中日之战之导线。中既败于日，日逼韩益甚。闵妃乃主张亲俄以自救。日人忌之，遂使多数浪人闯入韩宫，杀闵妃而焚其尸。太王避居俄使馆。自是日人谋韩，所忌者惟俄国。久之，遂酿成日俄之战。日既胜俄，并韩之谋乃决。先取得练兵权，后取得巡警权，拟定条约，强太王签字。于是韩廷忠义之士，誓死拒约者有之，弃官归隐者有之。太王亦不允签字。而李完用（总理大臣）、宋秉畯（农商大臣）之流，至拍案咆哮以逼太王，太王忍泪签字。而日本总监府成立矣。韩于是乎始亡，韩臣赴诉于海牙和平会。日本禁制其不得入门。韩臣闯入，剖腹于列国专使之前。列国专使绝无有主持公论者。日本乃借此问题，嗾使李完用等，立逼太王退位，以太子监国。年余，遂宣布并韩焉。韩亡后，志士安重根与其同志刺李完用不成。同志死于狱者数人。越明年，安重根刺杀伊藤博文于哈尔滨车站，韩人为之一快。然韩亡则已久矣，呜呼。

（原载于《新剧考证百出》，中华图书集成公司，1919 年）

1920
—
1931年

独立

悟仇

朝鲜自被某国并吞以后，已有十年，这十年里朝鲜人民受某国底种种虐待，我们中国四万万同胞，大概都能晓得。我现在不必细说，也不忍细说。

去年三年一日，朝鲜忽然宣告独立，义旗一举，全国应响。某国当道，就厉行武力主义，强底杀，弱底掳，血腥愤气，布满全亚。我们想想，自从东亚有历史到现在，可曾看见这回底惨剧没有？自从东亚有历史到现在，可曾看见像这回朝鲜人民底坚决没有？我好说：不但东亚没有，就是欧洲也没有。

我编这幕短剧，有三种意见：(一)发扬朝鲜人民底民族自决主义，和徒手革命底创举。(二)表白某国底凶蛮没有人道。(三)把朝鲜这回独立惨史来惊觉我国，做我们底殷鉴。但是我底学识欠缺得很，不能有“淋漓尽致”底描写，请读者诸君随时批评。

——悟仇附识

总要

(事实)朝鲜。

(地点)朝鲜京城。

(年月)朝鲜建国四二五二年三月，就是中华民国八年，西历一九一九年。

(时间)七日晚间到八日向午。

登场人物

卢永烈 李慈敬	朝鲜女学生
朴正义 金复权	朝鲜男学生
吴铁志	朝鲜工人
奚觉心	朝鲜商人
林大觉	朝鲜农人
犬养吉郎	某国审问官
伊藤符道	某国书记
松野次郎	某国队官
水田西村	某国狱官
有贺井上	某国刑官
宪兵狱卒	不详列

第一景

台上为一马厩，厩门紧闭，从门隙里露出一线火光，隐约瞧见厩里许多赤裸裸底人。厩门外有狱卒防守，时向厩里底人辱骂。有顷，厩门半启，那些人都蹲伏地上，面面相觑，显出一种暗淡愤怒底惨象。

这时，东方底月亮，从树阴里射出，照入厩中，远远地听见惨哭底声音。

朴：复权！你呼痛吗？

金：不是……我嗅了马粪作呕。

朴：好我们高丽民族，没有怕痛底男儿。

金：你想睡吗？

朴：我不想睡。

金：你既不想睡，为什么低了头？

朴：我听着远远底哭声，必是某国又在什么地方放火了。

金：（惊骇状）哭声吗？

卢：（斗然起）是哭声。

朴：（低声）你们不要高言，那边底老农刚才睡着，不要惊醒了他。

卢：噫！哭声更大了。

金：（切齿）倭奴这样没人道，我们高丽民族还有噍类吗？

李：（微笑）金先生！你讲这句话，不免自馁了，我们公约第二条说："以最后一人，最后一刻为限。"我们先就准备了牺牲底决心，难道怕灭族不成？

金：李女士！你会意错了，我并不是怕灭族，（高声）我们争人格、争自由，岂怕灭族，要是……

李：（急呼）金先生！你别生气，是我会意错了。

时水田西村和狱卒两人斗入。

水：（厉声）你们这些杀不尽底狗豕吵什么嘴？站起来，让我查点查点。

朴：查点什么？

卒：（同呼）查点可有逃走底人。

朴：（不禁大笑）我们已预备了死，要逃走做什么？

水：（大怒向朴）好利嘴，可曾尝着我这把刀底滋味？（刺朴颊）

朴：（忍痛大笑）

水：（向卒）你们把这狗头拖出去绑在柳树上用刑。

卒：（同声）是……（二卒把朴正义拖出，朴还大笑。）

水田西村出，厩门锁阖。

第二景

台上与前景同，朴正义裸身缚柳树上，水田西村手执白刃，二卒持手枪。

水：（向朴狞笑）你要笑吗？

朴：自然要笑。

水：你死在眼前，还要笑什么？

朴：笑你们甘心做人家奴隶。

水：哈哈！你自己做了人家底奴隶不害羞，反要说我们是奴隶。

朴：我们算不得奴隶。

水：你们亡了国，不算奴隶算什么？

朴：我们底国虽亡了，我们底心还没有亡，你看，一日底义举，两千万韩人不论老小、妇女，哪一个不喊着独立万岁。

水：独立吗？成功没有？

朴：终有成功底一日。

水：（大笑）你们在那里梦想，你可知道支那吗？旦夕要做我们底保护国了。他们这样大底土地，这样多底人民，还不免灭亡，你们已死余灰，要想复

燃，真是梦想了，真是梦想了。（作骄笑状）

朴：支那吗？支那会灭亡吗？你太夸口了。

水：现在已是我们底无形保护国了，你说我夸口，我真不夸口。

朴：我到没有听见那个承认支那是你们底保护国。

水：你知道“篮辛条约”和“英某条约”吗？英美两国和我们订底条约，都已明明白白承认我们有保护支那特权，谁说支那不是我们保护国？

朴：这是列强一时受你们底哄骗，决不是他们本意。

水：不要讲列强承认不承认，就是照实际论，支那已成了我们底保护国了。他们底满蒙不是在我们势力范围吗？山东、福建，不是在我们势力范围吗？北方底军警权、财政权，不是在我们势力范围吗？其余矿山、森林、商业，也都是我们势力范围，不上十年，支那地图就要变色了。哈哈！

朴：支那国民，不能够和早前比了。四年底排货风潮，何等利害，你们在支那活动，全在商业，如果他们和你们断绝商业上底交易，就可制你们死命。

水：他们是东方顶著名底懒惰国，样样东西都要我们供给，排货风潮，也不过少数人一时行动，那会持久……

工：你们不……

卒：（斗呼）长官！还不动手做什么？

水：我同这狗头说明，让他死了也甘心些。

水田西村拔刀向朴，朴大笑。

水：（厉声）你们快动手。

卒：（同应）是……

水田西村和二卒将朴身凌割，血流如注，朴大呼“大韩独立万岁”，水怒，断朴舌，二卒洞朴腹，回肠涌出，气顿绝。

水：狗头已死了。把他解下来，拖到厩中去给他们看看。

二卒把朴尸解下，拖入厩中，厩中人大噪。

水：（向卒）已打三点钟吗？

卒：三点过十分了。

水：然则我们可去休息了，待松野队官来换守署。

第三景

台上与前景同，松野次郎和二宪兵至厩，厩门忽阖，女生数人，都被强奸。其时呼号声、刀枪声、嬉笑声杂作。

有顷，曙光东现。红日渐升，松野次郎和二宪兵破门出。

松：（大笑向兵）快乐吗？
兵：（笑）队长怎样？
松：快乐，但他很崛[倔]强，（指肩）这衣被他[她]咬破了。
兵：（怒状）噫！伤吗？
松：血已流了好多，那会不伤？
兵：哼！我去杀这狗妖，替队长消恨。（拔刀欲入）
松：止，我已有法治他[她]。
兵：（急状）什么法？
松：（与二兵作耳语）
兵：（大笑拍掌）真妙法，真妙法。

第四景

台上与前景同，松野次郎与二宪兵已去。

吴：（向卢李）你们这样受辱，真是……（欲言忽住）
卢：（与李啜泣）唉！吴先生！这是我们女子底不幸呀！
吴：（叹声）我妻女们现在也不知怎样了！
李：你夫人多大年纪了？
吴：我底妻今年三十二，女儿十五岁。
卢：（向吴）总逃不掉倭贼底蹂躏。
奚：（向众）你们还要说这些话做甚？
卢：先生姓什么？
奚：我叫奚觉心。
卢：你做什么职业？
奚：我在城外开了爿小铺子。
卢：唉！你们工商界也都能够这样热心爱国，真是难得。
李：（指林）那个老农，年纪这么大，也这样爱国。
林：姑娘们！国是大家有底，我年纪大过你们，受倭虏底苦痛（恨声）比你们加上百倍。你们有这样大运动，我就死了也甘心。

第五景

台上为一问讯场，中设长桌一张，木椅四张，桌上有名册一本，墨水，钢笔，夫氏纸等数事。

场前立一十字架，高约八尺，四端有铁钩练。

架旁一灶炉，烧炭甚炽，上置铁镬，镬中溶胶汁。

离炉灶丈余，竖木柱五根，高五十尺，上有很细底发绳。

犬：犯人齐集没有？

众：（同应）齐集了。

犬：先把卢永烈、金复权二人上刑。

伊：卢、金两犯是独立党首领，非上重刑不可。

有：书记底话很对，照我意见，先把从犯分别上刑后再重处首犯。

犬：这样也行。

这时某国宪兵都纷纷动手，把李敬慈、吴铁志、奚觉心、林大觉四人，用很细底发绳紮了脚趾，倒挂木柱上撕打，血溅肉飞，惨不忍说。

犬：（高呼）停刑，把卢永烈带上。

有：已在这里。

犬：把他下身围底布除下。

卢：（大骂倭贼）

有：（向卢）你是耶稣教徒，应在十字架受死。（刑官与三宪兵将卢缚上十字架）

卢：（闭眼）高呼朝鲜独立万岁。

犬：有贺井上！还不用重刑吗？（拍桌）

有：铁线没有烧红。

兵：（同声）快红了。

有：兄弟们动身吓！（宪兵将炉中烧红底铁线取出刺卢两乳）

卢：哟哎！朝鲜万岁！

犬：（呼刑官）再用胶刑。

有：知道了。（刑官与三宪兵将滑沸底胶汁浇卢头发上和下部阴毛上，冷后，猛力将胶扯下，发肤尽落，血流如雨，卢昏绝[厥]，倭虏都大笑。）

卢：（复苏）哎！倭贼……我死后必追你们底魂。

犬：你还要呼万岁吗？

卢：虽死还呼。

犬：（向兵）这犯和那四个送厩里去，（指李等）把金复权加刑，快些。

（完）

（原载于《新的小说》第1卷第4期，1920年）

亡国恨

城东女学社

《亡国恨》剧本，系城东女学社感外交失败，特编以警醒国人者。编者有音乐家，有剧曲家，有文学家，互相研究，卒采用普通文字，解放一切昆腔及西皮二簧之格调。而又可歌可泣，为激昂慷慨之声。当其演时，其声悲壮苍凉，闻者堕泪，诚可谓开剧曲之创格也。兹承编该剧主任，以稿本见惠，本月刊特以登出，缘志数语于此。记者识。

第一幕

（场上布一古寺式，中悬佛像，置一桌一椅一蒲团）

（扮金仇日，敝衣愁容上）一身飘泊无寄处，有国的人，哪里晓得无国的苦？

（坐下）咳，我金仇日，朝鲜仁川人，自从国亡之后，抛妻别子，东走西奔，历尽酸辛，受尽痛苦，好似一只失群孤雁，无处栖身，这日子不必说了。原指望纠合国内同志，组织一个中兴会，力图恢复，或者人心不死，国家尚有复兴的希望。咳，孰知道汉城一役，中兴会的同志，杀的杀，囚的囚，单剩我与李克阳，逃得性命，出亡在外。中途之间，又与李兄相失。咳，零落一身，好生凄惨。幸喜藏居在这深山之中古寺之内，暂可安身。这寺主乌巢禅师，原是我辈中人，不得已做了和尚，倒也气味相投。咳，只是海枯石烂，日暮途穷，后顾茫茫，国家的事如何结局，不免请出乌巢禅师，托他买张报纸，看看有何消息，再作道理。乌巢禅师有请。

（扮乌巢禅师上）国破家亡不可道，没奈何，削去几根头发，省得许多烦恼。

（相见）

和尚： 居士有何见教？

金： 禅师请坐。

（和尚坐蒲团上，金坐椅子上）

金：弟子假寓贵寺，已经半月有余，这半月之中，门也未出，报也未看，不知近日时局有何变更，烦请禅师代买报一张，一视近日消息。

和尚：今日上午友人洪君，特送来报纸一份。（即在衣袋内，取出未开封报纸一束，递于金）请居士自阅。

金：（手接报纸）这位洪君，可莫是安重根先生的朋友洪永善么？

和尚：正是。

金：既是洪先生特地送来的报纸，一定有紧要的消息，禅师何以尚未开封？

和尚：不瞒居士说，自从做了和尚之后，已有三年不看报纸了。

金：（且拆且读，作惊惶状）哑呀呀！这还了得，如此取缔我们朝鲜人，真真万劫不可恢复了。

和尚：有何消息，如此惊惶。

（金面作怒容，手执报纸立起，和尚亦立起）

金：甚甚甚么秦次郎拟了一个取缔我们朝鲜人的条陈，禅师，尔看这条陈啊。

（一手执报纸，一手指报纸上之条陈，与和尚立在一处，手且抖且读）

第一条，不准朝鲜人受高等教育。

第二条，不准朝鲜人有一百元以上的产业。

第三条，不准朝鲜人有十人以上的集会。

第四条，朝鲜人须纳五十元以上的婚姻登记费。

第五条，朝鲜人百里以外的旅行，须请护照。

第六条，不准朝鲜人用朝鲜语言文字。

和尚：哑呀呀！这还了得。如此取缔我们朝鲜人，真真万劫不可恢复了。

金：（摔报纸于地，一手执和尚之手，一手作戟指之状）往常道国亡后可以复兴，谁知道一旦亡国，万古沉沦。往常道波兰犹太，替人作牛作马受苦辛，谁知道一旦牛马到自身，若果将这取缔条陈实行啊。比波兰犹太他们还算是自由民。最可怜，到如今，那全国的同胞，犹是醉生梦死，梦死醉生，教我如何不伤心，我力竭声嘶泪自倾。（大哭）

和尚：我出家人，久不管国家兴亡恨，听这伤心话，也不能效太上忘情。（亦哭）

（金与和尚相抱大哭下）

第二幕

（扮李克阳，敝衣愁容，手提皮包匆剧上）逃得性命，惊魂未定，幸喜深山无人问，暂时且隐忍。咳，我李克阳，自从汉城失败以后，与金仇日冒险出城，不料转瞬之间，金兄又不知道到那里去了。我一个人，夜行昼伏，忍冻挨饥，这二十余日中，无一日不是提心吊胆。今日方得到此深山之中，窃喜已无人踪迹了。（作看天势）呀天色又将暮了，这空山之中，无处栖身，如何是好？（作四望势，以手遥指一处）那里不是有所房屋吗？权且借宿一宵，明日再作道理。

（作前行势）逃亡人，飘零无准，只顾得今日，那里晓得明日在何处安身？（作到门势，以手推门，一推即开，作前后左右四顾势）呀！原来是所空房。

（再作前后左右四顾势）尔看这厨灶冷，窗扉倾，蛛网挂户四壁尘，为何好好的房屋无主人，可莫是党祸株连毕性命，或则是逃亡在外栖无定，看起来这深山穷谷，也不安宁。

（坐下）姑且不管，今夜在此权宿一宵，明日再逃到别处去。只是室无升米之储，饿腹雷鸣，好难忍受。（作支颐无语势，忽欠伸）哦，有了，西山薇蕨，古人原采以充饥，天色尚未昏黑，不免剥些树皮，掘些草根，权当粮食罢。（打开皮包，取出小刀一柄，持刀出门作剥树皮掘草根势）

（作嚼树皮啮草根势）亡国的人民，只配食些树皮草根，不是充饥果腹，要算是尝胆卧薪。呀，风来了，这晰晰风声，吹得我浑身冰冷。呀，雨又来了，这潇潇雨声，滴得我满腔不平。呀，这凄凄切切，不是猿声吗？这哀哀猿声，叫得我愁肠血泪交相并。

咳，风雨欺人，饥肠不饱，只得暂回空屋，且忍今宵。（作回空屋势，作进门势）咳，尔看四壁萧森，阴气惨淡，好生凄凉。（打开皮包，收进小刀，取出蜡烛，点火置于桌上，坐下）孤灯永夜，风雨转加，满腔心事，无可告语。咳，我李克阳幼时曾习音乐，善为悲声，出亡以来，惟恐被人踪迹，久不敢歌，今日在此深山之中，又值风雨之夜，何妨将此雨声猿声，谱为歌曲，一抒胸中之悲。我且把门关上，慢慢的谱曲。（关门下）（金上）风雨潇潇，愁人不寐，好难受也。咳，我金仇日住此寺内，白昼不敢出门，现在夜已深了，而且风雨交作，当可无事，何妨冒雨出外一行。（作出门势，以手指前面）前面隐隐有灯光，这是何处？（作向前行势，作侧耳听势）呀，这凄惨之声，乃由这屋中发出，何人在此悲歌，让我倚在这窗下，细细的一听。（作侧耳听歌势）

（内唱歌）块独处兮，忧来如丝，风吹枯树枝。

返空房兮，顾影自疑，又是雨来时。

日已暮兮，恨何可支，夜永漏声迟。
望廖廓兮，身无所之，孤怀烛影知。
云冥冥兮，撼窗风雨，猿啼声声苦。
听此声兮，增我愁绪，心摇不自主。
问苍天兮，天亦无语，沉默自今古。
天之人兮，孰令致此，一灯摇凄楚。
灯惨淡兮，半明欲灭，风紧纸窗裂。
雨声凄兮，猿声更烈，莫辨泪和血。
血已枯兮，泪犹不绝，愁肠千百结。
结愁肠兮，愁不可说，忍泪声自咽。

金：呀，好凄惨的歌，待我敲门一问，不可失此有心人。（作敲门势）

内答：半夜三更，何人敲门，有事明日再来。

金：呀，听这声音，酷似李兄，如何在这里？待我再问一声，唱歌的可是我李克阳兄么？

内答：我，我，我，我不是姓李，我，我姓张。

金：咳，这明明是李兄的声音，惊弓之鸟可怜可怜，待我明白告诉他罢。李兄开门，我是金仇日。

内答：尔是那个金仇日？

金：我是中兴会的金仇日，与兄同逃半途相失的金仇日。

（内开门相见）

李：果然是我金兄，莫非梦中么？

金：我逃在这山中，住在一个古寺，已经半月，兄何日到此？

李：今晚才到。仓卒之间，找了这一所空屋，暂且安身。

金：吃了饭么？

李：那里有饭吃，才吃了些树皮草根。

金：我住的古寺，去此不远，且到我处，略进晚餐。

李：如此甚好。

金：就请同行。

（李纳物于皮包内，携皮包与金同出空屋）

金：李兄啊，尔看这黑漆漆钧天睡不醒。

李：金兄啊，我努力前进，那精卫衔石，海也填平。

金、李合：只是这雨晦风潇阵阵紧，可怜我长夜明人。

（作到寺门，扣[叩]门，和尚开门，和尚指李）这位居士，不是李克阳先生么?

李: 上人可是乌巢禅师?多年不见了。

(分宾主坐下,金取面包两片进于李)权且充饥。

李: 这就算山珍海味了。

金: 李兄一路到此,可曾听到秦次郎取缔朝鲜人的条陈么?

李: 在报纸上曾经见过。

金: 此外可有别的消息?

李: 我离汉城之日,闻说警察纷纷捉人,中兴会同人的家属,无一人可以幸免,就是老兄的房屋财产,都被日人收没了,夫人与公子都被日人残害了。

金:(哭)国破家何在,巢倾卵不完。可怜亡国人的性命,真真不如犬鸡了。

和尚: 这样收场,人人难免,倒不如钢刀斩截,省了许多牵挂。

金:(抆泪)禅师的话,讲得极是,只是国家的事,如何结局?

和尚: 磨杵作针,在于人心,国家的事,看人心罢了。

李: 明日是安重根先生成仁的纪念,我们逃亡在外,无一个人开个追念会,可见人心已经冰冷了。

和尚: 安重根先生有几个朋友,如洪永善先生等,皆逃居在这山中,明日晚间都约得来,在敝寺开一个追悼会何如?

金、李同声: 这是极好的事,请禅师就办。

和尚: 近来书信检查极严,这开会的事,万不能用书信通知,只得我亲自去约,这寺中一切的布置,请二位居士主持何如?

金、李同声: 极妥极妥。

和尚: 夜已深了,二位居士且请休息,明日好办会事。

金、李同声: 禅师亦请休息。

(同下)

第三幕

(金、李同上)

李: 颠沛不忘国,

金: 流离未有家。

李: 可怜烈士墓,

金: 荒草夕阳斜。

李: 今日难得乌巢禅师如此热心,约了几个同志,在这里开一个追悼会,追悼安重根先生，倒也是想不到的事。

金：国亡以来，从未能痛痛的哭一场，今日可以抒我积年之悲了。

李：正是。

金：乌巢禅师已去了半日，我们趁早布置起来罢。

（中悬安重根像，旁悬一联“成义成仁，壮矣先生志；为牛为马，悲哉后死人”。前置桌一，桌置灯一、铃一。桌旁置琴一，场前置凳若干。场东偏置小桌一，小桌上置纸墨笔砚，签名簿）

（和尚偕洪永善及甲、乙、丙、丁四人上，各签名于签名簿。签名毕，各次第与金李相见，各换名片）

和尚：今晚黄蘖大师在山顶木叶庵说法，僧人必须去走一趟，这里开会的事，恕不能照料了。还是请金居士主持一切，众位居士以为何如？

众：禅师请自便。

（和尚下）

（金据案书一秩序单，一、报告，李克阳；二、行礼，全体；三、读祭文，金仇日；演说，洪永善；五、唱追悼歌，全体。书毕贴于场上）（摇铃开会，众依次坐下）

李：（登台报告）诸位，今日为安重根先生成仁的日子。可怜先生已经死了八年了，只有死的那一年，我们几个同志，在汉城开了一个追悼会，到了第二年，我们的国家，就被日本人并吞了。可恨那日本人，干涉的非常严厉，要想再开一个追悼会，大家痛哭一场就不能了。不料今日在这深山古寺之中，居然能开第二次追悼会。我想这一个古寺，真真是我们朝鲜的崖山了。诸位，最可怜亡国之后，莫说恢复不容易，就是痛哭也不容易，亡国人的末路，至于如此之惨么？今日开会，鄙人也没有别的主张，不过大家尽情痛哭一场罢了。（抆泪下台）

（众立起，对安重根像，行三鞠躬礼）

金：（执祭文到桌前，对安重根像朗诵）亡国后九年冬，亡国遗民金仇日等，谨以一掬伤心之泪，致祭于先烈安重根先生之灵而言曰：呜呼！事有可以力致，而有不可以力为。国家之兴亡，岂真关乎气运，非人力所能转移。以先生之仁勇，足以制伊藤博文之死命，而不能兴起全国人民，前仆后继，戕仇人之胸，食其肉而寝其皮。呜呼！先生杀伊藤博文之翌年，日人即肆其虎噬鲸吞之计，而庙社为墟。推先生之心，岂不以杀一伊藤博文，足以寒日人之胆，而息其窥盗之谋。孰知卖国奸人，引虎入室，揖盗入闺，此固先生之所不及料。九京之上，谅亦歔欷而痛悲。呜呼！先生成仁已十年矣。此十年中，全国同胞，无一日不在水深火热之中，颠沛而流离，死者尸骸遍野，衰杨夕照微。生者流亡异域，空山人迹稀，同是圆颅，同是方趾，胡为乎贵者如鸾凤，而贱者如犬鸡。嗟彼苍者天，梦梦无是非，先生之灵又奚为不叩帝阍而一问其天心何以人违。呜呼！自古死者奚止千万，皆已荡为荒烟，化为蔓草，走豺狼而啸狐狸，惟先生之精神，常留于天地之间，昭日月而不亏。呜呼哀哉，尚飨。

（李退下，众坐）

洪：（登台演说）今日诸位同志，在这里开一个追悼会，追悼安重根先生。鄙人原有满肚子的悲愤，要到这里来发泄发泄，后来想想，国也亡了，恢复的希望，也将绝了，任凭尔演说的如何感慨激昂，如何淋漓悲壮，还有一点用处么，不过出点气罢了。鄙人这么一想，只有哭的，更无讲的了。方才听见李克阳先生说，亡国之后，莫说恢复不容易，就是痛哭也不容易，这两句话，不觉又感动了鄙人。鄙人的悲愤，今日若不在这里吐一吐，恐将来更无吐的日子、吐的地方了。所以还是忍耐不住，不能不把鄙人累年所积的悲愤，一吐于诸君之前。诸位啊，我们朝鲜自从箕子受封以来，已经三千余年了。现在全国的人民，虽则琐尾流离，不遑宁处，合国内国外算起来，也有一千三百余万。以三千余年的占国，一千三百余万的人民，一旦亡于日本人之手，我们后死的人，何以对得起三千余年的列祖列宗？何以对得起一千三百余万的父老子弟吗？诸位阿，尔看我们朝鲜的人民，生息在日本专制政治之下，睁开两只眼睛来，看那日本人并吞我们的土地，倾覆我们的社稷，杀戮我们的父兄，摧残我们的子弟，离散我们的妻女，灭绝我们的门户，收没我们的财产，断绝我们的生计，剥夺我们的自由，限制我们的教育，种种的干涉，种种的欺陵[凌]，种种的虐待，种种的压制，我们朝鲜人，睁起两只眼睛来，说也不敢说一句，哼一[也]不敢哼一声。可怜我们朝鲜人，譬如是日本人养的鸡，喂的猪，要杀就杀，要宰就宰，还有甚么法律么？还有甚么公道么？咳，这也怪不得日本人，日本人譬如一只虎，哪里有不吃人的猛虎？日本人譬如一条蛇，哪里有不伤人的毒蛇？只是大众齐起心来，打虎杀蛇，纵然不能打死猛虎，杀死毒蛇，那猛虎、毒蛇自然远远的藏避了。哪里晓得我们朝鲜人，不顾国家的存亡，只顾一己的利害，朝廷之上，党派林立，闵泳翊、闵泳骏这们一班人等，为亲中党的首领。李完用、洪英植这们一班人等，为亲日党的首领。闵妃专政，又为亲俄党的首领。各挟所亲，互相争扎[轧]，互相残害。一若土地可割，国家可亡，一党的意见，必不可以牺牲。后来中国、俄国，皆被日本打败，亲日党的人，就非常得意起来，天天排挤亲中党亲俄党的人，必欲置之死地。日本人，趁此机会，出其口蜜腹剑之手段，拿一个日韩亲善的名目，劝我王建元称帝，改国大韩。那时亲日党的人，更洋洋得意，以朝鲜称帝，为自己莫大的功劳。李完用等又受日本人的贿赂，遂借日本人的势力，把亲中亲俄两党的人，划除的干干净净。就是不是亲中亲俄的党人，苟有持正义的人，讲公理的人，不受日本欺骗的人，不为亲日党指使的人，也划除的干干净净。国家的政权，通同握在亲日党人的手中。亲日党人，为所欲为，就都把军政权、警察权、交通权、矿产权，送与日本。国家之亡，已经间不容发了。安重根先生，不忍坐视国家之亡，奋其神勇，击杀伊藤博文于哈尔滨车站。但是一木难支大厦，孤忠无救国亡。亲日党李完用等，既握一国政权，又具卖国的决心，一个伊藤博文死，又一个伊藤博文来。可怜朝鲜建元称帝，不到十年，三千余年的古国，变了日本的郡县，一千三百余万的人民，变了日本的奴隶犬马了。亲善亲善，何以全国人民到如今尚未悟是日本人的诡计，是李完用的奸谋呀。李完用，李完用，尔的祖父也是朝鲜人，尔的子女也是朝鲜人，为何必定要把一个国家送与日本，不做朝鲜的臣子，要做日本的奴隶，不做朝鲜的人民，要做日本的犬马。李完用，李完用，尔到底是什么心肝肺肠，真真是亡国的妖孽！李完用，李完用，我恨不能食尔的肉，寝尔的皮，碎尔的尸为万段，以吐我胸中的怨愤，以偿我全国人民的痛苦。天啊天啊，为何生此妖孽，不顾一千三百余万人的身家性命啊？李完用，李完用，事到如今，就是碎尔的尸为万段，也是无益，我就是不知道全国的人民，何以听尔一个人把国家送与日本，毫无半句言语？人心死尽，真真可以痛哭了。

（大哭下台，众皆哭）

（全体唱追悼歌）

云青青兮白日荒，誓报国兮剑铓。
地崩折兮壮士丧，国无人兮沦亡。
古寺寒兮灯无光，招魂归兮彷徨。
进尊酒兮泪盈觞，君之灵兮应伤。
向前瞻兮道路长，回后顾兮茫茫。
忍偷生兮犬与羊，择人噬兮豺狼。
风萧萧兮枯白杨，命之倾兮北邙。
恨万千兮结中肠，放声哭兮喤喤。

（扮警察四人上，破门入，连人与小照签名簿等尽行拘搜而去，并将寺门封闭）

第四幕

（乌巢禅师上）僧人在木叶庵，听黄蘖大师说法，悟破了许多道理。回想以前种种，尚不免自寻苦恼。那世上的人，堕于苦海之中，不晓得佛门的妙谛，越发可怜了。一连听了三天，今日未免回寺一行。真是放开眼界无今古，收拾心情归渺茫。

（且行且唱）浩浩风烟，苦海望无边。古今如许，争名争利五千年。微笑花一拈，慈航普渡，渡不尽众生倒颠，随波逐浪剧可怜。尘世纷纷如磨旋，扫不净痴云愁雾，流不涸祸水贪泉，唤不醒柳眠棠睡，扭不转意马心猿，摆不脱名缰利锁，留不住兔转乌旋，填不满茫茫欲海，补不足渺渺情天。七尺身，投烈焰，醉生梦死，何处问因缘，回头是岸在眼前。明镜非台，菩提非树，禅心不动风帆悬。一轮明月印长川，织雪四卷星光寒。独来独往，风骨自高骞。身如聚沫生犹幻，海阔天空无挂牵，参破色相，是处好安禅。

（到寺门）呀，寺门如何封锁起来了？（作看封条势）呀，开会的事，被警察知道了。咳，这深山之中，布置罗网，尚且如此之密，后来的事愈发难了。这样看起来，金李诸居士必是被他们捉去了，好生凄惨。咳，风云莫定，祸福无常。昨日听黄蘖大师说法，何等自在，哪晓得风波就在眼前也！

刚闻得妙谛翩翩翻舌莲，刹那间风惨云凄天地变。我本是丢开世事只修禅，那快钢刀斩不断爱国愿。

咳，这个追悼会，原是我发起的，那晓翻变了引祸的导线。

尔看悲风萧萧白日寒，网罗密布，教人退无路，进又难前。

我想金李诸居士，一定是凶多吉少了。

亡国人，命如蚁贱，哪里有甚么法律保安全！最可怜，救国未遂男儿志，空把头颅捐。果真是亡人，古国共长眠，夜夜空山泣杜鹃。

天啊，世间伤心的事，何以至于如此之极呀！

搔首问苍天，何以这几个遗民，也不能性命留一线！

这样看起来，恢复的事业，竟要从新另做了。老僧本是丢开世事，一意参禅。乃志士云亡，后死者难卸其责，只好逃往海外，再作后图。

满天荆棘，满地腥膻。三千年古国，留不得干净土一片。费尽心思泪汪然，碧血难消亡国恨。终有日桑田变海海变田，飘然远去，莽苍苍万里云烟。（下）

（原载于上海《俭德储蓄会月刊》第1卷第3、4期，1920年）

亡国恨

老枢　鬌公合编

第三幕　逼婚[①]

登台人物：白无用(高丽官僚)　李氏(无用之妻)　白秋英(无用之女)　三太郎(总监之子)　日本中尉

场中作一厅事，正中挂中堂一幅，上书"大日本天皇万岁"七大字，案前供炉香一，另设一案于厅中。白无用与妻李氏坐于案之左右，女秋英傍母而坐，俯首治女红。

李：我看你这老头儿，真不愧名叫无用，总不懂做官的法子。你看某人某人，都因从前晓的卖国，到如今做了大官，发了大财，夫荣妻贵，好不快活。只有我命苦，嫁了你这无用的东西，做了二十几年的官，就像龟爬上壁，总没有爬上的日子。我看你老是这样行径，就是一辈子，也不能发迹呢。

白：我何尝不晓的卖国是升官发财的一个绝好法子，只是我的官运不好，前年就错过机会，如今悔之已迟，现在只好极力巴结上司，还有发达之望。只是上司都是日本人，那些有权柄的大员，又怕巴结不上。幸喜警察总监公子三太郎，近来常常到咱家里来，想必有点缘故，若能巴结上此人，日后也好望他父亲提拔提拔。总之太太且不要烦脑[恼]，且勉强图个出身，叫太太安享富贵就是了。

秋：父亲且不要说这种无志气的话。岂不闻中国的圣人所说的"忠臣不事二君"，今日本灭我高丽，爹爹为高丽大臣，不能救亡国之祸，今又食日本之

① 编者遍寻各地，未觅得刊载本剧第一、二幕的菲律宾《教育周报》第20、21期，故前两幕缺。——编者注

禄，已是问心不过，怎又想巴结仇人，以图显荣，岂不怕千古笑骂吗？

李：我儿你怎又信那书本上的话了？俗语说的，依父吃饭，依母亦吃饭，只要能得了富贵，管他日本不日本，高丽不高丽。我正愁你父亲呆头呆脑，不晓得升官的秘诀，怎你反叫他辞官退职呢？我且问你，你说日本人是仇人，难道那三太郎也是你的仇人吗？

秋：凡是日本人都是我的仇人。

夫妇现失望之色。

白：我儿你别固执。你要晓得日本现为东亚第一强国，他来管我们高丽，这是替我们保护，我们正该感激他的恩典，哪里有反恩为仇的道理？至于三太郎这人，更不该以仇人看待，他与你何等要好，他父亲的体面，何等烜赫。

李：儿呵，你父亲的话是不错的。依我看来三太郎这孩子，也很乖巧伶俐，将来必做大官无疑。你母亲膝下单生你一个，将来正大大的指望你，你要好好的，体贴父母的意思，如果日后能招了一个日本人，像三太郎，做了女婿，那时你父母的面子，如何光耀，就是门坎也要增高三尺了。我儿！你想我的话如何？

无用闻言大喜连声道。

白：太太的语很是。……太太的话很是！我正也想起这门的事，不料太太竟先说出来，真是不谋而合了。

阍人持名刺入，警察总监公子三太郎求见。白无用狂喜，急整冠趋迎。李氏亦眉开眼笑。秋英闻三太郎来，以面向壁，治女红如故。无用迎之，太郎入，李氏急起承，夫妇共扶三太郎上坐，自称奴才即欲下跪行礼。三太郎止之，乃分左右侍坐，极足恭之态。秋英回头见状，羞愤交集，不觉泪下，仍面壁治女红不辍。

白：公子这几天为甚事都不到，奴才夫妇两口又是记挂，又是惶恐，说不定有甚么开罪的地方吗？

三：那倒没有。

白：尊大人这两天公事想必狼忙。奴才今天一早就到衙门请安，看见提出几个造反的高丽人，正要押出枪毙，奴才知尊大人劳神得很，就不敢禀见，仅把禀帖递入了，这简慢之罪，还求公子代为告饶罢。

三太郎正注视秋英，无用所言，充耳若不闻。

三：秋英妹为何面壁垂泪，莫非有谁委屈他[她]吗？

白：哦……我该死了，为甚么公子降临，也没教女孩儿来请安，真是发昏到极。我儿……快起来，给公子磕头，并替我告罪罢。

秋英不起，亦不回头，无用夫妇连声催迫，秋英坚坐如故。

三：这些虚礼我倒不甚讲究，他既懒得起来，你们就不要强迫他。

三太郎杂坐至秋英身旁。

三：妹妹我这几天因为父亲拘管着，不得到你这儿来，你也曾想念我吗？

秋英不答。

三：妹妹你倒[到]底为甚生气，也不告诉给你哥哥听听，你哥哥好替你解闷呢。

秋英又不答，独自垂泪。

三：好妹妹，你为甚么一言不发？真要急死我了，你好反[歹]也睬我一睬罢。

秋：谁是你的妹妹？你不要来死缠，咱们高丽人只是你们日本人的奴才，够免你们的虐待就好了，要你假亲热呢！

三：妹妹，你哥哥只有爱你的心，哪敢有虐待你的心，你不信我就对天发誓罢。

三太郎跪下发誓，无用夫妇急忙扶起。

李：老爷，我想你我在这里，他们两口儿终久不好说话，如不[不如]暂且走开吧。

白：太太说的是。

秋英见两亲欲出，不愿独留，急携女红随之，李氏遮阻曰。

李：我儿你且留一步，给公子谈谈心，我出去就来。

秋英不应，夺路自出，三太郎大失所望，与辞欲归。无用挽留不获，连连作揖谢过，送至门外而返，返时怒容满面。

白：这不识抬举的了[丫]头，真要气死我了，太太你快进去痛责他一番，也叫他以后不敢再这样无礼呀。

李氏下阖，报中尉至，无用复堆下笑脸，急出趋迎。无用接中尉入，应接间仍极足恭之状。

白：请问大人，今天光降有何吩咐？

尉：不为别的，就是承警察总监的意思，叫我来替他公子三太郎求婚，你如果答应，那婚期以速为妙，大约在一个月以内，不晓得你办得及吗？

无用闻言狂喜。

白：办得及！办得及！既承总监大人这样抬举，无论哪一天，尽可把小女送进府里去。只是还须得了内人的同意，请大人稍坐，奴才进去问他一问，再来回话罢。

无用踉跄入内，有顷复出。

白：好了！内人也是这个意思，并说婚期是越速越好呢。

尉：既是这样，你就赶紧办去，只是千万不可误了。如有差池，要仔细你的脑袋呢。

白：不敢！不敢！

无用送中尉出，李氏亦携秋英出至厅事。

白：我儿，刚才总监大人令人正式来求婚，你父亲已许下，一月内过门了，一应装奁赶快帮你母亲收拾收拾罢。

秋英闻言大骇。

秋：父亲，这是儿终身大事，如何不通知一声，就轻易答应了？儿是宁死不嫁日本人的。

无用作色。

白：亏你也曾念过书，岂不闻婚姻之事须听父母之命，媒妁之言。你父亲好容易才替你订了这一门的亲事，难道你还不满意吗？

李：我刚才告诉你许多，怎么你只当做耳边风，放着这有权有势的人儿不嫁，恐怕以后就踏破铁鞋也没有再好的，那时岂不后悔了！

秋：儿决不后悔，除了日本人以外，儿就跟了花子，吃了一辈子的辛苦，也替高丽女子争(点)口气，省得人家笑话说高丽这班妇女，是忘耻事仇的。

李：虽这么说，然尔父亲已经答应人家，也改过不来，尔再执迷不悟，就要连累父母了。

秋：那也没法子。

李：什么叫没法子！难道真不怕连累父母吗？

秋英不答，无用夫妇均拍案怒道。

白李：好个忤逆儿，连父母的性命都不顾了！实对尔说，今日之事不由尔做主，就在十天以内，管教总监派了警兵，把尔硬送进府里去，看尔有甚法子抵抗呢。

秋：别说警兵还是人，便是阎罗天子差了鬼卒来，我也不怕。

白：你不怕很好，我就看尔硬嘴罢。

语毕悻悻而入，秋英泪下沾襟，至台前。

秋：嗳啊，爹娘尔到底为着甚来一定要把尔女孩儿送给仇人？哪里晓得仇人绝不领尔的情呢？……呀……我想我白秋英这般薄命，生不如死，门前一道大河，正好跳身下去，做个清流之鬼，强如受那恶奴的凌践，万劫不得超生呀！我计决了，自古道慷慨捐躯易，从容就义难，稍一踌躇，便死不成了，趁此时爹娘不在，就赶快出门罢。

秋英回身疾下。

闭幕

第四幕　秘议

登台人物：闵时中　白秋英　秘密党党魁　秘密党党员数人

舞台景布：场中作会场式，正中置大餐桌一，党魁立于主席位，党员七八人围坐议事。

闵时中同秋英入，在座者均起立为礼，时秋亦答礼归坐。

时： 兄弟今日介绍一位新会员，就是这白秋英女士，不晓得大家赞成吗？

众： 话笑话了，既是闵先生介绍的会员，大家还有不赞成吗？

魁： 只有一件，还请先生把女士的历史略为说说，给大家拜识拜识。

时： 说来也很凑巧，兄弟今天因有事出门，打个小桥经过，远远看见这女士在河边哭泣，不久就跳下河去，兄弟一时慌了起来，赶忙向前施救，幸喜河里水浅，未受大伤，一会〖儿〗就苏醒过来。兄弟一问，才晓女士投河的原因，是因为现任高丽警察总监之子三太郎，丈[仗]着他父亲的势力，强迫求婚，女士父母，不敢不从，强欲于十日内完成婚事。哪里晓得女士平时受过良好教育，视日本人为我祖国不共戴天之仇，以此誓死拒绝，他父母恐怕连累，强迫不已，女士没法子，想只好投河自尽了。

大众闻言，皆拍掌赞叹。

时： 兄弟见女士宁死不辱祖国，节义可风，才把为国复仇强如徒死无益的话，劝解他一番，并把我们秘密结社图谋恢复的宗旨，也说与他知道。女士听了，立刻转悲为喜，就叫兄弟介绍入党，誓愿为党中尽力，大家试想咱们无意中得了个极好的党员，这不是凑巧到极了吗？

众复鼓掌。

魁： 既是这样，从今日起女士就为本党党员了。今天之会女士当然有参与之权，咱们就此开议罢。

一会员起立发言。

员： 兄弟想今天所最要先决的问题，就是财政。现在党员中倾家捐助者虽不少，而所缺尚多。此事还要从长计议，由各党员再向各处秘密募捐，也是一种的办法。不晓的大家以为何如？

时： 这话兄弟非不赞成，只是现在捐钱的事，是再难没有了。那些穷的不用说，有些富厚的，他只情愿做亡国奴，绝不肯拿出一文替国家出力。兄弟为这问题，昨天险些起了家庭革命。我劝我父亲拿出钱来，帮助国家，他反说我是管闲事，后来渐渐说到激烈，竟把我赶了出来，宁愿永远做亡国之民，不愿捐其家私的丝毫。此种心理，不但家父一个为然，直可代表高丽一般富人的心理。你想人心如此，这捐款还是容易的事吗？据我看来，现在人心已死，要想漫漫[慢慢]儿劝他转来，实在是难那！

又一会员起立发言。

员：闵先生这话，切中高丽人的毛病。兄弟想这个心理，都因不明白爱国的道理所致。现在要劝他转来，只有用文字鼓吹的一法，不晓的大家以为可行吗？

时：这话对是很对，只是那些脸团团的富翁，多半抱着不读书不看报的主义，任你有多好的文字，也进不了他的眼睛，这可怎么好呢？据我的意思，这些募集款项、文字鼓吹的法子，都是慢性的药剂，救不了高丽人的重病。兄弟平素主张的是急进，现在只要有人敢冒险，把高丽总督刺死，那时乘机恢复了汉城，诸同志散在四方，必起而响应，恢复之功，转瞬可成。声势大了，款也有地方筹，就是平时不爱国的，也要随声附和了。这个办法，岂不直捷痛快得多了吗？

秋英首先赞成，众拍掌和之。

秋：这件事体就让我干去罢。

众复鼓掌。

时：这一定使不得。女士文弱身子，如何干这冒险的事？这是我自己提倡，自己担任罢。

魁：兄弟也赞成闵先生的话，只是女士既这样热心，兄弟也不敢相阻。这个暗杀的事，还是让闵先生办去好，就请女士为闵先生之副，凡事计议而行，更觉万全了。兄弟这意见赞成的就请举手。

众皆举手。

魁：今天已议有办法，便可闭会，专候闵先生、白女士的凯音就是了。

众离坐与闵白二人握手，祝其成功，众皆下。闵、白尚留。

时：妹妹，今天的事，虽说咱们俩个同受委任，究竟还是哥哥独自办去，你只在背地等候消息就行了。

秋：这如何使得，妹子视死如归，哪里有临阵退缩的道理？

时：不是这么说，这种事体原以人少为妙，若是人数多了，就怕露出破绽，那时误事更为不美，所以劝妹妹勿往就是这个意思了。

秋英笑说。

秋：那我晓得了，哥哥的意思，不过怕妹子做了秦庭上的武阳，倒误了荆轲的大事了。也罢。就依你的话，不必同走，只是这事何日可做，哥哥也有把握吗？

时：这礼拜四为阅兵之期，总督必定出来，我就伏于操场左近等候他，包管马到成功呢。

秋：这样很好，咱们快去预备罢。

闵、白同下。

闭幕

第五幕　行刺

登台人物：闵时中　白秋英　三太郎　高丽总督　日本兵士一大队　高丽人

舞台布景：作旷野景，远远有洋鼓洋号声，闵时中一人独上，徘徊叹息。

闵：如此大好河山，有二千余年文明历史，高丽人不能自强，致被倭奴吞并。尔看高高的洋楼，长长的铁道，哪一件不是我高丽人汗血造成吗？凭好男儿志气做去，不怕尔这飘飘的旭日旗，没有扯下的日子。

洋鼓洋号声愈逼近，闵时中急下，兵士整队上，高丽总督骑马随其后，兵士各立正，对总督行举枪礼，高丽总督训词。

督：军士们……尔知道我帝国所处地位吗？我帝国本来是东亚区区三岛，自我明治大皇维新图强，厉行那军国主义，先把琉球做我们初出炉枪炮的试验品，就渐渐由对马海峡伸到朝鲜。可怜当时那老大支那帝国，犹睡在鼓里，排起天朝旧格式，为着干涉朝鲜内政，与我帝国宣战。黄海一役，那几队窳败不堪的战舰，除被我新练海军击沉外，还掳了几艘，排在帝国博物院，做个永远战胜纪念品。惊得支那人魂散魄落，忙派钦差大臣与我帝国讲和，割台湾，赔兵饷，这是我帝国在世界上第一次有荣光的事业。虽说辽东半岛为俄德法干涉，仍旧归还支那，但我帝国兵士视此仇不共戴天似的，誓在必报。不够十年，那欧洲第一强国的俄罗斯海陆军皆被我们杀得大败，这也是白种人所料想不到。那时东亚大局，就堪说由我帝国手里指挥了，所以十三年前兼并朝鲜，世界各强国不敢说半个否字。军士……我们帝国扩充的范围，就此已到极端吗？

众兵齐唱道。

兵：还未……还未……还有支那呢……

督：哈……哈……支那国土，是我帝国将来的财库；支那国民，是我帝国[将]来的奴隶(完)。军士们不要着急……磨砺尔们精神，团结尔们实力，充实尔们子弹，到那并吞支那的日子，就是我太和魂雄飞世界的日子……

众日兵齐拍掌高呼“日本帝国万岁”。

日本兵士操练一过，高丽总督策马欲回，闵时中在人丛中举起手枪击之，误中卫队。

兵：有刺客。……拿……拿……快拿刺客……

日本兵士合围闵时中，闵时中连放数枪，皆不中，终被日兵捉获，闵时中顿足叹息。

闵：手法不精，倭奴漏网，有负诸同志负托重任，更何面目见安烈士于地下！

日兵拥闵时中入，白秋英上。

白：闵郎担任实行那件事，是与我大韩民族有绝大关系，现在道路喧传刺客被拿，这是不好消息了。

卖报童子上，连声大呼。

童：号外……号外……秘密党闵时中行刺总督，不中被拿……

白秋英大惊，急购报看。

白：不好了，闵郎行刺不成，被倭奴拿去，十死无一生。可怜我大韩民族，又弱一个铁血男儿。侬是他的帮手，难道坐视闵郎死，不设法补救吗？究竟须用何法才能救出闵郎呢？

白秋英作寻思状，三太郎艳服自场内出，手执手杖，状甚骄傲，行至场中，忽见白秋英，急脱帽整衣，向白秋英行礼。

郎：好妹妹，数日不见，闷杀我也，不知今天是何风儿吹到这里来？论尔乃是千金之躯，要出门玩玩，也须叫个婢女限[跟]随，独自一人不嫌寂寞吗？

白：好哥哥，不用你费心。

郎：妹妹这“好哥哥”三个字，今日出自妹妹之口，入鄙人之耳，比较我日本天皇赐鄙人头等勋章，更是荣幸万分。

白：将来是自家人，不必论那勋章不勋章。

三太郎作狂喜状，逼近秋英坐位。

郎：“自家人”呵！……今日鄙人莫非做梦吗？

白：哥哥尊重些，青天白日，哪里是做梦！

郎：记得前日在贵府里，有得罪妹妹处，还望妹妹包容包容。

秋英不语，手弄衣角作阅报状。

郎：妹妹看得是何种报纸？今天有什么特别记载吗？

白：今天报纸载的很有趣味，说甚么朝鲜秘密党人谋刺总督，现已捉获在监狱里了。哥哥你道可笑不可笑呢，我们朝鲜，在十年前做官的植党营私，做百姓的生计日促，闹得举国昏昏乱乱，几没有一个安宁日子。亏贵国为扶持人道起见，把我们朝鲜联合起来，对外呢，免了俄罗斯欺侮，享受第一等国民徽号，对内呢日见秩序整齐，百废俱举。贵国天皇行这联合政策，正是我们大恩人。可笑那一班不识时势的少年，还欲兴波作浪，扰乱秩序，真正是恩将仇报呢。

郎：（笑）妹妹这话对了。今日有个朝鲜人，名叫什么闵时中，欲行刺总督，既经秘密裁判了。现在我父亲对我说，不时即枪毙，还要查究同党，为一网打尽计划，免后来地方受他们扰乱。妹妹你看这个主张妥当不妥当呢？

白：自然是万分妥当。我听说自从贵国管理这个地方，别的且不必说，就是监狱一事，也很特别改良，比较十年前，俨然有天堂、地狱的区别，不晓得果真有这等事吗？

郎：自然是真的，可见日本为朝鲜整顿地方，是事事认真的。

白：我母亲同我小表弟，他老人家百般新事物都已过目了，惟有常常念要探那新改良的监狱，新他们的眼界。你也知道我朝鲜人要到那禁地，是很不容易的事，狱卒圆着眼睛，说不定有秘密党的关系，那就危险万分了。尊翁是朝鲜警察总监，全朝鲜管理监狱的大权，是在他手内的，哥哥如看我面上请为我在尊翁处讨一张特别探狱券，赏赐与我，不时就可同我家里人到狱里探探，也博得老人家同我小表弟的喜欢。

郎：特别探狱券吗？……（作沉思状）

白：哥哥弄不来吗？……若是弄不来就作罢论，免致哥哥为难。

郎：做得来……做得来……无论如何困难总是要代妹妹设法〔弄〕一张，才表我三太郎爱妹妹的真心。

白：就是明天给交与我就是了。

郎：明天呵（作踌躇状），呵就是明天……就是明天……就是明天确不会误的。

白：哥哥请自便，我要回家了。

郎：我也要回家了，请暂别。

二人起身，三太郎举秋英之手而吻之。秋英面他视，作咬牙切齿状，回首又满面笑容，与三太郎作别。秋英入内。

郎：好奇怪！这个美人怎么前几天万分倔强，今天一见面百般柔顺，所谈论的话又是句句打到我心坎里，真个令人骨节皆软。呵，三郎（以手捶心窝）能娶这个美人作妻小，真正是个艳福不浅。呵，且慢……且慢……临去他又向我讨一张特别探狱券。他要探狱券何用呢？莫非……（作定神状）呵，不可疑心，不可疑心。那美人确是真心向我，这件小小的人情，若不应许他，被他发起气来，那就不可收拾了。（手摇手杖步行而入）

闭幕

第六幕　脱险

登台人物：闵时中　白秋英　狱卒　警兵二

舞台布景：作一时式监狱，二警兵荷枪巡行。

闵时中穿囚人衣服，坐在狱中，两手挂以铁链，满面义愤，自言自语。

闵：时中不能为同胞剪除倭酋，诚死有余罪，但是我朝鲜国魂不死，终不任那倭奴横行。可笑那法庭推事，用那甘言相骗，叫我供出秘密机关并同党姓名，就欲赦我无罪。我说两千万的高贵同胞，皆是我们党员，遍汉城尽是秘密机关，时中若是怕死，就不敢行这大事了。……

狱卒上，手执餐具开狱门入。

卒：闵先生，汝也何必拘执，抱甚么不卖党主义，自己一人在这里受苦呢。先生若是供出党员姓名并那秘密机关，即刻就可自由。汝真乃可笑，一口咬定不说，假汝一旦身死就一文不值，究竟朝鲜人哪个可怜尔呢？

闵：啐……汝不配同我讲话，谁要尔多嘴呢！

卒：不配……不配……尔这死囚，死期已在眼前，还说甚么配不配！

白秋英上，望狱门直入，警兵阻之，秋英从身旁取出特别探狱券示之，警兵作退疑状。

警甲：特别探狱券，从来只有给我帝国游历人员，探那监狱改良情形，那有给与朝鲜女子的理？

警乙：券面的字据，明明是总监里秘书长手书，莫非有甚么特别原因吗？

英：尔们到底承认不承认总监命令？累我等得许久，我要扭尔告诉总监，说尔等有意为难。

警甲乙：不敢不敢，姑娘且莫动怒，这是我们公务上不得不如此，谁敢违抗总监命令，姑娘请进，随处可以逛逛。

白秋英手持特别券入，逢着狱卒自闵时中室内出。

英：狱卒我且问汝，那暗杀总督的犯人，拘禁在甚么号房？我有特别探狱券在此，望汝引我看一看。

狱卒验看特别探狱券。

卒：闵时中吗？现禁在第十七号房，待我引尔进去。

狱卒同白秋英行近监房，用锁匙开门手招秋英入。

卒：囚人……有个朝鲜女子来探汝，汝认得他吗？但上官有命，汝们朝鲜要犯，不许与人家作秘密谈，我只好在此监视。

闵时中见白秋英入，作骇异状。秋英以手止其勿言，忙从怀里拔出一雪白手枪，对准狱卒胸膛。

英：倭奴……尔若是不遵我指挥，或稍高声叫喊，手指一放，管教尔狗命丧在顷刻，而且这是塞门土的厚壁，声音不能传达外面，尔即叫喊，也是无益。

狱卒作战栗状跪下。

卒：姑……姑娘，有所指挥，敢……敢不从……命。

英：为我将闵先生身上刑具松下。

狱卒急从身边取出锁匙开锁，时中随以锁链还加于狱卒，秋英以手巾塞狱卒口，并剥取其衣服鞋帽，出麻绳坚缚狱卒于床上，时中穿狱卒衣服鞋帽。秋英笑对狱卒说道。

英：不过难为汝几小时，横竖有人来救汝。

白秋英先出遇警兵，故意立作闲谈，时中作狱卒装束，帽罩在眉檐下，信步出狱门。秋英见时中已脱险，告辞警兵出。

警甲：这女子终有些蹊跷。

警乙：怎么那狱卒也低头出门去，行迹很是可疑。

警甲：那十七号囚人，总须注意些，这是重大的关系。

警甲警乙同至十七号房外，狱卒在床上乱〔挣〕扎，口里发出哼声。

警甲：不好了……事情弄大了，急报上官。（甲、乙同下）

闭幕

第七幕　同仇

登台人物：留美中国男女学生数十人，白秋英，闵时中

舞台布景：作一会场式。中高悬一横额，大书“五九国耻纪念”，中坐男女学生无数。鸣钟三下，主席登台宣布开会理由。

主：今天的会，是我中国承认日本廿一严酷条件的纪念。大概世界上所有纪念日，都是喜欢的事，只有这个纪念日，是最痛苦的。喜欢纪念，是希望永

远存在，只有这痛苦纪念，是希望早日排除。要排除这痛苦纪念，不可希望甚么主持公理、主持人道的友邦，专在我们中国人，自己认定责任做去。无论甚么廿一严酷条件，就是种种损失利权也，可以收回。（众拍掌）现在有两位高丽铁血同胞，他们为争高丽自由，亡命到美洲来，碰着我们开国耻纪念，就请两位到本会演说那亡国后惨剧，当做我们将来镜子。（众拍掌）

主席介绍闵时中上演说台。

时： 鄙人刚才听主席说，这个国耻纪念，是个最痛苦的事。在鄙人看来，是个最侥幸的事。你看我们朝鲜被倭奴种种虐待，还有甚么国耻可纪念呢？譬如他伸一只大巴掌，打到我们面上来，还要恭恭敬敬，用嘴把他亲一下；若是不知死活，要叫起痛，那就了不得。贵国现在面上受那大巴掌，尚敢叫起痛来，比较敝国，岂不是还侥幸得多吗？日本对待敝国政策，是从“亲善”二字做起，中日战后，说要扶持朝鲜独立，朝鲜一经独立，结种种条约，就不要受第三国干涉。日俄战后，又说要领全朝鲜领土，到时机成熟，那做傀儡的卖国奴，就提倡兼并，把个二千余年历史上有名的朝鲜，在今日比牛马奴隶还不及呢。敝国本是贵国藩服，自从满清失政，打了一阵败仗，掉去天朝资格，眼睁睁看那数代藩服，被倭奴吞并过去。辛亥霹雳一声，推倒数千年专制政府，敝国同胞皆希望或[获]得贵国援手，脱去牛马奴隶生涯。那知七八年来，政争不息，竟丧失许多权利。敢说句大不知进退的话，倭奴直视贵国为第二朝鲜。贵国有四千余年文明历史，有四万万国民，有廿二行省土地，地跨三带，堪说是地球上第一宝藏，若任那长蛇吞象，真乃可惜。第一希望贵国实行民治精神，把那军阀势力扫除，取消种种秘密条约，几可脱去那倭奴束缚。第二希望贵国各党派化除私见，真正为国家干起事来，勿踏我朝鲜党争覆辙，把国事丢在脑后，作倭奴傀儡，互相争夺，到底同归于尽。第三希望留学界诸君，吸取文明国事业，归饷祖国。听说贵国首都的空气，很是恶浊，当具有澄清精神，勿为环境同化。鄙人所说的，也自觉非分，不过视贵国为第二祖国，休戚相关，就不免言之过分了。（众鼓掌）

主席再介绍白秋英登台演说。

英： 秋英一介弱女，虎口余生，今天得参加盛会，实在感念不忘。不过敝国人除在此新大陆一片自由干净土外，差不多到处无发言权了。我朝鲜亡国原因，第一在家庭专制，那父母最大希望在儿子终养天年，儿子若要想去做一番轰轰烈烈大事业，当不得老人家抱那不孝有三，无后为大的天经地义来相教示，满腔热血就不免渐渐软化，所以被倭奴百般糟踏，大家只得过且过，扫却门前雪，那还敢理他人屋上霜？倭奴就是利用这个弱点，横行无忌。可怜两千万朝鲜同胞，亡国尚且跑不了，还要灭种呢。这回秋英同闵先生，亦是受着家庭种种压制，因想这个习惯，若不打破，我朝鲜永无超生日子，故离去恶浊家庭，投身革命机关，欲借此做些事业，为国雪耻。那知一击不中，闵先生几罹大厄，九死一生，奔波到此，万不想得与诸位先生坐谈一处。贵国对于敝国举动，一般国民，谅极表同情，不过现在所受的苦痛，差不多堪说同病相怜。贵国若有雄飞世界日子，必不任那二千万同文同种的国民，永远坠入奴隶圈里。（众拍掌）

主席登台，代众会员答词，同唱国歌（将国歌放大字，挂于台前，台下观戏者齐起立，有能唱国歌者，并起和之）。歌毕，各男女学生怀中取出小五色旗，在台上挥舞，高呼："中华民国万岁！"（场中观者齐和之）

闭幕

［原载于吕宋（菲律宾）《教育周报》第20、21、22、23、24、25期，1920年。其中第20、21期缺。］

现在的朝鲜西邻（独幕短剧）

李健吾

登场人物：无家的饿犬
卖烧饼的
兵
日本人
美国人

布景：一条僻静的小巷。

卖烧饼的：（摇一摇头）鬼影也没有！（将盘子放在地上，伸懒腰。）还有六十五个烧饼——背运，老东西又该骂我懒了。一，二，三……先歇一歇再说——听他打罢！（叹气）真没有人吗？（取出小皮袋将钱来复的数弄。）一，哈，两块！两年，再有两年就可以回家——那时总有二十块钱了。

（一只野狗远远的嗅着香美的烧饼味，做贼似的，轻轻跑在他后面，要抢一块烧饼吃——他正在甜密[蜜]的幻想里。）

卖烧饼的：我母亲打算给我取[娶]媳妇——可是我的表妹呢？（狗已经吃了一块）衣锦归乡——嗳呀，打！好东西！

狗：汪！汪！汪——汪！

卖烧饼的：（恐吓的）打不死你的！

（从那边走来一个半醉的兵，摇摇摆摆，哼唱得狠有味。）

狗：（向兵跑去）汪——汪！

（兵被狗大吓一跳。）

卖烧饼的：（嚷）截住——它抢了我的烧饼！

兵：（看见这被窃者）什么！是你打狗吗？

卖烧饼的：（拘束的）老爷，狗——抢了我的——

兵：费[废]话，为什么你大吓我一跳？没有长眼睛！

卖烧饼的：但是……

兵：浑蛋，你强[犟]嘴吗？

卖烧饼的：不……

兵：你不知道老咱刚吃酒，瞎了眼？

卖烧饼的：它抢了我的烧饼……

兵：你忘了王法吗？它抢它的，你搅老咱的性[光]干什么？

卖烧饼的：（要藏起小皮袋）老爷，算我错——

（兵伸手要抢他，忽出不意的夺去小皮袋。）

兵：这是什么？你从哪里偷的？

卖烧饼的：（狂呼）嗳呀！那是我的！我自己的！

兵：滚你的蛋！这不是我刚掉下地的？

卖烧饼的：（哭）老爷，济福罢！

（兵踢他，缓缓将小皮袋塞入军衣袋中。）

卖烧饼的：给我——那是为我表妹的……

（日本人持手杖从旁走来。）

兵：（息了些气）今天算饶你！

（兵扭身要走。）

卖烧饼的：（伸手）老爷，给我的钱，济福罢！

日本人：什么，他抢你的钱包吗？（追回兵来）伙计，你想干什么？

兵：（拘束的）先生，少管闲事罢。

日本人：什么，你扰乱我——大日本人在街上走的治安吗？你没有长眼睛！

兵：这……

日本人：给我！

兵：的确……

日本人：浑蛋！（从兵身上抢出小皮袋，摇了两摇。）这是我们的领土，大日本的！滚开！

兵：但是……

日本人：（大怒）你是谁的兵？这样霸道！

兵：（笑了笑）先生……

（他的酒已然醒了。）

兵：我们排长吩咐过我们——先生，没有受伤？

（他匆忙的赔礼，于是走出巷去。）

卖烧饼的：先生，多谢你！

日本人：不过，（瞥了他一眼）这钱应当是我的，你明白吗？

卖烧饼的：（叹气，知道绝对无望了。）先生，刚才……

日本人：这是你们的兵送我的！

卖烧饼的：可怜……

（日本人缓缓将钱包装在衣囊中。）

卖烧饼的：唉！

日本人：（瞪眼）你不服吗？

（手杖在卖烧饼的身上舞起来。）

日本人：现在，你明白吗？

（巷口汽车喇叭的声音。）

卖烧饼的：救命——救……

日本人：谁敢！

（从那边美国人走来。）

美国人：什么事？

（卖烧饼的卧在墙角哼哼不已。）

美国人：呵，可怜的人。（转过身）喂，这个像猪叫唤的人怎样得罪你的？

日本人：（拘束的）第一，你要知道，我是大日本帝国的臣民……

美国人：这句话是什么意思？

卖烧饼的：——老爷——他抢了我。

美国人：（惊讶的）呵，人类的羞耻！

日本人：（反抗的）但是，我不晓得是他的。

美国人：谁送你的？

日本人：一个——一位朋友。

美国人：（微笑）是指这个像猪叫的可怜人吗？好，请给我——有多少钱？

日本人：（很勉强的递到别人手里）不过，这个钱你也不得拿走。

美国人：（大笑）就是这个吗？好大的数目！（随手扔在地上）先生，这不是什么体面事情。

日本人：哼。

美国人：朋友，不要生气，我请你吃酒——去。我们虽然不认识，这件事情便是我们的介绍，最好的介绍。

日本人：那汽车是你的吗？

（美国人点头。他们缓缓走出巷外。）

卖烧饼的：哼。

（他从墙角蛇行，摸着了扔在地上的小皮袋。）

——幕前——

一九二四，十一月，九日。

［原载于《学汇（北京）》第418期，1924年］

朝鲜恨

佚名

第一幕

人物：都督　熊垓士约有六十上下，穿常服，戴红顶帽子。

老仆　（卫兵）

秘书长 一

副官　 一

参谋长 一

师长　 二

旅长　 二

布景：内室　烟榻　陈列烟具及一切陈设品。

（幕开，大帅着常服由外进来，盥漱毕，看见桌上有名片一张，作很惊讶的样子。）

大帅：咳！有人找我，怎么你们不告诉我。

仆：没有人找大人哪！

都：（拍案）没有，这不是名片吗？

仆：唔！这是大人自己的名片！

都：真可恶！谁叫你们把我的名片放在那儿？

（说毕，躺在烟榻，仆人侍候）去！把烟具取来！

仆：是。（往后去，进来）这才真是一件好东西哩！要做大官须抽大烟，烟抽得越多官做得越大！老爷，烟具取到了，请用吧。

都：（手持烟枪，略抬起头来）二姨太太呢？

仆：二姨太太同八姨太太逛公园去了。

都：四姨太太呢？

仆：四姨太太是跟人……

都：（坐起来）什么？

仆：是跟人兜圈子去了。

都：那么现在哪个太太在家里呢？

仆：她们都出门玩去啦。

都：这些东西，可恶极了，我要她们做什么用的。

（副官打门，持电报上）

副：都督有万急的密电。

都：什么！密电！去去去，赶快请王秘书长来。

副：是。（下，都照常抽烟，秘书长上）

秘：都督（行立正礼），有什么吩咐？

都：现在接到很急密的电报，你念给我听吧！

秘：（读电报）乙党定于某日袭都督，请准备。探。

都：哼！我早就料到他们有这一着，他们想用武力来统一我，我还想用武力来统一他们哩！我是不怕他们的。去，把李参谋长和各师长旅长请来！

仆：是。（下）

都：哼！这群混帐[账]东西，不把他们一个个都宰了，他们也不知道本都督的利[厉]害。

（参谋长、各师旅长同时上，行军礼）

都：今天接到一个密电，说那面要用武力来统一我们，请大家商量一种办法。我想我们军队已然不少，可是打起仗来军费一定要用许多，请大家怎样设法筹备下才好。

参：不要紧，东洋人向来愿意帮我们忙的，我们可以向他借几千万元。

师：我们要向东洋借款，一定要有抵押的呀！

都：那好说，只要我能够统一全国，送些土地权利给他们不算什么。

参：好啦！那就请都督派人到东洋去办交涉吧。请师旅长预备一切好了。

都：王秘长是东洋毕业的，对于东洋的情形，是很熟悉的，那末就请你走一趟罢。请大家小心预备，将来我做皇帝，大家都是开国元勋哪！哈哈哈。

（都督同参谋长下）

王师长：赵师长，我们一师只有几千人，怎么去打仗呢？

赵师长：王师长，你也大发财了，短扣了这些军粮，我的一师也不过三四千人，怎么好呢？

王：原来彼此一样。有了，现在灾民讨饭吃的多的很，把他们招来凑凑数也就够了。

赵：好法子！就这么办罢。（王、赵同下）

潘旅长：（指师长）他们都发了财，我们呢？哈哈有了，咱们不免骗些军款到手溜之乎也，溜到租界过我们的日子罢。我们为谁死呢？钱旅长，你说好不好呢？

钱：好好，就这样吧。（同下）

各旅长：是！是！（都下）

第二幕

东洋领事馆　客厅式陈列

领事　龟三郎

馆员　兔太郎

仆人

龟：兔太郎，想我日本帝国，自明治天皇维新以来，占领琉球、台湾、澎湖列岛、旅顺、大连、南满州[洲]，近来福建、蒙古又划在我日本国旗之下，汝想我们帝国的国土，也就扩张到几十倍之上了！前数年支那的张勋打南京的时候，打死了同胞二人，我们政府不答应，就提出抗议。支那政府就赔了六十万的恤金，张勋带兵到南京领事馆行礼谢罪，这就可见我们大日本帝国的国威了！可是那马鹿的朝鲜人，愚蠢的朝鲜人还不自觉，还在那里自相残杀，朝鲜人民也不起来干涉，任那军人宰割，汝看马鹿不马鹿，愚蠢不愚蠢呢？

兔：是的，不独朝鲜人民是这个样子，就那支那人也真真无用，没有出息。在这个年头，还不发愤图强，保卫民族，还在那里自相残杀，争权夺利，不晓得有什么权利可争？不晓得支那人民是何心理呢？话又说回来了，若果朝鲜人和支那人能够发愤图强，我日本帝国还能向外发展吗？所以我很信服伊藤博文公爵的外交政策，用朝鲜人攻朝鲜人，支那人治支那人的方法。使到[得]朝鲜、支那一日不得安宁，我日本帝国，才可收渔人之利哩！

龟：可不是吗，我那伊藤公爵也是盗用支那战国时候的方法哩！听说现在甲乙两党又要交战，想他们两面都要来求助于我日本帝国，我们的买卖又来啦！

（仆人报乙政府派孙大人来）

（相见，日本人极其恭敬）

龟：孙大人，我很佩服贵国的人民，为国家而夺斗，为正义而杀同胞是世界上罕见的，我更佩服贵国的首领，百抑不挠的精神，来杀不正不义的同胞，真真是可钦可敬。我日本人，是见义勇为的，当然极力帮助贵政府的。不过所借的钱，要有确实的抵押，利钱要五分，而于军械、绿气炮、飞机、四十二珊的大炮、新式机关枪，都可源源接济的。

孙：是，这是很感谢的，我代表我政府及二千万人民，感谢贵国供给我杀人的各种利器，至有抵押一层，用地丁[顶]好吗？

龟：好极了。孙大人，汝能够全权代表吗？

孙：能够。我有全权代表证书哩。

龟：是，拿给我看。好极了，那就请签字吧！（签字）这是一张支票，给孙大人的。

孙：那请贵国从速接济吧！

龟：是。（送孙出返，坐）

兔：龟三郎君，那个姓孙的，又发了财啦，朝鲜人真没有心肝哩！他也不怕人民骂他！汝看见姓孙的，为什么这样的恭敬呢？

龟：朝鲜人爱戴高帽子，喜欢人家奉承的。朝鲜人只知自私自利，他晓得什么！我日本帝国得到土地权利就是了，自己卑屈些，有什么要紧，汝想是不是呢？

兔：是。是。

（仆人传王大人到）

兔：甲政府的使者，又来了！

龟：哈哈！我们大日本帝国，真真好运气呀！

（相见，日本人，极其卑屈）

王：龟领事，我奉我家都督的命，对于贵国有一种请求，就是敝都督拟用武力统一敝国，素仰贵国政府见义勇为，请求贵国多多的帮忙。将来成功之后，一定重重的酬谢的。

龟：怎样酬谢呢？

王：随汝说罢，只要我们都督能成功。

龟：那末，我们两个人到密室里去商量商量吧。

（二人进内）

兔：世界上有这种呆的东西！

（二人复出，哈哈大笑，均说“好极了”）

王：就此告辞。（送别）（拿出一张支票）呀，这是一百万元的支票！哈哈哈！

龟：兔太郎君，从此之后，我日本帝国又要扩张领土了！哈哈哈！（同下）

第三幕

（都督跟参谋长狼狈而上）

都：咱们威风，一朝败于竖子，真气死我也，日本人的接济又不来，那如何是好呢？参谋长，请你到日本领事馆走一趟，请他设法保护我的家眷和财产，并快快的救济我们。

参：你你……不要妄想罢，日本人那有好心肠！你你……

都：什么？你你……

参：你另想法子罢？我也只好替你走一趟。（参谋长出门）等到如今，我也顾不得他了，侥幸我的家眷，早搬住在租界，我刮来的钱，都寄在外国银行，我找我的安乐去罢。

（探卒上）

探：都督，不好了，师长被人杀了，人民都叛了！财产被人抢了！姨姨太们一个个都跟马弁跑了，太太被人杀了。

（探卒下）

都：啊呀，数十年心血……（倒下）

（探卒上）

探：都督不好了，人民进来了！

都：叫潘旅长去抵挡一阵吧！

探：潘旅长早都不见了，我也逃命去了罢。（探逃走）

都：（拿出手枪）啊呀，想我老熊，自从马弁出身，用尽几十年的心血，杀了几十万的同胞，括[刮]了几万万人民的膏血，享尽人间的幸福，还不甘心，还想用武力统一全国，而登九五之位，欲将全国人民，悉变为我的家奴，不惜卖国土，丧权利，求助外国，谁想弄到今日，无家可归，上天无路，入地无门，人人都恨我入骨。悔不该，当初不安分，不作良民；悔不该，当初不做些好事，积些阴德；悔不该，当初不爱惜民力，括[刮]削人民；悔不该，妄想武力统一，不顾民意；悔不该，卖国求人，致众叛亲离。事到如今，我也无面目见我民族了！我要劝劝大家，再也不要像我老熊，用同胞的膏血，来换个人的虚荣！大家多做些福国利民的事，不要像我的下场吧！人之将死，其言也善。我劝当武人的，要晓得民为邦本……（用手枪自击）

众人上：这个狗东西！卖国的东西！贼民的东西！该死的东西！（用刀乱刺）（众人下）

（原载于北京师范附属小学《红庙教育》第1卷第2号，1925年）

山河泪

侯曜

雙 飛 鳥

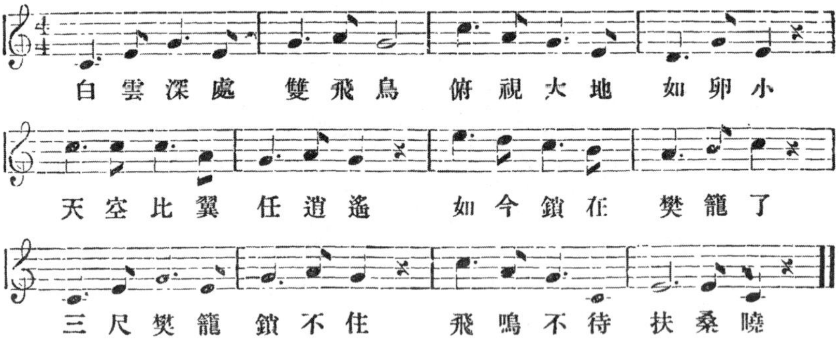

序

东南大学火灾后，职教员学生都努力从事恢复。学生自治会议决举行募捐游艺会，演戏筹款。因找不出相当的剧本。不得已由我编这本剧本供给我们游艺会的需要。这一点就是编《山河泪》的动机。

我编这本剧本的宗旨和历程，也不妨说一说。这本《山河泪》，是描写韩国独立运动的精神的，并借此替世界被压迫的民族作不平鸣，向帝国主义之野心家，作一当头棒喝。更希望世界此后成一个平等、博爱、互助、共存的大乐园。我不知道这本剧能否衔得起这个重要的使命？但是无论如何，总可以赤裸裸的把作者的苦心表现出来罢！

本剧取材于《韩国独立运动之血史》《韩国真相》和英文的《高丽之独立运动》三种书中。此外更从曾经参与独立运动的朝鲜人的口中取了些片段的材料。我费了两个多星期的时间搜集材料，花了两个星期的时间结构剧情，更花了三个星期的时间把全剧写了出来。我编这本剧本的时候，得同学帮忙不少。如王希曾兄尽心尽力的替我修辞和删改剧情，李今英、濮舜卿女士与李昌桦君给以许多有价值的批评和重要的建议。还有周铃荪先生替我作《双飞鸟》的歌谱。剧本编成之后，东大戏曲研究会东南剧社先后拿来表演，这都是我应该特别感谢的。

一九二四年，八月七日。
侯曜序于杭州陶社。

剧中人

安南潜——韩国独立团首领，年二十四岁
崔玄英——韩国独立女党员，年二十二岁
朴忠——崔家的老家人，年六十五岁
韩国独立团执行委员六人
甲、乙、丙、丁、戊、己皆二十多岁的青年
韩国女学生甲、乙、丙三人俱二十来岁的人——玄英的同学
韩国独立运动各区代表二十余人——男女老少皆有
小毛——崔家的仆人，年二十岁
宪兵中尉，年四十多岁
宪兵五人
警察二人

第一幕

第一场

时：一九一九年
地：韩国京城
景：韩国某女校的一间寝室，室内三张床在适当的位置摆着。靠当中的窗下，有一张长方形的桌子。桌上放着一个时钟和几本书。这个时候已经是夜深了，室内是黑漆漆的，一切都看不见。开幕后女学生崔玄英从床上爬起来，把洋烛点着。又走到她的同学甲的床前轻轻的唤醒她。甲急忙的爬起来，也把洋烛点着，她又把乙叫醒。乙也急忙的爬起来。三人连忙把抽屉打开，拿出

两幅黑布出来，挂在窗上，把烛光遮着，使不致透出外面。再拿一幅黑布把门缝遮了。其次，把一面还没做成的韩国国旗慎重的从箱子里取出来。乙再把一支洋烛点起来。崔与甲把窗下的桌子抬到室中放着。乙把桌上的什物拿开，把三支洋烛放在桌的三个角上。甲把旗平铺在桌上，崔把针钱、剪子和各色应用的什物，从床底下一个网篮里拿出来分给甲乙二人。她们坐在烛光下，很秘密的做一面很大的国旗。

崔：（催促的声调向同伴说）做快一点罢！今天晚上我们不做起这面旗子是不许睡的！

甲：姊姊！不劳挂心，我们的手下都不慢，到天亮的时候，我想总可以成功了，唉！我的韩国……

（甚兴奋又立即抑制）

乙：不必等到天亮，我想还要一个钟头的功夫就够了。

崔：是的！只要我们大家肯努力，马上就可以成功的！

甲：（悲愤）唉！太极旗呀！我们已经偷偷的做了三夜了。每天夜里都是要等人静了才敢动手，难道我们的国旗是见不得天日的吗？

乙：好姊姊！别这样的兴奋！还是忍耐些罢！

甲：哼！忍耐？我们现在是忍无可忍了！那些贪得无厌的魔鬼，剥夺我们的权利，破坏我们的文化，钳制我们的自由，残杀我们的生命，种种惨无人道的虐待，令我们二千万的同胞没有一线的生机，临死的时候，还不敢出一口大气，唉！我们的国呀！（兴奋声渐高）

崔：妹妹！声音放低些罢！我们现在的确是忍无可忍，我知道你是一个血性的女儿，但是我现在要劝你再忍耐些，到三月一日，就是我们扬眉吐气的日子了。

甲：（强制着奋激的感情）是的，忍耐些！忍耐些！忍耐些！忍耐到三月一日！

乙：（急促的声调向崔）姊姊！总部已经确定三月一日举行示威运动吗？

甲：是的，我刚才接到本部的确实消息，决定在一日下午两点钟，齐集公园举行示威运动，这面大旗，他们明天就要派人来取的。

乙：这个确实消息，你已经通知同学大众吗？

崔：没有，我想明天一大早才通知她们。

甲：姊姊！你作事真仔细，还有什么消息吗？

崔：还有，（顿）还有几句话要告诉你们的，我们要拿公道诉之全世界，我们的手段要和平，我们的行为要慎重，我们手里所拿的只是国旗，口里所喊的只是“独立万岁”。

甲： 世界也许有容纳公道的地方，也许听见我们的呼声罢！

乙：（室中稍静）我们除这面大国旗之外，还要做的那五百面小国旗，也是预备在三月一日用的么？

崔： 是的。本部议决在这两天内要做一万小国旗，在运动示威的时候分发给众人的。本部恐怕泄漏秘密，不敢给裁缝店去做，只好分派每一个女学校的学生担任做几百面。

乙： 旗子由我们做，虽然比较由裁缝店去做好得多。但是我们想逃避那瘟灾舍监的眼，也是不容易的啊！

（她们想到舍监心理实时起了变态，把风吹树叶的声音误会作舍监的足音）

甲： 不好了！我听见外面有人走到我们这里来了！（把烛全吹灭，室中黑暗如漆）

崔：（把烛点起一支来）姊姊！做事要沉静一点！不要听见外面风声，就大惊小怪起来。

乙： 我听见的也是风吹树叶的声音，现在已经夜静了，舍监这个时候正做着梦呢。姊姊！不管他，我们还是做下去吧！

甲： 咳，亡国民已经吓破胆了，可怜啊！（稍停）可是，姊姊，《独立宣言书》印好了吗？

崔： 已经由天道教担任，印出五万部了。

乙： 那末，我们的一切计划、组织都成熟了吗？

崔： 一切都由本部计划好了。只有派代表到各国去的事，还没有决定。

乙： 本部为什么到现在还不把这件事决定呢？

崔： 只要等安南潜先生回来，马上就可以决定了。

乙： 安南潜先生是谁呢？（她本来知道安是崔的好友，故意向她开玩笑）

甲：（微笑视崔）玄姊！安先生的人品学问你一定是很知道的，你肯告诉我们吗？

乙： 是的。你一定很知道的，为什么不愿告诉我们呢？

崔：（微笑，立即变为极庄严的态度）够啦！别捉弄我啦！现在不是开玩笑的时候。

甲： 谁和你开玩笑。你不告诉我们，我们也会知道的。

乙： 玄姊！我们八年的老同学，还用什么隐瞒呢？

崔： 你们既然知道了，为什么还要问我呢？

甲：你既然晓得我们是知道的，为什么还要故意瞒着我们呢？

崔：我并不是故意要瞒着你们，实在是没有功夫和你们说玩笑。

乙：算啦！我老实问你，安南潜先生什么时候才能回来呢？

崔：（沉思，屈指数归期）明天不到，后天准到。

甲：哼！准到？听说上海是很好玩的呢！

崔：（在衣袋把安回她的信拿出来）你们把这封信拿去看就知道了。

（把信交给甲、乙二人看，她自己仍埋头做她的工作）

甲：（接信在手，微笑）你们的信，叫我怎好意思看呢？

崔：不要紧，你尽管看就是了。

（甲、乙同看信，看不上三行，乙对甲说道）

乙：哎哟！这封信的字太小。两个人同看不方便的，请你念出来给我听罢。

甲：好的。你听着罢！（念信）

我亲爱的玄妹：

你的信，我已经收到了。令我欲哭无泪，欲笑无声。我这几年在外，为国事奔走，已经力竭声嘶，血干泪尽，好像一株枯老的松树一样了，玄妹啊！我们见面的时候，你恐怕也不相信这饱历风霜、憔悴如枯木的人，就是当年的我吧！玄妹啊！我的外相虽然是变了，一切都变了，然而我的心志仍旧一样，永久都是一样！你写信来劝我不要留恋江南春色，忘却鸭绿江畔的悲哀。唉！我何曾有一刻把我们沉沦了十年，血泪长流，五脏焦煎，怨恨生涯，悲惨生活的同胞忘记啊！玄妹，我们相见不远了，我很不忍再写那许多亡国的余恨了。请你牢牢的记着。二月廿九日你的南潜要到你家中相会了！

南潜敬复

二月二十夜，书于上海。

（念信的时候，乙的表情由快愉而平淡而悲愤而雪涕，甲的声调由抑扬而悲惋而吞声的呜咽，崔的工作由忙急而迟缓而停止而伏桌饮泣。）

崔：姊姊！你看了这封信，觉得怎样呢？

甲：（呜呜咽咽断续的说）我觉得……我觉得……满纸都是血……泪……愤怒和……和怨恨啊！（烛光摇摇欲灭，室中只充满哀怨和寂寞。）

（有人在窗外敲了几下。）

崔：（把近她身边的洋烛吹灭）赶紧把旗收起来！

甲：（急急的把旗叠起来放到床底下去）姊姊！你们赶快上床去！

乙：（急忙把近身旁洋烛吹灭）赶紧把桌子抬回原处！

（窗外的人又把窗敲了三下，歇一会儿再敲三下。）

甲：死瘟灾的舍监这回可真来了，赶快把洋烛吹掉！

（窗外的人又把窗敲三下。）

崔：妹妹！外面的人，把窗敲得这样利害，我们开门出去看看是谁好吗？

乙：不要开门！敲窗的一定是舍监。

崔：我想还是开门给他进来好，不然给他误会了，以为我们在房里不知闹什么乱子是很不好的。

甲：不要忙！等我把桌子放回原处，才好开门给他进来。

（把桌搬回原处。）

乙：（开门，丙从外入，手里拿着一捆小国旗。）哦！原来是你！我们的魂都吓掉了！

甲：（抚胸而言）我的胆也给你吓碎了！

丙：各位姊姊！我把你们惊扰了，请你们原谅吧！我们的洋烛已经点完了，我要和你们借两支过去用。

崔：你们担任的五百面小国旗已经做好了吗？

丙：已经做起三百五十面了，还有一百五十面今晚尽可以赶得起来，这些是已经做好了的，你把他收起来吧！（把手中旗给崔）你们担任做的大国旗，今晚能成功吗？

崔：我们一切都做好了，只差当中的太极图没有缝上去。

丙：我不多耽搁你们了，请你们借两支洋烛给我吧！

乙：（打开抽屉拿一盒洋烛出来）你拿这盒去吧！

丙：（接洋烛在手）愿你们快些成功！（欲下）

崔：（急止之）你们要谨慎才好！如果给舍监知道，是不得了的！

丙：知道了，你们放心吧。（蹑足而下）

（丙走后，崔把洋烛再齐齐的点起来，乙把旗拿出来，甲把桌子搬到当中，三人重新坐下。聚精会神的工作，远远的鸡声唱起来了，她们的旗也快要做起来了，她们的工作特别来得快，脸上表示一喜一悲的神气。）

崔：（把做起的新旗扬起来，甲、乙同时很兴奋的站起来。）我们辛苦了三夜，哈哈！成功了！才把他做成功。可怜这十年间，天空中不见它一点儿影子，再过两天它就可以在天空中自由的飘扬了。姊姊，妹妹！我们想到这里心里多么的快活啊!

甲:(把旗抢到手中左右乱摆,欲狂呼"独立万岁"……但是不敢张声,却兴奋得很。)

崔:(惊惶的急掩甲口四面张望。)

乙:(惊惶的奔向门处。)

(幕下)

第二场

时:与第一场相隔一天,正是早晨的时候。

景:崔玄英家里的一间花园,布置得很雅致,老仆人朴忠在园里修剪花木,他是一个六十多岁的老人,眼睛有些花了,耳朵也有些聋了,精神却是很好。他手里拿着一把大剪子正在修剪花木,口里喃喃的不知说些什么东西。他每除去一根蔓草,总是喃喃的说许多话。

崔:(在台后叫朴忠)朴忠!(朴忠不闻,仍自言自语的修理花木)朴忠!……朴忠!……

朴:(似乎听见有人叫他,他四面的望了一望)谁叫我?(他不见有人回答,又自言自语起来。)唉!我的耳朵真奇怪!时常无缘无故的响起来。

崔:(仍在台后叫)朴忠!朴忠!

朴:(又四面的望了一望,把手爬了耳朵两下)这个怪东西又自己叫起来啦!常常在梦里把我叫醒,真是讨厌极了!

崔:(仍在台后叫)朴忠!

朴:(以手爬耳)又叫了!又叫了!好!任你叫罢!我在睡梦中得你时常叫醒我起来做点儿事也是很好的。

崔:(从树林里出来)朴忠!我叫了你这许多声,你没有听见么?

朴:小姐!原来是你。我刚才好像听见有人叫我,但是我四面望了一望不见人,我就疑心是我的血在我耳朵里做声,所以就没有注意它了。哼!老了的人真是没用啊!

崔:朴忠!你赶快到车站去,接安南潜先生到这里来!

朴:(惊奇,欢喜。)什么?安先生今天回来吗?他离开这里已经……(屈指一算)八年了。我看见这株树,就时常想起他来,小姐!你还记得你们小的时候,我领着你们在树后捉迷藏玩吗?那个时候,你们俩和这株树一般的高。(以手作势比树之高度)现在你们长大了,树也长高了。安先生的相貌,恐怕我也有些认不得了。

崔：朴忠！时候不早了，你赶快到车站去罢！安先生离了这里八九年，恐怕连路也不认得了。

朴：是的，旧路都改成新路了。我马上就去接他。走错了路真是危险的呢。（放下剪子，把衣服整理一下。急忙欲下。）

崔：（止之）你还认得他吗？不要接错了别人啊！

朴：认得！不会接错的！我相信今天我的老花眼一定会帮我的忙，好像少年时候一样的好。（很欢喜的急忙下去了。）

（此时独立运动执行委员甲、乙二人从树林后出来。）

委甲：（与崔握手）崔小姊晨安！

委乙：（与崔握手）Good Morning！

崔：你们两位来得这样早，恐怕还没有用过点心罢？

委甲：我们昨晚筹备示威运动的事情，一夜没有睡，所以趁早到这里来吸些新鲜空气，休养一下，预备开会的时候，还有充足的精神参加讨论。

崔：你们这样太辛苦了，请到书房里休息一下子吧。

委乙：我们在这里休息比较在书房里好。

委甲：安南潜先生今天能到么？

崔：他来信说今天准到的。我已经派人到车站去接他了。

委乙：这几天外面的风声很紧，宪兵稽查得很严，看见形迹可疑的人，都捉到司令部去。我替安先生担心得很。

委甲：安先生是一个很聪明机警的人，我想总不致落在小鬼的手里。

崔：派代表到各国去的事，今天无论如何是要决定的，你们以为怎样呢？

委甲：等南潜回来马上就可以决定了。

崔：为什么一定要等他回来，才能够决定呢？

委乙：我们一切的计划都定好了。只剩下两件最重要的事没有决定。

崔：哪两件？

委甲：一件是派代表到巴黎，出席世界和平会议，请求列强承认我们独立。一件是派定三月一日独立运动时的总指挥。两件事同是一样的重要。我们想推南潜去巴黎出席和会，又想把他留在京城指挥一切。南潜对于这两件事都能胜任，但是不知派他做哪一件较好？

崔：据我个人的意见，三月一日是我们二千万同胞的生死关头，非有南潜那样精明果断的人做总指挥是不行的！

委乙：照我看起来，出席巴黎和会也是韩国独立的生死关头，非有南潜那样能折冲樽俎的人不能当总代表。

委甲：我看这两件事，还是等南潜回来自己选择罢。

（此时独立运动执行委员丙、丁、戊，三人上场。）

（彼此点头行礼后各就适当的位置坐下。）

委丙：我们把《独立宣言书》预备好了才赶到这里来的，来的时候，我在路上想……

崔：你想什么呢？

委丙：我想明天独立示威的情形，我想那个时候，各处必定都朗读宣言书，飞扬太极旗。震动天地的高呼万岁声，泪俱下的激昂演说，千千万万的人，齐齐整整的游行，赤手空拳的要争回久被剥夺了的自由！扶起久被蹂躏的正义！发扬久失了光彩的人道！

委丁：可怜我们十年的怨恨，到明天才能大大的发泄出来！（咬牙切齿的说）

委戊：明天我要拼命的！拼命的叫大韩独立万岁！大韩独立万岁万岁！大韩独立万岁万岁万万岁！（奋极狂呼）

崔：请各位把声音放低些！把感情控制一下！

（此时独立运动执行委员已上场。）

委己：（故意的吓他们）谁敢在这里高呼大韩独立万岁？

（众初视之大惊，继则知为己又把心放下。）

崔：徐先生！你真把我们吓死了。

委己：我见你们这样大意的谈话，不得不警戒你们一下。

崔：我也是劝他们要小心。幸亏我这里是一个极秘密的地方，不然……

（朴忠自外气喘喘的上场。）

朴：小姐！安南潜……（一眼看见这许多人，把话缩着不说。）

崔：不要紧的。说吧！这些都是我们自家人，他们也很盼望知道安先生的消息的，你接着安先生没有？

朴：我到车站等了半点钟，火车才到。我就在收票的地方站着，我很细心的望着那些旅客，一直等到旅客走完了，也不见安先生出来。

崔：朴忠！安先生有信给我，说今天准到的，我恐怕你的眼睛没有帮你的忙吧。

朴：那些旅客下车之后，由宪兵一个一个检查。我就站在宪兵的旁边，他们一个一个都要在我眼前经过，哪里会把安先生漏过去的呢？

崔：（半信半疑）他不会失信的！难道在路途上有什么耽搁吗？

委甲：朴忠！你的确不见安先生下车吗？

朴：真的！我当时好像饿猫找耗子一样，怎能大意的把安先生放了过去呢？（下）

崔：唉！明天就是我们的生死关头了。他到今天还不回来，难道他怕难，畏缩不敢回来吗？不！不是的！我想他绝对不是这种人！但是他的信上写的明明是今天到的，今天不到恐怕是在路上发生什么变故了。

委甲：我们但愿他在路上平安。

委乙：他不回来我们就好像一条没有头的蛇一样。

委丙：时间已经近了，事情已经急了，他到今天竟然不回来，我们怎样办呢？

崔：我们不能再等他了，他的事务由你们替他决定就是了。今天十二点钟还有一次火车到这里，他趁那次火车赶到也说不定的。

委甲：那末，我们只好开会了。

崔：书房里秘密一点，我们到里面去开会罢。

（众从树林后走过去，朴忠自另一方面上场。）

崔：（见了朴忠忽然间又想起一件事来，她就站定和他说话。）请你们先走一步，我和朴忠说两句话就来。朴忠！你去吩咐看门的不要让人进来。到十二点钟的时候，你再到车站去接安先生（说罢下场。）

（朴忠自言自语的将退场，仆人小毛匆忙走进来。）

仆：小姐呢？

朴：到里面去啦。你找他干什么？

仆：外面有个邮差送信来。

朴：傻小子，你把信收下来就是了。

仆：他不肯交给我，他说一定要当面交给小姐。

朴：小姐刚才吩咐的，无论什么人都不许进来，你出去对邮差说，叫他把信丢下就是了。

仆：他不肯又怎样呢？

朴：不肯？叫他明天再来！刚才小姐吩咐，今天无论谁都不让进来。

仆：好，听你的话。（下）

朴：（仍独自修理花木，他最后修理到玫瑰花丛中，看见一株荆棘，他就用双手去拔，但是这株荆枳[棘]长得根深蒂固的，可怜他用尽气力还拔它不出。）这个地方我稍为疏忽了一点，就长这一株讨厌的荆棘。

仆：（又急忙的自外上场。）他不肯……

朴：（见仆急呼之）来！快来！

仆：什么事？

朴：快来帮助我拔去这一株荆棘！

仆：（至林前以手拨一拨玫瑰花）可怜这许多好看的玫瑰花，快要给这讨厌的荆棘弄死了！来！来！我们用力把它拔去！

朴：是的！赶快用力把它拔丢！（二人用手揪着荆棘）小毛！（仆的乳名）用力！

仆：用力！用力！老头儿！我们一齐用力！（二人一齐用力把荆棘拔了起来。）

朴：（把荆棘拿在手中）你这讨厌的东西！偷偷的生长在我们的花园里，不知害死了我们多少玫瑰花，今天还不替我滚蛋！（恶狠狠的把荆棘摔在地下。）

仆：邮差不肯把信交给我，他说今天一定要见小姐。

朴：那末你在这里等一等，我进去问问小姐，看她的意思怎样？

（朴正要去问崔，而崔适从树后出来。）

崔：你们两人在这里嚷什么？朴忠！我不是告诉过你，谁也不许到这里来的吗？

朴：是的，小姐！外面有一个邮差，说有一封信要当面交给小姐，小姐究竟见他不见？

崔：（迟疑的神气）你叫他……（沉思）把信留下来就是了。

仆：这句话我对他说过的，他无论怎样都不肯把信丢下来，他说一定要见小姐。

崔：那末……叫他进来罢，你带他从另外一条路到这里来，不要领他走过书房前面。

仆：是啦！（下）

崔：十二点钟快要到了，你还是准备着到车站去罢！

朴：小姐，这回再接不到可怎样办呢？

崔：路上要是不出什么意外的事一定会接到的，你可以在路上小心打听打听，如果实在接不到，那也只有……

朴：那也只有，没有方法。

崔：他就是不回来，也应该有封信回来，这个邮差或者是替他送信息来的，也说不定呢。

（仆领邮差上场。）

仆：这就是我们的小姐！

邮：（行礼后从信囊里拿封书信出来。）小姐！这是安南潜先生托我带给你的信呢！

崔：安先生回到这里来啦吗？他现在住在哪里？

邮：你看那封信就知道了，他还等着你的回信呢！

崔：（拆信看时，表现又惊又喜，半信半疑的神气。）唉！我现在是在做梦吗？（凝视邮差）邮差！你……你……你真是南潜吗？

朴：（如在梦中）邮差！你究竟是谁？你……（凝视之）……你，你不像我们的安先生！

仆：（如中魔术一般的望着邮差）奇怪！这究竟是什么一回事啊！

邮：玄妹！我们别了八年，相貌彼此都变了，今天我改了服装，你自然是不认得我。（说罢把邮差的衣帽脱下。）玄妹！现在你看我本来的面目，总可以认得几分罢！

崔：（急忙过去把他的手紧紧握着）南哥！你做事一向都是神出鬼没的，叫人怎样认得出是你呢。

朴：安先生，你真把我的老眼睛骗过去了！你还没有吃东西罢？我去弄点心给你吃。

安：老朴！你身体还是这样好吗？我很欢喜今天再看见你。（朴忠含笑下）

（安与崔坐在椅上。）

安：我们的事情进行得怎样了？

崔：一切都筹备好了，明天下午两点钟在塔洞公园齐集，然后游行示威。

安：他们一切都是照我的计划进行的吗？

崔：是的，他们都在此地等候你，现在正在书房里会议呢。（向仆人说）你去告诉他们安先生已经到啦！（仆下）

（诸人急自内出，见安欢喜若狂，彼此握手行礼。）

委甲：南潜你什么时候到的？你可真把我们等得急死了。

安：我趁今早的火车来的。

委乙：为什么朴忠接不着你？

安：我扮做一个邮差，偷偷的从宪兵的手里逃出来的！

委丙：这个法子想得真好！

安：是的！不然怎能回来呢？（顿）你们会议的结果怎样？

委甲：我们会议的结果我来告诉你：我和金先生（指乙）到法国去，张先生和李先生（指丙、丁）到中国去，吕先生（指戊）到俄国去，徐先生（指己）到美国去，还有《通告日本书》由张先生亲自送去，明天的总指挥由你担任。

安：好的。你们这样分配，正合我的意思。我想明天早上先召集各代表在南门外小教堂讨论一下。请你们分头去通知他们罢！

委丁：老安！你在外面风尘奔波，我们在家里坐享其成，真是惭愧得很。

安：咳！你们诸位，天天处在虎穴龙潭里，拼着生命作交易，我在外国优游自在，不但对不起诸位，并且对不起我的祖国啊。（悲伤声颤）

委戊：南潜，别说伤心的话罢！如果没有你在前面指引，我们就是有力也无处用呢。

委己：南潜，我看你满面风尘，已经不成个少年的模样了！

崔：咳！亡国的人还讲什么少年模样。只要我们的希望有一天可以成功，恐怕老朴忠也会变成少年啊！

委戊：咳，亡国民呵！咳，独立万岁！（兴奋起立）

委己：你又来啦！（急以手止之）

（仆将信上）

仆：（向崔）这是老爷从衙门里派人送来的信！（即下）

崔：（看信）小鬼们，真是利害呀！

众：什么事？

崔：父亲来信说，警察署里已经知道南潜回来了，包不定什么时候要到家里来搜查，嘱咐我们特别留神。

委甲：既然如此，南潜还是赶快离开此地为妙。

安：既然如此，我也不便在此久留，我马上就到机关部去。明天早上再会罢。请诸位偏劳，通知各区代表罢。（又着邮差衣）唉！再作一回邮差。（惨笑与众人握手，欲下）

崔：（止之）你从后门出去罢。恐怕前边耳目已经多起来了呢。（安向后门下）

（仆领警察二人上。）

仆：（向崔）两位警察，叫我领他们来见小姐，我不敢违背，所以把他们领到此地来。

崔：（向警察和蔼，不甚严厉）这是你们应有的特权。进来没有什么要紧，但不知你们两位这样郑重其事的来到此地，究竟有什么要紧的事？

警甲：没有什么要紧的事，我们那里会到崔大人的公馆里来办什么要紧的事呢？

崔：只要有事，办也无妨。

警乙：实在没有什么。不过我们在前门上看见进来一个邮差，始终没有出去，所以特意进来看看。

崔：哦！原来你们来代行邮务管理的事情。可惜你们二位过虑了，那位邮差是我们家人老朴的同乡，他到这里来看看他的，因为送信的便利，所以老早已经由后门出去了。

警甲：真的？

崔：你不相信吗？可以叫老朴来问。（向内喊）朴忠！

警乙：不必，不必，相信，相信，我们不多打扰了，不过（向众）这许多人，来的时间也不少了……

崔：（急插嘴）什么？难道你替我逐客吗？

警甲：不，不，不过怕别位兄弟不知道的，有什么疑虑，又要麻烦，所以特意关照一声。

崔：承情得很，我们的客人吃过饭就走了，二位疲倦吧，可以坐下来休息休息。

警甲乙：不敢多打扰，小姐，诸位，请了。（下）

众人：（且送警察下，忿怒之状现之于色。）（同声叹气）（相顾无言）

委戊：亡国民的……（委己局臂止之）自由啊！

（众人顾戊稍停，幕下）

第二幕

第一场

时：与第一幕第二场相隔约八九小时，正是月夜的时候。

地：森林里面韩国独立团的机关部。

景：万木参天的大森林，林子里面阴阴沉沉的，不知是什么世界，林子外面一株一株盘根错节的老树，一堆一堆峥嵘古怪的顽石。靠近林子的左边搭着一个营幕，营头一点红的灯光，被风吹得一闪一闪的摇动，此时正是夜深的光景。月亮在树梢上透出清辉，照在地上冷清清的，好像一片白霜。从林子的空隙里，隐隐透出些微的星光。安南潜和独立党委员甲、乙、丙、丁、戊、己六人正在森林里闲谈着。他们有些坐在地下的，有些坐在石上，有些站着，有些靠着老树立着。

安：（望着明月）唉！这鸭绿江南的明月，转眼和我分别了八年了，我们二千万同胞，也就是忍泪吞声的过了八年这样黑黯惨淡的生活。（指四围）我在外国每逢他们国庆纪念的时候，心里就好像刀搅的一样。唉！有国的时候，不觉得他的好处，到国亡了才……（沉痛而悲切的声调）知道国家的价值。（顿）我今天重见祖国的山河，只有悲哀和惭愧！（顿）难道这大好山河，只许我们在这黑暗的世界里领略吗？唉！……（悲叹）

甲：（靠着树，立着说）我们多谢我们的老前辈，轻轻的留下这份痛苦的遗产给我们子孙享受！

乙：（愤激）唉！这份遗产我们已享受了十年了！悲哀、怨恨、忧愁、痛苦、恐怖、愤怒，这种种福气已经享够了。我们还应该把这种幸福好好的保藏下去，百年、千年、万年、亿年，一代一代的传给我们的子孙吗？

安：我们现在只有做一个败家子，把这份遗产尽量的破坏！

丙：破坏！破坏！拿手枪、炸弹去破坏！

安：现在还用不着手枪、炸弹，我以为能够和平不流血的成功是最好的。

丁：哼！和平而不流血的成功，在事实上是可以做得到吗？

己：假如明天我们坚持和平，他们偏用武力来对待我们，我们应该怎样？

戊：我们和他们拼命，把我们的鲜血和眼泪去淹死他们！和平、不流血是不成的！想成功，只有拿这个东西去对待他们！（说罢把手枪拿出来。）

安：忍耐些儿罢！“小不忍则乱大谋”这句话，你总应该知道！

戊：我们没有言论自由、出版自由、信仰自由，我们在政治上、经济上、教育上、宗教上、社会上，一切都和奴隶一样！总而言之，物质上、精神上受尽人类所想不到的痛苦！我亲爱的父母，兄弟，亲戚，朋友，可以任意的遭杀戮监禁！我宝贵的语言、文字、风俗、礼教，可以任意的被摧残破坏！我所有的田地、房屋、森林、矿产，可以任意的被占据开采！唉！我们的生活，简直不是人的生活！这种牛马的生活，还怎样忍得下去？我愿死！我愿马上就死！但是我临死的时候，必定要拿一条性命去换一条性命！（奋激若狂的说）

安：老吕！请你把这些话留到明天说罢。我们十年这样长的时间，都忍耐过去了，难道最后的五分钟，不能忍耐些儿吗！

戊：唉！唉！（顿）就不能忍耐些儿吗！（声哀怨而长）

安：老吕！我劝你不要这样暴燥！你要知道，我们这次独立运动，最要紧的就是拿坚忍的精神、和平的手段、沉痛的呼声，去搏取世界的同情，唤醒野心家的迷梦，最后，最后到不得已的时候，才取激烈的手段。那个时候，我们为自由而战！为正义而战！为人道而战！谁也不能说我们的行为是错的。

甲：这些话，一点儿不错！我们谋同胞的幸福起见，为谋世界的和平、东亚的和平起见，不得不运动韩国独立！但是我们要把正义给世界看，所以也不能太鲁莽的。

戊：这些话我都知道的。无奈我实在气不过。南潜！我再告诉你几件又好笑又好气的事情罢。这些事情你在外面是不知道的。你从这些事情，可以推想到我们的痛苦了。

安：好！请你说吧！

戊：有一家人家，母子两人同居。警察硬把他们当作夫妇同居，登记在户籍簿上。后来他们母子知道了。真是又惊又气。赶紧到警察局去请求改正，警察不但不替他们改正，反大骂他们道："你们本来是夫妇，不能更正为母子。你们如果真要更正也可以，但是先要你们宣告离婚，取消了夫妇关系之后不[才]可。"南潜！这种事情，你看气人不气人？

安：唉！这真是岂有此理！

戊：还有一件气死人的事情，我再告诉你罢。京城外的一个村庄里，有一个少年死了，他的姐姐去警察局里去报告，请求埋葬。警察答应了，把一张凭证给她。她拿出来一看，凭证上所写的不是死者的名字，就是她自己的名字。她赶紧再进去，请求改正，他们不肯。她再三的哀求警官说道："这里所写的是我的名字，我现在还没有死，怎能把生的当作死的呢？"警官仍旧不理她。她哭着的再三再四的对警官说道："先生！这的确写错了！"警官大怒的骂道："写错？写错？我们办事哪有错误的！赶快出去！不然就把你关到监狱里去！"可怜这个女子，不得已只好揩干眼泪回去，把自己的名字代替了她的亡弟。南潜！你看他们横蛮无理到这种样子，怎叫人不生气啊！

安：（摇头长叹）唉！这些事情我虽然是现在才听见你说，但是早就在我意料之中。唉！亡国之民啊？到这种地步，还有什么话可讲呢？

丁：（向林子外面望着，忽然惊惧起来，向众人说。）不要做声！有人！（把手枪拿在手中。）

戊：什么？那些混账东西敢来这里？不要怕他！等我来送了他的狗命！（拿手枪向着林外放了一枪。只听见林子外面有人哎嗳的叫了一声。）

丙：老吕的枪法真好，一枪就把他打倒了！（凝视林木）不好了！老吕！他又爬起来了！赶快再放枪！

戊：（连放了三枪）这三枪包管送他的狗命！（把枪放过了凝视林外的人）不好了！我们要赶快躲起来！那个人拿着一面大旗追过来了！

（大众都预备躲起来。）

己：老吕再放枪打他！

（老吕正在要把手枪举起来的时候，林子外面的人大声的叫道："不要放枪！不要放枪！不要放枪！"）

朴：（很狼狈的，背着一个包袱，手里拿着一面国旗跑出来。）不要……

（众齐出手枪指之。）

安：不要打他！他是朴忠！（众把手枪收回）

朴：我……我……我……我是朴忠！……小……小姐叫我送东西来的！（因惶恐过度，昏倒在地。）

戊：（急把他扶起来）老朴忠！你有受伤没有？

朴：（坐在地上摇头不语。）……

安：我可怜的老朴忠！你究竟觉得怎样？

朴：（仍坐在地上摇头微语。）不……不……

丁：（连忙进营中，倒了一杯开水给戊。）给杯水他喝，定一定心罢！

戊：（把水给朴忠饮）朴忠！你究竟有受伤没有？

朴：（把水饮完，定了一定神。）没有！你们放这几枪，可把我的魂都吓掉了。

戊：老朴忠！请你不要怪罪，这样黑天黑地的，我实在认不出是你，而且在这个时候，也想不到你会到这里来的。

安：朴忠！半夜三更，你匆匆忙忙的赶来有什么要紧的事呢？

朴：小姐把国旗，和一封信，还有几件衣服交给我，叫我明天一大早送到这里来。我怕明天有人看见误了事，所以才赶今夜送来的。

安：朴忠！你不知道我们这里的规矩吗？手里没有红灯是不许进林子里来的。

朴：我知道的。因为我来的时候心急得很，竟把红灯忘记带来了。

安：朴忠！你以后做事要仔细一点。无论做什么事情都要小心大胆才是。

朴：是！是！（把旗递给安）这一面大旗，是小姐和她的同学做的。（把包袱解开）小姐怕你受凉，（取衣）这些衣服是给你早晚穿的。（从衣袋里掏出一封信出来。）这封信是我们老爷给你的。

安：（把老朴给他的东西一切都收下来。）老朴！你很累了，就在这里歇歇，明天一早再回去罢。

朴：（点头微笑）唉！安先生！你昨天到我们家连一杯水也没喝就走掉啦，你不歇歇，难道我就应该歇歇吗？哼哼！歇歇！安先生！你昨天刚刚走出后门，就来了两个巡警，亏得小姐聪明，才把他们骗走啦。（顿）唉！少爷！想不到我六十多岁的人今天又和你们在这里捉迷藏玩啊！（悲奋，感慨。）

甲：老人家！你别说这些话罢！这总是我们的不是。我们不能使我们的父老平平安安的在家里享福，实在是我们后辈最羞耻的事啊！

朴：唉！羞耻吗！这句话怎样说的。我们的国家，是断送在像我们这样老混蛋的手里的。他们为功名富贵的原故，就轻轻的把我们二千万的老百姓、十三万方里的大韩国卖了。我还记得九年前的时候，日本伊藤博文串通我们的奸臣林齐纯、李址镕、李根泽、李完用、权重显，生生的定了几条什么保护条约，听说韩国就因此亡了。那天人民都放声大哭，学生也罢了课，教徒都对天祈祷，商界的人也都满街乱叫。（喘气）唉！金银财宝都丢给了别人。那个时候，我们要活，活不得，要死，死不得。唉！看起来，那个时候的韩国人，真赶不上一条狗。难道我们韩国人是命该如此吗？（顿）百姓奋恨的不得了，要去杀死那班奸贼。谁知被他们杀的杀，剐的剐，打的打，拿的拿，韩国一切都好像掉在十八重地狱底下一样！唉！唉！这些都是我亲眼看见一班老混蛋作的把戏。你们那个时候，还是小孩子啊！哪里怪得你们的呢！（老朴忠把当时亡国的情形尽量的向他们说，他们都静静的听着，他们听了都掩面不语。朴忠追述这段亡国史的时候，安正在坐着营头的红灯底下看信。）

安：（朴的亡国史讲完了，他把信也看完了，他大叫一声。）哎哟！（昏倒过去。）

（众人急忙过去看安。）

朴：（把安扶坐起来，频拍其背，口里喃喃的自怨自艾。）南哥儿！（他叫安的乳名。）快醒罢！唉！我刚才的话是不应该再提的。南哥儿，你究竟怎的？

安：（半响始语。）唉！亡国的痛苦啊！（声悲而沉痛。）

戊：南潜！不要生气！生气也没有用的！你刚才劝我，现在我要劝你了。

安：（把信递给戊。）老吕！我的感情素来是自己能够控制的。但是今天我听了朴忠的话，又看了这封信，无论如何，是不能再忍了。

戊：（接信在手。）信上究竟写些什么东西呢？

安：你看就知道了。

甲：老吕！请你念给我们大家听罢！

戊：好的！你们听着罢：（在红灯底下念信。）

南潜吾侄如面：

余闻汝回，喜极！祖国山河正赖吾侄鼎力收拾。然有一事，不忍为吾侄告,又不得不为吾侄告。

宪兵中尉对吾侄极注目,常三数问余。迫余将汝交出,否则强要玄儿为质。而吾之地位且不保,余言汝在外确未归,彼坚不信。现正严行侦缉吾侄之行踪。汝宜谨慎,勿落网罗,致负余与祖国之望也。

哲甫手启

二月二十九日。

乙:南潜!我们以后做事,要格外的小心才是啊。

安:是的!我们的性命可以轻,可以重。但是在现在的时候,我们的性命就是国家的灵魂。望我们大家保重!(停顿一刻,忽然想起一件事来。)你们定什么时候动身到各国去呢?

甲:我们定明天早上动身。

丙:我也是的。

安:你们都定明天一早出发吗?

丁:是的。

安:那么,你们今晚应该早一点睡啊!

甲:唉!我们有心事的人,那一晚不是睁着眼睛到天亮的啊!

安:虽然是睡不着。休息一下也好的。

朴:少爷!你也应该早一点休息,休息了。

安:老朴!我初回国来,心里面有许多感触,睡也睡不着的。想我自己一个人,静静的在这明月底下坐一会儿。老朴!你今天很累的,和他们一同去歇歇罢!

朴:好的。我的腰骨有点儿酸痛,那么我就先去睡了。

乙:南潜!你仆仆风尘的好几年,今天也应该早一点休息了,你明天还有重要的事情要干呢。

安:我知道的。我坐一会儿就睡了,你们先去睡罢!

(众入营中休息。)

乙:(至营前又转回对安说话。)南潜!你自己要保重。明天有重要的事要干啊!

安:(点头)我知道的。(乙入营中。)

(此时万籁俱寂,月光如水,凄楚无垠。安徘徊林间,望着明月长叹。继则坐石上俯首沉思。若有无限感触的样子。他无意之中把韩国国歌用口作呼哨似的吹了几句。——韩国国歌的谱即用“The one hundred and one best” Songs歌集中第六十四首Auld Lang Syne之谱。)

朴:(自营帐中出来。)少爷!你还不去睡吗?可怜我的老骨头要睡也睡不着啊。

安:朴忠你不是说腰骨痛吗?为什么睡了一会儿又起来呢?

朴:(拍安肩)南哥!(急转口)少爷!自从你走后,已经有八年多了。我总想见见你。我有许多话要和你说呢。

安:老人家!你想见我,我也是很想见你的。你有许多话要对我讲。我也有许多话要问你啊!

朴:可怜啊!你回来了一天,到现在我们才有讲话的功夫。(略停一停)少爷!你在外面这几年好吗?

安:唉!我们这样的人还能讲什么好不好呢。朴忠!我回来了一天还没有机会去看我的父亲。他老人家现在好吗?

朴:(抱头作悲痛状。)他老人家……唉!

安:(惊疑)我的父亲怎样?

朴:少爷!到现在的时候,我可不能不告诉你了。老爷已经……

安:(抑悲强自镇静。)老朴!你快讲下去罢!(声颤而长)

朴:少爷!你走了第二年。老爷就发了旧毛病。常常咳嗽,天天到医院去看也没有功效。唉!偏偏有一天,老爷在外面喝了一点酒,冲撞了警察。唉!警察就把他打了一顿。(安听至此握拳顿足。)可怜他老人家连气带病的,崔小姊和崔老爷服侍了三个多月也没有功效。

安:(急插嘴问道)为什么前个月我还接到崔伯伯来信说他平安呢?

朴:这不过是安你的心罢了。你父亲临死的时候,还执着崔老爷的手,叫崔老爷不要把他死的消息告诉你。(咽哽)

安:(悲极)哎哟!我的爸爸啊!(昏倒)

众人:(急由营中奔出。)什么事啊?

(幕下)

第二场

时:与第一场相隔一天,正是三月一日独立运动那天的早晨。

地:韩国京城外的某小礼拜堂。

景:一间很开敞的小礼拜堂,四面都有锥形的窗子,右壁有一个小小的讲台,台前摆着三四十个坐位。四壁窗间尽挂着些《圣经》的训示和耶稣的像。

当中壁上挂着一个十字，上面写着“非以役人乃役于人”八个字。讲台旁边摆着一架风琴。独立运动各区的代表，男男女女三四十人已经把教堂坐满了，有些没有坐位的，都站在一隅，他们把主席的位置空着；大家很细声的自由谈话。

安：（从左侧的一个小门出来走上讲台，众起立彼此行礼，再向国旗行礼后众人坐下。）诸君！今天是我们再生的纪念日，是多少光华灿烂的一天哪！（稍顿）诸位（顿）今天是韩国独立运动的一天，我能在这个阳光满眼的早晨，开头说几句话，真是多少荣幸啊！我们要认清楚我们这回独立运动的目的。我们为生活而要求独立！我们为自由而要求独立！我们为东亚和平，与世界和平而要求独立！我们为正义与人道而要求独立！（众鼓掌，呼独立万岁）我们把悲惨的生活，哭诉于全世界。我们把坚忍的精神，去取得人类的同情。（众鼓掌，呼独立万岁。）我们不是无意识的暴动，有意扰乱和平，我们更不是仇视日本人。我们今天要和平！守秩序！手中只应该拿着太极旗，口里只许喊着独立万岁！请各区代表负责任回去切实的告诉各区的人民。（众鼓掌）这些是《韩国独立宣言书》我现在发给你们，请你们各人回到本区去宣读。

（把《宣言书》照着次序分发了给众人。）

代甲：（代表某甲起立发言。）安先生！请你把《宣言书》先读一回，我们好照着你的榜样去宣读。

安：好的。（众起立）

（念《宣言书》）

我们现在郑重的宣言：我韩国为独立国，我韩国人为自由人民。我们以人类平等的真义，告于世界万国。我们以民族共存的公理，告于我们的子孙。（众呼万岁）我们大声的宣言：我们有五千年的历史，二千万的人民。我们为求民族绵延的发展而宣布独立！我们根据人类良心的觉悟，适应世界的新潮而宣布独立！上帝很明白的这样引导我们，时代把全人类共存的公理，正当的指示我们，无论任何的势力，都不能阻止抑制的！（众呼万岁）我们不幸牺牲于旧时代遗传的侵略主义、强权主义之下，备尝数千年来未有的异族压迫的痛苦，已经十年了！我们生活的权利，不知被剥夺了多少！我们精神的发展，不知被障碍了多少！我们民族的尊严，不知被损伤了多少！我们分享世界文化的机会，不知被遗失了多少！（以上四句宜一口气的念下去。）唉！想发泄我旧时的怨恨，摆脱我现在的痛苦，铲除我将来的束缚，伸张我民族的良心，振兴我国家的四维。发达我们各个人的人格，拯救我子孙于痛苦与羞耻之中，而给他们永久的完全的幸福；最紧要的第一步，非宣布韩国独立不可！（众鼓掌呼万岁。）……

（众人正在狂呼万岁的时候，外面的枪声响了，窗上的玻璃破了一块，里面的人有一个中枪弹倒在地下。）

代乙：（惊惶的叫起来。）不好了！外面有人放枪进来了！

（外面的枪声一连放了三声，玻璃又破了几块，教堂里面的人又倒了几个在地下。）

安：（急忙把纷乱惊扰的群众压制着。）各位不要怕！等我出去看看究竟是什么事情？（欲出外。）

崔：（急扯其衣止之。）你不要去！等我去罢！（急把门打开一望。一个子弹又飞了过来，又把一个人打倒在地。）宪兵！宪兵把……把……把我们围起来了！

（外面一排枪声，里面的人又倒了七八个，其余的人惊极欲狂，四处找地方藏身，妇女们站在一隅掩面而哭。外面的枪声较前更来得密了，里面的人纷纷的倒地，此时只听见外面的枪声，和看见室里人之恐怖、绝望、祈祷、奔避、痛哭、自杀等现象。）

安：（极力的镇静，发出急促而尖锐的声音。）快伏在地下！快伏在地下！（众皆伏地。外面枪声仍响着。）

崔：（躲在讲台底下。）南潜！快来躲在这里！

安：（把教堂左侧的门开了。）请各位暂时躲藏到这屋子里去！（众皆一拥而入，此时室中只剩安与倒在地下的人。安立窗前，手挥白巾，向窗外说道。）有事慢慢的讲！请不要乱杀无罪的人民！（轰的一声，安倒在地下，歇了一会儿他又爬起来向窗外高叫。）请你们进来拿了我去就是了！千万不要乱杀无罪的人！（安高举双手直立窗前不动，枪声仍响着。）

崔：（急从小门奔出把安拖开。）我们愿一同死，不愿你生生的给他们拿去。

安：玄妹！请你把门开了，给他们进来罢！（几悲切不能成语。此时有叩门声甚急。）

崔：（急把门扭紧了，并且搬了两张椅子把门堵塞着，门声益厉。久之寂然，而窗外火光熊熊的烧起来。此时众又急从小门出来，见窗外的火光，都惊吓得如疯子一样的乱跳。又如蚂蚁在热锅上乱转一样。此时火光愈大了，众皆束手待毙，有些以绝望的眼仰天祈祷。）

安：（此时若有所悟急大声呼道。）后门可以逃走！请你们跟着我一同冲出去！（众随之一拥而入小门去了。）

第三场

时：与第二场相隔三四小时，三月一日的下午。

地：塔洞公园的门口。

景：一个很美丽的公园的门口，当中一道铁栅门。铁柱弯屈，成很美丽的花形，门上有一个弧形的铁，两端很牢固的，安着在水门土所做的方柱上，门口之两旁有四条方形的水门土所做成的美丽之柱。短柱两旁有一高约二尺的短围墙，围墙的上半截，安以美丽的铁栏。从铁栏望进去，树木繁茂，花草缤纷，宪兵在公园门口塔[搭]着五个枪架，七八个宪兵如猛虎一样的巡逻着。

兵甲：（对其他的兵说）他妈的忘[王]八蛋，有好好的日子不过，故意的替我们捣乱，爷爷们的腿也跑坏啦！我见着他们的时候，要大大出他妈的一顿气。（现凶恶相）

兵乙：老大！你说得对！那些混账东西非打不行！

兵丙：他妈的人多得很呢！

兵甲：老三！干吗你这样怕？你没有枪吗？那些忘八蛋来得愈多，我们砍得愈爽快！

兵丁：弟兄们！今天多卖点力气罢。我们操练了好几年，老等着没用过，我的手今天痒起来了！管他妈的，来一个杀一个。

兵戊：他们今天走这里过，不走？

兵丁：没准见。

兵甲：他们准走这儿，大人吩咐的，咱们弟兄要好好的在这儿守着，不许放一个过去。

兵丙：什么？一个人都不许放过去吗？我看兄弟们没这本事罢！

兵丁：这是大人亲口吩咐的。谁敢不听他的话。我们有的是枪是刀，那些小鬼看见，包管他妈的魂都吓掉了。

兵戊：我们只要把那些小鬼子！吓走了就算啦。不必乱杀他们。

兵甲：老五！你简直是一个小鬼子！这又怕，那又怕，怕什么？

兵乙：大人在后面指挥着，我看你上前不上前？

兵戊：老二！你别吓我罢。大人在司令部喝着酒呢！

兵乙：你别作梦罢。大人在这公园里面喝酒呢！刚才大人吩咐的，那些小鬼来啦，叫我通知他，你没听见吗？

（万岁之声如怒潮一般自远而近。）

兵丁：（兴奋）他妈的小鬼可真来啦！弟兄们，动手罢！

（甲吹哨子召集归队，把枪实弹，严阵以待。）

（万岁之声愈来愈近，跟着一阵雄壮的国歌送了出来。）

兵甲：（狞笑）小鬼真快活，临死的时候还唱歌呢！

兵乙：弟兄们留神！我去通知大人。（入公园内去）

（众把刺刀装上，瞄准，万岁之声愈近而愈大。）

（中尉与兵乙慌忙自内出。）

中尉：（立众兵后望了一会儿，把指挥刀拔出来发命令。）一百米达，快放！

（众兵向群众放了一排枪，此时只听见台后叫了几声哎嗳！万岁之声比前更猛。）

中尉：上刺刀！（众兵上刺刀预备冲锋势，此时万岁之声，震动天地。他们行近了。一角太极旗渐渐的伸了出来。）

安：（手举太极旗，领着队出来，众人手中皆持小旗。）韩国独立万岁！（众和之）韩国独立万岁！

中尉：（怒目向安）停止！不许前进！

安：（领着队又近前几步。）韩国独立万岁！

（众和之）韩国独立万岁！

中尉：砍掉那拿旗的人！

兵丁：（如饿虎扑羊一般跑上前把安砍倒在地。安倒地后，众急抢他下去。接着一个小学生上前把旗举起来就走，又被他们砍倒在地。接着又是一个小学生上前把旗举起来又向前走，又被砍倒。接着一个女学生上前，又被砍倒。）

中尉：冲锋！

（众兵把明晃晃的刺刀举起向群众冲过去，群众大乱。万岁独立之声益烈。）

（幕下）

第三幕

第一场

时：与前幕相隔五六个月。一九一九年初秋的时候。

地：韩国京城外车站的附近。

景：崔玄英家里楼上的一间客厅，中间陈设着一张圆桌，桌上放着花瓶、茶具、糕饼、酒壶之类。排列得整整齐齐。东边靠壁有一张镶着椭圆形镜的矮柜，柜面有一点小陈设，如花瓶、座钟之类。还有一对三棱式的烛台，上面插着洁白的洋烛。厅的西南，放着半圆桌一张，上面放着几本书报，五六张锦垫椅子。大小式样各各不同，放在适当的地位。东边矮柜的左面，便是客厅的入口。西边一门通内室。西南墙上开着一排的窗子，恰恰沿着大街。从楼上的窗子望下去，可以望见车站一切模糊的景象。开幕了，安从内室出来。他的形容憔悴，精神恍惚，断臂露着。在室中踱来踱去，从衣袋里把一本日记拿出来看，面上现出悲愤的表情。他随手把桌上的酒瓶打开狂饮。

崔：（从内室出，见安狂饮，急上前夺去酒瓶。）为什么你今天喝起酒来啦？（安凝视之不语。）你自己想一想你的人多么重要啊！为什么不好好的保重自己？（安木立不语，注视酒瓶。）自从你的手臂断了，我没有一天不替你提心吊胆的。现在你的手臂稍为复原了，你又这样糟蹋你自己。唉！你真这样不知自爱，可真叫人替你担忧死啦。

安：玄妹！我累你替我提心吊胆了半年。我心里难过得很，但是今天总算……（默然不语。）

崔：今天怎样？快告诉我！

安：我今天要你大大的替我再提心吊胆一回，以后永远不要你再替我担忧了。唉！（长叹）玄妹！你愿意吗？

崔：（惊疑起来）什么？这是什么话啊？

安：（镇静的以手按之使坐下。）没有什么了不得的事！你坐下来我慢慢的告诉你罢！玄妹，请你倒一杯啤酒给我！

崔：（倒了一杯酒在手，但是不愿意给他。）你究竟怎的？今天整个人都变了？你从前不喝酒的今天忽然喝起来了。这是什么原故？请你老老实实的告诉我罢！

安：没有什么！我觉得疲倦，所以要喝一杯酒来提一提精神。

崔：你今天的态度，的的确确是和前几天不同了。我觉得你今天好像有一件大事要办的样子。我从你的言语态度上早就看出来了。南哥！你何必再瞒着我呢？

安：（故意的镇静。）没有什么事。我们来唱歌罢！唱我们小时候时常唱的那只《双飞鸟》好吗？我唱一句，你唱一句！

（唱歌）“白云深处双飞鸟。”

崔：（望着他，呆呆的不做声。皱着眉头，若有所思。）

安：玄妹！接着唱下去！

崔：唉！南哥！你何苦要瞒着我！（伏在桌上表示极忧愁的样子。）

安：玄妹！怎的你不唱下去？你忘掉啦吗？我提你一句罢：

（又唱）“俯视大地如卵小。”

朴：（从外面入来。他一面走着一面很兴奋的唱下去。）

“天空比翼任逍遥，

如今锁在樊笼了。”

安：（很悲奋的接着又唱下去。）

“三尺樊笼锁不住，

飞鸣不待扶桑晓。”

崔：（表示极惊疑状。）怎的？难道你们都疯了吗？

朴：小姐！我今天不知道什么原故，觉得说不出来的快活。

安：（心理起了变态。）朴忠！今天快活吗？我们能够在这种悲惨生活里面讨快活，的确是快活极了！我的老朴忠啊！你坐下来罢！我要敬你一杯酒。（倒了一杯酒给他。）

朴：（接酒一饮而尽，再倒一杯还敬安。）安少爷！我回敬你一杯。这是我六十多岁的人最后一次，不，（急转说）第一次斟给你的一杯酒，请你细细的尝一尝这杯酒的滋味！（双手捧杯，奉与安，面现悲容。）

安：（接之一饮而尽。）这杯酒的滋味是甜蜜蜜的。玄妹！请你也敬我一杯酒罢。

崔：（愈惊疑）怎的？你们两个人的态度都变了！朴忠！你们究竟有什么事？

安：没有事，没有什么事！就是有事，朴忠也不知道的。玄妹！敬我一杯酒罢！

崔：（不得已倒了一杯酒敬他。）南哥！祝你平安！

安：（一饮而尽）玄妹！愿你再敬我一杯酒。我愿听你再对我听一句话：

"南哥！祝你成功。"你能这样对我说吗？

崔：（持杯在手。）祝你什么成功呢？

安：（很兴奋的说。）祝我今晚……（缩着不说。）

崔：祝你今晚怎样呢？

安：（急转口说。）我刚才说错了。玄妹！你祝我一切都成功罢！（接酒一饮而尽。）

崔：南哥！你今天说话半吞半吐的，究竟为什么原故呢？

安：我喝醉了！乱说话，真是该打（掌自己的嘴巴。）

朴：少爷！真醉了吗？连我也有些醉了呢。我扶你进去歇歇罢！（扶之）

安：（当朴忠扶他的时候，无意之中碰着他的断臂。）哎哟！

崔：朴忠！仔细一点罢！他的手臂自从三月一日砍伤之后，到现在还没有十分复原啊。

（朴把安扶起来，慢慢扶他入去。安起身走路的时候，只见他一只手臂摆动，其余一只手臂已经被砍断了。在安所坐的椅子上，捡到一本日记。这本日记，是安遗漏下来的，她一页一页的翻看，愈看愈现悲喜交集的情绪。）唉！南哥啊！你的事我早已猜着了。唉！你今天这样的报答我！你今天这样的报答国家！……

（倒在椅上。）

（朴自内室出来。）

朴：（凝视崔一会儿。）小姊！好好的为什么哭呢？

崔：（站起来，昏迷似的歇了一会儿，又如大梦初醒。）真的！我太笨了！为什么要哭呢！

朴：小姐！你知他……唔……你想起大人来吗？

崔：（不觉悲从中来，泪簌簌的落了。）唉！爹爹！我的爹爹死得好苦啊！

朴：（声梗[哽]欲泣。）老爷死得真冤枉！只因为不肯把小姊嫁给一个什么鬼头宪兵中尉，就说他是独立运动的头儿，生生把他饿死在监狱里面。唉！老爷啊！我今天晚上一定要……（缩着不说）

崔：朴忠！你一定要怎样？

朴：我一定要……（缩着不说。）

崔：朴忠！快说！为什么你今天晚上说话也是吞吞吐吐的。

朴：我一定要去替老爷去报仇！

崔：你用什么什么方法去报仇？

朴：我……我……

崔：用什么方法？赶快说！

朴：我今天晚上到车站去。……

崔：到车站去干什么？

朴：（提起精神说，一字如有千斤重。）去炸新来的总督！

崔：（惊疑）朴忠！真的么？我听了你的话，好像正在做梦一样啊！

朴：真的！我立意要这样干已经很久了。我去为国尽忠，也就是替老爷报仇！

崔：（如大梦方觉。）啊！我现在才明白，老人家！（声梗[哽]，拉朴忠臂。）……难怪你们两个都像疯人一样。原来你和少爷都是打定一个主意的啊！

朴：（惊问）什么？少爷今晚也要这样干吗！

崔：是的。老人家！我从他的日记上知道的。

朴：小姐！真的吗？你能不能把他的日记给我看看吗？

崔：可以！只要你老人家的眼睛帮你的忙。

朴：什么！今天的眼睛不帮忙还行吗？

（接日记捧近眼前来看，可怜他的老花眼，看起来不大清楚。）小妹！你念给我听罢。

崔：你老人家好好的听罢！（念日记）

七月二十日。

半年来的呼声，震动了全世界，博得世界的同情了。韩国前途的光明，快要来了。我们要努力！唉！他们既残杀了韩国人民，更假造舆论，去欺骗世界。说韩国这次独立运动，是反对总督一人，并不是反对日本统治韩国。另换一个新总督，韩国人就可以和平了结。唉！如果我们对于新来的总督，没有一点反抗的表示。那末世界的耳目，一定被他们一手掩尽。我们这次所流的血泪，不是都没有价值吗？唉！时候到了，我这残废的人，有做事的机会了。怎能轻轻的把这件事放过去。我要去做第二个安重根！用一个爆弹，去代表韩国的民气。记着！记着！九月一日到大南门车站去欢迎新总督。我决定了！决定这样做了！唉！好不好把这件事去告诉玄妹呢？告诉她吗？累她担忧；不告诉她吗？心里又不忍。究竟怎样才好呢？唉！算了！算了！不告诉她，决定不告诉她。何苦去令她心碎呢？

（崔念到后半段的时候，潸然欲涕。）

朴：（如大梦方觉。）啊！难怪少爷这几天总喜欢喝酒。

崔：朴忠！是不是少爷约你一同到车站去的呢？

朴：不是的，是我自己决定要去做的。

崔：老朴忠！少爷知道你这样去做吗？

朴：少爷不知道的，小姐！我除了今天告诉了你之外，再没有告诉过别人。

崔：朴忠！你作事也是这样的谨慎吗？也是这样的果决吗？

朴：（诚恳沉痛的说。）小姐！我可以老实告诉你了！（声悲）前一个月，听见人说：新换的总督快要来了。说是比从前的那一个还要利[厉]害。那一天少爷们开会，又说这是一手遮尽天下耳目的诡计。所以我立定主意，把这条老命，去和他拼一拼。呵呵！拼一拼（兴奋。）我打听得新总督今晚十一点钟就要到了。我的买卖来了。你想我是多么快活！小姐！你的老朴忠，可要以老卖老了。（惨笑）

崔：（兴奋）啊！今晚十一点钟！今晚十一点钟！朴忠要去拼命！南潜也要去拼命！唉！我……我 我难道就不应该去拼命吗？

朴：我一个人去就够啦。用不着少爷去，更用不着小姐去。

崔：为什么用不着我们？

朴：你们都是年轻的人，还有许多事情在后头呢！我……我已经……六十多岁了，头发光了，牙齿掉了，耳朵聋了，眼睛花了，还有什么用呢？何苦再活着累人。拿我这条老命和你们比，你们宝贵得多。我！（顿）我非去拼命不可！（声绝目瞪）

崔：（悲愤欲绝泪盈于睫。）唉！亡国民的性命，同是泥沙一样的贱！牺牲哪一个，还不是一样吗？我的老朴忠！我不愿意你去！你在我家里四十多年，你很慈爱的保护我，好像我的父亲一样。唉！我的父亲已经死了，怎能让你……（呜咽不成声。）

朴：（老泪淋漓，现出长者的态度，抚崔的背。）我的小姐！你不要这样小孩子脾气罢！我难道不知道你心理[里]难过吗？你不忍离开我，难道我就忍心离开你吗？但是，这究竟算不了一回什么事（顿）唉！（摇着）我的天啊！究竟什么人逼我们到这步田地的呵！

崔：（泪眼盈盈的望着朴忠，极恳挚的执着他的手。）唉！我敬爱的老人家呵！今晚决定是你去吗？（倒一杯酒在手。）我现在没有话可讲，这杯酒就算是我酬谢你二十年来提携保护的恩德罢。

朴：（接杯在手，对着崔苦笑。）多谢小姐一片心。（一饮而尽。）这杯酒真好！但是我尝不出是什么滋味。（饮罢犹嚼余味，对崔作悲惨的笑容。）

崔：朴忠！我敬你的不知是酒还是泪啊！

朴：小姐！我有一句要紧的话和你说：你今晚不要让少爷再到车站去了。他现在房里睡得很熟的，你不要惊动他，就让他把那个时候睡过去罢！

崔：（为难的样子。）唉！我不知道怎样才好？我不忍牺牲了你，也不忍牺牲了南潜。唉！我看还是牺牲我罢！

朴：小姐！又说这些话了！不要再想了！决定牺牲我！决定牺牲了我罢！

（此时仆人小毛自外上场。他的脚在三月一日的时候被人砍坏了，他走起路时一跛一跌的。）

朴：小姐！外面有两个人，说是从巴黎回来的，要见安先生和小姐。

崔：（整容强向朴。）老人家！请你出去看看是谁？问清楚了才好让他们进来。

朴：（自作镇静。）我知道的。（下）

崔：（悯怜的态度对小毛说。）小毛！我看见你走路的样子，心里很觉得难过。

仆：小姐！我在你面前这样一歪一倒的走（走两步），觉得很不好意思的。

崔：这也没有什么不好意思的。可怜你二十多岁的人，因为叫一句独立万岁，就变成残废的人。唉……

仆：安先生尚且断了手。我伤了腿，算不了什么的。

（朴忠带独立委员甲、乙二人上场，这两人都是被公推到巴黎和会去做代表的。）

委甲：（与崔握手。）崔小姐！可好！

崔：好！李先生好。

委乙：（与崔握手。）小姐一向可好？

崔：托福。金先生好！

朴：（对仆说。）我们去倒水给两位先生揩脸罢！（二人下）

崔：请坐！（三人坐下）两位在路上辛苦了。

委甲：没有什么辛苦。我们在外面平平安安的。看着你们在国内拼命，心里真觉得很惭愧。

崔：我们同是为国事奔走，有什么惭愧呢。

委乙：你们所奔走的，已经有一部分成功了。但是我们却完全失败！怎叫我们不愧死呢？

崔：我们做事，不能件件都希望成功。总之尽我们的心力去做就是了。

委甲：南潜兄呢？

崔：他今晚……他喝了几杯酒睡去了。

委乙：什么？他也喝起酒来了？

崔：自从三月一日以后，他整个人都变老了。可怜一个英伟少年，变成了憔悴的枯木一样。一个有为的英雄，变成了残废的人。

委甲：唉！我可敬的南潜啊！崔小姐！请你去叫醒他好吗？

委乙：不要叫醒他！可怜他回来之后没有一天休息，让他多睡一会儿罢。

崔：让我进去看看，如果他醒了，我就叫他出来会你们。（下）

（朴忠与小毛一人捧了一盆水出来，小毛一歪一跌的把水倒得满地。）

朴：两位先生洗一洗脸罢！

委甲：小毛！你怎么变成这个样子？

仆：先生！那些小鬼把我砍成这个样子的。

朴：李先生！你看小鬼（顿）今晚……（顿）怎么我连话也不会说了。（顿）你看见小毛这个样子，就可以想见那些小鬼待我们的好处了！

委乙：朴忠！你的精神相貌也大大的变了。

朴：我们住在这里，过一天好像过一年似的，怎教人不变呢？

（甲、乙洗过脸了，朴与仆仍端水下。甲、乙二人目送之。）

委甲：（对乙说。）我看见小毛一歪一歪的样子，心里就好像被刀一剜一剜的痛啊！

（崔扶安自内出。）

崔：李先生！金先生！你看他还像从前的样子吗？

（甲、乙二人站起来，对于安表示极怜惜、敬爱之态度。）

安：你们两位辛苦了。

委乙：（急过去替他握手。）南潜！我惭愧得说不出一句话来回答你。

委甲：（与安握手。）我们真没有面目见你。我们完全失败了。

安：不要紧的！失败！哼！今晚！……（急转口）失败就是成功之母！请坐罢！

（甲、乙坐下但觉讶然。）

委乙：我在巴黎每次接到你的电报之后，真气得毛发直竖。

安：我接到你们的报告，还不是急得要死吗？

委甲：我们这次出席巴黎和会的情形，已经写信详细报告过你，你看见了没有？

安：看过了，什么和平会议，简直是一场把戏罢了。我早就料到，和平不是空口说的。世界上帝国主义一天不灭绝，世界就一天不能和平。军阀一天不铲除，世界一天免不了战争。我们今天，赤手空拳的向人求救就可以得到独立吗？（兴奋起立，稍变态。）

委甲：我们到巴黎之后，各方奔走，向各国代表疏通。最初的时候，和会不许将朝鲜问题提出，我们极力的运动，出了九牛二虎之力才能出席。我们痛哭流涕的向各国代表说，他们虽然可怜我们，然而他们都无能为力。

安：唉！这种口头的和平会，我早就料定他不能解决实际的问题的。但是我们不必灰心，还要尽我们的力去做！

委乙：我们这一路，可说是完全失败了，不知其他到各国去的成绩怎样？

安：我接他们的报告都很好。

委甲：请你简单的告诉我们罢。

安：在中国方面，人民都很表同情于我们。在美国方面，他们的宗教界、教育界都很愿意帮助我们。在俄国方面，有民党替我们表同情。在英国方面：有下议院议员组织一个韩国友人公会帮助我们。其余如捷克大将军卡耳大愿为我们宣传独立。万国社会党在瑞士开大会的时候，承认我们韩国独立。我们的独立，事实上虽然没有成功，然而已经得了世界的同情了。我相信我们韩国总可以独立，唉！仅仅得人的同情，就能够独立的吗？（兴奋。）

委乙：我们在外面，不大知道这里的情形。请崔小姐大略的告诉我们罢！

崔：金先生！你要我告诉你，我真不知道从那里说起。简单的说罢，自从三月一日以后，全国二百多处，先后举行独立运动。总共有一千五百多次的集会。参加运动的人（以下一字一句慢说。）有二百多万。被打死的，有（愈重且慢）七千五百多人，受伤的一万六千多人，被监禁的四万六千多人，被烧掉的教堂四十七间，学校两处，房屋七百多间！……

安：（哭起来。）玄妹！你不要再提了，提起来，我五脏都碎了。哼！今晚……

（众皆泣不可仰。表示极悲哀的样子，彼此泪眼相对约一分钟。）

（幕下）

第二场

时：与第一场相隔约八九小时，正是晚上的时候。

景：与第一场相同。以绿光照舞台上表示夜深的光景。开幕的时候，安南潜醉沉沉的睡在沙发椅上，鼾声很大，玄英站在他的身旁。朴忠装束得很轻便，蹑足慢步的上前，向崔微微的点一点头。以手招崔至台前耳语，耳语时，表示不要惊醒南潜(指一指南潜摇摇手)。时候到了(指一指壁上的挂钟把十个手指伸出来以示十点多钟)。炸弹在什么地方,快交给我。(以手作弹形,后作掷状。次以手挥崔,末了以手指自己等动作)崔和朴耳语后,急到桌子底下提出一个小藤篓放在桌上。朴把一条白手巾铺在桌子上。崔小心翼翼的把炸弹拿出来放在白巾上。朴郑重的把弹看了几下。再从身上把手枪拿出来,看了一看,考验上了子弹没有。考验后,把枪收起来,再慢慢的把炸弹包好起来,挽在手中,现出勇往直前慷慨赴义的神气。他回头把钟望了一下,向门口走了几步。崔也跟他走了几步,他停住脚步回头转身过去和崔握手。他们两只眼呆呆的彼此望着。崔左手拿巾拭泪右手握着朴。朴左手挽着弹,右手握着崔的手,他轻轻顿了三顿,崔很不愿意的把手松了,掉头过去,朴走了几步,崔又急上前去牵着他的衣裳。崔和朴正在难分难离的时候。安渐渐的打呵欠醒了。朴刚要出门的时候,他急从椅上两三步的跳到门口,把朴忠拦着。)

安:(以手指着朴忠。)朴忠!你上哪里去?

朴:(他这一惊真是非同小可。)我……我……我……我上车站去。

安:把东西留下来!不要你去。让我去。

朴:少爷!你的性命比我重。

安:我已经残废了,我一定要利用这残废的身体。

朴:我已经老了,我一定要以老卖老。(一顿)少爷!你的手没用的了。

安:朴忠!你的眼睛花啦,看不准。把那个东西给我!

朴:少爷!你还有要紧的事在后头。

安:再没有比这件事要紧的了,快一点,时间到了!

朴:时间到了?我就走。(转身就走。)

安:(一把抓着他。)不能去。

朴:去!(乱挣欲行。)

安:(抓着他的胸部推了二下。)快点!(朴挣安拉。)

崔:小心!那个东西!(指着炸弹。)(以后呆立如疯人。)

朴:(轻放炸弹于桌上,手作势欲摆脱。)少爷!你不能去,他们认得你。……

安:(以身护炸弹,极力拉朴,厉声叱之。)我知道!一切都计划好了。赶快把衣服脱给我!时候到啦。

朴:(朴不知何意,手松,安乘势脱其腰带即掖其襟。朴愈不解其意,手再松,安下其衣,即披束带,就里衣袋中拿出老人之假发假须戴上,即提炸弹外行，回头向朴。）

安：老朴！谢谢你，都替我预备好了。（昂然而去）

崔：（作追状）南潜！……（追至门口即痴立了一回，随即昏倒在地。）

朴：（呆立甚久向崔。）小姐！（扶坐沙发上。）

崔：（醒过来）唉！我的南潜啊！

朴：少爷！真利害，我们的计划完全给他利用了。

崔：他向来是不主张激烈行动的。今天居然……是的！今天应当这样！应当这样！

（壁上时钟铛铛的打十一点。）

朴：（兴奋）啊！十一点时候到了！时候到了！

崔：（兴奋）唉！十一点！十一点！

（此时微闻汽笛声、人声和军乐队所奏的欢迎曲。）

（崔与朴急趋窗前观看。）

崔：（遥指窗外。）南潜！南潜！

朴：（遥指窗外。）那里？可怜我的老眼，被泪珠儿遮着了。

（窗外军乐仍奏着，隐隐夹着汽车的声音。一会儿轰的一声炸弹响了！）

崔：唉！唉！我的南潜！（昏倒在地。）

朴：（立窗前，翘足引颈的焦急万分。）唉！我的少爷啊！（也倒地。）

（军乐停了，汽车呜呜的过去了。人声更加鼎沸。）

崔：（再趋窗前。）唉！唉！失败了！失败了！汽车过去了！（失望状。）

朴：（再急趋窗前，出怀中手枪向窗外遥指。）那里？那里？

崔：汽车快要过去了！汽车快要过去了！唉！天呀！天呀！（焦急，失望。）

朴：（持手枪想冲下楼去。）

崔：（拖着他。）请你等一等，我和你一同去。（她急到放置炸弹的地方又拿出一个炸弹。）

朴：（悲愤的、勇敢的执着崔之手，用极沉痛的声音说。）去！去！我们一同去！我们二千万同胞的心，个个都是炸弹！安少爷只用了一个！安少爷只用了一个啊！

（二人如猛虎一般冲下楼去。）

（幕下）

一九二四，四，二十一。作于东南大学。

（原载于侯曜《山河泪》，上海商务印书馆，1925 年）

山河泪（戏剧）

宋树人

第一幕　会场

地点：长崎青年会

时间：一九二六年夏

人物：朝鲜代表姜世馨，主席日本金里氏，中日印菲安南代表及新闻记者旁听员警察百数十人

一间西式的楼房，中间安置许多桌椅和一张方台，台上铺一块白毡，上面还摆着两瓶鲜红的花，白布红花，配得很是可爱，会场中人声寂静，弥满着严肃的空气

姜：主席！

金：（急止之）阁下之代表资格，未经本会承认，应无发言权。

姜：朝鲜难道不是一个民族吗？

金：你们已经有了代表列席了。

姜：李东雨他是日本帝国打电报邀来的，不能算韩国全体人民的代表。本席受了我韩国三千万民众的推举，特来参加会议发表意见的。今天开的既是亚细亚民族大会，朝鲜也是亚洲民族之一，为什么没有发言的资格？我受了三千万人民的付托，断不能放弃天职的！

金：哼……！

中国代表甲：本席意见，韩国既为亚洲民族之一，应该有发言权的。

印代表甲：附议，附议！

中国代表乙：本会系为谋亚洲民族真正之自由平等，应请朝鲜代表充分发表意见。

菲代表：附议！

（多数代表通过）

姜：（起立发言，态度从容，声音瞭[嘹]亮，全场一致静听，主席时以怒目视之）诸君！人生在世，都是应该尽量享受快乐的，都有享受幸福的权利。人类因欲求得幸福，所以要解放一切的枷锁，脱离所有的压迫。这是正当的要求，不是一种的罪恶。不幸因此解放运动而演空前未有之惨剧，我想人类自能本其恻隐之心，表示同情与援助的……。

（稍停，全场愈静穆，姜氏态度变严肃）

姜：（怒目直视主席，继环顾左右日人）我韩国系四千余年独立的古邦，有优美的人民，有锦绣的山川，总之我们是有我们不可磨灭的荣誉的。不料近数十年以来，受了日本的压迫，处处不得自由。到了一九一〇年日本更进一步吞并朝鲜于是我三千万人民的身家性命，失所凭依，而四千年历史之国光，亦扫地以尽。诸君仁厚存心，其亦思光天化日之下，我韩国三千万生灵痛苦呻吟的惨状吗？……

（饮泣，全场动容，日警密布场外）

姜：（声渐厉）诸君！东方谚云"困兽犹斗"，韩人受尽种种不堪的痛苦，难道人心已完全的死了吗？不，不，我韩人如火如荼的革命思潮，正在那儿燃烧呢！一九一九年三月一日是我韩国民族争独立自由的开始纪念日，我韩人革命精神，已暴露于全世界，成败自然又是一个问题。至于最近本年（一九二六年）六月之运动，就是继续以前的精神，向前奋斗。本会的宗旨为谋增进亚洲民族之真正自由平等，而诸君亦为正义人道而来，鄙人谨代表韩国全国国民向诸君请求谅解韩国人民的痛若[苦]，援助韩国独立运动的功……

（场内一日人击桌狂吼怒目驰赴姜前欲用武，全场惊动，中代表尤愤愤然，经警察助阻该日人近场）

金：（佯笑）姜君！请休息些罢！朝鲜独立问题太大，本会不能解决。其实当年高丽之亡，又岂能怪得日本人？你要深思深思才是呢！今日就是让你独立，你们自己独立得起来吗？……

姜：你敢侮辱我们韩国人吗？谁说我们自己独立不起来？哼！你侮辱我们韩国人哼！你侮辱我们韩国人！……

金：（怒状系[击]桌）我说朝鲜不能独立，就不能独立！就是不行！不行！

姜：（怒发冲冠，突起牵金袖作欲击状，金怯，全场愕然，警察数人驱姜退场，姜面向大众，言貌愈激昂）诸君！诸君！你们想日本欲谋亚洲民族的解放吗？唉！这不过是一句口头禅罢了！日本人懂什么良心？讲什么人道？自从日本帝国吞并朝鲜以来，朝鲜被其蹂躏，不但亡国，简直等于灭种？经济方面，一切商业，工业，金融，交通等自然富源，都为日本所有。田地为国民经济唯一的基础，也归日本会社和资本家所占，农民无产，便做日本工厂的奴隶。数百万同胞，眼看着一个个流离失所，被逐到满州[洲]和西比利亚去了。其外智识阶级及小工业者也无事可做流为游民，唉！这是何等可惨呀！政治方面，朝鲜人连普通权利如言论，出版，集会，结会等自由都享不到！三人站在一处说话，他便说你谋反，新闻杂志，隔日押收，日本出版的新书，韩人不能翻译，宗教团体，也不许自由。军警无故杀人，强奸妇女等事，日必数十起，人权已被削殆尽了！教育方面，日本处心积虑无非要灭绝朝鲜文化。历史不入教科书，私人秘藏发见以后，立即焚书问罪，小学教授都要用日语，这种同化政策，简直要挟我三千万同胞，完全变为木石！日本统治朝鲜政策，就是要杀尽我民族，消灭我文化。诸君！诸君！我朝鲜素来是文明的种族，人民爱和平，重人道，现在流落到如此地步，真是忍无可忍了！日本野心勃勃，想作东方的盟主，我们……联合……起来……革命……（日警数人强挥之退场，姜正与之抗御）

（幕）

第二幕　酒店

地点：长崎樱花村一家酒店

时间：仲夏黄昏

人物：朝鲜姜世馨，中国王诚心，日警二人食客及侍者数人二层楼上，布置简素，客人稀少，一盖[盏]电灯，照着姜、王两个。

姜：今天蒙你厚待，真不敢当！

王：这倒何必客气，今天不过是借酒谈心，说不上请客。

姜：昨天会议席上，我很得你的帮助，难得你这样的热心！

王：这是我对人类应尽的天职。我觉得处处抱定一个“为人类服务”的心理，是最神圣的。中国的伦理哲学，便着重在“为人服务”这方面。莫说我并没有替你做过什么事，就是做了，也只是应该。

姜：我在东京，也有很多的中国朋友，我对中国少年的朋友，总是最爱慕的。因为他们有亭亭的丰采，热烈的个性与浓挚的同情。

王：这个倒说不定。现在世道日坏，难保没有少年人学坏的。不过大半少年人都很纯洁，很忠诚，很热烈罢哩。

姜：我居住东京十多年，还没有去中国逛过，真是遗恨！我想中国是世界上先进的唯一的文明古邦，虽然一时不能振作，终久是必雄飞世界的。

王：你的想法是不错的。中国的社会，自古以来，便是一治一乱。治极必衰，否极泰来，如今已是否极泰来的时候了。至于我说这否极泰来的意思，并不是要雄飞世界，为各国的盟主，统一天下的。不过是要与各国立在平等的地位，共享和平的幸福罢了。

姜：那么，他们骂你们爱国派是帝国主义之变相，那真是冤枉极了。我看你们非但不是帝国主义的变相，而且是真实的为弱小民族出力的呢。征诸你这次为我出力，岂不是吗？

王：你真可以算是我们的知己了。我们原本“老吾老以及人之老，幼吾幼以及人之幼”的心理，提倡爱国的。因为自己脚跟还站不稳，便要去拉人行路，岂不是不自量力吗？

姜：唔……

王：（半晌举杯）呵！我真太大意了。谈谈话连酒都不记得奉了。

姜：（一饮而尽）听你的宏论，已使我十二分的高兴，用不着喝酒助听了。

王：（微笑）哈……

姜：上海五卅惨案发生时，你在上海吗？

王：（面色忽沉变，眼中含泪无语）……

姜：（示不安状）朋友！我不应该以这等不幸的事，来扰乱你的心曲！

王：你不说我便不伤心吗？要知我脆弱的心灵，早已充满了伤痕。每于月夕花晨，想起我的祖国，我便独自伤怀。唉！受压迫的民族，便合当时时以泪洗面，那有一丝儿安慰呢？朋友！任我们呻吟呼叫，虎狼们那有一些儿的知觉呵！

姜：唔……

王：当五卅惨案发生时，我正在上海读书。我曾身历其境来。回想当时南京上，人山人海中，枪声忽起，群众四散，只见无数死难的同胞，一个个躺在血窟中，有的已经死了，有的还在呻吟。便有多数如虎似狼的人们，一行行汽车将我们可爱的同胞，不论生死的扛载而去了。他们都是爱国的男女，不幸枉死于敌人无情的炮火之下了。生死本是大海中浪花的起伏，但他们幽灵有知，我想一定不会瞑目呢！（泪声）

姜：朋友！已往的事，别再过分的伤心了罢。

王：哦，我记起了。（随手掏皮夹中一封短信）

姜：这是贵友的信么？

王：唉，这信在我的皮夹里已经一年多了。他写这封信时，还活在人间，如今却也死去一年了。我的死友呵！

姜：你为什么保存了许久？

王：此信虽草草数行，却有它重大的意义。我念给你听，你就知道了。

姜：（静听）

王：（抖颤着读亡友的信）

亲爱的朋友：

五卅流血，悲愤欲狂！

朋友！我们泱泱大国，果真是世界上劣等的民族吗？我们圣神文武的华胃[胄]，果真是外国人的奴隶吗？我们祖宗百战的山河，果真是外国人的殖民地吗！我们忍见亲爱的同胞婉转就死于外人枪弹之下吗？（掩泣）我们忍见神州禹域作他人的战场吗？朋友！我知道有许多人笑我仍旧是宗法社会的思想，但我的热情之火，已烧得我快死了！又有许多讥我为狭义的国家主义者，但我心头的热血之流再也不能冰冷下去了！呵！“鞠躬尽瘁死而后已”，“慷慨捐躯从容就义”。（咽声）这是先哲的遗训，于今是我奉行遗训的时候了。我希望死在工部局的炸弹里面，以我的泪，洗净了大地，以我的血，染遍了天宇，那我虽死也有余快呵！

朋友！相去万里，人绝路殊，死生契阔，夫复何言？

（哭不成声）

伏期为国努力！

你的待死的朋友泽林诀别上书。

（满眼同情之泪无语）

王：（读毕，伏案抽噎半晌大叫）我的苦友呀！我的苦友呀！

姜：朋友！你的贵友，为国而死，死有重于泰山。这样轰轰烈烈的死，正是他的光荣，正是你祖国的光荣。依我看，你还当为你的亡友贺呢！在你应该更加努力竟亡友未竟之功，成烈士未成之志，才是正理，只是悲伤，不但有伤贵体，而且这也不是大丈夫的行为，不怕被天下志士所窃笑吗？好！好！我们把话休提，且举一杯酒，望空庆祝中华大烈士泽林先生精灵不死罢！（举杯望空而饮）

王：（与姜同倾一杯）朋友！这杯酒若在别人饮来，或者滋味另有不同，但在我这骨肉流离良朋凋首的异乡人更足以增加伤感罢了。

姜：想来我韩国国破家亡，有几个能如你这般慷慨激昂的爱国的志士呢？

王：！我只管说，倒把要问的话忘了。我从前老在报纸上看到“韩国革命动运”六个大字，我总是很羡慕，很留意的究竟贵国革命运动的经过和现状怎样？我还摸不大十分清楚。你既是贵国革命的巨子，你一定知道得很清楚，如果能告诉我，我还可替你们向敝国宣传哩。

姜：你这样的关心敝国的革命，很是令人感首。既蒙你殷垂问，我只得大略的告诉你。你果能向贵国人民宣传，那更是感激不尽了。先说朝鲜革命的史略。朝鲜的革命，可分为两个时期。第一个时期，（一八八四，一八九四）是国内维新分子反对旧政府，此期计共十年。第二个时期从一八九四东学党之兴起。宗旨就变为反抗日本帝国主义。一九〇五年日本以武力强迫朝鲜做他的保护国，一九一〇年，卖国的政府更签字承认。日本以一九〇五年战胜俄国的余威，占领中国，却忘了历来的条约。如一八七六年中日和平通商条约，一八八五年有关朝鲜的中日天津条约，一八九五年中日战后的马关条约，一九〇二年英日同盟第一次条约中日关于朝鲜的换文，一九〇四年日俄战后的公文，屡次都宣誓担保朝鲜独立，一下翻过脸来，竟一点信用都不讲了。这时韩国志士，暗地活动的很多，大都在国内外会社里做事的，不过结果都是很悲惨的。

王：那一个帝国主义者讲信用？老实说，都是不要面孔！唉！想起来真寒心！以日人对韩为例，要是国际瓜分中国局面妥协以后，日本马上可以占领中国，你看他表面什么中日亲善讲得比什么还甜蜜，一翻脸便不认人了。

姜：再说一九一九年的“三一”运动。欧战告终，德俄革命爆发，列强惧而召集凡尔赛会议。当时朝鲜民众引起新的希望。所以在一九一九年在凡尔赛开会时，韩人革命运动，一时如雨后春笋，于三月一日起，屡演大流血的惨剧革命，在过去七年之内，进展很快。从前采取“消极抵抗”政策，随后也不得不暗杀了。哨兵受击，暗杀总督及钦差的大计划都是大压迫的结果。今年（一九二六）四月二十八朝鲜总督斋藤乘车往汉城王宫吊李王丧时，有一位叫做宋学先的烈士，跳上斋藤的汽车，行刺未中。宋烈士从客[容]就义，临死还高呼“大韩国独立运动万岁”呢！

王：（点首长叹）壮哉！宋烈士！

姜：再说今年六月的大示威和大屠杀。朝鲜的以前的革命，只是少数智识阶级的运动，现在渐渐成为有秩序、有组织、有计划的民众革命了。一九二四年有数百青年组织全朝鲜青年总同盟，又成立一个劳动总同盟。一九二五年又召集了一个全国民众革命运动大会，商议统一朝鲜革命运动的进行。最近李坧之死，各地革命领袖预备在六月十日这一天李王国葬时，做一个大大的示威运动。不幸事先被日人知道了，于是大搜教堂，搜去我们的传单五万份，捕去我们的同志九十八人。另外又捕去二百多人。权五卨先生是运动的领袖和劳动总同盟的总务干事。劳动总同盟有十二万万会员，权氏被拘，受了很大的影响。当时有四十万人参加葬仪，日兵虽防守很严，示威运动还是进行，分为八大队伍，沿途高呼韩国独立万岁。

王：呵，好勇敢的四十万韩国健儿。（回望海天）我祖国的同胞呀！你们听了不要愧死了吗？

姜：（接续着说）再要说的，便是日人对示威者的反攻了。日人用粗棍乱打，打伤了一百六十人，捕去的大约有三百人。此次大示威普于各城，听说全国总共被捕的人数足足有二千多个呢；他们捉去之后，便用酷刑拷打。说起日本人野蛮的私刑，一言难尽。一九一九年四月间水原郡戴南里乡间日本兵土[士]无故的对一个教堂内开枪，一百多个男女老少，都百[白]白的死了，等死了之后，便一把火把教堂和尸首一齐毁了，你看野蛮不野蛮？警察要犯人招口供时就用毒打和私刑。先以拳打脚踢，后将你十指板起，每个指尖都用火烧。两个中指用粗绳结着，梁上放了漏斗，把你悬空吊起，同时就用烟头或烧红的火铗硬烫。此外如皮鞭抽打，竹片揪击，火烧，或是把囚犯装在潮的的皮背心里面，慢慢的让他干去，使他和被毒蛇缠绕的一样受罪。更有一种最无人道的刑罚，就是叫女囚们裸体跳舞，随意底在她的身上虐弄。

王：唉，无耻的倭奴，野蛮的禽兽。

姜：朋友，我总觉得革命是有希望的。压迫愈甚，反抗力愈大。我韩国人民现在已大大的觉悟了。情愿牺牲一切，换得自由。除非日人能把韩人杀个鸡犬不留。否则，要想永远保存他的奇迹，那是断断不能（以拳击桌）……

（日警二人入酒店直视姜）

姜：（取帽）今晚说得太多了，改日再谈罢。

王：（会意取皮夹付账）好，我们各自休息休息罢，我很希望你不要忘记了今日之会。

姜：哈哈，我见这样热烈的青年增加我勇气不少，今晚之会，真使我没世难忘呢。

王：再会！

姜：再会！

（姜、王二人同下）

（幕）

第三幕　站台

地点：长崎驿前草坪上

时间：夏夜

人物：朝鲜姜世馨，中国王诚心，及其他乘客送客者

站台里面，人影庞杂，月色满空，车声轧轧，只见一片浓烟由烟突中放出。月光下姜一人徘徊沉思。

王：世馨，你来得好早，为何独自沉思？

金[姜]：呀，你为何跑来？

王：我听人说你今夜要走故特来送你。

金[姜]：这样夜深，劳你相送。

王：（看表）现在时间还早，我们可以坐下谈谈心罢。世馨，你看这月色何等妩媚呀，人间万物都是假的，只有月儿他才是真的，世上万事都是变的，惟月儿他是千载一个样儿的。任你地北天南，一样是毫无间隔。中国有句古诗"共看明月应垂泪，一夜乡心五处同"，很足以来示步月思家的感概[慨]。我的……

姜：怎样？

王：说起我的家庭，任何人也应该为我掏一把同情泪吧。人谁不爱祖国？人谁不爱家庭？这是人类的至情至性，任何人所不能免的。我自相信国家主义以来，对我的家庭更觉得爱恋不置了。可是我的家庭弃我如遗，近来使我的热血不得不冰冷了。我的骨肉，天性都至厚，自小儿在一起，享有了天伦之乐。不幸我们长大了，见解渐渐的根本冲突起来了，我讲"祖国超于一切"，他们偏要说"工人无祖国"，我讲"全民合作"，他们硬要主张"阶级斗争"，我尚五色，他们偏好赤，我要独立自主，他们偏要运动归俄。这样水火不相容的意见，虽亲如手足，也无融和的余地，因为我们都有独立的人格和自动的主张，不是可以随风转舵的。"也好，我们各干各的罢！"于是我们便不得不撒手而去含泪而别了。我岂不相信我的骨肉？……

姜：呵！原来如此。你虽是无家的不幸者，同时也不愧是一个大义灭亲赤诚爱国的男儿。共产党在我国运动的亦很烈。当六月十日运动时，共产党用种种手段，笼络民众，民众终于被他们蒙蔽住了。当五十八个被囚的共产党新由新义州解往汉城去的时候，数日民众，前往欢迎，高呼苏俄万岁。我看了痛心极了！我国民既不愿亡国给日本，既不甘做日人的奴隶，难道又情愿亡国给苏俄，做苏俄的奴隶吗？可恨国民程度太低，不分黑白，唉！亚东赤祸的蔓延还不知伊于胡底呢……！

（正说话间，日警猝至，以足尖踢姜衣）

日警：（向姜）鲜奴！你在这里做什么？滚开，（向王）某先生！时候快倒[到]了，请那边坐下。

姜：（苦笑起整衣）……

王：（向姜）我们去罢，别管他！

（姜、王同至票场，日警一路尾姜，怒视之，姜态度依然）

姜：（视表）哦，十一点三十分车，现在已经十一点快到了，我去了就来，请等一下。（票场人喧嚷，姜须臾持票至）

姜：吾友！劳你久待了！现在时间已不早[早]了，此次我俩邂逅相遇，蒙你看我如兄，兹有一句机密话要说。

王：（微惊）请坐下来说好吧？

姜：（刚坐下欲说）……

日人甲：（向姜）滚开！让我来！看你这亡国奴的样子！……

姜：（让坐[座]）

日人乙：（冷笑）看见我们大日本帝国人来还不快些儿起来！咳！……

（全座日人皆露得意之色，姜苦脸立。）

王：（随姜而起）……

姜：（半晌，附王耳语）昨晚我得了一个电报，敝国同志将于汉城谋再起，一切都已预备好了，专等我回去动手。预料此次牺牲恐怕比前次还要大，你听了应该为我们庆贺呢。不过——不过我们以后见面的机会，恐怕是永〔无〕希望了。

王：（闭目狂跃，紧握姜手，四顾无语，忽取纸笔倚桌急书）

送韩国志士

为正义而奋斗，为祖国而呼喊的战士哟！

去罢！去罢！去罢！

为自由而牺牲，为良心而流血的战士哟！

去罢！去罢！去罢！

哦，哦，壮烈的死，传奇的死哟！

哦，哦，波澜壮阔的死哟！

喜马拿耶的高峰，

形容不出你的崇高；

印度洋的怒涛，

形容不出你的悲壮；

九天的日月，
形容不出你的光明；
煦和的春风，
形容不出你的慈祥。
那三千万人民的愁苦，
担在你一人的肩上了。
壮士哟！请罢！

（搁笔卷，交姜，旋视表）

姜：（急拆阅）呵！好一首壮烈的诗词！句句是泪，字字是血。本来富于感情的人，多善吟诵，却不想起你是这么感人的诗人！朋友！我现在眼中如泉要涌，心上如火在焚。哦！我不能多说了！我此去总努力不负你的期望就是了。

（汽笛剧鸣，行人纷纷上车，姜急登车，车微动，二人点头作别）

姜：（哽咽）请了！

王：（泪声）临行无别语，血泪壮山河……

（车行渐远，隐隐尤闻汽笛声）

（幕）

（原载于《醒狮周报》第152—157期，1927年）

爱国魂

碧梧

大凡一个国家，倘然政治修明，国势强盛，谁也不敢来欺负你。万一政治紊乱，国势衰弱，那末邻近的强国，就得把你看做一块肥肉似的，恨不得一口吞下去。于是干涉你的政权，强占你的土地，任什么强横无理的事，他都干得出。横竖你力量薄弱，奈何他不得，只得忍受着，这也是弱肉强食的天演公例咧。就如黎国原是一个有悠久历史的国家，在世界各国中，也有相当的声誉，只因近年以来，奸臣当道，群小用事，便闹得全国乌烟瘴气，国势的危急，简直和垒卵一般。强邻魏国，便虎视耽耽[眈眈]，一方面而用尽种种手段，从中挑拨；一方面又借重武力，拼命的加以压迫。黎国受尽他的蹂躏，却是敢怒而不敢言。独有那几个奸臣，丧心害理，反利用这外力，扩充他们自身的权利，说来真是可恨呀。

这真是黎国的大大不幸啊！偏巧在这时候魏国又出了一个大人物，这人姓滕，名叫溥文，前几年，在英国留学，近来方才回国。他生来雄心勃勃，自视非凡，并且心术阴狠，手腕敏活，委实是一个天生的政治家兼外交家。因此他虽是一个刚回国的留学生，他的国王却早知道他的才干胜过常人，所以他回到国中，就奉了王命，一脚踏入政治界，手握国家重权。这一来，他如鱼得水，大大的活动起来，进行维新的政策，召集国会，颁布宪法。活该是他的幸运，他的政策，样样通行无阻，没一人反对他，他更得放手做去。这样不到多少时候，国势比较从前，越发强盛。他的野心，也越发扩大了。他晓得中国的满蒙地方，面积既大，物产又很丰富，而且大多数未经开采，倘能善为经营，利源的巨大，简直不可思议。于是他对于满蒙，便想实行侵略，好逐渐的据为己有。但是黎国的位置，不偏不斜，刚正介于中国和魏国的中间，他便想到倘要侵略满蒙，非先把黎国吞没不可，否则从中作梗，必有许多不便。他便把全副精神，专注在黎国。先拿重金贿通了黎国的奸臣黎庸，再利用黎庸的权威去胁迫黎国国王，订下卖国条约。他又怕大权操在别人手里，自家总不方便，便自居黎国的政务统监，监督内政外交。论他的权力，简直是黎国的太上皇。

有一天，滕溥文和黎庸正躲在一家大旅社里密议卖国的条约，无巧不巧，被一个姓夏名叫鼎醇的一古脑儿偷听了去。这夏鼎醇原是一个年老的爱国志士，和晏永镇以及他的儿子仲权，都是抱着为国牺牲的壮志。他不听见犹可，听见了，这一怒非同小可，略一沉思，便得到了一个主意。至于这晏永镇呢，是黄海省海州的望族，年纪约摸五十左右，爱国心也十分浓厚。他也曾听到滕溥文的阴谋，直气得肚皮炸裂，立刻赶到京城，联合了几个同志，在一个秘密场所，开会密议，要暗中杀死滕溥文，出出这口恶气。凑巧正在会议的当儿，夏鼎醇赶到，把窃听得的消息对大众说了一遍。大众听了，越发愤激非常，也就越发努力进行他们定下的计划。

这天夜里，永镇的夫人和他的女儿玉实，因为知道他在外面的活动，生怕闹出大祸，非常忧虑。正在不得主意的当儿，仲权从外面奔回，把外面的事大略告诉他的母妹，随即躲在室后。果然过不多会，魏国的兵已经赶到，向仲权的母亲严声厉色，说仲权是个国事犯，命她立刻交出，万事俱休，否则连她的性命也不能保全。说时，又用脚连连的踢她。仲权躲在后面，听得清楚，瞧得真切，哪里忍耐得住，便虎一般跳出，挥动铁锤似的拳头，不多几下，已把这个来兵打死。他料定这事越闹越大，家中万万不能容身，便向母妹告别出外。他的母妹，也不敢勉强留住他，只得送他一程，含着眼泪回来。

仲权离家之后，决定暂时出洋去走一遭，再等待活动的机会。但想到他父亲现在京城，应该去禀告一声，他便先取道前往京城。说来真个凑巧，他行到京城的这一天，正是他父亲和夏鼎醇携带炸弹，躲藏在滕溥文住居的大旅馆旁边，等到滕溥文从旅馆中走出，永镇突然跃出，把炸弹向滕溥文抛去。谁知感情太激愤了，手法不能正确，竟未能击中，而且当场被捕。滕溥文手下的人，自把他恨入骨髓，便用火把他活活烧死，并且大肆搜索，有几百个爱国志士都受株连，身受惨刑而死。

仲权因为他的父亲这样惨死，报国之外，又加上报仇，便格外积极进行。他又想到孤掌难鸣，非得先集合许多同志不可。他便悄悄的来到中国的上海，遇见中国的革命家朱汉龙。二人一见倾心，即成莫逆，仲权便住在朱家，汉龙有个妹子，名叫爱兰，很钦爱仲权，仲权见她婉娈可喜，也十分爱她。这样过不多久，仲权为着实行他的计划，和汉龙一同动身，前往黎国的京城，预备暗杀滕溥文，到了那里，商量妥贴，仲权便暗携手枪，用一个很巧妙的方法，混进滕溥文居住的旅社。但是结果仍旧失败，幸亏他很机警，安然逃出，回到寄住的旅馆。

后来有一天，夏鼎醇、朴在明、朱汉龙和仲权四人在旅馆中密议再暗杀溥文的方法，谁知隔垣有耳，被旅馆的一个下人听去。这下人以为可得大功，便去报告魏国的兵。魏国的兵，自然赶来，把旅馆包围，严密搜捕，仲权当场被捉，夏鼎醇在逃时，被枪击倒地而死，朱汉龙和朴在明二人，幸得脱身他去。

无论是谁，良心总是有的，纵然一时蒙蔽，终久必会光明。那旅馆的下人，干下了这一会[回]事，不多几时，便天良发现，觉得对不住祖国，对不住那几位烈士，后悔达于极点，便在一个隐僻的地方实行自杀，稍赎他的罪孽。凑巧被朱汉龙和朴在明二人瞧见，便救下他，并问明白他自杀的原因，又把他认为同志。三个人便合在一起，商量搭救仲权的方法。这天夜里，三人偷进狱内，刺死看守人，把仲权救出。不料四人正往外逃，已为其他看守人所见，出枪追击，仲权、汉龙和在明三人都得越墙逃出，那个下人却中弹身亡。

三人逃出后，议定暂往海埠。在动身前，先到仲权家。仲权的妹子玉实，原是个巾帼英雄，自愿随三人同去，共谋大事。他们的母亲，便入修道院修道去了。

四人一路之上，吃了千辛万苦，方才到了图江，匿居在张一成家中。可是魏国的兵消息真灵通，居然已知道他们的踪迹，赶来捕捉。仲权等无可奈何，只得和他们对打。一时弹落如雨，仿佛战场。打不多久，一成身中一弹，且是要害，自知不救，急令仲权等从地穴逃走，并把他的十一岁幼子托孤与仲权，仲权等为势所逼，不敢逗留，忙带了一成的儿子，再往香港。途中的艰苦，自不必说，可是汉龙和玉实便在这时期中播下了爱情的种子。

他们五人到了香港，住在刘冬夏家中。汉龙和玉实的爱情，一天热烈似一天，虽然言语不通，却能用笔代口。只有那个住在上海的爱兰，自从意中人仲权出走后，连信息也没有，终日盼念，久而成病，最后做了一梦，梦见和仲权握手言欢。等到醒来，方知是梦，又是一阵伤心，不久便逝世了。

仲权等人在海港居然招到几千义勇兵，教练成军，并率领到图江附近，静等机会。有一天，仲权、汉龙、在明和玉实四人只身渡江，侦探敌情。讵料事机败露，除仲权和玉实二人外，汉龙和在明都被魏国的兵捉住，在明当即受刑而死，汉龙却被他们用煅红的铁箸刺瞎两眼，亏得仲权来救，才得保住性命。

一天，仲权正要率队渡江，作最后之战，刘冬夏忽然赶到，说是俄文报上载称滕溥文因为密订瓜分南北满洲的条约，已启程来辽，某日便可行抵哈尔滨了。仲权听了这消息，十分得意，以为这是一个好机会，立刻向汉龙和妹子告别，并托汉龙照料他妹子的终身，他便独自一人来到哈尔滨。古话说得是，有志者事竟成，他居然一击成功，好几年的夙愿，到底有这实现的一天。他虽然不免被捕，但他早把生死置之度外，所以在执行绞刑时，他神色不变，慷慨就刑。像他这种舍身爱国的精神，真值得后人的赞叹啊。

（原载于《电影月报》第7期，1928年）

朝鲜独立

唐舞华

朝鲜自被日本并吞以后，人民受日本底种种虐待，我们中国四万万同胞，大概都能晓得，我现在不必细讲，也不忍细讲。

民国八年三月一日，朝鲜忽然宣告独立，义旗一举，全国应响，日本当道，就励行武力主义，强底杀，弱底掳，血腥愤气，布满全亚，我们想想，自从东亚有历史到现在，可曾看见像这回朝鲜人民底坚决没有？我好[敢]说“不但东亚没有，就见[是]欧洲也没有”。

编这幕短剧，有三种意见：(a)发扬朝鲜人民底民族自决主义，和徒手革命底创举。(b)表白日本底凶蛮没人道。(c)把朝鲜这回独立底惨史来警觉我国，做我们底殷鉴。

地点：朝鲜京城。

时间：中华民国八年，即西历一九一九年，三月七日夜间到八日向午。

人物：

卢永烈、李慈敬　朝鲜女学生

朴正义、金复权　朝鲜男学生

林大觉　朝鲜农夫

水田西村　日本狱官

四人　狱卒

第一幕

台上为一马厩，厩门紧闭，从门隙里露出一线火光，隐约瞧见厩里许多赤裸裸底人，厩门外有狱卒防守。时向厩里人辱骂，有顷，厩门半启，那些人都蹲伏地上，面面相觑，显出一种暗淡愤怒底惨象，这时，东方底月儿，从树阴射出，照入厩中，远远地听见惨哭底声音。

朴：复权，你呼痛吗？

金：不是……我嗅了马粪作呕。

朴：好！我们高丽民族，没怕痛底男儿。

金：你想睡吗？

朴：我不想睡。

金：你既不想睡，为什么低了头？

朴：我听了远远地哭声，必是日本人，又在什么地方，放火杀人了。

金：（惊骇状）哭声吗？

卢：（陡然状）是哭声。

朴：（低声）你们不要高声，那边底老农夫刚才睡着，不要惊醒了他。

卢：（切齿）倭奴这样没人道，我们高丽民族有噍类吗？

李：（微笑）金先生你讲这句话，不免自馁了，我们公约第二条说：以"最后一人，最后一刻，为限。"我们先就准备了牺牲底决心，难道怕灭族不成？

金：李女士！你会意错了，我不是怕灭族（高声）我们争人格、争自由，岂怕灭族？

李：（急呼）金先生！你别生气，是我会意错了。（时水田西村和四狱卒陡入）

水：（厉声）你们这些杀不尽底狗吵什么？站起来，让我点名。

朴：点什么名？

卒：（同呼）查有逃走底人。

朴：（不禁大笑）我们已预备了死，要逃走做什么？

水：（大怒向朴）好利嘴，可曾尝这把刀的滋味？（刺朴颊，朴忍痛大笑）

水：（向卒）你们把这狗头拖到外面，绑在柳树上用刑。

卒：（同声）是……（四卒把朴正义拖出，朴还大笑）

水出西村出，厩门锁阖。

（闭幕）

第二幕

台上与前景同，朴正义裸身缚柳树上，水田西村手执白刃，四卒持手枪。

水：（向朴狞笑）你要笑吗？

朴：自然要笑。

水：你死在眼前还笑什么？

朴：笑你们甘心做人底奴隶。

水：哈哈！你自己做了人家底奴隶不害羞，反要说我们是奴隶。

朴：我们算不得奴隶。

水：你们亡了国，不算奴隶算什么？

朴：我们国虽亡了，我们底心还没有亡，你看三月一日底义旗一举，两千万朝人，不论老小，妇女，那一个不喊着独立万岁。

水：独立吗？成功没有？

朴：终有成功底一日。

水：（大笑）你们在那梦想，可知道支那吗？旦夕要做我们底保护国了，他这样大的地土，这样多的人民还不免要亡，你们已死余灰，要想复燃，真是梦想了，真是梦想了，（作骄笑状）

朴：支那吗？支那会灭亡吗？你太夸口了。

水：现在已是我们底无形保护国了，你说我夸口，我真不夸口。

朴：我到没有听见那个承认支那是你们底保护国。

水：你知道《英日条约》吗？英国同我们订底条约，都已明明白白承认我们有保护底特权，谁说支那不是我们底保护国？

朴：这是列强一时受你们底哄骗，决不是他们本意。

水：不要讲列强承认不承认就是照实际论支那已成了我们底保护国了，他们底满蒙不是在我们势力范围吗？北方底军警权，不是在我们势力范围吗？山东福建，不是在我们势力范围吗？其余矿山森林商业，不也都是我们的势力范围吗？不上十年，支那地图，就要变颜色了，哈哈！

朴：支那国民，不能够和早前比了，民国四年底排货风潮何等利害，你们在支那活动，全在商业，如果他们和你们断绝商业上底交易，就可制你们死命。

水：他们是东方顶著名底懒惰国，样样都要我们供给，排货风潮，也不过少数人一时行动，那会持久……

卒：（喊着）长官还不动手做什么？

水：我同这狗头说明，让他死也甘心些。（水田西村拔刀向朴，朴大笑）

卒：（同应）是。（水田西村和四卒将朴身凌割，血流如注，朴呼“大韩独立万岁”，水怒，断朴舌，四卒洞。朴腹肠回涌出，气顿绝。）

水：狗头已死了，把他解下来，拖到厩中去给他们看看。

四卒把朴尸解下拖入厩中，厩中人大噪。

李：杀我们这几人无用，我们民族自决了，我们要国民革命了，总有一日要打倒你们。

（闭幕）

（终）

（原载于《成美校刊》创刊号，1929 年）

牺牲（三幕剧）

未明

角色：学生代表甲（下简称学甲）
学生代表乙（下简称学乙）
学生代表丙（下简称学丙）
商人代表甲（下简称商甲）
商人代表乙（下简称商乙）
农人代表甲（下简称农甲）
农人代表乙（下简称农乙）
工人代表甲（下简称工甲）
工人代表乙（下简称工乙）
金女士（妇女代表）
田中芳子（朝鲜总督女公子）
李安朝（朝鲜革命党首领）
医生（朝鲜革命党员）
日警一

时代：一九××年

地点：朝鲜京城

第一幕

登场人物：学甲、学乙、学丙、商甲、商乙、工甲、工乙、农甲、农乙、日警、金女士、李安朝。

背境[景]：京城，边僻地方的一所民房的客室，布置简陋。

开幕时：工甲凭窗探望，好像在等待着什么似的，俄而失望地踱来踱去，终和坐着看报纸的学丙谈话。

工甲：咳！亡了国家，什么都糟，连一点点的自由也没有，（长叹）可恨！我们简直还够不上一条日本狗，可以那样自由自在的在大街上随意奔跑。

学丙：所以说，希望我们的革命早日成功。（略停看报，突然指着报纸说）老张，瞧吓！中国革命党的牺牲精神多利害……

工甲：轻些！

学丙：可怜吓！朝鲜人，我们连发音的本能都要受摧残！真是可怜得透顶，我们也是个圆颅方趾的人类，为甚么要伏在日本人铁蹄之下呢！

工甲：（惊慌地）听！那是什么声音？恐怕……

（学丙刚在门前，日警推门入，声势汹汹）

日警：你什么人？

学丙：我朝鲜人。

日警：谁着[看]不出你们这些亡国什种子。

工甲：对不住得很，警察先生，他是我的亲戚，刚来的，不懂京城的规矩。

日警：（活阎罗般的）不懂规矩也得学一学，你们要知道你们是在我们底下的。

（检查桌上报纸）

日警：这种报纸哪儿来的？

学丙：中国来的中国报纸。

日警：多么清脆，你说中国这两个字的声音，你大概还在做梦吧！中国已经接受我们日本的二十一条件，快亲要跟你们一样了。哼！

（把报纸随便看了几眼）

日警：好啊，革命！哈哈，你要想谋反了！（拉着学丙）

工甲：（大惊）警察先生，他是没有犯罪的，中国报纸没有禁止吧！

日警：（冷笑）哈，没有犯罪，看这种有“革命”两个字的报纸，那不是想谋反吗？就说不是想谋反，至少也是恐与谋反有关的了。走，到警视厅再说话！

工甲：放了他吧！警察先生，他是个好人。

日警：啰啰嗦嗦，什么好人不好人，奸人抓去有什么要紧，监上一年半载，算得什么。——滚你妈的蛋！（一脚踢去，工甲倒地，拉学丙下）

工甲：唉，亡国的人！

（哑场片刻）农甲、商甲由内门轻步。

农甲：甚么？老张又被抓去了！

工甲：抓去了，因为看中国报。

商甲：混账！我们非早一天革他们的命，不可我们的命若不多给他们革完了！

农甲：说起来我们真非寝日本人的皮，食日本的（肉）不可！——老许昨晚又被活埋了，你们知道不？

工甲：真痛心，又死了一个党的中坚份子，唉！

商甲：时间已经快了，他们为甚么还没来？

（学甲、学乙、工乙、农乙、商乙登场）

农甲：好啦，都来了，李同志和金女士呢？

商甲：碰着什么危险吗？

工甲：（听着户外咳嗽声）来了，来了，李同志。

（安朝乔装老人，金女士扶之上）

安朝：（脱帽去须）都来齐〔了〕吗？

学甲：来齐了！

（众人检视四周后就座）

（安朝自怀中取出朝鲜国旗展开，全体肃立，垂头，默念）

安朝：诸位同志，我们在黑暗地狱中觅找光明，在高压铁蹄下要求解放；我们唯一的武器就是团结一致，奋斗到底！经验告诉我们，我们过去的失败，都是没有这种武器的原故，我们只有五分钟的热度，实可痛心！亡国至今，我们的生杀予夺都在日本人的喜怒之下！我们还能够算个人吗？（略停，全体由悲哀中找出奋发）诸位要晓得，不自由毋宁死！现在我们的自由在那儿？该是清醒的时候了，我们不能再在蒙昧中打呼鼾，日本帝国主义者对待我们的手段，就是时刻不断的压迫；所以我们的要坚忍地为我们的国家牺牲，天下没有不牺牲的革命，干脆的讲，革命的代价就是血。……

学甲：主席，现在正是我们敌血钟的时候了，我们应该下一万个决心，下一万个中决心，夺回我们的朝鲜！

工甲：主席，杀日本人的头去，他们天天杀我们的头，现在也让我们砍下他们的狗脑袋！

金女士：该是流血的时期了，用我们殷红的血，洗去所受于日本人的欺侮凌辱的痕迹！

（户外枪声数响，室内登时漆黑，略停，回[恢]复原状，惟不见安朝）

学乙：同志们，请安静，据我们的侦探报告，刚才的枪声，是日本警察随便示威的。

商乙：诸位，压迫力愈利害，我们的反抗更加要利害一点！

工乙：可恶的日本走狗！——李同志呢？

（全体注意，不见安朝，大惊，安朝徐徐上）

安朝：诸位同志不必多虑，日本狗太作弄我们。实在说，朝鲜总督真可恨，他用种种险恶的手段压迫我们，他是我们革命路上的障碍物，非先除掉他不可！（全体举手赞成）但是这种使命关系我们整个的革命，不是有能力而且肯牺牲的同志负责，一定不能成功。

学乙：赞成，赞成，一百个赞成，李同志是本党的领袖，而且在过去的历史上可以证明他是一个有能而且肯牺牲的同志，所以兄弟主张这种使命应当请李同志担任，并在三天之内办成！

全体：（举手）赞成！

安朝：……诸位，我们党里不少好才干而有胆量的同志，我想还请另派吧……

农乙：革命党人要服从党的决议案！

学甲：李同志不必推辞吧，革命党人应当为国牺牲！（暂时沉默，全体怒视安朝，安朝欲哭无泪）

安朝：同志们！你们以为安朝是贪生怕死，敢说不敢做，只会利用别人去牺牲而自己坐享幸福的革命党人吗？兄弟自从革命以来，已经把我的生命交给时间之神了！（坚决）不过……请诸位要原谅我，我有我的苦衷……

金女士：晓得了，安同志的苦衷。诸位，倒忘记他的爱人是朝鲜总督的小姐呢？李同志！你应该晓得国家重于爱情，不要为着一个女人就宁愿把国家牺牲了！

学乙：李同志！（拿出手枪对着安朝胸口）限你五分钟之内答应，不然的话，那……就对不起你啦！

全体：赞成，赞成，五分钟！五分钟！

——幕急下——

第二幕

登场人物：李安朝、芳子

背景：安朝书房，书桌之旁放沙发，桌上置书数册，匕首一把，及酒，杯等物。

幕开，安朝坐立不定，一忽儿深思，一忽儿激怒，终于怀中拿出国旗。

安朝：朝鲜，高丽，亲爱的国家，我是你的国民，我应当为你复仇！……可怜你不能挂上旗杆已经好多年头了，同胞们为了你被人砍掉不少头颅，为了流出许多碧血，……可恨的日本帝国主义者！复仇！复仇！

（狂饮，凝视芳子照片）

安朝：……芳妹，……三天之内，……唉！亲爱的国家，……可怜的芳妹，……怎么办呢？我……

（想起自杀，又乏勇气，握在手里的匕首慢慢落下，无力气地投在沙发上，）唉！

（长叹）

芳子：（声音）安哥！（安闻声，急藏好匕首及国旗，强装镇静。）

芳子：安哥！你为什么这样呆呆痴痴的坐者呢？啊呀！你的脸怎么这样红！（见酒瓶，突然惊悟。）哦，你又喝酒了。（责备地）我常常劝你不要喝酒，你偏要喝酒。吓！你真忍心，都不怕伤了我的心吓！

安朝：……（欲言无语）

芳子：安哥，你怎么不说话呢？

安朝：……

芳子：老是这样口不开的，和谁赌气呢！

安朝：……

芳子：到底怎么一回事，告诉我吧！

安朝：……

芳子：我央求你告诉我。安哥！你也要想想你的痛苦就是我的痛苦。你真一个铁石心肠的人。唉，现在还有什么话说呢！我早已料到有这么一天的来临！……我是日本人，你是朝鲜人，……不过，亲爱的，你要知道爱情是不分国界的，而况我们俩已到这样程度。我们过去的历史是这样痛苦的，去年我爸爸不是极力反对吗？什么日本人不能嫁给亡国奴，最后不是经过一番不顾死活的抵抗才有今日吗？那儿知道你现在竟然这样子忍起心来了，我还有什么话说呢！（垂头，含泪欲滴）

安朝：芳妹！我真的辜负你，你恨我缺少铁石般的心肠，我只有一副可怜的透顶柔弱无力的心肠哩！……但是，芳妹！我是很爱你的，你……

芳子：好啦，你爱我，你怎么不告诉我，难道世界上有不能告诉爱人的事情吗？

安朝：（苦笑）别难过，芳妹，不过我……

芳子：不过什么？

安朝：……不过三天之内，……芳妹，我对你不起！

芳子：什么对我不起，你一点儿没有对我不起；即使对我不起，我们俩还有什么不可以商量的呢？

安朝：恐怕你不……

芳子：（急问）我不什么，告诉我吧，安哥！（哭）

安朝：（强笑）别小孩子脾气吧，芳妹，我问你一个问题。

芳子：什么问题，快点儿说啊！

安朝：人生的意义是什么？

芳子：哼，这个问题我是不会答应的，我又不是哲学家，你怎么问起我什么哲学的问题来了。

安朝：这不是哲学问题，这是每个人都要明白的啊。

芳子：（娇柔）那么，你自己该明白啦，为什么要问人呢。

安朝：现在我的思想很纷乱，所以想问你。

芳子：好啦，（媚矣靠近安朝一些），我想人生就是找快乐。人的一生，顶长也不过几十年，在这短促的时间中，一刹那就要过去了。什么名誉、富贵、势力也跟着它一同埋没了；所以我想还是找些快乐，度过这短促的人生吧！

安朝：（若有所悟，瞪她一眼）人生的快乐向那儿去找呢？

芳子：人生的快乐，就在爱的生活里。安哥，你为什么问起这种问题来……我们的生活不是很快乐吗？安哥，你还记得我们在鸭绿江上的那一夜晚小船上的情景吗？安哥！我晓你一定不会忘记的，那月儿是这样的娇媚地看着我们，那一缕缕的银色的波光是这样的标着我们，同时你给我说什么话，你讲！

（安朝微微的一笑）

芳子：你这个人真该打，这样会忘记，你不是给我讲一个中国的故事？我再喜欢听你的。讲呵！讲呵！（双手围抱着安朝的颈部，安苦笑）

芳子：你不讲呵，真的，我要打你了。（天真真的要打）

安朝：……你讲给我听不好吗？

芳子：好啦，我就讲给你听吧。你说唐朝有一个皇帝唐明皇，怎样疼爱他的妃子杨贵妃；还有两句好诗“在天愿作比翼鸟，在地愿为连理枝”。你不是说我们也要学学他们的“比翼鸟”和“连理枝”吗？那个时候多么温柔和欢乐呢。我倒在你的怀里，你紧紧地偎抱着我。安哥！……我，我们不是很快乐吓！（含羞似的）

安朝：你也要想一想，现在的社会简直不是人的社会。大家戴上了假面具，一方面说人道，一方面残杀；一方面说公理，一方面骗诈。有的用压迫的手段，有的用滑头的勾当。整个社会都布满了自私自利，奸险，鬼怪……种种所混合的空气。总而言之，现在的社会就是万恶的深坑。我不能看着多数人受苦而独自快乐享福；别人的痛苦就是我的痛苦。

芳子：是呢！我也讲这地方实在太糟了。我们东京家里是多么美丽的所在吓！后花园里的景致我现在回想起来就好像在眼前般的。一湾的湖水环绕着假山的周沿，月亮儿的光芒照在湖水面上，给微风吹着盈盈的映动，好像浮着无数破碎的银片。我们假使坐在那假山的前面绿湖的傍[旁]边，恬风送着玫瑰花的迷人般香气，沁入我们的心肝儿。那时候我们是多么快乐吓！安哥！（推着安）我们回去吧！到东京去吧！你还没有看过呢！

安朝：你不要做梦吧！

芳子：做什么梦。我知道了，现在我所讲的话你都不相信啦！

安朝：我不是不相信你，不过……咳！

芳子：不过什么！讲出来吓！

安朝：但是……

芳子：你到底有什么难过，尽管对我讲啊！

安朝：（苦到极点，坚决地）芳妹！……

芳子：（见状，覆面而哭）……

安朝：（愈苦，神经纷乱，决然而起，引匕首自戕，芳大惊，亟夺匕首。）

芳子：安哥！安哥！

——幕下——

第三幕

登场人物：安朝、芳子、医生

背景：京城医院的一间调养室。

开幕时，安睡床胡语，神经昏乱。

安朝：（忽坐起，迫视芳。）妈！妈！请你宽恕你的不肖的儿子吧！

芳子：安哥，我不是妈，我是你的芳子。你好好的躺下，医生说，休养一忽儿就会复元的。

安朝：你是芳妹啊！芳妹，我的心碎成两块了。（拉着她）你听啊，它们两块儿互撞起来多清脆的声音吓……芳妹啊，你听看，他[它]们说是些什么话。

芳子：（急挽安）没有的事，你别胡思乱想吧！

安朝：（并没有听到芳的说话。）灵魂吓！你跑里去了……这边是朱色的门，这边是绿色的门。

芳子：安哥，你安静些儿吧！医生说过不可以多说话的。

安朝：芳妹，你在那里呢？

芳子：我在这里吓，亲爱的。

安朝：芳妹，我不愿意离开你，可是他要把我拉开呢。

芳子：安哥，不会的，决不会的，什么人的势力有怎样大吓！假使他真的这样，我明天叫爸爸派几个兵把那些坏东西捉去枪毙，看他怎样？

安朝：芳妹，你还在我的身边吗？

芳子：是的，安哥，我在你的身边呢。你别再多说话啦，等会儿神经搅乱了不是玩的。

安朝：我并没有神经乱，你自己倒是神经乱呢，说我神经乱。

芳子：不，不……你一点也没有神经乱。医生说快要好了，只要好好的静养，一两天就可以出院了，那时候我们不知道多么快乐吓！你不是老爱听那千代子的戏吗；她真不错，又漂亮又活泼。好，好，睡下去吧！

安朝：（刚才倒下不久，医生上。）

医生：（略诊视）芳子姑娘，请你放心，李先生的病快要好啦。（向安瞟个眼色）

安朝：芳妹，你太辛苦啦，你到外面去走走通通气吧！（芳下）

医生：李同志，今天是第三天，该是你决断的时期了。我们国家的运命都在你一个人的身上呢。

安朝：……

医生：（授安以信和手枪，安踌躇不敢接，）李同志！这是全体同志恳求你的信，手枪是我个人送给你的——敬意的礼物。李同志，你愿为一个人的小事而贻误多数人的大事吗？日本女子值不得你这样留意，你的使命真大呢！

安朝：（接枪和信。）谢谢你的劝告。

医生：（临走）李同志，请你三思，赶快完成你的工作！祝你成功万岁！

（下）

（安置枪及信于褥下。）（芳上，幕急下。）

（幕开），安、芳各睡一床，时已夜半。安见芳已熟睡，偷偷而起，取枪藏之袜筒内，坚决地轻步而出，见芳翻身，急缩回倒床假寐，如是者三次。觉芳仍熟睡，乃鼓起勇气，趋芳前吻之疾出。

（幕闭再开）

安从左门上，神气大变，若怒若喜，芳仍熟睡。

安朝：（轻声）芳妹……对不起你……我是朝鲜人，我应当替我的朝鲜复仇，你的父亲是朝鲜人的公敌，我不得不除掉他；但是芳妹，我们的爱情是永远不会变的……芳妹……来生再见吧！

（自杀。）

芳子：（为枪声惊起，大恸。）安哥！安哥！

——幕——

三，二〇于厦大编译处。

本剧原名是《苦杯》，几年前曾在上海、福州等处上演过，搅动了不少人们的心灵。去年厦大剧社第一次公演时，要排《苦杯》，苦无脚本，KK说它好，她本来是演过的；但是几年来四方奔波，把头脑子弄昏了，记不清楚，没有办法，只得由她说个大体，我来写起。起初本极想“依样画葫芦”，不知道怎样竟把它改编了。改过之后，骨子里还有点相同，大半的思想和台词，已另换上了一副面目。公演以后，自家觉得不满意，又把它删改了许多，这么一来，和《苦杯》更差得远了。不过我先在这儿说一声，如果本剧有点好处的话，那是写《苦杯》那位X先生的功劳；坏的地方，我来负责就是。KK催促我写，并且说给我很多她的意见，顺便在这儿谢谢她。

未明附记

（原载于《厦大周刊》第9卷第1、2、3期，1930年）

哈尔滨驿站的枪声①

[韩国]李泰浩
殷文杰　尹英伊 译

时间：一九〇九年——明治四十二年十月

地点：俄国海参崴，北满绥芬河、蔡家沟、哈尔滨

人物：安重根、禹德淳、曹道成、刘东夏、刘任瞻、柳丽玉、李刚、李春华、朴凤锡、白基龙、郑吉炳、卓连俊、张首明、奥米什、金学甫、黄成镐、黄瑞露、金成白、克拉西诺夫、伊藤博文、南满铁路总裁中村是公及随员数位、尼纳拉帕罗夫纳、日本人的间谍、卖药行商人、古物商老婆、俄国妓女、各地同志数位、青年独立党员、蔡家沟驿站站长奥格涅夫、同驿站驻中队长奥尔达布大尉、同队附属军曹势面、提供帮助的宾馆主人雅布南科、俄国财政大臣科科夫佐夫及随行人员、东清铁路相关人士、中俄高官、各国报刊记者团、摄像人员、男孩、日本警察、中日俄欢迎队员、中俄两国仪仗队、军乐队、俄国宪兵、乘务员

第一场

位于海参崴朝鲜人街道上的鸡林理发店内挂着两面闪闪发光的镜子。

安重根（三十一岁），拥有国士之风，四处流浪，是于海参崴发行的韩文报纸《大东共报》的寄稿人。

禹德淳，烟草行商人，安重根好友，四十岁。

张首明，鸡林理发店主人，日本人的间谍。

奥米什，张首明妻子，一位年轻的日本女子。

金学甫，朝鲜人，鸡林理发店学徒。

坐在屋外理发的客人，是住在隔壁的朝鲜人，与俄国妓女同为日本人的

① 《哈尔滨驿站的枪声》韩文原著1931年于韩国三中堂书店出版发行。本卷所收录中文文本系项目组根据《哈尔滨驿站的枪声》（三中堂书店，1931年）翻译。——编者注

间谍。

安重根躺坐在镜子前的椅子上，张首明正在为他剃须刮脸。金学甫也马上为其他客人修剪头发。门口的俄国女子们在与隔壁邻居聊天。

女一：（摸着头发说）你们去不去往十里站？好像从饭前开始去就是安全的，但也没法儿去……

女二：对了，昨天傍晚还是免费的呢！

男：（对女一说）这个人的丈夫是那个留着长胡须，脚穿长筒战靴的俄国宪兵？

女一：哎哟，兄弟啊，不是不是，可不是啥宪兵。要说她丈夫啊，好吧，怎么说呢，是日本人！

男：啥？日本人？

女二：嗯！是的！我听在港务部工作的熟人说，今天还是明天来着，日本军舰又要来啦！

女人：什么？真的假的？那可出大事了！

男：要是这样，可真是要完蛋了！如果日本水兵来了，那你们肯定得被他们迷得神魂颠倒。

张首明：（一边给安重根剃须刮脸）那你们的情郎岂不是也会来？

张首明的妻子奥米什打开正门走了进来。

奥米什：说起情郎，那不都是一些有趣的男人嘛？（对大家说道）欢迎光临！听说日本水兵都是俄国丫头们的情郎啊。

男：那敢情好，要是来个那样的日本人，我也不知道我会不会被迷住！

奥米什：嗯？这儿就有一位日本人，哈哈。

正在理发的客人：（金学甫在为他剪头发）听日本人说，哈尔滨现在非常混乱，俄国财政大臣科科夫佐夫来了，在等着迎接日本的伊藤博文呢。

张首明：伊藤博文？啊，是那个今年六月卸任韩国统监的伊藤博文？

女一：天哪！我该回去了！

女二：我也该走啦，在这待好久了。

男：张先生，那我等会儿再来。

张首明：啊，这个客人马上就快好了呀。

（两个女人以及住在隔壁的男人向张首明夫妇打了声招呼后就离开了。之后禹德淳身着一身破烂衣服，头戴一顶帽子，身上背着香烟匣子走进理发店。和安重根对视了一下后，俩人拥抱在一起。他们害怕张首明察觉到什么，便一边走一边观察着。)

奥米什：(对禹德淳说)对不起客人，我们店不需要购买香烟。

禹德淳：你以为我是来卖香烟的？哎哟，我今天可是来理发的。

正在理发的客人：有传闻说，这次伊藤博文回去后要就任满洲太守这一职位。

张首明：对！还行吧，也是哈，他回哈尔滨肯定也是为了这事儿，但传闻说是因为要处理南满铁路相关事宜。

客人：也是有这回事儿啦，因为南满铁路总裁中村是公也会来。

金学甫：(给客人理完发后出来)您抽根烟吧。

(张首明为了不让安重根和禹德淳觉察到异样，很是谨慎。)

奥米什：学甫，你到现在都还没吃早饭吧。(对张首明说)你也是，让客人稍等一下，就说先去吃一下饭。

客人：好的。

(张首明放下手中的理发剪，向安重根和禹德淳打了招呼后，和奥米什、金学甫走进屋子。禹德淳走向安重根旁边的空椅子坐下，啥话也没说，睡起了觉。)

安重根：(悄悄地说)信你看了吗？

禹德淳：嗯，看了。我按照你的指示做了调查，二十四日晚上火车到达。

安重根：刚刚在这儿理发的客人也这么说。(思考了一会儿后)晚上到啊……

禹德淳：听说他们二十三日离开宽城子车站，我给曹道先发了电报，让他去哈尔滨搜集情报。《辽东报》和《大东共报》上写得也很详细，为避免信息不一致，要不要先去见李刚先生？

安重根：不是，伊藤博文很快就要到了，我按之前和你约好的马上来到了这儿，但是，德淳兄弟，我仔细想了一下。

禹德淳：他晚上到达的话，我是有些担心，确实是麻烦，晚上警戒更严格。那比起在这儿等着，直接过去岂不是更容易？

安重根：不，不是那样的，如果没说见面，那他们也就不知道这件事，信中也没有透露这一消息。(笑着说)兄弟，你可不是那种非得与人见面后才能知道对方心思的人啊。

禹德淳：(满怀热忱)我不知道你是怎么想的，在你决定回海参崴后，大家都极其激动，像是在等着救世主降临似的，非常开心。我听说连旅馆里的作家们也都知道你今天要来，还一直问我和你在哪儿见面，都上赶着要来呢，我都快讨厌死了。(拿出斗笠)也许之后会来占领这地儿了呢。

安重根：救世主？连你也说出占领这样的话来？所以说，兄弟你还是不懂我的心啊。

安重根：(像在自言自语)看来还是得去哈尔滨啊，兄弟，走，去哈尔滨。

禹德淳：我也不知道咋办了，现在还能终止计划？你也替我和那些走投无路、满怀殷切期待的同志们想想吧。

安重根：所以，你去不去哈尔滨？三年，时隔三年了啊！

禹德淳：是啊，过去三年了。

安重根：这三年，我和家人也没能在哈尔滨见过面。

禹德淳：什么？好吧，你也没提过这件事吧？

安重根：我之前说过的，我十六岁时娶了十七岁的妻子，现在都是三十一二岁的老头儿、老婆子了。我有三个孩子，一个闺女，俩儿子。

禹德淳：(不耐烦的样子)哦，我之前听你说过。大家都没啥特殊理由吧，那我就告诉黄成镐说今天就去。

安重根：德淳，你认识赵康英不？

禹德淳：赵康英？嗯，听说过这个人，是不是烟秋某个村子管理户籍的人？

安重根：他现在出名了，是波格拉尼奇内的税关主事。

禹德淳：你快和李刚主笔碰面，然后一起去吧。

安重根：(殷切地说)我已经赶了三十里路，这次先休下假咋样？我想先回趟老家，虽然在信中拜托了这件事，但我还是先去波格拉尼奇仔细商量一下，看一看老家的情况。让赵康英回来的时候把我的家人带过来，因为护照的事，他们很难来海参崴。

禹德淳：(一脸吃惊)真的假的？你是因为这事儿才去哈尔滨的吧？

安重根：当然！这可是我和妻子时隔三年在哈尔滨的见面。

禹德淳：啥时候去？

安重根：(满怀希望)你也认识金成白吧，他刚开始是在一个棚里卖东西来着，后来开了个杂货铺，才得以定居在哈尔滨。

禹德淳：(思考了一会儿后，笑着说)哈哈哈，兄弟啊，我知道，我会对这个人多加小心的。

安重根：我想了想，你真是很支持我做的这些“无用之事”呢，要是以这种状态去外国，心里会挂念着国家大事，过的很辛苦啊。我还是想和家人一起吃顿热腾腾的饭(笑着说)。

（禹德淳沉思了一会儿后，突然愤然起身。）

禹德淳：安兄啊。

（他们俩在屋里说话的声音传了出来，张首明开门走进来打探消息，禹德淳看着他。）

张首明：怎么了客人？要走吗？

禹德淳：不是，忘记了一件重要的事儿，我等会儿再来。

张首明：这样啊，您不能走，我猜不是啥要紧事，您是要回去吃饭吧。

（禹德淳瞥了安重根一眼，之后心事重重地走了出去。张首明开始给安重根剃须刮脸，接着是一阵沉默。）

张首明：这时候我通常都会邀请客人一起吃饭，但只有肚子饿了才会出战啊。

安重根：没错。

张首明：先生您是镇南浦人吧？

安重根：（被震惊到）您是怎么知道的？

张首明：从您说话的口音知道的。

安重根：我是镇南浦的安重根。

张首明：这儿的报社社长也是镇南浦人，您认识李刚先生吗？

（说完，他微微一笑。这时金学甫招呼来的日本人间谍就站在屋外。安重根身穿西服，很是绅士。他觉察到张首明很是惊慌，却假装若无其事的样子。奥米什微微打开门往里面看。）

间谍：（走了进来）老板！请快点帮我剪下头发！

安重根：（大声说）是啊，请帮我向那位李先生捎句话。

间谍：我能坐这儿不？

（说完后便跨坐在椅子上。）

张首明：可以可以，请坐。（向屋内喊道）学甫！你干啥呢？来客人啦！

（金学甫转身从屋里走出来。）

安重根：（像是说给间谍听的）那啥，也不是啥要紧事，我和那个李刚先生也不太熟，所以介绍时请称我为您的朋友。

（间谍一边和金学甫谈笑，一边偷听安重根说话。）

第二场

海参崴，鸡林理发店附近，韩字报社《大东共报》编辑局兼印刷工厂职员，主笔李刚夫妻的住宅。

在一个角落里，摆放着一张床，床上乱腾腾的。旁边的墙上挂满了乱七八糟的衣物，地面上全是锅碗瓢盆，无数的书报堆积如山。对面放着几台排版机和手携式印刷机，其他东西和必需品等也摆的乱成一团。中间是李主笔的桌子，旁边有四五把老旧椅子。

正面是两扇玻璃窗，一扇小门敞开着，倾斜了的屋顶映入眼帘。透过窗户，可以看到别家的屋檐、政事堂、秃山等海参崴的风景，以及远处的大海。墙上贴满了朝鲜语、俄语的宣传海报和报纸，四面墙上用汉字写着“八道义兵”“大韩○○”“民族自决”等文字，正门窗户上挂着交叉的破旧韩国国旗，下面挂着西方革命家的照片。天井低矮倾斜，墙面多处斑驳脱落，因尘埃堆积，墙面也越来越脏，又因贫困和搞地下运动，屋檐也越来越倾斜。与第一场同一天，十月十七日傍晚，晚霞透过两扇窗户照进来，映得屋内红彤彤的。

李刚（五十岁），《大东共报》的主笔，在俄朝鲜人中颇有势力，是○○运动首领，也是一位有领导风范的学者。行为举止非常俄国化，常穿俄式衬衫，在室内也头戴中山帽。

李春华，李刚的妻子，非常年轻。

柳丽玉，基督学校出身，安重根的情妇，二十七岁。

卓连俊，算命先生。

朴凤锡，《大东共报》记者，青年○○团员。

郑吉炳，安重根好友，○○运动游说家。

克拉西诺夫，逃命的俄国革命党员，李刚的食客。

同志一，同志二。

李春华在拐角处，在由石油桶做成的火炉中生火煮粥，并忙着剥葱，卓连俊在旁边一边吃着生葱一边为她打下手。克拉西诺夫向中间的桌子走去，读起了俄国报纸。郑吉炳在打扫屋子，这时李刚嘟嘟囔囔不知道在说些什么，一瘸一拐地在屋内踱步，像是在找什么东西。柳丽玉在角落的桌子上写信，朴凤锡一边打扫印刷机一边偷瞥柳丽玉写的信。

柳丽玉：（用手捂住自己的信）你干啥？不让看！偷看别人写信很没礼貌啊！

朴凤锡：看看，你好像成了公爵家的家庭教师啊！哈哈哈！恋爱活生生把以前令人心疼的同志们变成了反动者。看来那信是写给安先生的吧？但是他应该很快就来海参崴了吧？

郑吉炳：（停下手中的活）安先生从烟秋寄来的信中说他十七日来到这

里，这封信您是什么时候收到的？是前天收到的吧。

李刚：对，前天。

朴凤锡：（没有指名道姓，大声地说）那白基龙现在怎么样？安先生本打算一大早就到的，现在都傍晚了却还没见到他人，满怀热情迎接他的同志们也都没了兴致。这样一来，连李先生也开始担心了。我还听说派白基龙去黄成镐家了。

柳丽玉：要是安先生来海参崴，肯定是在黄成镐家里休息。这次我很早就知道安先生要来这儿的消息了，那咋会不知道你和同志们都在苦苦等待他呢？

卓连俊：可不仅仅是你和那些同志们在等安先生啊。

李春华：你这老头子咋这样，把我剥的葱都吃完了可咋整？快去给我打桶水来。

（卓连俊提着大桶，走下台阶。）

李春华：（走到李刚旁边）为啥你从刚才开始就走来走去的？像是在找什么东西。

李刚：唉，你不知道么，我在找今天早上卫生局发的通知，通知上说不知道从啥时候开始这附近出现了天花，你忘了？

李春华：我没仔细看那个通知，但好像刚才郑先生也看过……郑先生，为啥市厅邮来的信不见了？

郑吉炳：啥？什么东西？我不知道啊。

李刚：不知道那封信哪儿去了，我还想着明天写进报纸里呢……

克拉西诺夫：喂，李先生，哈尔滨报纸上写着这样的话（读起报纸）："如上所述，本社确实从某处得知，此次伊藤博文、北京公使以及俄国财政大臣科科夫佐夫将在此会面。这次会见是继上次以后日俄就两国在满洲的地位进行谈判的结果，绝非偶然事件。日俄只是书面上缔结了《朴茨茅斯条约》，若真是实施起来，会与全局的政策产生很多冲突。尤其是，关于北满工商业利益的问题最为显著，清朝在其中独得渔翁之利。"这报纸是社会党的机关报，连社会党的作家们都突然关心起此事来，这事应该不假。正如传闻所说，伊藤博文与科科夫佐夫似乎确实是要在哈尔滨见面。

李刚：（仍在踱步）谁知道呢，比起这个，我更关心牛痘接种通知书。听说这几天市里的医生会到这附近出差，为大家接种牛痘，如果那天不接种……将来劳动者和军人要是得天花死掉了，那伊藤博文和科科夫佐夫可就摊上事儿咯。

柳丽玉：话说，我刚刚在哪儿看见过这个通知书来着？

（说完，她拿起自己桌子上的信，递给李刚。李刚走向中间的桌子，开始撰写草稿。同志一和同志二火冒三丈地跑了过来。）

同志一：安先生还没来？

同志二：好像确实是要今天早上到海参崴的啊……

郑吉炳：（一下子怒了）不管来问多少遍，他都还是没来！这儿这么多人都在焦急地等着他呢！

朴凤锡：（走到门前）兄弟们一大早就吵闹个不停，心急如焚地等待着安先生，但安先生会不会是藏起来了？

同志一：（对郑吉炳说）是吗？（像自言自语）真是奇怪……我们只知道他早上到，那他之后能去哪儿呢？

同志二：（对朴凤锡说）肯定不可能，这么多人等着他，他能偷偷藏到哪里去？说不定已经来到这儿了呢……一定是这样，那……

（两人说完，便急忙走了）

朴凤锡：真的很奇怪，不知道安先生在干啥。

李刚：（似乎这时才想起来）白基龙到现在还没回来？朴兄，你从窗户那往外看看。

朴凤锡：因为也不是很远，所以他骑自行车去的，但这时候也应该回来了呀。（站在正门窗户前，朝大街上看去，踮起脚望向远处港口）船来了，船来了，好像是军舰……没错，是日本军舰。

克拉西诺夫：（啧啧咋舌）又来了？现在日本水兵应该在排队上岸呢吧。那这样的话，这附近胡同里像鬼一样满身都是灰的俄国丫头们就会像爆发运动似的，排起长队，全都在去往船舱的路上。而且现在大街小巷成了歌声、笑声和酒的海洋，哈哈哈。这些丫头的行为举止比我们更加国际化，所以她们哪儿还需要递出名片介绍自己？

李春华：你以为只有俄国女人这样？最近连朝鲜女人也被日本兵迷得昏了头，简直是鬼迷心窍。

（李刚没接他们的话茬，坐在桌子前，一边托着腮抽烟，一边在思考些什么。透过窗户照进来的黄昏余光逐渐暗淡，屋内变得黑漆漆的。）

柳丽玉：（仍在写信）有啥问题？啥都不会的人，就应该这样从日本人身上捞点儿钱。

卓连俊：（提着一大桶水匆忙走来）唉，那小子真是厚颜无耻，我是说那个拐角里的剃头匠，就算我们说不能来，他还总是要过来。

朴凤锡：（跑向门口）拐角的剃头匠？是那个间谍张首明？

卓连俊：他是不是跟您说来这儿有事儿？所以我要告诉干部说，即使我让他在那儿等着，那小子也会推搡着非要来这……啧啧啧，看那儿，他又来了。

郑吉炳：那小子肯定知道咱盯上他了，那如果我们过去找他，他肯定就会觉得咱们有啥目的。

李春华：要开灯不？

克拉西诺夫：（十分担心）不用，黑漆漆的还更好呢。

朴凤锡：这儿不是挺没意思的么，那他来这儿到底有啥事？不行我去找他吧。

郑吉炳：（对李刚说）要不我也去？

李刚：（笑盈盈地）去吧，朴兄动不动就跟人吵架，他一个人去的话，确实有点儿担心呢。

（朴凤锡和郑吉炳一起去找张首明，大声问他："你咋来了？""你有啥事？这儿可不是你该来的地方"。两人的说话声和跺脚声混在一起。接着张首明低声回答。）

第三场

大东共报社楼前的杂物间里，堆放着一摞摞陈旧的民间新闻杂志，地上散落着食客们的被褥卧具，左侧进进出出的门敞开着，街道上朦胧微弱的光映照进来。从正中间看去，可见通往大东共新社楼梯的三分之二。接第二场。第二场的全部登场人物：理发师张首明、安重根、白基龙（与朴凤锡同为年轻××党员，同时也是大东共报记者）。正门楼梯处，张首明身着理发用白褂，被人猛推一下，像挤飞出来一般被挤下台阶，朴凤锡和郑吉炳站在楼梯中央，只见其脚。

张首明：（倚靠在楼梯栏杆上）干嘛呀，有辱斯文！我有急事找李先生。

朴凤锡：什么？你说是什么急事。

郑吉炳：这里岂是你这样的人能来的？有事的话就在这里讲，我们会向先生转达。

张首明：不是我想来，是受人之托不得已才来的。

朴凤锡：（冲上前）你这家伙找李先生能有什么事，郑君，我们快把这家伙撵出去。

郑吉炳：（紧跟着冲上前拦住朴凤锡）别说了，老实待着。（对张首明说）

看你也挺坚持的，我们会代为转达，所托何事，你说来听听吧。

张首明：（对朴凤锡冷笑道）你敢动我一根手指头试试，我可不敢保证会发生什么，你以为我只是小小的剃头匠吗？

朴凤锡：（不顾郑吉炳的阻拦）你算什么东西！不就是日本间谍嘛，我们同为朝鲜人，你们却贪图日本的女人和金钱，金斗星先生和安……

郑吉炳：朴君！

朴凤锡：你以为我们不知道你是来刺探金斗星先生〇〇运动的吗？你们这群混蛋。（对郑吉炳说）放开我，放开！看我不杀了这群混蛋。

（说罢，便推搡开郑吉炳，往前扑去。这时，楼梯右侧烛光朦胧闪烁，传来李刚的声音。）

李刚：（斟酌道）是张首明吗？

张首明：（往楼梯上看）啊，先生，是李先生吗？怎么这么黑啊。

李刚：是张首明吧？

张首明：我有话要转达给您。

李刚：什么话？

朴凤锡：（指着打开的门）你要去二楼的话，就把门带上。

张首明：不，我就在这儿说，还不知道您们安插了什么眼线呢。

朴凤锡：（再次扑打向前，被郑吉炳拦住）你这家伙真是个彻头彻尾的混蛋啊。

郑吉炳：朴君！住手——你来这儿是有话要对先生说，那么说完赶紧回去吧。

张首明：我受一位名叫安重根的人所托。

（李刚端着蜡烛，颤颤巍巍地走下来。）

李刚：（佯装不知）安重根？好像在哪儿听过这个名字，记不清了，好吧，你说让你带什么话？

郑吉炳：（着急地）我说，老兄您与这位叫安什么的是故交？

（李春华和柳丽玉下楼来。因柳丽玉下楼未熄烛火，这与李刚手中的烛火交相辉映，使舞台豁然明亮。）

张首明：谈不上故交，也就那样吧。安重根是我同事。

郑吉炳：跟您是同事的话，他也是剃头匠吗？

张首明：不是，他不在理发店工作。

郑吉炳：并非同行，但是同事的话，那么——

朴凤锡：（激昂地）原来姓安的家伙和这个姓张的家伙是一伙的啊，他也是日本人的走狗啊，怪不得，我就说怎么这么奇怪呢，他如果今天来海参崴的话，不应该早就来找我们了吗？

柳丽玉：（警觉地）朴先生！你说什么呢！

张首明：没错，今早我们店里来了个叫安重根的人，又剃头又刮脸，一直待到中午。下午他说是要买点什么东西就出去了，托我向李先生转达他今晚得很晚才能来这里，所以我就来了。

（李刚坐在椅子上，大家围站在李刚与张首明旁，面面相觑，静默了好一会儿。）

朴凤锡：（紧挨着李刚）先生您看，我之前就觉得这个姓安的家伙不值得信任，明明今早天一亮就来了海参崴，但到了中午还在这个家伙身边转悠，不知是不是受人蛊惑。说什么等天黑就来，谁知道在做什么见不得人的勾当。还来什么来啊……把好好的计划搞得一塌糊涂，竟然做了间谍！还来这儿呢，他哪来的脸呐，等他来的时候看我不收拾他。

李刚：（沉思片刻，平静地对张首明说）会来的，也就是说，那位叫安重根的人到您店里说了许多话，然后拜托您带话给我，下午便出去了。

张首明：没错。不对，刚才听大家说完，我好像不认识这个人了。

朴凤锡：废话少说。话说完了赶紧出去，出去，快点。

张首明：就算你们让我留下来我也是不能留的（自言自语）。虽不知在吵什么，你们这群人就像火炮一样，只知道动嘴皮子。

（说完便往门外走去。）

张首明：有人来了，骑着自行车……嗯，是白先生呀。

（白基龙入场。此时李春华上二楼，点亮灯笼里的蜡烛后下楼来，张首明出去后，白基龙立刻进场。）

白基龙：（将自行车停放在门口，回头向外张望）刚才那位是理发店的张先生吗？真是稀客啊，他为何而来？

李刚：来了好一会儿呢。安重根先生怎么样了？

白基龙：嗯……有点奇怪。据黄成镐称，安重根说要去他家，所以我就赶去他家等着了。我想着等一会儿，再等一会儿，就等到了现在……

（克拉西诺夫出现在楼梯上往楼下张望。）

克拉西诺夫：刚才在干嘛，吵吵闹闹的，那位剃头匠已经走了？

（说着便下楼来。）

白基龙：可能是有什么要紧事吧。

朴凤锡：什么？我们全知道了。你不在的时候我们从那剃头匠的嘴里得知了一件大事。

白基龙：关于安先生的吗？什么啊，啊？到底是什么。

李刚：（坚决地）朴君！我觉得那姓张的有点异常，你去他家旁蹲守他的行动如何？他出门的话你就毫不犹豫地跟上去。

李春华：（上楼）刚做好了热腾腾的粥，快来喝吧……

李刚：（激动地）不喝了！情况紧急。白先生，你去停车场接待室看看安重根在不在那些人里面。

白基龙：我对现在的情况一无所知，安重根先生到底怎么样了？

（朴凤锡催促白基龙赶紧离开。）

李春华：那么你们这些留下的人来喝粥吧。

李刚：（震怒地）不喝！当然要等他们回来一起喝。

郑吉炳：（觉察到尴尬的氛围）今天太阳真毒啊。

（无人回应。安重根抱着行李从门外路过之后，立即躲到屋后。）

郑吉炳：约押路四条街道在夜市开市时，我将去进行短暂的○○运动号召演讲，那时会有众多朝鲜人聚集在那里。

克拉西诺夫：我也要去参加。在家也不给饭吃，那在家干嘛，哈哈哈。

李刚：（心不在焉地）行，给你饭吃。

克拉西诺夫：我们去救世军旁边吧，方便利用他们的乐队。

郑吉炳：但那不得喊破喉咙啊，要赢过鼓和喇叭的话，嗓子都得哑了，不过卓连俊去哪儿了？拉上他去夜市游说，幸运的话还能挣几个烟钱。

克拉西诺夫：至理名言啊，卓老去哪儿了呢？

李春华：在二楼睡觉呢。

郑吉炳：这老头，宝刀未老呢。

（跑上楼，不一会儿便拉着浅睡的卓连俊下楼来。）

郑吉炳：卓连俊，去夜市摆摊占卜吧，快睁开你惺忪的睡眼。

卓连俊：（摇摇晃晃地）话说占卜先生不知自己的命运，你们也不知民族的命运啊。这世道真可笑，你我都是白忙活一场。

克拉西诺夫：哈哈哈，老先生又在说笑了。快带上家伙事儿跟我们走吧。

（占卜工具包放在卓连俊的床边，他正想去拿包，却打翻了烧酒瓶。）

郑吉炳：看呐，我就说怎么有酒味，原来是背着我们喝独酒了啊。走吧，带上宣传册。

（郑吉炳和克拉西诺夫带着一摞宣传册，卓连俊拾起占卜工具包，一起出去了。李刚抽着烟凝视着烛火。）

李春华：（默默地走到李刚身旁）把他们都支出去了，是有什么事儿吗？

李刚：（打起精神）嗯，有点事儿。你带上丽玉，去洪家洗一会儿再回来吧。

李春华：好的。丽玉，咱们去洗澡吧。

柳丽玉：（在思索着什么）什么？好吧。

（柳丽玉观察着李刚的态度，与李春华一起带着毛巾和肥皂出门洗澡去了。李刚赶忙起身，将女士进出的大门打开，点亮台阶上的煤油灯，坐在一楼摆弄着烟斗，像在等什么人。安重根身着朝鲜服饰，环视房内，快步进入。他带着用革带捆住的行李，来到李刚面前，放下行李坐下。）

安重根：（微笑着）好久不见。

（并忧心忡忡地竖起耳朵听着楼上的动静。）

李刚：（摆弄着烟斗，一副失魂落魄的样子，没好气地说）这里只有你我二人。已经按照你的嘱托，找了各种由头把他们支出去了。但你在我家门外没见到我家内人吗？

安重根：见到了。我看到夫人和丽玉两人一起出门，但她们装作不认识我就走了。

（李刚点着头默不作声，从椅子上站起来，边往门厅走。安重根也随即夹着行李站起来。）

李刚：（环视门厅）把煤油灯……

（对安重根做出熄灭煤油灯的手势便出去了，安重根环顾四周，将煤油灯熄灭，紧随其后。）

第四场

山坡正对着港口，坡前的沙滩上满是杂草，一片漆黑。

安重根与李刚边走边交谈。安重根拎着行李，李刚抽着烟，一瘸一拐地走着。

安重根：究竟是怎么回事？那家伙来过了？

李刚：你说张首明？（面对着港口坐在杂草上）唉，真是冤家路窄，他今天是来过了。我听他说完之后，料到你有事，就把所有人都派出去，我留下来等你。

安重根：（并排坐下）我今天上午去理发店见了德淳，我们二人哪儿都没去，只在下午出去买了些东西。我要出远门，就去买了件洋服和一些东西……

（拍了拍行李箱）我打算今晚去黄成镐家里住一晚，明天出发。

李刚：明天就走？这么着急，日本人比我们预计的来得早，你也来吧。

安重根：（辩解地说）李先生，我得去哈尔滨探亲。

李刚：（笑）晚两天也没关系嘛。

安重根：（急切）我真的要去探亲。

李刚：（大笑）行，我明白，那我就不挽留了。在间谍张首明说你让他给我传话的时候，我就知道你的意思了。不过，现在海参崴的同志们都在传你已经叛变了的消息。

安重根：是说我和张首明走得很近？

李刚：（担心）有两个名叫朴凤锡和白基龙的小伙子，不让他们乱说，他们总是管不住自己的嘴。

安重根：哈哈哈，我就知道会变成这样。朴先生和白先生明明说的是"那家伙很可疑，大家小心"，经几人之口后就变成了"安重根被日本人收买了"，再然后就变成了"那家伙凭借日本人的臭钱和名声在家里置办了土地"，就像是他们亲眼看到了一样，四处宣传，这就叫"明若观火"。哈哈哈，毕竟我也是新参运动者，我都懂，这就叫"制造过程"。

李刚：你说得对，可是年轻同志们很失望，怕是会怨恨你。自从大家知道这个计划以后，安重根就已经成为了神圣的偶像。

安重根：（不快）不要这样说。我今天故意和张首明那家伙一起逛了半天，还好达到了我想要的效果。（苦笑）不过我把人从后门送走，反而招来了日本间谍。

李刚：你已经处理得很好了，（犀利）安兄！我知道你怕以后连累同志才执意想要脱离组织，但我不想你有这种顾虑。

安重根：（自言自语）不愧是先生，虽然看起来是这样，但我只是不想见大家，或者说我害怕见到大家。

李刚：为什么？我以为是因为距离执行计划的日期越来越近，你想要独自执行计划，假装背弃了同志们的信任。我能理解。也许会有愚昧的同志排斥你，但你应该知道，这种排斥不会持续很久。不久之后，他们听说你的义举，便会理解你真正的用意，知道你之前的行为都是演戏。

安重根：（不高兴）同志？先生动辄便说同志如何，但我们不能先解放同志再按自己的想法行动。

李刚：（冷淡）你说得对，可是我们也不能为了自己的名声玩弄别人的真心，不是吗？

安重根：（苦涩）我现在顾不上别人，我该如何处理自己的事情都不知道。（站起）我应该想清楚之后再来……或者我就不应该来。

李刚：你也知道，今日在烟秋，听说你安重根要来，海参崴一带的同志们如同要见国民英雄一般兴奋，喜悦，热泪盈眶。

安重根：（愤然）不要说了，该死。（转来转去）先生您又为何如此？您明明都知道。

李刚：（笑）这又是什么意思？

安重根：我说的不对吗？您从刚刚就一直说什么同志同志，您可知这所谓的同志如同沉重的包袱一般压得我喘不过气。（突然大喊）同志究竟是什么？同志就是一群卑劣之人，他们明知那只是无法实现的空想，却仍喊叫着让人上前冲锋，自己却躲在后方。他们假装互相感激，只愿坐享其成。

李刚：（微笑）你说得没错。（过了好一会儿）对了，你还没吃饭吧。

安重根：即使您不认同，但这就是我的处境。我也曾与二三同志说过这个计划，一起讨论过。（坐在了李刚旁边）我还没吃。从早上一直到现在，什么都没吃，茫然地到处乱转。

李刚：回家的话应该有吃的……（说着从上衣中掏出钱包，慢慢地数着钱）可是啊，当你向别人宣扬你的想法后，你实施计划的决心更坚定了吧？

安重根：也有这样的原因。可是，自从我来了这里，这件事在这一带同志之间传开了，仿佛刺杀这件事已经定下来了。

李刚：（冷淡）这意味着大家非常渴望这个计划，但正如我之前所说，我个人并不赞成这个计划……

安重根：先生，我也很讨厌这样。他们把我当成玩具，我已经受够了这种不负责任的态度。我刚刚不是说过了吗？我不想见同志，害怕见到同志，一直都躲着他们。可是，每当我看到那些假装国士的重要干部们，便会有一阵怒火涌上心头。他们给了我强大的压迫感，让我不得不前往，去暗杀他。太可怕了。（笑）大家看我时的眼神，仿佛在说我这具身躯就是为了暗杀而诞生。还有一些人见到我时，用先生的话说，将我当成"国民英雄"一般对待，仿佛我已经执行了计划。我不知该如何解释，应该如何处理。

李刚：（低声）受人追捧者必承其苦。你别想了。

安重根：先生，您太无情了。我如此痛苦，您却毫无同情之意。所有人都觉得我自己的想法不值一提，总而言之，就是想让我早日杀了他，满足他们的期待。说什么决死之士，什么朝鲜○○的牺牲，不过只是给我冠上了一个虚妄的美名，只是为了推我出去刺杀他。（自言自语）我绝不会轻易上当。

李刚：(感到奇怪)你究竟在担心什么？

安重根：(突然躺下)人真是奇怪。曾经那些人对我不屑一顾，但当他们知道此计划之后，无论我去到哪里都会特别照顾我。所有人不是如多年老友一般与我深情握手，便像仰望佛像一般看着我。我感觉自己像已经就义的人一样被尊敬。

李刚：(平静地)哈哈哈，听你这话，仿佛是谁命令你去暗杀一样。最起码我一开始便不赞成这个计划，直到现在我仍不赞成。难道推翻韩××就会动摇日本的××主义吗？这为实现朝鲜××的伟大目标没有任何贡献。只为了示威制定的计划，没有后续的话不会有任何效果。

安重根：(低声笑着说)先生，此次计划的形式，我好像还是从先生处获得的暗示。

(李刚惊吓得站了起来，安重根躺在草上，低落地说)

安重根：我都明白，表面上来看，先生一开始的确表示了反对。哈哈哈。

李刚：(眼神躲避)表面上？你这是什么意思？我已经把反对理由说得很清楚了。首先，我并不关心你的想法如何。

安重根：(站起来)不只是先生，所有的“同志”都在等着我杀了他。(漫不经心地揪草)大家都把这件事当成一场闹剧，最近遇到这群人，他们就会说，“这人怎么还没执行计划，畏手畏脚地怕什么呢？没有机会的话就去东京，冲到伊藤博文的家”！像是强迫我去执行计划一般。(激动)我从未说过我一定会杀了他，但我现在却要因为这些同志付出生命的代价。

李刚：(僵直地站着)你这是什么意思？你这人就是思虑太多。代价？什么代价？你这个人好奇怪。你何必钻牛角尖嘛？(自说自话)你是不是生病了，你最近心脏还好吗？

安重根：(慌张地站起来)怎么不是代价？我标榜着自由，现在却要去暗杀……

李刚：安兄！你要在这里大声嚷嚷吗？

安重根：(降低声音)我一边标榜自己是自由的，一边又在策划暗杀。更可笑的是，自计划被大家知道，我便因为“同志们”失去了自由的资格，成为了所有人共同的奴隶。我讨厌这样，真的很讨厌！再这样下去，我只能与同志为敌，战斗到底。即使是战斗，我也要摆脱这种束缚。

李刚：(笑)好吧，你究竟想说什么？

安重根：同志？什么同志，他们只会开心地笑着将我逼入死路。

李刚：你一定是没吃饭才会胡思乱想。(把纸币团成团递过去)拿着这些

钱在附近随便买点吃吧。我也想跟你一起去，但我报社还有事，我就先走了。（走着离开）

安重根：（机械地接过）我讨厌这样子，讨厌接受同志们凝聚起来带给我的刺激。我宁愿死都不要做别人的走狗，我不是那种没出息的人。

（说着，看见了手中的一团纸币，吓了一跳）

安重根：（跟上去）先生，这是什么？您怎么给了我这么多钱？

李刚：你拿着买点东西吃，剩下的就当作旅费吧。

安重根：（警戒）旅费？

李刚：（小声说）你钱够吗？

安重根：（心中一惊，向后退了两步）钱？什么钱？

李刚：（急切地靠近）你刚刚不是说今晚要去黄成镐家里住一晚，明天走嘛。这是我给你的旅费，旅费而已。（意味深长）旅居在外，身上要多带些钱。

安重根：（激动）先生，我真的只是要去一趟波格拉尼奇内接我的家人，然后一同前往哈尔滨。

李刚：（强势）挺好的，接上家人一起去哈尔滨。

（二人警戒地看着对方良久。）

李刚：（低声）我们都走到这一步了，同志们绝对不会无动于衷的。你也知道，这件事已经闹得沸沸扬扬了。

安重根：（过了很久）我今天想了一天，我做不到，哈尔滨行动中止吧。我要中止行动然后去自首。

李刚：（冷酷）自首？自首也行，最近俄国人为了迎合日本人，都顾不上自己的事……你去自首的话警察应该会热烈欢迎你。

安重根：与其在这里受折磨，我还不如去自首。（抹眼泪）我要去自首。我去自首的话，所有问题都会迎刃而解，先生您可以安心了。背上谋杀未遂的罪名，我也可以安心了。

（安重根用皮带绑好行李，自言自语地低着头走。）

安重根：没错，我这就去自首，他们能拿我怎样？我要去自首，报复那些所谓的同志。我现在去自首的话，那些看热闹的人肯定会大吃一惊。不过是被人说是间谍罢了。（决然）我要闹个天翻地覆，让那些人好好瞧瞧。

（安重根一边说着一边快步往前走。李刚微笑地看着他。）

第五场

当日晚，赌徒黄成镐家中。

一间面向马路的房子，正面横嵌着些玻璃窗，窗上挂着不知名的勋章，勋章已经积满了灰。窗户中间有一扇朝外打开的门，这扇门的左右两边也各有一扇门，不过是紧闭着的。房间左边有厨房，右边能够通向另一间屋子。那间屋子里有一架没生火的暖炉，暖炉旁边有两把破椅子，屋内随意摆放些桌子和凳子。这正是要用来集会的房间。

赌徒黄成镐、××党的拥护者约 50 人、禹德淳、朴凤锡、白基龙、安重根、柳丽玉、一两名第三场的同志、××党青年党员四五十人。

舞台上有许多青年党员，穿着朝鲜服饰、俄式衬衫，或是陈旧的西服。

他们或是站着，或是坐着，一边等待安重根，一边言辞激烈地发表意见。

青年 A：（在一个角落）××把朝鲜当成垫脚石，打算继续打入满洲，这样的野心，即便没人挑明，大家也都清楚得很。

青年 B：（在青年 A 对面）对啊，说的是什么呢。他这次过来不就是为了收购哈尔滨和宽城子之间的京清铁道吗？

青年 C：（站起身来）现在，××已经从满洲发展到俄罗斯帝国，照这样下去，我们的运动还进行得下去吗？

黄成镐：（继续发表，他在幕布打开之前的言论）我的确没什么文化。不过我能和各位××党成员走得这么近，就连八道义兵总指挥官金斗星先生也是“黄成镐先生，黄成镐先生”地叫着，像你们这样的青年党员一到海参崴，就说有个黄某人的家里能供你们商量事情，我黄某人也行了好几年方便是吧。我一直说什么来着，说安重根这个人肯定要搞出个大事，大家就等着瞧吧。

同志一：（暖炉旁，对青年 A 说）我说，那都是小道消息，之前不也传过一次，最后说什么时机不够成熟。

青年 D：（在另一个角落）不过这回不一样，大藏大臣过来全权负责，要是能和他见上一面，说不定会有转机。

青年 C：（声音很大）那算什么，我管他怎么样，我只认我们的运动。

青年 E：（本来是躺在椅子上，突然跳起）就是。再犹豫下去，我们的运动肯定是要失败的。

（激烈的争吵逐渐平息。远处传来两三个人高喊“高丽亚 乌拉！高丽亚 乌拉！”“朝鲜万岁”。所有人一同屏住呼吸，仔细辨认这个声音。）

青年 E：突然喊道：“安重根来了！”

青年 E：说罢，便朝门口冲去。

（四五个青年随即大声喊道：“安重根来了！安重根来了！”）

（也跟着青年E一起，朝门外跑去。）

声音：高丽亚 乌拉！高丽亚 乌拉！

屋子里的人：（便踏起步来，一边踏步一边高喊）“高丽亚 乌拉！高丽亚 乌拉！”

同志一：安先生！安重根先生！

（禹德淳、白基龙和刚刚出去的青年E等人一同进来。）

同志二：（失望）我还以为是安重根呢！

禹德淳：（不卑不亢的）我们都是为了“高丽亚 乌拉！”。

（一群人乌泱泱地涌到屋子里，各自找到合适的位置坐下。白基龙悄无声息地在一个角落里找了把椅子坐下，将上半身支到桌子上。）

同志一：（对白基龙说）安重根先生有没有出什么事？安重根先生现在在哪里啊？

禹德淳：（走到暖炉前）我还想说真好啊，现在就开始烧炉子了呢。最近晚上在外面走走，风从海边吹过来，扫得脸生疼。（这才坐下）但这没生火的炉子，不管是对你还是对我，那都是白搭。

黄成镐：德淳先生，安先生到哪儿了啊？大家都等的着急呢！

（右侧房间的门打开了，里面传出黄成镐妻子黄瑞露的声音。）

黄瑞露：“打扰一下。”

站在门口的青年：（回过头说）“是找主人吗？”（又对黄成镐说）“那间屋里有人找您。”

（黄成镐站起来，去到另一间屋子。接着不知妻子和他说了什么，黄成镐看起来应该已经明白了妻子的意思，露出一副“我完全懂了”的表情，再次回到集会的房间。）

禹德淳：（在黄成镐进去还没出来之前，话里带着笑，装作没听见黄成镐和妻子的对话）哈哈哈，我说，你们围着这冰凉的暖炉做什么呢？

青年G：（靠在墙上，神情疑惑）暖炉没开么？还真是！我们就围着这个冰凉的炉子，竟然觉得暖和极了！看来我们要鼓励没什么劲头的同胞，鼓励他们要对未来充满希望！啊！运动的未来想必也是一帆风顺的！

同志一：（打开暖炉的门，对黄成镐说）咱开个炉子呗。

同志二：煤放哪儿了？

黄成镐：（自言自语）你们围着冰凉的炉子也觉得暖和呢。我这样挺好！

同志二：（对黄成镐说）在那感慨什么呢。夜深了，越来越冷了。快快！生些火吧，拿点炭过来吧。

黄成镐：没有火，也没有煤。点不着火，也没煤烧，生炉子就看各位了。

青年H：哈哈哈！净说些没用的。

（青年E把倒在地上的凳子扶起来，跨坐在上面。）

青年R：说回刚才的话，我认为——他来哈尔滨的真正目的，并不是为了买铁路那种小事。

禹德淳：还以为你要说什么呢，原来是这事。

同志一：（对青年E说）你说的不错。为了解决朝鲜问题，俄罗斯帝国需要请清朝原谅。他和科科夫佐夫在哈尔滨会面，看来是要去北京。

青年I：（在一个角落里）我说，昨天的*JAPAN TIMES*你看了没有，社说板块写着呢，日本和俄罗斯帝国打算瓜分满洲，决定之后，他和桂首相来往频繁，还连日召开内阁会议。

（话音未落，禹德淳取下罩在电灯上的红纸。在青年们嘈杂的争论声中，他清了清嗓子，开始朗读。）

禹德淳：这是什么，哦，是之前听过的一首歌。来，我给大家念一念。

> 为了和你相遇，跨越海陆千里，乘上船坐上车，历经千辛万苦，路过清朝又路过俄罗斯帝国，上帝啊！我们终于来到了这里。（以下略）

第六场

第六场的前半部分与第五场为同一时间。

第五场左侧的房间，也就是黄成镐家里的厨房，其中有一扇门能够通向第五场集会的房间和一扇后门。厨房中间还有一扇连通走廊的门。

黄瑞露——黄成镐的妻子，50岁左右。

安崇根、柳丽玉、禹德淳、朴凤锡、白基龙、黄成镐、同志1～2名、第五场的大多数青年、俄罗斯帝国宪兵4～5名、一些邻居。

与第五场第一幕时间相同，传来隔壁青年们嘈杂的议论音。安重根与李刚道别，心里放不下集会，在房间里转了一圈又一圈。柳丽玉以既尊敬又爱慕的目光，看着安重根的一举一动。

连通走廊的门打开了，黄瑞露出现，身上挂着铺床用的褥子和毯子。

黄瑞露：丽玉小姐，这个给你。

（安重根被吓了一大跳，十分夸张。）

黄瑞露：（也被吓了一跳）哎呀！您这是怎么了？

安重根： 哦，我被吓一跳，我正随便想点什么呢，您突然开门进来，真把我吓了一跳。

黄瑞露： 哈哈哈，原来是叫我吓着了。我进来给丽玉小姐送点铺盖。

柳丽玉： 我还以为大家早都睡下了。不好意思，不好意思。

（柳丽玉边说边小跑过去，接下褥子和毯子。远处传来"高丽亚 乌拉"，紧接着集会的屋子里传来踏步声和"高丽亚 乌拉"的口号声。黄瑞露和柳丽玉在房间的一角打着地铺。）

黄瑞露：（看向隔壁吵闹的屋子，皱起眉头）你今晚住在这可是有罪受咯。

柳丽玉： 受点罪算什么呢？

黄瑞露： 是啊，是啊，谁说不是呢！好久没见了吧。

柳丽玉：（开心地说）哎呀，您说什么呢。

黄瑞露： 已经很晚了。（边说边往外走，看向安重根）安先生脸色怎么这么差啊，病还没好吗。

（柳丽玉担心地看向安重根，一直盯着安重根。隔壁传来"安重根 乌拉"）

黄瑞露：（觉得自己说对了）丽玉小姐，去年春天吧，安先生去过一回烟秋，和那时候完全不一样了，安先生刚从后门进来的时候，我都没认出来。（转而对柳丽玉说）你们是在哪儿碰见的？

柳丽玉：（有些得意）我和李先生的妻子，一起去洪泽信先生家里洗澡。我洗完先走了——

黄瑞露： 嗨呀，这不就是缘分么！

柳丽玉：（显得自己十分值得信任，看向安重根）我知道大家都等着呢，也知道大家都累了。不过真不好意思，安先生说有些需要思考的问题，希望安安静静地好好想想，今晚我们本就是谁也不打算见的。虽然对不起大家，但这是安先生的想法，安先生的想法也很重要，不是吗？我想着这里是大家伙集会的地方，反而更容易掩人耳目，这才把先生从后门带进来了。

黄瑞露： 丽玉小姐的想法可真好。我刚刚已经悄悄和老头子说过了，他会看着办的，他就装做啥也不知道，把集会的人都送走。不用担心，好好睡一觉吧。

（黄瑞露出去了。过了许久。）

安重根：（苦笑）：你说，是不是也是好事。我的变化要是真那么大，不久谁也认不出我来了。

（从隔壁传来禹德淳朗读歌词的声音。柳丽玉用手掩着嘴，忍不住笑出来。）

安重根：（听见朗诵，露出微笑）读得挺好啊。（看着柳丽玉开心的样子）怎么这么高兴啊，你也赞同我去刺杀那个人吧。你也和所有人一样，觉得我的想法了不起吧，你是来欢送我的吧。

（柳丽玉从笑变为抽泣。）

安重根：（不知所措）不是，怎么哭了呢，哭什么啊。

柳丽玉：（擦了擦眼泪）没多久先生就要扬名天下了，现在还能和先生待在一起，我是太开心了，太开心了才这样的。

安重根：（自嘲地说）我只是带上家人去趟哈尔滨。

柳丽玉：（一副什么都懂的表情）好的，好的，我知道，我都知道。然后××党烟秋支部部长安重根、特派活动队参谋中将安重根，马上就要成为名留青史的安重根了。（抑制不住激动的心情）啊啊，我，我现在太幸福了。

（安重根假装没听见，迅速打开桌子上的行李，穿上西装。这一连串的行为干劲十足，就像换了一个人似的。）

安重根：（自言自语）哈尔滨冷的很。

（最后，他拿出了羊皮外套。）

安重根：穿这个去吧。

（柳丽玉笑嘻嘻地，马上帮他把外套披上。安重根还戴上了帽子。不知他还在想些什么，依旧在房间里转了一圈又一圈。柳丽玉露出十分信任安重根也十分崇拜安重根的神情，目光紧紧追随安重根。）

第七场

与第五场相同。

接着第五场，继续进行。禹德淳拿起罩在电灯上的红纸，开始朗读

（歌词略）。

青年 J：（突然大声说道）别读了别读了，管他是什么，收起来不就行了。

黄成镐：小点声小点声，看看这都几点了。

青年 K：几点了又怎么样？安先生不来我就不走。

青年 L：就是就是。为了等安先生，不睡觉又怎么样。大家说是不是？

青年 M：还有谁能像安先生一样，不顾性命铤而走险。（高声喊道）高丽亚 乌拉 安重根 乌拉。

禹德淳：（继续朗读歌词）

（歌词略）

青年 N：那到底是谁写的歌。

同志一：你不知道吗，是安先生啊，是安重根先生写的啊。

（就在这时，去到另一间屋子的黄成镐重新登场，手里拿着好多张红纸，和禹德淳正在朗读的红纸一样。黄成镐将红纸递给同志一和同志二，两位同志又把红纸分给青年们。）

同志一：（环顾四周）大家都拿到了吗？

青年 O：我还没有呢，没发到我。

青年 P：也给我一张吧。

青年 Q：这首歌太长了，结尾部分我已经记不得了。

禹德淳：从第三小节开始，大家一起读。

黄成镐：不要读得太大声。附近的俄罗斯宪兵经常来找麻烦。

青年 R：我们为什么要怕他们。

（以禹德淳为首的一群人，起初声音还不算大，越读声音越来越大，到了后半段，群情激昂，从一起朗读变为各读各的。正读得起劲时候，青年 G 靠在通往厨房的那扇门上，他从刚才开始，就一直注意着那扇门后的动静。）

青年 G：（摆摆手，制止大家继续发出声响）嘘！不要出动静，里面有人讲话。

（朗读歌词的声音戛然而止。）

黄成镐：（装不知道）那里谁也没有啊。

青年 G：是安先生，这肯定是安先生的声音。（指着厨房，看向大家）各位，安重根先生就在里面。

青年 J：什么？看来安先生是先去到厨房，再从后门进去的。我们应该把他拉出来，让他给我们做一场演讲。

青年 L：他怎么能这样呢。我们在这里等得辛苦，他却充耳不闻，避开大家，从后门进去。

青年 M：你这小子，那才像是安先生的事情，那正是安先生的过人之处。

禹德淳：（重新开始朗读歌词）

（歌词略）

（青年们全都站起来，一同欢呼："大家的安重根！安重根　乌拉！"）

黄成镐：（装作不知情，朝厨房走去）安先生从后门进来了？我去看看。

白基龙：（这才从桌子上抬起头来，对黄成镐说）你这老头，先别过去。（对禹德淳说）禹先生，我们摊牌吧。我们该告诉大家真相，安重根已经叛变了。

禹德淳：(十分悲痛地对白基龙说)我没有勇气告诉大家。大家是多么斗志昂扬。安——不，我还是说不出口。

(说罢，禹德淳又开始继续朗读歌词。大家不知所措，一会儿看看禹德淳，一会儿看看厨房的门。就在这时，玻璃窗忽地一下被打开，朴凤锡登场。)

朴凤锡：(大声说)是间谍来了吗?

(好几个青年跑到窗边。)

同志一：间谍?

朴凤锡：安重根是敌人。安重根就是间谍。

(朴凤锡边说着，边打开门冲进来。一群人把朴凤锡团团围住。)

朴凤锡：他和张首明同流合污了。就是那个开理发店的张首明。张首明刚刚已经暴露了。但我在这之前就看出来了，安重根不是什么好东西，他要进行刺杀，不过是放出消息，是为了打探我们的内部机密。他压根就没打算利用那个绝妙的机会杀了他。(看向禹德淳)德淳，你说说看，是不是这回事。我一直奉李先生之命，在张首明家望风。白基龙让我——(看到白基龙在场)，白先生，那人在不在车站。

(白基龙悄然指了指厨房的门。)

朴凤锡：啊，在厨房呢?还愣着干嘛呢?大家一起上啊——安重根狗东西。

(在群情激愤中，朴凤锡打算破门而入进入厨房，禹德淳连忙拦住他。)

禹德淳：你这个人!不要太心急!我们应该分辨清楚，安先生到底是怎么想的。大家快来，快来拦一拦朴兄。

(有想阻止朴凤锡的人，也有想和朴凤锡一起进入厨房的人。这些人在舞台一角扭打成一团。禹德淳、白基龙、黄成镐三人挡住厨房的门。最终厨房的门还是打开了，厨房里面黑漆漆的，柳丽玉挡在安重根身前，只能看见柳丽玉。而后朴凤锡带头冲进去，同志一、同志二、青年C、青年E、青年J、青年K、青年L等人也涌入厨房。)

第八场

与第六场相同。

接着第七场继续进行，安重根穿着外套在房间里转了一圈又一圈。柳丽玉用十分尊敬的目光看着安重根，看得入迷。旁边的屋子传来许多人一起朗读歌词的声音。

安重根：（快活地说）我在俄式衬衫外面套上西服又加了一件大外套，怎么着看起来也不像日本人了吧。

柳丽玉：（和安重根一起思考）是今天买的吗？那个西服——关于乔装这件事，李刚先生是什么态度呢？

（隔壁传来禹德淳朗读歌词的声音。）

安重根：（仔细聆听）如果看起来不像日本人，会不会在那个场合显得更加奇怪呢？李刚先生？（苦笑）李刚先生当然是反对暗杀的。

（隔壁传来巨大声响，是敲打出房门的声音。）

柳丽玉：（在意隔壁的情况，有些担心，站起身来）那是什么声音啊。

安重根：（觉得有些热）是在打闹吧。我埋怨李刚先生，怨恨李刚先生。他总是那副样子，装出一副十分冷静的样子。他虽然是反对暗杀的，可就是那股阻力煽动着我，让我更加渴望杀了那个人。我知道，我都知道。哈哈哈，我都是知道的。

（隔壁嘈杂的声响越来越大，门摇摇欲坠的，眼看着就要被打开了。柳丽玉跑到门口，试图抵住房门。）

柳丽玉：先生！

安重根：（毫不在意）对他来说，我只不过是一个用来行刺的武器。我虽然知道他是怎么想的（无力地），可知道又有什么用，没办法，我就是我（疯狂的）。每次和他见面，他嘴上都在极力阻止，可却用眼睛告诉我，杀了他！杀了他啊！哈哈哈（大笑），顺其自然吧。

柳丽玉：（用尽全部力气，抵住门）快脱下外套，把行李——

（安重根这才发现门口的事情，他脱下外套，把桌子上散落的衣服一起装进行李箱，正要关上箱子的时候，门被打开了。柳丽玉挡在安重根身前，朴凤锡打头阵，同志一、同志二和青年等人一同涌进来。黄瑞露从走廊里进来，颤颤巍巍地发着抖。）

朴凤锡：（抓住柳丽玉）安重根！你这崽子！

（说着就想抬起胳膊，进行一番打斗。随着一声"把灯关上！"，舞台陷入黑暗，只有隔壁渗进来的雨水依稀可见。大家七嘴八舌地喊道："间谍！狗东西！""没必要和他废话。""听听他今天说什么再决定吧。""他把大家都愚弄于股掌之间！""抓住他！杀了他！"人群一边喊着，一边将安重根围住。）

（禹德淳、白基龙、黄成镐穿过人墙，大喊着进到屋内。他们挥着手，试图控制住场面。）

柳丽玉：（挡住朴凤锡）你这人怎么一上来就动手，有话不会好好说么。

青年C：那女的也是一伙的，把他们一起抓住。

（所有的事情，好像就发生在一瞬间。混乱之中，朴凤锡对安重根拳打脚踢。柳丽玉打开后门溜出去了。禹德淳、白基龙、黄成镐、黄瑞露为了救下安重根，挥散人群。椅子倒了、桌子翻了、碗碟也碎了，舞台上一片混乱。）

柳丽玉：（刚出去，又慌忙折返）宪兵，是宪兵，宪兵来了。

（五六名俄罗斯帝国宪兵拖着铿铿锵锵的声音从后门进来。）

宪兵一：（大声呵斥）大晚上的干嘛呢。

宪兵二：老实点，要不就开枪了。

（说着朝天棚开了两三枪。除了安重根、禹德淳、白基龙、黄成镐夫妻、柳丽玉外，其他人都争先恐后地夺门而出。宪兵进来了，黄成镐立马从口袋里掏出一张扑克牌。）

宪兵二：空枪，是空枪，别乱动。

宪兵三：开灯，把灯打开。

（灯亮了，青年已经不见踪影，空空的舞台上满地都是家具、器皿，一看就是经历了一场恶斗。安重根被放倒在地，柳丽玉蹲在旁边，其他人或站在安重根旁边，或站在一个角落里。舞台上有一些扑克牌，后门外面有几个凑热闹的邻居。）

宪兵长官：（朝黄成镐走过去）你吗，这家的主人。这到底是怎么回事。

黄成镐：非常抱歉。赌了点钱，然后就打起来了。大家脾气都不太好，对不起，对不起。

宪兵长官：噢，赌着赌着打起来了？

黄成镐：是的是的。因为这种破事打起来了，还惊动了大人们。真的非常抱歉。

宪兵四：（对宪兵长官说）我对这家很了解。这是个赌场，在朝鲜人圈里十分出名。

宪兵长官：谑，看来你还光顾呢。

宪兵四：不是的，长官。我从来——

宪兵长官：不用说了。（用脚碰了碰倒下的安重根）这是怎么了，死了么？

（宪兵长官边说着边抬起右手，大拇指肚和食指指肚对着揉搓，是向黄成镐讨要东西的意思。黄成镐立马拿上纸币靠过去。）

黄成镐：（看了一眼安重根）不是的，不是的，他就是困了，在这睡会儿。

（黄成镐说着从长官面前经过，悄悄地往长官兜里塞钱。）

宪兵长官：噢，是吗。那也不能在这儿睡啊。（转而对部下说）撤！

（禹德淳、白基龙等人，就像是真的赌徒一般，弯下腰，把宪兵们送走了。柳丽玉将安重根搀扶起来。）

安重根：（快要笑出眼泪了）哈哈哈，不用担心，我这就起来。（看向禹德淳），啊，德淳啊。

（安重根颤颤巍巍地走过去，抓住禹德淳的手。周围的人看着这一切，看得发愣。）

安重根：（干劲十足）天都亮了啊。（晨曦微露，从后门照进来。）我查到火车时刻了。

禹德淳：（用力回握安重根的手）要去哈尔滨了吗？要去了吗？

安重根：（哄堂大笑）哈哈哈，不用担心。（靠着柳丽玉）去哈尔滨的钱够了，足够了。

（黄瑞露把后门外看热闹的邻居都驱散了。）

第九场

波格拉尼奇内的一个小巷子，不太干净的西洋风格街道，朝鲜人刘任瞻站在中药店前面。

10月19日，晚上。

一间破败的屋子，挂着牌匾“韩国调剂学士刘任瞻药房”。左右两边是专门面向朝鲜人的杂货铺，坑坑洼洼的马路上立着电线杆。

刘任瞻，中医，老人，身着俄罗斯贫民服饰。

刘东夏，刘任瞻之子，18岁，身着俄式衬衫，头戴军帽。

安重根、禹德淳、柳丽玉、杂货店老板的妻子、朝鲜人、俄罗斯人、清朝人、男女一行人。

夕阳西下，刘任瞻坐在路边的椅子上。身前有一个装有药材的竹篮，刘任瞻双手伸进去揉搓，搓了一会儿拿起来抖了抖竹篮，用嘴“呼呼”地吹气，吹走些药材皮屑。

一群人慌忙经过，有七八名俄罗斯人，有去了趟工厂又回来了的清朝工人。其中还有人和刘任瞻打招呼。隔壁杂货店老板的妻子边擦着灯罩边走出来。

杂货店老板的妻子：刘先生啊，还不开灯呢？东夏去哪啦？

刘任瞻：那臭小子，太阳还没落山的时候就出去了，说是什么○○党有会要开，到现在都还没回来。他一回来我就得说道说道他，这不正在这等他呢。

杂货店老板的妻子：哎呀，那估计和我家孩子在一起呢。他说是一个叫安重根的人过来啦，买卖也不做了就往那儿跑。

刘任瞻：净是白费力气。我常和我们家东夏说，你总是看不上这个工作、看不上那个工作的，也不爱学习，你说的那些个国家啊、社会啊、独立的，都是什么？你们再怎么闹腾，世界还能倒转了不成。我比他们活的时间长多了，他们还能比我知道的多了？

杂货店老板的妻子：谁说不是呢！

刘任瞻：世界可不依什么理论运转，非要说有那么一个理论成立的话，那就是"成者为王，败者为寇"了。强者赢了，便获得收益；弱者输了，也要有所损失。但强者不一定永远是强者，弱者也可能转而变强。到那个时候，强者变成弱者，弱者变成强者，世界就会发生翻天覆地的变化。弱者的集会是毫无用处的，要等啊，等到强者变弱，等到弱者变强。哈哈哈，没错，说的就是两眼一闭，什么也不做。只有等着就行了，只要肯等，那一天肯定是会到来的——

杂货店老板的妻子：说的是啊。（向自己家中张望）好像有人来了，我得去把灯打开了。（杂货店老板的妻子边说边回到自己家中。）

刘任瞻：东是东，西是西，年轻人就是年轻人，老人可不就是老人。

（刘任瞻说着，提上装着药材的竹篮子和凳子，回到屋中。一家、两家，家家都打开了灯。不远处传来对话的声音，刘东夏站在中间，左右两旁分别是安重根和禹德淳。）

刘东夏：（指着自己家）就是这里。还请等一下，我进去说一声。

禹德淳：（跟上前去）没问题吗？你一个人能说服父亲吗？

安重根：那就不要说是为了〇〇党员的事和我们去的。

刘东夏：（对待安重根就像是对待英雄一样尊敬）是的，我不会那样说的。我就说是去哈尔滨买药材，给爸爸跑个腿。爸爸本来也让我这几天过去买些药，我就说突然有个急事得马上去一趟，他不会说什么的。

禹德淳：（对安重根说）今天遇到东夏兄真是太好了。我们都不会说俄语，东夏兄的俄语比俄罗斯人还好，他愿意和我们一起，我心里踏实多了。

安重根：你啊，我可早就听说过刘先生了。还在海参崴的时候，我和李刚先生聊天，聊到最后他说起波格拉尼奇内有个俄语很好的小伙子，叫刘东夏，如果有事去到俄罗斯帝国，就找他做翻译。我想到李刚先生说的，觉得这回肯定是要拜托刘君了。不然我为什么在这一站下车。

禹德淳：（对刘东夏说）去哈尔滨需要做的事情不会太难，那你快去和父亲说说吧，快快得到父亲的应允。我们先去火车站等你。

（刘东夏回到家中，安重根和禹德淳往火车站前进。）

禹德淳：俄语说得也好，对党的事情也上心，让他搜集点情报，负责个联络工作倒是再好不过。我们这次的事儿，你打算告诉他多少？

安重根：不管怎么说，他也就是个小孩。我们一起行动，他能猜着多少就猜到多少吧，那也是没办法的事。目前为止我们还没必要告诉他什么，也就买票或者问路的时候用用吧。

禹德淳：（突然一动不一动，抓住安重根的胳膊，往前进的方向看过去）你看，那不是丽玉吗，真的是丽玉。

（两人躲在电线杆后面，注视前方。就在这时，柳丽玉出现了。看样子是刚来到这里，手里拎着四四方方的木箱子，正在寻觅住所，敲开一家门又退出来，四处碰壁。）

安重根：（走上前去）丽玉！真的是你。

柳丽玉：哎呀，安先生，禹先生。

安重根：（开心地正要用手揽过柳丽玉的肩膀，又克制地后退了一些）你怎么来了。（好像有些生气）丽玉，你怎么来了，我们此行的目的你也是知道的。

柳丽玉：（看起来很开心）在这里遇见你们真是太好了，我就是跟着你们过来的，脚前脚后。但能在这儿遇见，真的太——

禹德淳：（有些不开心）这怎么能行。丽玉小姐应当体谅我们，你忘了那天早上，我们在海参崴车站已经道过别了。

柳丽玉：（对安重根说）我立马坐下一趟车离开了海参崴，这才刚到呢。李先生说你们肯定会来刘任瞻药房。所以——他说你们忘带了什么东西，所以我是受李先生之托，给你们送过来的。

禹德淳：忘带了什么东西——是什么啊？

柳丽玉：（递出手里的木箱子）我也不知道是什么。二位刚刚走，李先生就把我叫过去，说是对二位遗落了十分重要的东西，是不能没有的东西。还说二位肯定会在这里停留。我这才慌慌忙忙地坐下一趟车跟过来，

禹德淳：李先生怎么会知道呢，我们在这儿下车。

安重根：（笑）我刚刚说什么来着，有一回李先生随口提起过刘东夏。那个先生，他的一切举止都看似自然极了，不过只要仔细琢磨琢磨，却每个都是另有深意。你现在猜到了吧，其实一开始我就觉得，让刘东夏当翻译是他计划好的。（对柳丽玉说）太感谢了，那我们打开看看吧。

（从柳丽玉手里接过箱子，蹲在地上，打开箱子。）

禹德淳：（朝箱子里面看去）是什么啊，包了一层又一层的。

（安重根解开绳子，打开包装纸，拔下木头盖子，里面是两把手枪。）

安重根：（盖上盖子，看柳丽玉）李先生说我们没带这个？

柳丽玉：（连忙看向箱子里）是的，但我并不知道里面是这个。

安重根：然后，李先生让你帮忙，给我们送过来。

（安重根再次打开盖子，向禹德淳展示。两人面面相觑，一时无言。）

安重根：（苦笑）有两把啊，你挑一把拿上吧。

禹德淳：哈哈哈，看来还是场恶战了。但不得不说，李刚先生真的是深谋远虑。

安重根：（拿起一把手枪，对着光）是史密斯型号，六连发。上面刻着十字架，枪杆子上还有字。（横着拿起来读）朝鲜人托马斯。

禹德淳：朝鲜人托马斯，是让你借用这个名字吗。

（两个人各拿起一把手枪。远处传来手风琴和朝鲜歌曲的声音。）

柳丽玉：（毅然决然的）越来越有趣了。让我也出一份力吧。安先生，我们一起去哈尔滨好吗？

（安重根把两把枪重新包好，放进箱子里。）

禹德淳：说的也是。和女人在一起，反而容易让人放松警惕。

（卖晚报的少年从上坡跑过来。）

少年：晚报！晚报！哈尔滨韦斯特尼克[①]晚报！

（少年一动不动，打量着三个人。禹德淳买了一份晚报，就把少年轰走了。）

禹德淳：（打开报纸，高声）快看，有了有了。（用一只手托住报纸的一部分，用另一只手指着）“有消息称，为确定我国关于扩大东洋铁道事业的态度，本打算去远东巡视的科科夫佐夫藏相大臣将于21日前往哈尔滨。此外，俄罗斯帝国驻北京大使特地从北京来到哈尔滨。通过上述事件不难推测，与此同时伊藤博文与我国藏相大臣的会面，必然是要打算谋划一件大事。”——还有呢，看来是真的！（斗志昂扬，大声朗读）“因此东清铁道会社将开设，本月22日从长春开往哈尔滨特别列车。”怎么样！真是让人拍手叫好的新闻。我们不该在这犹犹豫豫的。

柳丽玉：（兴奋地对安重根说）那个给我吧，我来拎着。

安重根：不行，丽玉你要回到海参崴。你要回去向李先生道谢，说收到东

---

① 此处为音译。——编者注

西安重根很高兴。(对禹德淳说)盯紧科科夫佐夫准没错。他会自投罗网的。长春到哈尔滨的特别列车?说是22号对吧。

禹德淳:(用力盯着报纸)快了,快了。终于要见到了——

安重根:曹道先也知道这件事吗?

禹德淳:他肯定正一丝不苟地待着命呢。刘东夏也该来了,我们去车站吧。

(安重根抱着箱子,箱子里装有手枪。他和禹德淳一起快步向车站走去。他们称赞柳丽玉十分勇敢,接着将她支走。过了一会儿,柳丽玉重新打起精神,又跟了上去。此时,刘氏父子从药店走出来。)

刘任瞻:(站在门坎上)该干的干完了就赶紧回来,哈尔滨可不是年轻人久留的的地方。

刘东夏:(着急忙慌的)好的好的,我尽快回来。我出发啦。(说着就跑远了)

第十场

10月23日,傍晚。哈尔滨,曹道先洗衣店屋檐底下晒衣服的地方,挂着些晒出来的衣物。

曹道先,洗衣店主任,了解内幕,与安重根统一战线。

尼娜,曹道先的妻子,年轻的俄罗斯女性。

金成白,附近杂货铺老板,安重根的朋友,三十岁左右。

安重根、禹德淳、柳丽玉、刘东夏。

在晒着衣服的屋檐下一角,安重根和柳丽玉各自裹着一条毯子,蜷缩在一起,互相搓着肩膀取暖。看起来在这里聊了很久,脚边有一盏小油灯,发出微弱的光芒。

安重根:(对巷子和街道警觉起来,看向下方,小声地说)所以说,我杀他,要是杀了他——这完全是基于我个人的选择,绝不是受到同志或某些团体的煽动。不过像是德淳,德淳觉得今天他死了,今天当即就能抹掉一切屈辱,明天就会实现朝鲜○○党的向往,也就是改善民众生活,他自己的烟草生意也会红红火火的。(笑)我看德淳对这些是打心眼儿里相信。但我不一样,我没他那么幸运,没他那么单纯。

柳丽玉:(贴近安重根,抱住他)那还用说吗,禹德淳啊,他哪儿有安先生这么了不起呢。

安重根:(自言自语)说真的,问问自己,我不知道我为什么要杀了他了。

柳丽玉：（吓了一跳，问安重根）安先生，您这是什么话。

安重根：到了这一步，反而找不到非杀他不可的理由了。（自嘲）为了祖国，为了〇〇党——但比起国家，难道不更应该先考虑考虑我，先考虑考虑我自己吗。（慢慢悠悠）对我来说，我杀了他又如何。

柳丽玉：（热切地靠过去）怎么这样说呢，安先生！现在怎能——我以为安先生绝不是这样的人——

安重根：（突然想到什么）我们悄悄地逃了吧，就我们俩，去到别处一起生活。

柳丽玉：（强硬的）不，我并不知道安先生是如此不堪。看你说的都是些什么话，净是些只考虑自己的话。

安重根：（呼吸急促）我们回到波格拉尼奇内，不然就去到赤塔附近，那里有朝鲜人聚居的地方，我到学校教书，养你一个不成问题。这样一想，我有备小学教员资格呢。（强有力的）就这样吧，什么天下，什么国家，那些东西，全都交由别人。我们，就我们俩，一起快乐的生活。我们只想着自己，经营自己的小家。可越是这样的人，一个敢于这样做的人，反而会被看成最不济的人。

柳丽玉：（站起身来）哈哈哈，简直被你骗了。我以为你会名震天下，没想到就是这副德行。

安重根：（笑）开玩笑嘛，开个玩笑。你当成玩笑，听听又如何。

（安重根沉思半晌。）

安重根：（有些寂寞）我怪他、我恨他，我一直都是这样过来的。只有对他心怀怨恨，我才觉得我的生命是有价值的，但反过来想想，我觉得我的生命有价值，那还不是因为他活着。哈哈哈，丽玉，你见过他吗？

柳丽玉：我怎么会见过——照片倒是看过好几次——

安重根：（突然快活地像个少年）是不是有些不修边幅，是个胡子拉碴的老人。

柳丽玉：（微笑）是吗？看起来是个了不起的人物。不过我可瞧不上那种矬子。

安重根：三年了，那张脸我一直放在心里——怎么说呢，竟然觉得我和他有些亲密。

柳丽玉：（撇了撇嘴）你说的这都是些什么啊。

安重根：虽然他做的事情令人讨厌，但把他看成一个普通人，他身上也有有趣的地方，虽然八字和我们的是不太合。

（柳丽玉不说话。）

安重根：（警惕地看着前面的下坡路）我讨厌他，不正能体现我在意他？（若有所思）不管怎么说，三年，他盘踞在我心里三年，一直以来我都死死盯着他的相片——三年来，我一直都在研究他、一直都在观察他，我四处搜集和他相关的情报。我对他可谓是了如指掌，就像是共同生活了许久。（无力地笑了笑）我甚至都要分不清楚，究竟他是我还是我是他。

柳丽玉：我理解，我理解先生的感受。

安重根：我实话和你说，其实我并不讨厌那个老头。他的优点甚至连他的缺点，都很对我胃口。我们连面相都很像，不是么。

柳丽玉：（很激动，猛地大口喘气）呵，这是怎么了。说什么和那种人长得像——好吧，所以你到底是想要做什么。

安重根：（自说自话，缓缓地）他确实已经扎根在我脑海里了，就现在，我都能嗅到他的气味，听见他的声音。是的，我能看见他，他就像是住在我身体里。

柳丽玉：（有些反胃）先生，我很失望。

安重根：（空虚）他侵占我，我要保护自己，我要杀了他。但这不是左半身打死右半身，这不就是自杀么。

柳丽玉：（无精打采地看着安重根的脸）安先生斗志昂扬地高声呼喊着什么的时候，安先生还是那个时候看起来更好。

安重根：事到如今已经没有办法了。来哈尔滨已经四天了，日本和俄罗斯的间谍无时无刻不跟着我们。

柳丽玉：（吓了一跳，贴近安重根）真的吗，怎么会呢？那都是先生的错觉。是可怕的想法。你看看，哪儿有呢，在哪儿呢。

（尼娜来了。）

尼娜：两位在这里做什么啊，不冷吗。

柳丽玉：（从安重根身上离开）聊天呢，不知不觉聊到了现在。

安重根：有什么事吗。曹君呢？

尼娜：没什么事。我想着就算不是今晚也好，我是过来送这个的。

（尼娜露出拿在手里的镜子。）

安重根：啊，是镜子啊。

尼娜：什么叫“啊，是镜子啊”。不是先生刚刚说，“要是有镜子就好了”吗？我满屋子转了一圈才找到你们——还得来这种黑漆漆的地方送镜子。

安重根：没关系，这种黑漆漆的地方也挺好。

（安重根伸手接过镜子。）

尼娜：（吓了一跳）哎呦，安先生的手，这是怎么了啊。

安重根：手？我的手怎么了？

尼娜：还问怎么了，安先生的手一直在抖啊。

（安重根背对着尼娜，检查自己的手，起初脸上露出嘲笑的表情，后来变成大笑。）

安重根：（看着手）是啊，是的，是的，在发抖呢。哈哈哈，这真是好笑。

尼娜：这可不是什么好笑的事，是不是得了什么病啊，手抖症什么的。端碗水该全洒出来了。

（安重根陷入沉思。）

尼娜：（像是什么都不知道一样）给人看病我可是不会，但安先生现在正准备做什么，这我还是能猜到的。我俩在家也是，每天都想着，安先生今天会不会来呢，明天会不会来呢，早早就开始盼着了。你要是见到了我们的那副模样，估计也会觉得好笑。

（安重根靠在栏杆上，望向天空。）

尼娜：大家都很喜爱安重根，还有什么好担心的呢，不是吗。啊，安先生，所以说——

安重根：所以说什么？

尼娜：哎哟，哎呦，好可怕呀，所以说丽玉小姐要尽快离开呀，是吧，丽玉小姐。

安重根：（过了许久，抬起头）噢，你是说丽玉。我还以为是——丽玉是要尽快离开啊，是啊。

尼娜：你们是怎么了，在这做些没用的事，连玩笑也听不懂。

（尼娜离开了，安重根一只手举着镜子，一只手提着油灯，对着镜子看自己的脸。）

柳丽玉：那镜子是做什么的？

安重根：等会儿最后再确认一次乔装。

（伴随着哐当哐当的脚步声，禹德淳来了。）

禹德淳：（抓着安重根的胳膊说）东夏打听到了，据说终于能确定了。明天晚上，要不就是后天早上，特别列车就要从哈尔滨开往长春了。

安重根：（甩开禹德淳）是吗？

禹德淳：（着急地说）怎么了，你这是怎么了。（大声）这多大的消息啊，你就来一句“是吗？”。

安重根：（和禹德淳互相偷瞄对方，好似突然梦中惊醒）德淳，你说的是真的吗？他会在那辆车上。(想了一下)啊，在途中进行？

禹德淳：(急忙)我们现在马上往南去。

安重根：(像是换了一个人，充满斗志)好，这就去三岔河。到底是在哈尔滨行动更好，还是去另一个车站行动更好，这还是得亲自看看才知道，这是非常必要的。

禹德淳：对啊，反正明天待在这里也没事做。

安重根：而且哈尔滨驻军太多，真的要行动起来，说不定连近处也靠不过去。再加上科科夫佐夫也来了，想必警戒会更加森严。

(曹道先走在前面，刘东夏跟在后面走过来。)

刘东夏：(上气不接下气)说是在蔡家沟停三十分钟。我已经打听清楚了。就一支军队，临时列车也可能停三十分钟以上。

安重根：(严格的口吻)护照怎么样了，顺利吗。

禹德淳：东夏君全都弄好了。

安重根：现在还有火车吗？

刘东夏：马上过去的话还能赶上。

禹德淳：是去蔡家沟的吗？

安重根：好了好了，不管怎么说，一定要去到三岔河。

(安重根率先走在前面。)

禹德淳：(跟上安重根)照张照片就好了，我们一起。

安重根：照片明天也能照，我们在蔡家沟照。

(金成白突然冲出来，差点撞到安重根。)

金成白：安先生！那么这回，终于要——

(安重根什么也没有说，用力与金成白握手。“去三岔河吗？”“不，就到蔡家沟。”“你们快跑两步吧，去火车站。”安重根、禹德淳、刘东夏的声音交错。三人朝下坡走去，柳丽玉跑上前想去送行。曹道成(先)、金成白靠在栏杆上，望向下面。)

第十一场

十月二十四日深夜，蔡家沟车站前，齐齐哈尔酒店。

酒店楼上有一个房间，房间门正冲着走廊，挨着门的地方放着一把椅子，房间一角有两张破旧的铁床。除此之外，再无别的家具，十分简陋。

安重根、禹德淳、刘东夏、蔡家沟站站长、同驿驻在中队长、同队军曹、齐齐哈尔酒店主人、清朝男子、士兵、俄国妓女三名、戏客三名。

安重根和禹德淳分别睡在房间角落的两张床上。禹德淳打着呼噜，进入了熟睡状态。安重根辗转反侧。刘东夏穿着大大的外套，坐在门前的椅子上打着瞌睡。房门被轻轻打开，一名俄国女子向里张望，她见刘东夏打着瞌睡，便伸手轻轻地捏了他的鼻子，刘东夏嘟囔着甩开了她的手。

女子：（嘻嘻地笑）哟，门卫大人，你就在这儿一直守着不睡觉啊？天儿这么冷，不如进我房里？我进去也可以吗？

（刘东夏醒过来。）

女子：（轻轻地）哎呀，还是个孩子呀。我房间就在这儿，我哄你睡觉吧，走，去我房间。

刘东夏：不去！你一边去，别在这探头探脑，赶紧走。

（禹德淳从床上起身，女子见罢，立刻关门走了。）

禹德淳：又是那些站街的？

刘东夏：（笑着）是，那些个臭娘们儿，烦死了。

禹德淳：现在几点了？

刘东夏：三点。

禹德淳：我跟你轮流看着？

刘东夏：没关系，您再睡会儿吧。

禹德淳：那你一会儿喊我。

（禹德淳重新躺回去，安重根起来了。）

安重根：我怎么流汗了？（用手摸了一下腋下）怎么这么多汗？

禹德淳：（躺着）你好好睡吧，我和刘君在这儿轮班守着，你就安心睡吧。

（安重根重新躺下，刘东夏守在门前打着瞌睡。）

安重根：（自言自语般）德淳啊！你应该不太知道黄海道的事儿，我父亲叫安泰勋，出生在海州，是科举及第的进士。（回忆着徐徐讲述）对了，我们家还有学堂呢，我与波格拉尼奇内的赵康英、哈尔滨的金成白、我的弟弟定根与泰根，一起学习汉字，学习了《千字文》《童蒙先习》《通鉴》《小学》《孟子》。哈哈哈，当时真是下了不少功夫。之后我又跟着信川天主教神父学习了法语。我们全家人都信仰天主教，大概十七岁时我接受了洗礼。你不知道洪神父吗？

（禹德淳假装睡着，打着呼噜。）

安重根：我的父亲有些声望。因此，家中小有家产，可供留在镇南浦的家人维持生计，但仅凭几亩薄田，他们现在的生活应该很困难吧。

（一阵敲门声后，门被一脚踹开。）

（清朝男子在前打头，驻在蔡家沟站的军曹与他四五名手下闯了进来。）

军曹：（呵斥）起来，接受检查。

（安重根和禹德淳翻身起床，刘东夏气呼呼地从椅子上站起来。士兵们在屋子里转来转去，检查了衣服和他们的携带品。）

安重根：你们是什么人？大晚上闯进别人的房间里吵吵嚷嚷，翻来翻去，你们到底是谁？检查什么？

军曹：你在这里嚷什么嚷！打听这些干什么？日本高官要经过此处，为了不出纰漏，我们要进行盘查。（走到安重根面前）你是什么人？

禹德淳：（立刻下床）不好意思，我们就是卖麦芽糖的小商贩。这人昨晚喝了点儿酒，还没醒。实在是对不起。（说着，不停地向安重根使眼色）

军曹：卖糖？那你们干活的工具呢？

禹德淳：我们放在别地方了。

军曹：放哪里了？

禹德淳：都放在麦芽糖批发商那里了。

军曹：真的吗？你最好不要撒谎！

禹德淳：真的。

军曹：卖糖能挣几个钱。

（军曹瞥了一眼安重根，带着部下出去了。清朝男子跟在后面，皱着眉头关上了房门。）

禹德淳：可笑的家伙们，嘚瑟个什么劲儿，还以为自己是日本人啊！（对刘东夏说）吓着了吧？

安重根：（坐在床上）我可真羡慕德淳！明天就要行大义，震惊世界，现在还能摇身一变，装成卖糖的，真是有魄力。

禹德淳：（干劲十足地钻进被窝，大声说）那是当然，此事成功后，必将引发大震荡，也就点燃了××战争的导火索。这可真让人兴奋！

安重根：你可真是什么都敢说，谁说要制造战争了？

禹德淳：我说得不对吗？一旦我们挺身而出，朝鲜八道、满洲的同志们岂会坐以待毙，大战，一场大战即将开始。

安重根：（微笑）别说笑了。我真是羡慕你。

禹德淳：（突然起身）怎么？你什么意思？你觉得同志们会无动于衷吗？

安重根：（转换话题，问刘东夏）十二点左右，你听到火车声音了吗，我在梦里仿佛听到了。

禹德淳：（激动）安先生，你不相信同志们吗？

刘东夏：（坐在在门边椅子上）：那是运送货物的。

安重根：看样子那之后没有火车经过！（对禹德淳说）早知道我们就去三岔河了。

禹德淳：蔡家沟虽然是个小车站，但因为这里是分岔路口，停车时间久，不是更好吗？

安重根：（对刘东夏说）列车往返次数都知道吧。

禹德淳：（平静地说）此处不宜行事，陌生人在这里太过显眼，我们三人不必都进去。

（刚才来过的清朝男子带着站长进来。）

站长：（咧嘴笑）有事需要调查一下。

禹德淳：（躺在床上）怎么又调查，烦死了！

站长：（对刘东夏说）你怎么还不睡？

刘东夏：还不是因为只有两张床。

站长：原来如此。（微笑着对禹德淳说）现在这个酒店被我们站接管了，所有人都要接受管辖，还麻烦您配合询问调查。

禹德淳：好。（气势昂扬地张开胳膊）你问吧，我一定如实回答。

站长：哎呀，就是走个形式罢了。

禹德淳：刚才军队已经调查完走了。烦得睡都睡不着！到底什么事啊？

站长：（呆呆地）我们也不知道啊。我们只是执行上面的命令。（对禹德淳说）三位是一起来的吗？

禹德淳：是。

站长：那你们是从哪里来的？

禹德淳：我们是做麦芽糖生意的小贩，从哈尔滨来。

站长：去哪里呢？

禹德淳：明早要去三岔河宽城子。

站长：谢谢您配合调查，我走了。

（站长说完便走出去。男子皱着眉头也跟着出去了。隔壁房间传来了同样的询问声。）

禹德淳：（死死地盯着安重根）我不知道你是怎么想的，但我们绝不是以个人名义（压低声音）除掉他。虽然支持的人不多，但这是场伟大的战斗。作为义兵参谋中将，你负责指挥，我作为义军参加战斗，事成时，我将与俘虏一同从容就义。

安重根：（抽着烟，苦笑着在屋子里踱来踱去）知道了，知道了。事到如今我也不想说这些，但现在我们的外务部、工部、法部，甚至通信机关都由日本人经营。这些事大家都很清楚，依我看，根本不可能发动大规模的起义。就算我们在这儿制造了些动静，我们的目的、我们的意图真的就能彻彻底底地传递给大众吗？

禹德淳：（脸色一变）安先生！事到如今你说这些是什么意思？

安重根：（冷笑）又要听到禹德淳的个人演讲了吧。又要说（用满怀豪言壮志的口吻）“如果我有武器，我就乘着装载着大炮的军舰前往朝鲜海峡，将他乘坐的船轰成碎片”。（禹德淳撇着嘴，刚要反驳时，外面传来女人的喊叫声，“干嘛？放开我！谁说不去了，我去不就行了嘛，放开我”，接着是一个男人说，“走吧，你也一起走吧”。然后走廊里传来男女东碰西撞传来的骚乱声。突然门被打开，穿着睡衣的三名俄国妓女和他的戏客们（朝鲜人和清人）被赶了进来。刘东夏像是被狐狸精迷住了一样，直勾勾地看着。安重根从床底下拿出行李，一件件地穿上了衣服。此时，没有人注意到他的异常。过了一会儿，酒店主人进来了。）

酒店主人：非常抱歉，打扰您睡觉了。（对被赶进来的男女说）刚才是在抓捕同党，现在没事了，请回到自己的房间吧。放心……

（女人们带着自己的“一夜丈夫”出去了。）

禹德淳：（这才看到安重根换衣服，吃惊地问）你要做什么？（冲上前去）你要去哪里？

安重根：（穿好衣服）我不干了。（走向房门）我要去哈尔滨。

禹德淳：（大惊失色，追上去抓住）安重根！喂，你怎么了？你疯了吗？

安重根：你干嘛？（甩开禹德淳）

禹德淳：（激动）你这家伙，你是不是变心了？我就知道！

安重根：（走到门前转过身来）我不是变心，我一想到他要死我就难受！

禹德淳：（愣了一下后回过神来，挡在门前）到底怎么了？

安重根：（冷淡）一想到要杀了他，我就觉得憋闷。我要去哈尔滨。

禹德淳：知道了。（怒气冲天，气到发抖，像是要打一架一样，大喊）你这混蛋、肮脏的家伙……

安重根：（抓着禹德淳的手，一字一句坚定地说）德淳，你知道吗？他是我的，是属于我一个人的。我有必须要亲手除掉他的理由，可是……

禹德淳：（十分生气）不要再狡辩了！不要再狡辩！

安重根：他的生死必须由我来说了算。既然我扬言要除掉他，那我也有权利放过他。我要放过他。我想要除掉他的理由也是我要留下他的理由。

（说完，他推开了禹德淳，然后迅速地跑了出去，关上了门。）

禹德淳：（跟东夏说）把外套递给我，口袋里有枪，我要杀了他，万一他跑

去警察局。快……

（刘东夏赶忙去拿挂在床头的外套，递给禹德淳。就在这时，门开了，蔡家沟站警备中队长带着四五名士兵和酒店主人进来，森然地站着。）

中队长：（对酒店主人说）**这就是卖糖的那几个人？不是说有三个人吗？怎么只剩两个了？你们是朝鲜人吧？特别列车经过之前你们不能出去，明日禁足一天！给我搜身！**

（说完，士兵们冲上前去搜身。刘东夏没搞清楚状况，呆呆地站在原地，禹德淳吓得踉跄着往后退。）

第十二场

十月二十六，上午九点，哈尔滨站内，一二等候车室。

正中央是检票口，检票口连着站台，检票口两边有玻璃窗，左边连着站内食堂，右边通往三等候车室。

正面玻璃窗外是站台，通过玻璃窗便能看见铁路。寒冷的早晨，天空中飘着雪花。

窗户外，右侧站着俄国仪仗兵，左侧站着清朝仪仗兵，身着华丽礼服的日、俄、清高官们陆续到达，进入候车室。这些人中有俄罗斯财务大臣科科夫佐夫一行，东清铁道正副总司令、管理局局长，清朝吉林外交部长官，日本总领事馆官员，日本人居留民会职员，满铁负责人，特务机关人员，各国领事多人。

其中大部分都是日本人，士兵们大多全副武装。标志着火车进站的钟声响起，科科夫佐夫打头，所有人依次经过检票口，向站台聚集。

火车声越来越近，越来越大。候车室与检票口空无一人，只有安重根独自坐在左边窗户下的椅子上。之前他藏在人群中，没有被发现。安重根将下巴搭在桌子上，烤着火炉。他的右手放在口袋深处，手中紧紧地握着枪。

空无一人的候车室里，安重根漫不经心地听着越来越近的火车进站声。好一会儿，随着一声巨响，火车驶进站台。随着火车头和五六节客车车厢驶过，火车渐渐减速，声音也随之消失。接着，车停了，贵宾车厢就停在检票口正前方。随着号令，俄、清两国仪仗兵一齐举枪。

与此同时，奏乐声响起。奏乐结束后，一片寂静。此时，安重根突然起身，右手死死地藏在兜里，微微一笑。他悄悄地向前移动，逐渐加速，接着通过检票口，像被吸进去了一样，消失在了站台里。

2023 年 7 月译

（原载于《哈尔滨驿站的枪声》，三中堂书店，1931 年）

安重根——十四场面[①]

[日本]长谷川海太郎
郭戎飞　罗慧慧 译

时间：一九〇九年八月和十月。

地点：小王岭、符拉迪沃斯托克、博格拉尼奇纳亚、蔡家沟、哈尔滨。

人物：安重根、禹德淳、曹道先、刘东夏、刘任瞻、柳丽玉、李刚、李春华、朴凤锡、白基龙、郑吉炳、卓连俊、张首明、阿光、金学甫、黄成镐、黄瑞露、金成白、克拉西诺夫、伊藤公、满铁总裁中村是公及其随员、尼娜·拉法罗夫娜、日本间谍、售药小贩、旧货店老婆婆、俄罗斯妓女、各地志同道合的人、青年独立党成员。

蔡家沟站长奥格涅夫、驻站连长奥尔达科夫上尉、同队付塞明中士、齐齐哈尔宾馆老板亚阿夫年科、俄国财政部长科科夫佐夫、随行人员、东清铁路相关人员、俄支显官、各国新闻记者团、摄影班、鲍伊、日本警部、日俄支欢迎队、俄支两国仪仗兵、军乐队、俄国宪兵、车站工作人员。

（朝鲜人都按照自己的喜好身着脏乱的俄式衬衫、西服、立领、朝鲜服、蒙古服等，有的留长发、有的剃光头，有的戴帽子等。因为处于明治四十二年日清俄三国势力下的俄罗斯领土到北满的场景，所以风景、氛围，万事都如初期的殖民地一般，极其猥琐混乱。我认为添加开化之风可能会很有趣）

1

一九〇九年——明治四十二年——八月下旬的一个炎热的日子。

符拉迪沃斯托克乡下，小王岭的朝鲜人部落。

部落的街道。干裂的土墙。用泥土夯实的低矮屋顶。阳光明媚，树影浓

① 《安重根——十四场面》日文原版 1931 年初刊于日本《中央公论》杂志。本卷所收录中文文本系项目组根据《安重根——十四场面》（《中央公论》，中央公论社，1931 年）翻译。——编者注

重。可听见蝉声、牛哞声和鸡叫声。蝉鸣不绝于耳。

安重根，三十一岁，为国家而奔波的流浪者，海参崴韩字报纸《大东共报》的投稿人。他的腋下时常夹着还未读完的新闻杂志等，左手食指只剩下一半。除他之外，现场还有老人、青年、妇人、少女、孩童等，部落人的朝鲜人群众、售药小贩等。

身穿俄式衬衫的安重根正在树下演讲。韩国男女农民们茫然地聚集在一起，全都无精打采的，有的站着，有的蹲着。大家都身着朝鲜服，其中，有拿长烟管吸烟的，也有撑着洋伞的。

安重根：（接着说）所以呢，农民要勤于农业，商人要精于行商，学生要努力学习，大家都认真地做好本职工作才是头等大事。为了韩国人民的教育这一伟大目标，另外也因为我身为本国的义兵参谋中将，这三年来，我一直在为国事奔走。我救国救民的思想已有数年，但真的让我感同身受的是四年前日俄战争开始的时候，从那之后，日韩签订了五条条约，之后又签订了七条条约。借此，我离开了我的国家，来到俄罗斯的各个村庄进行演说。

大部分群众都没在倾听。他们到处聚堆、闲聊着，窃窃私语。有人还在角落里打哈欠。

安重根：这样的话，韩国的前途又当如何呢？就我个人而言，一八九五年日俄开战的时候，日本天皇陛下下达了宣战诏书，诏书中提到要维护东方和平，巩固韩国独立。当时，韩国人非常感动。特别是在日本人的计划中，在日俄战争中也投入了不少的兵力。当日本军队得胜而归时，韩国人民高兴得就像自家军队凯旋归来一样，都说终于等到了巩固韩国独立的时候，但后来伊藤公爵就任韩国总监以来，与韩国签订了我前面提到的五条协议，这完全违背了先前宣布的巩固韩国独立的意图，这极大地伤害了韩国上下民众的感情，人们纷纷提出抗议。不仅如此，一八九七年又签订了七条协议，与先前的五条协议一样，这没有经韩国皇帝陛下亲手盖章，也未经韩国总理大臣同意。实际上是由伊藤总监强迫其签订的。

听众无动于衷，一动不动，有些人都睡着了。

安重根：所以几乎所有的韩国人都不承认这些条约，以致愤懑——

一位头顶水罐的韩国女人走了出来，被一名在地上盘腿而坐的青年叫住了。

青年一：水，等等，给我点水喝。

女人：别开玩笑了，这是用来做饭的。

青年一：喉咙干得快要烧起来了。

女人：自己去井边喝不就行了嘛。

青年一：切，真麻烦。要是特意起来去喝水，还不如忍着呢。

一旁的青年二抢走了女人的罐子，喝起水来，与女人发生了争执。

女人：不行就不行，哎呀！要洒出来了——

青年二：别这么无情。我再去给你打一罐新的不就行了。

一边说着一边继续喝着。以青年一为首的两三个人聚在一起，相互传着水罐喝水。哄笑声响起。这期间安重根也在继续演讲。

安重根：（声音更大了）我非常愤怒，准备向全世界宣布这一情况。本来我们韩国四千年来不是个好斗的国家，而是靠文笔兴起的国家。

孩子出来走到安重根面前。

孩子：（伸出手）叔叔！有仁丹吗？有的话给我一袋。

安重根：（无视孩子）为了宣扬这种国家思想——

孩子：叔叔！妈妈叫我来买仁丹。我带着钱来的。

安重根：（对孩子说道）叔叔不是卖药的。来，到那边去——为了宣扬这种国家思想，我正在附近的烟秋、水青、许发浦、三瓦库、阿吉米等地游说，但在国权恢复之前，不论农业还是商业，每个人都应致力于自己的职业，为国家而鞠躬尽瘁。另外，必要时我们也必须去战斗。

远处传来声音。

声音：贞露！贞露！——真是的，去哪儿了。还拿着洗好的衣服呢。

人群中，一个拿着湿衣物的女人像是逃离似的沿着围墙匆匆离开。一名男子目睹了这一切。

男人：阿贞，我今晚找你。

女人：别说傻话了。

笑声惊醒了在睡梦中的人。

安重根：无论如何，我们都必须破坏伊藤总监的政策方针。为此，我们必须不惜一切代价。我想强调的是年轻人要去打仗，老人要从事自己的职业来补给军粮和其他物品，对孩子要给予相当的教育，培养其身为第二国民的素质。

一名身穿朝鲜服，撑着上面用墨水写着卖药的白洋伞，脚下放着学童书包的男人，站在安重根的对面，大声说道。

药商：（从包里露出蛇头）看！这是一条蛇！哈哈哈哈，别惊讶。有些人一听到蛇就脸色大变。然而，这条蛇还真挺可爱的，而且不只是可爱。蛇对于人们来说虽然很常见，但很多人似乎都不喜欢它。再说了，这家伙长得也不是那么吓人。

人群微微表现出兴趣，慢慢聚集到卖药的周围。

安重根默默地站在那里。

药商：怎么，蛇不常见吗？如果你到那边的草丛戳一下，会跳出很多条蛇。刚才是谁说蛇不常见的？那是夏天的蛇，夏蛇。和你们想象的蛇不一样。嘿，夏天的蛇不能当药材。当我这么说的时候，就有人问我你的蛇能做什么药。啊，从现在开始的九月、十月到十一月中旬，满洲的冬天来的很早。这时会呼呼地刮起有名的寒风，呐，早上一起床，就能看到白色的雾气落到地面结成的霜。真的好冷好冷！每个人都对着手哈气，走进屋里蜷缩在火炕上。呵呵，笑吧。蛇也怕冷，所以躲在洞里。我把夏蛇带到大山深处，挖了个洞，蛇就在里面不吃不喝的冬眠。我们蛇贩子呢，为了做生意，就会去这些地方用竹竿把蛇叫醒，但不是说哪座山上的蛇都可以。要先去大蛇山，比如从这往北走的金崔浩名下的山，往南走的车锡山。抓到蛇后，就从它们的身上榨取油脂。最近有些有名的博士老师研究称，产自支那龙门的能恢复视力的灵药实际上就是满洲的蛇油。要说有没有效果——在场的有眼睛不好的人吗？眼睛不好的人请上前。老花眼、近视或散光看东西重影的，我都能治。还有一般的脑病、风湿病还有哮喘。哮喘这种病，在今天的医学界对其病源众说纷纭，因此也没有发现治疗方法。众多学者老师齐聚一堂，研究治疗方法。哎，明白了吗？

药商抱着双臂，扭头陷入沉思。人群完全背对着安重根，在卖药的周围聚精会神地听着。低矮的围墙上，也有几张从里面向外窥视的脸。安重根失望地盯着人群。

2

同年十月十七日，上午十点左右。

符拉迪沃斯托克，朝鲜人街，鸡林理发店的土坯房。屋内设有两个带缝隙的大镜子。简陋的椅子器具等，全然都像后街的理发店一般。靠近入口，有桌椅等，是排队理发的地方。正面是通往住处的门。屋内贴着日本邮船的海报、报纸附录中装饰着朝鲜美女的石版画、日历等。

禹德淳——烟贩。安重根志同道合的朋友。四十岁。

张首明——鸡林理发店老板。日本间谍。

阿光——张首明的妻子，年轻的日本女人。

此外，还有安重根、学徒金学甫、客人、邻居朝鲜男子、两名俄罗斯妓女、日本间谍。

其中一把椅子上张首明正在给安重根刮脸。另一张椅子上也有客人，金学甫给其做理发收尾。两个俄罗斯女人和一个邻居的男人坐在靠近门口的凳子上。

女一：（重新扎起头发）好吧，我想我应该出去遛遛。就算我们一大早坐在这里，似乎也没有什么好消息。

女二：啊啊啊，昨晚真尽兴啊。

邻居的男人：（对女一）这个人的丈夫留着胡子，趿拉着马丁靴，是不是露助（当时日本人对俄国人的蔑称—译者注）的宪兵？

女一：哎呀，不是这样的，那人啥也不是。这人你说就说吧，他可是日本人的杂货铺的老板啊。

男人：哎，是日本人吗？

女二：啊，对了，听说今天或明天又有日本军舰进港。我是从港务部出来的熟人那里听的。

女一：哦，真的吗？不好了不好了！

男人：已经来了，真是太好了！一说日本水兵要来，马上就来了。他们吵闹着，眼色都变了。

张首明：（一边给安重根刮脸）你的情夫也在船上吗？

张首明的妻子阿光从通往内屋的过道门里走了出来。

阿光：情夫？你说话真有意思。（对着所有人）哎呀，欢迎光临——所有的日本水手都是俄罗斯女人的情夫。

邻居男子：我想知道这些女人看上日本人哪一点了？我是不知道。

阿光：哎呀，这里也有一个日本人啊，哈哈哈。

理发的顾客：（从金学甫的椅子上）是的。说到日本人，哈尔滨好像很热闹。据说有一位名叫科科夫佐夫的俄罗斯财政部长要来会见日本的伊藤公爵。

张首明：伊藤公爵，就是今年六月之前担任韩国总监的伊藤先生吧？

女一：再见。

女二：我也要走了，不能在这磨洋工啊。

邻居男子：张先生，那我一会儿再来。

张首明：要走吗？这边快完事了。

三名女人和邻居男子，向张首明夫妇打招呼后离开。就在这时，禹德淳穿着脏兮兮的朝鲜衣服，头戴鸭舌帽，手里拿着一个烟草木箱进来，和安重根对视一眼，坐在凳子上。

张首明迅速打量起两人。

阿光：（对张首明说）哦，还有卖烟的呢。

禹德淳：我不是来卖烟的，是来理发的。

理发的客人：伊藤先生是这次回去，人们都议论他要当上满洲太守这个职位喽。

张首明：是吗？好豪横啊。然后，那话怎么说来着，来到哈尔滨，是不是要试试深浅啊，听说好像是来整顿满铁。

顾客：也可能是这样。听说满铁的总裁中村会一起来。

金学甫：（结束理发）请给我一杯茶。

张首明在悄悄地注意安重根和禹德淳。

阿光：金先生，您还没吃早饭吧？（对张首明说）你也等一下，把这收拾一下如何？

客人：我把钱放这喽。

客人留下钱后离开了。张首明向安重根和禹德淳点了点头，与阿光、金学甫一起，三人从正门走了进去。禹德淳和安重根并排坐在空椅子上，双方都沉默了一会儿，一动不动。

安重根：（低声说）信你看了吧？

禹德淳：已经按你说的调查过了，好像是二十四号晚上的火车。

安重根：这里的一位客人还在谈论这件事，（我想）已经晚上了。

禹德淳：好像是二十三日从宽城子出发。哈尔滨方面，我已经给曹道先发电报麻烦他帮我们收集情报了。《辽东报》《大东共报》上也有相当详细的报道，但信息不统一。你见过李刚了吗？

安重根：还没有，我刚到。正如我和你商量好的那样，我马上就来了——但是，德淳，我想了想。其实，我也考虑了一下。

禹德淳：你是担心伊藤晚上到吧。我也不是没考虑到这一点。确实，晚上的警戒会更加严密，但我们仅从这一点看的话，晚上比白天更容易混进去。

安重根：不是那样的，因为我们得见面聊聊，所以我并没有写在信里，（笑着说）我们见面谈过后，觉得你不是一个心细如发的人。

禹德淳：（热情地说）我虽然不知道你在想什么，但你既然决定来到海参崴，同志们就已经欢呼雀跃了，大家开心得就像是等待救世主的降临一样。话说我想问你，寄宿处的伙伴都知道了吧？虽然听说你要来，但也没吵着问我要跟你在哪里见面。（看着外面）说不定过一会儿，他们就会来找你呢。

安重根：救世主？说什么呢！连你都这么说。所以我说你不明白我在想什么。

禹德淳：那你到底在想什么？

安重根：（半自言自语）我要去哈尔滨。呐，我要去哈尔滨——

禹德淳：那肯定啊，我没法想象现在要终止计划。请考虑一下满怀期待的同志们，包括一直坚持到现在的我。

安重根：（很放松的状态）所以，我要去哈尔滨。我不是说过我要去嘛。（突然回忆）三年——漫长的三年。

禹德淳：是啊，漫长的三年。

安重根：三年里，我一次也没见过故乡的家人。

禹德淳：（像是要吐了似的）怎么了？怎么突然说这话。

安重根：不知道是不是跟你说过——我十六岁的时候娶了一个十七岁的妻子，现如今已经是三十二岁的老婆子了。我们育有三个孩子，一个女孩、两个男孩。

禹德淳：（像是要大声说）你说过，大家都知道。话说，有人知道你要去黄成镐那里吗？

安重根：德淳，你认识赵康英这个人吗？

禹德淳：赵康英？我听说过，是在烟秋乡下的村落里负责办理户籍的人对吧？

安重根：已经出人头地了，现在已经是波格拉尼奇纳亚海关的主事了。

禹德淳：你还是早点去见李刚主笔吧，我们一块去吧！

安重根：（平静地说）毕竟我和他是老乡，离我不过三里远，但听说这次要休假回国。所以，我写信拜托他，我要去绥芬河，想跟他好好谈谈。老家那边方便的话，就拜托赵先生照顾一下，回家后，我想把在哈尔滨的家人带过来，但因为护照的关系，很难让他们去海参崴。

禹德淳：（惊讶）你真的因为那件事要去哈尔滨吗？

安重根：是的，我要在哈尔滨见见三年未见的妻子和孩子。

禹德淳：你到底在说什么？

安重根：（满怀希望的样子）你知道金成白吧？从金成白那里搞了些东西，大概能作为杂货商在哈尔滨安顿下来吧。

禹德淳：（想了想，笑了起来）哈哈哈哈，不用连我都防得那么小心吧。

安重根：嗯，仔细想想，我们净关心些无聊的事。就这样出国，我们受到限制，一讨论国事也没有用啊。都是受苦，我就想把老婆孩子叫来，辛苦点，让他们吃上点好饭。（笑）

时间流逝，禹德淳沉思着。突然愤怒地从椅子上站起来。

禹德淳：安先生——。

这声大叫，引得杨子和张首明从正门走了出来，两人惊讶地看着站起来的禹德淳。

张首明：哎呀，要回去了吗？

禹德淳：（狼狈地说道）突然想起了件急事，我待会再来。

张首明：是吗？非常抱歉，我以为你不着急，我就吃了个饭——

禹德淳盯着安重根，想着什么事出去了。张首明重新开始给安重根剪头发。过了很长时间。

张首明：哈哈哈，吃个饭少了个客人，但是，肚子饿了就不能参军了。

安重根：说得对。

张首明：您是镇南浦那边的人吧？

安重根：（惊讶地）你怎么知道？

张首明：怎么知道的？我听你说话的语气就知道了。

安重根：是的，我是镇南浦的安重根。

张首明：这边报社的社长也是镇南浦那边的吧？您知道李刚先生吗？

说着开始打量起安重根来。外面，金学甫悄悄地把日本间谍带了过来。一名身穿西装、举止得体的男人。安重根从张首明的样子中注意到了这一点，若无其事地假装着。阿光在正面的拉门开了条细缝偷窥着。

间谍：（进来）你好，您这边有空吧？

安重根：（大声说道）是的，帮我向李老师捎个口信吧——

间谍：我能坐在这里吗？

说着坐在了空椅子上。

张首明：请坐——（向里面怒斥道）老金！你在干什么呢！来客人了。

金学甫从后面走了出来。安重根继续说道。

安重根：（说到一半对着间谍说道）不是什么要紧的事。我不怎么了解姓李的这个人，但我想让你把我当作你的朋友，向他介绍一下。

间谍一边和金学甫谈笑风生，一边侧耳倾听者安重根的话。

3

同样是海参崴商店。鸡林理发店附近场边的民宅后就是朝鲜文报社《大东共报》编辑局兼印刷厂，也是主笔李刚夫妇的住所，这就是破旧的《大东共报》报社的全部。

屋内的角落里放着一张快要坏掉的床。一旁的墙上杂乱地挂着衣服，地板上散落着餐具、炊具等，堆积了大量的外国书籍和报纸。另一边杂乱地放置着一张不起眼的排版台、一台老式的手动印刷机和其他必要的器具等，中央是李主笔的大书桌，书桌周围有四五把旧椅子。

前面有两扇小窗户和一扇看起来像耳门的门，打开门就能看到陡峭楼梯的入口，透过窗户可以看到民家的屋顶、圣尼古拉教堂、秃山等海参崴风景。远处是一线大海。

墙上挂满了俄语和朝鲜语的宣传单、剪贴画和乐书。用汉字大大地写着“八道义兵”“大韩独立”“民族自决”。正面的窗户之间装饰着旧韩国的国旗，下面挂着西方革命家的照片等。天花板倾斜得很低，墙壁摇摇欲坠，一切都被灰尘、贫困和潜行运动弄脏了，一幅扭曲的室内景色。

与前一场面的同一天，10 月 17 日傍晚。晚霞透过两扇窗户射了进来，将室内照的通红。

李刚——五十岁。《大东共报》主笔。俄国领地上朝鲜人势力的独立运动领袖。靠得住的学者、瘸子。已经完全被俄化，身穿俄式衬衫，即使在室内也戴着博勒帽。

李春华——李刚的年轻妻子。

柳丽玉——接头的同志、安重根的情妇，穿着像俄罗斯妓女一样的土气洋装，二十七岁左右。

卓连俊——老乞丐。

朴凤锡——《大东共报》记者，青年独立党员。

郑吉炳——安重根的同志，独立运动的游说家。

克拉西诺夫——逃亡中的俄罗斯革命党人，李刚的食客。其他同志一、二。

李春华在屋内一角，在一个石油旧罐上生起炭火煮粥，剥着葱皮。卓连俊在一旁帮忙，一边吃着生葱。克拉西诺夫坐在中间的桌子上看俄文报纸。郑吉炳用扫帚扫地。李刚一边嘟囔着什么，一边一瘸一拐地在房间里走来走去，像是在找什么东西。

柳丽玉在角落的桌子上写信，朴凤锡在旁边一边打扫着印刷机，一边时不时地偷瞄柳丽玉写的信。

柳丽玉：（用手捂住正在写的信）别偷看了——偷窥别人写信或读信是不礼貌的。

朴凤锡：哎呀！说话就像公爵家的教师一样。呵呵，爱情自古以来就把很多好同志变成了反动派。我一看，原来是写给安先生的。不过，如果是安先生的话，他应该已经来到海参崴了。

郑吉炳：（放下扫帚）老师什么时候收到安先生从烟秋寄来的信来着？信中说他十七号要去那？是什么时候来着？是前天吧老师。

李刚：（边走边说）是的。

朴凤锡：（突然向着某人大声说道）喂！白基龙怎么了？安先生本来打算今天一大早就来，但，到了晚上他还没有露面，等着欢迎他的同志们都很失望、时不时地来这里打听，这次连李先生都这么担心，刚才白基龙去黄成镐家里的那副样子你们看到——

柳丽玉：看到了。如果安先生来海参崴，他一定会住在黄成镐先生那里，但我想这一次他会直接来这里。安先生应该也知道老师和同志们都在这里等着他。

卓连俊：我也在等，不只是伙伴和老师在等。

李春华：爷爷，没办法啊。与其在旁边吃剥下的葱，倒不如多打点水来。

卓连俊提着水桶从门口楼梯口走了下去。

李春华：（对李刚）你刚才就在这来回转悠，还在找东西吗？

李刚：嗯。你不知道吗？这是今天早上卫生局发来的通知，你还记得这一带的种痘是从哪一天开始的吗？

李春华：我也没有仔细看，但如果是这样的话，郑先生刚才好像在读。嘿郑先生，你看，市政厅来的蓝纸。放在哪了？

郑吉炳：放哪了，我就放在那里了。没有吗？

李刚：我太衰了，没有找到，原本想在明天的报纸上写点东西。

克拉西诺夫：李先生，哈尔滨的《诺瓦亚·吉兹尼报》是这样说的。（朗读）“据可靠消息，此次伊藤公与我国驻北京大使兼财政部长科科夫佐夫在当地会晤。这次的会面，是关于日俄两国在满洲的地位，作为先前日清俄之间继续谈判的结果，绝不是偶然的事情。《波茨马斯条约》只是在纸面上签订了。如果要实施，并不明确是否会与全局的政策产生冲突。尤其是关于日俄在北满的工商利害关系。实施后清朝会继续独占渔翁之利。”虽然报纸上是这么说的，但这份报纸是社会党的机关报。就连社会党人也突然这么关注，看来伊藤和科科夫佐夫果然和传闻一样，确定要在哈尔滨见面了。

李刚：（还在找着）先放一放，这是天花通知书。不久之后，市里的医生要来这附近出差，说要接种疫苗，所以我必须定个日期——未来的劳动者和兵队要是因为得了天花而死，伊藤公爵和科科夫佐夫都会很困扰吧。

柳丽玉：啊，不就是这个吗？我还想是什么呢，今天虽然看过，但我没有在意。

说着从自己的桌子上拿起一张蓝色的纸片递给李刚。李刚回到房间中央的大办公桌,边参考通知边开始写原稿。同志一和同志二急忙跑上楼,从门里探出头来。

同志一:安重根同志来了吗?

同志二:今天早上好像确实是到了海参崴。

郑吉炳:(闷闷不乐)不管你来几次,人不在就是不在,我也在到处找他。

朴凤锡:(走到门口)你们从今天早上开始就这样进进出出地来找安先生,你们是以为我们把安先生藏起来了吗?

同志一:(对郑吉炳)是这样吗?(像自言自语一样)奇怪——我今天早上来这之前就知道了,他之后到底去哪里了呢?

同志二:(对朴凤锡)不,不是那样的。大家都等得太久了,我不能坐以待毙,我想他们已经到这了就来这里看看——是吗?那么,再见——

两人急匆匆地下了楼。

朴凤锡:真奇怪,安先生那边到底发生了什么事?

李刚:(像是注意到了什么)白基龙还没回家吗?朴先生,看看窗外。

朴凤锡:我骑自行车去的,而且不是很远,原本我也必须回家。(朴凤锡站在正面的窗户旁看着下面的车来人往,然后踮起脚尖看向远处的港口。)一艘船驶入了港口,看起来像一艘军舰——没错,是日本军舰。

克拉西诺夫:(咂舌)又来了吗?今天日本水兵正在陆续登陆。这样一来,像怪物一样涂满白粉的俄国女人们就会像革命一样从俄国大路后面涌出来,挤满栈桥街,然后整条大街就会在瞬间充斥歌声、笑声和烈酒。哈哈哈哈,女人的工作,在执行上,相较于我们跨越了国境,我们男人可比不上哦。

李春华:不只是俄国女人,最近就连这一带的朝鲜女人,一听到日本水兵,眼里也会发光。

李刚不顾这些说话声,在桌子上用手托着腮抽着烟斗,陷入了沉思。窗外的余辉渐渐变淡,此时屋内弥漫着一半黑暗。

柳丽玉:(继续写)那不挺好的嘛,我什么也做不了,我要是做那样的事也能从日本人那里榨取很多钱。

卓连俊提着一桶水慌忙地上了楼。

卓连俊:(站在窗口低头看向楼下)真是个厚颜无耻的混蛋!人明明就在街角的理发店,说了不在这,却还是不停地上来——。

朴凤锡:(跑到门口)街角的理发店?街角的理发店那儿,间谍张首明也在。

卓连俊：我跟他说老师有要事找，他不听。我现在就来问你，方便吗？即使我让你等着，这个混蛋上来的时候还想把我推开！来啊，来啊！上来！

郑吉炳：那家伙不可能不知道被我们盯上了，却还是明知故犯地闯进来，这个间谍可能有什么企图。

李春华：点灯吧。

克拉西诺夫：（不安地站着）不，不，别点灯为好。

朴凤锡：不点灯不好上楼啊。好吧，我去看看发生了什么。

郑吉炳：（对李刚）我也去看看吧。

李刚：（苦笑）请这样做，朴先生很容易发火的，让她一个人去我有点担心。

朴凤锡和郑吉炳走出了门，跑下楼梯。大家都一动不动地听着。

“干什么、干什么？”“你有什么事？这里不是你该来的地方”夹杂着两个人的吵闹声和脚步声，传来了张首明低沉的声音。

4

《大东共报》报社楼下。在民宅的储藏室里，旧家具、报纸杂志、谷物袋等堆积如山，手推车等也被拉了进来。这里的床上铺着食客们睡觉的床垫。偏下方，出入口的门开着，路灯微弱地照了进来。在正面中央，从下面可以看到通往楼上大东共报社的楼梯的三分之二。舞台几乎是黑暗的。

继续上一场。前场的所有人，理发师张首明、白基龙、安重根。白基龙和朴凤锡一样是年轻的独立党员，《大东共报》记者。

穿着理发师白大褂的张首明像被推倒一样从前面的楼梯上下来。朴凤锡和郑吉炳站在楼梯中间，只能看到他们的脚。

张首明：（身体靠在楼梯底部）你在做什么？粗鲁！我有事找李先生。

朴凤锡：什么事？我不是在问你有什么事吗？

郑吉炳：张先生，这里不是你该来的地方。如果你有什么事，就请告诉我们吧！我们会转告老师的——

张首明：我可以不来，但他让我捎句话，所以我没办法才来的。

朴凤锡：（跑下来）这家伙！你找老师应该没什么事。喂，郑先生，我跟这家伙可不会好好说话，我们别管他。

郑吉炳：（紧跟着跑下来，拉住朴凤锡）等等，你等等。（对张首明说）你也太固执了，我们已经说过会帮你传达了，总之你先把事情说说吧。

张首明：（对朴凤锡笑）你不知道你碰我的身体会有麻烦吗？我可不仅仅是理发店的小张。

朴凤锡：（试图推开郑吉炳）什么！你想说你是日本间谍吧？明明都是韩国人，你却娶了个日本老婆，拿日本人的钱，而把金斗星老师和安……

郑吉炳：朴先生！

朴凤锡：他在监视金斗星老师的独立运动，我可是很清楚这一点。像他那样的叛徒——（对郑吉炳说）放开我！放开我！该死！我要打死这个姓张的混蛋。

说着试图甩开郑吉炳并抓住他时，楼梯上亮起了微弱的灯光，传来李刚的声音。

李刚：（小声说道）是张先生吗？

张首明：（往楼梯上看）哦，老师，是李老师吧？嘿嘿嘿，屋里真黑啊……

李刚：是张先生吧？

张首明：我有件事想跟您说——

李刚：什么事？

朴凤锡：（指着一扇敞开的门，对张首明说）如果你要上楼，请把门关上。

张首明：不，在这里就可以了，没有什么见不得光的，也不像你们一年到头都是秘密的谈话。

朴凤锡：（准备再次抓住他，被郑吉炳拦住）真是个讨厌的家伙。

郑吉炳：嗯，朴先生，的确如你所说——总之，他说他有话来和老师说，就让他说吧，说完就早点回家。

张首明：我是受一个叫安重根的人的拜托而来的。

李刚拿着一根裸露的蜡烛一瘸一拐地走下来。

李刚：（目瞪口呆）安重根？嗯，我虽然听过这个名字，但不是很熟悉。他叫你传什么话呢？

郑吉炳：（突然冲进去）张先生，你和那个姓安的人认识很久了吗？

李春华和柳丽玉也走了下来。柳丽玉拿着蜡烛，和李刚手里的蜡烛一起把舞台照亮了一些。

张首明：虽然不是以前认识的，但也差不多。安重根先生是我们的伙伴。

郑吉炳：你们的伙伴——这么说的话，那个人也是理发师吧？

张首明：不，安先生不是理发师。

郑吉炳：虽然不是同行，但也能称得上是伙伴吗？那么——

朴凤锡：（愤怒地）你还不明白吗？果然安这个家伙，和这个姓张的是一伙的，那家伙也是个密探。难怪我觉得有点奇怪。第一，今天不是应该一到海参崴之后就立即去见老师吗？那么——

柳丽玉：（尖锐地）朴先生，你在说什么？

张首明：那件事啊，今天一大早，我在店里看到一个叫安重根的人，正在剪头发剃胡须，我们两个一直聊到中午，下午说要去城里买点东西。他要走的时候，拜托我给老师捎句话，说今晚晚些时候会来拜访老师，所以我来转告这件事。

持续了一段时间。

朴凤锡：（跑向李刚）你看，老师，我从很久以前就觉得安重根可疑了。明明今天早上这么早到的海参崴，却跟着那家伙磨蹭到正午，我不知道他们聊了什么。现在说什么天黑之后来找您，既然说了这话，那就现身啊。我确信他不会来——他正在吹嘘一个荒谬的计划，自己却当起了特务。他来才不符合常理呢，如果他来了，我就把他像这双靴子一样拉长！

李刚：（静静地看着张首明，陷入沉思）原来如此！那个叫安重根的人，在你的店里和你聊天，然后拜托你传话，说下午去镇上。

张首明：是的，从大家的谈话来看，你们好像认识他。

朴凤锡：你说这话是多余的，传完话就赶紧回去吧。

张首明：不用说我也会回去的。（就像自言自语一样）我不知道为什么，这热闹得就像支那节日的鞭炮！

说着起身往回走，从门口往外看。

张首明：有人来了，骑着自行车——啊，是白先生，是白基龙。

说着走了出去。期间李春华上了二楼，把洋灯拿过来放在一旁的旧家具上。白基龙走了进来，跟张首明擦肩而过。

白基龙：（把自行车靠在门口，回头看着外面）刚才的人是理发店的张先生。真是个奇怪的客人。他来这里做什么？

李刚：没有迟到吧？安重根怎么了？

白基龙：有点奇怪。听说黄成镐先生那里也收到了今天要早到的消息，所以也忙着赶往那边等着，我也在想，现在会不会是来了，所以一直等到这么晚——

克拉西诺夫出现在楼梯上，向下看去。

克拉西诺夫：你想怎么办？声音好像很大，理发师那家伙已经回家了吗？

克拉西诺夫走了下来。

白基龙：难道不是因为什么原因延长了一天吗？

朴凤锡：什么啊，这边已经彻底明白了，今天你不在的时候，我们从理发师嘴里听说了件不得了的事。

白基龙：是关于安先生的事吗？什么事？到底是什么事？

李刚：（下定决心）朴先生，我非常在意那个叫张首明的人。你马上出去，去那家伙的家里探探情况，他要是出来，你就跟踪他。

李春华：（上楼梯）热粥做好了，大家先喝点吧。

李刚：（激动）不，不，得赶快！还有，白基龙，你去停车场的候车室看看躺在凳子上睡觉的人中有没有安重根。

白基龙：我完全不明白，安先生到底怎么了？到底发生了什么？

在朴凤锡的催促下，两人匆匆离开。

李春华：那么，剩下人就快吃饭吧。

李刚：（很焦躁）不，等两人回来，大家一起吃饭。

郑吉炳：（感到尴尬的气氛）今天是十七号啊。

没人应答。安重根提着行李从敞开的门外走过，立即躲在树荫下。

郑吉炳：瓦德尔夫斯基街有七日庙会，所以我想在这期间去那做一个××运动的鼓动的演讲。明日的市场会有很多韩国人，效果应该会不错。

克拉西诺夫：我也去喝倒彩吧。吃不上饭，现在待在家里也没办法。哈哈哈哈。

李刚：（含糊的说道）好，就这样吧。

克拉西诺夫：就在救世军的前面演讲吧。利用他们的乐队来召集人群。

郑吉炳：但是嗓子受不了啊，声音要想大过那个太鼓和手鼓的话，嗓子也差不多要坏了——哎呀！卓先生呢？如果把那个人拉去让他占卜的夜店的话，如果顺利的话，就能赚到烟钱了。

克拉西诺夫：好主意，卓先生在哪里？

李春华：在二楼睡着了。

郑吉炳：还是一如既往的精明啊。

说着跑了出去，不一会儿，他就扶着还没睡醒的卓连俊走了下来。

郑吉炳：大爷，拜托你了，我要去瓦德尔夫斯基的集市做生意。睁开眼啊。

卓连俊：（摇摇晃晃地）就像占卜师自己都不知道自己的命运一样，你们不知道民族的命运，真是讽刺啊。彼此都是徒劳的。

克拉西诺夫：哈哈，你真幽默。带上你的生意工具跟我来，我们一起干。

卓连俊试图去床边拿一个装有占卜工具的小包时，一瓶烈酒从他的上衣里滚了出来。

郑吉炳：怎么，你要是觉得有味道，大爷，你就赶快喝了它吧。我们走吧。去拿点小册子。

郑吉炳和克拉西诺夫抱着一沓小册子离开。卓连俊提着一个破旧的手提包紧随其后。李刚吹着烟斗，目不转睛地看着洋灯笼。空隙。

李春华：（悄悄靠近李刚）大家都出去了。你有什么想法吗？

李刚：（就像发现了一样）嗯。我有一个想法，你今天为什么不像往常一样和柳先生一起去洪泽信那里洗澡呢？

李春华：是啊，就这样做吧——那么，柳同学，我们趁这个空闲去洗个澡吧。

柳丽玉：（从思绪中醒来，假装快乐）唉？好，那一起去。

柳丽玉和李刚眼神交流，和李春华一起收拾洗浴用品离开了。李刚连忙起身，打开了女人们刚刚关上的前门，把洋灯移到了楼梯适当的台阶上，自己坐在第一台阶上等人，在洋灯的光照下清理烟管。远处汽笛声隆隆。穿着韩服的安重根向室内看了一眼，然后快步走了进来。他拖着一个用皮绳绑着的旧行李。立马坐在行李上和李刚面对而坐。

安重根：（微笑）已经有一段时间了。

不安地听着楼梯上是否有声音。

李刚：（假装在认真清理烟管，冷淡地说）没关系，没有人在。我按照你的传话把所有人都支出去了。但是，你在那里没见到我们的人吗？

安重根：在来的路上碰到了夫人和柳小姐，但他们似乎都没有注意到我，所以我就默默地从她们身边走了过去。

李刚默默地点了点头，起身朝门口走去，轻轻地把手伸进俄式衬衫里摸了摸钱包。安重根也抱着行李跟进去。

李刚：（在门口回头）你把洋灯——

用手势比划熄灯后离开。安重根转身吹灭了洋灯，快步跟在李刚身后走了出去。

5

可以看到港口的山丘。紧接着上一个场面。

沙子上长着杂草。暗黑。透过崖边的立树，远远地看到眼前的港口。碇泊船的灯。轻微的起重机声。明亮的星光。

安重根和李刚一边说话一边走了出来。安重根拿着行李，李刚一瘸一拐地抽着烟斗。

李刚：朝鲜人的服装没有个性啊，拿来做忍术吧。

安重根：你说什么来着，那个街角的理发店，你去过吗？

李刚：张首明吗？（朝港口坐在草地上）去的话就是投降。嗯，来了。从那个男人的话中，我察觉到了你的意图，就把大家支出去了等着你。

安重根：（并排坐着）今早我到这之后就去那个理发店见了德淳，然后谁也没见，下午我买了很多东西。因为要去旅行，所以买了些衣服什么的——（说着拍了拍行李）今晚在黄成镐那里住一晚，明天就出发。

李刚：明天出发？还是这么急。不过，我明白了，看样子日本客人似乎要比预定时间早到。

安重根：（辩解地说道）老师，我要去哈尔滨接我的家人。

李刚：（笑道）那不错啊。

安重根：（很认真地说）真的要去接家人。

李刚：（笑得更厉害了）嗯，没关系，我明白。我想我能理解你的感受，你让那个间谍张首明说出了你俩是朋友，然后让他来我家。但现在，在整个海参崴的同志中，你的评价全是日本那边的密探。

安重根：所以，张首明按照我的要求，用一副跟我很熟的口吻来传话。

李刚：（担心地说）朴凤锡、白基龙不是那种守口如瓶的人。

安重根：哈哈哈哈，我就是这么想的。朴先生也好，白先生也好，两人可能会说“这家伙真坏，小心点”。但随着这句话在人与人之间传播，他们会说“安重根被日本人收买了”“据说他用这笔钱以妻子的名义在家乡买了土地”之类的，肯定会用认真而又端庄的语气说出来。哈哈哈哈哈哈，我昨天今天都没有参加运动，所以我心里明镜似得，就像亲眼看到这些八卦的制造过程一样。

李刚：他们不会真的这么说，但是，年轻同志的失望和恐慌，是相当大的吧？毕竟，一旦他们知道了这次的计划，那么安重根这个名字在他们之间可就成为一个神圣的形象了。

安重根：（不愉快地）请不要那么说。正因为如此，我今天才特意在那家向阳的臭理发店里，和一个叫张首明的家伙交谈，磨了小半天的洋工，然后，结果就如我所想的那样。（孤独地笑）从后门跑进来个传话的，说把日本间谍叫来了。

李刚：（讽刺地）你也变得很厉害了呢——（尖锐地）安先生！你可能是故

意将自己排除在小组之外，因为你不想以后给你的同志们带来麻烦，对于你这点小心思，我可不吃这一套。

安重根：（自言自语）看起来是这样的，哼，这是老师的想法。我只是不想见大家。与其说不想见，倒不如说是害怕跟大家见面。

李刚：为什么？我很清楚，快到决战了，你却假装背叛了同志的信任，孤身一人去奋战。我明白了，愚蠢的同志会按你所想的去排斥你。但比任何人都要自信的你却很清楚，这情况只能持续一段时间。等到后来，当我们听到你的举动时，我们才会意识到你的真实意图。（苦笑）从很久以前，你所做的一切都是在演戏。

安重根：（看起来很难受）同志？老师说什么都提到同志。难道我不能摆脱同志之类的东西，按照自己的意愿行事吗？

李刚：（冷淡的）那也不错。然而，为了美化自己的名声，玩弄别人的纯真，真的可以吗？

安重根：（寂寞地）比起那样的事，我现在对自己很迷茫。（起身）我以为我来这里，是因为你会理解我的感受，现在看来也不该来这里。

李刚：你也知道吧？海参崴的同志们今天一听说安重根要从烟秋来这儿，都兴奋得像是要迎接国民英雄一样，大家激动得热泪盈眶。

安重根：（愤怒地）别说了，真荒谬！（来回走动）你这人真坏，明明你什么都知道，但你实际上是一个坏人。

李刚：（笑了起来）这是什么逻辑？

安重根：难道不是吗？老师从刚才开始就不停地说同志同志，我最近觉得这个“同志”像包袱一样不愉快。（突然喊道）到底什么是同志！同志不过是一群胆小鬼，同志什么的明明都十分清楚是绝不会实现的空想，却还是互相假装感激，自始至终总想用别人的代价来引起的注意。

李刚：（微笑）完全正确——（间）哦对了，你吃过饭了吗？

安重根：我的情况就是这样。原来，我曾向两三个所谓的同志吐露过这个计划。（坐在李刚旁边）还没吃呢。事实上，我从早上开始就什么也没吃，直到现在还在边走路边思考。

李刚：你要回家，是家里有什么事吗？（他从俄式衬衫的口袋里掏出钱包，轻轻地数着钞票）但是，你，你自己的想法，得到了外部的支持，难道不应该更加坚定地去执行吗？

安重根：这样的心情，也是有的。然而，不知不觉间，这件事已经在这一带的同志中传开了，我刺杀伊藤这件事，在大家眼里就像是既定的事实一样。

李刚：（冷冷地）你被寄予这么高的期待，那不是很好吗？就我个人而言，正如我之前多次说过的那样，我绝对不同意这个计划。

安重根：老师，我也很讨厌，我觉得自己被当作玩具一样被肤浅的赞扬和鼓励，我对同志们的不负责任感到反感。我刚才说，我不想见我的同志，我害怕见到同志，即使今天早上我来到海参崴，我也躲了一天。那些假装成国家志士的家伙们的脸真让人生气。还有，不知怎么的，当我见到那些人时，我感到一种奇怪的压力，让我觉得无论如何我都必须杀死伊藤，这是很可怕的。（笑）每个人都认为我就是为了杀死那个人而生的。有些人很高兴将我视为你所说的"民族英雄"，就好像他们已经采取了行动一样。我能说什么呢？我真的感到无法忍受。

李刚：（低声）受欢迎的人一旦失去勇气就会放弃。

安重根：老师很冷漠，我都这么痛苦了，却一点也不同情我。谁也没有想过我。什么都可以，只要我尽快杀了伊藤，大家都会满意吧。所以，不论是决死之人，抑或是韩国独立的牺牲品，他们会用非常空虚的美名来祭奠我，聚在一起把我推出去，想要我亲手杀死伊藤。（自言自语）谁会去上那个当呢？

李刚：（不可思议地说）你在烦恼什么呢？

安重根：（仰卧）人类很滑稽。甚至以前连我是谁都不知道的同志，在得知这次计划后，态度一百八十度大转弯，无论去哪里都是特别对待。大家都像十年的知己一样亲切地伸出手来，要不然，就像是看到佛像一样看我。这对我来说，只不过是对死者冷淡的尊敬和一种怜悯之情而已——我无法忍受！

李刚：（平静地）哈哈哈，当我听你讲这些，听起来就像是因为别人的命令而想到这次的事情，但至少一开始我就是反对的。即使现在我也反对。即使杀死了伊藤，日本的侵略主义也不会改变，对韩国独立这个大目标，我认为没有任何贡献。即使计划后续举行示威，仅靠一两次也是没有任何效果的。

安重根：（低声笑道）但是，老师，我觉得这个计划是以某种方式从你那里得到暗示的。

李刚猛地站了起来。安重根依旧躺在草地上，压抑着感情，继续说。

安重根：我明白。从表面上来看，老师一开始就是反对的。哈哈哈哈。

李刚：（掩饰自己的沮丧）只是表面说说？你这是什么意思？我刚刚明确地说出了反对的原因——首先，我不知道这样的内在的过程。

安重根：（起身）不仅仅是老师，那些自称同志的人，都饶有兴致地等着我杀伊藤。（心不在焉地拔草）每个人都在秘密地期待着什么重要的事情。所以这些天，当我遇到那些人时，他们就会露出这种表情——"这家伙还没有采取行动。不知道在磨蹭什么，如果没有机会，为什么不直接去东京伊藤的宅邸呢？"感觉就像是被迫履行什么承诺似的。（兴奋）但我不曾向任何人承诺过一定要杀死伊藤。尽管如此，我还是要用生命来偿还被同志们赋予的不正当的负债吗？

李刚：（僵硬地站着）我很惊讶。你这个人的想法实际上是女人的想法。负债？什么是负债？你怎么了？没必要有这样的想法。（半自言自语）也许是生病的原因，你最近胸腔感觉如何？

安重根：（愤怒地站起来）这难道不是债务吗？我标榜着自由人的名号去暗杀伊藤公爵——

李刚：安！你这么大声地说出来真的合适吗？

安重根：（压低声音）标榜自己是自由人，计划暗杀伊藤公。然而，有趣的是，当这个计划被发现时，从那一刻起，我就被同志们剥夺了自由人的身份，我成了大家共有的奴隶。（激动地）我不要！我绝对不要。这样的话，只会和同志战斗。只有战斗，才能从这个束缚中走出来。

李刚：（笑道）你到底要怎么办？

安重根：同志们听了一定会吓一跳。他们只要把我逼到绝境，就会幸福了——

李刚：你说还没有吃饭吧？（伸出手中的一沓钞票）用这些钱去做点什么吧。虽然我也想和你一起出去，但我在报社还有事要做，所以失敬了。（开始走路）

安重根：（机械地接受）对不起！被同志这种难得的集体力量所禁锢——真讨厌。谁能当别人的顶梁柱呢！我不是那种老好人。

注意到手里的钞票，有些惊愕。

安重根：（追上来）老师，这是怎么回事？怎么给这么多？——

李刚：去吃饭，剩下的就当路费了。

安重根：（谨慎地问道）路费——？

李刚：（压低声音）安同学，钱够吗？

安重根：（吓了一跳）钱？——这是什么钱？

李刚：（压迫般地走近）你刚才说要在黄成镐那里住一晚，明天就出发。这是路费，路费。（意味深长地）出去旅行怎么少得了钱呢。

安重根：（热心地）老师，我真的会在途中顺便去波格拉尼奇纳亚，然后去（哈尔滨）接家人，仅此而已。

李刚：（有力地说道）好！接你的家人去哈尔滨吧。

两人面对面，像是在找寻什么。过了很长一段时间。

李刚：（低声）现在没必要瞒着同志了，大家都知道了。

安重根：我今天一整天都在想这件事情——没办法了。我不去哈尔滨了。我放弃这个计划，去自首。

李刚：（冷冷地说）自首！那也不错。因为现在俄国正在讨好日本，所以警察应该会非常高兴。

安重根：（间）与其这么痛苦，不如直接去自首。（泪流满面）我会自首。自首的话，问题就解决了，老师也放心了吧，我也放心了。罪名就是谋杀未遂。这样就解决了。

安重根用皮绳拖着行李，一边低着头开始走路，一边慢慢地对自己说。

安重根：就这样，去自首！什么都行，只要去自首，给他们一个合理的解释，这就够了。去自首，那些听风就是雨的围观者会大吃一惊的，这次可不是简简单单的反间谍谣言了。（决然地）我要给他们一个背摔，让他们把吃的都吐出来。

说着匆匆离开。李刚含笑送行。

6

这天半夜，赌徒黄成镐之家。

目光所及之处，一个房间映入眼帘。其正面是一排横向延伸的玻璃窗，窗户之上悬挂着脏兮兮的白木棉窗帘。居中而立的大门敞向外界，两侧各有紧闭的小门。左侧的通往厨房，右侧的则连接着其他的房间。室内的正中央是一座没有生火的火炉，其周遭环绕着几把破损的凳子。此外，在各个角落还零星放置了若干粗制滥造的桌凳，营造出一种类似集会场所的氛围。尤为引人注目的是，一张椅子翻倒在地，其内散落着废纸、烟蒂等杂物，显得颇为凌乱与污秽。一盏由红纸包裹的电灯低垂在房间里。

黄成镐——赌徒。独立党的关照人，五十岁左右。此外，现场还有禹德淳、朴凤锡、白基龙、安重根、柳丽玉，第三场面的同志一、同志二以及四五十名青年独立党员。

青年独立党员们齐聚在舞台上，他们穿朝鲜服、俄式衬衫、破旧西装等，或站在舞台上，或相互倚靠，情绪激昂的相互讨论着，等待着安重根的到来。同志一、同志二等一群人围在火炉边，黄成镐坐在离舞台较远的桌子上跟其他青年相谈甚欢。青年们的对话速度很快，声音嘈杂。

青年 A：（在房间的一角）日本的狼子野心是想要把韩国当作垫脚石，再把魔爪伸向满洲，即使没人指出，我也心知肚明。

青年 B：（在另一边）喂，照你这么说的话，此次伊藤前来，不就是为了收购哈尔滨宽城子之间的东清铁道吗？

青年 C：（站起来）即使是现在，日本人回来依旧想占领满洲到俄国领土的这一块土地。倘若真叫他们得逞，那我们的运动该怎么办呢？

黄成镐：（接着前面的话接着对周围的年轻人说）我明白了，我虽然没多少文化，但是，我希望能这样接近独立党的各位，甚至和八道义兵总指挥官金斗星老师、黄先生成了朋友，以大家为首的党的年轻人也问我，为什么像黄成镐这样的老爷爷也来海参崴，我总是这样说，这些年来，大家在我这里做短暂休息，因此，这些年来我帮助了很多来此的独立党员。你看，那个叫安重根的人现在要做一件大事了。

青年们连连点头。

同志一：（在火炉前对青年 A 说）那只是你的谣言，实际上之前也有过一次那样的故事，不过，因为条件不合适被废弃了。

青年 D：（另一个角落）说，即将上任的财政部长科科夫佐夫作为全权代表肩负着重要使命，所以如果他见到伊藤，问题可能会再次爆发。

青年 C：（大声）我不在乎，我只知道一件事！

青年 E：（仰卧在凳子上的他突然站了起来）是的！如果我们磨磨蹭蹭的话，我们就看不到自己的运动了——

与此相呼应，当激烈的声音骚动起来时，远处传来两三个人的喊声："大韩万岁！大韩万岁！"

大家瞬间静了下来，侧耳倾听。

青年 E：安重根！

说着跑向门口。四五名年轻人连续叫喊道："是安重根。安重根来了！"年轻人 F 带头跑到外面。

（声音）　**大韩万岁！大韩万岁！**

来到家门口。在室内，大家也静了下来，齐声附和"大韩万岁"。以同志一、二为首的许多人跑到窗前打开玻璃门。

同志一：安同志？安重根同志！

禹德淳、白基龙和刚刚出去的青年 F 等人一起穿过舞台左边的过道，马上从门那边跑了进来。

同志二：（失望）什么啊，不是安重根吗？

禹德淳：（兴奋地）大韩万岁！嘿，大家都到齐了。

大家都进来，回到原来的位置。白基龙沮丧地坐在角落的凳子上，趴在桌子上。

同志一：（对禹德淳）安重根先生到底怎么了？他在哪里？

禹德淳：（走向斯托布）斯托布已经出来了吗？这太聪明了。真是的，晚上走在外面的话，海风好像要把脸颊刮破了。（意识到）但是，没有火的炉子是不行的。

黄成镐：德淳先生，你还没有见过安先生吗？大家在这都等不及了——

上面，另一个房间的门开了，妻子黄瑞露对黄成镐说："喂。"

门前的年轻人：（转身）是一位老人吗？（对黄成镐）嘿，你的妻子在叫你呢。

黄成镐起身走进另一个房间，没过多久，像是知道了什么似得，悄悄地走了回来，坐在原来的桌子上。

禹德淳：（嘲笑黄成镐刚才的问题）哈哈哈哈哈哈，你们要在这个没有生火的炉子周围做什么？

青年 G：（靠在墙上，怀疑地）炉子没有生火吗？真的是。我打算在没有火的炉子上烤一会儿，我觉得它多少是暖和的。我想鼓励没有勇气的同胞，让他们有所作为，将来的运动也不乐观啊。

同志一：（掀开炉盖对着黄成镐）老爹！生火。

同志二：煤在哪里？

黄成镐：（对自己说）火这东西靠近炉子就会觉得温暖。（用手摆出烤火的样子思考）这家伙说了一些奇怪的话。事情可能就是这样。

同志二：（对黄成镐）有什么让你感动的，夜深了，天突然就冷起来了。给我煤，我要生火。

黄成镐：没有火，也没有煤。你们的工作是在没有火种和煤的情况下生火。

青年 H：哈哈哈 竟然说这话。

青年 E 把歪倒的椅子扶正，然后像骑马似的坐在上面。

青年 E：话说回来，我说伊藤来到哈尔滨的真正目的，应该不会是收购铁路这样的小事。

禹德淳：你在说什么呢？是那个案子吗？

同志一：（对青年 E 说）为了解决韩国问题，日本需要得到俄国和清朝的谅解。所以，要在哈尔滨会见科科夫佐夫，必要时还要访问北京。

青年 I：（房间的一角）嘿，你看昨天的《日本时报》了吗？它出现在社论中了，据说日本和俄国要瓜分满洲。所以，他肯定会来的，伊藤与桂首相频繁往来，也经常拜谒日本天皇，而且连日召开长时间的内阁会议。

在这很久之前，禹德淳就已经把盖住电灯的红色纸片拿了下来，在青年们喧闹的对话中大声朗读了起来。

禹德淳： 这是什么——嗯，这是先前写的诗歌，喂，你们都知道吧？来，我们一起读。（以慷慨的腔调大声阅读）

为与汝见
不远万里
历尽千辛万苦
换乘轮船火车
历经露清两地
就如旅行
向天堂祈祷
也敬拜耶稣
想法设法见一面
请原谅我
关心东半岛大韩帝国

大家都聚精会神地听着。

7

回看时间，这个场景的前半部分与上一场处在同一时刻。

黄成镐在厨房。厨房在上一场景中房间的左侧。舞台正面，左侧过道附近开着一扇通向走廊的门，右边有一扇门通向上一场面的集会所，房门紧闭。另一边有个后门，没有窗户。

角落里有土灶、水槽、水桶、锅、菜篮子等。墙上挂着煎锅等，架子上放着茶碗、盘子、小碗类。其他的角落堆放着柴火，房间中央摆放着低矮的粗糙桌子和两把椅子。灯光昏暗。

黄瑞露——黄成镐的妻子，五十岁左右。此外还有安重根、柳丽玉、禹德淳、朴凤锡、白基龙、黄成镐、同志一、同志二及上一场的众多青年和俄国宪兵数名，邻居们。

与上一场开始的时间相同。透过墙壁，可以不间断地听到隔壁房间的青年们的谈话声。和李刚分开、穿着朝鲜服的安重根，一边关注隔壁房间的情况，一边紧张地快速踱步。桌子上放着旧行李。安重根小心翼翼地打开舞台左边过道的门向走廊窥去，然后回到桌边，心里焦虑，犹犹豫豫地试图打开行李箱。柳丽玉坐在房间的一把椅子上注视着他，眼里充满尊敬和关切。

过了很长一段时间。隔壁房间的声音越来越大。走廊的门开了，黄瑞露扛着一床代替床铺的稻草蒲团和一条毯子走了出来。

黄瑞露： 柳同志，帮我一把。这个——

安重根心不在焉，被吓了一跳。

黄瑞露：（吓了一跳）什么啊，你急什么？

安重根： 啊，吓了一跳。当我在思考的时候，你突然间闯进来——吓了我一大跳。什么事？

黄瑞露： 哈哈哈哈哈哈，你怎么了？不应该是我被吓一跳吗？是吧，柳同志？我想把地板抬起来——

柳丽玉： 哎呀，我还以为你已经睡了呢，对不起。

说着起身走到门口，帮黄瑞露把稻草蒲团和毯子拿进了室内。远处传来"大韩万岁"的叫喊声。与此同时，隔壁房间也静了下来，开始合唱起这首歌。黄瑞露和柳丽玉在一个角落的柴火堆前铺床。

黄瑞露：（对隔壁房间的骚动皱了皱眉头）他们在干吗？明明都半夜了。（对柳丽玉）今晚就在这个房间里将就一下吧。

柳丽玉： 在哪里都没关系。

黄瑞露：（笑）不是吧？你俩都这么久没见面了。

两人铺完了床。安重根疲惫地坐在椅子上发起呆来。

柳丽玉：（高兴地）大娘讨厌啦！你不想和我聊聊吗？

黄瑞露： 已经很晚了。（看着安重根正要离开）安同志的脸色不好，我想他病得很重。

柳丽玉担忧地凝视着安重根。隔壁响起了"安重根万岁！"。

黄瑞露：（心平气和）呐，柳小姐。安先生有一次离开烟秋，好像是去年春天的事吧？我见他时，现在的他跟那时变了一个样。刚才我从后门进来的时候，我还以为是谁呢。（对柳丽玉）你俩在哪里遇上的？

柳丽玉：（得意地）和老师的妻子一起去洪泽信同志家洗热水澡，我先走了一步，我俩就在洪先生住所的小巷里偶遇了。

黄瑞露： 但是……

柳丽玉：（看着安重根）是的，他很累，虽然很对不起正在等他的大家伙儿，但他今晚谁都不想见，他跟我说想安静地思考一件事。我也为大家感到难过，不管怎么说，身体是最重要的，不是吗？而且，就算对他本人这么说，他也听不进去，正因为大家都聚在这里，他反而不想让大家找到他，我对此感到很惊讶，于是从后门悄悄地走过来陪着他。

黄瑞露：柳小姐真的会体贴人呢。我刚才只是偷偷地对自己人说了，放心吧。我只要表现出不知道的样子，追过来的人都会回去的，你们就放心地休息吧。

黄瑞露离开了。又过了很长一段时间。

安重根：（苦笑）我谢谢她，她这么善变，没人会看出来的。

隔壁房间开始朗读起禹德淳的歌曲。柳丽玉偷偷地笑了起来。

安重根：（听着歌声笑了）很有精神啊。（注意到柳丽玉的情况）你太高兴了。你也想让我杀掉伊藤吧？你是不是想和大家一样，以此来给我壮志，然后让我轰轰烈烈地去行动？

柳丽玉的笑容变成了抽泣。

安重根：（失望地）怎么，你在哭吗？

柳丽玉：（擦了擦眼睛）我很高兴能和即将闻名于世的安同志一起这样待着，我太开心了，于是我独占了能让同志们那么激动的安同志，总觉得有点对不起他们。

安重根：（自嘲）哼，我要去哈尔滨接我的家人。

柳丽玉：（故意）是的，我很清楚。而且，身为独立党烟秋支部部长——特派活动队参谋中将的安重根，马上就会成为世界的、历史的安重根。（激动得无法自制）啊，我——我真的很幸福。

安重根仿佛没在听，迅速打开桌上的行李，一件一件地拿出旧衣服。茶色西装，相同颜色的俄式衬衫、圆形运动帽等。那个动作突然就像变了一个人一样，变得活跃起来。

安重根：（高兴地自言自语）哈尔滨很冷啊。

最后拿出俄国的羊皮大衣。

安重根：就是这个。

柳丽玉急忙给他穿上外套，衣服长的拖到了地上。并给他戴上运动帽。安重根在室内走动起来，陷入沉思。柳丽玉一脸信任和自豪，陶醉地抬头看着安重根。

8

原来的隔壁房间，集会所。

第六场结束时，禹德淳继续看着从电灯里取出的红色纸条。

禹德淳：（大声）

那个奸诈的老贼

我们民族二千万人

亡国后，三千里锦绣山河

皆在无声中被掠夺

青年们聚精会神地听着。

青年J：（突然喊道）什么都可以，打败他不是很好吗？（对禹德淳）是吧，叔叔？

黄成镐：请安静点，已经几点了？

青年K：几点都没关系，在安重根先生来之前我是不会回去的。

青年L：是的，是的！大家会一直等着安同志。喂，喂。

青年M：除了安同志之外，还有人愿意冒着生命危险去做这件事。（大叫）大韩万岁！安重根万岁！

禹德淳：（继续读手上的红纸）

尔以穷凶极恶之手段

欺骗十之强国

即便挖尽尔之内脏

也难解我心头之恨

青年N：那是谁的作品？

同志一：不知道吗？是安同志，是安重根写的。

在这之前，黄成镐去了右边的另一个房间，拿了几张和禹德淳一样的红色纸片递给同志一、同志二。同志一、同志二把它分发给青年们。

同志二：（一边分发）大家都有吧——

青年O：什么时候发的？我没拿到。

青年P：请给我一张。

青年Q：太长了，看到最后就忘了。

禹德淳：因为有三章，一起看吧。

黄成镐：声音太大会出事的。这里有很多俄罗斯的宪兵来回巡逻，很严。

青年R：为什么？老头子整天战战兢兢的。

禹德淳：（继续）

欺骗十之强国

即便挖尽尔之内脏

合唱：（刚开始声音小，后来越来越大，后半部分大家激愤地大声朗读）
丈夫处世兮
尔等鼠辈，遍布国土
你要欺骗多少人，掠夺多少土地
我至仁至爱的上主啊
若您怜爱这大韩两千万生灵
就给我一个机会
让我遇见这老贼
伊藤老贼
尔之奸诈
世之罕见
五六十年的风雨飘摇
山河已遭到掠夺
生活已被压迫
甲午年的独立
乙巳年的新条约
洋洋自得所获
岂不知今日
犯的就是罪恶
种瓜得瓜矣
汝会如何
是啊，我们的同胞
团结一心
尽灭外仇
复我国权
富国强民
世上有谁
夺我自由
冷眼待我
尽快一心
犹如伊藤
尽皆诛灭
勇敢地站起来

青年G靠在通往左侧厨房的门上，从刚才开始就一直凝视着门的另一边。

青年G：（举手示意众人）嘘，安静！我能听到说话的声音——

朗读声突然停止了。

黄成镐：（震惊又焦虑）应该没有人……

青年G：（把耳朵贴在门缝边）安同志，确实是安同志的声音！（指着厨房对大家说）嘿，安重根来了！

青年J：什么？安同志来了！来厨房吗？他一定是从后面偷偷溜走了。把他拉出来演讲！

青年L：不可疑吗？我们等了这么久，他们却从后面偷偷溜进来，不来见我们。

青年M：白痴！这不正是安同志的优点吗？

禹德淳：（淡然地继续地读）如果你不履行作为公民的义务，你就不配在这个位置上。

年轻人一起站起来欢呼："我们的安重根！安重根万岁。"

黄成浩：（假装不知道，走到厨房门口）安同志是从里面来的吗？让我来看看是哪一个。

白基龙：（从桌子抬起头叫他停下来）叔叔，等等！（对禹德淳）还是告诉大家比较好。我应该说实话——安同志很困惑。

大家都凝视着禹德淳。

禹德淳：（读完）国家的建立不应该是一个人的事。（悲痛地对白基龙说）我没有那样的勇气。现在，我无法向这些热情的同志们说，安同志——我说不出来（对着厨房门大声重复）如果你不履行作为公民的义务，就不配在那个位置。国家的建立不应该是一个人的事。

大家都愣住了，来回看着厨房的门和禹德淳的时候，朴凤锡猛地打开玻璃窗，进来了。

朴凤锡：（大声喊道）间谍没来吗？（同志一、同志二等多人跑到窗边）

同志一：间谍？

朴凤锡：是安那个家伙，安重根是间谍！

一同进门的人都在咒骂他。

朴凤锡：我和张首明见过面。理发店的那个姓张的。刚才那家伙来说了，虽然我早就知道了。安重根那个家伙想通过散播暗杀伊藤公的事件，来渗入我们盗取机密。所以，在这最后关头放弃刺杀伊藤。（看着禹德淳）嘿，德淳，对吧？到目前为止，我一直奉李老师的命令看守张的店，但是白基龙……

(认出白基龙)哦！白！停车场里那个混蛋吗？

白基龙默默地指着紧闭的厨房门。

朴凤锡：在厨房吗？为什么每个人都？该死！

在众人的激昂中，朴凤锡冲向门口。禹德淳抱住了他。

禹德淳：你可别操之过急。把安君的本意戳穿之后——喂，抓住朴！

想要抓住他的人和他一起闯入厨房，在舞台上争执。禹德淳、白基龙、黄成镐等人把守厨房大门。门终于打开了，灯光昏暗的厨房里，我隐约看到柳丽玉站在门的正对面，保护着安重根。以朴凤锡为首，同志一、同志二，青年C、E、J、K、L等一队人蜂拥而至。

9

原来的厨房。

第七场的后续。安重根穿着外套在室内来回走动，柳丽玉满脸尊敬，看得入迷。从隔壁房间可以听到很多人的合唱。

安重根：(高兴地说)在俄式衬衫的外面穿一套西装，再加上这件俄罗斯大外套——我考虑过了，日本人可能看不出来。

柳丽玉：(一起帮着出谋划策)所以你今天去买了这件衣服。你想用这件洋装来干什么？但是，关于乔装这事，李刚老师有跟你说过什么吗？“如果不尽国民的义务，就不能无所事事地坐着……”禹德淳重复的这句话，听得清清楚楚。

安重根：(一边倾听着)如果穿着不合时节的衣服，肯定会被日本人怀疑。李刚老师？(苦笑)老师啊，老师他当然是反对暗杀这件事的。

突然，隔壁房间的脚步声、人声的骚动变得更加激烈，还有撞击墙门的声音。

柳丽玉：(注意到隔壁房间，不安地起来)安同志！出什么事了？

安重根：(红着脸)说实话，我恨李刚同志！我恨他！无论什么时候，他都冷静地反对我，然后以此来煽动我，利用我来杀了伊藤。我明白，哈哈哈，我明白。

隔壁房间的骚动声越来越大，门都快被撞开了。柳丽玉跑到门口，试图用后背挡住。

柳丽玉：安同志！

安重根：(漠不关心)对于那个人来说，我的存在不过是一件用来暗杀的凶器罢了。我很清楚这一点。(无力的)我虽然明白,但我不知道该做什么。我觉得我就是我,但又不是我。(疯狂尖叫)每当我遇到他时,我总是这样。虽然嘴上在极力阻止我,但眼神却在让我杀死他!杀了伊藤!——(爆笑)哈哈哈哈,我会尽我所能。

柳丽玉:(拼命推门)赶紧脱下外套,收拾行李。

当安重根意识到这一点,连忙脱下帽子和外套,把桌上的衣服放进行李箱时,门被撞开了。柳丽玉将安重根护在一边。以朴凤锡为首,一群青年蜂拥而入。黄瑞露从前面的走廊里走了进来,一脸不安。

朴凤锡:(推开柳丽玉)安重根!你——

举起手臂逼近。"关灯!"有人喊道,迅速关掉电灯。隔壁的光线穿过敞开的门照了进来,舞台一片黑暗。大家都喊道:"间谍畜生!""没必要听你辩解!""你今天的行动已经说明一切了!""你把我们玩弄的这么惨。""干掉他!"说着将安重根重重包围,互相扭打在一起。青年们陆续从隔壁跑进来。禹德淳、白基龙、黄成镐挤了进来,大声呵斥、挥手,试图让他们停手。

柳丽玉:(阻止朴凤锡)你要做什么?好好说话,听不懂吗?

青年C:这女人也在糊弄我们,一起打!

大家都叫喊着。一切都是瞬间。朴凤锡趁着混乱殴打安重根。接着,众人一边咒骂,一边围殴倒在地板上的安重根。柳丽玉打开舞台左侧过道的门跑了出去。禹德淳、白基龙、黄成镐、黄瑞露等人为了帮助安重根而不停推搡众人。椅子、桌子倒了,架子上的盘子、小碗掉了下来,舞台上呈现出一片混乱的景象。

柳丽玉:(离开后不久就从慌忙从后门冲了进来)是宪兵!是宪兵!

五六名俄国宪兵从后门跑了进来,佩剑鸣响。

宪兵一:(大喝)大半夜的,干什么!

宪兵二:安静!不然的话你们都别想走!

说着朝天花板开了两三枪。大家都撇下安重根、禹德淳、白基龙、黄成镐夫妇和柳丽玉,争先恐后地向室外逃去。宪兵出现的同时,黄成镐迅速地从怀里拿出扑克牌,撒在地板上。

宪兵二:空炮,空炮,别慌!

宪兵三:打开灯,打开灯!

灯随之亮起。在青年们全部逃离的明亮的舞台上,散落着家具、食器,一片乱斗后的迹象。安重根躺在房间中央,柳丽玉跪在其身旁查看他的情况。其他几人或站在安重根身旁,或狼狈地靠在墙上。地板上散落着扑克牌,数名身穿睡衣的邻居男女聚在后门窥向这里。

宪兵长官：（走向黄成镐）你是这里的主人吗？这么骚乱，发生什么事了？

黄成镐：是的。真的很抱歉。不管是用了假钞还是不用假钞，他们都不给钱，都是火爆急躁的家伙，哎。

长官：什么？是赌博打架吗？

黄成镐：嘿嘿嘿，我们闹着玩儿呢。给您添麻烦了，你们来得真是太快了。

宪兵四：（对上级）我知道。这里是著名的朝鲜人的赌博会馆。

长官：呵呵，你也经常来啊。

宪兵四：不一样。我是……

长官：闭嘴！（轻轻踢了倒在地上的安重根）这家伙死了吗？

他看着黄成浩，偷偷地摩擦着右手的拇指和食指，想索要点钱。黄成镐迅速掏出钞票走近他。

黄成浩：（看着安重根）嘿嘿嘿，他只是睡着了，睡着而已。

装作很自然地经过长官身边，悄悄地将钞票塞进了他的口袋。宪兵们一齐咳嗽了几声。

宪兵长官：嗯，是吗？睡着了吗？等他醒了就照顾他。（对下属）收队。

禹德淳、白基龙装成赌徒的样子，弯下腰，宪兵从后门离开。附近的人们跑开让出道路，但很快又聚集在一起偷窥。柳丽玉抱起安重根。

安重根：（泪流满面地笑着）哈哈哈哈，没关系，我能起来。（认可了禹德淳）噢！德淳！

他踉踉跄跄地走过来，握住禹德淳的手。大家都呆呆地看着他。

安重根：（用力地握）天亮了。（天空泛白，黎明的一束光从后门照了进来）你查过火车的时间了吗？

禹德淳：（急切地反握住安重根的手）你真的要去？你真的要去哈尔滨？

安重根：（哄笑道）哈哈哈，放心吧。（柳丽玉搀扶着他）我有路费。哈哈哈，我有的是。

黄瑞露将后门的人支走，关上了门。

10

绥芬河的里町，脏乱的西式街道，刘任瞻韩药店前。

十月十九日，黄昏。

一家比较陈旧的小店，招牌上写着“韩国药剂师刘任瞻药房”。屋檐下挂着草根、树根和树皮，店外一字排开着装有浆果、蛇酒等的玻璃容器。左右两边是二手服装店、干货店和其他小店，都是以韩国人为主要顾客。附近停满了手推车、自行车等。一排排低矮的房屋外是连绵山脉和一轮皓月笼罩着下的城市重重叠叠的屋顶。一座教堂的塔尖清晰可见，一根电线杆矗立在凹凸不平的鹅卵石路面。

刘任瞻——医师兼药剂师。老人，俄罗斯农民风格服装。

刘东夏——他的儿子。十八岁。穿着俄式衬衫，戴着俄罗斯士兵的军帽。

安重根、禹德淳、柳丽玉、邻居旧货店的老妇人、俄罗斯人、中国人、朝鲜人等男女路人。

喧闹的黄昏。刘任瞻坐在店门口的椅子上，用双手揉搓簸箕中的谷物，然后摇动篮子吹稻壳。一群赤脚的俄罗斯孩子、去市场买东西的两三名朝鲜妻子、一群从工厂回来的中国工人等匆匆经过。也有去向刘任瞻打招呼的。俄罗斯巡逻队挥舞着长剑经过。配合手风琴的朝鲜哀乐飘来。隔壁一家旧货店的老妇人，一边打扫洋灯，一边从店门口挂满旧衣服的地方探出头来。

老太太：是小刘吧？快把灯打开，东夏同学不在吗？

刘任瞻：愚蠢的混蛋。趁着时间还早，他说有独立党的会议，出去后就不回去了。我在这里等着出差，我回来后我一定骂他个狗血淋头。

老太太：啊，那一定是和自家的年轻人在一起哦。说有个叫安重根的人来了，就丢下生意跑了出去。

刘任瞻：太难了，我总是告诉东夏，要是职业和努力遭到蔑视，那还能叫一个国家、一个民族吗？他听到独立竟被吓了一跳。即使是有一点点的骚动，世界也不会有什么变化。活了这么久，您和我应该是最了解的。是吧，老奶奶？

老太太：也是。

刘任瞻：世间没有道理可言。不，如果只有一个道理的话，那就是弱肉强食的道理。强者胜而得，弱者败而亏。然而，强者并不总是强者，弱者也有变强的时候。上变下，下变上。这样，世界就会大浪淘沙地前进，所以即使念一百万遍阿弥陀佛，也不会变成什么样。等待，就是等待强者变弱、弱者变强的时刻。哈哈哈哈，等着吧。只要等待，时机一定会到来。

对面的干货店亮了灯。手风琴和歌声逐渐减弱。

老太太：真就是那么回事。（看向下面）哦，有人来了。可能是我们家的人。哎，点上灯。

进入二手服装店。

刘任瞻：东是东，西是西。年轻人归年轻人，老年人归老年人。

刘任瞻把盛着稻谷的簸箕放在一边，拖着椅子往家里走。很快那家商店和旧货店就亮起了灯。灯光落在街道上，已经完全是夜晚的景色了。下面传来说话的声音，安重根和禹德淳跟着刘东夏走了出来。

刘东夏：（指着自己的家）就是这里。请稍等，我想回家。

禹德淳：（追他）你可以么？你有信心自己说服你父亲么？

安重根：因为是独立党的工作，所以我们必须和你一起去。

刘东夏：（对安重根就像对英雄那样说）不能那么说。我经常奉父亲之命去哈尔滨买药。这次也是因为买药，本来预定两三天后去，即使我突然决定今晚就出发，我父亲也不会说什么。

禹德淳：（对安重根说）今天很高兴见到刘东夏。因为你也好我也好，一说俄语就完全不行了。俄语说得比俄罗斯人还流利的小刘说要和我一起去那里，我真的特别放心。

安重根：不，我早就听说过刘东夏，有一次和符拉迪沃斯托克的李刚老师闲聊的时候说过。他说，波格拉尼奇纳亚有个叫刘东夏的人，年纪不大，但俄语说得很好。如果你要深入俄罗斯领地，请找那个人做翻译——我就想起了那件事，我一定要见见刘东夏。我在波格拉尼奇纳亚中途下车，也是为了能和他同行。

禹德淳：（对刘东夏说）哈尔滨的事没什么大不了的。那么，你就说你马上要去哈尔滨买药，一定要征得你父亲的同意哈。我和安重根先去停车场等着。

刘东夏进屋。

安重根和禹德淳急忙向下走去。

禹德淳：那家伙的俄语是手到擒来。而且对党的工作也相当热心，收集信息什么的，把联络人员带来什么的，但是你打算把事情和他说到什么程度呢？

安重根：毕竟还是个少年。虽然随着时间的推移肯定会隐约感觉到，那也是没有办法的事，但还是什么都不告诉他比较好。让他干点买火车票和问路的事。

禹德淳：（突然停下来，握着安重根的手，向下看）她！不是柳先生吗？没错，是柳丽玉！

两人一边朝下看着，一边躲到旧货店前的电线杆后面时，柳丽玉出现了。

从弗拉迪奥到这里，好像旅途很累的样子。她提着一个用绳子绑着的一尺见方的箱子，焦急地走过来，抬头看着，好像在寻找房子。

安重根：（做过头了）柳先生！果然是你。

柳丽玉：哎呀！安先生。太好了。嗯，德淳先生也在啊。

安重根：（高兴地想把手放在柳丽玉的肩膀上，但克制住了，后退一步）你来这里做什么？你为什么来这里？（心情不好）你一定知道我们这次的目的。

柳丽玉：（兴冲冲地）啊，太好了。我是跟着你来的。感觉还像在做梦，能在这里遇到了，真的太……

禹德淳：（很不愉快的表情）怎么了。柳先生很理解我，而且那天早上在弗拉迪奥的停车场你不是很开心地为我送行么。

柳丽玉：（对安重根说）我马上乘坐下一班从符拉迪沃斯托克出发的火车，刚刚到达这里。李刚老师和我说，一定会去波格拉尼奇纳亚的一家叫刘任瞻的药店。

安重根和禹德淳面面相觑。

柳丽玉：（微笑着）听说你忘了东西，我是受李刚老师的委托，来送你忘拿的东西的。

禹德淳：忘记的东西？是什么？

柳丽玉：（拿出纸包）我也不知道是什么，你走后不久，李刚老师就告诉我，你们两个人忘记了重要的东西，非常重要的东西——如果没有的话就特别麻烦的东西。安先生一定会在波格拉尼奇纳亚站下车，还会在一家叫刘任瞻的药店里，让我在后面追上你们然后交给你们。我急急忙忙地坐上了下一班火车。

禹德淳：老师怎么知道我们要来这里呢？

安重根：（笑）喂，刚才不是说了吗？有一天李刚老师无意中说了这里的刘东夏。那个人的言行，即使当时听起来毫无意义，但事后想想，也是有着千丝万缕的关系。你不知道么？从那时起，他们就计划让我带着东夏。（对柳丽玉说）不，谢谢，辛苦了！打开它看看吧。

接过包裹，蹲在地上，打开。漏出纸盒。

禹德淳：（偷看）怎么了，你不是裹得严严实实的吗？

安重根默默地取下盒子的包装物，有两把手枪。

安重根：（吓了一跳，静静地抬头看着柳丽玉）李刚说我们忘记的就是这个？

柳丽玉：哎呀！（快速看了看盒子里面）是的。然而，我不知道里面放着这个。

安重根：所以李老师让你来就是为了把这个送给我们——

再次打开箱子，给禹德淳看。两人默默相视。

安重根：（苦笑）有两支，随便哪一个都可以用。

禹德淳：哈哈哈哈，就像决斗一样。但是，对于李刚主角的深谋远虑，我还是一如既往地投降吧。

安重根：（拿起其中一把手枪，对着灯光看）这是史密斯·韦特森式的。上面刻着一个十字架。这是六连发。这个枪管上写着什么。（横向阅读）科里安·托马斯。

禹德淳：朝鲜人托马斯？有意思。还是把它作为你的名字？

两人目不转睛地盯着各自的手枪。传来手风琴和歌声。

柳丽玉：（毅然决然地）变得有趣了。我也可以工作。安同学，我们一起去哈尔滨吧。

安重根把两把手枪放进箱子里，迅速地把它包起来。

禹德淳：是的。如果带着女人，可能会更方便突破警戒线。

卖晚报的少年从高处跑了过来。

报童：卖晚报啦！晚报！晚报！哈尔滨韦斯特尼克晚报！

报童好奇地停下来看着三个人的样子。

禹德淳买了晚报，把他赶走了。

禹德淳：（摊开报纸，大声念道）嘿，出来了。（敲了敲报纸的一个地方，给安重根看）那是什么？“为确定自己对东清铁路业务扩张的看法，正在远东地区巡视的科科夫佐夫财政部长将于21日抵达哈尔滨。另外，某消息灵通人士说，从俄罗斯驻北京大使科洛斯托韦茨专门来访等事实来推测，以及传闻同时期来访的伊藤公爵和我们财政部长的会见，就像是在隐瞒其他重大使命一样。”还有，这之后就很难了。（继续兴奋地大声朗读）“东清铁道公司准备了第二天22日长春和哈尔滨之间的专列。”怎么样？这是个好消息。我迫不及待了。

柳丽玉：（满怀信心地对安重根说）我去拿包。

安重根：不，不行，你回弗拉迪奥去。回去后替我向李刚老师道谢。和他说我非常开心他把这个送来。（对禹德淳说）我们一定要注意科科夫佐夫的动向，不要出错。伊藤肯定会从另一边过来。长春到哈尔滨的专列？22号？

禹德淳：（翻白眼看着报纸）嗯，见面吧见面吧，我们终于见到了伊藤。

安重根：早了两天啊，曹道先应该知道吧。

禹德淳：当然已经安排好了，等着你。喂，刘东夏该出来了。我们去停车场吧。

安重根抱着手枪包，和禹德淳一起急忙下去。

柳丽玉勇敢地送走后，才意识到，也赶紧跟了上去。刘父子从药店出来。刘东夏在为出行做准备。

刘任瞻：（站在门口）办完事马上回家，哈尔滨不是年轻人长待的地方。

刘东夏：（着急）嗯，我马上就回家。那我走了。

跑走了。

11

十月二十三日，半夜。哈尔滨码头区莱斯纳亚街，曹道先洗衣店。

屋顶上的晾衣架。在屋顶上用木头搭建的相当大的晾衣架。剩下的两三件衣服挂在圆木头和竹子上，被夜露弄湿了。下面是附近的屋顶。在晾衣架的另一边的角落里有一个升降口，还有一个穿过屋顶的梯子。远近家家户户窗里的灯消失了。一片星空，半暗。

曹道先——洗衣店老板。知情者，为安重根工作。四十岁左右，穿着没有颜色的旧西装。

妮娜·拉法罗夫娜——曹道先妻子，年轻的俄国妇人。

金成白——附近的朝鲜杂货商，安重根的熟人。穿着朝鲜服，三十岁左右。

其他还有安重根、禹德淳、柳丽玉、刘东夏。

晾衣架的一角，安重根和柳丽玉各自盖着毯子，肩并肩蹲着。他们似乎聊了很长时间。脚边放着一盏灯，一束光长长地横照在地上。

安重根：（好像很在意这一带的茶室和来往的行人车辆，身子靠在栏杆上时不时地往下看）所以呢，如果我要杀伊藤，那也只是我自己的选择。要是没有被所谓同志之类的爱挑事、看热闹的家伙们挑唆，就像禹德淳一样，比如今天杀了伊藤，一雪前面所有屈辱，明天的韩国将会独立，每个人的生活都会变得更好。自己的烟草行销售额也增加（笑）事实上，德淳从心底里相信这一点。但不幸的是，我没有那个男人那么简单。

柳丽玉：（靠近）没错。他们根本没法跟德淳同志比。

安重根：（自言自语）扪心自问，我不知道为什么要杀伊藤了。

柳丽玉：（惊讶地离开）嗯，安先生！你在说什么？

安重根：为什么来这里，为什么必须要杀伊藤，我也不太明白了——（自嘲地)为了报仇并寻求独立——呵呵,首先,在考虑国家之前我会先考虑自己的。(慢慢地)话说回来,对我个人而言,杀了伊藤有什么好处呢?

柳丽玉:(热情地抱住他)怎么了,安同志!现在我觉得你都不是那个安同志了。

安重根:(就像我想到的那样)嘿,我们偷偷逃到某个地方吧。就这样两个人一起生活吧!

柳丽玉:(强烈)不要!我不知道你是一个如此没骨气的人。连刺杀伊藤这件事都——

安重根:(急切)要么返回绥芬河,要么到赤塔附近混进朝鲜人多的地方。我在学校努力教书,让你衣食无忧。我也有小学教师资格证。(努力)喂,我们就这么做吧。把世界、国家之类的事情交给别人不就行了?就我们两个人在一起,快乐地生活。只考虑自己,在周围建造只属于自己的城堡,悠闲地生活在这个世界——能够下定决心做到这一点的人,才是最聪明的吧。

柳丽玉:(站起来)哈哈哈哈哈哈,我感觉我看到了一个白痴。让我说出这样话的就是你。

安重根:(笑)我开玩笑的,刚才是个玩笑。真的有人能做到吗?

安重根沉思了一段时间。

安重根:(痛苦地)然而,到目前为止,我一心恨伊藤,为恨伊藤而活着。只有对伊藤的仇恨和怨恨,我才能感受到我生命的意义。但仔细想想,那也正是因为伊藤还活着。哈哈哈哈,嘿,柳同志,你见过伊藤这个人吗?

柳丽玉:没有。但我在照片上看过很多次了。

安重根:(突然变得像个男孩一样爽朗)虽然有些粗俗,但他留着这样的胡子,感觉是个不错的老人吧?

柳丽玉:(微笑)嗯,是啊。感觉是个了不起的人。但我非常讨厌那张脸。

安重根:三年来,我一直把那张脸记在心里——好吧,我该怎么说呢,我个人感到很亲切。

柳丽玉:(微微动动嘴)真是的!

安重根:哈哈哈哈,他的做法很可恶,但人性中也有有趣的地方。绝对不是喜欢他的性格——

柳丽玉继续沉默。

安重根:(注意下面的路)我想我讨厌伊藤,不是被他惹恼了。(心平气和)毕竟,在过去的三年里,伊藤一直在我心里,我一直盯着他。三年来,我一直在研究、观察那个人,从各个角度看他,我觉得我已经完全了解了他和他的生活,就像我们一起生活过一样，我不认为他是别人。（无力地笑）最近，我感觉我就是伊藤，伊藤就是我。

柳丽玉：我能理解你的心情。

安重根：我坦白，我好像不讨厌伊藤这个老头。我确信他的优点和缺点都转移到了我身上，我觉得连脸都变得很像了。

柳丽玉：（忍不住笑）噗，恶心，你要是像他，那我们该怎么办？

安重根：（间、慢慢地自言自语）伊藤实际上生活在我的脑海中。即使这样，我也能闻到伊藤的味道，听到伊藤的声音。不，我能看到伊藤，能清楚地感受到伊藤！

柳丽玉：（一脸毛骨悚然）安同志！我会感到难过的。

安重根：（空洞地）伊藤要么占领我，要么我杀了伊藤——这是自卫！这是自卫手段！但右半身杀死了左半身，无论如何这都是自杀。

柳丽玉：（深情地看着他的脸）安同志这样专注说话的样子最帅。

安重根：已经不行了。来到哈尔滨四天，日本和俄国的间谍就不停地尾随我。（突然站起来）现在这所房子周围都是间谍。

柳丽玉：（惊讶地抱住她）没这回事，怎么会有这种事呢？这都是安同志的错觉，你强加给自己的。看，（从栏杆往下看）没有人。

妮娜·拉法罗芙娜出现在晾衣架的高台的入口处。

妮娜：你们两个在这里做什么？不冷吗？

柳丽玉：（离开安重根）哎呀，我不小心说入迷了。

安重根：有什么事吗？曹同志怎么了？

妮娜：不，我想今晚不用，但我带来了这个。

把手里的镜子递了过来。

安重根：啊，镜子啊。

妮娜：镜子让我感到不安。你刚才说你想要镜子，我找遍了整个房子才找到了，但在这么黑暗的地方带镜子是没有用的。

安重根：很好。这里很好。

他试图接过镜子。

妮娜：（惊讶）嗯，安同志，你的手怎么了？

安重根：手？我的手怎么了？

妮娜：怎么了，你不是在发抖吗？

安重根背对着妮娜，盯着自己的手，自嘲地爆笑。

安重根：（看着他的手）我想是这样，有那么，那么颤抖吗？哈哈哈，这家伙是个笑柄。

妮娜：别笑了。简直就是中风啊。如果拿着水壶的话，就会完全洒出来。

安重根突然陷入沉思。

妮娜：（假装什么都不知道）虽然我一点也不明白，但安同志现在是主角，这是一种女人的直觉。如果说我们曹道先同志也是最近这段时间开始说着今天或明天一直在等待着安重根同志的到来，那就会很奇怪。

安重根靠在扶手上仰望天空。

妮娜：安同志不是有那么多钱的人吗？你有什么烦恼呢？喂，安同志，不是那样的。

安重根：（猛地抬起头，敏锐地）什么？

妮娜：好可怕的表情！那样会把柳小姐吓跑的。是吧，柳同志？

安重根：（松了口气）啊，柳同志吗？柳同志会被吓跑么？是啊。

妮娜：你在说什么？莫名其妙的，我不能开玩笑么？

妮娜下来了。安重根一手拿着镜子，一手拿着灯，默默地看着自己的脸。很长一段时间。

柳丽玉：那面镜子是怎么回事？

安重根：从屋顶下来，最后再照一遍镜子，看看乔装效果。

伴随急促的脚步声，禹德淳兴奋地朝着晾衣架跑了上来。

禹德淳：（握住安重根的手臂）嘿！东夏那家伙刚刚来调查。终于决定了，明晚或后天一早，迎接专列将从哈尔滨开往长春。

安重根：（甩开禹德淳的手，心不在焉）是吗？

禹德淳：你怎么了？（咆哮）收到了这么好的消息，还愣着干什么？

安重根：（与禹德淳对视站着，就像突然醒来一样）德淳！你确定吗？然后，那趟专列会来。（想想）我们在列车停靠的时候动手吗？

禹德淳：（气势汹汹）从现在开始马上向南走。

安重根：（像变了一个人一样充满活力）是的，我们去三岔河吧！是在哈尔滨行动比较方便，还是去其他停车场比较好，单纯地去视察也不是没有意义的。

禹德淳：反正明天一天在这里闲逛，也没办法。

安重根：而且哈尔滨军队很多，到了紧要关头可能无法靠近。科科夫佐夫也来了，警戒加倍严密。

刘东夏带着曹道先跑了上来。

刘东夏：（气喘吁吁）听说要在蔡家沟停三十分钟！我明白了。就是前面的蔡家沟。只有蔡家沟是复线铁路，所以说临时列车可能会停靠三十分钟以上！

安重根：（严厉的语气）护照怎么样？没问题吧？

禹德淳：东夏全办妥了。

安重根：汽车还在那。

刘东夏：快点就来得及。

禹德淳：到蔡家沟吗？

安重根：说傻话。别说傻话，结果如何还不知道呢，就买到三夹河的票吧，在这之前我们先把衣服晾上再下去。

禹德淳：（继续）咱俩能事先拍张照片就好了。

安重根：照片还是能拍的，就在明天的蔡家沟。

金成白跑了上来，差点碰在门上。

金成白：（对安重根）老师，终于——

安重根沉默不语，用力地跟金成白握手。"去三夹河。"

安重根、禹德淳、刘东夏三人一边大声说着"不，在蔡家沟下车""我们三人要跑到停车场"等话，一边气势汹汹地走下屋顶。柳丽玉也勇敢地跑下来送行。曹道先和金成白跑到栏杆边往下看。

12

第二天，二十四日深夜。蔡家沟站前，齐齐哈尔宾馆。

木屋旅馆楼上的一个房间。灰色的墙壁，低矮的天花板，光秃秃的地板，前面有一扇通往走廊的门，门旁边有一把椅子。没有窗户。角落里只有两张摇摇欲坠的铁床，没有其他家具。

安重根、禹德淳、刘东夏、蔡家沟站长奥格涅夫、驻该站连长奥尔达科夫上尉、该队中士付塞明、齐齐哈尔宾馆老板亚阿夫年科、中国人鲍伊、士兵、俄罗斯妓女三人，对方男子。

安重根和禹德淳睡在角落的并排床铺上。禹德淳呼呼大睡，安重根辗转反侧。两人的衣服都脱了下来，挂在床边，从广播电台带来的行李塞在安重根的床底下。门边的椅子上，穿着大外套的刘东夏正在打瞌睡。昏暗的电灯。走廊里的钟响了两声。很长一段时间。门开一个小缝，一个俄罗斯女人往里看。他看着刘东夏睡着了，轻轻地伸手去捏鼻子。刘东夏嘴里嘟囔着什么，付了钱。

女人：（低声笑）看门人！你这个看门人！你为什么在这么的努力工作？

很冷吧。你为什么不到我这里来？我能进去吗？

刘东夏醒了。

女人：（小声）好吧，你不是个孩子吧？我会爱你的。欢迎光临，去我的房间，走廊尽头。

刘东夏：不能去，不能从那种地方出来，会被骂的。

禹德淳从床上坐起来，女人急忙关上门离开。

禹德淳：又来卖淫的了吗？

刘东夏：（笑）是的，她很吵。

禹德淳：几点了？

刘东夏：嗯——好像时钟刚刚敲了三下。

禹德淳：要换人吗？

刘东夏：不用了。再过一会儿。

禹德淳：叫我起床吧。因为会改变。

禹德淳再次躺在床上的同时，安重根噌的一下坐了起来。

安重根：汗流浃背，（把手放在腋下）出了这么多汗。

禹德淳：（从床上）睡得很好。你得好好睡到早上。你放心，我和小刘轮流值班。

安重根也再次躺下，刘东夏继续在门口的椅子上打瞌睡。很长一段时间。

安重根：（突然自言自语）德淳，你好像不太了解黄海道。（禹德淳没有回答）我的父亲叫安泰勋，出生于黄海道海州。科举及第，是进士。（很长一段时间。渐渐地回忆道）对了，我家有私塾，波格拉尼奇纳亚的赵康英、哈尔滨的金成白，还有我弟弟安定根和安恭根，大家都一起学过中文。《童蒙先习》《通鉴》，然后好像是《四书》，哈哈哈，我都学了。（间）此后，我在信川跟随一位名叫洪神文的法国人学习法语，他是一位天主教僧侣。我家都是天主教徒，我在十七岁的春天受洗的。嗯，叫洪神文。你不知道吗？

禹德淳装睡打呼噜。持续很长时间。

安重根：我的父亲安泰勋是一个节俭的人，只有很少的房产，留在镇南浦而来投奔的家人就住在那里吃白食。现在也是二三百石的东西吧。我离开了家乡再没有给他任何帮助，我想他一定很困难吧。

蔡家沟站中士塞民以及四五名部下一边敲着门，一边踢开了门。

在中国人鲍伊的带领下粗暴地走了进来。

中士：（大声呵斥）起来！检查！

安重根和禹德淳站了起来。刘东夏离开椅子站起来。

士兵们已经在房间里走来走去，摸着衣服和手工艺品。

安重根：怎么了？有人半夜冲进别人的房间吗？什么检查？

中士：（大声）你在说什么？别这么傲慢，任何检查都可以！日本的高级官员将经过这个车站，我这样做是为了不失礼。（走向安重根）你是哪位？

禹德淳：（赶紧下床）对不起，我们是糖果店的。这家伙深夜喝了一杯醉了，实在失礼了。（狠狠地瞪了安重根一眼）

中士：糖果店吗？工具在哪里？工具在哪里？

禹德淳：是的。工具寄存在这里。

中士：你把它寄存在哪里了？

禹德淳：我把它寄存在这个镇上的老板那里了。

中士：没错。如果你撒谎那可不行。赚钱吗？

禹德淳：啊？

中士：在问糖果店赚不赚钱。

中士白了安重根一眼，带着部下迅速离开。

中国人鲍伊对他的背影皱起了眉头并关上了门。

禹德淳：让你见笑了。啊！太嚣张了。简直就像日本人一样的混蛋。（对刘东夏说）你一定很惊讶吧。

安重根：（坐在床上）我很羡慕德淳。明天，即使你想做一些让全世界都大吃一惊的事情，你也会假装自己是糖果店的人——心太大了。

禹德淳：（用力滑到床上，大声喊道）是的！如果我们最终打败了他，那就会引起轩然大波。结束××战争的战端。真痛快啊！

安重根：××战争？你说什么奇怪的话。谁来打仗？

禹德淳：你在说什么？看到我们毅然决然地发生了，你以为从鸡林八道到俄领、满洲的同志闲得慌么吗？这是一场大战。这将是一场大战。

安重根：（哄笑）别逗我笑，这就是为什么我说我羡慕你。

禹德淳：（从容地起身）什么？那么，老安，你认为同志会对我们见死不救吗？

安重根：（为了转移话题，对刘东夏说）十二点左右，我听到了火车的声音，我听着就像做梦一样。

禹德淳：（激烈地）老安！你不相信同志吗？

刘东夏：（从门口的椅子上起来）那是货物。

安重根：火车好像到不了那么远吧？（对禹德淳微笑）去三夹河比较好吧？

禹德淳：但是，蔡家沟虽然是一个小站，但在火车的交汇处，停车时间长，所以才下车的吧。

安重根：（对刘东夏说）你知道火车往返的次数吗？

禹德淳：（好像要喷出来）当然，这里不是做大事的好地方。当一个陌生人在附近徘徊时，很容易被发现。没必要三个人都待在这儿。

站长奥格涅夫跟着刚才的那个中国人鲍伊进来了。

站长：（微笑）请允许我查看一下。

禹德淳：（脸朝下躺在床上）又——我厌倦了。

站长：（看着刘东夏）你为什么坐在那儿？

刘东夏：因为只有两张床。

站长：原来如此。（对禹德淳微笑）由于这家酒店与车站相连，所以属于我的管辖范围，可能会给您带来不便，请回答。

禹德淳：是的，是的，（精神抖擞地站起来，伸出胳膊）我会回答的，请问我任何问题。

站长：什么？只是形式而已。

安重根：刚才也受到了军队的审问。太吵了，睡不着。到底怎么了？

站长：（装傻）哎呀，什么事呢，我也只不过是按照上级的命令行事——（对禹德淳说）你们三个是一起的吗？

禹德淳：是的。没错。

站长：是从哪里来的？

禹德淳：卖糖果的，我来自哈尔滨。

站长：现在要去哪里？

禹德淳：打算明朝去三岔河、宽城子那边。

站长：谢谢，打扰你们了。

站长走了，中国人鲍伊皱着眉头跟了上去。站长立即走进门对面的房间，听到他说着同样的话。

禹德淳：（盯着安重根后）我不知道你在想什么，但我们永远不会因为个人原因（低声）杀死伊藤。虽然人数很少，但这种行为就是战争。这是一场精彩的××战争。你是义军的参谋中将，我是义军的一员。如果事情成了，我已经做好了作为战时俘虏的觉悟。

安重根：（一边继续吐着烟圈，一边走来走去，苦笑）明白了，明白了！我现在也不想说这样的话，但在我们国家，外部、工部、法务部，甚至通信机构都是日本经营。我现在还不明白，但仔细想想，我不认为这会是一个如此大的计划。例如，我们在这里做了什么，我们的目的、我们的意愿是否会贯彻到大众中。

禹德淳：(脸色变了)嘿嘿，现在你要说什么？

安重根：(冷笑)德淳的擅长又开始了。接下来(用豪言壮语的语气)他说："如果我们有武力，我们将在军舰上装载大炮，前往朝鲜海峡，击沉伊藤亲王的船只。"像往常一样，天空会出现十八号吧？

就在禹德淳生气地想说什么的时候，外面的走廊里一个女生高喊道："我不喜欢，不要拉我！我走了。如果我走了，我想他不会抱怨的。"

男人的怒吼："来吧！你也一起来吧！"接着是女人的哭声，还有很多人跑来跑去的声音，门突然开了，三个穿着睡衣的俄罗斯妓女和客人朝鲜人、中国人的男人们逃了进来。刘东夏和禹德淳目瞪口呆。安重根从床底下拿出行李，拿出在乌拉西奥准备的衣服，包括一件棕色的俄式衬衫、一套同色的西装、一顶圆形运动帽、一件大羊皮外套，静静地在角落里换着衣服。但是，没有人注意到。

女一：(低声对禹德淳)请把这个房间借给我一会儿。

所有入侵者继续漫不经心地对房间里的三个人窃窃私语。

男一：不，我慌了，我慌了，我什么都看不见。

女二：莎莎好像被干掉了。

男二：真狼狈。就在今晚，竟然被那个混蛋威胁了。

女三：尊贵的人坐火车经过，在家里做什么都无所谓啊。

男三：宪兵好像有什么不对劲，真是一场灾难。

女一：(竖耳聆听)嘘！

把手指放在嘴上。门开了一道缝，看见酒店老板亚夫年科的秃头。

女一：哦，亚夫年科的父亲已经好了么？

亚夫年科：哎呀呀呀，好像带了一组人回去了。悄悄地回房间去，安静——听着，安静！

女人们在一个名叫铭的男人的陪同下悄悄地离开了。

亚夫年科：(只从门缝里伸进头)给您添麻烦了。好了，休息吧。

禹德淳：(惊讶地发现安重根换了衣服)什么？现在就穿上这样的衣服。(跑过去)你要去哪里？

安重根：(穿好衣服)我讨厌这里。(走向门口)我要回哈尔滨了。

禹德淳：(脸都变了，试图追赶)安重根！你干什么蠢事?!

安重根：你要干什么?!(甩掉)

禹德淳：（愤怒地）你，你，你变节了？你打算背叛吗？

安重根：（在门前回头，静静地）既不变节也不背叛，我只是觉得我已经杀了伊藤。

禹德淳：（他呆呆地站着，但似乎意识到了，跌跌撞撞地走到门口）那是什么意思？

安重根：（冷冷地）我感觉我杀了伊藤，我感到孤独和无助，我要回哈尔滨了。

禹德淳：好！（愤怒地颤抖着，试图抓住他并咆哮）胆小鬼！卑鄙。你这个家伙！

安重根：（握住禹德淳的手，一字一句地用力说）德淳！听着，伊藤是我的伊藤，只是我一个人的伊藤。如果要杀他，我必须亲自动手。但是……

禹德淳：（盯着他）不要诡辩！这是诡辩！

安重根：让他生还是让他死是我说了算。既然我说了要杀了他，这次我也有权帮助他。我要让他活着！和杀人一样是帮助！

说完，他推开禹德淳，转身走到了外面，关上门。

禹德淳：（对刘东夏说）帮我把外套拿过来！外套口袋里有一把手枪。该死的！我要杀了他。他可能会跑去找警察，所以，快点！

当刘东夏慌慌张张地拿起挂在卧铺上的外套并递过去时，门被打开，警卫连长奥尔达科夫上尉和四五名士兵以及一脸若无其事的亚夫年科和中国人鲍依庄严地站在那里。

上尉：（对亚夫年科）开糖果店的是这些家伙吗？听说是三个人，怎么只有两个人？（进来）你们是韩国人吧？不要出去！明天一天禁止出这个房间，直到专列通过！等等！我现在要做身体检查。

接到上尉的指示，士兵们慢慢地走了进来。刘东夏呆呆地站着，禹德淳惊愕地向后踉跄。

13

十月二十六日、早晨。东清铁路长春哈尔滨间专列，餐车内。

金灿灿的万国卧铺贵宾餐车内部，随着列车而晃动。正面一排窗外是长满枯草的堤坝、油漆粉刷过的住宅、红土丘陵、牧场、松花江水、道口等哈尔滨郊区景象。近景在火车后面飞逝而过，远景跟着火车缓慢变大转动。车内的椅子和桌子都收拾好了，就像接待室一样准备着。车轮和活塞有规律的轰鸣声。

车窗外明澈的阳光下粉雪飘扬。

为了迎接伊藤公，东清铁道民政部长阿法纳·阿舍夫少将、该营业部长金策、护境军团代表霍多罗夫上校、其他二十三名俄罗斯文武官搭乘便车。哈尔滨总领事川上俊彦、日本侨民会会长河井松之助、满铁代理店日满商会主等二三人。日本人和俄国人都穿礼服。

当大家站在破旧的车门前，默默地谦卑地等待时，身着深灰色的斗篷，拄着一根带金饰的粗手杖的伊藤公在满铁总裁中村是公、董事田中清次郎、员工庄司钟五郎的陪同下出现在门口。人们静静地低头。伊藤公在庄司的搀扶下走到了驾驶室中央。那个时候把雪茄用的烟斗取下来。庄司赶紧把它捡起来，恭敬地拿在手里。伊藤拿着雪茄，微笑着环顾四周。

阿法纳阿舍夫少将：（身着华丽的军装，走到伊藤前面）公爵阁下，路途辛苦，我也非常想去拜访您，今天能见到您是无上的光荣，非常荣幸您能欣然接受我们的邀请。我是东清铁路民政部的阿法纳阿舍夫。（握手）

伊藤：本人这次访问哈尔滨，并没有什么政治外交上的意义，只是期待着看一看新的土地，偶遇天下名士科科夫佐夫等人。

庄司从背后推了一把椅子，但伊藤没有坐。

伊藤：想利用政务之余去满洲看一看，我得到了天皇陛下的许可，在视察的途中，我碰巧遇到了我尊敬的伟大政治家贵国的财政部长即将前往东方，我只是想见一面。在没有任何计划的情况下，我的出行可能会成为日俄亲和的一部分，今天能和大家见面，我很开心，也感谢大家的关注。一直以来，我都认为促进日俄两国之间关系更加亲密，这是必要也是迫切的，我希望两国之间的友好关系就如这列火车前进一样，日益深厚。因为是早上，我就以水代酒祝大家身体健康。

金策营业部长：（作揖）公爵阁下所说，我相信无论有什么障碍或困难，我们都不会因为这些困难或障碍而损害两国之间的友谊。

伊藤：（稍微敏锐地看着金策）这是一个罕见的说法。（看起来有点不高兴）不，也许是因为我们老眼昏花的缘故，我们之间不存在障碍或者困难。日俄两国的关系，就像这列疾驰列车一样，正在向前发展。（马上微笑）我爱俄罗斯人。（与金策握手）

伊藤一边笨拙地重复着这首《雅·柳布留·卢乌斯基夫》，一边依次握手。大家都微笑。

14

当日上午九时，哈尔滨站内，一二等候车室。

正面中央有检票口，紧跟站台。隔着检票口，左右是舞台一侧的低腰玻璃窗。后面，窗户下有围着斯托布的桌子和两三把椅子。为了防止拥挤，清理出一大片空地。墙上挂着大钟，火车时刻表、俄语广告等。下面是食堂的卖台，背后装饰着酒瓶架、点心盘等，上面通向三等候车室。

从前面的窗户可以看到平台和窗玻璃上方的铁轨。寒冷的早晨积满了雪，细小的雪不停地下着。

就在窗外，透过玻璃可以看到，检票口右侧是俄国仪仗兵，左侧是清国仪仗兵，背对着这边排成一排。

舞台上挤满了迎接的人，但这里只有响声，所有人都缄默。穿着礼服的人群涌动。到处谈笑风生。见到认识的人老远就呼喊着，拨开人群去打招呼，拍着肩膀笑，阔别叙旧，那些谈笑风生的寒暄等，只是张嘴，完全不发音，等火车的匆忙时刻。人群的脚步声、香烟烟雾、无声的喧闹声。

身着华丽礼服的日清俄的达官贵人陆续抵达。其中有俄国财政部长科科夫佐夫一行、东清铁路副总裁温采利、该铁道部长霍尔瓦特少将、谈判局长丹尼尔、清吉林外交部大官、哈尔滨市市长贝格等。戴无边帽的夫人们也一起。日方有侨民会干部、满铁代理店日满商会员、各团体代表、普通迎接人，还有各国领事团人员。

大多数是日本人。军官披风，羊绒，斗篷，礼帽，明治四十二年的绅士。和服也很多，带有家徽的和服裙，常礼帽。妇女们也都穿着明治时期的礼服。人群纵横摇摆，只动嘴无声的畅谈持续不断，特务军官斯特拉佐夫和领事馆付冈本警部指挥站务员指挥人群往左往右。迎接的人一个接一个地蜂拥而至。摄影班将镜头从四面八方对准名人们。

不久，铃声响起，以科科夫佐夫为首的大家纷纷从检票口走到舞台深处白雪皑皑的月台。远处传来火车的声音。人群从检票口出来，在雪中分散到左右站台上。火车的声音越来越近，越来越大。迎接的人员全都走出检票口，候车室空无一人。检票口一个人没有。只有一个人，安重根坐在窗户下的椅子上。到目前为止，一直混在人群中，没有引起观众的注意。一只胳膊肘靠在桌子上，茫然地看向炉子。茶色的俄式衬衫，同色西装，大羊皮外套，圆圆的运动帽。一张毫无想法的脸。只是深深地插在外套口袋里的右手紧握着手枪。

空无一人的候车室。安重根全神贯注地听着火车每时每刻驶近的声音。

很长一段时间。火车呼啸着冲进站台，震耳欲聋的声音，窗玻璃上升腾起白色蒸汽。巨大的车轮和活塞的运动与平台擦肩而过，在窗户上方，穿过人群的腿，清晰可见。过了几辆车，车速渐渐放慢，声音渐渐小了，最终停了下来。正面，检票口对面，一辆米黄色的贵宾车被雪和蒸汽笼罩着，静止不动。号令声响起，俄中两国仪仗兵齐齐献枪。

同样的奏乐声响起，一片寂静。安重根像被迷住了一样站了起来，右手插在口袋里，微笑着，就这样踉踉跄跄地向前走，慢慢地就像被吸进去了一样疾步从检票口冲到站台。

2023年7月译

（原载于《中央公论》，中央公论社，1931年）

野祭（一名《韩民血史》）

周癸叔

例言

兴起《野祭》，即用目篇，遵元以来曲例也。

又名《韩民血史》者，欲人见名知义也。揭橥曰史，史裁寓焉；悉本韩人朴殷植所著《韩国独立运动血史》，无一字虚构，皆可覆案者也。

名从主人，与吾国官民之称彼有异，读者勿讶也。

韩亡矣，演其血史奚益？曰：彼亡矣，犹犯万难为之，吾愧彼矣。吾不自图，将求为韩人不得也。知我罪我，以俟读者。

十七年清明后七日稿成自识

正目：观日台义士哭冬青

高句丽遗臣歌麦秀

（末、外、净、小生韩国冠服同上）

末：九都神岳沉光气。

外：八道沟溇满血腥。

净：泪尽遗臣悲鹤化。

小生：魂归望帝泣冬青。

末：老汉李商传。

外：在下赵容复。

净：咱家金从革。

小生：俺玄又玄。

同白：俺们都是韩国遗臣，国破家亡，漂流中土。借贩卖高丽参为由，结识贤豪，秘图光复。并将亡国以来人民运动自立之血史编作曲儿，随时弹唱；

介绍于世界名流，主张人道，维持正义。今日由福州来到厦门，着港之后，方知同志李箕焕、李刚、李润炳、李明斋四人被日警越界逮捕。本市各界人士愤其侵害主权，交涉，不得要领，开会反对，游行演说，停工罢市，风潮至为激烈。俺们四人，不先不后入此危地。万一事出意外，这几根老骨头殉友殉国，求仁得仁，倒也没甚说的。只虑牵动国际，轇轕愈深，结果终是弱小民族吃亏。于彼于己，好生不便。幸得俺们华语纯熟，不如暂换华装，避避风头，徐离此地，岂不是好！

（换装介）

末：咳，想起当日阀阅清华，今日穷途落魄，好不伤感人也！（唱）（北南吕一枝花）恨不共虫沙殉劫灰，说甚的豪气倾湖海？叹倭奴冤家逢路窄，痛同胞热血付尘埋。便纵使招得魂来，魂归也，为问家何在？

外，净，小生白：服装改了，我们向街上游览一回，看看风色何如。

末：即便同去。（且行且唱介）捏把汗上长街又过短街，他那里乱纷纷反日宣传，俺这里急煎煎穷途泪洒。

外，净，小生白：李老，你看街上日人如织，水兵往来，我们溷迹市廛，好生危险。今日清明佳节，扫墓踏青，郊外游人必多。我们何不出郊游览？

末：鄙人正有此心。一来眺望风景足澹客愁，二来贤人君子邂逅相逢，亦可结识一二三来。薄携酒果望祭先帝先后以及先灵，也是游子应有的事。但是此地名胜颇多，诸君想想，游那一处为好咧？

净：南普陀何如？

末：游人太多，亦无意思。

外：水操台何如？

末：既无坐落，又近日领署，似可不去。

小生：虎溪岩白鹿洞何如？

末：虚有其名，起坐不便。依弟愚见，本岛胜地当以洪济山为最。此山有云顶岩、方广寺、留云洞、观日台诸胜。唐贤陈黯故宅在其阳，薛令之故宅在其阴，且有马路汽车，可免跋涉之劳。如醉仙岩、白鹤岭、凤皇山、鹧鸪岩、万石岩、太平岩等处，虽各有好处，或艰于行步，或无可宴坐，游人太少，亦觉无味也。

众白：我们就依李老之言，同往洪济山一游便了。

末：如此速备酒果，须索早去也。（唱）（梁州第七）说什么最销魂他乡寒食，倍惊心异地登台，乍入耳声声望帝啼冤魄，有何人荒陵荐麦？有何人废冢除莱？多应是钱无短陌，多应是炉长青苔。生者是转他方失家亡宅，死者是弃郊原露骨抛骸。箕子灵救不得亡国奇灾，扶余王廓不清烟尘太白，乙支文驱不去饿虎饥豺。仲宣的七哀，少陵的八哀，写不进沉冤惨祸天来大。血淋淋诉真宰，又争奈虎豺重阍闭不开，谁知我饮恨无涯？

（同下）

老生：（上）花溅哀时泪，春催厌世心；青天思蜀道，碧海碎牙琴。自家乌有先生，门栽五柳，便寄姓名。世守一经，曾经宦达。逝因万方多难，四海无家；弃官转徙，挈眷远游。来止厦门，倏逾半载。此间人士，束修请业，载酒问奇。离他世路荆榛，乐此盈门桃李，倒不在话下。日来学子纷纷休课，询其所以，方知日警侵入内地，捕去韩人。交涉道穷，开会演说，罢市停工，促其反省。日领一味横蛮，电调舰队，以相威胁，蹂躏主权，莫此为甚。咳，想我身经盘错，梦魂犹惊。半岁以来，心如古井，经此一番刺激，不觉复起波澜。为吾国切未来之殷忧，为韩人洒同情之热泪。顷间翻检旧簏高丽闵妃遗照一帧，回忆甲午战役，余以公车留京，请得缨出关。战罢归来，读书太学。翌年遇韩臣赵容植，诗酒往还，蒙以此帧见赠，好友曾刚主为题二诗，和作哀然成卷。余亦倚明妃三叠，谱为闵妃三叠，写入琴声，代抒哀怨。今日清明佳节，停课无事，不免挈榼襄琴，登观日台。抚此三弄，把填膺悲愤，借天风海涛，荡涤一番。聊为无告的韩人搔首问天，临风雪涕，岂不是好？

（杂抱琴挈榼暗上，老生起行，杂随行介）（作到介）

老生：（巡览一遍，叹介）这洪济山据厦门全岛最高之地。金门海坛，遥为夹辅；外表东海，内顾八闽。自割台澎，倍形紧要。观日台海天一览，亦如岱宗之有日观，真形胜也呵。

杂：琴尊香馔，陈列已完，请弹琴吧。（老生入坐和弦抚琴，自弹自唱介）（杂焚香打扇介）（琴曲闵妃三叠）（第一叠）闵妃生照汉江清，神如春月和且明；玉作肌肤冰性情，岂复人间金屋妖艳质？宁知一顾倾国一笑可以倾人城！东溟妖蜃兴风雨，浪卷坤维翻艮土；玉骨碎点珊瑚红，碧血火燔莲花吐。生是千秋绝代人，死亦弃丹山轶蓬阆而溯上真。安能学彼凌波仙子，佩解江斐兮珰结洛神？安能效彼瑶姬帝女，暮为行雨兮朝为行云？

末，外，净，小生：（潜上听介）（作见像片惊介）（念介）韩国明成王后御容。内侍郎臣赵容植恭题。丙申秋日。

外：呀！这是先兄思庵手笔。（泪介）（众泪介）（又念介）紫泥烧作鸳鸯瓦，红泪滴成玫瑰花；残照不随凄恨去，彩云吹满镜还霞。亡国相逢赵大夫，落花台殿听啼鸟；红心尽是宫人草，曾见遗民葬玉鱼。是好诗也呵。（又念介）壬仲弟以所藏高丽闵妃遗照见示。敬题二绝。揭阳曾习经湖氏。

（老生弹唱不顾介）（杂奠酒复斟介）

老生：（作辍弹起介）呀，一叠将终，忽尔宫商不应，必有人窃听。

（作见介）（众挥泪介）

老生：（揖介）四位想必知音，何以闻琴下泪？

众白：我等韩国遗民。适见先后御容，不禁悲泪。敢问先生因何祭奠我先后？

老生：昔在北京，与贵国人多有缟纻之雅。这国后尊容，赵君所贻，敬谨保存三十三年矣。旧作琴歌三叠，用抒悲愤。顷因贵国事件，致起风潮。临风一奏，聊表哀思。适才弹了一叠，不意知音远临，自惭谫拙。

众：莫以催租败兴，还请不吝珠玉，并乞赐一写本。

老生：敬当终曲，就正高明，并冀抛砖引玉。

末：老朽夙耽音乐，也有一折曲儿，专述亡国血史。先生高奏既终，定当献丑。

老生：如此我就僭先了。（依前自弹自唱，杂焚香打扇介）（同前，第二叠）闵妃作嫔佐国成，神如秋月明且清，内安外攘疏写平，岂同末喜褒妲女戎首？宁复司晨有牝厉阶赤舌可烧城！朱鹭歌残惊战鼓，百[白]龙鱼服嗟何许！鹤可煮兮麟可脯，紫玉成烟委焦土。君不见汉家伏后濯龙门，衅起权奸非近邻；又不见辽家萧后回心院，祸生宵小非外臣？谋人宗社惨毒及宫掖，精卫衔石终当使陆沉大海兮海扬尘。

（杂奠酒复斟介）（老生自弹自唱，杂焚香打扇介）

（同前，第三叠）闵妃跨鹤宾帝庭，神如中天华月万古垂光晶，朝浴咸池夕东溟，笑杀恒仪私奔徒窃不死药，要令凡有血气消愁填恨共长生。披云上诉天阊启，帝遣天吴移海水，玉石俱焚蜻蜓死，报仇雪愤孰云巾帼非男子。从此世界大同兮有分土无分民，月姊开奁一笑兮并为天下春。青鸟西来孔雀飞兮，伫苦与停辛。十年生聚十年教训兮，尝胆与卧薪。断丝枯木无情兮，能昭大义而判冤亲。吾将翘此火里烬余之花兮，为东海自由之神。

（杂奠酒介）

老生：（推琴起对众介）献丑，献丑。

众：音节之高，阳春白雪。词华之美，黼黻卿云。陈义之正大，抒情之深远，行气之壮烈，屈子离骚经，箕子麦秀歌，祢衡渔阳掺，兼有其美。伫苦停辛，卧薪尝胆，春秋九世复仇之大义，释氏三界冤亲之玄旨。我韩先王先后，在天灵爽，当式凭之。韩民受教多矣，敢敬代二千万同胞拜谢高义。（拜介）

老生：（谦逊不逮，还拜介）复仇大义彼此同之。我国四万万民众未克实行，真该愧死，公等下拜，使我悚惶无地。

众：先生不必过谦，我等尚望祭先君先后并及先灵。歌以侑神，借尘大教。敬假炉香奠酒，亦是颍考叔未尝君羹之意。

老生：我们同洲同文，何分彼此。一同祭奠，同享馂余，最好不过。

众：何敢屈尊。

老生：君父之灵，不当谦逊。

众：我等就恭敬不如从命了。

（同祭介）（斟酒上香献馔果，老生行三揖二拜礼，众行三跪九叩首，复行二跪六叩首，礼毕奠酒撤果馔介）

老生：我们对饮三杯，敬聆雅奏。

众：请。

老生：请。（各饮三杯，照杯介）（末向东北望，泪介）咳，这海天尽处是我祖国也呵！（唱）（九转货郎儿）拭不迭衰年泪眼，盼不转江流石转。谁管得蓬瀛三浅海波干？好教我未开言肠已断，才提起胆先寒，则把我亡国遗民血史弹。

老生："遗民血史"四字已足令见者惊心闻者下泪了。只是一部十七史从何说起？

末：请听波！（二转）（货郎儿）想吾族四千年达东亚，百余代文明雅化，二千万圣子神孙老世家。（卖花声）蓦忽地欧和美的兵船占了江华，要通商奈锁国的政策难容纳，恰如那夜郎空自大。（货郎儿）打退了美法雄兵浪自夸。

老生：当日我国也曾劝告请抛弃锁国政策，与各国修好缔约。

末：摄政大院君力主排外，后来与先王光武父子之间亦生意见呵。（唱）（三转）（货郎儿）大院君一谜价顽强拒外，被清廷拘留十载。则有那强邻日本首先来，讲修好条文在，修平等礼应该。（斗鹌鹑）有国里维新党派，联各国通通上台，渐渐的人心暗坏。诸凡布摆，重门洞开。（货郎儿）又来了镇守新军袁世凯。

老生：说到袁世凯镇守一役，功罪难明，我国至今尚无定论。

末：袁公不失为识时俊杰，只可惜贵国政府进退失据耳。即如我国金玉均、朴泳孝、洪英植诸人，心本无他。只以过于激进，不得国民同意，欲借外力，受绐日人，遂致失败也。（唱）（四转）（货郎儿）自古道一山里难容两虎，况兼着强邻悍虏，成日价攘权争利便私斗。（山坡羊）借端的横生冲突，助恶的是社鼠城狐，骄横跋扈。我韩王吐不得咽不得受尽了欺凌苦。劫了乘舆，出了宸居，乱纷纷直弄得九庙霾烟雾。俺人民呵空悲愤，难救扶。呼，不起包胥左徒，（货郎儿)只落得伏阙陈东来痛哭。

老生: 甲申一役为甲午之导火线,甲午一役大清的威名扫地。贵国得独立的虚名,受并吞的实祸,遂成为今日远东问题的导火线。已往之失,说也无益。未来的祸,不知伊于胡底,真令人痛心也。

末: 男儿一息尚存,匹夫有责,是在我辈。但提起亡国故事令人发竖眦裂耳。(唱)(五转)(货郎儿)当日呵东学党起南陲初由内难,涉外交天翻地翻。清与日从此起兵端。(迎仙客)弑闵后,割台湾,李傅相议和约枪伤在马关。那日人呵!从此便借口扶持,包藏祸奸;从此便假仁义,恣凶残,从此便外交军政全收管。(红绣鞋)从此便勍敌挫,同俄开战;从此便统监设,降我为藩;从此便实行吞并古三韩。也曾向海牙府诉沉冤。(货郎儿)不自立的国民,谁肯将来正眼看!

老生: 日人之县贵国,步骤夙定。纵起反抗,亦莫如何,真毒辣也。

末: 丁酉勒缔议定六条,而我韩降为半保护国。乙巳战胜俄国,勒定保护约五条,而我韩降为附庸。朝野不堪,于是有海牙密使。此丁未五月事也。统监伊藤博文借密使为辞,逼废光武帝禅位太子。勒缔协约七条,而我韩统治权全移于统监府。己酉十月,伊藤视察满洲,会俄度支大臣协定满蒙权利,且预约各国秘使会商,将白攫贵国财政而监之。我韩侠士安重根刺之于哈尔滨,而毒谋中辍。伊藤死而寺内正毅继之,遂以庚戌八月二十九日勒缔合并条约,降太皇帝为德寿宫王,大王皇帝为昌德宫王,统监改为总督。我韩四千年古国遂沦为日本殖民地,而李祚终,而韩国亡矣。(椎胸介)呀!呀!这是我韩人万世莫雪之耻辱也呵!(唱)(六转)(货郎儿)吓,哈,可怜我痛煞煞先皇光武,生被他恶汹汹朝鲜总督,逼拶得惊惊遽遽悲切等囚俘。(四边静)毕命是磣磣磕磕酰中毒。早激起家家户户兄兄弟弟整整肃肃,奔奔走走先先后后儒林人物,逼韩境密密匝匝义兵无数。(普天乐)又被他狼狼虎虎的兵,蛇蛇蝎蝎的卒,斩斩杀杀擒擒捉捉滥及无辜。幸有那安重根呵!刺杀了威威势势腾腾踔踔的伊藤凶虏。(货郎儿)霎时间装就了一幅烈烈轰轰刺秦荆卿督亢图。

老生: 安重根刺杀伊藤,虽无救于贵国之危亡,然有色民族,阴受其福。彼无色民族之野心家从此不敢轻视异种,肆其宰割。沧海椎秦,纽由刺魏,遗教远矣。太史公为刺客立传,所以发扬民族之精神。后来史家无述,我国人侠烈之风,亦少衰矣。贵国此风未泯,真堪健羡。

末: 安重根有弟明根,以及张仁焕、田明云、李存明、金贞益、姜宇奎诸公,行刺敌人,先后授命,成否各有天幸,要其壮烈一也。吾人目之为七烈士。义愤所激,全国兴起,儒林,学生,义勇,退兵,僧侣,教徒,妇人,女生,商贩,儿童辈继续为独立运动。日人纵极酷刑虐杀，前仆后起，毫不畏怖，繄可哀哉！（唱）（七转）（货郎儿）我韩民争自主毫无畏怯，那管他长鲸毒蛇。験儿女覆压纷纷蹈前辙。（小梁州）断右臂左手将旗揭，画国徽是啮指的鲜血，割国仇是舌头的寸铁，有天无日将身舍。嗳！至今啊，姓氏都磨灭。（货郎儿）积十年血和泪的滋培。请看这明朗独立宣言岂虚设。

老生：欧战既终，列国开和平会于巴黎。美总统主张民族自决，实为生人之福星。贵国人即于此时为独立大活动，虽未成功，所掷代价已多，未可自馁也。

末：己未二月以大韩民国临时政府名义派遣代表金奎植赴巴黎和会，儒林代表及女学生亦有书请愿。国内全民一致为独立之活动。世界舆论，咸表同情。彼国人士，亦弹劾当局失策。乃悍然不顾，大肆杀戮。结果惟造成一纸死伤囚役焚烧调查表，为我韩民脑海中永远深刻之印象而已。痛哉！痛哉！那三月一日呵！（唱）（八转）（货郎儿）这潮流风驰八道，全国民无分老少，（尧民歌）不期而会竞呼号，万岁声太高，太高。独立门波通禁川桥，白岳山云开仁王峤。（叨叨令）众英豪，也么哥！气冲霄，也么哥！（倘秀才）拥著俊髦。（尧民歌）万字宣言，演说滔滔，其推他代表，代表。只谒皇灵，痛苦先朝。十万众整肃无纷扰。（叨叨令）那天骄，也么哥！不相饶，也么哥！（货郎儿）待明朝准备随他坐监牢。

老生：徒手示威，如以卵投石，总非长策呵！

末：我韩民义愤所激，毫无顾藉，十余万众，整队而进，锋不可当。日本宪兵慑于其势，手剑为之坠地。警察官士，无法制止。游行过后，民众代表三十余人，举祝杯于太和馆。自以电话告知总监部云：我辈在此恭候，无劳搜捉云云。即被派来宪警，全数捕系。次日总督府大发兵警搜捕，投狱者万五千人。三月五日太皇因山，人民哭送者数十万人。虑宪警禁制，不能通行。庆愿显父子，谋阴组力士十余队，伏沿道，棒击宪警，乘势冲过，方能到达。彼乃以骑兵巡查，立捕庆氏等十余人。先是总督长谷川好道决派剿灭，司令官宇都宫太郎不肯发兵。乃电请新兵渡韩，大行虐杀。此役韩民死亡，连侨外者统计达全人口百分之一五，致受世界舆论之指斥。日政府乃罢免长谷川，代以斋藤，思以小恩小惠缓和之。于是老侠姜宇奎爆击之于京城车站。此举足以代表吾韩全民心理决不受彼日人恩惠，惟求独立自立而已。韩民血史之结晶点，如是，如是。

老生：佩服，佩服。此不独贵国人民所当服膺，吾国人民尤当借鉴。我等倾谈半日，快慰平生，尚未奉询四君姓字。

末：我们亦未请教。脱略形骸，真所谓相赏在牝牡骊黄之外者也。（拊掌大笑，众亦拊掌轩渠介）

末：待老杇一一介绍。（指外介）这赵君圭斋名容复。（指净介）这金君作辛名从革。（指小生介）这玄君雄演名又玄。俺们呵！（唱）（九转）（货郎儿）（指外，净介）我三人曾历事三朝先帝。金和赵，椒房贵戚。赵君呵，与思庵内相是埙篪。

老生：邻邦交旧，易代相逢，倍增凄感。（脱布衫）

末：金君呵，羽林军，家世为兰锜。太冲赋，有妹是昭仪。（指小生介）这玄君，彻侯旧门第，游欧美，学成官绣衣。（醉太平）重复入，海陆军，躬亲见习。吓哈，国亡了，没用处，好似屠龙技。

老生：（拱手介）失敬，失敬。公等乔木世臣，国之元气。将来光复旧物，正要长材。玄君年事正富，倚赖方长哩。老丈既同国姓，必是皇族。

末：俺呵，托根仙果早分枝。序昭穆，宗人□近藉[籍]。

老生：因何来到敝国？

末：都只为家亡国破难存济，因此上相携访友到中华地。

老生：毕竟老丈是何人？（货郎儿）

末：恁先生，絮叨叨，苦问俺是谁。则俺字畴孙名唤做商传身姓李。

老生：海天重话，邂逅高贤，岂惟快慰平生，直是三生有幸了。

众：先生姓氏，尚希赐教。

老生：鄙人生丁[于]乱离，饱更忧患。避世逃名，来此海滨。聚徒讲学，自称乌有先生。从前的姓名，不愿再提，恕不明告。赵君与仆既属世交，又未容自秘。这国后尊容后面附有琴歌一纸，上有籍贯姓名，即以奉赠诸公一览便知。（取像片揭下一纸交众，众接观之）

末：老杇夙耽七弦，望以指法全谱见赐，流传海东也算一段佳话。

老生：期以三日，录出一本，可以如命。老丈的血史哀歌，亦望并工尺谱见贶。

末：我们三日之后再来奉访，彼此交换。好吗？

老生：好极，好极！我们只顾高歌倾谈，倒是耽误了敬酒。（取酒遍酌众互酬介）

末：今日可谓千载难逢的胜会也呵！（唱）（尾声）你道耽误了诗篇李白传觞快，我道倾写的词赋兰成故国哀。畅好是知音喜遇知音在，这琴歌壮哉！这商歌痛哉！

老生：老丈吓！

末：先生，我们便相互的把几叠梵谱霓裳播千载。

众：你看，日轮如血，海气成虹，暮色苍凉。我们须索趱行下山，好趁汽车归也。

老生：客里清明百感生，

末：成连海上又移情。

众：贪看落照忘归去，

老生：好觅沧浪事濯缨！

（同下）

附记：琴调《明妃三叠》，山阴胡稚威征君撰，辞见集中。其指法谱，昔年在北京见有传写本。征君试鸿博，以鼻衄污卷被放，乃托明妃以寄慨而为此辞，故其言深痛，为王介甫欧阳永叔及自来咏明妃者所未道。指法不知何人所谱。余仿其调，作《闵妃三叠》。友人昆明赵君子珩酷爱之，为作指法谱，又谱入昆曲正工调。

北曲《九转货郎儿》，始见于元人《货郎旦》杂剧女弹折。《货郎儿》本属正宫，因首二调《一枝花》《梁州第七》属南吕宫，故逐入南宫。李玄玉曰：词在南吕，题编中吕，缘所犯皆中吕与中吕借正宫也。《长生殿》弹词折，全仿女弹；然偶有衬上加衬之处。今折衷两本，而为此曲。女弹正旦唱，故为凡调；弹词生末阔口唱，故为尺调。所犯十三调：《卖花声》《斗鹌鹑》《山坡羊》《迎仙客》《红绣鞋》《四边静》《普天乐》《尧民歌》皆中吕，亦入正宫；《小梁州》《倘秀才》《脱布衫》《醉太平》皆正宫，亦入中吕；惟《叨叨令》属正宫。南曲多犯曲，亦曰集曲。北曲无之。惟此调自二转至九转，共犯十三调。北曲一折率用一韵。此调《一枝花》《梁州第七》《隔尾》同用一韵，《九转货郎儿》每支一韵，在北曲为变例。盖《一枝花》《梁州第七》《隔尾》为一套，《九转货郎儿》夹其中是为夹套也。九转末句，女弹云：名唤春郎身姓李。李本宣玉剑缘云：名唤珠娘身姓李。弹词云：名唤龟年身姓李。雕菰老人诋为生吞活剥。然事有巧合，不妨袭用也。今若付之歌喉，其工尺亦参酌于弹词女弹。按定例酌改其阴阳四声之异者，即可矣。

作者

［原载于《塔铃（安庆）》半月刊第7、8期合刊、第9、10期合刊，1931、1932年］

海牙剖腹记

龙

汉界联合反日大同盟宣言①

我汉界为变相的宗教之一，其渊源最古，实远承黄帝之修德振兵，大禹之贵俭自苦，墨翟之兼爱尚同，而一之者也。其历史之长，横绝于古今；其党徒之众，周遍于上下。诚我国家最大而最强之一种团结也。

然其教为入世的，而非出世的，故每有干政之嫌，与政府立于反抗地位。又因其教非儒，而儒家助君抑臣，舞文弄法，以独霸我国之思想界者数千年。我汉界非之，遂被认为乱民，摈斥于水平线下，其豪猾者流为群盗。近年则或阑入共党，挺[铤]而走险，亦无可奈何之数矣。虽然国家之为物，以统一而成功；而思潮之为物，以歧出而演进。汉界反儒家政治，从事破坏。自政术上观之，似属国家之不幸；而自思想方面观之，则以歧出之故，适足以匡救时政之缺而补苴之，使推演于无穷。然则汉界与学、商、农各界对峙，所谓物并育而不害，道并行而不悖，宁非国家之福耶？

况乎以汉界势力之大，人民之众，而必屏之自外生成之列，不使永立于同力合作之齐民之外，实为政术的不经济。甚者因屏斥之故，激成反抗，以酿成自相残杀之局，则诚哉其为国家之大不幸矣。

今何时乎？东邻倭寇，前无通牒，突然进兵，占我东省，入我济南，杀戮我人民，掳略我财货，焚烧我工厂，近且威胁我平津，窥伺我蒙古，置我三次抗议于不理，其气焰之大，视我国犹县也。国家之危亡，迫于眉睫，廿三省版图虽大，容有华人立足地耶？彼倭兵力之强，列强尚望而生畏，以与我阢陧而张皇

① 原著《海牙剖腹记炸皇宫》内含《海牙剖腹记》与《炸皇宫》两部作品，《汉界联合反日大同盟宣言》系此书前言，编者将前言部分编至《海牙剖腹记》之中。——编者注

之，国家相遇，其有幸免之望耶？其亡其亡，恐非苞桑所能系者矣。

时机危迫如此，而我若犹存党见，从事内争，甚或怀幸灾乐祸之心，为借寇兵、赍盗粮之计，则国家立陷于永久沉沦而不可复。故我汉界不可不立时兴起，以共揭反日之旗者，此也。

我汉界不可徒委责政府也。盖政府为人民代表，有强有力的人民，然后有强有力的政府。我国政府何以弱？以人民不援助之之故，以援助之而力弱之故也。今率全汉界以为反日之后援，而政府可以立强。

我汉界不可徒委责农、工、商、学各界也。盖各界为职业性，则自利之意多；而汉界为宗教性，则牺牲之意多。我国人民何以不爱国？以自利而不牺牲故也。今率全汉界以为反日之前驱，而民气可以立旺。

夫所谓任侠云者，以其排难解纷，而不有其功也。际此国家沦亡，而尚不肯起，何任之足云，侠之足云乎？

昔周亚夫之征吴，得剧孟，喜曰：吴楚反而不求剧孟，吾知其无能为矣。亚夫得之，如得一敌国然。盖以汉界联络广而呼应灵，可以左右全国故也。项羽以八十[千]子弟而破秦，岳侯以五百背嵬而破金。我国号称四万万众，除妇孺不计，壮丁当得二万万。此二万万人，汉界当居其半，为一万万，倭奴全国不过六千万人，其为寇者不过数万人，汉界当之如以万敌一，众寡何其悬殊？诚能上下同心，抉诚救国，鸡鸣狗盗，皆为有用之材；屠狗卖浆，尽是干城之选。即宜涤除旧染污俗，咸与维新团结一致。就原有机关、组织而改善之，整饬之，秣马厉兵，沉船破釜，以与倭奴相周旋。保国保种，在此一举，我汉界其共勉之。

汉界联合反日大同盟重庆支部叩

第一幕　逼宫

四朝臣上副：卖国肥家大赚钱。（韩国内阁总理大臣李完用）（武生）孤臣无术可回天。（陆军大臣闵永焕）（末）堪怜半岛三韩地。〔外交大臣李相契〕（丑）送与倭奴做稻田。（财政大臣宋秉畯）（副白）各位大人请了。今日吾主特开御前会议，商量对日本五条约一件，你我须得早到。（武生）此事不可承认，承认了便亡国。（副白）管他兴国亡国，凭皇帝作主，圣驾来也。

韩皇上，（校刚）殷箕子，封朝鲜，国基太盛，将半岛三韩地文致太平。到明朝，这江山，才归李姓，有先王李成桂，传与儿孙。自寡人，登了基，国运不顺，西欧地，飞来了，五国洋人。这洋人，讲通商，还不要紧，不过是，多赚些，财帛金银。最可恨，岛国中，小小日本，全不念，彼我间，同种同文，仗他的，轮船多，枪炮有准，要将我，东方国，一口而吞。头一次，向中华，开了边衅，割东省，割台湾，又割冲绳(即琉球)。二一次，向俄国，又打一阵，把俄国，打败得，不敢兴兵。这倭奴，侥幸他，连战连胜。俨然绷，太平洋，将来的主人。可怜我，小韩国，被其蹂躏，逞淫威，压得来，忍气吞声。到如今，保护国，都保持不稳，眼见得，将土地全送于人。到那时，亡了国，就无人顾问，为奴隶，为牛马，更惨十分。孤也曾左右思，无有计定，真可是，内无饷，外无救兵。到而今，只落得，听天安命。船下滩，且由他，顺水而行。(生诗)小国偏居大国间，事齐事楚两为难。强权之下无公理，破国亡家在眼前。(白)朕韩国光武皇帝在位，我韩国自殷箕子开基，与中华情若弟兄，势同唇齿，三千年来，虽偶有嫌隙，然而或为属国，或为郡县，这关系从未断绝的。传到明朝，我太祖李成桂开基，五百年来，传到寡人，中华恰值清朝末运，可恨东邻小小日本，不念同种同文之谊，反怀侵凌小弱之心，十余年来，战胜中华，又战胜俄国。苦我韩国，日在倭奴铁蹄之下，由独立国，降为保护国。倭奴威逼无已，目下内无可战之兵，外无救援之国，陷于绝地，眼见保护国三个字的地位，都保持不住了，惨我全韩，十三都的国土，二千万的人民，全数沦为倭奴的奴隶，岂不可痛！事已如此，只得听天安命。昨日内阁大臣李完用，奏称日本统监伊藤博文突然提出五个条约，这便是亡国的凭证。(拭泪介)，只得勉强开设御前会议，看众卿如何筹商。

(场上先该席地而坐，中有几案，上陈朱盒、笔架、御玺等物。皇帝上坐，群臣旁跪叩头。)

群臣：敢问阶下龙驾可安？

皇：唉！看看亡国在即，还有什么可安？动问内阁大臣李完用所奏伊藤统监的五条约一事。

李：(袖中呈条约)条约全文在此，请陛下过目。

皇：(看条约介)这明明是亡国的一纸把凭，何能承认？请众卿过目。

(众看介)

闵：哦呀！陛下呀！这明明是亡国的把凭，万万不可承认。

皇：不承认，又何以退兵？

闵：依臣之计，修一个战又不战，降又不降，给他个至死不变。虽然亡国，千载下也为小弱吐气。

李：臣有本奏，日本强兵压境，全国要害皆在他手中，我们已经无抵抗的能力了。倒不如知难而退，大大做个人情，与他签字，使日本人感激，将来亡国之后，皇皇也得点好处。你我为臣僚的，也不少一官半职，好享受下半世的风光。

闵：你在放屁。（课子）开言骂声李完用，卖国谗臣不尽忠。你们亲日党活把朝鲜送，恨不得一刀（抹剑介）穿你几百个窟窿！

李：我是堂堂一大臣，你欺我犹如欺了君。这总理衙门我不爱做，不做好去投降日本罢，做了官来落骂名。

闵：你不卖国谁来骂？咨奏皇帝：李完用、宋秉畯是亲日党的首领，是卖国的奸臣，请皇帝把他拿问斩。

皇：他是日本国特别的人，朕怎敢如何，摸都不敢摸，还敢杀吗？

李：启奏皇帝：闵永焕欺侮大臣，目无法纪，请皇帝把他杀了。

皇：他是血性男儿，爱国志士，我何忍杀他？

丑：莫吵莫吵，看看亡国了，还吵什么？依臣之见，内阁大臣说签字，有签字的理由，陆军大臣说不签字，有不签字的理由。都有理由，只好各随其便，签字也可，不签字也可。唉！好没分晓的东西。

内吹敬礼号门卫：禀总理，日本伊藤统监到了。

皇：（惊介）我们开御前会议，他来了怎处？你想是为五条约而来。

闵：哦！你就知道你们原是通同一气。

李：来了总得进来，说声请罢。

门卫：有请。

净：（扮伊藤，带卫兵军服，骑马上）东三省这块肉果真肥美，好饮食，到口边，谁肯让谁？中与俄，两大强，都被俺战退。这小小高丽国，任我施为，我乃日本的韩国统监伊藤博文是也。我大日本为侵略满洲之地，十年之间，战胜了中俄两国，把一个韩国拦在日本保护之下，这已算口中之肉了。可恨他有一个国家的形势，并且韩皇甚是英明，可以时时发生阻碍。俗话说的：铲草不除根，萌芽依旧发。不将他这根根拔去，终久要为害的。所以我国才草下五条约，要把二国合一，才算完全消化。昨天把日韩合并文交付李完用去签字，怎么不见回话？难道你笼内之鸡、网内之鱼，还想挣扎不成么？来在午门，待我闯进去看看。（进介，群惊介）

净：（拱手介）请了请了。

皇：快与伊藤统监看座。

净：（坐）我是大朝的统监，是我日本天皇的代表，你们保护国的君臣，见了我为何不迎接？

皇：我是一国之君，也无君接臣之理。

净：要我日本天皇，才是你们韩国的君，你够得上称君？你这君字的幕号，早已不稳，劝你放下罢，那些都不问。（唤介）李完用，李应。我交给你的五条约，签字未曾？

李：皇帝不肯签字。

净：哼，这才不知好歹。我大日本兵力之强，很可以立刻将全韩国的政权夺取过来。但为愿[顾]全你们的体面，联络感情起见，所以才草了五条约，无非说是两国同心的意思。为什么不签字？（怒介）拿来（取条约介）。那今天非签字不可。（念介）第一条，韩国改称朝鲜，与日本合并，请签字。

皇：这样韩国就亡了，朕不能签字。

净：那末，他不签字，请你们来签字。

闵：我们不能签字。

净：未必李完用、宋秉畯你们二位也不签字么？不签字，（低声介）那伯爵的官位就靠不住哦。

李、宋：我们签字就是。

净：总理大臣签了字，是一样的。（念介）第二条，韩国的海陆军统为日本朝鲜总督掌，请签字。

皇、众：不签不签。

净：总理大臣签了是一样的。（李、宋签字介）

净：第三条，朝鲜的一切官吏归总督任免，请签字。

皇、众：不签不签。

净：总理大臣代签是一样。呵呵，好好，叫你们签字，你们总是调皮。俗话说：驴子行，驼[驮]重不驼[驮]轻。不给他一点威力，他不知利害。（恨介）你们不要失悔罢。（拂袖介）我去了。

（恨下）

皇泣伏儿

闵：（愤唱）这亡国奴三个字，我抵死不做，枉为了七尺躯堂堂丈夫，眼睁睁大势去挽回不住。（向皇叩头介）陛下，臣等平时食君之禄，到如今国破家亡，臣等无术挽回，辜负圣恩，不胜惶愧。语云：秉国钧者，国亡与亡，国存与存。今国亡了，臣请先死以除路。（唱）到[倒]不如自杀去，免作人奴。（拔剑自杀介）

契：（白）启皇上，陆军大臣闵永焕自杀了。

皇：唉，真是好忠臣也！（唱）我韩国五千年文明之后，一个个尽都是文彩[采]风流。有这浩然之气撑持宇宙，管教他方芳名儿万古遗留。（白）将尸首收葬去，粉[焚]火生炉。

契：启皇帝，闵永焕血滴下去，生出一根笋子，霎时间长成班[斑]竹，这才奇怪。

皇：这是忠臣的精诚所感，或者我韩国将来有恢复之望，亦不可知。将此竹保护，不可损伤为要。

契：国都亡了，谁来保护一枝竹？（对泣介）

皇：奈何奈何。

契：臣有一计，目下瑞士海牙开了万国和平会，我国可以派遣使臣到那里请愿，看万一有望否。

皇：此事若日本统监知道，又是一场烦恼。

契：（白）我们可以趁此时候秘密行事。

皇：只是谁人可去。

契：臣保一人，姓李名俊。此人忠肝义胆，心如铁石，且兼通数国语言，除非他去不可。

皇：他现居何职位。

契：充当法院推官。

皇：官卑职小，如何去得？只好爱卿充当正使，李俊当副使，即刻就要起程。

契：李俊承蒙拔擢，仍须面圣请旨。

皇：如此悄悄的选上殿来。

契：圣上口诏下，副使李俊上殿朝参。

李俊：（上诗）疾风知劲草，时危识重臣。下官李俊，曾在法院充任推官，今蒙外交大臣李相契推荐我做海牙和会的副使，这乃是国家存亡的关头。我李俊报国有期，死而无悔。上殿朝参去。（上殿叩见介）

皇：李俊，今朕秘密的派汝为海牙和会的副使，与大使李相契即刻动身，但不可使日本人知道，汝的意下何如？

李：臣谢君恩！若和会能接受我们的使臣，则我们的国家不亡；如不接受，臣当以死继之，使世界上知道我韩国男儿的志气。（唱）凡国家只要是人心不死，百年后终当有恢复之期。一任你，和平会，受不受理，显一显，朝鲜国，铁血男儿！

皇：即速起程，不可有误。（二李下）

伊藤：（捧御洒[酒]圣旨，带兵上）唱课子。韩国人，生成的，奴隶根性，待奴隶，必须要，使用非刑，行来在，午门外，下了鞍镫，试一试战胜国的权威万能。（白）适才细作报告，韩皇秘密命人到海牙和会运动复国，难道我不知？只是可惜打错了你的主意，我大日本雄飞世界，不管他欧洲列强，什么英法德俄美，谁敢正眼相观？海牙和会，他敢把我怎样？未必他敢同我大日本宣战不成，可恨韩皇这样的不服王化，终是眼中之钉。到[倒]不如今天给他一个一不做、二不休。来在午门，闯进去罢。

皇：（惊介）伊藤统监请坐。

伊：（坐介）送上御酒、圣旨。

皇：这是何意？莫问统监，有何见教？

伊：顷间，我大日本天皇降下御旨，因日韩合并一事，天皇心喜，敕封韩皇太子李石为日本李王，即速到东京王府居住。（唤介）来。（兵应）

伊：到后宫请太子受封。（兵应介）嗄，兵下。（押太子上）

伊：你是太子，还不谢恩，即刻押过东京。（押）下。

伊：天皇圣旨，封李完用、宋秉畯为日本爵，李秉武、朴齐纯七人为子伯爵，即速到东京赴任，速去。（李、宋欢喜谢主龙恩）

伊：这座皇宫，改为大日本朝鲜总督府，限二十四点钟交出。

皇：这太逼了罢。

伊：你嫌逼了么？我给你缓点期，叫你马上交出。（唤介）来。（兵应介）

伊：将宫人们一齐赶出，罢职为民。（兵应下）（拥宫人妃子上）

皇：孤即刻退居德寿宫去罢。

伊：自有你的去处哦，我大日本天皇念你日韩合并一案有功，赐有御酒在此，请你来喝酒。

皇：寡人请求稍待片刻，与妻妃永诀。

伊：难得打麻烦。（唤介）来。（兵应）

伊：与我灌。

兵灌酒、宫人阻止，兵逼灌。

皇：（唱）幽冥钟，毒药酒，下了肚，肝肠痛断。谁知道，帝王家，逼死黄泉，舍不得，我国中，三宫六院。（宫人、妃嫔上前挽救，兵驱。）舍不得我国中人民万千。（民众上前挽救介）哦啰啰。

兵：禀统监。朝鲜的民众一要挽留太子，二要看视皇帝请御安。

伊：与我赶开，不听者杀。

兵：得令，杀杀。

皇：孤今日殉社稷死而无怨，全国人为奴隶更要惨然，韩光武这一阵气绝声断，帝王家下稍头尸身不全。（死介）

伊：唛，你怎么不挣扎了，你还是到海牙会去告我罢。你这一下，只好告阴状罢。(唤介)来，(兵应)将尸首拖去荒山藁葬，将这皇宫改名朝鲜总督府，作为大日本海陆军的大本营，一面下令，全韩国人民一体庆祝日韩合并成功。全国悬旗祝贺大宴三日，好不快哉。(兵应)哦啰。(下)

(幕下)

第二幕

布景：西式会场中设讲演台杂扮役二人上(干唱)

甲：清明时节雨纷纷

乙：和平呀和平

甲：路上行人欲断魂

乙：和平呀和平

甲：借问酒家何处有

乙：和平呀和平

甲：牧童遥指杏花村

乙：和平呀和平

甲：(白)老二我的酒量不如你，两三杯就醉了。

乙：你哥子酒量不如我，我兄弟的拳势又不如你，我还是醉了。

甲：行行走走，来到自已[己]的门口，到了会场，哦今天要开会。你我须得一打扫，收拾收拾好，我来抹桌子，你去安花盆扫地。

乙：对对。

(各做介)(同唱小曲或醉隶抢亲昆词或探亲均可)(抹挂钟介)哦呀！这钟停了莫有走(看手表介)二点过，原约两点钟开会已经过了，各国代要都来开会罢。(放下扫帚摇铅)(叫礼介)内外肃静，行开会礼，请美国代表入席。

杂：(扮美人入席)我乃美国代表纳尔孙是也。

杂：请英国代表入席。

杂：(扮英人入席)我乃英国代表布利昂是也。

杂：请德国代表入席。

杂：(扮德人入席)我乃德国代表卫尔连是也。

杂：请俄国代表入席。

杂：(扮代表入席)我乃俄国代表马河鲁支是也。

杂：请法国代表入席。

杂：(〔扮〕法代表入座)我乃法国代表鲁易是也。

杂：请矮国代表。

乙：认错了，是倭国罢。

杂：哦！认别了，请倭国代表入席。

丑：（用矮黑者扮，足着高木屐，穿和服，戴甚长高帽子上）（干唱）矮子生来三尺长，足蹈下驮（指木屐介）响丁当，有要（指衣介）无裤（指腿介）行方便，人人呼我（作势介）臭鱼帮：我乃倭国代表犬养他诺是也。（向各代表脱帽行礼）（洋大人来得早啊）（众不礼介）（各入座）（美代表）今日和平会议，议题是限制军备一件，最为重要；但尚有数国代表未曾列席，我们稍待片刻，可也。（各坐看报领茶介）

韩使臣李俊、李相契：（背装国书狼狈上）（唱）日本人，逼得我，走头[投]无路，险些儿，被侦探，一命呜呼。我二人，扮就了行商坐贾，偷过了，万重洋，来送国书。（歇气介）好险呀好险，可恨日本放下侦探，在海关渡口查拿。你我二人，好容易万苦千辛，才脱离了虎口，来此已是海牙和平会的会场。这是日本势力所不及，这下我们可以平等自由了。和平呀和平，这两个字要西洋才有，我们东洋被日本一人，就搅乱得暗无天日了，今来在光天化日之下，谢天谢地好生欢喜。我们赶紧去呈递国书，看有出头之望否，（向门隶）门官大人请了。

门：那里来的？

李：我乃韩国大使呈送韩国国书来的。

门：汉国么，是不是支那？

李：是韩国，不是汉国，是支那的邻国。

门：怎么我们的名簿上只有支那、日本，不见有这个国家呀。

李：不管有无，我们万里条条[迢迢]捧送国书而来，烦门官大人代为求见会长一见。

门：好，我给你通传。（呈取名片）

门：（禀介）会长，有韩国大使来呈送国书。

英：这海牙和会要独立国家才有列席的资格，韩国归日本保护，没有资格，请他不必来罢。

门：是。（对李介）海牙和会，要独立国家才有赴会的资格，韩国是保护国，请不必来罢，下去下去。

李：（呆介）门官大人，那么就不说韩国罢，只说李相契、李俊二人以个人资格求见会长一谈。

门：会长有公事不空，下去下去。

李：千万恳求门官大人费心，可怜我二人万里条条[迢迢]呈送国书，是不能不见而回的。

俊：今天就死都要求一见。（拔小刀介）

契：副使带了匕首，莫非（低声介）要杀人。

俊：怎敢杀人？到必要时或者杀我罢。

契：不再使人见。

门：好，好，我再给你禀看。（进禀介）二李以个人资格求见会长一谈，他二人万里条条[迢迢]呈送国书，是不能空手而回的，今天就死，都要求一见。

英：这就为难了，众公大人，这便怎处？

日代表：叫警察赶开就是。

众：他以个人资格见会长，会长是不能拒绝的。

英美：好，好，叫他进见。

二李：（进见介）请求会长接受我们皇帝的国书。

美：韩国为日本保护，这国书却不敢接。

二李：千万请求列席。

美：众公大人以为何如？

日代表：（怒介拍桌）（唱课子）日代表在会场，雷霆大怒，骂一声，高丽人，亡国的贱奴，大日本才是你，重生父母，你怎敢，下犯上，心中不服？怒哄哄，恨不得，吞你下肚，我今天，打死你，又待如何？（唾介作投手状介）

众：莫忙莫忙，日代表，休得上气。我们和平会议以和平为主，不可动粗。

日代表：他是大日本的保护国，统归我日本处理，此地有我日代表在此，没有他的座位。（唤介）警士们，快给我赶出去，如不听，就拉去用黑屋子关起。

李：（呆介）请求会长大人，既不接受国书，只好作罢，但我韩国万里条条[迢迢]，无非有一点微意，向列国表白表白。望会长大人给一点钟的谈话时间，那我们虽死无恨。

英：这个很可以的。

日代表：不许他说话，赶下去。

众：他要求一点钟的谈话，这是可以允许的。

英、美：好，既经众人赞成，我们就开一个茶话会，请你二人说罢。

李：感恩之至得罪倍介

俊：上演台（唱）有李俊，登演台，泪如泉涌，奉告我环球上，各位名公，我韩国，原本是文明贵种，殷箕子，开朝鲜，是周王所封，陈洪范，演九畴，千秋道统，谁不钦，君子国，仁义流风，小倭奴，不过是，虾夷杂种。

日代表：呀，怎么骂起人来了，请会长把他赶下来。

众：他有他的发言权，不要去干涉他。

俊：（唱）上古时，被驱逐，逃来海中，每年间，向中华，称臣奉贡，派学生求经典，事事尊崇。谁知道，近年来，时风变动，这倭奴，霎时间，忘了祖宗。拜洋人，作保爷，百般承奉，举国中，无上下，全效欧风。偷来些，假皮毛，时时卖弄，恃强权，欺小弱，大肆阴谋，如封豕，如长蛇，好贪放纵。列国中，谁人敢尝试其锋？我朝鲜，惨遭他，亡国亡种。（泣介）造成了，戴天仇，死不相容。（白）列国名公高见，倭奴毒死我皇帝，杀戮我人民，灭亡我国家，我朝鲜人民与他誓不共戴天之仇，纵死也不肯与他当顺民的。（唱）海牙会，原本是，全球公共，讲和平，扶弱小，一秉至公。谁知道，仍然是，强权作弄，欺我们，小国家，无地自容。这样的，假招牌，要来何用？悔不该，千里路，来诉情衷。眼见得，大事去，无能转动。到[倒]不如，拼一死，好作英雄。（白）我大韩国的人民，岂肯与你倭奴做顺民的吗？我大韩国的英雄，羞与你们（指左右介）这些软人为伍，自杀了罢！（解衣以刀剖腹抉肠，高举示众）我亲爱的韩国，我只有这点最后的供献了。（高声）韩国独立万岁！（三呼介）（倒死去）。

众：壮哉烈哉，国家有如此壮烈的英雄，而不能复国者，未之有也。可钦可敬，我们给他开个追悼会罢。

美代表：开追悼会。

门：哦！开追悼会，买水晶棺材，铸铜像，（抬棺立像介）请和尚开路。（和尚上）（打和尚乐器，念佛经）（民众上香）

门：（诸事妥当，行礼罢）（叫礼介）内外肃静，行三献礼。执事者各执其事，读祭文：维中华民国年月日，宜祭之辰承祭全城民众，谨以香帛凡仪致祭于韩国烈士李俊先生之灵前而吊曰：呜呼！风萧萧兮海水寒，壮士一去兮不复还。重句：呜呼哀哉！尚飨。礼成。

英：我们台上台下大众对铜象[像]三呼万岁，我起头你们众人来和罢。（呼介）李俊先生万岁！（摇手介）呀！不对，不对，他已今死了！怎么万岁哪！呵！有了，来过，李俊的灵魂万岁！（摇手介）呀！还是不对，不对，灵魂万岁也不妥。啊有了，有了，来过，李俊的铜像万岁哦！（举手介）

众人：万岁！（三呼）

（闭幕）

（原载于《海牙剖腹记　炸皇宫》，汉界联合反日大同盟重庆支部，1931 年）

炸皇宫

龙

第一幕　樱花会

布景：日本飞鸟山，樱花盛开，游人甚多，男女相携，席地饮酒歌舞，春游甚乐，朴烈与花子恋爱正浓。

登场人物：朴烈——朝鲜人，二十二三岁，美男子，日本服装

花子——日本女子，十八九岁

酒家媪女

游人男女数组

幕启：樱花会众游人，有弹三弦歌舞者，有乔装作戏，执壶遍饮游客者。朴烈、花子携手上，群惊其美，争以酒饮之。

老人甲：哦呀，一对玉人，你们是否新夫妇，我老敬酒一杯，祝你们百年偕老。

朴：道谢道谢，过奖了过奖了。

老人乙：我老亦敬酒一杯，先生恐怕是贵族院的少爷们罢，真好一幅[副]尊容。（递酒）

朴：过奖了过奖了，道谢。（饮酒）（向花子）这些老头子，天真烂漫，有趣有趣，好，我们来坐坐，喝杯茶罢。（入座）

酒家媪：先生小姐，请坐，要什么呢？要啤酒么？正宗酒么？味淋酒么？还是要果子么？

朴：要点茶果就是了。

媪：喂喂，就来就来。（送茶）先生真是美男子，贵处是东京罢，我们乡下那里寻得出这副人品，哈哈哈——

朴：谬奖了，谬奖了。

媪：真长得好美。（笑下）

朴：今天真高兴，花子姑娘唱点歌我听。

花：你唱我来和。

朴：我唱个日本歌罢。（二人和唱）（众人和）（无日本歌时唱中国昆腔或小调均可）

朴：我来唱个朝鲜的歌儿（唱介）（或外国歌均可）

花：你说些蛮话我就不能懂了。

朴：我朝鲜何尝是蛮话？要日本话才是蛮话？

花：（不语介作色介）

花子：你看我们日本，这样风景的优美，真不愧世界的花园，你还是系恋你们朝鲜，究竟有些什么好处？

朴：人各有故土之思，他是我祖先坟墓所在，我怎的不留恋。俗话说的，狐死首邱[丘]，这故乡是不能忘的，即使日本怎样好，我朝鲜怎样不好，但是有了日本，就叫我忘了朝鲜，这是不能的哩。

花子：你那样嫌弃日本，然则我们二人的爱情还是假的哩。

朴：我并非嫌弃日本，只是我不肯嫌弃朝鲜罢了。爱情是不分国界的，你我的爱情，何尝不是真？

花子：这才使我为难，对于国家，我不能卖国，但又不能做虚伪的爱情，叫我怎么去两全其美呢？

朴：我不强你不爱国，你亦不必强我不爱国。在爱情上，只说你爱我，我爱你，就够了，不说国家罢。

花子：朴先生若是真真的爱我，我是什么都可以牺牲的。我深恨世界上为什么要分出你国我国这些界限来，只要是个人，便都是一样的可爱，所以我宁肯牺牲国家这件事物，是不肯牺牲你我的爱情的。

朴：花小姐，我是一个远方流落的孤人，承小姐这样错爱，我朴烈是只有感激，不知所报，唯有努力前途，以无负小姐知遇之恩罢。

花子：朴先生，我爱日本，但因爱你之故，我不能不牺牲了日本，来爱你的朝鲜，我还是同去，你就死我还是同你去死。（泣）

朴：哦！我的花子姑娘，我朴烈只有一点真心，供献你罢，我什么都肯牺牲给你罢。（相抱而泣）

酒家中一上客二位，哦——西二席算账，三元八角，小钱在外。

（幕缓下）

第二幕

布景：宫城外，护卫队甲乙谈话。

幕启

护卫队甲： 昨天内阁总理大臣进谒天皇陛下，呈奏封章，不知所为何事。

乙： 为的是吞并满蒙，建设大陆国一事。

甲： 怎样建设大陆国请你详说看。

乙： 因为日本岛国，生产不足，钢铁仰给于中国，皮毛仰给于中国，粮食仰给于中国，这样事事都仰给人，非常危险，一旦有事，别人断了供给，便会坐困，所以在战术上说，非谋自给自足不可。幸好西邻的中国，是一个东亚的病夫，我们不侵略他，有什么办法呢？所以我们首先并了韩国，再要吞了满洲，将来占了山东直隶，夺了蒙古，这样便包围渤海，建筑了一个大陆国。

甲： 哦——这样一个新的国家，理想的国家，真所谓以山为城，以海为池，天府之国，诚哉大下无双，世间少二哦！

乙： 这样建筑了稳固的国基，然后能供给强大的海陆军，进可以战，退可以守，于是出而与美国争霸于太平洋，将来把美国征服之后，便握了全世界的霸权，雄飞天下，才表见我日本男儿的抱负。

甲： 哦！壮哉，快哉，日本帝国万岁！

卫兵长上： 顷奉上官命令，皇城的守卫须格外加严，因为共产党人要谋倾覆皇室之故。

甲： 哦！是是！

乙： 卫兵长，怎么如我日本这样强盛的国家，还有共产党的发生？

卫兵长： 哦——日本这个国家，是危险万分的了。因为国小土薄之故，生产不足，不能不仰给于邻国，也就不能不侵略邻国；因为要供养强大的海陆军之故，上则造成军阀专权，下则平民负担过重，以至每人担负了拾圆以上的债，人民生活之难可知，安得不生共产党。况且国家以工商业为基，靠中国为市场，一旦中国不销货，国本立刻动摇。现在世界大势，民族渐趋自决，侵略主义终归失败。唉——这万世一系的天皇，恐不能永久存在罢。

甲、乙： 日本的危机四伏如此，可畏呀。（咋舌介）。

卫兵长： 我还须到前方去传命令，请了请了。

甲、乙： 请了，（一礼）你去警戒曲町区那一头，我进宫去巡哨。（分下）

朴烈：（提炸弹上）此处是皇宫，离天皇的住居不远，四下无人，正好动手。

(抛炸弹)(内放烟火作火起状,作房屋倾倒声,吹号,作调兵声)

警卫队带兵上: 是何人抛炸弹,分头捉拿刺客。(众兵下)

(警兵捉朴烈上) 报告大队长,捉得犯人一名在此。

卫兵长: 你好大胆! 敢来炸皇宫,你是谁?(朴不答)

甲: 他是韩国人朴烈。

卫兵长: 你为什么要来炸皇宫?

朴: 我是为韩国千万人报仇来的,不幸未把你天皇炸死。

卫兵长: 你谋杀天皇,大逆不道,这有什么话说,送在监狱内宣布死刑。

甲: 好大的胆哦!

乙: 好险呀,几乎伤着皇帝了。(幕下)

第三幕　监中情死

布景:监狱中通小窗,与来看的人谈话。

狱卒: 可惜一个美男子,拿来宣布死刑,可怜可怜。

朴: 禁大爷,替我买一盒纸烟抽。

卒: 监中禁止抽纸烟。

朴: 禁大爷方圆方圆。

卒: 好,看在人情上,帮你这个忙,可是不可泄漏。

朴: 道谢道谢。

卒: (买纸烟递上)

朴: 费心费心。

花子: (提柑子手包上)烦禁大爷费心,说朴烈的家人会他说话。

卒: 朴烈,你的家人会你说话,你们可在窗口谈谈。

朴: (起与花子说话)花子小姐,我对不起你,我已经宣布死刑,就此长别了。

花: 我因为不舍夫妇的爱情,特来看你,我想进来同你细谈后事,不知能否办到。

朴: 等我哀求禁大爷看,(向禁卒)禁大爷,我妻向我要求细谈,此事还求禁大爷方圆。

禁: 这样一对玉人,要使他生离死别,好生不忍。好好,我替你做个方便罢,但是时间不能过半点钟,并且不可使上官知道,这是犯处分的事哦。

朴: 感恩非[匪]浅,费心费心。(禁开小门,花子入监与朴偎抱)

禁：我率性占[站]开，使你们好畅谈。（禁卒下）

花：你我夫妻就此长别，我今带有利刀在此，我当着你以身殉你罢。（自杀）

朴：我朴烈为韩国报仇，虽不成而死，但亦足褫强权之魄，而伸小弱之气我虽死犹荣。（自杀）

禁上：哦唷！怎么二人都杀死在这里，这怎下台，禀狱官。

（狱官上）（拖出死尸二副）这女人从那里来的？这刀又从那里来的？

禁卒：（咋舌不语）

狱官：我这饭碗保不住哦！

全狱人上：（围看）典狱官背时，还要丢官罢职，还要坐监哩。典狱官正好坐监。晦气晦气。

（全狱震动）

（缓幕下）

新社会规约[①]

第一章　总则

第一条　本会定名曰新社会，其章程另定之。

第二条　以推行墨教，改良社会为宗旨。

第三条　会纲

经：为、存、亡、易、荡、治、化。（注）为者为政纲要，即政纲也。

其政纲分存、亡、易、荡、治、化、六级。

---

① 原著《海牙剖腹记　炸皇宫》内含《海牙剖腹记》与《炸皇宫》两部作品，《新社会规约》系此书后记，编者将后记部分编在《炸皇宫》之中。——编者注

说：早、台，存也，病，亡也，买、鬻[鬻]，易也，消尽，荡也，顺长，治也，蛙鼠，化也。(注)说者，所以明经也，分注于后。

第一款　早台存也。(注)早黑色也，为墨家服色；台者，墨家醮台仪式，言保存二事，即以保存墨教也，为第一程序。

第二款　病亡也。(注)无病为亡，言当治病态的社会，使无病也，为第二程序。

第三款　买鬻易也。(注)买鬻者，以有易无也，易者，革也。言使有位无德者，与有德无位者，互易，即改革也，为第三程序。

第四款　消尽荡也。(注)荡者涤也，即涤荡旧染污俗，咸与维新也，为第四程序。

第五款　顺长治也。(注)长者首长也，言当顺从所选立之首长，以治于致也，为第五程序。

第六款　蛙鼠化也。(注)蛙鼠化者，言如月令所称，田鼠化駕为之说，即化鸱鸮为鸾凤之意，为第六程序。

第四条　信条

第一款　尚贤　上中下(注)班氏曰“选士大射、是以上贤”。尚升也，即升迁也，墨家行点的等级由此出上中下者，信条十章，每章分为三篇也，又上中下为墨家行点三等九级制的纲领，故喜用之。

第二款　尚同　上中下(注)班氏曰“以孝视天下，是以上同”。即民胞物舆的大同也。

第三款　兼爱　上中下(注)班氏曰“养三老五更，是以兼爱”。即不择片也。

第四款　非攻　上中下(注)禁暴助守，抑强持弱。

第五款　节葬　上中下(注)桐棺三寸，衣衾三领，下无及泉，上无通臭，墨家法也。

第六款　节用　上中下(注)班氏曰“茅屋采椽，是以贵俭”。

第七款　天志　上中下(注)“顺天意者，兼相爱，交相利，必得赏”。

第八款　明鬼　上中下(注)班氏曰“宗祀严父，是以右鬼”。

第九款　非乐　上中下(注)“使丈夫为之，废耕稼树艺之时，使妇人为之，废纺绩织纴之事。

第十款　非命　上中下(注)班氏曰“顺四时而行，是以非命”。

第五条　地址　总会设四川，分会设各县镇乡。

第二章　组织

第六条　首领

　第一款　总会首领，总理全会，其人数酌定之。

　第二款　分会首领，总理该会，其人数酌定之。

第七条　会员，凡会员皆称弟兄。

第三章　入会手续

第八条　会员资格　凡中华民国国民，无种族男女宗教党派之别，除左列二项人外，皆得入会为本会会员。

　第一款　身家不清者。

　第二款　已事不明者。

第九条　手续　由会员引进，首领许可，经过结义仪式发结会员证，即得为会员。

第四章　罚则

第十条　罚由　凡会员有左列各款情事之一者，凭众议罚之。

　第一款　沾染不良嗜好者

　第二款　浮浪不务正业者

　第三款　败坏本身名誉者

　第四款　违反本会规约者

　第五款　妨害社会秩序者

　第六款　怠惰社会公务者

第十一条　罚例　会员有犯前条各款者，其处罚方法如下：

　第一款　告诫

　第二款　惩创

　第三款　除名

　第四款　其有情形较重者，临时公议处理。

中华民国二十年月日重庆市汉界联合反日研究会公订

（原载于《海牙剖腹记　炸皇宫》，汉界联合反日大同盟重庆支部，1931 年）

1932—1936年

万宝山前

张子余

长春稻田公司经理郝永德租得萧翰林等十二人生熟荒地五百晌[垧]，转租于韩人李升熏等九人耕种，以十年为期。乃该韩民等竟在该地挖掘水道，通引伊通河流，沿途占用民地，长约二十余里，引起中韩农民冲突，日警从中协助，而事态乃日益扩大。本讲会于二十年八月十九日第一次公演于民众影戏院（为容）。

地点：万宝山

时间：民国二十年六月

布景：塞外旷野风景

登场人物：韩人，四十余岁，戴高帽，着宽大圆领长衣。

日人，三十多岁。

中国民妇，三十多岁。

中国警兵，二十多岁。

幕开（韩人在前。日人在后，手持铁锹。）

日人：我们的地不够种的，你们朝鲜的地也不够种的，他们中国地大物博，咱们要橛他的地，种他的地，快橛快橛。

韩人：不成不成，中国是我们的祖国，从前对于我们很有恩德，橛他的地，我们良心上是过不去的……

日人：什么良心不良心，我叫你橛你就得橛。来，给你这揪[锹]，（把揪[锹]给韩人）快橛快橛！

韩人：（接揪[锹]而手颤动。）我的老爷！我实不能橛！

日人：无能的东西，这点事都不能办！来，我主使着你。（入韩人之大衣内，拊其背，从后边由韩人之大衣袖内伸出手来，执揪[锹]大橛。）

中国民妇：（上，一见作惊奇状。）你是什么人？

日人：（在韩人身后出声，韩人作说话的样子。）我是朝鲜人。

中国民妇：朝鲜人为什么橛我们中国的地。

日人：你们中国地大物博，就得让我们种种。

中国民妇：我们虽然地大物博，也不能让外国人任意剥削。

日人：现在是共产世界，我们就是实行共产主义的人。

中国民妇：我不知道共产不共产，橛我们的地就是不讲理的。

日人：有强权无公理，拳头硬的就是哥。

中国民妇：看看谁的拳头硬。（向前作打状）

日人：打吗，打就打。（拥韩人打中国民妇）

中国民妇：（被打倒，哭……）

中国警兵：（上，向前问民妇）怎样一回事。

民妇：我是被朝鲜人打伤了，你快救命啊！

警兵：什么，朝鲜人，亡国奴，敢打人吗？我看看，（看）嗳呀！果然是朝鲜人，你是什么人？你为什甚么打人？

韩人：（委缩不能作答，日人在后说。）我是朝鲜人！（警兵看破鬼计，遂拉朝鲜人于旁，日人闪将出来……）

警兵：哎呀！这是日本鬼子办的事。你们日本究竟是什么东西，你们作出来的事，都是这样鬼鬼祟祟的。对于我们中国用军事来占据我们的地方不说，还想出种种的方法来侵略剥削。如输运毒品，来害我们的人，夺取我们的财，私通我国的匪徒，卖给他们枪械，希图扰乱内地；甚至于我们要取消阴历，实行阳历，你们还印出许多的阴历书本，来卖给我们的无知愚民。今天我告诉你，从今以后你要还是那样得寸进尺的侵略剥削我们，世界上将没有你们的地位存在。（日本人作惊吓状）朝鲜人！（回头向韩人）不要脸的东西！你不想一个人最痛苦最可怜的，就是失掉主权的人！自己身子，自己不能当家，别人叫你向东，你不敢向西，叫你向南，你不敢向北，叫你打人，你就打人，叫你橛地，你就橛地。

韩人：我不橛，他就要我的命。（指日人）

警兵：要你的命，你还想活着吗？大概你也活不成，像这样的生活，活着也没有甚么意思，还不如死了痛快！今天你要想一想，中国不是你们的祖国吗？中国与朝鲜两国的历史，不是很悠久的吗？过去的中国待你朝鲜好是不好？你说！

韩人：听得老人们说，中国是我们的祖国，从前中国待朝鲜是很有恩德的呀。

警兵：你再看现在，要主张世界大同的是那一个，你说。

韩人：那当然是中国的孙中山先生。

警兵：现在要立志扶持弱小民族的是谁？

韩人：那也是中国。

警兵：你再回想。亡你们的国的是谁？

韩人：日本啊！

警兵：现在又要亡你们的种的是谁？

韩人：也是日本。

警兵：这些你既全然知道，还不赶快觉悟？

韩人：我现在就觉悟了！

警兵：觉悟了，好，赶快想法子！

韩人：我急忙也想不出好法子来，不是有一种不合作主义吗？我们就用那种方法来慢慢的抵制罢。

警兵：那个方法也很好，我们也要用他；但是现在火烧眉睫，更应当有积极的法子才好，要联合世界上的各弱小民族，一齐打倒世界上的帝国主义者，这法子好是不好？

中国民妇、韩人：（一齐说）好，好！

警兵：好，好，那么我们第一步，先联合起来，打倒日本帝国主义！（高呼，齐向日人进攻。幕闭）

（原载于《化装讲演稿》第1集，山东省立民众教育馆，1932年）

韩人排华

翟汝云

民国二十年七月四日的晚间，平壤的韩人大举袭击“中国街”，华侨死者廿八人，负伤者三百余人。至五日午后，新旧两市街华侨三百余户均遭惨烧。亘五、六、七、八等日，仁川、汉城及全鲜境内所有华侨居住之地，无一处不起暴动。日本传出统计，华侨死者一百六十余名，负伤者千余名，实数当不止此。日本警察毫不加以干涉，反虚构万宝山中韩农民冲突事实，扩大宣传。币原对汪荣宝说：“此次事件完全由于中国压迫鲜人，激起全鲜公愤所致。”其发纵指使之隐，盖已溢诸言表矣！本讲于二十年八月二十日第一次公演于民众影戏院。（为容）

时：民国二十年七月六日。

地：韩国（高丽或朝鲜）平壤城外。

景：山林野景。

人：日人

高丽机器人

中国难妇

中国青年

幕开（中国难妇仓皇上，作悲状，日人随其后手持刀绳作狞恶状）。

难妇：唉！天呀！你杀了我了，我当初怎么该到高丽来作生意呢，在中国不是很安乐么？现在日本人借着万宝山的事件妄造谣言唆使高丽人驱逐华侨出境，我们的商居也被他们捣毁了，财产也被他们没收了，中国的男子也不知被他们杀了多少，中国的妇女也不知被他们抢去多少……天呀！好可怜呀！（哭）幸而我们一家没有被他杀死，好容易才逃得出城，谁知走到半路又被高丽的恶徒把我们冲散了，现在只剩我一人在这一片荒野的中间，前面没有村庄，后面没有宿店，叫我往那里去呢？（跪求）天呀！你指示我一条去路罢！（迷失方向）呀！那是哪一方？我到那里去罢！（向右）不对；我到这边去罢，（向前）更不对；我到那边去罢！（刚一转脸，见日人持刀立其旁，惊极欲哭。）老爷，你不要杀我罢。我们的一切都被你们夺去了，现在我手中分文没有，你把我杀死又有什么用呢？我虽然是个中国人，可是一个中国的妇人能作起甚么大恶来呢？

日人：（狞笑，不答，取绳将妇人捆上。纵幕后将高丽机器人身上的机器一开；机器人移动，至难妇人身旁。日人授刀机器人，在背后拨动机关，机器人两手随机关转动，于是难妇遍体鳞伤矣。）

难妇：哎哟，高丽的老爷你怎么也这们[么]狠心起来了。哎呀！

中国少年：（惊闻难妇哀鸣，自台下跃上，一拳打倒日人，解难妇之绳以捆日人，摇倒高丽机器人，夺其刀，戟手而数日人之罪，难妇还不止的呼喊："哎呀，我的臂断了，哎呀我的筋骨伤了！哎呀痛死我了……"）日本人，你真是个狗心狼肺的东西！想当初，秦始皇派徐福带领三百童男童女到蓬莱、方丈、瀛洲采取长生不老之药，谁知他们一去不返，这三百童男童女在东瀛三岛便自由恋爱，自由结婚，自由同居，自由的生了小孩子，才有你们这个大和民族。你们是中国人所生，中国人所养，食毛践土，就该知恩图报，乃欲水不知思源，反得寸进尺，得陇望蜀：割了我们的台湾；夺了我们的高丽；强占我们的琉球、库页岛；强租我们的旅顺口、大连湾，租期到九十九年之久；又侵略满洲，强占东蒙；鲸吞到山东腹地；甲午一战，打得我们海军全军覆没。最可恨你们在袁世凯盗国的时候，趁火打劫，下来了二十一条哀的美敦书，造成中华民国空前绝后的五九国耻；民国十七年五月北伐军讨逆节节胜利，正在长驱直入，眼看直捣黄龙的时候，你们由青岛进兵截住去路，炮轰济南城，杀死外交官，造成蛮无人理、凶无人性、惨无人道的五三惨案。最近在万宝山地方，韩人强占华人田地，挖沟引水，引起莫大的纠纷，你们的报纸不该作过火的宣传，用离间的计策，挑起韩人仇华的感情，诱起韩人恨华的心理，在平壤等处烧毁了华人无数的商店，没收了华人无数的财产，杀伤了多少华人的性命，逼死了多少华人的妻女，使得一般侨韩的同胞，上天无路，入地无门，无奈何高者悬梁，低者投海，或用刀自刎，或用枪自裁，即便不死，逃回国也是鸠形枯面，肚无饱饭，身无暖衣，啼饥号寒，呻吟苦楚，真使人目不忍睹，耳不忍闻。现在你又运用这个高丽机器人，凌迟这位女同胞，你真是豺狼之性，蛮夷之心，我恨不得食你之肉，饮你之血，寝你之皮，才泄我眼看你残杀同胞之恨。狗心狼肺的日本人，我便拿你活祭死难的华侨吧。

（刀落……幕闭）

（原载于《化装讲演稿》第1集，山东省立民众教育馆，1932年）

亡国恨（独幕剧依《山河泪》改作）

朴园

（改者声明：因时间关系，不得不如此，请著者原谅。）

时间：一九一九年

地点：韩国京城外，某小礼拜堂

布景：礼拜堂窗外可以望到车站

人物：安南潜

崔玄英

朴　忠

韩国独立执行委员甲

韩国独立执行委员乙

韩国独立执行委员丙

韩国独立执行委员丁

韩国女学生甲

韩国女学生乙

韩国女学生丙

韩国女学生丁

出席代表若干人

幕开：场中正是黎明的时候，崔与学生甲在。

崔：旗子统做好了吗？

生甲：总算做好了。共总是太极大国旗一面，小国旗一万面，统统就在这里。

崔：真是难为你们了！

生甲：什末难为不难为，不都是为了韩国独立？

崔：你们昨天恐怕赶了一个整夜罢？

生甲：是的。昨天从早上六点钟一直做到今天早上两点才做齐，困，饿，是不用说的；小鬼又时时前来侦查，大家都怕得要死。但一想到二千万同胞，八九年来的牛马生活，就是困死、饿死、怕死，也要想法子做完这点儿工作的。

崔：好姊姊，在那种地方做这种秘密工作，本来是无可奈何的，学校有小鬼做舍监，天道教又给别的同胞占去了，有什末办法呢？现在宣言已经印好，王同志立刻就送来；安先生昨晚已经回国，一切都已商量妥当；如果今天的会可以成功，大韩二千万同胞就有脱离牛马生活的希望，这是姊妹们的酬劳！（握手）

（执甲匆匆入。）

执甲：玄英，你的信。

崔：（接信看）……

执甲：（与学生甲招呼后）刚从府前过，朴忠把这信交给我，说要我立刻带给你。

崔：（向学生甲）好姊姊，请你立刻到大门上，留心生人走进来，快去。

生甲：有什么变故发生么？

崔：（以信示两人）父亲从衙门来的信，说警察署已经知道南潜化装回来，就是今天的会议也晓得了！

执甲：小鬼们诡计多端，真是人类中的蟊贼！就请姊姊快去罢！

（生甲出）

崔：我说呢：小鬼警察昨天到我家里去了两三蹚[趟]，一定要我告诉那个面生的邮差是谁，后来给我东骗西骗，总算骗去了，谁知道他们早已认定那是南潜的化装的呢？

执甲：自然，此时的安南潜对于韩国独立何等重要！对于小鬼的鬼计何等不便！南潜今天一定要到的。

崔：今天他不到这个会，这次回国岂不是毫无意义！（迟疑……）不过为什么此刻还不见他来？

执甲：我不相信南潜其会遭到小鬼的毒手！

执乙：（他们说着话走出去，时执乙同学生乙恰刚进门，彼此招呼。）

执乙：现在用不到拿手枪炸弹去破坏，能以和平手段成功最好。

生乙：我们坚持和平，他们偏用武力来对待我们，怎末办呢？

执乙：我们仍要和平，我们手里只拿太极旗，口里只喊大韩独立万岁！

生乙：那些小鬼们既然剥夺了我们言论，出版同信仰的自由，既然在政治上、教育上同宗教上把我们压伏在奴隶的地位，使我们精神同物质方面受尽人类所想不到的苦，可以任意杀戮我们的父母、兄弟、姊妹、亲戚、朋友，可以任意推[摧]残我们的言语、文字、风俗、礼教，把我们弄得牛马不如，难道只要扬扬国旗，叫叫独立，就可以轻轻放过吗？我愿死，我愿马上就死，但是在我临死的时候，必定要拿一条命去换一条命！

安：（安已走进，此时插言）朋友，我劝你不要这样暴躁，自然，像这生活，谁不痛心？你知道，我的父亲是怎末死的？

执甲：我知道。安老先生，在你出国后的第二年，因为亲眼看到一个可怜的故事，气得旧病复发，天天要到医院去。有一天你们有一个母子同居的邻家，警察有意侮辱他们，硬在户籍簿上写成夫妇同居。他们去请求更正，警察大骂说："你们本来是夫妇，不得更正为母子，不然就赶快离婚，脱离夫妇关系，你父亲要为同胞抱不平，好意去理论，反给他们打了一顿。他老人家连气带病，崔小姐、崔老爷服侍了三个月，到底含泪而逝了！

安：（向生乙）朋友，你听到吗？这是刚才朴忠告诉我的！像这样我该怎末样呢？我还是这样领导着大众先走和平的路！我们要相信，在目前还不是蛮干的时候，我们要拿坚忍的精神、和平的手段、沉痛的呼声去博全世界的同情，唤醒野心家的迷梦！最后，等到最后不得已的时候，我们为自由而战，为正义而战，为人道而战，谁也不能说我们的行为是错误！

执乙：我们为谋同胞福利，为谋世界的和平起见，不能不运动大韩国独立，但我们也为要拿正义给世界看，所以不能不忍耐！

生乙：忍耐，忍耐到几时啊！

（有人进来，大家认得是朴忠，手里还提着了红灯。）

朴：啊，原来真是在这儿！

安：朴忠，这末早，你到此地来干什末？

朴：刚才小姐把一封信，一面大国旗交给我，教我立刻送到此地，她说，安少爷一定在这儿，果然不错。

安：信？什末信呢？（从朴忠手中接过，急就红灯拆读。）

执乙：朴忠，这几天你为独立运动整天整夜不睏觉，怕很累了吧？

生乙：我们看看很过意不去，自己枉做了青年，不能使我们的父老们平平安安过日子，这真是羞耻之极！

朴：咳！羞耻吗？这句话怎末说的？我们的国家是断送在像我这样老混蛋的手里。他们为功名富贵的原故，轻轻把我们二千万老百姓，十三万方里的大韩国卖了！我还记得九年前的时候，日本伊藤博文，串通我们的奸臣朴齐纯、李址镕、李根泽、李完用、权重显，生生的定了几条，什末保护条约，听说韩国就因此亡了！那天，人民都放声大哭，学生也罢了课，教徒都对天祈祷，商人也都满街乱叫。（喘）唉，金银财宝都丢给了别人，要死死不得，要活活不得，那时候一个韩人，真不如一条狗！（顿）百姓愤恨得不得，要去杀死那班奸贼，谁知，反被他们杀的杀，剐的剐，打的打，拿的拿，韩国一切，好像都掉在十入[八]层地狱里去了！（顿）这都是我亲眼看到的，那班老混蛋做的把戏，那里怨得着你们呢？

安：（朴讲完，他把信已看完，很愤激地拍了一下桌子）岂有此理？

执乙：什末，那信里写得是什末？

安：什末？还有什末呢？他们无非要我们的命就是！

生乙：到底怎末回事？谁写的？

执乙：是崔哲甫老先生写的吗？

朴：哎，是，是我们老爷写的，小姐对我说过。

安：崔老伯说，宪兵中尉要强迫他把我交出去，否则要玄英妹妹做抵押！并且说他们正在四处侦查，非得我而甘心不可！哲甫老伯嘱咐要我特别小心！

（此时崔玄英偕执甲、丙、丁及学生丙、丁入，各携传单宣言及国旗、记事簿等，朴忠退）

崔：好了，时间已经到了，各代表也到得不少，可以开会了！

执甲：玄英姊说得是，南潜兄就上台罢，我们到位子上去了。

（大家向后找位子，没有的站着，安徐徐上台去，众起立向国旗行礼，彼此行礼后大家坐下。）

生丙：小心，自然要小心，可是一味小心不能有所成就！不管他！安同志，大国旗不应当先挂起来吗？

生丁：当然要的，来，我同你帮着挂。七八年了，我们的眼睛就没有得同太极旗接触接触，这时候不挂，还等什么？

执丙：稍等一等怎么样？你们学生们作事，总不免露几分鲁莽！

执丁：不鲁莽便怎样？我们也是学生出身，我们该知道学生的鲁莽，正是青年们热情的表现！

安：（此时又有各代表纷纷上场）喂喂！这不是辩论的时候，国旗是该挂了。（分配着工作）

安：诸君，今天是我们再生的纪念日，是多末光华灿烂的一天啊！（稍顿）诸位。（顿）今天是韩国独立运动的日子，我能在这个阳光满眼的早晨开头说几句话，真是多末快乐啊！我们要认清楚，我们这回的独立运动，是为生存而要求独立，为东亚和平，世界和平而要求独立，为正义人道而要求独立！（众鼓掌呼独立万岁）我们把悲惨的生活，哭诉于世界；我们以坚忍的精神去取得人类的同情！（众鼓掌，呼独立万岁）我们不是无意识的暴动，不是有意扰乱和平，更不是仇视日本人。我们今天要和平，要坚忍，要守秩序！手中只应该拿着太极旗，口中只应该叫着独立万岁，决不无故同任何人对垒！（众鼓掌）在座的各区代表们，请把一万面小国旗，五万份独立宣言，以及刚才的话分头带给各区人民，就在今天午后两点钟我们在塔洞公园门口齐集做我们的独立运动大游行，在光天化日之下，以我们二千万同胞的热诚，我们二千万同胞的赤心，手执大韩太极国旗，大叫韩国独立万岁！（众鼓掌并喊大韩独立万岁）

（安下台，与执委及崔等分散宣言国旗，众声扰嚷地叫着口号，外面忽然枪声响了，窗上打下一片玻璃，一代表应声倒地。）

执乙：（惊惶的叫起来）。不好了，外面有人放枪进来了！（外面的枪声连放了三声，玻璃又破了几块，教堂里面的人又倒了几个在地下。）

安：（急忙把纷乱惊扰的群众压制着）各位不要怕！等我去看看究是什么事情？（欲出外）

崔：（急扯其衣止之）你不要去！等我去罢！（急把门打开一望，一个子弹又飞了过来，又把一个人打倒在地。）宪兵！宪兵把……把……我们包围起来了！（外面一排枪声，里面的人又倒了七八个，其余的人惊极欲狂，四处找地方藏身，妇女们站在一隅掩面而哭，外面的枪声较前更来得密了，里面的人纷纷的倒地，此时只听见外面的枪声和看见室里人的恐怖、绝望、祈祷、奔避、痛哭、自杀等现象）。

安：（极力的镇静，发出急促而尖锐的声音）快伏在地下！快伏在地下！（众皆伏地，外面枪声仍响着）。

崔：（躲在讲台底下）南潜！快来躲在这里！

安：（把教堂左侧的门开了）请各位暂时躲藏到这屋子里去！（众皆一拥而入，此时屋中只剩安与倒在地下的人，安在窗前，手挥白巾向窗外说道。）有事慢慢的讲，请不要乱杀无罪的人民！（轰的声，安倒在地下，歇了一会儿他又爬起来向窗外高叫。）请你们进来拿了我去就是了，千万不要乱杀无罪的人！（安高举双手直立窗前不动，枪声仍响着。）

崔：（急从小门奔出把安拖开）我们愿一同死，不愿你生生给他们拿去。

安：玄妹！请他把门开了，给他们进来吧！（几悲切不能成语，此时叩门声甚急。）

崔：（急把门扭紧了，并且搬了两张椅子把门堵塞着，门声尖厉，久之寂然，而窗外火光熊熊的烧起来。此时众又急从小门出来，见窗外的火光都惊吓得如同疯子一样的乱跳，又如蚂蚁在热锅上乱转一样。时火光愈大了，众皆束手待毙，有些以绝望的眼仰天祈祷。）

安：（若有所悟，急大声呼道）后门可以逃走！后门可以逃走！（此时大众能行者只二三人，从小门急出；余则死伤满地，一片呻吟之声，死者已不能动，生者辗转呻吟，犹闻"韩国独立万岁"呼声，崔与生丙正为安缚伤手，血涔涔下，此时窗外号角声起，军队他移。）

崔：（从讲台下取出和服一袭）南潜，此刻军队好像已经迁移，只怕小鬼警察立刻会来查看，如果你此刻不逃，他们一定不会甘心，这套东西是我来时预备好的，张小姐请你相帮安先生穿上。

生丙：玄英姊，这是和服啊！

安：从今天起我觉悟了，我相信日本帝国主义是没有什末理性可讲的。在其初我以为人类理性是相同的，我们只要以诚恳的态度、和平的手段，要求我们大韩民族二千万人的生存权，总可以博得日人一点同情心，今天才知道日人是处心积虑把大韩二千万同胞从自由的境界推进被压迫的境界，从人类的生活推进牛马似的生活，更要从有生命的境界推进到完全死亡的境界。

生丙：安先生，你的和平主张从此要改变了吗？

崔：现在不是高谈阔论的时候，小鬼们不等你们说完就会把我们拖了去的。

安：但是……（朴忠进）朴忠……

崔：朴忠，你吃了酒吗？

朴：（大笑）哈哈，奴才今天大发酒兴，吃得个昏天黑地，在楼下一觉睏着刚醒来，天已经快中午的时候了！

崔：怎末，你会吃酒！

朴：（大笑）老头子得了一堆好消息，越想越痛快，所以吃酒，所以大笑，别样没啥。

崔：好消息，什末好消息？

朴：今天早晨我们出来之后，那位日本的中尉老爷到我们老爷那里去说："开会的事情我都知道，你要不想送你的女儿同安南潜的命，只有一个条件……"

安：什末条件？

朴：把小姐送他，否则……

生丙：鬼东西，否则怎样？

朴：否则立刻打死老爷，再来包围安少爷同全场。

崔：老爷怎末回答的呢？

朴：老爷一时气得要死，当面大骂了一顿，那鬼中尉当真就手起一枪把老爷打死了。

崔：小鬼，我崔玄英誓食其肉！（晕倒，生丙扶慰之）

安：还有呢？

朴：还有是出席巴黎和会的代表已经回来。我们在和会方面又已经失败了！

安：这是一定的！世界上帝国主义一天不铲除，世界就一天免不了恃强凌弱的战争；我们赤手空拳向人长号求救，以为可以得到公理同正义，那简直是做梦！

朴：梦也罢，不梦也罢，有梦可做还算好的；可怜那几位出席的代表，没有赶到这里，就给小鬼砍死在路上啦！

安，崔，生丙：（同样）那个被砍死在路上了？

朴：出席巴黎和会的三位代表。

安：好！

崔：还有什末消息吗？

朴：还有，日本新总督今天上午十二点在南站下车，准上午十二点钟到，此刻已经十一点半，多痛快！

生丙：新总督无非是新的吃人鬼，下车不下车，与你有什么关系呢？

朴：正因为吃人鬼下车，我又想定了去接他，我所以快活，快活就不能不吃酒。

崔：你去接他？你用什末资格去接日本总督？

朴：（大笑）哈哈……罢……我索性明白地告诉你罢。我朴忠老头子实在不忍眼看着小鬼欺负我们，我要想方法报仇，现在既有新总督乘来到，我就决定报仇的办法了！

安：什末办法呢？

朴：且用一粒炸弹代老爷、少爷和大韩同胞出气！（语重而有力）

崔：你要去丢炸弹？

朴：是的。（很坚决）只有这一条路好走了！老爷死了，我就拿定主意要把这条老命同他拼一拼！拼一拼！今天既是他果然来，我就果然去，这不很痛快吗？小姐，老朴忠要以[倚]老卖老了（惨笑）！

生丙：那么，真是十二点钟到吗？（朴点头）好的，我去，我同一去！活，一起活；死，也一道死罢！

朴：不成，用不到你们，有我这一条老命就很够了；你们都是青年人，为国家，为同胞，还有许多大事情等着你们去办的。我老了！头发白了，牙齿掉了！耳朵聋了，眼睛花了，本来是没有什么用处的了！再说，既是大韩国家为我们这班老混蛋断送，还由我们这些老混蛋去牺牲，也是理之当然，你们的性命，比我们贵重得多呢！

崔：（悲愤）唉，亡国民的性命，同是沙泥一样的贱，在同一命运之下还分得出什末彼此呢！但是老朴忠，你在我家四十年，你很慈爱的保护我，好像我的父亲一样，我的父亲已经死去，我怎末能再让你去牺牲呢？

朴：（老泪淋漓，安慰她）我的小姐，我知道你心里难过，你不忍离开我，难道我就忍心离开你吗？可是，这是没有办法的事，为大众，不能不牺牲私人的情义呀！

安：那末，你一切都预备好了吗？

朴：你瞧这是什末？

生丙：把那包东西交给我！

（生丙抢包，朴忠不与，争夺有时）

崔：当心，那东西不是玩儿的，不要碰着它！

安：(急着和服，加入夺包)把这东西交给我，时候已经到了，让我去！

朴：不成，你的性命比我重！

安：我已经残废了，我一定要利用这残废的身体。

朴：我已经老了，我一定要以[倚]老卖老！(顿)少爷你的手没用的了！

安：朴忠，你的眼睛花啦，看不准，把那个东西给我！

朴：少爷，你还有要紧的事在后头昵！

安：再没有比还件事要紧的了，快点，时间到了！

朴：时间到了，我就走！(转身就走)

安：(一把抓着他)不能去！

朴：去！(乱挣难行)

安：(抓着他的胸部推了一下)快点！(朴挣安拉)

崔：小心！那个东西！(指着炸弹，以后呆呆立着如疯人)

朴：(轻放炸弹于桌上，手作势难摆脱)少爷！你不能去，他们认得你……

安：(以身护炸弹，极力拉朴，厉声叱之)我知道，一切都计划好了，起快把炸弹给我，时候到了！

朴：少爷你不能，他们认得你……

安：你看我已经扮成了日本人了，快……

(此时朴忠将包放在地下，安顺势取起)

安：老朴！谢谢你，都替我预备好了！(昂然而去，生丙随之同下)

崔：(作追状)南潜……(追至门口即痴立一回，随即昏倒在地。)

朴：(呆立甚久向崔)小姐！(扶坐沙发上)

—幕下—

编后的话

日本帝国主义者乘我天灾人祸交迫之际，借口中村事件出兵满洲，占我领土，杀我军民，其残暴的行为，已震动了全世界的观听，刺激了我国民酷爱和平之心灵的深处。现在日本帝国主义者的暴行，益复加甚，来华的军舰在我沿江沿海各地星罗棋布，并攻我吴淞，炸我上海，世界第二次大战的哨兵已竟接触，太平洋战争的序幕已竟渐渐的拉开了！

为着保全我领土的完整，争取我民族的独立自由，必须唤起劳苦的工农大众，使他们对倭奴留下深刻的印象，引他们情绪的高涨和反映，普遍要加紧我们民族主义的反帝斗争，因此之故，同时为适应各县普遍的宣传，并增加效力起见，我们特地编印了这一本反日剧本集。

这一本小册子共包含有九个剧本，除北平抗日会征选的《搏战》尚未演过外，其余的八个剧本都已经上演过，它不倾重于日军的暴行，而想于上演时借以鼓励我们民众的激昂和愤慨的情绪，使民众的心里唤起民族的意识和国家观念，我们就算收到相当的满意和效果了！

这九个剧本，有一部份[分]因为时间关系，未征作者同意便搜集来的，有一部分因地名不适于河北情形编者曾略加以改动，特此向作者道歉！

最后，我们极欢迎各地排演，同时更希望各地同志好多供给我们此类反日戏剧的材料，使我们多编几本集子来，供给各地的需用。

编者，二一，二，五。

（原载于中国国民党河北省党部编《抗日救国戏剧集》，中国国民党河北省党部整理委员会印，1932 年）

野嚎（短剧）

谷深

登场人物——高丽农民三，日本兵三。

第一幕

时代——当高丽灭亡时。

布景——高丽某处田野。

三农人午膳毕，荷锄向田间走去。

甲农：大学生又去惹了是非，什么反对东洋人哩。

乙农：汉城昨天被东洋人枪杀三百多个大学生，伤心啊！

丙农：有甚么可惜！吃了现成饭，做些什么？闯了祸，他妈的，又是老百姓倒的霉，又要打仗了。东洋人不是好欺的呢！

乙农：听说是东洋人的不是，提出了什么新条约，要我们的皇帝老爷承认，我们的皇帝老爷始终不肯承认。

丙农：承认了又何妨？

乙农：嗯！听说承认了这条约高丽国就要亡。

丙农：什么“亡”，国亡了不还是一样过日子？！

甲农：……反正我们没有去反对东洋人，我们可以安心过我们的日子。

乙农：恐怕……？（！）

第二幕

一小时后，布景同前。三个日本兵手握刺刀，肩长枪，从远处散步走来。

兵一： 我们帝国人民才是世界上的优秀分子。高丽人民真是奴隶性，没中用，除了少数的大学生有知识分子，他们完全不抵抗，在二十四小时内我们已将整个的高丽夺来。也是托我们天皇陛下的洪福！

兵二： 昨天我在汉城放了二十来枪才打死十九个学生，为节省我们的子弹起见，我们须得常常去练习打靶。

兵三： 我也是这样想。

兵一： 今日列强竞争，天演淘汰，这辈亡国奴正是杀不胜杀咧。

兵三： 所以我要练习打靶。

兵一： 喂！哈哈！前面走来三个亡国奴——我们的枪靶子，打吧！莫错过了机会。

兵二： 一个人打一个吧！

兵三： 且慢，待我……

两分钟后，听到“啪”“啪”的枪声，甲、乙、丙三个高丽农民的惨号、哀号声不久都沉寂了。接着有日本兵的欢笑声，胜利的歌曲。这声音渐渐地从广漠的田野里隐去，没有了。

［原载于镇江《江苏》第7、8期合刊（纪念九一八国难周年特刊），1932年］

逼税（短剧）

谷深

时代：高丽灭亡后若干年。

布景：高丽某街镇一小杂货店，柜台一，横摆在店门口。高柜一架，分若干层，内有彩色花纹土布、洋布若干，卷烟若干，瓷器的碗、碟、调羹、花瓶若干，肥皂若干，纸若干……沿正中土壁摆着。木板凳一，在一旁，柜台上有高丽啤酒十余瓶，糖、水果、饼及罐头食物各若干。高丽纸伞一束，在柜的一端靠土壁竖着。从糊着蓝色纸的天花板上面，垂直的挂着十余件黑色、青色、白色、红色的高丽外袍、内袄和裤等。

人物：店主人权更生，三十六岁。更生的妻子金氏，一个三十一岁的少妇。五岁的玉弟，权更生的儿子。日本警察若干。

权更生现着不安的神情，两眉深锁，在店内往来走着。

更生：唉！……今天是初二，日本警察来了，怎么办呢？

更生一个人自言自语，略停，有着急的样子。

更生：他妈的，东洋人开的店不许赊欠，高丽人的店尽被东洋人欠了账去，一年二年，终究是不会还的。谁敢去得罪他们？反正还要来欠，有谁敢不欠呢？这样的小店，利息有限。最可恶的是什么捐什么捐——催命的！反看东洋人的店，门面大，货色多，因为没有捐，货色成本轻了，物价自然便宜，生意也就大了——我们小店如何还能开得成呢？

由牢骚而懊丧而失望的权更生，这时站着不动。金氏抱着儿子玉弟从柜的一端约有三英尺地的进出口，急忙走进了店。金氏的脸色暗灰。

金氏：你可知道，今天是初二，东洋警察来了怕不会干休吧？——实在没有钱了——米店的老板刚才说过“欠的两块钱米账速去算清，否则要报告东洋警察所去了！”的话！

玉弟：妈！肚子饿哩！我要吃白米饭，三天没吃到白米饭咧！妈！答应吧？

更生有意无意的抬头望着自己的儿子，并不作声。

金氏低头吻着玉弟的头。

金氏：我的玉，妈会得煮白米饭给你吃，回家去就煮！莫慌！

金氏哄着小孩子，一边在玉弟的背上轻轻地拍了几下，走了几步，现着苦笑的脸。

金氏：丧良心的，什么捐咧，……什么捐咧，尽是捐！到逼死人的时候，看他还向谁去捐?!

金氏似乎说的恨话。

玉弟：妈，回去煮白米饭吃吧！我肚子饿咧。

更生：我月底将余多的二十块钱交给了你，怎么一块钱也没有了？

金氏：说得好！在三十那天，警察所里来收去营业税、警察特别捐、特种安全税和成人捐共十三元。米店里老板收去了五元的账。房钱三元还是欠着。其余两元还给了隔壁的小官。——五元的婴儿捐还是欠着。

金氏张着嘴，望着丈夫，有向丈夫求解决的神气。

更生：唉！……

日本警察数人走来，都肩了长枪，枪尖的刺刀在明晃晃地闪耀着含有冷气的光。甲警察手持捐簿，也从柜的一端闯了进去。顿时局面两样，权更生和他的妻子两个人都像木鸡般的站着不动，头抬举不起。

甲警察：三十日改初一，初一又答应初二，今天是初二了！预备了没有？

乙警察：莫不是今天又没有?!

语气极凶。

金氏：是的！老爷！……待……待我们……我们这个月底，将婴儿捐一起送来，一定的！

更生：实……在没……有钱了！

更生夫妻两个人的乞怜状态。

甲警察：他妈的！没有钱养什么孩子?!

甲警察说着，从妇人手里夺了孩子，走向外面跑去。

其余警察：杀死他！……杀死那个小家伙！……

这时只见玉弟母亲的疯狂样子。更生呆呆地站着，低下头。

［原载于镇江《江苏》第7、8期合刊（纪念九一八国难周年特刊），1932年］

杀婴（短剧）

谷深

时代——高丽灭亡后数月某晚上。

布景——高丽某村某小屋内一卧室，室内置有床一，衣橱箱子若干，小桌子一，木凳二，一盏小小的油灯，放着暗淡黄豆般大的火光，将熄灭而未熄灭地摆在桌子上。

人物——屋主妇尹氏，三十五岁。尹氏惟一的儿子宝宝，七岁。日本警察二人。

尹氏坐在床沿上，头侧向低垂，一只手轻轻地拍着半个身子露出半个身子睡在被窝里的宝宝，似乎在说着我的儿子好好地睡吧。室内寂静。

宝宝：妈，爸爸呢，爸爸怎的还不回来？这样的晚上，爸爸真是胆量大，路上不怕狐狸……爸爸快要回来了！

宝宝说完，似乎觉得自己得到了一种什么安慰。但是不久又不安起来了。

尹氏：（……）

尹氏始终不作声，还是先前的态度，不过眼红了，流着泪，一只手用手帕不住的揩着眼泪，头分外低垂着。

宝宝：妈！我知道你不会骗我，爸爸今晚上要回来，还有糖、小圆饼，不是你昨天这个时候讲的吗？但是爸爸怎的还不回来呢？……妈，你又在伤心咧，你为什么伤心呢？

宝宝从床上坐起来，钻到母亲的怀里，两只手扳开尹氏拭眼泪的手，要母亲说话的样子，同时现着非常不安的神情。尹氏一只手抱住宝宝，一只手还是揩着眼泪，忽然间将头低垂，倒在宝宝的胸脯口痛泣起来。宝宝也低声的哭起来了。

尹氏：宝宝！你的爸爸不会回来了，……永远的不会回来了！

尹氏说了，还是先前那样痛泣，惨泣了。

宝宝：怎的，妈！……

宝宝带哭带问，哭声响了。尹氏急忙抬起头，用手止住宝宝的嘴。

尹氏：乖乖！你莫不要惹了祸！东洋人听到了小孩子的哭声，会即刻把他拖出去杀死，怕不怕？……

宝宝：妈妈！我不哭！

但是宝宝还是哭泣着。此时尹氏灰白色的脸，张大了两只眼。不泣，两只手紧紧地抱住宝宝的身子，在他额角上亲密地吻着。

尹氏：我的儿子！你听我说！……你爸已经死了，是被东洋人杀死了的！……他死得冤枉！——你爸爸昨天早上在村警察所里买了一张六小时为限半英里路程的通行证，……走到离此地约有半英里地的一个朋友处，打算向朋友借钱。谁知走过了半英里地界，……被当地警察捉去，说他是独立运动的嫌疑犯而处死了。——多惨呀！……你把它牢牢记在心上吧！将来替你爸爸报仇！……

听说爸爸死了的宝宝，哭声更响。

尹氏已经绝了气，倒在床上。

宝宝：妈！妈！……爸爸！……

日警察二人自外入（按：高丽亡国后，凡住家门户日夜不闭，须受日本警察随时检查。）紧握手枪，面貌狰狞可怕。

日警一：他妈的，活得厌！

日警二：小家伙都是将来的祸根！非绝灭不可！

“啪！”“啪！”的响了两三下，就听得日本警察的脚步声向外走去。室内完全静寂，暗小的油灯同时熄灭，黑暗，……黑暗！

［原载于镇江《江苏》第7、8期合刊（纪念九一八国难周年特刊），1932年］

战壕中（独幕剧）

赵光涛

时间：一九三二年元旦之夜

地点：在黑龙江马占山军防御战壕里

人物：华军张、王、汪、江、韩

长官李

日兵A、B

背景：一九三二年元旦夜里十二点钟，冷风吹得很急。在一个战场里，中日两军刚刚杀过，战壕里剩余些杀余的血迹，夜月照着这清冷的战场，倍觉凄冷。华军李长官带兵四人守战沟，他们匍匐在地上静悄悄的一点声音也没有。这时远村上已有鸡鸣声了。

幕开，李长官、兵士卧下，不时起来探望。

张：（燃火吸烟）

李：（急摇手止之）

王：（低头欲睡）

江：（将王拉醒，向壕沟外摇手，示意不可以睡觉，指前有敌人。）

——远处有手电，忽明忽暗。

李：（大声）口令！……口令！

——士兵拉枪闩示威，对面即开枪。

李：（中枪，应声倒地。）

韩：（起立，拉李下沟，又中枪倒地。）

时枪声炮声大作，烟火四射，张、王卧战沟内尽力抵御。全台大烟火，不辨一切。A、B两日兵冲上来，B先中弹倒地，A被俘。王、张将A捆起，堆置一旁。时杀声渐远，炮火渐息，江、王退下，望望李、韩尸身，留张一人守望。

江：老王，我们的李长官是无望了。

王：你看老韩身上也早冰冷啦！我们还是赶快将他们挪到后方去吧。

江：好吧！我去打电话去！

江同来兵士四人，将李、韩移去，江仍留原处。

张：火线好像离开此地远了。我们暂且休息一下。（说着拿香烟出来）

王：（很疲倦的）喂！今天不是元旦么？

张：对呀！（吸着烟）

江：我们想不到会在这荒野里过年呢！

王：正好像想料不到东三省会在日本人手里过年是一样呀！

张：老实说，不是张学良这小子，我们也不会吃这么大的亏！

江：我们忘[亡]了国，我们更吃亏！

王：亡了国，我们便没死的地方了！

A：咳！是啊！没有死的地方。

张：这小子会说中国话啦！

王：我来问一问他。喂！朋友！你是中国人么？

A：（摇头）

张：日本人么？

A：不是！

张：你是那儿的人？

A：我是韩国人！

江：韩国不是亡了么？

A：我是韩国光州人，我是没有国家，没有自由的。我们含着泪在过日子，等待着，等待着我们的自由。

江：笑话啦！你明明帮助日本人来打中国，来抢东三省，你不已经是完全纯粹的日本人了么？

A：朋友！你们看事不能像看月亮一样，你要知道亡了国的人，心里向东，嘴里是向西的，你们知道一九二九年到一九三〇年的奋斗么？知道日本在韩国光州的大屠杀么？

王：我们听到了，并且哈尔滨还有回示威行动呢？

A：可怜我的女儿死在火车道上，我的儿子死在警察的手里！他们说：凡我大日本人所做的没有错的，凡尔韩国人所做的没一件是对的。我们一家为警察的搜捕，非远走高飞不可。我中途被迫，就当了兵了。

张：朋友！日本人这样欺侮你门[们]，为什么还要替日本人打仗呢？

A：朋友！我也几次想逃走，但是我不打死一个日本人我是不甘心的，我总期待着有一个机会给我！

江：你说这话我又不信啦！你们的枪口不还是对着我们么？

A：是啊！我忍耐到现在，我所期待着的机会总算到了（指刚刚阵亡的）我们知道马占山将军部下的的兵士是个个忠勇的，所以冒死冲上来，我愿意加入你们的队伍。

张：（摇头）不见得？

A：老实说，我死在你们枪下是我们的幸命，死在仇人指挥的督战刀下我是不愿意的。

江：真的么？

A：你们不相信，我还有什么话说？韩国和中国是同文同种的国家，历代都是中国的好朋友。我们大家不也是好朋友么？

江：人作怪得很，偏要把界限划得很清，人和人的仇恨也就加深了。

A：人生来不是作对的。我们看山呵水呵，它们不是很和平的么？

王：是呵！山和山、水和水是没有仇的，日本人为什么要灭了韩国再来打中国呢？

张：老王你别傻吧！这就要请你问一问日本的天皇去吧！

A：对啦！天皇和我们有仇！帝国主义者和我们有仇！

张：我们呢？

A：我们是永远没有仇的。

江：我们的仇人是日本的天皇和天皇的走狗！

A：朋友！我看见了你们便想到了高丽的死难烈士，死在日本人手下的烈士了！日本人占据了我们底一切。

王：朋友！把枪交给我们，放了你去吧！

A：我谢谢你们，同时我要求你们准许我借用你的战沟来打死几个走狗。

张：我们把他也松开来吧！

王：（解开绳子）呀！朋友！你不是受了伤么？

A：战场上士兵流血，不是很平常的一件事么？

张：老王给他绑一绑好！

王：（用裹腿布替他绑好）

江：今天这么好的月光，我们睡在战沟里，又是一个一年的开始啦！我们没有什么可以招待我们的朋友，让我们来对饮一杯清水，高喊三声打倒日本帝国主义！

各人打开水壶对饮。

张，王，江，A：(同声)**打倒日本帝国主义！打倒日本帝国主义！打倒……**

炮声，喊杀声，兵士齐在壕沟上抵御，大炮弹落到沟里，全场大烟火。幕徐徐在烟火中下。

(原载于《矛盾月刊》第1卷第3、4期合刊，1932年)

复仇（独幕剧）

孙倨工

人物：尹长吉——韩国青年党人

李凤兰——韩国女青年，尹之恋人同志

金杰生——长吉同党

铃木有雄——日本便衣探目

地点：虹口公园附近洋楼上

时期：一九三二年三月六日下午二时

（一所三层楼房，前窗临马路，右边一窗可以远眺虹口公园。战后情状，室中陈设非常简单而凌乱。幕启时，凤兰坐在一破凳上啜泣，长吉在室中踱来踱去，忽而沉思入神，忽而澈然大悟。）

长吉：哎！凤，你也不必为我悲哀了！你要知道，我底事业成功就是我底生命再生！你应该为我祝福！

凤兰：应该为你祝福吗？

长吉：是的，应该为我祝福！一个人为祖国复仇而流血，而牺牲性命，而肝脑涂地，还不是一桩顶可幸福的事吗？凤，你试想：我底炸弹这么一声（作手势）刹时火花迸裂，敌人跟着在那火花中旋舞起来，我将怎样快乐呢！——我仅是想像，已觉着我底身体每一个骨节都充满着荣耀；每一个细胞都充满着愉快，这样你还不应为我祝福……？

凤兰：为你祝福，实是应该！但是我呢，难道就应该永远受这暴日底压迫……

长吉：但你暂时只好忍受着。这一次的机会很重要，只好让我一个人去……

凤兰：不！这黑暗的恶魔般的政治底下，我真不能再生活下去了！我情愿与你一同去死！祖国不复，国仇不报，这是何等的耻辱呀！

长吉：只要打算迸洒我们底热血，我们底耻辱终竟有洗尽的一天。……（看手表）呀，凤，为什么杰生还没有来呀？现在已经两点钟了。

凤兰：今天倭奴开会是两点半钟吗？

长吉：是的。但是已经只有半点钟的犹豫时间了。（声音转悲）我底凤，半点钟以后，我就将与敌人同归于尽了，……

凤兰：哎呀，好可怕呀！……啊，长吉，我昨夜作了一个噩梦，梦见血潮汹涌奔向我而来，我怕极了，无处躲藏，大声呼你求救，你也不答应我一声，我就惊醒了。醒来，在枕上作了一歌，我唱给你听吧！（唱）

是血呀，潮汹！

是泪呀，泉涌！

我爱呀，生离死别在今朝；

噩梦呀，怎擎得住袭击又今宵！

天荒地老呀，此恨遥遥！

长吉：（泪数行下）我底可爱的凤呀，你这歌声比《易水》之歌还要悲壮！我将以敌人底血肉为酒浆，以敌人底头颅为饮器，对你痛饮数杯，以酬答你底至爱呀！

凤兰：我底长吉呀！

长吉：我底凤兰呀！

（二人拥抱着）。

长吉：自从我们底祖国沦亡于暴日以来，年复一年，不知牺牲了我同胞几许的热血，几许的头颅。而今祖国仍旧未恢复，而敌人反变本加厉，侵略及于中华民国。逞彼强权，蔑视正义，轰毁吴淞，侵占闸北，天日为昏，神人公愤。此而不图，后将何及！凤呀。我底血真要沸腾起来了！（唱）

我发欲指兮，我眦欲裂！

我头可断兮，我身可灭！

东海誓填兮，富山誓撅！

生为韩国男儿生！

灭为韩国鬼雄灭！

拼将我这付铜筋铁肋！

换取那三岛虾夷之腥血！

（二人相对悲泣……敲门的声音。）

(二人惊慌无所措手足)

凤兰：(走到门口试听)谁呀？

门外的声音：我呀！

凤兰：你是金君吗？

门外的声音：是的！

(凤兰、长吉狂喜。把门开了，金杰生穿着和服走进来，手中拿着一个包裹。)

长吉：你怎么这时才来？

凤兰：我们等候你来真等得够了！哈！你怎么这样打扮，完全成了倭奴的样子？

杰生：你要知道，白天拿着这个宝贝，不这样打扮，怎能逃得过岗警的眼呢？

长吉：哦，这也难怪其然！

杰生：(出炸弹)这个宝贝，你只要瞄准目标，这样一击，无虑多少倭奴，立刻成为齑粉！

长吉：这样，好极了！

杰生：还有，我告诉你，今天倭奴开会，因为是地久节，所以白川、重光一班重要人物都是要到会，……

长吉：这样能一网打尽，更其是祖国之幸了。……现在时候到了！时机不可失！(欲接过炸弹)这是我底生命，就此交付给我吧！

杰生：你可不要忙呀！你穿着这样的学生制服，怎能够呢！还是我送你去的好。因为我穿着这套和服，谁都看不出来我是一个韩国人。

凤兰：这样，很好！你们两[俩]同去，更觉有把握！真是再好也没有了。

长吉：好吧，我们就走吧！我底凤呀！我们再会了！我走了之后，你在这窗前伫望着，静听着，我底炸弹声响了，敌人底血肉将立刻与烟雾一起弥漫空中。你可知道这就是我所以报祖国的时候，也就是我底生命得到了永远的胜利的时候。我底凤呀！倭奴虽能亡我朝鲜的国，实不能亡我朝鲜人底反抗奋斗的精神；倭奴虽能杀我朝鲜人底身体，实不能杀我朝鲜人百折不挠的勇气。倭奴底肉体虽然得胜，而灵魂反堕落到阿鼻地狱去了。我们底肉体虽然苦痛甚至于死亡，但我们这不屈不挠的大无畏的天地间正义之气，实得到了最后的胜利！我底凤呀，你千万不要为我悲哀！我们再会了！

凤兰：我们再会了！我祝福你前途胜利！我们祖国底胜利！世界人道正义底胜利！(长吉、杰生同下。凤兰悲不自禁，大叫一声，昏倒地下。……良久始醒来。)

凤兰:(独语。)哎呀!……怎么的?……是在做梦么?……我真怕极了哟!……我不知道将有怎样的一个命运之神降临于我!……我真可怕极了哟!

(带歌并舞如醉如痴。)

是梦呀,人影停停!
是幻呀,泪痕纵横!
是虚呀,鬼火燐燐!
是空呀,魔影狰狞!
我怕呀,我怕呀!
我静听着,霹雳一声,
挽救了祖国底沉沦!

(站在右边窗前远望,良久。)

敲门声。凤兰警觉,整容至门边。

凤兰:谁呀!

门外的声音:我,铃木……

凤兰:啊!铃木先生吗?你不是要会尹君的吗?

门外的声音:是的!

凤兰:可是,尹君不在家哟!

门外的声音:不在家?也得请你开门……

凤兰:啊,好吧!

(门开了,铃木进来了,向凤兰做着狰狞的笑。)

铃木:你……(又遍视她身体)你是独自一个人在家吗?

凤兰:是呀!

铃木:那末,你在做什么呢?

凤兰:我吗,什么也没有做!

铃木:我看你脸儿红红的,眼儿湿润的,态度有点荒张的样子,这中大概有个缘故吗?

凤兰:没有什么缘故,只是今天人有点不舒服罢了!

铃木:不舒服?你发热吗?(用手去抚凤兰底面庞。)

凤兰:(退一步)唉,先生,请规矩些吧!

铃木:哈!规矩些?难道我还有什不规矩吗?(进一步搂着她要吻她。)

凤兰:(挣扎)请不要……请不要……

铃木：难道你还要反抗吗？

凤兰：难道我就连这点反抗的气力都没有了吗！（用力一推，自己反倒在地下。）

铃木：（站在旁边羞愤。）你呀，真敢呀！我老实告诉你，你下次总要落到我手中的，那时我可不饶你……

凤兰：你不饶我，天知道……

铃木：天知道，地知道，我都不管。有一天我总要你底命，你才晓得我铃木底厉害，我知道，你们一班不知死活的东西，又在干非法的勾当哩！……（匆匆下。）

凤兰：（至楼门口望望，把门依旧关上。自语。）这真是人间的恶魔！在青天白日底下也要逞着强蛮欺侮弱者，这还成什么世界？……唉，好吧，倭奴呀倭奴，以眼还眼，以牙还牙！我不把这等倚仗强权蔑视公理的倭奴从人间消灭以去，我誓不忍辱偷生于这残酷的世界！——我要复仇！我要为祖国复仇，我要为人道正义复仇呀！

（沉默地站在右边窗口望着虹口公园出神。忽然霹雳一声，房屋为之震动，凤兰惊倒。）

（幕）

一九三二年十二月十日完稿

（原载于上海《前途》第1卷第2期，1933年）

尹奉吉（儿童剧本）

夏家祺

一　密议

地点：上海

时间：一九二三年三月三十一日夜

人物：尹奉吉

金九

安昌浩

革命党甲、乙

布景：一间密室，陈设简单，室后墙壁上悬朝鲜的国旗。幕开时金九做主席，其余四人分坐左右。共同商议革命事件，会场空气非常严肃。

金： 今天有一件密事，要和大家商量。

安： 什么事？（起立，作发问状）

金： 明天不是日本的天长节吗？我们正可利用这机会，去干一件革命工作。

尹： 正是。（静想）

安： 怎么样？

金： 我们革命的目的，是要用革命的手段，去打倒日本帝国主义，夺回我们的主权，恢复我们的祖国——朝鲜。尤其是帝国主义的军阀们，更是可恶！抱着侵略的野心，压迫弱小民族。把我们的同胞，当做牛马不如的看待，要杀便杀，这种痛苦，想同志们早已知道了。我们要为民族解除痛苦，为正义而奋斗，非用那革命的手段去对付他不行！（以拳向空击作奋怒状）

尹： 是啊！（作发奋状）

安：不错！

甲：不错！不错！

乙：的确！不错！

甲：那么怎样办呢？

金：是啊！因为这样事，关系非常重大，所以特地约诸位同志来商量一个办法，请快些发表意见吧。

安：（起立）我们做革命工作的人，第一事件便是肯牺牲，我想我们肯牺牲，都有办法。

金：那末依安同志，怎样办呢？

安：依我，（作发奋状）带了手枪（从袋中摸出手枪来）去打死那一般日本小鬼！

尹：安同志的说话，我很赞成。不过手枪的功效，来得不大，至多只能打死一两个人罢了。

金：想必尹同志有更好的办法了，请快说！

尹：依我，拿了炸弹，混进会场，去干他一下！（作奋[愤]怒状）

金：（作苦思状）

尹：金同志在想什么？

金：我恐怕一时难找着炸弹，而且这件事明天上午九点钟就要去干哩！

安：金同志的话，确是不错。

尹：哈哈！请同志们放心，小弟早已预备了。（从袋内摸出来）

金：（惊奇）这炸弹从那儿来的？

尹：是我自己造的，请看！

安：可见得尹同志革命精神的伟大了！（作赞许状）

尹：不要客气，这是我们做革命工作的人应尽的职责。

金：现在有了这个家伙，我们就有办法了。哈哈！白川老贼，你的狗命完了！哈哈！……

（尹将炸弹仍旧收回）

尹：哈哈！

安：哈哈哈！

甲：哈哈……

乙：哈哈哈……

金：那末那一位同志去干呢？（得意的口声）

安：我去！（起立作欲走状）

尹：我去！我去！（作争先状）

金：诸位同志都要去，我真佩服，不过这件是只要一个人就行啦！我想，还是用拈阄的方法决定吧！……好吗？

安：好的。

尹：赞成！

甲：赞成！赞成！

乙：赞成！好的。

（大家拈阄开视，沉默片刻）

尹：（拈着去作快慰状）去。哈哈！我拈着了。……

安：怎样给你……（作懊丧状，甲乙的态度相同）

金：那么，这件重大的工作，就请尹同志去干了。

尹：那当然！（作得意状）

安：现在决定尹同志去，我也不必争了。不过这次去凶多吉少，我们对于这位革命伟人——尹同志——要表示敬意才是。

金：是啊！

金：对啦！

乙：不错！

（全体向尹行三鞠躬礼）

尹：（退后一步）不要太客气了，我们都是同志。我们做革命工作的人，牺牲原是份[分]内的事情，说什么敬意不敬意呢，——时候不早了！（看手表）我要去准备了。——我尽力革命，这次算完了我的责任，末了我还要希望同志们不畏缩，不胆怯，学那举世钦佩的孙中山先生，用着大无畏的精神向前干去！不达到目的，誓死不休！（意气激昂）

（大家俯首静听）

金：尹同志的说话，我们是永远不忘记的，请放心吧。

尹：我在未去之前，应当向我们祖国——朝鲜——的国旗行礼宣誓，表示我们革命精神的伟大！

金：对的。

（大家面向国旗行礼宣誓）

尹：（举手读誓词）予誓以至诚，接受本党的委托，去用革命的手段，和日本军阀们拼命，铲除革命的阻力，以谋我祖国之独立，如奉行不力，愿受本党最严厉之处罚，谨誓。大朝鲜国独立党尹奉吉，于三月三十一日。

（面向外同呼口号）

打倒日本帝国主义！中华民国万岁！朝鲜国万岁！中鲜人民一气[起]联合起来！朝鲜独立党万岁!!

尹：诸位同志，就此告辞了！……

金：愿尹同志马到成功。（祝颂）

（尹下）

安：尹！（摇首叹息）

（幕徐徐下）

二　别亲

地点：上海

时间：同年三月三十一日夜十二时

人物：尹父

尹母

仆王二

尹奉吉

布景：一间普通家庭，陈设简单，启幕时尹父面有忧色，仆立一旁，尹母与尹父相对坐。

父：老太婆！你看我们朝鲜人多么无耻，自己做了亡国奴，还去帮助我们的仇敌日本人去攻打那中国呢。

母：是啊！所以难怪要做亡国奴啦。

父：如此看来，我们朝鲜人永远没有出头的一天哩，难道我们永远只配做亡国奴的吗？（言时作忿恨状）

母：咳！……（摇头叹息，静默片刻）

尹：（急促自内出看手表）时候不早了，差不多快到十二点钟了，我奉了本党命令，去谋炸日本军阀——白川。我要赶快回去，禀明我的父母，等他们好早些逃走。我想我的父母，深明大义，一定不会阻止的。（言时作行走状，叩门）

父：（惊觉）王二！去看那一个在敲门，是不是我儿回来了。

王：晓得哩。（开门）小主人回来了。（尹不理急促走向里而站在尹父的一旁）

尹：（见父母行礼）父母在上，孩儿有礼。

父：（母同）不必客气了。（尹欲言又止）我看（而尹凝视许久）我看我儿行色匆促，像有什么要紧事的样儿，不妨告诉为父的知道。

母：我儿不妨说出来，好大家从长计议，好歹没有多大关系的。

尹：父母不问我，我也要说了，但是说出来，不知父母可否准许？（凄然）

父：（惊愕）有什么事，尽管说，不要紧的。（大声）

尹：（俯首）奉禀父母。本来这件事，我不敢告诉你们的。但是我想父母们深明大义，一定不会阻止的。

父：（母同）是啊！快些说吧！——王二，你到里面去干你的事情去！（王下）

尹：（言词急促）父母啊！我们朝鲜不是亡于日本人的手里吗？他们待我们何等的苛刻！（咬牙切齿）怕我们反抗，教我们几个人家合用一把菜刀，怕我们种族增多，教我们几个男子，合讨一个老婆。亡我们的国，还想灭我们的种，他们的心，多么很[狠]毒啊！难道他们是人，我们不是人吗？（父母连连点首）我们要从日本人手里，夺回我们的自由，空口说话，是没有用的，必须沸起我们的热血，拼命的奋斗。不瞒父母说：孩儿眼见得种族沦亡，已经加入本国独立党了，情愿牺牲自己的生命，为民族复仇！（慷慨激昂）

父：（快慰）有儿如此，我俩死也瞑目……

尹：父母啊！明天不是日本的天长节吗？（父母作沉思状）听说日本军阀们还要开一个甚么庆祝会哩！孩儿已奉了本党的命令，明天上午九点钟，混进会场，用我自制的炸弹，去炸死那些日本小鬼。以泄我心头之恨，使世界上知道朝鲜不是无人，并且可以唤醒弱小民族。一致打倒帝国主义。所以我特地回来，禀明父母，我就要去了。只是父母，我怎生舍得呢。（泪下）

父：我儿能为国牺牲，我俩也很有光荣的。其实做了亡国奴的人，天天俯伏在帝国主义者铁蹄之下，过那牛马不如的生活，到不如早死了来得干净。我本来也要为国牺牲，只是年纪老了，（看看胡须）不能干了。现在我儿能去了我未了的志愿，我很愉快？（快慰状），（对尹）孩儿！你用不着哭了。

尹：只是我去了，父母有谁人来照顾呢？而且这件事情发觉以后，于父母也有许多不方便的地方哩？（凄然）我想还是……

父：还是怎么样（诘问口气）

尹：我想还是请父母逃到别的地方去吧。

父：那是没有关系的，我们自有我们的办法（态度坚决）

母：孩子！你父亲的说话不错，何况你已经奉了党的命令呢？你不要再说了，你的事情要紧，要晓得为革命而牺牲，是很光荣的。你去吧！（作催促状）

父：（对尹）你的母亲也是这样说。怎么还不去呢？（焦急状）

尹：……（泪涔涔下仍旧立着不动）

（全场寂静尹父沉思久之）

父：（彭彭彭）我儿，你到外面去看看，谁在敲门？

尹：（迟迟下用手拭泪）

父：（见尹下，回首顾尹母）老妻！你看我儿因为有我俩在此，使他左右为难，其实我们都是有了年纪的人，有甚么死不得呢？我儿能为国牺牲，我俩也很有光荣的。你看怎样？

母：你的话不错，那么怎样办呢？（无可奈何）

父：（沉思片刻）老妻（快）你看那里是什么人来了？（尹母回首向后看，尹父用手枪打死）

父：唉……（用枪自杀）

尹：（狂奔上）父母！你俩在做什么？（见父母尸，抚尸痛哭）呀！父母啊！孩儿害了你们了。……（痛哭目上视）我的父母，因为要成全我的大志，已经自尽了。……爸……妈……（作叩头状）望你们在冥冥之中保佑孩儿成功！……（痛哭。幕徐徐下）

三　炸白川

地点：上海虹口公园

时间：同年四月一日上午九时

人物：尹奉吉

白川

重光

河端

植田

卫兵三四人

日本人三四

布景：公园，开幕时三四日本人手持日本旗跳跃欢呼，此外有卫兵二人持枪守卫。（会场充满愉快空气）

尹：（从内出）时间不早了，快到开会的时间了；我的父母已经死了，我也无牵无挂，一心一意的去吧！（走进会场给日兵挡住）

日兵：你是什么人！敢到这儿来乱闯！（用枪上刺刀作欲戳状）

尹：（态度如常，言词和蔼）我是朝鲜人。我们都是一家了，听说今天大日本要开天长庆祝会，所以我特地赶来参加，庆祝日皇万岁。

日兵：亡国奴！你到[倒]还懂些道理呢——有没有家伙？（作搜索状）去！（尹入会场作庆幸状）

日人：（高唱国歌，白川耀武扬威，率领重光、植田、河端及日兵等上）

日兵：立正！（会场空气，甚为严肃）

白：（登演讲台，全体向白川行礼，自[白]川答礼。）今天是我们大日本开天长庆祝会的一天，能够和许多侨胞聚在一起畅谈，我非常愉快——庆祝我皇万岁！（大家欢呼）这次我们帝国的军队进展到上海来，本想在四小时内完全占领的，那知遇着支那不怕死的十九路军，真厉害！打了三十多天，几乎给他们打败，幸而我们的家伙好（抽出佩刀作夸状），没有给他完全打败，虽则我们不会打着胜仗，可是支那的上海已给我们糟蹋到不可收拾了！（得意）损失至少有二十万万，一时总难恢复原状的，我们真开心！（欢呼）帝国的势力一天大一天，朝鲜已经给我们灭掉了，满洲也在我们掌握之中，并吞支那的日子也不远了，我们真……

尹：（摸出炸弹，从人群中丢去）白川老狗头看炸弹！（轰！！白川等都从台上倒下，在地上滚来滚去，不住的喊痛，尹拍手大笑）快活！快活……

日兵：（从外入狂叫）捉刺客！……（看见尹问）你是刺客吗？

（大声）

尹：（向日兵看了一眼，很激昂的说。）正是！我是刺客，刺客便是我。

日兵：（用手枪对尹）嘿！好厉害的家伙！……跟我走！

尹：（大笑）哈哈！这有什么大不了的事呢！我的革命工作完了，我真快活！我真开心！哈哈！（呼口号）打倒日本帝国主义！打倒……（幕急下）

（原载于镇江《地方教育》第42期，1933年）

突变

胡春冰

时:1931

地:中国东北

登场人物:中村司令官

犬养总裁

坂西中将

佐佐木武官

德富总领事

夫人 1,2,3,4

小泉侦探长

浪人 1,2,3,4

卫兵 1,2,3,4

日兵一中队

苏映群——朝鲜青年党人

朝鲜青年 1,2,3,4

朝鲜农夫 1,2,3,4

朝鲜工人 1,2,3,4

张士一——省长

其夫人

张邦昌——胡子头

其母

陈旅长

钟参谋

卫兵 1,2,3,4

警察 1,2,3,4
席齐
甘作僖
官僚 1,2
学生代表 1,2
工人代表 1,2
商人代表 1,2
农人代表 1,2
军人代表 1,2
市民若干人
苦力 1,2,3,4
兵士一营
中国人——革命青年二
印度人
安南人
缅甸人

第一场

在万宝山一个森林林。天已经晚了。

农夫装的市民 1,2,3,4 互相携着手很狼狈的逃上。

农 1：现在离着远了，暂时没有危险，但是我们逃到什么地方去呢？那里不是一样？若是困在树林里，不也是饿死吗？

农 2：我们早就知道日本要算计我们，你看他们最近增多少兵？可是不知道他们会利用朝鲜人，而且事情发作得这样快。

农 3：我们是不是有国家的人呢？人家说，人民是受国家的保护的，我们弟兄被人杀死好多了，我们的政府除去叫我们忍耐以外，什么都没有作。一个人死了忍耐，两个人死了忍耐，亡国了又忍耐，这在做官的人或者是美德，我们老百姓可受不了啦。

农 4：我们的警察只会弹压我们，不许我们抵抗，日本的警察，就送枪械子弹给朝鲜人，要他们来宰杀猪羊似地来杀我们。朝鲜人是亡国的了，我们要做亡国的人们的鱼肉。我们算做什么东西呢？

农 2：不要说了，弱国那里有公理？人家有政府和枪炮作后盾，我们的政府看见羊似的老百姓他就是老虎,见了老虎似的外国人他立刻成了羊了。我们可以说是没有政府的,又何尝有国家呢?

农 1:朝鲜有个青年,前天被日本人枪毙了,听说是因为不肯替他们杀中国人的原故。

农 4:他们到底有多少人?

农 1:谁?

农 4:追我们的朝鲜人?

农 3:至多不过五六百人,但是里面假扮朝鲜人的日本兵和后面督战的日本警察,却不止一千人。

农 2:我们几村子就不止一千人,何况一县?不过政府不许我们自卫,我们平常又太没有训练和团结了。

农 4:这个地方也不见得怎么靠得住。倘若朝鲜人追了又怎么样呢?

农 4:听,好像有迫击炮的声音!

(大家侧着耳听)

农 3:不止迫击炮,机关枪的声音都有了!

(大家向有声音的方向听去)

农 2:我们快向前面跑!

(大家站起来)

天啊!我们完了。那边起了大火!

农 4:看,那边也起火了!

(远远有叫喊声)

农 2:跑再说罢,要死也没有法想!

(齐由左边驰下)

(朝鲜农夫1,2,3,4持镰刀斧头上)

朝 1:哎哟,上了当了,后面火光冲天,活活地要把我们烧死!

朝 2:回是回不去了。日本人要我们去杀中国人,说是有赏,现在怎么又放火呢?

朝 3:死就是赏了。中国人死也好,朝鲜人死也好,只要日本人活着,他们的目的达到了。

朝 4:我们杀死了中国人自己都要死,何必替日本人杀人呢?

朝 1:真的,为什么同中国人要自相残杀呢?

朝 2:不杀?那你自己死的快了。你们不知道李自信昨天被日本人枪毙了吗?

(机关枪声又作)

朝 4,3：哟，枪声又响了。我们快跑吧！

（他们刚刚跑下去，日兵1,2,3,4上。）

日兵 1：（向左方瞄准）那里走！（开枪）哈哈，死了！

日兵 2：不知道是中国人还是朝鲜人？

日兵 3：还不是一样？傻子！

日兵 4：我们的队伍在四处包围了，管教中国人、朝鲜人一个不得漏网！

日兵 1：发一排枪示示威吧！

（正在要开枪的时候，旁边暗处出来四个人，手持手枪短刀，一个扑到一个日兵身上，两个日兵被打死了，一个日兵重伤倒在地下，只有一个在那里挣扎，一个人拿着手枪向着他。）

日兵 4：你是谁？

声音：我们是工人！

日兵 4：那一国的？

声音：朝鲜的！杀！（手枪一发，日兵4应声倒地。）

朝工 1：这次我们不晓得死了多少人？

朝工 2：我们不算人，亡国奴！

朝工 3：我们夺了枪，打出去再说吧。

朝工 4：打出去？别傻了！你看四面都是火！

朝工 1：总归也是死！我们还是杀回去，见日人就杀！

朝工 2：我们总归是打不出去，打出去也是死，就叫起来吧：被压迫民族起来！被压迫民族联合起来，朝鲜人哪，中国人哪，来吧！

（枪声密。）

朝工 4：日兵怕来了，冲上去吧！

（朝工1,2,3,4自后方下，枪声愈密、火光愈近。）

第二场

日本领事馆舞厅旁边的侧室。

（幕开时，左边仍有跳舞的音乐。日本夫人同张士一夫人进来。）

日夫 1：张太太，这没有甚么，请你收下罢！这件衣服料子虽然不怎么好，可是式样花都是完全日本Style，张夫人预备以后穿吧！

张夫人：不瞒您说，我的脚是去年才放的，穿上皮鞋已经走不动路，若是再穿上这件衣服，背上皮包似的，岂不要笑死人吗？

日夫 1：其实这种衣服，不只中国女人穿着漂亮，中国男人以后要是时兴起这个装来，才真标致呢！

张夫人：领事夫人口才太好了，不愧为女外交家！

日夫 1：这不过是一点家庭教育，因为我父亲也是做外交官的，若是比起张夫人这样的良妻贤母来可差得远了。

张夫人：袍子您要是一定要我受，我只好受了，那寿礼太重了，真不敢当！

日夫 1：十万块钱算甚么？说一句老实话，甚么事情只要张夫人说一句好话，又岂止值几十万？好了，不要推辞了，我们去跳舞吧。

（两人由左门下。哑场，音乐大作。犬养总裁与中村司令官上。）

犬养：你的兵到底怎样了。

中村：现在陆军有四师团，国内下动员令的还有八师团，军舰五十八只已经分配好了。你的铁路怎样了？

犬养：只要你的兵占领了这个地方，三个月内各铁路支线，我担保一律完成。

中村：兵有甚么困难？从下令起，十二小时内，东北舰队完全消灭，二十四小时以内，东三省全挂日本国旗！

犬养：倘若发生甚么战事呢？

中村：战事？同谁战？那东三省的兵都在关内，我们没有哀的美敦书他不会准备，我们一发动便占领沈阳，毁灭兵工厂，他们抵抗都没得抵抗。

犬养：好——

（这时有个人进来，他们停止讲话一看，进来的是德富领事。）

中村：有消息吗？

德富：东京刚来了电报，说政府已经设法同俄国谅解，国际上一定可以胜利。这几天就要动手了，而且要用迅雷不及掩耳的手段。

中村：你们进行的事怎么样了？

（又有人进来，是佐佐木武官和小泉侦探长。）

佐佐木：一切布置都妥当了。发命令，就先毁灭兵工厂和一切官署。

小泉：今天下午消息，张司令预备十月十二日来这里阅兵。现在各军器械都在兵工厂修理。

中村：为甚么一定十月十二呢？

小泉：因为他们国内纠纷，他暂时回不来。

中村：佐佐木武官！

佐佐木：到！

中村：赶快打电报到陆军省报告请示！

（佐佐木下。）

德富：（对小泉）还有什么别消息吗？

小泉：我手下的人有详细的报告！

（他拍两下手，浪人1，2，3，4由右门入。）

浪人1：今天下手不下手？

小泉：（摇摇头）你人都预备好了吗？

浪人4：五百人预备好了，炸弹手枪都齐。

中村：记着，一发动，先炸兵工厂，再去官银号守着，等我们的军队。

（浪人1鞠躬，由右方门下。）

浪人2：报告，沈阳共有奉军一万人，全东三省共有五万四千人，枪枝[支]不甚整齐，并无戒备模样！

（中村点头，浪人2下。）

浪人3：报告，中国南方军队撤了回去，华北排日运动更激烈了。

（德富一挥手，浪人3下。）

浪人4：报告！钟参谋于今日上午儿点时谒见张省长，十时二十五分回党部复命，陈旅长于下午二时发一电报到北平，询问张司令病状，并请求发欠饷。

（德富手一挥，浪人4即下，小泉亦行礼下。）

德富：哈哈！中国人把东三省托在手里送给我们，却之未免不恭吧！

中村：我们是经营了好久了，受之却丝毫无愧呢！

（这时一个小铃响，大家突然变成闲坐样子。）

（张士一，陈旅长，各同着中村，犬养夫人上。）

陈：怪不得那些留学生都不想回国，真是太好了。

中村：（笑）做日本国的国民，的确比做中国人舒服得多，安全更不用说。

陈：中国也是最近才多灾多难的——

德：不错呀，从前满清有皇帝的时候的确好得多。

张士一：今天因为贵国纪念日，特来道贺，时候不早，该回去了。

犬养：欧洲最好的黄金酒就来了，喝两杯再走。

中村夫人：我还要跟省长下围棋呢。

犬养夫人：我也要同陈旅长打弹子。

（卫兵持酒上，同饮。）

犬养夫人：（趁着陈旅长已醉，要他倒在怀里）我扶他到小客厅去休息吧。

（扶陈旅长下。两日本卫兵同下。）

德富：（笑）省长不要客气，在这里休息一会儿吧！

（这时张已经连打打呵欠，睁不开眼睛。德富、中村、犬养同下。）

（哑场。钟参谋上。推醒张士一。）

钟参谋： 省长，陈旅长不知道那里去了，你那张电报看了没有？

张士一： 哎哟，忘记了。（好容易在袋子里抽出一张电报来。仔细看。再擦擦眼镜看。又把眼镜摘下来，擦擦眼睛，看了不觉大叫出来。）日本兵占领长春几个要塞了！

钟参谋： 怎么办呢？

张士一： 快走，快走！

钟参谋： 主人都不在这里，外面门都已上了锁，刚才我找你的同陈旅长的汽车都不见了！

张士一： 哎哟！

（德富夫人及另一日女士。）

德富夫人： 省长，天太晚了，这些日子怕什么反动，我们加上钟参谋四个人打通宵的麻雀吧？

（张士一和钟参谋互相瞪眼看着，德富夫人和另一日女互相迷［眯］眼笑着。）

第三场

在沈阳的市街。

这是反日大会的讲演会。主席台上，有官僚、农、工、商、学、兵代表各二人。台下是民众。台的旁边有四个警察。

官僚： 这次事情，的确是不幸，政府已经向副司令请示办法，一等到有回电，再定应付办法。大家切宜护守秩序，不要惹起交涉。

（台下有 RRRR ××××的声音。）

商人： 我有一个最低限度的提议：永久对日经济绝交！

（大家同声叫：对日经济绝交！）

农人： 我们要饿死了，也不要吃日本人粮食！日本要饿死了，我们也不给他东西吃；他买，我们不卖给他；他抢，我们不放手；他要杀死我们来抢，我们要先毁灭一切再死！

（大家同声叫：饿死日本！）

学生： 我们还要通告全世界，一切被压迫民族联合起来！

（大家同声叫：被压迫民族联合起来！）

军人：我们要积极备战，全国总动员！

（大家同声叫：全国总动员！）

工人：我们的伟力可以创造一切，也可以毁灭一切。我们要打倒帝国主义的日本！

（大家同声叫：打倒帝国主义的日本！）

警察：（在台下叫）不好了！诸位，日本兵进城了！

（果然有密密的枪声。）

学生：诸位，日本兵来了，我们不能等死！我们愿当同他们拼死，有一个换一个！

工人：诸位，我们肯作亡国奴吗？没有铁的时候，血就是最后的武器！

军人：我们冲锋！

（几万人一下向着枪声的方向冲了上去，枪声渐密，他们的歌是：）

冲锋！冲锋！
我们的旗帜，青天白日满地红；
红，鲜鲜的，腥腥的血红，
因为我们的旗帜是建筑在血中！
冲锋，冲锋！
我们用血洗人类的耻辱，
用血掩没了扶桑三岛，
我们的旗是建筑在血里，
我们血的旗帜震荡在空中！

第四场

在日军司命部。会议桌上周围满了人。坐的人后面站着一排持手枪的日本兵。

中村：（站起来，举起酒杯）大日本帝国主义万岁！诸位，大日本帝国为了东亚的和平已经实行占领了东三省。中国的徒手军队都已经无抵抗的退却了。虽然中国的民众死了不少，但这是日本历史上最光荣的一页。我们应该为光荣的帝国干一杯！

（大家干杯，中村坐下。）

犬养：诸位，中国人民是最不能自治的，中国官僚是最糊涂的，中国的军队是没有抵抗力的。所以这次东三省之占领，不只是为了维持东亚的和平，而

且是替东三省人民谋利益！（大家鼓掌）

德富：因为中国人不能自治，所以以后最好的方法，或者是由大日本帝国设一个关东总督，或是由朝鲜总督兼，不然就由日本政府派一个总督来，做满洲皇帝。

中村：但是为表示中日的亲善起见，我们还是用一个满洲人来做皇帝，让满蒙成为独立国；中国人最不会做事，也不会管钱，这两方面日本当然可以帮忙。把紊乱非常的中国，整理成朝鲜一样有条理，是日本帝国当前最要紧的工作。

德富：席齐先生，没有皇帝，你向谁叩头呢？没有人可以对他叩头，又不能讲君主圣明，臣罪当诛，你不觉得难过吗？

席齐：难过，难过，难过得很。

德富：如果独立国成立以后，不只有皇帝，你还有机会见天皇呢！

甘作僖：但不知道国人如何？怕都有点众怒难犯呢！

中村：岂有此理，那时候你是满蒙帝国的大将军了，谁能奈得你何？而且那时你已经是日本国民了，自有政府保护，还怕什么中国人吗？

（席齐与甘作僖两人默对无语。）

中村：老实说，日本政府是最重实际的。用了多少年心血，出兵超过了预算，不就地生财行吗？你们两位受了日本政府的栽培，不图报效行吗？（席齐、甘作僖已经失色。）

中村：武官！

佐佐木：到！

中村：加派四个卫兵保护他们两位！

佐佐木：是！

（情形突然严重起来。中村德富、犬养同时退席。）

席齐：咱们到底怎样呢？

甘作僖：现在要吃眼前亏了吧！

佐佐木：二位不必惊慌，日本军人决不肯为了先生这样的人费两粒子弹的。至多不过割割鼻子、剜剜眼睛玩一玩，再用煤油烧个干净，以免臭块地而已。

（两个人都寒战起来，牙关已经战得响了。）

佐佐木：卫兵！

卫兵 1，2，3，4：有！

（甘作僖赶紧作揖，席齐赶快打躬，这时坂西中将哈哈笑地走了进来。）

席齐：坂西先生救我！

阪西：（笑着挥一挥手，佐佐木带着全体卫兵退下。）我正有事相求。我是喜欢管闲事。中国的事情最近几十年来都有我的成分。现在你们的国家早亡了，还怕什么国人笑骂？目前最要紧的事，请席齐先生打电给溥仪先生，请他来做从四年起的宣统皇帝，并且告诉他如果有点不愿意的意思，怕他出不了日租界。他住的家里已经布满了我们的人了。张作霖尚且炸死了，弄死溥仪还不跟捏死一条蚂蚁一样吗？甘作僖先生最要紧是打个电报，欢迎张邦昌来这里做兵部尚书，这个人是很孝顺的，他的母亲已经到了我们的兵营里，不怕他不来，这封信是甘先生的空心人情，不过功劳簿上多一笔账而已。不陪了，请两位治公！

（下。）

（席齐和甘作僖互相看着，这时持枪的卫兵又在门口出现。两个人一边祷告似的写下去。刚刚写完的时候，两声枪响，二人同时倒地，门外骚动。）

卫兵：快拿着他！朝鲜人！朝鲜人！

第五场

一间酒店的地下室，四面都是铁壁，就在外面通气，边上有个机关的铁门。

印度人：这次不只在东方问题，但是是东方被压迫民族翻身的好机会，我们不可错过。

缅甸人：由于帝国主义者间利害的冲突，当然有一部分国家更鲜明地趋于社会主义，在世界革命看起来，是一种有利的现象。

中国青年 1：由于这次欧洲经济恐慌，各国提议废除金本位，日本同时进兵中国的情形看起来，是有组织的行动。这种组织的意义，在帝国主义者内部，是全欧洲联合起来抵制美国，所以在太平洋方面便由日本来挑战。帝国主义者这次斗争的意义，在抵制金圆主义，挽回帝国主义的没落的命运，同时并斩绝社会主义国家的根株。所以这次的斗争，是革命者与反动者间最后的血拼，也是全人类生活问题解决的起点。

中国青年 2：这次美国一定联俄联德，使西方的情形一变，中国一定要自己起来，使远东的局面一变。

（铁门自己开了。朝鲜青年四人及苏映群上。）

苏映群：有效的行动开始了。今天已经打死两个卖中国的贼，制造了两个反动的烈士。

（大家起立，表示敬意。）

安南人：听说日本人一方面捉着了张邦昌的母亲，关在日本兵营里，一面已经派了好多人去监视溥仪。

中国青年 1：我们派人去找张邦昌母亲，要她自裁，以免她的儿子入了圈套。

中国青年 2：我们派人去天津把溥仪运出日租界，如果运不出来，杀掉他都好。

苏映群：我们派人去组织军队。

中国青年 1：中国军队祸国殃民几十年，就是为赎罪都要站在第一道线上去牺牲。

中国青年 2：青年应当站在第二道线。

中国青年 3：第三道线是中国全体总动员！

全体：世界被压迫者全体总动员的时候到了！

第六场

日军司令部。当作优待监狱的小屋子。

张邦昌母一个人坐在床边。一个年少的兵从远处吹着一个调子走过来。

张母：（看见那青年兵士甲探进头来）先生，有什么消息吗？

兵甲：全东三省都完了。令郎今天就到。

张母：（一惊）他来做什么呢？

兵甲：他们叫令郎卖国，以你的名义叫他来的。

张母：（顿足）卖国啊？他们说宣统皇帝要登基，我才让他们发那封信的。

兵甲：他们早已把宣统皇帝打死了。因为日本人想做皇帝，不能直接来，所以请令郎来帮忙。

张母：国家是祖宗坟墓所在，怎么卖得的？

兵甲：他们知道你的儿子是孝顺的。请你要他来，他不会不来。为怕你受委屈，恐怕国都会卖的。

张母：那么怎么办呢，先生？

兵甲：你知道汉朝的隋母扶剑的故事了吗？

张母：喔！

兵乙：（他探出头来）咧，张邦昌到了，一会儿就来了。（退下）

张母：先生，你怎么跟那些日本人那样不一样呢？

兵乙：你是邦昌的母亲，也就是我的母亲，因为中国眼看着快亡了，我是个已经亡国的人啦！

张母：（感动而泣）先生，你能借给我一枝[支]枪吗？

兵甲：（把手枪递给她，同时说。）可以！

张母：大家都不卖国，中国怎么样呢？

兵甲：那中国便不但不会亡，而且要成为最快乐的民族，自由平等了。

张母：（理想的笑）真的吗？

（张邦昌到了窗口，兵甲走开。）

张邦昌：妈！

张母：你来做什么？

张邦昌：不是你老人家叫我来的吗？

张母：我没有叫你来，是日本人叫你来的。

张邦昌：（一惊）哎呀，不好！

张母：日本人找不到卖国贼，便找到了你，又怕你不肯来，所以就把我押在这里当媒子。

张邦昌：妈呀，怎么办呢？

张母：你是那一国的人？

张邦昌：我是中国人！

张母：你身从何处来？

张邦昌：祖宗父母。

张母：这祖宗父母所在的地方，你愿意卖给别人吗？

张邦昌：妈，儿子明白了，可是我不愿意娘受苦。

张母：你能答应我几句话，我就是死了都甘心了。

张邦昌：你说吧！

张母：你是人不是？

张邦昌：是！

张母：你同日本人怎么样。

张邦昌：我同日本鬼不共戴天。

张母：我死了你怎么样？

张邦昌：我替妈妈报仇！

张母：（微笑着一枪打死了自己。）

（张邦昌哭倒在地上。远远有“拿奸细！朝鲜人！”的声音。）

第七场

在第五十二旅司令部，旅长办公室。

钟参谋一个人在场。

一个卫兵出来。

卫兵：报告，各连部派代表要见旅长。

钟参谋：请他们进来！

（卫兵下，少顷，军官等十数人上。）

军人1：参谋，旅长呢？

钟参谋：听说有点不舒服，今天请假了。

军人1：目前的情形真是千钧一发，随时可以有大变化出来，兵无主帅怎么行呢？

军人2：沈阳要烧完了，其余重要城镇连日陷落。我们能不能够再袖手旁观呢！

军人3：邻人有难，应该披发缨冠往救，现在自己家里有难，反倒毫无抵抗，置之不理，我们是有血气的人吗？

钟参谋：旅长因为接到副司令的回电，说采取不抵抗主义，又不许开枪。

军人4：真是奇闻。自己的家自己不能守卫，有贼来随便偷他东西，打死家人，自己有枪，但是不准开！

军人1：做长官的同作兵士的有点不同。长官怕，兵士们不怕。即使是枪械不好，一个人抵一个人行不行？用五个换一个行不行？用十个换一个行不行？

军人3：兵士们已经宣言，如果长官不许他们打日本，他们就自己打，如果他们的长官拦阻他们，就当作日本人先打。

钟参谋：诸位请少安勿噪，我派人去请旅长好不好？

（这时好些兵士走来，在外面鼓噪。钟打铃，卫兵上，钟说："请旅长去。"卫兵下）外面鼓噪益烈，"他们不敢打，咱们自己打去了"。（钟参谋兴奋起来）。

钟参谋：（对大家说话）兄弟们，我们当兵当了多少年了，当兵是保卫国家的，我们平常只会自己打自己，欺压老百姓，日本人来，便毫无抵抗，束手待毙，不止要倭奴笑我们无人，而且中华民族全无人气的是人类的耻辱。（外面欢呼）现在我们要准备，日本人是人，我们也是人，他有枪炮，我们也有枪炮，就是要死，不能白白死，一个至少换一个！我们不能够坐视父母被杀，妻女受辱。（欢呼）兄弟们，这是存亡之战，是世界之战，是人类正气之战。有反对的应该怎么样？

众：杀！（这时旅长走进来，大家向他礼，他盛怒的还礼。）

陈：军人以服从为天职，照这样子成什么体统？钟参谋，你大声喊叫地讲什么？

钟：没有什么，不过在那里讲了几句人话！

陈：（大怒）呵！（拿出手枪来。军官 3 出来阻止。）

军官 3：报告，兵士们全体骚动，宣称如果不许他们抵抗，他们就要自由行动的。

陈：呵，造反啦！我偏不抵抗！

钟：（一手枪打过去，陈倒地）那就是卖国奴！

（卫兵上。）

卫：报告，日兵有向我们进攻模样。

钟，军官：好，冲锋！（大家一齐走出去。冲锋号作。）

第八场

在火车站，时时听到机关枪和炸弹的声音。苦力 1，2，3，4 坐在那里。

苦力 1：你们家里怎么样呢？

苦力 2：还不是大家挨饿。死是死了，活着的头几天还一人喝一碗粥，现在钱也没有了，米也没有了，只有等死。

苦力 3：这样子几时算了呢？

苦力 4：除非你杀了他，或是他杀了你就可以了啦。

苦力 1：杀也可以，饿死也可以，就是不替日本兵帮运枪炮击中国人，来养活自己一条狗命！

苦力 3：对对！

苦力 4：你知道今天来的一列车是什么吗？

苦力 1：子弹啊，煤油啊，他们现在除烧杀以外还有别的事好做吗。

苦力 2：不，你看，风一吹和下雪一样。雪一样白的白面呵！

（大家不由得站起来，叫起来。）

众：面！

（这时市民愈众愈多了。大家大部分都因为食粮断绝，来那里看一看。）

农 1：你刚才问过什么价钱没有？

农 2：你想头到[倒]不错！那面是给刽子手们吃了杀我们的，他肯卖给我们吧？

农 3：还有好多车是什么呢？

商人 1：（走过来，接着说）还不是给你我预备的子弹？

商人 2：昨天大战怎么啦？

青年 1：他们杀了卖国贼，预备大打，但是子弹没有倭奴多，后来只得向北退却了，还好没有受什么损失？

青年 2：那时我很怪大家不一同起来，要是一同起来，日本人早跑了。

（远远轰炸的声音很厉害。大家骚动起来。人是愈聚愈多。）

声音：诸位，日本兵营起火了，火药库炸了，这列车上有枪，有白面，是给我们预备的呀！

（大家加速率地向左面冲去。）

又一个声音：今天是我们最后一次的奋斗，再失败就永世沉沦的！

（大家向前冲，机关枪响。）

声音：不要怕，他这里没有几个人，子弹打没有了。我们的骨头可以压死他，我们的血可以淹死他呀！

大家：上！

（又是一排枪的声音，里面的人倒了一两个。）

声音：上！我们的人已经上了车了！

（远远爆炸的声音很厉害，大家更奋勇直前。）

声音：我们上了车了，日兵都打死（声音随着烟雾送过来）

群众声音：中华民族万岁！

前进，扑灭日本帝国主义！

全世界被压迫者起来！

我们为生存而战！

声音：我们有枪了，应该以铁报铁，以血报血！

大众：以铁报铁，以血报血！……革命的向前去，我们是火山，现在开始发火了！

（欢呼的声夹着轰炸的声音，接着就是较近的枪声、机关枪声音。）

喊声：杀！杀！杀！

（火光近。幕落。）

（原载于《矛盾月刊》第2卷第5、6期合刊，1933年）

尹奉吉（现代的两幕史剧）

陈适

第一幕

时：中华民国二十年四月二十九日晨五时半。

地：上海。

人：金九，韩人爱国团团长，五十七岁，蓄短髭，工人装束。

尹奉吉，爱国团团员，二十四岁，穿半旧西服。

尹妻，二十一岁。

尹模淳，奉吉长子，六岁。

尹淡，奉吉次子，四岁。

团员甲，中年男子。

场：法租界陋巷中一小角楼。陈设极简陋：置床一，桌一，椅数事。靠西有小窗，覆以白布，天色透入，暗淡仅能辨物。左方有门紧闭。金九坐桌旁，埋头深思，时而叹息。

尹：（外。叩门）

金：进来。（尹入。关门）

尹：（微声，喘息）怎样了？金先生。

金：一切都已备妥。

尹：今天？

金：上午十一时。

尹：准是这样吗？

金：是。

尹：（舒气）啊！……

金：什么？

尹：我真痛快！（惨笑）等着，等着，足足五年了，到底有一个今天啊！——（面金傍桌坐下）

金：（低声）是的！我们将有个新的复仇，你是做了执行者。

尹：（半晌）奇怪，偏是到了最后的一刻，越发令人焦急得不能忍耐。（视表）啊！只有六小时了！六小时后——你想我将怎样？

金：（严肃）你将以你的谨慎和勇敢，换得成功与胜利。你将和安烈士般地光荣，不朽！

尹：（欣喜）真的吗？我是幸福了——日本军阀们把我们的血快榨尽了，然而今天却是他们自己的流血啊！

金：（微笑）他们会懊丧吧：天皇的生日，喜蛋没有吃，倒吃了炸弹呢。

尹：可不是！巴巴地跑到上海，正好给我们做了靶子，真是何苦来！

金：（冷笑）但又为什么不应该来呢？在偌大的中国，有的是肥沃的土地，无穷的宝藏，美丽的女子，和四万万自命爱和平重礼让，无廉耻，无血性，懦弱得和羔羊一般的人民啊！（兴奋）韩国虽是亡了，还有复仇，还有抗争。中国还是独立，中国的人民久已做了帝国主义的奴隶走狗了！啊！我真不懂：为什么我们卧薪尝胆，奋走呼号，数十年求之不得的祖国的自由，中国人却当作赘疣，仅是向外推送，惟恐去之不速啊！（悲哀）

尹：哼！中国人吗？是猪吧！是狗吧！猪狗都不如吧！总之，早就失了人性了！昨天有一个什么反日救国会的职员，"专诚"访我，说是拿些日货在我家寄存几天，还说事后重重酬谢的废话。——嚇！他还当我是个倭鬼子呢。后来我惹了气，苦苦地骂了他一顿，这才悻悻地走了。

金：这样事普遍极了，倒也不足为奇。只是中国人究竟也不都是无气节的东西。不看见这次淞沪抗日的战士吗？毒瓦斯，坦克车，飞机，重炮，什么他们都没有。然而拼着血肉，冒着弹雨，出入于死生之间，三十天的搏战，他们毕竟是胜利的！工人们都做了义勇军；乡村的女人替他们带来了食物；无产者把最后的一个铜子献给他们。他们毕竟是光荣的！但，应是谁的过失啊！他们终于是孤独地退走了！（悲哽）啊！来此十五年了，只觉得今日的中国社会，恰似二十年前的祖国。最大的共通点便是下层民众愈是觉醒得深，上等阶级愈是麻醉得紧。竟像隔处在不同的世界，永远代表着相反的运命的啊！……（叩门声）进来。（甲，乞丐装，提食篮入。）

甲：（谨慎地置篮桌上，向金鞠躬。）带来了。金先生。

金：两个吗？

甲：两个。昨夜刚好赶就。

金：很好。那么，回去吧。回去以最大的努力，继续你的制造工作，谨慎敏捷，等候着第二次的命令，莫怠忽了！

甲：（鞠躬）是。（回身趋尹，紧握其手。）奉吉！……

尹：唔。

甲：（声低滞，几不可辨）再会了，愿你成功！（返身出。金、尹默然对坐，相视无语。少顷，钟鸣六下。）

金：（若有所触）六点钟了。奉吉，把篮子打开吧！

尹：（起立，尽去篮中遮掩物，出二黑色圆筒体，似热水瓶而小，上端有绳。）啊！好东西。（把玩移时，随手安置原处。目仍盯视，如有所思。）

金：是的，炸弹。（言次，矍然起立，语气转重。）听着！为了争取大韩民族的自由与光荣，为了唤醒已死的国魂，为了抗拒帝国主义的残酷与野心，为了博取世界的同情，我，在这里，把它们献给你了！（沉痛）拿去吧！一个是去吸取敌人的鲜血，另一个啊，（一顿）用以解脱你自己的灵魂。

尹：（一时陷于极度兴奋。面部泛红色，目炯炯发光。默然半晌，突然发声。初犹呐呐自语，后渐提高。）好啊！一个杀敌，一个自杀！两个——炸弹——黑色的炸弹，多可爱，多伟大！轰然一声，轰然一声啊！什么都是变了，天在动摇，地在震撼，那仇人的血啊，鲜红！鲜红！（奋然握拳，凭空挥击。）

金：奉吉，你太兴奋了！

尹：兴奋？是的。为什么不呢？以前，屈服于敌人的高压下，二十年的非人生活，使我尝遍了奴隶的苦痛，受尽了亡国的耻辱。然而，总是弱者：没有结合，没有武器，没有反抗，只有忍耐。竟想不到此时此刻，也会有了复仇的机会、杀人的权威。啊啊！你可以想得到我的痛快、我的骄傲。

金：（潸然）然而这种痛快与骄傲，真太可贵了，我们得付怎样大的一个代价啊！——二十年来，眼看着多少民族英雄舍身赴义。那种大无畏的牺牲精神，铁一般的、火一般的勇气，当增长了我的自信，觉得朝鲜虽亡，必有复活的一天。然而时至今日，国仇未报，国耻未雪，国亡依然！啊！还我河山，真何容易！（稍停）奉吉，三小时后，你在公园，我已在赴日的船中。侥幸不败，当于国际调查团前，再与世人以韩人未忘的认识。但，这些你不会看到了。——旅途中，我有了三个伴侣，奉吉，你会惊骇吧，那便是你的妻子们。（尹变色欲言，金急止之。）不要急，听我说：上海已不是乐土，况是亡国的奴隶们。你走了，纵然恋着她们，她们是被弃了，她们是孤独，无助。这应是你最大的痛苦。但，信任我，奉吉！我应当自庆，还能给你以最后的帮助。在日本，在故国，我都有安顿她们的处所。信任我，奉吉！把她们交付我的保护吧！——你不快乐吗？你哭了。

尹：(噙泪)不，我可以安心了。妻，她最爱我，我死后，她不会怨我吧！淳、淡两儿都还聪明，在你的保护下，他们还有前途。但，许我再见他们一次！短时间的会晤后，一径往虹口公园，应是不迟吧！(起身)

金：(挥手令止)别走，她们就来。已经借了你的名义，叫车接去了。但，告诉我：你愿意替她们留下了最后一面的惨痛的印象吗？你忍心使她们遇到最难堪的诀别的苦痛吗？你不能悄悄一走，留给她们一丝光明的希望吗？

尹：(沉痛)不，是的，让我走吧！(起立)暂时，请你瞒着她。(探怀出一名片，在桌上取笔疾书，写毕，持之低读。)爱妻如面：沪地日危，不能久居，可从挚友金君返韩暂居，吉不久即追踪来，勿念。——够了——。来时请交她。(纳金手中，即匆匆系两弹腰旁。自床上取大衣披之。)是时候了，请你吩咐我！

金：这时出发，正好。巴黎大戏院门口左首，有一绿色汽车，为团员某君所有，他已服务英领馆多年，得有招待证，可以带你同去。门禁虽严，必无阻碍。入园后务望谨慎从事，千万莫伤友邦人士，我在此静候佳音。(含泪伸手)

尹：(握手)谢你，金先生。我去了！愿你为国珍重！(返身趋门，门忽开，尹妻挈两子入。二人相顾愕然，模淳和淡趋前抱尹。)

模淳：爸爸！

淡：爸——爸！

尹：(努力镇定)啊！淳儿，淡儿，你们都来了！

尹妻：是的，汽车到后，急急地起了身，便来到这里。小孩们多时没看见你，想得慌了。你看他们这时多高兴啊！(瞥见金九)呀！这位是谁？

尹：(介绍)金先生，最近结识的好友。

尹妻：哦！(向金颔首)阿淳，阿淡，叫声金伯伯，(两孩如言，向金鞠躬。)

金：(起立)哦！乖孩子，床上坐。(自床角取碎面包若干，散置床上。)吃些吧！别客气。(向尹)奉吉，你还有事呢？去后再来不好吗？

尹：(决断)嗯！是的。(向妻)恕我，爱！让我出去趟就来。

尹妻：但是，你不能先使我明了你把我们叫来的用意吗？

尹：(局促)呃，那是——那，那你可问金先生。

金：唔，是的，也没有什么事——

尹妻：(疑惑，插入。)奉吉，你，你必有什么事瞒着我！

尹：不，没有的事。只是因为，因为上海太扰乱了，想和你们回到祖国去避一下；又因公司事忙，一时脱不得身。刚好金先生也要回去，我就和他商量，他说旅途寂寞，很愿意有你们和他同途。金先生最是和气，我想你也没有不赞成的，因此就把你们叫来。——二小时后，便得动身了。

尹妻：但，你又为什么不和我们同行呢？公司事忙，不是可以告假的吗？再不成，可以辞去的啊！你只是当一个小伙计；最近又有战争，听说洗衣公司有很多收歇了的，你们的公司难道是例外吗？为什么反倒忙起来了呢？再则，你这时为什么还要出去，我们不是二小时候就要走了吗？啊！奉吉，告诉我吧！你我相爱已久，你真有不可告我的事情吗？

尹：（嗫嚅）只是现在恕我不能告诉你这些。以后，你自然会明白的。

金：（欲言，又止）……

尹妻：（苦闷）我知道，你想瞒我，你已不爱我了，奉吉！

尹：不，你我的爱情有增无减。

尹妻：那么，除非你已有了比我更爱的人。

尹：（突然，亢声。）对，那就是祖国！

金、尹妻：（同时）啊！——

尹：我爱你，但更爱祖国！祖国有三千万文明优秀的人民，五百万方里的锦绣河山；祖国有悠久的历史，有过去的光荣。不幸，祖国亡了，遗下了颠沛流离，孤苦无依，受尽了压迫，蹂躏和耻辱的亡国人民，国旗变色，山河易主。二十年来，几多英雄，为此殉身；几多志士，为此销魂！我是弱者，眼看着祖国沉沦，除了愤怒和痛恨，一切没有我的份。但，祝福我，今天以后，在挚爱的祖国前，我也有了一份微小的贡献了。……好，告诉你吧！在我的身上，已系就了炸弹，日本军阀是我的目标，虹口公园是我的死所！——我爱，永远地别了你，我不否认。但，你得谅我，你定会谅我！

尹妻：（哭）你我永诀了吗？奉吉！我真太可怜了！（泣不成语）——但……我……我怎忍阻你啊？也怎能阻你啊！（拭泪，长叹）奉吉！你去吧！你的爱情和热忱，应该整个是祖国的，我太渺小了，说原谅吗，怎敢！（模淳和淡见母悲哭，皆弃食物，倒入母怀。）淳淡都小，但有金先生在，他们的前途仅有光明。我不失望，不，我也决不怨你。幸而有了机会，我将追踪你的旧途，再图相见。

尹：（拭泪）感谢你。我的爱，你已给我以最大的勇敢了。祝我成功，把手给我。（吻其手，俯身抚二孩）好孩子，你们永远爱着爸爸吗？

模淳、淡：爱的，永远爱你！

尹：你们也永远记着我吗？

模淳、淡：是的，爸！永远记着你。

尹：好孩子，我也爱你们；我去后，你们好好地听着母亲的吩咐啊！（一一吻其面颊，拔足欲行。）

模淳：（拉其衣。）呀！爸爸那里去？爸爸不要去！

淡：（哭嚷）妈，爸爸不好，又要丢了我们啦！

尹妻：（强自振作）乖孩子，快放了爸爸，爸爸出去买糖就回来的。

尹：（向金）别了，金先生。（金无言起立，木然注视。）别了！我爱；淳儿，淡儿，好好在家啊！（急步下）

模淳：（奔赴门口）爸爸早些来啊！

淡：（追随模淳后）爸爸早些来，把糖带来啊！

——幕徐下——

第二幕

时：五小时后。

地：上海。

人：白川大将，日本上海派遣军司令官，中等身材，肥头大耳，戎装配勋。

植田中将，日本第九师团长高颡隆鼻，仁丹须，陆军装。

野村中将，日本海军司令官，身躯魁伟，浓眉如画，戴托克司眼镜，衣黑色海军装。

植松少将，日本海军陆战队指挥官，矮胖身材，海军装。

重光葵，日本驻华公使，翩翩美少年，西服，罗克眼镜。

村井，日本驻沪总领事，西服。

河端，日本居留民团团长，在野军人装束。

其他日本重要军官士绅，若干人。

场：虹口公园天长节庆祝大会阅兵台上，四围立彩色栏杆。中置小桌，覆以白布，时阅兵已毕，白川挺胸立桌前，正开始其训话之第一句。余人成一线，肃立其后。台下欢呼之声暄耳。

白川：今日能在此参与天皇诞辰的庆祝盛典，至为欣幸。赖天皇的神威，将士的忠勇，和侨胞们的协力，皇诞降之日，正停战协议将次告成之时，最后胜利的获得，给予于今日祝典以更多的愉快和意义，这尤其值得我们的庆祝和感激。本来，如果军部的意志当能如期贯澈，满洲应是早于十年前划入了帝国的版图了吧！然而因了老成顽固的大臣们的过于慎重，迟至去年，由于少壮军人们忍无可忍后的自由行动的开展，方为大陆政策奠定了基石。政党政治的因循误事，真令人不胜遗憾，沪战后满蒙的统治已立基础，但我们必得记住，这只是一个开端，我们的目光决非满蒙四省所能承受，我们的理想更非一时一地所能满足；我们生在世界上，便应永作世界的主人翁！我们的努力还得继续，继续至最后；还得扩大，扩大至无限！愿诸君慎重体念这点。（掌声中退下，植田前。）

植田：诸君，神圣崇高的天长节又于今日降临。回想过去每年一度的盛典，都是在欢欣鼓舞、举国若狂的热烈庆祝中过去。深感帝国的进展是与日俱增，帝国的前途是无限光明。尤以这番的空前盛况，令人感奋无已。（略顿。）刚才白川大将曾说起大陆政策，诸君都知道大陆政策是以朝鲜为起点，而以整个中国为尾闾的。诸君也知道我们为什么拣了中国为我们的对象吗？理由是最简单不过的：第一，中国根本不是一个统一的独立的国家，自民国成立以来，何时不起内战，何地不见割据？也许可算得是“战国”，是“军国”，可决不是“民主国”“共和国”；第二，中国民族生成了十足的奴性。懦怯，苟安，偷生，畏死，倚赖，五分钟热度……。同这种民族同处，讲仁义道德，谈亲善，便是我大和民族的耻辱；第三，中国有无穷的宝藏而不知开发，有天时地利的长处而不知利用，试问这种民族还能适存于大地吗？能逃避优胜劣败的天演吗？简单说：必须我们负保护之责，将它归并，施以教化。（舒气）毕竟，我们已完成了大陆政策的初步，东北的宝藏，已成了我们的粮仓和军库，但我们还得继续做去，努力前进，不消说，以皇军的忠勇，国人的奋发，真不难一鼓而下上海，再鼓而下南京，早日完成我们的使命。那么在下届的盛典中，于欢呼“天皇万岁”之余，会使我们感到有更可庆祝、更可纪念的一天。末了，谨祝福天皇和他卵翼下的大日本臣民！（掌声呼欢中退，让野村，野村谦辞，重光葵上前。）

重光葵：各位将士及邦人们，鄙人自奉令主持停战谈判，争议迄今，已得有相当结果，敬于庆祝盛典之余，作一简短的报告。诸位都知道：当初中国政府的口号，是“先撤兵，后谈判！”但是现在呢？（微笑）先谈判，后撤兵！（台下欢呼）这，无疑地，我们是“叨了光”了。——然而，究竟谈判的最后，还是撤兵的实现？为了顾全国际和外交上的立场，这已是必然的事实，更无可避免的可能（台下肃静）而且，什么是我们的交换条件呢？——割地？没有！赔款？没有！什么都没有，有的是已将成熟的上海附近永远不能驻军的规定！（台下哗声大作）请静下吧！我们的胜利仍是完整的！上海事件只是满洲事件的余波，是帝国给于中国盲目的排日者的一个小膺惩，给予国际伪善的袒华者的一个小示威；我真快乐，能够告诉大家，二月的战事已理想地完成它使命的全部了！（台下欢呼）中国政府在上海的惨败，已反显其绝度贫弱的可怜相；夸大狂的对日作战论者，已失去了煽惑的凭借；中国民众的精神已整个地为十九路军所吸取，早就忘了东北的义勇军；华北人民感到比较的安闲，仍又恢复了旁观者的立场。总之，帝国在满蒙的威权已臻巩固；停战协议便是城下之盟，为大陆政策进程中的最前点作了界石；历历在目的便是我们的终点了！（台下欢呼）诸位，最懦弱的蠢猪在就戮前也有它的最后的挣扎，挣扎中止时，什么也就完了！（台下欢呼）完了！（鞠躬，退后，村井前。）

村井：侨胞们，平日忙于馆务，很少和诸君有接触的机会，今日来此参与盛典，置身于欢畅愉快的空气中，静聆了各位长官金玉般的教训，真觉有无限感慨，欲为诸君一吐！（少顿）这次战事，得于最短期间内以最美满的方法结束，帝国威力的充分发挥，诸君的力量，应得最郑重的估计的。回念前二月中，弃了财私，离了家室，决然奋起，挺身为帝国的利益奋斗，忠勇虔诚的诸君，真不愧为大和英魂的寄托者，旭日旗下的好男儿！为国家牺牲一切，自是最光荣、最愉快、最值得自己骄傲和他人崇仰的行为！纵然，在此胜利已收，高歌凯旋的时候，我知道诸君必不免仍有隐忧：中日已结深仇，从此欲仍在上海安居乐业，怎可能呢？自然，这个问题的合理性是不能否认的。但，我的忠告是：请莫效杞人忧天！诸君与汉人相处很久，必知其民族性全是女性的：巧黠，怯弱，而利己性分外发达。偶遇刺激而有惨酷暴乱的行为，或悲愤激越的举动，也与妇人女子的嗔怒发狂无异，发端愈猛，收束愈速。汉族又如一盘散沙，其保守个体的力量强固而不易碎，但团体黏着力则等于零，因此，皇军所至，汉奸立集，也因此，纵然于一日内失去了半个中国，其排日热度，仍只够五分钟的维持。相信我，诸君！中国人再不是睡狮，已是蠢绵不醒的睡豕了！请看，当那沈阳事变后，华南日货的输出是怎样？再看，当那沪战正烈的时候，华北日货的销售又是怎样？放怀吧！停战之声才发，中国的日货商已在忙着活动了。停战后，日货的销售额必如青云直上。三月的饥荒后，日货输华的最高额的击破必不远了吧？况且，诸君的后盾是高于一切的帝国军队。值此天皇圣诞佳日，诸君正应欢欣鼓舞，为前途庆幸啊！——来，让我们三呼大日本帝国万岁！（台上下高呼应之）大日本天皇万岁！（众和）（植田退，军乐大作，礼炮怒鸣，空气紧张万分。突然，黑色炸弹自台下掷入。轰声淹没一切，同时全场骤黑，幕急下。）

幕后　极度扰乱。惊哗，践踏，呻吟，啼泣，镇压，奔走，万声错杂中，隐闻：

“凶手！凶手！”

“凶手在这里了！”

“哎！还有一颗炸弹，夺下它，夺下它！”

“大将呢？啊！伤了！……”

“那里？凶手呢？”

“捉住了！捉住了！”

“打！打！”

“啊！公使也伤了！……”

“打！打！”

“大韩民国万岁！”

“杀死他！杀死他！”

“有了！中将在这里，还有少将，啊啊！血！……

“不要打他！交给我！交给我！”(警察的声音。)

“打！打！”

“东方被压迫——(挣扎)民族(嘶声)联合起来！

“杀！杀！亡国奴！”

“天哪！河端先生！……”

“快快起来！快……”

(最后的喊声，高出一切。)

“打倒……日本帝国主义！”

(灯明，静寂，剧终。)

注：本幕中凡台下欢呼鼓掌等动作，可于幕后设之。

后记

(一)此稿取材于韩国爱国团编印之《屠倭实记》(非卖品)中之《虹口炸案之真相》一文中。虽剧情间有增删，但自信大体不致远离事实。

(二)本篇系采取宣传剧性质。除写以应征外，窃愿以此献于有志化装宣传者，故第二幕尽借日人口中，暴露日人野心者扩展未已及敌人心目中之我国民族性的一斑，以期唤起国人之猛省，彻悟与奋起。

(三)尹烈士已于二十一年十二月十九日上午成仁于大阪陆军卫戍刑务所。书此以志哀思。

(原载于杭州《黄钟》第4卷第6期，1934年)

天长会传奇（楔子一出）

笃信

（净短褐工服上）

（绕地游）家亡国破，睡狮犹酣卧。愧煞七尺昂藏，受人蹂躏，任人颠簸。念锦绣河山，心如刀剉！

（白）烽火苍茫外，江山感慨中，感时花溅泪，无语怨东风。（打拱介）俺，尹奉告[吉]，高丽人氏。幼娴诗书，长习工业，夙怀经世之心，深识自由之义。每念我高丽自被日本吞并后，同种仳离，人民涂炭，痛腥风之遍地，泪洒铜驼，睹阴霾之弥天，悲兴禾黍。自古道："哀莫哀于亡国，痛莫痛于丧心。"俺虽一介窭人，早具兴覆之志，毋奈有心击楫，无地请缨，因此飘泊江湖，转徙海内，自来沪上，适值中日构兵，今日乃日人天长之节，我想日本几个巨头，定然开会庆祝，我不免身怀炸弹，潜往会场，报仇雪耻，以消我胸头之恨。（笑介）哈哈！这正是"手提三尺横磨剑，不斩楼兰誓不还"。（出门向前行介）（举目瞧介）（搔首浩叹笑）唉哟！你看过去的上海，何等繁盛殷阗！到今日只落得破瓦颓垣，野蔓荒烟，哀鸿遍野，春燕无归，满目疮痍，令人不胜今昔之感，这都是日本人蹂躏中国之成绩也！

（皂罗袍）已往是金迷纸醉如瑰。壮矣哉！虎踞龙蟠，何等雀[崔]嵬，波翻黄海尽徘徊，铁销长江堪自卫，凄凉今日，城倾郭摧，汉池九仞，只剩残灰，良苦我心儿，尝够了沧桑味。

我想中国人也太不争气了，武人军阀，惟知地盘权利是图，政客官僚，罔以苍生国土为计，以致内讧不息，外患相乘，（指介）唉！你看地域广大的东三省，不是眼睁睁的送掉了吗？

（驻马听）地老天荒，饿虎贪狼，忽闻鼙鼓咚咚响，关东三省已沦亡，闭关犹自逞豪强。瓜分豆剖寻常事，谁记省黄金遍地山川广?!

（沉醉东风）你记得昔日呵！秦汉声威何雄壮！你见得今日呵！金瓯残缺

好凄凉！蚕食了膏腴，鲸吞了沃壤，望一片残山剩水，都付与铜驼荆棘，衰草斜阳，登楼怅惘，把英雄心事从头激荡。

（啸介）想起中国现在的情形，真不胜同病之感！看官：你道中国假若没有抗日志士孤贞抗日，恐怕久已步我高丽的后尘了！

（梁州序）冰天雪地，枪林弹雨，忠义磅礴寰宇，紧张旗鼓，血溅吴淞江浦。为国争光，为民争荣，征战不知苦。头为饮器肉为脯。乘风痛斩穿墉狐，今而后，谁敢侮？

（自语介）自古道："物耻足以振之，国耻足以兴之。"假使此后中国人能上下一心，共展经纶，则塞翁失马，安知非福呢？（止步举目瞧介）呵！这里已是法租界了，（倾听介）（长叹介）唉！你看这里面的中国人，还在歌舞太平哟！这正是"商女不知亡国恨，隔江犹唱后庭花"。

（蝶恋花）妖娇犹作升平舞。汉苑秦宫，零落花无主。嘻，乳燕栖燎府，不知旦夕兴亡苦。

（停足介）且慢！来此已是会场，待我混将进去。

（胜如花）发直竖，泪横流，亡国奴儿难做。不自由，毋宁速死，受耻辱，何用偷生。英雄壮气冲斗牛……怕死焉能振国仇?！悠悠天地，好显身手，且凭热血洗神州。不杀倭奴誓不休！不杀倭奴誓不休！

（大胆闯入）（丑白）甚么人？（净白）看会的（丑白）要检查（检查介）（净白）可有甚么？（丑白）没有。（净自语介）这就是你们恶贯满盈的日子临头……

（尾声）英雄胆量大如斗，为的是欲擒虎子入虎口。抖擞精神猛作醒狮吼！

（炸介）（众打介）（幕下）

读梁任公《劫灰梦传奇》，淋漓尽致，兴之所至，感而作此，驱章琢句，多不脱其窠臼，所谓"邯郸学步"，适见其不知量也，读者谅之！又作者会本郑继承炸张宗昌事，作济南车站传奇，载霹雳报，谋篇亦同。合并声明。

（原载于《一师半月刊》第 20 期，1934 年）

骷髅的跳舞

[日本] 秋田雨雀
张国梁 译

代 序

二十年来的孤独的生活给我打开了一扇窗!
打开了这扇窗时,
当我打开了这扇小小的窗时,
我不禁发惊了,
我看见那儿有无数的窗都在预备着欲为人类为世界而开!
他们从战争的惨祸中,从牢狱的原壁间,各各都把窗儿打开着!
他们虽受伤而疲劳,但他们的眼睛,却是呈着美丽的光辉,
因为他们的右手挖出了损害他们的人们的心脏!
每个窗里挖出了一个心脏!
无数的窗里挖出了无数的心脏。

人物:青年
老人
看护妇
军医长
朝鲜人
自警团团员(后来变为骷髅)
贵妇人
逃难者
其他

地方：救护队的帐幕内

（可采取立体派风的舞台装置，最好则采用所谓玛乌澳的样式）

时间：一九二三年日本关东大地震的时候

老人：先生！对不住！

青年：你是叫我吗？

老人：是的……恕我在躺着问你！这里究竟是什么地方？

青年：（举头望老人）这里是M车站，你是到什么地方去的？

老人：我是打算到北海道去的！现在还在M车站吗？……此刻是什么时候了！

青年：怕已经两点多了吧！

老人：快要天亮了吗？

青年：离天亮怕还要两点钟哩！

老人：真的吗？……唉！这是什么一回事呢？……到了这样的年纪，还来受如此的天灾！……那是什么声音？

青年：没有什么！那是火车的声音，你是什么时候下车到这里来的？

老人：我是昨夜……是昨夜夜深的时候到的…这究竟是什么一回事呢……难道世间也有这样的灾难吗？

青年：你在东京也曾遇过灾难吗？彼此总算是受够空前的不幸了。

老人：我不只受了那样的不幸……我的女儿和孙儿都已死了呢……而且我又是疾病缠身，受了这次的打击，虽不是一个能远行的身体，但……

青年：是的吗？这真受累了……你的女儿和孙儿是在什么地方死去的呢？是本所吗？

老人：不！是在向岛……因为我们三十年来都是住在向岛…我听得附近的人说，我的女儿是带了孙儿向堤上跑，后来便被人挤落到河里去了……

青年：这真冤枉得很，听说那里有很多人都是那样死去的，你也总算好幸逃出来了……。

老人：我倒以为死了还快活吧！……女儿和孙儿都已死完了，我还有什么乐趣生活下去呢？

青年：你之会这样想也并非无理……但在世间只要有命活着，则什么都得再去寻求，不！实则我自身如今虽是什么光明都没有……但在未死以前，我是非生活下去不可的……

老人：难道有人睡在我的身旁吗？我的右腕好像有人睡着呢！对不住！

请你给我看一会儿罢。

青年：哦！真的有人在睡着！……难道你的右腕不会移动吗？……。

老人：我的右腕是三年前失了知觉的……。

青年：为什么你还以这样的身体跑到这里来？如果留在东京便好了……但是…(向朝鲜人)先生！对不住！请你给我把头移开一点可以吗？因为你把头架到病人腕上了！请你移开一点罢！

朝鲜人：(举头睁眼望着青年和老人，好像说了什么似的，但脸上只是呈着凄苦的微笑，移了位置之后，又和原来似的仰望地睡着，这时幕内睡着的二三位男子，略略地把头举起看到外边去！)

老人：(行了一回深呼吸)真是对不住……托福，我现在快乐得多了……你是想睡了吧？我也一睡睡到天亮罢！……哎呀！又有什么骚扰的声音在响了……莫非是火灾吗？

青年：(笑)并不是火灾！那是火车头的声音！这里是离开东京一百五十里远的地方！地震和火灾，决不会波及到这里来！

老人：真的吗？……然而，不是有朝鲜人放火焚烧那样的谣言吗？……这事真是可怕得很……

青年：(加重语气)你也相信那样的事吗？我们总该有点自信力才行！我是几乎把这次的事详细地调查过来的！

老人：真的吗？……但是若说这是谣言的话，却确已造出十分可怕的谣言了，听说单只为了这种谣言，许多的朝鲜人都在这条火车沿线被杀了，这是真的吗？

青年：那是确实的，我昨天看了许许多多的事……如今我对日本人真的讨厌极了，我一向都以为日本人是个较为平和的稍为像人的国民，然而因为看了这次的事件，却使我全然改变从前的态度了，这种绝望是颇为深刻的。

(当他们会话时，里边的一位男子举头望着他们，眼睛异常地光辉。)

老人：我是什么都不懂的，但是假如朝鲜人什么都没去做，这倒未免太过可怜了……为什么日本人又做出那样残暴的事件来呢？

青年：那些日本人是没有自信力的，他们只晓得把人们给他穿的衣服紧紧地穿着，我对于做国民的日本人，如今已完全失望了，但对于做人间的日本人，却还未感到十分失望，无论那一国的国民，假如是做人间的话，便一律都是善良而纯洁的。

老人：但是……因为我是日本人，所以我始终以为日本人是好人……。

青年：不错！我也愿意这样想，但我一看了昨天日本人所做的事，我始终没有想到这也是同样的同胞所干出来的……若不是亲眼见过那回事的人怕是很难了解我的心情吧！

老人：总之，人世间已变为不堪过问的了……你此后要到什么地方去呢？

青年：我是要回青森去的，因为那里有我的兄妹们。

老人：这样吗？先生！对不住！请问你是做什么职业的呢？

青年：（笑）我吗？……我是学生呵……

老人：真的吗？……你还在念书吗？……那真是好极了……。

青年：你是一向干什么的呢？

老人：我？……我的职业是没有用处的，……我是一向干着铸金的事业……。

青年：铸金？所谓铸金是不是雕刻那一种？

老人：正是！……虽说是铸金，但我一向都是个小小的工人，所以还不配说什么……。

青年：我也认识有不少干着雕刻事业的朋友，有一位叫做Y的男子，他一年间做了无数的勋章和财神像，但他总是贫困着，他大概也是住在向岛那边吧！

老人：Y先生吗？我好像听见过他的什么呢！……哦，好像又有什么声音在响了，自从前次火灾发生以来，我便觉得我的耳朵有点点聋态似的了……

青年：（倾耳而听）并没有什么声音！你好像大[太]过兴奋了！你应该定神点静养才是！

看护妇：（向救护班员）西村，你到总部去拿些脱脂绵[棉]来罢！

救护班员：（沉默着从左侧出去）

看护妇：有人会不舒服吗？

逃难者：看护姐！请你给我叫酱[医]生来罢……我的肚子痛得要命了……。

逃难者：看护姐！请你给我一杯水？……

逃难者：看护姐！我这身体可以乘船吗？……

逃难者：看护姐！这张票子可以免费乘船吗？

看护妇：各位同胞！你们静点罢！如果你们一齐说起话来，那我什么事都做不成的！……（向老人）你今夜可以乘船吗？……

老人：我正想把这事问你哩！……你不允许我在这里多住几天吗？……我的身体真痛得要命了……

看护妇：这样吗？此刻医生就要来了，请他替你诊察好不好？

逃难者：请你给我一杯水，我的身体好像燃烧起来了……

看护者：（从大桶里汲了一杯水递给逃难者）好，你喝罢！

逃难者：看护姐！我也要一杯水……

逃难者：我也要……

逃难者：我也要……

看护妇：你们一齐都说要，我真无法分给你们。

逃难者：她真是个坏东西！

逃难者：她真是个恶看护妇！……

逃难者：我不在这里下车便好了……这样的待人不亲切，我真是从来没有看见过……

逃难者：不错，像车站的那些人，真可算是亲切之至了！……此地的人们以为没有烧到自己，于是便怡然自乐了起来……

逃难者：看护姐，请你给我把绷带解开一些可以吗！……自被你缚上绷带以后，我便更加痛得利害了……唉！痛呵，痛呵！

看护妇：决没有那样的道理！即使有点痛，但不久就会好起来的。

逃难者：唉！痛呵！……唉！……像在这样的地方住下去，我以为死了倒还快活……

逃难者：请你们静点罢……我的小孩子快要死了。

看护妇：真的！请大家静点罢……因为有小孩子快要死了……

逃难者：老大[太]婆！休要你说！……像这样的人简直死去也无妨！……你不是说有垂死的小孩子吗……苦痛总彼此相同的呵！

看护妇：哦！我明白了！请你也静点罢！……

贵妇人：（手提篮内盛着各种东西，走进帐幕里来。）夜安，你疲倦了吧！

看护妇：夜安，太太！你真有心了！为什么这样夜深还到这里来！

贵妇人：我昨夜是和长官的太太们一齐在总部熬过夜来的。哦！看护姐，我是和长官的太太们熬了一夜呢！

看护妇：这样吗？你真有心了！

贵妇人：（向帐幕内随便看了一回）大半逃难者都已跑到别处去了，这是总部送来的捐助物。

看护妇：这样吗？那真感激得很！逃难者们一定会非常欢喜的！

青年：（向老人）老伯！你睡不着吗？

老人：像目前这样的情形，我是一点也睡不着的……我什么都可以不要……只愿尽尽儿地睡点目……但一想起我的女儿和孙儿……我又……

逃难者：这位贵妇人是谁呢？

逃难者：她带来了什么东西？……你看她不是带着漂亮的戒指吗？……我们对她说要那只戒指好不好？…

逃难者：穿了白襟花纹的衣裳……真是漂亮得很！……又是装着对人玄[炫]耀的脸孔！……

贵妇人：各位同胞！你们都已疲倦了吧！……如果你们有什么不愉快的事，请你们老实不客气地告诉我罢！

看护妇：各位同胞！她是市长的太太！……这次的震灾！她是非常热心的一位！……

贵妇人：（装着少女的笑态）唳！你这多嘴的人儿！因为这里是个偏僻的地方，所以什么东西都办不来，真令我惭愧得很。然而假如我们的力量可能做到的话，无论什么我都愿意尽力照顾你们！请你们不客气地说出来罢！

逃难者：（细声地）不消说是什么都不舒服呵！……

贵妇人：有肚饿的人吗？

逃难者：我是不肚饿的，但咽喉却是干得要命！……

贵妇人：这样吗？那我把苹果集[酒]（Cider）给你罢！

逃难者：太太！我也口喝[渴]！口喝[渴]得很！……

贵妇人：这里只有五瓶苹果酒！给你们分饮罢！

（逃难者和乞丐似的在贵妇人的四周包围着，他们都作着要夺取苹果酒瓶之势，贵妇人脸红红地作着不给她们夺取的样子，逃难者们汹涌地向贵妇人紧押着）

看护妇：太太！让我来分罢！你要小心点才是！……各位同胞！请你们不要吵闹，如果再吵闹，我就把这些东西全数还给这位太太，这样做去可以吗？

逃难者：大家都静点！……我不要苹果酒……把苹果酒分给女人罢！

逃难者：赞成，把苹果酒分给女人。

看护妇：（从贵妇人手里接过蓝[篮]子来）不错，就这样办吧，反之，我会把苹果分给你们。

（看护妇把苹果酒分给女人，把苹果分给男子，逃难者一一伸手受之。）

贵妇人：分配东西真是麻烦的事，你的辛苦我现在已明白了。

看护妇：惯了倒不觉得什么，太太，我真感激你，他们简直是和小孩子一般，不过，我想这也是势所必然的。

青年：老伯，你不肚饿吗？

老人：不，一点也不饿……而且也不想吃什么！

青年：领受人家的东西，本是不奈何的事，但送物者的心情，也可算是丑劣得很了。

贵妇人：（向看护妇）那么，我要回去了，请你小心地照顾他们罢。

看护妇：就要回去吗？送这么多东西来，我真感激万分了，请你替我问候问候总部里办事的诸位朋友！

贵护人：（提着空蓝[篮]走出幕外）好像明天也曾[会]天晴呢！

看护妇：真的吗？再会！太太！

救护员：（手里提着脱脂绵[棉]箱，走进帐幕里来）山田姐！闯出祸来了，听说总部面前杀死了朝鲜人哩……

看护妇：莫非那朝鲜人干了什么坏事吗？

救护员：听说是朝鲜人聚众袭击师部！

逃难者：（此时几乎一切男子都站了起来）朝鲜人！

逃难者：朝鲜人又来打我们了！

逃难者：朝鲜人是我们的敌人！

看护妇：请大家静点罢……医生不久就来了……刚才的事是无甚相干的！

逃难者：什么无甚相干？我们之所以会弄至如此田地，都是朝鲜人所赐的！杀啊！杀死他们去！

看护妇：西村，赶快去叫医生来！各位同胞，有我在这里看护看你们，在医生未来之前，请安静一点罢！

逃难者：我们且等医生来吧……

逃难者：是的，不错，这样最好……

逃难者：看护姐，我们要怎样才好呢……不会被朝鲜人杀死吗……房屋已经被烧光了，这里又有性命之危……唉！要怎样才是道理呢？

老人：先生，朝鲜人会来袭击我们，那是真的吗？

青年：（笑），我为什么会相信那样的事呢？第一，所谓袭击师部，这不是可笑的事吗？朝鲜人是没有一点武器的！没有武器的民族敢干那样大胆的事吗？我昨日在火车里遇见了一位U师的参谋大尉，他说朝鲜人并没有武嚣，也没有炸弹，这是他亲自对我说的话。

老人：真的吗……那么为什么会发生那种谣言呢……

青年：这都是因为日本人没有自信力的缘故！

逃难者：那家伙是什么样人呢？

逃难者：不是朝鲜人吗？

逃难者：是朝鲜人……是朝鲜人……

逃难者：杀死他去，杀死他去！

老人：（抬起半身）各位同胞！请不要糊[胡]口乱说！须知在这时候说人为朝鲜人是会引起绝大误会的……先生！请你对他解释一下罢！

青年：不！解释是无济于事的，时间过后大家自会明白。

逃难者：明白什么？……明白什么？

看护妇：请你们静点罢！现在医生来了！……

军医长：（穿着军医的服装）怎么样了呢？

看护妇：因为有朝鲜人捣乱的谣言，于是大家便不安起来了。

军医长：哼！朝鲜人能做出什么来？你们是说如果朝鲜人袭来时怎样吗？你们不信日本帝国的勇敢军力吗？你们放心罢！现在市内的全师人马，都在候着动员令了……

逃难者：全师人马……全师人马……

逃难者：候着动员令！

军医长：诸君爱国的热情，我是极明白的……但是你们早有把忠勇的士兵送到军中去……因此你们放心便是了……大日本帝国的军队，决不用你们去担忧！……你们已然避难到这里来！……就非服从我的命令不可……

逃难者：是的！不错！我们有军队！我们有军队！

军医长：诸君真能理解了！（问看护妇）病人没有变化吗？

看护妇：有！那病人自缚上绷带后，便说非常之痛！……

军医长：唔！会痛便好了！医后不会痛是不会好的……其他的怎样呢？

看护妇：还有那位小孩子的身体，好像是危险得很！……

军医长：唔！那是没有希望的了！……明朝把他送到总部里去罢！还带那样的孩子坐火车来，这真蠢极了……

看护妇：没有别的救急手术吗？

军医长：已经不可救药了。（这时可以听见逃难者的哭声）距天亮还有些时候，你们安心地睡罢！切不可吵闹……

看护妇：好！各位同胞！你们静静地睡罢！……太太！你别哭！……你那小孩子是会好的！……明朝我带他到医院里去！……好！你今夜安心地睡罢……大家也安心地睡罢！

（逃难者返原位睡着）

（刮幕的风声大作）

（远处有犬吠声）

（军队步行声亦可听见）

军医长：我是住在总部，如果有事的话，请你随时来通知我！但切不可给病人以不安之念……亦切不可给病人过于放肆……这些知道了吗？

看护妇：好的！知道了。

（军医长一壁响着剑音，一壁走出幕外）

（看护妇默不作声地在逃难者中间走着）

（救护员开始在幕内睡觉）

（起了二三次的犬吠声）

——经过了相当的时间——

（这时有一队自警团团员奔进幕里来，由一位穿甲举刀的人统率着，尚有穿着退伍军人制服的，穿着军装的，包着头巾的，穿学生装的，人各手里都持着枪、刀、铳、剑等。）

穿战甲的：（环顾幕内）是这里吗？

穿军装的：是的！……是在这里！…大家不进去吗？……

穿战甲的：拿出灯笼来！拿出灯笼来罢……

包头布的：（拿着灯笼走入幕内）他在什么地方？

学生：提防啊！他也许带有炸弹哩！

退伍军人：一二个炸弹怕他干什么！

穿战甲的：静点罢……夜安！……看护姐！……

看护妇：什么？不许你们进来！你们究竟闹什么呢？

穿战甲的：看护姐！实则我们是来搜寻东西的，请你给我一会儿罢！

看护妇：那么多人进来，这真为难了！病人又在睡着……

包头巾的：没有一一与她理论的必要……我们自由进去搜寻罢！……

看护妇：（唇儿颤着）不许！……不许你们进来！……

穿战甲的：看护姐！实则因为这幕内有个不逞的朝鲜人……先刻是有人看见他从火车上落来的……我们为国家前途着想，所以非杀死朝鲜人不可……

穿军装的：我们是为国家，为市民的安宁……

包头巾的：不要呢喃多说，快点进去搜寻罢……把他们全部杀掉罢！

（自警团员提着灯笼在难民中间走来走去，看护妇呈着苍白的脸色在团员后面追着）。

（一位自警团员在老人与青年背后看见有个小犬似的蹲着的男子，于是便站着）。

包头巾的：这便是他……这便是他……拿出灯笼来……大家看看他的尊容罢……

朝鲜人：（是个二十四五岁的青年工人）我并无做错什么事……

学生：（仿着口气）我并无做错什么事……

穿军装的：杀死他去……杀死他去！

穿战甲的：你们不要胡闹……现在且让我来问问他看……喂，你是朝鲜人吗？如果你说谎的话，我可不饶你……

朝鲜人：我是日本人……你们问我做什么？

学生：“我是日本人”……有那样的日本人吗？

穿战甲的：大家静点罢！……喂！你叫什么名字？

朝鲜人：我是叫做北村吉雄……

（自警团团员们大笑）

穿战甲的：哦！北村吉雄吗？……多少岁？……

朝鲜人：我是二十四岁……

穿战甲的：唔！什么年生的？……

朝鲜人：（非常苦恼的样子）我……我……我……

（自警团员们一齐大笑）

青年：（急急地站起来）不许多问！你们有什么权利来问这些？你们从那里得到这种权利？……

老人：（恐慌着）先生！请你不要多嘴……请你不要多嘴……

穿战甲的：（注视青年）你是谁？

青年：（镇静地）我是人……

穿战甲的：自然是人呀……我不是问你是人是兽，我是问你是什么样人？

（自警团团员们把灯笼突到青年的鼻尖上去……同时又互相耳语）

青年：我是学生……你们究竟为什么半夜三更闯进难民的幕里来捣乱？

穿战甲的：捣乱？我们何曾捣乱？

青年：这样不是捣乱，要什么才是捣乱？混进救护难民的帐幕里来，妨碍人家的安眠，调查人家的身世，难道你们有调查他人身世的权利吗？

穿军装的：权利？

穿战甲的：是的，我们是有那种权利的。

青年：你那种权利是从那里取得的？……据我所知，则除军人和警察之外，其他决没有那样的权利。

老人：先生！我请你不要多嘴罢……事后再说他们自会明白……

退伍军人：你虽言出不逊，然而我却确有那种权利，就是县里的警察署，对于这种权利也确曾正式承认过……

穿战甲的：而且我们又不是死受法律的条文而行动……我们是为爱国的热情所使而工作的……

青年：（笑）哼！国家是什么？所谓你们的国家，是存在法律和制度以外的吗？这倒有趣了！那样的国家是什么国家呢？

包头巾的：他真是个不逊的东西！……你不必和他多说了！给我尽[静]点罢！……如果你再呢喃多说，我定不饶你！（把枪威迫他）。

青年：我不是多管闲事！要你们才是多管闲事！有了军队和警察，但你们这种举动是什么？战甲，军服，柔道衣裳……难道你们没有其他可穿的衣服吗？（青年望着朝鲜人）朋友！站起来罢！好！镇定地站起来罢！也许真如你们之所说，他是一个朝鲜人，然而朝鲜人决不是你们的仇敌！日本人！日本人！日本人！日本人给你们做了什么呢！使日本人痛苦的，并非朝鲜人，乃是日本人自己！难道这样简单的道理你们都不懂吗？（青年执朝鲜人的手，作紧抱之势）你们看他罢！他是一个人，看他的脸孔，难道他敢杀死无罪的人吗？难道他敢投毒药到井里去吗？也许他有敌人，但他们的敌人决不是你们！你们什么都不懂！你们什么都不知！人们什么都不告诉你们，而且你们什么都不想知道，你们的同伴自前晚以来无缘无故地杀死了他许多的朋友，杀死了许多没有罪恶没有武器的，温和得像一片树叶似的毫无邪气的人们，你们看他罢，他今所有的，只是一条自然赐给他的唯一的生命，要他才是真正的人，你们算得什么？你们所有的，只是生了菌的死了的道德，战甲和军装只是一种骨[古]董器，难道也有价值吗？而且对于活人又有什么用处呢？假如你们心中还有热血在流着，你们总该穿起你们自己的衣裳，脱去战甲罢！丢开军装罢！你们简直是个没有生命的傀儡！简直是个死蜡！简直是个木乃耳！简直是个骷髅！

包头巾的：这是不逞的日本人！

穿军装的：是社会主义者！……

学生：是危险的人物！……

穿战甲的：杀去他们二人去！

老人：诸位先生，请你们看着我一面，不要去做那样的事罢！…（向青年）朋友，请你也对大家谢罪罢！大难将要临头了。……

（男难民在幕内走去，女难民的叫声大作）。

看护妇：（向难民）各位同胞！请你们快点逃到幕外去，千祈不要负伤才好！……

青年：（向朝鲜人）喂！朋友！紧握我的手罢！假如他们杀了你，我也要一同死去！死！自几千几百年以来，难道几千几百人是为着自己所爱的民众而被杀的吗？我们不是为献媚愚昧的民众而生！我们是为战死而生的！是为正义与友情而死的。

（这时自警团员们开始激动起来，携着武器一齐向他二人周围迫着。穿甲的擎着太刀对着青年，穿军装的对着朝鲜人，其他的自警团员向着二人左右拥上前去。）

青年：（口气不可与英雄主义者相混，静静地用力说）新的神秘哟！为了力量与友情，为了结合新人类而产生出来的神秘哟！沸腾起来罢！把无灵魂的丑恶的潜伏的细菌除掉罢！剥去卑鄙的崇拜祖先的虚伪假面具，揭开英雄主义与民族主〔义〕的假面具，跳回丑陋的骷髅的跳舞罢！管弦乐队约！等一会儿罢！丑陋的骷髅！变为化石罢！丑陋的骷髅！变为化石罢！

穿战甲的：（手里擎着太刀变为化石）

穿军甲的：（同样擎着太刀变为化石）

包头军的：（挺着长枪变为化石）

学生：（持着竹枪变为化石）

（其他的自警团团员全部变为化石，在这一瞬间，军医长刚刚踏进帐幕，也变为化石）

青年：骷髅哟！开始跳舞罢！

（把灯光熄灭，幕内变成黑漆一团，灯光照耀幕内时，十个骷髅仍然与自警团团员的姿势一样一齐站着）

（注意：这时候的骷髅，最好用另外扮装的十位演员表演之）。

青年：管弦乐队哟！……为骷髅奏回 Walty 曲罢！

（十个骷髅跳着 Walty 舞，青年和朝鲜人及老人都站起来看骷髅的跳舞）

青年：为无辜遭难的人们祝福！请奏回《死之幻想曲》罢！

（十个骷髅跳着"幻想曲"舞，二三个骷髅渐渐地倒下去）

（这时舞台的左右两侧，突然起了尖锐的笑声）

青年：死难的人们哟！尽情狂笑罢！管弦乐队哟！最后奏回告别的轮舞曲罢！丑陋的骷约哟！跳着舞消去罢！

（骷髅跳着激烈的"轮舞曲"舞，最后行列乱了起来，终于支[肢]骨四散地倒在地上）

（尖锐的笑声大作，突然又把灯光熄去，黑暗了许久之后，及至舞台渐亮

时,光线微明地射进帐幕内,一位女难民正在哭泣着)

看护妇:(慢慢地仰起头颅)你真可怜呵!但这也没得法子!

(落幕)

译后的话:当翻译时,多蒙原著者底恳切的指示,致使剧中有许多被日当局检查删去的语句,皆得于本译文中一一出现,俾本剧成——“完译”,谨此志谢!

译者于日本东京,时一九三二年冬。

(原载于《海滨学术》第2期,1934年)

没有祖国的孩子

徐韬　夏伯

人物：果里，牧童，十七岁，高丽人
　　叶兰，东铁中学女生，十七岁
　　高祖荫，十九岁
　　吴晓天，十六岁
　　王桂生，十八岁
　　张包，廿一岁
　　老钟，廿岁
　　丁武，廿岁
　　以上均东铁中学学生
　　李洪，果里的哥哥，农夫，卅岁
　　老王，学校守门者，五十余岁

第一幕

时间："九一八"次年的春天

地点：中东铁路东线某站近郊

布景：东铁中学附近，绿色的原野，铺上一层玫瑰色的晚霞，天边的远山在夕阳反照下，只起伏着一条暗影。山前的农家升起缕缕炊烟，两行白杨夹着一条小河，斜贯舞台向山前流去。河边丛生着芦草，舞台较深处有一架木桥，是这一地段通过这条小河的要道。左上方有一株大榆树，枝叶非常茂盛，树干矮得连小孩子都可以攀登上去。树上挂着一个饭篮和一件破旧的类似学生制服的上衣，树下躺着几块可以坐坐的石头。

幕启时，叶兰——女学生装束，显出天真活泼的态度，沿着小河，一面摘野花，一边哼着幽雅的歌曲。

"叶兰！叶兰。"

叶兰抬起头来望望。急速的躲在苇芦后面。高祖荫边叫着"叶兰"上，刚走近叶兰躬身的地方，叶兰笑着向右方跑下。

高祖荫：叶兰，不要跑，我有话跟你说。叶兰……（追下，在幕后有笑语声。）

后方有歌声由远及近：

青又青，
河边草。
青又青，
太阳落山一片红。

长流水，
声呜咽，
从朝放牛到晚，
无衣无食到处受饥寒！

何时日，还家乡，
恨不得
牛群当战士，
长鞭变刀枪。

号角吹起进行曲，
驱逐敌人，
收回故乡，
牧童永不流落在他方。

果里从后方唱着上场。被太阳装饰过的面孔，黑得像铁一样——戴草帽，赤脚，破蓝布短衣，背着一个牛角制成的号角，那是他指挥牛群发号施令的家伙。左手拿着一束野花，右手提着鞭子，他一面唱着走到树下，把手里的野花放在树杈上，然后爬上树去，拿起号角嘟嘟……的吹起来。幕后有牛叫声，他好像检阅台上的指挥官一样，捽着鞭子，嘴里高声叫着每个牛的名字："山黄，走过来，花犍，小花牛，黑子……"他穿起挂在树上的外衣，将一束野花放进饭篮里预备跳下来。

"果里！果里！"高祖荫、叶兰在幕后叫。

果里转身望见他们，想招呼但又住嘴，结果仍背过身去，慢慢地从树上下来。

高祖荫：（上场）果里，太阳快下山了，怎么还没有回去？（走近）你好几天不到我们那儿来了！

叶兰：前天吴晓天骂了他，所以他不肯再从我们那条路走。（对果里）果里你很久没有带花给我们了，你这些花是不是预备送给我们的？（果里已下树）

果里：（摇头）不是的。

叶兰：那么我的花送给你好不好？（果里摇头）

高祖荫：果里不要像跟我们生气似的，明天还是从我们那边走吧，你看那河沿上的小路都是泥水，把牛蹄子都弄脏了，主人不骂你吗？

叶兰：他们说你不好不要理他好了，我们都欢喜听你唱歌，欢喜你带花给我们。

果里：我不配从你们那边走！（他背过脸去）

高祖荫：你不要那样说，我们并没有骂你，说你不好呵！

叶兰：他们欺负你，你就不理他们好了，不要和我们生气呵！

高祖荫：噢！我想起来啦，你不是说过你要念书吗？如果你能来和我们一块儿念书，别人就不会再欺负你了。上次借给你的那本书看完了吗？

果里：（点头）前天就看完啦！

高祖荫：那末为什么不送来呢？我又有许多新的书，明天你来拿好不好？

这时幕后突然发出牛群骚动的声音，接着一群孩子的吵笑声，果里回头站到一块石头上面喊着："不要！牛害怕，把牛都吓跑了！"果里跳下："我告诉苏先生去！"装出要走的样子。吴晓天、王桂生、老钟、丁武四人上，虽然个子都相当大，但是一种学生时代的天真玩皮态度，仍旧是有的。他们嘻笑着，玩皮地从后方上场。

吴晓天：你不要告诉苏先生去吗？怎么还站在这儿？（用手推果里）

王桂生：苏先生？呸！（做鬼脸）

果里气忿地，但又怯懦地走开去，吴晓天等看着他走去，嘲笑地"哈哈，他去找他的牛先生去了！"

叶兰：你们为什么要这样欺负人呢，前天好好地要骂人家，今天又去打那些牛……

高祖荫：真的，吴晓天你不该那样骂他的，一个可怜的孩子。

吴晓天：（倔强地）为什么不该骂他！没有用的家伙，只配做奴隶，卑鄙的亡国奴。（叶兰不愿听，走到河边采花去。）

高祖荫：你不要这样说，人家有家不能够回去，流落在这儿，给人家放牛来养活自己，你能说人家是奴隶吗？如果是你也没有办法呀！

吴晓天：哼！要是我，就不会拿着号角天天站在牛队里吹，我要把它当做军号（将手里带来的一本书卷成圆筒，站到石头上"呜"的叫了一声），我会领着五百个义勇军，把那些小鬼兵打跑，把高丽独立起来；他（指果里）只会给人家放牛，带着一群牛在河边上走就够神气的家伙，有什么用，还不是奴隶吗？

王桂生：我也这样想，如果我是高丽人的话，我一定不在这儿给人家放牛。高丽，不是有许多大山吗，那个山林不能躲藏起来，我只要一口宝剑，就把那些小鬼杀光了！哼，看我的——（说着想一跃攀到树上，结果因体弱无力，摔到地上。众大笑）

高祖荫：我看你还是到庐山呀、北戴河呀，去养养身体吧，别做你青龙宝剑的梦啦。

（果里上）果里你还没有走吗？

（果里低头不响，用眼睛示意忘在树上的篮子，他预备攀到树上去。）

王桂生：噢！他的宝贝篮子没有带去，（用他手里的木棍，将篮子捣下，篮里的花都倒在地下。）这些花做什么用啊！（说着大家一齐动手抢花，但高祖荫未动手。）

吴晓天：你这些花带给谁呢！你的牛也要带花吗？还是送给我们吧。（他们得意的拿着花走吧[了]。）我们到那边看捉鱼去。

四人同下。吴晓天边走着，将手里的花扯得一枝枝丢到天上去，跳着唱着，临去时学着苏先生讲书的神气："高丽在世界上已经没有这个国家。"当果里的花给他们抢去的时候，果里拾起饭篮要掷过去，但被高祖荫拉住，叶兰适从河边采了一束野花回来，看见这种情形，遂将自己的花放进果里篮子里，果里恨恨地望着吴晓天等，把叶兰的花丢在地下，他似乎有无限愤恨要发泄出来，可是在吴晓天等跑走之后，他终于倒在石头上呜咽的哭起来，叶兰拾起被丢在地下的野花走过去安慰着果里。

叶兰：果里，理他们干吗呢！这些花送给你带回去，不是一样的吗？

高祖荫：吴晓天一向都是玩皮惯了的，而且他是小孩子不懂得什么，你看我们不是还玩得挺好的么；以后不要理他们就是了。——你不是说明天要来拿书吗？那不用了，我给你送来好不好；同时和你哥哥说让他叫你念书，不要再放牛了。

叶兰：对了，你从前不是上过小学，念过中国书吗；现在你到我们学校来念书不是刚好吗？

果里：（慢慢地抬起头来，冷笑地）念书，哼哼！念书！要是我能够念书，也不至于弄到现在这般田地！从前有书不能念，被人家赶出来，现在——现在一个放牛的孩子也想念书？（稍停）现在就是我能够念书，又有什么用呢！（他从地下坐到石头上，用衣袖把眼泪拭去）哥哥种田的收成都不够养活自己，我还要拿点工钱去养活妈妈，念书……

叶兰：妈妈？你的妈妈在那儿，我们从来没有听说你还有妈妈啊！

果里：妈妈现在还在老家里住，我放牛所赚的工钱都得寄给她，可是已经有五年不见面了！（他从口袋里取出一件东西，两手握着故意不让他们看见）你们猜这是什么？

高祖荫：我已经看见了，是一面小镜子，是你妈妈送给你的是不是？

果里：是镜子。（出示一面小圆镜，镜面上贴着从大相片上剪下的两个人头。）但是这镜子看不见自己，这里面有爸爸，有妈妈，

叶兰：（接过那面小镜子）咦！你妈妈这样老，为什么爸爸还那末年轻呢？（高同看）

果里：这是从两张照片上剪下来的，爸爸死的时候还很年轻呢。（他带点感伤的低下头去）

高祖荫：可惜爸爸死得太早了，不然也许你现在还读书呢！你爸爸是怎样死的？

果里：爸爸死得太惨了！（他两眼充满了愤恨，牙齿咬得紧紧地，很久才放出一口轻松的气息。）

叶兰、高祖荫：（同时站起来）怎么样你的爸爸？

果里：（果里接过照片，看着）爸爸也是读书人，看，这不是还留着很好看的头发吗？但是爸爸的胆子却很大，那年他领着一万多工人和农民到总督府门前去示威，后来和日本兵冲突起来，当时他们就把总督府包围起来，一营卫兵也给缴械了。（他由愤怒转到兴奋了。）

高祖荫：后来怎么样呢？

果里：但是那有什么用呢？凶狠的日本兵把大批的军队都开来了，那一万多人给他们用机关枪打死了很多，都冲散了，爸爸也被捉了去，三个多月妈妈天天去看，一次都没有看见，后来在樱花节的那天，听说从前捉去的人有几个被释放了，妈妈抱着我去看爸爸……

叶兰：（急切地要知道结果）你爸爸被释放了没有？

果里：（他似乎有无限的感伤，走到树旁）……

高祖荫：这次你妈妈可看到他了？

果里：（声音低微）看见了，在监狱门口，妈差不多都不认识他了，爸爸只穿了一条裤子，肩上搭着一块手巾，瘦得肋骨一条条的，那上面有血、有烙印，被囚在囚车里，谁知那一次就是和我们最后一次见面了！（果里哭了，他们两[俩]也同情流下泪来。）——爸爸的身体虽然瘦得不像样子，但是他的精神，他的两只眼睛，仍旧像从前那样神气。他对妈说："你好好的看养着孩子，不要忘记了他们的爸爸今天是怎样的被……"爸爸才说到这儿，一个凶狠的东洋兵

走过来就是一巴掌，爸爸的嘴给打得出血——就在那天爸爸给他们枪杀了！（果里愤恨得几乎要拿拳头在树上敲打）

高祖荫： 这些你怎么还记得呢？

果里： 那时我还只有一岁，可是在五年以前，这是妈妈几乎天天要讲的故事。

叶兰： 你妈妈现在还在高丽吗？

高祖荫： 你同你哥哥是怎样出来的呢？

果里： 那时候我们被逼得简直没有法子生活下去，妈妈说，你们不要再过猪的生活，你们找个自由的地方去罢！——五年前，妈妈住到姨母家里去。我们逃到这儿来的时候我才十二岁，哥哥帮人种田，我只好给人家放牛来赚饭吃。（后面有牛叫声。夕阳已慢慢地沉下去，果里才记起他的牛群。）我要去看看那些牛，天太晚了，它们会自己跑回去的。（果里转身要走）

李洪： 果里！

高祖荫： 果里，你哥哥来了。

李洪：（自右首上场，斗笠底下遮着一付黑油油地面孔，左手提着一捆青苗，右肩上一把镰刀，他是一个强壮的中年农夫。）果里该赶牛回家了，等一会〖儿〗让牛自己跑回去，主人又要骂你了。（向高、叶走近）高先生，叶小姐，你们出来玩儿啦，好几天不见你们到田里来逛了。

叶兰： 我们天天都看见你哪，站在我们楼上，总是看你早晨过去，傍晚回来。

高祖荫： 李大哥，今年的庄稼很好，又该忙了。

李洪： 咳！种田人除了忙还有什么呢！忙来忙去还不是替人家忙吗？自己还是吃了早饭缺了晚饭。果里，把这捆麦苗带回去，又够那头驴子吃一晚了。（果里接过麦苗，蹲在旁边去分成二捆，大概是预备给牛背着回去。李洪放下镰刀，腰里取出烟管吸烟。）可是，高先生你们听说我们这儿又要住兵吗？

高祖荫： 住兵？那儿有兵住，我们这儿的兵去年不是统统开到关里去了吗？那儿会有兵来住呢！

李洪： 不是的，说开来的不是中国兵啊！

叶兰： 李大哥，你听谁说的，我看不会的吧。

李洪：（严重地）有很多人在那儿讲哪，说不定就是清早晚上的事情，从沈阳开过来的。听说原来住在沟子集的那些鬼子兵，前几天还到处抓人挖战壕哪！

高祖荫： 我们到［倒］没有听说，也许这是谣言？

李洪： 要是谣言那就好了。其实谁能说得定呢，人家还不是高兴什么时候开来就什么时候开来吗！

果里适把麦苗捆好，背起要走，吴晓天等从后方嘻笑着走来。

吴晓天：果里，果里，（他学着叶兰的声音，从后方走过那座小桥。）还给你的花，拿去插在你的牛头上吧。（说着把一束花扔过来，谁知正打在叶兰头上。）

叶兰：哎呀，讨厌东西，干吗要打我呀，我又没有得罪你。

吴晓天等不理，四人齐声，并摆出架子，迈着方步："高丽在世界上已经没有……"

高祖荫气忿欲前，适张包跑上。

张包：吴晓天，老高，你们还在这儿吵哪，我们都快滚蛋了，学校出了事情啦，你们还不快回去！

高祖荫：什么事？张包？

吴晓天：（走上，其他三人亦随上）怎么样，张包？你说什么？

张包：苏先生说我们学校要住军队了，就要开到的，这儿没有兵营，非住学校不可，他们今天来通知学校，要我们都滚蛋。

叶兰：住什么兵呀？

张包：什么兵！你想想看，还能是我们自己的军队？要是，也不会占据我们学校了。（大家面面相观。）快回去吧！（提醒了大家）

高祖荫：好，我们赶快回去，（大家急向后方下）李大哥，果里，再见。

李洪：再见！（望着他们跑去）妈的，又该没有好日子过了，我们走到那儿，他们会跟到那儿。

果里：（走近李洪）哥哥，要是那些鬼兵来了，我们怎么办呢？

李洪：（他锐利的眼光含着无限的忿怒，他将镰刀举起，坚决的）怎么？……

第二幕

时间：

数日后

地点：

学生宿舍

布景：

一间大屋子里面用板壁分隔成的小房间。这板墙距离着天花板还有四五尺空间。从正面看过去板壁后面有一架铁梯，铁梯的顶端通到天花板的一个天窗，可以上到屋顶。室内后壁的左边有一门，门外是过道。右壁是大房子的山墙，上面开着一扇大窗，可以看到那条小河和果里放牛的地方。三张床分铺在靠墙的三面，每个人的床头上都有一张写字台和一张凳子。墙上胡乱地挂些照片架、网球拍和功课表之类的东西，室内非常凌乱，桌上和床上都堆满了书籍、衣服和行李。

幕启时，王桂生坐在正面的一张床上，两手托着腮在发愁。老钟正在左边一张桌子上写信。高祖荫从床底下拉出一只皮箱，蹲在地下理东西。稍停。

老钟：（忽然停笔，立起，焦急地走）这怎末能来得及呢？走，（他们不理）就算是寄快信，也要到后天才能到，等到钱来的时候，至少也要一星期呀！

（高祖荫只顾理东西，没闲情去理会，王桂生还是呆呆地在那儿发愁，老钟见没人答话，仍坐下写信，可是拿起笔来写了一会〖儿〗又停下来）

老钟：不行，我不能写信！信寄出去也不行啊！

高祖荫：那末你打电报好了。

老钟：电报打不通呵，我们那里没有电报局。（走过去）老高我还是同你商量商量，你的路费不是有的多吗，就借给我一部份，回到家里马上就寄还你——

高祖荫：（立起）噢，老钟，对不起，本来我有得多，不过现在是我们两个人的路费……我已经答应借给叶兰了。（他继续折衣服放在箱子里去，老钟焦急地走着，）王桂生，你怎么办呢？留在这儿也不是办法呀。

王桂生：咳！家被人家占去了，现在留在这儿马上又要被驱逐出去，我有什么办法呢！

丁武：（走近，没有神气的，）谁有办法？前天我家里还给我来信，说是放暑假最好不要回去，沈阳实在闹得不像样子，就是本城里的学生，稍为看着不顺眼，不是拿反动的名义，就是说你勾结义勇军，随便可以治死……总之，只要是有智识的青年，他就想法子弄死你，免留后患，要是在外面念书的学生回去了，那更不用说了，……我还不是和你一样。（暂时沉默）

老钟：他妈的，咱们大伙儿都不回去就好了，反正这是逃避不了的灾祸，想过安闲的太平日子，我看是绝望了。

高祖荫：（他仍旧忙着收拾东西）老钟干么要这样发火呢！能够回去，还是回去的好，当然喽，实在没有法子回去的，只好——另想办法。

丁武：（走近）老高今天就走吗！（好像有点羡慕似的。）

高祖荫：是的，今天不走也许就来不及走了，听说长春的火车已经不通了，我的家就靠那儿不远。

丁武：你和叶兰一道走吗？

高祖荫：是的，我们住得很近，我答应把她送到家去。

老钟：老丁，王桂生，我看事情已经急在眼前了，既然不能回家，也不能这样待着没有办法呵！

王桂生：那么你怎么办呢？听说日本兵开来是要住这个学校的，我们连住的地方都没有了……

丁武：我想这样，反正这学校的房子他们也住不完，我们去跟苏先生说，就留一部份给我们留校的学生住好了。

老钟：这简直是废话，就是苏先生答应了，那些鬼东西不答应怎么办呢？即使可以让你住在这儿，你想我们有好日子过么？

高祖荫：我看你们能走还是走的好，住在这儿总不是好办法，（他去收拾桌上杂乱的书籍，一把裁纸刀无意地被推下地来，适跌在老钟的脚边，他捡起走回他自己的写字台旁，以刀背敲着台子。）

老钟：走！走！哼！走，也不见得就是顶安全的办法吧！（当啷地把刀丢在桌上。）

高祖荫：那么不走难道就是顶安全的办法？

王桂生：（不耐烦地）我想这是用不着争论的，要走的就走，不走的只好另外想办法。

高祖荫将书籍整好，爬到床上去取挂在墙上的照片架。

丁武：老钟，你为什么不能走呢？你的家不是靠那一边的吗？有什么要紧呢？

老钟：没有钱也是一样的走不成啊。

丁武：（回头走近王。）没有钱倒是可以想办法的事情，可是最苦的就是我们了，有钱都不能回去。

（王桂生坐在床边上，长吁了一口气，把头藏在手里。这时门外有急速的上楼声音，接着叶兰手里拿着一封电报上。）

叶兰：表哥！表哥！

高祖荫：（从床上跳下，手里拿着从墙上取下的东西，）叶兰，什么事？什么事？

叶兰：刚刚我家里打来电报，要我们留在学校里，暂时不要回去，恐怕我们那里也要发生事情了……

高祖荫：拿来我看，（他抢过电报，拆看，半晌说不出话来，其余的人都注视着他们。）

叶兰：那么我们怎么办呢？不是说今天要统统搬出学校吗？

丁武：是的，听说他们的军队今天就要开到的。

叶兰：那么我们逃走吧，不能回家，这儿又留不住，我们总得找一个安全的地方呵！

老钟：（讽刺地）不走难道就是顶安全的办法吗？

高祖荫：(气愤地走近钟)安全不安全干你什么事？我走不走这是我的自由，你能干涉我吗？

老钟：哈哈，你的自由？好像是你自己想回去就能回去似的，不错！在这间屋子里还有你的自由，可是你为什么不自由的回家呢？

高祖荫：这是我的自由。

老钟：我并没有干涉你的自由呵，可是你的自由你已经不能自由作主了。

高祖荫：混蛋！你是亡国奴吗？

丁武：(走上去，)好了，好了，不用闹翻了脸，我们现在和好都来不及呢。

王桂生：还是大家谅解一点吧，哎，我们现在虽然还没有执行亡国奴的任务，可是跟亡国奴有什么两样呢？

叶兰：(本来早就想说话了，但没有机会插嘴，现在走上去。)表哥！还是打算我们的吧，斗嘴有什么用呢？总得自己想办法呀！(大方地)钟先生，你也不要生气。

老钟：蜜司叶，哪的话，(有些窘)这不过是闹着玩的。(张包，吴晓天上。)

张包：噢！你们都预备走了吗？(见叶)叶兰，预备回家吗？

叶兰：本来预备走的，刚才接到家里的电报，说是家里也闹得一塌糊涂，要我们暂时不要回去，正没有办法呢？张先生，你的家很近为什么也不回去呢？

张包：我本来就不打算回去，虽然我的家现在还没有什么变动，那也不过是苟安一时罢了。

王桂生：他用不着打算的，难得这么近，说走就可以走。

吴晓天：你们都不走我也不走。一个人回到家里有什么好玩呢？

张包：小王，丁武，你们怎么打算呢？沈阳是不能回去的呀。

王桂生：有什么打算？准备做亡国奴好了。

丁武：又说亡国奴了，刚刚说亡国奴几乎打起架来。

吴晓天：(听说打架颇感兴趣似的。)打架，谁和谁打架？

丁武：老钟和老高两个人争自由呢。

张包：(争自由？)这是很新鲜的字眼，(煽动地)的确，我们现在要争自由了，可是——

吴晓天：(稚气地)到那去争呢？

张包：用不着到哪〖儿〗去争，在眼前我们的自由已经完全丧失了，我们好好的学校被逼着解散，我们自己的家乡不能让我们自由地回去，再过些时候，也许连我们的生命都要放在别人的手里掌管着……

老钟：张包，你不回去，打算怎么办呢？

丁武：我们都打算不走了。

张包：只要大家聚在一齐[起]，我们就有办法了，——你们真的可以不走吗？（他注视叶兰和高祖荫；叶、高也犹疑地对看一下，这时窗外有吵闹声："你放我进去，放我进去，我有要紧的事情找他们……"果里在向看门的老王要求着，但他不允许："这儿是学校，不是放牛的地方，你不能进去，滚，滚，滚！臭高丽棒子！……"高祖荫很快地爬上窗口去看看。）

高祖荫：果里，什么事？

声：高先生，他不让我进来，我有事情要和你说。

高祖荫：老王，带他进来好了，是我有事情找他的。

叶兰：谁呀？果里吗？（高由窗口转回来）

张包：果里他不是前天给日本兵抓去挖战壕去了吗？

王桂生：我说这几天怎么看不见这个受气包在这儿放牛呢。

吴晓天：这个不要脸的东西，亡国奴！专门给人家做奴隶。（门外有脚步声）不让他进来！

（他走去拦着门；老王带果里上。）

高祖荫：吴晓天，不要再和他为难了！

吴晓天：他为什么可以跑到我们宿舍里来了呢？我不让他进来。（坌[岔]开手脚立在门口。）

张包：吴晓天，不要这么神气了，再过几天，这所房子连你也不能进来了。他既然有事情就让他进来。（吴晓天走开，向果里做个鬼脸，老王送果里上。他衣服破烂不堪，染上许多污泥，面黄瘦。）

高祖荫：果里，你这几天到那儿去了？怎么弄成这个样子？（老王一个神经质的老头子，他不满意他们和这种亡国奴的孩子来往，他想说什么，但又咽回去，徒徒地做了两个手势，不耐烦地走出去了。）

果里：（眼睛已经没有以前那样灵活，显出过度疲劳的呆板，气喘地。）我要一把刀！借给我一把刀……

高祖荫：你为什么要一把刀？

果里：不要管，你借给我一把刀就是了。

叶兰：你不是给他们抓去挖战壕去了吗！怎么会跑回来的呢？（王桂生仍坐在后面低头不响，吴晓天、老钟都立在一旁，表示并不要听的样子。）

张包：挖战壕怎么会跑出来的呢？他们待你怎么样？

果里：他们……他们简直不把我们当做人，（自己无力地坐下。）一天要做二十四个钟头的工作，他们想起来了就把吃剩下的东西扔给你一点，没有力气做工还要吃鞭子，随便可以打死一两个人，他们一点都不顾惜……

高祖荫：你究竟借刀子做什么用呢？

果里：我不能再受这种罪了，但是我不愿意就这样逃掉，也许我自己根本就不能逃脱,可是……

高祖荫: 你要做什么?

果里:(立起。)我要杀死几个,然后再逃。

张包: 果里,你真能这样干吗?

果里: 为什么不能这样干?多少年我只记得杀死我爸爸的仇恨,现在又轮到我身上来了,我逃来逃去,逃不脱他们的压迫,到现在难道我还希望去找一个安全的地方吗?

老钟:(他本来站在左边桌旁,玩弄着桌上的裁纸刀,现在他突然走过来。)果里,勇敢的孩子,我们一向都看错你了,你不是我们所想像的弱者,无能的人,你……

果里: 刀……(他抢过老钟手中的裁纸刀,兴奋地。)就是这把刀,哈哈哈!我可以给被杀死的同伴们报仇了!(极速地把刀藏在怀里,转身冲出。)

张包:(急追至门口。)果里,我们祝你胜利,在今天晚上以前你可以逃出来的话,我们将在这儿等候着你!

这时老王提着一面旗子走过门口,对着他们看一看,然后预备到屋顶上去换旗子。

老钟: 老王,这是干什么?

老王在梯上停脚,他似乎有很多要说的话,可是他的嘴战抖着,说不出一个字来,终于他还是把一面太阳旗展开来,做了一个手势,爬上屋顶去,台上人都背对着观众,注视着铁梯上的天窗,都像木偶似的呆住了。一会〖儿〗,另一面旗子从天窗内跌下来,挂在铁梯上,老钟急忙奔过去把旗子拾来,大家聚拢来,拉开这面中苏国旗合并的旗子,在每个人的眼睛里,脸上都可以看出万分的愤怒将要爆发了,老王从铁梯上走下来,慢慢地将旗子收去,对他们同情的看了一眼走开了。

张包: 把旗子留下来!(他迅速地走过去抢回来。在大家极度兴奋聚拢来的时候幕急落。)

第三幕

时间:一月以后

地点:与第一景同

布景:一切都是第一幕所见的景物,但是因为是深夜,在朦胧的月光底下,都模糊的辨认不清。风相当大,时时吹动河边草木呼呼作响,会使蹲在树下的三个人影惊惧得不安。

幕启时:高祖荫和张包各持一根长枪,叶兰拿着两个用洋铁罐制成的手榴弹，蹲在大树底下，不时立起来四面张望。有时，突然来的风声，青蛙跳到水里或是一种野猫的叫声，都会使他们很迅速而机警地躲到草丛里去。他们焦急地、不安地在等待着什么。现在他们已经完全是乡下人的装束。

高祖荫：（急躁地四面探望一下，再望望天空，）半夜已经过了，他们为什么还不来呢？

张包：大概就要来了，他们要走很多的路程呢！

高祖荫：那也该到了，不要在路上碰到鬼，被他们截去了吧！

张包：他们都带着有枪，要是碰到鬼，他们决不会服服帖帖地让他们抓去的。

高祖荫：最好不要碰到，免得把今夜的事情弄糟了。果里不晓得怎么样了，事情要接洽不成功的话，那我们怎么办呢？

叶兰：那就糟了！我们的人实在太少。

张包：不会不成功的。就是不成功，我们也要干！只要我们干起来，怕他们不来响应我们吗。

高祖荫：要是果里今天夜里不回来，难道我们……（突然一阵狂风惊动了河边的野鸭，叫了两声，噗噗地在芦丛上飞过，他们很快的伏在草地上。等到他们发觉了是一只野鸭，才敢慢慢地再立起来，不放心的向四面探听一下。）

叶兰：我当有人从后面跳过来了，真的，我们要注意，这几天风声很紧，他们巡防得很严，要是给他们的步哨撞见了，可不是玩的。

张包：不要怕，这些鬼东西夜里根本就不敢出来巡逻，老实说，他们实在有点害怕，他们晓得老百姓不是轻易可以压平的。什么边防司令官可以把钱汇到外国银行，自己带着兵到关里去另争地盘，不愿意走的，只要做做汉奸也就有出路了，可是老百姓怎么办呢？……叶兰，连你也不得不走这条路呵！

叶兰：张，你不要觉得我不能走这条路，对我不大相信似的，从前在学校里的时候，的确我做梦也没有想到会有这样的一天，但是今天我确实觉得我们这样做才是唯一的出路，当日本兵占领我们学校的时候，我亲眼见到许多同学被污辱的污辱，惨杀的惨杀，如果我不是一个死了良心的人，我怎么会逃避这种现实呢？

风在吼，他们不时的四面张望，高祖荫在后面走来走去，像一个前线上守卫的士兵。很远处，不时传来几声枪响，但这些似乎他们听惯了的，并不觉得特别惊惧。

张包：叶兰，不是我不相信你来干这种事情，我是说这条路是人家逼着我们走的，我们不能读书，不能回家，东北几千万的农民有田都不能种，最后连我们的性命都要夺去，在这种情形之下，我相信任何人都应当这样干的。

高祖荫：那可不一定，你没有听说，上次沟子集的集主张寿臣那家伙，带着日本兵去检查义勇军吗？像查户口一样挨家去问，如果谁家的男人不在家，他们就硬说当义勇军去了，不容分说把全家人都杀掉，张寿臣难道他不是我们地方上的人？

张包：甘心做汉奸的那就不同了，张寿臣他家里有几十万财产，他想保持他的财产，当然不惜卖掉乡下人去讨好日本人，这种只看见私人的利益，保持个人的地位，不惜出卖民众和国家的汉奸，何止张寿臣一千个？可是我们根本就没把他们算做自己人，而且他们同样也是我们的仇敌……（风似乎更大了，这时高祖荫突然注视到另一面，他好像有一个可怕的发现。）像你，我和许多……

高祖荫：嘘！——看那面有两个黑影，好像往这面来的……（他们同时伏下去，把枪端在手里，像预备作战的样子，稍顷。）

张包：小高，不要又见鬼了，那是那边路旁的两棵杨树，以前我们不是天天走过那儿吗？怎么就忘记了？（坐起。）

叶兰：（立起拍拍胸口。）哎呀，把我吓得心里直跳。

张包：这样你就吓得心里直跳，真的有敌人来了你怎么办呢？不要等会〖儿〗开起火来——（俏皮的）我们可没有工夫扶着你走啊！

叶兰：真有敌人来了，那我就真不怕了。等等看，我要打冲锋呢。

张包：（取笑的）原来你早晓得那是两颗[棵]树，所以才害怕的？（这时在他们后面，却真有两个人悄悄的走近，可是他们都没有发觉。）

高祖荫：我刚才的的确确看见两个人，给你们一说我的眼睛就突然看成两棵树了，我还记得上学期放暑假的时候，一天晚上，我们不是还在那两棵树底下赏月的吗？

叶兰：对了，就是这两棵树，怎么一时就忘记了呢？

两个黑影猛然抱住子[了]高祖荫和张包，声音厉而哑，“不要动！”叶兰“呵！”的一声退了两步，张和高待要反抗的时候，那两个黑影已经放下手。

吴晓天：（已经不是学生装束，也打扮成乡下人的样子，背着长枪）你们到[倒]有心思谈旧事！

叶兰：你这小鬼，总是这样爱闹，要是我们早一会〖儿〗发觉你们两个黑影，给你一枪——我看你就完了。

张包：吴晓天，怎么可以这样玩皮！在这样严重的时候，弄得人家惊动起来，不是破坏了我们的大事吗！（风不停地吼着。）

王桂生：（也改了农民装束。）我们走到河那面的时候，就想吹起我们哪个暗号的，后来走近小桥，听你们正谈得热闹，在这么紧急的时候，你们还记起那些闲情，所以我们来吓唬你们一下子。

高祖荫：要不是你说话说得早，我真的要开枪了。

叶兰：幸亏没闹出乱子来，你们两个玩皮鬼！

张包：不要再胡闹了！你们两个可听见什么消息吗？沟子集的农民义勇军今夜开过来没有？

吴晓天：我一点消息都不知道，要不是王桂生到我那去，我连今夜的事情都不晓得。前天从长岗子跑回家去，头不敢露，躲在地窖里两天两夜，听说昨天一天日本兵就去搜过四五次哪！

王桂生：我到他家里去，他母亲硬说不在家，我告诉他我们有个很安全的地方可以躲避几天，等鬼子兵走了我们就回来的，他妈才肯把他放出来，果里还没有回来呢？怎么老钟他们也没有来呢？再迟要耽搁事情了！

风的吼声仍旧不断的惊吓着他们，远处的枪声时有所闻。

张包：他们来是一定会来的，不过我担心，怕果里一个人来不及跑那么许多的地方。

吴晓天：果里什么时候去的呢？我们决定怎么干没有？

张包：事情是昨天才决定的，先前是长岗子来人说他们要联合高家寨的人和日本鬼子拼一下，可是他们两个地方也不过一百多只[支]枪，可以出三百多人，恐怕敌不过他们，才决定联络沟子集的农民义勇军，还有前天从周家窝集开过来的刘二毛子的农民自卫军，若是可以总动员的话，这几个鬼子兵一下子就消灭了。

吴晓天：要是今夜把日本兵赶出学校，明天我们大家可以住到学校去了。

高祖荫：那么今天晚上怎么起事呢？

张包：等果里回来一切都可以明白了。

"拍[啪]"一声枪响，把他们的谈话打断了，接着又是两响，他们很迅速地散开来，伏下身子去。沉寂片刻，他们才翘起头来探望，风声紧张，移时有口哨声渐近。

高祖荫：（小声，但兴奋的）恐怕是果里来了！

张包：不要响，（作同样的口哨声，对方亦作同样口哨声）是的，是果里，（他立起来，吴晓天早已跳起，再吹口哨，有呻吟声渐近。）

吴晓天：怎么啦？像有人在哼着哪！（大家渐次立起，从木桥上走过两个人架着受伤的李洪上。）

张包：老钟（他迎上去，）怎么样？谁受伤了？呵！李大哥怎么会受伤的？打在哪儿？（李洪呻吟着。）

老钟：大概是伤在胸口，赶快用布包起来，不然血流得太多那就更糟了。

把李洪放在地下，叶兰很快的放下手里的东西，把自己的衣襟扯下一块替李洪包扎伤口，这时大家均围在一起。

张包：我们不能聚在一齐[起]，快点散开去，注意，不要给鬼(子)追过来……(他们散开作防守的姿势，有的走过小桥去张望，只留下老钟张包和叶兰在替李洪包伤口。)李大哥，现在怎么样？痛呢？

李洪：不……不要紧，你们……都准备好了没有？

张包：我们都准备好了，等果里回来，就可以干啦。

叶兰：(给他包扎好了)李大哥，你还是静一静吧！多说话伤会加重的，一切我们都准备好了，不用你关心。

李洪：(看看自己的伤口，对叶，)谢谢你，叶小姐，这算得什么！(他挣扎着想起来)等一会〖儿〗我们的枪口就可以对准他们……

老钟：李大哥，你不要太兴奋了，你还是躺下休息一会〖儿〗(三人扶他躺下，背靠着一块石头。)

张包：老钟，怎么回事？怎么会中了枪呢？

老钟：我和丁武到刘河沿一带去通知，请他们响应今夜里的事情，我们走到高庄的时候，恰巧李大哥也在那儿，我们三个人就一道又走了好几个地方，就奔到这儿来。

张包：是不是在路上碰到鬼，刚才的枪声就是他们打的吗？

丁武：是的，我们起先不敢从大路上走，就怕碰到夜巡鬼闹出事来，反而不妙，所以就一踏荒的走过来，到这儿三叉[岔]口，我们看见那面有两个人影，还以为是你们哪，正想开口的时候，对面“拍[啪]”的就是一枪刚巧打中了李大哥，你们听见枪声吗？

叶兰：怎么不听见，我们还以为事情发动了呢。要是枪不停的话，我们就会赶上去了。

老钟：(他站起来，焦急地，这时风似乎更大了。)果里还没有回来呢？现在时间不早啦，等到天亮，事情就不好下手啦。

高祖荫：(走近来)我看我们不能老是这样等着，我们应当先有一个计划，就是果里赶不及，我们还是一样的干起来。

吴晓天：(手里还托着枪，)我们不能因为一个人耽误了大事，我们应当先干起来。

叶兰仍坐在李洪旁边，她似乎负了看护李洪的责任。

李洪：对的，我们不要因为一个人耽误了大事，应该准备起来了。(他挣扎着，他好像就要预备出发了。)

叶兰：李大哥，你还是等一等，你身上有伤呵！

张包：好了，现在我们就商量一下，怎么样进攻，（守望的人都聚拢来，）不过我们不知道号令怎么办呢。

吴晓天：我们干起来还不就是号令吗？

张包：这怎么可以呢！这样我们就破坏了整个的计划……（一声口哨声从右面传来，大家不约而同的转向这个方向。他们在严肃的紧张的心情之下，更唤起一种希望的兴奋，张包马上回一声口哨，叶兰亦立起，大家静听，果里奔上。）

高祖荫、吴晓天：果里……

李洪：果里！（兴奋的要起来，叶兰去扶住他，但果里并未看见他。）

张包：果里怎么样了？……

果里：（他又恢复到牧牛时的装束，手里提着几个罐子，有洋铁的，瓦泥的，放牛时所用的号角，背在他身上，腰间还藏了一支手枪，态度很沉着坚决，牧牛时常有的那种稚气的表情完全丧失了，）各处都联络好了。我们只要听到一声警号，就开始进攻。现在我们应当把我们自己准备起来！

张包：我们一切都准备好了，就是不晓得发动的时间和警号。

果里：（他朝天看一看）大概时间快到了，事情要先从西北角上发动，只要那面炮响了之后，我们就从这面背后攻上去，你们看看我带来的这些东西，我们不用花费一粒子弹就可以把这几个鬼子兵毁掉了。

吴晓天：这是什么东西？

果里：这是炸弹！我们今天负的责任是破坏敌人的火药库，所以这种东西就有用处了。

高祖荫：火药库？我们怎么知道火药库是那间屋子呢？

果里：就是我们学校靠南面的第五教室，这是看门的老王出来报告的。

王桂生：（他抢上来）我要两个，我熟悉那个地方，外面只有一道短墙，我可以跳进去……

果里：那么还需要一个力气大点的人，张包你和王桂生同去，其余的统统跟在后面作掩护，只要火药库爆炸了，这个号角响起来的时候（出示他身边的号角），四面就立刻总攻上来……

李洪：好！我们今天并不能容忍下去了……（他大声的一叫，使得其余的人都惊愕起来了，他挣扎着站起，叶兰扶持着他，果里这时才看见是他哥哥，很快地走过去。）

果里：哥哥，你……（他扶视他的伤口，惊奇地。）

李洪：（露出一个严肃的笑，一手扶着果里，一手指着伤口，）弟弟，这个伤口告诉了我们现在到了不能容忍的时候了，到处都不准许我们活下去……（他太兴奋了，伤口剧烈的痛起来，）嗳呀！（果里扶他坐下。）

果里：哥哥，你还是歇一歇，不要太兴奋了，一切我们都布置好了，一会〖儿〗就要发动了，你暂时留在这儿，听我们胜利的消息吧！

李洪：（更兴奋地）不，我不能留在这儿，我要去，我要和你们一道去……嗳呀……

张包：（从旁走上，）李大哥，小声点罢！你已经受了伤，应当保重身体，我们就是这一次胜利了，但是敌人并没有完全消灭，我们艰苦的斗争还在以后等你伤好……

李洪：嗳呀……

果里：你还是留在这儿躺一会〖儿〗……（扶他躺下）

轰然一声巨响，继之以枪声、群众呐喊声。

果里：（抛下李洪奋然起来）是时候了，准备起来！叶兰把你的炸弹交给张包，这个给你，（将自己的手枪交给叶兰，他拿起丢在地下的李洪的长枪）王桂生、张包在前面，其余的人用步枪掩护前进！

果里执行了指挥的任务。一种坚决的、胜利的、不畏缩的表情，浮现在每个人的上。在幕后枪炮声，呐喊声中他们勇敢前进。舞台上只留下一个受伤的李洪，他挣扎着起来，又跌了下去，几次的挣扎总是想站起。狂风怒吼着，剧烈的枪炮声压不下群众的怒吼，一声巨大的轰炸，像火山崩溃了一样，强烈的火光燃烧着天空，舞台上每一棵草木，就连隐约的远山也被这火光染红着，这时听见果里的号角，像可以吹动百万大军前进的军号震吹起来，呐喊声，枪炮声慢慢减少，群众由混乱的呐喊转为有节奏的雄壮胜利的歌声，配合着狂异的风吼，一队队荷枪高歌的勇士的雄姿由舞台深处走过。李洪终于挣扎起来，一只手攀着树干，一只手高高举起，欢狂地招呼着胜利的队伍，他忘记了胸口的创伤，在雄壮的歌声中划落。

齐唱：哈哈哈哈
哈哈哈哈
第一个声音：我夺到一支快枪！
第二个声音：我枪[抢]到子弹一箱！
第三个声音：我杀死十二个敌人！
齐唱：我们要把敌人都杀光！
哈哈哈哈哈
我们俘虏一面太阳旗！
我们又夺回一块美丽的土地！
都起来！同胞们！
拿出我们勇猛的斗志！

来！来夺回所有的失地！
来！参加这英勇的抗战！
争取我们最后的胜利！
杀！
对准敌人的胸膛……
杀！
杀！

后记

这是依据舒群先生的创作小说《没有祖国的孩子们》改编的。

那还是三个月以前的事，当我们读过那篇小说之后，他所描写的人物和画面，一直留给我们很深的印象。我们当时就说过："这故事很可以写成一个剧本啊！"可是直到现在，我们才实践了当时的诺言，并且还得了舒群先生一些宝贵的意见。

也许读过那篇小说的人再读这个剧本，会发觉到故事的发展和人物的个性已经两样了。的确，我们也承认这不如原作里描写得那么生动，这将归咎于我们写作能力的拙劣！

当我们计划开始写这个剧本的时候，也曾有人说过，这个故事是绝不能写成舞台剧的，它完全是小说题材，不错，假使我们要完全根据小说上情节的发展和故事的结构，前后不变地，每一个场面都要搬上舞台，这样我们也认为这个故事不适于写舞台剧。不过我们却有不同的说法：我们只要抓取这一故事的中心，和一个或几个能够代表这故事中心而适合于舞台的场面，把每个人物更具体化起来，未尝不可以，也许我们这个说法是错的，致成这个剧本不完善的原因吧！

另外我们还参加一点我们自己的意见。那就是第三幕，原作上主要的意思，是描写没有国籍的孩子果里个人的命运，并且结尾没有更明显地指示出这个没有祖国的孩子受压迫后的积极的反抗。经我们商讨的结果，觉得有强调其余的，与果里遭受同样境遇，而现在正在冰天雪地的东北英勇抗战的新牌子的"没有祖国的孩子们"的必要，所以增加了第三幕这一段，也许这是画蛇添足，但是这是我们的意见，敬请原作者和读者诸君指教！

作者

一九三六，八，廿五。

（原载于《今代文艺》第1卷第3期，1936年）

1937—1944年

高丽童子（话剧）

徐学文　陈伯吹

第一幕

人物：白坚(年约十三四岁的高丽小孩)
老妇人
老头儿
农夫
石匠
路人甲，乙，丙，丁
(以上都是高丽人)
小川五郎
田岛三井
铃木村上
(以上都是日本人)
日本警察二人。

布景：一个旷野，稀稀的绿树，低低的远山，平平的草坪。

开幕：白坚独自跌坐在地上，低低的啜泣。泪珠流满在脸上，样子怪可怜的。

白坚：啊！我太可怜了吧？我，我……(啜泣着)

老妇人：(上，看见白坚就停住了脚步)孩子，你为什么要哭？(白坚不答。她用手摸摸白坚的头。)好孩子！你究竟为什么要哭，哭到这般苦法？告诉我吧，看我能帮忙你不能？

白坚：可怜我呀！我是个流浪的孩子呀。无家可归，无国可住，老太太，所以我要在这里哭。啊！啊！啊！……(说罢还是痛哭不止。)

老妇人：唉！唉！唉！(连连叹气而去。)

老头儿：(上，见白坚哀哭，询之。)小弟弟！你为什么这样悲伤？(见白坚不答，又询之。)告诉我吧！你为什么要悲伤到这般地步？怕是给母亲打了一顿吧？

白坚：唉！我是可怜的孩子！父母给日本强盗打死，国家又亡，我怎能不悲伤？

老头儿：唉！唉！唉！(连连叹着而去。)

农夫：(上，见白坚哀哭，又询之。)好乖乖！你不要哭了！快对我说呀！(白坚仍然不答，再询之。)是不是给先生打了哭呢？还是在路上掉落了东西哭？

白坚：不是！我并不是给先生责罚了哭，也并不是落掉了东西哭。现在我因为已做了一个苦孩子了，没有家，没有国，所以蹲在这样[里]伤心。

农夫：唉！唉！唉！可怜！真的可怜！(连连叹着而去。)

石匠：(上，见白坚哀哭，询之。)小学生！你哭什么？哭得这样悲哀，(见白坚不答，又询之。)小学生，可能告诉我听听吗？(见白坚仍是不答，再询之。)饿吗？肚子饿吗？要吃东西吗？那我可有！(说着，探手入袋里摸。)

白坚：老伯伯，(摇手说)我不是为了肚子饿苦[哭]。我想我太可怜了呀！爸爸，妈妈，都给日本强盗打死，剩下我一个寂寞凄凉，又落着做个亡国奴。我越想越悲伤，越哭越伤心，啊！啊！啊！(说罢哭个不止。)

石匠：你不要哭了！去吧！等刻儿日本强盗看见了，你又要吃亏了。唉！唉！唉！(连连叹着而去)

(甲乙丙丁路人上)

甲：这小孩在哭什么？

乙：大概是没有东西吃吧？

丙：恐怕是打架吃了亏吧？

丁：可不是！咱们走罢，管什么闲事？

(路人下，日人小川五郎、田岛三井、铃木村上三人上。)

小川五郎：哭什么？亡国的狗东西！(说着走上去，用脚踢着白坚的腿。)

田岛三井：撒什么娇？给他一个巴掌，问他再要哭不要哭？(也走上去打着白坚。)

铃木村上：去吧！这个小亡国奴，也不经我敲打。我们大日本把他们三千万的狗奴完全杀尽，才显得出我们的威风。

小川五郎：且慢！让我再赏赐他一个拳头！（说着，又握拳敲在白坚的背上）。

白坚：喔唷！痛煞我呀！（大声喊）

小川五郎、岛田三井、铃木村上：哈哈！哈哈！（笑着拍手）我们去！（三人下）

白坚：（哭止叹气。）唉！唉！唉！（低吟）我欲翘首问苍天：苍天呀！我国亡家破真可怜！爸娘死在日人手，剩了我一个流落到此间。我想我男儿要为民族去牺牲，才能够流芳百世亿万年。日人啊！日人啊！我和你拼死到黄泉。（吟毕，泪流不止，以衣袖拭眼）

日警：（上，见白坚在泣，大声呵斥）小东西！哭什么！哨[咱]们大日本的地方，用不着你来哭。滚！替我滚得远点！（说完用枪柄去赶去白坚，白坚就立起身来走去。）

第二幕

人物：白坚

日军官一人

日军四人

布景：一个军营

开幕：军官坐营中，日兵四人靠两旁站着。

白坚：（携白色巾包，且行且唱。）高丽参，货色真，吃了滋补人，一个身体变成两个身。喂！谁要买高丽参？

日军官：你！（指着一个兵）你出去替我看一看，外面在卖什么东西？

日兵：是！大帅！（一面答应一面走去）

白坚：谁要买高丽参？谁要买高丽参？

日兵：是卖高丽参吗？小东西！

白坚：正是！你要买不要买？

日兵：（不答，回身进去。）大帅！外面是个小东西在喊着卖高丽参！

日军官：噢！你去喊他进来，我要买高丽参吃哩！

日兵：是，大帅！（一面答着一面走出去，招呼白坚。）来，小东西！跟我进去！咱们大帅要买高丽参哩！

白坚：我知道了。（说完跟日兵进营）

日军官：小狗儿！你是卖高丽参的吗？

白坚：（苦笑）是的！小的正是卖高丽参！

日军官：那么，小狗儿！你所卖的高丽参好不好？

白坚：好！怎么不好！我卖的这高丽参吃了之后，一个人有两个人那们［么］大。你且听我唱来（说罢就唱）老公公吃了我的高丽参，变成一个少年人。老婆婆吃了我的高丽参，做起事来有精神。曲背吃了我的高丽参，挺直背心不曲身。跛子吃了我的高丽参，一天可以走百里远路程。军官吃了我的高丽参，开枪开炮会杀人。（唱罢又说）你道我这高丽参好不好！

日军官：（狞笑）吓。狗儿，你实在乖巧，倒会说几句，唱几句，好！好！你的高丽参怎样卖的？多少钱一两？

白坚：啊！我这参好极了，价钱也非常的贵，要五百块钱半两。

日军官：哦！价钱真贵！真贵！

白坚：现在你既然要买，我小的就送一只给你吧！

日军官：不行，还是让我买吧！

白坚：（苦笑）这是应该的，孝敬孝敬你。

日军官：小狗儿，倒看不出你怪会凑趣。（招招手）来！你跑上来让我看看，看是怎样的参？

白坚：好！我给你看！我给你看！……

（快步跑上，抱手巾包向地上用力一掷，砰的一声，火光四射，白坚，日军官，日本兵四人顿时倒地。）

——闭幕

（原载于《战时青年》第1卷第2期，1938年）

没有祖国的孩子（两幕剧）

——五九·雪耻与兵役扩大宣传周演出剧本之一

舒群　原作
破锣　改编

地：东北

时：第一幕　九一八之前

　　第二幕　九一八之后

人：果里	十五岁	高丽籍
果里列夫	十四岁	中国籍
果里沙	十三岁	苏联籍
果里的哥哥	二十岁	
苏多瓦	中年女教师	苏联籍
男女小学生	十几人	苏联籍

第一幕

景：学校外的一块草场上，黄色的蒲公英从草丛里伸出来，一堆一堆的，山与河做了操场三面的边界；另一面是无际的远天连着地，学校是站在草场的东北角，校门上面竖起的一面苏联一面中国的一支旗子，在秋风里光耀地飞舞。三五只牛散开在草场上像天上的星星一样的细小，躺着的，吃草的，追着母亲的。

幕开，果里坐在土岗上吃着面包皮，眼睛在搜索着牛的动作、牛的去向。

果里列夫、果里沙从学校出来走向草场去，果里列夫口里唱着：

敕勒川，阴山下。

天似穹庐，笼盖四野。

天苍苍，野茫茫。

风吹草低见牛羊。

他俩走到了草场，随手拾起石子打着牛，破坏了牛的安宁，弄起一阵恐慌。

果里：（连忙大声喊）不要！牛害怕。

（他们不听，这使果里着急了，鞭在地上响了几下。）

你们再这样，我告诉苏多瓦去。

（果里沙用手指比划着自己的脸，果里的脸。意思是让果里看看自己的脸和他的脸，在血统上是多么的不同。）

[果里沙又点着自己的鼻尖，高傲地对果里说：我们 CCCP（俄文：苏联简称）]

果里：啊！果里列夫，CCCP？他是中国人，怎么行呢！我是高丽人。怎么就不行？

（果里沙打了两个口哨后，装做苏多瓦讲书约神气：高丽？在世界上已经没有高丽这个国家！）

（这话打痛了果里的心，果里的脸比击两掌还要红，没有话说，便不自然地走开了去。）

果里列夫：果里沙，以后不许你再对果里说世界上已经没有了高丽的国家，你看，这使果里多么难过。（果里列夫好像教训果里沙，很严厉的。）

果里沙：你看高丽人多么懦弱，你看高丽人多么懦弱！他们早已忘记了他们的国家，那不是耻辱吗？

果里列夫：这不见得，我不是告诉过你关于安重根的故事吗？他是怎样勇敢的一个人。

（果里沙没言语，他俩又找果里去，果里在那里默默地站着，头低下来，他竭力把头低下来。）

果里列夫：果里，果里沙给你气愤了吗？

果里：不是，绝不是的。

（果里话虽然说得一个字音没有脱落，不过，他的姿态太拘束，太不自然，似乎对陌生人一样的没有感情。）

（果里沙还是原有的脾气，指着学校屋顶上飘起的旗——一半属于中国，一半属于苏联的旗子。对果里说：果里，你看这旗多美！）

（这给与果里很大的耻辱。果里容忍不下去，离开了他们去给牛蹄擦泥水。）（大家没有做声，果里列夫暗地里埋怨果里沙的轻蔑。）

果里列夫：牛蹄太脏了，你不怕脏吗？你擦它做什么？

果里：就是因为太脏了才擦的。牛的主人是不允许牛蹄脏的啊！

果里列夫：那么，你为什么带着牛从河边走呢？我们宿舍门前不是很清爽吗？

果里：我是不配从你们宿舍门前走的。

果里列夫：果里，你不要气，我们那些同学虽然有时会说几句俏皮话来讥笑你，其实他们都没有什么恶意的。他们都很喜欢你的。就是果里沙，他何尝不是说说玩的？他也是很喜欢你的。以后你还是从我们学校的门前走的好，我们学校门前清爽得多啦！

（果里用眼睛望望果里列夫，又望望果里沙，没有做声，但点点头，这表示得到几分安慰的感激。）

果里列夫：（突然想起似的）啊！我几乎忘记告诉你！我们的同学都愿意你到我们学校读书，也做我们一样的学生，大家都愿意有你这样的一个朋友。我们昨天曾和苏多瓦说过，请苏多瓦送你到我们学校来读书，果里，她已经答应了，等告诉你哥哥一声便行了啦！

果里：真的吗？——（果里第一次笑了。）

果里列夫：哪不是真的？

果里：好。那么我今天回去对我哥哥说，明天我来上学。

（果里高兴了，便从里面的衣袋里拿出他一向保存的像片剪下来的人头：男的是他的爸爸，女的是他的妈妈。）

果里：你们猜这是什么东西？这里有爸爸，也有妈妈。

（果里沙与果里列夫争抢着看）

果里列夫：妈妈这么老，爸爸那样年青呢？

果里：妈妈现在还活着，爸爸是年青就死了的。

果里列夫：死的太早了。

果里沙：是怎样死的？

果里：爸爸死的太凶呢！

果里沙：说给我们听听看。

果里：爸爸是读书的人，看，这不是还留着很好的头发吗？爸爸的胆子大，那年他领着成千上万的工人到总督府闹起来，打死了三十多人，爸爸被抓去了，三个多月，妈妈天天去看，一次也没有看见。妈妈不吃饭了，也不睡觉了，在樱花时节那天，妈妈差不多不认识爸爸，爸爸只穿了一条短裤子，肩上搭着一块手巾，肋骨一条一条的，很清楚，那上面有血，有烙印。妈妈哭着，爸爸什么也不说，到爸爸上车的时候，总是喊着……看樱花的人追着车看，妈妈也追着车看……在草场上，拿枪的兵不许妈妈靠近爸爸，爸爸的身子绑得很紧，向妈妈蹦来几步，对妈妈说，你好好地看养孩子，不要忘记了他们的爸爸今天是这样被……枪响一声,爸爸立刻倒下去。——那时候,妈妈还没有生下我,这是妈妈以后时常讲给我听,我记住了的。

果里列夫: 那么,妈妈呢?

果里: 妈妈还在高丽。

果里列夫: 你们怎么来了?

果里: 妈妈说我们不要再过猪的生活,你们找些自由的地方去吧!我老了,死了也不怕——五年前,妈妈到姨母家去住。我们来中国的时候,我才十岁。

果里沙: 原来是这样的。

(斜阳已渐渐的靠近山顶了,果里的哥哥背着锄头从田间来。)

(以下略称哥哥)

哥哥: 果里,你还在这里吗?天快要黑了,怎的不把牛送回去!

果里列夫: 我们和他谈谈,时候还早呢。

哥哥: 你们谈些什么?

果里列夫: 让我告诉你,我们已经和苏多瓦说好,叫果里明天到我们学校读书,和我们一样的学生,我们大家都愿意有他一个朋友,你觉得怎么样?苏多瓦说,只要你肯就行了啦!

哥哥: 我种地太苦,唉!还不赚钱,也许有时要赔钱。你是中国人,你没有看中国年年有灾祸吗?我们吃饭全靠果里放牛的钱,到冬天又要歇工,好几个月得不到工钱。我知道读书对他好,我是他的哥哥,我不愿意我的弟弟好吗?如果只是我们两个人,他可以去,我不用他管,家里还有母亲呢,每月要给她寄几块钱吃饭,唉!不像你们中国人还有国,我们连家都没有了!果里,这你不用想,你得替苏多瓦放牛,寄钱给母亲吃饭。书是有国有家的人才能读的。天快要黑了,快些送牛回去吧!

(果里和哥驱着牛回去了。)

果里: 两位小先生,明天见。

(果里列夫他们望着果里兄弟驱着牛回去了,人和牛的影子渐渐不见了。)

果里列夫:(自言自语)不像你们中国人还有国……

果里沙又忽然想起"高丽"?在世界上已经没有了高丽这国家。

(幕徐下)

第二幕

第一景　九一八之后一个月光景

景：一间教室，壁上挂着一幅世界地图。

幕开，距离上课时间还有半点钟，一班男女学生在讲堂上知道他们这一班要有一个新来的学生，但他们不知道新来的学生的底细，于是他们随便猜扯起来。

甲：（男生）新来的学生是个漂亮的姑娘。

乙：（男生）那最好和我同坐。

丙：（女生）新来的学生是个猴样的男生。

甲：那最好和你同坐。

丙：和你同坐，我才不肯呢！

（教室的门突然开了，他们以为苏多瓦来了，各自悄悄地到自己的书桌前坐下，装做整理书本，修铅笔，果里穿着学生制服进来，大家都惊异起来！）

乙：果里，是你来这里读书吗？我们谁也猜不着。

甲：我还以为是个漂亮的姑娘。

丙：我倒说是个猴样的男生呢！

果里沙：果里，你还有脸来见我们吗？

甲：真的，你没有脸来见我们了。那次我们去游山，你替"日本鬼"挖壕沟，我们叫你，你也不敢应；我们走近去问你，你也不敢做声；你怕那个日本鬼子，鬼子踢你的头，鼻孔里流血，你也不敢出一句声。你像一匹老鼠，十足像一匹老鼠呢！

果里沙：十足像一匹老鼠，我见他几次跟那佩刀的日本鬼子从我们宿舍前走过，我骂他，他不理；我用石子掷他，他也不理。他一点也不知羞耻！

乙：他替日本鬼子背水壶，食粮袋。他投河时给一个打猎人看见，才拖他上岸来！

果里列夫：你们这些人总是喜欢找人家的不好过的事情说，爱讥笑人家，这都不是苏多瓦教我们的"同情"的态度，过去你们不是愿意果里来我们学校读书，和我们一样的学生吗？你们不是愿意有他这个朋友吗？现在果里来了，我们应该"同情"他，"爱护"他才对，你们怎的反讥笑他，轻蔑他呢！（脸向果里）果里，现在你高兴了吧？

果里：我不是骗你，我真不高兴。(仿佛有极大的恐怖、痛苦留在他的眼里。)苏多瓦待我太好了。给我养好病，又送我到学校来。

果里列夫：你是怎样投河的？

果里：忘记了是那一天，日本鬼子告诉我，他们要走了；要我哥哥去，还要我去，我知道去了就没有好。我想爸爸是在日本鬼子的手里死了，妈妈怕我们最像爸爸一样，才把我们送出几千里以外的地方来。谁想到日本鬼子又在几千里以外的地方攫住我们，夜夜都没睡觉，哥哥望着我，我望着哥哥，不敢说话！

果里沙：和老鼠一样。

果里：那天，哥哥跟着走了。(态度沉静起来，不像个小孩子似的)我还跟着那个带刀的日本鬼子……

(眼睛向着众人，好像询问他们有没有看看他所说的那个带刀的日本鬼子，众人向他点点头)

果里沙：那天用脚踢你的头那个。

果里列夫：果里沙，不要打岔。

果里：船上除了我们两个人，还有一个船夫，日本鬼子正用铅笔记着什么，我心跳，跳得太厉害了。你们猜我想做什么？

学生们：(同声地说)想投河呢！

果里沙：(突然地跳上书桌，轻快地说)你们说果里想投河，我说太不对，你们知道吗？河里有老鼠洞。

果里列夫：果里沙，请你少说些话好不好？

果里：在河里，一共是三只船，两只在前边，我们在后边，前边的船，走得才快呢！没走到三四里的时候，离开我们有半里多远。等他们拐过老山头，我们还留在老山头这面。我只觉得一阵的麻木，我的刀已经插进日本鬼子的胸口，然后我被一脚踢下来，再什么也不知道了。(把头转向果里列夫)你知道那把刀？是你借我的啊！是你借我的啊！

果里沙：好样的！好样的！(双手抱住果里)这才是我的好朋友！

学生们：好样的！好样的！果里是我们的好朋友！(苏多瓦进，学生们各自回自己的书桌前坐下。)

苏多瓦：果里，你到最后那一个位置坐下，(果里按指定的位置坐下)

苏多瓦：(讲台上)今天新来的那个学生，你们都认识他没有？

学生们：认识，果里。

苏多瓦：是的，他叫果里，他是高丽人。高丽，在世界上已经没有了这个国家，所以他是没有了国家的孩子。世界上最惨的是没有国家的人，所以你们以后应该可怜他，同情他。你们知道高丽是给谁亡了国的？

学生们：日本鬼！

苏多瓦：是的，日本鬼，你们看（指壁上地图），在这地图上，靠近海洋的一角，不是有他的祖国涂着和日本一样颜色的疆域吗？同时你们更应该知道：日本不但是高丽的仇人，同时是我们苏联的仇人，中国的仇人，这是以前讲历史时讲过的，所以你们以后不应该有彼此之分，应该联合起来，认清公共的敌人，为国家民族雪耻！现在我来教你们唱一首歌：

谁不爱祖国，我们是祖国的孩子。
谁辱没祖国，我们为祖国雪耻。
我们是朋友，我们联合在一起。
日本是公敌，我们要抵抗到底！

（幕徐下）

第二景　九一八之后的四个月

一切场面和第一景相同，只是学生们换了冬季的服装。
幕开，苏多瓦站在讲台上，学生们坐在书桌前。

苏多瓦：今天是最后的一课，大家不是看见我们学校的周围到处都插着太阳旗，到处都住满日本鬼子吗？这几天戴着钢盔的日本鬼更是一队一队地开来，所有的民房都给日本鬼子挤满了，连果里那个垃圾箱般的屋子都住了日本鬼子，现在日本鬼子要威胁我们，要我们学校解散，霸占我们学校做大本营，你们不是看见我们学校门口的旗子被迫着换上了一面太阳旗了吗？大家知道：这些日本鬼子是无人性的，极残虐的。我们为着安全起见，我们不得不暂时解散。不过，大家要记住，我们的学校是被日本鬼子威胁而解散的。这是我们的耻辱！大家不要忘记这耻辱，大家将来要洗雪这耻辱！

学生们：我们打倒日本鬼！

（果里列夫立在教室门口，报告一声“迟到”。）

苏多瓦：进来！（果里列夫走到自己的坐[座]位坐下。）果里列夫，今天为什么迟到？

果里列夫：这地方不安宁，叔叔把祖母送走。祖母留我吃了饺子。（果里列夫战战兢兢地，怕被谴责的样子。）

苏多瓦：学校解散之后，你们到什么地方去！

（果里列夫暗里问同坐的同学学校为什么解散？）

苏联学生：回祖国去！

苏多瓦：果里列夫，你？

果里列夫：回祖国去！

苏多瓦：怎么回去？

果里列夫：叔叔回来接我。

苏多瓦：（从讲台下来走近果里身旁）果里？

果里：什么？

苏多瓦：你呢？

果里：（咕噜了一声，说不出话来，他只是呆着，呆望墙壁上悬着一张世界地图；最后。）果里沙去罢！

苏多瓦：（做出孩子一样的讽刺，手指点着果里的头，果里的头渐渐地沉重下来，她立刻又严肃起来。）果里，你不能跟果里沙去的，将来在高丽的国土上插起你祖国的旗子，那是高丽人的责任，那是你的责任！

果里：是的，可是现在到那里去呢？我是没有祖国的孩子！

果里列夫：果里，跟我回中国去，你虽然没有了祖国，但是中国是你的远祖的国家，我们是兄弟，兄弟应该联合起来，为我们的祖国雪耻！

苏多瓦：对的！果里，你得回中国去，回中国去联合你的远支兄弟，光复你的祖国，在高丽国土上插起你祖国的旗子！现在各人去收拾行李，各回祖国去，将来为祖国雪耻！

学生们：我们联合起来！打倒日本帝国主义！

（幕下）（完）

（原载于桂林《战时艺术》第2卷第1期，1938年）

三兄弟

[日本]鹿地亘
欧阳凡海　译

时期：一九三八年冬
场所：东京市郊外一个工人的住家

人物：	第一次上演演员
宫本一郎（工人）	坂本秀夫
宫本二郎（一郎的弟）	×××
宫本三郎（一郎的末弟）	佐佐木正夫
老母（一郎之母）	益田一郎
中村光子（邻居的姑娘）	浅野公子
景山三太（收租人）	坂井敬二郎
工人一	村上清
工人二	樱井胜
工人三	鲤本明
包打听一、二、三、四	

其他：一郎的同事，街公所议员，街民，街公所的公役等。

第一幕

苦的工人的住处，窗（靠右手边）和门都是关闭着的，朝阳从门缝中射进来。室内阴惨而黑暗，失眠的病妇在咳嗽。（敲门声）

老母：（喘着气，偏着头）是谁……？一郎么？

光子：（轻轻地打开门）不是，是我。

老母 哦，光子么？

光子：（细心地关上门走进来）哥哥……还没有回来么？是做夜工么？怎样？……伯母今天好一点么？

老母：啊，谢谢，真是，对不起你啦，每天早晨……

光子：啊呀，那里话，一点也不要紧，伯母一个人真是为难呀！早点好起来吧！（把枕边的药瓶拿在手里看了看）啊呀，药已经吃完了，我回头到药房里去一次吧？

老母：（很吃力地低下头，用手肘支着身子，把头摇了摇）算了……算了……光子呀。

光子：那么……

老母：药吃不吃反正是一样的，上了年纪的人总是这样？像枯涸下去的树木，没有什么用，只是碍手碍脚……纵使吸收着年轻的树木的营养，也一样是要枯死的，……只是拖日子罢了，呵……呵。（一笑，马上又咳起来了）

光子：（同情地摇着老母的背）啊，伯母……您咳得这样厉害……请你不要说那种话……调养毛病罢，同你说，伯母呀……假使你有什么三长两短，对战地的二郎，无论如何你是说不过去的。总而言之，哥哥，我……哦……好好睡着。

老母：（渐渐停止咳嗽）啊……算了罢，谢谢光子呀。

光子：那么，我去买药来。（拿起药瓶）

老母：（摇手叫她不要去买）当真算了罢。这种……药又没有什么用。

光子：知道的，伯母，请你放心好了。那么，说来说去，我们随便那个都不是有钱的人。我们家里，爸爸，哥哥，我……一家都很健康，能到厂里去做工……况且你也总不会把我们当外人看待。

老母：啊，光子，真的，你是怎样好的姑娘嗳。对不住啦……那么……就依你说吧，在浅草桥转角的地方……好像有便宜的好药……钱得以后再……

光子：不要紧的，伯母，怕到厂里去太迟，我就去买吧，（拿起米桶盖来一看）啊呀！没有米了……

老母：不要紧的，一郎回来，就会买来的……

光子：那……可是，一郎哥哥回来也够吃力的了，真过不去。

老母：嗳，嗳，快点去……你放心……马上，一郎恐怕是回来的时候了。

光子：（仔细代她把被头盖好，拿起药瓶）那么我去一次，伯母。请你就再躺一回[会]〖儿〗，还早咧……好好睡。（开门走出去，朝阳从门口射进来，寒冽的照着病妇，一直照到病妇身上。病妇重新睡下去，时时轻咳着，门口路上开始有了行人，听得见老远的歌声）

歌：自从你走了之后

连小孩也总是每天抑郁无欢

第二次的春天又来了

可是一家团圆的春天要几时才到？

声音：对不起……宫本……不在家么？日安。

（病妇刚再卧倒，便又半抬起身来，激烈的咳着嗽。门开，不客气的房东的收租人推门进来了，好像要找寻屋里的什么东西似的探看着）。

老母：哦……你先生……哈哈……

收租人：哦……只你一个人么？怎么？病还是没好么？（病妇想起来应酬，他傲然地叫她不用起来），不用，呷。好好地躺着吧，反正不是什么值得欢迎的客人，哈，哈，哈。

老母：对不起，那么……就放肆躺着了……

收租人：不要紧，不要紧……一郎还是没有回来吧，又是做夜工么？哼，市面看起来还不错，总是军需膨胀，听说随便怎样，一点经验没有的人，只要想做工人就容易得很，真是……难得的日子，现在的工人个个都酒喝的醉醇醇[醺醺]的了。听说咖啡店的生意好得很，妓女和姑娘们的生意最好，真的。你家的孝顺儿子，是不是也到姑娘们家里去做夜工了呢？……可是太过分了伤害身体也不好的。怎么回事？你一定劳动过度。假使吃点药，现在就一定健康了。

老母：是，已经托你的福。

收租人：那倒最好没有了，……在你做工的人家，战争真正是神圣的。可是市面上是物价又高又涨，吃的东西没有好的……

老母：怎么，啊……你说笑话……

收租人：（走近去看贴在壁上的照片）这是二郎出征时候的纪念照片吧？有信来么？

老母：嗯，托福，在战地都好像还平安。

收租人：的确，你是有福气的人。马上会得到金鵄勋章四海扬名，真是好儿子……（伸出手表一看）别的事也没有，房租有没有呢？老是不交……叫我多难。对不住，今天无论如何请你弄清，莫叫我为难吧。

老母：对不住……十分对不住……随便怎样这几天……

收租人：不说到对不起，可真是对不起了，你想想看几个月了。三个月……是三个月了。（走近病人，手叉着腰挺直身子，声音渐渐大起来）人情管人情，事情管事情，实在说，今天如果不拿出来，还是早点搬出去吧？拖拖延延不出钱，日子也不少了，为的是出征军人的家族，为的是你生病，可是不能不对不住了，老是客气是没有办法的。

老母：的确，说不过去，我的身体是这样子……

收租人：身体，身体……这可不能当不付房屋[租]的理由，早点争气点吧。做一个人，只要把精神振作一下，身体也就会好起来的。

老母：（呆着）那么……那么就……可是，总而言之，只要等一会儿，因为我的儿子就从工厂回来……

收租人：说什么？儿子，儿子，你儿子不是老不在家么？白天不在，晚上又说是作夜工。这叫人弄得没办法，只是说得好听。这样的冷的天气，好容易开了闹钟爬起身就跑来，又不在。你假使诚心要付，跟儿子说好把钱放在家里就得？

老母：那你……

收租人：好了，我不是来听你说长道短的，老板娘。我一早就辛辛苦苦走来，听你说这些话也够受了。你要知道我回去是要被东家骂的，真伤脑筋，我哈、哈、哈……

老母：等他回来……他就要回来了……真的请你稍微等一等……近来一点力气也没有……不能好好的陪你。

收租人：等什么？哼哼，等也不只是这么回事。（他忽然从病人身边走开去，挺直身子，走到窗边去静听着窗外的声音，焦躁的在席下的泥地上踱着步）不管怎样，我并不想欺负病人，谁都知道我老太太，我不爱听诉苦的话。

老母：是呀……你这么（咳）

收租人：我不是说过激的话：什么"普罗"，什么"布尔"，都知道的。我年轻的时候心里也不平的，嘿，嘿，嘿，可是"普罗"实在可怜，一家人从屋里给赶出来，家具也给抛在露天底下……看了也不好过。可是，这种事情现在是满不在乎了。哼！谁也怨气腾天，反正我是恶人头了，哼……

老母：（不答）喃，喃……

收租人：（又走近病人，做出认真看她的样子）可是，老太太，你家的小儿子有信么？

老母：（挂心的样子，但举起手来表示否定的意思）不要说，也难以对人说……

收租人：哼，近来好像长久没来了。自己的亲兄弟这样受苦，却还是做反侵略战争的工作么？打倒牺牲人民的军阀政权，啊，哈，哈……听说警视厅的包打听正尖着眼睛在探查你的〖儿〗子哪。

老母：实在……对不起人……

收租人：那里，那里，没有什么对不起我，哈，哈，哈，真的，总不会把贫苦的收租人也打倒吧，只要房租一付，便一句难听的话也不说了……

老母：站在做娘的地位看……呵，呵，(像是哭泣的声音)

收租人：可是，可是啊，老太太，那也不算坏儿子呀。是人人称赞的孝子，是模范青年，你有三个儿子都是好儿子，人家很羡慕的。只是太过分了也不好，总之，头脑清楚的，都免不了赤化。近来那些工厂的墙上，贴着许多反侵略战争，解放人民的标语，有些话连使我这样的人也大吃一惊。(肩膀颤抖着，又在席下的泥地上踱起步来。)冷啦！在火盆也没有的地方，这么等着……哪，老太太……(病人因为疲倦了，睡着，没有回答，用人便一个人开始独自起来了。)嗬嗬……侵略战争不错呀，说是牺牲"普罗"(抖了抖)这些幼稚的理想，是蠢货……实在说，世上不过是生存竞争而已。我如果不强点就要被淘汰，不攻击就要被攻击……年青的人们似乎眼光远大，闹个不休，嗯嗯……他们没有明白这道理，因此就成了国贼。现在还没有上了年纪像我一样的，心里虽有点过不去，不，这样发善心是不对的。做人就是这么回事。好像地球是打旋旋的。不客气的一干，就会服服帖帖的，假使不付房租，仍旧没有办法。为了他们，叫别人损也是不行的(走到窗口，站住向外看，赶快张起耳朵来)回来了呢。喏……

(足音，门开了，背着米袋的一郎急喘着气，表情很疲困的走进来，站不稳的样子，没有注意到收租人，就走到右手的席边来，放下米袋，一面在僵着的手指上吹口里的热气，一面望着母亲，母亲没有气力的伏着。)

一郎：妈妈，我回来了，怎么，今天稍微舒服点么？……

老母：一郎么？才回来……

收租人：等你好久了呢，宫本。

一郎：(抬头看见收租人，赶快对他招呼)哦，是你么？你真勤苦。

收租人：那里，你迟来了，已经待了三十分钟了，宫本。

一郎：(畏惧的抓抓头)那真是……那就请坐吧，实在应该送来的。可是……

收租人：(赶快陪着笑面)那里，那倒不是的，你这里人手也少，我要这么来走一趟，是因为要用钱做生意。那么，今天请你给点，那我就可以说得过去了。

一郎：(抓抓头，就坐在上席去的地方上)实在……

收租人：喂，怎么？(收了笑脸，威吓的样子，站到一郎面前去。一郎抓着头，不知所措)

一郎：实在呢，还不是对不住……恰巧……可不可以请你延缓到这次发工钱的时候呢？

收租人：啰，宫本。我再不要听了，延缓一下，延缓一下，恰巧像这回的支那事变一样了。难道要长期抗战么？

一郎：(苦笑)啊……说那里话。

收租人：怎么会付不出呢？现在正是军事景气时候啊。

一郎：(不知如何是好)空话，随便怎么说，一句话，那……那……假如是你的东家中岛先生，是军需公司的股东，那现在就发财。我们工人只不过是工作加重了……累得要命……真的，对不住……总之，你看得见的……老的是重病，做事的手又少了一双……今年春天以来……

收租人：倒也不见得，你也学你小弟的样么。说中岛那样的军需资本家为战争发了财，……哼，这样说那就是罢。

一郎：并不是说不付房租，现在恰巧因为没有办法，……请你原谅。

收租人：那么就请你给钱，你想想看几个月了，喂，几个月了呢。

一郎：钱总是要付的。只是……

收租人：请你快点罢。

一郎：(生气起来，又极力压住)现在实在一点钱也没有。

收租人：(生气)你假痴假呆么……喂……你想愚弄我景山三太么……那就没有办法。宫本，喂……不想回答么……只要你还住在这屋里，我是非要房租不可的，说叫你给钱，你想怎么样呢？

一郎：(抬起头来，直看着收租人)那么，你就怎么样好呢？

收租人：怎么样？你要我教么？

一郎：(又忍住怒气，平和地说)不是，这是我说的难听的请你原谅。

收租人：你要我教，喂，那就明明白白教你吧！限你今天搬出去！

一郎：(直看着用人，一会儿，又默默的低下头，胆子小了)先生，老的在生病……请你原谅。

收租人：搬出去，今天马上出去……一起，假使家具多，说来不及搬，就叫我们那里的小伙子来相帮罢，嗯……

老母：先生……(挣起半个身子，伸出手去)

收租人：(对老母瞧也不瞧)除去锅、灶之外，似乎也没有什么重的东西吧，搬的人可以有的。

一郎：(生起气来，面色发青)喂！真是说不通的家伙，有生病的人，混账的话请不要说。

收租人：不什么？（门外有来客的声音）

声一：喂，在家么？

声二：宫本……在家么？

（门一开，做夜工回来的工人三人步伐响亮地和太阳光一起进来。收租人面上出现不知如何是好的表情，到窗边去望着窗外。）

工一：怎么，老太太，怎么一回事？

（感觉当场的空气很严重，三个工人互相望了一望。）

工二：唷！对不起，有客人么？

一郎：（立刻沉着气，低一声说）嗯。房东的收租人呀。

收租人：（赶快装出笑脸）这，诸位，早呀，才回来么。

工一：哦，你也早。

工二：辛苦了。（讽笑的表情）

收租人：那里，这，嘿，嘿，嘿……

工一：好么？你们那边的情形好么？

收租人：一点也没有什么好。

工二：（对一郎说）房东是中岛先生吧。如果是他，还不，他们这些人，因为军需景气，发大财了。我们呢，这么的工作着，每天要工作十六点钟呢，也不给额外的工钱，担任的机器却多起来了。因此，一个人能生产加倍的生产品，是呀，的确……再加说到房租实在为难。有钱的人，就越有钱。

收租人：开支也大了呀。

工二：就是这样，什么也在增加，劳苦也增加了。可是只有工钱没有增加，工人是没有好处的。你看得见，这份人家就是一个例子。嗄，宫本，你说对不对？

收租人：自然……我也知道这份人家是很困难的……心里实在同时觉得过意不去。

工二：那是，承你的好意，多谢了。真的像你一样清楚人在管房租，这里算是运气了。现在，世上没有住处的人多得很，这可不是一件小事。

工一：（用力点一点头，随即低下头去，在上席的地方坐下去）累倒了。我们的工厂里，在休息时，只看见去解小便的家伙都跌跌踉踉，好像立刻要跌倒的样子，谁的面孔也不像是一个活人的样子……大概做了两三个月，不吃药就不行了。此后，就是完结……一病倒，也和上战场一样一去不回了。

收租人：的确是的。

工二：虽说是担任后方的工作，后方也就是战场。

工一：现代战争，后方也是战场。这份人家有人出征的，老是久病在床了，年青的女人，因为不得不带着胎在厂里作工，所以死了。这样那样，不幸的事，一起都来了，宫本也是可怜的人哪。自从我们答应"照顾"送走了他的弟弟，也得大家伙帮帮忙，特别像你这样的明理的街坊，说到后方战场，他们也是有名誉的负伤家族。宫本假设没有地方住，那是我们也有责任的。像你一样有见识的收租先生，也当然开心的呢。

收租人：（无可奈何）那里，说那里话，诸位。那是完全明白的，无论如何总不会过分刻薄，啊，哈，哈……那么，宫本，我还有别地方要去，以后再来吧。诸位再见。

工二：哦，走么？那么……

（用人去了，工二伸伸舌头）

工一：最可恶的家伙。我真想打他几下。

工三：（走去坐在病床边）老太太，请你不要担心，现在好一点了么。

老母：嗳，诸位。谢谢，真的谢谢。

一郎：直[真]是说不出的感谢。……

工一：说怎么话……大家是一样哪，我们刚才在外面听那家伙大吵大闹，畜生——我们除了大家互相帮助，还有谁来帮助我们！我们只有靠我们工人自家伙帮助的呀。

老母：（流下泪来）你们的恩典刻在我老骨头上忘记不了。

工三：伯母，你同我们大家的母亲一样的。今天有一点给病人吃吃的，只一点，一点……啊……请你快点好起来。二郎在战地听到了也好安心。

老母：对不住。（呜咽着）

（一郎茫然若失的走近窗口，揩着泪。工二走到他背后去，拍他的肩说。）

工二：喂，宫本，硬朗点呀！

——第一幕急下

第二幕

布景：与第一幕，同一个星期日的黄昏，天还没有黑，灯光阴暗，老母睡在那里。门一开，光子进来了。

光子 ：（轻轻走近病人，注视着小声说）伯母睡了呢？喂，伯母，（没有回答，她自言自语的说道）似乎睡了呢？可怜瘦了半个了。（呆呆的注视着，轻轻的把药瓶放在枕头边，随后脚步不出声的走到壁下的照相片前面去，痴痴地注视着，伸长背脊细看着照片一会儿。老母似乎醒来的样子，翻个身看见光子在看照片。）

老母：光子么？

光子：（赶忙跑到老母身边）伯母醒来了么？

老母：啊，怎么刚才好像是朦朦胧胧睡过去了，你来我是知道的，但不知道是不是梦就是了。

光子：刚才来，一郎哥哥呢？

老母：他刚才出去的，买晚餐吃的东西。他去了之后我呆呆的就在这里坐着啊，觉得今天我还是不管三七二十一和大家一道在厨房里作饭吧。想来大家看见我这样好起来了，都会大吃一惊的。我想叫你们骇一跳。

光子：那作梦吧！伯母你，你不是睡在那里么？

老母：那也说不定，可是总好像是真的你就站在那边，（指一指门口）还有二郎也好像站在那边，（指一指壁下，光子骇得面如土色，忍住恐怖注视着老母。老母独白似的说着梦话）在那边壁下，二郎……二郎……在那里呀。

光子：伯母，清醒点。（跑过去抱着老母）二郎哥不是到很远的地方去了么？

老母：啊，是么，可是已经回来了。怎么的，……仔细看看他，面孔很苍白，……我怎么的叫他，他总站着不回答……什么时候回来的，可怜……要受凉啦。想必肚皮饿了吧……我们一向就很穷的，他小孩的时候，我还在工厂里，回来就看见他那样老老实实的站着，发寒似的。

光子：伯母。

老母：怎么的，光子你不到二郎那里去么？不和他，不和可怜的他说几句话么？二郎多么爱你，你一句安慰的话也没有么？我这么一想便叫你，光子，你就在哭，你在哭呢。一看，是血呀，从二郎的胸口……

光子：（惊慌恐怖的叫起来，放开抱着老母的手，望着老母的眼睛）嗳，伯母……清醒吧……伯母……

老母：（哭）二郎……二郎……可怜……

光子：（揩了眼泪，安慰老母要她睡下去，温存的安慰他）二郎要回来的，他一定会来的，我们大家都在这么的等着他。

老母：（深深叹了一口气）嗯，嗯……光子，你到现在还喜欢我家的二郎么？

光子：（光子害羞的安慰着老母）你说到那儿去，伯母。

老母：你在等着二郎么？

光子：是在等着，当然我在等着呢。

老母：（点头，过了一会儿）你是多么好的姑娘。

光子：伯母，二郎今天也没有来信么？

老母：哦，不错，不错，我忘了，今天来过一封信，里面也有给你的。信就放在枕头底下。

（伸手到枕头下去，光子帮她把信取出来。）

光子：伯母，我来拿，拿到了。（从信封里取出信纸，赶忙把信纸展开）真的也有给我的。

老母：啊，啊，也读给我听听看！

光子：是的，马上读。（光子看着信一会儿）

老母：写着什么？他好么？

光子：是的……他说很好，请你放心。

老母：是么。

光子：是八月十五日写的信，（屈指计算）三个多月以前写的信。

老母：此外，还说什么？

光子：信上写有这样的话，（断断续续读下去）不久之前到××来了，××是什么地方呢……近来并没有大战斗，可是××山脉的风吹括着两手。近日仿佛就要对那盘据[踞]在这方面的顽敌第××军的澈底扫荡战了……这次说不定不能生还。当露营之夜，听着秋虫的声音，脑子里便不觉现出亲切的人们底面容，想起两年来，有多少战友成了卫国的英灵了……慰问袋，谢谢……

老母：你送给他东西？

光子：唔……

老母：另外还说什么？

光子：（读）看见绣着大红盾牌的手巾时，觉得特别感到欢喜……是我自己绣的呢。嗳呀……这种事都写上去……比起千人针要叫人奋发多呢。他说，从明天起只有敌人的子弹打穿我胸口的这个盾，我的心才会停止跳动，伯母，伯母。

老母：希望他平安的回来。

光子：（一股劲儿抱着老母，然后将胸脯贴上去）……我想到战场去看看……如果是男子就好了。假使中弹我们两人决不会一个死了，一个活着。

老母：痴话，他会回来的……他一定回来的……嗳……光子，你在哭么？

光子：（拭了眼泪笑）没有哭呀！只是出点眼泪就是了。……嗬……嗬……

老母：那么，一郎恐怕把什么都买好，要回来了吧。对不住，请你生起火来等他。

光子：好的。（把信放进信封里去，塞在怀里，同时走到烧饭的地方去）早点停战就好了。真的是为什么要发生这类事情呢？（暂停）……一郎怎么迟了……天全都黑了……

（光子先点上灯，门外路上有卖豆腐的声音，过路人的歌声）

歌：离开祖国过了海，

远远地到生疏的别国去。

夜的星空感染着心怀，

我爱的妻儿底面影呀。

光子：（倾听着外面）……伯母……伯母……又睡了么？

（外面的门声）

声：宫本……夜安……（光子赶忙掉转头，默默的走到门口去，开了门伸出头去。）

声：街公所的人，宫本一郎是住在这里吧。

光子：是的，有什么事？（街公所的事务员走进来从皮包里取出一个公事信封，拿给光子）。

事务员：你是宫本二郎的妹妹么？

光子：啊呀，（惊愕，她底面立刻发白，拿着公事信封的手颤抖起来）这么？

事务员：是的，抱歉得很，请你看看里面……（光子拿着公文信封一步奔到老母那边去，就一下子站〖住〗，把食指塞在口里，注视着睡去了的老人。然后以同样的姿态转向事务员，才回头把公文信封轻轻拆开。）

事务员：二郎已经成仁了，为了国家，光荣的献出了生命，令堂底病好么？唉，真凄惨。那么请你原谅我，我向病人问好，什么时候要举行丧仪，就请来通知街公所好了，希望你们不要难过……

（光子什么也不说，悲痛地应酬着。送事务员出去回到屋中央，再把通知单展开，一心注视着，忽然身子一缩，奔去伏在老母身上哭了）。

老母：（静静的）光子！他死了吧，二郎终于战死了。（嘤嘤的啜泣着）知道了啊……啊……我刚才就已经知道了，在梦里知道的。街公所的人来我也知道的。（光子不答，只管哭）

老母：嗄，给我看看。他是什么时候战死的……光子不要哭啊，啊……我底心似乎要裂开来了。

光子：（哭）我绣的盾牌也射穿了……

老母：可怜……啊……啊……（一会儿之后，门轻轻的开了，是一郎回来，看见当场的情形骇呆了。走近桌边把买来的东西轻轻放在桌上，拾起落在地上的街公所的通知单，就站着不动，一口气读下去。）

一郎：是这么回事么？（独白）……八月二十一日么？（折叠着公文纸望两女人的样子，一会儿说）……光子……妈妈……

老母：一郎么？啊……，二郎战死了。

一郎：是呀，八月二十一日……已经是三个月以前的事了。光子不要哭呀，妈妈也……

老母：他战死了。

光子：哥哥！（低着头站起身来，走到一郎身边抱着他底肩膀抚摸着）……哥哥……（哭着）活着也没有什么意思……

一郎：发痴了……吵，硬朗一点，光子……（揩眼泪）……活着的人就有活着的义务，不要哭……光子……（光子低下头哭，放开一郎的肩膀，静悄悄的坐在上席的地方抱着头。）

光子：这是最后一封信……八月十五日的……从写信之后只隔了六日……啊……啊他还说过不知能不能生还，有预感似的……果然如此……

老母：过了三个月，谁也没有知道。

一郎：（随即抬起头来）不能使三郎知道啦，他知道了会做出什么来……（一会儿又站起来）哦，做夜饭吧，今晚就我们几个人来供奉他吧。

光子：（站起）哦。

（轻轻的叩门声“晚安”，工一、工二进来。胸腔闷塞的样子，小声说话。）

工一：宫本！

工二：刚才听到的，特意跑来呀。

一郎：对不住，……

工二：老太太？已经知道了么……

一郎：知道了。

老母：诸位……

工二：（到病人身旁去）哦，伯母，您太伤心了。

工一：（到病人身边轻轻把手放在被上）不要难过，伯母，此后我们来补二郎底缺好了。

老母：不敢当。（哭）

（一会儿工二把手里拿着的香递给一郎，望着壁，光子在墙壁前面二郎底照片底下，低着头。）

工二：她是隔壁的姑娘吧？二郎底……

一郎：光子，那么你把香插在二郎面前。（到光子旁边，把手放在她肩上，递香。工一把小凳搬到照片下面，拿了一只破碗，接过光子手里点了的香，插上。前面光子蹲着，工二旁立默，一郎交绞着手臂，悲痛的望着这个场面。）

工二：宫本，喂，宫本，这种事终究在我们身边上发生了。不久就要轮到我们。（轻轻的在屋中央踱着步，独白的样子）这就是战争……我们的工厂里也有许多人被征出去了，不曾听见过有一个人回来的，光只有出去的。国中满是眼泪……大家都流着血泪啊……结果就是这个样子。好听的所谓新秩序，这个空题目，也就看穿了。畜生！以后都叫他们哭去……（拭着泪走来走去）这就是战争……（叩门的声音，工二站住了。一郎转向门口，工一一面看护着老母，一面抬起头来。）

声音：晚安……宫本先生，街公所来的，晚安。

工二：（赶快走去打开门，事务员进来）有什么事？……

事务员：（打开皮包，拿出通知书给一郎）宫本一郎先生是你么？召集令……

工二：（惊慌失措）什么召集令……（光子忽站起来）

（事务员匆匆合上皮包）

事务员：是皇帝底御召，是一家底名誉，请你奋勇奉公。那么，因为还有别的，失敬了。明天午前八时要入营。（无所谓的样子去了，工一站起来，走到一郎身边去。）

工二：滚蛋地狱里的勾魂使……

（一郎手里拿着召集令，茫然望着关上了的大门，然后回头对母亲一看，才撕开公文信封，取出红纸来。）

老母：一郎……

光子：（跑去紧抱一郎的胸脯）……哥哥……连你也……（红纸飘飘的落在地上）

工一：这就是战争。

——幕下——

第三幕

第二幕的翌晨，天尚未明，阴惨黑暗的洋灯光。挂照相片的壁上，摊着白布的桌子上，供着水果和一郎底朋友等送来的供物。香烟缭绕，一郎已经起来，折好了被服，不声不响在收拾房子。随后，他只是在屋内看来看去。看看米桶，又盖上米桶的盖。然后叹了口气又走到上席的地方。拿起早已取出了放在那边的军服来穿换。扣好了上衣的钮[纽]扣之后，就把换下来的劳动服挂在壁上，一面自言自语。

一郎：啊，跟你都要分开了。

（在胸前交绞着两手看看周围，母亲连续的咳着嗽。一郎便放开交绞着的手臂，在上席的地方坐下去，看着母亲，抚摸母亲底背脊。）

一郎：你好么？妈妈……

老母：啊，一郎……你似乎一夜都没有睡呢。

一郎：躺是躺过了，躺下去种种的事情不断的在眼前回转……像走马灯一样。什么都一下子想出来了……可是，这一切不久也就消失了。还好像听见枪声的样子。

老母：街上的人们说七点钟……来送你的。

一郎：我只好丢下你了，丢下你一个人走，怎么能够放心。

老母：我，你可不用挂心，到军队里去，就要专心一志的，不用想着家里的事。光子会来看我的，小林呀，大道呀，他们会轮流来看我的，这真是些好人。工人仍旧只有工人朋友，谢谢天，真是，更没有更可感谢的了。

一郎：妈妈，我……好像在想些奇事……啊，没有什么好说，没有意思。

老母：说呀，随便什么都说吧。

一郎：（苦寂一笑）那里，庸人自扰呀，哈，哈，哈……实在是，连我也被召集去了。究竟到什么时候，这类事情才会停止呢。这么一想……那么大道呀，小林呀，他们难道就不突然被召集去么？我的脑子里，就现出了一个只有女人和病人的世界啊，没意思的话。

老母：（苦咳，一郎给她捶背）啊……啊……啊……但愿不致如此……

一郎：你放心，哈，哈，哈……妈妈，你确是很伤心的，今早，今早……

老母：没有什么……只是昨晚上一点也睡不着。

一郎：离天亮还早，在街上的人们来之前，困一瞌觉吧。

老母：你也养一养神，我待你去了之后，好尽量睡的。可是你呀，从今以后，是背负重任的身体了。一郎呀，我真不安，叫你总是劳苦。

一郎：说什么，妈妈……说什么话……妈，你养了三个儿子，可是，在这个时候却没有一个能看护生病的你。我心里实在不安。假使三郎这家伙听话点也好了。可是他总是副不晓得转弯的性子。他有他底想头。人是好的，就是性气刚强。

老母：真要命，可是没有办法呀。要不发生可怕的事才好，可是……呀，一郎。

一郎：什么，妈？

老母：让光子和二郎结婚就好了。我如果看见他们两人底快乐的笑脸……那才开心。啊……啊……现在是……什么都完了。什么都完了。仔细一想，也不是我们这一家。

一郎：妈，不要闷闷不乐，快点好起来吧。让我在凯旋的时候，好看见你健康的气色。

老母：啊，不管有怎么样的事发生，那怕怎样困难。（做着决不放松的手势）也要活着等你回来。（凄凉的咳嗽。一郎当心看她，给她捶背）啊，好了，没有什么。（静了一会）一郎，你不要笑，我有点失神了……总要保重身体，不要不自爱，枪弹顶好是尽量躲避，哈，哈……这些话只好自己说说罢了……不能在别人面前说。

一郎：知道了，妈。

老母：第一要是健康的回来。这是比什么都好的金鵄勋章。你假使也和二郎一样死掉，我还要名誉做什么。只好哭着死去了。残废了，拿到勋章又有什么用呢。啊……啊……啊……

一郎：（安慰她）知道了，知道了，嗄，已经说过了，再睡一觉吧。

老母：可是总睡不着，你要睡……就去躺一下……啊，啊……你们都是亲切的好儿子，可是，都走掉了。我总想撇开二郎给我的悲痛，有威有势的笑着踏过这条难关。

一郎：是呀，弄坏身体是不行的，我也睡睡看，妈，为了叫我安心，你在天明之前睡睡看。

老母：是的，是的，没有天明之前就这么办吧。

（老母翻一个身，寂静下来。一郎细心的看看母亲睡着的面色，然后站起身，坐在上席的地方交绞着两臂，像被抑压着似的苦闷的时期过去了，一郎静静的站起来，走去站在二郎底照片面前，穿着军服的不动的后影，好像祭坛的牺牲品似的摆在观客面前。母亲不时的咳嗽，站在席上的一郎，就轻轻掉转身来看，随后又照原样站着。一会儿之后，一郎回到母亲面前，听着母亲底睡息，叹了口气。这时门外好像有轻微的足音走近来，一郎立即望门口看，忍着足音站起来向门口去，门从外面轻轻打开了。）

一郎：（低声）谁？（没有回答）谁呀！（帽子深罩下来，大衣领拉得很高的青年疾风也似的进来，立刻把门带上，一郎不觉倒退了一步。）

一郎：你么！

三郎：哥哥！（喘着气，仔细的把背后的门键上。极力注视着一郎底面，一动也不动，一郎马上恢复刚才同样的严厉，然而低声的说）

一郎：妈的！不怕死活的东西……来这里，性命不要么！

三郎：我特地来送行的，哥哥……

一郎：用不着什么送行。你要妈担心死么。这里是每天都有包打听布着的，马上给我走！

三郎：（同时啜泣着）哥哥！请你宽恕……危险算得什么，所有的事我都听到了，我……我是抱着死的决心来的……二郎哥哥听说战死了。你今天要被拉去，你真的把病着的妈丢下么……啊……啊……哥哥……

一郎：（渐渐把三郎抱入怀中）把灯灭了……

（一郎走去把门推开了一点点，向门外探望，轻手轻脚走出门外去了。三郎吹灭灯火，便只剩下了二郎灵前的烛光，他不出声的走去注视着母亲睡去的面容。一会儿又直了身子，走去站在二郎的照片前面，发呆也似的看着。他穿着外套的身影，在苍淡的徽[微]光中投下不吉的黑影。一会儿之后，一郎从门外回来，关上门。三郎向他走去，在他面前垂下头，用两手捧着面，哭了。）

三郎：对不住，哥哥。

一郎：唏！不要把妈妈惊醒。她一晚不曾好睡。

三郎：（取掉帽子。又望了望母亲，小声说）啊，妈……妈……没有话好说……完全衰弱掉了。（母亲醒来看见三郎）妈……

老母：是三郎么！（伸出两手，三郎把面埋在母亲底胸前）好的……好的……啊，啊，我是多么想念你呀。我真高兴，看见你平安，真高兴啊，啊，啊……

三郎：妈……（泣）……妈。

老母：嗄，让我看一看你。不要哭，对我看一看。哦，哦，你是多么辛苦了啊，……哦，多么……（泣，随即咳嗽来，很苦痛的咳着）……

一郎：吵，三郎……妈……好了，够了，三郎。

（三郎给母亲捶背）

老母：（渐渐定下心来）吵，三郎呀，已经……我不哭……已经够快活了。终于……

三郎：（赶快抬起头来看了看兄，另一只手仍旧放在母亲底背上）哥哥你终于也去了。二郎哥哥是死了。妈……叫妈怎么好呢……妈就给丢下么，……

一郎：嗯……（叹气）

三郎：你就默不作声么，哥哥！

一郎：(叹气)……没有办法。

老母：三郎呀。

三郎：(没有听见似的)终于哥哥也……哥哥也……成了战争的牺牲品了。一切都完了……我……我……从公司的朋友里听了这些话的时候，真像机关枪穿着心脏……全家做了血祭……畜生！血祭呀……啊……我仿佛发狂了，那么现在算是明白了！哥哥，我所说的话错不错呢？

老母：三郎呀！

一郎：(交绞着两手，挤了挤三郎)不要兴奋，小点声！

三郎：哥哥！(压抑声音，手离开母亲)

一郎：你说的话我明白的……

三郎：明白的？哥哥，看吧……看着吧……我们假使不同心合力来抗争，我们就只有精疲力竭……一个个去做血祭……我们……我们……人民……我们工人……眼看着被他们鱼肉了。

一郎：且慢，现在来说这些话有什么用？

三郎：什么用……

一郎：再过了两小时后，街上的人就要来，我就要走出这屋子……什么用也没有。我只能尽量交代后事，而你呢……在此之前……乘天色还暗和妈告别吧！

三郎：哥哥……我马上走，可是，请让我在你面前讲一句话。

老母：三郎，……三郎……嗄，可以走了。看见你虽是高兴……你这么的在这边不走，现在也可能在我面前发生可怕的事……要把我骇死的……妈身上不用你挂心。和哥哥告了别就走吧。

三郎：妈……

一郎：对妈用不着再放不下心了……

三郎：哥哥，妈妈，不要催。只一句话……

一郎 知道了，我知道你底意思……

三郎：说是知道了……真的么？那么哥哥……只不过是，哥哥，我从前离开家庭的时候你也这么说过的，你就说我的话是对的，可是，请你稍微想一想妈身上吧。我……我……一刻也没有忘记过妈妈……哥哥……我是没有一刻不眼泪望[往]腹中流的！可是我，和你底想法是不同的……说知道了，知道了，结果又怎样呢？到今天……到底如何……想一想妈身上，你到底把母亲怎样办呢？不过是马后炮吧……

一郎：嗯(叹气)

三郎：你犹豫不前，他们是不放松你的。他们向人民进攻是一点也不能宽假的。哥哥，我们……日本人民，工人阶级，大家如果早就同心合力……就不用说什么“知道了，可是没有办法”……若是坚决鼓起勇气……说不定还能救起妈她们呢！为了你所说的“知道了”，许多人是如何的眼看着被推下可怕的地狱里去？嗳，二郎哥哥是流着泪骂我，不是他的兄弟去出征的……我……我……是怎样的伤心呀……明白了么……哥哥！

老母：三郎……三郎……什么我也都明白，你所说的话我是顶盼望的，只是……好，走了！并且，以后不要再到这里来。好……那么再把面给妈看一看！

三郎：妈……

一郎：嗯……道理是不错的，可是……

三郎：哥哥。（门外有足音）

一郎：（一惊）小心！（做手势叫三郎躲起来，三郎躲到门背后去，一郎走到门口去探望）

光子：一郎哥哥……已经起床了么。

一郎：（舒了口气，悄悄打开门）是光子么，真是早呢。

光子：（进来，一郎关上门）起床了么？伯母，我整晚没睡着，好黑呢，为什么不点灯？

一郎：（小声）……小心……光子，三郎在这里来送行的。

光子：哦，是三郎么！

老母：啊，啊……多么可怕……啊，心都要缩紧的样子。

三郎：（走出来）光子姊，久违了。

光子：（惊慌失措）你呀……嗳，你呀，多么大意……多么随便啊……大胆啊！

三郎：妈劳你多多照顾了，真是说不出的感谢！

光子：（拿出做姊姊的样子，温存地反斥道）说什么感谢。这种客气话是从那里学来的？真老气啦。可是，还是不要到这里来的好。真的，叫人担心死了。

三郎：（苦笑着，抓抓头）真对不住。可是，只因为听说大哥终于也要去了……

光子：以后就托付给我们吧。你还是不要来！

三郎：谢谢……光子姊，谢谢……死也不忘记你底恩典。

一郎：三郎……

三郎：(转向一郎)哥哥，那么我就回去了。祝你健康，只见请你听我一句最后的心愿，虽然是有点冒失。

光子：快点……万一发生意外，就不能好好走出这屋子了。

老母：三郎……

三郎：哥哥，一句话，请收拾起你底“知道了”吧。要出征的话，我也想像光子说的一样对你说，挂心着家里的事是不对的。迟迟疑疑，不但救不了妈，只有马上做二郎哥哥第二的，这样，那就一切都完了。虽然为时已迟，但我们还有可做的事，……好，哥哥，从此别了。今后请你收拾起“知道了”，到前线的兄弟们那里去，我们要为了召回你们，拼着性命来斗争。鼓着勇气去吧，哥哥！祝福(跑去抱着妈)平安。

老母：小心哪，三郎……

三郎：(离开母亲)拜托你，光子姊。

一郎：等一等……(做手势叫光子到外面去看一看，三郎戴上帽，一郎把门闭上)请你到那边去看一看，光子。

(光子点点头出去了，忽然发出尖锐的哀号，足音。兄弟二人愕然蹲下。老母挣起半身)

老母：三郎……快点……(凶暴的捶门声)

光子：干嘛！屋里有病人……

声：开门……(三郎赶紧就想从后门逃走。但后门已经有一个便衣包打听举手枪阻挡上来了。前门的门键被震落。三个包打听便雪崩似的拥进来，光子从后跟入，茫然站着)……

包打听一：嗬！宫本……久违了，真是好叫我们为难，可是这回就请你客气走吧。因为人们都说你是孝子，想必这次你是要秘密来的，果然猜中了，哈，哈，哈，终于巧妙地落网了。

三郎：畜生！

(同时从袋里取出手枪，当这一瞬间，包打听便开枪，射穿了三郎底手臂，三郎丢了手枪！呻吟着蹲倒了。包打听连忙扑上去，把三郎捆绑起来。尖锐的光子底哀嚎……老母从铺上挣起又倒下去……)

老母：啊！啊！三郎！三郎死了……

(一郎咬牙切齿，一只手支撑着老母，一只手握紧拳头，泥菩萨似的僵立着。光子扑向三郎，又被包打听拉开，倒在一郎脚下。三郎由他们绑着，抓着，强悍的抬起头来，用锐利的目光凝视着开枪的那个包打听。)

包打听：小家伙……做什么鬼样子……若是迟了一点儿，就是我们见阎王了。混账王八蛋,甚至在你妈面前也无法无天。(拾起三郎落在地上的手枪,反复的转着看,微笑着说)哼,好货色,美国货啦,从那里得到的?

(三郎不答,目不转瞬的凝视着他。另一包打听从侧面给他一个巴掌。)

包打听二:这木头也似的王八蛋……(三郎面不变色)

包打听一:(嘲笑似的)……宫本三郎也是好战士呀。要到了狱里以后,才会渐渐地知趣点吧。这里是在人们面前给他大面子吧,可是宫本呀……听说你们底铁的纪律是不讲人情的。就让我们来学习学习吧,谁犯了今日的社会秩序,马上就叫他这样……在你巢穴的周围张开罗网,时常迫老鸟啼叫起来呀!哈!哈!

三郎:呸。(咬牙切齿,然后无力的低下头)哥哥,妈!对不起!光子,拜托你照顾妈妈……

老母:啊!啊!啊!

三郎:妈,不要当他一回事吧。

包打听一:应酬完了么?没有什么事要说了吧?

三郎:假使有谁问……

包打听一:不要多说了……

三郎:(自管说)谁问就说我不注意给狗咬了吧!

包打听三:这王八蛋!(把三郎打倒在地上)

包打听二:强蛮的家伙。(蹴三郎倒在地上不动)

老母:干嘛……凶暴的……啊……啊……三郎……

包打听一:站起来!走……主妇,你生了不幸的儿子,也实在抱歉,就请你保重吧。

(包打听抬着三郎走出门,光子在后面追)

老母:(倒下铺里去呻吟)啊……啊……三郎,多么凄惨……啊……死了……啊……

光子:(哭着跑来抱住母亲)伯母!伯母……啊!

老母:啊……三郎……一[三]郎!妈来救你吧!(挣起身,由光子搀着坐稳)三郎……啊……妈……把仇敌……把仇敌……畜生……怎样的……怎样的……

光子:伯母……不要这么……

老母:(拼命挣扎着站起)现在……去呀……怎样的……他们……我……我……啊……已经完了……三郎……走了!苦苦呀……我喃,哦,哦,……哦!

光子:伯母……(叫一郎)哥哥……伯妈!

（老母苦恼的倒下，一郎奔过来）

老母：一郎……我……完了……（断气）

一郎：妈……妈……不要这样，妈……妈……（摇她不动，颓然退下坐倒低声说）完了！

（光子哇的一声伏尸大哭，抽搐着身子。一直哭着，天渐渐在静寂中透出薄明，晨光中的灯光和线香的烟，只有光子底低泣声继续可闻，如此，继续些时，然后远远听见街上的人们的声音。）

声：宫本一郎君，万岁！

声：万岁！万岁！

（声渐近，有叩门声）

声：宫本君，万岁！

声：宫本君！在家么？准备好了吧。

（一郎不动，街公所议员领头，随后是街民一、街民二和房东的收租人从门进来）

议员：啊呀！宫本，恭喜恭喜，大家都来送你了。高高兴兴去吧，希望你建立下伟大的功业。

街一：祝你武运久长。

街二：建立东亚新秩序。

（一郎不答。面朝里坐着，光子继续着哭，街公所议员莫明其妙看了看屋内）

街一：啊呀，这是怎么回事……血啰……

议员：血么？怎么在那里？嗳，血呀，宫本君怎么了？

收租人：血哪！全家自杀么？

街二：（向门外）诸位，请等一等，不得了！请谁马上去喊警察来。全家自杀！

声：怎么？血呀！

（街民一拥而入，为议员所阻）

议员：不要挤进来！马上去喊警察！

（这时，一郎才渐渐站立起来，沉着的在胸前绞着手向人们看，人们骇的往后退）

一郎：诸位！请静下来！警察倒用不着去喊，那些血是因为刚才有人负伤的缘故。

议员：嗳，宫本君，叫我骇坏了。现在好了。那么，就请你准备停当。

收租人：宫本……平安么……安心了，那么你妈底事，有我们负责，请你不要挂心去出征吧。

一郎：（讽刺的微笑）不呀，那倒用不着。

议员：客气倒也不必的，是有名誉的一家呀，我们不会有坏心肠的。

一郎：不呀，并不是客气，那就请诸位看一看这边吧。（指着母亲底死体）似乎令诸位不解似的，一切都完了，不明白么。收租先生是呀，从今以后，随便什么时候被你赶走都不要紧了。（大家发见老母死了，不觉一惊）

街一：哦呀！老太太们么……哦，多么不幸！

街二：原来如此……哦，我们真是无话可说……

议员：哦，宫本君，那是受伤过度吧……真是无话可说，可是葬礼街公所可以负责的，请了……为了国家，不要垂头丧气。

一郎：等一等！诸位，诸位的同情，我也似乎无话可说，谢谢，只是，我……我……（渐渐激昂起来，成了叫喊的调子）我……一切都明白了……明白了！因此已经没有心思再去打造成人类悲剧的仗……诸位来送，失礼得很，是白花气力，如果说还有一件事要请求诸位的话，那就是请诸位去喊警察来。刚才只是我底弟弟被手枪所打给拖走了。诸位跟那些家伙说，再把哥哥也拖去！

议员：宫本君！这是什么话……

一郎：把哥哥也拖去！我反对这种把人民卷在悲剧中的战争！侵略别国！把他们底人民弄的流离失所，家破人亡，到底有什么好处呢？这是战争呀！要军阀打倒才好！喊什么万岁，万岁！我绝对不赞成！那么把我绑去吧！（坐倒在地上，双手交绞在胸前）我觉悟了……我弟弟说的话一点不错！像打我弟弟一样来打我吧！把我缚去就得了。王八！反对侵略战争！不明白这道理的家伙，就像我一样，一直万岁，万岁，喊到一家人家破人亡！请你给我回去！喊警察来！把走狗喊来！

（光子茫然的站着，不说话的看望着一郎）

（街民为这一番气势所迫，一步步向后退，挤出门口去。）

光子：哥哥……

一郎：（不回头看）把我杀了。杀了，要不然，只要能够出声，总要喊的！反对侵略战争！！

——幕下——

（原载于《译林月刊》第1期，1940年）

“三兄弟”的故事

[日本]鹿地亘

编者介绍

日本反战友人鹿地亘先生所编的《三兄弟》一剧，是目前日本人民大众在战神铁蹄下所过血泪生活的写真。不久以前，这个话剧曾由“在华日本人民反战同盟西南支部”在桂林公演，很受我国民众的欢迎。这次日本反战友人们把这话剧在行都公演，更有重大意义。它将增加我们对于日本被压迫人民的了解和同情，促进中日两国人民战斗的联合，并且以共同的力量加速来消灭日本军阀财阀们的腥血统治。

一千九百三十八年的严寒的冬天，是在大清早的时候，久病在床的宫本底母亲睡在床上咳嗽。宫本一郎到军需工厂里去做夜工还没有回来。屋内是阴暗的，破陋的。朝阳照在门纸上，从门缝里透射进来，这才使屋内比较的明朗了一点。

宫本底母亲忽然听见敲门的声音，她以为是一郎回来了。但推门进来的，却是二郎底爱人光子。

光子是邻居的一位姑娘，她也是工厂里的女工，她底爱人二郎，就是宫本一郎底二弟。这位二郎是被征来侵略我们中国的，这时还没有回国，他底母亲所以久病不起，一半也为了想念他的缘故。

事情是这样的：宫本一郎有三兄弟，二弟二郎被征出去当兵，我们是知道的了，至于他底三弟三郎，却是一个反战份子，这人也是工厂里的工人，但不幸他做反战工作，被政府发觉了，所以当然不能再在工厂做工，而不得不躲藏起来，从事地下的活动。三郎底这种反对军阀战争的行为，二郎是绝对不赞成的，一郎也不同意。二郎当出征的时候，曾流着泪，骂三郎说他不是他底兄弟。

那时三郎非常伤心，可是他并不改变他底初衷，一心干他底反战工作。

一郎是一个安分守己的工人。他底二弟既已出征，他底三弟又潜逃在外做反战工作，不能回家，那么，一家的生活当然只好由他负担了。他家里虽然只有一母一妻，但战时的日本，物价高昂，而工资却并不增加，靠他一人微薄的工资收入来维持一家生活，自然是不容易的。因此，他那怀孕的爱妻，便也不得不带着胎到工厂里去从事激烈的劳动，有时他底母亲也要到工厂里去做工，可是他底妻到底因为怀孕的缘故，工作过劳，后来是终于病死了，一郎底老婆病死之后，一郎底母亲大约因为悲哀过度，同时年纪也不小，又想念着出征的二郎，便也一病不起。

现在宫本一郎一家，只剩下一郎和他底母亲两个人在家了。而母亲病在床上，母亲底生活和医药费，当然只有靠一郎张罗了。这样，宫本一郎家里日渐陷于更不堪的穷困，终于连房租也付不出了。而他家的屋外四周却满布着便衣警察，为的伺候三郎偶一回家便逮捕他。

很明显的，宫本一郎一家陷于这种近乎家破人亡的不幸，是日本军阀发动侵略战争的结果，当今在日本，像宫本一家一样过着地狱也似的生活的，当然全国皆是。和这种地狱一般的日本国民底生活相对比，却相反的大发其财的，是日本的军需资本家。所谓“军需景气”，正是目今日本经济生活的一种畸形状态，然而因为军需景气，在军需工厂做工的宫本一郎便大倒其霉了。大批的农村失业者拥到军需工厂里来生产军需品，仍然不够应付军需的消耗。军需资本家用什么“东亚新秩序”的美名，不但不增加工资，并且加紧压迫工人日夜做工。有许多工人，工作一完毕便累得倒在地上了，有的在休息的时候大解小便也酒醉似的倒来倒去。都非常怨恨战争。但是宫本一郎为了生活，不得不日夜去做工，让他底母亲一个人冷清清睡在家里，幸亏邻居的光子是二郎底爱人，她每天在出去做工之前或做工回来家的时候，就总要抽空来看一郎底母亲。这天早晨她来看一郎底母亲，也在她将去工厂之前，《三兄弟》第一幕就是在这地方开始的。

光子和一郎的母亲谈了几句天之后，看见老母底床头的药瓶空了，便要出去给一郎底母亲买药。一郎底母亲因为身边没有钱，说不用买，可是光子再三说要去买，一郎的母亲只得把买药的地方告诉她，让她去买了，说：“那么，……就依你说吧……钱待以后再……”。

光子出去的时候，带便把米桶盖拿起来一看，原来一郎家里连下锅的米都没有了。

光子出去之后，房东底当差便上门来讨房租，一郎底母亲连吃药的钱也没有，家里的米也没有了，怎么会有房租呢。可是那位当差不问明白，硬是要钱，因为一郎家里已经三个月不曾付过房租了。一郎底母亲向他说好话，要他宽一点，他却百般嘲弄她和她底做反战工作的三郎，并且申言没有房租就请他搬出去。正在这时候，一郎从工厂里做夜工回来了，当差的便向一郎要房租，一郎起初向他讨情，说家里有病人，可不可以宽延到他发工资的时候。当差不允，并且反唇相讥，说现在是军需景气的时候，一郎在军需工厂做工，怎么会没有钱，一郎听了非常气愤，恰好这位当差底主人正是军需资本家，一郎更是火上添油，便和他理论，但那当差的以没有房租就叫他们搬出去相威胁，一郎虽然气愤，也只好勉强沉住气，陪出笑脸，不料当差看见一郎退让，便更得寸进尺，威风起来了。

一郎忍无可忍，几乎和他唤争起来，幸亏这时来了一郎底一位朋友，当差看见帮一郎底人多起来了，立刻转暴为柔，一反刚才讥笑一郎。态度而为同情工人的形貌，一副伪善的小走狗面貌，真是和蔼可掬，一郎底二位朋友里，有一位朋友会说话点，便给他说了几句好话，把〖他〗哄走了。

一郎和他底母亲，受了当差的这番凌辱，真是悲愤交集，无可奈何，却不意忽然得到朋友来搭救，对穷苦的工人们的一种亲切之感，便不觉使他们两人感到自己的人一种同类爱，感激和悲愤交织在一道，一郎底母亲，不消说是流出泪来了。一郎也茫然站着，似乎很是感奋，这时一郎朋友便很亲切的安慰一郎底母亲和一郎说，自己总是自己人，要他们不要难过。第一幕就是在这个地方落幕的，在这一幕里，日本劳苦大众对日军阀侵略战争的普遍的厌恶，就预先衬托出来了。

有一个星期日的黄昏，一郎出门去买做夜饭用的东西了，光子在家，照例来看一郎底母亲。一郎底母亲底病是愈见危笃了，她在病中很是想念二郎，甚至朦胧睡去的时候也看见二郎，光子来看她的时候，她也说梦话，说二郎就站在那边，胸前还流着血，光子非常吃惊。后来她清醒点了，光子便问她二郎有没有信来，她忽然记起，便由光子帮着从枕头底下取出二郎底信来，光子把二郎底信读给他母亲听，其中说曾经收到过光子绣好寄给他作为护身符用的一条手帕，一老一少颇为欢喜，但信尾说，秋来虽是寒风已紧，不日还要出发某某山开始大规模的扫荡战，他睡在营幕中，听到秋虫的叫声，便在脑中浮出了亲爱的人们底面容，此次战争，大约是不能生返的了，看了这信，光子便哭了，一郎底母亲安慰她说，二郎是会回来的，叫她放心。在这时候，忽然有人来敲门，悲痛的事情便发生了。原来是街公所的事务员送来二郎战死的报告书，光子见了这信，立刻骇得魂不附体，悲痛欲倒了，而那送报告书的事务员却还是照例的说一套什么光荣的战死之类，这实在是很诙谐的对照。事务员一去，光子便扑在二郎底母亲身上哭了。不久，一郎也从街上买东西回来，看见屋里的悲凉情况，便不明白是什么一回事？拾起地上的报告书来一看，是八月二十一日战死的。光子一面哭，一面告诉一郎说，二郎刚才还有信来过，是八月十五写的，离开他战死的日子，只早了六天，言讫，又哭。一郎随即提议供起二郎底照片来，点香祭二郎，而这时一郎底朋友们也来报告二郎战死的消息了，便一道供祭二郎。可是侵略战争对日本人民的进攻并不止此，当他们正在供祭二郎的时候，街公所的事务员又来了，他从皮包里取出写在红纸上的召集会，说"是皇上底御召，是一家底名誉……明天午前八时要入营"，便扬长而去了。一郎一家和他底朋友，真是好像连闻霹雳之声，如陷入五里雾中似的，立刻愤不可抑了，那事务员去的时候，一郎底朋友们在他背后大声骂着"地狱的使者"。我想那事务员或者听见了的，但又有什么法子呢，现处都是这样骂的，要回嘴也回不了这许多吧。

当夜一郎和他底母亲在床上辗转反侧地怎么也睡不着。一郎想着国内的人出征，只有出去，没有回来，长此下去，他底朋友们恐怕也要先后都被征出去，国内只能剩下些病老少妇了。一郎底母亲却在想念二郎，想像着二郎如果和光子结婚，她能看见那愉悦的笑容，那是多么快活。这样的，他们母子二人一夜都没有睡着，天边没有亮，一郎便起床来整理行装了，一面还是想七想八，不觉发呆，忽然门外有脚步声，一郎正想去看，门开了，进来一个男子，帽子遮在下在鼻梁上，衣领竖起来把面孔藏着。原来是三郎，他为了一郎出征，冒着生命的危险来告别了。三郎揩着泪，苦心痛心向一郎说明压迫者的可恶及人民非团结不可等等。一郎和他母亲都担心便衣警察来捕，尤其是他母亲，说万一在他面前发生什么事，她是要骇倒的，都再三促三郎赶快回去，随后光子也来送一郎出征了，三郎见了光子，立即面谢光子看护老母亲之恩，光子却以阿姊的态度力劝三郎速去。这时便衣警察忽然打进门来，三郎想从后门逃走，后门也有便衣警察在守着了，三郎马上伸手到袋里去取手枪，而便衣警察的手枪却先响了，早把三郎取手枪的那双手腕打断，随即把三郎捆起，打骂三郎。这时，三郎的家人和光子都骇得不知所措了，三郎却镇定如常，不动声色。便衣警察非常气愤，说到了狱里再和三郎算账，便衣警察得意之余，便自满地夸张说他们很钦佩三郎是孝子，所以他们故意把三郎一家弄得哀号连天，借此引诱三郎回家。从他们这几句话里，我们立刻可以明白，政府所以报告了二郎战死之后，接着马上下令召集一郎入伍，原来是含有阴谋的，那便是故意使三郎一家受到接二连三的意外打击，以迫三郎不得不回家一看，而便于逮捕三郎，三郎听了这话，怒不可遏，但仍然沉着地把便衣警察当作狗类看待，告诉他母亲说，如果有人问起他，便说他被狗咬了一口，受惨罹了。便衣警察受此讥讽，便扑上去把三郎揪在地上毒打，最后才把三郎带走。三郎底母亲受此巨大刺激，俟三郎去后便激愤而死了。

少顷，天渐明，光子只是伏在已死的三郎底母亲身上啜泣，而一郎则呆坐在地，但闻远处口号声，一会儿之后，口号声渐近，原来街民们上门来欢送一郎出征了。一郎不理，众人忽然发现屋内有血，惊慌不置。一郎满怀愤怒，悲悼之余，遂毅然站起欲向街民说明他的意思。日前来讨过房租的那屋东的当差，也在街民之中，他听见一郎说话便伪善的抢着说："……你妈的事有我们负责，请你们不要挂心去出征罢。"

一郎听了这话，真是啼笑皆非，只得谐谑的说："不呀，那倒用不着。"接着就把他母亲的死指给大家看，然后强硬的对当差说："从今以后，随便什么时候被你赶走都不要紧了。"他对于他弟弟底意见，一向认为道理不错，但却未必就可实行的。现在，他恍然省悟他弟弟底话确实一点不错，走上他弟弟的路子了。于是谢绝了来欢送的街民底好意，坚决的拒绝出征，暴发出反侵略战争的口号，他叫街民快去唤警察来，他愿意和他弟弟一路到监狱里去。

故事在这里完了，这是一个反战的悲剧，这悲剧的主人翁，虽然牺牲了，却表明了日本国内的火山似的反战即将暴发，一郎一家只不过是日本的山雨欲来风满楼的时候的许多悲剧中的一种罢了。

（原载于《新华日报》1940年6月5日）

祖国女儿（独幕剧）

[苏联]L.D.列文　原著
陈宁清　改编

人物：刘贵才——维持会会长，三十八岁。
刘翠——贵才的疏房侄女，二十岁。
陈福星——渔夫，二十五岁。
全忠嫂——中年渔妇。
山村队长——日本侵略军的中队长，三十二岁。
林马——过去是打劫渔户的海盗，现在是汉奸，山村的马弁，二十七岁。

时间：现在，黄昏。

地点：沦陷区，靠近海边的一个渔村。

景：一家富农的客厅，有窗可以望见远处的山，正面有大门通外，左侧有小门通内，有凳椅之类的家具，随需要而安置，总之，能显得这是富农的客厅就得了。

第一幕

幕启：村中传来女人的哀号与悲切的惨叫，刘贵才是个长胡须的中年人，站在窗边倾听。突然，全忠嫂闯进来，哭丧着脸，衣服给撕破了，头发零乱的披散在满脸，眼睛放射着愤怒的光芒，活像一个吓人的魔鬼。

贵才：（突然转过身来）嗳！全忠嫂，你干吗？……别哭呀！

嫂：哎呀！……日本鬼揍人呀！他们拿通枪的铁签揍人呀……我的男人被他们打得要死了，他是害痨病的，被打得呕血了，贵才叔你快点去救救他啦！（拉着贵才的手欲走）

贵才：呸！疯婆子！放手！……难道我有权力去教[救]他吗！

嫂：你是跟他们说话的头脑呀！贵才叔，你去叫那些日本人别揍了吧！他们要把我害痨病的男人打死了！……他们在祠堂门口，随便抓人，抓到人就乱打，天没有眼睛了吗？让这些鬼子胡作乱为！天老爸呀！……贵才叔，你去叫那些日本人别打人了吧！

贵才：别在这儿噜嗦！我的心烦死了……都是我们自己的不对呀，为什么要把那个土匪游击队长藏起来？如果再过一刻找不出来，连我自己也要给脱光屁股挨打了。

嫂：胡说，你这无良心的汉奸，你做日本鬼的走狗，你找房子给他们住，找床铺给他们睡觉，把游击队消息报告给他们，你是个害人的坏蛋！

贵才：（勃然大怒，）闭住你的嘴！疯婆子！快给我滚出去！

嫂：（转和顺）贵才叔，你去叫日本人别打人了吧！我求求你！

贵才：（怒叫起来，举手欲打，）快滚出去！

嫂：（退至门槛，）哎呀！你这斩千刀的死乌龟！你现在恃势欺侮人！嘿！等我们的游击队打回来，我们要挖你的眼睛，剥你的皮，切你的狗肉，拖你在全村游行！你这无耻的王八！

（刘翠走上来，穿着日本人花子的便服，站在门槛外，想进来的时候，给全忠嫂看见。）

嫂：还有，把你这个妖精也拖去游行，你这出卖祖宗的王八！

贵才：妈的，你不快滚出去，老子就揍你！

嫂：天老爷呀，你没有眼睛了吗？你究竟藏在甚么地方啦？（对刘翠）你这烂污货！哼，不识羞，还穿日本人的布呢！……

翠：（耸耸肩，不屑与谈的样子。）唔，我就穿！怎么样啦？

嫂：不识羞耻，还要给日本队长烧鱼汤吃，无廉耻的臭婊子！

翠：（若无其事般）唔，我就烧！怎么样啦！

嫂：（气得呼吸都要屏息了，）你们都要跟日本鬼子一齐灭亡，死精光（指贵才）。你这雷劈的（指刘翠），你这下流的娼妓……呀！天老爷呀！你那里去了？（一面叫，一面逃下去。）

翠：呸！快走啦，你这臭尸！

（贵才喘着气，用手掌抚摸着脖子，坐在一张靠台的凳上，刘翠很小心侍候着他。）

贵才：我喉很渴，我想喝点茶。

翠：（端着茶，边行边说。）叔叔，你何苦气得这个样子！让他们揍好了，不然那些坏人就更加放肆了……叔叔，你喝点茶吧！

贵才：（一饮而尽。）还要喝！

翠：刚才我已经去祠堂那边看过了，他们打得真好看，山村寺一队长就站在祠堂的石门槛上，戴着白手套，手指挥着一、二、三，那些日本兵的铁签，就像打雨样落在那些坏人的背梁上，跟着就是不停的呼叫，那真是报应，报应！……啊！叔叔，让我跟你解开衣扣子吧！让你好好的呼吸呼吸，（解纽扣，）刚才你被那臭婆娘的胡说气坏了吧，……怎么不索性去揍他[她]一顿？

贵才：哼！那些渔夫要烧我这房子，还要把我淹死在海里。

翠：啊唷！叔叔，你怎么会说出这些可笑的话来？那些可恶的游击队不是一个个的给枪毙了吗？只剩下一个受伤的游击队长，闯进我们村子里来，那有什么用处？但是，这里的渔夫们要把他藏起来。山村队长警告大家说："今天揍男人，明天揍女人。"他又说："假如不把那受伤的游击队长用盘子端送给我，我要把全村的人都枪毙！"

贵才：山村队长还悬赏五百元，缉拿这个游击队长的脑袋。（面现喜色）

翠：呀，叔叔，你这贪财鬼，贪财贪到这样利害，一说到钱，就连你的胡子也翘起来了。

贵才：哈哈，傻孩子，难道在你的手里摸这么多钱吗？

翠：呀！你说我傻，我才聪明呀！我是个聪明的滑头，我能知道那受伤的游击队长给那些渔夫藏在什末地方！

贵才：什么！你知道？不是跟我开玩笑吗？

翠：不是开玩笑，（迟疑。）不过我很怕！也许你独个儿把那五百块钱拿去，反而给我一个拳头吃？

贵才：啊！啊！你知道游击队长藏在那里？快说！快说呀！不然，我就要扼死你，快说啊！

翠：（很从容的，）叔叔，你能相信天老爷吗？

贵才：相信，相信……那末怎么呢？

翠：那末请你跪下来！

贵才：不要使人太心急了！好孩子，快点告诉我！

翠：你跪在天老爷的面前说：你得了那游击队长脑袋，赏格五百元的时候，你要把一半分给你那疏房侄女，那可怜的孤女。

贵才：（急忙跪下，作誓愿状）我向天老爷发誓，假使我不把那五百元赏格的二百元给你，那末，就让雷公劈断我的腿吧！

翠：呀！不是二百，是二百五十元啊！

贵才：好，二百五十元吧！…那末…你快说呀！

翠：（叹一口气，擦擦嘴唇。）昨天夜里，我跟福星在石矿那儿附近散步，看见两个渔夫，只是看见背影，看不见脸庞，偷偷地走过去，并且还扶着一个人。

贵才：就是扶着那个受伤的游击队长吗？

翠：可不是！就是那个受伤的游击队长，穿着草色军服，带着一枝[支]手枪。

贵才：后来又怎么样？

翠：我那时简直怕得毛都要竖起来了，那末我就藏在一个小树林后，偷看见他们把游击队长领到石矿里面去，把他藏起来，并且给他换上了渔夫的便服，还用一件外衣把他盖着……他微微的在呻吟，他们就说着很多话去安慰他，端水给他喝。

贵才：你不是撒谎吗？

翠：我敢去老天爷发誓，我说的半句假话也没有。

贵才：是在石矿里吗？

翠：是的，就是在那儿。

贵才：（急整理装束）你把檣[墙]上的枪拿下来给我！

翠：你干吗这么急忙？叔叔。

贵才：快些把枪给我！

翠：呀！你多么性急啊！游击队长还有手枪，他会用手枪打穿你的脑袋的，你随便这样就走，你知道他们通报的暗号吗？

贵才：通报的暗号怎么样？

翠：你不知道的，是渔夫们跟他暗地里约好的，今晚夜里一点钟，他们低低的声音学蟋蟀叫，那游击队长也作蟋蟀叫来呼应，这就是说，都是自己人，不要开枪，然后他们把船送他到对海那面逃走。

贵才：把枪给我！

翠：可是你会学蟋蟀叫吗？

贵才：我会！我会！我会！

翠：（很顽皮的）嘿！你还得把你的胡须剃去，不然，你的外表太容易看出来了！

贵才：好的，我就剃。

翠：你还要穿上渔夫的衣服。

贵才：好的，我就穿。

翠：叔叔，我很耽[担]心！

贵才：为什么呢？

翠：我耽[担]心你！也许会给游击队长枪杀的。

贵才：呸！傻瓜！（由右小门走下。）

翠：（无聊的顺口唱着小调，陈福星是个青年的小伙子，出现在大门口，阴沉的注视着刘翠。）

福星：（怒目注视刘翠，恨恨的喷出。）畜牲！

翠：（转过身来，）呃！

福星：你是个混蛋，你是个畜牲！

翠：呀！怎么啦，你生气！（撒娇地）我怎么是畜牲，我是美人！

福星：全村的男子都在祠堂那儿给日本鬼揍，你这臭婆娘还这样的快乐在这里唱小调！

翠：哼！他们揍他们的，关我什么事呀！

福星：还说得出口！哼！我看都不看你！（转过身去。）

翠：（幻想的）呀！福星，别气了！将来我跟你过些快乐的、舒服的日子，简直人家看了都会惊奇，我告诉你吧，等日本人把那游击队长捉住了，把他们在祠堂门口枭首示众了，那末，日本山村队长就给我两百块钱的赏格，那时我去买……

（福星很为吃惊，突然转身扑到她的跟前抓住他[她]的手，）

福星：你知道游击队长的事情吗？

翠：知道的……

福星：他藏在那里你也知道吗？

翠：是的。

福星：（愤怒的。）哼！畜牲，无耻的臭婊子！靠人家的血来发财！

（狼狈的赶上去，推倒她在一个角落里）

翠：啊唷……

福星：完了，我跟你的关系就这样完了。（扯破自己的衣襟）哪！去报告给日本人吧！我也是游击队员！反正，我是不想活下去了！你去报告呀！混蛋！臭货……哼！你为什么要对我笑？哼！谁爱看你这无耻的笑！（刘翠慢慢的走近来，）别走近我的跟前！别走近我的跟前！我恨你！（把她推开，）

翠：（明朗而热情地）啊！福星哥！请你别生气，请你安心静静的听，我是个狡滑的女子，我是个大胆的女子……游击队是我把他藏起来的，是我把衣服剪成绷布来裹他的伤口的，是我送茶水去侍候他的，请你不要打错了人啊！……我的爸爸是为参加游击队而被杀的，我的哥哥是在战场上被砍死的，难道我肯把我爸爸的同党送给敌人吗？……我正要把游击队长放走，可是，我需要一个忠实的帮手……我只是一个女子，一个孤伶伶的女子，叫我相信谁呢？

啊！你原来是个好人，原来是个大胆的人……

福星：我不大明白你说的甚么！

翠：我把心打开给你看吧！福星哥哥，我打开心给你看个明白！

福星：（静默一回，猛然扑到她的跟前，紧握着他[她]的手。）啊！我打错了你，饶恕我吧！

翠：不要紧，是应该打的，假如我真是这样的时候，我是试验你！福星哥！

福星：你是试验我？

翠：是的，我是试验你！

福星：把你嘴角的血揩去吧！

翠：好的！好的。

福星：游击队长藏在哪儿呢？

翠：呀！我怕………

福星：你说，别怕！

翠：你能做英雄的事情吗？

福星：能做的！

翠：你能死吗？（走近前，握着他的手，推动一下。）你想想着！福星哥哥！你不要着急！你想想着你能够死吗？

福星：（咬紧牙根。）死也能够的。

翠：好哥哥，你到这里来！（走在窗前。）你看，那马房的后面，就是那晒着鱼网的后面，在那靠近槐树的堆栈里，那里放着很多家具，就在那家具的后面，躺着他，游击队长，他正在等候着时机逃走！

福星：那末，我们马上把他放走！

翠：是的，我们要拼出生命来把他放走……你听我说，福星哥，你走到堆栈那儿，你说着这样的话："青鱼是好鱼。"

福星："青鱼是好鱼。"

翠：说完了，你要细听着，那时游击队长便说："沙鱼也是好鱼。"这样就是自己人了，你就到他那儿去，别怕！……你给他带一杯酒去壮壮胆，你自己也喝一杯壮壮胆，并且对他说：刘翠要你的手枪，这手枪他[她]是需要的，你给他[她]！不要怀疑，你今晚夜里就可以完全恢复你的自由了。

福星：你要手枪做什末？

翠：游击队长知道的！……去吧！福星！

福星：你究竟要手枪干什么的？

翠：（急示意）住嘴，贵才叔来了。（哈哈大笑，装出难为情的样子。）呀！

你这人脸皮真厚！不识廉耻呀！整天都要在女子跟前卖弄风情，走吧！小鬼，我不跟你玩了。

（贵才穿着渔夫服色上，胡须已剃光了。）

贵才：小伙子，总是喜欢那一套呀哈

福星：是的，这是年轻人的事情呀！

翠：快走出去，小鬼头，我不高兴你在这里！等一会〖儿〗山村队长看见了，又要笑我啦！

贵才：傻瓜，是你自己去引诱人家的呀！

翠：他是什么东西呀！我引诱他！……啊！贵才叔，你把胡子剃光，几乎使我认不出来了！

贵才：因为我要去求婚呀！

翠：可是，你的身上藏着枪呢！

贵才：现在时候不太平，那些渔夫们专门捣鬼！

福星：是的，渔夫们太对不起你了！

翠：厚脸皮的家伙！快些滚出去，不要你多嘴！（瞧福星出去。）

贵才：好，我要去捉那土匪的头脑，你给山村队长铺好床，预备晚饭！

翠：知道了，叔叔，知道了，（走到门边，靠近贵才的耳边。）那末，你就学蟋蟀叫，游击队长也学蟋蟀叫，那时你就开枪打死他。

贵才：我已经不是第一次杀人了，傻孩子，不是第一次了！

翠：呀，你亲手杀过多少游击队？

贵才：超过两个手的手指数目了！（拿出手来做手势。）

翠：去吧，叔叔！天老爷保佑你领赏回来。（贵才紧紧枪带，下。）

翠：（追上去。）叔叔，你记着学蟋蟀叫呀！哈！把游击队长搜出来！（转回来。）走狗，哼！你的老命也完了，刽子手！（神经错乱的站在窗口。）你在那呀？福星……要快些呀！福星，我的爸爸为我们的命运奋斗过，我的哥哥也为我们的命运而奋斗过，游击队长也为着我们的命运而奋斗着。天呀！我们不能把游击队长放走吗？真就不能放走吗？……福星，快些呀！……

（林马上。）

林马：翠姐，你干吗这样乱叫？让我们来开开心吧！

翠：不，我是在这儿赏月儿。

林马：好，让我也来，在你的旁边赏赏月光吧！

翠：（敬意的指着窗边。）你到那儿去看看月亮吧！……怎么？把男人个个都揍过吗？

林马：揍过了，真好玩，揍死了，又把冷水洒上去，苏醒了，再挨！

翠：那末，你很疲倦了吧？

林马：是的。

翠：游击队长怎么样了？你听说过没有？

林马：（走上前，握翠的手。）那些兔崽子都不肯说，直到打昏了为止。

翠：（做出娇态，格格的笑。）啊！别动手呀！你这坏蛋！我已经许配给人家了，我有未婚夫呀！

林马：我没有未婚妻！

翠：放手！你看！他来了。

福星：（上）……

翠：（对林马。）好，我来给你们介绍：这是我的未婚夫，他要到金井市去买东西，今晚要走一整晚，也许要到明天早晨才赶得到。

林马：啊！……

翠：林先生，你肯借一匹马给他吗？

林马：可以的！可以的！我马上给他预备去！

翠：谢谢他呀！福星，喂！不要像一块木头似的站着，谢谢人家呀！

福星：（阴沉的，）谢谢！

翠：林马先生，我要和山村队长作一次重要的谈话，我给他预备晚饭，你请他到我家里来好吗？

林马：好的，我马上就去！（下。）

翠：（很秘密的，）见过游击队长了没有？

福星：见过了。

翠：手枪呢？

福星：你要手枪做什么？

翠：快给我，不要迟延！

福星：拿去！（交枪给他。）

翠：你看，他们借给你一匹日本马，福星，你就骑着那匹马到金井去！——明白不？

福星：他们不会借给我的！

翠：会的！

福星：好吧，我走了。

翠：去吧！……不，你先在房子外面附近等等，等一回[会]〖儿〗，我再招呼你进来。

（福星刚走到门口，遇见山村队长及林马上来，福星略一点头，便下去，）

（下期续完）

（原载于《广东妇女（曲江）》第 2 卷第 4、5 期合刊，1940 年）

第二幕

第一回，我再招呼你进来。

（福星刚走到门口，遇见山村队长及林马上来，福星略一点头，便下去。）

（下次续完）

翠：（迎上来，）山村队长，我搞得不耐烦了！

山村：小姐，多谢你！

翠：那末，我们就吃晚饭吧！

山村：噢！是的！今天太累了，肚子饿得很！

翠：好，我就预备来。（预备晚饭）

山村：你有要紧的话跟我说吗？小姐。

翠：是的，山村队长。

山村：我倒很想知道，你的要紧话是什么？

翠：（走近前，头垂下，低声。）关于游击队长藏在什么地方的事情，你知道…！

山村：（高兴得跳起来。）你知道吗？快些说呀！

翠：（略现畏惧）我怕……那些渔夫们知道，会把我淹死在大海里！

山村：蠢话！我可以保护你的，快说吧！我还可以使你发五百元财。

翠：不会骗人吗？

山村：笑话！日本军人说一就是一，说二就是二……五百元！

翠：我怕……如果真的是给渔夫们知道……

山村：不要紧的，有我在呀！快说！快说！

翠：（低声的）游击队长是藏在石矿里，就是那面的石矿。（走近窗前指示）

山村：你有什么证据？

翠：我送茶给他渴[喝]，我替他裹伤，我还偷了他的手枪。

山村：那末，手枪拿给我看看！

翠：（出手枪）你不要骗我吗。

山村：（接手枪细看）啊！真是不错！小姐，多谢你！

翠：队长先生，我还知道他们的暗号。

山村：他们的暗号怎样的，怎么样的？

翠：他们学着蟋蟀叫声做暗号，队长先生，你带着人马，走到石矿去，你先学着蟋蟀叫，那末他就学蟋蟀叫，那时你马上开枪打死他，不然，他有手溜[榴]弹，一排出来就炸死你们了。

山村：啊！还有手溜弹！

翠：是的，还有好几个像鸭蛋样大的手溜[榴]弹！是我亲眼看见的！

山村：（叫喊）林马！

林马：（马上跑上来）有！山村队长。

山村：预备五个，不，十个，不，二十个兵，捕游击队长去！快些！

林马：好，马上就来！（匆匆下）

山村：我要去捉游击队长，不能陪你晚饭，现在让林马来陪你。

翠：（高叫）哎哟！那末我是被扣留了！

山村：你别惊慌，小姐，我要使你发财，这是应该有的手续啊！

林马：（跑上）二十个人完全准备好了。

山村：（检查手枪子弹）好极了，马上就得出发。（对林马，以枪指翠）看着！别给她溜跑！

林马：山村队长，请你放心！有我在……

（静寂片刻）

林马：（献殷勤）小姐，马已经给你的未婚夫预备好了，我希望我的效劳能得你些许的报酬！

翠：什末？……你说什末？（佯作娇态。）我难为情死了！

林马：（走近前，紧握翠手。）小姐，你真美丽！真博得人爱！……

翠：林先生，我难为情死了。（挣扎走近窗前）福星，快点走啦！太夜了不好走路呀！怎么连马都不会骑？你这无用的家伙！

福星：不要着急！还末[未]得及呢！

翠：那个是谁呀？他为什末这样的缠着你，不放手呀？

福星：（走近窗口。）那是显荣叔，他说心气痛，要我把他带到金井医院去就诊。

翠：什么？害病的人怎能坐马，快赶他走开！

福星：他再三的哀求，不肯放手呀！

林马：（跳到窗前，不耐烦的。）好吧，好吧！快点把他带走吧！

福星：(走去。)就这样吧，显荣叔，快坐上来呀！

翠：这样多事，恐怕明天早晨赶不到了。

福星：(又出现在窗口)……翠……！

翠：又有什么事？

福星：你还有什么话要说吗？

林马：(不耐烦的)嗳！快走吧！快走吧！没有什么了，噜噜嗦嗦！

福星：我担心你，翠！

翠：(发怒)你说这傻话做甚么？还不快走！

福星：也许……

翠：不！……走吧！福星……赶着明天早晨要到全[金]井呀！

福星：(走去了)翠，再见！

(林马很高兴，但不知说些什么话好，不停的在室内踱着。)

翠：(坐在凳上。)噢！我难过死了。

林马：让我扶你回店里休息一下吧！

翠：(柔媚地。)不要……不要……请你给我一杯茶吧！

(突然枪响了三声)

全忠嫂：(走到窗前。)你这该死的家伙？你这卖淫的娼妓！你现在快乐了，把游击队长告诉给人捉去了，你这日本的走狗，无廉耻的东西！

林马：(把窗户关上。)滚开吧！你这不要脸的烂臭货。

翠：(用双手抱着头，仰身在凳子上坐下。)哎唷！你骂吧！甚至你打吧！我是个无耻的女人啊！我出卖了游击队长的生命，我做了这卑鄙的生意，你进来拷打我吧！我是甘心接受的！

林马：(走上前，扶着她。)啧啧！小姐，你不要太难过了！

(山村队长兴奋的跑进来，翠起立，用傲慢的眼光注视他。)

翠：你打死我吧，我驱了你，是不是？……哼！你真以为我把游击队长装在盘子里送给你吗？哪！别做梦吧！

山林：(十分奇怪的，对林马。)她怎么突然变得这样糊涂呢？

林马：大概是心里很难过，神志已昏迷了！

山村：(怒目而视)走开！

林马：是！(下)

山村：(走上前，握着他[她]的手，亲密的)小姐！你静静心吧！我把游击队长捉到了，你也应该高兴呀！你不是就可以发五百元的洋财了吗？

翠：(突然站起来。)捉到了？……捉到了？(很快的)，他现在那里？

山村：就在门外，快要死了，用席子盖着。

翠：让我看看去！（马上走出）

（山村队长拿出纸币来，是军用票，五百张，整整齐齐的握在手里）。

翠：（入来）活该！哼！还喘气呢，等清醒过来时，什么都要说出来了……山村先生，恭贺你今天的收获！

山村：小姐！多谢你忠实的服务！现在赏钱全部给你。

翠：（受钱）你要把他枪毙吗？

山村：不，我还要利用他。

翠：山村队长，请你让我把他打死了吧！请你把手枪给我！——队长，让我打死他之后，我跟你渴[喝]酒，在你的面前唱歌，请允许我吧！让我打死他！

山村：小姐，你不要太难过了，你休息去吧！

林马：（拿着手枪上）席下面的，难道是游击队长吗？不！是他的叔父刘贵才呀！

山村：胡说！刘贵才是有胡子的，这个没有胡子。

林马：他已清醒过来了，他在咒骂这狡滑的婆娘！……

山村：（惊奇）看住，别让她溜走！（跳出去）

林马：（惊讶的）好利害的婆娘，把游击队长坐日本的马逃走了！

翠：（跪在林马的跟前。）林马先生，我给你五百块钱，让我冲出这虎口，林马先生，你也是中国人呀！

林马：（很平常的，）傻瓜！我要被他们杀头的呀！

（山村队长愤怒着，发着沙哑的声音进来。）

山村：你骗我，你骗我，哼，我要把你切成碎块！我要把你的指甲一个个的拔下来！游击队长在哪里？支那臭婆娘……（刘翠，她英勇的挺起胸来，高声而有表情的回答。）

翠：游击队长陈福星骑着你们的马逃到金井去了，他们就要带着大队的游击队回来，消灭你这些日本鬼子，砍你们这些魔鬼的头。哼，你以为我们好欺负吗？我们要拿更利害的货色来给你们看……

山村：闭住你的臭口！

翠：他们要拿你这些狗子送来的枪，去打你这些狗子的脑袋，他们要夺你们的指挥刀，去剥你们的皮！他们还要将你们的狗血，洗清全中国的污点！等着吧！你们这些人类的魔鬼……

（山村队长忍不住了，狂吼起来，拿手枪冲到刘翠的胸前，欲发。）

林马：无论如何我都是中国人呀（拔出手枪，向山村的脑后开了一枪，山

村倒地）

翠：怎么？林马先生！（走上前，握手。）

林马：小姐，我们都是中国人呀！

翠：（兴奋得高跳起来，抢了山村的手枪，冲到大门口。）你们这些日本猪，进来吧，我要把你们一个个的收拾起来！

—幕急下—

（原载于《广东妇女（曲江）》第2卷第7、8期，1941年）

大地龙蛇[节选]（三幕话剧歌舞混合剧）

老舍

第一幕

第二节

时间：春天，拂晓。

地点：绥西。

人物：赵兴邦，见第一节。

竺法救，印度医生，在绥西军队中服务。

巴颜图，蒙古兵。

穆沙，回教兵。

李汉雄，陕西人，在绥远当兵。

马志远，日本兵，投诚华军，看管马匹——不是俘虏。

罗桑旺赞，西藏高僧，来慰问祝福军队。

朴继周，朝鲜义勇兵。

林祖荣，南洋华侨日报驻绥通讯员。

黄永惠，南洋华侨代表，来绥西慰劳军队。

军队，即大歌咏队，数十人。

开幕：（距第一节闭幕时间越短越好。）远远的是大青山。虽然春已到来，山尖上还有些积雪。山前，一望平原，春草微绿；两三株野桃冒险的绽开半数的花。近处一间土屋，已然颓坏，原为垦荒者休息之所，今仅为路标矣。林祖荣，黄永惠，与罗桑大师坐在屋外，等待前线消息。远处隐隐有炮声。

林：炮声远了，我们胜利！（注意：以下的对话都有韵。）

罗：佛的光明，佛的智慧，祝福我们胜利的军队！

黄：啊，我们胜利！请吧，请用你的妙笔，描写个详细。把这冰天雪地的胜利消息，传到终年有鲜花绿树的南洋，教那日夜北望的同胞们狂喜！啊，西藏的大师，佛法无边，祝福吧，我们的胜利光辉了正义！听，那是谁？（立起来）歌唱着，走向咱们这里！

林：（也立起来）啊，歌声是炮声的兄弟，它的名字是胜利！

黄：迎上去，迎上去！迎接中华的英雄！啊，多么光荣，英雄是咱们的同胞兄弟！

李：（上，唱）"我的枪多么准，我的手多么稳！啊，我的心哪又准又稳！呕，见了敌人，见了敌人，我怎能不向他瞄准？为夺回我们的江山，不能，不能把敌人踏为齑粉！"

林：打胜了吗？同志！

李：摸摸我的枪，这么半天还滚热；你怨我放枪太多吗？不，同胞，我每次都瞄准了啊，一枪一个！

罗：壮士！佛力加持你！

林：呕，待一会〖儿〗再见，我去发电！

黄：你还没问详细，怎好就报告消息？

林：先把"胜利"传到南洋，教同胞们狂欢，教南洋的绿波激颤！然后，我再细细的画描，像春雨似的，每一滴都使他们心里香暖！

罗：一同去，善士！我去虔诵真经，祝福凯旋，并超度殉国的烈士！

黄：是啊，我也该去预备。把侨胞们由心里献出的，不管是轻微还是珍贵，那点礼物金钱，今天敬献给我们胜利的军队！呕，同胞，同志，先吸一支烟吧，（献烟给李）在这里歇歇腿！我去预备，预备慰劳我们胜利的军队。

李：谢谢你的盛情，这一支烟哪，使我要落泪！

林：休息休息吧，同胞？待一会儿我还要详问，你怎样用你的枪你的刀，把敌人赶得望影而逃。（同罗、黄下）

李：（吸烟，坐下，轻唱）"我的枪多么准，我的手多么稳……"

巴：（上，唱）"马是蒙古马，风是蒙古风，马快如风，成吉斯汗的后代，都是英雄！"

李：巴颜图，你打死几个日本鬼？

巴：不用问我，反正你永远是往后退！哼，还有脸吸烟，不怕烧了你的嘴！

李：我往后退？你个没有眼睛的，沙漠里的宝贝！

巴：什么宝贝？你以为我只会打日本鬼吗？你若不服，我也会照样的打断你的腿！

穆：（上，见李、巴欲起打）干什么？干什么？

巴：干什么？你不管！我不晓得别的地方，我晓得绥远。在绥远作战，我们蒙古人，蒙古的英雄，会站在最前线！我们的马快如风，刀急如电，要不是我们打退敌人，你们也会还在大青山前作战？

穆：我伊斯兰的信徒，假若有个缺点，就是过于勇敢！我刚刚打败了日本强盗，有人愿意，我还欢喜和他再干它一干！（要参加争斗。）

赵：（上）嗨！汉雄，巴颜，穆沙，你们干什么吗？

李：赵主任（敬礼），我打的胜仗！

巴：没有我，你打胜仗？

穆：难道我这最勇敢的，倒打了败仗？

赵：听着！你们难道忘了我那支歌？在狂风把雪花吹到屋里的时候，那长长的冬夜，马不敢鸣，冰封住大河，我教给你们的那支歌？

众：（相视不语。）

赵：来吧！（领着唱）"何处是我家？我家在中华！扬子江边，大青山下，都是我的家，我家在中华。为中华打仗，不分汉满蒙回藏！为中华复兴，大家永远携手行。呕，大哥；啊，二弟；在一处抗敌，都是英雄；凯旋回家，都是弟兄。何处是中华，何处是我家？生在中华，死为中华！"（白）拉起手来！

众：（拉手。）

赵：（领唱）胜利，光荣，属于你，属于我，属于中华！

竺：（负着朴，朴受了伤，上。）

马：（从后面赶来）竺大夫。把他交给我！战场上还有受伤的弟兄，他们的伤疼如火！你去，你去！你的温柔的手指，摸他们一摸；或用你的眼，给他们一点你的温和，他们就会把苦痛变成快活！

竺：担架队，老百姓已受我们的指挥，他们将十分小心的把挂彩的弟兄抬回。只有这位朝鲜的壮士，受了伤还要前进，把败敌紧追；我说了多少好话，他才肯给我的脊背一点光辉！

朴：谢谢你，大夫！教我下来吧，你的慈爱已减去我的痛苦！（下来。）

马：我来背你，老朴！

李：我来！

巴：我来！

穆：我来！

赵：马同志，教他们来招呼老朴，你应当回去，把那些失了主人的战马拉来，那是你的职务！

马：我已经捉到几匹，交与了马夫，我再去，我再去。呕，我不能让那些可爱的战马在野地上悲叫哀呼！

李：哼，你知道爱马，你们的人，受伤的，半死的，却没有人招呼！

马：什么“我们”的人？

巴：日本鬼！你俘虏！

马：你知道我不是俘虏！

穆：那么你是什么？

竺：赵主任，我还得回去。老朴，我把你交给他们，他们会把你抬到营门，用药物安慰你的不怕死的心身！马同志，一道走？你收集你的马，我救护我的人。

马：竺大夫，先请吧，我得先把话说清！

竺：那么再见，我希望你们不把辩论当作抗战！（下）

赵：马同志，我希望你能原谅他们！他们打了胜仗，难免就因为欢喜而趾高气扬。没有恶意，只是他们心里的喜悦，要变成嘴唇上的嚣张。

马：赵主任，你知道：在那风雪的夜晚，我骑着我那相依如命的骏马，抱着我的枪刀来投诚，来为正义报效。我不再受军阀们的盲目的指挥，不再为他们执行可怕的残暴。忘了我的战死沙场的光荣，我投诚给正义，毫不懊恼！你们的官长，亲手接过我的佩刀，亲手给我披上这抵抗风雪的皮袍。我常想：当正义胜利的时候，我将邀请你们去看我们开满了樱花的三岛；没有战争，只有友好，那时候咱们才会像天真的小儿，在一块儿饮酒欢笑！

朴：到那时候，我的伤痕便是我的骄傲！

赵：汉雄，巴颜，穆沙，你们可曾听到？

李：主任，我把老朴背回，作为我说了错话的惩报！（负起朴）

巴：我也不过是开开玩笑！

穆：来，握手吧，同志！我知道你不会因几句笑话而苦恼！

赵：汉雄，走！巴颜，穆沙，跟着他，路上你们也要帮一帮手！马同志，去吧，别教那些闲话伤了朋友！呕，听，大队回来了！让我们随着凯歌快活的走吧！

众：（随着唱。）

大：（即歌咏队，在后台唱。）

（歌）

绥远，绥远，抗战的前线，
黄帝的子孙，蒙古青海新疆的战士，
手携着手，肩并着肩，

还有壮士，来自朝鲜，
在黄河两岸，在大青山前，
用热血，用正气，
在沙漠上，保卫宁夏山陕，
教正义常在人间。
雪地冰天，莲花开在佛殿，
佛的信徒，马走如飞，
荣耀着中华，荣耀着成吉斯汗！
来自孔孟之乡的好汉，
仁者有勇，驰骋在紫塞雄关！
还有那英勇的伊司兰，
向西瞻拜，向东参战！
都是中华的人民，都为中华流尽血汗！
炮声，枪声，歌声，合成一片，
我们凯旋！我们凯旋！
热汗化尽了阴山的冰雪，
红日高悬，春风吹暖，
黄河两岸，一片春花灿烂！
教这胜利之歌，
震荡到海南，
传遍了人间，
教人间觉醒，
中华为正义而争战！
弟兄们，再干，再干，
且先别放下刀枪，
去，勒紧了战马的鞍，
从今天的胜利，像北风如箭，
一口气打到最后的凯旋！
中华万岁，中华万年！
（幕）

（原载于《大地龙蛇》，国民图书出版社，1941 年）

亚细亚之黎明（四幕歌剧）

任侠

以抗战必胜的信念写成此剧，
谨呈给在英勇斗争中的同志们！

第一幕：（四场）

暴风雨之前夜

这中间欢呼着急迫的暴风雨——
他的叫声向阴云报导：
愤怒的力，热情的焰，
将来的胜利的欢笑。

高尔基：《海燕的歌》

时：一九三六年冬。

地：东京某区的一所住宅，一个十叠席的读书室，中间放着西式的用具。因为是一个中国留学生住着，不大欢喜日本踞坐习惯的原故，所以多不采取日本式，但是床之间里的生花茶具以及盆景之类，仍可看出浓厚的日本风味来。后面通着卧室。一扇精致的小门。左边一扇门，通着外面。

人：章杰（中国留学生，年约三十左右，一具高大的强健的体格，一副沉毅的严肃的面容，战斗的精神充分表演出来。）

雪子夫人（章杰的夫人，一个优良日本女性，年在二十左右，天真而且强健，是修道院女学出身的高材生，具有音乐文学很深的修养，擅长刺绣。性格同容貌一样美丽。）

葛乾明（台湾留学生，年二十四五岁，瘦弱，但性格是坚强的。）

金民助(朝鲜留学生,年三十余,是一个屡经下狱,饱尝忧患的人。)

李拔吾(朝鲜留学生,年三十余,高大的汉子,黑兜腮胡子。社会科学研究者。)

王休明(中国留学生。)

新田正(东京旧书商。)

安田二(台湾留学生。他其实姓安,是台湾籍的中国人,现在改了日本姓。)

上野正治(雪子夫人之兄,二十五六岁,是一个南洋殖民地的小官吏,好拳斗,日本法西斯主义的信徒。)

古川刀自(屋主妇。)

梅子(下女。)

第一幕

第一场

登场人物:章杰　葛乾明　金民助　李拔吾　王休明　新田正　安田二

幕启,在一个十叠席的书室中,上面的几个人正在随便的坐谈着,这时正开一个时事谈论座谈会,开会时序曲的歌声尚未终了。全体唱着激昂的歌,带着室外暴风雨的声音。

暴风雨的前夜:(合唱)

在暴风雨的前夜,
东亚的奴隶们,
都一齐觉醒起来。
为了解放,
为了自由,
为了生存的权利,
我们要用尽所有的力,
流尽最后的血。
为了公理,
为了正义,
为了世界的和平,
我们要做殉道的先驱,

改造一个新世界。
听，压迫下的吼声，
雄壮激烈，
听，争自由的洪流，
奔腾澎湃。
听，海燕在飞鸣，
唱着暴风雨的到来。
起来，东亚的奴隶们，
起来，起来，
挣断了枷锁，
拿起了武器，
来清算我们的血债。
今天，我们要英勇的战斗，
争取明天光明的到来。
今天，我们要英勇的战斗，
争取明天光明的到来。
到来！

章杰：诸位同志：今天——（朗诵）
应该是我们要战斗的时候。
为了保卫世界的和平，
为了维护人类的正义，
我们应该负起责任向前走。
拿出力量，
同我们共同的敌人战斗。
我们要同日本军阀，
去结清海样的深仇。
在东亚的人民，
本来酷爱和平自由，
自从日本的军阀，
他怀着狂犬的野心，
卑鄙的阴谋。
他想：征服世界，
必先吞并亚洲。

正像田中所定的步骤。
拿我们做战争的炮灰，
满足他凶恶的欲求。
我们台湾的兄弟们，
朝鲜的兄弟们，
中华民族的全体，
以及日本的劳苦大众，
便首先做了暴力下的牺牲，
忍着气，
低着头。
像刀俎上的鱼肉，
像鞭子下的马牛，
在暴风雨将来到的时候，
我们要怎样去抵抗，
做当前的任务。
葛乾明： 这些日本的军阀们，
也正是要到灭亡的时候，
他居然敢同世界为仇。
他宣说要把白色人的势力，
驱逐出亚洲。
但是，他先杀起黄色的兄弟，
使尽了残酷。
用残杀的方法，说要同人携手，
说是他的恩德怀柔。
这是日本军阀特别的手段，
也是最愚蠢的想头。
这疯狂的暴行，
便是他灭亡的道途。
我们台湾的大众，
已经起来争斗。
朝鲜的兄弟们，
你们也是亲爱的战友。
金民助： 是的，朝鲜的弟兄们，

已经无数次的战斗，
我们受着不断的惨杀，
为着平等，为着自由，
断了无数人的头。
终于也杀不完大韩革命的群众，
这求解放的正气，
千古长留。
这些军阀财阀们，
夺去了我们的耕地，
把我们赶进荒丘。
受着饥，受着寒，
受着风雨，
到死也不向敌人哀求。
故国河山，
被别人享受。
一年一年，
受着踏残屈辱。
我们已经失去，
在世界上生存的权利，
我们能不战斗，
能不战斗，
安昌浩，我们的领袖，
他下了狱，惨酷的牢囚。
但是，无数的同志们，
正在英勇的向前走。
人人像安重根，
人人像尹奉吉，
牺牲果敢求自由。
一把怒火，
燃烧在每个人的心头。
在暗中聚成一个大的力量，
正在等着爆发的时候。
在眼前，

到了，
这爆发的时候。
李拔吾：真的，到了，
这爆发的时候。
要冲去一切残暴的势力，
这一个伟大的洪流。
在苦斗中，
我们要得到光明自由。
王休明：我们必须苦斗，
才能达到我们的要求。
我们必须联合战斗，
才能击破敌人的头。
让他从压迫的王座上，
倒下黑暗的深沟。
我们不仅要联合东方的兄弟，
在西方，
爱正义，
爱和平的同志，
也是我们的朋友，
我们为公理而战斗，
我们有辽远光明的前途。
新田正：在日本贫苦的大众，
也一样受着苦难。
这些军阀们，
他常向民众欺骗。
他说：为了百姓的幸福，
我们要把国土开展。
实际上这是不相干。
不过要逞他们的野心，
把和平的幸福扰乱。
在战时，死亡痛苦，
人民已经跳下恐怖的深渊，
在战后，生活还仍旧悲惨。

一个事实，
放在我们的眼前。
《朝日新闻》的夕刊，
不正记着这样的事件：
从满洲归国的勇士，
穷困的自杀，
不名一钱。
上海“一二八”的战士，
为了生活难，
他踏到日本的国土，
正是一个战士的凯旋，
却犯了盗案，
投进了牢监。
你看，
这结果，就是为了疆土的开展。
军阀们常这样欺骗，
为了天皇，
我们要尽忠，
要勇敢。
其实是为了军阀们的升官。
为了财阀们多增加资产。
在殖民地多几个银行，
多几个工厂、商店。
好压榨劳苦群众的血汗。
安田二：让我再举出一些事实的段片。
在东北——秋田，
这一年，还不算什么荒歉，
农村的小女，
卖进都市的就几千。
新闻三面记事栏，
登载着东京的富人，
过圣诞，
过年，

一个人买下几个少女的贞操券。
准备着享乐，消遣。
良善的日本人，
只有含着泪，
低着头，忍受，长叹，
忍受灵魂的蹂躏，
生命的摧残。
还有，像新潟县，
今年是产米丰收的今年，
因为米价贱，
把所有的米，所有的血汗，
都算还给地主，
算还给肥料会社的老板。
农民却度着饥饿的生活。
卖去了少女少男。
山薯，也填不饱肚皮，
破衣，也挡不了酷寒。
于是，在关东，
农民组合变成了暴动的集团。
关西的农民组合，
也响应着起一声呐喊。
这些军阀财阀的爪牙们，
都手忙脚乱。
到处去抓捕，殴打，惨杀，
逞尽了凶顽。
良善的民众，
饥饿，还受着这样摧残。
你看，这是人的世界，
这是王道乐土，
这是农民的丰年。
像前进的文艺家，
小林多喜二，
被打死在电鞭。

像正直的科学家，
野吕荣太郎，河上肇，
这学术界的威权，
或被残杀，
或被投进了牢监。
你想，这现象，
是文明，还是野蛮？
章杰： 就是在东京帝大，
这学府的尊严，
我们贤明的先生，同辈，
也不断受到逮捕，摧残。
这社会已不容许正直人的存在……
金民助： 所以我们要把这社会推翻。
新田正： 要新建立一个合理的社会，
我们要打倒军阀，
打死破坏和平的魔鬼。
一致的声音　我们要联合起来，
高举起战斗的义旗。
我们要自由，要解放，
要打倒日本帝国主义。
（外面敲门的声音，诸人吃惊着）
章杰： 谁？你是谁？
（一面摇手，令其他的人避到后面寝室里去）
门外的声音： 是我！你的妻在风雨中夜归。

第二场

景同前。

登场人物：雪子夫人 章杰

门开的时候，雪子夫人走进来，受着门外暴风雨的袭击，非常疲倦的，呜咽着，扑在章杰的怀里，章杰张臂迎接着。

章杰： 爱的，苦了你！
我到处去探听，

想探听到你的消息。
到处找，也无从找到你。
我终日彷徨，叹息，
像失去灵魂样痴迷。
我是沙漠中的过客，
而你是我生命的泉水。
现在总算见了你，
（扶她到沙发上）
这些时你究竟在那里？
雪子夫人： 过去，三言两语，
也是说不完的。
现在我来告诉你，
一个最重要的消息。
你赶快回国吧，爱的！
我为你忧虑，
在睡梦里无端惊起，
怕人危害你的身体。
爱的！我听到紧急的消息，
你已到必走的时机！
不要思念我，
你得同我别离。
假使我同你在一起，
你将不得脱走，
遭到囚系，
陷身在牢狱。
爱，我是属于你的，
我一生永久爱你。
你不要负了我的恳请，
使我哭泣。
你走后，我会打算我自己，
我会凌过大海的波涛，
偷偷的飞向你的身边，
做一对永生的伴侣。

章杰：爱的，我不能离开你。
你知道，这些日子不见你，
我像疯狂了似的。
我要回国，我将带你回去。
你记得，我们初恋的佳期，
《圣经》中的《雅歌》，
是我是你所共同欢喜。
那时我唱着，
我的佳偶，我的爱，起来，与我同去。
因为冬天已往，
雨水止住过去，
地上百花开放，
百鸟鸣叫的时候已经来到，
在我们境内，
随处听到班[斑]鸠对述着恋语。
无花果树的果子渐渐成熟，
葡萄树开花，吐放香气。
我的佳偶，我的爱，起来，与我同去。
我的鸽子啊，你在磐石穴中，
藏在陡岩的隐密。
求你容我得见你的面貌，
得听你的声音！
因为你的声音柔和，
你的面貌秀美。……
那时，你把爱情给我了，
我觉得，幸福是永同我在一起。
我是得到众星中之星，
得到众神所爱护的圣处女。
古时莎罗门的歌，
正是为了我，为了你，
在我们结婚的时候，
我又唱着《雅歌》向你密语。
我说：

我妹子，我新妇，
你的爱情何其美；
你的爱情比酒更美。
你膏油香气，胜过一切香品。
我新妇，我妹子，
你的嘴唇滴蜜，
好像蜂房滴蜜！
你的舌下有蜜有奶，
你衣服的香气，如利巴嫩香气。
我妹子，我新妇，
乃是关锁的园，
紧闭的井，封闭的泉源。
你园内所种的结了石榴，
有佳美的果子，
并凤仙花与哪哒树；
有哪哒和番红花，
菖蒲和桂树！
并各样乳香木没药，
沉香与一切上等的果品，
你是园中的泉，活水的井，
从利巴嫩流下的溪水。
雪子夫人：是的，美丽的过去，
我永久也不能忘记。
我那时也为你，
唱着《雅歌》中的语句。
我的良人白而且红，
超乎万人之上。
他的头像至精的金子，
他的头发厚密垒垂，
黑如乌鸦，
他的眼如溪水旁的鸽子眼，
用奶洗净，安得合式。
他的两腮如香花畦，

如香草台。
他的嘴唇像百合花，
且滴下没药汁。
他的两手好像金管镶嵌水苍玉。
他的身体如雕刻的象牙，
周围镶嵌蓝宝石。
他的腿好像白玉石柱，
安在精金座上。
他的形状如利巴嫩，
且佳美如香柏树，
他的口极其甘甜，
他全然可爱。
耶路撒冷的众女子啊，
这是我的良人，这是我的朋友。
可是，到今天，我是最后为你歌唱了。
莎罗门的歌，可以唱出我们爱情的美丽，
今天，再不必留恋过去。
爱的，听我的话吧！
往事都给忘记。
算我们做了一次的美丽的梦，
虽然在爱情的途中是这样惨凄。
为了爱，我来自很远很远的地方，
为了爱，不怕黑暗风雨。
爱，我是属于你的，
若是你遭到危险，
我将终身陷在悲的潭底。
章杰：爱，你究竟从什么地方来的，
这些日子，得不到你一点消息。
雪子夫人：爱，你知道，我的二兄，
他是南洋的官吏。
他反对我们的结婚，
强迫我离开你。
他初从南洋归来，

他对着我的母亲、姊姊，
发出很大的脾气。
他监视着我，
把我送到水户地方去。
我朝夕遥望着，浪花拥抱着浪花，
望着海，想起你。
生怕有谁危害你的安全，
所以偷来送给你一个信息。
爱，听我的话，望你急急归去。
章杰：（愤然的）生做一个日本女人，
受着这样虐遇！
但是，我不能离开你！
你是我的爱妻。
我不能留下你，
要走，我们一同去。
假使我走了，
你将无告的受到更恶的待遇。
雪子夫人：不，这样你将不能脱去，
我从修道院里来，
仍旧回到修道院里去，
日日为你向主的面前求祈。
章杰：爱的，我要从神的世界里，
带你向人的世界走去。
从前，你欢喜纪德的书，
现在，不也改读了高尔基。
你得注意现实，
为真理奋斗，
同我一齐去。
先知基督，不也为了真理斗争而牺牲的。
雪子夫人：我信仰真理，
愿意为了人类，
为了正义，
费去我全部的精力。

爱，等着吧，
我工作的事实会回答你。
为了目前的危险，
我求你立刻归去，
我也就要离开这里。
章杰：为什么你要这样急急？
雪子夫人：哥哥，他监视着我，
我怕他将找到这里，
我怕你会同他发生冲突，
你会遭到危险，毒计。
爱，听我的话吧！
我要同你分离。
章杰：（抱住她）不，你不能离去。
雪子夫人：不！不！用理智止住你的悲凄！
不要忘记我，爱的！
不要不听我的话语。
我从暴风雨中来，
仍从暴风雨中去。
这戒指上的花纹，
是“永不忘了我”，
记着：“永不忘了我！”
天上人间，
总有见面的时期。
（她推开章杰，拉开门跑出去，章杰从后面追着。）
章杰：爱的，爱的，
你到那里去？你到那里去？
（在黑暗中回答是暴风雨的声音）
（葛乾明等六个人，从里间房中走出来。）

第三场

景同前。

登场人：葛乾明　金民助　李拔吾　王休明　新田正　安田二　章杰

金民助：她虽是一个弱女子，
可是很能向正义追求。
新田正：在日本，一般妇女多已觉醒，
能够同男子一样战斗。
虽然屡次遭着迫害，
还是不断的运动，
争她们的自由。
日本的社会，要向前推进一个阶段，
妇女一定会尽很大的力量，
成为时代的一个激流。
王休明：就是中国的妇女，
也已经成了男子的战友。
章杰：（从外面进来，凄然的。）
妻，她已经走去，
诸位，我相信她的言语，
在目前，警视厅对我们，
确实压迫得更严厉。
我们得准备，
分头做我们的工作，
要迅速，要紧密。
我们再不必多谈，
要把理论运用到实际。
实际的行动是要紧的。
葛乾明：为了联成钢铁的力，
争取东亚的光明，
人类的正义。
（对章杰）
我们再同你，
做一次亲密的握手，
也许，在战场上，
可以再会见我们暴风雨中的伴侣。
再见，我们战斗的同志，
东亚的兄弟！

章杰：再见，我们的同志，
我们的兄弟。
明天，我也要回国去了，
今夜，先理一理书籍。
（送葛、金等人）
再见，我们患难的兄弟！
金等：再见，我们患难的兄弟！（退场）
（章杰开始理书籍）

第四场

景同前。
登场人：章杰　上野正治　梅子　古川刀自
（叩门的声音）

章杰：谁？（惊疑的，以为是危险的人物。）
梅子：是我，先生，有人来看你。
章杰：进来！（开门进来）什么人？来看我，在深夜里。
梅子：是一个男子，穿着洋服的。
章杰：说我已经安息。
梅子：先生，他一定要见你。
章杰：那就请进来吧，
请客人到我房里。
（梅子退，上野正治上。）
看见尊驾还是初次，
能否赐我一张名刺？
上野正治：这是我的名刺。
我是雪子的二兄，
新从南洋回来的。
章杰：啊！失敬了！
有什么事情见教呢？
上野正治：关于我妹妹的事，
你将打算如何处理。
章杰：我预备带她回国去！

因为她是我的爱妻。
上野正治：带她回国去？
那怎么可以！
章杰：中国已经走上前进建设的道路，
已经完成统一。
我要回去加一份力量，
自然要带她同去。
上野正治：可是中日正发生冲突的危机，
妹妹到中国，
将陷入不幸的境遇。
而且中国的反日分子，
多是留学生，知识阶级。
章杰：反日，这是野心家欺骗民众的诳语。
实际中日两国的人民，
正是亲爱的兄弟。
中国同日本的文化，
自来就有亲密的联系。
比如我，对于日本，
就满怀着最亲切的情绪。
我欢喜研究日本的考古，言语，
研究日本的风俗，神话，
文学，艺术，历史，经济，
这是我的兴趣。
在帝国学士院，我被邀去，
我曾选择艺术的讲题，
演讲过中国，印度，日本的关系。
总算尽了一点文化研究的微力。
日本人的生活艺术，
多使我欢喜。
我欢喜锦绘，浮世绘，
能乐，雅乐，谣曲，
文乐，音乐，歌舞伎；
我也欢喜剑镡，根付，镜鉴，金漆，

九谷烧，嵌金的矢立，
这些旧时代的工艺。
我欢喜相扑，柔术，围棋；
生花，茶道，园艺，
这些多是从中国学习。
日本像一所大的公园，
清洁美丽。
日本人的美德，
是勤苦刻励。
这些，我赞美，我学习。
我研究日本的文化，
看我，参考许多有关的书籍。
我的师友们，多是，
日本学术界的权威。
然而，日本的法西斯，
他仍然对我侮慢怀疑。
这些警察们，
爪牙鹰犬们，
在暗中调查我的行迹。
告诉你，我良善日本人的朋友，
告诉你，我只反抗暴力。
我走到全世界的任何地方，
也将始终如一。
假使你做我长期的朋友，
你将不会怀疑。
上野正治：中国，日本，是最大的仇敌，
你的话我不能同意。
章杰：正因为你的脑经受了狠深的毒，
受了法西斯的迷。
上野正治：我的妹妹也受了你的惑迷。
章杰：我们互相热爱，
感情是纯真的。
上野正治：你如何对待她的将来，

使他[她]不再忧愁哭泣。
章杰： 这一切都是我的责任，
因为她是我的爱妻。
上野正治： 我不准许她再同你见面，
我要你同她分离。
章杰： 分离，这是永远不可能的。
我们的结婚，
是你母亲来做主的。
你敢破坏别人的幸福，
违反你母亲的旨意。
上野正治： 我是家主！
我有权利！
章杰： 你太横暴！
你太无理！
上野正治： 我将拿手枪对付你！
章杰： 我看你，不像雪子的兄弟！
她的长兄，是剧本的作家，
专心着文艺。
一位木刻的上手，
是雪子的弟弟。
都是高尚的人物，
在社会上负着声誉。
上野正治： 你说我不是雪子的兄弟？（气愤的）
你敢说我不是高尚吗？你！
章杰： 因为我们思想不同的原故，
使你这样暴厉。
我仍旧认为你是友人，
不是仇敌。
（上野像要扑上去。章按电铃，下女入，上野静下去。）
茶冷了，换来一壶热的。
梅子： 晓得，敬如你的旨意。（退）
（古川刀自上）
古川刀自： 两位为何这样动气？

章先生，请到室外去！
我将为你劝解，
使你结成良好的友谊。
章杰：我对他没有得罪，
他对我非常无礼。（愤然的退场）
上野正治：因为他要带我的妹妹，
到中国去，
我不能允许。
古川刀自：你的妹妹嫁给他，
是他的爱妻，
这是应该去的。
上野正治：因为他是中国人，
所以我不允许。
古川刀自：中日人的结婚，
这是普通，不算希奇。
我知道，他们非常相爱，
像胶投漆，
正是幸福的伴侣。
上野正治：我反对！
我不允许！
古川刀自：你的妹妹将失去幸福，
将永久陷入悲戚。
上野正治：你也同情中国人？
同情我们的仇敌。
这是妇人的见地！
（愤然的）
我回去了！
我不愿再同你们言语。（下场）
（章杰上）
古川刀自：他不能了解你。
他也不能了解爱情，
不能了解正义。
愿你保重，安息。

章杰：在良善的日本人中，
能了解我是狠多的。
你听！这附近本所区，
贫民窟里的歌声，
是多么雄壮哀凄。
今夜，这黑暗中的暴风雨，
这歌声，使我再也不能静息。
黑夜，快过去了。
在黎明的时候，
我要动身回到祖国去。
我们在明天见，
请你安息。
古川刀自：我们在明天见，
请你安息。（下场）
（章杰静听着歌声。）
贫人夜歌（合唱）
这里是没有太阳的街市！
全日本的奴隶们：
我们受着侮辱，受着损害，
受着不平等的歧视。
我们忍尽饥，忍尽寒，
到终结还是冻饿的死。
总有这一天，我们翻起身，
在富士山颠[巅]，
高插上自由的旗帜。
听啊！在黎明的时候，暴风雨就要终止。
这里是没有太阳的街市！
全世界的同志们，
我们为着公理，为着人道，
发出铁一样的誓辞。
我们流尽汗，流尽血，
去斗争不怕英勇的死。
总有这一天，我们拉起手，

在东亚莽原，
高唱着亲爱的歌词。
听啊！在黎明的时候，
暴风雨就要终止！
（幕下）

第二幕：（三场）

讨暴虐者

凡是不生好果的，应被砍倒！并放在火中烧了。

——《马太福音》第三章

时：一九三八年夏。

地：中国武汉的某大教堂，正在开祈祷和平大会。教堂的主管人在战争漫到华中时，并设儿童保育会、难民收容所等慈善事业。在帮助中国为了和平公理的斗争，也曾募集许多药品、食品、衣服之类的东西送给前线的士兵们，无论精神上同物质上对于被侵略者都有狠多的帮助。

人：雪子夫人，她从日本逃到香港，即转到武汉这教会里工作。他[她]是宗教的虔信者的弱女子，但也做了她适当的工作。她保育难童，救济难民，同时还是教堂里唱诗班的指导人。

章杰，他从日本回来，即担任武汉某大学里的“战时文艺讲座”，做着研究同宣传工作。但日本帝国主义者疯狂的侵略，使他再不能宁静的继续他的工作，他已由研究室转向战场，放下笔杆拿起枪杆了。

大主教

唱诗班的女孩子

虔诚的教徒们

难民之群

难童们

一队一队的士兵

民众义勇队

市民们

幕启：一所教堂内装饰得是非常庄严的。教徒正在为和平而祈祷。全体唱着赞美诗歌。

（中调合唱）

一、世界人类本如兄弟，
　　谁不欢喜和平。
　　大家共同劳动工作，
　　创造文化光明。
二、自从发生帝国主义，
　　损人利己行凶。
　　依靠武力如同强盗，
　　向人侵略不停。
三、残杀平民男女老幼，
　　轰炸繁盛都城。
　　光明世界变成地狱，
　　恶魔遍地横行。
四、炸毁文化机关学校，
　　炸毁美国园亭。
　　炸毁慈善机关医院，
　　杀人盈野盈城。
五、我们都为真理服务，
　　愿为真理牺牲。
　　要把人类一切罪恶，
　　共同努力扫清。
六、实现人间快乐世界，
　　大地齐现光明。
　　父国来临如在天上，
　　人类永久大同。
七、真理当前不要惧怕，
　　为主勇往前行。
　　眼看黑暗就要终了，
　　渐渐展现黎明。
八、世界人类本如兄弟，
　　谁不欢喜和平。
　　大家共同劳动工作，
　　创造文化光明。

第二幕

第一场　庄严典肃的场面

（在歌声中开幕，歌声终了时，接着是主教的演说）

主教：诸位教友：（朗诵）

我们的教宗，
希望中华的教众，
对于中华的和平，
发展进步，
都能有所贡献，完成。
我们的教友，
应该为着，
真理，正义，
去斗争。
我们必须在积极方面工作，
才配得起一个教友的美名。
我们个人要扪心自问，
到现在对于抗战建国的伟大事业。
是不是苟安，偷生，
是不是做到有钱出钱，有力出力，
无多余钱的，亦应设法省出钱来出钱；
无多余力的，亦应设法省出力来出力；
这样热心踊跃从公。
中华正按着公理，秩序，
向前进行。
突然，遇到武力的压迫，
到处残杀良善的人民，
到处轰炸和平的市城。
这正是违反上帝的意志，
造成不可恕的罪恶，
非文明的暴横。
现在凡是以侵略他人——

国家领土为主义的国家，
都必定受到主义的严惩。
也就是必定受到上帝的严惩。
我们抗战建国的最后目的，
绝不是侵略别人的土地，
更不是屠戮无罪的民众。
而是保护我们自己的领土，
拥护维持世界人类的和平。
从真正的信仰，
能够产生毫不畏惧的心理，
这就是大无畏的精诚。
凡是具有这种精诚，
去同恶魔奋斗，
抗战必胜，
建国必成。
光明将逐去黑暗，
正义将永久消灭暴横。
在人间的天国将出现，
将求到，人类永久的和平。
（全体颂赞）

抵抗风浪歌

一、基督徒，抵抗苦海的风浪；
　基督徒，留意长夜的魔障。
　前进，前进，前进，
　只一个方向；
　前方光明快乐，
　使你能长享。
二、基督徒，奋斗，基督正助你。
　基督徒，奔跑，光明已近你。
　真理既属于你，
　更不须迟疑。
　扫清狂暴势力，
　胜利必归你。

（全体俯首祈祷，主教领祷）

主教：为主，我们站在真理的岗位上，（低音朗诵）
誓死与暴力奋斗。
执行主的意旨，
决不退后。
愿主的天国，
实现在世界，
人类永远是和平自由。
在真理的面前，
愿主给暴虐者以制裁，
给正义者以福佑。
有正义的人，
是秉承主的意旨，
去努力，去奋斗。
主必降福与他，
使暴力早日消灭，
人类早得自由。阿门！

（祷告毕，会众复原，章杰这时已经进来。）

主教：现在是献捐；（朗诵）
为了前方的将士，民众，
浴血苦战，
我们应该，
多捐些金钱，
去购买寒衣，
购买药品，
购买防毒面具，
购买慰劳物品，
送赴前线。
并且还要捐，
阅读的书籍，
同慰劳的信件。
还有救济难民，
保育儿童，

都是应做的事件。

希望教友们要多多贡献。

（在祈祷的时候，章杰从外面走进来，来辞别他的爱妻雪子夫人，因为他要随着民众义勇队到战地去了。在祈祷中间，他同众人一道祈祷，祈祷完毕时，接着是献捐，他在这时即同雪子夫人站在舞台一端，教众后面靠门的地方，作分离的对话。这时远远的军号声，进行曲的歌声，愈走愈近，一队一队的士兵，一队一队的民众义勇队，旗帜飘扬着，夹着坦克车的声音，从教堂门外走过去，还有送行的民众，老妇同孩子们追随着。）

章杰：夫人，我就要前赴战地，
愿你保重，
为正义人道去努力，
在法西斯势力消灭的时候，
才是我们过安静生活的时期。
现在分别了，
我的爱妻！

雪子夫人：爱的！你要前赴战地！
那是男子的本分，
应该去奋斗努力。
本来我是孤伶的弱女，
远离了日本，
我母国的土地。
从海之东，
到海之西。
望着大海的浪花，
遥远无际。
为了爱，我来寻你。
虽则像水上的漂萍，
风中的柳絮，
无亲无故。
可是，战争把我教训得强健沉毅，
锻炼得像一块铜铁，
不挠不屈。
工作，我可以顺利，

生活也可以独立。
我将做你的战友，
不仅做你的爱妻。
我爱你，
我更做[爱]人道，爱正义。
你去！
我[你]勇敢的去！
我一毫也不留恋，
愿你去抗战到底。
章杰：夫人，你能为了正义，
忘了小己。
扩充你伟大的爱情，
去爱全世界的人类。
这使我出于意外的欢喜。
你是我的同志，
你是我艺术工作的伴侣。
在非常时，
你更是我的战友，
我的，理想的爱妻。
雪子夫人：爱的，我一定会使你满意。
章杰：爱的，愿你努力！
如今，我要去了！
要随着他们一起。
你看，门外过去的士兵大众，
是多么英勇，沉毅。
他们唱着歌，作战斗的先驱。
将纵横亚细亚的莽原，
歼灭尽那些顽敌。
抗战建国的完成，
就在我们忠勇的兄弟。
现在我们别了，
随着我们的群众别去。
雪子夫人：爱的，我去送你！

并送一送为正义而斗争的兄弟。
愿早日听到你的凯歌，
扫尽了法西斯。
（她随着章杰出去，把花缀在章杰的衣上。同退场）

第二场　雄壮热烈的场面

（教堂门外一队一队唱歌的士兵走过去，旗子在门外飘扬着。教堂内唱诗班的女孩子，教徒们，把神前的香花取下，送给出征的士兵群众们，有的掷在他们的脚下，让他们踏过去。战地文化服务团，宣传队，演剧队，歌咏队，继续不断的过着，歌声夹着市民欢呼声音。）

陆军进行曲：（合唱）
战斗是我们的本分，
牺牲是我们的精神，
我们是中华民国的军人。
精诚团结，
为国舍身。
我们有铁的纪律铁的心。
一尺土一寸地也不让人。
驾起唐[坦]克车，
冲锋向前进；
把紧机关枪，
瞄准向敌人。
跃出战壕用白刃拼。
消灭侵略暴力，
保卫世界和平。
青天白日放光明，
青天白日放光明。
壮丁上前线歌：（合唱）
东洋强盗野心狂，
奸淫妇女抢钱粮。
占我们的田地，
烧我们的村庄。

杀我们的父母，
炸我们的工厂。
我们要拿起斧头镰刀，
拿起炸弹钢枪，
一齐杀上前去，
把日本强盗都杀光。
我们是健强的壮丁，
满身有紫色的光芒。
我们要打东洋，
保我们的田地，
保我们的村庄。
我们要打东洋！
保我们的妻子，
保我们的爷娘。
打东洋，打东洋，
杀尽强盗回家乡，
杀尽强盗回家乡。

空军进行曲：（合唱）

我们是新时代的英雄，
我们是新时代的英雄。
保卫我们的国土，
要做战斗的先锋，
驾起战斗机，
飞翔在高空，
驾起轰炸机，
飞向东海东。
为了公理，
为了和平，
我们要英勇的往前冲，往前冲。
就开铁翅膀，
炼成铁心胸，
一个新的世纪，
要在我们手里完成。

我们是新时代的英雄！

我们是新时代的英雄！

[在歌声远了的时候，教徒们又坐下来（有特唱或儿童班，可以继续唱歌）他们正待去做写慰劳信一类的工作，虽然敌机空袭警报在空气中颤抖起来。]

第三场　恐怖残酷的场面

——接着是：

市民奔跑的声音。

儿啼女哭的声音。

一群市民奔进教堂来。他们都以为这是安全避难的地方，因为是屋顶有着美国旗子的教室。

——接着是：

飞机轰轰的声音，

机枪扫射的声音，

炸弹爆裂的声音，

火光。

浓烟。

建筑物的倒塌声。

——接着是

教室[堂]被轰炸，

死伤叫号的声音。

浓烟。（景暗换）

人，满地死伤的躺着：主教，市民，妇女，孩子，尘土，瓦砾，血。

残缺的耶稣像，圣母像，

残毁的油画，什物，

破碎的美国旗子。

解除空袭警报，雪子夫人从外面匆匆的奔进来，看见这现象，悲愤的——

雪子夫人：（独唱。《控诉者的歌》）

天啊！这疯狂的暴徒们：（悲愤的）

他们这样凶毒，这样残忍。

竟做出这样残酷的惨剧，

主！你的惩为什么还不降临。

我的丈夫，他远远的去了，

他加入英勇的一群。
他将在火线下，
以英勇，
以奋斗的精神，
把法西的强盗除根。
我也去，去做一个战友，
去拯救被欺的人群。
我要大声的呼唤：（激昂的）
全世界有正义的人们！
全世界爱和平的人们！
你们看一看强暴的日本，
你们听一听凄惨的呼声。
你们应该拿出力量，
制裁侵略，保卫和平。
你们应该伸出正义的手，
救一救炮火下的孩子、妇人，
救一救流离的灾民。
他们，
失去了，和平的生活，
失去了，快乐的家庭。
手捧着，垂死的乳儿，
扶持着，带病的老亲。
到东到西，
凄凉的，失望的逃奔。
无辜的受尽了酸幸[辛]，
这流血，这战争，
将普遍到全人类，
每一个村落，
每一个都城。
你们，有正义的你们，
应该援助中华的人民，
击毁世界的公敌，
也即是保卫你们自身。

我将去做你们的战友，
去拯救被欺的人群。
（幕下）

第三幕：亚细亚之黎明（三场）

凡动刀的，必死在刀下！

《马太福音》第二十六章

因为黑暗渐渐过去，真光已经照耀。

《约翰一书》第二章

时：一九三八年秋

地：某战地后方医院，附近是一处优待俘虏的收容所。这里有新的战斗员补充到前线上去，也有受伤的斗士退下来疗养，受伤的俘虏受着同样的优待，同样治疗，不分国籍的，像兄弟一样

人：章杰：做着这一战区的政治部主任，勤恳的做他的工作。关于慰劳伤兵并感化俘虏，成绩是非常好的。伤愈合的官兵都重回前线，而俘虏也认清了正义是在我们这一边，加入我们斗争的集团来

雪子夫人：她从被轰炸的都市中，同这许多唱诗班的女友们，组成一队战地服务团，来到战地

伤兵

传达兵

战地服务团的女团员们

护士

民众救护队

医官

管理员

朝鲜革命青年

（不登场的人物）

广播员

青山和夫

反侵略分会歌咏团

国际纵队

青年战团

第三幕

第一场

登场人物：伤兵 医官 管理员

幕启：在后方医院，Radio 正在广播国际反侵略运动大会中国分会所唱的《反侵略之歌》，和日本反侵略的同志青山和夫的演说，一个伤兵在播音时向着医生要求重上前线。

广播的声音：现在绿川英子女士报告完毕，下面是国际反侵略大会中国分会播送《反侵略之歌》。

（合唱）

同志！

全世界有正义的同志！

同志！

全世界爱和平的同志！

我们在东亚，

高举起反侵略的旗帜。

为公理而斗争，

我们愿倒卧在血泊中死。

用生命绘出一个和平的标志。

我们要讨暴虐者，

我们要除阴险者，

人类的文化要我们保持。

同志！

朝鲜的同志！

同志！

台湾的同志！

同志！

日本的同志！

同志！

苏联的同志！

我们亲热的喊：
全世界所有的同志，
来一齐拿出力量，
把侵略的强盗打死。
我们是钢铁的一环，
发出钢铁的誓辞。
光明就要到了，
暴风雨就要停止。
全世界有正义的同志！
全世界爱和平的同志！
要英勇的战斗，
举起反侵略的旗帜。

广播的声音：现在国际反侵略运动大会中国分会播音完毕，下面是日本反帝反侵略的同志青山和夫演说。我们知道自从日本横暴的军阀向我们积极侵略以后，日本有正义的人们都归到我们这一边，为反帝而斗争。在日本国内，有许多爱正义爱和平，对我们同情的友人，都遭到逮捕囚禁，非人的待遇，但英勇的行为还是继续着，做出许多伟大的可钦的事件，此外到中国来参加我们的阵营的，如士方与志，青山和夫诸同志，便是最著名的。其次还有长谷，鹿地，桥本，池田及其他被感悟的日本陆空军人，也做过多次反日军的演说。可以说是真正日本人的声音。我们诚恳的热烈的接受这样伟大的同志的友情。

广播的声音：（青山和夫演说）（注）

对于全中国的同志们，谨致诚恳的握手。

中国自“七七”抗战以来，实如其所标榜的一样，已走上决定胜利的途上。壮烈的中国自卫抗战，不独打破日本法西斯蒂行动派及其徒党的空想的阴谋，而且在短短的一年中，已迫使日本资产阶级的经济与财政完全陷于化脓的状态，受着半殖民地的条件所束缚的被侵略国家，对于达到帝国主义阶段的侵略国家而能获得这样决定的胜利，真是伟大的光荣……（仍继续着）（医官和管理员进来巡视）

一伤兵：报告医官：我可不可以就回前线？

医官：不，你的伤还未好全！

一伤兵：我想请求准许，

在这里，比前线闷气。

另一伤兵：我也是这样想。
真的，听不得进行的号响，
听到，就想快上战场。
管理员：诸位同志，对抗战非常热心，
请不要着急，
我们是长期的斗争。
我们要抗战到底，
才能把建国的工作完成。
这血的斗争正在开始，
不打倒敌人不停。
诸位，请耐心静养，
敌人正等你扫清。
听！是青山和夫的演说，
这同志的话，我们要静听。

（在伤兵与医官对话时，播音仍在继续着，但声音是较低的）

广播的声音：中国所给与日本法西斯军部的打击，正是直接打在她原来的腐败地方的致命的内伤。恐惧自己崩坏的日本法西斯蒂，今后一定不择手段，用尽一切暴行，以图脱却崩坏的厄运。行动派不管过去的怎样失败，仍坚持突进的主张，在华北新发生的军部法西斯蒂一派，已同托派结合一致，所谓现状维持派的一部分，则认为已从崩坏中挽救出来，这二派错综在一起的混沌政治情势，必然的要引起盲目的军事行动，而更进一步对于支持中国抗战的诸国发动战争。中国的英勇抗战必定能够粉碎日本法西斯军部。维护民主主义与和平的诸国，已经有着强力的反法西斯的人民联合战线的准备。日本被压迫的人民大众，现在埋头在进行着倒法西斯军部的运动。中国的同志！日本的同志！全世界的同志！最后的胜利是属于我们的！现在青山和夫同志播音完毕，下面是音乐。（声音是低的。是进军的进行曲，像从远远的地方走来。）

（注）据青山和夫同志在汉口的广播。

第二场

登场人物：章杰 朝鲜青年（余同前）

景同前。

章杰：（同朝鲜青年从外面进来）（朗诵）
诸位同志：
我给你们带来许多胜利的消息，
这一队朝鲜的青年同志，
来慰劳我们英勇的兄弟，
敌人，他不量自己的力，
他侵占张鼓峰，
向我们友邦苏联进击。
结果自招到惨败，
向苏联的面前屈膝。
但重兵结集在边境，
侵略我们的力量空虚。
于是我们抓住了时机，
在每一处，
游击队的战区，
正规军的阵地，
都拿出英勇的力，
向着敌人奋勇进击。
把敌人的主力消灭，
打成一堆烂泥。
日本的士兵，
也不甘心做军国的工具。
痛苦，失望，厌战，自杀，
弥漫着颓丧的空气。
敌人，他阴险诡诈，
费尽了心力，
他诱引我们的同胞，
想使用以华制华的毒计。
但是，敌人他枉费了心机，
近来都继续的反正，
拿了敌人的武器！
又杀死了暴敌。
我们反正的兄弟，

有正义，
有勇气，
有热力，
不愧做中华优秀的儿女。
像许靖远，就是一个好例。
他杀死敌人的指挥官，
做了侵略者支[的]血祭。
在压迫下的人们，
觉醒了，起来了，
我们不头[愿]做奴隶，
我们已决定最后的胜利。
敌人，他还在挣扎，
但是逃不了消灭的遭遇。
我们应该庆祝，
我们应该欢喜。
请朝鲜的同志们，
来唱一支歌曲，
增加我们更大的勇力。

朝鲜青年：（合唱《朝鲜革命青年歌》）

一、朝鲜在压迫中，
　　中国在战斗中。
　　两个兄弟的握手。
　　同向我们的敌人进攻。
二、朝鲜流血的大众，
　　中国流血的大众。
　　这血中开出的花朵，
　　象征新世纪的光明。
三、我们不怕狂雨，
　　我们不怕暴风。
　　我们在黑暗里，
　　秉着火炬前行。
四、我们炼成钢铁，
　　像铁的流，向前行。

我们变成肉弹，
向着日本帝国主义冲。
五、日本强盗化成灰，
日本法西化成脓，
中韩联合为自由而斗争，
争取胜利的光荣。
六、我们爱正义，
我们爱和平，
我们要打击暴力，
以战争消灭战争。
七、中华英勇的兄弟，
大韩英勇的兄弟，
我们携起手，
向着日本军阀进攻。

（在歌声终了时，远远的进行的军号[队]，从医院外面走过去。病院里的管理员，医生，朝鲜青年都到门外去看，即退场。许多伤兵，能够勉强起来的，都凭着窗子朝外望。几个护士伴着他们，章杰也夹在伤兵中间。）

门外的歌声：（医院里随着歌声按节欢呼或随唱）

国际纵队之歌

甲队：哦咳！
法西，是我们共同的敌人！
哦咳！
法西，是我们共同的敌人！
我们不分国籍，（乙队）
我们不分人种，（甲队）
正义是一个连锁，（合，下同）
结成一条心。

乙队：哦咳！
法西，是我们共同的敌人！
哦咳！
法西，是我们共同的敌人！
有的是从欧美，
有的是从日本。

正义是一个连锁，
结成一条心。
甲队：哦咳！
法西，是我们共同的敌人！
哦咳！
法西，是我们共同的敌人！
有的来自工厂，
有的来自农村。
正义是一个连锁，
结成一条心。
乙队：哦咳！
法西，是我们共同的敌人！
哦咳！
法西，是我们共同的敌人！
我们反对侵略，
我们保卫和平，
正义是一个连锁，
结成一条心。
……
接着是《青年战团歌》
合唱：
我们要战斗，
我们要战斗，
我们是一群战斗的青年。
生在大时代的里面，
站在大时代的尖端。
要拿出热情，
创造一面新世界，
要拿出力量，
把法西的势力打翻，
我们要战斗，
我们要战斗，
我们是一群战斗的青年。

莽苍苍，好江山；
浩荡荡，大平原。
伟大的祖国，
文化五千年。
我们流着汗，
耕种好田园。
我们流着血，
争取生存权。
把正义的歌声，
送到世界人的面前。
我们要战斗，
我们要战斗，
我们是一群战斗的青年。
生在大时代的里面，
站在大时代的尖端。
要拿出热情，
创造一个新世界，
要拿出力量，
把法西的势力打翻。
……

一伤兵：看，过去的行列这样长，人又这样多。还有青年的战团，随着大炮、坦克车，正继续走过。

另一伤兵：奇怪，这些多是外国人，大踏步走着，唱洪壮的歌。像铁的流，流过。

章杰：这是国际纵队，
一种正义的组合。
他们愿意流血牺牲，
帮助人求得光明的生活。
他们愿中华民族解放，
得到自由，得到快乐。
伤兵：国际纵队？
他们为的什么？
章杰：这是他们自己的志愿。

他们要杀尽强盗的侵略。
正义，公理，
是在我们这一边，
为了这，他们愿意赴汤蹈火。
另一伤兵： 他们是从何处来，来得这样多。
章杰： 他们来自各地，
各地都有人拥护正义，
不分人种，也不分国籍。
这中间有的来从英美，
有的来从法兰西。
苏联，蒙古，
都是中国最忠实的兄弟。
还有印度的医药队，已经开赴战地。
世界上的弱小民族，
更热心参加这壮烈的义举。
他们眼巴巴的，
盼望着中国，
自由独立。
为中国而战斗，
做人道的先驱。
告诉你在这行列的中间，
还有些同志，他们的母国是德国，意大利，
还有的来从日本，高丽。
德，意虽是代表着暴力，
虽是日本军阀的盟兄弟，
但是在德，义[意]的良善人们，
他们被驱逐，迫害，威逼，囚系，
流亡到每个自由的地域，
依然存着正义。
正义被压迫在黑暗的牢狱，
他们咬紧牙，
痛恨——
希特勒，莫索里尼，

这暴徒们，
他把西班牙，
弄成一片血迹。
他拉住佛朗哥这傀儡，
杀人，放火，
把和平的都市，
炸成瓦砾。
日本法西们，也伸出魔手，
撕去人的脸皮。
用同样的恐怖，
一在东，一在西。
像一个斗兽场，
玩着铁与火的游戏。
这些人，全是撒旦的后裔。
良善的日本人，
也受着军阀财阀们的压榨，吮吸，
在重压下，
透不出一口气。
朝鲜的大众，
正过着非人的奴隶。
他们来战斗，
帮助我们，正是帮助着他们自己。
全世界爱和平的人类，
都结成一个阵线，
举起枪，对准着法西，
一个有效的回答，
才能扫清狂暴的势力。
我们生存的权利，
应用血来争取。
众伤兵：这些人的模范，真使我们感激。
他们这样牺牲，为了正义，
我们更应该，加紧，努力，
我们要联合起世界的兄弟，

打倒日本帝国主义，
追随着领袖，前去，前去，
高举起民族解放的大旗。

第三场

登场人物：传达兵 雪子夫人 战地服务团 余同前
景同前

传达兵：（进来）报告主任！
一位女同志，求见你，
是战地服务团的指挥，
率领着团员一队。
章杰：请她们进内。
（传令兵退。雪子夫人带领战地服务团女团员入。）
章杰：啊！是你！（紧握了雪子夫人）
雪子夫人：初来，就看见你们热烈的情绪，
你工作的成绩，
使我喜欢。
章杰：谁想到，这时我们都在战地，
如今你更加强健努力，
真的变成我的战友，
不仅是我的爱妻。
雪子夫人：我是随同国际纵队来的。
来看你，并慰劳这里的兄弟。
章杰：很久，你没有给我信息，
你应该忙着工作，得不到休息。
雪子夫人：休息，在艰苦中敢说到休息。
近来，收聚着大批难童，
离开了炮火下的战地，
不过尽了我微力。
中国的姊妹们，
很多做了男子们战斗的伴侣，
像湖南的谢冰莹，

像四川的胡兰畦，
像丁玲的战斗姿态，
更辗转在寒苦的边区。
这些同志们，
都是，
大时代的先驱。
而我一个异国的女性，
更追不上长谷，绿川，史沫特丽。
艰苦奋斗，留下奇异的史迹。
在中国，我所经过的地区，
到处遇到同志的爱，
真诚，本分，像姊妹。
我感觉到同志间的伟大，
使我振奋感激，
我忘了自己，
以小己扩充为对人类的热情，
努力向着光明奋追。
章杰：是的，光明就要到了，
我们已经看见黎明的曙光升起。
雪子夫人：我来，为着勇敢的同志，
唱一支走向光明的歌曲。
走向光明的歌(合唱)
同志们，走向光明，
你们战斗，
你们英勇，
你们是爱和平的救星！
你们是爱打倒侵略的急先锋。
同志们，走向光明，
你们沉着，
你们精明，
你们是新时代的英雄，
你们是新兴社会的主人翁。
全人类走向光明，

光明的世界。
吹拂着热风。
众鸟飞，
春花红。
莽莽林原，
布谷催耕。
道旁开遍蒲公英，
在集体的农场上，
唱着快乐的歌声，
驾起播种机，
纵横任西东，
绿色的草场在夕照中，
金色的麦浪在晚风中，
全人类的呼吸，
全人类的劳动，
创造出文明，
向前跃进，
不停不停，
大地乐融融。
像叶贤宁的诗句，
构成朴美的作风。
这里没有饥饿，
没有贫穷，
没有强暴，
没有侵凌。
这里只有爱，没有憎。
这里没有虚伪，
只有诚真。
努力啊，走向光明。
努力啊，走向光明！
我们是光明世界的主人翁。
（传令兵进）
传达兵： 报告主任，

前线新转来的日本兵官，
数不清是几千，
士兵，有日本，也有朝鲜。
他们说：不愿和同志们的混战，
他们，要加入我们的集团。
请你，作一次会谈，
这是主要人的简[名]单。
章杰：（接名单）啊，是他们，我东京的同志，
在暴风雨的前夜，
我们曾经聚会，倾谈，
我们发下誓，要联合去战斗，
要把法西的势力推翻。
（以名单示雪子夫人）
你看，这是李，这是新田，
这都是我们集团的一员。
雪子夫人：啊，母国的同志：
你们为了正义，忘了苦难。
像新生的凤凰，
在烈火中出现。
章杰：真的，胜利已放在眼前，
黎明，已经出现，
以前，反正的同胞，
曾杀死敌人的军官。
如今，我们异国英勇的同志，
都来同法西苦战。
在东方苦难的兄弟，
应该握紧手，同一个步伐向前，向前。
雪子夫人：我们去欢迎同志加入和平阵线。
而且我们将永誓着真诚，
永共着患难。
把欢迎的歌声，
献给同志们的面前。
（合唱欢迎同志的歌，许多人唱着走出去，伤兵也卧在床上和着。）

欢迎同志的歌(合唱)
欢迎,欢迎我们亲爱的同志,
欢迎,欢迎我们患难的同志。
你在大海那边,
我在大海这边,
我们本是兄弟连枝。
我们为什么要对敌,
我们为什么要残杀,
都是日本军国的指使。
从今后,我们同走一条道路。
举起一面前进的旗帜。
我们手挽着手,肩并着肩,
步子踏着步子。
一个伟大的同志的爱,
更没有形容的言辞。
从今后,共同为了公理,向前战斗,
决不一点延迟。
共同创造光明的世界,
共同歌颂胜利的长诗。
喂! 同志!
喂! 同志!
喂! 同志同志!
欢迎! 欢迎我们亲爱的同志!
欢迎! 欢迎我们患难的同志!
(在歌声中闭幕)

第四幕:(十五[十三]场)

为自由和平而歌

耶稣说,你们必晓得真理,真理必叫你们得以自由。

《约翰福音》第八章

时:一九三八年十月十日国庆纪念及第一届戏剧节的晚间。

地：中国某大都市的集会堂。其中正开国庆纪念及战争胜利祝捷大会。(是日我军大捷，于德安歼敌甚众。)到会的有政府高级长官，军事领袖，政治工作人员，艺术家，诗人，国际同志的代表，各地人民团体代表，工厂代表，国营集体农场代表，各文化协会代表。各剧团，各儿童演剧家，编剧，导演，舞台设计者，多为了戏剧节来热烈的参加。会场外的市民群众，在结队火炬游行，夹着热烈的欢呼口号。(在台下，群众演员也可以坐在观众之间，待表演时上台。)

人：大会主席

国际来宾、国际反侵略大会代表

章杰、雪子夫人

诗人、作曲家

演剧家、舞台装置家

全国诗人协会唱诗班

青年战团歌咏队

抗敌演剧队

陆军歌咏队

空军歌咏队

工人歌咏队

农人歌咏队

美术家歌咏队

战地服务队合唱团

童子军救护队合唱团

游击队合唱团

少年剧团

儿童保育会诗歌班

农村民歌合唱队

第四幕

第一场

登场人物：主席 国际同志代表 诗人 作曲家 舞台装置家 演剧家 章杰 雪子夫人

幕启：是一所布置得非常辉煌美丽演讲台，同时可以作为唱歌演剧之用的，这是大会主席正在做庆祝大会的开报告。台上坐的有国外来宾，诗人及其他的人们。

主席：（朗诵的）我们全体到会的会众：
今天是国庆又是戏剧节，
所以这庆祝非常隆盛。
前方，我军各路都在向敌进攻，
在德安西线，
今天我们又造成一个大胜，
把敌人歼灭甚众。
于今敌人正开始溃败，
我们民族独立已经走向成功。
我们应该为自由而歌颂，
我们应该为和平而歌颂，
我们抗战必胜，
建国必成，
尽我们的力，
把中华民族复兴，
看我们的工作，
已经初步完成。
我们要感谢国际同志的协助，
以世界人的正义，
把暴力消灭，重现光明。
我们要赞颂伟大的领袖，
他的坚毅，
他的精诚，
他是民族中的巨星，
领导着广大的群众，
在暴风雨中前行。
我们要赞颂，
全体将士的英勇，
为了正义，
不辞牺牲。
去做保卫无道的先锋。

我们要赞颂，
全体人民，
去抵抗暴力，
热烈的参加斗争。
诗人，作曲家，
剧人，舞台美术家，
都做了宝贵的工作，
去追求光明。
他们高唱出法西的罪恶，
描写出争自由的英勇。
在军队中，
在工场中，
在农民中，
在训练的集团中，
在村落，
在镇城，
都高唱着抗战的歌声。
这些都是艺术家的作品，
传达到广大的群众。
这些艺人们都受到，
国家的奖赏，
民众的尊崇。
今夜，在戏剧节的今夜，
愿介绍他们的作品，
给我们亲爱的观众，
下面演奏的节目，
都是我们艺人在战斗中完成。
这胜利是全体的力，
全体的精诚，
造成一个不朽的光荣。
我们把法西消灭，
是为了全人类的和平，
我们告诉全世界有正义的同志，

今夜正是真理胜利的纪念，
不仅是中华民国的国庆。
现在我们要请国际的同志。
来倾述对我们伟大的热情。
国际来宾：对于同志的胜利，
我们谨致庆祝的握手，
我们庆祝光明显现在前头。
为了先驱者的奋斗，
全世界被压迫的人们，
都将得到平等自由。
我们是正义的联合，
对于法西，同举起铁的拳头。
这里有许多祝贺的电文，
从苏联，从西欧，
从美洲，非洲，
从东亚的各地，
为我们，满饮尽庆祝的酒。
这许多电文中，
有一个共同的信念，
共同的希求。
这些同志的声音，
汇成一条欢喜的洪流。
我们谨代表做一个诚恳的握手，
同时我们还希望盛大的节目，
立刻就开始演奏，
在中华的戏剧节，
歌颂出新社会的平等自由。
（国际来宾退坐宾位，下面是热烈的鼓掌）
主席：我们敬照同志们的要求，
接着把节目开始演奏。
（台上主席来宾退席闭幕，又是一片热烈的掌声。再开幕，接着便是演奏的开始。）

第二场

景同前。只是把主席来宾的位撤下去。

登场人物：全国诗人协会唱诗班。

孙中山总理纪念歌：（合唱）

总理，他是中华革命的首领，
总理，他是中华民族的救星。
他积四十年的经验，
要把国民革命完成。
他要唤起民众，
联合起世界反帝的阵营，
同帝国主义去斗争，
他要民族解放，
做革命的前锋，
他要发挥民权，
提高民生，
要全人类自由平等，
以正义，以精诚，
进世界于大同。
他把苏联做亲密的弟兄，
建立起社会主义的同盟，
他领导着革命的群众，
向共同的目标进行，
他组织广大的农工，
对准着反动的势力进攻。
总理，他伟大的精灵，
永远在我们心中。
被压迫的同志们！
我们要做革命的传统！
努力奋斗！
不怕牺牲！
把总理的遗数[嘱]实行，

把民族解放成功。
（退场）

第三场

景同前。
登场人物：青年战团歌咏队

双十节歌：（合唱）
双十节如今又一周，
在暴力的压迫下，
中华民族的血还在流！
战斗，我们继续的战斗！
要结清血海的深仇。
我们不愿意做鱼肉，
我们不愿意作马牛。
我们有生存的权利，
我们向着光明追求。
全国的工人们，战斗！
全国的农民们，战斗！
英勇的士兵们，战斗！
革命的同志们，战斗！
我们要集中一切力量，
随着一个领袖，
战斗，不断的战斗，
争取中华民族的自由。
双十节如今又一周，
在暴力的压迫下，
中华民族的血还在流。
战斗，我们要继续的战斗！
要结清血海的深仇。
（退场）

第四场

景同前。

登场人物：抗敌演剧队

戏剧节歌：（合唱）

在战斗中，
我们展开新中华的戏剧运动。
在黑暗中，
我们争取新社会的建设成功。
我们不怕暴雨，
我们不怕狂风，
我们要发扬戏剧的力量，
举起火炬前冲，
做公理的前卫，
做人道的先锋，
向着日本帝国主义进攻，
向着日本帝国主义进攻。
全中华的剧人们，
不怕流血，
不怕牺牲，
把抗战的工作完成。
我们要反对侵略，
我们要歌颂和平，
拿我们的精力，
拿我们的生命，
去参加求解放的斗争，
去参加求解放的斗争。

（退场）

第五场

景同前。

登场人物：陆军歌咏队

中华陆军进行曲：（合唱）

听，我们怒吼的声音，
高举起青天白日的旗，
整齐步伐向前进！
我们有铁的纪律铁的心，
尺土寸地也不让人。
我们爱正义，爱和平，
我们是保卫人道的前卫军。
受压迫，谁甘心，
做马牛，谁承认。
我们有五千年的文化，
四万万的人民。
要在东亚挺起身：
挺起身，挺起身，
向前进，向前进！
拿我们的武器，
扫清敌人，
杀啊，冲啊，
拿我们的力量，
争取光明。
（退场）

第六场

景同前。

登场人物：空军歌咏队

中华空军进行曲：（合唱）

我们向着青天白日飞，

我们向着青天白日飞，
下面是美丽的江山，
广大的土地，
长江大河，显出奔放的力。
我们在明朗的天空扬光辉，
结成队，向前飞，
结成队，向前飞。
争取自由解放，
我们要把敌人击毁，
击毁！
我们向着青天白日飞，
我们向着青天白日飞，
高飞过万里长城，
收复失地。
保卫祖国，
拿出坚强的力。
我们为中华民族杨[扬]光辉。
结成队，向前飞，
结成队，向前飞。
争取独立平等，
我们要把敌人击毁，
击毁！
（退场）

第六[七]场

景同前。
登场人物：工人歌咏队

工人突击队歌：（合唱）
工人，战斗的突击军，
工人，战斗的突击军，
法西，在我们的身上，
压下重大的铁轮。

铁的镣锁,永远牵着我们的脚跟。
我们是饥饿的一群,
哼……哼……
我们是饥饿的一群,
我们是社会的基础,
国家的命根。
我们要衣,要食,要住,要生存!
帝国主义,
是我们抵死的仇人。
我们离开了矿场,
离开了机轮,
拿起一切武器,
抱定一颗决死的心,
要求生,只有向前进。
开矿,是我们的责任,
炼钢,是我们的责任,
造枪,是我们的责任,
杀敌,还是我们的责任!
架起机关车,
冲锋入敌阵。
拿起手榴弹,
送给敌人吞。
你们认清,
你们看准。
哼……哼……
我们是饥饿的一群,
哼……哼……
我们是求生的一群,
我们是工人突击军,
我们是工人突击军。
(退场)

第七[八]场

景同前。

登场人物：农人歌咏队

国营农场之歌：

（合唱乡土风的《四季训》）
春天是遍地草青青，
播种机架着出农村。
肥沃大平原，
疆界无须分。
撒下了种子芽儿生，
锄草像我们锄敌人。
大家劳动，
不觉辛苦。
或[我]们是快乐的众农人，
咦呀呀呵孩，
我们是快乐的众农人，
夏天的麦浪金色黄，
南风吹来蒸饼香。
不分男和女，
大家一齐忙。
磨出了面粉面包做，
送给我们将士上杀场。
抗战建国，
责任担当。
不分前方与后方，
咦呀呀呵孩，
不分前方与后方。
秋天的干草堆成堆，
牛羊遍野马更肥，
高粱和大豆，
丰收满仓堆。

掘出了成串的红白薯，
大田载得满车归。
加紧耕作，
努力栽培。
生产的责任不须催，
咦呀呀呵孩，
生产的责任不须催。
冬天的田野白雪多，
读书工作度生活。
锻炼突击队，
保卫好山河。
农人最爱的是土地，
肯让敌人来侵夺，
抗战胜利，
全民快乐，
大家同唱凯旋歌。
咦呀呀哈孩，
大家同唱凯旋歌。
（退场）

第八[九]场

景同前。
登场人物：美术家歌咏队

美术工厂之歌：（合唱）
战斗战斗，美术工厂；
战斗战斗，美术工厂，
新艺术在战斗中生长，
新社会在战斗中发扬。
我们是艺术的突击军，
充满着正义的力量，
一支笔是一杆枪，
我们要状写公理的胜利，

要写法西斯的疯狂，
要追求全人类的光明，
画成新世界的图样。
在我们的笔下，
展现亚细亚的曙光。
亲爱的同志们：
用鲜血染在画幅上，
高举起艺术的火炬，
为了民族争解放。
看我们的力量。
一支笔是一杆枪，
看我们的力量，
一支笔是一杆枪。
（退场）

第九[十]场

景同前。
登场人物：战地服务队合唱团 童子军救护队合唱团

全国总动员歌：（合唱）
全国总动员，
不分少年，
不分壮年，
不分老年，
不分女，
不分男，
有力出力，
有钱出钱，
一起参加神圣的抗战。
（战）我们是战地服务队，
（童）我们是童子救护团。
（战）我们在战地工作，
走上斗争的最前线。

壮烈去苦干，
英勇各争先。
（童）我们在战地工作，
救护的同志有万千。
冒着毒瓦斯，
冒着达姆弹。
（合）我们是最亲爱的战友，
同生死，
共患难。
尽了我们的力，
流出我们的血，
滴下我们的汗。
抗战，抗战，
一齐参加神圣的抗战，
把法西斯消火尽，
永保和平万万年。
（退场）

第十[十一]场

景同前。
登场人物：游击队合唱团

游击队歌：（合唱）
我们纵横在敌人的后方，
我们游击着广大的战场，
在黎明，
在黑夜，
在原野，
在村庄。
在深谷中。
在高峰上。
到处有我们的同志，
像一支神兵从天降。

迅速的展开，
迅速的集合，
迅速的隐藏。
对准着敌人，
架起机关枪。
到处结合民众的力量，
不许敌人猖狂。
破坏公路，
破坏铁道，
破坏电线，
破坏桥梁，
是我们的老本行。
忍着饥，忍着渴，
轻便的行装。
虚虚实实，
来来往往，
不让敌人知端评[详]。
把敌人打得团团转，
把敌人打得个个慌，
像老鼠落进了油汤，
不是伤，
便是亡，
回不了家乡，
见不到爷娘，
眼望着东海泪汪汪。
我们不骄不怯，
不贪不污，
不夸不狂。
把兴国的责任担当。
我们缺乏弹药，
缺乏衣裳，
冒着寒暑，
冒着风霜，

像一块顽铁炼成钢，
像铁的流，流向四方。
同志们哪……暖[嗳]……
这是我们游击队的力量。
同志们哪……暖[嗳]……
这是我们游击队的力量。
（退场）

第十一[十二]场

景同前。
登场人物：章杰 雪子夫人

爱自由和平的颂歌：（对唱）
（合）我们是求自由的伴侣。
我们是爱和平的夫妻。
（章）我停止了教育的工作，到战地。
（雪）我凌过了大海的风涛，来寻你。
（合）我们要手创出人间的美丽。
看光明，从地平升起。
（章）微风，吹送来百花的香气。
在山边，在水际，
温柔的羊群，
飘来悠远的牧笛。
（雪）我爱绿色的大地，
这静睡着的母亲，
她吐着自由和平的呼吸。
森林在和风中微语，
远山横着微茫的雾气。
（合）我们随着群众工作。
泥土渗入了汗滴。
劳动的全人类，
为生活去前进，
为文化去努力。

真诚互爱，永没有猜疑。
（章）这些是我们在战斗中争取，
我们消灭尽破坏和平的势力，
永远在自由中生息。
（雪）爱的，我们在自由中生息，
从今永不分离。
我采一支“永不忘了我”，
缀在你百战的征衣。
爱，把我们永系在一起，
像林间的好鸟双栖。
（合）我们都是大地忠勤的儿女，
为了公理，为了正义，
我们将永远去努力。
我们是求自由的伴侣，
我们是爱和平的夫妻。
（退场）

第十三场

景同前。
登场人物：全体

抗战必胜进行曲：（四部合唱）
抗战必胜！
抗战必胜！
把敌人打下泥坑。
抗战必胜！
抗战必胜！
建立起世界和平的阵营。
抗战必胜！
抗战必胜！
把民族解放完成。
我们有英勇的群众，
我们有伟大的首领，

我们是世界和平的堡垒，
我们有维护正义的热情。
我们追求光明。
我们不怕牺牲。
像一只凤凰，
在烈火中新生。
广大的同志们，
黑暗已经过去，
展现亚细亚的黎明。
抗战必胜！
抗战必胜！
把敌人打下泥坑。
抗战必胜！
抗战必胜！
建立起世界和平的阵营。
抗战必胜！
抗战必胜！
把民族解放完成。
——全剧终——

（原载于兰州《新西北月刊》第3卷第5、6期合刊，1941年）

附：《亚细亚之黎明》前记

这是1938年在武汉军委政治部第三厅写的一本歌剧。① 当时我同张曙、冼星海同在第六处，主管音乐、戏剧、舞蹈、诗歌、文学等部门。我写了歌词即由张、冼两音乐家作曲，流行于战地、敌前、敌后及南洋华侨中间。当时我把这些组织成一本歌剧，其中也有战地服务团、青年战团歌咏队等所作的歌词收存

① 关于本剧完成并付油印后的剧本去向，常任侠日记有如下记载：“校对《亚细亚之黎明》剧本。……寇机空袭，十二时始解除。下午将《亚细亚之黎明》剧本印完，开始装订。”（1938年11月7日）“将剧本送赠洪深、田汉、沫若、任光、安娥、师毅、愈之、兰畦、张曙、朴园、林路、未然、抗大、勉文、鸿基、伏园、福熙、籁天、张平、夏曦、铭竹、霍薇、苏联鄂山荫、止围、濒南、彦祥等人，及孩子剧团、抗剧一、二、九队，共送出三十四，自存不过三册而已。”（11月8日）“寄陕北抗大《亚细亚之黎明》剧本三册，一赠勉文，一赠冼星海，一赠抗大图书馆。邮票五角五分。”（12月18日）见《常任侠日记集——战云纪事上（1937—1939）》，台北，秀威信息科技股份有限公司，2012年4月。——编者注

其中，但主要是冼星海、张曙配制的曲谱，我把现存的几首曲谱也收集作为附录。这本歌剧在当时写作中，星海去了延安，当我写成并油印后就邮寄了给他，据他的来信说：他在延安曾作曲试唱，后来他去苏联治病，并未写完，但就是他已写成的部分，我这里也未收到，只好待查了。

这本歌剧写成已经五十年，曾记录了当时武汉抗日战争中的火热情形，群众对抗战必胜的坚强信念，以及抗战初期国共合作的大好形势。军委政治部部长是陈诚，副部长是周恩来，总务厅及一、二厅，属陈诚管理，三厅属周恩来管理，六处处长田汉，主管文学、戏剧、音乐，十个演剧队及孩子剧团，也属六处领导。我曾参加一些工作，不久我便被第三厅推选为周恩来副部长的秘书，离开三厅，到左旗部长室工作，与田汉、洪深他们不再一处办公了。在长沙大火的前夜，我同张曙还把纪念孙中山先生的纪念歌，在长沙的电台上广播，是张曙作的曲，不料以后不久到桂林，张曙便被敌机炸死，我的合作者又少了一个。到重庆后，在中训团音干班任教，又写了《海滨吹笛人》《木兰从军》两本歌剧，另由胡静翔、陈田鹤作曲，胡雪谷、杨金兰等演唱，情调也不像武汉时代了。

这本歌剧的油印本，如今只存留了一本，经过五十年的世事沧桑，当时曾演唱过的人，存在已少。《亚细亚之黎明》已经成为灿烂的阳光普照着中华大地。虽则往事已成陈迹，仍然足资纪念。烈士暮年，壮心不已，行将九十，常忆戎马当年。作为抗战文艺的资料，敬献给从事现代文史研究的工作者。

1990 年 3 月 19 日

（原载于《新文学史料》第 2 期，1993 年）

浪人浪事

林一鹏

这剧虽是一个闹剧，但它是充分地表现着，日本军阀自从发动了侵华战争以后，其国内一般失业的浪人为生活不能解决，干出许多无聊的事情。此剧大同学园反战剧团曾在西安易俗社公演过，当时颇得大众好评。

——编者

登场人物：金山金太郎　资本家的大少爷

浪人精

浪人怪

舞台：东京浅草公园内两旁备有长椅子。

时间：昭和十二年六月

开幕：

浪人精坐在右边长凳上午睡，打个大喷嚏，翻身又睡。这时金山金太郎口衔烟卷从右门出来，坐在左边的长凳上，显出资本家的少爷态度。

精：（睡的很不舒服的样子，翻身又睡）

金：（口吸着烟卷，忽然似有所思的说道）哈哈，她就是那个万人迷吗？啊（从衣兜里拿出一封情书来，很高兴的念着）

精：（慢慢的立起来，还像瞌睡的样子。忽然看见了金太郎，表示很羡慕他的样子，拾起金太郎丢在地下的烟卷头，很香的吸着）

金：（念完情书放在怀里又从衣兜里拿出宝石戒指一个，像给情人往手上带的样子高兴着）

精：（看见金太郎的样子好像很可笑，看着手里的烟卷又好像很快活的）

金：（忽然间看见浪人精，马上慌忙的把宝石戒指和情书放在怀里，进入左后面去了……当时因过于仓忙把情书失落不知而去）

怪：(和金太郎走个对面，吹着口琴出来了，看见浪人精，就说"欧伊！你找什么呢？")

精：喂，什么？伙计！你一来就吵……我没有找什么！

怪：喂喂，你说老实话吧！你找的东西我拿着呢！

(说着就坐在旁边的凳子上了)

精：欧伊！你乱七八糟的胡说什么？我找的是什么难道你知道吗？

怪：嗳！那时[是]自然，不就是这个吗？(表示吸烟卷的样子)

精：yes，对啦！

怪：你要的话，我给你，要多少有多少！(从口袋里拿出好多的纸烟头)

精：哈哈，Thank you，谢谢！

怪：喂！给你这一个(找一根最小的烟头丢给他。)

精：咳咳，太小啦，给我那个大一点的吧！

怪：别说那些"贫浪"的话，还要大的，得啦吧，好容易才从车站上拾来的。

(两个人点着火，衔着个烟头很香的吸着)

精：喂！咱俩个都是失业的流浪者，你怎么样？能找着事做吗？

怪：唉！谈何容易，每天不过是溜大街，量马路罢了，这几天连肚子都吃不饱，战争对我们一点好处都没有。

精：怎么办呢？真可恨！这些制造战争的军阀们，他们什么时候才能消灭呢？再这样下去，我们没有饭吃的人都要反起来先打倒他们不可。

怪：对！非打倒他们不可！唉，现在我饿得真难受！有什么办法呢？不如让我来吹吹口琴吧！

(拿出口琴就吹)

精：喂！你真不知道愁！我看你简直不像是个浪人，倒像是一个乐天派的人了！

怪：嗳！别开玩笑啦。闷得要命，让我吹个快乐的曲子吧！(稍随着琴声跳起舞来)

(浪人怪吹着口琴忽然看见一封信在地上，于是拿开口琴偷偷拾起了那封信，口琴虽已不响浪人精仍旧在跳着。)

怪：(打了浪人精一拳头)别跳啦，别跳啦！

精：什么事？在[再]吹一吹吧，我还没有跳完呢！

怪：喂，你来看看这是什么？我拾着好东西啦。

精：怎么？又是烟头吗！

怪：喂！别开玩笑啦，那有那些烟头，是"拉夫，雷他！"

精：（要跳的样子）拉夫？我不去我不去。

怪：不是，不是，拉夫雷——他——

精：哦？找几个人去打他！我怕他打我，我不去，我不去！

怪：那里？你在外国留牛的时候，不，在外国留洋的时候，没有念过英文吗？这是情书！

精：嗳，你说个“情书”不就得了么，偏要，偏要说些拉夫，拉夫，雷他，雷他，哈哈。那么你给我看看吧！

怪：你听，我给你念，（精仔细地听着怪念）情书：情郎哥哥金太郎爱鉴：你前天来的那封信已经收到了，可是你说什么“人人爱”“万人迷”的，真羞死人啦！又有什么“美子，美子，妹妹，妹妹，你不就是杨贵妃吗？我不敢说爱，爱你”，我一听到这些话，就不知道如何是好了，昨天夜里我在梦里作诗：“奴爱金山金太郎，五夜相思痛断肠。昨吃一惊惊梦醒，情郎怀抱在公园。”醒了一看还是在孤灯独影伴愁眠呢。啊！哥哥来了，回头见吧！请您午后五点在浅草公园的鸳鸯池旁边候我吧！别忘了时间！祝您健康！小妹妹大和美子上

怪：（读毕二人大笑）嗳呀！真是可爱极了！

精：喔？真福气！（稍思）还有个宝石的戒指！喂！你来！（小声说）你伴个美人，我做你的哥哥，咱们干这个买卖吧！

怪：我不像啊！

精：嗳，好好地做一下看看。

怪：（做女人声）您好哇？

精：啊，很好，很好，一百分！喂，时间快到了，去，化妆去吧！（二人下）

金：（衔着烟卷从右门出来，看着手表）还早一点儿（坐下看报）哦！今天日本朝鲜弟兄们演反战戏剧非常的好，尤其是浪人浪事演来，是笑话百出，哈哈。一定会很开心的，候候同美子去看去！

（怪装扮美子上）

怪：（把伞遮着脸）您早来了吗！您好哇？

金：（非常高兴的样子）您真守时刻呀！

怪：叫您候着对不起！（做着害羞地样子）

金：那儿的话！

怪：（害羞的说），金郎您可……

（金见美子害羞，向前靠近，美子便向后退。金不得已取出戒指来，浪人怪见到宝石非常高兴）

金：这是前天说的那个宝石戒指，请您带上。

怪：哟！真好看，可爱极了！

金：我给你带上吧！

怪：谢谢你！（正当此时浪人精从左门出来）

精：嗳呀！你是谁？怎么调戏我的妹妹呢！

怪：嗳呀！哥哥来啦！（往金太郎旁边走去）

金：谁？你的哥哥吗？

怪：是的，这可怎办？

精：你要把她拐跑吗？好，我得和你打官司。

金：我错啦，我错啦，你，你，不要生气。

精：那你想怎么办呢？

金：你说怎么办就怎么办，只请您不要告我！

精：唔，那你想着办吧！

怪：金郎！钱，钱，给钱就行。

金：饶我吧——好，给你钱。

精：说了不算，给多少？

金：有多少给多少！

精：不要讲啦。快拿钱！

金：（拿出钱包）给你，给你二百元。

精：拿过来吧！洋服也脱下来！

金：洋服给我留下吧！

怪：家里不有的是吗？给他吧！

金：（无可奈何的穿着衬衣，非常狼狈的一边走一边说）好利害的大舅子！

精、怪：（浪人怪变了原形和浪人精在后面一齐喊）……金太郎！好色的东西！

金：（金太郎转身回看）啊！我被骗了。

［原载于《黄河（西安）》第2卷第4期，1941年］

正义血战(在华日军反战三幕剧)

[日本]森下九郎　遗著

[日本]押切五郎　改编

罗月焕　译

人物：

松田真一(真)	武田治夫
妹　芳子(女)	山田义男
母　繁(母)	田中照子
放印子钱的(印)	伊井美德
村公所公役(役)	佐光康夫
连　长(连)	吉田又三
班　长(班)	押切五郎
一	中野满雄
二	平井真
兵　三	松森纯一
四	山本守
五	高田新一
中国女子	山田又男
中国男间谍	冈田毅
中国女间谍	田中照子
中国军官	冈田毅
中国女旗手	田中照子
其他	

第一幕

地点：日本某农村

布景：农家的一室，老母躺在病床上。

母：真一！真一不在吗？

女：母亲怎样啦？安静些吧！哥哥出去一下便回来的。

母：啊！真一还没回来吗？我病了以后，真一也累的够苦了！

女：母亲说那儿话，别操心这些事，快些把病养好吧！

母：谢谢你！你和真一对我这样孝顺，我不知怎么的高兴，别人家女孩儿那能这样，真觉得对你不起。

女：母亲，对自已女儿怎么说这些客气话来！快把病养好吧！

母：谢谢！我真福气，你们两人对我这样孝顺，我多么高兴！

女：母亲！这是做儿女的本分事。

（这时放印子钱的从舞台右面登场。）

印：走啊！这么大年纪东赶西赶老实不容易，究竟是钱的事，交给孩儿办也放心不下，好啦，只要是钱的话，钱，钱……话是这么说，前面松田的家里还是三个月前借的二十块钱，到现在还没有还，利息便是五分利，已经三十五圆了，今天非要拿回去不行！再要拖延下去的话，我这门生意得关门了。喂！开门啊！

女：嗯，那一位？

印：是我。任什么时候见了都是漂亮的姑娘！老太婆的病怎样啦！真一像不在家，去那儿啦！

女：嗯，哥哥出去了。（很迷惘地望着放印子钱的面孔。）

印：每次来总是不在不在，我可受不了啦。

女：大爷，真不在家啊。

印：算了，用不着这么认真的找理由，我这儿三个月前借的二十块钱加上利息是三十五圆，一齐付出来吧！

女：嗯，你看母亲那样害着病，哥哥又不在家，请你再等一忽儿吧！

印：老太婆和真一的事我不管，今儿这一天，不论怎样也得要了去，没有钱可没办法，得要她娘到我家里来做活，到拿得出钱时再说。

女：真的一个铜子也没有呀！

印：得啦！没有钱可没办法，只有将姑娘和棉被要了去。

母：大爷，我这老太婆任怎么做都行的。

印：别噜嗦！

（正在扰闹中，真一匆匆回来）

真：大爷稍等一下（拖住放印子钱的衣服。）

印：噜嗦什么！啊，我当是谁，真一你来得好！三个月的钱有了吧？

真：是，那笔钱……

印：有了吧，三十五块。

真：那三十五块钱。

印：那三十五块钱。

真：大爷，等一会〖儿〗吧，别说三十五块钱，一个铜子儿也没有哩，我真一总想点什么办法，请再等一忽儿。

印：放什么屁！这混蛋，还不起钱为什么要借！瞧着你还不出钱，还说等一忽等一忽的，老子可不耐烦，和你这样家伙抬嘴真丢人，拿不出钱没别的，把姑娘带上走啦！……利钱还不够呢，被子也得拿走（伸手来取盖在老母身上的被。）

真：大爷！等一忽儿，带上妹妹走，妹妹实在可怜，母亲那样病着，请您再待一会儿吧！

印：还哭诉些什么！喝！小姑娘不走吗？（不顾母子的劝阻，带芳子进后台去。）

（真一追着放印子钱的，跑到门口）

真：嗯嗯嗯，妹妹，原谅吧！你这个没用的哥哥太使你受苦了，……这么大冷天，做儿子的又怎样向母亲谢罪才是呢。……

母：真一！真一！（真一听到唤声，跑到母亲身边。）

真：妈妈饶了我吧！真一太不应该了！

母：不，真一，什么事也是前世注定的。

（这时门口来了一个拿着召集令的村公所公役，擦着脸上汗）

役：哼哼，忙坏我了！自从打了仗，每天就跑得团团转，这是为了国家吗？管他哪，松田真一的家可在这儿吧（走进真一的家），对不起，松田，松田！

真：喝，什么事？

役：召集令下来了！

真：（突然站起）啊啊！时候真凑巧，召集令！非得抛下害病的母亲，丢下可怜的妹妹去作战吗？……妈妈！召集令下来了。（跑□母亲身旁，母子紧紧抱住。）

母：啊啊，真一你去打仗吗？

真：明早六点钟的限期，不去不行，妈妈，请你别怪我。（摆开母亲拉着的手要走）

母：真一啊！

真：母亲！（去而复返者数次，母子悲壮的离别）

第二幕

地址：日军某部队司令部附近

布景：设有铁丝网、沙包等，太阳旗飘荡着，幕启时步哨兵甲、乙两人专心勤务中

甲：伙计，出国已经一年零八个月了，到底什么时候战争才结束啊！这样长久的战争，真打厌了！

乙：不是吗，这样长久的战争打到什么时候去，为的是什么啊！家乡的父母妻子不知怎样过活着。前儿我的孩子有信来还说爸爸快回来，写的怪可怜的话！

甲：是吗，我也有两个孩子，不知怎么样生活着啦。

乙：喂，老哥，怎么今晚上有点不对味儿似的，敢情今晚又有敌人来偷营哩！

甲：是啊！可不知怎的像有敌人来袭击的样子，这么吧，你别老说这样的话，望望附近再说，放哨总是要放的。

乙：是了。（暂时放着游动哨）

甲：喂，没有异状吧！

乙：没有什么，保险！

（一军官过来查哨）

甲：报告！立哨中没有异状。

乙：报告！行动中没有异状。

（军官去，少顷。）

甲：伙计，怎么的，有点儿瞌睡起来了，查哨也查过了，拿点酒来喝他一下怎么样？

乙：嘿，正好我还有昨天买下的酒就去拿来喝吧，要不老想那些鸟事，真没办法。

甲：就这么你快回去取了来。

乙：行，这儿拜托你啦。（去）

甲：（寂寞地往来走着）啊，冷啊！

乙：（少顷，出来。）

甲：那一个！

乙：我！

甲：你吗？

乙：怎么的？今晚好像是特别冷冷清清似的，酒拿来了，来吧，你喝一杯。

（两人抢着洋铁水壶里的酒喝）

甲：好味道，什么时候喝了都是香的。

乙：喝多了出了事情可了不得。

甲：没有的事，不把酒喝得舒舒服服的，仗也打不成。

（两人都很醉的样子。）

乙：喂，没有什么变动似的，就在这儿休息一下吧。

甲：行，就这样办吧……

（两人边说着把枪搁在身旁休息起来，不知甚么时候醉得都睡着了，这时中国军的男女间谍两人登场，见哨兵熟睡，悄悄地越过步哨线，从袋里摸出剪子，剪断铁丝网，男的走进司令部里，女的暗藏在沙包外边，张望着附近，默祝他的成功。男间谍从司令部里取了一些机密文件出来，将文件交给女的，耳语后又将进里面去，脚不留神碰倒了哨兵的枪，两哨兵都惊醒站起，立刻将男的抓住拳足交加，女的赶快逃走，乙兵追上前去，甲兵和男的翻上翻下的开始肉搏，忽然被男的压住了，不能动弹。）

甲：伙计，在干什么，快来！伙计！

乙：（跑回来）这混蛋好大胆！

（男的打不过两人，被日本兵捆绑起来。日兵审问一番后知道是间谍，便用烙红的火筷将男的戳死，甲兵收拾尸体。）

甲：今晚老觉得有什么事，原来是这么一套！

乙：女的却逃走了。

甲：简直气坏了我，什么时候啦？

（鸡鸣声）

乙：鸡叫了快天亮了吧。

甲：好讨厌的晚上。

（天明，舞台明亮起来，这时日军征发队一行约三四名归来，由右方登场，抢来的有中国女子，鸡，猪，金戒子[指]等。）

征发兵：（向步哨说）辛苦了，昨晚上很冷吧！没有异状吗？（征发队的兵士们自鸣得意地各把征发品拿出来较量，吸着纸烟对女子百般调笑，但语言不通，丑态百出，舞台充满了滑稽，表示出日军颓废堕落。这时班长二人自右方登场。）

班：嘿！你们在胡扯些甚么？

（征发兵急忙将女子藏起，把鸡、猪等一切征发品拿给班长看。）

班：有那些闲工夫乱扯，不快些将这儿打扫打扫，将班里内务整理整理好？

兵：是！这就办。（各自打扫，洗刷面盆，擦皮鞋，分队长巡回舞台中，监视兵士，懒洋洋的兵士们一边擦皮鞋一边唱歌，一边洗刷盥盆一边又打呵欠，露出很悠闲的样子）

班：胡说些什么？

兵：是！（站起拿着鞋刷作举手敬礼）

（午饭的军号声。）

兵：开饭了！开饭了！（慌慌张张都搁下工作）

兵：松田上等兵拿饭来！

兵：值日炊事兵拿饭来啊！

（松田拿了饭来先送到班长面前去，兵士们开始吃饭的冲锋，一个兵吃饭塞住了喉咙管等怪态百出，松田一个人坐在舞台的左面，饭也不吃，不知在想些什么。在大家的后面独自拿着家乡来的信，流着泪，其余的兵士们吃完饭又大谈今天征发的故事，抽着纸烟，很愉快似的，班长抬起头向松田那边望了一忽，走到松田面前。）

班：松田，你在哭什么？你不是国家的干城吗？你是一个军人啊！可是想起家了吗？什么，看了家信哭着呢！拿给班长看，许是你爱人写来的吧，当军人的哭哭啼啼是不行的。

真：报告班长，我也是个日本军人，干么想起妻子来？请您看看这封信吧。

兵：松田，你这家伙好不自量，这一向真有点没劲儿，提起精神来吧！一等兵了，还这么撒娇的！

班：（静读松田的信，很难受的样子）松田，我明白了，我当班长的不是，原谅我吧，这是班长没有注意周到，你哭也难怪。（向兵士们）大家听吧！班长要训话了，首先读一遍松田的家信，仔细静听着。稍息！“哥哥，您近来好吗？我还是那么样，自从哥哥去打仗后已经一年半了，母亲的病一天天加重，芳子一直忍受到今天，现在已不能忍下去了，照这样子，哥哥不在的时候，也许会发生什么事，我一个人心里怎样也想不出办法，而且这一向上边抽的税愈来愈多，我一个女子怎么样办呢，这战争究竟为的什么！哥哥快回来吧！你想想芳子的情形……”兵士们听着都流下泪来，“这些事本来不该告诉战场上的哥哥，但我一个女子，向谁商量也不行，除了告诉你外，再没有办法了，芳子真是度日如年似的，只等着哥哥回来呢。”

班：大家听到了吗？松田家里的情形，都来安慰安慰他吧！

兵：是！松田，原谅原谅吧，方才我们错了。

班：这么说，我们得进一步想一想，把这次中日战争再做一次检讨，战争对于我们究竟有什么利益？这栋仗打下去我们能得到什么呢？

（这时舞台里枪声一响）

班：敌人袭击！以后再说，准备武器！（兵士们慌忙扎束起来，拿起枪）立正！向右看——齐！向前——看！报数！

（连长上）

连：出动！

班：报告，第一班总数〇〇名，已经集合完毕。

连：就地开始战斗！（四处枪声大作）班长，派斥候一名前去！

班：松田一等兵斥候！

（松田出发担任斥候，稍顷，兵士们向前冲锋。）

兵：杀!!!（冲锋）

第三幕

地点：广漠的田野

幕启时，松田一等兵一人在弹雨中进行斥候任务，突然胸部中弹倒地，爬起来想再前进，又被一弹命中胸部，就地跌倒，班长及二兵士发见，急忙跑到松田面前。

班：松田，别发慌，伤不重，什么，只有这么二点。

兵：松田，安心吧，我给你报仇，他妈的！

真：报告班长，松田已经不行了。

班：说什么来，这样没用的话！定住心，伤口很浅。

真：报告班长，已经不行了！请你听一下，我拜托你的事啊，留在故乡的母亲和妹妹……班长，战争是罪恶，战争能得到什么？于我们有什么益处啊！

班长，这野地，这心房都是血，血！血的海啊！

班：松田，松田，啊，真不行了吗？母亲和妹妹的事别操心吧，我班长都给你担当了，静静地睡吧，在这原野里……

连：前进，前进！

班：喂，停止射击！我们停止作战回故乡去！这样的侵略战争，有什么意义。牺牲了我们的生命能得到些什么！看松田吧！他不是临死都咀咒着战争吗！我们要停止作战回到可怜的妻子那边去，大家明白了吗？

兵：明白了，班长。

班：好！明白了就和班长一致行动。

连：冢田班长，停止战争，你这畜生干什么！违反军队的纪律，砍你的头！(向班长面前走来)。

班：胡说！把你做反战的血祭了，瞄准——放！

兵：这小子(都站起向连长开枪，连长倒地)

班：抛掉枪，脱去军服！(兵士都丢掉枪，将军服脱下)对了。(班长在白布上写了“正义的战线”五字，缚在枪刺上挥动起来，这时中国军队以青天白日旗为前导，在奏着前进曲的军乐声中走向班长面前。)

中国军官：已经觉悟了的日本弟兄们，我们的敌人不是你们一般民众，是人类之敌的日本军阀和财阀，所以非把他打倒不可，换句话说，我们反对的是侵略者，实行的是自卫战，我们是拿着全民族的血来争取人类的正义。

班：明白了，过去我们都错了，现在才真觉悟了。

中国军官：好，好同志，日本的同志，你们能这么样的觉悟，认清你们的敌人，参加我们的正义战争，我们共同的使命，就必定会胜利的完成。好，走，走啊，走上我们正义的战场。(和班长互相紧紧握手，兵士都向他们行注目礼)

班：从此我们为正义而战了，唱吧，高声来唱反战歌！

(兵士们大声唱日本反战歌)

幕下

(原载于《黄河》第2卷第4期，1941年)

朝鲜的女儿（剧情说明）

[韩国]金昌满

朝鲜的女儿——爱莲是一个没有祖国的女儿，她是在黑暗里生，在黑暗里活着！她的命运就是朝鲜人的命运，她的悲哀就是全朝鲜共同的悲哀！她因为是一个弱者，所以她要反战！

她因为是一个没有权利的人，所以她一定要她的权利！

她因为是一个被蹂躏者，所以她一定要复仇！

第一幕

这时候，正是中日战争的期间，朝鲜各地因□□□募集“志愿兵”和“献金”而引起全民暴动。暴动后四日的那天□□，在朝鲜的西海岸的农村，爱莲祖父的房屋被日人封闭，又被日人贱卖，而他不肯离去，仍留恋于故家庭院，虽然新来的日本主人山口在侮辱他，在驱逐他。

这一天，正是祖父的生辰，他的孙女给他送来的一碗稀饭。这时候祖父回忆住着朝鲜，讲朝鲜人的幸福时代，就像院内的老树一样，等去了春天的繁荣而等到了不幸的秋天：往日新绿的树叶，今日已经枯萎而零落，不禁凄然而悲愤。

时外移民车传来的□声，是呼唤这个家的困苦祖孙去往满洲的。祖父也把，□告诉爱莲她的父母为了□□去往满洲而埋葬在□□的故事。爱莲想到自己□祖父的生活，□似一片落叶，将不知被风吹往何处，虽然，有一咖啡店女主人，久想买来爱莲做咖啡女，但是祖父不允。在叔父醉后摇摆而来的时候，目与女主人同谋，被祖父予以训斥。

然后，有一警察为了搜捕光浩前来，失望返去。光浩是祖父心爱的孙子，也是一个革命青年——就是这次暴动的领导者。捕光浩的同志顺三说：光浩想往中国去，但无路费。

于是爱莲深感手足情爱，不惜以自己的青春换得三百元钱，交顺三代转交光浩作为路费，她在女主人威迫之下，与祖父□无归去。

光浩来时□□。不仅人事□□□就连祖父最爱的大树也被新来的主人斧砍，与它往日的主人遭受了同一的命运。

第二幕

半年后春天的一夜，在小都市咖啡店的花园内；爱莲就是这里咖啡店的侍女，她久已厌倦这种生活，故常来花园休息，但也避免不了一些醉鬼的缠绊。

祖父为了久别的孙女常来探望。

有两个假装的醉鬼——光浩与顺三——他们一从中国重返祖国，继续努力革命工作。并且决定在这夜□时，以军号为令，发动已被煽动的一部分反战的日本兵士与潜伏的朝鲜义勇军，合成一流派奋斗，趁着花园寂静的时候，光浩突唤爱莲，给她以重要的使命，然后命顺三去负责发动号令。

这夜的咖啡店内，正是招待准备出发侵略中国高桥师团军的宴会。在赵□□年青警察署长陪伴高桥走这花园的时候，似乎□醉，对爱莲已有爱意，爱莲并不为所动，但出于哥哥暗示，不得不假意服从。后日本副官向高桥报告，他说□□空气紧张，并□□一□□。光浩听后，想□□却发生意外，便示意爱莲缠绊着高桥，而使□副官□□□□返去。

花园内，只余下光浩和爱莲两人的时候，光浩□□□令□时□发，而使失败，□将咖啡店内，□□□□交予爱莲负责，而莲却不顾困难艰险代光浩出去了。她去后不久，号令即起，她负伤归来。这时，满□枪声和日兵增援部队来，光浩不得已便以手枪警视高桥，中村等，而爱莲为了急于往□□□，又第一次的摔倒地。然后，光浩即令□高桥阻止日兵前进而予缴械，爱莲在挣扎中击□高桥而中枪。祖父与光浩即去，因为……“朝鲜民族的解放，还需要你们的热血！”爱莲说：“是的，哥哥你快去吧！”他[她]说时，便已经到了人生最后的一瞬。

此后，“朝鲜的女儿”的坟墓□成了将来朝鲜民族解放的基石。

（原载于《西京日报》1941年2月10日）

皇军的梦（剧情说明）

陈铭

这是一个故事！也就是一个事实！

皇军正在做梦，我们打破它的梦吧！

在汉口法租界某高级咖啡店里，在悠暗的灯光下，败北者——片冈在深处，烦闷！他有时候读着赞美他的命运的诗：

啊！幸福地，安静地………和平的时候终于来啦！

大家要壮烈的悲哀的纪念这一时代！

我们将从容地死去！

从容地……从容地……

我们在痛苦中生，在痛苦中死……

从前的他，是一个堂堂的作家，现在落到侵略者——皇军宣抚员的他，还有一点良心的表现，所以他是苦闷！——他在三年内侵略战争中看到了侵略者的归宿地和被侵略者的抵抗力量！

还有新中国的长成！

然而，在魔手的包围内，为了延长自己的命运，还存留着败北着的劣根性！

他的旁边爱子在哭泣着！

“日本人为什么要哭泣呢？”

“因为是日本人，所以才要哭！”这是爱子的回答！也就是全日本人民的回答！也可以说是他们的呐喊！觉悟的他们，知道侵略者侵略别的民族，对于他们自己是没有幸福的！

Gellers（吉尔思）：他是以英国绅士的资格，以新闻记者的资格登台，他是讲和平，然而，他遇到□人的危险时；“上帝！请你赶快拯救大英帝国国民的命运！”

安田中佐，他是日本军阀的中坚份[分]子，少壮派的代表者，他说：“大和民族是最优秀最纯粹的民族！”“他是高声唱着侵略者的哲学，然而，他不能否认他也是一个人，所以看到最大的□□时，就要暴露以反战□虚假包裹着的他的真面目！”

池田上等兵：是以一个皇军的一切事实的否认者的资格出现。负伤兵，他在二年中两次在战场上看到了新的中国——不能侵略的中国。他是一个侵略战争产物——因此他是□成□经历者！然而，我们知道从他的嘴里讲出来的话，就是代表着一般士兵所要讲的话，也就是一个一般日本士兵的代言人！

老土：他是在抗战三年中所锻炼出来的中国老百姓，他是很知道皇军的真面目——就是皇军的惨暴之□□□，还可以知道，一面皇军的弱点，所以他能同安田作对手！

苏菲亚：她是交际花，在她的面前，在她□□□之下，安田中佐也不能□□□的审明！她是一个中华民族的女儿！她知道她的哥哥和其他无数的青年们怎么样死在安田的手里的！她追踪着安田中佐已经有一年多了！——因为她，为着要报仇！为着要凄惨的死在安田手里的她的哥哥报仇！！！

皇军——安田的举动，是完全操在苏菲亚的手里！

在枪口前面的安田！

在光明前面的皇军，是最卑鄙，最无情的人！

（原载于《西京日报》1941年2月10日）

梅子姑娘（五幕剧）

冷波

第一幕

人：梅　子　　　营　妓
　　绢枝子　　　营　妓
　　美田子　　　营　妓
　　松　本　　　日　兵
　　川　岛　　　支队长
　　横　濑　　　日　兵
　　冈　本　　　日　兵
　　村　井　　　日　兵
　　中条知义　　空军驾驶员
　　李队长　　　义勇队队长

时：一九四〇年仲夏

地：沙市福安旅社的大厅

景：自从敌人盘据[踞]在沙市以后，这福安旅社就变成了日本营妓的大本营，日本的军阀在这里制造着一种使人闻到就要战栗的气息，□不仅是对于异族的中国人施行着灭绝人性的野蛮政策，就是对于他们自以为神圣地大和民族的子孙们也施以种种暴虐，残酷或麻痹的手段，可是当他们施用这种手段的时候，往往会使那般青年坠到陷阱里而不自知，因为日本军阀们是惯用着欺诈的糖衣来裹在不可自拔的毒药上，利用诸种方法来挑逗起青年们一些微末的直感的需要，以换取他们的生命，来作他们战争的赌注。

“营妓”也就是日本军阀们所设的诸种圈套的一种，他们口口声声地对出征的青年们喊着“为了你们的辛劳，你们是应该在精神上或生理上得些安慰或调济”。于是乎他们为了直感的需要，乐得接受这一杯带有糖衣的毒汁，可是他们忘记了那是要用他们的生命做代价的。至于道德与人性，一时他们更是无从发觉，因为他们是已经坠入到麻痹的陷阱里；人与人之间究竟有多大的仇恨呢？为什么一定要拿别人的血来养肥自己！有时他们也许为了这问题而发生怀疑。可是他们那混沌的环境，军阀们对于他们所施用的圈套和手段是太精密了！他不容许他们在人性上得着丝毫反醒的机会，为了他们侵略的野心和自私的利益，他需要他们忘记一切，正如同使他们忘记掉自己的生命一样，使他们不知道“人”为什么要活，又为什么去死。那就像受了强烈地催眠一样！一个没有灵魂的行尸，管他什么种族不种族，那更是微乎其微的事。不是么？“营妓”也是大和民族的人种，可是他们却做了日本军阀的脚下的牺牲品，这种尖苛的压榨，稍微有一点感觉的日本青年，便马上会感到生活的渺茫，懦弱一点的不免由彷徨，错乱而走向自杀。比较积极地他会本着他固有的人性而起来反抗，因为他要在那混沌的暗夜里寻求光明。可是这光明在他们那产生了众多魔王的日本故土，却永远也找寻不到。至于那些被麻痹过甚的浑庸份子，却死而无知地做了莫明其妙的牺牲品。

在这福安旅社里就聚集着这样地一群；混沌，混沌，第三个还是混沌，他们就在这混沌里生活着。在这里，脂粉不一定是香的，女人也不一定是甜的，啤酒更是催死的毒药，这种混合的气息会使你一嗅到就战栗，那就像你站在磨人的电磨旁边一样，你可以嗅到那磨旁流出来的血与肉混合的浆糊的腥气，那可怜地被牺牲者，在杀人的魔王手下，很快的便送掉了自己的生命！除非你努力挣扎，竭力反抗，也许会侥幸地挣脱魔王的□，可是你必须迅速地远离他，宁愿抛掉了你身旁的一切。

舞台的布置是这样地：一间比较大的厅房，正面右方有半截甬道，甬道的里首露出几级楼梯，那是通到楼上梅子姑娘的居室的。正面的左方开一门，这门是通美田子的居室的。右方是一排大窗，从这窗可以看到外面的花园，窗的里首有一门通外院。舞台左壁，也有一门，那是通绢枝子的居室的。这厅房现在变成了公共的陪客间。沿着墙壁靠排地摆着几张茶几和一对对的椅子。大窗的下面摆着一张沙发躺床。偏台中心的左方一个大沙发和一个小沙发围着一个圆桌。茶几和圆桌上，都铺着日本印花的桌单，墙上也有几张日本美女的照像。房间里并不怎样整洁，因为凡是到这里来的都是些酒徒色鬼，所以每一件东西都像不安于份似的离开了自己的位置。就连摆在左后角的大穿衣镜，也都像给人搬动过了似的。

幕启时：冈本和村井喝得醉熏熏[醺醺]地正在追逐着绢枝子乱跑，他们一人拿着酒杯，一人拿着酒瓶，死皮癞脸地要绢枝子陪他们喝酒，可是绢枝子并不喜欢他们，躲过来躲过去的，始终让他们抓不着，外面的吵笑声和美田子他们在屋里的闹成一片。

村井：（鼓动地）冈本，绢枝子姑娘要不喝掉你那杯酒，就是看不起你。哈哈哈。

冈本：（一面追着绢枝子）我想绢枝子姑娘一定会赏光。

绢：（即“绢枝子”简称，以后统此）村井先生，我看你还是别鼓动他了，再这样下去我可真受不了。

村井：受不了？哈哈！（自己笑得怪有趣的）冈本，他说他受不了！哈哈哈！

冈本：（对绢玩笑地）受得了，你说你受得了。（一手搭在绢的肩上，多情地）喝，你喝，（把酒杯举到绢的面前）喝酒就受得了。

绢：冈本先生，你应该安静一点。（她无奈何地把他推坐在沙发上）你为了我们皇军远征的任务，应该多多保重身体。

村井：保重身体，哈哈，冈本，你看绢枝子姑娘对你多来劲！

冈本：（用手煽了一下自己呼出来的酒气）□！我不要保重，我也不要身体，我一见了像你这样漂亮的姑娘，我什么都不要。（他用手狠狠地搂住她）

绢：（想摆开他的手）那么你离我远一点。

冈本：（更用力的抱着）没有那么便宜，我要把这酒含在你那个小嘴里再吐给我吃。

村井：（拍掌）好好，我赞成！

冈本：（强迫地）来，来，你不么？

绢：别胡闹！

冈本：胡闹？这不是胡闹，这是我对于你的要求。

村井：（对绢）喂喂，赏个脸吧！

（松本吃得酩酊大醉地由外面闯了进来）

松本：什么要求？

村井：（大笑）哈哈哈，又来了一个胡调朋友！喂，松本，到哪儿吃酒去来？

松本：到哪儿都吃酒。喂，绢枝子，梅子在不在？

绢：在楼上，病了。

松本：啊！（急跑向甬道）

绢：松本先生，请你不要去惊动她罢。

松本：你说什么？

绢：我说，请你不要去惊动她。

松本：怎么？她的屋子里有别的客人么？

绢：没有。

村井：哈哈，松本吃醋啦！

冈本：（对绢）姑娘，还是到我这儿来吧。

绢：（瞟他一眼□理他对松本）刚才犬养队长来了，硬把她从床上拉起来陪他，刚把犬养队长送走又来了几个支队长……

松本：队长可以把她硬拉起来，我也可以，不是一样么？

绢：不是那么说，松本先生，你是她的老朋友，难道你就不怜惜她一点么？她实在是太累了！

松本：（自语地）太累了！怜惜！老朋友！

绢：是的，你们在汉口的时候就那么要好，这一回是异地相逢，你更应该特别多照顾她了！

冈本：喂，绢枝子，你为什么对于他（指松本）那么爱说话？

绢：我喜欢。

村井：（起哄）哈哈，难道你就不喜欢冈本？

绢：不管你的事。

冈本：（拉起松本一同走至大镜前）来来，松本，咱们照照到底你比我的脸儿白多少。

村井：用不着照，赶快把你那连巴胡子刮一刮就好了。

松本：（对村井）喂，有酒没有？

村井：有点，不多。

绢：（对松本）别再喝了，看你醉的那个样儿。

松本：不行，不行，我是一分钟也离不开酒，离开了酒我就不能活，酒就是我的命！

绢：不见得吧？

村井：对，不见得。哈哈！

冈本：与其说离不开酒，倒不如说你离不开梅子！要让你离开梅子姑娘，那可就真要你的命啰！

松本：（对绢）梅子究竟是什么病？

绢：发烧，咳嗽，同时又接到了一封家信。

村井：（对松本）你真算好运气，梅子姑娘偏偏爱上了你。

冈本：（讥讽地）脸儿白嘿！

村井：可是有的女人专爱连巴胡子呢，当亲嘴儿的时候，胡楂[茬]子碰在那嫩脸蛋儿上，刺的痒痒地，专爱接受这个刺激劲儿，你说是不是，绢枝子姑娘？

绢：（瞟他一眼）下流。

村井：（两只胳臂和两只手缩成鸡脖子形，耸着肩，缩着头，纵鼻子，翘着嘴，两手向前挠抓着，鼻子里故意做出那种下流的声音来）哦啊哼，哦啊哼，哦啊哼，（两只腿也在随着手动弹着，伸长了下巴说）下流的事情还在后面哪！（两手一抄便把绢枝子抱在怀里）走，先跟我睡十分钟再说。

绢：（挣扎着）别闹，别闹。

村井：是真的，谁跟你闹着玩呢。（抱起来就向绢枝子的房间里走）

冈本：（拦阻着）村井，别闹的太过分了。

村井：（嬉笑地）哟！吃醋啦！你的姑娘就不许别人动一动么？反正他们是随军慰劳的，大家都是皇军，哪一个先睡还不是一样。

绢：（指美田子的房间）川岛支队长在屋哪，你要再不放开，我可就要喊啦！

村井：什么支队长不支队长，他还不是一样玩姑娘。

（话音未落，川岛追逐着美田子两个人嬉嬉哈哈地从屋里跑了出来，猛抬头看到了自己的部下，不自然地严肃了下来，村井也急忙把绢枝子放了下来，冈本喊着敬礼的口令和松本村井一同敬礼，川岛随便地还了一个礼溜回屋里去，几个人才松了一口气）

美：（即“美田子”简称，以后统此）哟，绢枝子今天打扮得这么漂亮，是在等着你知心的客人么？

绢：别寻我开心了，每天都是梅子帮我化装[妆]，可巧今天她病了！没办法只好自己动手，一早晨可把我气死了，总也化不好。

（她正向大镜前面整理着头发，抚摸着自己的脸）

美：这就已经够迷人的了。

村井：（觉得怪没趣地）冈本，回去罢？

冈本：不，我还要再喝几杯。酒呢？酒呢？

村井：嗳，算了罢，晦气！（拉起冈本要他走）

（梅子姑娘出现在楼梯口）

美：呵，梅子。

绢：你怎么起来了？好些了么？

梅子：谢谢你，是松本先生来了么？

松本：（他正在昏迷的沉醉着，忽然听到梅子叫他的声音，即刻奔了过去）松本在这儿。

村井：（对冈本）走罢，走罢，你总看什么！

冈本：（两眼直挺挺地盯在梅子的身上，用手指着）梅子，梅子。

村井：我知道，你看你醉得那个样，快走罢。

（村井勉强地将冈本拖了出去）

梅子：（对松本）你先到我屋子里坐坐罢。

松本：好。

（松本到楼上去了）

美：绢枝子，你的客人走了，你为什么不送？

绢：走他的好啦，两个讨厌鬼，来了就胡闹。

梅子：美田子姑娘，你那里还有客人么？

美：（得意地）有，川岛支队长。

绢：枝子，你看我今天自己化的装怎么样？

梅子：（不客气地）口红涂的太多了，简直像一张血嘴，眉毛也太黑了，绢枝子，我劝你还是把它洗掉，你的皮肤很白嫩，不施脂粉不是更美么？（她说完干咳了一声）

绢：梅子姑娘，等一下如果你精神能顾得来，还是劳你驾替我画眉吧，唉！为了男人，真烦死了！

梅子：为了男人么？绢枝子姑娘，为什么一个女人非给男人玩弄不可呢？如果擦粉抹胭脂是为了个人的天性爱美，这我并不反对，若是仅仅为了使男人高兴，我觉得这种化装简直给女人们一个莫大的侮辱，你说对不对？

绢：还说什么侮辱不侮辱呵，我们过的这种生活难道还是人的生活么？

美：别又发牢骚了，真有点无聊，随皇军做慰劳队，是多么光荣的事，难道精神上还有什么不愉快么？

（川岛由美田子的屋内出）

川岛：你们谈的倒是满起劲儿，把我一个人丢在屋子里。

梅子：（鞠躬）川岛先生。

川岛：梅子姑娘。

梅子：你们谈啊，我屋里还有客人，需要招呼招呼。

川岛：不客气。

（梅子回自己房里去了）

美：刚才实在对不起，我们正在这里批评绢枝子的化装呢。

川岛：（走进[近]绢枝子，摸摸她的脸）很好，很好，非常的漂亮。

绢：谢谢你的夸奖，不过你要当心，美田子要吃醋的。

川岛：（对美田子）你会吃醋么？中国的镇江是出醋的老地方，等我让便人给你捎几瓶来。

美：屁话！

川岛：（用手狠狠地捏住她的脸蛋儿）……

美：（痛的直叫）哎哟哎哟，（摆开他的手，假嗔地）痛死啦。

绢：川岛先生，不敢打搅，我要回房去了。

（她妩媚地向他瞟了一眼）

美：（叫住她）绢枝子，忙什么，在一块儿玩一会儿。等一会儿他还给你讲战场上的故事呢。

绢：不，等我把眉画画回来再听罢。

美：那么你快些来啊？

绢：嗯。

（绢枝子进入自己的房里去了）

美：（对川岛）你们对待中国漂亮的女人也是这样狠么？

川岛：中国的女人？哈哈，我们就没拿她们当人看过，要是这样对付一个中国女人，那可就太客气了。

美：那么你们怎么对付她们呢？

川岛：妙的方法多得很！最妙的是从七八岁的小姑娘一直到七八十岁的老太婆，找那么几十个女人，让她们脱的一丝不挂的，按着年龄的大小，挨着次序躺在地下摆队。

美：那她们肯脱衣服么？

川岛：不脱？那她还想活吗？

美：怎么办？用枪打死？

川岛：哪有那么便宜，我们还没用过哪。

美：没用过？

川岛：怎么？你觉得这种字眼儿有点刺耳么？

美：我倒不敢那么想。

川岛：（吃吃地笑着）好乖巧的一张小嘴。

美：川岛先生，你们这样做，不怕他们中国男人怀恨你们么？

川岛：怀恨？姑娘，恐怕是你把这种事情看得太高奥了！照理他们也应该放得达观一点，一个皇军对于他的战利品，是可以为所欲为的。

美：当然，这是我们皇军的权利是不是？

川岛：所以当我们枪[抢]获了这种战利品的时候，我们还常常把他们中国男人带在身边，让他们亲眼看着我们怎样做乐。

美：想不到他们中国的男人竟会那样的驯良。

川岛：不，美田子，你错了，他们一个个地差不多都像一只倔强的驴，他们常会眼睛里射出蓝光，仇视着我们每一个皇军，嘴里儿哩咕噜地喊着："打倒日本帝国主义！打倒日本鬼子！"

（绢枝子惊讶地由屋内走了出来）

绢：（用着奇异地眼光看着川岛）川岛先生。

川岛：眉画好了么？姑娘。

绢：没有，可把我气死了。（她转身欲回）

美：（过去拉她）别走，听我们讲故事。

绢：有什么好听，还不是讲些怎么样玩女人！

美：不，现在我们已经讲到中国的男人了。

绢：中国的男人？

川岛：怎么？绢枝子姑娘对于中国的男人特别感觉兴趣么？

绢：（假嗔地）你别跟我胡调。

美：（对川岛）还是接下去讲罢。（对绢）绢枝子，你看他刚才讲得来劲儿的时候，竟学着中国人的样子喊起来了。

绢：（对川岛）为什么？

川岛：（玩笑地）吃醋。哈哈哈……

美：别废话。我问你：假如你们遇到那种情形又怎么办？

川岛：那我们用很平常的方法来对付他们：我们可以马上把他推到人群里去打弹子。

绢：打弹子？

美：什么叫打弹子？

川岛：就是我们集中十几个或二十几个士兵在一起，围拢一个圆圈，大家拿起上好了刺刀的长枪，把那个鬼东西摆在当中，你一枪我一枪的向他的身上乱刺，让他在地上滚过来滚过去地像个肉弹似的，只要一滚近某一个人，就给他一刺刀，一直到他痛死为止。

绢：哎呀！我怕。

川岛：怕什么？这是我们皇军的威严，也更是我们皇军训练新入伍的士兵们冲锋肉搏的好教材。

绢：……

川岛：（对美）美田子，你在想什么？

美：我在想那个人在当时心里会有怎样的感觉。

川岛：你要知道么？（他一手把美田子拉近些，召召[招招]手让她把耳朵伸过来）来来来，让我来告诉你。

（美田子把头伸了过去，他狠狠地亲了一个嘴）

川岛：就是这样的感觉，哈哈哈。

美：（推开他）骗子。

（美田子迅速地跑回自己屋里去了）

川岛：（追逐着）美田子，美田子。

（川岛也跟了进去）

（横濑由外门走入）

横濑：绢枝子姑娘。

绢：横濑先生。

（横濑一面跟绢枝子打着招呼，径自走向甬道，预备上楼）

绢：（对横濑）上面有客。

横濑：谁？

绢：　松本先生。

横濑：（失意地退了回来）又是松本，又是松本。

绢：我真奇怪！不知道你们男人为什么都要追着梅子。

横濑：这有什么奇怪。

绢：像她那样一个女人，又病，又瘦，又弱，你们还是爱她的出身呢？还是爱她的美呢？

横濑：你说这话的意思，是不是要我们男人都来爱你哪？

绢：那倒不敢劳驾。

横濑：客气，客气。

绢：别呕[怄]气了，要是没有事的话，就坐下来歇会儿罢，等会儿松本走了，那不就该临到你的班了么？

横濑：（仇恨地）这小子我早晚会……

绢：干么那么大的醋劲啦。

横濑：这小子不是好东西。我现在正在侦查他。

绢：侦查他什么？

横濑：（感到了自己说话的语病，急改口）欧，没有什么。（另转个话题）绢枝子，你对于梅子的出身很清楚么？

绢：嗯，知道一点，非常高贵。

横濑：非常高贵？

绢：是啊，一个鞋匠的女儿还不高贵么？

横濑：哈哈，听这话，好像你很嫉妒她。

绢：我并不嫉妒她，可是我倒嫉妒你们这群男人。

横濑：为什么？是因为他们不来爱你？

绢：谢谢没敢那么想，我又算个什么东西。

横濑：干么那么自报[暴]自弃呢？

绢：本来么，我既没做过咖啡店的侍女，又没做过看护，又没做过舞女，更没做过产妇。

横濑：你这是说梅子？

绢：嗯，那倒是样样在行，样样干得来，而且还都非常有经验，尤其是生孩子。

横濑：梅子有过孩子。

绢：嗯，可惜打胎打掉了，现在还存在医院里做标本哪，据说那还是她在家当处女的时候的事。

横濑：那孩子是谁的呢？

绢：大概不是你的罢。

横濑：那么总也不会是你的。他总得有个主儿啦。

绢：听说好像是一位什么藤田先生的，这位先生的命运似乎也不大好，自从接触了梅子以后，没有好久就被征调来中国作战阵亡了。梅子这一次到中国来的目的，据说完全想做中国的孟姜女第二哪！

横濑：哈哈，在妓馆里做孟姜女！

绢：怎么样？在妓馆里做孟姜女不是更高贵么？假如你需要儿子的话，更不妨和她亲近亲近，因为她对于这一行，既老道而又有经验。

横濑：算了，算了，你别再挑拨离间了，总归你就是说梅子是从屎堆里爬出来的，我还是要爱她。

绢：哟！没想到你还是个钟情的人儿哪！实在对不起，冒犯了你的尊颜。（说完一转身走了）

横濑：绢枝子，绢枝子（追了过去）怎么？生气了么？

绢：没什么，再见罢。

（她进自己的房里去了）

（横濑怔了一会儿，看看也没有人出来，回到沙发上也坐不住，想走开又舍不得，转身走进了甬道，可是上了几级楼梯，想了一想又退了下来，最末下了一个决心，由外门走了出去。）

（舞台静默片刻。梅子好像含有满腹的悲哀似地，柔弱而疲劳地由楼上走了下来，看到楼下这凌乱而荒凉的气氛，更增加了她个人孤寂地凄楚，她慢倚在半截甬道的路口上。）

（松本从楼上也走了下来）

松本：梅子，梅子。

梅子：……

松本：（走近她的背后）梅子，你别总这样伤心。

梅子：（她慢慢地挑起了眼睑看他了一下）……

松本：这下面也没有人，让我们在这个大房间里畅快畅快，舒散舒散罢。

（他扶着梅子定向大沙发前坐好）

松本：恐怕我们结识半年以来，今天是头一天才觉得谈的痛快，不是么，我们有了进一步的瞭[了]解了。

梅子：（她慢慢地舒了一口气）松本先生，你说还有像我这样命苦的人么？

松本：在这个世界上，我想是没有一个人没有经过磨难的，可是我们不应该消极，我们应该更勇敢地活下去！我们应该跟这恶劣地环境奋斗！

梅子：真是恨透了！为什么地球上要有个日本，而日本又产生了这么多兽性的军阀，自己又为什么偏偏生在日本，而且赶上这么残酷的一个时代！

松本：（阻止地）梅子，梅子。（他急忙跑向美田子和绢枝子的门口去听）

梅子：怕什么？

松本：你这些话，如果给川岛支队长听到了，你这条小命还想活么？

梅子：活不成有什么要紧，就这样的生活下去又有什么意义呢？我早就不想活了，不过我不愿意自杀就是了，我倒看看他们究竟能威风到几时。

松本：可是你这样不就是等于自杀么？

梅子：我觉得做一个日本军阀统治下的日本人，是没那么再耻辱的了！口口声声高唱着亲善，提携的高调，其实骨子里每一个细胞都是毒汁，都是炸弹，都是毁灭文明，毁灭真理正义的火焰。

松本：（轻声地）你别再喊了，别再喊了，不然的话，真要出危险的，我们为什么要白白地牺牲呢？

梅子：（抑止不住地）你认为皇军这种杀人放火，奸淫掳掠的行为是正当的么？

松本： 不，（轻声地）我们还是回你的房里去谈谈罢。（他想强迫她回去）

梅子：（闪开他的手固执地）不，我要在这儿坐。

松本： 为什么要这样固执呢？

梅子： 你曾想象过如果我们的家被中国军队给烧了，我们的财产被他们抢了，我们的母亲姊妹或者是妻子给他们奸淫，儿子给他们提去输血或者打弹子，我们将要怎样的悲伤啊！

松本：（机警地故意变了一个态度把声音提高）哈哈哈，不会的，就因为我们知道中国军队不会打到日本去，所以我们才敢这么胡来。

梅子： 中国军队不会打到日本去么！（冷笑）哼哼！你根据什么？他们的国家受了这样地奇耻大辱，我想他们总有那么一天要翻身，要报复的，这不过只是时间上的问题罢了。

松本：（轻声地）好了，好了，梅子，我们不要再谈这些了罢，我们谈谈别的好不好？

梅子：（她长吁了一口气，心里一酸，不觉一阵汪汪地泪水涌满了两个眸子，可是她拼命地抑制着不使它流出来）真的，松本先生，只要我回想到了一切，没有一样事会使我稍微安心一点的；日本的军阀，口口声声说是给我们谋幸福，可是幸福在哪儿哪？爸爸穷苦的一生，不幸在“九一八”事变的那一年被征入伍，不到半个月就在前线上送掉了命！母亲听到了这个消息，曾经晕过去三次，祖母因为流泪，就害上了眼疾，家里连饭也不敢吃饱，可是也省不下一个钱来给祖母治病，结果她变成了瞎子！那一年我才只有十岁，除了陪着母亲流泪以外，还能做些什么呢？满以为就这样地活下去罢？谁想到母亲在第二年上又得了很厉害的肺病了，剩下我们这一老一小，又曾有谁过问过一句！所谓之幸福，所谓之军阀们给我们谋的幸福，难道就是这个么？

松本： 咳！梅子，你的身体这样呵，你总这样的忧悒下去，又怎么得了呢？

梅子： 这些事情怎么能使我不忧悒？怎么能使我不忧悒！今天接到家里的孀每来信，就是我的祖母（饮泣）自杀了。（哭）

松本： 梅子，梅子。

梅子： 你说他们有多么狠！是他们硬把她逼死的，据说现在国内的壮丁都抽光了，连家里只剩一个男人的家庭，也得应征入伍。叔父硬给宪警们拉走了，祖母一急，可就服毒自杀了！

松本： 咳！这一次军阀们发动的侵略战争，实在是太残酷了！

梅子：（苦笑）残酷么？可是还有比这个更残酷的哪！

松本：（他用着同情的眼光看着她）怎么说？

梅子：自从我来到了中国以后，我早就看穿了军阀们的毒辣手段，本来我是要借着慰劳队的方便来前方找寻一个人的，可是没想到一下子就上了他们的圈套，谁又想到慰劳队的队员，除了把些千人针，旗帜，罐头，手帕，慰问袋等等之类的东西交给士兵之外，还得要把自己的肉体献给这般野蛮的东西慰劳呢！自从我受了这种做梦也没想到的打击之后，我的身体就开始坏下来了！在汉口的时候，你是知道的，就已经坏得不可救药了！可是从汉口移到沙市来那就更坏了！

松本：……

梅子：（她缓了一口气）今天早晨，接到了家信，不知怎么的，突然会发烧烧得那么厉害，全身一点力气也没有，我实在支持不住了，满想躺下休息一会儿罢？谁知道，犬养队长领来几个胡调朋友，硬把我从床上□起来了，足足的闹了有三个多钟头。后来这一批浑蛋刚走，紧接着又是几个支队长，接二连三的，使我连一秒钟的休息也没有，（她哽咽地）人——已经病成这个样子，家里又摊到那样的事情，可是你还得免[勉]强地支持着，陪着老爷们说笑！

松本：（歉意地）梅子，我实在对不起你，没想到最末我又来打搅你到这么晚。

梅子：不，今天要请你陪我到天亮。

松本：天不早了，我看你是应该早点休息一下的，等明天我给你介绍两位整整重重的朋友，我想他们一定可以把你从这种忧悒里救出来的。

梅子：你要给我介绍谁？

松本：恐怕你不认识，一个叫冈村三郎的。

梅子：他呀！告诉你，他早就是我的好朋友。

松本：你们早就认识？

梅子：是的，虽然见过几面，可是我倒很钦佩他。

松本：那么我就另外给你介绍一个罢。

梅子：谁？

松本：中条知义，这回恐怕你不认识了罢。

梅子：（摇摇头）……

松本：可惜他这几天出公差了，大概几天就会回来的，他是一个航空驾驶员，一个很漂亮的小伙子，可是如果你看见了他，就爱上了他的话，那我可不答应。

梅子：松本先生，你别开玩笑吧，你想像我这样的一个人，还有资格谈恋爱么？

松本：不，梅子，你不要太悲观了，我希望你能从这忧悒的圈子里跳了出来，我相信你一定可以从这里面跳出来的，因为你有你聪明的见识和你丰富地生活基础。

梅子：可惜我没有那么大的毅力来挺起身来。

松本：为什么？假如有人帮帮你，从旁鼓励鼓励你，我相信你一定能站起来的。

梅子：（憬慕地）松本。

松本：不过我希望你平时的态度还是要镇静一点的好，不然你会吃亏的，你知道我为什么整天酗酒嫖赌么？自然一方面是因为我内心里和你有着同样的苦恼，可是另一方面我更不愿意某些人知道我内心里的心事，只要他们能在外观上看我们也不过是个浑头浑脑的享乐的现实主义者，那么我们就可以免去了他们监视的麻烦，尤其是近来，因反战和自杀的空气太浓厚了，所以上边防范的很严，所以我希望你说话的时候要多加小心。

梅子：谢谢你，我的好松本，今天我才找到了你这么个□心的朋友，从今天起，我可以不孤独了，我在精神上可以不孤独了。

（她捧起他的脸欲吻）

（横濑喝得醉熏熏[醺醺]地由外门入）

横濑：（看情形有些吃醋）喝，对不起，打搅了你们的好事。

松本：横濑，到哪儿去喝酒啦，这么晚还不回去？

横濑：哈哈，对不起，跟你一样，你也没回去，（走向梅子想去纠缠）喂，梅子，你也没，没有……。

梅子：（不耐烦地）对不起，横濑先生，我今天很不舒服，请你原谅，恕我不能多陪你们。（对松本）松本先生，我们再见罢。

（她说着独自上楼去了）

横濑：（望着梅子的背影，回过头来又望了一下松本）咦！（追逐到甬道上）梅子，梅子。（他一不留神被绊摔了一跤，愤恨地）他妈的。

（松本憋不住的哈哈地笑了）

——幕急下——

（原载于《黄河（西安）》第2卷第9期，1941年）

第二幕

相距第一幕约半个月的一个早晨，仍在沙市福安旅社的大厅里。

幕启时：绢枝子正由自己的屋里送岗本[①]出来，她身上还在穿着睡衣，头也没梳，脸也没洗，脚下穿了一双拖鞋，似乎是刚起床的样子。岗本在扎着自己的皮带。

绢：（诱惑地）这一回你该满意了罢。

岗本：（得意的笑着）可是委曲[屈]了你一夜。

绢：这还谈得上什么委曲[屈]么？谁叫我是一个日本女人呢！这也可以说是我们女人对于你们高贵的皇军所应该尽的可怜的义务吧！

岗本：这样说，你对于我是丝毫也没有感情啦？

绢：不敢那么说，也许是有些感情罢？

岗本：（拧着她的脸蛋儿）你这小嘴，始终是在搪塞我。

绢：好了，好了，岗本先生，假如我要搪塞你，昨天夜里无论如何我也就不会留你在这儿住了。

岗本：那是因为你没有办法。

绢：得了便宜卖着乖，还有你这么没心肝的！

岗本：（多情地）好了好了，绢枝子，只要你能爱我，就是为了你去死，我都愿意。

绢：别那么给我灌米汤吧，我的岗本先生，省着点劲儿还是把它运用到沙场上去，好给我们多占点地盘，你说不对么？

岗本：可是，别忘了，我随便到什么地方，我都是在爱着你。

绢：谢谢，我接受你的盛情。你快回队去罢。

岗本：那么你……

绢：我还要洗脸，换衣服。

岗本：那么记住，半个钟点以后我还要来。

绢：为什么？

岗本：你知道，我是一分钟也离不开你了！

绢：好，只要你有功夫，那随你的便。

（她应付着把岗本送至门口，岗本由外门下）

---

① 即第一幕人物“冈本”。——编者注

绢：（气愤地）真是个无聊的混蛋。（她一气坐在大沙发上）

（中条知义由外门上）

中条：这里是……

绢：你找谁？

中条：这里有一位梅子姑娘住在这儿么？

绢：不错，可惜你来的太早了，她还没起床。

中条：（向周遭望了一下）唔。

绢：你贵姓是……

中条：（急从怀中取出一张名片）这里有张名片，请你转交给她。

绢：（一面端详着名片，一面端详着人，对方健美的体格，早已经打动她的心坎了）中条先生是在哪个部队里服务？

中条：空军驾驶队。

绢：（故意地放开自己的活泼，妩媚地）哦！？我们的飞将军，我们的空中英雄！你请坐。（她急忙回到自己的屋里，倒出一杯热茶来，殷勤地）请喝茶。

中条：（稳重地）谢谢。

绢：假如你在这里觉得不舒服的话，你可以请到我的屋子里？

中条：一样。（看表）请问：梅子姑娘得需要什么时候才能起来？

绢：说不定，也许还需要些时候罢，因为她有病。

中条：有病？那么好不好请你告诉她一声？

绢：有什么不可以呢？不过，（妩媚地一笑）我们借这个机会来谈谈不好么？

中条：谢谢你，姑娘，不过我是专门来拜访梅子姑娘的。

绢：（一笑）嘻嘻！你这人倒是满干脆的，可是我偏要跟你谈谈哪？

中条：（冷静而微笑地）谈些什么呢？

绢：这倒随你的便，可是你至少也要问问我"贵姓啊"？我叫什么名字啊？

中条：哦，对不起，那么就请你告诉我罢。

绢：绢枝子是我，我就叫绢枝子，你记住了没有？

中条：记住了。

绢：梅子是我的同事，不敢说我们是很好的朋友。你听清楚了么？

中条：都听清楚了。

绢：那么你都讲话呀？

中条：讲什么呢？

绢：难道你连一句话都不会跟我讲么？

中条：假如可能的话，就请你告诉梅子姑娘一声，就说我要见她。

绢：你这人倒好像求人比讲话还容易似的。

中条：那么你可不可以告诉我她住在那个屋子里呢？

绢：楼上。

（中条径自走向甬道去，可是他想了一下，似乎不对，又转回身来）

中条：绢枝子姑娘，还是劳你驾给传达一声罢，因为自己去实在感觉太鲁莽。

绢：□的！干么有这么多的礼貌啊，我还以为你始终一贯的哪！

中条：（无奈地）这就是中国人的一句名言：礼下于人，必有所求啊。绢枝子姑娘，这件事情，我可不可以拜托你？

绢：这一次我跟你马虎一点，下一次不可以。

（她说着慷慨地走向甬道）

中条：多谢，多谢。

绢：（在楼上敲门）梅子，梅子。

梅子：（在楼上）什么事？

绢：（在楼上）有客人来拜访你，快起来罢。

梅子：（开门）谁？

绢：这里有卡片。

梅子：（出现在楼梯口读名片）中条知义。

绢：对了！你看多漂亮的一位客人哪！

中条：（迎了过去，很有礼貌地）对不起得很，梅子姑娘，因为我还有点事要赶回部队，所以没等你起来就来惊扰你。

梅子：那里的话，我因为病没有早起来欢迎。

中条：真对不住呢。梅子姑娘，你认识松本先生吧？

梅子：是的。

中条：他是我的好朋友，前几天……

绢：（她突然想到了一份心事，好似自己的服饰太不够诱惑了）中条先生，你们坐啊，（对梅子）你看我一大早起来连衣服都没换，脸也没有洗，就替你招待客人，真是对不起。

梅子：谢谢你，绢枝子。我还不是一样么？连房间都没收拾，来了客人都不敢向自己屋子里让。

绢：得了罢，你是因为病，所以这时候才起来，我呢？又为了什么，而且你那病后西施的丰[风]韵，叫人一看就越发叫人怜爱了！（妩媚地一笑）中条先生，失陪啊，我要去换衣服。

（她活泼地转身入自己的屋里去）

中条：这位绢枝子姑娘，她跟你在一起有多少时候？

梅子：很久了，在汉口的时候就在一起，怎么？你对于她……

中条：没什么，我不过觉得她……

梅子：很活泼，是不是？

中条：也许活泼的有点过份[分]，所以我倒觉得有点讨厌。

梅子：（无意义地）嗯。

中条：对不起，在姑娘的面前来批评你的朋友，实在是失礼。

梅子：我倒没有介意，请你不要太客气吧，你刚才说松本先生前几天……怎么样？

中条：听我们在这儿留守的人告诉我说：他找过我好几次，可是因为我出公差都没见到他，等我回来的时候，我看见他给我留下的一封信，是约我到你这儿来的。

梅子：那么他为什么没有跟你一道来？

中条：所以呀。我也很奇怪，他信上邀我昨天要我在荆州等他，今天一早一同来沙市见你。

梅子：你住在荆州？

中条：是的，离这儿只有十三华里，坐上摩托卡儿十来分钟就到了。

梅子：那么他去了没有？

中条：没有。所以我很奇怪，他向来是不肯失信的！（稍停）他也没到你这儿来？

梅子：没有，差不多有两三天没来了，你也没到他部队上去找他？

中条：找过了，可是他们干脆地回答我说他不在。

梅子：也许他一会儿会到这儿来的，要不然他就是到你那儿去了。

中条：但愿是这样。

梅子：难道你是担心，怕他遇到什么意外的事情么？

中条：也许。不过我只是怀疑他为什么不到我那儿来？

梅子：你放心吧，我想是不会有什么事情的。

中条：怎么样？你们这里的生活还好吧。

梅子：（自暴自气地）没有什么，马马虎虎地过一天算一天罢！

中条：（好似有点失望地用奇异的眼光看着她）过一天算一天？

梅子：有什么办法呢？只好这样地让它下去。

（绢枝子换好了衣服由自己的房里走了出来）

绢：（娉婷地立在门口）中条先生。

中条：（对梅子）哦，我因为还有些事，咱们改一天再见罢。

梅子：（两只眼睛好似有些恋恋不舍，可是又不便于勉强，用眼溜了一下绢枝子）好。

（中条由外门下）

绢：（吃味儿地）梅子，恭喜你呀！找到了一位这么漂亮的爱人，还是一个空军驾驶员呢！一见倾心，哈哈哈！

梅子：绢枝子，不要吃醋吧，明天他如果再来，我一定离开这个房间，把全部的时间让给你和他谈情话。

绢：得了，我没那么好的福气，还是我来成全你们的好事罢。

（横濑由外门上）

横濑：（一眼看到了梅子）梅子，梅子，这一回可让我碰上你了，这些天来你总像故意回避我似的，只要我一来，不是有客，就是生病，再不然就是不在家，怎么样？现在你屋里有客么？

梅子：没有。可惜我刚起来，房子里还没收拾，脏得很，实在不敢招待。

横濑：你看，你看，又是敷衍。

梅子：那儿的话，你想一个营妓还敢对于我们为国远征的可敬的皇军敷衍么？

横濑：狗屁，狗屁，皇军又算得什么呢！只有你，姑娘，才是我们皇军的灵魂哪！

梅子：哟！真的么？没想到一个营妓，骤然会有了这么圣洁而崇高的头衔了！绢枝子，你以为怎样？

绢：我么？只是觉得我们皇军的伟大，无论那一方面都是值得我们钦佩的，就连说话的嘴都比普通的人高超的多嘛！哈哈！

横濑：小油嘴儿，谁要你来挖苦人！

（他追赶，她躲避，终于被他抓住了。梅子乘机溜回楼上去。）

绢：别闹，别闹。

横濑：（一望不见了梅子）咦！梅子呢？梅子呢？

绢：早回到她自己房里去了，我看你还是追赶你的灵魂去罢。

横濑：（走上楼梯喊）梅子姑娘，梅子姑娘。（上面没有回应，转身气愤地）他妈的，不用神气，恐怕马上就会给你点颜色看看。

绢：（走过去把横濑拉了回来）好了，好了，别生气了！干么来一回弄个不痛快，来一回弄个不痛快呢！到这儿来都是寻开心的，你又何必自找苦吃呢？

横濑： 她以为跟松本打得一片火热，别人就可以一概不管啦！哼！告诉你！松本让我们把他关起来了！

绢： 你说什么？

横濑： 我说松本让我们把他关起来啦！

绢： 为什么？

横濑： 简单得很，反战！

绢： 反战？松本反战？

横濑： 你还拿他当个好东西么？他破坏我们帝国的大陆政策。

绢： 这是什么时候的事？

横濑： 事情发现的倒是很早，可是昨天才把他关起来。

绢： 前几天对我说的，是不是就是这个？

横濑： 前几天？我对你说过？

绢： 也许你是忘了罢？

横濑： 哼！我侦查他好久了。

绢： 那么关起来又怎么办呢？

横濑： 怎么办？轻则遣送回国定罪，重则……

绢： 哦，你别说啦。

横濑： 难道你对于这种坏蛋还怜惜么，告诉你最近这种事情多得很，所以大家都该注意，我们是大日本帝国的国民，我们就应该为大日本帝国而生，为大日本帝国而死！

绢： 横濑先生，你真是个标准的皇军。

横濑： 别恭维，别恭维，你这种灌米汤的方法我受不了。

绢： 难道我说的不对么？

横濑： 小油嘴儿！（稍停）喂，我说是不是可以给我想想办法？

绢： 什么事啊？

横濑：（难为情地笑着）梅子。

绢： 哎哟！梅子会把你迷成这个样子！你刚才的威风又上哪儿去了。

横濑： 我这是跟你说老实话。

绢： 谁也没跟你寻开心哪！

横濑： 假如你真不帮我的忙，你以为我就没有办法对她么？

绢： 跟对付松本一样，是不是？

横濑： 你以为我对付松本是为了吃醋么？

绢：喂，也许。

横濑：随你怎么想罢，可是我问良心是为了我们帝国，也是为了我们皇军除了一害。

（岗本与松井由外门入）

松井：（对岗本）假如我今天要再找不到一个对象来睡一夜，我就自杀。

横濑：喂，岗本。

岗本：（招呼着）横濑。

横濑：（对岗本）话讲在前面，我跟绢枝子是在闲谈，可没敢吊你的姑娘的膀子。

岗本：笑话，笑话，大家一块儿睡睡没关系，哈哈！

绢：（对岗本）你倒是大方得很哪！

岗本：别生气，姑娘，你还是先给松井想想办法罢，不然，他说要自杀啦。

绢：与我有什么关系！我不管。

松井：不管也得管，谁叫我们是老朋友呢？

绢：话虽然不错，可是我却偏不管，你能把我怎么样？

松井：（抓住她的双手相强地）你管不管，你管不管？

绢：（痛叫）哟哟哟哟，你放开，你放开。

松井：那你要答应我？

绢：我凭什么答应你，你说这话，难道不怕岗本吃醋么？

松井：你别支吾，现在我只问你管不管。

绢：好好，让我给你指点一条去路。

松井：谁？

绢：只看你是不是有这种福气？

松井：你说是梅子？

绢：我可不敢那么说，（用眼溜了一下横濑）你要知道，这里还有一个候补的人哪。

岗本：（对横濑与松井）哈哈，那你们不是变成情敌了么？

松井：不敢，不敢。喂，横濑，你放心，我绝对不夺你的所爱。

横濑：哪里的话，可惜连我还都没爱到手。

松井：（对绢）那么是不是还有别的办法？

绢：办法倒是有，可是看你是不是有这个胆量？

松井：只要你说出来，我想也没有什么大不得了的。

绢：那么你就去碰碰你们川岛支队长的相知罢。

松井：这倒没有什么，支队长又怎样，他还不是一样嫖着玩儿么，（对岗本）走走走。

（过去拉岗本）

岗本：到哪儿去？

松井：找她去。

岗本：你说是美田子？

松井：就是她，走走走。

横濑：（闷气地）你们先等一等，我要给你们看点玩意儿。

松井：看什么？

横濑：（拍着胸膛）看看横濑的威风。（他气忿地走向甬道）

绢：（随了上去）横濑先生，你要做什么？

横濑：（推开她）你别管。（他跑上楼梯，猛力地敲门）梅子，梅子！

（里面不应）

绢：横濑先生，你别搅她了，她有病。

横濑：有病？她死了我也要把她拖出来陪陪我！（更猛烈地敲门）梅子，梅子！

松井：（跑过去劝横濑）喂喂，何必闹气呢！慢慢地跟她商量。

横濑：（拍着腰包）老爷花钱，她敢不侍候么？她是干什么来的！（盛怒地）开门！开门！

（梅子由楼上出）

梅子：（稳重地）哦，是横濑先生么？干么发那么大火啦！

横濑：为什么我叫门你不开？

梅子：（柔媚地一笑）请你原谅，那是我正在……哦不方便，你不会怪我罢！（她说着走向楼下来）

横濑：（气忿地跟了下来）我管你什么方便不方便！老爷有钱，要你陪陪！

梅子：你这话不就说远了么？陪陪皇军是我们营妓的任务。

横濑：得了罢，在梅子姑娘的眼里还有皇军！

绢：算了，算了，别说些气话了。

横濑：（挖苦地）我们敢生气么？在姑娘的面前我们敢生气么？

梅子：（对横濑）我希望你为国保重。

横濑：（闯了过去）放屁！（松井和岗本劝阻着）今天我们要把这笔账算算清楚。

梅子：哪儿的话，还不都是你的理由。

横濑：（拿起个茶杯来想丢过去）你竟敢当众来侮辱我！

（川岛由外门上）

川岛：（不自然地）哦，你们都在这儿。

岗本：（喊口令）敬礼！

（大家严肃起来）

川岛：岗本，你昨晚怎么没归队？

岗本：星期五是我外宿的日子。

川岛：嗯。松井，你？

松井：今天刚刚出来。

川岛：横濑，你在这里做什么？

横濑：没有事。

川岛：哦，都应该早些归队。

横濑、松井、岗本：是。

（他们三人恭恭敬敬地行了一个礼之后相随地由外门溜出去了）

川岛：（松散了一下身子走向梅子）梅子姑娘，你好？

梅子：谢谢。

川岛：怎样？好像是有些不高兴？

绢：别问了，川岛先生，刚才梅子受了委曲[屈]了。

川岛：哦？真的么？那么让我来安慰安慰。

绢：是的，你应该安慰安慰她。

（说着一笑走回自己的屋里去）

川岛：（对梅子）是士兵们在这儿胡闹么？

梅子：没有。

川岛：嗯，我相信我的部下是不敢在外面放肆的。

梅子：是的，那是川岛先生管理有方。

川岛：（拉起梅子的手，把她拉近自己的坐边）梅子，你为什么要长的这样可爱！

梅子：这是川岛先生故意的恭维。

川岛：（吻了她一下手背）你看我不是很爱你么？

梅子：多谢，恐怕我没有被你爱的资格罢。

川岛：那么我今天晚上就要住在你这儿。

梅子：不好，因为我不能害你。

川岛：你这是什么意思？

梅子：（掀开自己的衣领，里面露出一点点红药水涂的红斑）你看，假如我留你在这儿住的话？我不是明明在害你么？

川岛：胡说，我看你那是假的，你明明是不愿意留我在这儿住。

梅子：绝对不是，我可以给你看医生发下来的检验证。

川岛：检验证？那也可以弄假的。

梅子：假如你不信，那我也就没办法。

川岛：（一把将她搂了过来）那么先让我来亲亲你的小嘴儿。

（正欲吻，梅子躲避，美田子由自己屋内上）

美：（嫉妒地）甜密[蜜]得很啊。

川岛：美田子。

美：是的，为什么来了不到我的屋里？

川岛：不知道你哪儿是不是方便。

美：（几乎气得要哭出来）那么就请你永远不要到我的屋里来。

（她转回自己屋里去了）

川岛：（耸了耸肩表示没办法，坐回沙发上）……

梅子：别在这儿呆着啦！自己惹出来的事情，还不去安慰人家？

川岛：（不动）……

梅子：这让人太难为情了，好像我在勾引你似的……

川岛：那有什么关系，就算是我爱上了你，她也管不着。

梅子：可是这种误会在我们之间是没法解释的。

川岛：那么就随她去好了！

梅子：别那么太狠心罢，川岛先生，你知道美田子是最爱你的。

川岛：可是我有的时候却嫌她太麻烦。

梅子：那么你不觉得她这样会太伤心么？

川岛：（有点被感化了）……

梅子：（柔媚地）去，去，快去罗。

（川岛默然地走进美田子的屋里）

（梅子正要上楼，中条由外门上）

中条：梅子姑娘。

梅子：（返了回来）中条先生。

中条：（急促地）你知不知道松本——？

梅子：怎么样？

中条：（悲伤地）他——自杀了！

梅子：（警愕地）啊！?

中条：真是出乎人意料以外的事情！

梅子：你听谁说的?

中条：他们一个同曹的弟兄。

梅子：他亲眼着[看]到的?

中条：是的。

梅子：（哭泣）哦！

中条：梅子，梅子！

梅子：他为什么?

中条：听说是为了反战。（唏嘘地）他不是给我留信说他昨天要到我那去么？可是在前天晚上他就被捕下狱了，据说上面得到他很多证据，而且对他的事情调查的也相当久了，被捕以后，一夜的工夫就一连受刑三次，几次的死去活来，始终他没有招认一个字。后来，也许是他受不了那能活的痛苦，所以他用裤子将自己吊在牢里的窗台上，自缢身死了！

梅子：（忍住了哭泣）这消息是怎么传出来的?，

中条：哼，公开的□，当他死了以后，队长派人将他体无完肤的尸首从牢里拖了出来，血淋淋地摆在集合的队伍前面，拿他做标本样的教训大家，他说："假如有人要学松本这种坏蛋的行为，便应该得到和松本一样的结果！"

梅子：（她没有了哭泣，因为她的悲哀已超过了哭泣的限度，她眼里满盈着泪水，苦笑着叫着自己的名字）梅子！梅子！还有像你这样命苦的人么！

中条：（他眼里也涌满了眼泪，哽咽地）梅子！

梅子：日本的社会制度，从我肚子里夺去了我的孩子！日本的军阀，不但夺去了我的父亲，夺去了我的母亲，夺去了我的祖母，它也从我的怀抱里夺去了我的爱人！好不容易熬到了今天！遇到了他——（哽咽）他又……难道我永远是孤寂的么！哦！（她伏在中条的身上大哭）

中条：梅子！梅子！

——幕急下——

（原载于《黄河（西安）》第2卷第10期，1942年）

第三幕

相距第二幕两月后，在一个炎夏的晚上。舞台上展示出公园的幽静的一角，这是人迹罕到的地方，也就是情人们幽会的良好处所。边道上丛丛的扁柏，整齐的排列成行，一直延伸到舞台的左端，在扁柏的前面适当的地方，有一张绿色的长木条凳，那是给游人们憩息的地方。靠近舞台右方，有一个天然的水池，从那平静的水面上反映出天上的半轮明月。水池的前方，有几块散杂的石头，也许那是供给人们垂钓的地方。水池的后方，有一层层的冬青。几棵大叶的梧桐，分站在水池的前端和冬青的后端。靠近舞台左端的深处：那也就是扁柏的后方，密密的生长着一片小小的竹林，它们枝叶的影子，随时可以投映到游人们的身上。

幕启时：娟枝子[①]和横濑跨[挎]着膀子，很亲密的样子从远处走来。

娟：（闷闷地自动的坐在长凳上长吁了一口气）休息一会儿吧！

横濑：怎么！累了吗？

娟：不，我只是看这里幽静罢了。

横濑：我知道你是在想一个人。

娟：谁？

横濑：自然是你的情人，爱人，心里所要想念着的人啦！

娟：（有意地）是的吗？我理念着谁呢？

横濑：别装糊涂，你以为我不知道吗？

娟：（幻想地一笑）你说说看？

横濑：岗本，是不是？

娟：他呀！美啦！男人们都死光啦，我也不会爱他。

横濑：你近来不是跟他很好吗？为什么又……

娟：那是我们营妓的责任，只要是皇军，我们都应该这样做。

横濑：那么你对于我也是一样的情形么？

娟：不，那也许另当别论吧。

横濑：为什么！爱我么？

娟：告诉过你，论责任，我们营妓是谁都应该爱的。

横濑：你这话又是什么意思？

娟：你自己应该知道，你是死命的在爱着梅子。

横濑：（吁气）唉！

娟：为什么那么悲苦呢！是因为爱不到手吗？

---

① 即第一幕、第二幕人物“绢枝子。”——编著注

横濑：娟枝子姑娘！你不觉得近来我似乎有些爱你吗？

娟：好像有点儿觉得。

横濑：那么你哪？

娟：我希望你还是死心塌地的去爱梅子，像我这样的人是值不得你爱的。

横濑：不要客气。

娟：真的吗！我什么地方可以比得上梅子呢？

横濑：小油嘴儿，说起话来总是这样甜，这样有劲儿，怎么能叫我不爱你呢。

娟：可是你要知道，梅子是我的朋友，我们是同班的姊妹，论规矩，我是不应该这样做的。

横濑：不错，你很懂世故。可是我更知道你正爱着她所爱的人。

娟：（被他猜到了心事，一惊）啊！会有这样的事？

横濑：也许会有，因为我常常看你的眼光里面含着一种嫉妒，你想要做航空母舰。可是做不成。

娟：（笑）哈哈，好像你觉得我全部的秘密似[的]。

横濑：也许就是因为这一点我才有些爱你，同病相怜，我们应该彼此怜惜，互相帮助，来追逐着我们个人的爱的目的。假如能够成功，我们就会一道成功，假如是失败……唉！

娟：那我们更可以同病相怜了，在那时候你能够不爱我吗？

横濑：（挨近娟，吻娟）你真是一只善于体贴人的小鸟，你懂得人情，你了解世故，你更有一个了解我的心。（又吻娟）

（美田子上，）

美：（老远的喊着）嘿！嘿！嘿！干么俩个要那么甜哪！

娟：（招呼着，也是自语的）美田子！干么一个人蹓来蹓去的。

美：（走近他们，坐在长凳上）唉！别提啦，气死我啦，那个鬼东西跨[挎]着别的姑娘走啦，只得我一个人在这儿死等。

娟：你说是川岛么？

美：还有谁！我说男人们都是没有良心的，你对待他天好也是白费。

娟：美田子别急，他一会就会回来的。

美：（撇一下嘴）哼，你说他会回来？我才不那样想呢。

娟：他走的时候是不是让你在公园里等他呢？

美：你听他说的好听，他说：（学着温柔的样子）姑娘！你稍稍的等我一会儿，稍稍的等我一会儿，我因为有点儿要紧的事情，不能不离开你一会儿，一刻工夫，只要一刻工夫就行了！可是我等了有两个点头了，鬼都不见回来，你看看气人不气人，你说气人不气人！唉！我说男人们哪！都是没良心的，你就是对待他天好，也是白费！

横濑：也许部队上出了什么紧急的事情。

美：哪儿那么巧啊！我看倒是他故意地在玩什么花样儿。

娟：也许因为你这样踏来踏去的，他回来找不到你。

美：这你可是冤枉我，他告诉我在那边石头上等他，我就一直坐在那儿没动，后来我实在烦不过了，才站起来活动活动。

娟：那么他为什么要甩你呢？就是要甩你也用不到把你带到公园里来甩呀？

美：唉！快别提了，提起来更会气死人，我说呀！他的心可早就变了！

娟：这话怎么说？

美：有一天我就亲眼看到他抱着，抱着别的姑娘kiss。

娟：谁？

美：你想还有谁？自然是咱们这里面顶红的姑娘了。

娟：梅子？

美：所以我就顶瞧不起这种人，天下的男人多得很，为什么偏拉人家的客人？下流，下流！

（娟枝子与横濑相视一笑）

美：你们笑什么呀！你们是笑我说的不对么？

娟：不，姐姐说话是顶漂亮，明白，讲道理，懂规矩的。

美：哟——是的么？（得意的笑着。）嘻嘻，喂！妹妹！你说他还会不会回来？

娟：那我怎么能知道呢？

美：真是难死我了，么说回去罢，又怕他一会儿回来找不到我。你说不回罢，又怕他……

娟：又怕他不来是不是？

美：不，我怕他又是在家里跟那个骚货勾搭上了。

横濑：（对美）我看你的醋劲儿还真不小哪！

美：（庄重地）横濑先生，我说你们男人哪，向来就不知道爱是什么东西，这个爱情啊，里面就得有醋，要是没有醋也就是没有爱了，你要是想看你的爱人是不是真的爱你，那你就看看她对于你的醋劲儿有多大。

横濑：领教，领教。

娟：姐姐，你要是不放心，倒不如回去看一看。

美：是啊！我是要回去，我马上就回去。

（欲行）

横濑：不过他要是回来……

美：（走了回来）啊？你说他能回来找我？

横濑：……

美：（对娟）你说他是不是能回来找我？

娟：我想他也许会回来。

美：也许？那可就靠不住了。可是我要是不等他，他回来了，找不到我，那不就是我对不起他了么？（犹疑了一下）我看还是让我到那边去等等他，你说对不对？

娟：嗯，不过你可别急得那么跑来跑去的，不然，就是他来了也找不到你的。

美：啊，说起来我真得快点去等他，要是他恰巧这个时候回来了，你说我那有多么冤哪！唔，妹妹！对不起你们哪，打搅你们了半天，要是你们碰见他，可千万告诉他我在那边等他哪，让他马上来找我，不然可真要把我烦死了！唉！真是没办法，谁叫我爱他呢！

娟：嗯，你快去吧。

美：好，我去了，（再三的叮嘱着）你们要看见他可千万让他到那边来找我啊？我就坐在那边靠小河的那个假山石后面的。

娟：好。

（美田子下）

横濑：这个像[家]伙的嘴像破车样的，说起来就没完。

娟：可是她倒很懂得爱情呢。

横濑：算了算了，我倒看她是个酸味儿十足的醋坛子。

（冈本与松井，老远的唱着歌子走来）

娟：冈本来了。

横濑：怎么？你有点儿怕他？

娟：不，我是怕他跟你为难。

横濑：不要紧，你放心。（招呼着）喂！冈本，冈本！

娟：（帮着招呼）往哪儿看哪？我这儿哪。

（冈本与松井同上）

冈本：找了你们半天，原来你们在这儿。

松井：娟枝子，你可真有点儿对不起人，冈本和我在你的房间里等了你一个多钟头。

娟：（挨近冈本）哟！实在不知道你这会儿会来，你要是早告诉我，我一定会等你的。

松井：嗬嗬，劲儿啦！（怂恿地）冈本，快快……

冈本：（对娟）那么就跟我们一块儿去溜溜罢？

娟：不能，因为是横濑先生邀我出来的。

横濑：这倒没有什么关系，我邀你出来还不就是在这儿等岗本么？

松井：妙妙！真是近朱者赤，近墨者黑，跟涓［娟］枝子要好的人，都是这么会灌米汤。

冈本：（对松井）说这些没出息的话干么？反正姑娘们闲着也是闲着，抽出点儿工夫来多安慰安慰人，不是更好么？管他是谁呢。

松井：对，活着不交人，死了烂……啊！当一个姑娘在青春的时候，就是一分钟也应该利用，不要把他白白的荒废了。

娟：（对松井）你那嘴上也积点儿阴德，别那么拿着挖苦人当饭吃好不好？

松井：我决不是挖苦人，这是艺妓哲学，也是营妓的任务。

横濑：（对松井）喂喂，别讲这些大道理了，我问你！你的新发展怎么样了？

松井：（笑嘻嘻地）马马虎虎。

娟：都已经……哈哈！

横濑：这么顺利？（对松井）恭喜恭喜！

娟：快去罢！她一个人儿都闷死了，就坐在那边小河旁边儿假山石的后面哪。

松井：你说是美田子？

娟：对啦。

松井：（对岗本）走走，咱们找他去。

冈本：别别，你会情人儿，我去干么？

松本：就是让你陪我一趟又有什么了不起，你那一次找娟枝子不是我陪你？

横濑：（对你）那么，娟枝子你也陪他们一道去罢。

娟：……

冈本：娟枝子，要不要陪我们一道去？

娟：请你原谅，等一会儿，我一定会自己来找你的。

冈本： 好，（对松井）咱们走吧。

（冈本与松井走向美田子下场的地方）

横濑： 你怎么对松井说美田子在等他？

娟： 唉，你以为川岛还会回来找她么？

横濑： 我倒也没那么想，可是她等的是川岛，并不是松井啊？

娟： 唉！管他那么多呢，反正我讨厌这两个人是事实。

横濑： 好了，好了，还是让我们来讨论讨论我们今后怎样向我们个人爱的目标进攻罢。

娟： 这，我想……最好是能够拖牢他们俩当中的什么误会，或是发现他们一点什么秘密。

横濑： 这可能吗？你要知道，在一对爱人当中制造误会是一件顶难的事，因为这种误会很快的就会拆穿的。

娟： 不，我不是说硬要在他们当中制造误会，我是说要在他们当中发现是不是有什么秘密，假如是能够让我们得到了这种秘密，那我们就可以乘机而入了。

横濑： 怎么样才能发现这种秘密呢？真是太难了。

娟： 你别急，天下无难事，只怕有心人，这话你懂不懂？

横濑： 你这样一说，我倒想起来了，岗[松]本和梅子那么要好，岗[松]本是个反战份子，而且搜查到了许多证据，你看梅子是不是也有这种嫌疑？

娟： 这我到管不着，反正只要中条是个忠于天皇的汉子就得了吗。

横濑： 哈哈，你竟这么自私？可是你没想到，假如梅子有反战的嫌疑，那么中条就一定是属于你的。

娟： 可是梅子就绝对不能属于你。

横濑： 为什么？

娟： 那么你是不是也预备跟她一道反战？

横濑： 不要拿这话来污辱我。

娟： 别傻了，你竟把她看的那么高贵。一个营妓也有资格去参加反战？

横濑： 总而言之一句话，为了公事，为了私情，我们处处都应该留神，处处都应该紧紧地握起手来。

（冈本站在老远的地方招呼着）

冈本： 横濑，横濑！到这边来一道玩玩好吗？

横濑：（应付地）好。（对娟）你快去吧，这明明是叫你哪。

娟： 我不去，讨厌死了。

横濑：为什么这样固执呢！快去应付应付他们，不然，他们会闹的不好看的。

娟：那么你呢？

横濑：我回去，你快去罢。

娟：好。（忽然想起）假如今后有什么发现，要立刻彼此互相通知。

横濑：好，我去了。

娟：再见！

横濑：再见。

（他们分手走开，娟枝子由冈本招呼的方向下）

（静默片刻，夜莺在轻轻的叫了几声）

（梅子一个人穿了一双凉鞋和一件绸质的短袖衣服，慢慢地走上，她四周瞻望了一下，并没有另外的人，她坐在长木凳上，好似是在等待什么人的样子。过了一会儿，还不见来，她有点儿急燥了，无站起来又到四周去眺视，结果仍是失望，她有意衣[无]意的摸摸扁柏的枝叶，有时也仰望着天空，她走向那天然的水池，乘着月光，照一照自己苗条的身影，几次的反身回顾，也得不到她期待着的人的莅临，最后，她挨近水池旁边的石头坐下了，无聊地望着水池里反映出来的影子）

（中条翘翘[悄悄]地由远处走来，他偷偷的挨近她，双手由后面搭在她的肩膀上）

梅子：（一惊）谁？

中条：梅子，亲爱的，等候很久了罢？

梅子：呵，原来是你呀，吓了我一大跳，你为什么这么晚才来？

中条：（抱起梅子来深深的接一个长吻）

梅子：几点钟了？

中条：（看看表）九点一刻。

梅子：怎末？刚才有什么事情么？

中条：（长吁了一口气）唉，梅子，怎么办呢？前方的战事又吃紧了。

梅子：是不是你们又接到了出动的命令？

中条：是的，中国兵开了五万多围攻沙市，队长要我们后天出发八十架飞机轰炸重庆，我又要去冒一次生命的危险了。

梅子：呵，又要轰炸重庆？八十架？上帝，这是多么残忍的事呀！

中条：这就叫做战争，世界上是再也没有比战争更残忍的事啦！

梅子：可是中条，你知道轰炸后的惨状么！有些全家都被埋在瓦烁[砾]

堆里，有些丈夫和妻子在一块儿，只要相差一点儿，妻子会找不到丈夫的尸首。我虽然没有亲身经历过轰炸，但我看到不少我们皇军轰炸后的残痕，多少美满的家庭，多少由他们的祖先辛辛苦苦积下来的财产都付之一炬。

中条：……

梅子：中条！我请求你不要去吧，我决不能亲眼看到我的爱人去当人类的刽子手，中条！你赶快装病不去你好么？而且还要想个很好的办法，立刻脱离这里。（稍停）中条！你在沉思什么？为什么不说话呢？

中条：（微微的一笑）梅子，你究竟是个女孩子，不了解男人们的心里［理］，我比你大四岁，我受的苦也许比少［你］少，但我脑子里所想的事却比你知道的多，我当了将近一年的刽子手了，但我敢说我没有杀过一个人……

梅子：哼！糊［胡］说！你架着轰炸机，常常去到重庆，成都，昆明，贵阳一带去投弹，不杀人！难道你还把炸弹扔在水里吗？

中条：（四外巡视了一下）小心点儿，人家听见了会有危险的。

梅子：难道你真的敢这样干？随着大队人马出发，恐怕你就是真的有这种心，环境也不许可你这样干吧。

中条：可不就是这么回事，所以我只得想办法，轰炸重庆的时候，我每次都把炸弹么嘉陵江或者是旷野里，我常常独自一人飞得很快，离开队伍单独行动，如果同他们在一起，绝对不能这么做，有些忠于“皇军”的走狗会报告消息，那时我的生命还能保得住吗？

梅子：中条，我问你，你说句良心话，对于你这种生活，你难道不感到苦恼吗？

中条：所以我说你究竟还是个孩子，不能了解我的心理，你以为我当初学习航空，是为了跟中国作战吗？

梅子：那么为了什么呢？

中条：完全为了我自己的兴趣，我很希望自己像一只飞鸟似的，日夜在天空里飞翔，爱什么地方就飞到什么地方去，我羡慕那些周游世界的航空家，自己也希望有那么一天可以飞遍了整个的地球。

梅子：可是现在呢？

中条：（吁气）嗳，我的幻想完全破灭了，毕业以后，就奉到航空指挥部的命令，要我来中国任驾驶驱逐机的职务，后来又改为轰炸机枪手，但是我的机关枪从来没有伤过人，只扫射了天上的一些云彩。

梅子：哼！好漂亮的句子，扫射天上的云彩？难道没有伤害一个中国的老百姓吗？

中条：是的，扫射天空的云彩，因为飞得太高，又是朝着上面开枪，绝对不会伤害人的。

梅子：要是中国飞机把你打下来你高兴吗？

中条：只要他们不伤害我，当然我高兴的。我曾有好几次想乘降落伞下去给中国人作俘虏，可是他们一定会杀掉我的，跟[根]据我们捉到中国的俘虏一律杀掉的事实看来，他们一旦捉住了我们，也会同样处置的。

梅子：（肯定的）绝对不会，中国是个真正爱好和平的国家，他们不像我们日本人的生性残忍，喜欢杀人，他们自从中日战事开始，就俘虏了我们不少的弟兄，从来不伤害一个，而且特别优待他们。

中条：是的，我也听到许多弟兄说过，他们有些反战的，都自动的带了枪械向中国军队投诚了，不过……

梅子 不过……不过什么，亲爱的中条，难道你还觉得投诚不应该吗？

中条（犹疑了一下）不是不应该，而是面子上究竟有点难为情，再说中国兵一定很痛恨我们，万一被他们枪毙了，岂不太冤枉吗。

梅子：中条！不要老是想着死，事实上他们决不会枪毙你的。

中条：呵？你竟有这大的把握？

梅子：把握虽然谈不上，可是我只是希望，希望我能为正义而死，也不愿意这样忍辱的生活下去。

中条：梅子！

梅子：我希望你来一个反战运动，多说服一些空军同志，大家把炸弹向日本军阀的头上扔去，主要的是轰炸那些重要的阵地和军事政治的重要机关。

中条：你想的那么容易？

梅子：只要肯作，没有作不到的事。

中条：其实，要想说服空军投诚是件很困难的事，一方面他们受着政府的优待，生活特别舒服，舍不得冒着生命的危险去反战，再则他们还要顾及家庭……

（娟枝子由竹丛中偷偷地探出头来，有意的给他们看到一个背影，走向另外一个方向去。）

梅子：怎么？为什么不往下说呢？

（中条追踪着黑影向前去了几步，转身回来）

中条：太晚了，梅子，我送你回去吧，明天再谈。

梅子：（担心地）我们的谈话，该不会有人听到吧？

中条：我想是有人听到了。

梅子：谁？

中条：看不清楚，只是看到一个黑影子，从我们的背后悄悄地走到那边去了，而且像个女人。

梅子：女人？那没有关系，也许是什么人在那儿幽会的，他们不会注意到我们的谈话。

中条：（一面整理着衣服，将梅子搀了起来，担心的）但希望能这样的，我们走吧。

（梅子与中条亲密的踱着步子走向了回路）

——幕徐下——

第三幕完

（原载于《黄河月刊》第2卷第11、12期合刊，1942年）

俘虏（独幕剧）

彭勃

爱，并不是自私的东西，当我看见躺在我身旁临死的敌人，我爱他，我可以抛开一切的仇恨来爱他……

——托尔斯泰

时间：春末，落花时节，一个黄昏衔接着的黑夜。

地点：江南，某一个靠近战区都市里的后方医院。

人物：卫丹——留日归国的医科学生，后方医院的院长，像其他的医生和牧师一样，有着满腔超种族的人类爱。

贺川，从"武运长久"的迷梦中渐次地觉醒过来的太和魂武士，日军的联队长，战争赐给他的是满身苦痛的创痍和一颗用挚诚忏悔还超不脱罪恶的良心；以前，他和卫丹同过学，现在，他是养伤于后方医院的俘虏。

白云，护士长，美丽温柔的姑娘，卫丹的助手，也是卫丹的情侣。

小波，小学生，卫丹唯一的爱儿。

四虎，流氓，假充难民混入后方的低级型汉奸，他的任务是放信号指示敌机的轰炸目标。

王福田，医院的勤务兵。

伤兵，多人，除甲乙二人外，均不出场景。

景：

（第一景）后方医院的特别病室，房间很宽敞整洁，为着优待养伤的俘虏，特地拨给贺川作起居室，台的右侧（以面向观众的方向为方向）有门可通外间的甬道，台左有一个大窗户从窗口可以望到外面的院落，院落的尽头是一道不高的垣墙，窗户下面便是贺川的病床，靠近病床是安放药瓶水瓶的小几，还有一个小花瓶，插了几支零枯萎的生花，台右有一个较大窗户。窗户外面是花园，从窗口可以望见树木成荫，窗下是一张大写字台，台上散乱地堆了些书报，靠近写字台有一把可以转动的椅子，一个双人沙发。台的正中壁上贴一幅用纸横写的标语，观众可以清楚地看出标语的全文是“我们的敌人是日本军阀，不是日本国民”。

幕起：舞台出现于迷茫的暮霭中，光线暗淡，落日的余辉从台左窗口射进来，反映着病床上的白色被单，映成一片刺目的红光，晚风送过来远处古寺的钟声，邻间病室里沉重断续的呻吟，清晰地可以听到，贺川屈膝端坐于病床上闭目屏息，像老僧入定。当钟声渐渐地疏落，停了，贺川开始了呢喃呓语似的晚祷告了。

贺川：（以下简称贺）上帝呵，万能仁慈的主呵；现在我又开始向你作诚心的祷告了。（用左手按着心，右手的食指向额上轻轻的画了一个十字）主呵！当人子犯了罪的时候，是应该坦白诚挚的向你忏悔的，我是犯了罪的人，在战争里面，我杀过人，我放过火，我强奸过女子，我劫掠过金钱，我做了许许多多罪大恶极的事情，……（沉默了一会〖儿〗，忽然沉痛的）但是主呵！我现在天良发现了，三年来血腥的生活，罪恶的生活，给我带来了良心上无穷无尽的痛苦，我的灵魂已经打下在黑暗无边的地狱里。无数的冤魂枉鬼在鞭打着我，在宰割着我，我一时一刻也不能安宁，主呵！我深知道，这一笔罪恶的血债，是在等着我自己去偿还的，一切，在战争里面，我亲手造出来的罪恶，现在都在等着我来赎取了。……主呵！请赐给我一个赎罪还债的机会吧！我愿意把我残余的生命来承受一切的苦难责罚，我决不敢奢望什么善良的结果，我只求在我的身体没有埋葬入土以前，能够把罪恶洗清，能够把灵魂超脱……主呵！我这样挚诚的祷告，你能够听见吗？你能够允许吗？（沉默一会〖儿〗，阿门！祷告完毕，他的右手食指在额上画着十字，头垂近胸，恍惚熟睡。）

（台后一阵阵点名就寝的号音，接着有许多乱杂的脚步穿过甬道走动，夹杂着笑语声，歌声，打破台上的沉寂）

男声：密斯黄，回家去吗？我们一道走。

女声：不，我还要到城里去看九点钟的晚场电影，你也去吗？

男声：好的，反正明天是礼拜，我陪你去一趟。

女声：看护长，今晚我告假，夜班请你调换别一位，好吗？

女声：好的，密斯胡[黄]，明早早点来啦！

男声：王成？王成！给我打点热水洗脚。

女声：陈医官，别忙着走！今天是你的值日官啦！

男声：白小姐！我不会走的，心里闷得发慌，出外散散步，马上就回来。

小孩声：（在楼上）看护长！院长请你上来一趟。

女声：就来，就来。（接着一阵脚步声上楼去了）

（甬道里静寂了，他们和她们都走到花园里去了，院子里伤兵们在点名）

贺：（被甬道里声音打了他的沉思幻想，□开眼睛，看了看手表）哦！六点钟了，他们都下班。

贺：（抬起头，向着窗外的暗空注视）哦！怎么天上连一颗星子都没有。（他下了病床，蹒跚地走到台右窗前，倚着窗槛，望着漆黑的暗空发痴）

贺：（慢慢地回转头来，发出一声悠长感伤的叹息）没有太阳，没有月亮，连一颗星都没有，黑暗，黑暗……哦！你象征了我祖国日本的命运。

白云：（以下简称白，她嘴里悠闲地哼着一曲流行抗战歌，端着药瓶、验温器、绷带等，从黑暗中上）怎么啦！贺川先生，这屋子里黑沉沉的，怎么不开灯呢？

贺：（自言自语）长夜漫漫何时日？长夜漫漫何时日？（他不住朗诵着）

白：贺川先生，你睡了吗？（她扭动了墙上的电灯开关，舞台突然明亮。）

贺：哦！白小姐，谢谢你。

白：（看见贺伫立在黑暗中发痴，不禁诧异）贺川先生，怎么不好好躺着，又躲在黑暗里发痴。（她把手上端着的东西摆在病床的几上）

贺：（坐在沙发上）没有什么，因为睡不着，所以起来走走。

白：这几天晚上，我都发现你失眠，老是在黑暗里徘徊着。

贺：白小姐，真对不起，我打扰了你们晚上的睡眠。

白：（走近贺）不是这么说的，实在是贺川先生你的伤很重，应该多躺在床上安心的休养，不应该冒着晚上的风寒，爬起来多走动。

贺：（感谢的）白小姐，你们对我太好啦！我说不出应该怎么样来感谢你们。

白：（走去把打开的窗户和门都关好）谈不上感谢，这是我们侍候病人应该的责任。（走近贺川）贺川先生，你别难过，好好的静养，你的伤会很快的好起来的。

贺：伤好起来了又有什么用？

白：那你就不会再有痛苦了。

贺：我的苦痛？白小姐，你不能够了解我的痛苦，我的痛苦，并不是在身上，而是在心里。

白：这是什么意思？哦！贺川先生！我知道了，你是在想念你那远隔重洋的太太和家庭吧。

贺：（摇头）不，你猜错了。

白：那么你一定是怀念你的祖国，留恋着你的战争生活？

贺：祖国？不是的。战争？更不是的，我的祖国已经跟着战争走向了灭亡，一切过去的幸福，未来的光明，都给战争毁了，我自己也被战争造成了俘虏，一个罪大恶极的俘虏，摆在我的面前的，只是一个残酸[酷]的结局，这是俘虏的结局，我没有方法逃避，而且我的良心上也不容许我逃避，我只有束手瞑目，等待着这个结局的到来？

白：贺川先生，你放心！住在这里你的生命是安全的，没有谁会欺负你，会残害你。虽然在名义上你是俘虏，是我们面对面的仇敌，但是，我们谅解你，谅解一切和你处境相同的日本国民，你们都是被欺骗，被麻醉，被胁迫而来中国作战的无辜者，战争的主犯并不是你们，而是你们国内少数凶恶残暴的军阀，我们的愤怒和仇恨也只是集中在日本军阀的身上，决不会向你们善良的日本国民发泄的，不信，请你看看，你来到我们院中养病已五天了，我们不但没有把你当作俘虏和仇敌看待，反而是把你当作顶亲密的朋友看待。

贺：（很感动地）白小姐，你误会了我的意思，我并不是害怕你们会杀害我。感谢你们中国的同胞，我从被俘虏过来一直到现在，并没有受到半根毫毛的损害，也没有受到任何的侮辱。（稍停）来到这里以后，你们更是特别的优待，给我好的东西吃，给我好的房子住，而让你们为国流血的负伤弟兄们，躺在那样破碎简陋的茅草棚内，啃着那样粗糙难噎的食物，相形之下我只有惭愧，不安。

白：站在朋友的立场上，我们应该这样优待你的。

贺：白小姐！我对于你们并没有一丝半点的贡献，一直到被俘虏之前，我还是拿着枪杆射击你们，拿着刺刀屠杀你们的同胞。三年以来，我没有那一天不是在中国的土地上干无法无天的勾当，杀人，放火，强奸，劫掠，那一样没有我的份，我从没有对中国人怜悯过，饶恕过，更谈不上同情爱护，我的手上，脚上，身上，那一处没有沾染过中国人的血，我的领章，我的勋章，我的联队长的地位，那一样不是用中国人的血换来的，对于日本天皇，我也许够得上称作是勇士忠臣，但是，站在中国人的面前，我只是一个罪大恶极的魔鬼、仇敌……我不配领受你们的优待，而□你们也不值得这样的优待我。……

白：贺川先生，你别太苛责你自己！一切的罪恶，是应该由战争来负责，由那些制造战争的日本军阀来负责。

贺：不，我有罪，我应该负责。

白：你和你们那些被军阀逼着来中国作战的日本弟兄，还有那些处在军阀铁蹄下成千成万的日本国民，都是跟我们全中国的同胞一样的处境，一样的命运，大家都是在日本军阀的淫威之下过着苦痛生活的奴隶，我们对你们决不歧视，贺川先生！请你相信我的话，我们是始终把你当作自己的同胞一样看待的。

贺：（站在窗边沉思，回转身来坐在椅上）白小姐，可是……我……我并不是你们所理想的良善的日本国民，（稍停）我虽不是战争的主犯，可是我是战争的帮凶，在战争里面我所创造的罪恶，并不下于日本军阀，如果你亲眼看到我手创罪恶的残酷手段，你决不会像现在那样对我优待爱护的。（两手撕扯着散乱的头发，他深沉于回忆。）哦！那是多么残酷的罪恶！……罪恶！罪恶……不可容忍的罪恶！（他把两手一撒，突然发狂的跃起。）我杀人，我放火，我……这样残酷悲惨的罪恶，有谁会饶恕我？中国人！中国人能够饶恕我吗？不，决不，我所摧残，杀害的就是中国人，就是中国人的父母兄弟，中国人的妻室儿女。他们会向我报复的，会用同样残忍惨酷的手段来报复的……

白：（扶住了贺川）贺川先生！怎么啦，瞧你的神经失常了，安静点吧！去躺一躺。我去请院长来给你看看。

贺：（离开了白云，颓然地倒在沙发上）报复，这是应当的，我决不埋怨你们，你们有权力把我处死，把我的肉一片片割下来喂狗，这是天理，这是人情，这是我罪大恶极的报应……报复，不，是报应，这报应迟早会落在我身上的，除了挨着苦痛去接受之外，我，我想不出别的方法来解脱。

（这时卫丹悄悄的推开门进来了，没有惊动他们，站得远远的听他们说话）

白：（很惊疑的望着贺川，等他渐渐安静些，走近他的身旁）贺川先生！你别神经过敏的胡思乱想了。这样的事决不会发生的。我可以诚恳的告诉你，中国人并不是你所想象那样残忍惨酷的。请你放心，我们可以永远保护你的生命的安全。

贺：（半晌）白小姐！我相信你不会报复我……，但是除你以外的人呢？他们也会和你有同样的见解吗？……即使他们也能够宽恕我，可是，那些直接被战争毁灭了家庭，毁灭了幸福的人，会放松我吗？……白小姐！恐怕你还没有想到这一层□！

白：（有点被窘了）这……这……贺川先生！你认为我的话近乎欺骗吗？

贺：（摇头）不，我是说爱与仇是对立的，是难于融洽的，每个人对于恩怨的分别，都有顽强固执的观念，绝对不容易转移的……（停了一会〖儿〗）你没有亲身遭到我残忍的伤害，你当然不会对我有强烈的仇恨，白小姐，恕我打一个可能的比方，假如我过去杀死过你顶亲密的人，而且是用那样残酷的手段杀死的，请问你能忍受吗？你会原谅我吗？你肯饶恕我吗？恐怕等不到现在，你早就把我处死了吧！……

白：（低下头来，说不出话了）那……

卫丹：（以下简称卫，用笑声惊破了他们的沉寂）哈哈！老朋友！你的观察错误啦！（他走到贺川身旁，拍了拍他的肩）想不到你在中国居留了三年多。还比不上我在你们日本三年的功夫。

贺：（很感诧异地立起）怎么？卫丹！你这话是什么意思？

卫：（含笑）我说你始终还是拿一个日本人的眼光来看中国人，（他坐下来，贺川也和他坐在一张沙发上，白云坐在椅子上）朋友！原谅我说一句不客气的话，你们日本人的缺点，就是眼光短浅，成见太深。对于是非的观念弄不清楚，你刚才对白云所说的一番话，似乎很有理由，但是我们中国人却并不完全承认这句话的正确。

贺：（反问）为什么？

卫：因为我们对于爱、恨、恩、怨的分别，并不是完全根据于纯感情的作用，而是以理智上是非的认识作基础的。这种是非的认识，最容易表现的地方就是公私的关系，为了公私是非的划分，我们中国人对于爱、恨、恩、怨的观念是可以改变，可以转移，可以强调，也可以放松的。

贺：难道说中国人并不仇恨他们的敌人吗？

卫：不，不是这样说的，我们一样的仇恨敌人，不过我们除了打击敌人之外，还有一个说服敌人的方法，就是要把敌人转变成朋友，因此，我们最容易谅解敌人，最容易宽恕敌人，也最容易化仇为爱，化敌为友。

白：对！贺川先生！你刚才问我的那个难题目，现在我可以答复你了。并且还是证据确实的答复。他，（指着卫丹）我们的院长，他是亲身遭受过你们日本人伤害最深的人，他的家给你们的炮火毁了，他的太太给你们的军队杀了，但是他一点也不仇恨日本人，而将仇恨都只摆在制造战争，主使战争的日本军阀身上，而对于被逼迫来中国作战的日本国民，始终是抱着怜悯，惋惜的心情，他常常对我们说："我们只有一个仇敌，就是日本军阀。"他对于许多曾经在这里住过的日本俘虏，就从没有向他们作过报复，相反的，他是特别的爱护他们，特别的优待他们，你看那一张标语，就是他亲笔写给我们全院同人[仁]和养伤将士的训词。

贺：（望着卫）哦！朋友！这些都是事实吗？

卫：（点头）是的，白云说的都是事实，贺川！难道我和白云还会存心骗你吗？

贺：（感动得流下泪来）丹！亲爱的朋友！你真伟大！（回转头望着云）你们都伟大！整个中国就是一个伟大的国家。这是我们日本永远赶不上的地方。（沉默一会〖儿〗）……唉！我为什么要生做一个日本国民？一个被冷酷黑暗统治下的日本国民，不但没有机会接受中国伟大温暖的友情，反而被那些丧心病狂的军阀所欺骗麻醉，他们逼迫我们到中国来作战，他们鼓励我们杀人放火，鼓励我们造罪恶，种仇恨，给中日两个民族挖成一条血海深仇的鸿沟。……战争！战争！处处都是战争的烽火，罪恶！罪恶！处处都是罪恶的黑影。难道上帝忍心要我们彼此之间相残杀吗？——朋友！请你告诉我，什么时候我们才能够过和平光明的日子？什么时候才能使两个民族像兄弟一样亲爱和睦？

白：（很担心的，倚在卫丹的肩上）丹，你不要再跟他说话了，他的感情顶容易激动的，不然又会要发狂的。

贺：（笑了一笑）白小姐！不要紧的，现在我是平心静气的在说话。

卫：（拿着白的手，很亲切地）云！别打扰我们，贺川先生和我是老同学，我知道他最清楚，他心内有很大的痛苦，我应该和他多谈谈……你在这里坐得太久了，应该出去看看弟兄们都睡好了吗？顺便同陈医官说一声，谨防晚上的空袭，他是值日官，不要太疏忽了。

白：（望了望窗外）今晚上又没有月亮，怎么会有空袭？

卫：这也说不定呢！有准备总好一点，省得临时手忙脚乱的。

白：时候也不早了，我看你也应该去睡了。

（白替他们每人倒了一杯开水，下）

卫：（喝了一口水）朋友！你刚才提出这个问题，的确值得研究。据我看，只要我们中日两国的国民，同心合力的打倒了日本军阀，把这一条仇恨的鸿沟填满了，和平光明的日子便到了，我们两个民族便可以像弟兄一样过着亲爱和睦的生活。

贺：日本军阀已经走上了末路，这是容易打倒的。但是那一条仇恨的鸿沟，在这一次战争当中却越挖越深，越挖越阔了，要填满它恐怕很难？

卫：其实，这也并不难，只要我们能够澈底觉悟，大家下个决心，把百年的积怨，世代的深仇，都在这一次战争之中完全结束，都深深的埋葬在这次战争里面，从头再建立新的友谊，新的邦交。

贺：不过我总觉得仇恨两个字，在一般人的心里是很难化除，很难忘记得干干净净的。

卫：不会的，至少在中国人是不会的，因为这一次战争的痛苦，使得我们更深切地体认到爱的重要，这种爱就是超种族超国界的人类爱。……要知道一切大的仇恨都是无数小仇恨积成的，一切公的仇恨都是无数私的仇恨扩展的，中日两国的深仇大恨要消除，必先消除两个民族之间彼此间的小仇恨和私仇恨。这一次战争便是深仇大恨的总解决，我们决不能再在结束旧仇恨之中，又散布新仇恨的种子，决不能使那些仇恨的种子再在我们的子孙后代的身上再发芽成长，因此我认为“化仇为爱，化敌为友”是釜底抽薪一劳永逸的办法。

（花园内犬吠声大作，越叫越近，卫丹站起来走向窗前）

男声：（从花园里传过来）捉贼！捉贼，他妈的花园内进了贼哪！

（一阵脚步的追逐声，犬吠声，人声闹成一片）

白声：（也是从花园内传来）王福田，王福田！把他放了吧！

卫：（打开窗户，探头出外）云！什么回事？

白声：一个难民没有地方住，偷偷的溜进了我们花园里来了。

男声：什么难民，鬼头鬼脑的，准是他妈的贼。

另一男声：老总！老总！我是从××逃难出来的，走到这里天黑了，找不到地方住，想在你们茅棚下面借住一夜，……我不是贼，我有难民证。……

男声：难民就不做贼吗？口袋内一大包是什么？快拿出来！

另一男声：老总！没有什么！这是我自己的一点随身衣服。

男声：他妈的，你拿不拿出来，老子揍死你！

白声：放了他吧！一个难民，欺负他干吗？

男声：看护长！这一定是贼，我在窗户里面看见他溜来溜去的溜了好久。他妈的好大的胆子……

卫：（高声）王福田！把他放了，带他到外面草棚里去睡。

男声：报告院长，他一定是贼，你看他这副贼像。……

卫：别废话，放他走！……赶快！听见没有?!

男声：是。

（他们走了，剩下白云还在花园内隔着窗户和卫丹说话）

白：他们全走光了！陈大夫的值日也不在，下班的时候，我还嘱咐过他，又不知跑到那里去了。好在没有出什么乱子，不然，可糟糕啦！

卫：（呆了半晌）大概都进城玩去了。这也难怪，这几天也实在太忙了，他们都闷得发慌，让他们出去解解闷也好，好在晚上不会有什么事。

白：你刚才不是说怕有空袭吗？

卫：唔！（望了望窗外的天）天上乌黑的，大概不会有吧！……不过……准备也好，云！你多走两趟！通知卫士排和担架队，大家不要睡得太死了。

……还有，你去查查号簿，看那几个请假外出的弟兄都回来了没有？

白：是，丹！我守在楼上办公厅里，怪寂寞的，回头你来陪着我啦！

卫：好的，云！我马上就来。

（望着她走了，他关好窗户，重新坐下。）

（他们两人都在沉默中抽着烟卷）

贺：（半晌）卫丹！你和白小姐的感情，似乎很密切？

卫：是的，（笑了一笑）在你看来，我和她一定有爱情的成份□！

贺：真的吗？那太妙了。我说，你们应该是幸福的一对。怎么？结婚了没有？

卫：没有，始终还是在恋爱的阶段。

贺：干吗还不结婚呢？难道你不爱她？……

卫：不，我很爱她，自从我的妻子遭到战祸，不幸牺牲以后，我就完全靠白云来安慰我，体贴我，我妻子留下的一个孩子，也完全是靠她抚养扶持，……我们本来应该早就结婚了，可是为着纪念我妻子的惨死，我们相约要等到抗战结束，用胜利的战果祭过我妻子的坟墓以后再举行婚礼。

贺：哦！原来如此，（沉默一会〖儿〗）啊！卫丹！我忘记问你了，你夫人是什么时候遭到不幸的？

卫：是抗战的初期，廿七年的春天，到现在已经是整整三年了。

贺：在什么地方？

卫：杭州。

贺：（突然一惊）杭州？

卫：是的，杭州，西湖的所在地，浙江的省会。

贺：（半晌）哦！那我知道。……那时，你也在杭州？

卫：没有，就只我的妻子和小孩住在杭州，我是战事发生就离开了家，在军队内服务。南京失守的时候，我正在山西工作，来不及预先写信通知她们搬往内地，杭州便很快的沦陷了，从此，……我便再没有机会见她一面了。（伤感地倒在沙发上。）

（白云推门进来了，站在卫的身旁。）

贺：是怎么样遭到不幸的？你可曾探听清楚？

卫：（痛苦地）是给一个日本军官杀死的，死得很惨，详细情形，我也不大知道。

贺：别的人有没有比你知道更清楚的？（他的眼光转向着白云。）白小姐！你可知道？

白：什么？知道什么？

贺：关于卫太太的死？

白：（摇头）不——知——道。

卫：她跟我一样的不知道。知道的只有我的孩子小波，他是跟他母亲在一块，他母亲遭难的时候，他亲眼看到。……可是，他怕使我伤心难过，始终不肯将详细情形告诉我。

贺：那末你的少爷呢？现在那里？

卫：在此地，我的公馆内。

贺：能不能请他来？我要见见他，向他问一个详细情形？

卫：（惊异）贺川！你这是什么意思？难道你还愿意听那些残酷悲惨的罪恶吗？（他痛苦的拘□着）

白：贺川先生！请你别再问了吧！这是太令他伤心难过的事。哦！丹！不要想那些已经过去了的事□！

贺：（很不自然的）卫丹！请你原谅我，我不应该这样触痛你心上的创伤。（半向[晌]）……不过，我们是十多年的老朋友了，承你看得起我，一直到现在，我处在你们敌人的地位，处在你们俘虏的地位！你还是拿十几年前我们在东京帝国大学同学的交情来对待我。我难道是草木？难道没有一点情感？……你太太的不幸遭遇，我除了同情的愤怒和仇恨之外，难道还忍心用幸灾乐祸来找你寻开心？……我所以盘根翻底追问你太太的被害情形，不过是想根据当时被害情形，帮你找出这个杀害你太太的仇人罢了！

卫：你这又是傻念头了。假使我能够把这个仇人的姓名告诉你，或者是你能够替我找出了这个仇人来。请问你又把他怎样处置？把他杀死吗？把他斩成肉酱吗？……难道他所造的罪恶是出于他的本心？难道他不是属于被日本军阀欺骗麻醉的可怜者？难道他的罪恶比你的罪恶会更多更大？（……半晌）我不是对你说过吗？只要能够化敌为友的话，私人间的仇怨是可以消除的。我现在更郑重的告诉你，只要那个杀我妻子的仇人能够觉醒，能够悔悟，能够和我站在同一战线上去打日本军阀的话，我可以原谅他，宽恕他，同他亲密的搀起手来做朋友。

贺：（半信半疑）卫丹！你真有这样的宽宏大量吗？那个亲手杀你太太的仇人，你也可以原谅他宽恕他吗？

卫：（含笑）是的，用不着怀疑！不信的话，有机会我可以当着你的面，做给你看。

贺：（受感动，情不自禁的抱着卫丹几乎狂吻）卫丹！你太伟大了，在我们全日本人当中，恐怕找不到半个像你这样伟大的人，……

卫：（慢慢的推开了贺）贺川！你不应该这样的崇拜我，你瞧！白云在吃醋了，她怕你会从她手中把我抢去呢？（笑）（大家都笑起来了，他们之间，一霎时充满了友爱和睦的空气。）

白：（沉思了半晌）贺川先生！我有一个问题要请问你，不知道你愿不愿意答复？

贺：什么问题？白小姐！请说！只要我能够解答的，我一定解答。

白：我想……你是一定能够解答，因为这是关于你们日本军队的一种特别作风，这种作风倒[到]底是怎出样形成的？我想请你来答复。

贺：一种特别的作风？是什么作风呢？你说！

白：（沉吟了一会〖儿〗）就是……（欲说又止）

贺：就是什么？

白：就是——（停了半晌，终于说出来了）就是普遍的，残忍的侮辱女性。

贺：（心里一惊）侮辱女性，普遍残忍的侮辱女性，……哦，白小姐，你是问日本军队为什么到处强奸女人吗？

白：（点了点头）是的。

贺：（沉默了一会〖儿〗）白小姐，提到"强奸女人"这四个字，我便有无限的羞耻，这是我们日本皇军一种最卑污，最罪恶的行为，这种行为，只有在原始的野蛮民族和下等的猪狗禽兽身才会发现，才会流行。

白：（反问他）难道你们太[大]和民族到现在还没有脱掉原始野蛮的胎衣吗？难道你们日本国民已经退化堕落到禽兽境界吗？

贺：不，不是的，这都是凶恶残暴的日本军阀一手创造出来的！……他们把我们赶上战场，要我们去送死，但是又害怕我们思家害怕我们反战，因此就利用我们在残酷战争下丧失了人性的疯狂状态，挑起我们野蛮原始的欲望，他们鼓励我们强奸，放任我们强奸，让我们尽力的满足兽性欲，让我们尽量的发泄暴虐狂，这样一方面可以使我们沉迷麻醉于现实，不致起来反抗他们；另一方面又可以使中国老百姓对我们更加仇恨，防止我们向中国人妥协投降。

白：哦！这么说来，一切的罪恶都是日本车[军]阀造成的。

卫：对！一切的罪恶都是日本军阀造成的，所以我们一切的仇恨，也应当都归结到日本军阀身上！

贺：日本军阀虽然是罪该万死，但是参加过侵略战争的日本军人，也都不能逃脱应得的罪名。……（沉思了一会〖儿〗）我，我就是一个犯了这种罪恶的人！卫丹！白小姐！良心在责难我，痛苦在鞭打我，今天，我要向你们吐露我犯罪的口供了。……你们允不允许我在你们面前讲述这样无耻的犯罪经过?

卫:贺川:我们早就原谅过你的一切了。

白:如果这并不使你感到十分难过的话,贺川先生!那你就讲下去罢!

贺:我的难过倒不是悲伤,而是忏悔。我的罪恶已经铸成了,没有办法挽救。………我只有在忏悔中坦白的告诉你们!……朋友!我是一个学医的人,我和你们一样的有一颗慈悲救人的心!十年以前,我们不是同在东京帝国大学医学院念书吗?记得有一次佐藤教授上我们人体解剖的课程,他要我们每人拿一把锋利的小刀,去解剖那些死尸的各部份,当时你们都解剖好了,可是我始终不敢下手,我的手战得厉害,我的心也跳得厉害,我始终认为那是残酷无人道的行为。……卫丹!那时你们不是笑我是傻子吗?……哦!我又记起一件事来了,那时我们因为研究骨骼的构造,差不多每一个同学宿舍的桌子上都摆着一两根死人的骨头,或者是一两个死人的骷髅,当作是实验品,也当作是点缀品,但是全班之中,就只我一个人特别,始终把骨头和骷髅锁在一口箱子内,从不敢拿出来看一眼,当时你们也曾笑我胆子小。……(沉默了一会〖儿〗)可是,朋友!三年来的侵略战争,却使我变成了另外的一个人了,不,变成了一个杀人不眨眼的魔王了。……活生生的人被我解剖,活生生的脑袋,被我割下,我吃过人肉,我喝过人血,朋友!你肯相信吗?就是我自己也不敢相信,然而,这并不是做梦,而全是事实。……这样的事实太多了,我现在只拿一件说给你们听罢!……那是一个春天,像现在一样的春天我带着军队,驻扎在南中国的一个大都市内面。这个都市是完全被我们皇军所统治,住在这个都市里的中国人,都挨着苦痛和耻辱来接受我们的统治……有一个晚上,就像今晚一样没有月亮的晚上,天上黑沉沉的一片,那时……那时,我喝醉了酒,在街上乱闯,我走到一个教堂的附近,那是一个外国教堂,平日插上外国旗,有外国人守门,所以我们自占领那个都市以后,什么角落里都给我们骚扰过,就只有那个教堂内,我们却从没有机会进去过,……恰好那天晚上,这个教堂的门敞开着,没有人守卫,我乘着机会,偷偷的溜了进去,……穿过礼拜堂,穿过许多房子,里面都空洞无人,……最后找到了一间房子,有灯光从窗户里面射出来,还有女人说话的声音,我躲在黑暗的地方,一眼从窗户内望进去,哦!我发现了……我发现了一个中国女人,一个大肚皮怀了胎的中国女人,她抱着一个十二三岁的孩子在说话。……于是我闯了进去,她们母子吓得脸无人色。哦!那时啊,我全被兽性驾驶着,我没有一点顾忌,没有一点害怕,我便将她捉住,把她按在一张沙发上。她竭力挣扎,嘶叫,用牙齿乱咬,我兽性暴发了啊!我拔出了小剑,就向她的胸前刺去,她叫了一声,就这样死去了!朋友!哦!我还用刀破开她的肚皮，将她肚皮内拿出了血淋淋的胎儿，我把胎儿连皮带骨撕成了粉碎，我是多么的残酷，多么的凶暴，……你们能相信我会造这样的罪恶吗？……朋友！这并不是梦，这的确是我亲手干出来的事实，……造这样罪恶的人，会有好结果吗？不，决不会有，有的就是同样残酷的报应，……哦！天啦！

（贺川说到这里，突然台后空袭警报声音大作，他们三人都不约而同的站了起来）

白：糟啦！有空袭！

（台后有人在高呼）

声：起来！起来！有警报啦！赶快起来！

（接着有许多糟[嘈]杂的声音跟着喊“警报！警报”）

卫：（走到门口）王福田！打电话到防空司令部去问问情报。

声：报告院长，已经问过了，是敌人的重轰炸机山××西飞。

卫：多少架？

声：天上乌黑洞地的，看不清楚。

白：（问卫）！要不要疏散？

卫：疏散！马上疏散！王福田！陈医官在不在？

声：不在！

卫：糟啦！值日官不在，没有人招呼。

白：我去！（向门外走去）

卫：云！不要慌张！轻伤的弟兄要他们向野外疏散！重伤的要担架队抬下防空壕去！屋子里面不许留人！卫士排在四周放哨，断绝交通！

白：是。（出去了，马上又进来）要不要赶快派人去把小波接来？城内恐怕有危险啦！

卫：你先去把弟兄疏散了再说！小波？他自己会跑到这儿来的。

白：不……天上墨黑的，跑警报的人又多，没有人照扶他，我不放心……

卫：没有关系，先疏散弟兄们要紧。

白：（默然下）

（台后有搬动声，吟呻声，忙乱的步履声，伤兵的咒骂敌人声，远远的有汽车声，人声，是凄惨的阴影，是恐布[怖]的雾团，一个极大的不幸，似乎就将落在人间。）

贺：（打开靠花园的窗户，倚在那里望着黑漆的天，听四野的骚动，沉默了许久，忽然，仰天长叹）唉！罪恶！又是日本人的罪恶！……祖国呵！你怎么允许那些军阀不断的制造罪恶呢？……

卫：（安闲地躺在沙发上吸烟）

贺：（反转身，面向观众，脸上有痛苦的表情。）主呵！万能的上帝！我不愿再看见罪恶，我不愿再看见有罪恶的名字，再贴在我祖国日本的身上。主呵！请你降福给中国的人民吧！免除了这样不幸的惨劫□！

卫：（笑）贺川！你又在作这无用的祷告了，请问你的挚诚祷告，可真能打动上帝的心？可真能防止日本军阀的暴行？

贺：请你原谅我，我厌恶战争，我反对战争，可是我没有力量去阻止战争，我只有这样效法宿命论的弱者，来表示我这片诚心了吧……（台上沉寂）

（白云上，忙得满头是汗。）

卫：云！都疏散了吗？

白：都疏散，就只第五号病室里有三位病重的兄弟，伤势很重，不能搬动，而且他们无论如何也不肯离开……他们还说了些使我难过的话……

卫：什么话？云！

白：他们说："看护长！我们已经是废物了，迟早要死的，让我们给日本鬼子的炸弹炸了吧！省得多消耗国家的医药和金钱，你们走吧！你们比我们还有用，还可以替国家出力……"

卫：弟兄们太好了。（俯头不语）

白：小波还没有来吗，不知道他能跑出城来？

卫：哦，我记起来啦，小波今天下午跟他们同学到天鹅山露营去了，没有在家里，你可以放心。

白：（点了点头）那末我们现在也出去要躲一躲，恐怕紧急警报马上要来了。

卫：（起立）是的！贺川！我们到外面防空壕里去躲一躲吧！

贺：（犹预了一会〖儿〗）不，你和白小姐快去吧！我也是一个废物，死了没有什么关系。

白：贺川先生！用不着和自己的生命开玩笑啦！

（台后紧急警报声，悲惨凄凉，像夜鸟的哀鸣，划过长空，一直拖延到舞台灯光全黑的时候。）

白：（恐怖地，一手拉住卫丹，一手拿住贺川）走！快走！电灯马上就要熄了。

贺：（挣脱了白云的手，很坚决的。）你们走吧！请你们把第五号病室那三位重病的弟兄设法带走，让我留在这里……你们没有罪，不应该遭惨劫，只有我一个人有，让日本军阀炸弹来毁灭我的罪恶吧！走！你们快走……

（舞台光突灭，台上台下全是漆黑一片。）

卫：（声）云！你走吧！让我陪着贺川守在这里。

白：（声）留在这里没有危险吗？

卫：（声）大概没有，这里是郊外，或许不会遭轰？

白：（声）既然没有危险，那我也留在这里陪陪你们吧！

卫：（声）那……也好！来！让我坐下吧！

贺：（声）你们要陪着我留在这里，我更难过了。

卫：（声）云：你害不害怕？

（这时远远的有重轰炸机的声，渐渐地近了。）

卫：（声）听！敌机来了。

（有炸弹声，高射炮声。）

白：（声）敌机在投弹了，我去照应一下第五号病室的那几位重伤兄弟，搬下地才不会危险。

卫：（声）白云！不要出去！等一下！

白：（声）我马上就会来（跑了下去）。

（渐渐的，敌机近了，到头上来了，台上死寂的，突然窗外有一声枪响，一道红光，象流星一样飞向天空，接着敌机在上空盘旋着，投下了照明弹，舞台瞬时□亮，马上又是漆黑）

卫声：白云！白云！快进来！

（一阵敌机俯冲的声音，接看[着]数声巨响，炸弹落在附近了，房屋倒塌声惨叫声。）

（台上还是黑暗的，敌机不断的盘旋投弹，许久才渐渐的远了，外面有人在说话。）

声：捉汉奸！捉汉奸！刚才有汉奸放信号！

（有许多声音跟着喊“捉汉奸”）

另外的声音：大家来救人啦！炸坏了人啦！

（许多声音在喊着，由远而近。）

声：快找院长去！看护长炸伤了。

声：去！快去！白小姐炸伤了……

（台上闹嘈嘈的，经过有相当的时间，不觉警报解除了，舞台的灯突然亮了起来，舞台杂乱，窗上的玻璃都震破了，药瓶，水瓶，花瓶等都震倒在地下，静寂无人，半晌，卫丹和王福田抬着白云上，贺川也跟着上）

卫：暂时放在贺川先生床上躺下再说！

（他们把白云安放在床上。白云痛苦的呻吟着。）

卫：王福田！快去拿卫生包，还有药棉绷带也要。

王：是（下）！

贺：（走到病床前）怎样？不要紧吧！

卫：（俯着视查伤口）还好，仅仅右腿上的骨骼受了一点伤。

贺：白小姐！现在感到怎么样？

白：贺川先生！谢谢你，没有什么多大的痛苦……好危险，要不是我很快的卧倒了，恐怕命都早送掉了。丹，弟兄们没有受伤吗？院里有没有损失！

卫：（安慰她）弟兄们都平安，只有一两个受点点轻伤，鬼子的炸弹是丢在你们住的宿舍内，好在里面都没有人。

白：（关心的）五号病室里那三位重伤弟兄呢？怎样了？……

卫：很好！都很平安，因为你把他们抬到地下躺着，所以一点伤都没有受到，他们听你是为救他们而受伤的，都感动得流泪痛哭呢？

云：（安然）只要他们平安，我受这么一点伤也不算什么。

（王福田拿卫生包药棉绷带等上，卫丹，贺川，王福田都忙着替白云包扎）

（外面人都嘈杂）

云：外面干什么？

王：警报解除了，是弟兄们从外面回来。

（一会儿有许多声音到甬道内来了。）

声：看护长受伤了，我们去看看！

声：去，大家都去，看护长平日对我们太好了！真是不幸啦！

卫：云！弟兄们要来看你的伤。

白：你去谢谢他们，要他们不必进来了，趁早去安憩吧！

卫：（走到门边高声对甬道中的人说）各位弟兄！看护长谢谢你们，她的伤很轻，不要紧的，现在正在施手术，你们大家不必来看了。

（外面声音混杂）

声：好！那么我们明天再来看吧！让她好好的憩一憩（声渐散）

（台上静寂了，此刻忽然台后有吵闹声）

声：揍死他，揍死他！他妈的日本鬼子的走狗。

声：你干吗要做汉奸！老子要剥你汉奸的皮。

声：弟兄们！先不要揍他，送到院长那里去再说。

卫：王福田！你去看看什么回事？

（王走到门口，已经遇到许多伤兵押着四虎来了，伤兵甲、乙两人拖着四虎进来，其余的人都在甬道内争看着。）

甲：报告院长！汉奸……我们抓到了，就是这个家伙！（指着四虎）

王：（看了看四虎）哦！就是你？我早知道你不是好家伙……

卫：王福田！你认识他吗？

王：院长！怎么不认识，他就是今晚上溜进我们花园的那个难民，我还以为他是贼呢？原来是特意来放信号的汉奸！

（外面甬道内大家喊着"揍死他"的声音）

卫：（走到门边，向外）弟兄们！安静点，让我来问他。（外面静下来，他走回到□中，向甲乙两人。）真是他？你们没有弄错？

四虎：（以下简称虎）官长！我不是汉奸，他们诬赖我。

甲：院长！就是他，我们一点都没有弄错。

乙：我亲眼看见信号枪放过以后，一个黑影子往东边树林里跑，我们也跟着追到树林，他又向西边大路上跑，给我们抓住了……

虎：官长！我确实是逃难的难民，我从××逃到此地，因太晚了，到贵院来借宿，不信，我有难民证。（他从衣袋内摸出难民证交给卫）

卫：（看了看难民证，向甲乙）确实是难民！你们在他身上搜搜看，看有没有汉奸的证据？（甲、乙两人在四虎的周身搜查，可是没有发现半点可疑的东西）

虎：我连信号枪都没有，怎么可以放信号，……唉！我是亲身遭受过日本人的欺负的，好容易才逃到这里，我怎么会做没良心的汉奸呢？你们不能冤枉好人啦！……

卫：（住了半晌）我相信你是安分的难民，可是你有汉奸的嫌疑。

虎：（突然愤怒）有什么证据可以证明我有汉奸嫌疑，你们凭空欺负人。……

卫：（被顶得说不出话来）这……

贺：（走近来）慢点！再搜查一次，……搜他口袋的内层。

（甲乙撕开了虎的口袋，没有什么。）

贺：搜他衣领子的内面！

（甲乙撕开虎的衣领，也没有什么。）

贺：解下他的裤带来，翻转来看看，有没有一排三个红圈。

（甲乙解四虎的裤带，四虎脸色变白）

甲：有，有一排三个红圈。一点儿不错。

贺：对了，这就是汉奸的暗号。

（外面的声音："搜着了，搜着了"）

卫：（向贺川）你怎么知道这是汉奸的暗号？

贺：朋友！那有日本军官不会知道汉奸的暗号的？好！现在撕开他外衣左边的袖子，拿出他的符号来，看属于那一个机关？

（甲乙照贺川的吩咐做，找出了符号。）

甲：（把符号给贺川）上面尽是日本字，我不认识，给你认。

贺：（看了符号，面色突变，半晌，声音转低，指着四虎。）你——你是第五师团……

虎：（坦然）是！第五师团第三旅团第八联队直属特务队。

贺：哦！——（无神地坐倒在沙发上）

卫：怎么啦！贺川！

（全场愕然。）

贺：（痛苦地）唔！卫丹他……他是我的部下，想不到此时此地，我还能够看到我的部下？……

卫：贺川！怎么啦！他是你的部下？

（台后吵杂之声又起）

贺：（懊丧无语）唉！一切都是罪恶，罪恶……卫丹！在一个月前我指使他们假充难民，混入中国后方，施行破坏扰乱的工作！今晚！呵！今晚的轰炸。（自语）我得承担？……我得承担啊！

甲：（放松了四虎愤怒的面向贺川）是你？你这没有心肝的日本鬼，你主使他来的，你派遣他来的？——我要揍死你。

（外面的声音，像暴风雨的吹来）

声：打死这日本鬼子。

声：打死他，替看护长报仇！

卫：（跑向门边拦住门，）弟兄们！你们安静点。

（甲和乙摩拳擦掌预备要动手打了。）

白：（从床上爬着坐起来高声）弟兄们！不能打！

（卫丹跑回来，阻止了甲乙二人）

白：这不能怪他！汉奸是他过去的部下，指使和派遣的是他过去的命令，我们不能追究他的过去，我们要原谅他！

甲：不管他的过去和现在，反正罪恶是他造成的。

乙：看护长！我们揍死他替你报仇。

(外面万众一声:“对!揍死他,替看护长报仇”)

卫:(站在贺川的前面护卫他)弟兄们!不能这样。

白:这样的报仇,我不感谢你们!他过去虽是我们的敌人,可是现在他是我们的朋友了,弟兄们!原谅他吧!……

(外面的声音“我们不能原谅他,我们要揍死他”)

卫:(突然严肃的高喊)大家听我的命令!(全场肃然)都给我出去,不许再在这里吵闹,有话明天再说。

(台后静寂,但并没有走。)

卫:你们都出去,王福田至把汉奸给卫士排看守。

(王押着四虎下)

甲:好,我们明天再说,留他活了今晚。

乙:他妈的日本鬼子汉奸,明天老子剥你们的皮。

(甲乙二人下,甬道中的群众愤怒中拥着四虎去了)

卫:(拍贺的肩)贺川,请你原谅弟兄们的无礼。

贺:他们是对的,他们应该这样对付我,(伤感地)哦!我的罪恶,我的报应,现在都快要来了。

白:贺川先生,你放心,我们一定要保护你的安全,丹,你答应我永远保护贺川先生吗?

卫:是的,贺川,我们要永远保护你。

(台上静寂,贺川推开窗户,倚在窗前,望着黑暗的天空,沉默叹息,卫丹坐在白云的身旁,再度替她查看伤势)

波:(在外间院子内)王福田!我爸爸在那里?

王声:哦!少爷,你来呀!院长在内面,我带你去。

(他们的声音到甬道上来了)

卫:云!小波来了,(站起来走到门边,恰好小波穿着童子军的服装进来了)

小波:(以下简称波)爸爸!(抱住了卫丹)

卫:(抱着小波,亲爱的叫着)小波,你不是到天鹅山露营去了吗?怎么半晚还跑到这里来呢?

波:爸爸!我们听见城里被炸了,连夜开回来救护,在城里又听说后方医院也炸了,我关心你,请了假,一个人赶来看你!爸爸!你没有受吓吗?

卫:我没有受吓,可是云姑却受伤了,(指着床上)小波!你去看看云姑。

白:(摇手)小波!到我这儿来。

波：（走到白云身旁）云姑！你伤在哪里？

白：（抚摸着小波的头）我的脚上受了一点轻伤，不要紧的。

波：（看了看白的伤）日本鬼子真该杀，城里炸死了我们几十个同胞，伤的还不知多少呢？房子也烧了许多，我们同学都在抢着救火，救人呢！

贺：（回转头来，看了小波一眼，默默的坐在台前的转椅上，面对着观众）

白：小波！你不累吗？跑了这么远。

波：不累，一点都不累，（向卫）爹爹！这里是城外，怎么也被炸了。

卫：有汉〖奸〗放信号！

波：汉奸，抓到了没有？

卫：抓到了，……（偶然的顺口说出）这个汉奸说起来还是贺川先生的部下呢？

波：什么？贺川先生？

卫：哦，小波！我忘记告诉你一件事，（拉着小波手走到贺川的身边贺川站起来）这就是贺川先生；是我从前在日本读时的同学。贺川，这是我的孩子小波。

贺：哦！这就是少爷（他拿着小波的手），小朋友！

波：爸爸！他是日本人？（惊疑不定）

卫：是的！他是日本人，他还是日本的联队长呢！小波！不要害怕！他并不是那些杀人可怕的日本人，他是反战的日本人，他在火线受了伤，被俘虏到我们这边来了。

波：啊！反战的日本人？那就是我们的朋友了，贺川先生，我们拉拉手吧。（他和贺川天真地握了握手）

贺：小波，你也愿意和一个日本人做朋友吗？

波：当然，只要是反对日本军阀的，都是我们中国人的朋友。

贺：哦！你很聪明，我喜欢你。

卫：你们谈谈！我出去看看弟兄们都睡了吗？（下）

（台上静寂，他们两人都坐下，小波细细地辨认贺川）

波：（半晌）贺川先生！我好像在什么地方看见过你。

贺：不见得吧！我们今天还是第一次见面呢？啊！或许我被送到院里来的时候，经过城里，你在街上看见过我吧！

白：小波！贺川先生到这里来还只五天，你怎么会认识他？

波：不，一定在那儿见过的，（回忆沉思）你到中国来几年了？贺川先生。

卫：战事一发生，我就被调到中国来作战。

波：(逼着问)那么三年以前，你是不是在杭州驻扎过？

贺：(惊疑)是的，三年以前我正在杭州……怎么？那时你也在杭州？难道你是在杭州看见过我？

(卫丹上，站在他们的后面)

波：杭州××巷有一个美国教堂，你可曾到过？

贺：也许……或者去过吧！

波：那教堂里有一个年老的外国神甫，你可曾认识他？

贺：哦！小波，你干吗要盘问这样清楚？过去的事我不太记得清了。

波：(不语，再对贺川看了数眼，突然在腰间皮带上解下一把小剑)可是这一把小剑，你总应较认识是谁的东西？

贺：(接了小剑仔细查看，突然惊异)哦！这是日本天皇赐给我的小剑，我怎么不认识呢？小波！这把小剑我已经失去好几年了，怎么会落在你手内？

波：(脸上突然变色，)哦！这就是你的东西，(突然厉声)你还记不记得你是怎么样丢失这把小剑的？

贺：(惊愕)哦……我记不得了……我完全记不得了。

波：(拿起小剑来)丢剑的人记不起丢剑时候的罪恶，可是我拾剑的人却永远不会忘记拾剑时候的仇恨，三年以来，我从没有一时一刻忘记这把小剑，我要找这把小剑的主人，向他报仇，好，现在我找到了，(把刀向桌不[上]一插)你……你就是我的仇人。……

(全台愕然，)

白：怎么哪！小波！

卫：小波！这是什么一回事？

波：爸爸！云姑！他就是杀妈妈的仇人。

贺：(变色)啊……(全身战栗起来了)

卫：孩子！你……你不要认错了人哪？……

波：不会错的！就是他，三年以前，在杭州，跑进我们避难的教堂，用这把小剑杀死了妈妈，他破开妈妈的肚子，他从妈妈的肚子内拿出了血淋淋的弟弟，他把弟弟撕成了两半，这……这都是他，我亲眼看见的，我不会弄错的……这把小剑就是他杀妈妈时留下来的。……

贺：(惊绝……)哦？……天呀！

卫：(大惊失色)贺川！这是真的事实吗？

贺：这都是真的，就是刚才我对你们所讲的那个犯罪的故事，可是，天呀……我并不知道那个女人就是你的太太，那个孩子就是你的少爷。……

波：爸爸！一切他都承认了，现在我们应该替妈妈报仇！

卫：（呆若木鸡的陷在苦痛的境地，意识全模糊了）报仇？……

贺：卫丹！我就是你的仇人，是你们全中国人的仇人。你的妻子是我杀死的，你的孩子是我杀死的，炸伤白小姐的也就是我。

卫：（怒吼：）卑鄙！无耻！你这万恶的日本人！我不能饶恕你！

白：（惊叫）丹！丹！小波！小波！

卫：（从腰间拿出手枪）我要为我的妻子报仇。（仰头望天）茵！茵！你的灵魂看着吧！我开始替你报仇了。

贺：朋友！我能够死在你的手里，我很安慰！（他埋下头来，俯伏在桌上，期待生命的终结）

（卫丹把子弹装入枪膛，举起来正对着贺川的头部，白云不顾一切，从床上扑下来，扑到卫丹的身前，握住了他的手枪。）

白：丹！你不能这样。

卫：（坚持）我应该这样，他……他，他亲手杀死我的妻子，他亲手杀死我未出世的孩了，他亲手杀死无数的中国同胞他又派遣了汉奸炸伤了你的身体，他的罪恶，是死有余幸，我不能放松他，今天我要他付出这笔血债，就在我们的面前！

白：（哀求，紧紧的抱着卫丹的两手）丹！请你清醒一点，理智一点，一切的仇恨，都应该归到日本军阀的身上去！我们的敌人只有日本军阀。贺川先生虽然有深重的罪恶，可是这是他过去的罪恶，是日本军阀逼迫他造的罪恶，不是出于他本心的罪恶，他现在已经觉悟了，已经在痛悔，我们应该原谅他，宽恕他，把他化成朋友，我们应该拉起手来共同的去打倒日本军阀！丹！这都是你平生的志愿，都是你亲口的誓言，难道你忘记了吗？

卫：（神智渐清，望了望贺川，叹了一口长气手枪落了下来，头也跟着低了下来。贺川还是一动也不动的俯伏在桌上像入梦境）

波：爸爸！放勇敢一点，对付仇敌，不应该有爱，不应该有原谅！

卫：孩子，饶了他吧！

波：（气愤的）爸爸！你能原谅他，我不能原谅他。（猛然拔出插在桌上的小剑，对准贺以[川]的头便要杀死去，可是被卫丹一手抓住了，不能动弹，）

卫：孩子！我们不能够杀他！这不是姑息，这不是懦弱，这是你幼小的心灵上所不能理解的伟大的爱！

白：（挣着把小波手中的刀夺了下来放在桌上，突然他[她]倒下去）

卫：怎么？云！（扶住了白）

白：我的伤口在痛，血又流出来了。

卫：小波，来扶着云姑到床上去！

（卫丹和小波扶着白到床上去）

白：（抱着小波在怀里）小波！你要原谅你爸爸，你要原谅我，我们爱你，我们也爱你的妈妈，我们爱全中国的同胞！但是……我们也应当爱一个已经觉悟了而愿意做我们朋友的敌人！……

波：我不允许仇人还活在世上……我找到了仇人而不报仇，我对不住惨死的妈妈！（他伤心地痛哭起来了。）

卫：（被小波的哭声打动了也跟着哭起来：）茵！小波！你们应该原谅我，为了后代子孙的幸福，为了人类世界的和平。我们应该化仇为爱，化敌为友！（语重心长，涕泣皆下，白云也泣不成声）

（台上一片啜从[泣]声，窗外仍是黑暗一片）

贺：（慢慢地抬起头来，望了望窗外，痛苦难过的表情，忽然拿起了桌上的小剑，自言自语）血债，是需要用血来偿还的，我不能再拖欠不还，我应该自己来了！（背向着他们高声的喊着）卫丹！小波，白云！我感谢你们！我没有面目再见你们，我只有一死以报答你们！（把小剑向胸前戳了下去，倒在椅子上，卫丹、小波、白云都走到贺川的身边扶住他。）

卫：（替他拔去小剑，血喷了出来，用手按压住创口，贺川！你怎么要自杀？贺川挣扎着推开卫丹的手）血！血！让我的血来洗净我的罪恶吧……（瞪着眼望着窗外）天不久就会亮的！可是我不能见到光明，我应该让我罪恶的生命跟黑暗一同死亡！

（卫丹白云小波面对着这惨剧都感动得流出泪来，泪滴在贺川的脸和身上，）

贺：（快要断气了，还睁着眼睛，望着小波）小波！你现在还恨我吗？

波：（感动得哭了起来）不恨贺川先生！我——爱——你——

贺：（脸上浮起一道微笑而逝）

（幕落全剧完）

（原载于《时代中国》第5卷第4、5期，1942年）

阿里朗(朝鲜歌剧)

[朝鲜]文靖珍

序曲

阿里朗是在韩中两国边境的白头山[①]下稍高的山岗,无数的流亡者必须经过这山岗。

人们传说,这山岗数年不见太阳,常常飘起阴森的寒风,看来,像是悲惨的地狱一角。

阿里朗曾经遗下无数灭亡者的足迹。这足迹,只有单单的一行,永不成双;他们只有去时,永无归期。谁也不知道他们的坟墓究竟在何处,是山上?是海底?

在阿里朗曾发生过无数凄惨的悲剧,许多无名英雄和无名战士的尸骨,就是埋在这里的。这悲剧,直到今日,仍在继续。

朝鲜有一支民歌,也叫《阿里朗》,这个民歌,现在朝鲜人都会唱。没有人教他们,他们也并不想学;但是,他们都会唱。

朝鲜人在日本的工厂里,阴惨的铁窗内,恶毒的皮鞭下悲哀的时候,被侮辱和被残害的时候,他们唱的,就是这个歌。尤其是流亡者走过阿里朗山岗的时候,他们更不自然地唱起这个歌。因为他们知道,阿里朗上岗是祖国最后的边缘,寸步以外便是异邦的土地,所以他们更加悲哀。

《阿里朗》这个歌,不知是何时何人作的,也不知是何时何人唱起的。有人说是在三十年前,当汉城听见日本人木鞋声响的时候开始的;有人说是在一百年前,二百年前,早就有了的;……我想这个民歌的出现,一定是朝鲜开始被外族侵害的时候。

时间:一九三×年的秋天

---

① 今中方所称长白山,下同。——本书编者注

地点：阿里朗上岗

人物：农民

农民的女儿（莲顺）

革命青年

许多流亡者（男女老幼都有）

舞台：只有一个孤独的、寂寞的、耸立着的山岗。这一带没有人家，也没有树木。那里没有经过人工发掘，看来，那是天然的，一见的时候，便可知道很少行人来往。有一条崎岖的小路，绕过上岗的中间。（可能的话，最好在舞台上把这条路延长些）

开幕：晚秋的一天，黄昏的时候，遥远的天边，还隐隐的看得见未落的夕阳。舞台上只见一条凄凉的小路，从山后吹来肃杀的秋风。幕后从远处传来阿里朗的歌声，（音乐伴奏）渐渐从远而近。

女儿：（登场，她很年幼，手里拿着一个包袱，走得异常疲倦）

（唱）**阿里朗，阿里朗，阿啦里呦！**

我要走过阿里朗山岗。

三千里江山呦，愿你安康！

我这样告别你，岂是久长？

（她踏着阿里朗的节奏，向山上走去，她常常回顾，留恋着故土）

（唱）**阿里朗，阿里朗，阿啦里呦！**

我要走过阿里朗山岗。

再见吧，亲爱的故乡！

我回来时，定待蔷薇花放！

（走到小路，想要过阿里朗上岗，但不忍心走；随坐下，凝视。上山岗，稍停。）

农夫：（背着行李卷，手里握着雨伞，唱着上场）

（唱）**阿里朗，阿里朗，阿啦里呦！**

我要走过阿里朗山岗。

三千里江山呦，愿你安康！

我这样告别你，岂是久长？

（他走上这小路）

女儿：（奔到父亲的身前，投到怀里）

（唱）阿里朗，阿里朗，阿啦里呦！

我要走过阿里朗山岗。

在我背后，抛下了可爱的故乡；

我要流亡啊，不知流亡在那方？

农夫：（指着来时的方向）在我背后，抛下了可爱的故乡。莲顺！走吧！不走怎么办呢？我们要走的路，是要走的。

（唱）阿里朗，阿里朗，阿啦里呦！

我要走过阿里朗山岗。

门前的沃土，是谁将它劫抢？

远去国外，是谁使我流亡？

（两人向小路去）

农夫：莲顺！这个地方叫做“阿里朗”，过了这个山岗，就是走过了祖国最后的土地！噢！我的故乡，再见吧！我离开你能够是永远的吗？

女儿：爸爸！我们为什么一定要离开祖国呢？噢！我们的生活……（叹声）

（唱）阿里朗，阿里朗，阿啦里呦！

我要走过阿里朗山岗。

蔚蓝的天空，繁星朗朗，

我们的生活啊，波澜荡荡。

（两人在小路上坐下）

农夫：蔚蓝的天空，满布着繁星；我们的生活，荡漾着波澜。莲顺！我们的祖国，从前也是幸福的。在那东山开满“无穷花”的时候，我们的江山也有过春天……

（自语）在那东山开满“无穷花”的时候，……。

（唱）阿里朗，阿里朗，阿啦里呦！

我要走过阿里朗山岗。

东山那无穷花，为什么一声也不响？

你开放的时候，我也会高歌欢唱！

（两人凝视着来时的方向）

女儿：（唱）阿里朗，阿里朗，阿啦里呦！

我要走过阿里朗山岗。

阿里朗山岗，是何地方？

去时，眼泪双双？

农夫：莲顺！过啦。这个山岗，就是怒吼着狂风的旷野。阿里朗！从阿里朗山岗过去！？无数的同胞是从这个山岗过去的！可是，他们以后的消息，有谁知道？现在我们也要从这山岗过去啦！

（唱）阿里朗，阿里朗，阿啦里呦！

我要过去阿里朗山岗（音乐伴奏）。

鸡林江山，已无鸡唱；

唱德宫内，一片荒凉！

走吧！走吧！我们没有办法，只有走过这阿里朗！走吧！（把女儿扶起来一同走上小路）

（二人合唱）阿里朗，阿里朗，阿啦里呦！

我们要走过阿里朗山岗。

请不要嘲笑，我们流亡；

我们也有热血，涌在胸上！

（两人流泪）

阿里朗，阿里朗，阿啦里呦！

我们要走过这阿里朗山岗。

白衣的同胞啊！不要悲伤，

新的生命，正在生长！

（二人回顾着）

阿里朗，阿里朗，阿啦里呦！

我们要走过这阿里朗山岗。

三角山头，紫燕飞翔，

高的峰峦，自由来往！

（两人差不多要走过山岗时，突然响了一声枪，随着便有轻快的歌声从山后传来，两人受惊，停住。）

（歌声由远及近。）

阿里朗，阿里朗，阿啦里呦！

我们仍旧要重返故乡，（这一段合唱）

你们不要哀伤；

江之南，也有太阳。（这一段一人唱）

阿里朗，阿里朗！阿啦里呦，

我们仍旧要重返回故乡。(合唱)

丰年到来,风雨调疆!(一人唱)

(青年在前面一边走,一边收起手枪来,身后随着许多归来的流亡者,唱着上场。农夫和女儿后退)

(归来者唱)

阿里朗,阿里朗,阿啦里哟!

我们要重返故乡。

三千万同胞,请勿悲伤!

我们的土地,也有花开放!

阿里朗,阿里朗,阿啦里哟!

我们要重返阿里朗那边的故乡。

(农夫和他的女儿退下小路来,其余的人跟随青年走过来)

青年:(向农夫)回去吧!朝鲜人再不能过这个山岗!你以为过了这山岗就有活路吗?……我像你这样少不懂事的时候(向女儿),也过了这山岗!过了这阿里朗山岗!现在,我们再也不能过这山岗!山岗的那边,那风雪埋没天地的旷野上,饥寒交迫的如同叫化的人。不就是朝鲜人吗?!走?你往那儿走?回去吧!这里是我们的土地。抛下我们的祖国往那儿走?(暴风渐渐吹起)回去吧!祖国在招呼我们呢!在我们的土地上,我们还不能生活,让谁来生活?有什么理由,朝鲜人不能在朝鲜生活?回去吧!回去守着我们的土地吧!死吗?死在祖国!我们的祖国,你把它让给谁呀?

(归来者中一老人唱)

阿里朗,阿里朗,阿啦里哟!

我们要重返故乡。

请别过阿里朗山岗,

过了也是黑暗无光。

阿里朗,阿里朗,阿啦里哟!

我们要重返阿里朗,那边的故乡。(合唱)

三千万同胞,请勿悲伤!

自由的旗子已经举在头上。(青年唱)

阿里朗,阿里朗,阿啦里哟!

我们要重返故乡。(合唱)

同胞们!高声歌唱!

光明照耀在我们的前方。（青年唱）

阿里朗，阿里朗，阿啦里呦！

我们要重返阿里朗，那边的故乡。（合唱）

（农夫、女儿、所有归来的流亡者，都唱着向祖国前进，只有青年得意扬扬地退回山岗的后面）。

（幕落）注：无穷花是朝鲜国花。

脱稿于朝鲜义勇队，九，一〇。

（原载于《民族文化》第2卷第8、9期，1942年）

中国的插话（播音剧）

［美国］赛珍珠
孟昌　译

宣讲员（美国人腔调）：中国人怎样作战呢？作战差不多五年了，没有战舰或潜水艇，没有重炮，没有飞机，——中国呀，你怎样作战呢？

中国人（中国人腔调）：我们的人民战斗着。

宣讲员（怀疑地）：你们不能赤手空拳作战呀！

中国人：我们晓得怎样制造来福枪和手榴弹——我们没有别的东西。

宣讲员：你们不曾建造大炮、军舰和飞机吗？

中国人：我们从来就不会造这些东西，我们素来是一个和平的民族。

宣讲员：所以战争爆发的时候——

中国人：所以战争爆发的时候——是啦，就只有我们的人民了。当日本攻击我们的时候，我们的人民就团结起来反抗敌人。这里有一幅中国地图。在地图上您随便指着什么地方。

宣讲员：我就指着这里吧，这里有些山，还有一条小河……

中国人：那是在华北，在安徽省内的一座村庄。这是一座普通的中国村庄，这村庄也在中国其他任何地方，东方，西方和南方。这是一座不满三十户的小村庄，他们大都是农夫。这是个肥沃的农业区，雨量充足，河水沿着山腹下流。房子都是土，屋顶上盖着草茸。

宣讲员：这些人民作战吗？

中国人：他们每个都作战啦。这座村庄——村长是李大。听！

（声音：朴素的牧歌，村庄的声响，一只母鸡喔喔的叫，一个男子的笑声。）

李大（一个壮健热情的农民声音）：哈，你这只黑母鸡！你这汉奸，你藏起你的蛋啊！（他喊）孩子的妈！

李妈（一个壮健热情的妇人声音）：我正在塘里洗衣呐！

李大：母鸡生了一个蛋啦！

李妈（走近些）：这次在哪里下的呀？上次是在白菜田里。

李大：这次在米仓里。

李妈：呀，该死的东西！它每天总要藏起它的蛋。是啦，在这里啦——瞧，老头子，是一个大的棕色的蛋哩！

李大：我们给哪个儿子呢？

李妈（急切地）：你问我呀。当然给老大喽，因为他是个军人。

李大：怎么不给老二？纵使不是在军队里，他也打仗啦。

李妈：在军队里打仗比较辛苦。此外，万一老大被派出去打仗，又怎办呢？现在他们正要把我们的人派发出去。哎，这些日本人——这些矮子鬼！他们像虱子一样跳遍全世界。老大不该得到那个鸡蛋吗？那支枪是这么的沉重。

李大：如果老二能有一支枪，就高兴啦。他只有那把旧刀。此外，他整夜在外面。那些游击队抓了五十个敌人。他在天亮时睡觉前告诉我的。

李妈：你总是偏护老二。

李大（笑）：如果我偏护他，就是因为你什么东西总是给你的老大，你这个妇人！

李妈：胡说！我都一律爱我所有的儿子。

李大：的确，你爱儿子胜过爱女儿。为什么不把鸡蛋给她呢？她像男子一样正在田里作工哩，现在那两个大孩子都走啦。

李妈：好啦，咱们别给老大，也别给老二，就给小的吧。小猪喜欢鸡蛋。

李大（笑）：我想你不会啦……

一个孩子的声音（远远地）：妈……妈！有一个鸡蛋？（声音近前）：呀，一个蛋——一个蛋！给我的！

李大：你二哥整晚打仗，你想你应该得它吗？他仅仅睡了一个钟头。他醒来的时候，他不应该得那个蛋吗？昨夜他独自杀了四个敌人呢。

孩子：哎，爹爹，我不可以做个游击队员吗？

李大：你不过才八岁。

孩子：可是，爹，我是那么高了！

李妈：你大哥说今明会回来，因为他的团队要出发——

孩子：到哪里去？

李妈：我怎么晓得哪里？但我以为他应该吃那个蛋哩。

孩子：哎，妈，我想做一个军人，不做游击队员，军人有枪！他们总是有枪，是不是呢，爹？但那些游击队却不常有啦。二哥应该有支枪，是不是呢，爹？

李大：轮流到他的时候，他会从一些日本鬼子那里得到枪啦。他是那些年青伙子的一个，他必须等待轮流的机会。

孩子：他到十六岁就有枪吗？

孩子：我们可否把鸡蛋下汤，两个哥哥共分，然后他俩给我尝一尝？

（声音：父母两人笑。）

李大：呃，叫你小猪真恰当。

李妈（喜悦地）：老大来了！啊，儿子——儿子！

孩子：大哥——（孩子在硬的干土上奔跑的脚声，一个青年的脚步声。）

青年的声音：小猪，你已经长得高大了！

李妈：儿呀，瞧，母鸡给你生了一只蛋啦！

李大：小猪，去叫你二哥！

孩子（他走出去时，声音渐远）：二哥，醒来啦，醒来啦。

次子（远远的懒洋洋的声音）：什么？——我来了——我的鞋子在哪里？

孩子：在这里。

次子：小猪——我杀了四个日本兵。

孩子：用那把旧刀吗？

次子：是啦——还有我两只手！我们监视着他们——我们十个人——躲在路旁的小麦里。

（声音：音乐很有节奏，渐渐低下去，配合着石路上的行军步伐。音乐渐渐消没下去。）

次子（喘着气）：日本鬼子——日本鬼子！他们出来抢劫粮食啦。

男子的声音：几个？

次子：二十三个。我逃跑以前计算过的。

另一个声音：那我们杀不完啦。实在是二对一——他们两个对我们一个。

次子：我们可以每个人杀三个。

（声音：音乐渐渐隐没在远远的行军的步伐里。当他们行近时，音乐不辍地又响得大些。）

次子：二十四个——我在月光底下瞧见的——我要杀四个。

男子：他们昨晚把我的牝牛抢走了，为了这，我要杀一个额外的，如果那个孩子打不中的话。

男子：别作声！

（声音：现在步伐很迫近。一种奇怪的外国话喃喃的细语声。）

次子：现在吗？

男子：等一等，等到看见他们的眼睛。

（声音：声音响亮，脚步声近。）

次子：现在啦！

（声音：攻击声，枪声，呐喊声，呻吟声，一个男音的绝叫声，扼喉的喉声，不调和的音乐突然发出来又沉没了。）

次子：我空手把他们抓着啦，小猪！最苦恼的就是只有一把刀。你必得用手抓住他们。

孩子：他们当中有没有枪的吗？

次子：他们都有枪，可是还未轮到我——也许下次——

孩子：快点——大哥等着呢——那只母鸡生了一个蛋呐。

次子：又生啦？它不过两天前才下过蛋。

（声音：二哥从屋里出现，问候的声音。）

次子：大哥，你来了！

李大：来吧，老二。

次子：啊，一支枪——多么好的一支枪！你知道我需要什么吗？一支加兰特枪啊——这是美国的——可是什么枪我都要。

孩子：让我摸摸枪，大哥。

长子：什么——用你那双手么？当我刚刚把它擦干净的时候吗？

李妈：让孩子摸摸吧。

孩子：哈，光滑而且坚硬。我将来长大，也有那样的枪吗？

李妈：到那时候就没有战争啦。

李大：如果我们没有武器，这次战争什么时候才能完结呢？

长子：我被派到南方去了。

李妈：哎，我有这些好儿子，可是战争把他们都带走了。

孩子：妈——妈！你用鸡蛋揩眼泪啊！

李大：把蛋给我吧。

李妈：不，我马上去煮它。我要放一点大蒜在里面，老大，你是喜欢这样的。你喜欢什么？我都不忘记呢。

孩子：我想把鸡蛋带到厨房去。

李妈：你以为我会让别人拿这鸡蛋去吗？不过你可以跟着我身边走，随着它。

（声音：脚步声渐远，男子们笑。）

李大：现在，老大啊，告诉我为什么你要到南方去？

长子：爸爸，敌人在南方正在得势啦。他们已经把白人的岛国地方占领了。

次子：白人的地方，可不是爪哇吧？

长子：是的啦，甚至是爪哇哩。

李大（悲伤）：哎哟——唉，唉，那宝藏！

次子：哎，如果白人供给我们一些飞机——即使一二百架也好，我们就可以进攻吗？

长子：从侧面进攻。对啦，我们都知道。但是没有飞机供给我们。

次子：飞虎在哪里？

长子：他们可以到处走啊！

李大：我想，当敌人使西方人民因他们自己的海岸而愤怒的时候，战争就会胜利啦！我想——

次子：他们没有准备。

李大：现在你要到缅甸去打仗，那个地方可不是咱们的。什么时候一个中国人曾做过这样一件事呢？

长子：现在不分中国人，美国人和英国人了。我们正在共同作战哩。他们要求我们去助战，于是我们就去啦。

李大（悲痛地）：他们要求你去帮助他们——你赤手空拳——

长子：我有这支枪。

李大：你空手里的一支枪要对抗在空中带着机关枪的敌人！你怎样到达缅甸呀！几千里啦。

长子：我们步行去。

李大：步行？

长子：还有什么法子呢？

李大：你们到达那边，有飞机帮助你们吗？

长子：不晓得。

（声音：男子们歌唱中国军歌"起来！起来"的声音。他们行军的步伐声，一个军官喊叫的声音。）

军官：立正！

（声音：歌曲完毕，步伐慢慢沉静下来。）

军官：现在城市在前头不到十里了。你们分成四队，在闸门中间进攻。

记住，在墙围上有机关枪，所以不要猛攻那些下了锁的闸门，你们一半人要攀墙围上的葛藤。如果像蜥蜴一样紧贴着墙围，枪炮就射不到你们了。我们达到那边的时候，天还没有亮，天亮时哨兵换防。每个看到敌人就杀，夺取他们的枪。要等到新哨兵来，每个人都这样。机关枪必须向墙城扫射——你们在下面的要准备你们的罗网等待抓。记住，一挺机关枪比一个人的生命还要珍贵哩。

男子们的声音：是！

军官：开步走！

（声音：歌唱又开始，可是柔和的脚步继续前进。）

李大（执情地）：我们要怎样获得武器来攻克我们的城市呢？

长子：我们都这样问，可是没有一个人回答。

女孩（远远一个女孩的声音，走近来）：爹！爹！

李大（喊）：现在怎啦？

女孩（喘着气）：我用草耙掘完了菜棕，就躺在地上休息一下——当我耳朵贴着地面的时候，我听见轰隆隆的声响，好像飞龙一样。

长子：敌人！

李大：等一等——那不可能——呃，他们已经三个月不走这条路了。

次子：我们昨夜杀了这么许多——他们生气啦。

李大：走吧——所有你们——自己藏躲起来吧！

（声音：远远的飞机声音由远而近，但继续着低飞。）

中国人的声音：这是敌人。敌机像飞龙掠空一样飞在这小小的李家村和类似的成千小村上空投弹，为他们许多被游击队所杀死的报仇——这些游击队在夜间行军，躲在小山里伺候着，当敌人晚上扎营的时候，他们就包围，用篝火狙击，或是当敌人睡觉的时候杀死卫兵。敌人轰响地掠空而来报仇了——（声音：飞机大声轰响。有尖声叫声，小猪的声音突然号叫一声，然后渐渐发出泣声。三个炸弹爆发声，渐远的飞机隐没下去。）

中国人的声音：这是这么一座小村庄——李家村。三个炸弹足够把它炸毁了。

李大（冲破静寂，用一种奇异的小声）：你听得见我的话吗，孩子的妈？

李妈（她的声音被抑压着）：我还活着啦，可是不能动。

次子：爸爸，这条杉木——如果我们把它举起——屋盖的重压就会离开她了。

李大：对——大家一起来——你和你妹妹在那一头。

（声音：他们一边合叫一边举起。）

语声：嗳——海——嗳——海——

李妈（无力地）：我的老大在哪里？

长子：我在这里，妈妈。拉着我——现在，我把你扶起来，你把手臂搂着我的颈。

李妈：我走不动，我的腿麻痹了。

女孩：杉木把它的背脊横断了啦。

李大：把它放在打谷场这里吧。

女孩：你手里拿着什么，妈妈？

李妈（歇斯底里地笑）：呀，那只蛋——瞧，整个没有破碎呐——是的！我代替鸡蛋受折损了。小猪将要怎样笑啊！

李大：小猪呢？

（声音：他们都喊。）

语声：小猪——小猪！

李妈：他没有跑出外面你那里吗？我叫他跑出去的。他比我跑得快——但是那屋顶倾倒了（她的声音变成一种苦痛的绝叫）——他是被压在屋顶底下了啦。

李大：快点——掘啦。

女孩：我的草耙就在这里！

李大：儿子，你在那边掘——你在那边——

儿子们：我可以用手——。

（低低的掘击声渐渐消没。）

中国人的语声：他们在炎热的正午阳光底下掘了一个钟头左右。在每一间颓坏的屋子里，有人哭哭啼啼在掘着和叫着。在村庄里没有一所完整的房子。他们最后找到了小猪。他死了。他小小的身体被轧扁成一团血和骨的肉饼。

（声音：掘击声消没。）

李妈：把他放下来——把他放在我旁边吧——哎，我的小儿子呀——

李大：把我的长袍盖着他。

女孩（声音突然变成哭泣）：只是今天早晨他——他帮我拔草，后来他听见母鸡喔喔的啼叫，他说一定有鸡蛋。

李妈：就是这只蛋啦——他想要，我没有给他。我早给他就好啦。我说他哥哥应该得到这只蛋，因为他们打仗！

长子：我不能吃。

次子：你一定要吃。你要出征几千里呢。

长子：你怎样？你回山去是时候了吧。

次子：是的，我要回去了。我们要为这个报仇。我们要报仇，一定啦，妈妈。

李妈：但是带不回来小猪啦！

女孩：把蛋给我，我把它分给您们——喝这一半吧，大哥，你喝这一半，二哥。

长子：如果这只蛋是酒，我要为我的誓约向小猪干杯。

次子：我们没有酒。

长子：我们可以贡献我们的一切。（停住一会〖儿〗）我把我的身体和我的枪献给这个反抗敌人的战争。

次子：我没有枪——我只有我的身体和这把旧刀——我贡献。

长子：喝吧！

次子：我喝啦。

李妈（无力地）：你们现在不能走——我们的房屋颓毁了，小猪没有葬埋，而我也不能移动我的腿。

李大：他们必须走呀，孩子的妈。你知道，他们是我们所有的一切了，我们必须把他们贡献。

李妈（又开始哭泣）：他们的身体——但是他们的身体是我生的。

李大：我们必须贡献他们，因为我们没有别的了。去吧，我的两个孩子。

次子：或许他们今晚会发给我一支枪——或许他们会的——

（声音：渐远的脚步声。）

女孩的声音：再会吧，我的哥哥。

李妈（稍微低声）：小猪的尸身——

李大：我来埋葬。

（声音：音乐非常柔和而凄婉。）

中国人的声音：这就是我们怎样作战了。我们的人民在军队里，在山里打仗，他们手里的枪刀，对抗着空中的炸弹和机关枪。然而他们继续作战，他们行动轻快敏捷，他们行动神秘。他们突击敌人。他们不携带粮食，但是他们每到一个地方都有乡人供养，这些乡人自己却没有食物饲养自己的家人。人民，兵士和游击队，我们全都战斗。

（声音：音乐渐渐隐没。）

美国人的声音：他们都战斗着。中国有百万人，像李大的儿子一样，耐劳，健壮，勇敢，战斗着，和准备一旦得到武器就作战得更激烈。听听一个英国军官讲什么吧。

英国人的声音：“我们深被中国人的五件事所感动：第一，他们深信委员长的领导；第二，他们重视自己在中国反侵略者的斗争中所扮演的角色和这个角色对整个战争的模范的关系；第三，他们的上等纪律和他们对青年领袖的信仰——正如你们可以在全世界任何地方所看见的天性优良的兵士一样，他迅速接受命令而且绝对服从；第四，他们的情报工作的完全和准确和他们动作的迅速和神秘，都混成给予充分发展他们勇敢的主动力的机会；第五，我们感谢这些人和我们一起，而不是对抗我们。”

美国人的声音：中国人有二万万五千万人，正规军和游击队，准备作战。他们需要武器、枪炮、坦克、飞机。美国能够而且必须送运这些来获得战争的胜利。中国需要我们，但我们也需要中国。

（原载于《文学译报》第1卷第5、6期合刊，1943年）

亡国恨传奇

贡少芹

先严贡少芹事略

先严讳璧，字少芹，别署天忏生，晚号天忏老人。先世籍隶陕之凤翔，以游宦南徙江都，因家焉。今先严弃养，哀恸万状，其生平事实，匪特不敢作谀墓之文以昡父之行，抑且不敢借他人之褒扬，以夸耀于乡里。谨泣血择要记述：不事讳饰，不事铺张，其历年有关社会文化之生活情况及著述，则另制年谱以表之。

先严性豪爽，抱达观，事母至孝，岁癸巳，先祖妣氏尤病笃不起。先严曾刲股以疗之，时年仅十七龄也。先严文章散行则寖淫两汉，骈体寝馈六朝，诗则工于古风，长歌凌利畅流，淙淙若金石声，虽届晚年而豪兴未稍减，非难雕琢，中年更倡行素描，尝谓文章之能动人者，要事实清感为内容，洒落以成篇。尤擅词曲，妙在吐字通俗，正如白香山诗老妪都解，悲歌慷慨，响遏行云，《亡国恨传奇》，其代表作也。

先严虚心好学不倦，且性极敏慧，读书一二遍即弗忘，背诵前人著述，应声而出无只字遗，闲话掌故，言之历历，有色有声。自恃其记忆力强，所作诗文小品，多不留稿，即长篇巨著，辄以其初稿付刊，盖惮誊写之烦也，其社会思想亦与年俱进，当五四运动开始后，文艺高潮，为之澎湃。先严主编之《小说新报》，即特辟思潮一栏以迎纳新思想之输入，自是作风突变，每文必追索社会矛盾之所在始执笔，晚年仍手不释卷，鼎存修水书籍约二千卷，先严必每日伏案二小时，尝曰：吾年虽耄，然非此不乐也。阅览之后，篇中之内容能诵道批判无遗，其好学有如此者。

先严一生卖文为活，终年执笔属稿，稿成，市诸书贾，贾艳其名能号召观众而受之，初不计其工拙也，复锱铢苛剥，计字以论值，长篇得数百金，短叶数十金或十余金不等。当鼎就学时，即积充鼎之学膳书籍之需，如是者十五年。对崇拜其文者曰："非所愿也，只为饥寒迫我，不得不以笔墨媚人耳，盖我之著作，实非我之性灵，不得自贬其值以应时会之要求也。"

先严从事于文化事业垂四十年，入政途前后未及二年，在皖承办三要案，某县长赂以金，弗受，曰："君直，何故而赂我；君曲，我何以对民众！"某为之赧然。以故，皖之阜阳、和县、广德三县民众呼之为青天。阜阳民众示开贤等一百余人曾六次请愿以先严为该县县长。先严重气节崇人格，尝诫鼎曰：人而无气节与禽兽何异？人而无人格则如失去灵魂。鼎谨志之力行，弗敢或忘或忽。先严待人极诚挚，鼎友谒先严与坐谭竟日弗倦，訚訚如也。纵横古今，莫不讱言以对，以故鼎友偵知先严所在，多趋之一语以为快，虽避难修水之山陬，亦如之。先严好施与，时解衣衣人，民十七秋鼎由赣退伍赴皖省亲，时有陕人某潦倒逆旅，先严竟倾囊以成其行，明日，自有所需，更携衣入典为质，其豪侠有如此者。

先严有时亦玩弄丝竹，纵情棋酒以自娱，凡遇知己，辄引吭高歌，借消魂磊，时亦莳花饲鸟为乐。晚年益旷达，与人无争，体益健，客修水时，山行数十里弗倦，家人咸为老人庆，即山林妇孺，咸识此矍铄老人，呼之为老先生、老先生而不名。

鼎于民国二十六年一月迎先严等来南昌，先严四十年尘海驰驱，疲马解鞍，如释重负，方期骨肉团聚，乐叙天伦，不图倭寇入侵，八月十五日敌机轰炸南昌，鼎于十七日即亲送至新建县属之生米镇以避其锋。当我军放弃首都时，鼎更买舟派人护送先严等赴修水，盖修水为诗人陈三立先生之故乡，陈与先严为文字交，欲一览山水为快，讵料水流风逆，舟行甚缓，至次年（民国廿七年）一月十三日始抵达。先妣氏杨因沿途感受风霜染疾，恸于三月十三日逝世于修寓。及至武汉弃守后，更迁居修邑之西门坑，辗转流亡，不胜痛苦，然老人体魄益健，山居颇自乐，尝书一联以颜其室曰："故乡何在？斗室自安。"盖先严以垂暮之年，家国之感，无时或已，恨不能以三尺剑，歼彼倭寇，实聊以自慰耳。南昌失陷后，交通虽不便，先严与鼎音书频来，语多最励之词，嘱毋以老人为念，鼎又职务羁身，弗克省亲修水，廿八年五月七日鼎奉令检阅江西省保安团队赴奉新县属之九仙汤甘坊一带检阅庐山突围孤军之便，道经万载，托老友徐钦、李天柯派人赴修水迎先严等南下，比鼎任务暂毕，更由万载护送先严等赴吉安，于六月四日到达。自修水迄吉安沿途山容□巇，虽有肩舆手车以代步。但道路崎岖，公路多已化为田，交通极感不便，老人犹能日行三四十里而弗觉倦。比抵吉安，又遭寇机之连日轰炸，同时鼎又奉令继续出发赣南、赣东一带检阅。鼎嘱内子一辉护送至雩都，鼎于六月十七日出发赣县，而先严等所乘之舟十八日方启椗也。孰料与健康和蔼之老人一别即成隔世哉？当七月二十九日军次南城之际，得政训处电告，以先严病危嘱返水头侍奉等语，鼎随即星夜赶赴水头，家人咸哀泣不成声，惟见老人六尺桐棺厝于贡江之危岸，盖先严早于六月三十日病逝于泰和舟次，享寿六十有三。当先严弥留之际，以鼎奉命检阅团队，任务綦重，不欲使鼎闻知，恐贻误工作，遗嘱暂不发丧，由内子一辉遵礼成殓，随伴榇溯江南进，于七月廿五日始抵雩都之水头，此骚动中国文坛垂四十年之久之文人与世永诀；但其肉躯虽死，精神必不死。先严之生平著述，出版长篇译著达六十余种。短篇创作及诗词歌曲尚不计，都二千万言以上。盖先严自庚子以迄丙子，凡三十七年间，除极短期间涉足宦途外，无日不在文字中讨生活，其重要著作早付梨枣，风行海内有达三十余版者。等身著作，自足千秋，但其著作版权，为生活所迫，多售诸书贾，其硕果仅存者，厥惟《亡国恨传奇》耳，本书著于逊清宣统二年日本并吞朝鲜之后，由庚戌十一月起连续刊登汉口中西报凡二月，传诵南北，一时文誉大噪，屈指至今，盖已三十一年矣。

吾母乌乎死？曰：为避免敌机轰炸，跋涉而死也。吾父乌乎死？为逃难途中风尘劳顿更遭敌机轰炸受惊伏疾而死也。吾父吾母非敌寇入侵必不死，非流亡又可不死。脱鼎因私废公，护送老人至安全地带或可不死。亲在不能侍奉膝下，亲病不能亲尝汤药，亲死更不获亲视含殓，亲生流亡，亲死则灵柩流浪，揆诸伦情，哀莫大于此者，罪莫大于此者。按之实际，是皆食倭寇之赐，国难而及家难，全国父母昆弟离散，直接间接非命死于敌人炮火及蹂躏之下者，正不知若干万人，不仅我父母已也。家国之仇，誓必报之，以慰先严之灵于地下。寒夜漏长，残灯漾影，风吼树声，仿佛鬼啸，如诉倭寇之暴行，又如冲锋陷阵，直捣敌人之巢穴。

贡鼎泣述廿九年二月一日夜午

弁言（附三韩哀词）

天忏生曰：亡国恨胡为而作哉？曰：为朝鲜作也。曷为朝鲜作？曰：为朝鲜之亡而作也。朝鲜亡于日本，夫人而知之矣！吾则谓朝鲜之亡，非日本亡之，乃朝鲜自亡之也。何者？朝鲜本中国藩属耳，同治十一年，日本与朝鲜有违言，日政府使使问于中国，盖世界半王之邦，其外交上问题，当由中国主之，公法习例然也。中政府以畏事故，遽答曰：朝鲜国政，我国素未与闻，悉听贵国自与理论云云，日人颔之。光绪元年，送与鲜王立约，是为晚近日韩交涉嚆矢，中政府自弃主权，此远因也。自是以往，日人施展阴柔手段，牵制鲜人，重以鲜政府上下猜忌，互相践踏，致令扶桑祸水积渐灌输，卒酿成一绝大亡国惨剧，此近果也。呜呼！朝鲜不过东亚小部落耳！其亡也，亦差等波兰印度，乌足深论。第朝鲜已矣，吾东方大陆中，有大于朝鲜者，胡习焉不察耶？噫嘻！履霜坚冰，其来也渐，吾作是剧，吾固哀朝鲜，吾又不仅为朝鲜哀也！其词曰：

潮涡澒洞，向隙罅以灌输，天演淘汰，乃世界之公例。繄我祖国，夙号文明，南越三韩，素为藩属，启四千余年古国之开化，处二十世纪列强之竞争。定鼎幽燕，通商异域，远交近攻，归柔来抚。是以夷君长有玺书之赐，颜侍郎进王会之图，郅支沦亡，呼韩邪入居塞下，蒙古昌大，汪古部亦作外藩，兵力强欤，幅员广矣。朝鲜西滨芝罘，东接扶桑，胄演神明，乃殷箕遗夫子孙，地当要冲，等滕薛间于齐楚。自甲午之岁，中东之役，战事蒇事，和约缔成，中朝失保护之权，彼国乏凭依之势，卧榻之旁，他人鼾睡，肘腋之下，瘿患顿生，年复一年，日蹙一日。呜呼！邻家掘地阱之台，客卿增彨门之税。孰主宰是？每有鞭长莫及之虞，谁之过欤？酿成尾大不掉之势。加以君嬉臣酣，上猜下忌，游政争执，分如宋就之瓜，将帅无言，饮以曹参之酒，贵族鱼肉，等晋室之构乱八王，强邻鲸吞，似秦政之归并六国。斯时也，王介甫多不了之局，桓君山有奈何之歌。卒令五百里河山锦绣，不知谁是主人翁，诸大臣争啖黄粱，大家共做奴隶梦。已焉哉！故宫禾黍，不见汉族衣冠，道涂荆棘，谁识祖宗墟墓？噫嘻！本来同种，胡为煮豆燃箕？物伤其类，能勿悲孤死兔？虽然，循世界强弱公例，日人固见利必趋，准春秋责备大义，朝鲜实咎由自取。嗟乎！在有国有家者，胡防之弗及防哉，岂一朝一夕耶？由辨之不早辨矣！然而国祚虽亡，人心未死，大厦崩颓，例无完卵，孤臣涕泣，遗窜异方，此间乐不思归，君号无愁天子，何处斯为乐土，臣为亡国大大。又其甚者，威王釜就烹，宁复问种，博浪锥一击，力为报韩。爰有效专诸暗杀，非为私仇，赋宋玉大招，甘为生祭，而卒至抽豫让之剑，有去无还，哭聂政之尸，随仇俱尽，事虽无济，志属可嘉。今者三韩已矣，汉城斜日苍凉，空余殿阙，黄海怒潮呜咽，似话兴亡，见者垂泪，闻者伤心，仆也借兹殷鉴；歌之哭之，凭秃笔聊代警钟，本诸斯义，制成传奇，洒唇亡齿寒热泪，岂黎沙尔之悲吟，发大声急呼愤词，乃马志尼之素志，读此书者，可以深长知矣！

庚戌冬十一月江都贡少芹志

第一出　协约

(净苍髯着军服带剑上)东方风雨起干戈，醉拂倭刀一啸歌，热血满腔谁省识？要将只手扩山河。(唱)(破齐阵)惨淡竞争世界，瑰奇出世英雄，风潮澒洞，势力扩充，立志翦除同种，虎头名字惊天下，牛耳盟权执亚东，扶桑剑气红。

(白)俺乃大日本帝国伊藤博文公爵是也。幼怀大志，长历欧洲，追学成归国，其时明治天皇，发奋维新。俺大展经纶，将这日本百度改良，遂造成东方第一强国。休说雄视亚洲，就是那欧美列强，也不敢正眼觑我。咳！俺伊藤博文，要算英雄造时势了。

(美人看)亚雨欧风，竞尚强权理不公，共和政党新罗马，专制权舆死祖龙。我日本呵！海王之祖天神种，若不是撞破自由钟，怎能毂足踏全球动？

但是我国僻处东瀛，仅占一隅之地，幅员不广，若不开辟土地，形势尚嫌单薄，我国西北，有个朝鲜古国，在我肘腋之下，是好地势也！

(落魄叹)地当要冲，在芝罘以东，仁山接，旅顺通，蜿蜒海水环其中，形势金汤巩，恁扼太平洋咽孔。

俺想这朝鲜国呵！

(玉交枝头)神明遗种，商箕是远宗。(破阵子尾)衣冠未改汉时装，玉帛世朝中国贡，俯首作藩封。

这朝鲜开国最古，迄今已数千余年，历为大国藩服，仗人保护，是依赖性质也。

(皂罗袍)奴隶国民万众，一个个似哑如聋，共做黄梁[粱]梦，玉门衰草伟人终，金台落日王孙痛，君居端拱，臣恋万钟，将无武勇，相竞交讧，料着这破山河难自弥缝。

他为中邦属国，目今政治废弛，中政府也不能兼顾，自明治三十八年十一月十七日，我国已与韩人协约。那时，条约上载明，和中国互相保护，彼国已半入俺家掌握。上年与俄罗斯交战之后，我国垂涎东三省已久，(想着介)哦！欲扩张势力，不得不先从朝鲜入手，好歹俺家已独步亚东，中国又向来畏事，俺得一步进一步何不好呢？

（摊破金字令）远交进[近]攻，灭人国的手段工。我眼光直射中央中。且把这弹丸地，入我樊笼，股掌间搬弄，欲图蜀，先得陇。

日前将此事奏陈明治天皇，特开御前会议，命俺为高丽统监，凡他国中内政外交用人行政之权，俺皆得便宜行事，仔细想来，此举倒还使得。（跳舞介）

（前腔）蕞尔附庸。不妨凿空。他几万烦冗，待俺来督董。何况俺功业隆，爵位崇，半为统监，半是主人翁，他兀自懵懵！

今年乃明治四十二年，俺曾与朝鲜议定，重订新约，料韩王不敢不从。但这新约成立，勒令他裁撤军部，所有司法财政机关，统归俺作主，那韩王虽拥国王虚名，还不是一个木偶人么？韩人韩人！你才知老夫手段也！

（前腔）俺伎俩虽凶，也是你自家交哄，把锦绣河山断送，俺自为统监以来，料一般误国奸庸，成何大用？且驱数百万军民臣工，一齐入瓮。

且慢，这三韩一块土，俄人之欲染指，俺此时如果实行惨烈手段，只怕俄罗斯和各国向俺正式谈判，如何是好？哦！有了！有了！

（花花面）俺阴谋姑缓纵，且把这假王花面孔，让他坐拥，咳！韩王呵！俺非故示优容，也只怕列强疑恐。

俺确为韩国统监，没有一时不想开疆拓土，把世界膏腴，尽囊入我日本帝国版图以内。今日侵蚀三韩，可算俺发轫之始也。

（么篇）天下英雄眼底空，量这些猿鹤沙虫，似魂游孤冢。我国呵，且修政治整兵戎，待毛羽丰，凌霄振翮冲，到他日呵！（尾声）一轮红日东方涌，再将欧亚控，我定要列强呵！兵费供，和约捧，看而翁大逞威风。

（长啸下）

第二出　谋刺

（小生横刀涕泪上）自笑头颅不值钱，丹心一粒付青年，尚余未死人心在，血泪斑斑泣杜鹃。（唱）

（满江红）莽莽风云，到此际万分危迫，休同那优胜劣败，强吞弱肉，逼处偏逢邻境虎，争先共逐东方鹿，猛回头，换了小朝廷，伤心哭。虾夷种，阴谋蓄，酿党祸，亡机伏。痛颠危国祚，人民荼毒，姓氏已非箕子裔，衣冠顿改神明服，更谁人遍地洗腥膻，海波掬？

（白）小生乃安重根是也，幼读诗书，长怀家国，只以我生不辰！生在二十世纪竞争时代，偏偏又生在二十世纪之高丽。咳！……想我高丽呵！

（延平剑）三面滨沧海，一隅通大陆，图们横东北，俄境相联属，迤西一水潆洄，大江环鸭绿。

但是我国僻处远东，虽向为中国藩属，犹得称为半主之邦，历世以来，尚少疑异。

（太平令）世供玉帛，甘心俯首作藩服，那时尚有自由权，岂是哀哀奴隶国？

后来中国渐失保护之权，其时我国东南，有个什么日本，与我交通，至明治八年，遂与我国立约交涉，也就被他欺凌，惟尚不敢公然蹂躏呵！

（前腔）假言和睦，共把邦交笃，那知他阴柔手段暗安排，恣意饱偿大欲。

当时我国有些志士，就知道这日本不怀好意，也曾上书规谏国王，劝他锐意维新，以图自立。

（黄钟引子）（西地锦）野心家奸图露暴，料非国家幸福，热血男儿君门哭，恐为印度波兰续。

那知国王执迷不悟，反深斥他们无端疑恐，这也罢了，后来我退彼进，自日俄交战之后，日本又与我协约，弄得我国势不振。哎哟！苍苍者天，何为外人凌我以至于此也！（泣介）

（双劝酒）风涌潮涡，倾翻大局，这破山河只余半轴，断头台层层高筑，大家同入泥犁狱。

（生大叫介）闻得日人残害我同胞，压制我民气，侵掠我土地，种种阴谋，皆是日本派来的统监伊藤博文所为，但这伊藤行事，凶狠阴挚[鸷]，所以把我国弄到怎般地步。噫！伊藤！伊藤！俺是和你不共戴天之仇了。

（风入松）早则是阴谋筹划，做甚高丽监督，卧榻旁他人睡熟，君主凄惶失利权，臣民涕泣为奴仆，倒授太阿，垂亡国脉。

这老奸凶淫残暴，无所不为，我国数百万苍黎，人人侧目，个个伤情，只因惧他势力，却没有一个吞声忍受，剧可怜呵！

（前腔）休说大权归掌握，宫廷事，又瞒瞩，最是伤心惨目，使馆潜藏帝子踪，深宫忍把王妃戮，三浦功高，夷为低族。

俺想到此处，不觉鼻端出火，耳后生风。（大哭介）伊藤老贼，俺和你誓不两立也。

（步蟾宫）锦绣江山一幅，这奸徒恣情颠覆，风云倏变天如墨，那里觅一块净土，容吾托足？

也罢，俺为朝鲜国民一份子，也合该担一些儿责任，这伊藤既对于我国不留余地，俺也要设个法子对付他才好。（着想介）古人云："挽弓当挽强，擒贼先擒王。"俺若能将他刺死，不是为我祖国出一口气么？

（锁南枝）好男儿一死江水白，俺拼着颈中碧血溅胭脂，染新鲜旗纛。老贼呵！俺若能啖汝肉，追汝魄，便死也自甘瞑目。

（怒发冲冠介）

（尾声）俺偷生忍辱，且待狭路相逢，猛击渐离筑，只是俺力孤势独，更从何处呼将伯？（下）

第三出　结党

（小生怒发冲冠带剑涕泣上）底事凄惶剩一身，悠悠祖国叹沉沦，拼将颈血酬君父，手整山河日月新（唱）

（双调近词）（武陵花）苍莽无垠，哀哉大陆起风云，潇潇雨血风腥，那块土恁干净？大厦崩颓国祚倾，说什么亡和兴，只有那恋巢乌鸣教人怕听。碧海潆潆淘碎山河影，陡提旧事恨填膺。这径寸肝肠百寸迸，回首偷睇，看破江山易他姓。休问那君主和臣民，就只身儿忽忽感飘零，万千愁绪也难自禁，兀的不惨煞人也么哥！兀的不恨煞人也么哥！只落得背地泪沾襟，吞声痛哭小朝廷！

（白）俺安重根，自那日本伊藤博文，做我高丽统监以来，把我们百般虐待，俺久欲将他刺死，为我国千百万同胞泄一泄忿恨，俺仔细想来，此举倒还使得。

（中吕过曲）（犯尾序）豺虎强邻，恣意侵凌，志存吞并我国呵！这亿万人民，蝉寒声噤。想俺呵！龙泉夜夜鸣，似诉不平，愿茹苦含辛，做个荆卿。

争奈俺势力单薄，欲结识几个同志，助俺一臂之力（想着介）咳！

茫茫宇宙，不知谁是英雄？

（园林好）这俺未结客五陵，向何处觅同心？就是有奇英，料垂亡国脉只手难擎。这些豪杰呵！不是那寥落晨星，则是飘泊蓬萍。

也罢，俺且暗中物色，倘遇个知己，同病相怜，共图大事，也未可知。今日无事，俺何不往餐馆痛饮数杯，借消却胸中磈儡[礧]如何？（出门介）（行介）

（红蓼花）万事等浮云，况国破家倾，倒不如酒杯儿在手醉酩酊，倘能够醉不醒，也算余生幸。

（登酒楼介）（栏远眺介）咳！江山如故，人物已非，好不伤感人呵！（泣介）（坐介）（副偕老生匆匆上）

（破齐阵）壮士一身是胆，倭刀三尺无灵，天涯沦落，底事伤心，别有英雄行径，陇头竟日停锄叹，大泽中宵带剑行，伊谁识姓名。

生命报家国，风云起伟人，万方多事变，我辈独心惊。俺等乃朝鲜赤多窝香，钱翥吉是也。韩国遗民，亚东奇侠。荒凉洒血，梦中龙已无头，故国怆怀，天外鹃常聒耳。所冀山陬海角，特起寄人，且将醇酒肥羹，饱侬恨壑，前面酒楼数楹，风帘一片，好个清雅所在。（付白）钱翥吉君，（老生白）赤多窝香先生何事？（副）我们腹中饥馁，且到里面午餐再行则个。（老生白）理会得（同入介）

(坐介)(呼酒介)

(葡醉)一杯闷酒唇边进,兀地勾起旧情,醉后易将愁绪引,止不住珠泪零零,愈显得酡颜红晕。

(副白)钱翥吉君,我们今日在此饮酒,我韩王到恁般地步。这固然是日本人的不是,平心而论,也是他咎由自取。(副白)俺想到此处,不禁悲从中来,且作个歌儿,聊以代哭如何?你何必又发牢骚?(副不应介)(作歌介)

(北雁儿落带得胜令)荆棘铜驼,看冉冉夕阳将尽,门户未严扃,无端来枭獍,他地台陷阱,重重羁缚定,纵然他太无情也……

鼎谨按:先君遗著亡国恨传奇,此处存稿残缺半页,连词牌说白,约缺四百字。此段非本书精彩部份[分],故宁缺,以存其真,词牌及说白大意谓:安重根君在酒肆与朝鲜志士赤多窝香,钱翥吉二君相逢,共吐怀抱,引为同志。慷慨之歌,如泣如诉,卒能歼灭大仇,归功于酒肆中一席话也。读者参阅第六出歼仇篇,可洞悉其底蕴。

第四出　生祭

(正旦素装上)东方黯黯女同胞,惟有侬非凉血潮;此后国家遗重担,愿与男子一齐挑。

(单调风云会)(一风)体质娟妍,性情刚健,生来不解闺中怨。(驻云飞)哀哉锦绣河山,忽遭奇变,搏搏干净土,遍染腥膻,更从何处觅仙源?

(白)高山一片月,千古美人心,侬家金氏,幼娴母教,长适名门,自嫁与安重根为妻,和侬也颇和睦,想侬与官人呵!

(络纬娘)大好姻缘,红丝一线牵,况他风骨高骞,品诣沉潜,不愧为世界青年。

我朝鲜幅员虽不广大,倒也是汉族子孙,向为中国藩服,赖人保护。后来国势不振,那日本来了个伊藤博文,做我国统监,虐待我同胞,休说男子们受其牵制,就是我们女子,也免不了遭彼蹂躏呵!

(小女冠子)他竞尚强权,对我国垂涎,设成势力圈,勒令我条约签,舆图献,将数百万人民,视同牛马贱,问苍天,天无言,只落得热血满腔填。

侬家生长朝鲜,也算女界一份子,这国家重任,也合该担一些儿责成才是。哎哟!侬家一娉婷弱质,无法可施,如何是好?(泣介)

(声声雁)我弱质纤纤,誓将仇寇歼,拚着一腔热血澄鲜,把他头颅溅,恨未十年磨剑,不知何日呵!才偿我复仇愿?这复仇愿,不敢向人言。

自遭此大故以来。我夫安重根,抑郁不乐,往往把酒问天,拔剑斫地,不知何故？侬又未便问他。今日时已不早，他尚未起来，我何不到他屋里探一探他的心事如何？（起身介）（入室介）呀！静悄悄寂无一人，敢是我夫尚在鼾睡哩！咳！我夫我夫！

（羽士冠）卧榻已被他人占，你兀自贪眠，纵然是一枕小游仙，也不过梦中消遣。

（旦近前介）（小生作梦呓介）伊藤老贼，俺誓必杀汝。（旦惊介）他原来有此思想，难怪他这几日有恁般现状，待我来问他者。（呼介）（小生醒介）（起身介）（白）娘子是也。（旦白）官人如何贪睡？（生白）娘子！俺连日身体欠安，恐要生病！（旦白）官人之病，妾身知道，（生白）娘子！你既知道俺的病，你试猜一猜？（旦白）官人，敢是害的要刺伊藤博文的病么？（生伪言介）娘子，说那里话来？伊藤乃当代伟人，且把我朝鲜百度改良，俺尚且崇拜不遑，何能刺他？（旦面色大变介）咳！安重根安重根呵！不想你是这般人物呵！

（亭前柳）听你媚外言，不由我神惊肉颤，那知我命途偃蹇，嫁你这奴隶少年？也罢！我且将此身捐，即死君前。

（起身作以首触柱介）（生以手挽旦衣襟介）（白）娘子，勿得如此，适才俺故作谎语，恐怕事尚未成机先暴露，俺久有此心了。（旦白）官人此话真么？（生白）谁欺你来？我现今已结识两位同志：一名赤多窝香，一名钱翥吉，共图这暗杀老贼之事。（旦白）闻得那伊藤手下护卫甚众，不知官人如何下手？（生白）刻下有一个千载一时的机会，那伊藤在早晚间便要往满洲一行，和那俄罗斯派来的钦使共议秘密事件，俺预备身着和服杂在众人之中，乘机便将他暗杀。（旦喜介）官人！何时启行？（生白）明日就要首途。（旦白）既然如此，奴家今晚代官人饯行。（生白）如此倒多谢娘子了也！（旦笑介）（白）官人！官人！你真不愧做我夫婿也！（副偕老生上）（副白）安重根君在屋里吗？（生出迎介）（邀副和老生入介）（与旦相见介）（旦整酒筵挽副和老生同入座介）（旦进酒介）（唱）

（柳摇金）骊歌一曲开琼宴，且将夫婿饯。官人啊！你暗杀心坚，不辞冒险，我浊酒一杯劝，料着你食难下咽。我夫呵！你莫认做离筵，是我两人大纪念。

（生长吁介）（旦泪介）（唱）

（帝子花）儿女情你休留恋，我这里百年预约来生券，你切莫一缕情丝两地牵，或他日啊！化作地下并头莲，藉了生前愿。

官人！官人！你此去如果成功，自不必说了。

（学士巾）你须计出万全，力把渠魁殄。你若刺不掉伊藤啊！休说你自愧生旋，就是侬也羞见先生面，要相见，到黄泉。

（旦且哭且唱介）

（雁鱼锦）我不愿做依依比翼鹣，甘作哀哀恨海鹃。（长跽以酒进生）我夫啊！你且享侬生奠，今宵预赋大招篇。

（执生手大哭介）（副偕老生白）安重根君，天色将明，我们赶快登程则个。（生白）理会得。（三人匆匆出门介）（旦随送出门介）

（尾声）壮士一去不复还，这雪地冰天，不停鞭，马踏征程远。

（旦伫望介）（泣介）（白）我夫去了！（掩泪入门介）（下）

第五出　旅满

（净扮伊藤博文着军服上）大陆巍峨擅远东。而今未得主人翁。倘然不把先鞭着。恐入强俄掌握中。（唱）

（越调祝英台近）莽莽地球，斗力不如将智斗，大局似棋枰，一着只争先后，待功成劫后收败劣胜优，逐鹿不知谁得手。

（白）俺伊藤博文，自做朝鲜统监以来，彼国权利已被俺攫取，俺想起这朝鲜三面滨海，一隅通陆，要算险要之地，若论吾日本形势，当以朝鲜为门户，若论朝鲜形势，当以东三省为门户，我国仅据有朝鲜，退守有余，进取不足，俺久欲图谋东三省，以扼要害，可是未曾得着机会，俺想这东三省啊！

（么篇）地势固金瓯，根据满洲，东亚西欧，要害咽喉，恁扼机关钮。

上年俺国为这东三省，和那俄罗斯交战（指日俄战争）。只因这个地方是他俄国的藩篱，也是俺日本的保障，现在两国虽然停战议和，签订朴资茅斯条约，但是他家的野心，俺不能猜度者！

（锦渔灯）两家各自拥貔貅，逞干戈，誓不甘休，这东三省啊！休说俄国垂涎久，就是俺也视同砧上肉，若权时落后，怕只怕大好河山锦绣，终为他家有。

据此看来，这东三省是俺国必争之地了。且慢！俺想这东三省幅员辽阔，就是全为我国所得，料那俄罗斯也不肯甘心的，仔细想来，到不如暂与俄人各据其半，为缓冲之计罢！

（锦上花）好凭长春左右，算两家界划鸿沟，各将疆域守，这机会啊，殆天授，若不取，遭天咎，俺非无厌诛求，也只怕患生腋肘。

俺久有志，只是未曾发表，如果骤然宣布，那欧美列强，闻得这种消息，必然也想染指，稍不满欲，势将破坏我秘密机关，前日俺曾密电俄政府征求同意，俄政府当局颇赞成此议，特派钦使科次爰夫氏并可可塔夫两君到南满和俺会议这事，昨得科次爰夫氏电音，邀俺前去，俺须即行赴南满一行也。

（琥珀猫儿坠）剩着这肥马高秋新凉时候，简乘轻装赴满洲与俄使潜将密计筹。

但是现为朝鲜统监，如何分身？一经旅行，他人必然议论，疑俺又有什么举动，不是反发生其他枝节吗？（着想介）哦！有了！有了！俺何不上书明治天皇，暂辞统监之职，托言游历，那么一来不是私行，二来也可遮掩众人耳目，岂不是一举两得吗？若有人问俺，俺就说：

（莺簇一金罗）俺虽是足迹全球，只有那远东地未曾勾留，今日里驾一叶扁舟，把好风景慢慢地消受，聊作汗漫游，这名美儿叫做行动自由，量世界这些马和牛如何参透。

想俺此番旅满，那里是专为和俄使会议那件事么？哈哈！就是那件事，他们也不知道的，遑论其他嘘？（冷笑介）

（豹子令）俺这秘密，但挂心头，未曾出口，不妨将欺售。待会过俄使啊！更别有阴谋，谁知否？倘能够将心绪就，志愿酬，恁惊倒一般乳臭，到那时才知我苍髯老叟，手段驾全欧。

俺此次远游，随行无须多人，只携带数十名护卫就够了。惟有那森槐南次郎，足智多谋，却是不可少的，侍者们！（杂应介）（有）（净白）尔等速将森槐南先生请来。（杂）是（生与净相见介）（白）公爵呼唤学生何事？（净挽生入密室介）（以心事相告介）（生白）公爵既欲远行，学生敢不奉陪？（净白）森槐南先生，老夫邀你远行，只因先生乃当代文豪，老夫朝夕可以领教。（生白）学生愧何敢当！（净白）先生何必过谦。

（喜蛛儿）你风度儿幽，你吐嘱儿秀，举世无俦，更放纵诗和酒。森槐南先生，你我旅行途中到了寂寞时，持金斗大白满浮，数牙筹，各争胜负，醉倒发狂讴，看舟漾碧波秋，马踏黄花瘦，把眼前诗料锦囊收，况时序将达九月九（按：伊藤旅满在西历十月）

咳！森槐南先生，我与你相见恨晚了也。

（金钱花）俺海角山陬，环绕几周，翻笑微躯似赘旒，恨未把闲偷，与君常聚首，今日欣逢文字友，惭愧封侯，愿此身飘飘宇宙，共君天地两沙鸥，别寻世外风流。

（生白）公爵！静极思动，所以有这种思想，但不知公爵何时启节。（净白）明日一早就行，先生须早为部署。（生白）是了。（净白）既然如此，我们明晨首途。（生白）理会得。（净偕生率护卫登程介）

（尾声）曙色微茫辨戍楼，惟见那残月一钩，常挂长亭柳，这盖世奸雄一去不回头。（同下）

第六出　歼仇

（小生偕副并老生上）阅尽迢迢路万千，秋风落叶碧云天，拼将大好头颅送，不歼仇雠誓不旋。（唱）

（满园春）西风惨淡，寒到边关，浑不问长路漫漫，霜飞两鬓斑，拼着废寝忘餐，急向征程趱，中宵寂寂闻鸡起，残梦依依续马鞍，剧劳烦，敢把雄心减。

（白）俺安重根自那日和赤多窝香、钱翥吉两君酒楼结识，异域寻仇，欲往南满一带等候那伊藤博文，遇个机会，趁便将他刺死，为我朝鲜同胞泄一泄愤恨者。

（快活三）忒伤心累卵三韩，无端平地起波澜，想这厮将俺国祚劓，人民数百万，当作马牛看，他兀自顾盼，料这好头颅有谁来砍！

前日俺由家中启程，俺的妻子金氏，设筵生祭，那一番言语，十分激烈，想俺妻子，虽系女流，却也深知国耻，是好女子也。

（络纬娘）俺自分义胆忠肝，不愧须眉汉，不料他弱质红颜，也把仇雠切齿衔，他言言镌刻侬心版，俺若不将元恶戡，休说难立两间，就使再向家乡返，惭也不惭。

俺和赤多窝香钱翥吉两君，潜行就道，变易姓名，谁云海外英雄，忽来豫让，仍恐市中妇孺，尽识韩康，所以俺等昼伏夜行，兼程向南满州[洲]来也。

（倾杯序）这件事非等闲，做一桩秘密杀仇公案，若稍不自慎啊！只怕是他人识破英雄俺，况深入虎穴龙潭。

但俺等此行，只有俺三人知道！咳！星夜奔驰，好不辛苦人也。

（玉胞肚）俺历尽苦和艰，为的是家仇国难，提到家仇国难，背人偷泣泪轻弹，趁冷月三更夜未兰[阑]，驰骋征骖，俺非好露宿风餐，也只怕被人侦探。

今日已抵哈尔滨了，赤多窝香钱翥吉君。（副偕老生白）安重根君何事？（小生白）此处是哈尔滨地方了，闻得那伊藤博文明晨经过此地，我等就在此等候罢。（副白）正是。（老生白）此地度处寒带，不堪严冷，我等何不觅一个旅馆，权且休息休息。（小生白）钱翥吉君，我等宜不入旅馆为是。（老生白）这是什么缘故？（小生白）二君有所不知，那伊藤既然由此经过，他的手下护卫甚众，何况我等前来做的暗杀之事处处须防人知觉，若假旅馆休息，一者恐怕被人勘破形迹，二者还怕误了大事，依俺愚见，今晚就在左近等他，岂不好吗？

（刘泼帽）俺秘密机关，须防人偷瞰，如果假寓逆旅啊，纵然不着他防范，倘若是把眠贪，放过老奸悔也晚，倒不如露宿车站。

（副白）安君之言是也。但这北方天寒地冻，你我又兼程而来，这一夜如何消受得起？（小生白）你说那里话来？

（阮郎归）俺死且不惮，怯甚么衣单，趁刁斗凄凉月在山，俺三人再将心事谈，藉延时间，料竟夜严寒，冷不倒三个奇男。

（副偕老生拍手介）（白）安重根君，真豪杰也！既是如此，我等且在此处者。（同下）（净偕生上）（净白）俺伊藤博文前日暂辞朝鲜统监之职，微行至哈尔滨，和俄使密议交涉事件，昨晨已晤科次爰夫氏，所有商谈事项，已经粗有头绪，俺拟携森槐南次郎，往长春一行，现已传了命令，着护卫在车站伺候，天色明了，俺须速行者。（净与生同赴车站介）（俄使候送介）（小生遥望介）

（香遍满）鹄立冰天雪地间，落月横参，趁曙色迷漫，抬望眼，凝眸看。

（小生白）赤多窝香，钱翥吉两君，那伊藤来也。你二人可曾瞧见么？（副老生白）瞧见了。（小生注目介）（霜天晓角）只见他皱皱苍颜，萧萧鬓发斑，虽然是筋力衰残，他兀自精神酣，风姿恬淡，别有一种幽闲，最可憾，四围甲士环。

（净携生至车站介）（小生突出介）

（金莲子）俺英姿剽悍，气势山岳撼，突出将路拦，陡起杀人胆，止不住高声喊，喃喃！口呼三韩万岁三。

（小生举枪介）

（吴小四）俺急行且休慢，须发倒翻，双眸凶睅，忽地飞枪弹，一霎时轰毙伊藤，击倒森槐南。

（净倒地介）（生受伤介）

（尾声）俺虽是手把渠魁斩，恨未将他肉生啖，到底心不甘，不由的仰天长叹，（众军士上前介）（小生大叫介）尔等休野蛮，自古道一人做事一人担，这杀人犯是俺是俺。

（小生被擒介）（副及老生逃逸介）同下。

第七出　鞫供

（小生囚服桎梏上）（琴操）噫！怒发冲冠兮仇寇摧，痛哭头颅兮酒一杯，黄沙惨惨兮天地悲，腥红斑斑兮颈血飞，闷坐囹圄兮呆打孩。

（白）俺安重根，昨日偕赤多窝香钱翥吉两君，在哈尔滨车站将那日本伊藤博文击杀，当时就被俄国陆军护路队长尼可费罗夫拿获，将俺羁押狱中，待日人发落。咳！俄人！俄人！你何以如此，你纵然不拘获俺家，俺现今大仇已复，也不想去了也。

（庆宣和）爱国胸怀，激成暗杀派，忍见那亡国哀哀，似鬼神潜告，吾仇来也，俺拼着一腔热血溅尘埃，向奸徒追索头颅债。

今晨狱卒来告，俄国驻满洲司法官提俺审问。咦！俺到此地步，还怕甚么，俺须去者。

（西地锦）俺虽留此形骸，却心似死灰，倘能流血余生快，若震骇，俺也不来。

（行介）（至法院介）（白）上面坐着的大约是俄国司法官呀，（副白）捕役等！（杂应介）有。（副白）刺客安重根可曾提到吗？（杂）提到了，下面立着的就是他。（副白）安重根，你为何将日本伊藤博文公爵击毙？你是谁指使？你的党羽共有几人？从实供来！（小生白）是俺自动的暗杀他，就是俺一人，并无党羽。（副白）你和公爵有仇么？（小生白）俺和他是公仇，不是私愤。

（拨不断）祖国仇天难共戴，俺早暗地安排，有甚么同侪，就是俺一人将他生命买。

（副白）安重根！那伊藤公爵远道而来，和我国钦使会议重要事件，你在此地将他暗杀，不是有伤俄日邦交么？（小生冷笑介）（白）司法官，你怎么讲？

（离亭拍）这满洲地一块，你为着他与日人鏖兵两载，俺今日将伊藤击毙，休说俺满却胸怀，也为你除了心头害，你合该对俺崇拜，为甚么向日人插标反把虚情卖？

（付语塞介）（末禀介）适接日本驻哈领事照会，请将刺客安重根解往旅顺，归关东总督交法院审判。（副白）知道了，尔等速将刺客交日本派来的迎提官兵起解者。（末白）理会得。（下）（丑上）俺乃旅顺军事裁判所裁判是也，昨奉关东总督面谕，令俺承审刺客安重根一案，今晨闻得已由哈尔滨解到了。军士们！（杂应介）有。（丑白）尔等立提刺客安重根到庭候审。（杂应介）是。（众拥小生上）（小生昂然入介）（唱）

（雁儿舞）俺将望眼抬，见公庭幕开，俺大踏步上堂阶，舒徐姿态，从容气慨[概]，你看众人先喝一声彩。

（小生挺立介）（丑喝介）安重根，你好大胆，敢将我国伊藤公爵暗杀，今日已被拿获，速将前后情形一一供来。（小生大笑介）（白）裁判官！你教俺供么？你且洗耳听俺的供词吧！

（转调货郎儿）俺生小百般都不解，只知将国爱。想俺朝鲜啊！地近强邻界，性情依赖，况优胜劣败，怎能处竞争时代，恨误国奸回，自把长城坏，可怜这锦绣河山，徒有虚名在。

咳！俺真可恨！（丑白）你可恨什么？（小生白）俺可恨的是：

（一转）好端端党祸忽开，上下疑猜，自相残害，无奈才把规模改，仗着这一般庸才，似土木形骸，将谁怪，外人视我一例如草芥，怎能立强权世界。

咳！俺真可恼！(丑白)你可恼甚么？(小生白)俺可恼的是：

(二转)贵族当权理不该，况相臣媚外，忍心便把君王卖，乱屠王族齐称快，痛宫妃白练拖来，忠臣触阶，义士坠崖。我国君啊！只落得假王花面摆，更有谁人瞅睬？

咳！俺真可恶！(丑白)你可恶什么？(小生白)俺可恶的是：

(三转)鬼使神差，无端引进虎狼来，汉城高筑断头台，驱这些人和民一齐入苦海，他施展阴柔派，事事将人绐，文明开化原同种，煮豆如何燃豆楷？休说我国资和财，装入扶桑袋，更手裂汉家冠带，我同胞兀自将他功德戴，谁知他强梁手段毒胚胎。

咳！俺又可喜！(丑白)你可喜甚么？(小生白)俺喜的是：

(四转)俺生就情深似海，不忍把国民责任尽丢开，见着这些不尴不尬，一时半刻也难打捱，俺原是自由神遍洒自由血，不比那奴才国永做死奴才，踏破芒鞋，吞声饮泣将他待，好凭弹丸新械，一扫阴霾。

咳！俺真可幸！(丑白)你可幸甚么？(小生白)俺可幸的是：

(五转)他身价伊谁代，俺这杀人罪，料难宽贷，便断俺脑袋将俺肉醢，也含笑赴泉台。俺虽然饮刑章碧血千秋，身骑箕尾归去也，终还要做厉鬼，精魂一缕，化为辽鹤再飞来，保障三韩地一块！保障三韩地一块！

裁判官，这就是俺的供词，你曾听清楚了吗。(丑白)这厮语言倔强，今日不能定谳，明日再审，尔等且将他押下去者。(众)是。(小生长叹介)

(尾声)痛哉，快哉，俺责任从今交代，不谈往者，且说将来惟愿□□国啊！(鼎按系指中国)借资儆戒！(下)

第八出　蹈海

(旦扮金氏含悲带哽上)良人一去妾心危，梦醒璇闺噩耗驰，大地苦无干净土，不知何处葬蛾眉？(唱)

(南吕引子)(步蟾宫)我虽是姿容窈窕，却辨识恩仇了了，仰天啸，泪湿鲛绡，这妖雾何时扫？

(白)侬家金氏，生长朝鲜，眼见我国被那日本伊藤博文蹂躏，心中甚是悲愤，但我一娉婷弱质，无法可施，虽然如此，我却没有一时不把国家大事萦绕心中，我想那伊藤老贼啊！

(北出队子)他野心难料，把我国重重压制牢，鸠占雀巢，暗地将权盗，休说我君儿臣儿人儿民儿，赚入他圈和套，就是女同胞，也受他啰唣，获着了亲亲热热相偎抱。我国民啊！有今朝不问明朝，甘听他当作牛马叫，侬非凉血潮，愿将这家国担偕男子一齐挑，恨不仗三尺欧刀，再把乾坤造。

只是手挥软玉，莫回返日之戈，泪化明珠，难作补天之石，当此之时，我夫安重根，怀暗杀主义，结识赤多窝香、钱翥吉两君，赴满寻仇。咳！得婿如此，不枉侬家生在天地间也，想我夫啊！

（南滴滴子）血性男儿，忠愤薄云霄，他不辞劳，直欲泥犁遍把光明照，恁不惜微躯慷慨付鸿毛，岂为私仇，特彰公道，拚一死把亡韩报，兀的不叫人赞好……好。

迄今我夫一去旬日，杳无音信，我甚是放心不下，连日精神恍惚，坐卧不宁，不知何故，敢是有什么变故吗？

（南鲍老催）自你就道，侬添一层烦恼，食难餍饱，减瘦小蛮腰，不为寂寥，黯黯魂消，别有心事伊谁告？闷坐无聊，夜半续兰膏，悄悄低声祷告，惟愿你暗杀功成早。

但我夫此举，若不能达到目的，则他的生命，自不必说了，如果将伊藤刺死，也只怕和那老贼同归于尽者。咦！人生自古谁无死？只要死得其时，死得其所，不是一桩快事吗？

（北醉花阴）你纵然力除奸暴，料完璧那能归赵，一个寻仇仇遇着了，怎肯开交，一个杀人犯获着了，誓不相饶，这一场厮闹，免不了波翻海搅，惟愿你留个姓名儿给后人知道，若刺不掉伊藤啊！怕的你空把一腔热血他乡醮！

也罢！未来之事，侬家不能揣度了，且静候消息则个。（阅报介）（惊介）哎哟！我夫真够把伊藤刺杀了么？（跳舞介）

（北喜莺迁）骤闻音耗，不由侬心痒难挠。官人！官人！你此举名震全球了，只可恨途路迢遥，不能走一遭，杯酒慰君劳，也只得望风拜倒。

（叹介）我夫啊！你可算完却天职了也。从今以后，你是轰轰烈烈受人崇拜的英雄了，你以躯壳上暂死，博取灵魂上长生，好生荣幸也！只是侬家啊！

（乔木鱼）你忽地将侬抛，休说我寂寂长宵，谱离鸾调，纵然守嫠妇清操，谁把坚贞表？况飘零膝下苗，到将来啊！白发萧萧，向何人依靠？

这是后来之事，我也不必多虑了。如今且将我夫这事仔细思索一番罢。自古杀人者死，我夫既将伊藤刺死，他这条生命，也是不能保全的。而且日人最是惨酷，不讲人道主义，对于这个案子，怕免不了要株连的，如果先我夫而死，不强似被日人拿获么？

（绣带儿）人生幻影空泡，一死只争迟早，侬家啊！眼前事由他去了，拚着将千愁万恼一齐丢掉，何不觅一块干净土做个收梢。

且慢！我朝鲜局势，已入日本掌握之中，将来我国土地，还不是为日人所有吗？既为他家所有，侬家的清白尸身，何能葬在他家土地之上吗？

（北水仙子）遍地腥风，血雨潇潇，这干净土何处找？就令将我如花貌，长埋三尺蓬蒿，想侬啊！铁为肠，冰作操，忍教死后腥臊（着想介）哦！有了！有了！倒不如捐躯将海蹈。

罢！罢！侬家就是这样结果，却也使得（出门介）（登后山介）

（北刮地风）行行踏遍荒郊，攀萝附葛登悬岛，凝眸眺，浪拍长空卷怒涛，似波臣举手招。（回首长跪遥拜介）我夫我夫！侬家去也。我先向泉路逍遥，碧海且将尸骨淘，你丹心莫共骷髅槁，缓步夜台权待尔，依依握手寻欢笑。他日我夫妇啊！精魂再向人间到，并乘白马作灵潮，默把三韩保。（起立介）（蹈海介）

（尾声）侬试将衣撩，忽地踊身跳，这水天一色海云高，却教人何处捞。（入海介）（下）

第九出　迎榇

（正生扮韩王李隆熙含泪上）古处衣冠汉族传，文明开化数千年。而今锦绣河山在，尽入他人势力圈。

（唱）

（正宫引子）（梁州令）河山冉冉叹沉沦，遍地起妖氛，恋巢鸟雀尚啼春，我从来心硬，也自伤神。

（白）俺乃朝鲜国王李隆熙是也。我朝鲜开国最古，历世以来，皆赖中国保护，为完全半主之邦，想我与中国啊！

（倾杯序）世受殊恩，俯首作藩臣，奈依赖性成，不知自振，这外交内政，事事仗他撑，我只道泰山赫赫栖枝稳，谁知他大局如今也陆沉，反躬自忖，难自依人，待到回头猛省，早灭了自由灯。

后来我国朝局日非，那相臣李完用又喜勾结外寇，授意日本和我协约，声言与中国互相保护，那知中国不能兼顾，日本就趁这个机会，扩充他的势力起来。我其时只道他是好意，代我国百度改良。咳！谁料他别有图谋也。

（锁南枝）他假托名美称，代我国万几整顿，却渐渐将势力伸，驱我君和臣人和民，堕入葫芦阵，我其初不辨假和真，空落个花花魔面舞台登。

其时我国有一班志士，知道他蓄意不良，就结合一个爱国青年党，上书劝我与日本决绝，想那些志士们啊！

（驻云飞）操心危，虑患深，泣血将书陈，匍匐哀哀叩九阍，劝我早定方针，那知我不嘉忠告反生嗔，责他民气不驯，峻词严惩。

到今日啊！

（喜渔灯）贵族相争，外人得尺寸，可怜大好河山，似薄礼一份，插标谨赠。回思志士哭君门，那些口吻，语语成言谶，细评论，固然他的手段狠，也是我自家因循。到将来啊！这垂亡病症恹恹无病呻。

咳！我也无法可施，事到如此，只好听他罢了。（长叹介）（杂禀介）启奏国王，统监伊藤公爵前日在哈尔滨车站被我国安重根暗杀。（正生警介）哎哟！有这等事吗？

（恁麻郎）噩耗惊闻，这耳朵似春霆震，不由俺飞去灵魂，半晌复低询，毕竟是假是真，莫教人沉闷！

真够有此事吗？（亲应介）真的。（正生白）哎呦，这祸事真不小也。

（金络索）痛恨安重根，何故暗杀伊藤？你虽则是为国牺牲，泄却仇和愤，他若追究主谋人，向俺将罪名问，纵百喙遍身，也难辩论。咳！此举啊！怕的是亡韩将本。

（杂禀介）太上皇和严太妃闻统监被刺，大惊失色，晕倒在地，请旨定夺。（正生慌入寝宫介）（老生老旦苏介）（老生白）我儿呀，这便如何是好。（正生）事已如此，孩儿且谒见代高丽统监曾祢次郎以表吊唁则个。（老生白）我儿你到统监府，假若那曾祢和你誓不甘休，你怎么应付？在我看来，你以不去为是。（正生）父亲有所不知，孩儿就是不去，那曾祢果欲与为难，谅孩儿也不能出他掌握之中，没奈何只索性走一遭者。（老旦白）我儿须要仔细才好。（正生）母亲之言孩儿谨记。（出宫介）（命驾诣统监府介）（谒见外介）

（夜行船）强打精神笑语温，低声询问，韩民顽蠢，击毙上国勋臣，这奸徒料难远遁，我国多派士卒啊！暗地将他踪迹侦。

（外白）不劳费心了，现今刺客安重根已获，昨在关东法院讯问，那厮虽然倔强，也不容他狡展。（正生白）则个自然。

（江南春好）他虽把词锋骋，这公庭会审，铁案儿凭证，料着他枉费舌唇，这厮啊，休说贵国要将他典型正，就是下臣啊，也不能隐忍，恨不手持白刃砍他一顿。

（外白）李先生不消如此，为今之计，俺适奉明治天皇密旨，言伊藤公爵灵柩将搬回日本安葬，过境时，相烦你沿途照料，李先生，你只好辛苦一蹚[趟]罢。（正生白）是……是。

（金菊香）既是公爵尸身归故土窀窆，休道是电谕谆谆，纵未奉明文，俺也合先事竭诚郊迎舆榇，生刍一束，浊酒一樽，临风洒泪奠忠魂。

（外白）如此倒多谢你了，但不知先生何时去也。（正生白）实时启行。

（朱奴儿头）俺即行且兼程，先向仁川等。

（外白）好也好也！（正生与外作别介）（率待从就道介）呀！伊藤公爵灵柩来也。俺不免上前去者。

（一犯金梧桐）屈至尊，远迎车乘，这扈从人等，眉儿倒竖眼儿睁，兀自喝问何人，俺饮恨吞声，假惺惺两袖泾啼痕，也把泪儿揾。

（白）朝鲜国王李隆熙随送大日本帝国伊藤公爵灵柩来也。（众白）原来是你么？且随了罢！（正生白）是。

（尾声）他眼底无人，欺俺大甚，俺抱惭无地颜如赪，只博得几声冷哂。（长叹下）

第十出　缳杰

（小生赭衣桎梏上）寂坐无言泪独垂，黄沙猎猎朔风吹，鬼神夜半潜来告，恐是英雄毕命时。（唱）

（仙吕过曲）（八声甘州头）闷坐囹圄，甫眠忽寤，独对夜灯孤，撩人愁绪，况又凄风苦雨（破阵子尾）轻飙飒飒敲窗纸，磷火荧荧瞷屋隅，三更梦醒初。

（白）俺安重根，自那日在哈尔滨车站将日本伊藤博文击杀，后随时被获，解到旅顺，系此狱中，近已两旬，日前法院提俺审问，命俺承认，俺反将他大骂一顿，好不痛快也！

（解三酲）俺早则含辛茹苦，力将仇寇除，旋遭拘捕，俺本是烈烈轰轰大丈夫，把这些么魔眼底无，只索将暗杀情由慷慨向公庭吐。

那知裁判官，不能向俺诘辩，口舌倔强，俺代他着想，有什么方法对付俺也。后来连讯数次，俺并无异词，却也奈何俺不得，只得将俺拘押此间，但俺既将伊藤刺死，俺决不能幸免，倒是早些了俺大事，岂不痛快么？

（撼动山）俺拼着做死囚徒，不愿为亡国奴，俺既将他元老诛，料也不肯将俺恕，倒不如早飞碧血溅泥涂，长埋一坏土。

咳！日人日人，不知你何日才结果俺也。（暂下）（丑率护卫上）（白）俺乃日本司法官是也。日前审刺客安重根一案，已将他的供词上陈关东都督转奏明治天皇，昨奉关东督赍下天皇谕旨，命将安重根按照文明法律处死，缳首了结。这是件重要事体。俺却不能怠慢者。军士们！（杂应介）（有）（丑）尔等速将刺客安重根提出，押赴刑场正法者。（杂）是。（率军士入狱介）安重根何在？（小生白）俺在这里。（杂上前绑缚小生介）（行介）（至公庭介）（丑白）安重根，你的大限到了。（小生大笑介）

（菊花新）俺听你言语，并无恐怖，不由的仰面长吁，虽则是断送俺微躯，倒成就俺好名誉，便死也合双矑，从今以后谢阎罗勾了伤心簿。

不想俺安重根倒做了二十世纪的朝鲜国第一流人物，好侥幸也。俺今日一死也罢了，若再迟延，待朝鲜为你日本所有，俺安重根便想流血，也没有干净土了。司法官，你听俺数言，想我朝鲜啊：

（雁儿舞）垂亡国祚，更有谁扶，愿恹恹病夫及早回头悟。你日本啊！若将我国作坵墟，俺做鬼不胡涂，誓不轻饶汝。

（丑笑介）（白）安重根，你还想到死后之事，你好愚也！速下去者。（小生白）且住，俺还有话讲：

（柳穿鱼）俺将伊藤击殂，例应伏诛，这杀人罪徒，是吾是吾，有甚么党羽，你切莫妄杀无事！

（斗鹌鹑）俺今日长辞尘世去，那国事尚留待忠魂补。只是俺啊！黄泉无逆旅，灵魂飘泊泣冥途，今宵宿何处？

咳！俺一死也罢了，可怜俺妻子啊！

（醉归花月渡）俺为国捐躯，累卿长守夜灯孤，你自身谁附，嗣后有何生趣。惟愿你他日啊！浊酒一壶，麦饭一盂，凭吊荒墓伤心泪哭亡夫。

（丑白）安重根！你纪念你妻子啊！前日俺阅报章，知你妻子早已投海自尽，你不知道么？（小生白）真壳有此事吗？（丑白）谁欺你来！（小生白）哎哟，金氏呵！你真不愧做俺妻子也。

（玉带儿）你先俺归去，了却一身职务，我妻呵！你芳魂虽向黄泉住，落落苦无伴侣，俺今日和你呵！依依握手欢娱，再做夜台夫妇，怕只怕牵衣浴血认模糊，死后相逢不似初。

（丑白）安重根，不必多言，军士们速将他推下去者。（杂拥小生下堂介）（丑率队随行介）（杂喝介）哇！闲人闪开！（小生且行且唱介）

（村里迓鼓）行行绕遍荒郊路，甚惊魂欲飞还住，大踏步，直向前趋，警得众人失措，俺今日身骑箕尾去，这尸骸暴露，更有谁人厝，忽添一种踌躇。

（杂喝介）安重根速来受刑，不必游移也。（小生白）且慢俺还有心事待俺说毕了，再行刑不迟。（杂）你说你说！（小生唱）

（掉角儿）而今没甚来咐吩，只伤心话几句，为我同胞寄语，愿将国民责任齐担负，再莫因循自误，被人当作马牛呼，如果不知振作到将来啊！俺精魂难补助，只落得地下顿双趺。

（杂出白练介）（执小生登刑场介）

（尾声）俺从客态度，含笑投刑具，更谁人与俺作主，画一幅爱国男儿绝命图。

（行刑介）（小生倒地介）（杂）报告监刑官，刺客安重根已经伏法。（丑笑指介）韩国幸亏出了一个安重根，若是有十个，我们真不得了也。（同下）

第十一出　党祭

（净副老生外末同上）日暮荒郊鬼哭哀，男儿殒命断头台，会当人静夜阑后，凭吊精魂酒一杯。（净唱）

（滚绣球）怒发冲冠血裂眦，家亡国破人生第一伤心事，惨雾横空磷火碧，西风扑地芙蓉紫。哀哀男子，飘泊何之，痛国祚将移，挽回无计，只剩得人心未死，吞声饮泣泪沾衣。

（白）俺等乃朝鲜党人，金阿埃、充忽耳、琦阿祢、吐芳突是也。自上年我朝鲜与日本协约之后，被那统监伊藤博文，将我同胞百般虐待，其时我等上书韩王，劝他谢绝日本，争图自立，以完成我朝鲜为自主之国，不受外人挟制，岂不是个幸事么？

（渔阳鼓三挝）他久蓄并吞意，却假将美名市，代我国万岁坐理，奈垂□国是，怎禁他倒行逆施。俺等啊！不忍坐视，纠合同志，痛哭宫门上疏词，世事如棋，这存亡关系，只争一着参差，若事事尽人依，大局将来悔噬脐，俺非多事，怕的这破河山难自撑持！

不料韩王不但不能振作有为，反说俺等无端疑虑，被他申斥一番。哎哟！韩王韩王！俺等为国民的一片苦心，不算尽了者。

（小梁州）曾几何时，大事去矣，这家仇国耻，纵掬海波洗，终有腥膻气，休说是君主受他牵制，这千百万人民也做了奴和隶，时局如斯，从何说起，俺等啊！向何处觅一隅干净地？容吾栖止！

古人云：物极必反。那伊藤对我朝鲜，不留一丝余地，更兼那韩王又不能代我们同胞作主，所以这些爱国男儿，都别定方针，筹划个对付方法出来，这也是理有固然，势有必至也。

（快活三）往事那堪提，那些志士激成暗杀机，仗大义不为私，也明知此举未必将国裨，倒底为亡韩出口气！

所以俺等散处四方，都想暗杀这伊藤老贼，不料安重根君在哈尔滨车站，将他击毙，倒先俺等成了大功者。

（脱布衫）只俺部署稍迟，他早把仇仇刺，他愿将心血一丝，放光明遍照泥犁。

那安重根君，刺杀伊藤之后，随时被获，公庭审讯，直认不讳，并且不曾牵涉同党一人。咳！安重根君！你真是豪杰也。后来日本当局，按照文明法律，将他制死，其时我等杂处在众人之中，见他受刑。哎哟！俺等想到此处，止不住放声痛哭也。

（渔郎儿）他拼着颈血溅胭脂，染新鲜国旗，从容就义，兀自留慷慨言词，将同胞激励，那伤心语无一字，想俺等啊！纵不恨死多应愧死。

（白）诸君听者。（副老生外白）先生有何见教。（净）安重根君既死，俺等何不到他坟前哭奠一番，表一表俺等崇拜英雄及哀悼同志之意。（众白）俺等久有此意，既然先生要去，理合奉陪。（净白）此时已交夜分，我等即行前去。（众白）先生我等何不明早一行。（净白）诸君有所不知，俺等乃系党人，若不秘密，恐被日人拿获，不如夜行的为是。（众应介）（置备祭品介）（偕行介）呀！时已不早了。

（梧叶儿）边戍[戍]冬冬向鼓鼙，趁月堕板桥西，悄悄奔驰□，遥□凄迷衰草里，现一坯荒冢□。

（净白）诸君！请看前面不是安君的坟墓么？（众白）正是。（净叹介）咳！安重根君！你盖世英雄，今日也长埋此一坯土，好生伤感人也。（众泣介）（进酒献果介）（净白）安重根君！

（三更画船）倒身长跽，止不住伤心流涕，你死而有知，来享此祭，夜台□阻滞，料难将你精魂长系，倘若你泉下呼饥，且当俺浊酒一卮。

安重根君，休说俺等不辞冒险前来追悼，就是普天下的英雄，那一个不崇拜你的。俺等今日能到你坟前一祭，好侥幸也。

（么篇）你大逞神威倒□髭，一弹飞来击倒伊，虽未将他生肉噬，也算为铁血男儿泄却心头气，怎不教天涯知己，凄凉洒泪动哀思。

安重根君，你一死倒也罢了，免得目击亡国惨状，身受亡国痛苦也。

（夜行船）你将这尘世弃，浑不管家国未来事，奈危机日至，怕的是堂堂帝胄高丽，演成一部伤心史。只是俺等呵！四海流离，今已无家矣，惟愿你灵魂犹厉，再把强梁胆魄褫。

这是后来之事，俺也不必说了，只是你今日呵！

（愁中十八拍）巉巉白骨荒郊瘗，风雨凄其，这况味饱尝试，只有那狡兔狐狸，偕君墓穴栖，却教人怎不悲啼。

咳！安重根君，你不惜牺牲生命，魂归天府，可知你妻子金氏，蹈海殉夫，安氏一门，□此贤夫贤妇，要算难得之事者。

（不是路）他姿容研丽，性质忒奇，把生命也当鸿毛视，纵然是一个埋骨北山隈，一个葬身东海涘，这游魂精毅，定在泉台俟，握手依依，再做地下夫妻。

（众白）天色将微明了，我等速去吧！（净注望介）（白）真个不早了！既然如此，俺等速行则个。

（尾声）听喔喔鸡啼，刁斗报更次。（众返拜介）安重根君我等去了，他日呵倡义醵资，为君筑一座神祠，永享千秋祀。（同下）

第十二出　并韩

（正生涕泪上）茫茫大地劫余灰，醒却邯郸梦一回，休问当前身受苦，祖宗也自有余哀。

（商调拈花笑）殿阙空余落日黄，画出凄凉景况，恋巢燕子语空梁，似把兴亡讲。

（白）俺乃朝鲜国王李隆熙是也，自那日随送伊藤公爵灵榇偕往日本，不料日人对我颇为无礼，都道俺是亡国之君，虽然假意招待，那种形状，令人难受，我只好吞声隐忍。咳！不想我朝鲜人，竟为外人欺凌至于此极也。（泣介）

（二郎神）悭悭明治天皇，揉造优容量，那桂太郎小村外相，态度疏狂，语言轻荡，纵然我十分退让，怎免他奚落一场，我不敢声张，只得答答连声响。

俺在日本耽延数日，如坐荆棘之中，后来忽闻他的内廷传出消息，商量着日韩合并问题，俺又未便问他，当时就拜辞归国，现今已有多日，俺没有一时放心得下也。

（凤钗花络索）他牛耳执东方，威名直把全欧荡，休说这累卵偏那，纵使不磋商，欲将志愿偿，也易如反掌。我朝鲜呵！说什么兴和亡，还不是一笔胡涂帐。

奉天皇电音，言已实行将我国归并日本。咳！我生不辰，身为亡国之君，一朝失去万里锦绣河山，丧失数千年宗庙社稷，抛弃千百万哀哀无告人民。咳！苍天苍天！我怎生立足于天地间也！

（四季花）乍闻谕旨煌煌，不由我灵魂荡漾，可怜锦绣山河样，断送寡人手上。想我呵！且莫论羞生天壤，泉路茫茫，有何面目见先皇。

（杂禀介）报告陛下，日政府颁发并韩条约前来，并令陛下遵约行事。现在桂太郎和小村男爵已至，勒令陛下将三韩领土让与日本则个。（正生惊倒介）（副外老生上）（和正生见介）（副白）吓！李隆熙，俺等奉明治天皇谕旨，令你将韩国土地归俺日本管辖，有诏书在此，速来听宣读者。（正生白）是。

（越调掉角儿鼓）我虽是胄演天潢，到此没主张，只索三呼稽颡，洗耳听约章，忒渐惶，垂泪两行，盈渍眼眶，不敢把悲声放。

（副白）李隆熙，你且听者，我大日本帝国明治天皇，殊思封你为李王，你该仰体他的意思，下一道退位的诏书如何？（生踌躇介）（副白）你不愿么？（正生

白)敢不如命。(作书介)

(一煞)诏书纸一张,语语皆凄怆,怪只怪我国失去了保障,非他人逼强,是我自甘退让。我国民呵! 吞声忍气箪食壶浆,马前罗拜事新王。

咳! 我今日将韩国归并日本,只可怜我历代先王公呵!

(二煞)陵寝堂皇,庙貌巍峨像永享烝尝,而今大局变沧桑,零落北邙,断碣残碑扑路旁,惟见红叶夕阳,乱鸦来往。到将来呵,看子孙渐长,谁识祖宗墓乡?

咳! 我今日将韩国归并日本,只可怜我千百万人民呵!

(三煞)我庸碌无长,累万姓遭灾瘴,自分这花面假王,也难久享。我同胞呵,从今后虽破碎河山无恙,却不见汉族衣裳,你心事满腔,更向谁人诉肺肠?也只落无言独自空惆怅!

(副白)李王,不必多言。既然将三韩领土归俺日本,这朝鲜非你久居之地,你须部署一切,速往日本去者。(正生白)则个还求上国成全。(副白)李王你有所不知,我天皇意旨,现今既日韩合一,不日即废统监府,改为总督衙署,寺内伯爵坐镇此间,是处无你立足之地,你就是不往日本,也不容你呵! (正生哭介)咳! 我今日将韩国归并日本,只可怜我妃子和宫人呵!

(四煞)彩女嫔嫱,文绣膏梁,曲廊洞房,应道是地久天长,从今不见君王,一灯相傍,对影成双,料着你泪洗面庞,到将来呵! 飘泊他方,琵琶羞抱谱新腔,把故宫景物荒凉,编一曲后庭花唱。

咳! 事已如此,还有待我千百万人民呵!

(尾声)这亡国滋味苦难当,还有待我千百万人民呵! 执竿而起流血沙场,歼彼矮[倭]寇复我河山争国光,不愧是箕子遗裳,不愧是箕子遗裳! (同下)(完)

附录

贡鼎

甲·日本并韩始末

一·日韩江华修好条约

二·济物浦条约

三·日韩汉城条约

四·中日大津条约

五·中日战争前夜日本与朝鲜之最后通牒

六·中日马关条约

七·日韩协定

八·日韩新协约

九·日韩合并协定

乙·朝鲜大事年表

丙·朝鲜失国后重要独立运动年表

丁·记在重庆的一个流亡政府

甲·日本并韩始末

朝鲜为东方古国之一,初为周初箕子封地,在民族立场上言之,朝鲜民族亦为中华民族中之细胞。朝鲜古称高丽,亦称高句丽。在唐时朝鲜半岛分为高句丽、新罗、百济三个国家,隋唐时代,中国文化东输日本,朝鲜半岛曾做过中日文化的大桥梁。

朝鲜位于亚洲东北,西界我东北四省,东隔海峡与日本遥遥相对,是亚洲唯一的大半岛,公元一八九七年(清光绪二十三年)改为大韩;公元一九一〇年,(清宣统二年)被日本并吞后复称为朝鲜。其地自秦汉以来,无论在政治经济文化军事上,与中国有唇齿相依之关系,屡入中国版图,或为郡县,或附封疆为属国，直至清末为止。

当公元一五九二年即明万历二十年，日本丰臣秀吉欲假道朝鲜侵明，鲜王惓怀上国，未允所请，秀吉怒，发兵先侵之，警报达明，遂出兵援之，军事颇不利，不半载，朝鲜重要城镇，悉被日军占领，及秀吉卒，日军亦退去。自是日鲜由政治上之关系而进入到经济上之关系。

自满清入主中原后，朝鲜与日本，在商业上之关系，颇称密切。及至日本尊王攘夷之论起，一时朝野热狂，以排斥外人为事；同时朝鲜亦改持闭关主义，以为报复，两国交通几至完全中断。洎乎日本明治维新，决定侵略国策，复遣使至朝鲜修好，以其国书用日本大皇帝字样，为朝鲜所拒，以此际日本维新之基尚未能奠立巩固，日廷虽有"征鲜"之议，只是烟幕作用，但两国关系对立，险象环生。同治十一年，日政府以台湾生番戕杀琉球渔民事，特派副岛种臣来清廷交涉，同时并以朝鲜失礼邻邦，责问清廷，是否负责，彼时负有外交专责之总理衙门答以"朝鲜虽受中国封册，奉正朔，但其内政外交，悉由自主"等语。自是日人感清廷之昏庸而起并吞朝鲜之野心。

一八七五年即清光绪元年，日人借口江华炮台守备兵轰击日舰事件，强迫朝鲜签订江华条约。（注一）江华条约，不啻并韩之预约券。此约既成，无异与清廷脱离宗主国之关系，清廷并未提出抗议，日人更肆无忌惮，唯所欲为。于是勾结朝鲜奸党篡窃朝鲜政权，利用傀儡，以实现其以韩制韩之阴谋而售其初步大陆政策之迷梦。时彼朝鲜分新旧两党，新者大半为日人利用，称之为日本党；旧者以中国宽大为怀，愿倚华以制日。两党时相攻击，迄无宁日。光绪八年，两党水火益深，有人竟杀日本军官通译以泄愤者。日政府闻报，乃飞调大军前往，同时清廷亦接朝鲜变报，派李长庆[1]发兵镇压。并执中国党反日领袖大院君归北京，于是日本党更形嚣张。且日本政府以光绪元年之日韩江华条约为根据，拒绝清政府干涉此事，更直接与鲜政府订立济物浦条约六款。（注二）由是清政府完全失宗主之权，朝鲜为不平等条约束缚，在实际上已沦为日本之殖民地矣。

清光绪十年日人威迫利诱日本党首领金玉均、朴泳孝等击杀中国党首领闵泳翊头十余人，更由日本驻韩公使竹添进一郎，又乘机兴兵作乱迫李王令金朴等为执政，以图制造傀儡政权而实现并吞之阴谋。其时我驻鲜全权委员袁世凯，应闵妃之请，率兵讨伐日本党，以挫其锋。日兵亦仓促助日本党应战，日军败绩，日使自焚其使馆，逃仁川。中国党复起，乃杀留滞韩京之日人三十余

① 吴长庆之误。——编者注

人，以为报复。日政府更派全权大臣井上馨率队赶赴鲜京，清政府亦派吴大澄率兵驰往。井上馨拒绝吴大澄干涉，乃直接与朝鲜政府订立日韩汉城条约五款。（注三）次年（光绪十一年）日方派宫内大臣伊藤博文至天津与李鸿章成立天津条约。（注四）其重要者有三款。自是我国对朝鲜几无过问之余地矣。

公元一八九四年即光绪二十年甲午年朝鲜东学党构乱。东学党者明为研究学术团体，实则有日本策士浪人混迹其间，企图破坏朝鲜秩序而造成并吞之机会，一日人御用机关也。光绪二十年四月，东学党由理论而进于行动，在崔福成领导下，于全罗道首先起事，声势浩大。日本更派少壮军人策士一團，为其主力。鲜政府见大局不可收拾，乃吁请袁世凯向北京请兵平乱，李鸿章亟命叶志超率兵六营往，日本亦以济物浦条约为借口，出兵七千至鲜京，中日两国军队齐集东学党亦鸟兽散。时中日两国军队同驻韩京，战云密布，日本不接受俄美两国之调停断然向朝鲜提出通牒要求废除中韩间一切条约。（注五）韩王不得已竟宣告废弃历年中韩缔结之一切条约，更借日本兵力，驱走中国在屯牙之驻军，中日战争于焉开始。是役中国海陆军败绩。至次年（光绪二十一年）三月二十三日，（即公元一八九五年）中口两国订立马关条约。（汴六）中国匪特对朝鲜完全失去宗主之权，抑且割让台湾赔款及开放内地以求和。从此日本之政治，军事，经济势力活跃于亚洲大陆之上，同年六月中日两国又依据马关条约又缔结中日通商行船章程，从此决定了侵华的国策。迨至一九〇五年即光绪三十一年十一月，日政府复派伊藤博文赴朝鲜以扩张保护权名义，缔结日韩协议。（注七）盖彼时日本战胜强俄之后，更肆无忌惮，废除驻韩公使，改设朝鲜统监府。其统监即由伊藤博文任之。公元一九〇七年，即光绪三十三年，（明治四十年）伊藤就任，对于朝鲜内政，无一不加干涉，君臣人民咸感痛苦。次年李王秘密遣使赴海牙和平会议申诉，日政府知之，因迁怒李王，责令让位于其太子。亲日派首领李完用更推波助澜，以成其事。李王无已，乃下诏禅位于其子李隆熙。伊藤既遂所谋，更迫新王缔结日韩新协七条。（注八）此后朝鲜一切内政外交均在统监指挥之下，又解散朝鲜所有军队，除宫禁卫队外，悉以日军代之，从此朝鲜灵魂尽失，仅存躯壳矣。

公元一九〇九年即宣统元年，（明治四十二年）伊藤别有所谋辞职，由曾祢荒助继任统监，压制鲜人更甚，但为日俄和议所拘束，不能正式合并朝鲜。乃于是年十月，伊藤假游满之名，赴哈尔滨与俄使科次爱夫密商朝鲜问题，讵料甫抵车站，即为韩国志士安重根击毙。自是以后，日本朝野大愤，并韩之空气更浓。会有朝鲜奸党一进会者，乘机提出日韩两国合并，以求取媚于日本。日皇乃令军人派领袖寺内正毅为统监，更向帝俄交涉以求其谅解，卒得俄方之默认日韩有合并可能。日本内外部署既定，寺内于公元一九一〇年即宣统二年(明治四十三年)八月十六日，向朝鲜总理大臣李完用提出日韩合并案，李固为亲日派领袖，又兼皇族，乃逢迎日本意旨，迫李王承认，并下诏书宣布日韩合并，八月二十二日与寺内结日韩合并条约。二十九日，让国诏下。(注九)日并韩后，废统监，置总督府以统治其地。从此数千年为我藩篱之朝鲜沦于倭寇之手，侵华国策，更日甚一日矣。

(注一)日韩江华修好条约

1.朝鲜为自主之邦，与日本有平等之权。

2.朝鲜于沿海二处开通商埠头。(即元山津与仁川)

3.朝鲜沿海任日人测量。

(注二)济物浦条约六款

1.捕究凶徒，严惩渠魁。

2.偿死者恤金五万元。

3.偿兵费五十万。

4.此后日本以军队驻京城，卫护公使馆。

5.兵营设置之费用归朝鲜负担。

6.遣大使往日本谢罪。

(注三)日韩汉城条约

1.朝鲜修国书表谢意。

2.朝鲜对于此次遭害者之遗族，出恤金十一万元。

3.杀害矶林大尉之凶徒，严正典刑。

4.赔偿新筑公使馆费二万元。

5.护卫兵营舍建设于公使馆之侧。

(注四)中日天津条约

1.中日两国驻朝鲜军队，限四个月内全数撒[撤]归。

2.中日两国皆不派员教练朝鲜军队。

3.中日两国如欲出兵于朝鲜，彼此必先行文知照。

(注五)中日战争前夜日本对朝鲜之最后通牒

1.日本政府自行架设京城，釜山间之军用电话。

2.朝鲜政府依济物浦条约，速为日本建设兵营。

3.在牙山之中国兵，原以不正名义派来，速令撤退。

4.中鲜之水陆章程，及其他抵触朝鲜独立之中朝诸条约，一律废弃。

5.以上各项回答之日以六月二十限。

（注六）中日马关条约

1.中国认明朝鲜国确为完全无缺之自主国，所有从前对中国纳贡朝觐等礼，一律停止。

2.中国割让奉天省南部于日本，即自鸭绿江口溯江至安平河口，从该河口折线至凤凰城，海城及营口所有折线以南地方及辽东湾东岸黄海北岸属于奉天省诸岛屿是。又南方之台湾岛及其附属诸岛屿，以及澎湖列岛等，亦一概划归日本治理。所有以上地方之中国人民，愿迁移者，准于二年之内，任其变买产业，迁居界外；但二年期满未迁徙者，即认为日本人民。

3.中国赔偿日本军费库平银二万万两；自本月批准十二个月内分二期交付一万万两，余一万万两在后七年内分六次交还，年息五厘。

4.中日两国从前条约，一概无效，另根据中国现在与欧美列强所订通商条约，重修中日通商条约，航海章程及陆路交通贸易章程。

5.中国辟沙市，重庆，苏州为通商埠，准日本设置领事官。

6.日本人民在中国内地购买货品及输入之运送物，皆有租栈房存货之权免除税钞诸费。

7.自宜昌至重庆间之扬子江航路，自上海入吴淞江入运河至苏州、杭州间之航路，准日本汽船自由通行 。

8.日本人民在中国各商埠得自由从事各种制造业，各种机器运入仅纳进口税，便得自由装运。

9.日本人民在中国内地制造品物其一切税课及租借栈房之利益，均照日本输入货物之例办理。

10.日本暂时占领威海卫等所驻军队，不得越一旅团；驻屯地域限于威海卫沿岸四十里之地，周年军费由中国津贴库平银五十万两；俟第一、第二两次赔款交清所余赔款之本利以关税作抵及通商行航条约成立交换之后，日本即行撤退军队，交还中国土地。

（注七）日韩协定

1.今后朝鲜对于外国之关系事务，由日本国外务省监理指导之，在外国之朝鲜居民及利益，由日本派出公使与领事保护之。

2.日本政府代行朝鲜现在与他国所有诸条约，自后朝鲜政府不经日本政府之手，不得与他国订何等国际条约与契约。

3.日本政府置统监一员于朝鲜京城，专管理外交事务，有亲谒朝鲜皇帝陛下权利。又日本政府于朝鲜开港场，与日本政府所认必要地方，得置理事官，执行从来日本领事之职务，悉受统监指挥。

4.日鲜两国间现有之条约及契约,限于与本条约不相抵触者,继续有效力。

5.日本政府确保朝鲜皇帝之安宁与其尊严。

(注八)日韩新协约

1.朝鲜政府关于施政之改良,受统监之指导。

2.朝鲜政府制定法令与重要行政处分,须预经统监之承认。

3.朝鲜之司法事务,须与普通行政事务有别。

4.朝鲜高等官吏之黜陟,以统监之同意行之。

5.朝鲜政府依统监推荐之日本人,任命为朝鲜官吏。

6.朝鲜政府无统监之同意,不得雇聘外国人。

7.明治三十七年(即光绪三十年)八月二十二日之日鲜协约第一条(即财政顾问聘用之件)废止之。

(注九)日鲜合并协定

1.朝鲜皇帝陛下,将朝鲜国全部之统治权,完全永久让与日本国皇帝陛下。

2.日本国皇帝陛下,承受前条所记之让与,且全然承认合并朝鲜国于日本帝国。

3.日本国皇帝陛下,对于朝鲜国皇帝陛下,大皇帝陛下,皇太子殿下,并其后妃及后裔,使各称其位置,享有相当之尊称威严及名誉;且为保全之故,约供给充裕之岁费。

4.日本国皇帝陛下,对于前条以外之朝鲜皇族及其后裔,使各亨有相当之名誉及其待遇,且为维持之故,给予相当之资金。

5.日本国皇帝陛下,对于有功勋之朝鲜人,应与相当之表彰者,授荣爵且给恩金。

6.日本国政府以合并之结果,全然担朝鲜之施政,对于遵守法规之朝鲜国人身体财产,与以十分之保护,且图增进其福利。

7.日本政府对于诚意忠实尊重新制度之朝鲜人,且有相当之资格者,依事情登用为朝鲜国之帝国官吏。

8.本条约已经日本国皇帝陛下及朝鲜国皇帝陛下之批准,自公布之日执行。

乙·朝鲜大事年表

（根据黄炎培著朝鲜朝鲜大事年表及朝鲜失国经过大事年表增补修正）

干支	庙号	年数	西历	事迹
庚辰	周武王	十四	前一一二一	周封箕子于朝鲜。
壬午		十六	一一一九	箕子来朝。
丙午	汉高祖	十二	一九五	燕王卢绾反汉，入匈奴，其臣卫满亡命来投，箕子裔孙准令守疆界。
丁未	惠帝	元	一九四	卫满逐准自立，准南走马韩，王其地，其后绝灭。
丁申	武帝	（元封）二	一〇九	汉伐朝鲜，平之，明年□真番、临屯、乐浪、玄菟四郡，卫氏传三世，八十六年而亡。
巳亥	昭帝	（始元）五	八一	汉废临屯、真番二郡，移玄菟于辽东。（朝鲜存乐浪一郡）
甲子	宣帝	（五凤）元	五七	新罗赫居世姓朴，建国。
甲申	元帝	（建昭）二	三七	朱蒙建高句丽国，称东明王。
癸卯	成帝	（鸿嘉）三	一八	高句丽人温祚南入马韩，建百济国。
丁酉	东汉光武	（建武）一三	纪元三七	高句丽灭乐浪。
壬寅		一八	四二	金首露等六人自立为六加罗王。
甲辰		二〇	四四	汉伐高句丽，复乐浪。
己巳	灵帝	（中平）六	一八九	辽东太守公孙度叛汉独立，领有玄菟、乐浪二郡。
丙戌	献帝	（建安）一一	二〇六	辽东公孙度之子公孙康划乐浪南部七县地，置带方郡。

丁亥		一二	二〇七	辽东公孙渊叛魏称王,国号燕,明年魏遣司马懿讨伐,高句丽出兵助魏灭之。
丁巳	魏明帝	(景初)元	二三七	
己巳		(嘉平)元	二四九	日本援百济,讨新罗,遂定金官加罗等七国,总名曰任那。
癸酉	晋愍帝	(建兴)元	三一三	乐浪、带方、玄菟先后为高句丽所灭。
癸丑	宋后废帝	(元徽)元	四七三	高句丽灭百济。
丙辰		四	四七六	日本割任那之一部(公州)与百济,再兴之。
戊申	梁武帝	(大通)二	五二八	日本筑紫国造叛通新罗。
壬子		(中大通)四	五三二	金官加罗降新罗,自始祖金首露建国,历十世,四百九十一年而亡。
壬申	北齐元帝	(承圣)元	五五二	百济传佛经论于日本。
壬午	周武帝	(保定)二	五六二	新罗灭任那,加罗全灭,毁倭官府,倭出师援之,不利,内大加耶自始祖伊珍真豉建国,历十六世,五百二十一年而亡。
戊午	隋文帝	(开皇)十八	五九八	高句丽寇隋发大军击之不利。
壬申	炀帝	(大业)八	六一二	隋遣将军宇文述入高句丽,败还,明年复伐之,后年其主请降。
甲辰	唐太宗	(贞观)一八	六四四	大宗亲征高丽,明年辽东安市城不下,班师。新罗真德女王立。
壬子	高宗	(永徽)三	六五二	高丽、新罗、百济并入贡于唐。
庚申		(显庆)五	六六〇	唐伐百济,明年伐高丽围平壤不下。

癸亥		(龙朔)三	六六三	唐败日本援师于百济,灭之,百济历三十一世,六百八十一年而亡。
酉卯		(乾封)二	六六七	唐遣李勣伐高句丽,明年灭之,凡历二十八世七百零五年亡,唐置安东都护府于平壤以治之。
丙申			□	
辛巳		(开耀)元	六八一	新罗神文王立。
庚子	武后	(久视)元	七〇〇	靺鞨酋长大祈荣自立称王,国号震,后改渤海。
壬子	昭宗	(景福)元	八九二	甄萱袭新罗之武珍洲,自立为王。
庚申		(光化)三	九〇〇	甄萱国号后百济。
辛酉		(天复)元	九〇一	新罗宪安王庶子弓裔称王。
辛未	后梁太祖	(乾化)元	九一一	弓裔国号泰封。
戊寅	末帝	(贞明)四	九一八	泰封诸将立王建为王,国号日高丽。
丙戌	后唐明宗	(天成)元	九二六	契丹太宗立,明年,灭渤海,历十四世二百十五年而亡。
乙未	后帝	(清泰)二	九三五	新罗降于高丽,新罗历五十六世九百九十三年亡。
丙申		三	九三六	高丽灭后百济,后百济,历二世,四十四年亡。
丙子	宋宁宗	(嘉定)九	一二一六	契丹人六哥领众九万余,窜入高丽,元太祖遣兵往其国,攻灭之。
丁未	理宗	(淳祐)七	一二四七	蒙古伐高丽。
庚辰	元世祖	(至元)十七	一二八〇	元置驿站于高丽,大举击日本。

壬午	十九	一二八二	日本寇高丽边海郡邑烧居室掠子女,蒙古军五百人戍金州以防之。
壬申	明太祖(洪武)二五	一三九二	高丽李成桂自立,明年改国号为朝鲜,高丽历三十四世,四百七十五年亡。
丁卯	武宗 (正德)二	一五〇七	朝鲜废其君,立中宗。
壬辰	神宗(万历)二〇	一五九二	日本陷朝鲜,明年,明遣师援之,不克,寻讲和。
丁酉	二五	一五九七	和议败,日本复犯朝鲜,明出师援之,明年日本军退,朝鲜平。
甲子	清穆宗 (同治)三	一八六四	李昰应即大院君当政。
乙丑	四	一八六五	杀西教士南钟三等十余人,法舰队来诘问,陷江华,击走之。
戊辰	七	一八六八	美舰一,入大同江求贸易,击沉之。
庚午	九	一八七〇	日本公使花房义质持国书来告维新改革,并讲通商,却之。
辛未	一〇	一八七一	美舰队来诘前舰失踪事,炮击沿岸,还击,破之。美舰去,明年尊太院君为大老。
丙子	德宗 (光绪)二	一八七六	日本全权大使黑田清隆来,与朝鲜修改修好条约。
壬午	八	一八八二	聘日本崛本礼造训练新军,军变,搜闵妃,杀崛[堀]本。日使花房遁,清将吴长泰护送大院君于清。

甲申		一〇	一八八四	金玉均、洪英植、朴泳孝等矫召日兵入宫，清蒋[将]吴兆有、袁世凯迎驾出避，金等逃日。
癸巳		一九	一八九三	洪钟宇诱致金玉均等于上海，刺杀之，东学党崔济愚作乱，谕散之，捕□诛之。
甲午		二〇	一八九四	东学党金奉准作乱，清援兵到牙山，日兵入京，袁世凯撤归。六月，日兵入宫，清日开战。明年，清日马关条约成，认韩独立，大院君入宫。
丙申		二二	一八九六	始建元用阳历，明年，改国号曰韩，即皇帝位。
壬寅		二八	一九〇二	英日同盟成，首举清韩独立及领土保全，明年日俄开战。
乙巳		三一	一九〇五	八月日俄和，十一月日韩新约成，以外交权予日本。
丙午		三二	一九〇六	二月一日以伊藤博文为朝鲜统监，驻京各使归，驻外各使还，废外部，各部置日人。
丁未		三三	一九〇七	海牙密使事件起，七月十八日传位于太子，改元隆熙，尊前帝为太皇帝，二十四日订日韩协约，任免官吏须统监同意，八月军队解散。明年，暴徒蜂起。
己酉	大帝	(宣统)元	一九〇九	统监伊藤递，曾祢荒助代，司法权委日本。七月废军部。十月废法部，青年志士安重根刺杀伊藤于哈尔滨车站，一进会疏请日韩合邦。十二月李在明刺总理李完用，未殊。

庚戌	二	一九一〇	七月统监曾祢递，寺内正毅代，八月二十二日日韩合并条约调印，二十九日，让国诏下。

丙·朝鲜失国后重要独立运动年表

干支	年份	西历	事迹
己未	民国八年	一九一九	本年为日韩合并之第十年，朝鲜孙秉熙等三十三人于三月一日集合在汉城太和馆，宣布独立宣言，并庆祝独立，全鲜民众及全世界韩侨响应，是为历史上有名之“三一”大暴动，时间历八阅月。九月二日，六十余岁老翁姜宇奎在京城南大门驿狙击朝鲜总督斋藤。
庚申	九年	一九二〇	八月日政府派大军进攻东三省朝鲜独立军。金益相于九月二十日在朝鲜总督府狙击朝鲜总督。朴重华、朴珂珪、金明植组织朝鲜劳动共济会。柳章浩等联合全鲜一百三十三青年团体组织朝鲜青年联合。
辛酉	十年	一九二一	釜山大罢工，民族运动开展。金益相在上海炸日本陆军大臣田中义一，未殊。金趾燮在日本东京皇宫二重桥狙击日皇。
壬戌	十一年	一九二二	全鲜反日民众组织普遍发展。
甲子	十三年	一九二四	农工及青年盟员达二十三万人进行反日工作，开展民族解放运动。
丙寅	十五年	一九二六	“六十万岁”示威运动失败。

丁卯	十六年	一九二七	统一政党"新干会"于二月成立，在全鲜设有一百五十个支会。全世界均有支部。妇女运动开展。派大批朝鲜青年来华入黄埔军校肄业。
己巳	十八年	一九二九	光州学生反日大示威运动起，参加青年达十五万，被捕入狱者五万余人。梁山，端川，咸镜道农民暴动。
壬申	二一年	一九三二	李奉昌在东京樱田门狙击日皇。同年尹奉吉在上海虹口炸毙日本白川大将。朝鲜革命军以金活石为司令与抗日联军第一军合作，第一军之干部三分之二为朝鲜青年。
甲戌	二三年	一九三四	由本年起，至民国二十五年止，朝鲜革命政党秘密工作因发觉而被捕入狱者达四千七百余人。
丁丑	二六年	一九三七	七七事变起，中国开始全面抗战，与朝鲜以深入的刺激，参加中国反日战争，日人在朝鲜组织"补助警察"逮捕青年"思想犯"达二十万人，韩国光复阵线及朝鲜民族战线联盟在中国援助下开始活跃。八月，十九岁青年罗某在汉城颠覆日人军用列车。十月，李君投弹朝鲜总督府。
戊寅	二七年	一九三八	三月，朝鲜革命党八十人来华参加抗战。十月十日朝鲜义勇队成立。
己卯	二八年	一九三九	一月十六日，在中国与朝鲜接壤之鸭绿江下游，朝鲜工人破坏日人所筑之军港。日军中韩籍士兵在中国广州战区反战，崔长贵等数十人壮烈牺牲。
庚辰	二九年	一九四〇	大韩民国临时政府成立于陪都重庆。

丁·记在重庆的一个流亡政府

——录自三十二年九月二十八日《正气日报》

这两年来，在重庆的韩国流亡政府(即大韩民国临时政府)，不断的代表朝鲜民族向全世界发出要求战后韩国独立的呼声，同时在国际上也曾经一度酝酿过承认韩国临时政府，事实上，这个流亡政府的成立已经有二十四年的历史了，他是在一九一九年“三一”运动时，因为国内的领导机构独立总本部被破坏，领导份子全部被捕，于是流亡在海外的革命领导者会集上海，成立大韩民国临时政府，选出李承晚为国务总理，安昌浩为内务总长，金奎植为外务总长，当时临时政府的主要任务，一则坚定国内民众信心，支援国内革命运动；二则派代表参加和会，表示朝鲜民族的意志。结果，国内的革命运动被敌人残酷镇压下去，出席和会的代表复被拒参加，敌人在上海亦压迫租界当局摧残临时政府，加之内部领导者亦意见分歧，一部分重新回东北组织韩侨武装队伍，一部分则埋头训练干部，一部分仍旧隐藏在上海作暗杀活动，临时政府在一般人的心目中已经逐渐遗忘了，因为这时实际领导革命活动的是几个新兴团体——朝鲜义烈团、朝鲜革命党、大韩独立党、新韩独立党、韩国独立党等。只有少数几个人，依然守住大韩民国临时政府的国防，住在杭州西子湖边。

活跃的时代

中国抗战开始后，韩国临时政府也一直跟着我们往大后方迁，由杭州而武汉而重庆，但是工作很少表现，几乎没有什么人注意，金若山所领导的朝鲜义勇队，在中国各个战场异常活跃，现在的临时政府主席金九，当时正协助金若山，充满着一团和气的现象，其后于一九四〇年间，一部分保守人士把金九和金若山分离开来，并拥金九为临时政府主席。于是韩国临时政府主席就重新开始活动了。

自一九三五年起，金奎植、尹琦爕等退出后，临时政府就一直为韩国独立党所独力支持，韩国独立党为金九、赵素昂所领导，代民少数上层份子；朝鲜民族革命党为金奎植、金若山所领导，拥有极多数的青年。过去因韩国独立党不能与朝鲜民族革命党融洽合作，以至临时政府总不能在群众间树立广大的影响。太平洋战争爆发以后，朝鲜民族革命党一连发表过几篇宣言，呼吁各党派团结，并派代表与韩国独立党恳切磋商，直至去年十月间，临时议政院补选议员，朝鲜民族革命党及其他党派议员始被选参预以完成韩国各党派初步的统一的基础。

现在韩国临时政府的执政者是以下几位：

主席——金九(韩国独立党)，内务部长——赵琬九(韩国独立党)，外务部长——赵素昂(同上)，军务部长——曹焕成(同上)，法务部长——朴赞翊(同上)，财务部长——李始荣(同上)，交通部长——柳东说(同上)，审计部长——黄学秀(同上)，宣传部长——金奎植(朝鲜民族革命党)，学务部长——张建相(朝鲜民族革命党)，秘书长——车利锡(韩国独立党)。

派别很多

韩国独立党与朝鲜民族革命党，在对于临时政府的态度上一向总有些出入。韩国独立党认为：临时政府是韩国唯一的最高领导机构和政权形式，他们的工作重心是争取友邦承认临时政府的合法地位，他们把韩国独立主要寄托在依靠外力上面。至于朝鲜民族革命党，他们认为：临时政府打通成为统一各个革命力量最高领导机构，争取外援，固然很重要，但是整个革命工作的重心，应该把主力放在争取敌后和国内的同胞身上，发展朝鲜本身的革命力量；至于韩国将来的政治形式，应该最后由国内人民的意志决定。这一基本的分歧，形成了两党不同的政策和工作路线，韩国独立党直至现在是临时政府内主要的执政党，由于临时政府在外交上无法打开出路，所以也就同时增加了该党内部的纷歧，其中金起元(前临时议政院议长)、孙建所领导的统一派，已直接参加了民族革命党；洪震(现临时政议院议长)、柳东说所领导的急进派，在对内对外的步调上，大业都能和民族革命党一致。

上次临时议政会中，为了修改选举法问题曾引起严重的争执，朝鲜民族革命党于现行选举法，没有确定日期及侨居重庆以外的同胞没有选举权或被选举权，认为不合理，要求修改选，但是没有什么结果。

除中国方面的援助以外，临时政府在美洲驻有代表，征收捐税，美洲有一万多韩侨，他们多是作买卖的。比较富有者，都很和韩国独立党方面的人士接近。朝鲜族革命党在美洲也没有一个强大的支部，负责人是韩吉深。

过去韩国临时政府最大的弱点之一，是它缺乏强大的武装基础，没有这个实力支持它，使它减少了在国际上发言的力量，同时也使它的政权无法行使。

金若山所领导的韩国光复军，总数约有××人，他们都分布在中国各个战区，活[或]在敌后他们有自己的游击队，有自己的军官学校，并与东北的朝鲜革命军取得联系，所以自从临时政府获得朝鲜民族革命党的支持，取得金若山的合作后，在一般人的观感，也就不同了。

团结就是力量

今年四月间，美国方面曾传出战后国际共管朝鲜之说，各地的韩人都异常愤慨。□□的朝鲜各革命团体于五月十日召开了自由韩人大会，各党派都有代表发表演说致坚决反对，自从各党派表示支持临时政府以来，这一次在行动上的合作，要算是表现得最好的一次。可见各党派的政治主张容有出入，在民族的利益遭受共同的危害时，他们还是能够顾全大局的。

七月三十一日，蒋委员长召见金九、金若山等，对于韩国革命之现状垂询甚详，并表示中国将竭力协助朝鲜独立，勉朝鲜各革命领袖必须以国是为事精诚团结等语。

我政府首长吴铁城、何应钦、朱家骅诸氏，在九月一日招待韩国临时政府主席及各部部长，韩国各党派领导人闻与我国准备承认韩国临时政府有关，韩国临时政府的被承认，这自然是一件可庆幸的事！援助朝鲜独立，尊重战后韩国的自主，不仅是中国的责任，而且是所有联合国家的共同责任，我们希望韩国临时政府在短期内能获得各国普遍的承认，同时更殷切的希望韩国朋友珍视他们内部的团结，使临时政府切实建立在群众的基础上发挥他的战斗任务。

（原载于《亡国恨传奇》，东南书局，1944 年）